SWEN HARDER

METAL HEROES

AND THE FATE OF ROCK

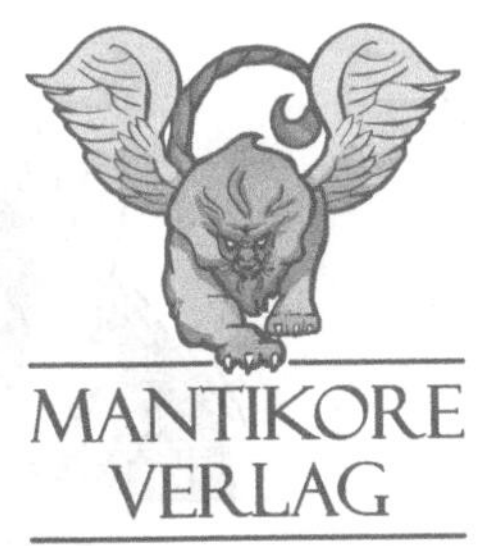

ÜBER DEN AUTOR

Swen Harder (Jahrgang '74) arbeitete elf Jahre als Redakteur für Computer- und Videospiele bei renommierten Verlagen in Würzburg und Nürnberg. Während seiner Tätigkeit verfasste er hunderte Artikel über Games aller Genres für viele Print- und Online-Magazine, bevor er als Gametester bei *Nintendo®* anheuerte.

In seiner Freizeit beschäftigt sich der Hesse mit Fantasy und Science-Fiction in all seinen Facetten: Pen-and-Paper-Rollenspiele, Brettspiele, Filme, Serien, Games und Bücher.

Seine bisherigen Spielbuch-Projekte, wie das Bonusabenteuer *Echos des Mondsteins* für den 21. Band der legendären *Einsamer Wolf*-Serie (in Deutschland als *Die Neuen Kai Krieger 1* veröffentlicht) sowie das preisgekrönte Mammutwerk *Reiter der schwarzen Sonne* fanden bei Genre-Fans großen Zuspruch.

Aktuell liegt sein Fokus auf einer Mini-Spielbuch-Serie *Onihatsugo* im feudalen Japan. Natürlich wieder mit besonderem Regelwerk, Kampfsystem und fantastischen Story-Elementen.

Swen Harder im Internet
http://www.playharder.de

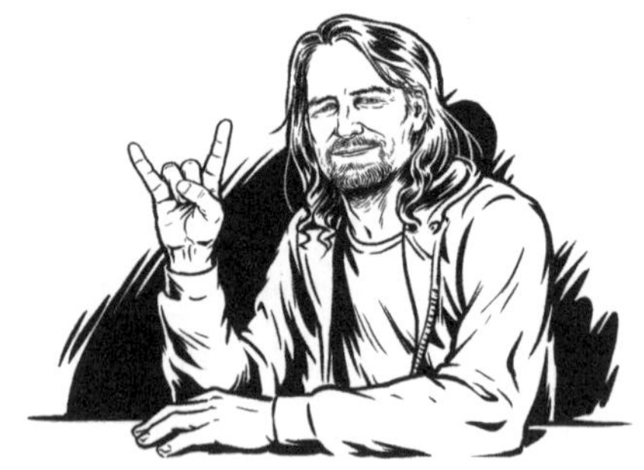

ÜBER DEN ZEICHNER

Fufu Frauenwahl, freischaffender Illustrator aus Berlin, ist hauptverantwortlich für alle Grafiken in *Metal Heroes – and the Fate of Rock*. Neben den Panels und Vignetten bewies er außerdem beim farbenfrohen Cover sein großes Talent als Comic-Zeichner und war ebenso maßgeblich bei der Charakterentwicklung beteiligt.

Fufu wurde 1974 geboren, er studierte Kommunikationsdesign in Nürnberg und Comics in Angoulême, Frankreich. Seit 2001 betätigt er sich als Illustrator in verschiedenen Bereichen mit Schwerpunkt auf narrative Formate.

Er hat ein ausgesprochenes Faible für das Fantastische, daher machen ihm Illustrationen für Rollenspiele und Spielbücher viel Freude.

Zudem zeichnet Fufu kontinuierlich an seiner surrealen, halbautobiografischen Comicserie *Ray Murphy – Detektiv der Träume*. Seine Comics wurden in mehreren Ländern veröffentlicht und erscheinen derzeit regelmäßig im Comic-Magazin *U-COMIX*.

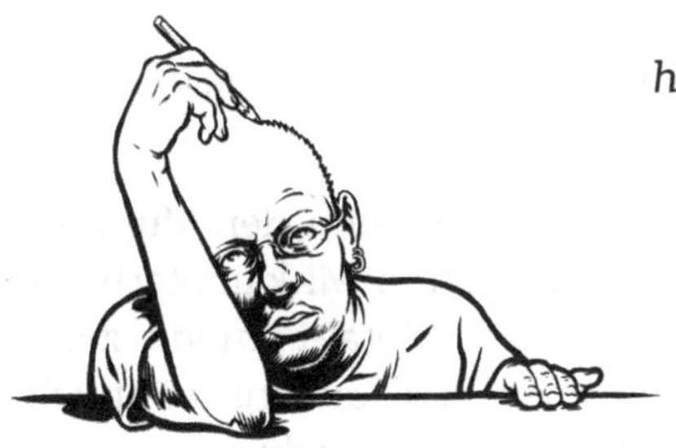

Fufu Frauenwahl im Internet
http://www.fufufrauenwahl.com

ÜBER DIESES BUCH

Es ist vollbracht: Mein zweites Spielbuch! Für mich Grund zur Freude, denn schließlich gingen von der ersten Idee, über die Entwicklung bis zur Fertigstellung mehr als drei Jahre ins Land. Und jetzt gibt's bereits die 7. Auflage – mit ordentlich Bonus-Material – der Wahnsinn!

Metal Heroes – and the Fate of Rock ist (obwohl anders geplant) ähnlich umfangreich wie seinerzeit mein Erstlingswerk *Reiter der schwarzen Sonne*. Das ausgeklügelte, mehrstufige Regelsystem machte es sogar noch ambitionierter und es ist nicht übertrieben, wenn ich sage, dass es mir unzählige schlaflose Nächte einbrachte.

Hinzu kam die Herausforderung, eine abgedrehte Fantasy-Story auf Basis realistischer Kulissen und Metal-Musik in Form eines waschechten Soundtracks einzubinden.

Als es nämlich um die Zusammenstellung der Tracks ging, wurde deutlich, dass es in Deutschland nicht so einfach ist, einen Sampler zu stricken, ohne sich mit bestehenden Institutionen anzulegen. Ein Spielbuch-Autor mit Plattenlabel im Lizenz-Wahn ... Also nee!

Es war die Anfrage an *Napalm Records*, die die Idee eines Soundtracks wieder zum Leben erweckte. Das erfahrene Label aus Österreich war tatsächlich bereit, das „Heroes"-Projekt mit ihren internationalen Acts zu supporten! So wurde eine breitgefächerte Scheibe produziert, die den Metal in all seiner Pracht und Vielfältigkeit (re)präsentiert. Da CD-Player jedoch zu einer aussterbenden Spezies gehören, haben wir uns dazu entschlossen, den Soundtrack zudem als Stream bzw. zum Download anzubieten (Links am Ende des Buchs).

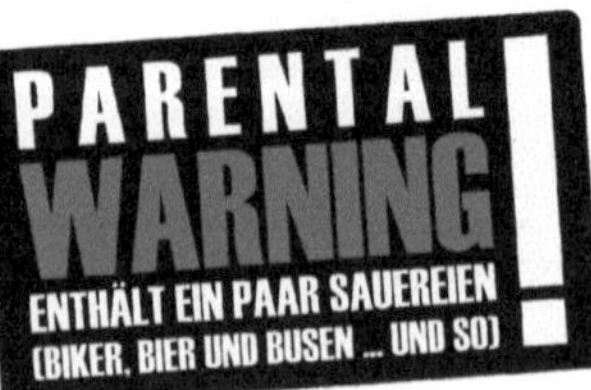

Ich proste allen Mitwirkenden, den Musikern, Machern, Mitspielern und Mitkämpfern und natürlich euch, werte Metal-Freunde, zu! Es ist mir ein Fest, euch dieses außergewöhnliche Buch-Genre näherbringen zu dürfen.

Rockt dieses Spielbuch!

SWEN HARDER

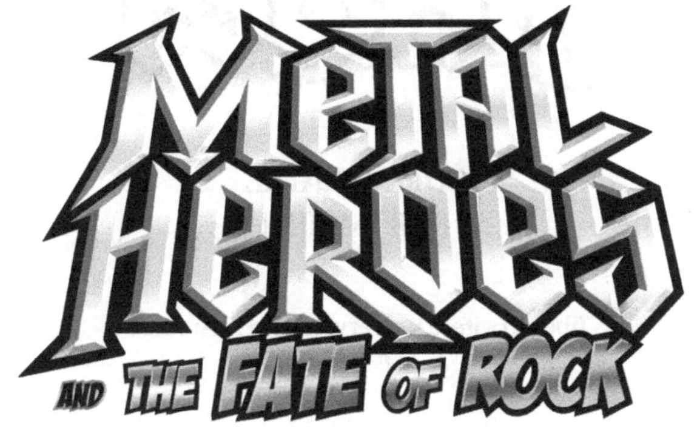

EIN

ROCK-COMEDY
SPIELBUCH

ILLUSTRATIONEN VON

FUFU FRAUENWAHL

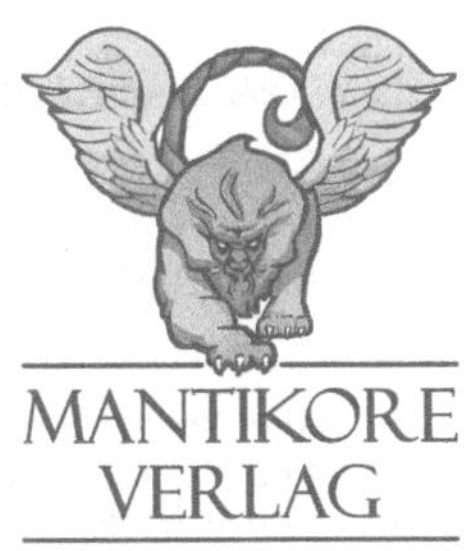

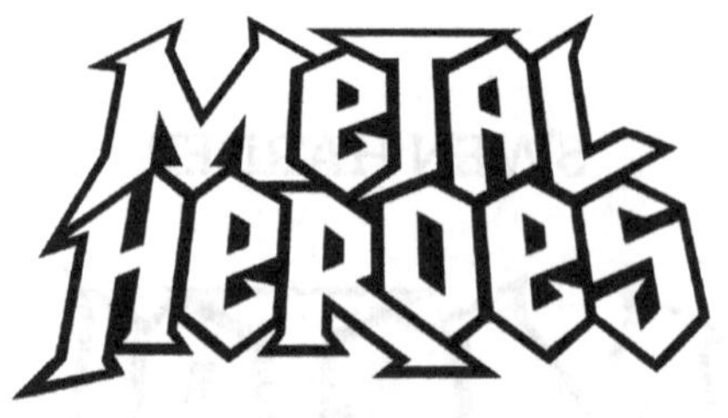

FÜR MELANIE
FÜR IMMER!

überarbeitete und erweiterte 7. Auflage
April 2025

Veröffentlicht durch den
MANTIKORE-VERLAG NICOLAI BONCZYK
Frankfurt am Main 2025
www.mantikore-verlag.de

Illustrationen und Cover **Fufu Frauenwahl**
Testing und Gameplay **Eberhard Eschwe**
Lektorat **Verena Thrin**
PD Dr. Oliver M. Traxel
Satz und Layout **Swen Harder**

Speziellen Dank an: **Clémentine Delauney, Jill Janus, Charlotte Wessels, Thomas Caser, Monika Six, Thomas Shellraiser, Sven Relling, Thomas Fischer, Reinhard Kotz, Christian & Florian Sussner, Sven Mencke, Matthias Stark, Moritz Mehlem, Karl-Heinz Zapf, Max Rohland, Angelsnature & Lauscher**

Mit freundlicher Unterstützung von
Napalm Records, W:O:A-Team, SLAM Magazine

VP **084-72-02-03-0125** ISBN **978-3939212-60-7**

Printed in the EU

Hinweis: Dieses Buch erzählt eine fiktive Geschichte. Alle real existierenden Bands und Personen werden hier teilweise satirisch und überhöht dargestellt. Dies soll weder ihr künstlerisches Wirken, noch ihr Leben lächerlich machen.
Der Autor unterstreicht seinen höchsten Respekt vor den erwähnten Künstlern und Stars, insbesondere den verstorbenen, und weist darauf hin, dass er mit der Nennung ihrer Namen und Werke ihren Platz in der Geschichte des Rock'n'Roll würdigt.

INHALT

METAL-LOGBUCH

LEVEL PUSSY ○ ROCKER ○ FREAK ○

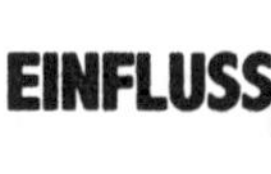

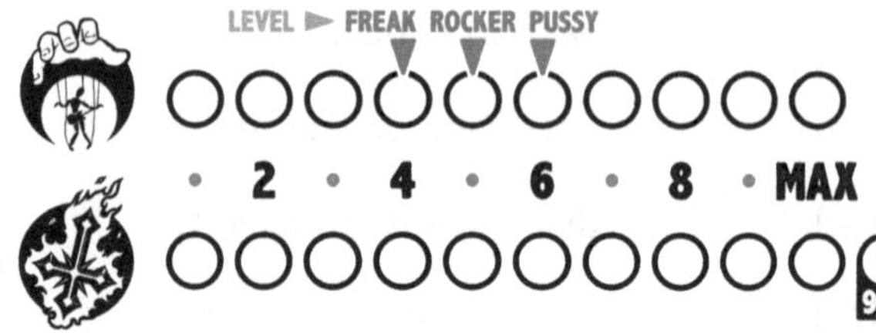

TAYLORS KRAM

VIP-	701 entfernte Pokerkarte ○ ○ ○ ○ (2♣ Q♦ 9♥ A♠)

ROAD TO GLORY

1 Vertrag mit Abÿss Records	12 ein Engel singt
2 Außenseiter gepusht	13A 13B per Heli-Taxi/Rettungsheli
3A 3B Gibson/Ergüsse gerettet	14A 14B Buddy-/King-Cam manipuliert
4 EP-Aufnahme klargemacht	15 Untoten verfolgt
5 Band-Freundschaft (I)	16 6. Finger im Spiel
6 perverser Wichser	17 Schlange getreten
7 Band-Freundschaft (II)	18A 18B 18C Fan-Unterstützung
8 Arsch in die Wüste geschickt	19 Aufmarsch der Heroes Army
9 schwarze Legende getroffen	20A 20B mit Jill/Charlotte gedemütigt
10 Schlüssel ergattert	21 Lucy in die Knie gezwungen
11 Band-Freundschaft (III)	♡ Clems Herz gewonnen

Notizen

Score-Leisten

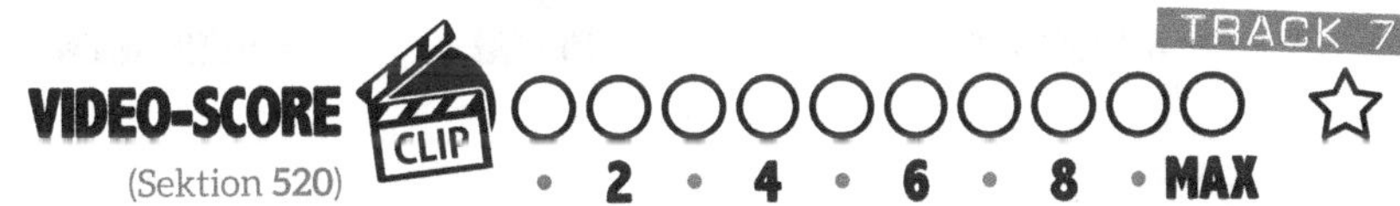

TRACK 8
SECURITY-STUFE
(Sektion 555)

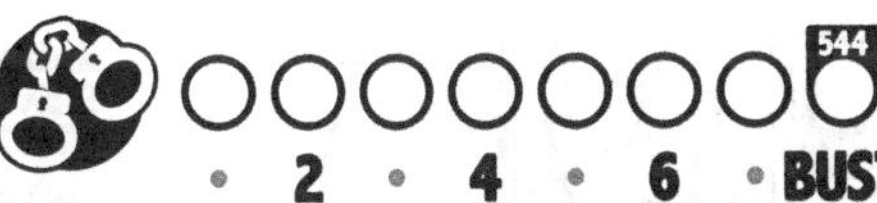

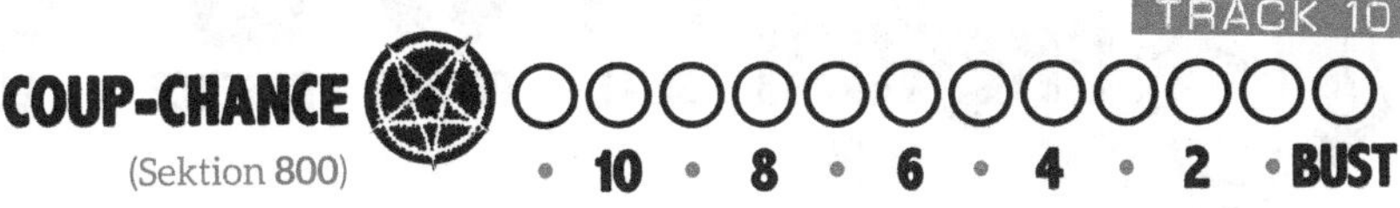

FINAL TRACK
LUCIVERS' MACHT
(Sektion F10)

FREAK ROCKER PUSSY ◄ LEVEL

F57

10 · 8 · 6 · 4 · 2 ·

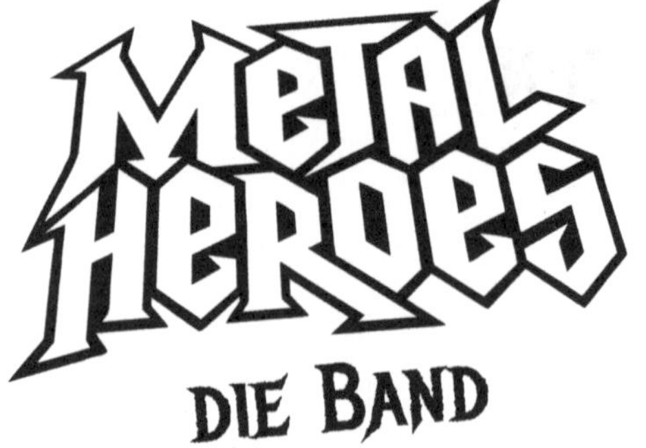

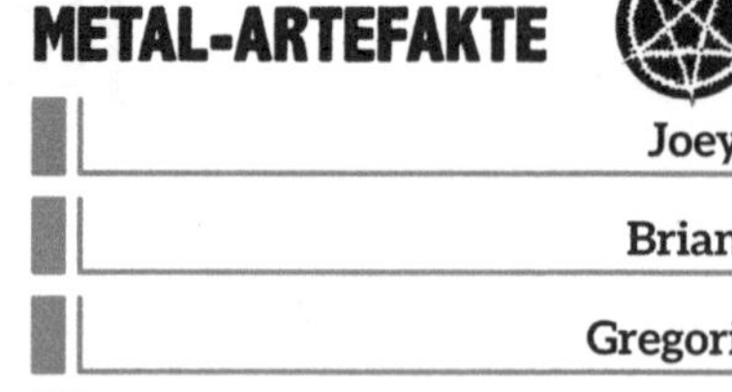

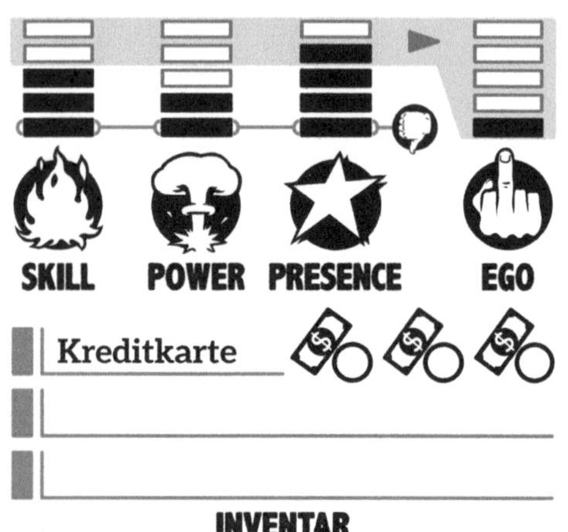

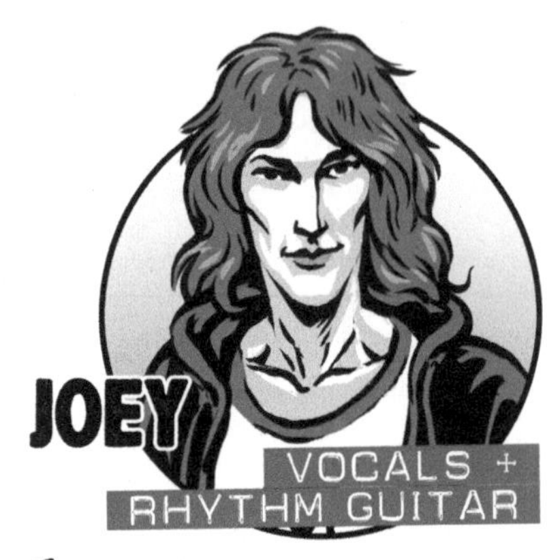

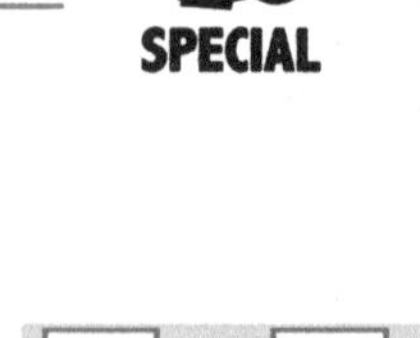

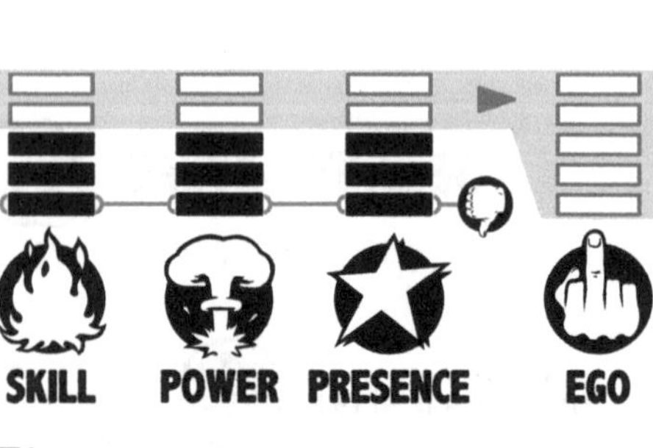

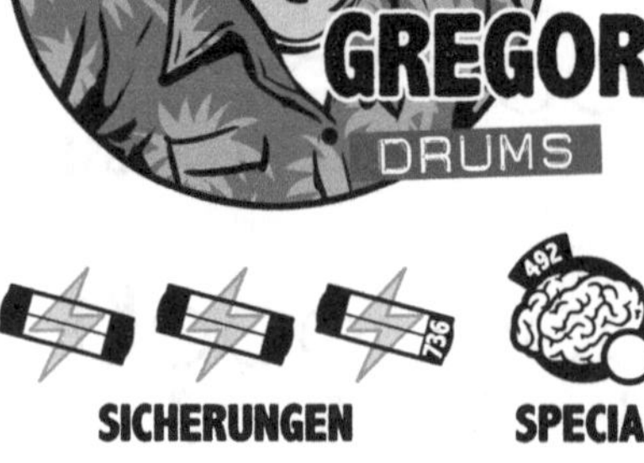

736
SICHERUNGEN

492
SPECIAL

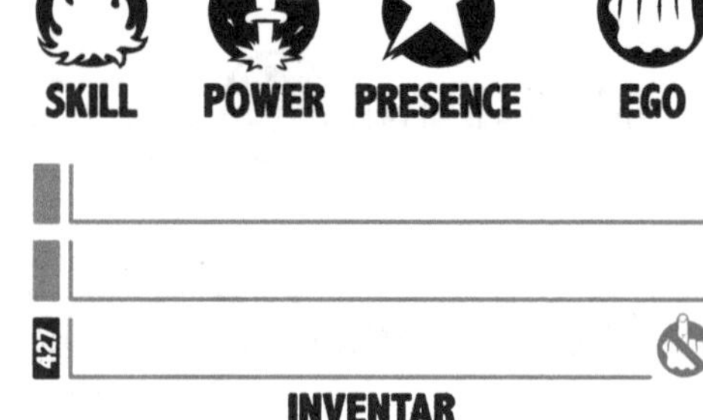

FANBASE

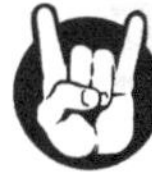

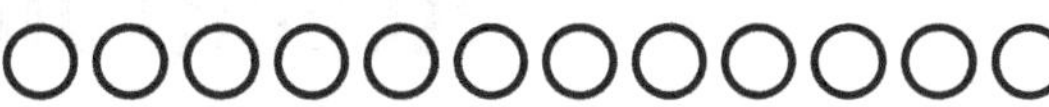

• 2 • 4 • 6 • 8 • 10 • MAX

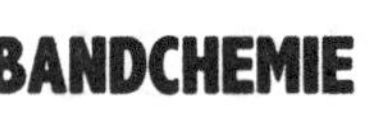

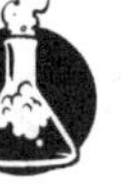

769

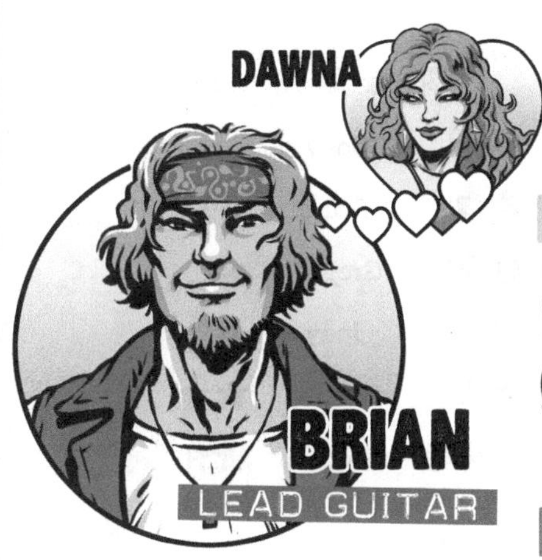

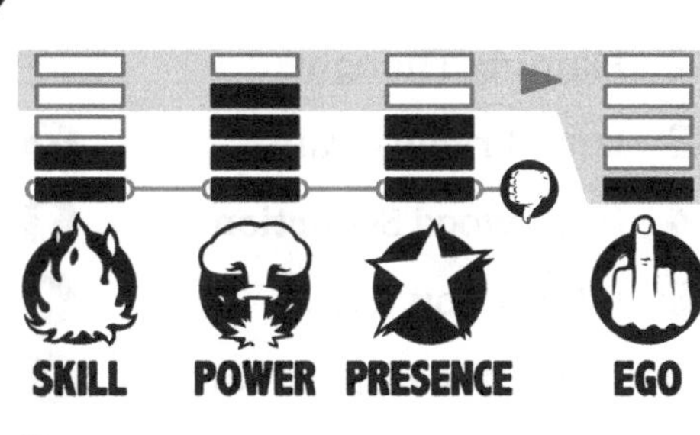

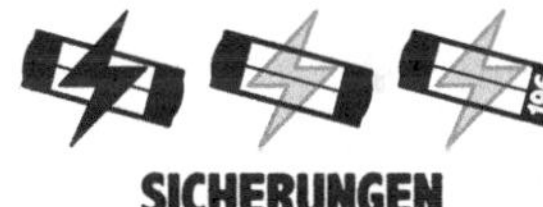

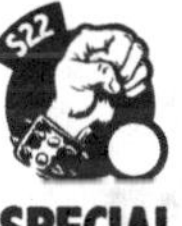

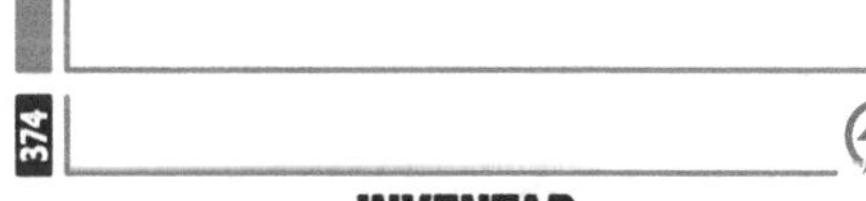

SICHERUNGEN SPECIAL INVENTAR

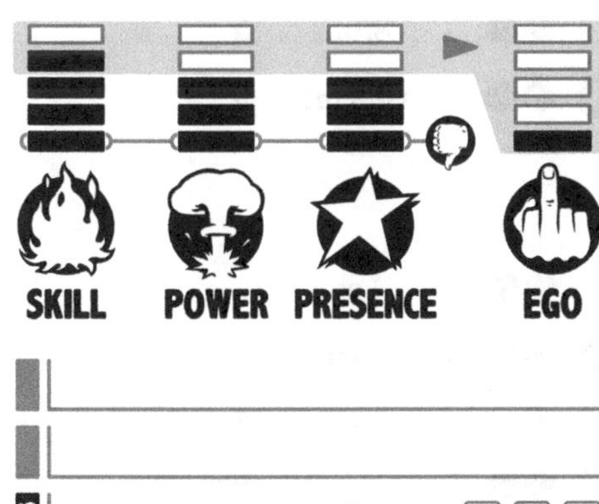

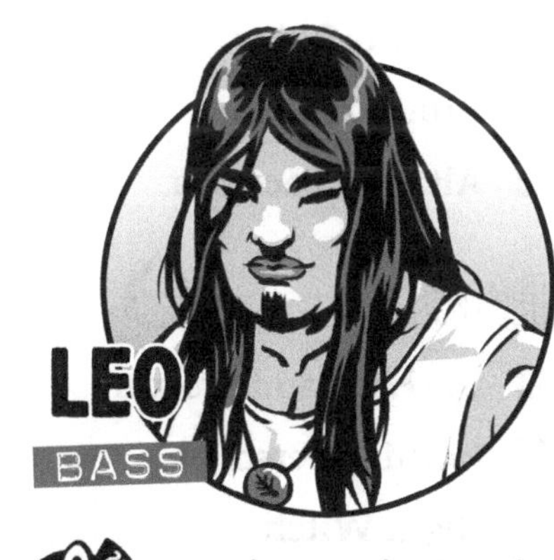

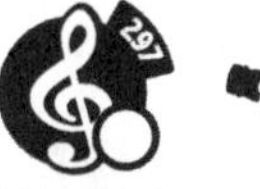

INVENTAR SPECIAL SICHERUNGEN

Repertoire

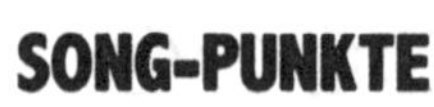

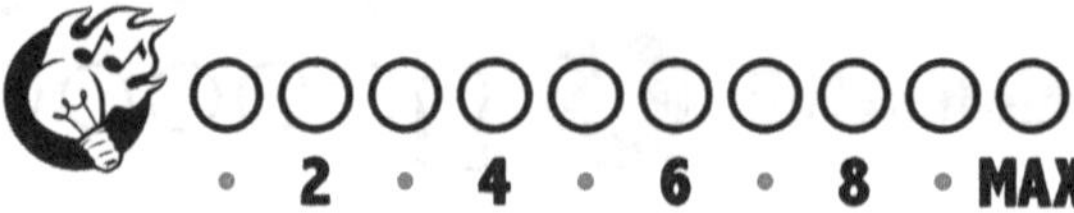

Classic

#	Song		ANSPR. (−1 / +1)	LEADER	FAME	OUT
#1	Soul Reaper		⬢⬡⬡	Joey	☆	☐
#2	Flaming Thoughts		⬢⬢⬡	Brian	☆☆☆	☐
#3	Love, Friends, Pain	2	⬢⬢⬢	Gregori	★☆☆	☐
#4	Hollywood Seduction	3	⬢⬡⬡	Joey	★☆	☐
#5	I Want You, Bitch!	4	⬢⬢⬡	Brian	★★☆	☐
#6	Under the Heroes' Banner	6	⬢⬢⬢	Gregori	★★☆☆	☐

Death

#	Song		ANSPR.	LEADER	FAME	OUT
#7	Kneel to Die!		⬢⬡⬡	Gregori	★	☐
#8	Living Nightmares	2	⬢⬢⬡	Brian	☆☆	☐
#9	Vicious Ghost	3	⬢⬢⬡	Joey	★☆☆	☐
#10	Into the Ruins	3	⬢⬢⬢	Joey	★☆☆	☐
#11	Hungry Blood	4	⬢⬢⬡	Brian	★☆☆	☐
#12	Altars of Sacrifice	5	⬢⬢⬡	Gregori	★☆☆☆	☐

Thrash

#	Song		ANSPR.	LEADER	FAME	OUT
#13	Die Hard and Prosper		⬢⬢⬡	Leo	☆	☐
#14	Nothing Personal	2	⬢⬢⬡	Brian	☆☆	☐
#15	Night Witch	3	⬢⬡⬡	Joey	★☆☆	☐
#16	Kill and Destroy	3	⬢⬢⬡	Gregori	★☆☆	☐
#17	Check my Freak	4	⬢⬢⬡	Leo	★☆☆☆	☐
#18	Crawling Crusader	5	⬢⬢⬢	Joey	★★☆	☐

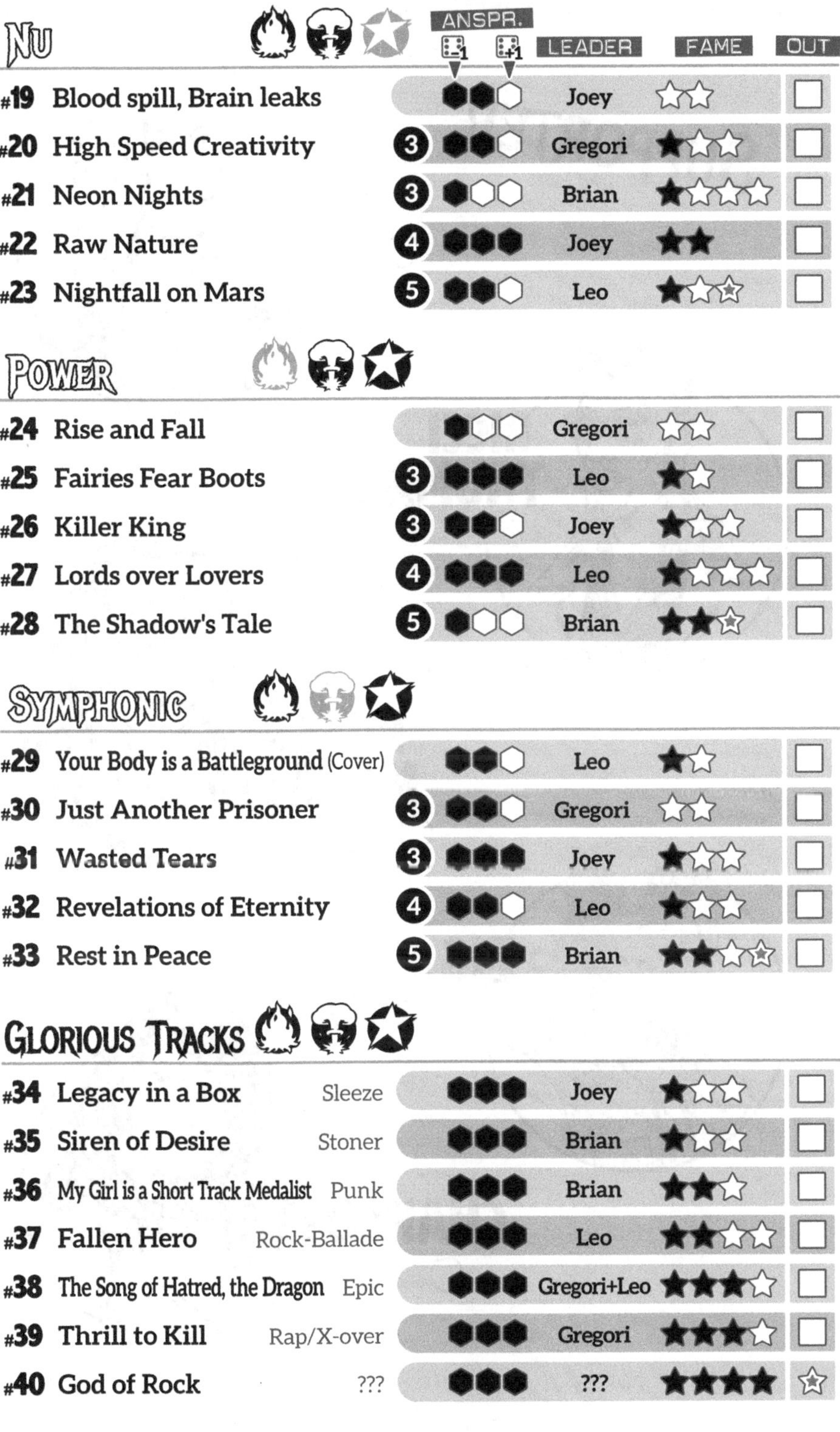

Nu

#	Song	Anspr.	ANSPR. (-1 / +1)	Leader	Fame	Out
#19	Blood spill, Brain leaks		⬢⬢⬡	Joey	☆☆	☐
#20	High Speed Creativity	3	⬢⬢⬡	Gregori	★☆☆	☐
#21	Neon Nights	3	⬢⬡⬡	Brian	★☆☆☆	☐
#22	Raw Nature	4	⬢⬢⬢	Joey	★★	☐
#23	Nightfall on Mars	5	⬢⬢⬡	Leo	★☆☆	☐

Power

#	Song	Anspr.	ANSPR. (-1 / +1)	Leader	Fame	Out
#24	Rise and Fall		⬢⬡⬡	Gregori	☆☆	☐
#25	Fairies Fear Boots	3	⬢⬢⬢	Leo	★☆	☐
#26	Killer King	3	⬢⬢⬡	Joey	★☆☆	☐
#27	Lords over Lovers	4	⬢⬢⬢	Leo	★☆☆☆	☐
#28	The Shadow's Tale	5	⬢⬡⬡	Brian	★★☆	☐

Symphonic

#	Song	Anspr.	ANSPR. (-1 / +1)	Leader	Fame	Out
#29	Your Body is a Battleground (Cover)		⬢⬢⬡	Leo	★☆	☐
#30	Just Another Prisoner	3	⬢⬢⬡	Gregori	☆☆	☐
#31	Wasted Tears	3	⬢⬢⬢	Joey	★☆☆	☐
#32	Revelations of Eternity	4	⬢⬢⬡	Leo	★☆☆	☐
#33	Rest in Peace	5	⬢⬢⬢	Brian	★★☆☆	☐

Glorious Tracks

#	Song	Genre	ANSPR.	Leader	Fame	Out
#34	Legacy in a Box	Sleeze	⬢⬢⬢	Joey	★☆☆	☐
#35	Siren of Desire	Stoner	⬢⬢⬢	Brian	★☆☆	☐
#36	My Girl is a Short Track Medalist	Punk	⬢⬢⬢	Brian	★★☆	☐
#37	Fallen Hero	Rock-Ballade	⬢⬢⬢	Leo	★★☆☆	☐
#38	The Song of Hatred, the Dragon	Epic	⬢⬢⬢	Gregori+Leo	★★★☆	☐
#39	Thrill to Kill	Rap/X-over	⬢⬢⬢	Gregori	★★★☆	☐
#40	God of Rock	???	⬢⬢⬢	???	★★★★	☆

SUPPORTER

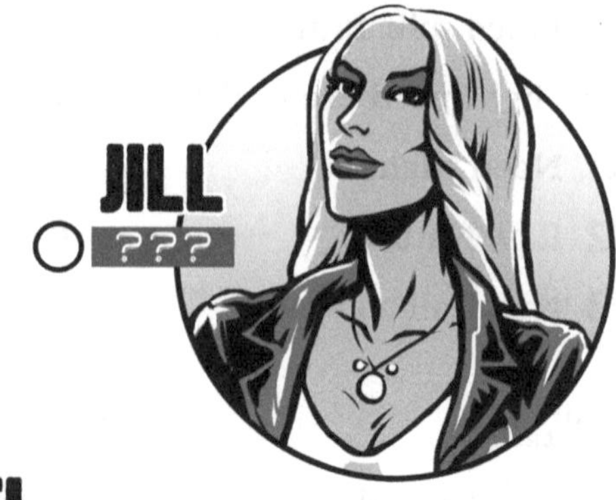

JILL

???

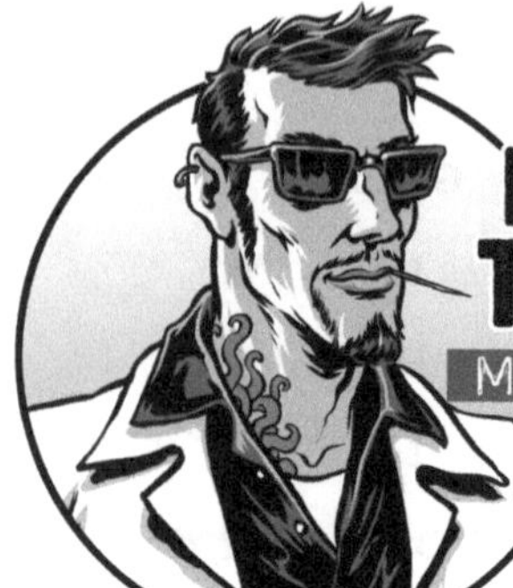

RICCI TRUMAN

MANAGER

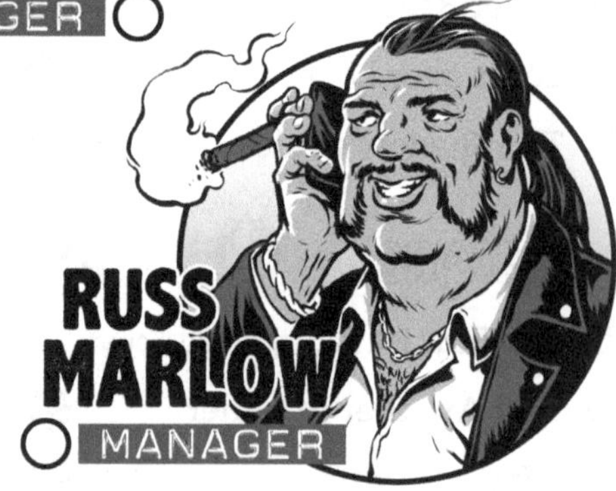

RUSS MARLOW

MANAGER

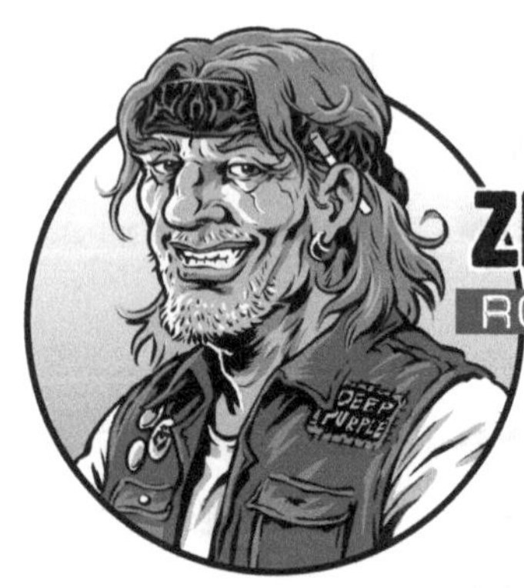

ZIG

ROADIE

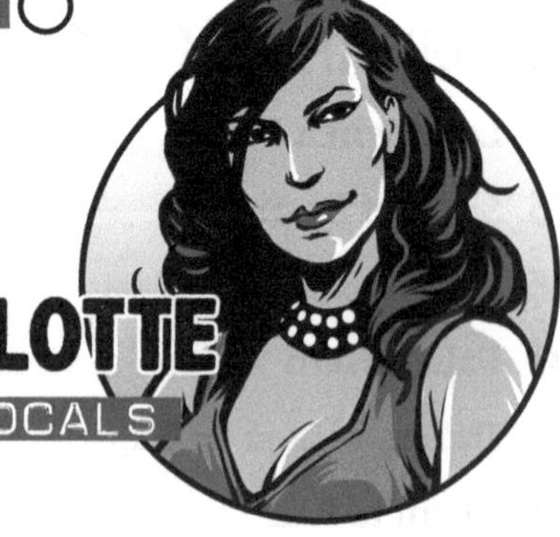

CHARLOTTE

VOCALS

Tour-Book

MODIFIKATOREN

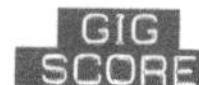

Gig	Land	Nr.	A	B	C	P	S
Battle at the Palace	USA	71	A		C	P	S
Debut under the Rainbow	USA	190	A	B		P	S
Halloween on Fire	USA	242	A			P	S
Turn on the Voltage	USA	296	A	B		P	S
Down the Dungeon	USA	320		B		P	S
Rock the Maiden	USA	325		B		P	S
Stars at Starlite	CAN	275	A			P	S
Swedish Sins	SWE	510		B		P	S
Gig for Zig	SWE	58	A			P	S
Open Air Östersund	SWE	515			C	P	S
Vamp the Mansion	USA	400	A			P	S
Brave Heroes	GBR	430	A			P	S
Underworld Preview	GBR	532		B		P	S
Bring it to „The Max"	NED	530		B	C	P	S
Metal Metro Mayhem	FRA	590	A		C	P	S
W:O:A Headbanger Stage	GER	655		B		P	S
W:O:A TV-Gig	GER	675		B		P	S
Rock the Boat	USA	782	A	B	C	P	S
MBRO Awards Medley	USA	890	A	B	C	P	S
Echo Rossija	RUS	755			C	P	S
São Paulo Arena	BRA	781	A			P	S

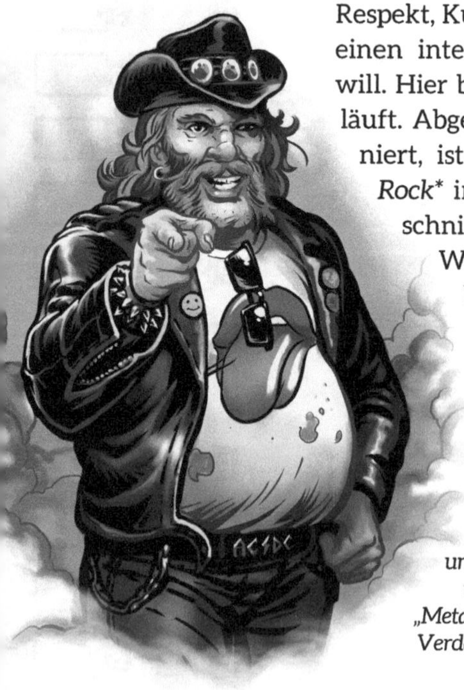

Respekt, Kumpel, du liest ein Spielbuch! Also einen interaktiven Roman, wenn man so will. Hier bestimmst DU, wie die Geschichte läuft. Abgefahren, was? Damit das funktioniert, ist *Metal Heroes - and the Fate of Rock** in etliche, durchnummerierte Abschnitte unterteilt.

Was is'n los? Wirst ja plötzlich ganz bleich ums Näschen. Hey, keine Panik! Ich steh' dir bei!

Also, mach dich locker und leg einfach auf der nächsten Seite los. Die Rock-Welt braucht dich!

**) Warnung: Diese anregende Geschichte entführt dich in die Welt des Rock'n'Roll und ist gepflastert mit englischen Songtexten und Begriffen! So auch der Titel des Buchs: „Metall Helden - und das Schicksal des Felsens". Verdammt noch mal, braucht es weitere Belege, um Anglizismen zu rechtfertigen?*

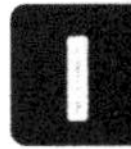

INTRO

LONESOME IN THE JUNGLE

Hülle um Hülle lässt du mit sicherem Fingerspiel nach vorne kippen und erfasst binnen eines Augenblicks, ob du die CD kennst oder nicht. Das dabei entstehende, typische Klappern des Plastiks ist ebenso Musik in deinen Ohren wie die rockige Dauer-Beschallung hier in „Franky's Music Store" – dem Insidertipp für Liebhaber der harten Klänge in einer Seitenstraße des Sunset Boulevard im Westen Hollywoods. Jeden Montagmorgen, auf dem Heimweg nach deiner Nachtschicht, machst du einen Abstecher hierher und Dale, der beneidenswerte Ladenfuzzi, macht dir als Stammkunden stets faire Preise.

„Na, Taylor, haste was gefunden?", will er wissen.

Du winkst ab und suchst wortlos weiter. Denn, so einfach ist das nicht: Berge von Rock- und Metal-Alben türmen sich mittlerweile in deiner Bude. Von Aerosmith bis ZZ Top, von Alice Cooper bis Zappa – es gibt nichts, was du nicht hast. Und vor allen Dingen: Du hast dir jede Scheibe, egal wie scheiße du sie auch findest, mindestens zwei Mal reingezogen. Denn: Es geht dir nicht ums Sammeln. Nein, du liebst den Rock! Und da gebietet es der Respekt jedem Künstler gegenüber, ihm eine zweite Chance einzuräumen, oder?

Dumm nur, dass du dir deine Obsession eigentlich nicht leisten kannst. Einzig durch geschicktes Ausgaben-Management (penetrantes Kippenschnorren bei Kollegen und Passanten), ein dauerhaftes Mietmoratorium (nächtliche Buden-Einstiege über die Feuerleiter) oder das Schieben von unterbezahlten Überstunden als Aushilfskraft in der Rainbow Bar (Klo-Schrubben in den Morgenstunden) kannst du dich einigermaßen über Wasser halten.

Plötzlich erweckt ein skurriles Old-Fashion-Cover deine Aufmerksamkeit. Es zeigt einen Rock-Opa in Lederkutte, dessen buschige Augenbrauen ebenso aschgrau sind wie sein Resthaar und der

zottelige Vollbart. Er deutet mit dem Zeigefinger auf dich, den Betrachter, ganz in alter Uncle-Sam-Manier.
„Temporary God", liest du dir selbst vor. Nie gehört. Auch der Bandname „L.o.v.e." ist dir unbekannt. Obwohl du stets der Meinung warst, so ziemlich alle Bands - zumindest dem Namen nach - zu kennen.
Die Hülle ist vollkommen neu, das Booklet hingegen ramponiert und verblichen. Weder eine Tracklist noch irgendwelche Vermerke geben Hinweise darauf, wer oder was „L.o.v.e." ist.
Scheiß drauf! Wie oft hast du geile Musik auf Indie-Scheiben entdeckt. Kurzentschlossen legst du sie auf die Theke.
„Na, Taylor, siehst heute mal wieder ganz schön übel aus", stellt Dale verschmitzt fest.
„Kann schon sein", antwortest du mit einem stolzen Grinsen.
„Erzähl!" - „Ich war gestern auf dem Sunset Festival und seitdem noch nicht zu Hause."

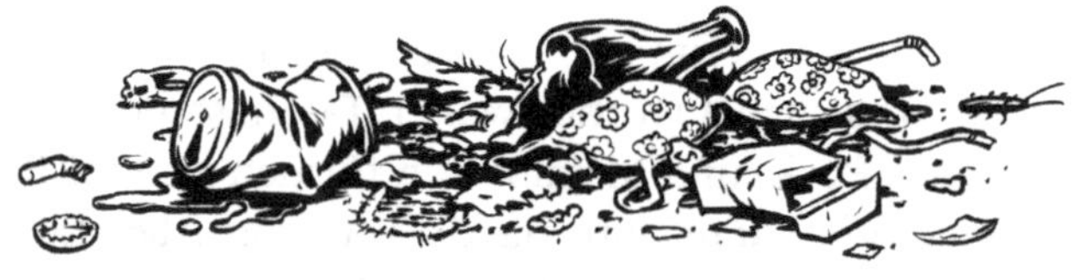

Während Dale deinem euphorischen Bericht der vergangenen Nacht verblüfft folgt, arrangierst du deine jämmerliche Barschaft (zwei Quarter-Münzen und drei verknitterte Dollarnoten) so ansprechend wie möglich auf der Theke.
„Seltsam", murmelt der Verkäufer, der vergeblich versucht, deinen Fang mit dem Kassenscanner zu verbuchen. „Die Scheibe hat gar keinen Barcode."
Er mustert die CD noch einmal genau. Dann schiebt er sie dir mitsamt dem Geld wieder zu: „Geht klar, Taylor. Nimm den Müll mit. Hat wahrscheinlich irgendein Spinner, der seine Band promoten wollte, dazugeschmuggelt."
Als du wieder auf der Straße stehst und mit verkniffenen Augen in den wolkenlosen kalifornischen Himmel hinaufblickst, freust du dich - trotz dicken Schädels - über den gelungenen Start in den Tag.

Abermals hast du etwas für lau abgestaubt! Schicksal? Karma? Was es auch ist, es war nach all den Jahren einfach fällig!
In der Ferne leuchten, zwischen Palmen und Zypressen, die weißen Fassaden der Villen von Beverly Hills. Verdammt, was würdest du geben, in so einem Schuppen residieren zu dürfen. Jedoch die Chancen dazu stehen schlecht - denn sind wir mal ehrlich: Das Schicksal hat dich stets behandelt wie ein Stück Scheiße. Allerdings nicht wie so 'nen schwarzen Brocken, den man mit Stolz im Lokus versenkt, nein, eher wie diese gekringelten Straßenköter-Hinterlassenschaften, über die jeder die Nase rümpft.
Aber okay, du hast mittlerweile deinen Platz im Dschungel der Westküstenmetropole Los Angeles gefunden und akzeptiert, dass du ein Stück Kringel-Scheiße bist. Und wenn man sich das erst mal eingestanden hat, dann ist es auch gar nicht mehr so ätzend.
Gedankenverloren joggst du los, um nicht wieder zu spät zur Arbeit zu kommen, und schmetterst einen deiner Peppers-Favoriten♫:

It's hard to believe that there's nobody out there
It's hard to believe that I'm all alone
At least I have her love, the city, she loves me
Lonely as I am, together we cry

I don't ever wanna feel like I did that day
But take me to the place I love, take me all the way
I don't ever wanna feel like I did that day
But take me to the place I love, take me all the way

„Under the Bridge" (1992) von Red Hot Chili Peppers
Funk- und Alternative-Rockband aus Los Angeles, USA

Bist du down, ist Musik die beste Therapie. Sicher, Partys, Fusel und Weiber helfen auch, aber nichts gibt dir so viel Energie wie handgemachter Rock! Für die meisten ist's dümmliches Geschrubb' oder die Quadratur der Zeitverschwendung und der Rock-Gott allein weiß, wie viele verbale Kämpfe du bereits gegen die stupide Pop-Ignoranz da draußen ausgefochten hast.
Dabei immer am Mann: dein Discman*. Seit Mitte der 90er - du warst noch ein pickeliger Teenager - spielt dein treuer Begleiter

*) **Discman** | *Portabler, batteriebetriebener CD-Player der Firma Sony. Die erste Variante, der D-5, erschien 1984.*

♫) SING MIT!
„Under the Bridge"
Red Hot Chili Peppers

deine Scheiben ab. Und obwohl dir ein paar Kids wegen des ranzigen Teils schon Schläge angedroht haben, würdest du ihn für nichts auf der Welt eintauschen wollen. Mit diesem neumodischen MP3-Zeugs kannst du eh nichts anfangen - einmal davon abgesehen, dass du dir einen solchen Kram gar nicht leisten könntest.
Da fährt dir das tiefe Dröhnen einer Truck-Hupe in die Glieder. Echt, manchmal geht dir der Lärm von L.A. richtig auf den Sack!

⏪ REWIND*

1 Auf dem Weg nach Hause machst du dir mal wieder Gedanken über dich und deine Existenz. Die Arbeit hat geschlaucht und deine Alte hat dich vor gut zwei Wochen sitzenlassen. „Du hast die Wahl", hatte sie gesagt, „ich oder deine scheiß Musik!"
Schade, dass es so enden musste, resümierst du, aber jeder stolze Kuttenträger hätte so entschieden! Dass deine Ex jedoch den Schlussstrich eurer Beziehung mit der Entsorgung des frisch geleasten Flat-TV aus dem Fenster des dritten Stocks ziehen musste, war nicht fair! Früher, zu deiner Jugend, wäre es nie so weit gekommen. Die Ladies hätten sich bei so 'ner Aktion nämlich 'nen Bruch gehoben. Aber heutzutage wiegen diese flachen Glotzen halt nichts mehr.
Die Hupe eines vorbeirasenden, nachtschwarzen Mustangs lässt dich zusammenfahren. Eine Drecksbande aus vier jungen Kerlen und einer Tussi verhöhnt dich. Sie sind allesamt schwarz gekleidet, gepierced, tätowiert und leichenblass - das volle Goth/Emo/Arsch-Programm eben.

SPIELTIPP | **) Nicht wundern: Manchmal gibt es in diesem Buch Rückschauen (**Rewind**) oder exklusive Blicke in die Zukunft (**Fast Forward**). Zu erkennen an den Pfeilsymbolen an der Seite. Die solltest du eigentlich von deinem CD- oder, äh, Medien-Player kennen.*
Dieses schnelle „Zurück-" und „Vorspulen" erspart uns lange Erklärungen. So wie hier: Erlebe nun eine Szene aus Taylors jämmerlichen Leben, nur wenige Tage zuvor ...
Wie? Wer ich bin? Das tut hier nichts zur Sache! Weitermachen!

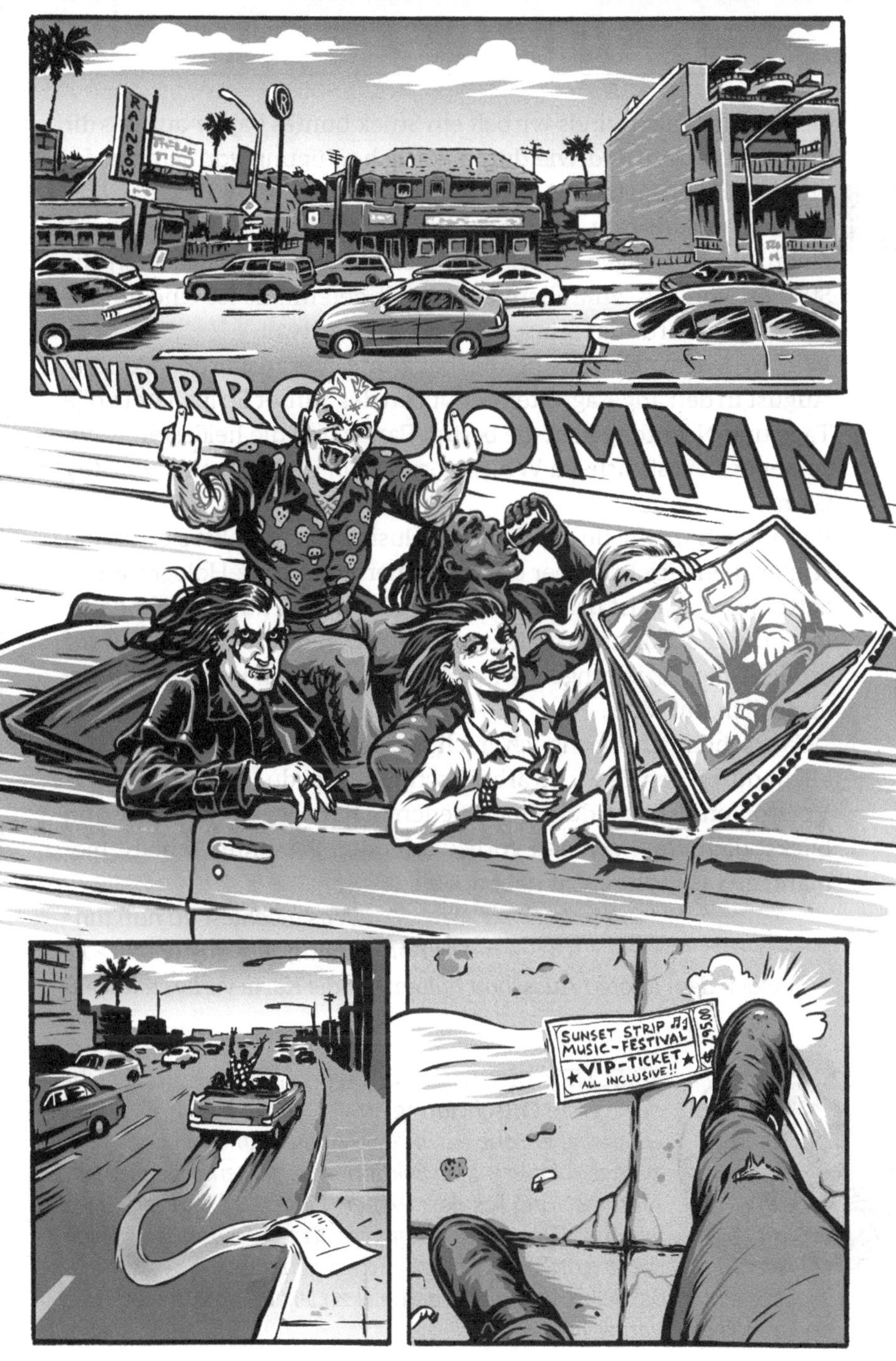

1 *Die Hupe eines vorbeirasenden, nachtschwarzen Mustangs lässt dich zusammenfahren. Eine Drecksbande aus vier jungen Kerlen und einer Tussi verhöhnt dich.*

Der Sog des Fahrtwinds wirbelt ein Stück buntes Papier auf, das dir entgegenflattert und wie durch göttliche Fügung vor deine abgewetzten Bikerboots landet.

Zunächst glaubst du, es handele sich um eine „Map to the Stars“, einen dieser billigen Touristen-Flyer, die zu Abertausenden die Straßen von L.A. zumüllen. Doch weit gefehlt! Es ist eine gültige Eintrittskarte für das Sunset Strip Music Festival!

Wie in jedem Jahr steigt die bekannte Veranstaltung Anfang August in den angesagtesten Schuppen des Sunset Strips. Drei volle Tage und Nächte spielen die besten Bands und die heißesten Newcomer der Westküste im Whiskey-a-Go-Go, Viper Room sowie Key Club.

Euphorisch stapfst du auf die All-inclusive-Karte, hebst sie auf und streichst ehrfürchtig über das schimmernde Schutz-Hologramm.

Satte 295 Dollar ist das Baby wert! Selbst wenn du das Geld dafür irgendwie zusammenkratzen könntest, fehlten dir zum Kauf schlicht die Beziehungen. Diese Tickets sind rar und bekommen eigentlich nur VIPs.

„Wahrscheinlich mache ich mich außerhalb der Hollywood Hills allein durch den Besitz strafbar“, schmunzelst du.

Verstohlen drückst du deinen neuen Schatz gegen die Brust und blickst dich um – von den vorbeilaufenden Passanten scheint niemand etwas verloren zu haben. Geil!

Was möchtest du nun tun?

Die Karte unauffällig einstecken! > **12**

Nach dem Idioten Ausschau halten, der die Karte verloren hat > **8**

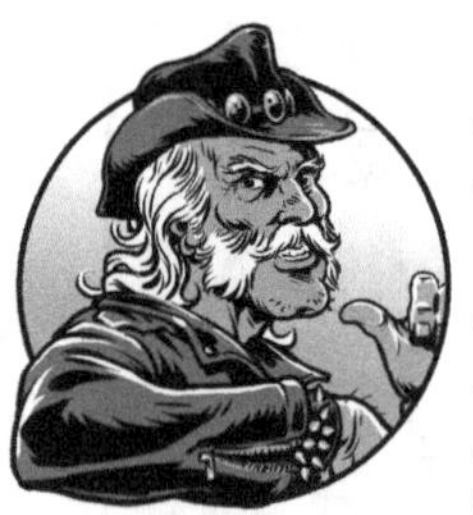

SPIELTIPP | Ich hab dich gewarnt, Kumpel! Jetzt steht deine erste **Entscheidung** *an.*

Überlege, **welche** *der beiden Auswahlmöglichkeiten dir zusagt, blättere zur* **Sektion** *mit der entsprechenden Nummer und lies dort weiter! Dort verfährst du dann genauso. Das geht solange, bis du irgendwann das Ende dieser göttlichen Geschichte erreicht hast.*

Tja, so sieht's aus! Selbst wenn du noch viel zu lernen hast ... Den Rest erkläre ich dir, wenn's akut wird.

2 *Wenn du diesen Text liest, hast du eventuell etwas falsch verstanden. Bist du gerade eben von Abschnitt* ***1*** *hierhergekommen? Falls ja, geh bitte zurück und treffe eine Entscheidung an dessen Ende!*
Bist du von irgendwo anders hergekommen, dann kann ich dir auch nicht helfen ...

3 Die ersten zwei Tage und Nächte des Sunset-Strip-Music-Festivals liegen bereits hinter dir. Ein echter Raubbau an Körper und Geist. Und heute Abend heißt es: letzte Station Viper Room! Nach knapp einer Viertelstunde in der Schlange wird dir Blitzmerker klar, dass du mit dem VIP-Ticket gar nicht anstehen müsstest. Mit gespielter Überheblichkeit läufst du am niederen Volk vorbei und gibst vor den flotten Bräuten mit deiner Karte an.
Während deine Augen noch einem knappen Ledermini nachhängen, fährt dich ein fieser, halsloser Typ an: „Hey, du Penner!“ Angepisst baut sich der Macker, den du wohl versehentlich angerempelt hast, vor dir auf: „Wie bist du denn an so 'ne Karte rangekommen, Freundchen? Du willst sie doch garantiert tauschen? Sagen wir ... gegen dein Leben?“

Möchtest du dem Kerl die Karte geben, Waschlappen? **> 9**
Niemals! Das Teil ist mehr wert als mein jämmerliches Dasein ... **> 16**

4 Du liebst diese Geruchsmixtur, wie man sie nur unter langhaarigen Gleichgesinnten genießen kann: Leder, Schweiß, Kippen. Der Laden ist zum Brechen voll. Die Tanzfläche ist ein einziges Meer aus moshendem* Partyvolk. Viele junge Leute, Anfang 20, aber auch ältere Kerle und reife Rocker-Bräute sorgen für eine ansprechende Mischung.
Sofort suchst du dir ein Plätzchen an der Bar und nutzt deinen Freifahrschein. Nach ein paar Drinks führst du bereits die ersten tiefschürfenden (Selbst-)Gespräche. So gäbe es kaum aktuelle Trends, die du wirklich gutheißt, lässt du spontan ein Emo-Girl wissen: „Beispielsweise lehne ich Intimrasur bei Männern strikt ab!“
„Aha“, verdreht die Kleine angewidert ihre schwarz umrandeten Augen. „Andererseits“, sinnierst du weiter, „Flatrate-Saufen ist okay.“ Insbesondere dann, rufst du der Flüchtenden hinterher,

*) **moshen** | *Synonym für Headbanging, dem Schütteln des Kopfes im Takt der Musik, wobei auch kreisförmige Bewegungen ausgeführt werden können.*

wenn man dafür keinen Dollar blechen müsse und sich das Angebot nicht nur auf wässrige Plörre beziehe.

Wieder alleine orderst du den nächsten Drink, indem du mit entgleistem Grinsen dem genervten Barkeeper zum x-ten Male dein VIP-Ticket zeigst und mit dem Verschlussbügel deines Einweckglases klimperst ...

Irgendwann kurz nach Mitternacht, baut sich ein glatzköpfiger Schrank vor dir auf. Dieser Eisbär, offenbar aus Sibirien stammend und direkt durch den Pazifik hierhergeschwommen, trägt Anzug und Krawatte. Sein Outfit will so gar nicht zur Security dieses Schuppens passen. Womöglich ein Bodyguard eines Hollywood-Stars. Keine Seltenheit auf dem Sunset.

„DUHDAH! Bist duh Teilur!?", quatscht dich der Kerl in kompliziert-gebrochenem Englisch an.

Obwohl du dir ziemlich sicher bist, nichts falsch gemacht zu haben, befürchtest du das Schlimmste. Vielleicht war die Karte gefälscht? Vielleicht ist das verschreckte Emo-Girl so eine gehypte Internet-Göre? Plötzlich packt er dich mit seinen behaarten Pranken an der Schulter: „MITKOMM'N!"

Ich will versuchen, mich aus dem Griff zu befreien > **6**

Ich füge mich > **15**

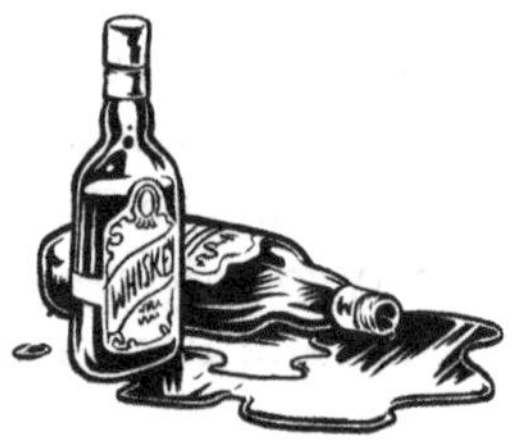

5 Ein ebenso gut dosierter wie gezielter Tritt in die Kronjuwelen lässt den Kartendieb stöhnend zu Boden sinken. Einige andere in der Schlange, die zuvor versucht haben, möglichst unauffällig mit der Umgebung zu verschmelzen, klatschen Applaus. Doch plötzlich hören sie wieder auf und schauen besorgt über deine Schulter. Du spürst eine Erschütterung der Macht.

Weiter > **18**

I

6 Du windest dich unter dem übermenschlichen Griff des Bodyguards, doch der packt nur noch fester zu und nimmt dich prophylaktisch in den Schwitzkasten: „Hör auf! Isch bekomm' Ärger mit Boss, wenn isch disch kaputtmach'!"
Der Typ stinkt zum Himmel. Du fühlst dich an deinen Chemie-Unterricht in der High School erinnert – eindeutig Schwefel.

Weiter > **15**

7 „Eine gute Entscheidung, Mister Taylor. Dann unterschreiben Sie doch gleich hier ..."
Lucius streckt dir ein Schriftstück entgegen. Du betrachtest die Hand des Geschäftsmannes – perfekte Maniküre und ein fetter Siegelring, schwarzes Metall mit eingraviertem, auf dem Kopf stehendem Kreuz.
Der Alkohol in deinem Blut leistet ganze Arbeit: Die Buchstaben des Kleingedruckten auf dem vergilbten Dokument tanzen und hüpfen, als wollten sie sich einer eingehenden Lektüre entziehen.
Unterdessen hält dir der Bodyguard mit versteinerter Miene einen Federhalter unter die Nase.

Willst du unterzeichnen, Lucius die Hand schütteln und den Deal somit endgültig besiegeln, dann trage die Konsequenzen > **17**

Ansonsten, kratze die Kurve > **13**

8 Suchend läufst du weiter in die Richtung, aus der die Karte heranflog. Aber schnell gestehst du dir ein, dass du eigentlich überhaupt keinen Bock hast, den rechtmäßigen Eigentümer deiner neuen Kostbarkeit zu finden. Wer dermaßen blöd ist, einen solchen Schatz zu verlieren, ist doch selbst schuld!

Weiter > **12**

9 Unsicher, ob du einen Schlagabtausch mit diesem Typen überstehen würdest, hältst du ihm deine gelobte Karte entgegen, als sich der Himmel erneut verdunkelt.
Ungläubig wendest du dich um und ein noch größerer – du zweifelst, ob hier die Bezeichnung „Mensch" überhaupt zutreffend ist – Berg aus Muskeln, gezwängt in einen schwarzen Anzug, steht hin-

ter dir. Der dunkelhäutige Bodyguard ergreift das Handgelenk deiner unliebsamen Bekanntschaft, drückt zu, zieht deine Karte aus dessen verkrampften Fingern und gibt sie dir zurück. Sein finsterer Blick und die nach unten gezogenen Mundwinkel genügen, um klar zu machen, dass hier kein Stress geduldet wird.
Beeindruckt bedankst du dich bei deinem Retter, der nur lapidar brummt: „Hier entlang, Sir."
Wenige Minuten später tauchst du endlich in die einzigartige Atmosphäre des Viper Rooms ein.

Weiter > ***4***

10 Fast schon bemitleidenswert versuchst du dem deutlich größeren Typen eine Kopfnuss zu verpassen. Du springst aus dem Stand hinauf, triffst ihn mit der Stirn jedoch nur an der Schulter.
„Was soll das denn werden, du Schrittschwitzer?", höhnt der Kerl. Er packt dich am Kragen deiner Lederkutte, zieht dich dermaßen nahe heran, bis du seinen Atem genießen darfst – um dich dann plötzlich wieder abzusetzen. Mit einem künstlichen Lächeln richtet er deine Klamotten und klopft dir auf die Schuler. Du spürst die Anwesenheit eines mächtigen Wesens im Rücken ...

Weiter > ***18***

11 Euphorisch stürzt du dich wieder ins Getümmel! Du bist zwar nicht der schärfste Typ auf dem Parkett, aber an Selbstbewusstsein hat es dir noch nie gemangelt, insbesondere, wenn der Alkoholpegel die Schamgrenze übersteigt. Kurz entschlossen machst du eines der jungen Dinger an.
„Hör mal zu Opa, du bist ja irgendwie süß, aber ich will es mal so ausdrücken: Dein Gen-Pool ist nicht besonders interessant für mich!"
Du starrst sie grenzdebil an. Dein in Alkohol eingelegtes Hirn verarbeitet derweil die eingegangenen Informationen, so gut es noch kann. „... hast du nett gesagt", lallst du zurück.
Stunde um Stunde, Drink um Drink, näherst du dich dem Schlussakkord dieser Nacht: Einem Nickerchen im wummernden Reflexkanal des mannshohen Tiefbass-Lautsprechers.

Der „Rewind"-Rückblick endet nun... Zurück in die Gegenwart! > ***19***

I

12 Vorsichtig schiebst du die Karte in die Innentasche deiner rissigen Lederjacke. Bloß nicht knicken oder versehentlich den Kontrollabriss beschädigen! Du traust dir alten Wurstfinger-akrobaten alles zu.
In heller Vorfreude auf drei Tage nonstop Rock und hemmungslosen Bierkonsums eilst du nach Hause.

Notiere dir nun deinen Fund, das ***VIP-Ticket****, im Metal-Logbuch unter* ***Taylors Kram****! (Damit du dich gleich orientieren kannst, ist der Anfang mit „****VIP-****" bereits getan.)*

Weiter > ***3***

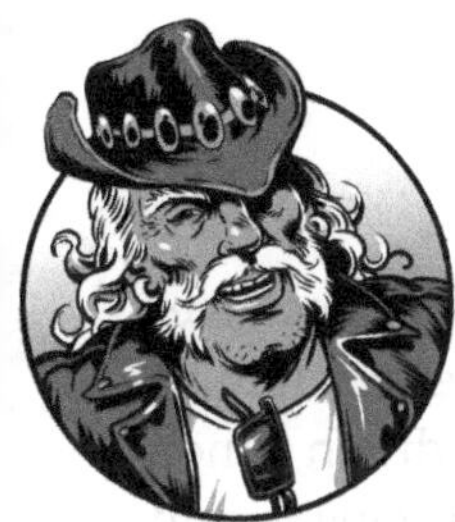

SPIELTIPP | Gelegentlich wirst du das ***Inventar*** *verwalten müssen. Achte darauf, Schreibweisen (****fett****) exakt zu übernehmen und dich auch sonst penibel an die Regelanweisungen zu halten, damit es später nicht zu Verwechslungen oder Problemen kommt.*
Das ***Metal-Logbuch*** *findest du übrigens am Anfang des Buches. Wichtig: Merke dir unbedingt die Sektionsnummer oder halte einen Finger in dieser Seite oder nutze ein Lesezeichen, damit du auch wieder hierher zurückfindest, um die Story fortsetzen zu können. Übrigens auch sonst eine Spitzenidee!*

13 „Sie tun ja gerade so, Taylor, als wolle ich Ihnen Ihr Lachen abkaufen. Aber schön, Ihre Entscheidung", quittiert Lucius ohne weitere Regung und signalisiert seinem Bodyguard, dich nach draußen zu begleiten.
„Bitte passen Sie auf sich auf." Der glatte, süffisante Unterton der Bonzen-Verabschiedung kriecht dir unter die Haut.
Du blickst noch einmal zurück und starrst auf den langsam ausschwingenden Vorhang. Was ist eben passiert? War das eine Szene aus einem Paten-Film? Aber wahrscheinlich hast du bloß ein paar zu viel intus.
„Lex Lucius", brabbelst du spöttisch, „was für'n Kackname!"

Weiter > ***11***

14 Dein Schlag, ansatzlos und wohl platziert, überrascht deinen Peiniger. Nach Luft japsend setzt er sich auf den Hosenboden und flucht: „Du verdammter Lümmellecker! Dafür wirst du bezahlen."
„Das sagt der Richtige", trittst du verbal nach, als du hinter dir eine starke Gravitationsveränderung verspürst.

Weiter > ***18***

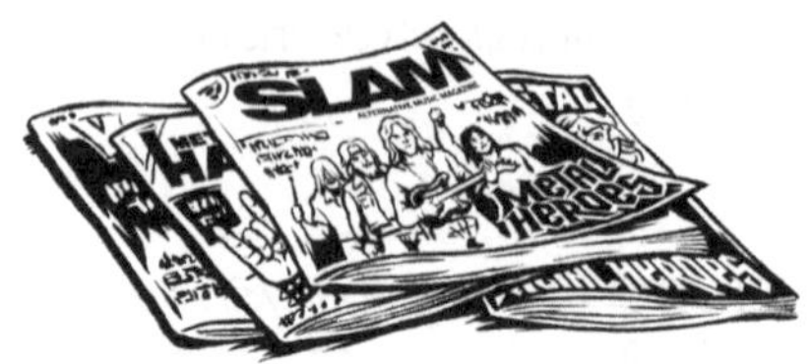

15 Die Präsenz des Anzug-Gorillas genügt, um die Besucher des Viper Rooms wie aufgescheuchte Ratten zur Seite weichen zu lassen. Der fleischgewordene Kasten schubst dich durch einen Vorhang und du findest dich schließlich in einem lauschigen, mit blutrotem Samt ausgekleideten Separee wieder.

Ein fein gekleideter Herr mit kantigem, zerfurchtem Gesicht und einem beeindruckenden Vollbart aus schwarzen Locken sitzt im Schneidersitz auf einem Kissen. An seine Schultern schmiegen sich drei aufreizend bekleidete Damen und untermalen sämtliche Worte und Gesten ihres Paschas mit leisem Kichern und lasziven Streicheleinheiten. Eine große Shisha blubbert umrahmt von nach Karamell und Zimt duftenden Räucherstäbchen vor sich hin.
„Sehr schön, Mister Taylor", eröffnet der Herr selbstsicher mit grollender Reibeisenstimme. „Es freut mich Sie kennenzulernen. Mein Name ist Lex Lucius. Meines Zeichens Produzent für außergewöhnliche Musik. Darf ich Ihnen einen Drink spendieren?"

Du kannst dich der außergewöhnlichen Ausstrahlung und Eloquenz des Mannes nicht entziehen. Du willst Teil seiner Privatparty sein! Schnell kommt der Geschäftsmann zur Sache: „Wissen Sie, ich spüre, wenn ein Mensch den einzigartigen Funken einer wahren Musikerseele in sich trägt."

 *„Neugierig, was die Blitzsymbole hier wohl bedeuten, hm? Mach einfach weiter. Absolut uninteressant ... Vorerst."*

„Um es kurz zu machen, Mister Taylor, Abÿss Records will Sie! Und zwar als Talentscout mit Haut und Haaren."
Ungläubig zeigst du auf dich selbst und stammelst irgendetwas Unverständliches.
„Ja, ich verstehe, Mister Taylor. Das liebe Auskommen. Ihre Dienste sind uns 100.000 im Jahr wert. Was sagen Sie?"
Du musst schlucken. Was für ein Angebot! So viel würdest du als Tellerwäscher nicht mal in 20 Jahren verdienen.

Willst du das Angebot annehmen?

Zur Hölle, ja! > **7**

Um Himmels willen, nein! (Da stimmt doch was nicht ...) > **13**

16 Wie willst du dem Wichser verdeutlichen, dass du nicht gewillt bist, ihm deine Karte zu überreichen?

Mit einem gezuckten Knie-in-die-Weichteile (aka Nussknacker) > **5**

Mit einem eingesprungenen Kopfstoß > **10**

Oder, ganz Rocky-like, mit einem Jab auf die kurze Rippe > **14**

17 Kaum umschließt deine Hand die seine, um den Vertrag zu besiegeln, spürst du eine teuflische Kälte durch deinen Körper strömen. Die Energie lässt dich zittern.
„Es erbaut mich stets, wenn große Talente sich für die richtige Seite, die Seite der Gewinner, entscheiden."

*Notiere dir unter **Road to Glory** im Metal-Logbuch, Eintrag **#1**, dass du den **Vertrag mit Abÿss Records** unterzeichnet hast, indem du dort ein ✖ im Kreis machst.*

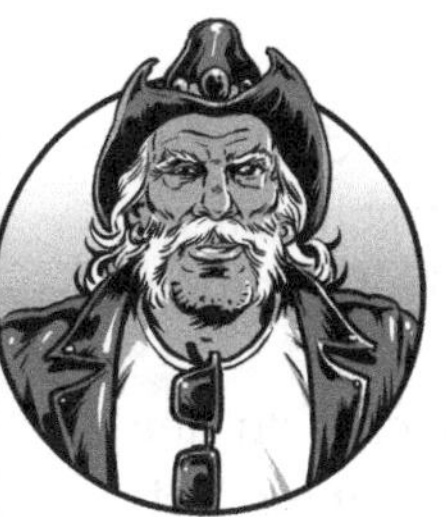

SPIELTIPP | *Die Einträge in der **Road to Glory** geben dir Feedback darüber, was du alles in deiner Karriere als angehender Rock-Gott bereits erreicht hast.*
Bitte sei exakt bei den Eintragungen, okay? Das AFGA (Amt für Götter-Angelegenheiten) nimmt nämlich regelmäßig Prüfungen vor und kann Unregelmäßigkeiten in den Unterlagen gar nicht ab!

Du erfreust dich noch einige Minuten am netten Anblick der reizenden Begleitung und machst dich in einem lebensmüden Anflug aus promillebegünstigter Überheblichkeit über den steifen Bodyguard lustig, ehe dich Lucius mit der Bemerkung „Wir werden morgen auf Sie zukommen“ aus dem Separee entfernen lässt.
Kaum ist der Vorhang zurückgefallen, spielst du ein eingesprungenes Solo auf deiner Luftgitarre und küsst wie ein Bekloppter das Pergament des Vertrags, bevor du ihn mit höchster Sorgfalt (dreimal knicken!) in der Brusttasche deiner Kutte verstaust.

Weiter > **11**

18 Der dunkelhäutige Türsteher, ein Muskelgolem gepresst in edlen Zwirn, mustert dich von oben bis unten. Du schiebst dich an dem Arsch vorbei, der dir eben noch die Karte abknöpfen wollte, und deutest mit Unschuldsmiene auf das VIP-Ticket.
Der Türsteher hegt berechtigte Zweifel, ob du dir eine solche Karte überhaupt leisten kannst, dennoch stempelt er sie leise brummend mit dem Clublogo ab und lässt dich durch den Seiteneingang hineinschlüpfen.

Weiter > **4**

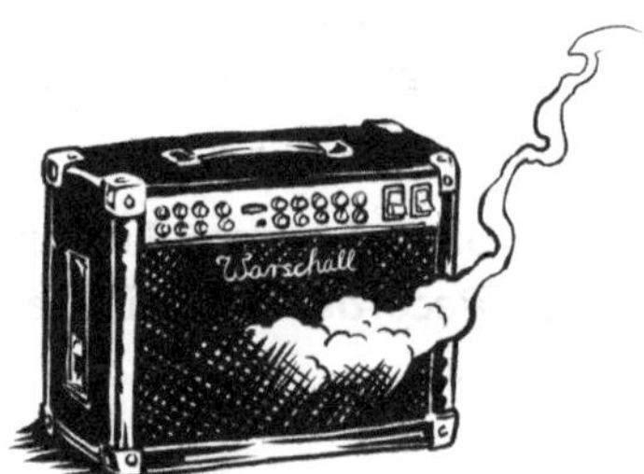

19 ⏵ *Zurück in die Gegenwart...*

Oh, Mann! Die Gedanken an die letzten drei Tage und Nächte haben dich dermaßen fertig gemacht, dass sie sich regelrecht als schrilles Echo in dein Hirn eingebrannt haben. Egal! Auf so einem geilen Festival warst du selten!
Auf dem Weg nach Hause von dem CD-Laden versuchst du den ständigen Wunsch deines Gleichgewichtsorgans nach einem Bett

auszugleichen. Torkelnd überquerst du die Straße vor deiner Bude. Und wieder ertönt diese ätzende Hupe.

„Mann, echt!"

Das Quietschen schwerer Reifen fährt dir in die Glieder. Mit ungutem Gefühl wendest du dich um und starrst in den immer größer werdenden Kühlergrill eines Trucks. Ein dumpfes Knacken. Es wird Nacht. Diesmal aber richtig!

POWER OFF!

Na, verwundert? Ja, du Pfeife, du bist gestorben! Aber keine Panik! Ich sage dir, was zu tun ist: Lies nun den Abschnitt ***R1*** *der Regeln (im „R"-Kapitel am Ende des Buchs) und entscheide dich für einen* **Schwierigkeitsgrad**. *Anschließend erfährst du unter* ***R2****, was geschieht, wenn man dir – so wie jetzt – den Saft abgedreht hat.*

Hast du dir die ersten beiden Regelabschnitte reingezogen, geht's weiter bei ***20*** *mit* ***Track 1: „(No) Love in an Elevator"*** *(hier gibt es nämlich ausnahmsweise keinen Rücksetzpunkt).*

TRACK 1

(NO) LOVE IN AN ELEVATOR

20 Als du die Augen wieder aufschlägst, stehst du in einem Aufzug. Aber anstatt zu fragen nach dem Wieso und Weshalb, siehst du nur SIE. Selbstsicher und sexy steht sie vor dir und betrachtet die in glänzendem Nachtschwarz lackierten Nägel ihrer grazilen Finger. Mit einem einnehmenden Lächeln bittet sie dich hinein, beugt sich vor und drückt eine der runden Messingtasten.
„Bonjour, Mister Taylor!", spricht dich die junge Frau routiniert an, während die Schiebetür geräuschlos zurückgleitet. „Darf ich Sie nach unten begleiten?"
Dein Herz pumpt. Unwillkürlich wandert dein Blick von den steilen Stilettos, deren feine Lederriemchen ihre aparten Fesseln umschlingen, über ihre Schenkel und dem knappen Röckchen nach oben. Von wegen „blickdichte Strumpfhose"! Kaschieren und Täuschen sind dieser Braut fremd.
Ein roter Blazer mit großem Kragen verleiht dem Ensemble trotz aller Freizügigkeit einen Uniform-Look und wird von einem kleinen, keck zur Seite geneigten Pagenhut, der wie von Geisterhand auf ihrem pechschwarzen, per Zopf perfekt nach hinten gezurrten Haaren, fixiert scheint, komplettiert.
Der Aufzug ist ebenfalls von edler Schönheit: Die Wände gepolstert mit glänzendem Samt und ein makelloser, roter Teppich, der unter deinen verdreckten Boots ersticken muss.
Mit ruhiger Stimme fordert dich das Liftgirl auf: „Würden Sie bitte Ihr gewünschtes Ziel eingeben?" Und deutet auf das Eingabefeld und die drei rotglühenden Nullen darüber.

Wahllos drei Tasten drücken > ***26***

Frech die Zahl „666" eintippen > ***41***

Der Aufzugsfachangestellten ehrlich sagen, dass du null Ahnung hast, was du drücken sollst > ***38***

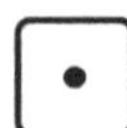 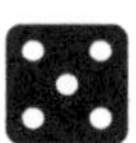

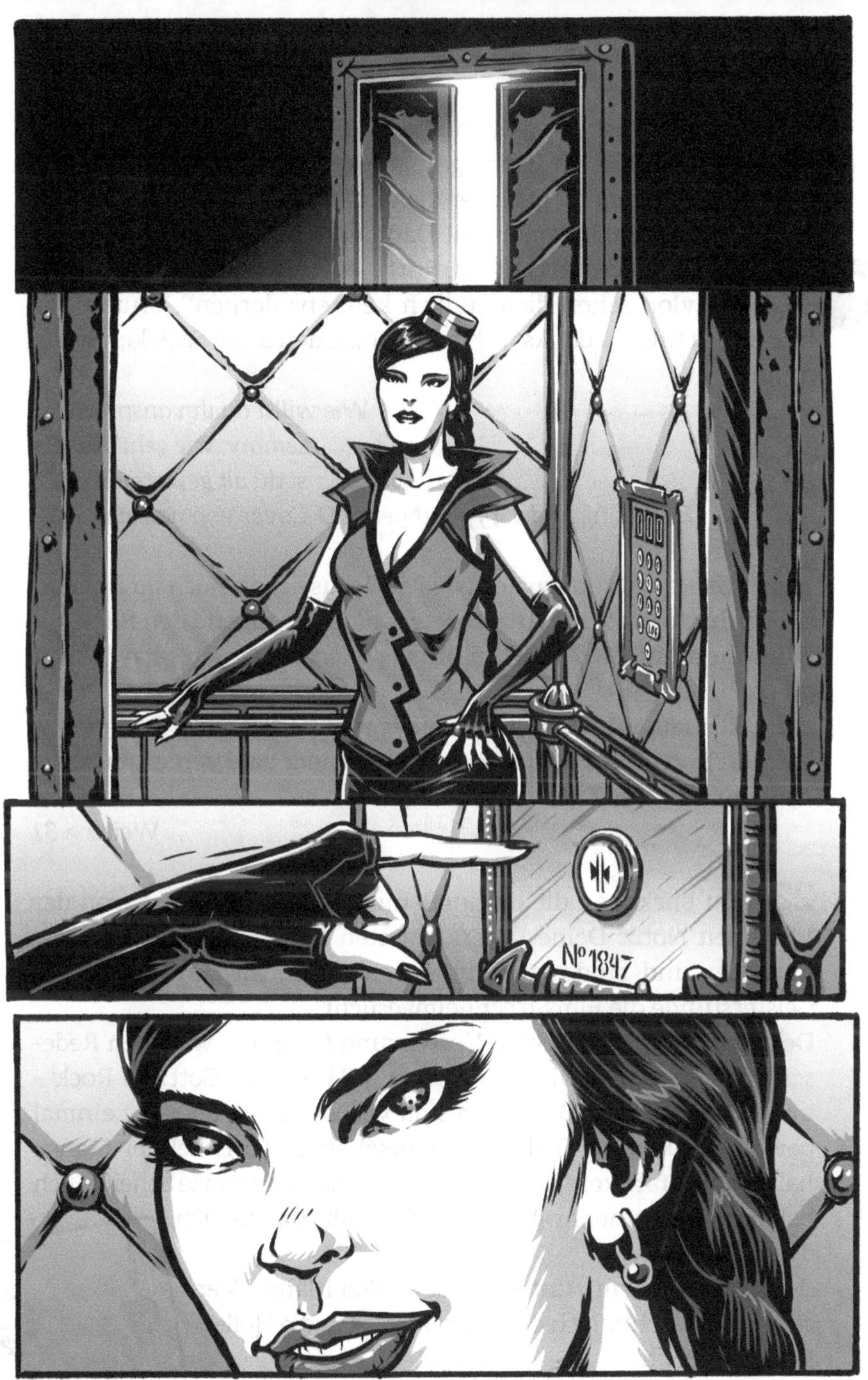

20 *„Bonjour, Mister Taylor!“, spricht dich die junge Frau routiniert an, während die Schiebetür geräuschlos zurückgleitet. „Darf ich Sie nach unten begleiten?“*

21 Du erblickst einen alten Mann, gekleidet in Jeans und einer von einem stattlichen Bauch gespannten Lederjacke. Die Arme in die Hüften gestemmt, grinst er dich durch seinen grauen Vollbart an. Er grüßt dich, indem er mit Daumen und Zeigefinger kurz die Krempe seines Cowboyhuts berührt.
„Hallo, Taylor, schön dich endlich kennenzulernen!", brummt er freundlich und du denkst ... Moment mal, den alten Sack kenne ich doch!

Wie willst du ihn ansprechen?
„Lemmy, wie geht's?" > ***39***
„Jesus, bist du alt geworden!" > ***27***
„Bist du nicht der Typ auf dem CD-Cover von neulich?" > ***32***

22 „Sehen wir uns später wieder?", säuselst du noch im Romantik-Modus, doch deine Angebetete senkt schweigend den Blick.
„Ich werde einfach denselben Aufzug wieder nehmen, okay?", setzt du nach.
„Wie Sie meinen", flüstert sie traurig und verdreht beiläufig ihren Pferdeschwanz. „Aber Sie werden mich leider bald vergessen 'aben. Au revoir, Mister Taylor."

Weiter > ***31***

23 Du blickst an dir hinunter und nimmst nun auch von der Wahrheit Notiz: Deine Lederklamotten hängen in Fetzen an dir herunter und sind von Blut durchtränkt, als hättest du zur Geisterstunde die Elm Street heimgesucht.
Der dicke Herr nutzt deine Verwirrung für einen weiteren Redeschwall: „Kommen wir zum Thema: ICH bin der Gott des Rock – und ich hab' Stress. Die Zeiten sind vorbei, als ich alles auf einmal bewältigen konnte. Geile Mucke erschaffen, Fans bei der Stange halten und Stars kontrollieren. Ganz ehrlich, der ganze Scheiß ... Ich bekomm's nicht mehr gebacken! Deshalb brauche ich deine Hilfe, Taylor!"
„Moment, Moment", unterbrichst du den Mann. „Versteh ich das richtig? Ich bin auf dem Weg in die Hölle?"
Der Alte nickt.

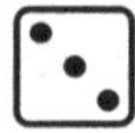

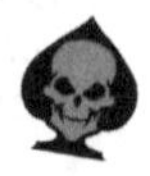

„Wieso denn?!“ Deine Stimme überschlägt sich. „Was hab’ ich denn falsch gemacht?“

*Ist im Metal-Logbuch unter **Road to Glory** Eintrag **#1** angekreuzt?*

Ja, dort ist ein Kreuz > ***44***

Nein, kein Eintrag > ***33***

SPIELTIPP | *Das* **Metal-Logbuch** *inklusive der Road to Glory-Übersicht findest du am Anfang des Buches. Wichtig: Merke dir unbedingt die Sektionsnummer dieses Abschnitts oder halte einen Finger in dieser Seite, damit du auch wieder hierher zurückfindest, um die Story fortsetzen zu können. Wie gesagt, keine schlechte Idee!*
Die Spielregeln und das **Metal-Logbuch** *gibt es (neben vielem anderen) im Download-Bereich der Buch-Homepage* als PDF-Dateien!*

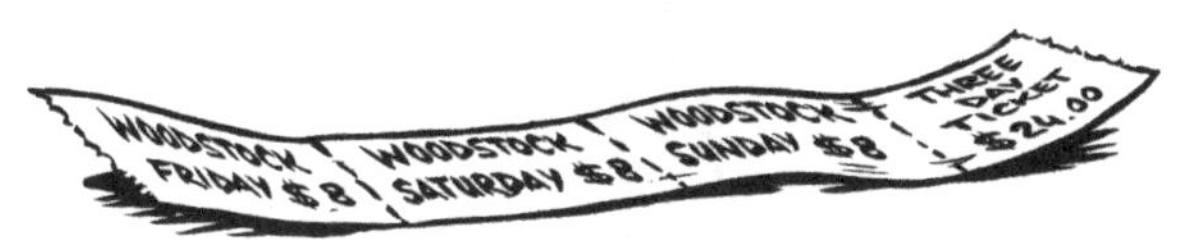

24 Kaum hast du mit dem Handballen deine Unterschrift verwischt, verschwindet sie, als wäre sie mit Zaubertinte geschrieben worden.
Der Aufzug ruckt erneut. Der Rock-Opa nimmt dir das Pergament aus der Hand, zerreißt es und lässt die Schnipsel auf den Teppich regnen. Aus den Falten seiner Stirn rinnt der Schweiß: „Dann gehe ich davon aus, dass du dabei bist. Sonst wird deine letzte Fahrt nämlich gleich weitergehen.“

Willst du wissen, warum er dich auswählte? > ***37***

Ohne Verzögerung der Bitte des Alten nachkommen > ***42***

25 Das Liftgirl bekommt glasige Augen und meint: „Keine Ahnung, wie viele Jahre ich ‘ier schon bin ...“
Du bedauerst, die Kleine so aufgewühlt zu haben, und nimmst sie tröstend in den Arm. Sie seufzt: „C’est la vie.“
Ihre Haut ist zart aber eisig kalt.

Weiter > ***22***

**) Nutze diesen Link zum Download des Metal-Logbuchs und anderer fetter Spielhilfen:*
www.metal-heroes.de/downloads

26 Du drückst wahllos drei Ziffern und auf dem alten Leuchtdisplay erscheint deine Eingabe für einen kurzen Augenblick, um dann von einem blinkenden „XXX“ abgelöst zu werden.
„Auf dem Stockwerk werden wohl Pornos gedreht, wie?“, witzelst du spontan.
Das Liftgirl ringt sich ein aufgesetztes Lächeln ab und drückt deine Hand sanft beiseite. Ein elektrisierender Schauer durchfährt deinen Körper, als dich ihre eiskalten Finger berühren.

Weiter > ***38***

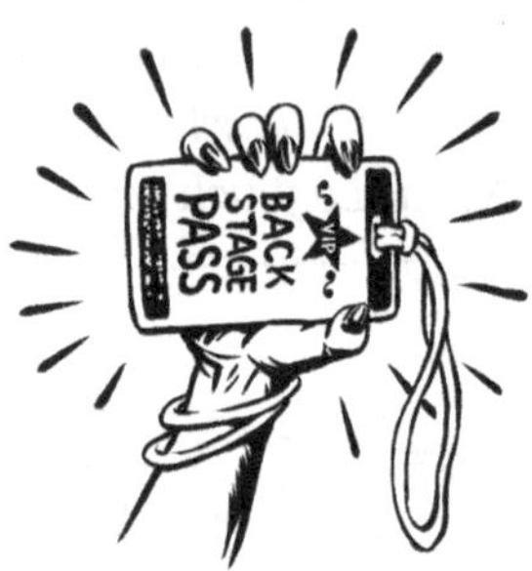

27 Der Alte lacht herzhaft. „Danke für die Blumen. Aber das ist eine vollkommen andere Baustelle. Nicht meine.“
Er läuft um dich herum, mustert dich eingehend, zupft an deinen zerfetzten Klamotten.
„Haste schon kapiert, was geschehen ist? Nein? Dann halt dich fest ... du bist tot! Ja, der Big Boss hat dir die Lichter ausgeknipst und jetzt bist du auf deinem letzten Trip. Wieso? Was weiß ich. Die üblichen Eskapaden würde ich tippen. Aber so wie du aussiehst, hast du wohl Bekanntschaft mit einem Truck gemacht. Oder eher einem Panzer.“

Weiter > ***23***

28 Dem Rocker-Veteran steht die Enttäuschung ins Gesicht geschrieben. Kopfschüttelnd wendet er sich ab und streicht sich durch den zerzausten Vollbart. Leise murmelt er, als hätte ihm jemand eine Frage gestellt: „Ja, verdammt, ich kenne die Abmachung ... kein Nachkarten, keine Beeinflussung ... schon klar!“

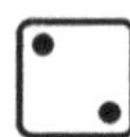 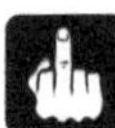

Dann dreht er sich wieder zu dir, legt ein gequältes Lächeln auf und sagt: „Akzeptiert, Taylor. Schade, ich hatte gehofft, länger mit dir abhängen zu können ... Mach's gut!"
Im selben Moment setzt der Aufzug seine Fahrt nach unten fort. Du drehst dich um und verlierst dich erneut in den dunklen Augen des Liftgirls, die dich mit ihrem gewinnenden Lächeln anblickt, als hätte das Gespräch mit dem Rock-Heini niemals stattgefunden.
Es vergehen weitere Minuten – eine verdammt lange Zeit für eine Aufzugfahrt ohne Zwischenhalt – bis die Kabine endlich zum Stillstand kommt und die Türen aufgleiten. Gelber, beißend stinkender Dunst schwappt herein.
Als sich die Aufzugstür mit einem metallischen Donner hinter dir schließt, kannst du kaum die Hand vor Augen sehen. Du glaubst, groteske Schatten und pulsierende Lichter im Nebel auszumachen. Schrill-schräge Klänge peinigen das Gehör. Unter deinen Füßen knirschen Knochen.
Von nun an, bis in alle Ewigkeit, darfst du dich über das ungelesene Kleingedruckte und das ausgeschlagene Angebot ärgern.

POWER OFF!

*(Repeat > **23**)*

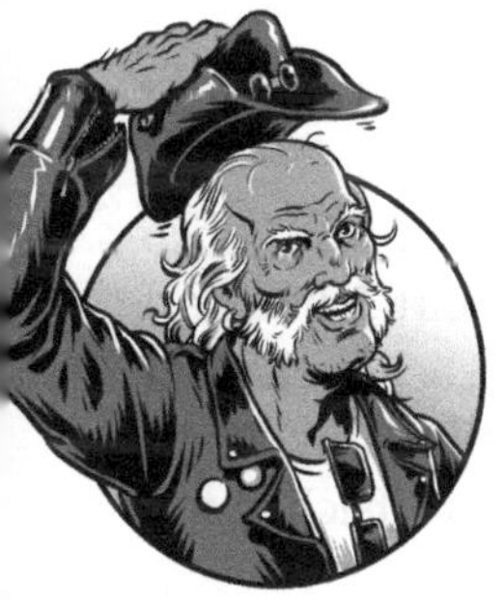

SPIELTIPP | *„Ich hab' dich ja gewarnt, mein Freund! Nun ist es jedoch zu spät. Noch einmal kann ich dir nicht den Hintern retten. Vielleicht sieht man sich noch einmal – in einem anderen Leben."*
Beginne nun das Buch erneut – oder kehre zurück zur Sektion, die in Klammern unter dem POWER OFF-Hinweis steht, und beeinflusse von dort das Schicksal erneut!

29 „Womöglich hast du schon einmal davon gehört, dass ein Gott nur so viel Macht hat, wie er gläubige Anhänger um sich scharen kann. Krass, oder? In letzter Zeit jedoch schwächelt die Army of Rock ... Naja, schau dir doch mal die Charts an! Da platzt einem doch der Sack! Überall nur so Halbspacken, Retorten-Bands und nackte Gören auf Abrissbirnen ... Aber zum Glück gibt's noch die

echten Hardcore-Fans. Die Rock-Verrückten, die auf Festivals gehen und richtige Alben kaufen. Ohne die wären wir schon längst am Arsch!"
Du stimmst der göttlichen Analyse zu. Uneingeschränkt.

Weiter > **45**

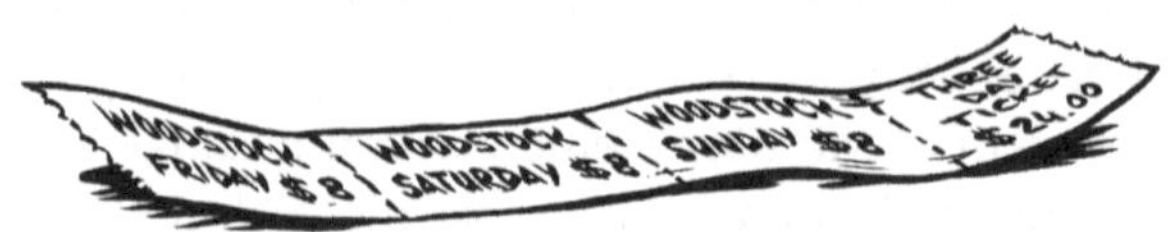

30 „Excusez-moi, Männer können so wunderbar oberflächlich sein!" Eine ebenso treffende wie überraschende Reaktion auf deine jämmerliche Anmache. „Aber um Ihre Frage zu beantworten – nein, wir kennen uns nicht."
Du verziehst etwas bedröppelt die Mundwinkel.
„Ich komme aus Frankreich." Allein wie süß die Kleine „Frankreich" ausspricht, lässt keine Zweifel über ihre Herkunft.
„Sie sprechen unsere Sprache aber hervorragend!"
„Ich spreche tatsächlich jede Sprache der Welt. Ich bin sehr flexibel."
„Oh ja", räusperst du dich. „Das kann ich mir vorstellen."

Weiter > **22**

31 Plötzlich ruckelt und zuckelt der Fahrstuhl, bis er schließlich abrupt zum Stillstand kommt. Nichts geht mehr. Das Liftgirl verliert zum ersten Mal die Haltung. Mit einem gequälten Lächeln drückt sie wahllos Tasten – doch das erloschene Display bleibt dunkel.
„Das ist wohl kein planmäßiger Stopp", stellst du treffsicher mit einem Hauch Überheblichkeit fest.
„Mon Dieu! Das ist noch nie passiert", klagt sie hilflos, um dann ein weiteres, vorwurfsvolles „noch nie" hinterherzuschieben. Plötzlich bleibt sie einfach stehen, regungslos wie eine Schaufensterpuppe, als hätte ihr jemand den Stecker gezogen.
Verwirrt gehst du einen Schritt auf sie zu und machst vor ihrem versteinerten Gesicht den Scheibenwischer, schnippst mit den Fingern – keine Regung.

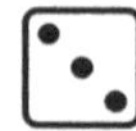 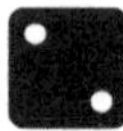

Dann spürst du einen Lufthauch in deinem Nacken und eine starke Präsenz im Aufzug. Du drehst dich langsam um ...

Unternimmt der Autor an dieser Stelle tatsächlich den ebenso durchschaubaren wie billigen Versuch, eine künstliche Spannung mittels eines eingeschobenen Verweises zu erzeugen? Ja! > **21**

32 „Erstaunlich, du erinnerst dich also noch an meine Einladung. Ich hatte schon befürchtet, der Truck hätte dir auch das letzte Stück Hirn plattgefahr'n."

Vorwurfsvoll hältst du dir den Schädel und stöhnst auf: „Ja, das mit dem Truck war echt mies."

„Hey, ich schwöre dir bei allen Musik-Göttern, dass ich mit dem Wie und Wann deines Ablebens nichts zu tun hatte. Ich nutze nur eine Gelegenheit. Nicht mehr und nicht weniger. Und ich hoffe, du bist gewillt, sie ebenfalls zu nutzen."

Weiter > **23**

33 Der Altrocker höhnt lauthals und entrollt ein Pergament: „Mir kommen die Tränen, Kumpel! Nur ein Beispiel: Laut deiner Rock-Akte hast du seit 1981 allein 23 Slayer-Konzerte besucht ..."

„Scheiße!", rutscht es dir heraus. Das stimmt! Aber bloß wegen deiner Ex („Hast du etwa das Abendessen mit meinen Eltern vergessen?") hast du das Konzert im Sommer 2005 verpasst! Unverzeihlich. Dafür musst du nun schmoren!

„Muss ich noch weitere Einträge aus deiner Akte zitieren? Und nur fürs Protokoll: Es würde locker für ein Dutzend weitere Unterwelt-Trips reichen!"

Der Aufzug ruckt erneut. Die Wangen des Rock-Opas röten sich. Nervös fragt er dich: „Sag an, Taylor, bist du dabei? Sonst wird deine letzte Fahrt gleich ewig sein und glaub mir, da unten wirft jeder Arsch Blasen."

Willst du wissen, warum er dich auswählte? > **37**

Ohne nervige Nachfragen der Bitte des Alten nachkommen > **42**

Glaubst du dem alten Sack kein Wort und willst wieder mit der feschen Aufzug-Fachangestellten weiterfahren > **28**

34 „Die 90er sind schon lange vorbei, Kumpel!“, kichert der Alte, als könne er sich noch gut an die „gute alte Zeit“ erinnern. Dann wird er wieder ernst: „Man braucht Ahnung von der Materie, die hast du. Man braucht Herz – auch das hast du. Zudem sind deine
1 Klamotten und Matte echt amtlich.“ Der Alte grübelt über weitere nennenswerte Softskills seines potenziellen Nachfolgers.

„Deine Einstellung ist top. Und ganz ansehnlich bist du auch. Hey, nicht, dass ich auf Typen stehen würde, aber eines ist klar ... Der Rock-Gott muss repräsentativ sein, was hermachen.“

Stolz streicht er sich über die eigene kugelrunde Wampe.

„Glaube aber bloß nicht, dass diese ganze Veranstaltung ein Spaziergang für dich wird.“

Weiter > **45**

35 Du schaust der Lift-Dame in die rabenschwarzen Augen. Sie üben eine unwiderstehliche Faszination auf dich aus. In ihnen wohnen sowohl Selbstbewusstsein und Stolz als auch Traurigkeit und Verletzlichkeit. Du fasst deinen Mut zusammen und sprichst sie an.

Der Klassiker – „Kennen wir uns irgendwoher?“ > **30**

Der Einfühlsame – „Ihr Job ist bestimmt nicht einfach ...“ > **25**

Der Draufgänger – „Ich steh' auf deinen Erdbeermund, Baby!“ > **40**

36 „Ach, du meinst den Manager von Abÿss Records, hm?“, druckst der Alte rum.

Du fragst direkt: „Ist dieser Unterwelt-Lucius eigentlich der Teufel?“

„Bitte? Nein! Sag mal, was glaubst du eigentlich, in welche Art von Geschichte du geraten bist? Alter, hier geht's nicht um irgendwelche Religionen. Hier geht's um wahren Glauben und die einzig wahre Macht im Universum – dem Rock'n'Roll!“

Weiter > **45**

37 Der Rock-Gott wird langsam ungeduldig. Eine Schweißperle rollt ihm über den Nasenrücken und versickert in seinem Vollbart. „Ganz einfach, Taylor.

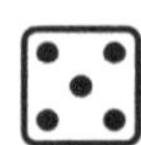

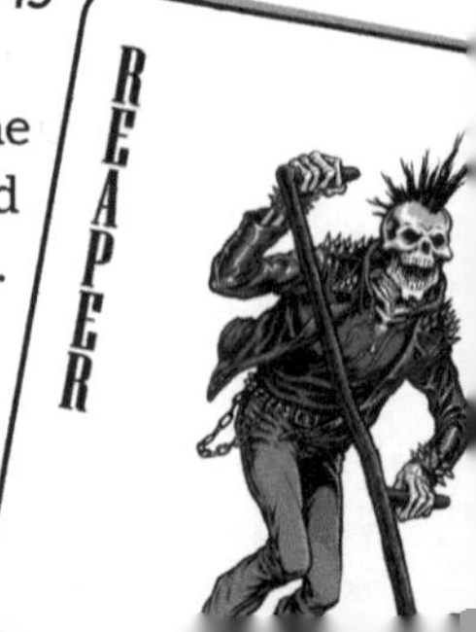

Du bist ein ganzer Kerl. Du stehst zu deinen Worten und Taten. Außerdem hast du richtig Ahnung von Musik – naja, zumindest von der guten, relevanten Musik …"

Willst du jetzt der Bitte des Alten nachkommen > **42**

Ablehnen und lieber mit der feschen Aufzuglady weiterfahren > **28**

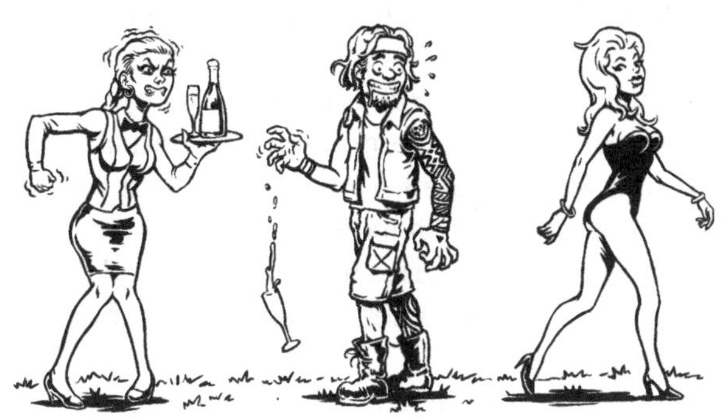

38 Die Dame deutet dir deinen Platz in der anderen Ecke des geräumigen Aufzugs und drückt mit dem Zeigefinger auf „Lobby". Die Taste scheint weitaus häufiger genutzt zu werden als die restlichen Elemente des Bedienfelds, so abgegriffen ist die Metalloberfläche.

Du verlierst dich in ihrem verführerischen Lächeln, so dass du das Rucken der Kabine nur unterbewusst wahrnimmst. Schneller und schneller rauscht der Aufzug in die Tiefe. Die Zahlen des Displays fangen an zu flimmern. Du spürst, wie sich dein Magen langsam vom Beckenboden abhebt, und behältst eigentlich nur die äußerliche Ruhe, da du dir vor so einem heißen Feger keine Blöße geben möchtest.

„Genießen Sie die Fahrt, Mister Taylor", beruhigt sie dich. „Sie wird nur einige Minuten der Ewigkeit in Anspruch nehmen."

Etwas nervös zückst du eine verknitterte Kippenschachtel hervor und ziehst dir eine Filterlose mit den Zähnen in die cowboy-coole Lage im Mundwinkel. Doch es ist wie verhext: Jedes Mal wenn du sie mit deinem Zippo entfachen willst, erlischt die Flamme sofort wieder, als würde ein kräftiger Windstoß sie ausblasen. Fünf, sechs Mal versuchst du dein Glück, bevor du entnervt aufgibst.

Amüsiert meint das Mädel: „Ab 'ier ist das Rauchen einzig den Bewohnern dieses Etablissements gestattet. Aber seien Sie versichert, Sie werden auch bald rauchen, Mister Taylor."

Wenn du mit der Dame flirten willst,
1 *dann kratz' deinen Mut und Charme zusammen* > **35**
Willst du hingegen schweigend die Wände betrachten > **43**

39 „Ach du meinst den Hut und den Bart, nicht wahr?" Der Rock-Opa zwirbelt an seinem ergrauten Backenhaar.
„Soll ich dir mal was verraten, Taylor? Eigentlich hat Lemmy das Outfit von mir geklaut. Ich habe ihn am Anfang seiner Karriere mal bei einem seiner Jacky-Trips heimgesucht. Und das muss wohl bleibenden Eindruck hinterlassen haben." Laut lachend hält er sich den stattlichen Bauch.
„Biste schon dahintergekommen, was passiert ist? Na, wahrscheinlich nicht. Im Prinzip ist's ganz einfach: Du bist tot! Ja, der Grand-Master-Chief hat dir die Kerze ausgepustet und jetzt bist du auf deiner letzten Fahrt. Weshalb? Keine Ahnung! Schießerei, Drogen, Frauen? Solltest du doch am besten wissen. Aber so wie du aussiehst, würde ich auf einen 40-Tonner tippen."

Weiter > **23**

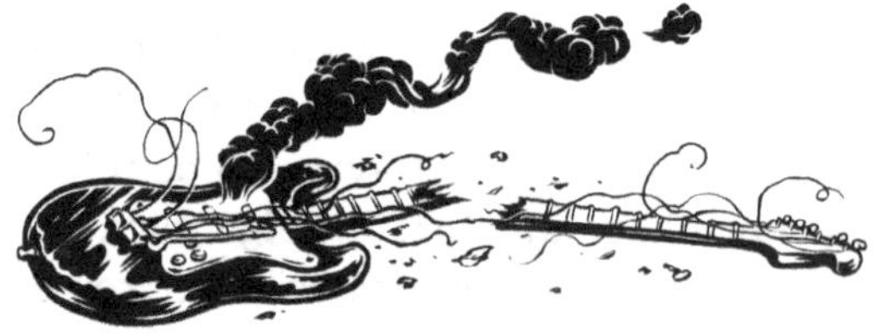

40 „Oh, mein Lippenstift", zeigt sich das Liftgirl geschmeichelt. „Merci. Das ist Sang d'Hommes."
Hört sich Französisch an, denkst du dir und erwiderst ohne jeglichen Schimmer: „War bestimmt teuer."
Das Girl schüttelt den Kopf: „Oh, nein, Mister Taylor, davon 'aben wir 'ier im Überfluss."

Weiter > **22**

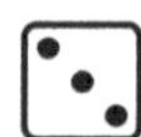
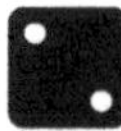
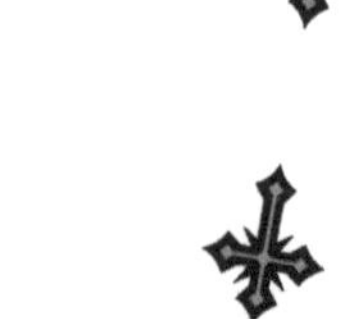

41 Amüsiert stimmst du den – nach deiner bescheidenden Meinung – einzig passenden Song zu deiner Wahl an:

I left alone, my mind was blank, I needed time to think
To get the memories from my mind
What did I see? Can I believe that what I saw
That night was real and not just fantasy?

Genüsslich drückst du passend zum Refrain die Tasten und schmetterst:

Six, Six, Six, the number of the beast
Hell and fire was spawned to be released

„The Number of the Beast" (1982) von Iron Maiden
„New Wave of British Heavy Metal"-Band aus London (GBR)

Kaum glühen die Zahlen in voller Pracht auf dem Display, weicht die Freundlichkeit im weichen Gesicht des Liftgirls: „Malheur, Mister Taylor! Dies sind gesperrte Privatgemächer."
Hektisch zückt sie einen feinen Messingschlüssel an einer Kette aus ihrem Dekolletee und dreht ihn im eingelassenen Zylinder des Bedienfelds. Deine Eingabe ist wieder gelöscht. Vorwurfsvoll blickt sie dich an: „Sie Schlingel! Für dieses Stockwerk 'aben Sie doch sicher keine Befugnis, oder?"

Weiter > ***38***

42 Sichtlich erleichtert schließt dich der muffige Meister in den Arm. Und du musst feststellen, dass selbst Götter unter Achselnässe leiden können.
„Endlich gibt's frisches Rockerblut im Olymp!", ruft er euphorisch. „Unterschreibe gleich hier …"

Datum Unterschrift

„Nett, mit Blut. Sehr edel! Das trocknet auch sofort! Ach ja, das habe ich noch nicht erwähnt: Es gibt natürlich noch die ein oder andere winzig-kleine Regel zu beachten … Quasi das Kleingedruckte oder

Mit seiner Unterschrift erklärt sich der Vertragsnehmer einverstanden, seine Dienste uneingeschränkt an Pantheon Records abzutreten. Dies umfasst ausdrücklich die Überstellung des Körpers, der Seele und aller anhängenden Funktionen, wie Herzschlag, Lachen und Libido. Der Vertragsnehmer nimmt ferner davon Abstand, Pantheon Records nach Vertragsabschluss in jeglicher Form zu verunglimpfen, zu verleumden oder sonstig zu schaden. Der Vertragsnehmer wird alles in seiner Macht stehende tun, die Ziele von Pantheon Records zu verfolgen, sofern sie bestehenden Gesetzen nicht zuwiderhandeln. Rechtsstand: Rock-Olymp die Götter-AGB, du verstehst? Aber die kommen nicht von mir, sondern von ganz oben, vom Big Boss – und der hat nun mal das letzte Wort."

Irgendwie wirst du das Gefühl nicht los, vom Regen in die Traufe gekommen zu sein. Der Rock-Gott packt dich am Nacken und schüttelt dich freundschaftlich: „Hau rein, du packst das! Aber ich ... ich mach' jetzt erst mal Urlaub, ne."

Alle Schürfwunden, Knochenbrüche und Quetschungen, die du durch den Unfall davongetragen hast, richten sich. Auch deine Klamotte ist wieder wie an jenem Tag, als du sie aus dem Kleiderspenden-Container gefischt hast.

SPIELTIPP | Ich unterbreche meinen Urlaub nur ungerne, aber sollte ich das Gefühl haben, du brauchst Hilfe, dann gebe ich dir **kurze Tipps***. Ich wende mich dann – so wie jetzt – als Geistererscheinung aus dem* **Rock-Äther***. Hör' dir meine Tipps einfach an, wenn du über sie stolperst.*

Hast du noch eine letzte Frage an den Rock-Gott, bevor er geht?

Ja! Weißt du mehr über den Unterwelt-Boss? > ***36***

Klar! Verrätst du mir mehr über den Job als Rock-Gott? > ***29***

Hey, bedeutet Rock-Gott sein nicht: willige Frauen, gratis Schnaps und den ganzen Tag Metal hör'n? > ***34***

Ach was, ich bin ein Kerl! Ich brauch' nichts zu wissen. Schönen Urlaub noch! > ***45***

43 Schweigend vermeidest du jeglichen Blickkontakt und starrst auf die Wände des Aufzugs, streichst prüfend über den Samt. Es vergehen zwei, drei Minuten und du fängst an zu pfeifen. Eigentlich nur, um die peinliche Stille zu brechen. Doch schon nach ein paar Takten ahnst du, dass deine freudsche Songauswahl mit Aerosmiths „Love in an Elevator" nicht perfekt war. Du spürst ihre Blicke.

Weiter > ***31***

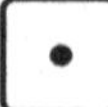

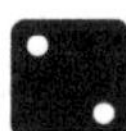

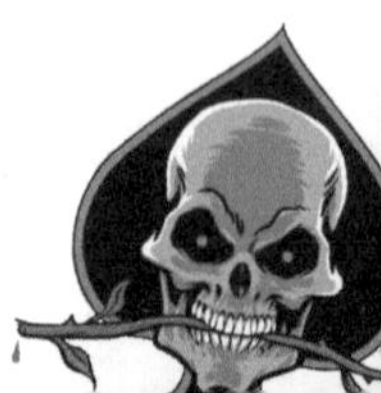

44 „Warum? Du machst mir Spaß, mein Freund! Erst einen Vertrag mit dem Chef der Unterwelt unterzeichnen und dann so tun, als wäre nichts gewesen."

Du versicherst dem Rock-Gott deine Unschuld und dass du nicht die leiseste Ahnung hattest, auf was du dich eingelassen hast.

„Du glaubst gar nicht, wie oft ich das schön gehört habe."

Der Rock-Gott geht einen Schritt auf dich zu, greift in die Innentasche deiner zerfetzten Lederjacke und zieht den Vertrag mit Abÿss Records hervor.

„Du hast Glück, die Tinte unter einem Seelenvertrag trocknet erst nach 33 Stunden."

„Wirklich?"

„Ja, wirklich. Das ist Teil des Olymp/Unterwelt-Abkommens von 1949", erläutert der Alte routiniert. „Also, einfach wegwischen!"

Sofort die Unterschrift unter dem Vertrag mit Abÿss Records wegwischen > ***24***

Als Ehrenmann den Vertrag unangetastet lassen > ***28***

45 Das Rot des Aufzugs und das Gesicht der liebreizenden Begleitung verblassen. Du willst dich noch verabschieden, doch dein Bewusstsein wird grau. Was wohl jetzt mit dir geschieht?

Respekt, du hast das Ende von Track 1 erreicht.

Mach weiter bei ***46*** *mit* ***Track 2: „Garage Bros."****!*

TRACK 2

GARAGE BROS.

2

46 Dein freier Geist und die Körperlosigkeit versetzen dich in einen transzendenten Zustand – oder einfacher gesagt: Du fühlst dich ziemlich high. Du schwebst vor eine angelehnte Stahltür, die über und über mit Eintrittskarten, Aufklebern und Posterfragmenten berühmter Metal-Bands beklebt ist.
Laute, asynchrone Klänge dröhnen. Dein geschultes Ohr hört sofort: Hier probt ein übermotiviertes, wenig koordiniertes Trio bestehend aus zwei E-Gitarren und einem E-Bass.
„Hinter dieser Tür liegt deine Aufgabe, Taylor!", hörst du die kratzbürstige Stimme des Rock-Gotts in deinem Geist, bevor zunächst seine Wampe und danach der Rest seines Körpers aus dem Nebel des Äthers erscheinen. Er nickt dir auffordernd zu.
Neugierig gleitest du durch den schmalen Spalt. Praktisch so ein Geisterkörper!
Ein strenger Geruchscocktail aus abgestandenem Bier, Schweiß und der Kopfnote „illegales Räucherwerk" schlägt dir entgegen.
Drei versiffte junge Kerle in verschwitzten schwarzen Band-Shirts geben etwas von sich, was sich entfernt nach Hard Rock anhört.
„Das sollen kommende Rockstars sein?", willst du von deinem Boss wissen. „Dieser Dreckshaufen?!"
„Taylor, hör genau hin ..." Mit einer kleinen Kunstpause schärft der Rock-Gott deine Sinne. „Die Jungs haben Talent. Nutze es!"
Der eine Gitarrist, ein sportlich-lockerer Sonnyboy in Baggy-Pants und mit Tribal-Tattoos auf Armen und Beinen, nimmt einen tiefen Schluck durch den Strohhalm seines Cola-Bechers und tippt genervt mit dem Zeigefinger auf das rote Bandana, das seine blonden Naturlocken bändigt: „Joey, so 'ne Scheiße kommt halt raus, wenn man keinen Drummer hat! Null Takt."
„Brian hat ausnahmsweise mal Recht", murrt der finstere Bassist. Der Kerl, mit seinen 23, 24 Jahren wohl der Älteste des Trios und mit eindeutig zu viel Kajal

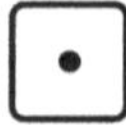

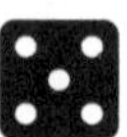

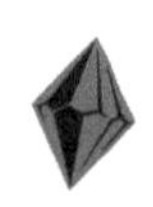

um die Augen, streicht sich durch seine gestylten Igeldornen: „Ohne fähigen Drummer sind und bleiben wir ein Dreckshaufen, den niemand hören will."
Beide blicken zum schlaksigen Joey, einem Typen in zerrissener Jeans, unter dessen schulterlanger, brauner Mähne sich ein verwaschenes Megadeth-Shirt zeigt.
In Joeys Augen blitzt wilde Entschlossenheit. Und du spürst sie regelrecht! Hier steht der Bandleader, der Mann der Entscheidungen – selbst wenn er wahrlich nicht danach aussieht.

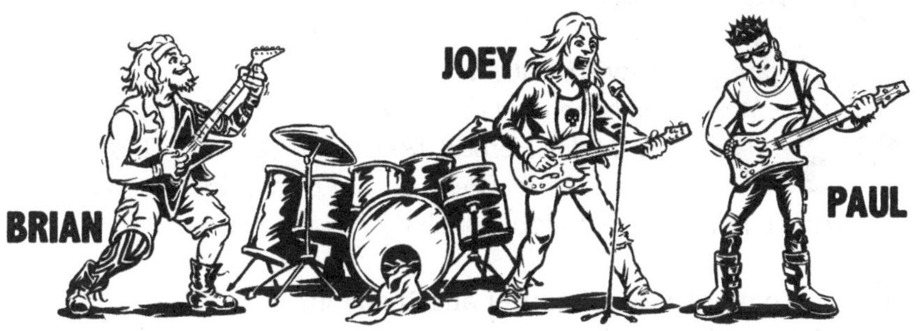

„Aha! Sehr gut, Taylor." Der Rock-Gott bemerkt deine Wahrnehmung. „Du kannst Joeys Rock-Power fast greifen, nicht wahr?"
Du hältst dir den Kopf, versuchst die Spannungen in deinem Geist abzuschütteln. Zwischen dir und den jungen Musikern baut sich tatsächlich eine Verbindung auf. Es ist eine Mischung aus väterlicher Zuneigung und göttlichem Pflichtbewusstsein. Spontan erwächst in dir die Überzeugung, dass du mit diesen Spinnern Rock-Geschichte schreiben kannst! Zumindest Joey und Brian sind dir schon jetzt sehr sympathisch.

*Blättere nun zu den **Charakter-Infos** hinten im X-tras-Kapitel (ab Seite 778), lies dir dort die Infos über die Freunde **Joey** und **Brian** durch und mache dann hier weiter.*

Joey sagt es frei heraus: „Wenn wir die Band weiterbringen wollen, brauchen wir einen vierten Mann, einen richtig geilen Drummer. Oder seid ihr anderer Meinung? Brian? Paul?"
Eine Diskussion entbrennt zwischen den drei ungleichen Typen

über die sinnvollste Vorgehensweise bei der Rekrutierung. Fazit nach fast einer Stunde Palaver und ermüdendem Um-den-heißen-Brei-Gequatsche: Die Band macht einen Aushang auf dem Oxy-Campus und verteilt rechtzeitig vor dem Spring Break Flyer bei allen wichtigen Treffs der Metal-Szene der Stadt.

*Checke nun Joeys **Skill**!**

*Gelungen > **96** | Misslungen > **119***

2

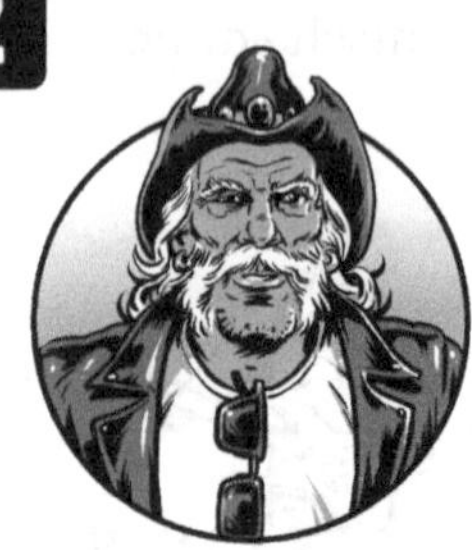

REGEL-HINWEIS | **) Okay, dies ist also der erste **Check** auf eine Eigenschaft einer deiner Jungs. Wie nun zu verfahren ist, hängt vom gewählten **Schwierigkeitsgrad** ab.*
*Am besten liest du dir die Abschnitte **„Eigenschaften der Metal Heroes" (R7)** sowie **„Checks" (R8)** der Regeln durch. Wenn du den Durchblick hast, mach hier weiter und lasse das Schicksal, sprich Würfel, entscheiden!*

47 „Kommt Ihre Großmutter aus Russland?"
„Fast. Belarus. Aber woher wissen Sie das?"
„Nun, das ist unschwer an der Art des Schliffs und der Fassung erkennbar."
„Aha ... Also, wie viel?" – „Ein schönes Stück ... sagen wir 300."
Gregori nickt und lässt sich drei Einhundert-Dollar-Scheine abzählen. Jeden einzelnen tastet er genau ab, sagt dann jedoch: „Ich hoffe, Sie verscheißern keine Behinderte."
Du wirst zwar das Gefühl nicht los, dass Gregori hier mal geschmeidig über den Tisch gezogen wurde, doch du bist stolz auf ihn. Für den großen Traum der Band hat er ein Stück Vergangenheit und Heimat aufgegeben.

*Dein **Einfluss** steigt um 1!*

*Weiter > **85***

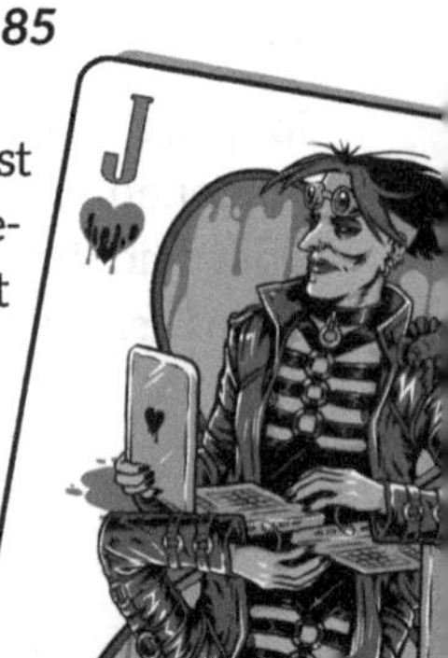

48 Du nutzt deine göttliche Macht und strömst mit deinem Geist in die Gedankenwelt des Aufnahmeleiters. Sofort wird dir bewusst, dass es ihm nicht

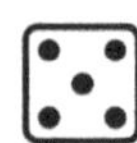 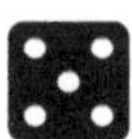

behagt, junge Musiker abzuzocken. Aber diese Geschäftspolitik ist in diesem Saftladen wohl von oben aufoktroyiert.
„Ach, was Leute", stimmst du plötzlich durch Doughs Mund einen viel freundlicheren Ton an. „Ich gebe euch weitere zwei Stunden ohne Mehrkosten. Was sagt ihr?"
Gregori will gar nicht glauben, was er gerade hört, bedankt sich zögerlich im Namen seiner Kollegen und drischt die Metal Heroes in der unerwarteten Verlängerung zu neuen Höhen!

*Dein **Einfluss** sinkt um 1!*

Bestimme nun die Qualität der EP-Aufnahme!
*Checke dazu Joeys **Presence**, Brians **Skill** sowie Gregoris **Power**!*
*Zwei oder drei Checks gelungen > **105***
*(K)einer gelungen > **87***

49 Erstaunlich! In Windeseile haben sich die Metal Heroes an diesem sonnigen Nachmittag frisches Material draufgeschafft. Neben Gregoris Input hatte sogar Brian richtig Bock, alte Ideen und Riffs wieder hervorzukramen.
Das war eine Spitzen-Probe, bei der deine Jungs einen großen Sprung getan haben. Nicht nur, dass sie sich für einen neuen Stil begeistern konnten, sie haben zudem gezeigt, dass sie ihre Kreativität fokussieren können. Zufrieden mit dir und den Metal Heroes schwinden deine göttlichen Sinne und du entschlummerst.

*Die Band erhält **3 Song-Punkte**!*
*Spare sie, um später Songs freigeschalteter Genres im **Repertoire** zu aktivieren.*

*Weiter > **116***

50 Und tatsächlich: Im Halbschatten einer Palme, die den Grasstreifen zwischen Straße und Gehweg beschattet, steht eine junge Frau, schmale Silhouette, gekleidet in ultraknappe Hotpants und ein ausgeleiertes Shirt mit dem Aufdruck „Chelsea Girls".
Als sie die Blicke bemerkt, lächelt sie selbstbewusst und faltet ihre langen Finger zu einer merkwürdigen Gebetsgeste. Bedächtig neigt sie den Kopf nach vorne. Wie ein Theatervorhang fallen ihr die strahlend blonden Strähnen ins Gesicht.

„Was ist denn das für 'ne Tante?“, flüstert Brian verwundert. „Macht die einen auf Carrie, oder was?“
Ein vorbeifahrender Truck verdeckt für einen Augenblick die Sicht auf die sonderliche Frau. Als der Wagen vorbeigerauscht ist, ist sie verschwunden – wie vom Erdboden verschluckt.

Weiter Ⓐ > ***58*** | *Weiter* Ⓑ > ***115***

2

(Achtung, „fester Verweis“! Der Buchstabe, der am Ende der letzten Sektion genannt wurde, bestimmt jetzt die Auswahl.)

51 Ganz ehrlich: Du kannst Brians Rückzieher gut verstehen. Der Kerl ist jung – Mrs. Vincent nicht. Zudem ist Brian schlicht und oberflächlich. Aber darauf wäre die ganze Geschichte wohl hinausgelaufen: oberflächlicher Old-School-Sex. Als Mrs. Vincent dann so vor ihm stand, so wie Gott sie einst schuf, wurde Brians Pflichtgefühl der Band gegenüber schlagartig kleiner und kleiner.

Weiter > ***85***

52 ⏩ FAST FORWARD
Nur zögerlich finden die „Heroes Ablaze the Coast“-EPs Absatz unter den Metal-Fans der Szene in Los Angeles. Nichtsdestotrotz gibt es gutes Feedback über die sozialen Medien und die eigene Internetseite. Der Grundstein ist gelegt!

*Die **Fanbase** steigt um 1!*
*Erhöhe den **Fame** eines auf der EP veröffentlichten Songs! Fülle dazu einen **Fame-Stern** aus.*
Vermerke die Änderungen im Metal-Logbuch.

Weiter > ***125***

53 Die Enttäuschung steht den Metal Heroes ins Gesicht geschrieben. Insbesondere Gregori kann seine Gefühlsregungen nur schwer verbergen. Hinter der Bühne ist Joey sofort bemüht, seine Freunde wieder aufzubauen. Schließlich sei das Erreichen des Finales auch nicht so schlecht gewesen und Beweis genug, dass die Leute auf ihre Musik abfahren. Insgeheim kennen Joey, Brian und

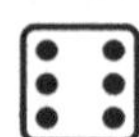 

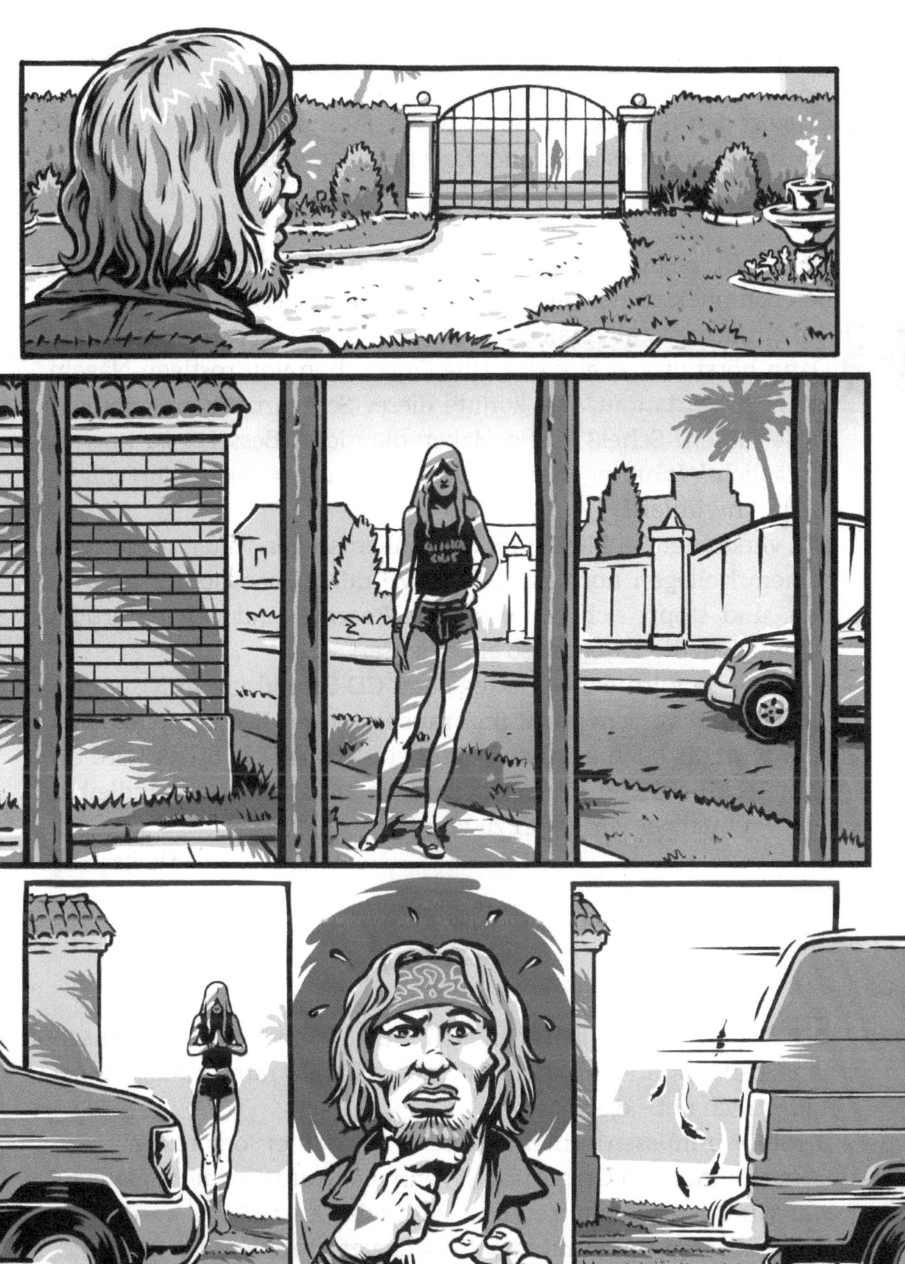

50 *Ein vorbeifahrender Truck verdeckt für einen Augenblick die Sicht auf die merkwürdige Frau. Als der Wagen vorbeigerauscht ist, ist sie verschwunden – wie vom Erdboden verschluckt.*

Gregori den Schuldigen: ihren wenig motivierten Bassisten Paul. Doch noch wagt es keiner der Drei auszusprechen.

Weiter > ***84***

54 Du bist dir sicher, dass die Typen deinen Notgroschen und den Schmuck deiner Mutter niemals finden werden. Dazu hast du ihn einfach zu gut versteckt.
Dann hörst du das eindringliche Quietschen von rostigen Nägeln in Holz. Verdammt, wie konnte dieser Schmarotzer nur die lose Diele finden? Scheiß Profis. Haben die nichts Besseres zu tun, als tagtäglich Wohnungen unbescholtener Bürger nach Wertvollem zu durchwühlen?
Mit verstohlenem Blick stellt der Müllentsorger sicher, weder von seinem Kollegen noch deinem Ex-Vermieter beobachtet zu werden, und stopft sich deine eiserne Reserve und den vererbten Schmuck in die Taschen. So ein Wichser!
Stapelweise wird deine Platten- und CD-Sammlung in Kisten geworfen und verschwindet im Transporter der Umzugsfirma. Erst jetzt wird dir bewusst, dass es vorbei ist. Stück für Stück wird dir dein Rock-Leben entrissen, um dann von irgendeinem Pfandleiher oder im Internet verhökert zu werden.

Weiter > ***86***

55 „... du musst dich eben mehr mit der Musik auseinandersetzen!", blafft Brian Paul an. „Bei dir geht's immer nur so: ‚Mag ich net – mach' ich net – eject!'"
„Leute, wir müssen authentisch sein!", schlichtet Joey ruhig.
Dem stimmt auch Gregori zu: „Wenn die Leute uns nicht glauben, was wir spielen, dann treten sie uns in den Arsch!"
Brian überlegt kurz und meint überzeugt: „Wie wäre es, wenn wir uns als Cross-Over-Band versuchen würden?"
„Du meinst mit so'm Rap- und Hip-Hop-Dreck?",

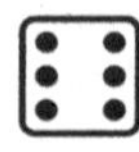 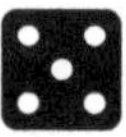

fragt Paul abfällig. Blitze der Abscheu zucken in seinen Augen.
„Fuck, nein! Schon Metal, du Spinner", stellt Brian klar. „Aber eben alle Stile in einer Band vereint!"
„Du meinst, wir sollten genauso Power, Nu und Death spielen?", versucht Gregori zu folgen.
„Ja, genauso wie Thrash, Speed und weiß der Teufel was noch."
Paul zögert. „Aber ob das ankommt? Also ich kenne keine Band, die das erfolgreich macht."
Brian gibt sofort kontra: „Na und?! Scheiß drauf! Wir stehen doch alle auf jegliche Art von Metal. Also warum sollten wir uns dann auf irgendwas festlegen?"
Gegenseitig mustern Joey, Brian und Paul die Motive ihrer durchgeschwitzten Shirts: The Ramones★, Venom, Judas Priest.
„Klassisch", denkst du. „Wegweisend klassisch."
Brian hat sich richtig warm geredet. „Den meisten Fans geht es sicher genauso! Wenn wir fette Songs schreiben, dann ist's doch Wurst, was die für'n Stil haben."
Während Joey noch grübelt, pflichtet Gregori aufgeregt bei: „Genau! Je nach Thema des Texts variieren wir die Stimmung durch den Stil. Außerdem steh ich eh mehr auf Death als auf euren Classic Style."
Paul meint: „Na, klasse. Death Metal hört sich für mich an, als würde man ein Schwein am Schwanz gepackt in einer ständigen Drehbewegung gegen eine Mülltonne schlagen."
Gesagt, getan! Gregori spielt eine kleine Kostprobe seines bevorzugten Stils. Mit knüppelharten Blastbeats und staubtrockenen Doublebasses lockt er seine Bandkollegen in die Abgründe des Death Metal.

Weiter > ***108***

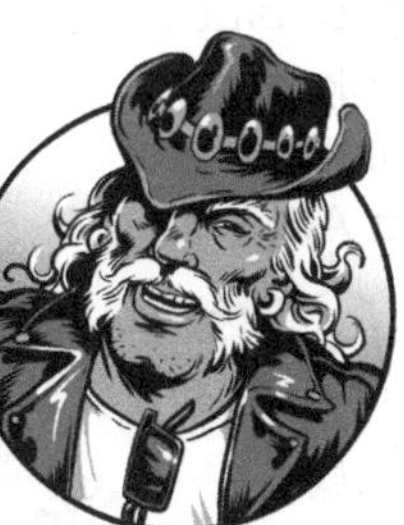

SPIELTIPP | *Oha, jetzt wird's interessant! Jetzt wirst du Zeuge eines indirekten Effekts unseres* ***Einflusses****. Er ist allein durch unsere Präsenz und den ständigen Fluss göttlicher Rock-Power erklärbar. Die Jungs werden viel zugänglicher für musikalische Wahrnehmung und lernen besser. Du wirst dich noch wundern, wie schnell und fokussiert sie Neues in sich aufsaugen werden!*

★) ROCK ICONS: The Ramones
US-amerikanische Musikgruppe aus Queens, New York. Sie galten als Prototyp einer Punkband. Schufen Mitte der 70er eine neue Musikrichtung, um gegen den damaligen Rock zu rebellieren.

56 Jeder der Metal Heroes gibt, was er kann, doch das Gros der Rechnung bleibt mal wieder bei Joey hängen. Er zahlt gerne, denn er weiß, das ist der erste wichtige Schritt in der Geschichte der Band.

*Entferne nun im Metal-Logbuch einen **Geldschein** hinter Joeys **Kreditkarte**!*

Weiter > ***81***

57 Du lässt deine göttliche Energie fließen und verhilfst Gregori zu einem virtuosen Auftritt. Trotz aller Probleme mit dem ungewohnten Equipment und der unbekannten Umgebung spielt er befreit auf.

*Dein **Einfluss** sinkt um 1!*
Welche von Gregoris Eigenschaften möchtest du positiv beeinflussen?
Skill > ***92*** | *Power >* ***69*** | *Presence >* ***109***

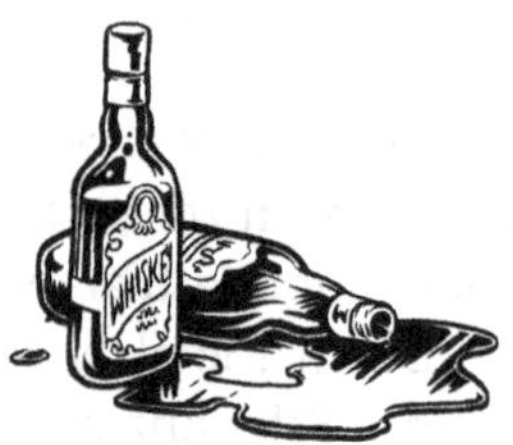

58 Während Gregori das für ihn unbekannte Schlagzeug abtastet und auf seine Bedürfnisse einstellt, legt Paul den Arm um Dawnas Schulter. „Wie sieht's aus? Ihr zieht euch die Drum-Künste des Wuschelkopfs rein und ich werfe in der Zwischenzeit einen Blick auf Dawnas Karosserie." Bei seinem Vorschlag schaut er Brian fest in die verkniffnen Augen und zwinkert provokant.
Joey bekommt von diesen Spielchen nichts mit. „Also Dawna, Paul verdingt sich nebenher als Schrauber. Wenn einer dein Auto wieder hinbekommt, dann er."

Was nun?
Bei Joey, Brian und dem gleich aufspielenden Gregori bleiben > ***100***
Paul und Dawna folgen > ***78***

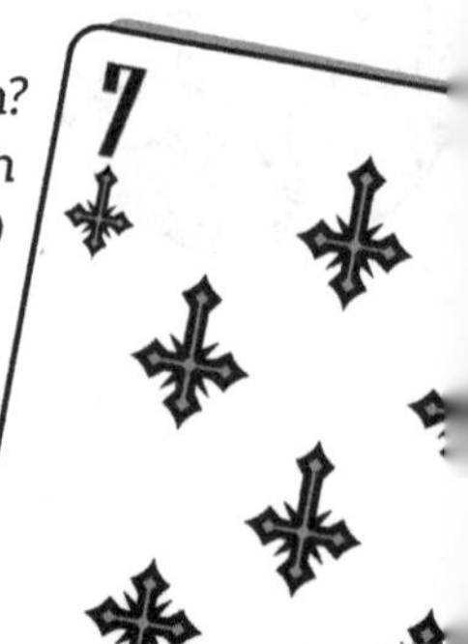

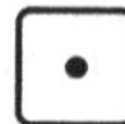

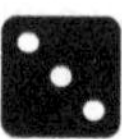

59 Etwas bleich um die Nase betreten die Metal Heroes die Bühne des Rock Palace. Erste unfreiwillige Lacher erntet Gregori, als er über ein Kabel stolpert und daraufhin beginnt, sein derangiertes Schlagzeug unbeholfen abzutasten und wieder zu richten.
Nur Minuten später bebt der Saftladen! Mit dem zweiten Song quetschen deine Jungs schließlich die letzten Dezibel aus den Amps.
Großer Jubel brandet auf im Palace. Dave kommt auf die Bühne und hält ein Schallpegel-Messgerät in die Höhe, wie er es bereits nach dem Auftritt zuvor getan hatte, um festzustellen, bei welcher der beiden Bands die Begeisterung lauter ausfällt.

2

*(Für Regel-Pussys ONLY: Das Berücksichtigen von **Modifikatoren** für Gigs und deren Berechnung brauchen dich nie zu interessieren. Überspringe solche Absätze!)*

*Notiere dir einen Bonus von **+1** für jeden gespielten Song des Genres Classic im C-Feld von **„Battle at the Palace"** im **Tour-Book** des Metal-Logbuchs.*
*Ermittle nun den **Gig-Score** für **Battle at the Palace!** 71*
*Checke dazu nacheinander die **Performance** der jeweiligen **Leader** für alle Songs.*

REGEL-HINWEIS | In den letzten drei Absätzen der „Gigs"-Regeln (R18) steht's, wie's geht: „Performance Check", „Performance-Punkte" sowie „Gig-Score berechnen".

*Wie war die **Gig-Score** der Metal Heroes im Vergleich zur **Performance** ihrer Gegner?*
*Gleich oder besser > **76***
*Schlechter > **53** **

60 Gregori erkennt die Chance und greift beherzt zu! Penibel tastet der jede Banknote genau ab, sagt dann aber: „Ich hoffe, Sie gehören nicht zu den Leuten, die Behinderte verarschen."
Verdammt, bist du froh, als Gregori den Laden und du den Pfandleiher wieder verlässt.

*Notiere dir die **dicken Scheine** unter Gregoris Inventar.*

*Weiter > **85***

**) ONLY: Diese Würfelsymbole gelten nur für Regel-Pussys!*
4 oder niedriger gewürfelt | 5 oder höher gewürfelt

2

61 „So, Brian, Paul, Greg, hört mal her", eröffnet Joey die Session und untermalt die Ansprache mit einem dramatisch-verzerrten Akkord auf seiner Fender Stratocaster.
„Es ist wohl jedem klar, dass es so nicht weitergehen kann", nimmt Joey den Gesprächsfaden auf. „Ich hab' keinen Bock mehr auf die ganzen Cover-Songs und unsere Kinderkacke." Murmelnde Zustimmung. „Also Männer, wir haben eine grundlegende Entscheidung zu fällen. Welchen Stil wollen wir spielen?"
Kaum steht die Frage im Raum, entsteht eine rege Diskussion und schnell wird klar: Heute Abend steht ein großer Einschnitt für die Metal Heroes an. Immerhin soll eine echte Richtungsentscheidung getroffen werden, eine, die schon viel zu lange herausgezögert wurde!

Hast du eine Vorstellung, welchen Pfad die Band einschlagen soll?

Ich nutze meine göttliche Macht! > ***90***

Der Haufen soll zu seiner eigenen Entscheidung kommen … > ***55***

62 Gregori forderte seine Kumpels enorm. Manchmal über die Belastungsgrenze hinaus. Dennoch schafften sie es, sich binnen einer Session Material für einen Death-Song draufzuschaffen!
Mit dieser Probe blickst du optimistisch in die Zukunft der Metal Heroes. Deine Jungs haben bewiesen, dass sie mehr als ein zusammengewürfelter Haufen Möchtegern-Metaller sind: Sie haben sich heute für einen neuen Stil geöffnet und sofort neues Material produziert! Stolz auf dich und deine Mannen fallen dir die göttlichen Äuglein zu.

Die Band erhält ***2 Song-Punkte****!*
Spare sie, um später Songs freigeschalteter Genres im ***Repertoire*** *zu aktivieren.*

Weiter > ***116***

63 Ungerührt begutachtet er das Pokerspiel. Dir stockt der Atem! Und dann wirft er es achtlos hinter sich – direkt auf deine Brust, worin es mit einem grellen Lichtblitz verschwindet!

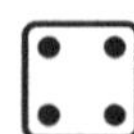
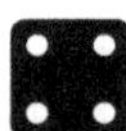

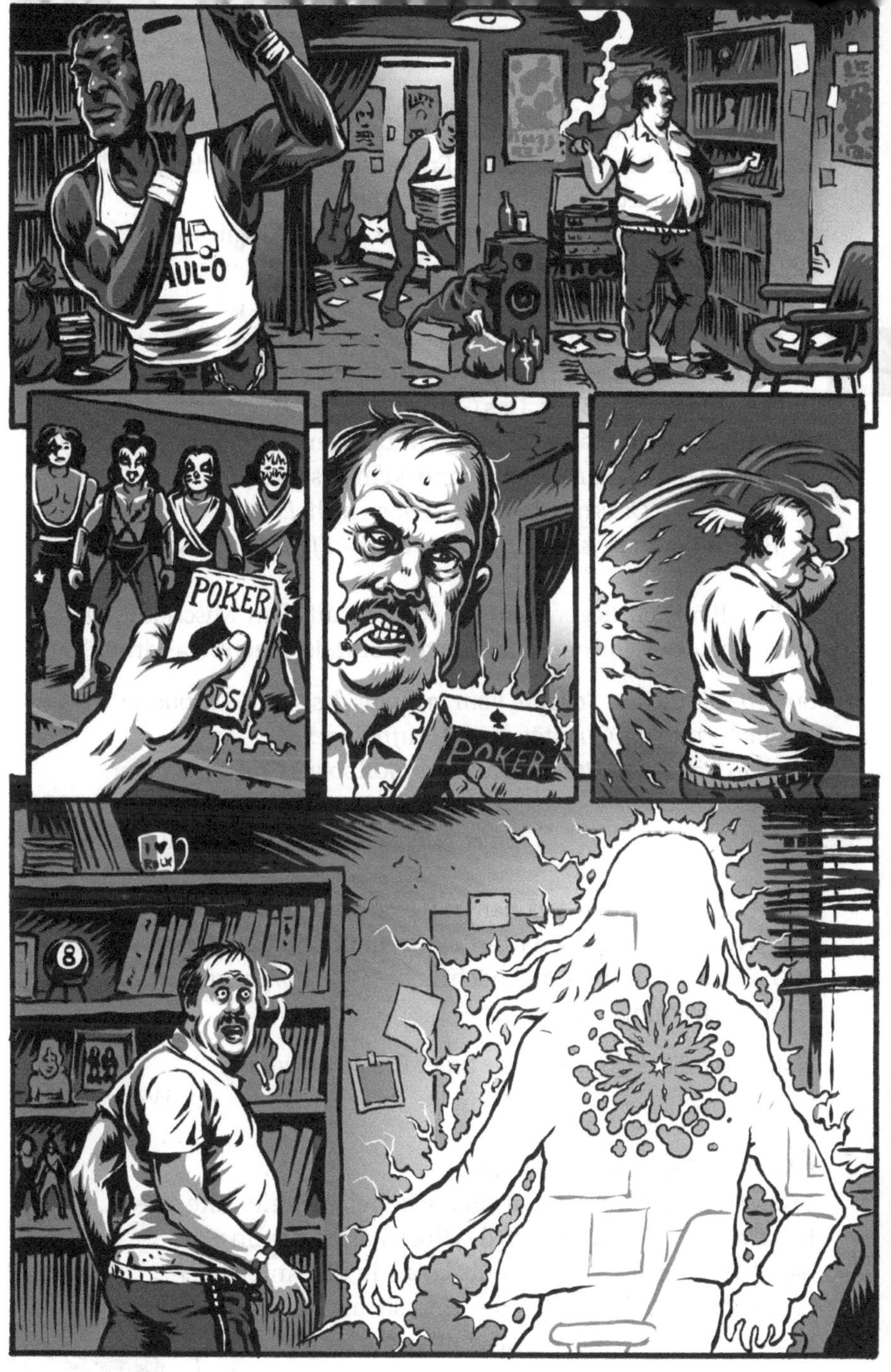

63 *Ungerührt begutachtet er das Pokerspiel. Dir stockt der Atem! Und dann wirft er es achtlos hinter sich – direkt auf deine Brust, worin es mit einem grellen Lichtblitz verschwindet!*

Irritiert tastest du deinen Astralkörper ab, wunderst dich, wo das Kartenspiel geblieben ist. Feine Entladungen, Dutzende blaue Blitze lassen deine stattliche Silhouette erahnen.
Verwundert starrt der fette Vermieter in deine Richtung – doch die Blitze sind bereits verklungen. Achselzuckend wendet er sich wieder dem Plündern zu.
Es rumort in deinem Götterleib. Die Karten bahnen sich ihren Weg durch deine Innereien, als hättest du dir einen Tankstellen-Burrito in New Mexico gegönnt. Das Gute daran: Sie sind also noch da! Fest entschlossen, sie später deinen Schützlingen zukommen zu lassen, kneifst du die imaginären Ringmuskeln zusammen.

Diesem schäbigen Treiben nicht länger beiwohnen > ***86***
Beiden Räumungsfacharbeitern weiter auf die Finger schauen > ***54***

64 Plötzlich liegen fünf Hunderter auf dem Mischpult. Doug zufrieden: „Gut, ihr habt eine weitere Stunde. Macht was draus!"

*Streiche die **dicken Scheine** vom Inventar des Metal-Logbuchs!*
Bestimme nun die Qualität der EP-Aufnahme!
*Checke dazu Joeys **Presence**, Brians **Skill** sowie Gregoris **Power**!*

Zwei oder drei Checks gelungen > ***105***
Einer gelungen > ***87*** | *Keiner gelungen >* ***52***

65 Du bist stolz auf den Jungen! So eine selbstlose, aufopferungsvolle Einstellung hättest du Brian überhaupt nicht zugetraut. 500 Dollar hat ihm die nächtliche Ganzkörperversorgung des Golden Girls eingebracht.

*Notiere dir die **dicken Scheine** unter Brians Inventar.*

Weiter > ***85***

66 „... Swords and Sorcery!"
Großer Jubel brandet auf. Sie scheinen bereits alte Bekannte für das Publikum des Rock Palace zu sein. So bleibt Dave nichts anderes übrig, als in die Anfeuerungen hineinzubrüllen: „Hier sind sie also, die alten Knacker aus Downtown L.A. mit ihrem ersten Stück

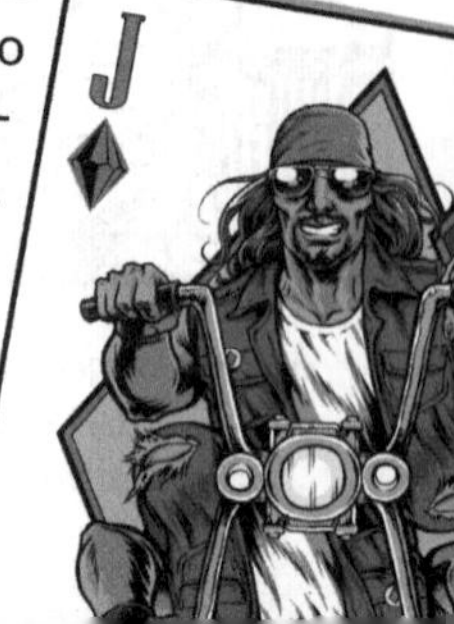

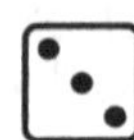 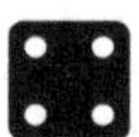

... Warsong!"
Du bewunderst die lange Mähne des bulligen Leadgitarristen, schwarz und fettig – so lässt es sich befreit moshen!
Mit der Routine echter Metal-Veteranen spielen Swords and Sorcery ihre beiden Songs. Gerade bei den Gitarren-Soli und der Eingängigkeit der Riffs kommen sie beim Publikum gut an.
Deine Jungs haben hinter der Bühne genau aufgepasst, was ihre Konkurrenz veranstaltet hat.

Wie war der Auftritt von Swords and Sorcery?
Ziehe eine Karte!
2 – 8 > **101** | 9, 10, J, Q > **106** | K, A > **114**

67 „Ein Poker-Spiel." Joey lässt die einzelnen Karten durch die Finger gleiten. „Das ist ja geil, die Bilder sind allesamt Rocker und Metaller. Also nicht dieser langweilige King-Queen-Kram. Sogar die Symbole sind an die Szene angepasst. Spaßig."

REGEL-HINWEIS | Spitze, dass du den Jungs deine Poker-Karten vermacht hast. Mit den Dingern kann man nämlich nicht nur gut zocken, sondern ihre Macht beeinflusst sogar das Schicksal! Wie das genau funktioniert, erkläre ich dir im Abschnitt ***„Schicksal per Pokerkarten" (R3)*** *der Regeln.*

Bevor die jungen Kerle ihre Probe fortsetzen, weihen sie dein Pokerblatt ein. Seltsamerweise sackt Gregori den ganzen Pott ein und keinem der vier fällt auf, dass eine Karte im Deck fehlt.

Trage nun unter ***Metal-Artefakte*** *im Metal-Logbuch* ***„unvollständiges Pokerblatt"*** *in der Zeile für* ***Joey*** *ein.*
Warum unvollständig? Weil du Nostalgiker es nicht übers Herz gebracht hast, alle Karten im Deck zu lassen, sondern eine in deinen abgewetzten KISS-Brustbeutel einstecken musstest. Entscheide dich nun, ob die entfernte Pokerkarte die ♣2, ♦Q, ♥9 oder das ♠A sein soll. Markiere die entsprechende Karte unter* ***Taylors Kram*** *im Metal-Logbuch (nein, die „701" dort ist keine Sektionsnummer, Schlauberger).*

Weiter > ***80***

**) Spielst du mit einem "echten" Pokerdeck (beispielsweise das der Special Edition), entferne bitte auch in diesem die gewählte Karte. Uhhh ...*

68 Fest entschlossen legt Joey wieder mal seine Kreditkarte auf den Tisch. In den Gesichtern seiner Kameraden erkennst du große Anerkennung, allerdings auch einen Anflug von Scham. Was würde die Band nur ohne Joeys Kohle machen?

Entferne nun im Metal-Logbuch einen ***Geldschein*** *hinter Joeys* ***Kreditkarte****!*

Bestimme nun die Qualität der EP-Aufnahme!
Checke dazu Joeys ***Presence****, Brians* ***Skill*** *sowie Gregoris* ***Power****!*
Zwei oder drei Checks gelungen > ***105***
Einer gelungen > ***87*** *| Keiner gelungen >* ***52***

69 Von Minute zu Minute hämmert Gregori heftiger auf Joeys altes Drumset ein. Die verblichenen Felle des Geschenks aus vergangenen Kindertagen werden nach allen Regeln der Schlagzeugkunst malträtiert. Brian und Joey können gar nicht anders, als spontan im Takt-Gewitter des Bass-Drum-Punchs zu moshen.

Gregoris ***Power*** *erhöht sich auf 4! (Damit auch sein* ***Ego*** *auf 1.)*
Weiter > ***117***

70 In Windeseile schwebst du über die Straße und schaust dich auf dem Gehweg um, just an der Stelle, wo eben noch der seltsame Blondschopf im knappen Outfit stand. Von der mysteriösen Erscheinung fehlt jede Spur, doch du spürst, dass hier vor kurzem eine enorme Energie floss. Nicht unbedingt die Art von Kraft, die du von deinen Schützlingen empfängst, dennoch stark genug, selbst die Reste ihrer Auflösung wahrzunehmen.
Du willst dich gerade wieder zurück zur Garage begeben, als du auf dem Grünstreifen einige schwarze Federn, wahrscheinlich eines Raben, bemerkst. Seltsam.

Weiter > ***88***

71 Nach kurzer, aber heftiger Diskussion hat man sich auf einen Song geeinigt.

(ONLY: Die Erstellung einer ***Setlist*** *und das Nutzen von* ***Gig-Mustern*** *betrifft dich nicht.*

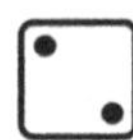

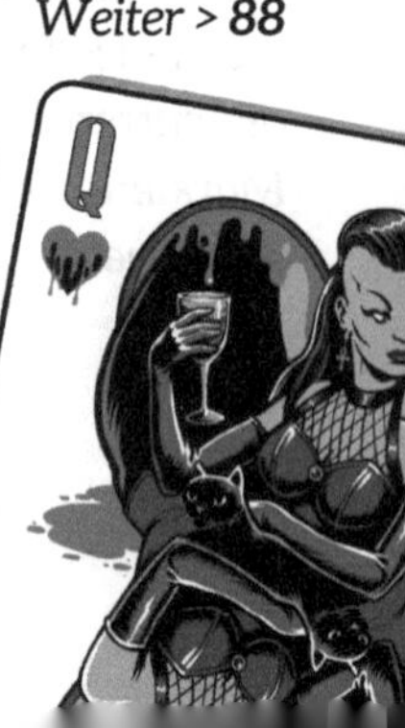

Gig-Muster

BATTLE AT THE PALACE

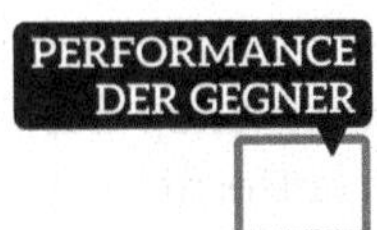

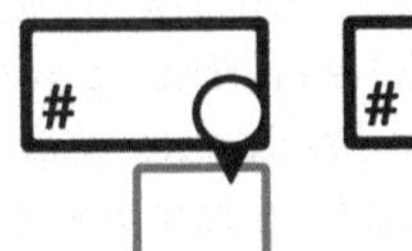

Setlist Battle at the Palace

*Wähle nun **2 Songs** aus dem **Repertoire** und bestimme damit die **Setlist** für diesen Wettstreit. Trage dazu die Track-Nummern in die vorgesehenen Felder mit dem #-Symbol im **Gig-Muster** ein. (Wichtig: Natürlich müssen Songs zuvor aktiviert worden sein, sprich, sie müssen einen Kreis um ihre Nummer haben!)*

*Willst du nun deinen **Einfluss** geltend machen? Dann verändere den Lauf des Finales mit der Macht eines angehenden Rock-Gottes und schau, was geschieht > **•98***

*Vertraust du hingegen auf die Stärke der Metal Heroes > **59***

72 „Wissen Sie was", ist Gregori plötzlich verunsichert. „Ich denke, ich sollte die Kette behalten."
Du bist vollkommen überrascht ob seines Geisteswandels. Hilflos versuchst du ihn noch umzustimmen, doch der Drummer verlässt, so wie du den Geist, den Pfandleiher.
Auf dem Rückweg macht er einen Abstecher in ein Krankenhaus, um Blut zu spenden (nachdem er vorher bei einer Samenbank unverrichteter Dinge weggeschickt wurde), und kommt so wenigstens mit ein paar Kröten zurück.

*Weiter > **85***

73 Am späten Nachmittag zieht die coole Socke los, setzt sich in den Bus und fährt direkt zum Century City Center, einer großen Shopping-Mall auf halbem Weg nach Santa Monica. Ob er tatsäch-

lich die billige Mitleidstour bei den Kunden des Einkaufszentrums versucht?
Weit gefehlt: Er geht ein wenig shoppen, besucht - du glaubst es kaum - ein Kino und wirft sich anschließend zwei Burger rein. So verstreicht die Zeit mit sinnlosem Geld-Verschleudern. Gegen Abend hast du bereits jegliche Hoffnung aufgegeben, bis Gregori schließlich die Mall verlässt und sich zum „Gold Guys“-Pawn Shop durchfragt. Das große Pfandhaus liegt nur wenige Straßen entfernt.
Der Händler, ergrautes Haar und feingestutzter Vollbart, beäugt Gregori argwöhnisch. Als der Drummer jedoch eine Schmuckschatulle öffnet und eine Goldkette samt Brillis zeigt, hellt sich das Gesicht des Mannes hinter der Theke auf. Routiniert kontrolliert er Schmiede-Marke und den Klunker mit einem Vergrößerungsglas.
„Woher haben Sie die Kette?“
„Sie ist ein Erbstück meiner Großmutter - also nicht geklaut, falls Sie das meinen.“

Willst du nun den Händler manipulieren, um einen guten Preis für Gregori rauszuholen?
Ja, manipulieren > ***•120*** | *Nein, keine Lust >* ***47***

74

Die weichen Klänge des Türglockenspiels lassen Joey erwachen. Schlaftrunken erhebt sich der hagere Bandleader von der weißen Ledercouch und tapst durch Wohnzimmer und Eingangshalle. Auf dem Display der Überwachungskamera zeigen sich die von der Kameraoptik verzerrten Gesichter seiner beiden Bandkollegen, die absichtlich Grimassen schneiden.
„Mann, Alter, jetzt lass uns endlich rein!“, quäkt es ungeduldig aus der Gegensprechanlage.
Joey öffnet die rustikale Haustür des Anwesens.
„Hey, Joey“, fordert Brian aufgekratzt, „schau mal unauffällig zum Haus der McGinleys rüber. Siehst du das scharfe Teil da?“
Paul mault und stapft hinein: „Bei dem Blondchen hat Brians Schwanz-Radar natürlich sofort ausgeschlagen!“

Weiter > ***50****, Option* Ⓑ

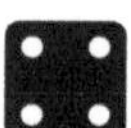

REGEL-HINWEIS | Ein ungewöhnlicher ***Sektionsverweis****, hm? Es handelt sich um einen* ***„festen Verweis“****. Er nimmt dir die Wahl am Ende der nächsten Sektion ab. Das bedeutet, dass du wie gewohnt bei der angegebenen Sektion weiterliest, an deren Ende jedoch den Verweis nehmen musst, der mit dem entsprechenden Buchstaben (im obigen Fall mit „B“) markiert ist. Also Buchstaben nicht vergessen!*

2

75 Motiviert von der vergleichsweise unkomplizierten Namensfindung haben sich die vier Hobby-Metaller gleich für den darauffolgenden Tag zur ersten Probe unter ihrem neuen Namen verabredet. Binnen weniger Stunden haben sie sich zwei alte Songs von Joey und Brian draufgeschafft.

Die Metal Heroes beherrschen automatisch die ersten beiden Songs ***„Soul Reaper“ (#1)*** *und* ***„Flaming Thoughts“ (#2)*** *des Genres Classic. Markiere dies, indem du deren Track-Nummern im Repertoire einkreist! Wie, wurde beim 1. schon gemacht? Na, wunderbar!*

REGEL-HINWEIS | Na also! Endlich beginnen die Jungs damit, eigene Musik zu machen. Wie das funktioniert, steht in den Abschnitten ***„Repertoire“ (R14)*** *und* ***„Metal-Genres“ (R15)*** *der Regeln. Lies dir alles gut durch und mach dann hier weiter!*

Am Ende der Session heben die Metal Heroes wieder ein paar Bier und quatschen über allen möglichen Scheiß. Dann platzt Paul mit seiner News des Jahres hervor. Voller Stolz erzählt er seinen Bandkollegen, er hätte nun endlich seinen Traumjob gefunden. Der Besitzer des „Bow“ hätte ihn als Helfer eingestellt. Du wirst sofort hellhörig. Schließlich arbeitest du in der kultigen Bar im Westen Hollywoods schon seit etlichen Jahren!
Joey hebt seine Flasche: „Glückwunsch, Paul. Wie kam's?“
„Der Typ, der den Job vorher seit etlichen Jahren gemacht hat, ist plötzlich nicht mehr aufgetaucht.“
„So ein Loser!“ „Naja, der wurde wohl beim Überqueren des Sunset von einem Truck plattgewalzt.“
Gregori lacht sich schlapp: „Oh Mann, wie blind muss man eigentlich sein?“

Findest du irgendwie gar nicht lustig, insbesondere als dir die Erinnerung an deinen kleinen Unfall ins Gehirn schießt ...

*Blättere nun bitte zu **19** und lies dort die Passage zwischen den beiden Blitzsymbolen, um deine Erinnerung aufzufrischen. Lies anschließend hier weiter!*

2 In diesem Moment wird dir bewusst, dass dein weltliches Dasein vorbei ist. Keine Sau hat sich in den letzten Wochen um deinen Scheiß gekümmert. Schließlich hast du weder Familie noch echte Freunde, die dich vermissen würden. All deine wertvollen Hinterlassenschaften in deiner Bude ... Du musst sofort hin!

Weiter > ***123***

76 Dave wartet fast eine Minute, muss den Jubel der Zuschauer dann jedoch mit beschwichtigen Armbewegungen zügeln, um überhaupt mit seinen Glückwünschen Gehör zu finden. Er überreicht den Metal Heroes ein Kuvert mit dem Gutschein der High-Low-Studios. Damit dürfen sie ihre erste 3-Song-EP einspielen und auf den Markt bringen.
Brian strahlt voller Stolz und schnappt sich das Mikro von Dave. Mit Metaller-Gruß und bebender Stimme kündigt er an: „Metal Heroes – merkt euch diesen Namen! Das war erst der Anfang!“

*Notiere dir zudem unter **Road to Glory**, Eintrag **#4**, dass die Metal Heroes eine **EP-Aufnahme klargemacht** haben, indem du dort ein ✖ im Kreis machst.*

Weiter > ***111***

77 Die erste EP – also ein Mini-Album mit ein paar Tracks – ist eigentlich alternativlos, will man in der Metal-Szene Fuß fassen. Der Haken: Ohne Label sind die Kosten für Studio und Produktion selbst zu tragen, klar.
Joey klatscht entschlossen in die Hände: „Okay, Leute. Wir brauchen ordentlich Kohle, um unsere erste heiße Scheibe zu produzieren. Mindestens zwei Riesen. Für weniger schließen die uns nicht mal die Tür auf.“
Paul stöhnt: „Und, wie viel haben wir?“

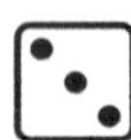 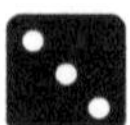

„Knapp Sechzehnhundert."
„Und für den Rest müssen wir anschaffen, oder was?"
Joey schnauft. „Vielleicht. Jeder von uns versucht in den nächsten Tagen ordentlich Kohle zu machen, klar?"

Welchen der vier Metal Heroes willst du im Kampf gegen den Kapitalismus (bzw. die eigene Faulheit) unterstützen?

*Joey (verwendet **Kreditkarte**) > **56***
*Brian (hilft einer Nachbarin) > **122*** | *Paul (jobbt beim Onkel) > **104***
*Gregori (will sich etwas „einfallen lassen") > **73***

78 Paul begleitet die schweigsame Dawna zu ihrem Auto, einem alten, verrosteten Nissan Sunny, in mutmaßlich metallic-grün, der an neuralgischen Stellen von dicken Schichten Panzertape zusammengehalten wird.
Paul wirft sich in den zerrissenen Fahrersessel und dreht am Zündschlüssel. Anstandslos springt die Schrottschüssel an.
„Bin ich doof?", ruft Dawna. „Vorhin ist er während der Fahrt einfach ausgegangen. Als hätte jemand den Stecker gezogen."
„Vielleicht ein Elektrik-Wackler. Ich schau's mir mal an. Du musst nämlich wissen: Im Leitungen-Verlegen bin ich ganz groß!"
„Hmhm, das dachte ich mir schon", bleibt Dawna cool.
Paul lächelt gönnerhaft, und während er am Hebel der Motorhaube zieht, checkt er Dawnas und Gregoris Beziehungsstatus: „Und, seid ihr zwei zusammen?"
„Gregori und ich? Nee! Wir sind bloß Freunde. Sonst läuft da nichts. Seine Eltern geben mir ein paar Kröten, damit ich ihn zu seinen Terminen fahre." – „Kann er das nicht selbst?"
Dawna lacht überrascht. „Hast du's nicht kapiert? Gregori ist blind!"
„Echt?! Muss hart sein. Würde ich nicht mit klarkommen."
Als der Bassist die rostige Haube anhebt, wirbeln etliche schwarze Federn auf.
„Was haben wir denn da?" Paul fischt den Kadaver eines Raben aus dem Motorraum und hält ihn Dawna entgegen. Mit gerümpfter Nase betrachtet sie die Überreste: „Igitt! Wie kommt der denn da rein?"
Paul beendet seine Untersuchung ohne weiteren Befund. Gemeinsam fahren sie zum Anwesen der Morgans zurück.

*Weiter > **100***

79 „Okay, Taylor! Deine Jungs, deine Entscheidung.“
Du lässt die Rock-Power fließen und sie wie einen funkelnden Regen aus Diamanten über Pauls Kopf rieseln. Er bekommt von der ganzen Aktion nichts mit und spielt seine Bass-Begleitung zu Gregoris erstem Auftritt ungerührt weiter.
Gregori braucht ein, zwei Minuten und ein tief aus dem Inneren herausgeschrienes „Scheiße“, um das Eis zu brechen. Dann klopft er den Staub dermaßen aus den Fellen, dass Joey und Brian einen Schritt nach hinten machen.
Der Band-Anwärter legt ein fast fünfminütiges Solo hin, das zwar an einigen Stellen limitiert wirkt, aber nicht wegen fehlendem Talents, sondern weil das Schlagzeug schlichtweg Kinder-Müll ist.
Brian klatscht begeistert: „Wow! Ich hätte nicht gedacht, dass man so viel aus diesem Schrott von Schießbude herausholen kann.“

*Notiere dir unter **Road to Glory** im Metal-Logbuch, Eintrag **#2**, dass du einen **Außenseiter gepusht** hast, indem du dort ein ✖ im Kreis machst. Dein **Einfluss** sinkt um 1!*

Weiter > **117**

80 Zum Glück sind Joeys Eltern über das Wochenende verreist und so proben die Metal Heroes bis spät in die Nacht. Erst als ein Wachmann der Siedlung-Streife freundlich, aber bestimmt an das Garagentor klopft und die Band darüber informiert, die Nachbarn würden den Einsatz der Nationalgarde erwägen, hören die Jungs ausgepowert auf.
„Mann, Leute“, schnauft Joey. „Das war die beste Probe, die wir jemals hatten.“ „Absolut!“, bestätigt Paul. „Selbst das schwarze Zeugs vom Kommunisten-Blindfisch war gar nicht mal so schlecht.“
Gregori lächelt gequält. Er ist zu fertig, um sich jetzt mit dem Bassisten-Rassisten streiten zu wollen. Von diesen fiesen Frotzeleien abgesehen, ist es offensichtlich, dass alleine deine göttliche Präsenz ausreicht, um die Metal Heroes richtig zu pushen.

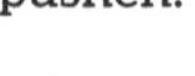

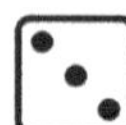

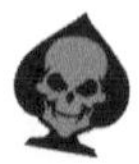

*Neues Genre gemeistert: **DEATH**!*
*Die Metal Heroes öffnen sich für den Stil des Death Metal! Dies bedeutet, dass sie ab sofort auch Songs dieses Genres in ihr **Repertoire** übernehmen dürfen! Markiere dies, indem du dort den Schriftzug „Death" ausmalst.*
*Sie beherrschen somit den ersten Song **„Kneel to Die!" (#7)** des Genres **Death**. Markiere dies, indem du einen Kreis um dessen Track-Nummer machst.*

*Checke Gregoris **Skill**!*
*Gelungen > **49***
*Misslungen > **62***

81 In den HighLow-Studios (einer Mini-Klitsche im Südwesten von Los Angeles) herrscht ein wenig vertrauenerweckendes Klima. Erst gegen Nachweis dürfen die Metal Heroes eines der drei kleinen Studios betreten. Eine große Glasscheibe trennt den mit Noppenschaum ausgekleideten Aufnahmeraum von der Regie.
Doug Venaterrez ist der zugeteilte Aufnahmeleiter für die Metal Heroes und macht die Unterweisung im Schnellwaschgang. Um nicht unnötig Zeit zu verlieren, gehen Joey und Brian ihrem blinden Drummer beim Aufbau des Schlagzeugs zur Hand.

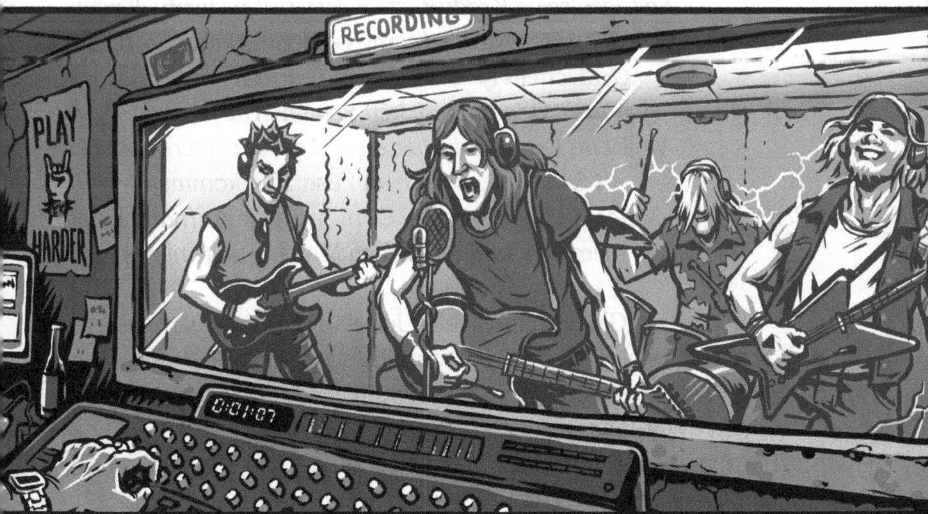

81 *Nach exakt vier Stunden ertönt eine Glocke und Doug meint lapidar: „So, Herrschaften, die Zeit ist vorbei."*

Bestimme nun sämtliche Tracks, die auf der EP der Metal Heroes veröffentlicht werden sollen!

*ONLY: Suche dir einfach **3 Songs** gemeisterter Genres aus dem **Repertoire** aus, die jetzt als EP-Tracks aktiviert werden. Kreise ihre Track-Nummern ein und schreibe **„EP"** ins **„Out"**-Feld!*

2

*Wähle dazu **3 Songs** aus dem **Repertoire**, indem du **„EP"** ins **„Out"**-Feld schreibst. Natürlich müssen all diese Songs aktiviert sein (Kreis um die Track-Nummer mit dem #-Symbol).*

*REGEL-HINWEIS | „Hey, Taylor! Wichtige Aktion jetzt! Denn: Je mehr Fans die Band in ihrer Karriere hinter sich versammelt, desto besser. Das heißt **Fanbase**. Es geht um gute Musik, PR und Marketing. Gehe dabei nicht über Leichen und verrate niemals die heiligen Ideale des Rock!" Mehr gibt's im Abschnitt **„Fanbase" (R12)** in den Regeln.*

Nach exakt vier Stunden ertönt eine Glocke und Doug meint lapidar: „So, Herrschaften, die Zeit ist vorbei."
Natürlich gäbe es noch die Möglichkeit einer Verlängerung, wie er sofort erwähnt, die würde allerdings extra kosten. Was nun?

*Soll Joey seine **Kreditkarte** belasten, um eventuell noch etwas aus der EP rauszukitzeln (vorausgesetzt, es kann noch eine **Geldschein -Markierung** entfernt werden)?* > **68**

*Oder kann Gregori bzw. Brian mit **dicken Scheinen** aufwarten?* > **64**

Willst du Doug beeinflussen und dafür sorgen, dass die Metal Heroes auch an Zusatzzeit kommen? > **•48**

Oder sollen die Metal Heroes ablehnen? Dann wird die Aufnahme mit dem bereits eingespielten Material abgemischt > **97**

82 Ein sanftes Glockenspiel reißt Joey aus seinem Dämmerzustand. Schwerfällig erhebt er sich von der Couchlandschaft im Wohnzimmer der elterlichen Villa und schlurft den ewig-langen Flur entlang zur Tür. Schlaftrunken kontrolliert er das Display der Kamera, die die Auffahrt zum Anwesen der Familie

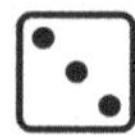
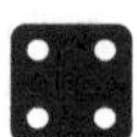

Morgan überwacht. Ein junger Typ mit zotteligem Haar und zerrissenen Klamotten kratzt sich mit seinen Drumsticks den Rücken.
„Fuck", murmelt Joey. Offenbar hat es der Bandleader verpennt, dass heute das Drummer-Rehearsal auf dem Programm steht. Er geht runter zum Tor und begrüßt den Typen.
„Geiler Schuppen, Alter!", kichert der Anwärter.
„Ja. Gehört meinen Eltern", gibt sich Joey reserviert.
„Echt krass. Deine Family muss ja dick Kohle haben. Ich hab' erst gedacht, ich hätte die falsche Adresse." Und wieder lacht der Typ so dümmlich, dass man sich fragt, was eigentlich so witzig ist.
Schweigend führt Joey ihn durch den Garten zum abseits gelegenen Garagenanbau, wo die Band normalerweise zweimal in der Woche probt. In diesem Monat haben sich die Jungs allerdings etwas hängen lassen.
Vor dem breiten Tor warten bereits seine beiden Bandkollegen – der ewig-missmutige Paul und der sportliche Brian, der eifrig sein Smartphone bearbeitet. In ihrem Schlepptau warten drei weitere Anwärter auf ihre Chance vorzuspielen.
Die Abendsonne taucht die Straßen und Hügel von Los Angeles in warmes Rot. In der Zwischenzeit haben die vier Drummer Joey, Brian und Paul die Gehörgänge freigepustet. Doch richtige Begeisterung will nicht aufkommen. Auch bei dir nicht.
Sicher war Joeys altes Drumset nicht die beste Voraussetzung, jedoch wurde schnell deutlich: Die Jungs sind limitiert oder haben schlicht kein Talent – zumindest nicht genug, um in einer Band mit der Perspektive „Weltherrschaft" mitzumischen.
Mit dem Klassiker „Wir rufen zurück!" hat Joey alle Anwärter nach Hause geschickt. Nun wird beraten.
Eines steht fest: Keiner der Drummer ist das Gelbe vom Ei, aber einer ist besser als keiner. So einigt man sich auf den Einäugigen unter den Blinden. Joey will gerade den Erwählten kontaktieren, als es rhythmisch am Garagentor klopft. Tok-tok, tok-tok-tok. Du spürst eine enorme Aura.
„Wart' mal, Joey, vielleicht kommt noch einer", zeigt sich Brian zuversichtlich und betätigt den Öffnungsmechanismus des Tors. Die Band geht einige Schritte ins Freie, schreckt einen Raben auf und

2

blickt sich um. Tatsache! Eine langbeinige Blondine in knappen Hotpants und ausgeleiertem, schwarzen Shirt verdrückt sich gerade durch die Büsche in Richtung Straße.
Brian rennt ohne zu zögern der attraktiven Unbekannten nach. Kurz vor dem Gehweg kommt er ins Straucheln und fällt ungelenk vornüber in den Kies der Auffahrt, als hätte ein Geist ihm ein Bein gestellt. Er purzelt fast bis zum Rinnstein.

Benommen schüttelt Brian den Kopf und erschrickt, als plötzlich eine zarte, helfende Hand mit feuerrot lackierten Nägeln vor seiner Nase auftaucht.
„Na, du tollpatschiger Stuntman, ist alles in Ordnung?", fragt die junge Frau besorgt. Selbstbewusst peitscht sie ihren blonden Pferdeschwanz in den Nacken, als sie Brian wieder auf die Beine hilft. Neben ihr steht ein Typ in knallbuntem Hawaiihemd, peinlich-coolen Klettverschluss-Sneakern und Kurt-Cobain-Gedächtnisfrisur. In seiner Gesäßtasche stecken zwei Drumsticks.
„Hi, ich bin Dawna", streckt das Girl Brian die Hand entgegen und deutet auf den jungen Kerl neben sich, dessen wirre Haare komplett das Gesicht verdecken: „Und das ist Gregori – Nachbar und guter Freund."
Brian schüttelt Dawnas Hand geistesabwesend, denn er ruft sich noch einmal den Anblick der Flüchtigen ins Gedächtnis. Unbewusst starrt er dabei auf Dawnas Jeans-bedecktes Hinterteil. „Definitiv keine Hotpants", seufzt er verträumt.
Der kompakte Bursche im Hawaiihemd tatscht derweil seiner Begleitung unbeholfen an den Trägern ihres Tops: „Ja, Dawna muss mich immer herumkutschieren."
„Hi, Dawna und ihr Nachbar!" Setzt Brian zum Überholen auf der Schleim-Spur an – und nicht ohne Erfolg, wie du an Dawnas geröteten Wangen ablesen kannst. „Ich bin Brian. Der Leadgitarrist."
„Ach, ja? Welche Gitarre spielst du denn?"
Brian ist etwas überrascht von der Nachfrage. „... ähm, eine Gibson Explorer Rusty."
„Ah, cool! Die Gitarre von James Hetfield*."
„Hey, korrekt, korrekt. Bist wohl 'ne echte Metal-Lady, was?"

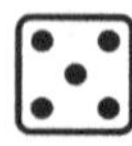 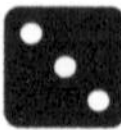

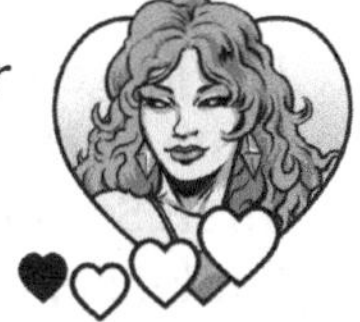

Male nun im Metal-Logbuch das ***kleinste leere Herz*** *über Brians Kopf aus! (Also stets von links nach rechts.) Hilf dem Leadgitarristen dabei,* ***Dawnas Herz*** *zu gewinnen!*

Sänger Joey und Bassist Paul sind mittlerweile hergelaufen. Unkompliziert macht sich das Jungvolk untereinander bekannt.
„Krass, ihr spielt also alle in einer Band?", ist Gregori überrascht.
Joey hält kurz inne und antwortet verwirrt: „Ja, klar. Bist du nicht wegen des Vorspielens hier?"
„Vorspielen?" Dawna zuckt nur mit den Achseln und erzählt, dass ihr Auto vorne an der Ecke liegengeblieben sei: „Wir waren gerade auf dem Weg zu Fuß zur nächsten Haltestelle, als Brian uns fast umgerannt hätte. Einen Abschlepper kann ich mir nämlich nicht leisten."
„Also wenn ihr einen Schlagzeuger sucht", zückt Gregori selbstbewusst seine Sticks. „Hier bin ich!"
„Sagt mal, kurz bevor ihr gekommen seid, habt ihr da eine Tante mit langen hellblonden Haaren in Hotpants weglaufen sehen?"
„Sorry, Herr Leadgitarrist", antwortet Gregori, „ich hab' definitiv niemanden gesehen." Woraufhin Dawna lachend den Kopf schüttelt.
Auf dem Weg zurück zur Garage schaut sich Brian noch einmal um, denn er wird das Gefühl nicht los, beobachtet zu werden.

*Weiter > **50**, Option* 

REGEL-HINWEIS | Ein ungewöhnlicher ***Sektionsverweis****, hm? Es handelt sich um einen* ***„festen Verweis"****. Er nimmt dir die Wahl am Ende der nächsten Sektion ab. Das bedeutet, dass du wie gewohnt bei der angegebenen Sektion weiterliest, an deren Ende jedoch den Verweis nehmen musst, der mit dem entsprechenden Buchstaben (im obigen Fall mit „A") markiert ist. Also Buchstaben nicht vergessen!*

83 „... Raw Explosion!" Verhaltener Jubel unter den Haudegen im Rock Palace. Entsprechend versucht Dave die Stimmung anzuheizen: „Die Jungs sind direkt aus Seattle ins Rock Palace gekommen und wollen mit ihrem Industrial die Bühne in Schutt und Asche legen! Das Finale startet mit Raw Explosion und ihrem Song Rage!"

★) ROCK ICON: James Hetfield
US-amerikanischer Musiker. Bekannt als Leadsänger, Rhythmusgitarrist und einer der Songwriter der Metal-Band Metallica, die er 1981 mitgründete.

Die jungen Typen geben gleich Vollgas und präsentieren sich als echte Nachkommen des Grunge: Roh und ungeschliffen rotzen sie ihren Song durch die Amps. Passend zur schweren Bassline ihres Punk-Songs stapft der zottelige Sänger auf der Bühne umher wie ein Troll im Tiefschnee.

Das bringt aber auch nichts. Das Prädikat „Nu aus Seattle“ kommt
2 eben nicht überall an. Vielleicht die Chance für die Metal Heroes! Deine Jungs haben den Auftritt aufmerksam verfolgt. Diese Typen zu schlagen, wird nicht leicht.

Wie war der Auftritt von Raw Explosion?
Ziehe eine Karte!
2 - 10 > ***101*** | J, Q, K, A > ***106***

84 Der Battle im Rock Palace und die Chance auf eine kostenlose EP sind verloren. Nun entbrennt eine Diskussion darüber, selbst eine solche Aufnahme zu finanzieren. Will man irgendwie auf sich aufmerksam machen, führt an einer professionellen Aufnahme kein Weg vorbei. Nur wer blecht für das Studio?

Paul ist hörbar angepisst von den ständigen Wortgefechten über die klamme Bandkasse: „Mann, Joey, ich kapier's echt nicht. Geh einfach zu deinem Alten und hau ihn um etwas Kohle an. Eure Familie schwimmt doch in Geld.“

Brian weiß, dass dieses Thema ein rotes Tuch für seinen Freund ist, und versucht Paul zu bremsen – der aber lässt nicht locker.

„Zumindest ein Kredit sollte doch drin sein, du spießiger Arsch.“

„Verpiss dich!“, bleibt Joey hart. „Lieber verrecke ich auf der Straße, bevor ich ihn auch nur um einen Dollar anbettle!“

Brian überwindet sich und sagt nun ebenfalls seine Meinung. Er ist es mittlerweile leid: „Mal ehrlich, Joey, du tust ja gerade so, als würdest du nicht mehr bei deinen Eltern wohnen. Natürlich nimmst du immer noch ihre Kohle, wenn auch indirekt. Ganz zu schweigen von der Garage.“

Joeys reckt den Mittelfinger: „Ach, fickt euch!“

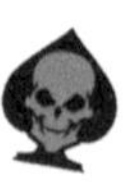

Was soll Joey tun?
Zu seinem Dad gehen > ***118***
Seine Mom ansprechen > ***94***

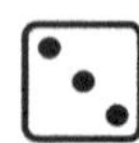 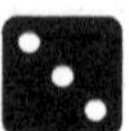

85 Alle starren auf den Haufen grüner Scheine, die Joey, Brian und Gregori zusammengetragen haben. Bloß Paul wirft nur ein paar Kröten in den Topf.
„Sorry, Leute. Hab's echt versucht. Ich musste meiner Mom helfen."
Pauls fadenscheinige Ausrede sorgt zunächst für Unmut bei seinen Kollegen, dann jedoch freut man sich über das gemeinsam Erreichte.

*Die **Bandchemie** steigt um 1!*

*Die Band erhält **3 Song-Punkte**!*
*Investiere jetzt gesparte Song-Punkte, um **mindestens 1 Song** freigeschalteter Genres im **Repertoire** zu aktivieren. Tue dies, indem du einen Kreis um die entsprechenden Track-Nummern (die Zahl ganz links mit dem #-Symbol) machst.*

Nach drei Wochen langer, entbehrlicher Probe-Sessions unter deiner Präsenz steht endlich der ersehnte Studiotermin an.

Weiter > ***81***

86 Die letzte Stunde hat echte Narben auf deiner armen, kleinen Rocker-Seele hinterlassen. Aber immerhin konntest du das Wichtigste der Sammlung vor der Müllpresse bewahren!
Und damit ist nicht deine gut sortierte Porno-Sammlung gemeint (die schon längst in den schmierigen Griffeln deines Vermieters gelandet ist), sondern dieses magische Pokerblatt.

Weiter > ***103***

87 ⏩ FAST FORWARD
Die EP zieht ihre Kreise in der Szene. Binnen eines Monats sind alle CDs verkauft. Aber auch über die von Joey eigens eingerichtete Internetseite der Band finden sich neue Fans. Ein toller Einstieg!

*Die **Fanbase** steigt um 1!*
*Erhöhe den **Fame** von 2 auf der EP veröffentlichten Songs! Fülle dazu je einen weiteren **Fame-Stern** für diese Songs aus.*
*Zudem steigt dein **Einfluss** um 1!*
Übernimm alle Änderungen im Metal-Logbuch.

Weiter > ***125***

88 Heute vor zwei Wochen hat sich die Band zum letzten Mal im Proberaum getroffen. Mit jedem Tag wurde die Anspannung und Vorfreude auf die Proben mit einem möglichen neuen Bandmitglied größer. Und die Chancen stehen gar nicht schlecht.
Rund ein Dutzend ambitionierte Metalheads sind dem Ruf der Flyer gefolgt. Okay, gut die Hälfte war entweder zu jung oder zu alt oder zeigte sich beim Thema Rechtschreibung überfordert.
„Wer es noch nicht mal auf die Kette bekommt, unseren Namen richtig zu schreiben, bekommt von mir vielleicht einen Tritt in den Arsch, aber definitiv keinen Platz in der Band!“, hatte sich Joey während der Vorauswahl echauffiert.
Nun stehen vier Typen vor dem Tor zur Auffahrt der Morgans und warten ungeduldig darauf, dass es endlich losgeht. Du begutachtest sie. Einer von ihnen fällt dir sofort ins Auge. Sein schrilles Outfit hebt sich vom typischen Schwarz und Leder der anderen Drummer ab. Er wartet etwas abseits und trägt ein ausladendes Hawaiihemd und waldgrüne Shorts. Seine weißen Turntreter haben Klettverschlüsse. Der stämmige Junge erinnert dich mit seinen wirren, dunkelblonden Strähnen bis zum Kinn an Kurt Cobain. An seiner Seite steht ein All-American-Girl mit frechem Pferdeschwanz in California-Gold, wie alle Anwesenden Anfang 20, auf deren Schulter er seine linke Hand abgelegt hat.
Jeder Anwärter hat acht Minuten Zeit, Joey, Brian und Paul von seinen Fähigkeiten zu überzeugen. Auch du hörst dir die teilweise bitteren Versuche an. Bei einigen der Experten bist du schon froh, dass sie wissen, an welchem Ende sie die Sticks zu halten haben.
In den Gesichtern der drei Kumpels vermeinst du bereits Resignation zu erkennen, als der letzte Kandidat – dein Freund im Hawaiihemd – geführt von seiner weiblichen Begleitung, sich hinters Schlagzeug setzt. „Hi! Ich bin Gregori“, stellt sich der Neuling mit schwachem russischen Akzent vor. „... und ich bin froh, dass unsere Karre ausgerechnet heute vor eurem Anwesen verreckt ist. Denn ich liebe Metal! Er ist mein Licht in der Finsternis.“ – „Ja“, grätscht die junge Frau dazwischen, „und ich heiße Dawna, und ich liebe Toiletten.“

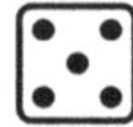

Paul schaltet als Erster. Er schnappt sich Dawnas Hand und legt sie auf seiner Schulter ab. Feixend führt er sie zum Badezimmer im Haus, nicht ohne zuvor mit Brian Blickkontakt aufzunehmen und einige Male provokant mit den Brauen zu zucken.

Weiter > ***100***

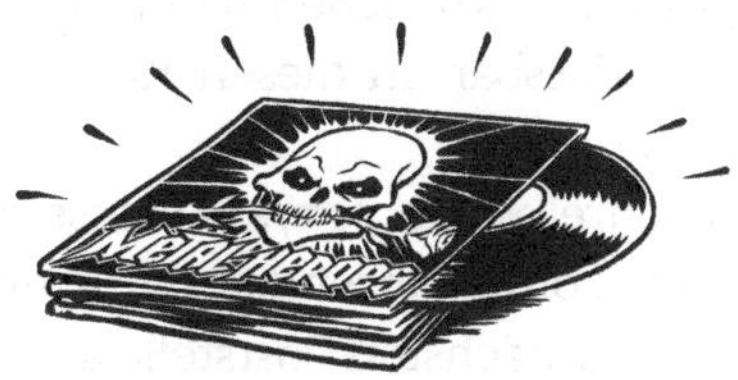

89 „Was verdient man denn so als doofer Müllschlucker?", fragst du einen der beiden Möbelpacker durch den Mund deines Ex-Vermieters. Der Typ lässt von seiner Arbeit ab und blickt dich an, als hätte er einen Hörsturz erlitten.
„Naja, viel wird's nicht sein, wenn man mal den geringen Verstand zugrunde legt, den man braucht …", legst du provokant nach.
„Hey, Opa, halt mal lieber den Rand. Sonst klatscht es – aber keinen Applaus!"
Sehr gut! Du hast ihn fast so weit. „Sag mal, ihr leckt euch schon mal gegenseitig die Hintern, oder?"
Ansatzlos explodiert eine rechte Gerade in deinem Gesicht. Der Kolben knackt, Blut rinnt dir über die Lippen. Du kennst den erbärmlichen Schmerz einer gebrochenen Nase durchaus, wunderst dich aber, dass du ihn in deinem derzeitigen Geisterzustand überhaupt so klar spüren kannst.
Nur mit Mühe gelingt es dem zweiten Räumungsfuzzi, seinen aufgebrachten Kollegen zurückzuhalten. Beide belegen dich mit diversen Flüchen und drohen mit weiteren Schlägen, als sie die Wohnung verlassen.
Endlich alleine, nutzt du die Gelegenheit und schreitest ein letztes Mal durch deine Bude. In der Ecke neben der Matratze steht – wenn auch etwas eingestaubt – deine geliebte 70er Gibson SG Standard. Dieses Erbstück von deinem Vater überlässt du keinem raffgierigen

Vermieter! So schnappst du dir Luftpolsterfolie und Tape und wickelst die Gitarre darin ein.
Zu guter Letzt schnürst du ein Paket voller wertvoller Platten, seltenem Band-Kram, eigener Kompositionen, Texte und natürlich dem Poker-Spiel. Als du es vom Regalbrett nehmen möchtest, gibt es einen Blitz und die Macht des unscheinbaren Artefakts durchströmt deinen Leihkörper. Unfassbar, in diesen Karten steckt tatsächlich dick Metal-Power!
Wieder bei Sinnen schreibst du Joeys Adresse auf das Paket und gibst den ganzen Scheiß ohne Absender, dafür mit ein paar anonymen Grußworten, bei der nächsten Poststelle auf.

Notiere dir unter ***Road to Glory*** *im Metal-Logbuch, Eintrag* ***#3a****, dass du deine* ***Gibson gerettet*** *hast, indem du dort ein ✖ im Kreis machst.*

Weiter > ***86***

90 Dir ist bewusst, dass sich der bedachte Joey und der extrovertierte Brian nicht nur in Sachen Temperament unterscheiden, sondern auch musikalisch unterschiedlich gepolt sind. Dennoch sind sie echte Kumpel. Seit Kindesbeinen kennen sie sich und ihre Freundschaft erscheint dir sehr belastbar. Insofern hast du keine Bedenken, deine Rock-Power zu nutzen, um die Band in die eine oder andere Richtung zu schubsen.
Du hast gerade einen Entschluss gefasst. Deiner Meinung nach könnte die Rock-Welt eine frische Power-Metal-Band mit einem Schuss Progressive gut gebrauchen, als du hinter dir das kratzige Räuspern deines Chefs hörst.

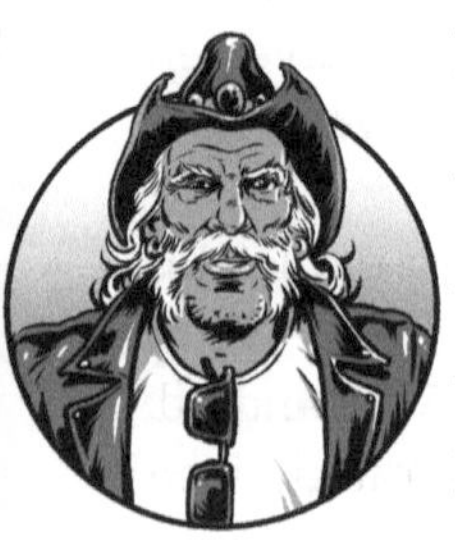

DEZENTER HINWEIS VOM CHEF | *„Was soll das, Taylor!? Eines musst du ganz schnell auf die Kette kriegen: Du darfst die Jungs nicht ständig bevormunden! Wenn du ihnen nicht genügend Freiraum lässt, dann werden sie nur ein Abziehbild deiner Vorstellungen, ein billiger Abklatsch deines Idealbildes einer Band. Sie müssen ihren eigenen Weg gehen!*

8

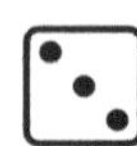 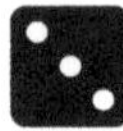

Sicher, du hast die Macht, sie zu beeinflussen, wenn allerdings etwas Neues, etwas Einzigartiges entstehen soll, dann halte dich in solchen Momenten bitteschön zurück!"

Während du dir die Standpauke des Rock-Gotts anhören musstest, haben die Normalsterblichen ihre Diskussion bereits fortgesetzt ...

Weiter > ***55***

91 Tage später pflanzt sich Joey auf die ranzige Couch im Proberaum und schaut seine Kumpels eindringlich an. „Also Leute, jetzt, da wir endlich vier Mann am Start haben, gelten wir wohl offiziell als Band! Und was braucht eine echte Band? Klar, einen geilen Namen!"
Brian kratzt sich genervt an der Schulter. „Was ist mit unserem alten Namen? Ist der nicht mehr gut genug?" – „Reg dich ab, Brian. Es ist Zeit für was Neues. Finito mit Kindergarten. Also, jetzt bringt mal alle eure mächtigen Synapsen in Wallung."
Gregori platzt gleich mit einem ersten Vorschlag heraus: „Wie wäre es mit *1023 Megabyte*?"
„Wie?", fragt Joey stellvertretend für seine Kollegen.
„Naja, wir könnten immer sagen: Zu 'nem Gig hat's nie gereicht ..."
Brian lacht mitleidig und nippt kurz an seinem Bier. „Unser Bandname muss sich gut einprägen und außerdem perfekt zu unserem Stil passen."
Eine Diskussion von biblischem Ausmaß entbrennt. Nach knapp einer Stunde stellst du fest, dass sich die Qualität der Vorschläge antiproportional zum allgemeinen Alkoholpegel verhält. Dem Rock-Gott sei Dank, schneit Dawna in den Proberaum, um wie gewöhnlich Gregori abzuholen. „Na, ihr Metall-Helden. Kaum fertig mit Proben und schon wird gebechert ..."
Wie vom Blitz getroffen schreckt Joey auf. Mit ausgebreiteten Armen springt er zu Dawna rüber, umfasst ihren Kopf mit beiden Händen: „Das ist es!", ruft er begeistert und drückt ihr einen fetten Kuss auf die Stirn. „Metal Heroes – du bist genial!"
Brian geht kurz in sich. „Ja, find ich gut. Außerdem leicht zu merken. Hammer, Dawna!"

Selbst dem notorisch schlechtgelaunten Paul fallen keine Gegenargumente ein. Somit ist der Bandname gefunden.

*Die **Bandchemie*** *steigt um 3 Punkte!*
Notiere den aktualisierten Wert im Metal-Logbuch.

Weiter > ***75***

2 *REGEL-HINWEIS* | **) Ein weiterer Schritt Richtung Weltruhm ist getan – und das ganz ohne dein Zutun. Respekt Taylor!*
Zum wichtigen Thema **Bandchemie** *... Echt, da sind schon viele dran gescheitert. Sieh mal, du kannst vier Musik-Genies am Start haben, aber wenn sie sich nicht riechen können, dann kracht's irgendwann. Die richtige Mischung macht's. Wie die aussieht? Keine Ahnung. Mann, wenn's so einfach wäre, hätte ich dich Blitzmerker wohl nicht von der Straße gekratzt.*
Daher solltest du dir unbedingt alles Weitere im Abschnitt **„Bandchemie"** ***(R9)*** *der Regeln reinziehen. Schließlich gibt es nichts Wichtigeres als der Zusammenhalt der Band, oder?*

92 Mit offenen Mündern verfolgen Joey und Brian, wie der schlagkräftige Russe das ranzige Drumset an seine Belastbarkeitsgrenzen führt. Wie ein Wirbelwind fegt er den verkrusteten Staub mit einer präzisen Attacke nach der anderen von den Fellen.

Gregoris ***Skill*** *erhöht sich auf 4!*
(Und damit auch sein ***Ego*** *auf 1.)*

Weiter > ***117***

93 „Hey, du kleiner Scheißer, was heißt hier ‚eben'? Auf dem Lieferschein steht, dass das Teil schon vor zwei Wochen zugestellt wurde."
Kleinlaut gibt der freche Sonnenschein zu, vergessen zu haben, das Paket weiterzugeben. Sofort erkennst du den großen Karton – es ist das Carepaket aus deiner entrümpelten Bude!
Brian kümmert sich gleich um die Kiste und prüft ihr Gewicht unter heftigem Schütteln.

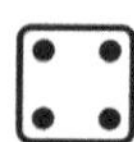

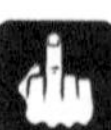

„Pass doch auf!“, schreist du in den Götter-Äther.
Joey blickt sich irritiert um. „Habt ihr eben auch was gehört? Hat da nicht jemand gerufen?“
Brian beachtet ihn gar nicht und liest die Karte vor, die du den Gaben beigelegt hast: „Ein kleines Geschenk aus dem Rock-Olymp. Hoffentlich hilft es euch auf eurem glorreichen Trip zur Weltherrschaft.“
Wie Kinder am ersten Weihnachtsmorgen fallen die Heroes über dein Paket her. Die Frage nach dem Absender tritt ob des interessanten Inhalts schnell in den Hintergrund. Während sich Brian und Paul um die Action-Figuren streiten, bekommt Joey die vergilbten Blätter mit deinen Texten und Kompositionen in die Finger.

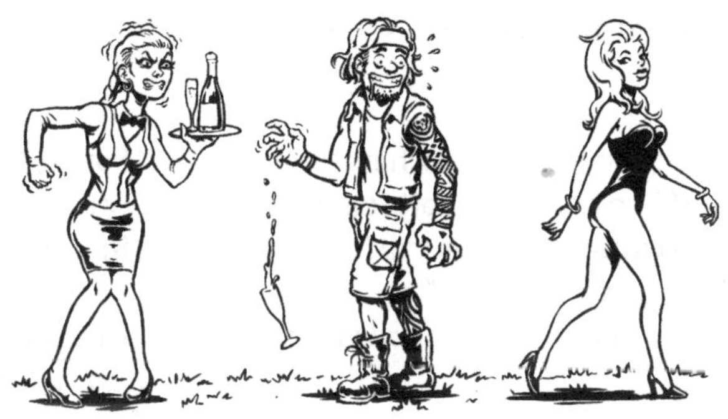

⏩ FAST FORWARD*
Dein musikalisches Vermächtnis inspiriert die Metal Heroes zu einem besonderen Song! Innerhalb von nur zwei Tagen haben sie deine Ideen zum Leben erweckt.

Übernehme nun den Song ***„Legacy in a box“ (#34)*** *als* ***Glorious Track*** *ins* ***Repertoire*** *der Band, indem du einen Kreis um dessen Track-Nummer machst. Cool, huh?*
Wenn du mehr zum Thema erfahren möchtest, lies dir die Erläuterungen unter Abschnitt ***„Glorious Tracks“ (R17)*** *der Regeln durch.*

Neugierig greift Gregori nun auch mal blind ins Paket.

Welcher Eintrag genau war unter ***Road to Glory*** *markiert?*

#3a > ***112*** | *#3b >* ***67***

**) Spieltipp: Wie bereits zu Beginn deiner Reise erwähnt, funktioniert dieser Fast-Forward-Zeitsprung ähnlich wie der Rewind. Nur dass es diesmal nicht für einen kurzen Ausflug in die Vergangenheit geht, sondern in die Zukunft.*

94 Eigentlich wollte Joey niemals so enden, aber mit dem Mute der Verzweiflung und der Aussicht auf eine eigene EP geht er zu seiner Mutter. Sie erhält von Joeys Dad monatlich einen festen Betrag Haushaltsgeld und ein persönliches Taschengeld – ja, im Hause der Morgans herrscht emanzipatorische Steinzeit!
Joeys Mutter Elaine ist der Sanftmut in Person. Aufmerksam folgt sie der Erzählung ihres Sohnes, greift in ihre Handtasche und zückt eine Kreditkarte. „Wenn dir so viel daran liegt, mein Junge, dann will ich deinen Träumen nicht im Weg stehen." Mit der Bitte, es nicht ihrem Mann Frank zu verraten – das wolle sie in absehbarer Zeit selbst übernehmen – überlässt sie Joey ihre Notfall-Kreditkarte.

Kreuze nun im Metal-Logbuch hinter Joeys ***Kreditkarte*** *auch den zweiten und dritten* ***Geldschein*** *an.*

Weiter > ***77***

95 „Willst du Paul wirklich pushen, Taylor?" Sorgenfalten zerfurchen die Stirn des Rock-Gotts ein wenig mehr. „Vielleicht bist du noch nicht richtig im Thema drin ... Meiner Meinung nach fehlt dem Kerl das gewisse Etwas."

Paul trotz der Bedenken des Rock-Gotts stärken > ***•79***
Nun doch Gregori helfen > ***•57***

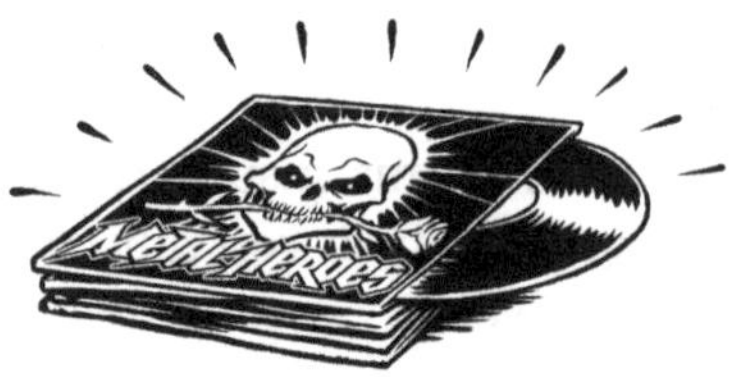

96 Joey grübelt und bastelt die halbe Nacht. Der Flyer, der schließlich als zusammengefrickeltes PDF an die Druckerei rausgeht, ist, nun ja, einer wahren Metal-Band würdig. Mit dem Spruch „Metal-Band mit Welteroberungsplänen sucht furchtlosen Drummer für gemeinsamen Feldzug" hofft der Chef der Band auf regen Zuspruch.

Weiter > ***82***

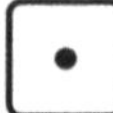 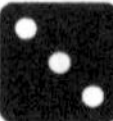

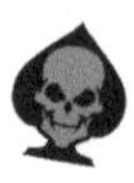

97 Joey lehnt das Angebot zur Verlängerung der Studio-Session ab: „Danke, wir kommen klar."
Er kann nicht sehen, dass die Extrazeit irgendetwas bringen würde.

Bestimme nun die Qualität der EP-Aufnahme!
*Checke dazu Joeys **Presence**, Brians **Skill** sowie Gregoris **Power**!*
Alle drei Checks gelungen > ***105***
Zwei gelungen > ***87***
Einer gelungen > ***52*** | *Keiner gelungen >* ***113***

98 Du schaffst es, Pauls schwache Performance am Bass zu kaschieren. Dank deiner göttlichen Macht spielt er immerhin gut genug, dass er seine motivierten Kollegen nicht runterzieht.
Die Fans im Palace scheinen überrascht von der Qualität des Songs. Sie sind wohl wesentlich Schlimmeres gewöhnt bei solchen Talentwettbewerben.

*Dein **Einfluss** sinkt um 1!*
*Der **Gig-Score** steigt um 1!*
*Notiere dir, dass „Paul gut drauf" ist, als einen Bonus von **+1** im A-Feld von **„Battle at the Palace"** im **Tour-Book** des Metal-Logbuchs.*

Weiter > ***59***

99 Obwohl du schon viel in deinem schäbigen Rockerleben mitgemacht hast, ist es irgendwie ekelig, in der Haut des stinkenden Vermieters zu stecken. Aber was tut man nicht alles, um zumindest einen kleinen Teil der eigenen Vergangenheit zu retten?

*Dein **Einfluss** sinkt um 1!*
Ist es dein innigster Wunsch, dich für all die Schikanen der letzten Jahre bei deinem Vermieter gebührend zu „bedanken"? > ***89***
Nein, ich will meinen Kram in Sicherheit bringen > ***124***

100 Als Paul und Dawna wieder zurückkehren, ist Gregori immer noch dabei, das gesamte Schlagzeug akribisch abzutasten und über die Spannreifen und Stimmschrauben auf seine Bedürfnisse einzustellen.

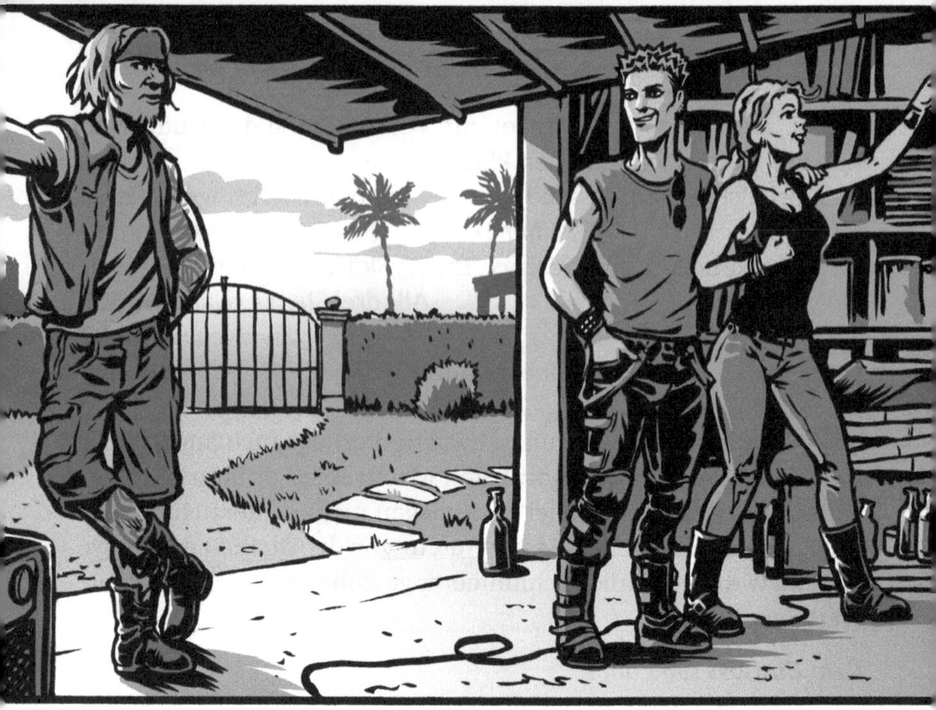

Brian grinst: „Stehst wohl auf ausgiebiges Fummeln, was, Greg?" Gregori sieht mit einem müden Lächeln sowohl über die verkürzte Aussprache seines Namens als auch die Ignorierung des Offensichtlichen hinweg.
Joey schnauft. „Echt, Brian, du Nullchecker! Der Mann ist blind."
„Fuck!" Brian klopft dem Drummer kräftig auf den breiten Rücken, der ob des unerwartet heftigen Körperkontakts zusammenzuckt. „Naja, Greg, kein Wunder bei der Matte!"
Der schüttelt den Kopf, schmunzelt aber leise in sich hinein. Offenbar kommt er klar, wenn man über seine Behinderung scherzt. Dann legt er los – wenn auch sehr nervös. Immer wieder bleibt er hängen und muss kurz absetzen. Brian und Joey schauen sich enttäuscht an.
Doch irgendetwas an ihm ist anders. Erst dachtest du noch, die Farben seines schrillen Outfits hätten deinen Blick verwirrt, aber nun erkennst du, dass der Kerl von einer unsteten Rock-göttlichen Aura umgeben ist. Ihn schickt der Himmel!

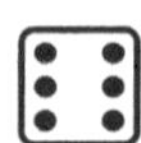 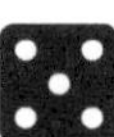

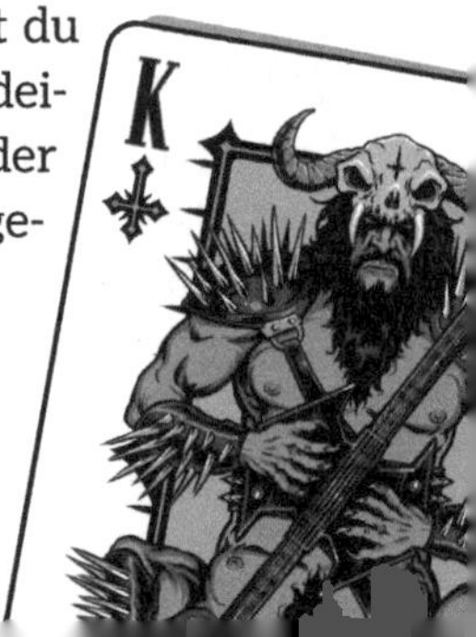

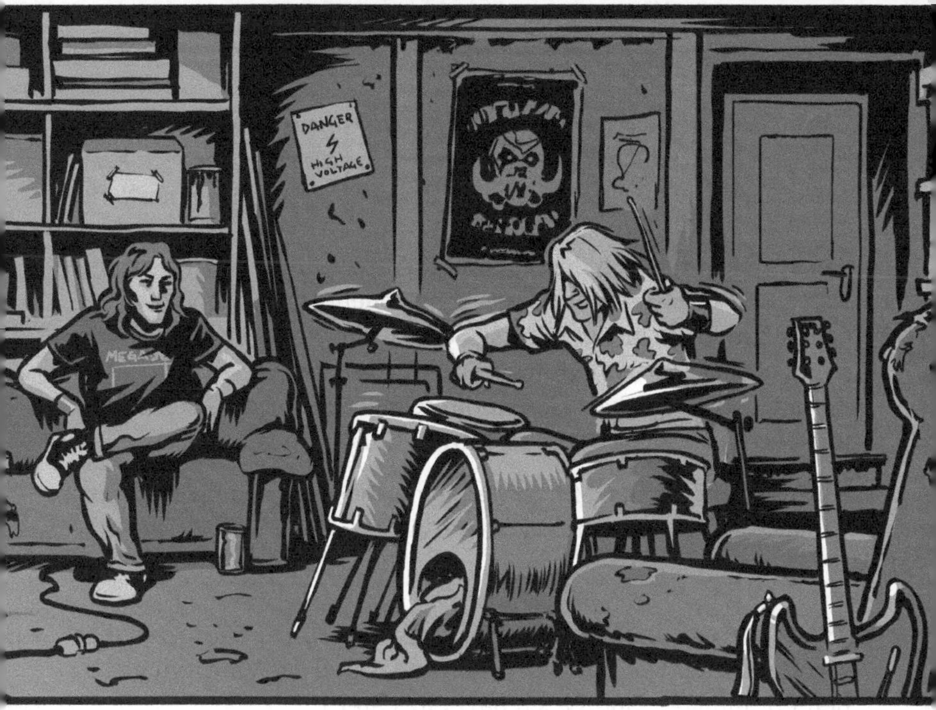

REGEL-HINWEIS | *Hey, Taylor, ein großer Moment! Da unterbreche ich gerne meinen Urlaub! Jetzt kannst du nämlich zum ersten Mal deine Rock-Gott-Muskeln spielen lassen! Setze einen deiner* ***Einfluss-Punkte*** *ein und verbessere eine von Gregoris Eigenschaften! Keine Ahnung, was der Alte labert, hm? Okay, blättere nun zu Abschnitt* ***„Einfluss" (R4)*** *der Regeln! Dort erkläre ich dir die wichtigsten Grundlagen. Danach kommst du wieder her und wir werden sehen, ob du es schaffst, deine neuen Kräfte sinnvoll einzusetzen!*

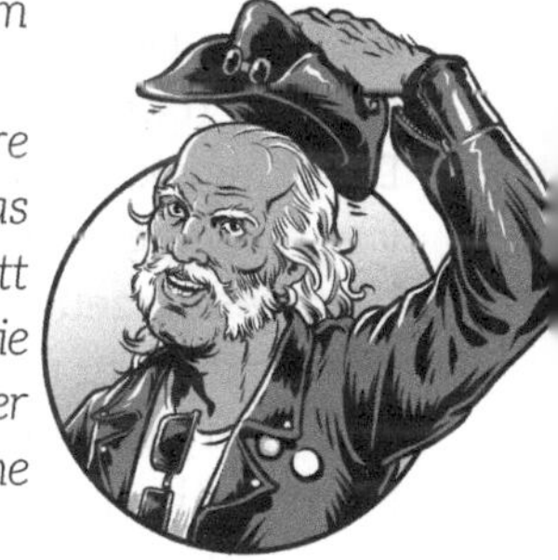

„Hey, Gregori, easy!", beruhigt Joey den Drummer. „Spiel einfach einen Klassiker, den wir alle kennen."
Der überlegt und steigt spontan in die anspruchsvollen Drumlines von Judas Priests★ „Painkiller" ein. Sämtliche Anwesenden, einschließlich dir, können gar nichts anders, als dem treibenden Rhythmus mit nickenden Köpfen zu folgen.

★) ROCK ICONS: Judas Priest
Britische Metal-Band aus Birmingham. Seit den 70ern eine der einflussreichsten Bands des Genres. Ihre Nietenkluft und Songs wie „Breaking the Law" oder „Living After Midnight" machten sie berühmt.

Den talentierten Gregori bei seinem ersten Auftritt unterstützen > ***•57***
Hilfe für Paul (mit dem du bislang noch gar keine Verbindung aufbauen konntest) > ***95***

2

101 Brian hat sich den gesamten Auftritt ihrer Gegner reingezogen und macht sich über den schwachen Applaus und die gelegentlichen Pfiffe lustig. Selbstsicher grinst er seine Kameraden an: „Also, die packen wir mit links! Das war ja echt nix."
Zuversichtlich stecken die Bandmitglieder ihre Köpfe zusammen und beraten, welche Songs sie nun zu Gehör bringen wollen.

Notiere im ***Gig-Muster*** *der kommenden Sektion unter* ***Performance der Gegner*** *einen Wert von 3.*

Weiter > ***71***

102 Joey schaut dich erwartungsvoll an. Du räusperst dich etwas unsicher und sprichst durch den Mund des Vaters in viel zu tiefer Stimmlage: „Jonny, ich bin dein Vater!"
Die Brauen des Jungen ziehen sich zusammen: „Joey."
„Was?" - „Joey, mein Name ist Joey, Dad."
„Sicher", überspielst du deinen Fehltritt: „Ich werde dir - Joey - und deinen Freunden finanziell unter die Arme greifen."
Der Junge kann kaum glauben, was er gehört hat. Das Sümmchen ist großzügig und für einen Augenblick hatte es den Anschein, als hätte sein Erzeuger den Stock aus dem Hintern gezogen bekommen.
„Verarschst du mich, Dad?"
Du schüttelst den Kopf und kaust genüsslich am Mundstück der Pfeife, während du mit dem Wissen des Vaters eine Kreditkarte aus einer Schublade hervorholst und sie Joey überreichst.

Dein ***Einfluss*** *sinkt jedoch um 1!*
Kreuze nun im Metal-Logbuch hinter Joeys ***Kreditkarte*** *nun auch den zweiten und dritten* ***Geldschein*** *an.*

Weiter > ***77***

103 Die nächste Probesession liegt an. Die Band hat ihre Formation eingenommen. Joey steht vorne

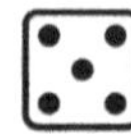
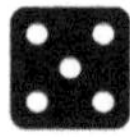

am Mikro und gibt die Rhythmusgitarre, Brian schrubbt als Leadgitarrist die Soli, Paul zupft den Bass und Neumitglied Gregori bearbeitet das Schlagzeug.
Die Nachbarn haben es schon lange aufgegeben, gegen den Lärm aus der umgebauten Garage der Morgans zu protestieren. Frei nach dem Motto: „Meine Nachbarn hören auch Heavy Metal - ob sie wollen oder nicht!"
Joeys Vater ist von Beruf Rechtsverdreher. Er hat seinem Junior das Versprechen abgerungen, ihre Proben zu festen Zeiten und nur mit geschlossenem Tor durchzuziehen. Viel mehr als dieses Arrangement gibt es über das unterkühlte Verhältnis der beiden auch nicht zu verlieren.
Die Jungs geben nun schon seit mehr als zwei Stunden Gas und du bist erstaunt über ihre Fortschritte. Du würdest sogar so weit gehen und sagen, sie könnten ihre ersten kleineren Gigs fahren. Zumindest bietet ihr Repertoire nun einen gewissen Grundstock aus alten, zusammengezimmerten Garagen-Stücken und - dank Gregoris Einfluss und Ideen - neuen Songs aus Joeys Feder!

*Die Band erhält **3 Song-Punkte**!*
*Spare sie, um später Songs freigeschalteter Genres im **Repertoire** zu aktivieren.*

*REGEL-HINWEIS | Wenn du mehr zum Thema erfahren möchtest, lies dir die Erläuterungen unter Abschnitt **„Songs-Punkte" (R16)** der Regeln durch und mache anschließend hier weiter.*

*Weiter > **61***

104 Du hattest von Anfang an kein gutes Gefühl, was Paul betrifft. Seine destruktive Einstellung, sein ständiges Genöle und Meckern. Umso mehr hoffst du nun auf Besserung und einen aufopferungsvollen Einsatz für die Zukunft der Band. Pustekuchen! Paul trifft sich zwar mit seinem „Onkel" und bespricht die ein oder andere lukrative Geschichte.
Sehr schnell wird jedoch deutlich, dass es sich nicht um die Metal Heroes dreht, sondern um seine eigenen Interessen. Die Stunden verstreichen und der Bierdosenturm wird höher und höher. Nach-

dem der Bassist sich auch noch über seine Bandkollegen lustig macht, ist das Thema Paul für dich gestorben.
Aus dem Zorn in dir erwächst göttliche Macht. Kannst du seine negative Kraft in etwas Positives verwandeln? Aber sicher ...

*Dein **Einfluss** steigt um 1!*

*Weiter > **85***

2

105 FAST FORWARD
Mit der „Heroes Ablaze the Coast"-EP gelingt den Metal Heroes ein viel beachtetes Debüt in der Szene! Zügig sind die 500 Exemplare unters Metaller-Volk gebracht. Auch das Feedback in den sozialen Medien ist bemerkenswert: Die Metal Heroes werden regelrecht mit Lob überschüttet.

*Die **Fanbase** steigt um 2!*
*Zudem steigt dein **Einfluss** um 1!*
*Erhöhe den **Fame** aller auf der EP veröffentlichten Songs! Fülle dazu je einen weiteren **Fame-Stern** aus.*

*Weiter > **125***

106 „Scheiße, die sind echt gut", murmelt Brian in sich hinein. Doch der Band-Motivator dreht sich auf den Hacken um und klopft nacheinander Joey und Gregori aufmunternd gegen die Brust: „Auf geht's, Männer! Die putzen wir weg!"
„Sicher", kratzt sich Joey den Dreitagebart, „aber mit welchen Songs?"

*Notiere im **Gig-Muster** der kommenden Sektion unter **Performance der Gegner** einen Wert von 4.*

*Weiter > **71***

107 *„Sag mal, hast du irgendeinen Zahlenfetisch oder glaubst du echt, dass hinter jeder scheiß Zahl irgendein Geheimnis steckt?", brummt eine verzerrte Stimme aus dem Nichts des Äthers. „Jetzt vergiss mal deinen Zwang, alles zu hinterfragen, und bleib fokussiert auf deinen Job!"*

Weiter > Dort, wo du herkamst, du Pfeife!

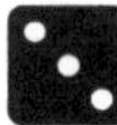

108 Eigentlich ist die von Joeys Vater vorgegebene Proben-Zeit schon lange abgelaufen, doch heute haben die Metal Heroes richtig Bock! Sie hauen rein, als gäbe es kein Morgen.
In einer künstlerischen Pause, die professionell genutzt wird, um Dosenbier zu kippen und die schweißgetränkten Achseln durchzulüften, wird die Stahltür zum Wohnhaus aufgestoßen. Joeys zwölfjähriger Bruder Zach schleppt ein Paket mit UPS-Aufkleber an und wirft es mit einem ordentlichen Rappeln auf den versifften Teppich vor die Couch.
„Hier, Joey. Ist eben angekommen."

*Kontrolliere nun, ob der Eintrag **#3a** oder **#3b** unter **Road to Glory** im Metal-Logbuch angekreuzt wurde.*

yep > ***93*** *| nope >* ***121***

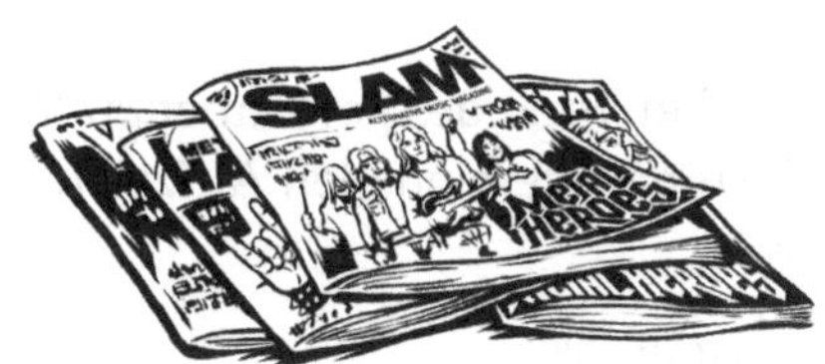

109 Joey und Brian fassen es nicht: Dieser geschmacksverirrte, russische Blindfisch in seinem schrillen Hawaiihemd spielt auf, als hätte der den Durchblick. Fasziniert von seiner ungewöhnlichen Aura ziehen sie sich seine Soli rein. Trotz des Schrotthaufens von Drum Set schafft er einen extrem präsenten Klangteppich.

*Gregoris **Presence** erhöht sich auf 4!*
*(Und damit auch sein **Ego** auf 1.)*

Weiter > ***117***

110 „In Ordnung, junger Mann. Ich respektiere zwar deinen Wunsch nach finanzieller Unterstützung. Jedoch weißt du, was ich davon halte ..."
Ehe der Vater seine Antwort vollenden kann, hat Joey bereits wieder den Knauf der Salontür ergriffen. „Schon klar, Dad."
Und die Tür knallt ins Schloss.

Joey ist dermaßen aufgebracht von der Verbohrtheit seines Erzeugers, dass er das anklagende „Junger Mann!“ gar nicht mehr hört. Fest entschlossen geht er auf sein Zimmer und rafft allen wertvollen Scheiß zusammen, der ihm in die Finger fällt. Er lässt sich bei der Verwirklichung seines Traums nicht mehr aufhalten! Sein Bike, sein Surfboard, seine Baseball-Kartensammlung, die ihm sein Alter als Junge schenkte – all das trägt er jetzt zum Pfandleiher, um seine Kreditkarte aufzupeppen!

Kreuze nun im Metal-Logbuch hinter Joeys ***Kreditkarte*** *nun auch den zweiten* ***Geldschein*** *an.*
Dafür brennt Joey wegen dem Stress mit seinem Alten eine ***Sicherung*** *durch! Streiche sie jetzt ab.*

Weiter > ***77***

111 Mit dem Rückenwind des gewonnenen Wettbewerbs und der Aussicht der ersten professionellen Aufzeichnung hängen sich die Jungs richtig rein!

Die ***Bandchemie*** *steigt um 2!*

Die Band erhält ***2 Song-Punkte****!*
Investiere jetzt gesparte Song-Punkte, um ***mindestens 1 Song*** *freigeschalteter Genres im* ***Repertoire*** *zu aktivieren. Tue dies, indem du einen Kreis um die entsprechenden Track-Nummern (die Zahl ganz links mit dem #-Symbol) machst.*

Bereits drei Wochen später (und nach etlichen Sessions bis in die Puppen) ist es dann soweit! Die Metal Heroes stehen mit ihren Instrumenten bewaffnet vor dem schäbigen Flachbau der High-Low-Studios und bepissen sich fast vor Stolz und Nervosität.

Weiter > ***81***

112 Gregori holt deine Gitarre hervor und reißt die Luftpolsterfolie ab. Augenblicklich zieht sein Fundstück sämtliche Aufmerksamkeit auf sich.
„Leck mich fett! ‘ne Gibson Standard“, jubelt Joey. „Die ist richtig alt. Das 70er-Modell für Linkshänder!“

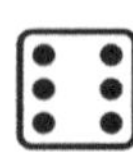 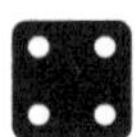

Brian mustert das gute Stück. „Keine Risse im Korpus, alle Stege plan, Hals nicht verzogen. Perfekter Zustand. So is' die locker zwei, drei Riesen wert. Hammer!“
Auch Gregori lässt es sich nicht nehmen, die Gitarre Stück ausgiebig abzutasten. Nach einer Weile stutzt er. „Leute, seht mal her. Ich glaube hier an der Flanke ist etwas eingeritzt. S ... Punkt ... T-a-y-l-o-r.“
„Wahrscheinlich unser Gönner“, schlussfolgert Joey.
„Vielleicht hat die Klampfe einmal Steven Taylor gehört.“
„Meinst du den Sänger von Aerosmith, oder was? Paul, du Flachzange“, spottet Gregori, „der heißt Tyler mit Nachnamen.“
Nach ausgiebigen Probespielen (durch die spiegelverkehrte Linkshänder-Bespannung kein Ohrenschmaus!) sucht Joey einen Ehrenplatz an der Wand für das edle Stück und bedankt sich im Stillen beim unbekannten Spender, also dir.

*Dein **Einfluss** steigt um 1!*

Noch einmal tastest Gregori das Kisteninnere ab und bemerkt zu deiner Erleichterung das letzte Frachtgut: „Hey, schaut mal hier, der Fan hat uns noch was geschickt.“

*Weiter > **67***

113 ⏩ FAST FORWARD

Leider findet die „Heroes Ablaze the Coast“-EP der Metal Heroes nicht so viele Anhänger wie erhofft. Trotz dieser Enttäuschung haben die Jungs einen ersten wichtigen Schritt getan. Und du hast nicht den Eindruck, als wollten sie bereits aufgeben!

*Erhöhe den **Fame** eines auf der EP veröffentlichten Songs! Fülle dazu einen weiteren **Fame-Stern** aus.*

*Weiter > **125***

114 Joey ist beeindruckt. „Fuck, habt ihr das gesehen? Die alten Säcke sind total abgegangen.“
Paul mault abfällig: „Also ich fand den Song nicht so prall.“
„Ja und?“, kontert Brian. „Schau, die Gesichtszombies im Pit rasten vollkommen aus!“

2

„Hey, Leute, kommt mal wieder runter“, beschwichtigt Joey. „Wir gehen jetzt raus und lassen die Bühne erbeben, klar!“
Brian: „Okay, aber welche Songs wollen wir spielen, um dagegen anzustinken?“

*Notiere im **Gig-Muster** der kommenden Sektion unter **Performance der Gegner** einen Wert von 5.*

Weiter > ***71***

115 Brian kratzt sich die Stirn durch das Bandana: „Habt ihr das auch gesehen? Scheiße, wie hat die das gemacht?“

Willst du deinen Geist zum letzten Aufenthaltsort der mysteriösen jungen Frau lenken? > ***70***
Ist dir die Erscheinung der dritten Art egal? > ***88***

116 Als du wieder erwachst, sagt dir dein göttlicher Chronograph, dass rund drei Wochen seit deinem letzten Kontakt zur Band vergangen sein müssen.
Du schwebst als Geist über den Köpfen einiger Dutzend ausgelassener Metal-Fans, die allesamt in Richtung einer kleinen Bühne inmitten eines typisch versifften Rock-Schuppens blicken, die soeben ein untersetzter Kerl mit knallrotem Mondgesicht betritt. Du kennst den Typen und seinen Laden: Es ist Dave Hunt, der Besitzer des Rock Palace im Süden Hollywoods. Nette Location – aber was zum Teufel treibst du hier?

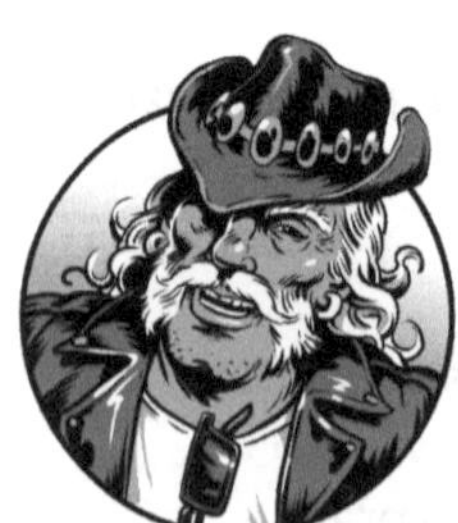

ENTSCHULDIGUNG VOM CHEF | Auch ein Rock-Gott muss zwecks Regeneration gelegentlich ein Nickerchen machen. Praktischerweise wird man in entscheidenden Momenten geweckt und automatisch an den Ort verfrachtet, der für die eigenen Schützlinge wichtig ist. Oft hat man einen dermaßen dicken Schädel, dass man nicht sofort versteht, wo man sich befindet oder warum. Aber der Ruf eines Gottes hat stets einen Grund, das kann ich dir sagen!

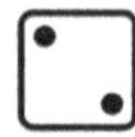 

Das Licht erlischt und für Sekunden ist der Rock Palace bis auf die „Exit"-Leuchten über den Ausgängen stockdunkel. Die Rocker und Metalheads sind in angespannter Erwartung.
Dann fokussieren sich zwei Spotlights auf das Zentrum der Bühne und setzen Dave in Szene. Er hat sich hinter einem Mikrofonständer aufgebaut und reckt die rechte Faust empor: „Es ist so weit, ihr Biersaufenden Schweine! Die letzte Runde steht an", grunzt der stolze Träger zweier Schweiß-Vollmonde ins Mikro. Offenbar stehen die Leute hier auf schlechte Beleidigungen. Auf jeden Fall stachelt der Spruch die Menge weiter an.
„Gleich werden wir wissen, wer den Vertrag für eine kostenlose Aufnahme einer EP* im Rock Palace Finale klarmacht und womöglich noch ein paar heiße Feger, was?"
Dave reibt sich die Hände und macht einen auf künstliche Spannung: „Es kämpfen die bis heute vollkommen unbekannten und – umso überraschender – sehr begabten Metal Heroes gegen ..."
Der Moderator greift in einen Hut und zieht ein weiteres Los.
Nun ist es also soweit! Deine Band wird auf die Bühne steigen, um ihre Fähigkeiten gegen eine andere Combo im Finale des Rock Palace zu beweisen. Bloß, wer wird der Gegner sein?

Ziehe eine Karte und lasse das Schicksal entscheiden!
Welche Farbe zeigt sie?
Rot, also Karo ♦ oder Herz ♥ > **83**
Schwarz, also Kreuz ♣ oder Pik ♠ > **66**

117 Joey bekundet seine aufrichtige Anerkennung mit Klatschen und Pfiffen, noch ehe Gregori sein viertes virtuoses Solo vollendet hat. Auch du applaudierst, doch dein Phantomklatschen aus schwebender Position bleibt ungehört.
„Ich denke, wir haben unser viertes Bandmitglied gefunden", greift Joey jeder Diskussion vor.
„Yes, Sir!", stimmt Brian zu. „Das war geil – also richtig geil!", um dann Dawna und insbesondere Paul mit einem fragend-bösen Blick zu belegen.

*) **EP** | *Eine EP (Extended Player) ist ein Tonträger, der zwischen Single und Album (LP, Long-Play) einzuordnen ist und zu viele Stücke enthält, um als Single zu gelten, aber auch kein vollständiges Album darstellt.*

„Ich war zwar die ganze Zeit abgelenkt", grinst Paul selbstsicher, „aber das, was ich verpasst habe, war sicher mega."
Die erneute Bekundung von Pauls Gleichgültigkeit bringt den emotionalen Brian endgültig zur Weißglut. Rüde schubst er den Bassisten in die Couch und schreit: „Dir ist's doch kackegal, was hier gerade läuft." Als hätte Paul es nur darauf angelegt, entlädt sich beider Zorn in einer Keilerei mitsamt blutiger Nasen und zerrissener Shirts.

2

*Brian brennt eine **Sicherung** durch!*

***SPIELTIPP** | „Nicht alles wird für die vier Burschen während ihrer Karriere rundlaufen, da muss man kein Prophet sein. Schicksalsschläge, persönliche Niederlagen oder echte Dummheiten werden sie zurückwerfen. Wird's zu heftig, brennt dem Charakter schon mal eine Sicherung durch!"*
*Weitere Infos zum Thema findest du im Abschnitt **„Sicherungen" (R11)** der Regeln. Im aktuellen Fall habe ich bereits das Markieren von Brians erster Sicherung im Metal-Logbuch für dich übernommen. Ja, so bin ich eben ...*

Dawna steht derweil bei Gregori und verfolgt den Kampf mit leisem Lächeln.
Es dauert eine Weile, bis die Streithähne wieder zur Landung ansetzen. Joey steckt Dawna und Gregori, das käme zwischen den beiden schon mal vor.
„Also, Greg, willkommen an Bord! Nur über deine Klamotten müssen wir uns noch unterhalten ...", lacht Joey verkrampft.
Gemeinsam begießt man die neue Metaller-Allianz mit ein, zwei Bierchen, als hätte es niemals einen Streit gegeben. Morgen will man sich bereits zu den ersten Proben treffen und Gregori verspricht, ein richtiges Drumset mitzubringen.

*Schlagzeuger **Gregori** ist nun Teil der Band!*
*Blättere nun zu den **Charakter-Infos** hinten im X-tras-Kapitel, lies dir dort die Infos über **Gregori** durch und mache anschließend hier weiter.*

Weiter > ***91***

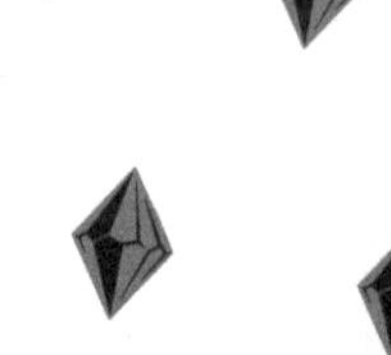

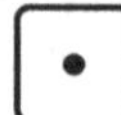
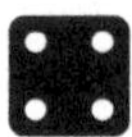

118 Du folgst dem drahtigen Bandleader durch die edlen Flure der Morgan-Villa in den Salon, wo es sich Joeys Vater in einem Ohrensessel vor dem offenen Kamin mit der Tageszeitung gemütlich gemacht hat. Joey kommt schnell auf den Punkt und bittet seinen Erzeuger um Geld. Der Vater faltet seine Zeitung sorgfältig zusammen und zieht die randlose Brille von der Nase: „Du und deine Freunde wollen also weiterhin diese laute Rock-Musik in unserer Garage veranstalten?"

„Ja, Dad." - „Und dazu benötigt ihr zusätzliche finanzielle Mittel." Joey wird mit jeder Wiederholung leiser. „Ja, Dad."

„Zunächst einmal freut es mich, dass du deinen Stolz überwunden hast und mit deinem Wunsch zu mir gekommen bist", beginnt der alte Herr eine geschliffene Rede über Selbstständigkeit und Verantwortung.

Joey fällt es schwer, den Monolog zu unterbrechen, schiebt dann aber irgendwann ein genervtes „Also, Dad, was sagst du?" in eine Atempause ein.

Joeys Vater in Sachen Großzügigkeit unter die Arme greifen > ***•102***

Er soll seine eigene Entscheidung treffen > ***110***

119 Bandleader Joey bastelt am PC auf die Schnelle einen schmissigen Flyer mit unzähligen Farben, Schriften und Cliparts aus dem Internet zusammen und garniert das Ganze mit einem auf den Punkt gebrachten Gesuch: Metal-Band sucht neuen Drummer.

Weiter > ***74***

120 „Ich gebe Ihnen", beginnst du verunsichert, mit der Preisvorstellung des Händlers im Hinterkopf, die Verhandlung, „360 Dollar."

„Okay, wenn das fair ist?"

„Nein, du, äh, Sie haben Recht." Mit dem Gefühl, ein Dieb zu sein, greifst du zitternd in die Kasse und holst alle Scheine - auch die unter der Münzwanne - hervor. „Ich gebe Ihnen Fünfhundertdreiundvierzig", zählst du sämtliche Dollarnoten auf der Theke vor.

„Gut …", grübelt der Drummer. „Bekomme ich keine Quittung oder muss ich nichts unterschreiben oder meine Adresse hinterlegen?"

*Dein **Einfluss** sinkt um 1!*

*Checke Gregoris **Skill**!*
*Gelungen > **60** | Misslungen > **72***

2 **121** Es ist eindeutig das Päckchen, das du nach dem Ausflug in deine alte Wohnung einem UPS-Fahrer mittels kurzfristiger Übernahme untergejubelt hast. Er hat wohl ein wenig Zeit gebraucht, um es zu finden und zuzustellen. Egal, jetzt ist es da.
Hoffentlich erkennen deine Schützlinge den Wert des Pokerblatts. Joey reißt die Pappe auf und wundert sich über den Inhalt. Langsam entziffert er das von dir beigelegte Schreiben: „Ein Geschenk aus dem Rock-Olymp. Möge euch dieses Geschenk auf eurem glorreichen Trip zur Weltherrschaft unterstützen."

*Weiter > **67***

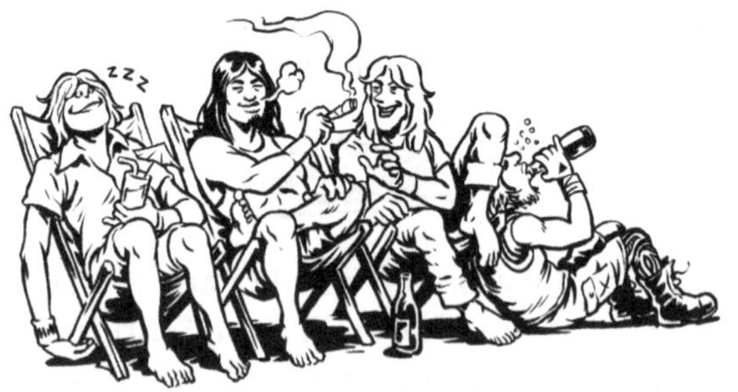

122 Brian legt bei Mrs. Vincent, Joeys verwitweter Nachbarin, eine Sonderschicht im Garten ein. Die schrille Alte wohnt nur wenige Straßen vom Anwesen der Morgans entfernt.
Trotz der sinkenden kalifornischen Abendsonne ist Gartenarbeit immer noch verdammt schweißtreibend. Brian verflucht den Job, aber Mrs. Vincents Bezahlung ist außerordentlich. Seit er zwölf Jahre alt ist, kümmert er sich einmal im Monat um den Rasen und die Blumen im Garten der Villa.

A

 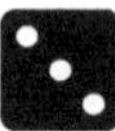

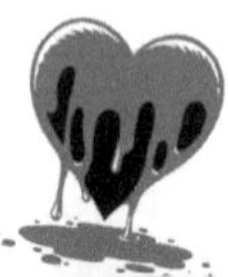

Brian reibt sich den Schweiß mit seinem bereits ausgezogenen Shirt vom Oberkörper und sein Blick wandert über die weiße Fassade des Anwesens. Im Erker des oberen Stocks steht Mrs. Vincent und winkt. Er soll zu ihr kommen. Zahltag!
Die Dame des Hauses erwartet Brian im Salon, zieht die schweren Vorhänge zu und bittet ihn, Platz zu nehmen. „Stattlich bist du geworden, Brian. Ein richtiger Mann ..."
Und du ahnst, wohin dieses Gespräch führt.

Checke Brians ***Power****!*

Gelungen > ***65*** *|* *Misslungen >* ***51***

123 Die nölige Stimme mit dem vorwurfsvollen Unterton kennst du nur zu gut: Es ist dein dauer-transpirierender Vermieter. Er ist mal wieder auf 180, bequatscht zwei gestresste Dienstleister, die ihm bei der Entrümpelung deiner Bude helfen.
Dreist durchwühlt er mit seinen Wurstfingern deinen Kram nach Wertvollem. Offenkundig hat er keine Ahnung von all den Schätzen, die in den Regalen stehen. Im Gegenteil: Achtlos wirft der Kotzbrocken signierte Platten und ein Alice-Cooper-Shirt (persönlich von ihm mit Blut eingesaut!) hinter sich.
Missmutig begutachtet der Vermieter die letzten Regalbretter, auf denen unter anderem deine KISS★-Actionfiguren (original Mego-Erstauflage von 1978!) stehen, während du ihm die Meinung über die vergangenen Jahre als gequälter Hausbewohner ins Ohr geigst. Klar, du weißt, dass er von dieser göttlichen Hasstirade nichts mitbekommt – aber Laune macht's trotzdem.
Als er allerdings das Geschenk deines High-School-Freundes Clyde, ein Poker-Blatt, ins Visier nimmt, wird dir ganz mulmig, denn die Karten sind durchsetzt von purer Rock-Macht! Sie funkeln und glitzern, als hätten es Elfen und Feen wild darauf getrieben. Du erinnerst dich wieder, wie Clyde behauptete, genau dieses Deck hätte einst Lemmy von Motörhead dazu inspiriert, einen der geilsten Rock-Songs der Geschichte zu schreiben, nämlich „Ace of Spades".
Nun wird sich also dein verhasster Vermieter dieses Andenken unter den Nagel reißen! Zorn lässt deine ätherische Halsader schwellen.

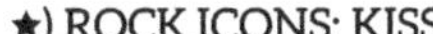
★) ROCK ICONS: KISS

US-amerikanische Hard-Rock-Band, gegründet 1973 in New York. Mit mehr als 100 Millionen weltweit verkauften Alben zählt sie zu den erfolgreichsten Rock-Bands.

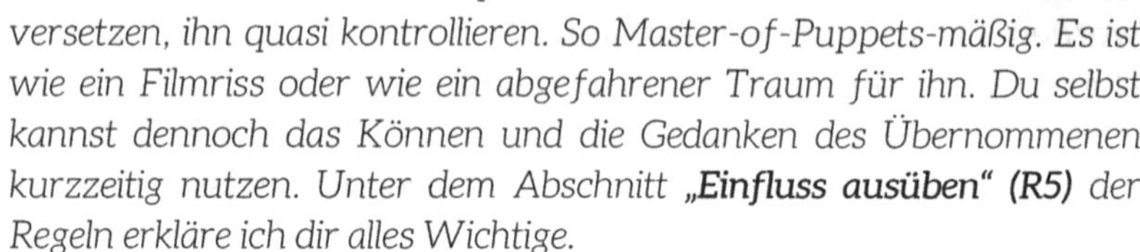

REGEL-HINWEIS | *Okay, Taylor, fahr mal rechts ran! Normalerweise würde ich dir nicht eine deiner* ***mächtigsten Fähigkeiten*** *gleich zu Beginn deiner Laufbahn vermitteln, aber dies ist wohl eine besondere Situation.*
Also, pass auf, du kannst einen Teil deiner Macht umwandeln und dich in den Körper eines Menschen hineinversetzen, ihn quasi kontrollieren. So Master-of-Puppets-mäßig. Es ist wie ein Filmriss oder wie ein abgefahrener Traum für ihn. Du selbst kannst dennoch das Können und die Gedanken des Übernommenen kurzzeitig nutzen. Unter dem Abschnitt ***„Einfluss ausüben" (R5)*** *der Regeln erkläre ich dir alles Wichtige.*

Willst du dir den Spaß, deinen Vermieter zu kontrollieren, nicht entgehen lassen, dann lass den Sack tanzen! > ***•99***
Ansonsten bleibt dir nur die zähneknirschende Beobachterrolle > ***63***

124 Du schnappst dir eine der Mülltüten und raffst zielsicher den wertvollsten Fan-Stuff und zahlreiche Hefte mit eigenen Kompositionen und Texten zusammen. Natürlich auch die Poker-Karten. Als du die Verpackung berührst, gibt es einen kurzen, grellen Blitz. Du spürst die musikalische Schaffenskraft, die den Karten innewohnt.
„Was war das?", ruft einer der Profi-Entsorger irritiert. Flüsternd diskutieren die beiden über das seltsame Lichtphänomen, tippen nacheinander auf einen Kurzschluss, Kugelblitz oder Aliens, um dann zielsicher weiter zu machen.
Nach nur wenigen Minuten ist der Sack dermaßen schwer, dass die schwarze Folie kurz vor dem Zerreißen ist. Du steckst ihn daher in eine der Umzugskisten, schreibst Joeys Adresse darauf und gibst das Rocker-Carepaket mit kleiner Botschaft bei der nächstgelegenen Poststelle auf.

Notiere dir unter ***Road to Glory*** *im Metal-Logbuch, Eintrag* ***#3b****, dass du immerhin deine* ***Ergüsse gerettet*** *hast, indem du dort ein* ✖ *im Kreis machst.*

Weiter > ***86***

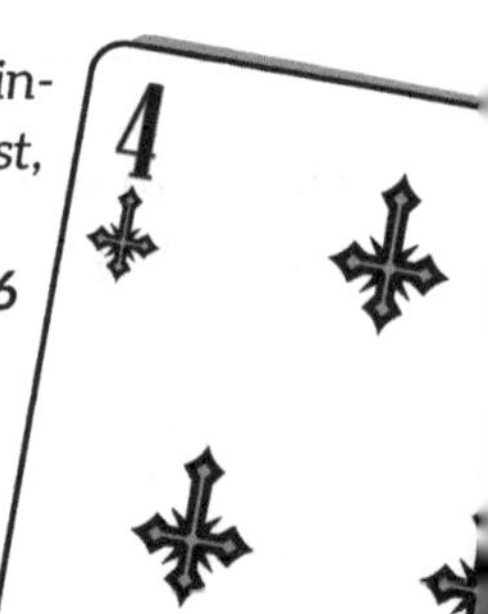

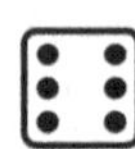

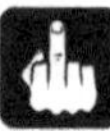

125 Sämtliche Fensterscheiben sind runtergeleiert, als sich die Vier ihren frisch gebrannten Master bei der Heimfahrt in Brians Karre reinziehen. Die Lautsprecher knarren und knarzen unter Volllast. Während Joey versucht, stimmlich gegenzuhalten, spielen die anderen ihre Einsätze als „Luftversion" nach.

Egal wie gut die EP sein mag, früher oder später werden deine Jungs ihre Chance bekommen, in einem der Rock-Clubs in L.A. ihr Können unter Beweis zu stellen.

Da erhellt eine liebe Nachricht Brians Gemüt ...

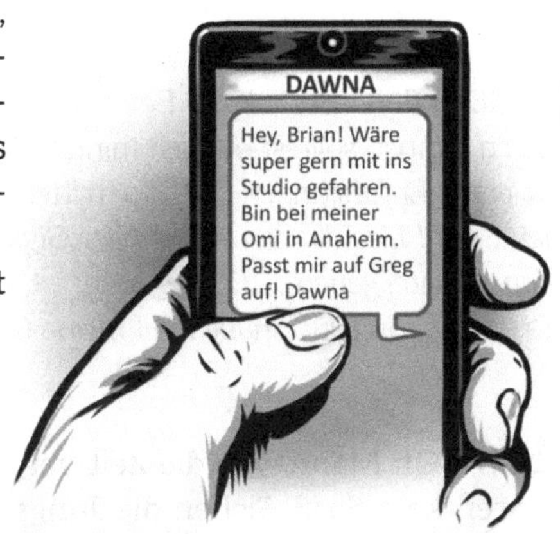

Mit diesen letzten positiven Gedanken an junge, unschuldige Liebeleien umfängt dich die bleierne Müdigkeit eines ausgepowerten Rock-Gotts.

Na, siehste! Dies ist schon das Ende von Track 2.

*Mach weiter bei **126** mit **Track 3: „Carry On Waylaid Son"**!*

TRACK 3

CARRY ON WAYLAID SON

3

REGEL-HINWEIS | Halt! Bevor du dich weiter um deine Jungs kümmern kannst, solltest du dich mit den Gig-Regeln beschäftigen! Du hast ja erste Erfahrungen mit Auftritten gesammelt. Dennoch muss das jetzt sein! Lies dir den Abschnitt ***„Gigs" (R18)*** *der Regeln durch, und es kann weitergehen ... (Zugegeben, ist 'ne Menge Holz für Rocker und Freaks ... Ein Glück habe ICH meine Gott-Prüfung bereits hinter mir!)*

126 Oh Mann, wie die Zeit vergeht. Die vergangenen Monate waren kein Spaß. Sicher, die Jungs zu beobachten, wie sie es auf dem Campus haben krachen lassen, war bisweilen amüsant, aber ihre Karriere hat es nicht wirklich vorangebracht.
Auf der anderen Seite: Für dich - als Rock-Gott-Newcomer - war diese Episoden dennoch sehr kurzweilig. Du kannst dich kaum an etwas erinnern, das außerhalb deiner Wahrnehmung in Bezug auf die Band lag. Offenbar ist bei dir eine Art Relevanz-Filter aktiv. Uninteressantes wird unweigerlich ausgeblendet oder übersprungen, so als würde man die öden Tracks auf einem Album links liegen lassen. Praktisch.
Heute jedoch ist dein Geist wieder voll da! Er scheint sich regelrecht auf diesen Abend zu fokussieren. Mal sehen, was geschieht ...
In der Zwischenzeit haben sich deine göttlichen Kräfte weiter gestärkt.
Dein ***Einfluss*** *steigt um 1!*

Weiter > ***151***

127 Mit eingezogenem Kopf stapft Leo heran. Es macht den Eindruck, als achte er darauf, mit seinen Haaren nicht in die Deckenventilatoren zu gelangen.

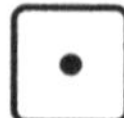
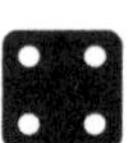

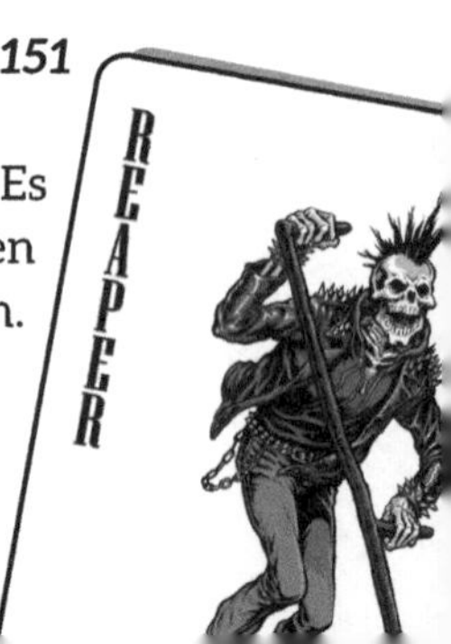

„Ich hoffe, mein Bass konnte helfen." Eine freundliche Verklausulierung, um sein Instrument von Paul zurückzufordern. Die Metal Heroes bedanken sich ehrlich für seine Unterstützung und versprechen, ihn bald im Wish List zu besuchen.

Derweil hilft Brian Jacky, der toughen der Barfrau mit den blonden Cornrows und reichlich Metall im Gesicht, die Hocker auf den Tresen zu stellen. Die beiden scheinen sich auf Anhieb zu verstehen - eine von Brians beneidenswerten Talenten. Zumal Jacky offenbar ihre Freude an Brians Hinterteil gefunden hat.

Soll Brian die Nummer der Barfrau annehmen?

Ja, Nummern kann man nie genug haben > ***157***

Nein, nicht jede Nummer ist eine gute Nummer! > ***179***

128 Schnell hast du den Grund des wenig prickelnden Auftritts ausgemacht: Es ist - wieder einmal - Paul mit einer Symphonie der Grobmotorik. Unerklärlich, warum die anderen drei weiterhin an der Lusche festhalten! Mit seinem fehlerbehafteten Spiel macht er jeden Gig kaputt. Verdammt noch mal, der Typ muss weg!

Wie hoch ist die ***Fanbase*** *der Metal Heroes derzeit?*

2 oder höher > ***170*** | *Geringer >* ***166***

129 Wie ein Schattenboxer weichst du gedanklich den Schlägen der beiden finsteren Gesellen aus. Die Schweine gehen voll auf Joeys und Brians Knochen!

Checke nun Joeys sowie Brians ***Power****!*

Beide Checks gelungen > ***198***

Einer erfolgreich > ***185*** | *Beide misslungen >* ***162***

130 Du steigst mit einem Körper empor und nimmst die anwesende Security unter die Lupe. Ein drolliges Exemplar ist gerade dabei, einen eingeschüchterten Halbstarken aus der Schlange vor der Rainbow Bar zu filzen. Perfekt.

„Dumm gelaufen, was, Jungs?", grinst du in deiner zwischenzeitlichen Funktion als Türstopper die Metal Heroes an.

„Gibt's Probleme, Chef?", fragt dich Brian direkt, um drohendem Ärger sofort zu begegnen.

„Hey, Jungs", beginnst du deine Ansage durch den Mund des Schranks, „ich hab' mitbekommen, dass euer Zeugs geklaut wurde. Nun, probiert's doch mal beim Wish List."
Kollektives Fragezeichen-Aufpoppen über den Köpfen deiner Schützlinge.
„Kennt ihr nicht?", scheißt du klug. „Der Laden ist nur drei Blocks von hier entfernt. Vielleicht ist einer der Verkäufer noch da."

3

*Dein **Einfluss** sinkt um 1!*

Ziehe eine Karte!
♣K > **145** | *Andere Karte* > **155**

131 Während Brian sein Solo gekonnt in den Club zupft, traut er seinen Augen nicht: Im Publikum kämpft Dawna gegen die moshenden Massen. Strahlend winkt sie und wirft ihm einen Kuss zu! Die Kleine steht tatsächlich auf den Band-Womanizer. Hoch motiviert dreht Brian weiter auf!

*Der **Gig-Score** steigt um 1!*
*Notiere dir diese „Liebe Unterstützung" als **+1** im* **B** *-Feld von **„Debut under the Rainbow"** im **Tour-Book** des Metal-Logbuchs.*

Weiter > **175**

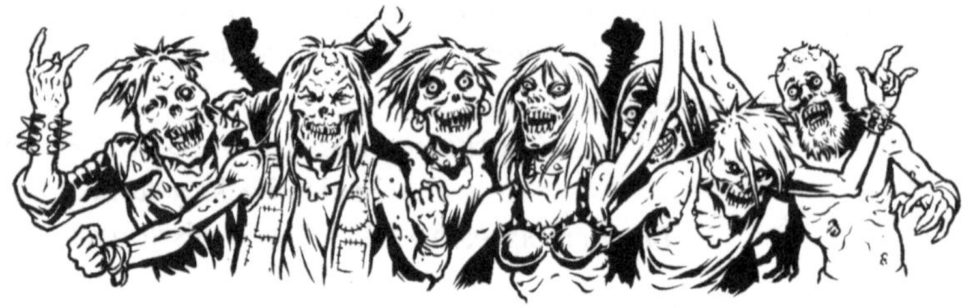

132 „Oh nein, vergiss es, die sind tabu. Cliff würde mir den Hals umdrehen. Ich darf eigentlich nur an die Gebrauchtware und die normale Auslage ran. Und wenn ich eine Saite oder irgendwas anderes schredder, dann muss ich das aus eigener Tasche zahlen! Und diese Edelgitarren kann ich mir wahrlich nicht leisten."

Weiter > **191**

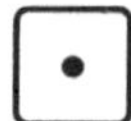
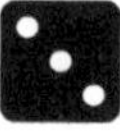

133 Joey kann sein Glück kaum fassen. Er entdeckt tatsächlich eine Fender zwischen all dem Müll in den Regalen der Rumpelkammer. Seine Kollegen haben zwar nicht so viel Erfolg, finden aber Instrumente, mit denen sie klarkommen.
Aus den Augenwinkeln siehst du, wie sich Gregori irgendetwas stibitzt hat und sich verstohlen in die Jacke steckt.

Notiere dir ??? (ja, genau, drei Fragezeichen) unter Gregoris Inventar im Metal-Logbuch!

*Weiter > **177***

134 Verwundert zieht Brian eine Geldbörse aus rotem Leder aus der Hosentasche.
„Hä?! Wo kommt die denn her?“ Um ihren Besitzer festzustellen, beginnt er damit, die Tasche nach Persönlichem zu untersuchen. Es deutet alles darauf hin, dass sie einem der Schlägertypen gehört.
Als Brian die Dollarnoten durchzählt, kommt er ins Grübeln.
„Hey, Joey, schau dir das mal an ...“ Mit bösem Blick in Richtung Paul reicht Brian dem Bandleader einen der Zwanziger.

*Weiter > **189***

135 Mit gesenkten Köpfen klopfen die Metal Heroes am Hintereingang der Rainbow Bar. Es dauert nicht lange und ein Security-Mensch, Typ Meister Proper, steht in der Tür und lässt seine kontrollierenden Blicke über die geschundene Band schweifen. Einen gegrunzten Lacher kann sich der Glatzkopf nicht verkneifen: „Na, ihr Blockflöten, was ist denn mit euch passiert?“
Mit wenigen Sätzen ist der Stress geschildert.
„Eine Schlägerei und Diebstahl? Vor unserer Bar!?“, entrüstet sich der Türsteher und betont glaubhaft, zur Stelle gewesen zu sein, hätte er irgendwas davon mitbekommen, während er den Jungs den Weg durch die dunklen Gänge der Kultstätte weist.
Zahllose selbstgeschossene Fotos mit Stars der Szene hinter rahmenlosem Glas zieren die Wände. Die meisten von ihnen haben ihre Polaroids signiert oder mit einer Widmung versehen. Es ist wie eine Zeitreise zurück in die Hall of Fame der Rock-Musik und

Hollywood-Größen. Insbesondere der Glam der 80er und Sleaze der 90er war im Rainbow schwer angesagt.

Wenn du dir die Bilder genauer anschauen möchtest, dann lasse deinen göttlichen Blick schweifen > ***187***

Nein, die Jungs weiter begleiten! > ***152***

3

136 Der ältere der beiden Manager, ein kleiner Mann mit stattlichem Bauch, trägt sein Hemd offen. Auf dem Flaum seiner Brusthaare funkelt eine massive Silberkette. Mit nur einem Handgriff und einem aufgesetzten Grinsen lässt er sein edles Etui aufspringen und überreicht Joey seine Visitenkarte:

Russ Marlow
Global Music
Agentur & Management
Los Angeles
(555) 531 - 34 - 107

„Bin mal gespannt, ob ihr's draufhabt. Wenn ich schon mal da bin, schaue ich mir selbstverständlich euren Auftritt an." Joey bedankt sich im Namen seiner Kollegen.
Manager gelten als dubios, verschlagen, nicht vertrauenswürdig - kurzum, sie sind unerlässlich für den Erfolg einer Band!
So werden auch die Metal Heroes nicht um die Anheuerung eines Managers herumkommen.

Weiter > ***144***

137 „Sorry", brummt Brian, „aber mit eurer Ausleihware kann man ja nix anfangen, Leo."
„Ja, es ist peinlich. Ist alles ziemlich runtergespielt."
„Du bist echt in Ordnung, Leo!", sagt Brian und klopft dem Verkäufer auf den breiten Rücken. In aller Eile raffen die Metal Heroes das Nötigste zusammen und es wird klar, die Barschaft der Jungs reicht nicht aus. Die Blicke gehen zu Joey, der schnaufend die Schultern hängen lässt.

Joey soll seine ***Kreditkarte*** *belasten! >* ***184***

Ansonsten > ***156***

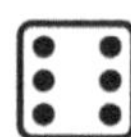

138 Binnen weniger Minuten haben es die Metal Heroes tatsächlich geschafft, das Publikum im Rainbow auf ihre Seite zu bringen. Selbst Pauls eher lustloses Spiel ist niemandem negativ aufgefallen.
Es waren zwar nur zwei-, dreihundert Leute am Start in dieser Nacht, aber die Fans werden sicher ihre Eindrücke teilen. Und wer weiß, welcher Entscheidungsträger unter den Zuschauern war?

*Die **Fanbase** steigt um 1!*
*Zudem steigt dein **Einfluss** um 1!*

*Wie hoch ist die **Fanbase** der Metal Heroes derzeit?*
2 oder höher > ***170*** | *Geringer >* ***166***

139 Joey überzeugt Leo, eine der einzigartigen Sammlerstücke herauszuholen.

Jedoch, welches Stück soll es sein? Schaue dazu auf das Bild bei 165 und die Pappschildchen an den Gitarren. (Addiere zum Baujahr der Wunschgitarre 100, um die Sektionsnummer zu erhalten!)

140 „Na fein, Süßer, dann schauen wir mal, ob ihr Glück habt …"
Mit diesen Worten führt Jacky die Metal Heroes durch die Küche zu einer kleinen Kammer und schaltet eine nackte Glühbirne ein, die einsam von der Decke hängt. An jeder Wand stehen Regale vollgestopft mit Jacken, Shirts, Schuhen, Handtaschen, Hüten. In den Ecken türmen sich verknautschte Pappkisten.
„Unfassbar, was die Leute alles für 'nen Scheiß verlier'n", murmelt Paul erstaunt.
„Ich verstehe ja, wenn man mal etwas im Suff verliert", überlegt Joey, „aber was muss man sich eingeworfen haben, damit man selbst Wochen später seine Klampfe nicht abholt?"
Barfrau Jacky lässt die Jungs alleine und schließt die Tür lachend hinter sich: „Wenn ich in zehn Minuten wieder komme, erwarte ich, das bitteschön alles noch genauso unordentlich ist."
Die Metal Heroes haben den Startschuss vernommen und beginnen, eifrig die Fundsachen zu durchwühlen.

Ziehe eine Karte!
J, Q, K *oder* **A** *>* ***133*** | *Andere Karte >* ***177***

141 Der Laden war zum Bersten voll. Entsprechend sieht Bardame Jacky nicht mehr so taufrisch aus. Sie geht zu Brian und tippt ihm auf die Schulter: „Also, Honey, ich bedanke mich für die viele Arbeit, die ihr mir beschert habt, aber nun bitte wieder alles brav zurück ins Lager des Vergessens."

3

Gesagt, getan. Die Heroes legen – unter Jackys von Müdigkeit geröteten Augen – das geliehene Equipment aus dem Fundsachen-Fundus der Rainbow Bar zurück. Brians Hintern scheint sie derzeit mehr zu interessieren. Auf dem Weg zurück zur Bar kneift sie in eine seiner Backen und flüstert: „Ich verrat' dir was, Süßer. Ich hab' einen kleinen Mädchenständer von deinem Knackarsch."

Soll Brian die Nummer von Jacky annehmen?

Ja, Nummern kann man nie genug haben > ***157***

Nein, nicht jede Nummer ist eine gute Nummer! > ***179***

142 „Kauf dir doch das Brett!", meint Gregori forsch, während Leo die Scheiben der Vitrine und die Gitarre mit Reinigungstüchern säubert.

„Ich befürchte, Joey kann sie sich nicht leisten", höhnt Paul.

„Klar, kann er!", ist sich Brian sicher. „Mit seiner schnuckeligen Kreditkarte ..."

Joey schnauft. „Halt endlich den Rand, Brian! Du weißt ganz genau, dass ich das Ding nicht benutzen will."

„Diese Diskussion ist akademisch", beschwichtigt Leo. „Alle drei Ausstellungsstücke sind unverkäuflich. Zumindest nicht von mir. Das ist Chefsache."

Du bist froh, dass sich das geklärt hat, denn du siehst mit deinem Götter-Röntgenblick, dass die Gitarre nunmehr – wenn man mal von ihrer handwerklichen Finesse absieht – keine Macht mehr in sich trägt.

Weiter > ***191***

143 „Die haben tatsächlich euer Equipment abgezogen? Mann, ihr seid voll am Arsch", zeigt der Schrank sein Mitgefühl. „Fragt bei Jacky am Tresen nach. Vielleicht kann sie euch helfen.", und deutet

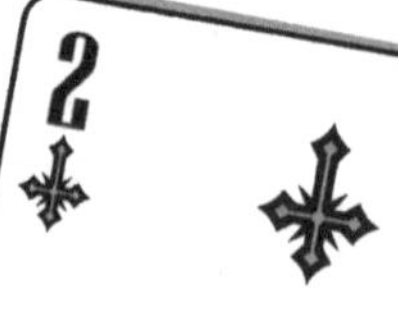

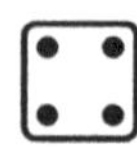

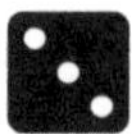

hinüber zur Bar. „Wenn sie gut drauf ist, gibt sie euch vielleicht etwas von unseren Fundsachen. Sollte sie schlecht drauf sein, dann macht schon mal euer Testament!"

Jacky, eine toughe Mitvierzigerin mit unzähligen Ohrringen, Piercings in Nase und Unterlippe und zu Cornrows geflochtenen blonden Haaren legt ein verschmitztes Lächeln auf, als die Jungs an die Bar treten.

„Aha, die Metal Heroes!", grüßt sie kratzbürstig. „Ihr seid verdammt spät dran für 'ne Band, die mal ganz groß rauskommen will."

Wer soll mit Barfrau Jacky reden?

Joey > ***172*** | *Brian >* ***188*** | *Paul >* ***178***

144 Bevor die Metal Heroes endlich die Bühne erobern dürfen, ist eine andere Live-Band dabei, den Laden richtig einzuheizen! Die fünf Kerle von DevilDriver aus Santa Barbara knallen ihr Kurzprogramm von knüppelharten Thrash- und Death-Tracks den moshenden Metallern im Rainbow um die Ohren.

Sänger Bradley James „Dez" Fafara ist ein alter Hase im Geschäft und weiß, wie er mit den Leuten umspringen muss. Die Präsenz des tätowierten Hünen auf der Bühne ist bemerkenswert. Kraftvoll schmettert er seine einmaligen Screams, spurtet von einer Seite zur anderen und peitscht die Menge immer weiter auf. Ihr Set beschließen DevilDriver mit …

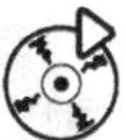
Höre dir nun bitte ***Track 2*** *des* ***Metal-Heroes-Soundtracks*** *aufmerksam an!*

Songtext auf der nächsten Seite!

„The Appetite“

THRASH METAL

Eyes on fire on you
Your presence in a violation!
Leave now or it’s annihilation!
It’s best for both parties
If we just part!
Eyes on fire on you!
Take it with a grain of salt
Take it to the limit
Take the world by storm,
Keep your head in it!
Take the gloves off,
Take your life in your hands!
Eyes on fire on you!

Live for the day…
No one promised tomorrow anyway…
Gotta keep the dogs at bay!
Keep the ***dogs*** *at bay!*

Do you have the appetite?
The expectations to suffice!?
Your cups of sorrow filled with spite!
I’m begging, I’m begging, I’m begging you!

Don’t dwell it’s my burden to bare!
Fall time season it’s in the air!
It’s best for both parties
If we just part!

Do you …
Do you have …
Do you have the appetite …!?
Do you have my eyes on fire on you!
Don’t wish your life away!

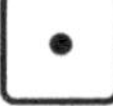
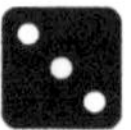
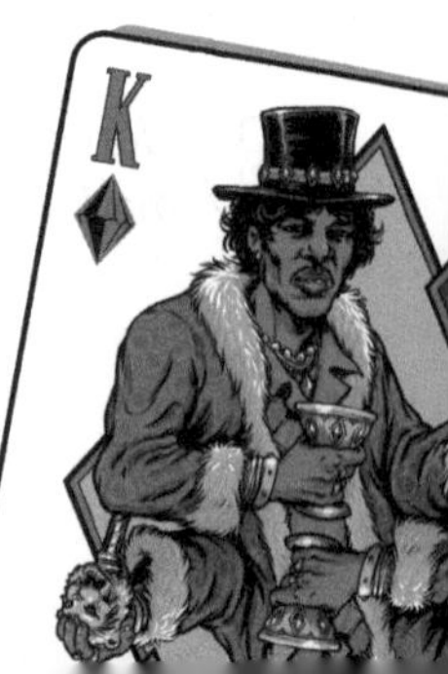

If you think I give a ***duck****!*
Better think again, good luck!
Disconnected, disconnect you!

Eyes on fire on you!
If you think I give a duck you better think again, good luck
Disconnected, disconnect you!

„The Appetite" (2013) von DevilDriver
Death/Thrash-Metal-Band aus Santa Barbara, Kalifornien (USA)

3

Die Membranen schnarren aus und das Publikum dreht endgültig durch! Ehrfürchtig haben die Metal Heroes den Auftritt der erfolgreichen Metal-Kollegen Backstage verfolgt.

An welcher Stelle stimmt der abgedruckte Text nicht mit dem gesungenen überein?

Zweiter Absatz, Hunde oder Drogen (dogs/drugs) > ***194***

Letzter Absatz, Enten oder Körperertüchtigung (duck/fuck) > ***186***

145 Zufrieden ziehst du dich aus dem Körper des Türstehers zurück, als Paul plötzlich meint, die Zeit wäre zu knapp, um jetzt noch einen Ausflug zu einem wahrscheinlich eh schon geschlossenen Laden zu unternehmen.

Joey grübelt. „Wahrscheinlich hast du Recht, Paul. Wir versuchen hier unser Glück." Du ärgerst dich maßlos über Pauls Intervention und glaubst, ein heiseres Lachen aus den Tiefen des Äthers zu hören. Oder waren es bloß ein paar Wartende in der Schlange?

Weiter > ***135***

ROCK-GOTT-WEISHEIT | *„Ich sag' dir mal was: Es gibt auch die andere Seite, also nicht nur die gute. Und glaub bloß nicht diese Sprüche „Es kann nur* **das Gute** *geben, wenn es* **das Böse** *gibt" oder „Wo kein Licht, da kein Schatten". Alles Bullshit! Wenn die Unterwelt-Heinis könnten, würden sie uns alle mächtig in den Arsch treten! Die wollen uns das Licht ausknipsen – für immer! Sollten wir auch nur einen Fehler machen, dann war's das. Davor stehen zum Glück die Guten, also wir, und die Gesetze des allumfassenden* **Rock-Almanachs***."*

146 Mutig überqueren Joey und Brian zwischen hupenden Autos den Sunset Boulevard, hinüber in den Hinterhof des zum Verkauf stehenden Klamottengeschäfts. Pauls überschlagende Stimme und der scheppernde Krach von umherrollenden Mülltonnen haben die Freunde alarmiert.

Wie zu erwarten war: Der exzentrische Bassist wird von zwei kräftigen Typen festgehalten, die ihn schließlich im hohen Bogen in einen Stapel Altkleider-Säcke befördern. Beide sind sehr muskulös und haben, wenn du ihre Lederklamotten richtig einordnest, Verbindungen in die dunkle Szene.

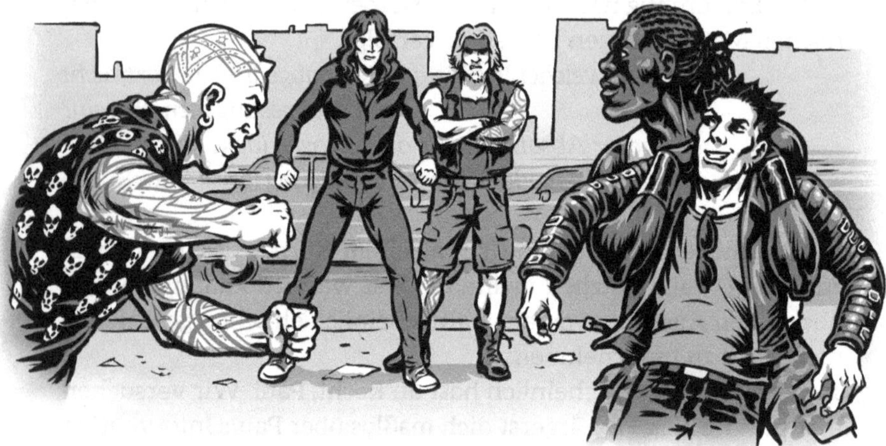

Der Kleine mit dem verschlagenen Grinsen steht offenbar auf Body-Modification. Unter der Haut beider Handrücken zeichnen sich große Donuts, implantierte Silikon-Ringe und auf seiner Glatze zwei Teufelshörnchen ab. Sein Kumpan, ein schwarzer Koloss mit dem Hals eines Stiers, hat hingegen beeindruckend lange Rasta-Zöpfe, die bei jeder Bewegung wie Peitschen umherwirbeln.

Du könntest schwören, diesen Gestalten schon einmal begegnet zu sein. Aber es war wohl vor deiner Götter-Ausbildung.
Und das Problem ist: Dein ehemaliges Leben unter den Normalsterblichen verblasst immer mehr.

Lasse deinen Blick schweifen > **162**

Bleib dabei, um vielleicht eingreifen zu können > **154**

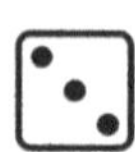 

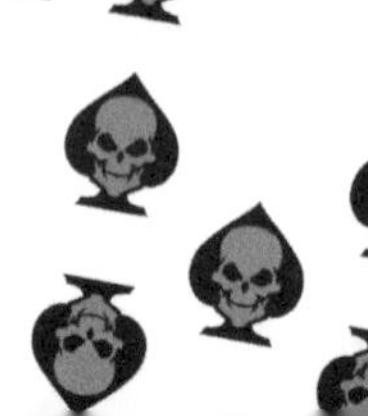

147 „Danke für das Vertrauen!“ Russ greift sich ins Jackett und zieht zwei Zigarren heraus. Eine legt er sich auf die wulstige Unterlippe, die andere bietet er nacheinander seinen potenziellen neuen Klienten an, die – bis auf Paul – alle ablehnen.
„Nun, wir haben zwar noch keinen Vertrag unterzeichnet, allerdings ist ein Handschlag ein Handschlag, nicht wahr?“ Der Manager schnaubt und reicht Joey die Hand entgegen.
Der Bandleader zögert, doch als Brian ihm mit einem leichten Nicken seine Zustimmung signalisiert, greift er zu und besiegelt den Deal.

⏩ FAST FORWARD
Zwei Monate später ist **Russ Marlow** Manager der Metal Heroes.
Mache dies kenntlich, indem du unter ***Supporter*** *im Metal-Logbuch seinen Namen ankreuzt.*
Erfahre mehr zum Thema im Abschnitt ***„Supporter“ (R13)*** *der Regeln.*

Weiter > ***169***

148 Das Lampenfieber bekämpfend stecken die vier Metal Heroes ihre Köpfe zusammen und besprechen Backstage ihren Auftritt, als sich plötzlich die Scheinwerfer verdunkeln.
Jemand tippt Paul auf die Schulter. Es ist Leo, der Verkäufer des Wish List!
„Ich war eben noch schnell zu Hause und habe meine alte Road Worn geholt. Hier, Paul, bitte! Du bist doch Rechtshänder, oder?“
„Ja, klar. Was sonst?“, mault Paul und zieht sich den Lederriemen über den Kopf.
„Dann habe ich ja die richtige Wahl getroffen“, rümpft Leo die Nase ob Pauls Verhalten.
Joey ist total überrascht und umarmt den Asia-Bären. Es ist wahrlich nicht selbstverständlich, dass ein Musiker sein Instrument aus der Hand gibt.

Die ***Bandchemie*** *steigt um 1!*

Weiter > ***190***

149 Gezeichnet von der ungewöhnlichen Begegnung und aufheulenden Polizeisirenen in der Ferne machen sich die drei Jungs auf den Rückweg zur Rainbow Bar.

Als sie die Auffahrt erreichen, sind sie noch dermaßen in Diskussionen über das gerade Erlebte beschäftigt, dass sie zunächst nicht bemerken, dass Gregori niedergestreckt auf dem Parkplatz liegt.

Joey richtet den blinden Drummer vorsichtig auf. Seine Wange ist geschwollen und blau unterlaufen. Gregori ist soweit okay und meint sarkastisch: „Zum ersten Mal in meinem Leben durfte ich auch mal Sterne sehen."

„Wie groß muss 'n Arschloch eigentlich sein, um 'nen Blinden zu schlagen?", regt sich Brian auf.

„Sorry, Freunde, ich konnte echt nichts machen. Bevor ich kapiert habe, was abging, hatten die mir schon eine verpasst", erinnert sich Gregori und zieht den abgerissenen Ärmel seines Hawaii-Hemds hoch. Von den Angreifern fehlt jede Spur.

„Da war definitiv eine Braut dabei", ist er sich sicher. „Gesagt hat sie nichts, aber ich habe das Klappern ihrer Stiefelabsätze und ihr nerviges Kaugummiblasenzerplatzen gehört, als sie über die Straße hergelaufen sind. Sie waren zu dritt."

Einziger Lichtblick: Das meiste von Gregoris Drum-Set und die Amps sind noch da. Geklaut wurden also die beiden Gitarren, Pauls Bass sowie das Hi-Hat und Snare Drum.

Du ärgerst dich über die Limitation deiner göttlichen Aufmerksamkeit. Es hat sich wieder bewahrheitet, dass du nicht gleichzeitig die Konzentration auf mehrere deiner Schützlinge halten kannst.

„Verfluchte Scheiße", brüllt Brian heiser, „wo bekommen wir um die Uhrzeit bloß noch gescheites Equipment her?"

Willst du den Jungs mit deinem Szenewissen auf die Sprünge helfen? > ***•130***

Willst du dich zurückhalten und hoffen, dass es die Jungs selbst auf die Reihe bekommen? > ***135***

150 Hinter einem Schreibtisch voller Zettel, Ordner und leerer Kaffeebecher sitzt ein Mann mit zerzauster, grauer Mähne. Aus seinem kirschroten

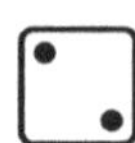 

Sakko blitzt ein silbernes Stecktuch hervor. Die Arme vor der breiten Brust verschränkt und die Lederschuhe auf dem Tisch übereinandergeschlagen, bittet er die Jungs herein: „Aha! Die Krachmacher für heute Abend." Er kontrolliert seinen Tischkalender mit zusammengekniffenen Augen. „Mental Zeroes, richtig?" Ohne auf eine Antwort zu warten, fährt er fort. „Trotz eurer Selbstironie, die ich zu schätzen weiß, habe ich keine Ahnung, wie ihr einen Abend-Slot in meinem Laden bekommen habt. Okay, ich stehe natürlich zu meinem Wort." Der Bow-Boss zündet sich eine Zigarette an und murmelt anschließend: „Wann auch immer ich das gegeben haben soll."
Joey stellt sich und seine Kollegen vor und korrigiert zaghaft das Missverständnis mit dem Bandnamen.

„Wie dem auch sei, Kumpel, ich bin Adrian Pollak", antwortet der dynamische Bar-Boss selbstsicher und übergeht dabei die Vorstellung seiner beiden Gäste, die ihm gegenübersitzen und sich kurzerhand selbst bekanntmachen. Fast simultan greifen die ungleichen Manager in die Innentaschen ihrer Sakkos.

Willst du dir einen kleinen Spaß erlauben, um dieses spannende Visitenkarten-Rennen zu manipulieren?
Sicher, das ist wichtig! > **•174** | *Nein, lieber nicht* > **136**

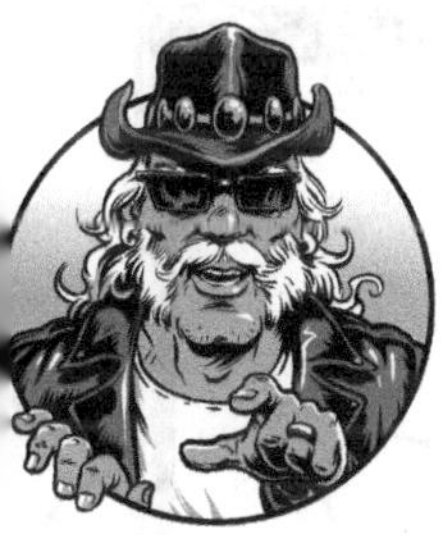

ROCK-GOTT-WEISHEIT | *Glaubst du wirklich, nur die talentiertesten Rocker schaffen's nach oben? Talent ist gut, allerdings ist eines viel wichtiger:* **Schicksal**. *Wenn Altstars auf ihre Karrieren zurückblicken, sprechen sie oft von Glück in Schlüsselmomenten ihres Werdegangs. Ich gebe zu, daran nicht immer ganz unschuldig zu sein ...*

151 „Wo bleibt'n der Typ schon wieder?" Nicht ohne Grund regt sich Brian über das Fehlen von Paul auf. Ein ätzendes Verhalten, das der Bassist der Metal Heroes bereits kultiviert hat.
Auch Joey wirkt nervös und blickt den Boulevard ab, der von der untergehenden kalifornischen Sonne in warmes Orange getaucht wird – vom Band-Ältesten fehlt jede Spur.
Du kennst diese Ecke nur zu gut von deinem einstigen Job als Aushilfskraft: Es ist die breite Auffahrt zum Parkplatz der Rainbow

Bar, einer berühmten Szene-Location der Stadt. Stolz checkst du, dass die Jungs heute Abend dort tatsächlich einen Auftritt haben!

*... **UND NOCH 'NE WEISHEIT** | „Einen **Band-Split**, also eine temporäre Teilung der Band, kannst du nicht verhindern. Manchmal ziehen die Jungs eben alleine oder in Grüppchen los, um ihr Ding zu machen. Dann musst du dich eben entscheiden, wem du über die Schulter schauen willst. Zerreißen kannst du dich selbst als Gott nicht."*

3 Während Gregori auf den Koffern seines Drum-Sets sitzt und gelangweilt einen Stick zwischen seinen Fingern rotieren lässt, schwellen die Arterien in Brians Hals zu Gartenschläuchen heran: „Ich schwöre: Wenn wir wegen Paul den Gig verlieren, stampfe ich dem Penner die Eier durch die Ritze!"

Was willst du tun?
*Nach Paul schauen > **164** | Abwarten > **181***

152 Der Hauptraum mit seiner runden, von zahllosen Stehtischen eingerahmten Tanzfläche, die ein wenig an eine Arena erinnert, bietet neben einer langen Bar diverse Separees, wo es sich ungestört und unverbindlich diskutieren lässt, und natürlich eine erhöhte Bühne. Insgesamt wirkt die Einrichtung rustikal verlebt, aber nicht siffig.

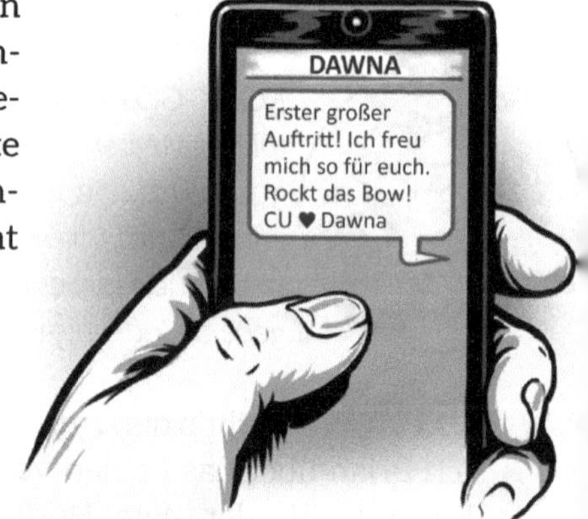

Alle Stühle und Hocker stehen noch mit der Sitzfläche auf den Tischen und zwei mexikanische Putzhilfen schwingen gekonnt ihre nassen Wischmopps über den altehrwürdigen Holzboden des Rainbows. „Braucht ihr was?", will der Türsteher wissen.

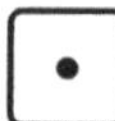 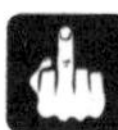

*Hat Gregori ein **Wish List Schweißband** in seinem Inventar?*
*Ja, hat er > **161** | Nein, Fehlanzeige > **143***

153 Du lässt ein wenig von der göttlichen Macht fließen und verstärkst damit nicht nur die Gemeinschaft deiner Rockjünger, sondern eben auch die Kraft, die diesem einzigartigen Instrument innewohnt.
Joey hat die Eigenheiten der Les Paul in sich aufgesaugt und hat's noch nicht mal gemerkt! Mit weichen Knien stützt sich der Bandleader an der Vitrine ab, was Leo in Panik versetzt: „Krass! Habt ihr das auch gespürt?"
„Absolut! Ich hab' 'ne echte Gänsehautentzündung!", raunt Brian.

*Die **Bandchemie** steigt um 1!*
*Joeys **Skill** steigt um 1!*
*Vergiss nicht, Joeys **Ego** im Zuge der Verbesserung ebenfalls um 1 zu erhöhen und dir den eingesetzten **Einfluss**-Punkt zu streichen.*
*Weiter > **142***

154 Die beiden finsteren Typen schwingen ihre Fäuste nicht zum ersten Mal. Selbst Brians harte Schläge stecken sie locker weg. Sie scheinen die Treffer fast zu genießen. Das Ganze stinkt zum Himmel!

*Willst du die Jungs kämpfen lassen? > **129***
*Willst du sie unterstützen? > **•168***

155 Entschlossen, dass dieser Rückschlag nicht das Ende ihrer Träume bedeutet, geben sie den spärlichen Rest ihres Equipments in die Obhut der Rainbow-Crew und machen sich auf zum Wish List.
Minuten später hört es Gregori wieder als Erster: „Da ist definitiv noch jemand im Shop. Und wenn ich mich nicht irre, spielt er einen echten Klassiker."
Brian lauscht, geht ein wenig zu „Paradise City" ab, um dann heftig gegen den abgewetzten Metallrahmen der Eingangstür zu trommeln. Abrupt verklingt der weltberühmte Slash★-Riff und die sanf-

★) ROCK ICON: Slash
Britisch-US-amerikanischer Rock-Gitarrist. Wurde vor allem mit der Rockband Guns'n'Roses bekannt, in welcher er von 1985 bis 1996 spielte. Markenzeichen: Kippe im Mundwinkel und Zylinder.

te Stimme eines jungen Mannes entschuldigt sich: „Schon gut, Officer, ich drehe den Verstärker leiser!"
Brian nutzt die kurze Stille und lässt die Tür ein weiteres Mal in ihren Angeln scheppern. „Aufmachen!"
Wenige Sekunden später werden die Lamellen der verblichenen Jalousie – überraschend weit oben – auseinandergedrückt und das aufgeweckte Augenpaar eines Mannes asiatischer Abstammung checkt die Lage: „Hey, ihr Türquäler. Wir haben geschlossen!"

„Bitte mach auf! Ehrlich, Alter, das is 'n Notfall", drückt Gregori auf die Tränendrüse. „Wir haben heute unseren ersten großen Gig im Bow und man hat unseren ganzen Scheiß geklaut."

Checke Gregoris ***Presence!***

Gelungen > ***165*** | *Misslungen >* ***135***

REGEL-HINWEIS | „Du ahnst hoffentlich, dass dieses Zusammentreffen entscheidend für die Zukunft der Band ist. Denke daran, du kannst selbst im Nachhinein einen Check gelingen lassen, wenn du einen Punkt der ***Bandchemie*** *einsetzt. Hast du das nicht mehr auf der Kette, dann lies noch mal den Abschnitt* ***„Bandchemie einsetzen bei misslungenen Checks" (R9)*** *der Regeln nach – das ist oberwichtig!"*

156 Leo ist aufrichtig enttäuscht. „Schade, Leute, dass wir uns nicht einig werden konnten. Trotzdem möchte ich euch ein kleines Geschenk machen."

Notiere dir unter Brians Inventar ein ***Wish List Plektrum.***

„Vielleicht werde ich nach Feierabend mal im Bow vorbeischauen."
Ernüchtert, sich nicht genügend Material leisten zu können, aber mit der Gewissheit, einen neuen Fan gewonnen zu haben – „cooler Verkäufer in 'nem coolen Laden" (Zitat Brian) – marschieren die Metal Heroes zur Rainbow Bar zurück.

Weiter > ***135***

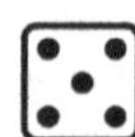

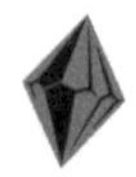

157 Brian hält der Barfrau die Innenseite seines linken Unterarms entgegen. Mit einem Lächeln zückt sie einen Kugelschreiber aus ihrer Brusttasche und kritzelt ihre Nummer zwischen die dikken Linien seiner Tribal-Tattoos.
Zurück bei den Bandkollegen präsentiert er seinen neuen Fang mit breitem Grinsen.

Weiter > ***171***

158 „Schaut mal her, Leute!", ruft Brian überrascht. „Ich hab' das Teil total vergessen. Das Portmonee von einem der Schlägertypen."
Erheitert zählt er die Scheine darin.
„Geil! 127 Bucks. Ich würde sagen, das gehört in die Kategorie ‚gerechtfertigtes Schmerzensgeld'."
Doch dann fällt ihm etwas ins Auge, das ihn stutzen lässt.
„Joey, schau mal ..." Mit ernstem Blick auf Paul gibt er dem Bandleader einen der Zwanziger.

Weiter > ***189***

159 „In Ordnung, Joey. Aber bitte pass auf! Ich kann mir einen neuen Job suchen, sollte die Gitarre auch nur eine Schramme abbekommen!"
Leo zieht fix eine Strippe zu einem der Warschalls und führt vorsichtig unter kurzem Knacken und Brummen den Klinkenstecker in die Buchse ein.
Joey spielt wahllos einige Akkorde und Riffs, die ihm gerade in den Sinn kommen. Dann ruft er: „Das ist für dich, Saul*!"
Und sofort erschallt die berühmte Melodie von „Sweet Child 'O Mine" durch den Laden, der sich binnen weniger Takte auch Leo mit seinem Bass anschließt und die spätestens ab der zweiten Strophe ebenso Brian und Gregori mitreißt. Gemeinsam singen sie♫:

She's got eyes of the bluest skies
As if they thought of rain
I hate to look into those eyes
And see an ounce of pain

♫) SING MIT!
„Sweet Child 'O Mine"
Guns'n'Roses

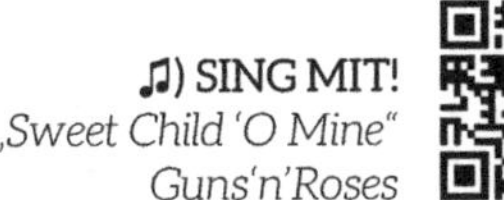

**) Bürgerlicher Vorname von Gitarristen-Legende Slash (Guns'n'Roses)*

Her hair reminds me of a warm safe place
Where as a child I'd hide
And pray for the thunder
And the rain
To quietly pass me by

Oh, oh, oh, oh
Sweet child o' mine
Oh, oh, oh, oh
Sweet love of mine

„Sweet Child O' Mine" (1987) von Guns'n'Roses
Pop-Metal-Band aus Los Angeles, Kalifornien (USA)

Noch während die beiden mit ihrem Duett einer der größten Rock-Balladen huldigen, spürst du die aufopferungsvolle Hingabe der Jungs. Besonders Joey scheint mit der Les Paul geradezu zu verschmelzen und steht dem berühmten Mann mit dem Zylinder in nichts nach. Einzig der verknautscht dreinblickende Paul stand derweil ein wenig abseits.

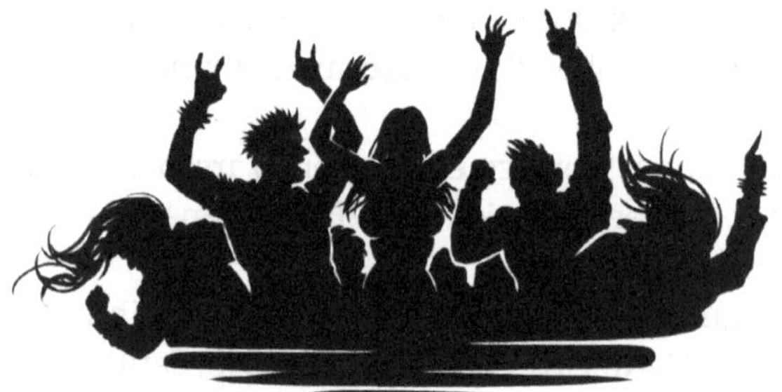

ROCK-GOTT | *Huch! Mir wirds plötzlich ganz warm in der Hose! Die Metal Heroes erleben gerade einen der seltenen Metal Moments! Erfahre mehr zum Thema im Abschnitt* **„Metal Moment" (R6)** *der Regeln.*

Willst du diesen Moment und seine Emotionen mit deiner göttlichen Macht verstärken? > •153
Oder soll er ungefiltert geschehen? > 173

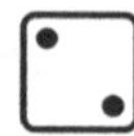 

160 ⏩ FAST FORWARD

Nach dem ersten gemeinsamen Gig im Rainbow entwickelt sich eine Band-Freundschaft zwischen den Metal Heroes und DevilDriver. Besonders bei den Sängern Dez und Joey stimmt die Chemie: Man trifft sich regelmäßig, hat Spaß, tauscht sich aus, auch wenn Dez durchaus Joeys Vater sein könnte (und wahrscheinlich würde das dem Heroes-Bandleader sogar gefallen).
Bei Jam-Treffen profitieren die Metal Heroes extrem von Dez' Vergangenheit als Frontmann der Nu-Combo Coal Chamber★. Seine Wurzeln färben unweigerlich auf deine Nachwuchsband ab, die nicht nur dank deiner Präsenz alles Neue aufsaugen wie ein hinter den Schrank gefallener Putzschwamm!

Neues Genre gemeistert: ***NU****!*
Die Metal Heroes öffnen sich für den Stil des Nu Metal! Dies bedeutet, dass sie ab sofort auch Songs dieses Genres in ihr ***Repertoire*** *übernehmen dürfen! Markiere dies, indem du dort den Schriftzug „Nu" ausmalst.*
Sie beherrschen somit den ersten Song ***„Blood spill, Brain leaks" (#19)*** *des Genres* ***Nu****. Markiere dies, indem du einen Kreis um dessen Track-Nummer machst.*

Weiter > ***199***

161

„Okay, dann bringe ich euch gleich zum Boss. Mister Pollak wartet sicher bereits."
Kaum hat der hilfsbereite Security-Ochse an die Tür seines Chefs geklopft, wird die Truppe auch schon hereingebeten.

Weiter > ***150***

162

Dezent im Hintergrund beobachtet eine zwielichtige, weibliche Erscheinung die Schlägerei. Gekleidet in hautenger schwarzer Lackhose, und die hochhackigen Stiefel mit breiten Absätzen scheinen ihre eh schon attraktiven Beine ins Unendliche zu verlängern. Im farblichen Kontrast dazu fallen ihre strohblonden Haare in glatten Strähnen über die Schultern. An diesen Anblick erinnerst du

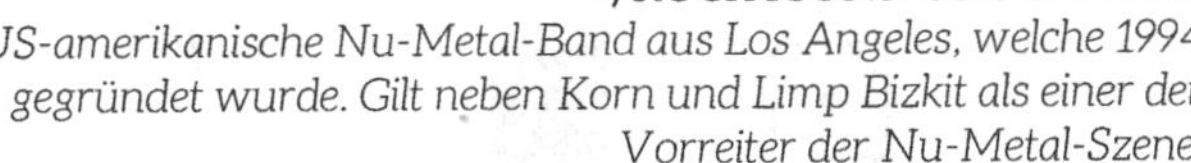
★) ROCK ICONS: Coal Chamber
US-amerikanische Nu-Metal-Band aus Los Angeles, welche 1994 gegründet wurde. Gilt neben Korn und Limp Bizkit als einer der Vorreiter der Nu-Metal-Szene.

dich definitiv! Es ist das Rasseweib, das damals vor dem Haus der Morgans auftauchte und auf mysteriöse Weise wieder verschwand.
Die Bitch amüsiert sich sichtlich über den Streit der Testosteron-Schergen und verzieht nur kurz das Gesicht, als ein weiterer Schwinger in Joeys Magengrube explodiert und das halbe Hemd unter bemitleidenswertem Stöhnen in die Knie zwingt.
Bevor du reagieren kannst, ist die Blondine schon zur Stelle: Als das Zopfköpfchen zu einem erneuten Schlag ausholt, baut sie sich unbemerkt hinter ihm auf und justiert ihm, mit einem üblen Schritt-Tritt, die Klöten.
Ehe sein Kumpan das jammernde Stöhnen einzuordnen vermag, zersplittert auch schon eine Bierflasche auf seiner Quadratglatze. Dann greift sie dem benommenen Typen in die Hosentasche, zieht irgendetwas hervor und steckt es wider Erwarten nicht selbst ein, sondern stopft das Ding in Brians Lederjacke. Mit zufriedenem Lachen haut sie ab.

*Notiere dir unter Brians Inventar etwas **total Unbekanntes**.*

Joey, Brian und Paul haben von dieser unerwarteten Hilfestellung nichts mitbekommen. Benommen rappeln sie sich auf und stützen sich gegenseitig, als sie sich wieder zurück zur Straße trollen.
Insgeheim wundern sie sich, warum die Schläger daniederliegen, wahrscheinlich im unausgesprochenen Glauben, ein Bandkollege hätte das bewerkstelligt, während man selbst Sternchen sah.

*Weiter > **149***

163 Leo zeigt sich überaus hilfsbereit und großzügig. Für einen absoluten Freundschaftspreis überlässt der Asia-Riese den Metal Heroes alles Nötige.

*Weiter > **195***

164 Du stellst deine sensiblen Rock-Gott-Antennen auf Empfang und kannst Pauls mickrige Aura tatsächlich orten. Er ist nur ein paar Straßen weiter.
In Windeseile hast du den Geist fokussiert und siehst

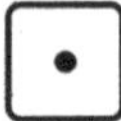
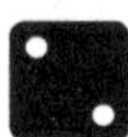
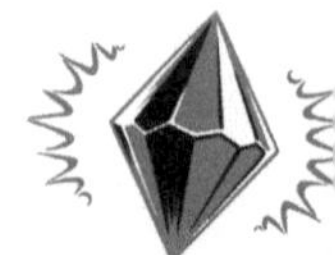

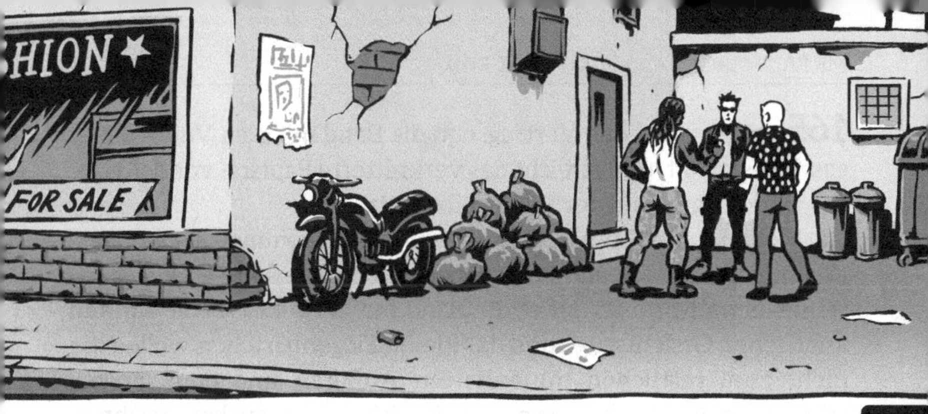

Paul, wie er von zwei dunklen Gestalten in die Zange genommen wird. Zunächst glaubst du, er stecke in der Patsche, doch die drei scheinen sich bloß zu unterhalten: Er übergibt einem der breiten Typen ein Stück Papier und erhält im Gegenzug einige große Scheine. Rockgottverflucht, was treibt der da? Von diesen Typen gehen schlechte Schwingungen aus – verdammt schlechte Schwingungen. 3

Plötzlich beginnen sie damit, Paul zu schubsen. Doch nicht allzu heftig. Es ist eher ein Anfänger-Pogo mit mieser Schauspieleinlage. Alle drei rufen und schreien dabei, treten sinnlos gegen Mülltonnen. Sie fingieren eine Schlägerei, einzig mit dem Ziel, auf sich aufmerksam zu machen. Und es scheint ihnen zu gelingen ...

Weiter > ***146***

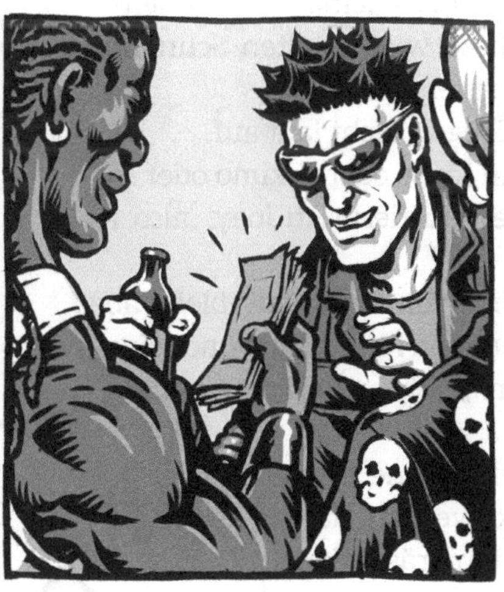

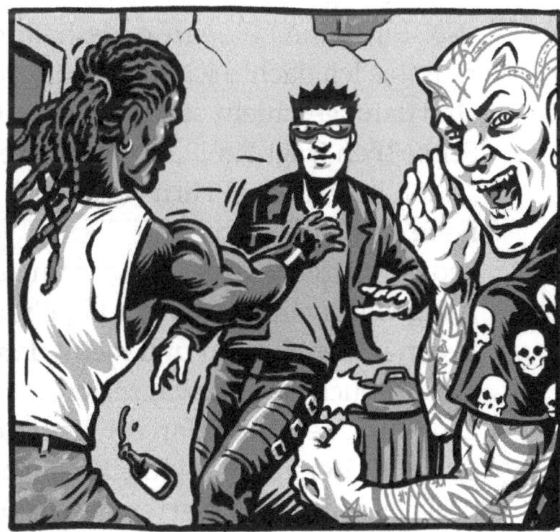

165 Joey zückt den Vertrag, den die Band mit dem Veranstalter geschlossen hat, und streicht das verknitterte Papier – vor der Nase des Verkäufers – auf der Türscheibe glatt.
„Ja, Metal Heroes. Eure EP ist mir zu Ohren gekommen. Nicht übel." Das metallische Rasseln eines Schlüsselbunds erklingt. Der Angestellte, etwa Mitte 20, bittet die Band ins Wish List. Seine sanften asiatischen Gesichtszüge und das kleine Ziegenbärtchen wollen gar nicht zum restlichen hünenhaften Äußeren und dem langen, schwarzen Pferdeschwanz passen. Kräftige Brustmuskeln zeichnen
3 sich unter seinem engen Shirt ab. Auf dem Ansteckschildchen steht: Leonardo Usano, Junior Sales irgendwas.
Während Brian und Paul bereits mit großen Augen zwischen den Auslagen wandeln, hält Joey Gregori die Tür auf, der sich vorsichtig in den Laden mit ständigen Klickgeräuschen vortastet. Es riecht nach frischem Lack, Holz und Leder.
Joey wahrt die Etikette, stellt seine Bandkollegen einzeln vor und gibt dem jungen Verkäufer die Hand.
„Freut mich sehr", entgegnet der mit fester Stimme. „Mein Name ist Leonardo. Aber bitte sagt einfach Leo." – „Was treibst du so spät noch hier?", ruft Brian hinter einem der Regale hervor.
„Ich spiele gerne nach Feierabend einfach für mich allein."
„Klang gar nicht übel", lobt Gregori.
„Danke! Sag mal, kannst du überhaupt durch deine Haare sehen?"
„Nö. Bin blind." – „Achso, deshalb diese wiederholten Schnalzgeräusche. Ich dachte schon, du hättest einen Tick."
Und dann geschieht etwas Seltenes: Gregori lacht laut auf.
Schließlich fragt Paul: „Hey, bist du ein Japse oder Eskimo oder so?"
„Alter, hast du dein Hirn verloren?", echauffiert sich Joey, „also, ich helfe dir gleich suchen ..."
Leo ist sichtlich irritiert ob des ungefilterten Rassismus, bleibt aber ruhig und erzählt von seiner Familie auf den Philippinen und seinem Leben in den Staaten und meint dann: „Hey, Leute! Ich möchte euch gerne etwas zeigen ..."
Leo führt Joey und Brian zur zentralen Vitrine. Neben einigem Verstärker-Schnickschnack werden darin drei der geilsten E-Gitarren des Planeten präsentiert.

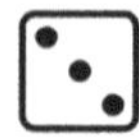 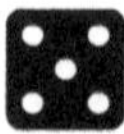

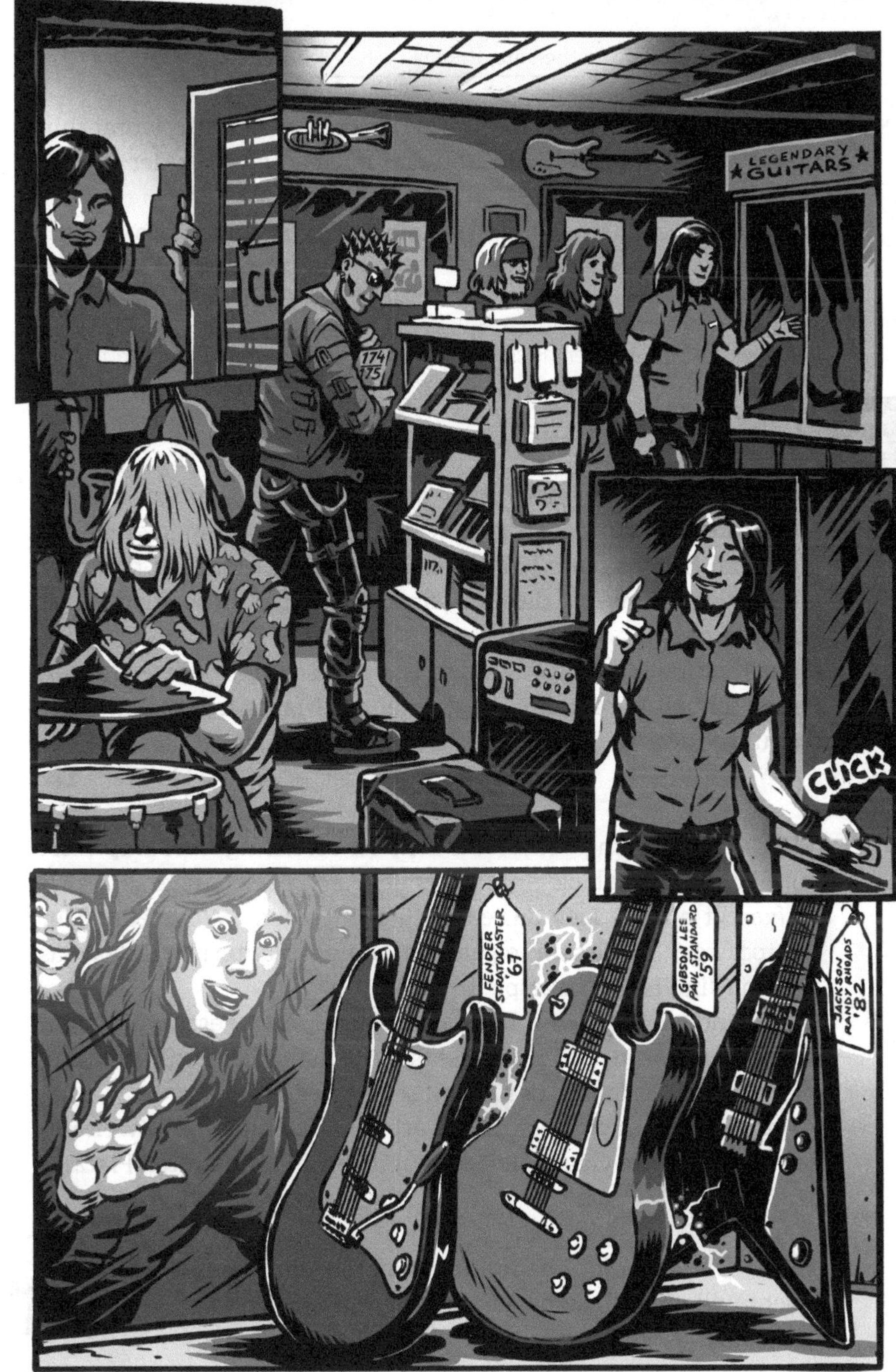

165 *Leo führt Joey und Brian zur zentralen Vitrine. Neben einigem Verstärker-Schnickschnack werden darin drei der geilsten E-Gitarren des Planeten präsentiert.*

„Wartet!“ Leo betätigt einen Schalter an der Bodenplatte, woraufhin kleine Spotlights erstrahlen und den makellosen Lack der Prunkstücke schimmern lassen.
„Wahnsinn ... das sind alles Originale der Erstserien“, träumt Joey.

Checke Joeys ***Presence****!*

Gelungen > ***139*** | *Misslungen >* ***132***

3

(Kannst du Paul immer noch nicht richtig einschätzen? Dann betrachte dir die letzte Comicseite genau. Fällt dir irgendetwas Merkwürdiges auf?)

166 Ausgelassen feiert die Band ihren ersten gelungenen Auftritt hinter der Bühne. Trotz aller Probleme und Schmerzen haben die Metal Heroes diese Herausforderung gemeistert! Du bist stolz auf sie, denn du weißt, dies war ein kleiner, aber umso wichtigerer Karriereschritt.
Ohne Klopfen wird die Tür aufgerissen und der Barbesitzer Adrian Pollak schneit herein. Ihm folgt einer der Manager aus dem Büro, der junge Ricci Truman.

Weiter > ***192***

167 „In Ordnung, Joey. Aber bitte sei vorsichtig! Cliff amputiert mir die Eier, sollte bloß ein Kratzer den Lack verschandeln!“
Aufgeregt nimmt Joey das edle Stück entgegen. „Wow, eine 67er Stratocaster!“ – „Wisst ihr eigentlich, Leute“, erläutert Leo, „dass das Teil von Jimi Hendrix gespielt wurde?“
Huldigend streicht der Bandleader über den geschwungenen schwarzen Korpus des Kultobjekts: „Was hätte ich dafür gegeben, einmal den Meister bei der Arbeit sehen zu können.“
„Okay, Joey, genug gelechzt“, unterbricht Leo die holde Zweisamkeit und stellt die Gitarre wieder auf ihren angestammten Platz.

Weiter > ***191***

168 Dir läuft ein Schauer durch die Glieder. Deine Macht will nicht fließen! Weder Joey und Brian noch ihre beiden Kontrahenten sind zugänglich für deine

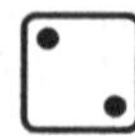

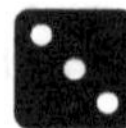

Manipulationsversuche. Du kannst dir das nicht erklären. Dann bemerkst du eine Bewegung, etwas abseits, in einer dunklen Ecke des Hinterhofs.
Glück im Unglück: Aufgrund der seltsamen Kraftblockade sinkt dein ***Einfluss*** *nicht!*

Weiter > ***162***

169 Der Boss will sich verabschieden. „Wie dem auch sei, für das erste Mal habt ihr einen wirklich guten Job gemacht. Macht weiter, und wenn ihr neue Songs habt, dürft ihr auch gerne wieder vorbeischauen. Hier eure Gage."
Brian bedankt sich im Namen der Metal Heroes, nimmt die paar Kröten entgegen und will sie einstecken.

Die Band erhält ***2 Song-Punkte****!*
Spare sie, um später Songs freigeschalteter Genres im ***Repertoire*** *zu aktivieren.*

Was hat Brian derzeit in der Hose?

Eine ***Blutrote Geldbörse*** *>* ***158*** | *Etwas* ***total Unbekanntes*** *>* ***134***
Lass mal stecken – ich hab' keine Ahnung > ***180***

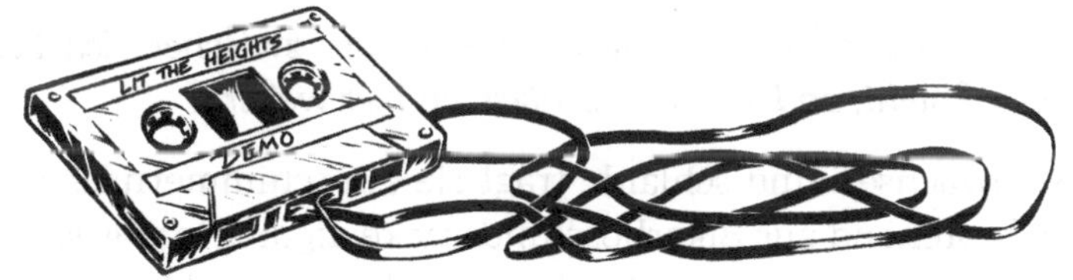

170 Erleichtert und ein wenig stolz, diesen Auftritt überstanden zu haben, trinken die vier Kumpel hinter der Bühne ein Bierchen auf ihr Wohl, als ohne Vorwarnung die Tür aufgedrückt wird. Bow-Boss Adrian Pollak platzt herein. Im Schlepptau die Manager aus seinem Büro, Russ Marlow und Ricci Truman. Letzterer schließt die Tür hinter sich und überlässt den beiden älteren Semestern zunächst das Feld.
„Respekt, das war ein richtig guter Auftritt! Hätte ich euch gar nicht zugetraut", gratuliert der Bar-Chef. „Die Herrschaften sind extra geblieben, um mit euch übers Geschäft zu reden."

Eloquent setzen sich die Macher ins rechte Licht. Bla, bla. Du selbst hast keinen Favoriten, dazu kennst du dich zu wenig aus. Aber die Wahl eines Managers ist allemal überfällig.

*Mit welchen der beiden **Manager** sollen die Metal Heroes einen Vertragstermin vereinbaren?*

Russ Marlow > ***147*** | *Ricci Truman >* ***192***

171 Die Metal Heroes stehen wieder auf dem vom Neonlicht der Reklametafeln beschienenen Parkplatz der Rainbow Bar und genießen die frische Großstadt-Nachtluft. Man zieht ein gemischtes Fazit des vergangenen Abends. Erst bitter aufs Maul bekommen, dann einen guten Auftritt hingelegt und Kontakte zu interessierten Managern geknüpft ... Plötzlich lässt eine rauchige Frauenstimme Dawna und die jungen Männer verstummen: „Alles Zufall? Eher nicht!"

Selbstsicher tritt eine Blondine aus dem Zwielicht eines parkenden Trucks. Die Luft knistert vor Energie. „Götter spielen ihre Saiten und Schergen der Unterwelt wurden entsandt, euch aufzuhalten!" Es ist Brians Hot-Pants-Erscheinung – damals vor der Villa der Morgans!

Blättere nun zurück zu ***50****, lies den Text, der zwischen den beiden Blitzen steht, und mache anschließend hier weiter.*

Groß gewachsen und schlank, trägt sie ein schimmerndes Lederoutfit, bestehend aus Bikerhose und -jacke, figurbetont geschnürt. Kajal und smoking Lidschatten betonen ihre kristallblauen Augen. Passend dazu: die Fingerkuppen schwarz gefärbt und krallenartig gefeilte, weiße Nägel. Dramatisch streicht sie sich eine ihrer Strähnen aus dem Gesicht, als genieße sie diesen Moment.

„Verdammt, wer bist du?", fragt Brian verwirrt.

„Ihr ahnungslosen Hüllen! Unter uns spielt eine Macht, die uns alle unterwerfen wird, sollten wir uns nicht erwehren!"

Paul wendet sich seinen Kollegen zu und tippt sich mit dem Zeigefinger auf die Stirn. Die anderen sind verunsichert, wissen nicht, was sie von der Braut halten sollen.

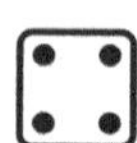 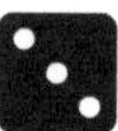

„Undankbares Pack!", zischt sie stolz, macht einen Schritt zur Seite und zeigt hinter sich. Im Halbschatten der Hauswand stehen die gestohlenen Gitarren- und Drumkoffer der Metal Heroes. Wortlos wendet sie sich ab und geht.
„Hey", ruft ihr Dawna hinterher, „wie heißt du eigentlich?" – Keine Reaktion.
„Das könnte sie sein", flüstert Gregori. Brian: „Wer?" – „Die Tussi, die mich überfallen hat ... Ihr Gang ..."
Als hätte sie diese Verdächtigung gehört, wirft sie noch einen finsteren Blick zurück: „Befreit euch vom Geschwür in euren Eingeweiden! Dann erwartet unser Wiedersehen ..."
Um dann endgültig in den Schatten der Nacht zu verschwinden.

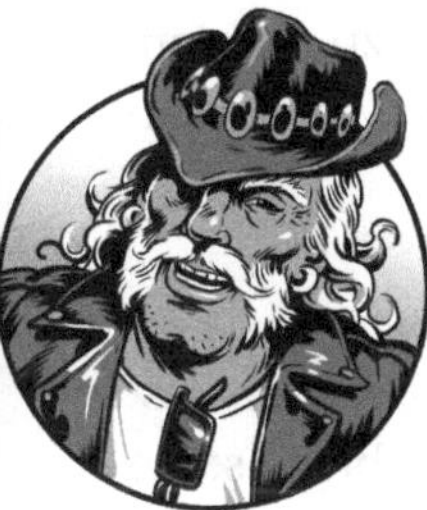

ROCK-GOTT EINMAL AHNUNGSLOS | „Schau mich nicht so an, mein Junge! Mir ist dieses Luder vollkommen unbekannt. Weder weiß ich, wo sie herkommt, noch was sie will. Aber ich spüre, dass sie die Macht hat, uns gehörig einzuheizen."

Joey kontrolliert mit seinen Kollegen das wiedererlangte Diebesgut und nimmt seinen alten Freund Brian zur Seite: „Was hältst du von dieser Braut?"
„Naja, sie ist crazy und verdammt scharf – also ich vertrau' ihr!"

*Ist im Metal-Logbuch unter **Road to Glory** Eintrag **#5** angekreuzt?*

Ja > ***160***
Nein > ***199***

172 Joey legt seinen freundlichsten Ton an den Tag und fragt die Barfrau, ob sich unter den Fundsachen eventuell passendes Material finden ließe.
„Was bist du denn für ein Schöngeist-Spargel? Kleiner Tipp: Wenn du es in diesem Business bringen willst, dann lass dir Eier wachsen!"
Joey bleibt die Spucke weg und überlässt das Feld einem anderen.

Wer soll übernehmen?

Brian > ***188*** | *Paul >* ***178***

173 Am Ende der Session zeigt sich Gregori hellauf begeistert. „Wahnsinn, Leute! Solche Farben habe ich noch nie gesehen."
„Was meinst du damit? Bist du auf Drogen?", fragt Leo überrascht.
Joey erklärt: „Nein, bestimmt nicht! Gregori ist Synästhetiker."
Überraschenderweise hat es Leo gleich kapiert: „Wow, du nimmst Musik also in Farben wahr. Beneidenswert!"
Joey übergibt die Gitarre mit einem Seufzer wieder in Leos Obhut.
*Die **Bandchemie** steigt um 1!*

*Weiter > **142***

174 Der linke Herr, der ältere und beleibtere der beiden, zückt routiniert ein silbernes Kartenetui, bekommt dann jedoch unerwartet Schwierigkeiten den filigranen Verschluss zu öffnen. Plötzlich schnellt der Deckel auf und die Karten regnen - unter allgemeiner Belustigung - zu Boden.

*Dein **Einfluss** sinkt um 1!*

„Während sich mein Kollege noch sortiert", nutzt der Geschäftsmann mit dem gebräunten Teint und kantiger Sonnenbrille seine Chance, „darf ich euch vielleicht meine Karte geben?"
Joey greift beherzt zu und liest:

Ricci Truman
Music Management
Santa Monica, Los Angeles
(555) 512 - 23 - 107

„Metal Heroes - ein guter Bandname!", meint Ricci freundlich. „Er ist einprägsam und treffend. Jetzt bin ich nur gespannt, ob eure Live-Performance genauso beeindruckt wie eure EP."
Verwundert über das profunde Wissen des jung-dynamischen Managers blicken sich die Metal Heroes gegenseitig an. Ja, so hinterlässt man Eindruck!
Auf dem Weg zurück in den Saal holt Ricci deine Jungs noch einmal ein: „Ich gebe euch einen kostenlosen Tipp: Das Publikum heute Abend ist härter drauf! Verzichtet also auf euren klassischen Scheiß. Okay!?"

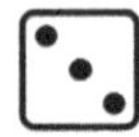 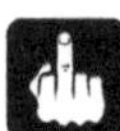

Manager kosten ein Schweinegeld, wissen immer alles besser und sind der Tod jeglicher künstlerischen Freiheit. Und genau deshalb sollten sich die Metal Heroes möglichst bald einen zulegen.

Weiter > ***144***

174½ *(Achtung, dies ist nicht Sektion 174!)*

Du bist sicher, dass Paul sich etwas aus dem Equipmentregal in seine Jacke gesteckt hat. Seine Bandkollegen und Verkäufer Leo haben davon nichts mitbekommen. Der Typ ist für dich wie ein fetter Kratzer auf deiner Lieblingsscheibe. Ätzend.

Lies dort weiter, wo du hergekommen bist (wahrscheinlich bei ***165****).*

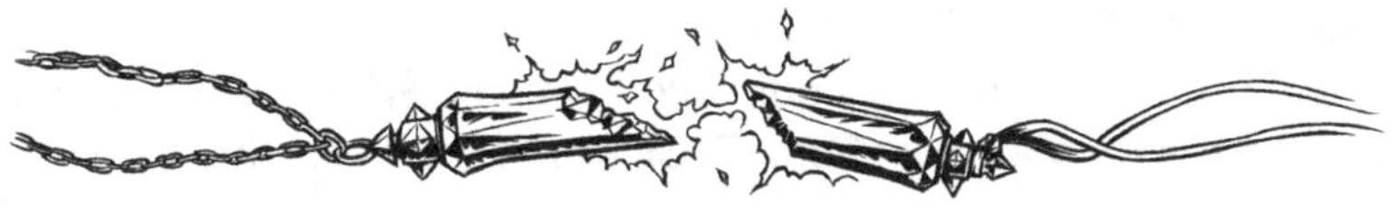

175 Brian muss unweigerlich schmunzeln. Dawna in ihrem süßen Kleidchen zwischen all dem zappelnden Leder-Volk. Egal! Die Metal Heroes legen nach ein paar Takten ihre Nervosität ab. Ein sicheres Zeichen, dass sie für die Bühne geboren wurden!

Ermittle nun den ***Gig-Score*** *für* ***Debut under the Rainbow!*** 190
Checke dazu nacheinander die ***Performance*** *der jeweiligen* ***Leader*** *für alle relevanten Songs.*
Achtung: Sollte es sich um einen Song aus dem Genre ***Death*** *handeln, ist der Check um 1 leichter!*

Wie hoch ist der ***Gig-Score****?*
7 oder höher > ***138***
4 bis 6 > ***197*** | *3 oder weniger >* ***128***

176 Brian tastet die Taschen des Stiernackens ab und findet eine Geldbörse, die er kurzerhand einsteckt. Daraufhin hilft er seinen beiden Bandkollegen auf die Beine und sie hauen ab, bevor der Mann, der soeben ein Fenster zum Hof geöffnet hat, seine Drohung wahrmachen kann, sie allesamt einbuchten zu lassen.

Notiere dir unter Brians Inventar ***Blutrote Geldbörse****.*

Weiter > ***149***

177 Die Band findet tatsächlich das ein oder andere Instrument und kann ihr fehlendes Equipment so aufstocken, dass der Gig machbar scheint.
Die verbleibenden Minuten, bis die rigorose Jacky wieder auftaucht, nutzen die Freunde, um ihre Nasen noch in fremde Habseligkeiten zu stecken. So entdeckt Brian einiges an mehr oder weniger eindeutig getragener Damen-Unterwäsche.
„Natürlich", stellt Paul trocken fest, „unser Muschiexperte hat gleich Fährte aufgenommen."
3
Schließlich fängt Jacky die Heroes wieder ein und überführt sie zum Chef des Rainbows.

*Der **Gig-Score** sinkt um 1!*
*Notiere dir das „schlechte Equipment" als **-1** im **A**-Feld von **„Debut under the Rainbow"** im **Tour-Book** des Metal-Logbuchs.*

Weiter > ***150***

178 „Der Kram aus eurer Grabbelkiste also. Das ist doch bestimmt der letzte Schrott, oder?", mault Paul.
Jacky schnaubt genervt: „Für jemanden, der keinen Scheiß dabei hat und heute Abend sein erstes Konzert in einem der geilsten Schuppen der Stadt geben will, nimmst du das Maul aber ganz schön voll, Freundchen."
„Ja, Mann, was soll das?", regt sich Brian auf, schubst Paul zur Seite und wendet sich mit strahlendem Lächeln an Jacky. „Wenn du uns aushilfst, tu' ich echt alles für dich, My-Bar-Lady!"

*Checke Brians **Presence**!*
Gelungen > ***140*** | *Misslungen >* ***193***

179 Brian verabschiedet sich mit einem Handschlag und lässt die verdutzte Barfrau am Tresen stehen. Dawna, die mit den anderen bereits am Ausgang wartet, beobachtet die Szene konzentriert. Unweigerlich huscht ihr ein Lächeln über die Lippen, als sie Brians reservierte Reaktion sieht. Auch Joey ist perplex, da sein Kumpel normalerweise alles mitnimmt, was nicht bei drei auf den Bäumen ist.

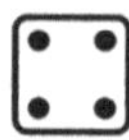
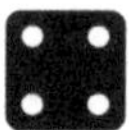

Darauf angesprochen meint Brian lapidar mit einem Lächeln zu Dawna: „Ach, One-Night-Stands kommen und gehen ..."
„... und zwar wortwörtlich", fügt Gregori trocken hinzu und reckt seine Hand zu einem High-Five mit Joey empor.

Male nun im Metal-Logbuch das ***kleinste noch leere Herz*** *über Brians Kopf aus!*

Weiter > ***171***

3

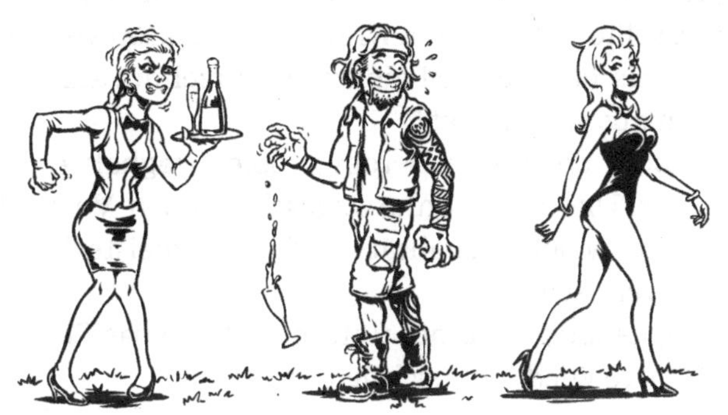

180 Zurück im mittlerweile hell erleuchteten Saal, fragt Dawna in die Runde: „Na, meine Helden, wie war der erste Gig in der Nachbetrachtung?"
„Nun, es flossen Schweiß, Blut und auch ein wenig Durchfall." Gregoris trockener Kommentar hebt die Stimmung und man quatscht noch über den Auftritt.

Musste sich die Band in der Rumpelkammer der Rainbow Bar bedienen, um den Gig durchziehen zu können?

Ja > ***141*** | *Nein >* ***127***

181 Minuten verstreichen und noch immer wartet die Band auf ihren eigenwilligen Bassisten.
„Kommt, Leute", ärgert sich Joey. „Wir gehen besser schon mal rein und fangen an aufzubauen."
„Und was ist, wenn der Klappspaten nicht auftaucht?", schnauft Brian.
Joey wirft sich seine Fender Stratocaster auf den Rücken, packt zwei von Gregoris Koffern und knurrt: „Dann spielen wir halt ohne ihn!"

„Hey, Leute, haltet mal den Rand!“, mahnt Gregori und reckt den Kopf. „Hört ihr das? Ich glaube, Paul ist in Schwierigkeiten.“
Du lenkst deinen Fokus kurz auf den Bassisten der Band und kannst Gregoris phänomenales Gehör nur bewundern – Paul hat offenbar tatsächlich einen guten Grund, nicht pünktlich zu sein ...

Weiter > ***146***

182 „In Ordnung, Joey. Bitte behandle sie mit Vorsicht! Ich bin Geschichte, sollte auch nur ein Kratzer die Jackson verunstalten!“
„Ist schon krass, dass das Teil mehrere Jahrzehnte auf dem Buckel hat. Sie sieht aus wie geleckt.“
Der Bandleader der Metal Heroes probiert zaghaft einige Griffe und Riffs aus. Und selbst ohne angeschlossenen Verstärker lässt sich erahnen, welche Qualität in diesem meisterlichen Stück Musikhandwerk steckt.
„Okay, Joey, genug geträumt“, unterbricht Leo das Geplänkel und stellt die Gitarre wieder vorsichtig zurück.

Weiter > ***191***

183 Brian bemerkt als Erster, dass Dawna im Publikum ist und sich das Mini-Konzert der Metal Heroes reinzieht! Freudestrahlend winkt sie ihren Freunden zu, wirft Brian einen Luftkuss zu. Oder galt der Kuss etwa Paul, der gerade sein Solo abliefert? Nur mit Mühe kann sie gegen die wilden Typen um sie herum bestehen.

*Der **Gig-Score** sinkt um 1!*
*Notiere dir diese „Reizende Ablenkung“ als **-1** im **B**-Feld von **„Debut under the Rainbow“** im **Tour-Book** des Metal-Logbuchs.*

Weiter > ***175***

184 „Wenn ich den Wichser erwische, der unseren Kram geklaut hat“, regt sich Joey schon wieder über die letzte Stunde auf und legt seine Kreditkarte auf den Tresen.
*(Für diesen Klecker-Betrag musst du übrigens keinen Geldschein hinter Joeys **Kreditkarte** abstreichen ...)*

Weiter > ***195***

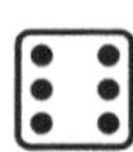 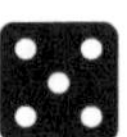

185 Brian und Joey halten sich wacker gegen die beiden finsteren Gestalten, die augenscheinlich regelmäßig in solch argumentationsarmen Auseinandersetzungen auftrumpfen. Kaum verwunderlich, dass Joey sich wenig später in einem großen Haufen schwarzer Müllbeutel wiederfindet.
Der hallende Krawall bleibt nicht unbemerkt. Im ersten Stock des angeschlossenen Wohnhauses geht ein Fenster auf und ein Mann mit hochrotem Mondgesicht brüllt in den Hinterhof: „Heute muss mein Glückstag sein! Endlich darf ich wieder ein paar bescheuerte Punks abknallen ... Sagt, Punks, ist heute mein Glückstag?"
Der aufgebrachte Anwohner scheint zwar keine Waffe im Anschlag zu haben, aber in den Staaten sollte man solch eine Drohung nicht auf die leichte Schulter nehmen. So sehen das auch die beiden Schläger und türmen in eine der Seitengassen zwischen den Häusern.
Gezeichnet von der Auseinandersetzung mit diesen schrägen Typen, humpeln Joey, Brian und Paul zurück zum Rainbow.

3

***Joey** und **Brian** erleiden ab sofort einen Abzug von -1 auf **alle Checks**! (Vermerke dies, indem du bei ihnen das -Symbol im Metal-Logbuch markierst.)*
*Dieser Abzug hat übrigens keine Auswirkungen auf den **Ego**-Wert. Dir wird mitgeteilt, wenn du diese Nachteile wieder streichen darfst.*

Weiter > **149**

186 Joey verweilt ehrfürchtig, als ihnen DevilDriver hinter der Bühne begegnen. „Super Set, Leute!"
„Danke, Mann! Mal sehen, was ihr so drauf habt", gibt der vollkommen klatschnassgeschwitzte Dez den Zeigefinger. „Gebt Vollgas!"

*Notiere dir unter **Road to Glory** im Metal-Logbuch, Eintrag **#5**, dass die Band ihre erste **Band-Freundschaft (I)** geschlossen hat, indem du dort ein ✖ im Kreis machst.*

*Besitzt Brian ein **Wish List Plektrum** oder Gregori ein **Wish List Schweißband**?*

Yes, Sir! > **148**
Nope > **190**

187 Breitbeinig stehst du da. Die Klöten eingepfercht in hautenge Leopardenleggins. Ein tolles Bild. Okay, nicht direkt von dir, sondern von Poison-Frontmann Bret Michaels*.
Es muss irgendwann 1992 gewesen sein. Da waren Shock Rock und Glam eigentlich schon lange durch und die Sleaze-Rocker und Grunge-Jünger hatten die Stadt umgekrempelt. Doch die Altstars konnten eben nicht aus ihrer Haut. Sie bedienten weiterhin das Klischee und ihre Fans.

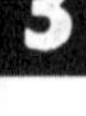

Du hast dich damals geschickt neben dem Blonden mit dem Cowboyhut auf das Foto geschmuggelt. Und für alle Interessierte sichtbar: Ihr seid beide Linksträger!
Du schwelgst noch ein wenig in den schrillen Erinnerungen des Glam Metal: Toupierte Haare, grelles Make-up, hautenge Leggins. Die Mucke war zweitrangig – du wolltest nur die Ladys abgreifen! Okay, die frühen Mötley Crüe, Twisted Sister oder Skid Row – alle haben sie bomben Musik gemacht ... aber so viele Drogen hättest du dir gar nicht reinziehen können, um freiwillig bis zum Ende des Glams dabeigeblieben zu sein.
Schnell schüttelst du die bunten Bilder aus dem Kopf und folgst deinen Schützlingen ins Herz der Rainbow Bar.

Weiter > **152**

188 „Hallo, Bar-Lady! Bevor wir hier loslegen, wollte ich dir nur mitteilen, dass ich Gott zwischen meinen Beinen habe."
Die angesprochene Barfrau unterdrückt einen Mitleidslacher und lehnt sich provokant nach vorn, so dass die Blicke der Jungs unwillkürlich in die Tiefen ihres Dekolletés fallen.
Sie ergreift Brians Ohrläppchen und zieht ihn zu sich über den Tresen: „Sperr mal deine Lauscher auf, du kleiner Lümmel. Wenn ich dich haben wollte, dann würde ich dich einfach mit nach Hause nehmen, mir dein Schwänzchen einverleiben und die Überreste am nächsten Morgen im Klo entsorgen."
Brian bleibt trotz dieser derben Abfuhr in der Spur und grinst breit: „Also, ich wär' dabei!"

Weiter > **140**

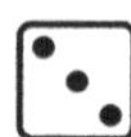
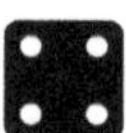

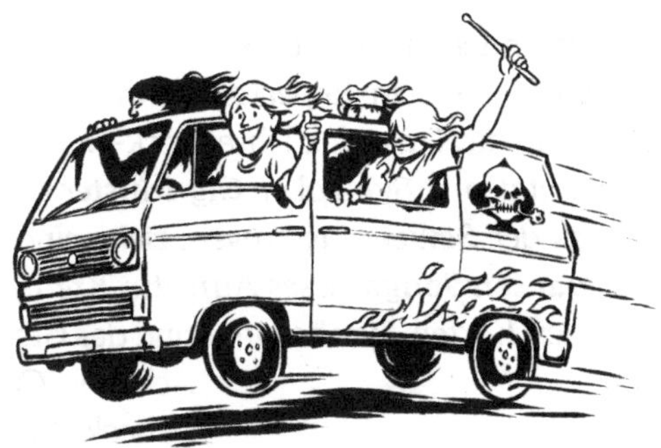

189 „Ist das nicht deine Mobile-Nummer, Paul?", will Joey wissen und tippt auf eine Zahlen-Kritzelei auf dem Geldschein. „Kannst du uns verraten, wie die zwischen all die Präsidenten dieses Geldbeutels kommt?"

Pauls Denkpause ist verräterisch. Dann steckt er die Asche ein und meint aggressiv: „Mann, die Typen haben mich abgezogen. Das ist meine Knete. Ihr wart doch dabei!"

Kollektives Unwohlsein macht sich unter den restlichen Bandmitgliedern breit. Diese Erklärung war ebenso fadenscheinig wie schlecht gespielt.

*Die **Bandchemie** sinkt um 1!*

*Weiter > **180***

190 Mit weichen Knien schleicht Joey auf die Bühne, hebt die Hand schützend vors Gesicht. Im grellen Scheinwerferlicht schaut er sich um, wartet, bis seine Kollegen ihre Positionen eingenommen haben. Mann, auch du bist richtig aufgeregt!

„Hi, Leute ... wir sind die ...", beginnt der Schlacks seine dünne Begrüßung und klopft, zum Test, ob man ihn überhaupt hören kann, auf das Mikrofon. Das Resultat ist eine kreischende Rückkopplung, die den Bandnamen verschluckt.

Das vereinzelte, aufmunternde Klatschen wird schnell von einem gellenden Pfeifkonzert überdeckt. Einer schreit: „Ihr Helden wollt Metal sein? Ihr seid noch nicht mal Legierung!" Lautes Gelächter. Nein, wohlgesonnen ist der Club den Metal Heroes nicht.

★) ROCK ICON: Bret Michaels
US-amerikanischer Sänger, Schauspieler, Regisseur, Drehbuchautor und Produzent. Wurde als Sänger der Glam-Metal-Band Poison bekannt.

Setlist Debut under the Rainbow

*Wähle nun **5 Songs** aus dem **Repertoire** und bestimme damit die **Setlist** für diesen Auftritt. Trage dazu ihre Track-Nummern in die vorgesehenen Felder mit dem #-Symbol im **Gig-Muster** gegenüber ein. Hast du alle Songs der **Setlist** eingetragen, ziehe eine Karte! Sie bestimmt die **2 relevanten Songs** dieses Auftritts. Kreuze den **Pfeil** mit dem entsprechenden Karten-Symbol am Rand des **Gig-Musters** an.*

Achtung, Gig-Challenge ...
Checke Brians **Presence**!
Gelungen > **131**
Misslungen > **183**

3

METAL-GOTT ERKLÄRUNG: Gig-Challenges

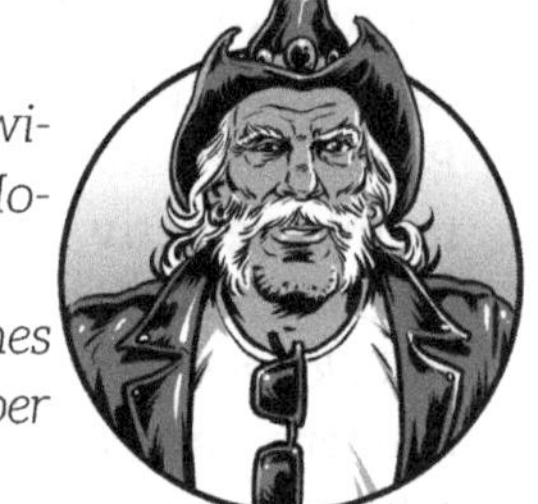

„Bei vielen Gigs kommt es zu unvorhersehbaren Zwischenfällen auf der Bühne. In solchen speziellen Momenten muss die Band spontan reagieren können! So eine Gig-Challenge ist das Salz in der Suppe eines Live-Auftritts und kann die Stimmung positiv aber auch negativ beeinflussen."

191 Joey wendet sich wieder dem Verkäufer Leo zu: „Du spielst also auch Bass?"

„Schon, aber ich spiele beides recht ambitioniert. Also sowohl Bass als auch Gitarre. Meine wahre Leidenschaft ist allerdings der Bass. Aus diesem Instrument Klänge herauszukitzeln wie sonst kein anderer, das ist für mich das Größte."

„Einen solch begeisterten Bassisten trifft man nicht alle Tage!", meint Brian spitz.

Paul bleibt betont lässig: „Hey, Freunde, falls ihr es schon vergessen habt, wir haben in einer knappen Stunde einen Auftritt und immer noch kein scheiß Equipment."

Leo unterbreitet den Metal Heroes ein Angebot. Er könnte ihnen entweder Gebrauchtware leihen oder verscherbeln. Neuware so auf die Schnelle anzupas-

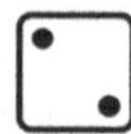

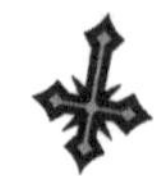

Gig-Muster

DEBUT UNDER THE RAINBOW

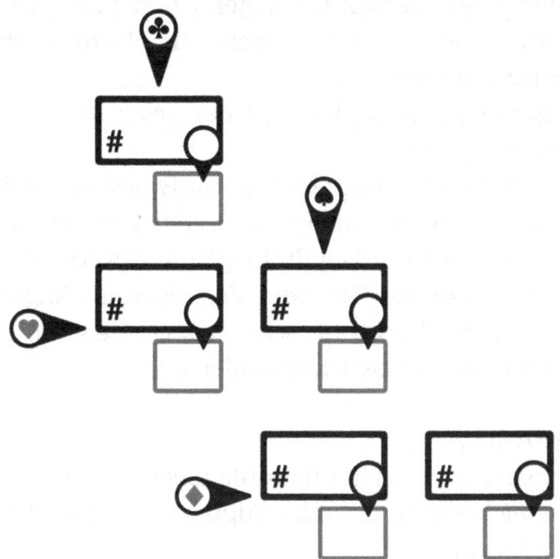

sen und mit ruhigem Gewissen zu verkaufen, wäre allerdings keine gute Idee, meint der Ladenmitarbeiter aufrichtig.
Alles würde er natürlich zu einem fairen Preis machen.

Was darf es sein?
Ausleihware > ***163***
Gebrauchtes > ***137***

192 „Ricci ist geblieben, um mit euch über eure Zukunft zu sprechen", eröffnet der Boss den Metal Heroes.
Der Manager klopft sich eine Filterlose aus der Schachtel und genehmigt sich einen tiefen Zug. „Ich will gar nicht wissen, wie gut ihr gewesen wärt", kratzt er hervor, „hättet ihr mit eurem richtigen Equipment spielen können. Respekt!"

Er macht einen gut informierten Eindruck auf dich. Wenn der heute zufällig im Bow war, frisst du einen Besen.
Dann spricht der junge Manager Joey aus der Seele und das Eis ist gebrochen: „Nun, Material habt ihr sicher schon genug. Ihr müsst rausgehen, zeigen, was ihr könnt, Nacht für Nacht, euch dabei ständig verbessern – darum geht's!"
Der Rainbow-Boss legt nach: „Ricci ist der beste Mann für eine Einsteiger-Truppe wie ihr!"
Joey überlegt kurz, nimmt Blickkontakt zu Brian auf und reicht Ricci die Hand, um das Abkommen zu besiegeln. Der Manager zeigt sich überrascht: „Hoppla! Mit Handschlägen und Versprechungen und insbesondere Unterschriften oder Verträgen im Allgemeinen sollte man in diesem Business ganz schön vorsichtig sein!"
Oh ja, davon kannst du ein Liedchen trällern!

⏩ FAST FORWARD
Zwei Monate später ist Ricci Truman Manager der Metal Heroes.
Mache dies kenntlich, indem du unter ***Supporter*** *im Metal-Logbuch seinen Namen ankreuzt.*
Erfahre mehr zum Thema im Abschnitt ***„Supporter" (R13)*** *der Regeln.*

Weiter > ***169***

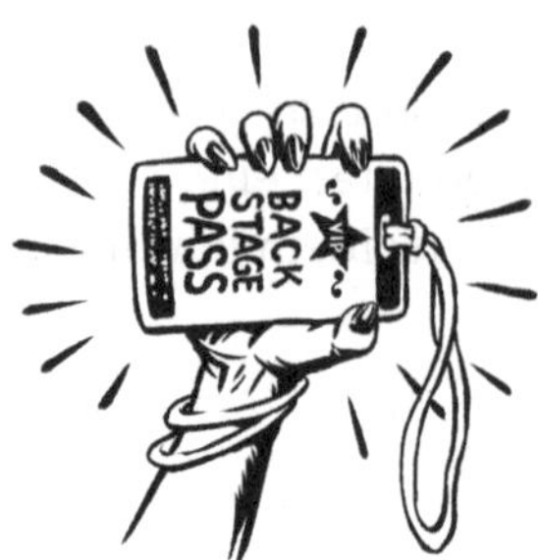

193 Das war's! Es sich mit der Barfrau Jacky zu verscherzen, war nicht clever. Der Abend in der Rainbow Bar endet, bevor er überhaupt begonnen hat. Die Metal Heroes müssen ihre Chance auf ihren ersten großen Gig begraben. Das Schicksal hat ihnen übel

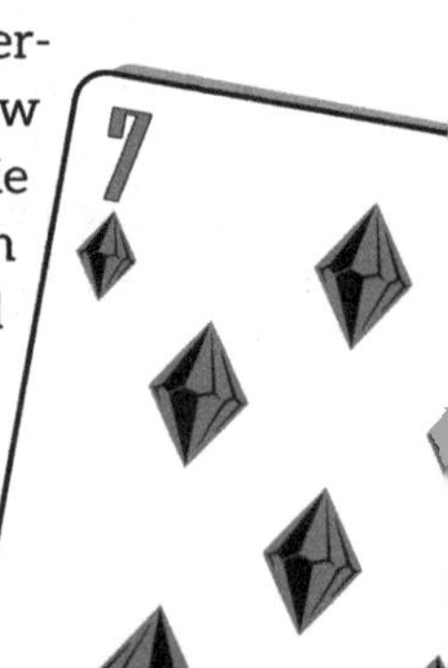

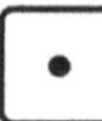 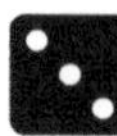

mitgespielt - auch wenn du das Gefühl nicht loswirst, das Ganze war ein abgekartetes Spiel.
Somit sind alle Ambitionen der Band im Keim erstickt. Dein göttlicher Körper löst sich langsam auf, steigt empor und verwirbelt zwischen den Deckenventilatoren. Ende der Veranstaltung!

*POWER OFF! (Repeat > **143**)*

194 Als sich beide Bands hinter der Bühne begegnen, klatscht Brian den Gitarren-Kollegen Mike Spreitzer ab.
Doch sein Kommentar „Drogenhunde am Strand? Cooler Text!" bleibt von den DevilDriver-Jungs unkommentiert.

*Besitzt Brian ein **Wish List Plektrum**?*
*Yes, Sir! > **148** | Nope > **190***

195 „Das Wish List dankt für Ihren Einkauf", entfährt es Leo robotergleich, als er die Schublade der Kasse schließt, und fügt ironisch hinzu: „Als kleines Dankeschön für Ihre Treue erhalten Sie noch dieses Geschenk."

*Notiere dir unter Gregoris Inventar ein **Wish List Schweißband**.*

„Mir kommt gerade eine Idee, Leute. Wenn ich die Kasse fertiggemacht und abgeschlossen habe, komme ich gerne zu eurem Gig ins Bow."
„Hey, unser erster Fan, der freiwillig kommt und nicht unsere Gene in sich trägt."
„Na, ich will mir diese legendäre Chance, dem ersten großen Gig der Metal Heroes beizuwohnen, doch nicht entgehen lassen."
„Du, Leo", beginnt Gregori überraschend eine Frage, „laberst du eigentlich immer so professormäßig daher?"
„Äh, naja", stammelt Leo, „meine Eltern haben mir als kleines Kind eine akademische Ausbildung und Sprachschulung angedeihen lassen. Ich kann wohl nicht anders."
Nach einer kurzen Verabschiedung sind die Metal Heroes wieder auf dem Weg zurück zur Rainbow Bar.

*Weiter > **135***

3

196 Aus! Ende! In einem letzten Wutausbruch zertrümmert Brian - vor den Augen seiner Bandkollegen - seine altehrwürdige Gibson Explorer Rusty und reist ohne weiteres Wort nach Los Angeles zurück.
So musste es ja kommen mit dem hitzköpfigen und bindungsscheuen Leadgitarristen. Brian war nie wirklich geeignet, ein Superstar zu werden. Er ist und bleibt ein auf Krawall gebürstetes Kind, das sich viel zu sehr auf den einzigen Freund verlassen hat, sowie wahre Liebe und Hingabe weder erkannte noch zulassen konnte.

POWER OFF!

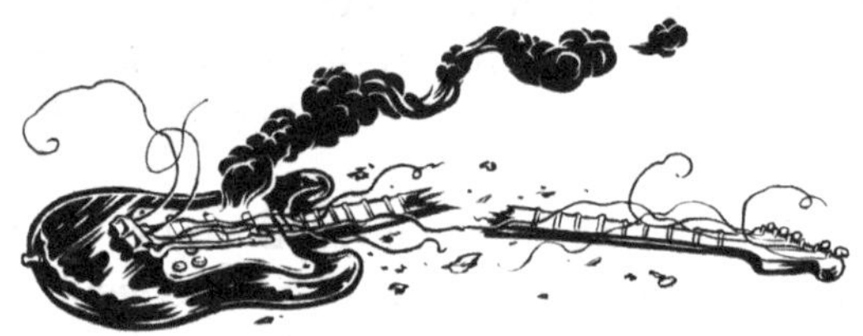

197 Am Ende des Auftritts bist zu happy mit der Performance deiner Schützlinge. Joey, Brian und Gregori haben alles gegeben. Paul war einmal mehr das Gerinnsel im kräftig schlagenden Herzen der Band.
Die Besucher der Rainbow Bar waren zufrieden und der Name der Metal Heroes wird in den nächsten Tagen sicher in der Szene die Runde machen.
Die ***Fanbase*** *steigt um 1!*

Wie hoch ist die ***Fanbase*** *der Metal Heroes derzeit?*

2 oder höher > ***170***

Geringer > ***166***

198 Man merkt schon, dass Joey und Brian seit Kindesalter durch dick und dünn gegangen sind. Gekonnt halten sie sich gegenseitig den Rücken frei und setzen ein paar platzierte Leberhaken und Tritte in die Weichteile. Nach wenigen Sekunden sinken die beiden Namenlosen stöhnend zu Boden.

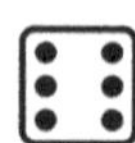 

Brian will noch nachtreten, da greift ihm Joey im letzten Moment in den Arm.

Die Jungs davon abhalten, die Typen abzuziehen > ***149***
Ist mir egal! > ***176***

199 Motiviert von ihrem ersten großen Auftritt in der Szene-Location wollen sich die Metal Heroes in den kommenden Wochen richtig dahinter klemmen.
„Wir werden solange proben, bis die Saiten und Felle reißen!", gibt Brian die Richtung vor.

Streiche zudem folgende Gegenstände vom Inventar der Metal Heroes, sollten sie noch in ihrem Besitz sein:
- ***Blutrote Geldbörse***
- ***total Unbekanntes***

Hat Gregori gar einen Gegenstand mit der Bezeichnung ???, dann ziehe nun eine Karte, um zu bestimmen, um was es sich handelt!

♣ > ***Fetter Silberring***
♥ > ***Heißes Spitzenhöschen***
♦ > ***Hölzernes Pillendöschen***
♠ > ***Mysteriöses Notizbuch***

Du darfst hier einen Punkt **Einfluss** *einsetzen, um frei die Farbe wählen zu dürfen (wie übrigens bei* **allen** *Karten-Entscheidungen)! So oder so, ersetze nun Gregoris Inventar-Eintrag ??? durch den ermittelten Gegenstand.*

Hatten **Joey** *und* **Brian** *einen Abzug auf alle Checks hinnehmen müssen, so sind diese Nachteile nun wieder aufgehoben. In diesem Fall streiche das* ◯*-Symbol im Metal-Logbuch.*

Yeah, dies ist das Ende von Track 3!
Mach weiter bei **200** *mit* **Track 4: „Fool's Out!"**.

TRACK 4

FOOL'S OUT!

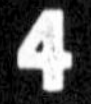

REGEL-HINWEIS | *Stillgestanden, Gott-Rekrut! Ha, kleiner Scherz. Es geht mal wieder um Regeln. Tja, die Geißel des Rock-Pantheons, das kann ich dir sagen! Diesmal geht's um die ... Moment, das muss ich ablesen ... „Bonus-Symbole der Song-Felder eines Gig-Musters". Hm, okay ... Ich hab' zwar keinen Dunst, aber der Abschnitt* ***R19*** *der Regeln sollte Licht ins Dunkel bringen, hoffe ich.*

200 Meterhoch schlägt das Feuer gen Nachthimmel. Funken tanzen empor und vergehen weit über dir vor den Sternen. Dutzende Untote, Monster und seit Ewigkeiten verstorbene Stars klatschen, singen und erfreuen sich der Flammen. Besonders du, dem schon lange kein wärmendes Blut mehr durch die Adern fließt, spürst die Hitze der Glut, die auf deinen Astralkörper ausstrahlt.
Du befindest dich auf einem gut besuchten Halloween-Fest außerhalb der Stadt, wie die fantasievollen Verkleidungen und die zahllosen Deko-Kürbisse mit ihren Grusel-Fratzen verraten.
Wieder müssen Monate seit der letzten Wachphase vergangen sein. Binnen weniger Sekunden manifestiert sich ein Update über das Erlebte deiner Schützlinge in deinem gottgleichen Hirn: Die Jungs haben sich trotz aller Widrigkeiten und inneren Querelen neue Songs auf den Kasten geschafft.
Zudem konnten sie dank ihres Managers einige erfolgreiche Gigs in den Clubs und kleineren Hallen der Stadt spielen. Dennoch: Der ganz große Durchbruch ist ihnen noch immer nicht gelungen. Ein enormer Frust ist in Begriff sich anzustauen und du ahnst, an wem das wohl liegen könnte ...

Checke Joeys ***Presence!***
Gelungen > ***245***
Misslungen > ***231***

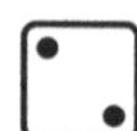 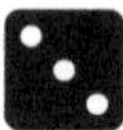

201 Und so kreuzen sich erneut Joeys und Leonardos Wege! Etliche Monate sind vergangen, als der sanfte Riese philippinischer Abstammung den Metal Heroes half, ihr gestohlenes Equipment zu ersetzen, und ihnen ermöglichte, den wichtigen Gig in der Rainbow Bar durchzuziehen. Jetzt sitzt er hier und spielt eine kleine Session für alle, die Gefallen daran finden, ihm zuzuhören.
Kaum sind die letzten Akkorde seines selbst komponierten Lovesongs verklungen, gibt es herzlichen Applaus. Also nicht nur bei dir ist das Stück angekommen.
Joey geht vor und wirft – wie viele andere – ein paar Dollar in den offenen Gitarrenkoffer: „Krasse Performance, Leo. Respekt!"
Leos Freude ist groß, als er Joey nach kurzem Auf-die-Sprünge-Helfen erkennt. Sofort beginnt ein heiteres Gespräch über das Halloween-Fest, Leos Auftritt, Musik im Allgemeinen und die Metal Heroes. Man versteht sich auf Anhieb.

*Der **Gig-Score** steigt um 1!*
*Notiere dir diese „Gute Chemie" als einen Bonus von +1 im **A**-Feld von **„Halloween on Fire"** im **Tour-Book** des Metal-Logbuchs.*

Weiter > ***242***

202 Die Wahrsagerin zeigt ihre braunen Zähne und ergreift sogleich Brians Hand. „Oh, ja! Schön ...", krächzt sie erregt. „Aber es könnte etwas weh tun ..."
Er will gerade fragen, was denn bitteschön am Handlesen wehtun könne, als die Alte blitzartig einen Dolch aus ihrem Mantel zückt und damit Brians Handfläche ritzt.
„Sind sie wahnsinnig?!", schreit er überrascht auf, doch Madame Virgo fixiert sein Handgelenk mit verblüffender Kraft und verschmiert das hervorgetretene Blut mit dem Nagel des kleinen Fingers zu einem Runensymbol.
„Du wirst bald, sehr bald, einer Frau begegnen. Einer jungen Frau. Bildhübsch. Sie hat Herz. Doch ihr Weg führt dich in den Abgrund!"
„Cool. Ich weiß, wer es ist", ruft Brian und klopft seinem genervten Bandkollegen aufs Knie.

4

„Das ist schön für euch, dann wisst ihr mehr als ich“, kommentiert die Wahrsagerin. Unterkühlt fordert sie 30 Dollar.
Begeistert legt Brian die Kohle auf den Tisch und verlässt mit seinem Freund wieder das Zelt. Der Drummer schüttelt bloß seinen zotteligen Schopf: „Ich sag's doch: Nepp für Deppen!“

Weiter > ***244***

203 „Dieser Geist zieht umher. Aber er ist nicht ziellos. Es gibt Mächte, die ihn treiben, Mächte, die ihn sich einverleiben wollen“, wahrsagt Madame Virgo mit düsterer Stimme. Du musst gestehen,
4 die runzelige Wahrsagerin geht dir unter die Haut.
*Dein **Einfluss** sinkt um 1!*

Weiter > ***213***

204 Wenn du es nicht besser wüsstest, könntest du annehmen, die Lederlady hätte bemerkt, dass du sie beobachtest. Immer wieder sucht sie größere Menschenmassen auf, geht durch Zelte hindurch, nutzt jeden Schatten, der sich ihr bietet. Dann hat sie dich tatsächlich abgehängt und es gelingt dir nicht, eine mentale Brücke zu ihr herzustellen. Es scheint, als sei sie für deine Sinne nicht mehr existent. Grandios, dieses Weib!

Weiter > ***246***

205 Es vergehen einige Minuten, bis es dir endlich gelingt, die ungleichen Freunde im Getümmel des Volksfests ausfindig zu machen. Brian hilft Gregori, sich den Weg durch die Massen zu bahnen. Gelegentlich geht's dabei ein wenig ruppig zu und es kommt zu Rempeleien und Wortgefechten, die aber sofort verebben, nachdem klar wird, dass Gregori blind ist.
Beide machen regen Gebrauch von den Fahrgeschäften und den Schlemmereien, die die Stände feilbieten. Eine Kombination, die schiefgehen musste. Nach der x-ten Karussellfahrt und einem halben Dutzend Hotdogs rebelliert Gregoris Sammelorgan und er verschwindet hinter eines der Zelte, um den Druck von den Rohren zu nehmen.

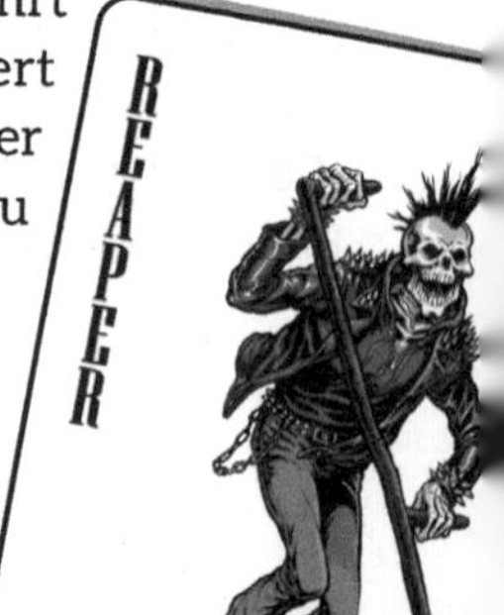

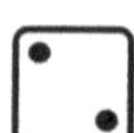 

Brian wartet derweil am Rande des Besucherstroms und blafft einen Neugierigen an: „Noch nie einen Blinden kotzen sehen?" Bevor der Drummer die letzten Brocken herauspumpen konnte, taucht eure geschätzte blonde Bekanntschaft auf! Sie geht geradewegs auf Brian zu und tippt ihm hinterrücks auf die Schulter.
„Na, Kleiner, willst du deine Zukunft erfahren?"
„Hey, hey! Offensive Werbestrategie", antwortet Brian cool, bis er erkennt, wer vor ihm steht. „Du schon wieder? Sag mal, stehst du auf mich?"
Aufreizend schreitet die Frau weiter und lockt ein letztes Mal selbstsicher: „Bis gleich ..."
Brian und du verfolgen jeden ihrer Schritte bis zu einem dunkelblauen Zelt. Bevor sie darin verschwindet, wirft sie noch einmal einen Blick zurück, als wolle sie sicherstellen, dass sie gesehen wurde.

Weiter > ***238***

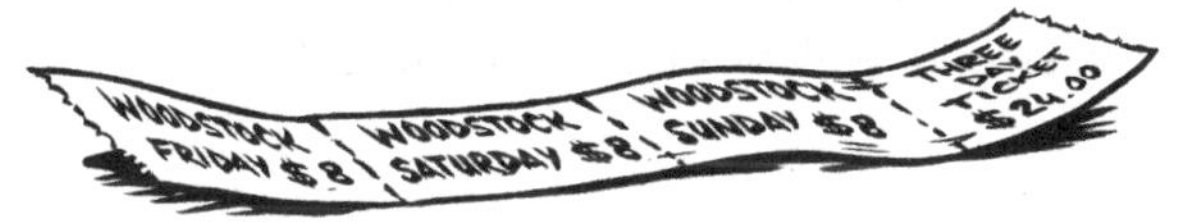

206 Du spürst, dass Joey weitreichende Gedanken bewegen. In ihm keimen Erkenntnisse. Über sich und seine Kameraden – seine Rolle als Anführer in dieser Band. Eine neue Facette seiner Persönlichkeit erstrahlt!

*Dein **Einfluss** sinkt um 1!*
*Dafür hake nun unter Joeys Eigenschaften im Metal-Logbuch das **Special**-Symbol ab! Es steht für sein bemerkenswertes Talent als **eloquenter Anführer**, der selbst in kniffligen Situationen einen kühlen Kopf bewahrt.*
Joeys Special kommt allerdings nur dann zur Anwendung, wenn dies explizit im Text erwähnt wird.
*Wenn du mehr zum Thema erfahren möchtest, dann lies dir den Abschnitt **„Specials – Verborgene Talente der Metal Heroes" (R10)** der Regeln durch.*

Weiter > ***211***

207 Leo hat sich wieder beruhigt und versucht es mit einer erneuten Begrüßung. Gregori heißt den Neuen willkommen. „Jetzt durftest du erleben, was Bassisten der Metal Heroes blüht, sollten sie sich nicht unterwerfen!“

Brian und Gregori sind immer noch überrascht über Joeys knallharte Vorgehensweise, nicht aber deren Notwendigkeit. Jeder wollte Paul rausschmeißen, doch keiner konnte es durchziehen. Letztendlich war es konsequent und eines Bandleaders würdig, diese Entscheidung im Alleingang zu fällen.

*Ist im Metal-Logbuch unter **Road to Glory** Eintrag **#3a** angekreuzt?*

Yeah! > ***241***

Nay > ***249***

208 Brian erwacht aus seiner geistigen Umnachtung, torkelt einige Schritte zurück und fällt Gregori direkt vor die Füße. Der glaubt zu wissen, was abgeht: „Geil! Katzenraufen um dich, Brian!“ Gregori hilft seinem Freund wieder auf die Beine. „Du musst mir unbedingt verraten, welches Deo du benutzt.“

Weiter > ***224***

209 „Der Geist ist traurig, aber entschlossen. Sein Tod kam plötzlich. Er hat sein Schicksal noch nicht akzeptiert“, flüstert Madame Virgo nebulös.

Weiter > ***213***

210 Nervös streifst du umher. Noch immer suchst du die Jungs, denn hier und heute liegt etwas in der Luft. Deine göttlichen Sinne haben sich mittlerweile recht verlässlich auf solch zukunftsweisende Momente eingegroovt und es ist sicher kein Zufall, dass du ausgerechnet hier erwacht bist.

Schließlich entdeckst du den Grund: Es ist einmal mehr die groß gewachsene Blondine im engen Lederoutfit! Während sie über das Volksfest flaniert, zieht sie – gewollt oder ungewollt – die lüsternen männlichen sowie die neidvollen weiblichen Blicke auf sich. Alle sind fasziniert von dieser explosiven Mischung aus Egozentrik,

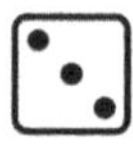

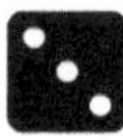

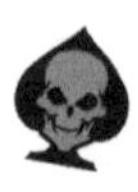

Eleganz und Eitelkeit. Einige sind mutig und machen Schnappschüsse von ihr und ärgern sich anschließend über die unscharfe Aufnahme oder den urplötzlich entleerten Akku.
Es kommt dir so vor, es wäre erst gestern gewesen, als ihr der Drama-Queen auf dem Sunset vorm Rainbow begegnet seid. Ist ihr jetziges Auftauchen nur eine schlechte Laune des Schicksals oder führt sie gar etwas im Schilde?

Was willst du nun tun?
Sie in Ruhe lassen > ***246***
Die mysteriöse Unbekannte beschatten > ***204***

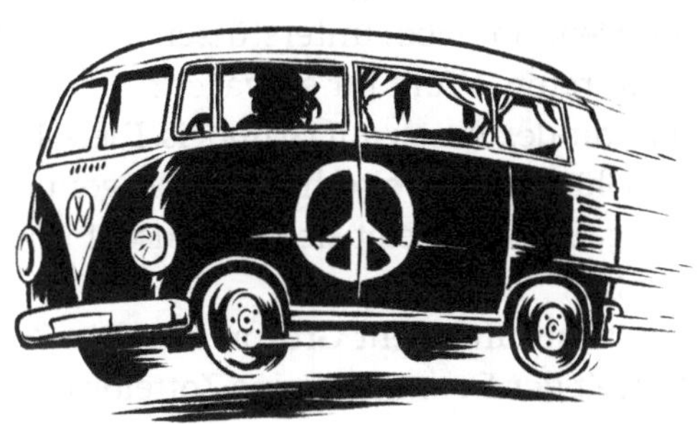

211 Entschlossen steht Joey auf, atmet befreit aus und ruft: „Hey, Gott des Rock, sag an, soll ich Paul aus der Band schmeißen?" Kaum hat der Junge seine Frage über das glitzernde Wasser des Sees gerufen, erfasst dich ein stechendes Gefühl in der Brust. Dein Herz beginnt wieder zu schlagen! So hast du dir zu Lebzeiten einen Herzinfarkt vorgestellt – nur umgekehrt.
Du sinkst zu Boden, kämpfst gegen den Schmerz und bemerkst schockiert, dass sich die Schemen deiner Erscheinung erneut als menschlicher Körper aus Haut und Haaren materialisieren. Verdammte Axt – Joeys Frage, direkt an deine Göttlichkeit gerichtet – hat dich zurückgeholt!

Was willst du tun?
Versuchen, rechtzeitig das Weite zu suchen, bevor ich wieder komplett körperlich bin > ***216***
Diese einmalige Gelegenheit nutzen, um mit Joey in Kontakt zu treten > ***220***

212 Während die Zuschauer Joey ihren ehrlichen Jubel zuteilwerden lassen, nickt Leo anerkennend: „Nette Songs, Joey. Du hast eine bemerkenswert klare und zugleich umfangreiche Stimme. Beneidenswert."

*Die Band erhält **2 Song-Punkte**!*
*Spare sie, um am Ende des Kapitels Songs freigeschalteter Genres im **Repertoire** zu aktivieren.*

Weiter > ***237***

213 Die alte Wahrsagerin legt die Stirn in ernste Falten: „Ich könnte euch als Medium dabei unterstützen, mit eurem Begleiter in Verbindung zu treten. Wollt ihr es wagen?"
Mittlerweile geht dir der Arsch auf Grundeis. Diese Madame Virgo ist echt strange. Glücklicherweise hat Gregori genug und wendet sich zum Ausgang. Die Alte zeigt sich enttäuscht und fügt lapidar an: „Macht 20 Dollar."
Der Leadgitarrist zahlt und zieht Gregori aus dem Zelt. „Was hab' ich gesagt", schüttelt der Drummer seine Zottelbirne. „Alles Nepp!"

Weiter > ***244***

214 Brian geleitet Paul ans Tor und drückt den Taster für die Garagentorautomatik. Langsam gleiten die Lamellen nach oben und es zeigen sich zunächst schwere Bikerboots, eine abgewetzte Hose aus schwarzem Leder, in der sich kräftige Beine abzeichnen, gefolgt von einem hautengen Muscle-Shirt, inklusive Six-Pack, sowie einem über die breiten Schultern geworfenen, ein wenig mitgenommenen E-Bass. Leo! Der stille Verkäufer aus dem Wish List ist tatsächlich Joeys Einladung nachgekommen.
Freundlich sagt der philippinische Riese „Guten Tag allerseits", checkt aber gleich, dass dicke Luft herrscht, und hält den Rand.
Im Vorbeigehen rempelt Paul den Neuankömmling mit der Schulter an und höhnt: „Viel Glück mit diesen Spacken, Schlitzauge!"

*Checke nun Leos **Power**!*
Gelungen > ***239*** | *Misslungen >* ***219***

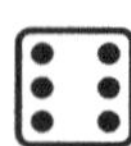
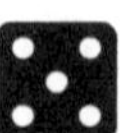
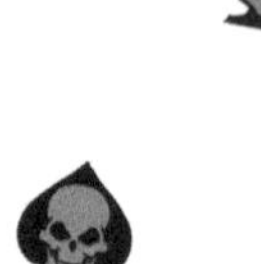

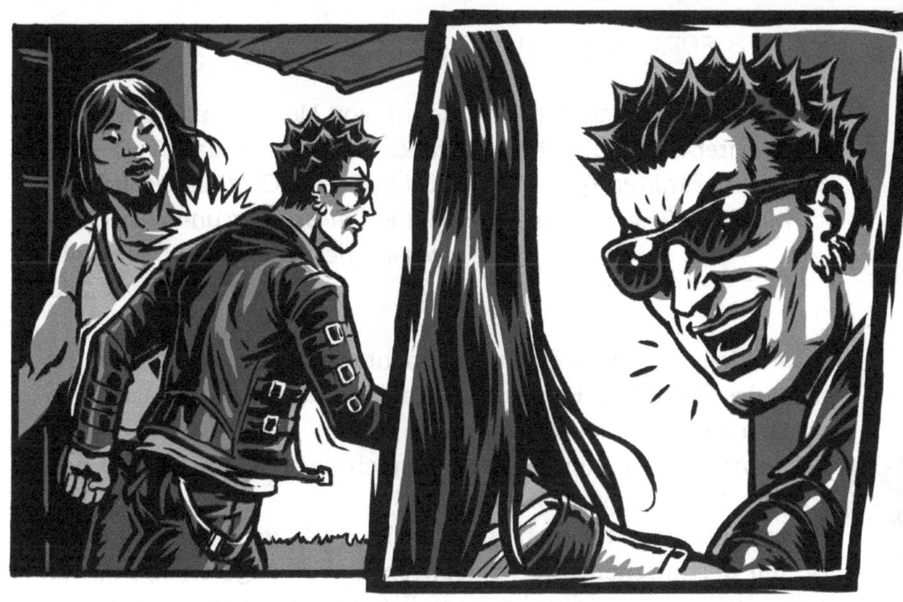

214 *Im Vorbeigehen rempelt Paul den Neuankömmling mit der Schulter an und höhnt: „Viel Glück mit diesen Spacken, Schlitzauge!"*

215 Joey glaubt dir in diesem Moment zwar kein Wort deiner Geschichte; der Aufgabe, die dir auferlegt wurde, die Metal Heroes zum größten Act des Planeten aufzubauen, und von der Macht als Rock-Gott-Vertreter. Doch es ist dir nachhaltig gelungen, in ihm das Wissen und das Gespür für all deine zukünftigen Aktionen zu schärfen. Somit sind alle weiteren Planungen hinfällig, da von Joeys Unsicherheit seine freien Entscheidungen und letztendlich sein Schicksal torpediert werden.

POWER OFF, STUPID!

*(Repeat > **211**)*

216 Wie ein Betrunkener torkelst du durch das Gestrüpp am Ufer des Sees. Du hast das Laufen verlernt! Schließlich fällst du kopfüber in den Matsch – zumindest hoffst du, dass es Matsch ist. Als du das Gesicht aus der Schlotze erhebst, fällt dein Blick auf schwarze Lederstiefel und attraktive Frauenbeine, direkt vor deiner Nase. Oh, Mann, die sexy Blondine – schon wieder.
„Wie armselig", stöhnt sie abfällig.

Wie oft hast du dich danach gesehnt, von Neuem in körperlicher Form unter den Sterblichen zu wandeln – und nun das!
Mit verschränkten Armen spottet sie: „Du, ein Gott? Lächerlich!"

Manipuliere den Willen der Blondine, um weiteren unangenehmen Fragen aus dem Wege zu gehen > •**247**

Ansonsten > **240**

217 Joey merkt selbst, dass die spontane Unplugged-Umsetzung nicht das Gelbe vom Ei war. Die Zuhörer klatschen artig, als er Leo die Gitarre wieder reicht.

„Ohne Amp-Power kommt das wohl nicht so prall, hm?", kratzt sich Joey am Hinterkopf.
„Vergiss es, ich muss mich entschuldigen. Ich weiß, wie knifflig es ist, mit der falschen Hand zu spielen. Davon abgesehen, hat mir deine kleine Einlage durchaus gefallen. Du hast eine herausragende Stimme."

Weiter > **237**

218 Weitere wichtige Infos vom Metal-Heroes-Ticker ...
Top-News: Joey hat sich einmal mehr mit seinem Vater verkracht, nachdem sich abzeichnete, dass der Sohn die Karriere als Metal-Sänger der eines promovierten Anwalts vorzog.
Klatsch & Tratsch: Brian und Dawna gehen nach einer kurzen Liaison wieder getrennte Wege. Wenn sie sich treffen, knistert es zwar, doch sie leben eben in unterschiedlichen Welten.
Die Stimmung auf dem Fest ist ausgelassen. Kostümierte Kinder rennen in kleinen Gruppen durch die Gassen aus Zelten und Verkaufsständen. Niemand zieht es nach Hause. Selbst die Erwachsenen sind größtenteils als Untote, Vampire oder sonstige Wesen der Nacht verkleidet.
Deine Jungs haben ebenfalls ihren Spaß und begeben sich unters Volk. Nur Paul hatte wie gewöhnlich keinen Bock auf „sinnloses Abhängen" und zieht sein Ding irgendwo alleine durch.
Für einen kurzen Moment hast du die drei aus den Augen verloren und stellst wieder einmal fest, dass

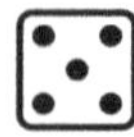

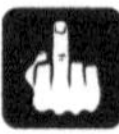

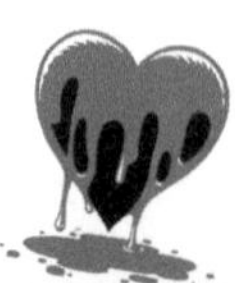

sogar ein angehender Gott nicht alles und jeden zur selben Zeit kontrollieren kann.
Du hoffst darauf, deine Schützlinge schnell wiederzufinden, und lässt deinen Geist über das weitläufige Festgelände am Rande eines großen Baggersees schweifen.

Weiter > ***210***

219 Das hätte Paul lieber nicht getan! Im Nasenbruchteil einer Sekunde packt ihn Leo an der Schulter, zerrt ihn herum und zündet einen Haken in dessen Magen. Paul hat jedoch mit einem Angriff gerechnet und es entbrennt ein heftiger Schlagabtausch. Beide wälzen sich über den weißen Kies der Garageneinfahrt, dreschen ungehemmt aufeinander ein.
Plötzlich krümmt sich Paul am Boden, japst nach Luft. Leo, noch immer rasend wegen der rassistischen Beleidigung, ist nicht zu bremsen. Mutig muss Brian dazwischen gehen, um Schlimmeres zu verhindern. Wie ein räudiger Straßenköter zieht Paul Leine.
Leo beugt sich über seinen ramponierten Linkshänder-Bass. Zornig hebt er den abgebrochenen Hals auf, der nur noch über die vier Saiten mit dem Korpus verbunden ist.
„Scheiße, Alter! Wir legen zusammen und besorgen Ersatz", zeigt Joey sein Mitgefühl, auch wenn er weiß, dass für einen Musiker sein Instrument fast unersetzbar ist.

4

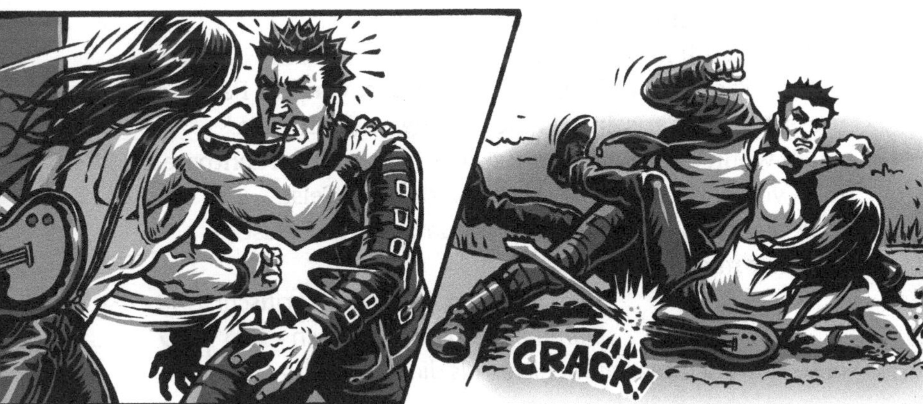

219 *Paul hat jedoch mit einem Angriff gerechnet und es entbrennt ein heftiger Schlagabtausch. Beide wälzen sich über den weißen Kies der Garageneinfahrt, dreschen ungehemmt aufeinander ein.*

*Leo verliert tatsächlich sofort eine **Sicherung**!*

„Halb so wild! Das ist bloß mein Zweit-Bass“, bebt Leo und macht sich zum Runterkommen ein Bierchen auf. „Zum Glück habe ich meine Fender zuhause gelassen.“
Brian deutet auf Pauls zurückgelassenen Rucksack sowie dessen Bass in der Ecke: „Also, wenn du dich rächen willst – wir könnten sicher alle mal kurz wegsehen. Naja, außer Greg natürlich.“

*Weiter > **207***

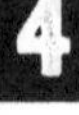

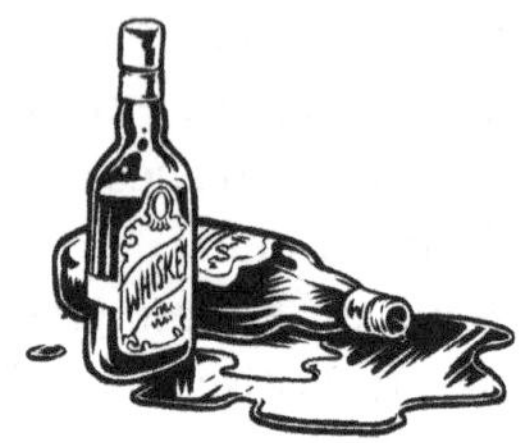

220 Du folgst Joeys entgeistertem Blick auf deinen splitterfasernackten Körper.
„Ich schwöre dir, du Perverser“, ruft Joey grimmig, „wenn du mich auch nur einmal antatschst, dann trete ich dein Gemächt in eine stationäre Umlaufbahn!“
Obwohl der Moment wegen akuter Feindseligkeit nicht schlechter gewählt sein könnte, staut sich in dir der unbändige Drang auf, Joeys ursprüngliche Frage beantworten zu müssen. Es platzt förmlich aus dir heraus: „Schmeiß ihn raus!“
„Hä? Wen soll ich rausschmeißen?“
„Euern Bassisten natürlich! Paul! Tu das, was ein Bandleader tun muss, sollte einer seiner Leute ständig querschießen.“
Auch wenn dein göttlicher Rat nicht sofort auf fruchtbaren Boden fällt, verspürst du die Befreiung in deinem Geist.
„Sag mal, was für einen Quark quatschst du? Hast du Spanner mich etwa belauscht?“

Achtung, jetzt wird's kritisch!

*Dumme Ausrede auftischen > **235***

*Die Wahrheit sagen und nichts als die Wahrheit > **215***

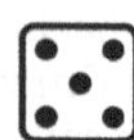 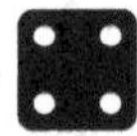

221 Hinter einem Tisch aus Edelholz sitzt eine ältere Dame mit tiefen Furchen auf Wangen und Stirn in einem gepolsterten Ohrensessel. Ihre Hände, fahl und faltig, wirken dennoch gepflegt – goldene Ringe, Armreifen und blutrot lackierte Nägel schimmern im Kerzenschein. In ihrem krausen Haar stecken Rabenfedern.
Sie deutet auf die Tarot-Karten und Kristallkugel vor sich: „Willkommen bei Madame Virgo, Schwester der Wahrsagerei!"
Enttäuscht blickt sich Brian in dem engen Zelt um. Von der sexy Blondine fehlt jede Spur.
„Sagen Sie, sitzen Sie vielleicht auf jemandem?"
„Wie meinen?", echauffiert sich die Wahrsagerin mit krächzender, sich überschlagender Stimme.
„Was wollen wir eigentlich hier? Ist doch eh alles Nepp!", stellt Gregori nüchtern fest.
Die Alte deutet auf die beiden freien Holzschemel ihr gegenüber: „Brian, Gregori, bitte sehr, nehmt Platz."
„Woher kennen Sie unsere Namen?", fragen die Freunde unisono.
Die Dame würdigt dieser Frage keine Antwort, streicht die Tischdecke glatt und verwirbelt mit kreisenden Bewegungen ihrer schwabbeligen Arme den Rauch der Räucherstäbchen.
„Was führt euch zu Madame Virgo, ihr strammen Burschen?", zischelt die Alte in gebrochenem Englisch und wiegt sanft den Kopf. „Ich spüre, ihr seid nicht allein! Ein freundlicher Geist begleitet euch."
Du stutzt.
„Echt?", kommentiert Brian ironisch. „Na, dann kann ja nichts mehr schiefgehen, oder?"
„Soll ich dir aus der Hand lesen oder dir die Karten legen, junger Mann?"

Hand lesen! > **202** | *Kartenlegen!* > **233**
Äh, kein Bedarf … > **244**

222 Du folgst dem Bandleader in einigem Abstand über die Köpfe der Besucher. Joey hat seinen Melancholischen. Die Attraktionen des Halloween-Festes kümmern ihn nicht. Irgendwann ver-

4

schlägt es ihn ans Ufer des nahegelegenen Baggersees und er beginnt damit, Kiesel über das Wasser hüpfen zu lassen. Ihn beschäftigt etwas und er will Klarheit.
Er summt Melodien. Schließlich stimmt er einen Led Zeppelin Klassiker an. Zunächst leise und verhalten, dann jedoch, mit jeder Zeile, lauter und inbrünstiger:

Down by the seaside - See the boats go sailin'
Can the people hear, what the little fish are sayin'

Oh, oh, the people turned away - Oh, the people turned away

4

Down in the city streets, see all the folk go racin', racin'
No time left, to pass the time of day

The people turned away - The people turned away
So far away, so far away

„Down by the Seaside" (1975) von Led Zeppelin
Early-Metal-Band aus Großbritannien

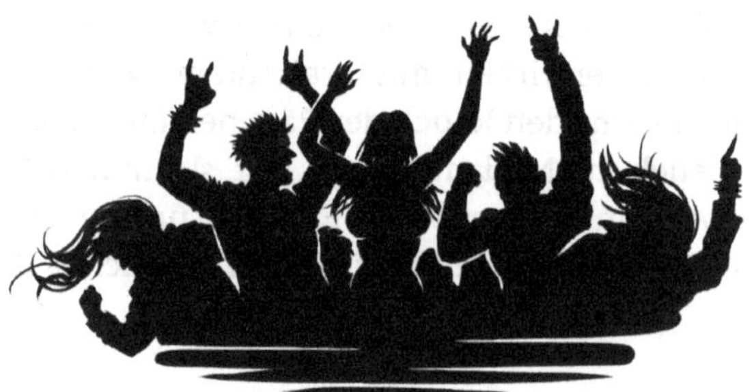

Während du dich darüber wunderst, aber auch ein wenig stolz bist, dass ein so ein Jungspund einen dermaßen angestaubten Song wie „Down By The Seaside" kennt, hört Joey plötzlich auf zu singen und betrachtet die Sterne, als wolle er dem Universum eine Frage stellen ...

Willst du diesen Metal-Moment mit deiner dir verliehenen Rock-Macht verstärken?
Ja, ich will > ***•206***
Nein, habe Bedenken > ***211***

223 Es ist weit nach Mitternacht und die meisten Besucher haben sich bereits auf den Heimweg gemacht. Nach all den Ereignissen und dem Trubel der vergangenen Stunden bist du erleichtert, deine Schützlinge endlich wieder auf einen Fleck versammelt zu sehen.

Du willst dich mental gerade etwas zurücklehnen, als erneut deine Alarmglocken schrillen! Brian steht umschlungen von einer finster-attraktiven Goth-Lady unweit des abgebrannten Scheiterhaufens.

Gregori, wenig begeistert davon, das fünfte Rad am Wagen zu sein, wartet mit verschränkten Armen abseits der beiden Turteltäubchen. Der Drummer ist sich sicher, dass er die Stimme der Tante kennt. Du hingegen meinst nicht ihre Stimme, sehr wohl aber ihr Gesicht zu kennen. Eigentlich wäre ein solch bitter-süßes Miststück kaum zu vergessen, jedoch sind viele Dinge aus deinem vergangenen Leben nur noch ein schemenhafter Gedankenklumpen, aus den Überbleibseln deines körperlichen Unfall-Hirns.

„Ich könnte deine Muse sein", haucht die Kleine Brian zu und bläht ihren Kaugummi zu einer großen Blase auf.

Mit weichen Knien antwortet er: „Oh, Baby, das könntest du ..."

Ein gewinnbringendes Lächeln umspielt die schwarzen, multi-gepiercten Lippen ihres bleichen Gesichts.

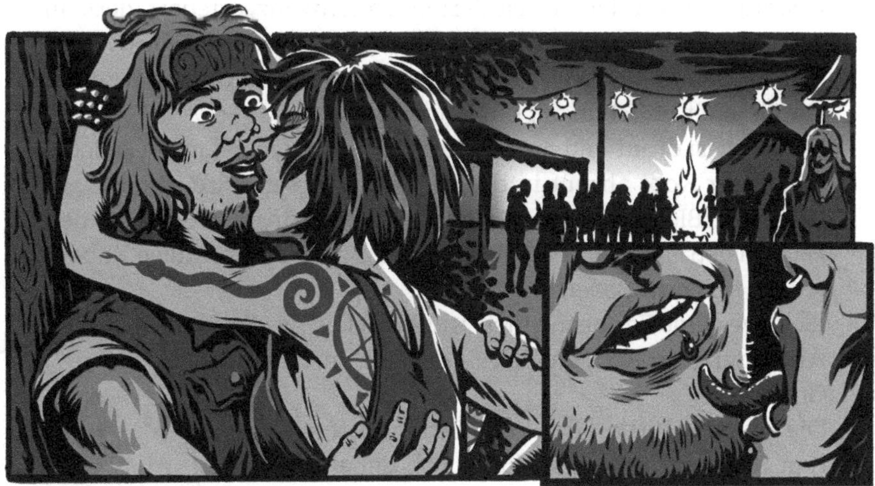

***223 I** Ein gewinnbringendes Lächeln umspielt die schwarzen, multi-gepiercten Lippen ihres bleichen Gesichts.*

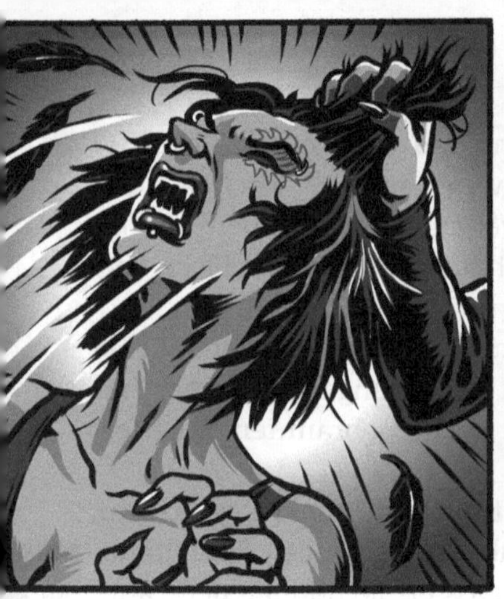 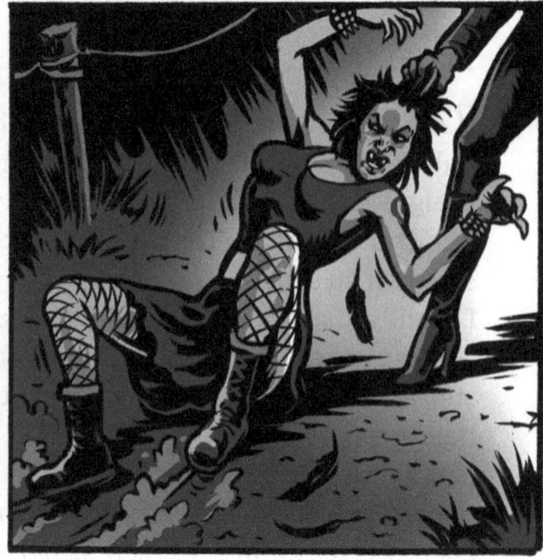

223 II *Die Bitch ist drauf und dran, Brians Blut von seinen Lippen zu lecken, als ihr Kopf plötzlich in den Nacken gerissen wird.*

„So sei es", stöhnt sie und spielt mit den beiden Spitzen ihrer gespaltenen Zunge am Ohrläppchen des hörigen Gitarristen und beißt ihm plötzlich in die Unterlippe. Ein Tropfen Blut tritt hervor.
„Sag es! Du schenkst mir deine Seele und ich zeige mich in jeglicher Hinsicht erkenntlich ..."
Brian verdreht die Augen – er ist nicht mehr Herr seiner Sinne!
Du versuchst den Kerl vor einem klassischen Männerpatzer zu bewahren, doch der ist just dermaßen schwanzgesteuert, dass du nichts ausrichten kannst. Auch die giftspritzende, schwarze Schlange entzieht sich jeglicher Beeinflussung. Fluchend ob deiner Unfähigkeit hoffst du auf ein Wunder.
Die Bitch ist drauf und dran, Brians Blut von seinen Lippen zu lecken, als ihr Kopf abrupt in den Nacken gerissen wird. Die dir gut bekannte Blondine im Lederoutfit hat die finstere Göre an den Haaren gepackt und zerrt sie gnadenlos zurück. Unzählige Rabenfedern fallen zu Boden.
„Schlage deine Zähne in einen anderen Hals", zischt die Angreiferin, „sonst ziehe ich sie dir einzeln, du faulige Gruftkröte."
Die Fixierte quittiert den knallharten Griff mit heißerem Fauchen und verschluckt sich dabei an ihrem

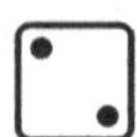 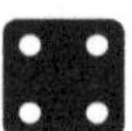

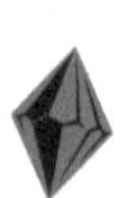

Kaugummi. Unter schier unmenschlichen Verrenkungen und ruckartigen Bewegungen versucht sie sich herauszuwinden.

*Checke Brians **Power**!*

Gelungen > ***228*** *| Misslungen >* ***208***

224 Währenddessen konnte sich die sonderbare Goth-Braut aus dem Haltegriff befreien. Sie faucht wie eine verängstigte Wildkatze und flieht in die Dunkelheit.

„Was geht hier vor?", erkundigt sich Joey, soeben im Sprint herangeeilt. Gregori gibt die Kurzfassung aus seiner Sicht, während die blonde Helferin jedes herausgerissene Haar der Vertriebenen akribisch zwischen ihren Fingern zu einer Strähne bündelt.

„Ihr müsst besser aufpassen, mit wem ihr euch einlasst", murrt sie vorwurfsvoll, öffnet das Medaillon um ihren Hals und rollt das Büschel wie eine Trophäe hinein.

„Hallo?!", versucht Brian seine Unsicherheit trotz der vergangenen Minuten zu überspielen. „Vielleicht hast du's verpasst, aber die Kleine war verdammt scharf."

„Klar, du wolltest bloß einen wegstecken. Das respektiere ich. Trotzdem musst du aufpassen ..."

„Hey, ich zieh' immer 'n Hütchen drüber!"

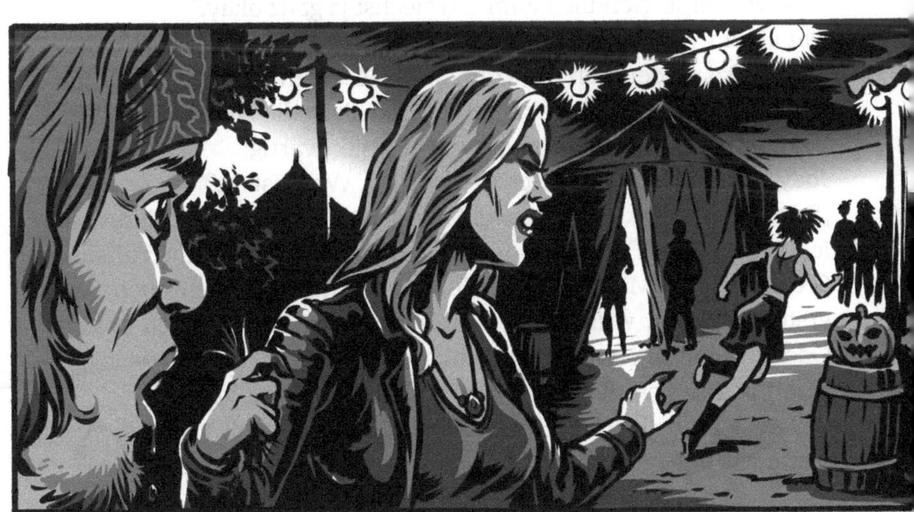

224 *Währenddessen konnte sich die sonderbare Goth-Braut aus dem Haltegriff befreien. Sie faucht wie eine verängstigte Wildkatze und flieht in die Dunkelheit.*

Bevor sich Brian weiter um Kopf und Kragen reden kann, geht Joey dazwischen: „Brian, halt mal die Fresse jetzt …“ Dann nimmt sich der Bandleader die stolze Blondine mit dem spektakulären Outfit vor: „So, die Dame! Ich will jetzt wissen, wer du bist. Ständig tauchst du in unserer Nähe auf. Vor unserem Haus, beim Rainbow, jetzt hier.“

„Ich bin Jill“, faucht sie genervt und streckt den Rücken. „Würdet ihr mir glauben, wenn ich euch sage, in mir fließt Hexenblut?“

„Nach allem, was du schon abgezogen hast?“, tönt Brian. „O Mama, auf jeden Fall!“

Gregori mault aggressiv: „Von mir aus, aber was willst du von uns?“

„Ich bin hier, um euch Pfandflaschen den Arsch zu retten.“

4 Joey greift in Gregoris Arm, um ihn zurückzuhalten, und fragt Jill seinerseits: „Warum?“

„Weil ihr offenbar nicht mal in der Lage seid, die Spielchen einer dummen Unterwelt-Göre zu durchschauen!“

„Du meinst diese Goth-Braut?“, brummt Gregori beschwichtigend.

„Ja, Blitzmerker! Das war Foxy. Du müsstest sie eigentlich kennen. Sie hat dir damals vor dem Bow euren Krachmacher-Kram unterm Hintern weggeklaut.“

Der blinde Drummer überlegt und reckt schnuppernd die Nase: „Ja, möglich. Dieser scharfe Schwefelgeruch. Ich war mir nicht sicher, von wem er letztendlich kam. Du riechst ja ganz okay.“

Mit einem verdrehten Nicken quittiert Jill das ungewollte Kompliment: „Das ist der Duft der Unterwelt. Merkt ihn euch!“

Auch dir frisst sich der ekelhafte Gestank in die Nase. Seit deinem Dahinscheiden war er immer wieder gegenwärtig.

Joey hakt noch einmal nach: „Also, Jill … Wer bist du?“

„Solange ich denken kann, weiß ich, dass ich etwas Besonderes bin. Ich trage einen Funken in mir, einen Funken, der meine ruhelose Seele mit den Mächten der Musik verknüpft. Als ich euch zum ersten Mal sah, wusste ich, dass auch ihr diesen Funken besitzt. Oder zumindest etwas Vergleichbares.“

Brian kratzt sich die Rübe. „Sprich deutlich! Was hat das alles zu bedeuten? Hexen, Vampire, Unterwelt?! Verarsch’ uns nicht! Also?“

„Nicht jetzt, nicht hier“, lächelt Jill kühl und verab-

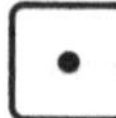

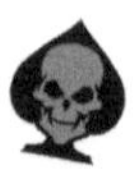

schiedet sich ebenso mysteriös, wie sie aufgetaucht war. „Bei unserem nächsten Aufeinandertreffen werde ich euch einweihen. Das schwöre ich beim Leben meiner Schwestern."
Als ihre Silhouette in der Dunkelheit verschwindet, summt sie einen unbekannten Song, als wolle sie die Zeilen üben, und singt dann laut:

Let the Witches in!
YEAH! Let the Witches in!

Markiere nun unter ***Supporter*** *im Metal-Logbuch, dass die mysteriöse Jill die Metal Heroes unterstützt – irgendwie.*

4

Außerdem verarbeitet Brian die verwirrende Begegnung mit Vampirella in dem Stoner-Rock-Song ***„Siren of Desire" (#35).***
Übernehme ihn nun als **Glorious Track** *ins* **Repertoire** *der Band, indem du einen Kreis um dessen Track-Nummer machst.*
Solltest du noch nichts über ***„Glorious Tracks"*** *wissen, lies dir die Erläuterungen unter Abschnitt* ***(R17)*** *der Regeln durch.*
Wenn du mehr über diesen Song erfahren möchtest, lies dessen Zusatzinfos unter ***„Glorious Tracks Inside"*** *im X-tras-Kapitel durch.*

Die Band erhält zudem ***3 Song-Punkte****!*
Spare sie, um später Songs freigeschalteter Genres im ***Repertoire*** *zu aktivieren.*

Weiter > ***230***

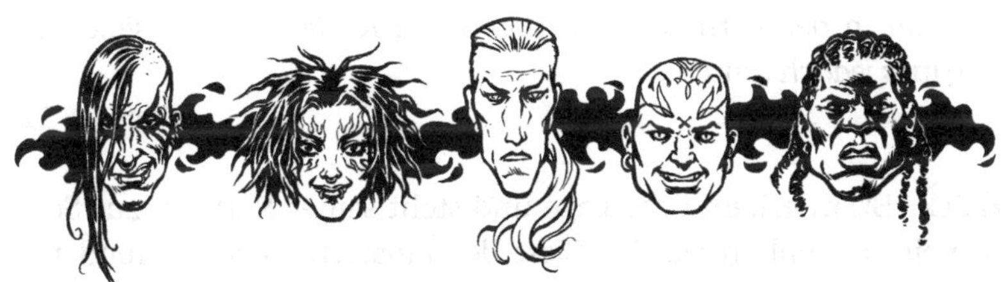

225 Du machst einige Schritte zurück. Der Scherge ist verschwunden, und das ungute Gefühl zum Glück ebenso. Sorgenvoll versuchst du, deine Schützlinge im Trubel des Fests zu entdecken.

Doch wen des Trios willst du als Erstes finden?

Brian und Gregori > ***205*** | *Joey >* ***222***

226 Entschlossen stellt sich Joey seinem Bandkameraden, kämpft gegen den Kloß im Hals und sagt: „Ich will, dass du deine Sachen packst, Paul!"
„Ich glaub', mein Tinnitus pfeift. Ich dachte schon, du hättest gesagt, dass ihr mich rausschmeißen wollt."
Joey schweigt eisern.
„Brian und ich sehen das ebenfalls so", gibt Gregori Rückendeckung.
„Schön, ihr Rosettenlecker, ich hatte eh keinen Bock mehr auf diesen Wir-spielen-alles-Scheiß. Außerdem will ich sehen, wie lange ihr braucht, einen besseren Bassisten zu finden."
Als hätte das Schicksal heute seinen ironischen Tag, klopft es am Garagentor.
Joey spöttisch: „Bereits in Arbeit ..."

Weiter > ***214***

227 „Der Freund eures Begleiters ist in Gefahr. Wer wird helfen? Tust du es? Trau' dich! In dir steckt viel mehr, als du glaubst ..."
Mit diesen mysteriösen Worten beschließt Madame Virgo ihre Dienste. Ermutigt blickt Brian fortan zuversichtlicher in die Zukunft. Er scheint tatsächlich abergläubisch zu sein und nimmt sich die Weissagungen sehr zu Herzen.

*Brians **Skill** steigt um 1!*
*Hast du in der vorherigen Sektion **keine** Karte gezogen, sinkt dein **Einfluss** jedoch um 1!*

Weiter > ***213***

228 Brian erkennt die Lage und steht seiner Retterin zur Seite. Gemeinsam halten sie das Biest der Finsternis fest. Keifend und schreiend fügt sie sich erst nach heftigem Widerstand ihrem Schicksal. Einige vorbeigehende Besucher bleiben kurz stehen, machen Fotos von der – wie sie glauben – Halloween-reifen Schauspieleinlage mit ihrem Handy.

FAST FORWARD
*Die **Fanbase*** *der Band steigt um 1!*

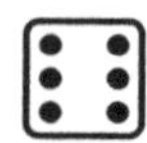
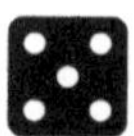
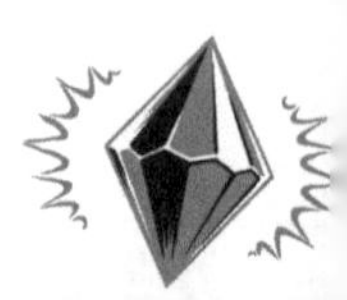

„Du kleine, miese Bitch", geht Brian auf die schnaubende Frau zu. Im Gesicht trägt sie kein Make-up – jeder der schwarzen Lidstriche, einem feinen orientalischen Muster gleich, ist unter die Haut gestochen. Sauer reibt er ihr mit dem Daumen über die Wange, zieht dabei ihre Oberlippe empor und legt so ihre spitzen Eckzähne frei. „Hältst dich wohl für Draculas Tochter, hm?"

Weiter > ***224***

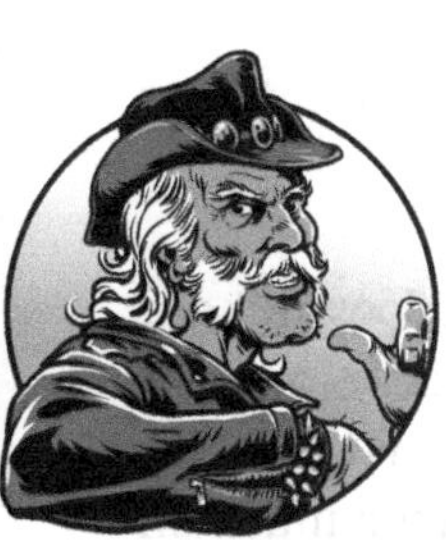

ROCK-GOTT-WEISHEIT: ***Fanbase*** *| *) An dieser Stelle fragst du dich sicher, wieso diese Aktion „Fanbase" schaffen kann, oder? Nun, gegenwärtige Aktionen haben natürlich auch maßgeblichen Einfluss auf die Zukunft. In diesem Fall werden die Bilder in einschlägigen sozialen Netzwerken auftauchen. Selbst wenn das Material nicht unbedingt Brians sympathischste Seite zeigt, wird das Ganze ein kleiner YouTube-Renner.*

4

229 Gequält lächelt dich der Unterwelt-Elvis an, spuckt in die runzeligen Hände, reibt sie, bläht die Backen auf und bläst dir seinen zähen Rotz mitten ins Gesicht.

Dein ***Einfluss*** *steigt um 2!*

„So, bitte", grinst dich der Wicht mit seinen scharfen Beißerchen an. Dann wendet er sich wieder um und schlägt sich schützend die Hände vors Gesicht, so dass nur noch seine spitze Nase hervorblitzt. „Ich, ich ... Nein, Meister, nein, ganz bestimmt nicht ... Ich nur hier Beine vertreten. O ja, Zufall, ja, ja!"
Sein winziger Körper verliert sich in den Flammen.

Weiter > ***225***

230 Zwei Tage sind vergangen seit dem Halloweenfest. Die Jungs haben sich seither nicht mehr gesehen und auch sonst haben sie es – ganz in der Tradition echter Kerle – vermieden, über die seltsamen Ereignisse an diesem Abend zu sprechen. Heute, wie jeden Dienstagabend, steht eine Bandprobe an. Ein fester Termin, fast schon spießig, aber ohne klare Absprachen wäre der Haufen eh zu keinem zielgerichteten Arbeiten fähig – denn: Metal ist Arbeit! Nach und nach tröpfeln die Herrschaften ein. Es wird wenig gesprochen, insbesondere Joey ist schweigsam. Jeder macht seinen Soundcheck, stimmt sein Instrument. Paul, der wie immer als Letzter auf der Matte steht – die Absprache „Dienstagabend" ist für ihn nämlich sehr dehnbar – wundert sich über die gedrückte Stimmung, lässt sich aber nichts anmerken. Die Session beginnt ohne große Vorreden.

Brian regt sich als Erster über Pauls schlechtes Spiel auf: „Mann, Paul, bist du besoffen?"

„Wieso?"

„Weil du schon wieder so beschissen spielst!", stimmt Joey mit ein.

„Ach ja?! Und was veranstaltest du, Joey?! Nuschel-Rock?"

Es braucht keine geschärften göttlichen Sinne, um zu wissen, dass es gleich kracht. Endlich! Dieser Disput geht weit über musikalische Unstimmigkeiten hinaus.

„Wir wollen mit dir nichts mehr zu tun haben …", haut es Joey raus und Gregori murmelt „… höchstens wenn ‚beschissen' noch populär wird".

„Weißt du was, Blindfisch? Du kannst mich mal!"

„Das reicht", geht Joey dazwischen und stellt sich vor Paul, der sogar dazu entschlossen scheint, Gregori eine reinzuhauen. Die tätowierten Arme vor der Brust verschränkt und den Kopf zur Seite geneigt provoziert der Bassist den hageren Bandleader: „Also, Chef, was willst du mir mitteilen?"

Ziehe eine Karte!

♣ ♦ ♥ *> 226*

♠ *(oder Joey besitzt sein **Special**) > 234*

231 Die Truppe genoss ihren ersten Ruhm in Los Angeles und tingelte durch die großen Clubs und Bars der Stadt. Für deinen Geschmack hätten sie deutlich mehr Zeit und Muße in neues Material stecken dürfen. Ganz ehrlich, du hättest es wahrscheinlich auch krachen lassen.

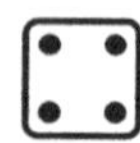

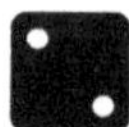

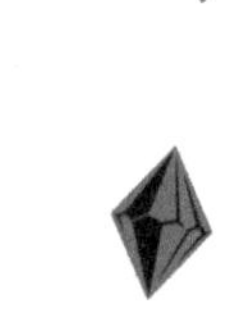

*Die Band erhält **3 Song-Punkte**!*
*Investiere jetzt gesparte **Song-Punkte**, um mindestens 1 Song freigeschalteter Genres im **Repertoire** zu aktivieren. Tue dies, indem du einen Kreis um die entsprechenden Track-Nummern machst.*
*Erhöhe zudem den **Fame** eines beliebigen Songs. Fülle dazu einen weiteren seiner **Fame-Sterne** aus.*

*Weiter > **218***

232 Als sich Joey gemächlich dem großen Freudenfeuer nähert, trägt der Wind eine wunderbare Melodie heran. Die sanften Klänge einer Akustikgitarre. Meisterlich gespielt, einfühlsam, von Herzen. Auch die anderen Zuhörer, die dutzendfach den Künstler umschlossen haben, sind fasziniert. Mit dezentem Druck schiebt sich Joey gespannt durch die Menschentraube, bis er schließlich den jungen Musiker auf einem Baumstamm sitzend zu Gesicht bekommt.

*Besitzt Brian ein **Wish List Plektrum** oder*
*Gregori ein **Wish List Schweißband**?*
*Ja > **201** | Weder noch > **236***

233 „So sei es, junger Mann!", freut sich die Alte und lässt ihre getrübten Augen theatralisch durch das Zelt schweifen. Dabei kreuzen sich für einen kurzen Moment eure Blicke.
„Ohne Zweifel, ihr Burschen, wir sind nicht allein", sagt sie und mischt die Karten.
„Das will ich doch schwer hoffen!", versucht Brian seine Aufregung zu überspielen und schaut sich mit großen Augen im Zelt um.
Unter Aufbietung unverständlicher Kommentare und Gesten legt Madame Virgo nacheinander das Tarot in einem Quadrat aus.
Bevor sie jedoch die letzte Karte in der Mitte aufdeckt, hält sie noch einmal inne und starrt Brian mit leeren Augen an.
„Oh, du arme Seele, spreche zu uns! Sende uns dein Leid, oh, großer Geist, was bist du? Wer bist du?"

Ziehe selbst eine Karte! Es ist ...
♣ > ***203*** | ♦ > ***248*** | ♥ > ***209*** | ♠ > ***•227***
(*Wie du siehst, darfst du hier – wie auch sonst immer – etwas **Einfluss** einsetzen, um das Blatt zu wenden ...*)

234 Erstaunlich tiefenentspannt zeigt Joey nicht den Hauch eines Rückziehers: „Paul, du bist raus.“
„Wie bitte?!“, zieht Paul noch einmal die Aggro-Karte, aber der Bandleader bleibt cool: „Wir haben lange genug deine Egotrips und rassistischen Spaltereien mitgemacht. Damit ist nun Schluss!“
„Ihr Spinner wollt mich rausschmeißen? Gut! Schön! So schnell findet ihr eh keinen neuen Bassisten, der es so drauf hat wie ich!“
Wie aufs Stichwort klopft es am Garagentor.
Joey spöttisch: „Das wird sich zeigen …“

*Joeys **Power** steigt um 1!*

*Weiter > **214***

235 Wenn du eines im Dschungel LA gelernt hast, dann zu lügen wie gedruckt: Du erzählst Joey von deiner Freundin, die dich nach einem netten Schäferstündchen und anschließendem Krach am See ohne Klamotten sitzengelassen hat. Sie sei mit dem Auto abgehauen und nun weißt du nicht mehr, was du tun sollst.
„Wer sagt mir, dass du nicht ein perverser Wichser bist?“, zeigt sich Joey noch nicht überzeugt – er ist eben ein cleverer Bursche.
„Soll ich dir vielleicht meine Plattensammlung zeigen, um dich zu überzeugen?“, versuchst du die Situation aufzulockern.

*Notiere dir unter **Road to Glory** im Metal-Logbuch, Eintrag **#6**, dass du ein **perverser Wichser** bist, indem du dort ein ✖ im Kreis machst.*

Ein Rabe schreit und es raschelt im Gebüsch – gerade rechtzeitig.
„Schon gut, Kleiner, der Perverse mit dem behaarten Hintern heißt Bob und gehört zu mir“, tritt eine fesche Farmerin, etwa in deinem Alter, mit Holzfällerhemd und Jeans bekleidet, hervor. Das Landei ist dir nicht bekannt – ihre rauchige Stimme allerdings sehr wohl.
„Echt? Bob?“, schmunzelt Joey, reicht dir die Hand und zieht dich wieder auf die Beine. Dabei flüstert er dir zu: „Steile Braut, Alter. Fährst einen ganz besonders großen Traktor, hm?“
Nachdem Joey verschwunden ist, dankst du der mysteriösen Frau mit ironischem Unterton. Die Lady

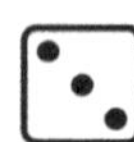

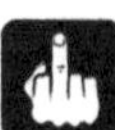

darf ruhig wissen, dass du sie durchschaut hast, woraufhin sie nur schrill lacht und sich vor deinen Augen in einem Wirbel aus Laub und Rabenfedern auflöst. Starker Abgang!
Du jedoch bist befreit von der Last, Joeys Götter-Anfrage beantworten zu müssen, und stellst mit Erleichterung fest, dass du dich wieder in die dir angestammte Körperlosigkeit zurückverwandelst.

Weiter > **232**

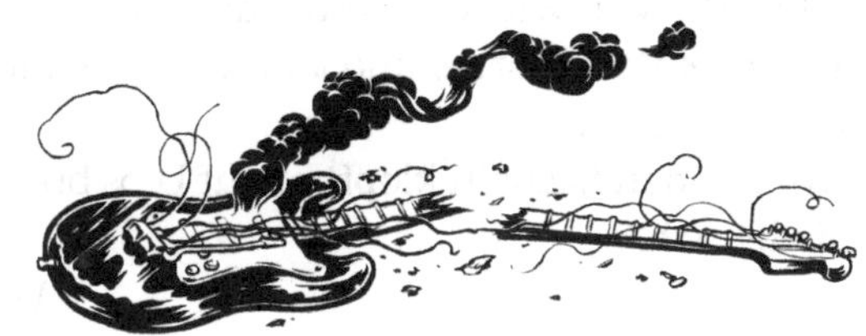

4

236 Vollkommen mit seiner Musik verschmolzen, wiegt der sanfte Riese Kopf und Oberkörper hin und her und leitet durch Klopfen auf den Gitarrenkorpus einen unerwarteten Tempowechsel ein. Dabei wirft er sich die langen, schwarz-glänzenden Haare in den Rücken, so dass man für einen kurzen Moment seine traurigen Mandelaugen erkennen kann.
Gebannt lauscht das Publikum dem Lovesong, dessen Text nicht nur die Zuhörerinnen ergreift. Erst als der asiatische Hüne sein Lied mit einem herzzerreißenden Crescendo vollendet hat, brandet warmer Applaus auf. Etliche Leute treten vor, werfen Münzen und Geldscheine in den offenen Gitarrenkoffer.
„Hey, du hast es echt drauf", meint Joey ehrlich, als er den Auftritt ebenfalls mit einigen kleinen Scheinen honoriert, und wirft zudem all sein Charisma und Eloquenz in die Waagschale, um mehr über den talentierten Musiker zu erfahren.

Weiter > **242**

237 „Was hältst du davon, bei uns, den Metal Heroes, einzusteigen? Dann kannst du mehr von mir hören", fragt Joey direkt.
Leo lacht kurz auf und verstaut seine Linkshänder-Gitarre schweigend im Koffer.

Joey gibt nicht auf: „Wir brauchen einen Bassisten. Einen richtig geilen Musiker mit Herz und Hingabe. Einen Typen wie dich!"
„Nicht so eilig, Joey. Das müsste ich mir zunächst durch den Kopf gehen lassen. Außerdem – wie stehen deine Kollegen dazu?"
Joey zückt kurzerhand einen Filzstift aus der Jacke, den er stets dabei hat, um erhoffte Autogrammwünsche befriedigen zu können, und schreibt Leo seine Adresse auf.
„Übermorgen proben wir wieder. Wenn du Bock auf die Metal Heroes hast, komm einfach vorbei und jamme eine Runde mit uns. Ganz unverbindlich, okay?"

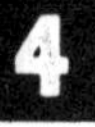

Mit einem gewinnenden Lächeln klopft er auf Leos breite Schulter und verabschiedet sich.

Weiter > ***223***

238 Etwas bleich um die Nase taucht Gregori wieder auf. Sein Hawaiihemd zieren nun nicht nur bunte Blumenmuster, sondern zudem einige braune Flecken. Ohne sich um das Aussehen seines Freundes zu scheren, zerrt Brian den blinden Drummer hinter sich her, bis sie schließlich vor dem dunkelblauen Zelt stehen. Daneben wurde ein Schild in die Erde getrieben: „Madame Virgo – Wahrsagerin und Medium. Offenbart ihre Zukunft!"
Das Zelt erinnert eher an ein Tipi. Sechs Holzstangen, am oberen Ende zusammengebunden, bilden das Gerüst für zahllose Felle und Stoffbahnen, die wahllos übereinandergelegt wurden. Über dem Eingang, ein zurückgeschlagenes Tuch, dringt das unstete Licht von Kerzen. Orientalische Teppiche weisen den Weg ins Innere.

Auf geht's, rein ins Zelt! > ***221***

Kein Bedarf an Hokuspokus > ***244***

239 Leo ballt die Fäuste. Aus seinen sonst so sanften Augen fließt pure Verachtung, doch ehe der Vulkan ausbrechen kann, ist Paul bereits am Tor. Zum Abschied reckt er den Mittelfinger empor und brüllt: „Wir werden uns wiedersehen, Reisschüsselecker!"

Weiter > ***207***

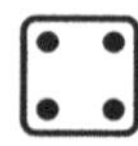
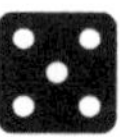

240 Äste brechen unter unvorsichtigen Schritten unweit entfernt.
„Ich denke, der Gott des Rock schuldet dem kleinen Joey noch eine Antwort", erinnert dich die zwielichtige Unbekannte an den Grund deines peinlichen Erscheinens. Mit einem schelmischen Lächeln auf den feuerroten Lippen verdrückt sie sich in die Botanik.
Verdammt, sie hat Recht! Mit schmerzenden Sohlen schlägst du dich durch die schmale Böschung am Rand des Sees – und rutschst ein weiteres Mal aus!

Weiter > ***220***

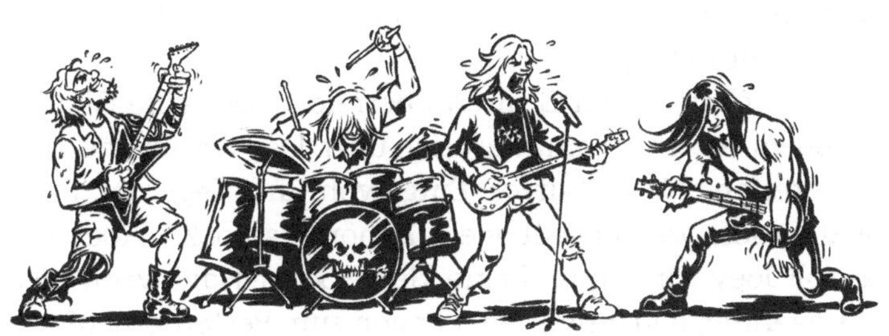

241 „Wow, welch außergewöhnliches Schmuckstück!" Leo streicht mit der Ehrfurcht eines Insiders über den geschwungenen Korpus der 70er Gibson SG Standard an der Wand. „Wo habt ihr die her?"
„Keine Ahnung. Wurde per UPS geliefert. Aber ohne Absender."
„Vielleicht ein Fan, der uns sponsern will?", mutmaßt Gregori.
„Sie befindet sich in einem 1A-Zustand und wurde für Linkshänder angepasst! Alleine das macht sie zu einem absoluten Sammlerstück. Ach, wisst ihr eigentlich, dass die Gibson Standard unter anderem von Angus Young★ gespielt wird?"
„Richtig", weiß Gregori, „dieser AC/DC-Hüpfer mit der Schul-Uniform."
Bedacht hängt Leo das kleine Heiligtum der Metal Heroes wieder an die Wand.

Weiter > ***249***

★) ROCK ICON: Angus Young
Schottisch-australischer Leadgitarrist, Songwriter und Mitgründer der australischen Hardrock-Band AC/DC. Bekannt für seine wilden und energischen Auftritte in einer typisch britischen Schuluniform.

242 „Sag mal, spielst du in einer Band?", fragt Joey nicht ohne Hintergedanken.
„Derzeit bin ich solo unterwegs – in einer Band zu spielen habe ich bereits zweimal versucht, ist aber nie von Dauer gewesen."
Der Bandleader bohrt geschickt nach und erfährt so einiges.

*Blättere nun zu den **Charakter-Infos** hinten im X-tras-Kapitel, lies dir dort die Infos über **Leo** durch und mache anschließend hier weiter.*

„Okay, Joey! Ich fühle mich im Nachteil. Du hast bereits diverse Stücke von mir gehört. Ich finde, nun bist du an der Reihe, etwas von dir zum Besten zu geben."

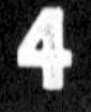

Herausgefordert zieht Joey eine Braue nach oben. „Du hast Recht, Leo! Das ist nur fair."
Mit freundschaftlichem Grinsen überreicht Leo seine Gitarre mit übergroßem Brett und amüsiert sich über Joeys Probleme, sie richtig zu greifen. Nach kurzer Eingewöhnung legt der Schlacks schließlich los, was erneut viele Zuhörer anlockt. Aber welche Songs soll Joey für Leo und eine kleine Schar Halloween-Gäste in einer ungefilterten Unplugged-Version zum Besten geben?

Setlist Halloween on Fire
*Trage die Track-Nummer der gewählten Songs aus dem **Repertoire** von links nach rechts ins **Gig-Muster** ein:*

Setlist-Einschränkung:
- *Nur Songs mit **Joey** als **Leader**! (Stehen nicht genügend geeignete Songs im **Repertoire** zur Verfügung, müssen Felder leer bleiben!)*

*Ermittle nun den **Gig-Score** für **Halloween on Fire**! Checke dazu nacheinander **Joeys Performance** für alle eingetragenen Songs. Vergiss nicht, sollte die Performance auf einem Highlight-Song (in diesem Fall der 3. Song) gelungen sein, diesem einen weiteren **Fame-Stern** zu geben, soweit noch möglich. (In Zukunft gibt's diesen Hinweis nicht mehr ...)*

*Wie hoch ist der **Gig-Score**?*
*7 oder höher > **212***
*6 oder weniger > **217***

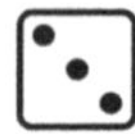

Gig-Muster

HALLOWEEN ON FIRE

243 Du harrst der Dinge und starrst in die Flammen. Neben dem Wimmern des Wichts schleichen sich Gesänge und Lockrufe in dein Gehör. Sie locken dich näherzukommen. Wäre nicht die widerliche Gestalt des Schergen, du würdest den Sirenen im Feuer verfallen.
Doch du konzentrierst dich darauf, welch schlimme Situationen du bereits in deinem Leben überstanden hast: So wie deine erste „Wall of Death" bei Sepultura oder das Platzen des Kondoms beim ersten (und auch einzigen) One-Night-Stand oder der alternativlose Ausschank alkoholfreien Biers beim Rock-All-Nite-Festival '97.

*Dein **Einfluss** steigt um 1!*

Im Moment, als du dich abwenden kannst, erkennst du zum letzten Mal die verknautschte Fratze des Wichts – flehend um Gnade! Vielleicht war es doch keine gute Idee, dass du deinen Geist von der Aufgabe, die Jungs zu überwachen, gelöst hast.

Und jetzt?

Brian und Gregori folgen > **205**
Versuchen, Joey zu finden > **222**

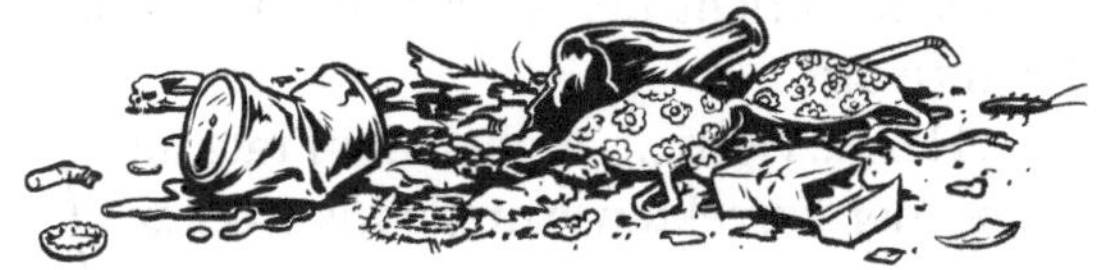

244 Das war zu schräg! Du entschließt dich, Joey zu finden, um bei ihm auch einmal nach dem Rechten zu sehen.

Weiter > ***232***

245 Dank Joeys unbändigem Willen und professioneller Einstellung haben die Metal Heroes in deiner geistigen Abwesenheit ihrer Schaffenskraft freien Lauf gelassen.

Die Band erhält ***Song-Punkte*** *in Höhe ihrer aktuellen* ***Bandchemie*** *(jedoch mindestens 4)!*
Investiere jetzt gesparte Song-Punkte, um ***mindestens 1 Song*** *freigeschalteter Genres im* ***Repertoire*** *zu aktivieren. Tue dies, indem du einen Kreis um die entsprechenden Track-Nummern machst.*
Erhöhe zudem den ***Fame*** *von 2 beliebigen Songs. Fülle dazu jeweils einen weiteren ihrer* ***Fame-Sterne*** *aus.*

4

Weiter > ***218***

246 Dieses ständige „Big Brother is watching you" geht dir eh auf den Sack, insofern bist du froh, auch mal dein eigenes Ding durchziehen zu können. Du entspannst dich und genießt das Gefühl, so viele ausgelassene Menschen feiern zu sehen.
Doch dann fesselt dich der große Scheiterhaufen im Zentrum der Wiese. Er übt eine unterschwellige Anziehungskraft aus, der du dich nicht entziehen kannst. Die Macht der Flammen, ihre Kraft, Leben zu verzehren, ist faszinierend. Hohle Stimmen rufen deinen Namen. Unwillkürlich näherst du dich dem Knacken und Wispern. Du verlierst dich im Züngeln der Flammen.
Näher und näher schwebst du heran und glaubst sogar, schemenhaft ein Gesicht im Flirren des Feuers ausmachen zu können. Es ist die Fratze eines Wichts oder Gnoms oder wie dieser verschrumpelte Typ aus „Der Herr der Ringe" heißt. Die auffällige, mit Pomade fixierte Tolle über der Stirn erinnert dich hingegen an den King. Und jetzt spricht der verknautschte Elvis auch tatsächlich zu dir!
„Gut'n Abend ... Herr ... Herr ...", zischelt der Fratz und kommt schon bei der korrekten Anrede ins Stocken.

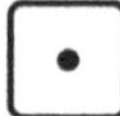

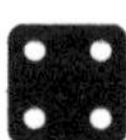

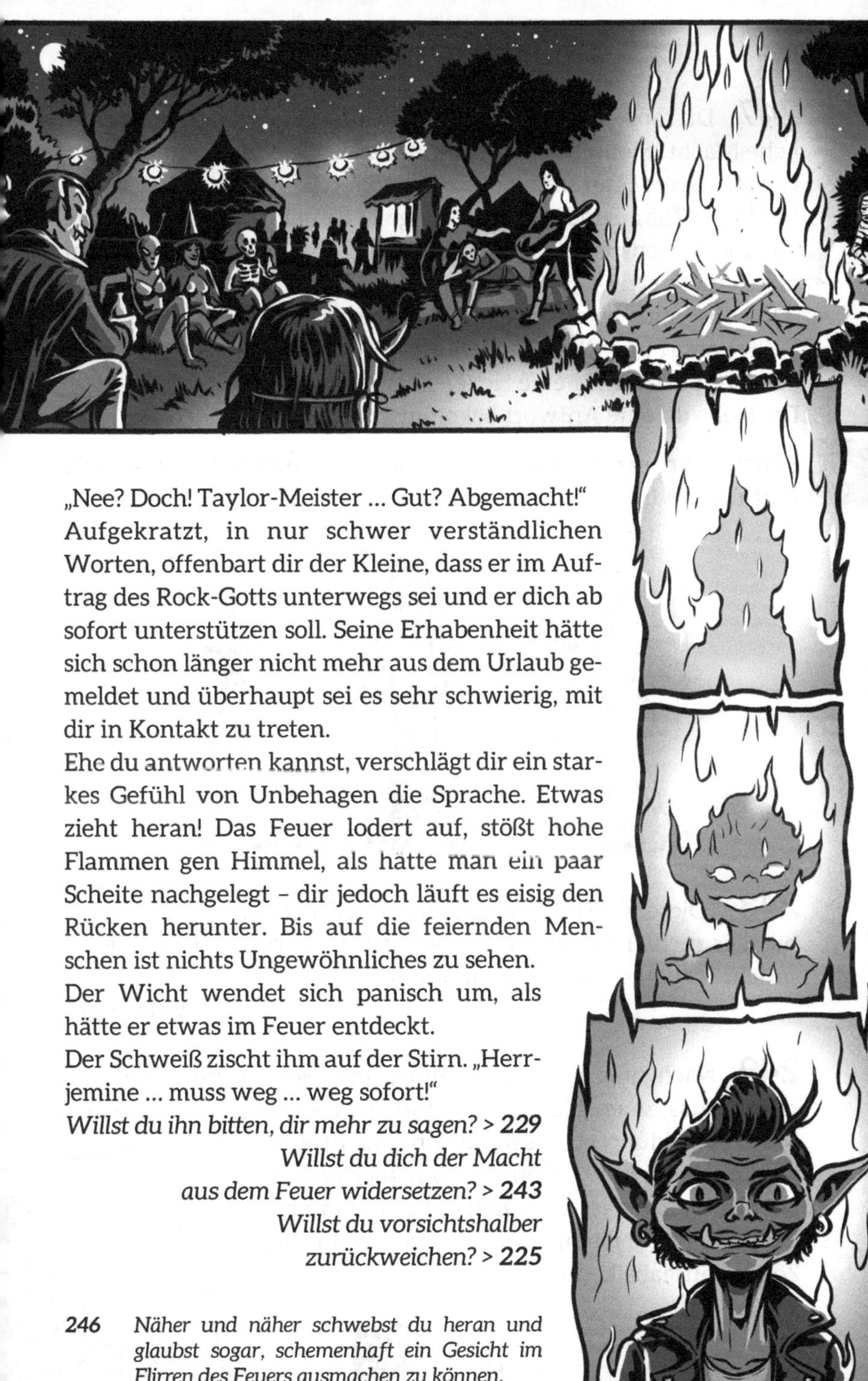

„Nee? Doch! Taylor-Meister ... Gut? Abgemacht!" Aufgekratzt, in nur schwer verständlichen Worten, offenbart dir der Kleine, dass er im Auftrag des Rock-Gotts unterwegs sei und er dich ab sofort unterstützen soll. Seine Erhabenheit hätte sich schon länger nicht mehr aus dem Urlaub gemeldet und überhaupt sei es sehr schwierig, mit dir in Kontakt zu treten.

Ehe du antworten kannst, verschlägt dir ein starkes Gefühl von Unbehagen die Sprache. Etwas zieht heran! Das Feuer lodert auf, stößt hohe Flammen gen Himmel, als hätte man ein paar Scheite nachgelegt – dir jedoch läuft es eisig den Rücken herunter. Bis auf die feiernden Menschen ist nichts Ungewöhnliches zu sehen.

Der Wicht wendet sich panisch um, als hätte er etwas im Feuer entdeckt.

Der Schweiß zischt ihm auf der Stirn. „Herrjemine ... muss weg ... weg sofort!"

Willst du ihn bitten, dir mehr zu sagen? > ***229***

Willst du dich der Macht aus dem Feuer widersetzen? > ***243***

Willst du vorsichtshalber zurückweichen? > ***225***

246 *Näher und näher schwebst du heran und glaubst sogar, schemenhaft ein Gesicht im Flirren des Feuers ausmachen zu können.*

247 Du rappelst dich auf und konzentrierst dich auf deine göttliche Macht, Menschen zu beeinflussen. Doch etwas stimmt nicht. Die attraktive Frau stemmt selbstbewusst die Arme in die Hüften, bleckt die Zähne und tippt sich einige Male mit ihrer langen Zunge auf die Nasenspitze. Das diabolische Funkeln in ihren Augen macht dich fertig.
„Du willst mich befehligen? Ha! Bin ich etwa dein Püppchen? Mein Wille gehört mir allein."
„Was bist du nur für eine Hexe?", fragst du verwundert.
Doch ehe du eine Antwort bekommst ...

4 *Selbst wenn der Manipulationsversuch gescheitert ist, sinkt dein* ***Einfluss*** *um 1!*

*Weiter > **240***

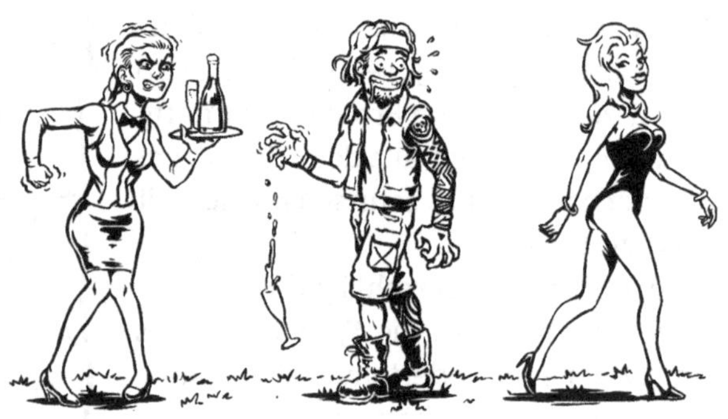

248 „Dieser Geist will euch und euren Freunden helfen. Aber er tut dies nicht nur aus Verbundenheit. Er verfolgt eigene Ziele", spricht Madame Virgo geheimnisvoll.

*Weiter > **213***

249 Nach holprigem Start finden die Metal Heroes und Leo schnell zusammen. Man merkt sofort, dass der Neue eine klassische Musikausbildung genossen hat und die drei anderen immer wieder mit Fachausdrücken überfordert.
Du bist happy, dass sich endlich jemand in der Band befindet, der „Notenlesen" nicht nur vom Tag der Zeugnisausgabe kennt.

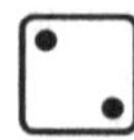 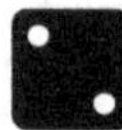

Während die Jungs ausgelassen miteinander jammen, schwebst du vor die Garage. Paul streift vor dem Tor zur Auffahrt des Anwesens. Er ist wütend und wohl unschlüssig, ob er noch einmal Stress machen soll, zieht dann jedoch ab.
Am späten Abend ist es offiziell: Leo ist nun Teil der Band! Somit haben die Metal Heroes ihre optimale Besetzung erreicht. Der Startschuss zu ihrer Weltkarriere!

*Erhöhe nun - nachdem das Kotzbrocken-Geschwür Paul entfernt wurde - die **Bandchemie** um 3 Punkte!*

Zudem bringt Leo das Metal-Genre des Thrash in die Band! Das wurde auch höchste Zeit! Jahrelang die alten Metallica-Covers spielen, aber selbst den Style nicht auf die Kette bekommen. Endlich ist Schluss damit!

*Neues Genre gemeistert: **THRASH**!*
*Die Metal Heroes öffnen sich für den Stil des Thrash Metal! Dies bedeutet, dass sie ab sofort auch Songs dieses Genres in ihr **Repertoire** übernehmen dürfen! Markiere dies, indem du dort den Schriftzug „Thrash" ausmalst.*
*Sie beherrschen somit den ersten Song **„Die Hard and Prosper" (#13)** des Genres Thrash. Markiere dies, indem du einen Kreis um dessen Track-Nummer machst.*

⏩ FAST FORWARD
Die nächsten Monate sind geprägt von Stress und Entbehrungen für die Metal Heroes. Die Verkaufszahlen lassen nach und die Schecks werden kleiner - neues Material muss her!
Entsprechend wird seitens des Managements ordentlich Druck gemacht: Eine kurze Tour an der Westküste wurde gebucht. Jetzt müssen deine Jungs beweisen, dass sie für die Bühne und den Rock'n'Roll-Lifestyle tatsächlich geschaffen sind.
Erstaunlicherweise fällt es Joey als Songwriter der Band nun erheblich leichter kreativ zu sein, da er in Leo einen kongenialen Partner gefunden hat. Gemeinsam komponieren sie frische Tracks für die anstehende Tour.

Die Band erhält ***5 Song-Punkte****!*
Spare oder investiere sie jetzt, um Songs freigeschalteter Genres im ***Repertoire*** *zu aktivieren, indem du einen Kreis um die Track-Nummer machst.*

Besitzt Gregori zudem ein ***mysteriöses Notizbuch****, dann darfst du bei der Aktivierung eines Songs einen zusätzlichen* ***Fame-Stern*** *vergeben (streiche das Notizbuch dann aus dem Inventar)!*

4

Sollte Joey beim Privat-Gig ***„Halloween on Fire“*** 242 *entweder den Song* ***#1****,* ***#4*** *oder* ***#9*** *gespielt haben, hat sich Leo daran gemacht, eines dieser Stücke als Freundschaftsbeweis stilistisch zu verfeinern. Fülle in diesem Fall einen zusätzlichen* ***Anspruch****-Punkt für den gewünschten Song im* ***Repertoire*** *aus!*

Respekt, du hast das Ende von Track 4 erreicht!
Weiter geht's bei ***250*** *mit* ***Track 5: „We Wanna Rock!“****.*

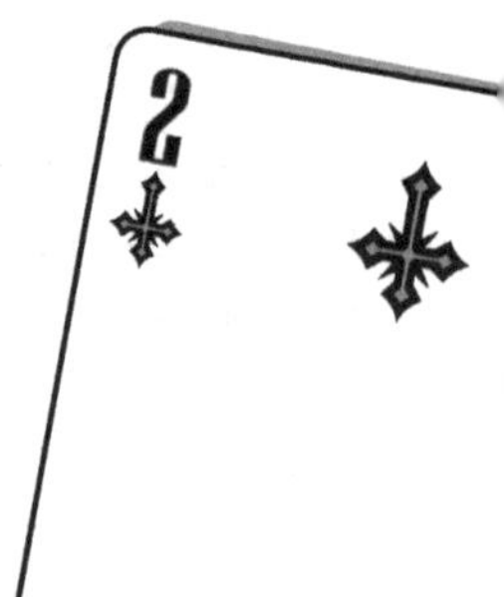

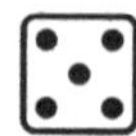

TRACK 5

WE WANNA ROCK!

*REGEL-HINWEIS | „Uuund Achtung! Letzte Regeln. Diesmal geht's um etwas richtig Erfreuliches, nämlich: **Zugaben**! Ja, am Ende wird die Ente fett! Einfach den letzten kurzen Abschnitt **„Zugabe! Zugabe!" (R20)** der Regeln durchlesen, abspeichern und hurtig hier weitermachen! (... ja, Baby, ich bin hier sofort fertig ...) Ach ja, ich verabschiede mich jetzt endgültig in den Urlaub. Um alles Weitere kümmert sich mein Scherge. Rock on, Anwärter!"*

5

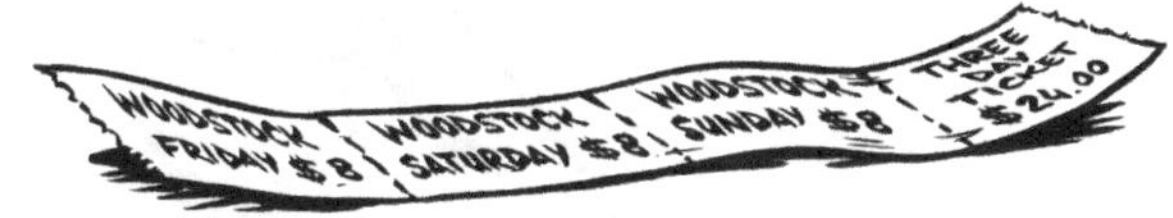

250 Den Metal Heroes steht eine echte Ochsentour durch die Clubs und Klitschen im Großraum L.A. bevor. Jeden Abend heißt es, mindestens zweimal ein kurzes Set einem mehr oder weniger angeheizten Publikum auf die Ohren zu drücken. Der eigentliche Plan: Erfahrung sammeln, bekannt werden in der Szene! Erst dann können echte Konzerte in Angriff genommen werden.

Trotz aller Strapazen und Entbehrungen sind die vier dermaßen begeistert, endlich ihren Traum leben zu können, dass ihnen die langen Nächte nichts ausmachen. Im Gegenteil: Jeder Event, jede Party wird mitgenommen. (Ja, 20 müsste man noch mal sein.)

Dass dabei nicht nur Milch und Wasser fließen, war dir klar, doch wenn du die Metal Heroes Abend für Abend mit nüchternen Götter-Sinnen beobachten musst, wie sie sich die Rüben vernebeln, überdenkst du deine liberale Einstellung zu Drogen noch einmal. Ob die Verantwortung wohl einen Spießer aus dir macht?

*Dein **Einfluss** steigt um 1!*

ROCK-GOTT WEISHEIT | *„Sorg bloß dafür, dass die Jungs die Finger vom **harten Zeug** lassen! Das ist etwas für Menschen, die Hirnzellen verschmerzen können. Und wenn die Heroes clevere Musik machen sollen, dann ist Fusel echt der **falsche Weg**. Aber frag mal Lemmy Kilmister. Der sieht das wahrscheinlich vollkommen anders."*

Der personalisierte Klingelton von Joeys Handy verrät mittlerweile auch dir, dass es sich bei der eingegangenen SMS um eine vom Band-Management handeln muss. Enthusiastisch verliest Joey die Kurzmitteilung seinen Kollegen:

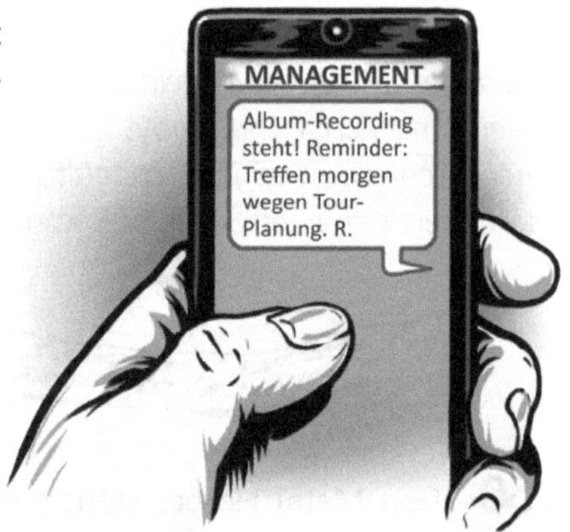

*Wie heißt der **Manager** der Metal Heroes?*
*Ricci Truman > **286** | Russ Marlow > **270***

251 Die CD ist produziert und auf dem Markt, nun überlegt das Management, wie die Tour weitergehen soll. Schließlich gilt es die Scheibe nun zu promoten. Wobei die nächsten Gigs der kommenden Wochen bereits feststehen: Die Metal Heroes werden die Westküste hinauffahren und unter anderem Station in Fresno, Sacramento sowie Portland machen!

Allerdings ist noch nicht klar, wie welche Stadt als Abschluss der „Heroes ablaze the Coast"-Tour gesetzt werden soll.

Der Manager der Heroes kratzt sich am Hals. „Leider überschneiden sich hier zwei mögliche Slots."

In die engere Auswahl kommen die Nordwest-Metropole Seattle und das kanadische Edmonton.

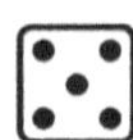 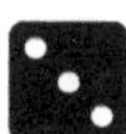

Beide Städte haben gewachsene Metal-Szenen. Seattle ist eng verknüpft mit dem Grunge der 90er und Bands wie Nirvana*, Pearl Jam, Soundgarden oder Alice in Chains. Heute haben dort besonders Progressive-Metal-Fans ihren Spaß!
Die Alternative Edmonton, in der kanadischen Provinz Alberta, auch bekannt als The Festival City, lockt mit einer tiefverwurzelten Fan-Kultur und natürlich einem neuen Markt für die Metal-Heroes. Zumal es sogar die Möglichkeit gäbe noch Gigs in Vancouver und Calgary einzuschieben.
Brian blättert durch die Dokumente. „Wie läuft das eigentlich mit den Fliegern?"
„Ihr wollt fliegen?" Der Manager verschüttet vor Lachen fast seinen Drink. „Kein Problem. Wenn ihr rund 5.000 Dollar zuschießen wollt, dann reden wir drüber. Wenn ich jedoch das finanzielle Risiko für diesen Trip tragen soll, dann pflanzt ihr eure Hintern mal schön in unseren ehrwürdigen Tourbus und fahrt selbst zu den einzelnen Gigs."

⏩ FAST FORWARD

Seit über einem Monat klappern die Metal Heroes gefühlt jede Stadt an den Westküsten Kaliforniens, Oregons und Washingtons ab. Die Stimmung im klapprigen Tourbus ist gereizt.
Gregori mault aus der zweiten Reihe: „Ich habe echt keine Ahnung, was unser liebreizendes Management unter ‚ehrwürdig' versteht – aber ‚fahrende Müllhalde' oder ‚rollende Zeitbombe' wäre definitiv eine passendere Bezeichnung für diesen rollenden Haufen Altmetall."
Souverän und routiniert spielen die Heroes die letzten Auftritte: Bekanntmachung und Besprechung, anschließend Aufbau und Soundcheck, Konzert mit feucht-fröhlicher After-Show-Party, eine Mütze Schlaf und am kommenden Morgen weiter zur nächsten Location.

Wo soll also das Finale der ersten Heroes-Tour steigen?

Seattle, USA > ***290***

Edmonton, Kanada > ***300***

*) ROCK ICONS: Nirvana

War eine US-amerikanische Rockband aus Aberdeen im Bundesstaat Washington. Wurde 1987 gegründet und erreichte mit dem Song „Smells Like Teen Spirit" und dem Album „Nevermind" Kultstatus.

252 Nach dem Konzert treffen sich die Heroes mit ihrer „Vorband“. Striker-Sänger Dan Cleary führt die versammelten Metaller in den „Blues on Whyte Pub“, wo die Horde etwas deplatziert wirkt: Ihre knatschenden Leder-Outfits, die ausgewaschenen Shirts und langen Matten wollen so gar nicht ins edle Ambiente der Blues Bar passen und ernten ein paar verstörte Blicke.
„Die Musik ist nicht so prall, dafür die Import-Bierchen umso besser“, werden die Heroes über die schräge Wahl der Location aufgeklärt. Nach einer Runde um die Welt der Hopfen- und Malz-Getränke hebt Dan seine Flasche und stößt nacheinander mit Joey, Brian, Leo und Gregori an.
„Also, Leute, wir haben schon ein paar Jährchen mehr Erfahrung als ihr – daher möchte ich euch einen Tipp geben. Fahrt nach Skandinavien! Wir haben damals einen härteren, europäischen Drum-Sound gesucht – und ich kann nur sagen, die großen Blonden wissen, wie man Black und Death spielt.“
Die nächsten Tage machen die Metal Heroes einen wohlverdienten Kurzurlaub in Edmonton und Umgebung. Sie kommen bei den Jungs von Striker unter, die gerne ihre Bude mit ihren neuen Kumpels aus den Staaten teilen. Gemeinsam jammen sie die Nächte durch.

*Die Band erhält **3 Song-Punkte**!*
*Spare sie, um später Songs freigeschalteter Genres im **Repertoire** zu aktivieren.*

*Weiter > **310***

253 Es kommt, wie es kommen muss: Der Stick gleitet Gregori durch die schweißnassen Finger, fliegt im hohen Bogen vom Schlagzeuger-Podest in die vordere Reihe seiner Bandkollegen und trifft Brian am Schädel. Die kleine Slapstick-Einlage sorgt im Publikum für anhaltendes Gelächter.

*Der **Gig-Score** sinkt um 2!*
*Notiere dir diese misslungene „Stick-Rotation“ als einen Abzug von **-2** im B-Feld von **„Turn on the Voltage“** im **Tour-Book** des Metal-Logbuchs.*

*Weiter > **313***

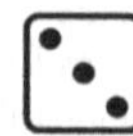 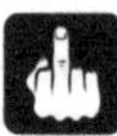

254 Wenn du die Metal Heroes so in der alten Garage spielen siehst, kannst du kaum glauben, wie sich dieser Haufen in den letzten Jahren entwickelt hat. Mit Joeys Fokus, Leos Kreativität, Brians Power und Gregoris Lockerheit ist die richtige Mischung gefunden.

Die ***Bandchemie*** *steigt um 1!*

In welchem Laden haben die Metal Heroes ihren ersten Gig?

„The Dungeon" – ab in die Finsternis! > ***320***

„Rock Maiden" – beglückt die Rock-Jungfrauen! > ***325***

„High Voltage" – auf zu den Die-Hard-Fans! > ***296***

Solltest du dich nicht mehr erinnern können, schlage in deinem ***Tour-Book*** *nach und lasse dich anschließend eingehend von einem Arzt deines Vertrauens untersuchen! Sich so etwas nicht über zwei Sektionen hinweg merken zu können, bereitet mir ernsthafte Sorgen!*

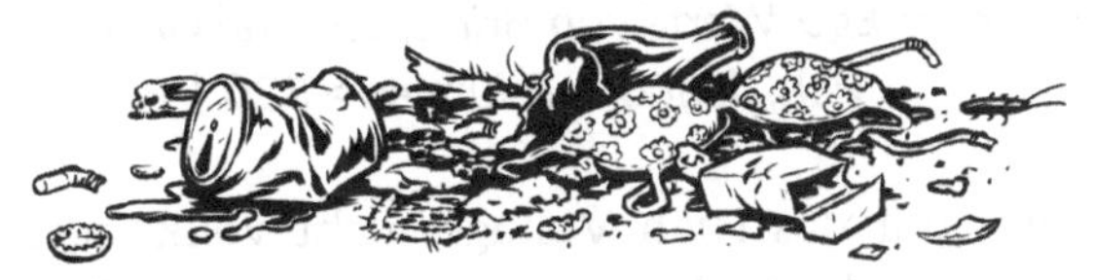

255 Der erste Tour-Koller überkommt die Band zu einem denkbar ungünstigen Zeitpunkt. Nach wochenlangem Sich-auf-die-Pelle-Rücken war der leere Laden in Calgary der Zünder, der die Miese-Stimmung-Bombe explodieren ließ.

Selbst der diplomatische Joey schafft es nicht, Brian und Gregori zu beruhigen. Erst als man einen Zwangsstopp an einer Raststätte einlegt und die beiden sich für eine Stunde nicht mehr sehen müssen, entspannt sich die Lage wieder.

Die ***Bandchemie*** *sinkt um 1!*

Weiter > ***275***

256 Joey stellt sich und seine Kollegen vor. Scheißidee! Unnötiges Quatschen kommt auf keiner Bühne der Welt an. Erste Pfiffe werden laut.

Einer schreit: „Junge, nicht palavern! Zeit ist Metal!"

Weiter > ***291***

257 Der Blick von der langsam rotierenden Aussichtsplattform der Space Needle über die Skyline von Seattle ist beeindruckend: der Hafen, die Industrieanlagen und die vielen Grünflächen und Seen, die „The Emerald City“ einrahmen.
Am frühen Nachmittag werden die Metal Heroes – so wie alle anderen Gäste – gebeten, das Restaurant zu verlassen. Die geschlossene Gesellschaft einer Stiftung wird erwartet.

Weiter > ***319***

258 Joey überholt Brian mit langen Schritten, stellt sich vor seine Bandkollegen und versucht ihnen klarzumachen, dass die Girls wahrscheinlich nur Stress und Ärger bedeuten.

Checke Joeys ***Presence****!*
5
(Sollte Joey sein ***Special*** *nicht besitzen, ist dieser Check um die Summe aller* ***Ego****-Werte von Brian, Leo und Gregori erschwert!)*
Pah, dennoch gelungen > ***330*** | *Misslungen >* ***326***

259 „Wenn wir das High Voltage nicht vollkriegen, kann es sein, dass wir drauflegen. Wir müssen nämlich zunächst mal den Laden anmieten.“
„Ist das üblich?“, fragt Leo verblüfft.
„Ihr seid Newcomer, und wenn ihr den kleinen Schuppen nicht einigermaßen voll bekommt, macht der Besitzer an dem Abend zu wenig Umsatz. Mit 1.000 Dollar Vorschuss seid ihr dabei.“

Soll die Band trotz des finanziellen Risikos ihren ersten Gig im „High Voltage“ schmeißen, muss Joey nun einen ***Geldschein*** *von seiner* ***Kreditkarte*** *abstreichen! (Hat er keinen mehr, ist diese Option leider nicht wählbar) >* ***324***
Ansonsten bleiben die kostenlosen Alternativen:
„The Dungeon“ > ***322*** | *„Rock Maiden“ >* ***279***

260 Am nächsten Morgen läuft in einem Lokalsender Seattles ein kurzer Bericht unter dem Namen „Kids in Space“. Für wenige Sekunden sind sogar die Metal Heroes im Bild, werden aber mit keiner Silbe bzw. Ton erwähnt.

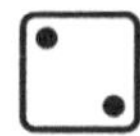 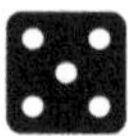

⏩ FAST FORWARD
Diese Aktion war in Sachen PR nahezu wirkungslos, allerdings haben die Jungs etwas Gutes getan und erfahren, dass es sehr erfüllend sein kann, gelegentlich über den Tellerrand hinaus zu blicken.

Weiter > ***319***

261 Du brauchst einige Sekunden, um zwischen den ganzen Erinnerungen einer großartigen NBA-Karriere und privaten Gedanken dich wieder auf Leo zu fokussieren. Verwirrt bestätigst du seine Einschätzung und heuchelst Fachwissen in Sachen Basketball und Metal Musik.
Du spürst, dass die Sport-Ikone durchaus Interesse an Leo und den Metal Heroes hätte, kannst allerdings das von dir soeben verdrängte Bewusstsein nicht so schnell erfassen.
Etwas hilflos, was du mit der Kontrolle des Basketballers nun anstellen sollst, stellst du die Metal Heroes bei den Sportfans in der Bar vor und lobst ihre tolle Musik, was einige beeindruckt, aber letztendlich verpufft.

*Dein **Einfluss** sinkt um 1!*

Weiter > ***319***

262 Als die aufgekratzten Metal Heroes in den Bus einsteigen, fasst Zig Brian in den Arm, hält ihn kurz zurück und flüstert ihm in einer Rauchschwade zu: „Hey, Kumpel, die Rothaarige ist mir nicht geheuer. Die scheint mir zu abgezockt für eine, die einfach nur flachgelegt werden will."
Der Frauenheld schmunzelt, was Zig noch deutlicher werden lässt: „Die Kleine ist Gift! Wenn du mich fragst, hat sie sich dem ältesten Gewerbe der Welt angeschlossen."
„Verstehe. Sie ist Steinmetz", höhnt Brian uneinsichtig.

Weiter > ***292***

263 Nach ein paar Songs beschnuppern, spüren die Schwarz-Kutten, dass hier ehrlicher, atmosphärisch-dichter Metal abgeliefert wird, und beginnen, Haare und Hüften kreisen zu lassen.

Joey kämpft derweil mit der Technik. Der Laden ist nämlich so old-school, dass die Mikros tatsächlich noch mit Kabel funktionieren. Der Heroes-Sänger kommt damit gar nicht klar und verheddert sich ständig im Gestrüpp der Strippen.

Als er bei einem seiner Animationsversuche richtig abgeht und wie ein wilder Kreisel die Bühne auf und ab rotiert, verfängt sich sein Kabel im linken Turm der PA-Anlage.

Oh, oh, Gig-Challenge! Checke Joeys ***Power****!*

Gelungen > ***293***

Misslungen > ***312***

264 Die fünf Kerle von Striker sind Lokalmatadoren. Wie du weißt, ist das kanadische Publikum überkritisch, was Bands aus dem eigenen Land angeht. Mit ihrem ehrlichen, schnörkellosen Metal haben sie die Fans aber schnell auf ihrer Seite.

Thrash-, Speed- und Power-Elemente geben sich die Ehre. Sänger Dan Cleary wartet zudem mit einem hellen Organ a la Bruce Dickinson★ auf. Du bemerkst, dass er bei weitem nicht seine komplette Range abruft - wahrscheinlich muss er sich für die Dauer der Tour etwas zurücknehmen.

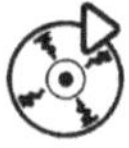

Höre dir nun bitte ***Track 1*** *des* ***Metal-Heroes-Soundtracks*** *aufmerksam an!*

„City of Gold"

THRASH METAL

Bright eyes tell stories
The way the world used to be
White lies of lost glory
We were blind but used to see

They're screaming into the night
The blood of the innocent soul

City of gold
It's no time to be alive

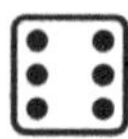 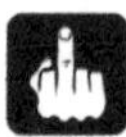

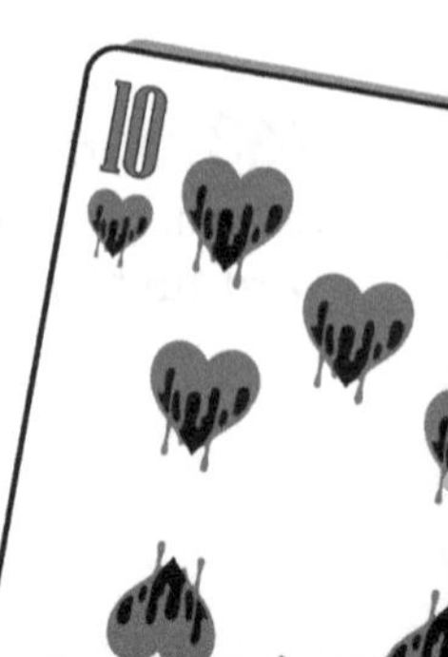

City of gold
When you're lost in the city

Baptized in memories
The writings on the wall
Truth dies with history
What really happened there?

They're screaming into the night
The blood of the innocent soul

City of gold
It's no time to be alive
City of gold
When you're chosen to die
City of gold
The golden king, the serpent ring, the god of all
City of gold
The master of the sun

Darkness into shadow
The death of the sun
Reborn to rise again
Under the morning sky

They're screaming into the night
The blood of the innocent soul

City of gold
It's no time to be alive
City of gold
When you're chosen to die
City of gold
The golden king, the serpent ring, the god of all
City of gold
The master of the sun

„City of Gold" (2014) von Striker
Thrash/Speed-Metal-Band aus Edmonton, Alberta (Kanada)

5

★) ROCK ICONS: Bruce Dickinson
Paul Bruce Dickinson (7. August 1958 in Worksop, England) ist Frontmann der Heavy-Metal-Band Iron Maiden. Er ist in Besitz eines Pilotenscheins und steuert die Band-Boeing 747-400 „Ed Force One".*

Mit welchem Kunstgriff schafft es der Striker Sänger Dan Cleary, dass sich die Refrain-Zeilen „They're screaming into the night – The blood of the innocent soul" reimt?

*Er „shoutet" zwischen den Zeilen > **309***

*Er „schleift" die Endungen > **299***

*Er singt im Gegensatz zum offiziellen Text nicht ganz jugendfreie Zeilen > **282***

265 Gleich am ersten Tag ihrer Rückkehr werden die Metal Heroes von ihrem Manager in die Saddle Ranch am Sunset Strip eingeladen. Das Motto des Abends: Teures Steak für erfolgreiche Musiker!

5

Begeistert von den Verkaufszahlen der CD schmeißt er eine weitere Runde. „Fate of Rock", wie er das Album verkürzt nennt, „rennt spitzenmäßig!"

Als sogar Fans die Metal Heroes erkennen und Autogrammwünsche äußern, sowie Selfies machen möchten, bemerkst du den ersten Anflug von Größenwahn in den Gesichtern deiner Schützlinge!

Die Jungs bekommen das Grinsen gar nicht mehr von den Backen und lassen es in dieser Nacht richtig krachen.

*Die **Fanbase** steigt um 1!*
*Gregoris **Presence** steigt um 1!*

*Wie hoch ist die **Fanbase** nun?*

*4 oder höher > **331***

*Geringer > **311***

ROCK-GOTT WEISHEIT | *„Aufgepasst, die* **Abgehobenheit** *– ganz kritisches Ding! Alle erfolgreichen Rock-Bands tendieren irgendwann dazu durchzudrehen. Sie denken dann, sie seien die Größten, demolieren Hotels, zerkloppen die PA und vögeln wild in der Gegend rum. Wie kommt's? Ich sag's dir: Was ist schlimmer als Erfolg? Schneller, unreflektierter Erfolg! Pass also auf, dass deine Jungs auf dem Teppich bleiben, sonst fängst du sie nie wieder ein!"*

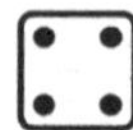

266 Als die Metal Heroes die gut gefüllte Sports-Bar betreten, läuft auf den zahllosen Flachbildschirmen die Live-Übertragung des Playoff-Spiels der Seahawks, dem ansässigen Football-Team. Entsprechend werden sie von niemandem beachtet, erst als das Ei in einer Werbeunterbrechung ruht, kümmert sich eine Bedienung im offenherzig geknöpften Schiedsrichter-Hemd um die Gäste.
„Na, ihr Süßen, ihr kommt wohl nicht von hier, hm?“
Brian versucht ihr gegen den Lärm in der Bar zu erklären, wer sie sind und was sie in Seattle wollen, jedoch bleibt es beim Versuch und der Aufnahme der Bestellung.
Die Hütte ist brechend voll. Die vier müssen fast zwei Stunden nach Spielende warten, bis sie endlich ihr Futter aufgetischt bekommen.
Von der Neugier gepackt geht Leo zu einer der vielen beleuchteten Vitrinen mit Sport-Devotionalien. Signierte Bälle, eingerahmte Trikots der Lokalhelden, schwarzweiß Fotos legendärer Meistermannschaften und allerlei Zeug, das eigentlich nur Sportverrückte interessant finden.

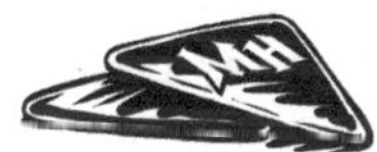

„Echt schade, dass es kein NBA-Team mehr in Seattle gibt“, outet sich Leo als Basketball-Fan und wendet sich einem großen Schwarzen zu, der ebenfalls in die Vitrine blickt. „Wäre es nicht toll, wenn die Super Sonics zurückkehren würden?“
„Nun, ich arbeite daran“, sagt der Mann überzeugt, der genauso in Erinnerungen schwelgt. Er ist von ähnlicher Statur wie Leo, geht aber bereits auf die 50 zu und strahlt amüsiert, als ihn der Bassist erkennt und kreidebleich wird.
„Wahnsinn! Sie sind doch Gary Payton, richtig?“

Willst du diese Begegnung nutzen, um für die Metal Heroes etwas Besonderes einzutüten?

Ja, ich versuche mein Glück > ***•261***

Lass mal gut sein > ***302***

267 Kanada wurde bekehrt! Die Metal Heroes haben den Metalheads im Norden Amerikas gezeigt, warum sie die Newcomer des Jahres sind!

*Die **Fanbase** steigt um 1!*

*Ist im Metal-Logbuch unter **Road to Glory** Eintrag **#7** angekreuzt?*

Ja > ***252*** | *Nein >* ***310***

268 Du bemächtigst dich des Körpers einer jungen Frau, die zufällig am Tourbus vorbeischlendert, und klopfst gegen die Scheibe, in etwa dort, wo Brian gerade seine Groupies beglückt. Dabei rufst du: „Bry, Baby, bist du da?" Von der eigenen Dawna-Imitation überraschst, pochst du erneut.

5

*Dein **Einfluss** sinkt um 1!*

Deine Intervention zeigt augenblicklich Wirkung: Wie ein wilder Stier, dessen Klöten man beim Rodeo eingeklemmt hat, wirft Brian, im Glauben seine Ex käme vorbei, die Cowgirls ab. Beide zetern um die Wette, als der Gitarrist sie verwirrt auffordert zu gehen.
Die Verstoßene mit der blutroten Mähne versucht zwar noch mit dem provokativen Lüften ihres Lederminis Brians Meinung zu ändern, doch der meint bloß: „Ihr braucht mir mit euren Muschi-Gesängen gar nicht erst kommen. Bitte, haut ab!"
Die Erfahrung mit der roten Bitch und seiner Standfestigkeit inspiriert Brian auf der weiteren Busfahrt zu einem neuen Song!

*Übernehme nun **„My Girl is a Short Track Medalist" (#36)** als **Glorious Track** ins **Repertoire** der Band, indem du einen Kreis um dessen Track-Nummer machst.*
*Wenn du mehr über diesen Song erfahren möchtest, lies die Zusatzinfos im Anhang unter **„Glorious Tracks Inside"** durch.*

Weiter > ***332***

269 Der erfahrene Manager-Haudegen Russ unterbreitet überraschend einen Vorschlag: „Ich könnte mir gut vorstellen, dass euch ein Trip nach Skandinavien weiterbringen könnte."

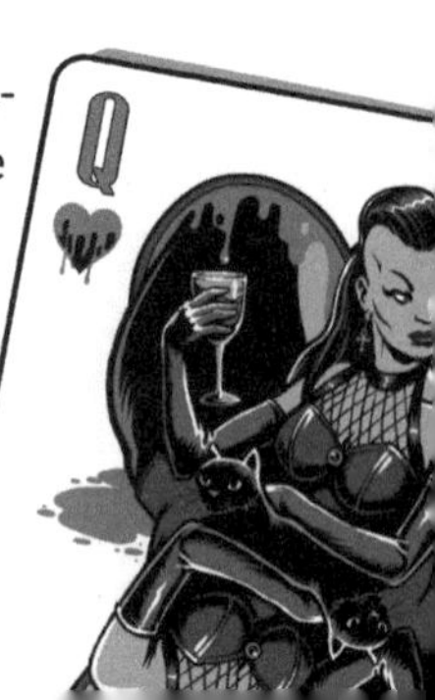

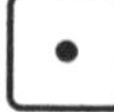 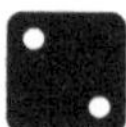

Einige Gigs in Schweden hätte er bereits klargemacht. Damit geht ein Traum für die Metal Heroes in Erfüllung!

„Noch Fragen?"

Mit der Erfahrung der ersten Trips fragt Brian unsicher: „Aber diesmal nehmen wir doch den Flieger, oder?"

„Natürlich! Oder willst du die 7.000 Meilen nach Kopenhagen mit unserem Tourbus fahren?"

Gregori leise: „Das würde die Schrottmühle gar nicht überleben."

Zwei Wochen später sitzen die Herren in der Holzklasse nach Dänemark!

Glück muss man haben!

*Weiter geht's für dich bei **S1** mit **Bonus Track 1: „Bjørn to be Wild"** (siehe Kapitelmarkierung „S").*

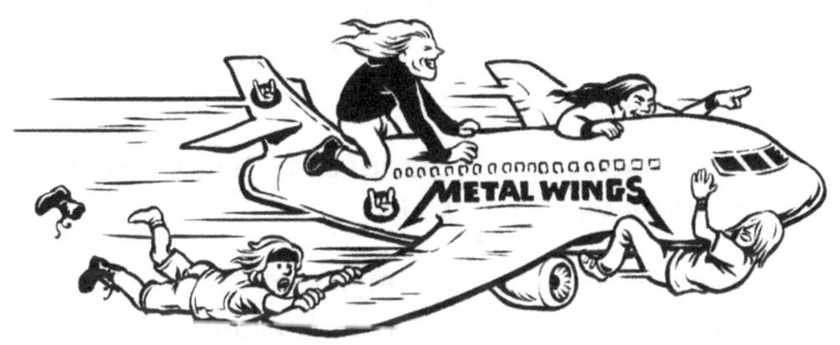

270 Russ hat seine Schützlinge in sein großes Büro am Ocean Drive antanzen lassen. Über die partiell künstlich wirkende, aber freundliche Assistentin des Managers erfahren die Metal Heroes indirekt, dass er bereits in einer halben Stunde seinen nächsten Termin wahrnehmen muss. Entsprechend gehetzt und ohne große Höflichkeiten beginnt das Gespräch.

Es geht um die Debüt-Tour, die die Metal Heroes an der Westküste in einige kleinere Clubs und Bühnen bringt. Natürlich wird damit das Material des Premieren-Albums der Band promotet, das danach produziert werden soll.

„Im Prinzip geht's darum, euren ersten Promo-Gig zu organisieren", eröffnet Russ den Metal Heroes etwas gelangweilt seine Pläne.

„Mir schwebt ein Test-Gig hier in LA vor, um mal klarzuwerden, wie ihr ankommt. Eigentlich gibt es dazu nur zwei Adressen. Entweder das Dungeon oder das Rock Maiden. Das Dungeon ist kleiner. Da stopfen wir maximal 400 Leute rein. Ins Maiden passt immerhin das Doppelte. Bekommt ihr den Laden voll, hätten wir eine fette Grundlage für die richtige Tour. Dafür muss eure Setlist auch etwas mehr zu bieten haben."

In welchem Schuppen sollen die Metal Heroes ihren ersten Tour-Auftritt schmeißen?

The Dungeon > ***322*** | *Rock Maiden >* ***279***

271 Die Kunststückchen des Heroes Drummers amüsieren die Menge. Erstaunlich, welche Fingerfertigkeit Gregori besitzt.

Weiter > ***313***

5

272 Chuck Landau geht die Tracklist durch und bereitet einen Aufnahmeplan vor. Binnen zwei Wochen soll das erste Album der Metal Heroes aufgezeichnet sein.

Bestimme nun sämtliche Tracks, die auf dem ***Debüt-Album*** *der Metal Heroes veröffentlicht werden sollen!*

ONLY: Suche dir einfach ***7 Songs*** *gemeisterter Genres aus dem* ***Repertoire*** *aus, die jetzt als Tracks des* ***1. Albums*** *aktiviert werden. Kreise ihre Track-Nummern ein und schreibe* ***„1“*** *ins* ***„Out“****-Feld!*

Wähle dazu ***mindestens 6*** *aber* ***höchstens 8*** *beliebige, bisher unveröffentlichte Songs aus dem* ***Repertoire****, indem du eine* ***„1“*** *ins* ***„Out“****-Feld schreibst. Natürlich müssen all diese Songs aktiviert sein (einen Kreis um die Track-Nummer haben).*
Hat die Band keine ***6 unveröffentlichten Songs*** *zur Verfügung, tue Folgendes: Fülle die benötigte Anzahl auf, indem du jetzt beliebige Songs gemeisterter Genres aktivierst. Tue dies, indem du einen Kreis um deren Track-Nummern machst.*
Allerdings musst du für all diese Songs ihre noch leeren ***Anspruch****-Felder und* ***Fame-Sterne*** *auskreuzen! Das bedeutet, dass diese Tracks unter Zeitdruck im Studio zusammengeschustert wurden und kein weiteres Potenzial mehr besitzen!*

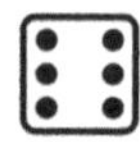 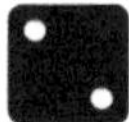

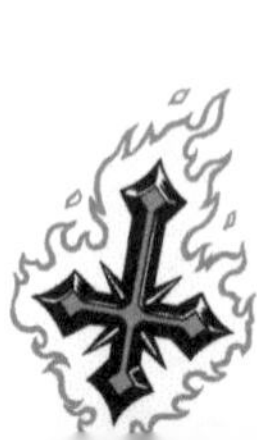

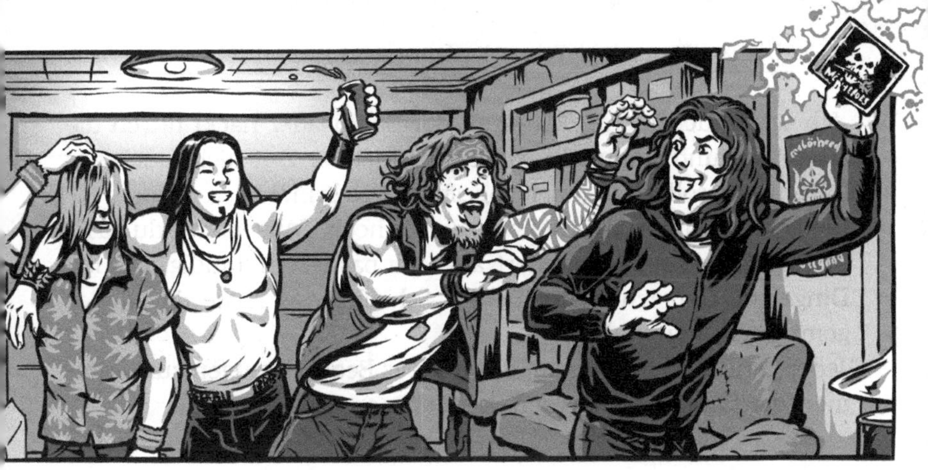

Am Ende der Aufnahme steckt Joey dem Produzenten noch den Namen des Albums. Der Alte ist wenig begeistert von der Wahl der Band: „Metal Heroes – and the Fate of Rock?! Was soll das bitte sein? So kann man vielleicht ein bescheuertes Buch nennen, aber doch kein Album!“
„Sorry, Chuck, der Name wurde auch schon vom Management abgesegnet“, lügt Joey dreist, um jede Diskussion im Keim zu ersticken.

Weiter > ***251***

273 Obwohl du es normalerweise nicht tun sollst, manipulierst du einen der Metal Heroes. Joey ist innerlich eh auf deiner Seite und zeigt keine Anzeichen von Widerstand, als du seinen Geist übernimmst.

*Dein **Einfluss** sinkt um 1!*

„Ladys, schönen Abend noch!“, forderst du unmissverständlich durch Joeys Mund die Damen auf zu gehen und drückst den Knopf zum Öffnen der Vordertür. Während die jungen Groupies ihre Röckchen und Oberteile wieder in Position bringen und barfuß von dannen tippeln, verschaffen sie ihrem Unmut mit Ausrufen wie „blöde Ärsche“ oder „Schlappschwänze“ Luft.
„Scheiße, was stimmt mit dir nicht, Joey? Das waren super Bräute! Wir hatten gerade einen spitzenmäßigen Mandel-Eichel-Kontakt und du schickst sie in die Wüste?“, beschwert sich Gregori weinerlich, während du deinen Geist von Joey löst.

„Ich weiß auch nicht ...", torkelt der Bandleader nackt durch die Sitzreihen und stammelt: „Habt ihr in letzter Zeit nicht auch das Gefühl, wie soll ich sagen, ferngesteuert zu sein?"
Leo zerrt verärgert den Reißverschluss hoch. „Wie meinst du das?"
„Ich weiß, es klingt bescheuert, aber mir passiert es ständig, dass ich Dinge tue und ich später denke ‚Scheiße, was haste da wieder gemacht?' - Versteht ihr?"
Jeder geht kurz in sich, um dann Joeys Beobachtungen zuzustimmen, der kreidebleich in den Fahrersitz gesunken ist.

*Weiter > **332***

274 Kanada war wahrlich eine Reise wert. Die Metal Heroes haben bei den Metalheads im kalten Norden ordentlich Eindruck hinterlassen.

*Ist im Metal-Logbuch unter **Road to Glory** Eintrag **#7** angekreuzt?*

*Ja > **252** | Nein > **310***

275 Die drei Extra-Gigs in Kanada sind für deine Jünger ein unerwarteter Bonus. Denn die harten Metal-Mounties tragen nicht nur das Ahornblatt auf dem Herzen, sondern hegen durchaus Sympathien für Newcomer aus den USA.
Vancouver - Calgary - Edmonton. Innerhalb von fünf Tagen haben deine Heroes die größten Städte im Westen Kanadas abgeklappert. Alles ein wenig kleiner, alles ein wenig familiärer. Doch für den ersten Trip jenseits der Staaten perfekt. Und heute Abend steht der letzte Gig im „Starlite Room", einer guten Adresse in Edmonton, an.
Der Schuppen ist von überschaubarer Größe, dafür umso angesagter. In ihn kommen nur alteingesessene Mitglieder mit Clubausweis rein. Selbst an einem Konzertabend bleiben die Tore für Fans ohne Fahrschein verschlossen.
Wie sämtliche Gebäude der Stadt ist der Starlite Room ein simpler Betonbau. Alles spielt sich im Parterre ab. Insgesamt erinnert dich die Architektur der Hauptstadt Albertas an Los Angeles. Flach, breit, ausladend.

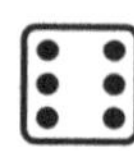 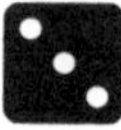

Gig-Muster

STARS AT STARLITE

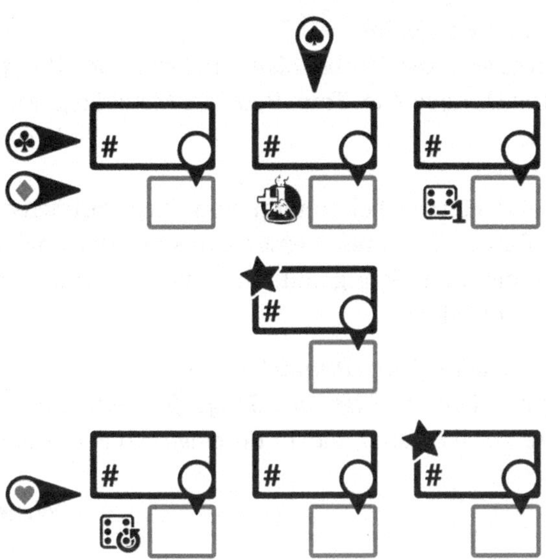

Vom Manager des Ladens erfahren die Metal Heroes, dass sie heute nicht alleine auf der Bühne stehen, sondern nach Striker, einer kanadischen Metal-Band, bekannt für ihre ungezuckerten Speed- und Thrash-Tracks.

Setlist Stars at Starlite

*Wähle nun **7 Songs** aus dem **Repertoire** und bestimme damit die **Setlist** für diesen Auftritt. Trage dazu ihre Track-Nummern in die vorgesehenen Felder mit dem #-Symbol im **Gig-Muster** ein.*

*Hast du alle Songs der **Setlist** eingetragen, ziehe eine Karte! Sie bestimmt die **3 relevanten Songs** dieses Auftritts. Kreuze den **Pfeil** mit dem entsprechenden Karten-Symbol am Rand des **Gig-Musters** an.*

Was sollen die Metal Heroes nach dem Soundcheck tun?

Im Tourbus ratzen, um Kraft für den Auftritt zu tanken > ***307***

Sich Striker geben > ***264***

276 Wie ein Zirkusartist wirbelt Leo seine Road Worn am Gurt um den muskulösen Hals. Sein akrobatisches Highlight stachelt die Fans weiter an!

*Der **Gig-Score** steigt um 2!*
*Notiere dir den geilen „Bass-Wirbel“ als einen Bonus von **+2** im **B**-Feld von **„Down the Dungeon“** im **Tour-Book** des Metal-Logbuchs.*

*Weiter > **303***

277 Die Metal Heroes bekommen von Ricci zunächst einige Wochen Tour-Pause verordnet – erst dann steht der nächste Termin in San Francisco an. Genug Zeit, um neue Songs zu komponieren und zu proben! Oder?

*Die Band erhält **4 Song-Punkte**!*
*Spare oder investiere sie jetzt, um Songs freigeschalteter Genres im **Repertoire** zu aktivieren, indem du einen Kreis um die Track-Nummer machst.*

*Weiter > **315***

*ROCK-GOTT WEISHEIT | „**Groupies**, oh ja! Das Thema ist wohl nicht mehr so heikel wie früher, als Rock-Bands noch richtig Kohle machten. Aber natürlich gibt's heute noch Mädels, für die es nichts Größeres gibt, als ihren Stars möglichst nahezukommen.*
Nur, was mich fuchst... Ständig wird es so dargestellt, als seien alle von den Typen ausgenutzt worden. Schwachsinn! Die wollten doch in den Bus steigen oder auf die Motel-Zimmer kommen. Am Ende haben sie exakt das bekommen, was sie wollten – eine Nacht oder auch nur fünf Minuten mit ihren Idolen! Außerdem kannst du froh sein, wenn deine Jungs nicht auf die ganz abgekochten Miezen reinfallen.“

278 Das unglückliche Zusammentreffen bleibt ohne weitere Folgen. Und die Metal Heroes stürmen die Bühne des Starlite Rooms. Die Menge heißt die Metal-Band aus dem Nachbarland USA willkommen!

*Weiter > **318***

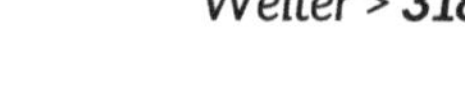

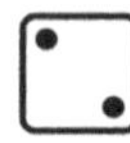

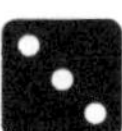

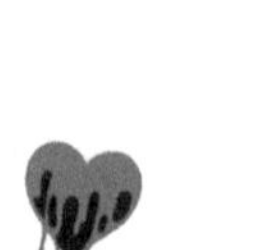

279 Der Manager legt seine Stirn in Falten. „Das nenne ich eine mutige Entscheidung! Gleich aufs Ganze – geht klar! Gebt mir ein paar Tage Zeit, damit ich den Termin fix machen kann."
Es bleiben der Band knapp drei Wochen, ihre Technik zu verbessern und an neuem Material zu arbeiten. Und mit Stolz verfolgst du ihren Eifer und Entschlossenheit, ihren Traum in die Tat umzusetzen!

*Kreuze nun bitte im **Tour-Book „Rock the Maiden"** an!*
*Die Band erhält **3 Song-Punkte**!*
*Spare oder investiere sie jetzt, um Songs freigeschalteter Genres im **Repertoire** zu aktivieren, indem du einen Kreis um die Track-Nummer machst.*

*Besitzt Joey sein **Special**?*
*Ja, ist angekreuzt > **305** | Nein, dem ist nicht so > **254***

5

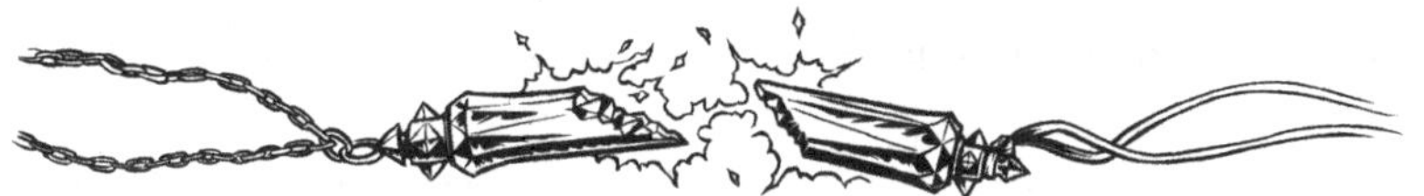

280 Die jüngsten Auftritte, insbesondere das letzte Konzert der Metal Heroes machen sie zum Szene-Gespräch Los Angeles. Die ersten Anfragen von lokalen Radiosendern und Musik-Magazinen treffen ein. Ganz zu schweigen von der positiven Resonanz der neuen Fans!

*Die **Fanbase** steigt um 1!*
*Dein **Einfluss** steigt um 1!*

*Weiter > **321***

281 Kaum in Los Angeles angekommen, werden die Metal Heroes zu ihrem Manager ins Büro zitiert. Er will mit ihnen die ersten Verkaufszahlen des Debüt-Albums besprechen.
„Alles in allem bin ich zufrieden. Und weitere PR-Termine sind in Planung, um ‚Fate of Rock' weiter zu pushen."

*Die **Fanbase** steigt um 1!*

*Wo hoch ist die **Fanbase** nun?*
*4 oder höher > **331** | Geringer > **311***

282 Die Bühne ist bereitet! Die Metal Heroes hören Backstage den Jubel, als Striker nach zweifacher Zugabe das Feld räumen. Lachend springen sie den Heroes von der Stage entgegen und übersehen dabei Leo.

Du wunderst dich, dass dies überhaupt möglich ist, und musst lachen, wie die beiden Striker-Gitarristen Ian und Chris am Asia-King abprallen wie zwei Tennisbälle.

*Checke nun Leos **Presence**!*
*Gelungen > **294** | Misslungen > **278***

283 Ohne die Altlast und Querschläger Paul ziehen die Metal Heroes endlich an einem Strang!

*Die Band erhält **3 Song-Punkte**!*
*Spare oder investiere sie jetzt, um Songs freigeschalteter Genres im **Repertoire** zu aktivieren, indem du einen Kreis um die Track-Nummer machst.*

*Besitzt Joey sein **Special**?*
*Ja > **305** | Nein > **254***

284 Joey knöpft sich den obersten Knopf seines Hemdes auf, geht cool zum Mikroständer und raunt: „Ich sag' euch, High Voltage, dreht größere Sicherungen rein, jetzt kommen die Metal Heroes!"

Das Stichwort für Gregori und Brian, ein Sperrfeuer brachialer Basslines an die Wand zu brettern.

So lieben das die Fans: Nicht lang fackeln, mit dem Nacken wackeln! Die Stimmung ist gleich auf 180.

*Der **Gig-Score** steigt um 2!*
*Notiere dir die „Rock it!"-Atmo als einen Bonus von **+2** im **A**-Feld von **„Turn on the Voltage"** im **Tour-Book** des Metal-Logbuchs.*

*Weiter > **291***

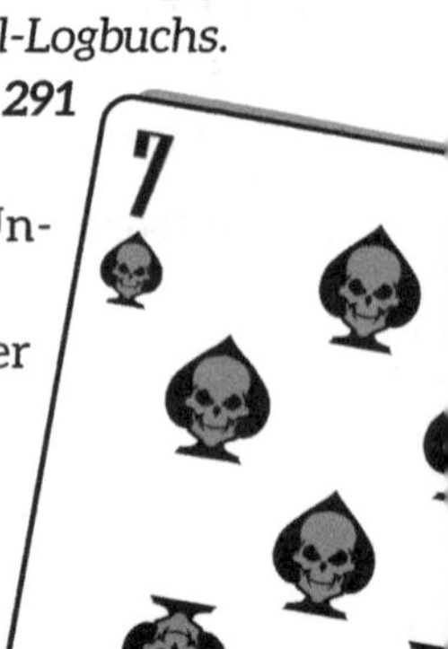

285 Die Band beschließt, ihren Song als Unplugged-Version zu spielen.

Mit großen Augen verfolgen die Kids Gregori hinter

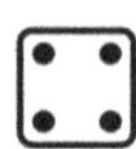

seinem minimalistisch aufgebauten Schlagzeug, wie er versucht, den beiden Akustik-Gitarren und Joeys Stimme genügend Raum zu lassen.
Am Ende des Experiments bedankt sich Gary bei seinen Gästen aus Kalifornien und spricht mit einem Reporter-Team eines lokalen Senders, das den ganzen Event mit Kamera und einigen O-Tönen begleitet hat.

*Checke jetzt die **Performance** der jeweiligen Leader für alle relevanten Songs von **Charity in Space!*** 314
*(Hier wird ausnahmsweise **kein Gig-Score** berechnet.)*

*Mindestens zwei der vier Performance-Checks gelungen > **327*** | *Andernfalls > **260***

5

286 Am nächsten Tag treffen sich die Metal Heroes mit Ricci in einem Diner unweit der Rainbow Bar. Der dynamische Manager ist gut drauf und spendiert den Jungs das Futter.
„Also, Männer, das Feedback bislang ist stark“, eröffnet er mit ansteckender Begeisterung. „Ich denke, wir werden Clubs und Bühnen der mittleren Kategorie füllen können.“
Leo will wissen, wie hoch die Stückzahl des Debüt-Albums sein wird. Auch hier gibt Ricci eine nachvollziehbare Einschätzung ab: „Also ohne Scheiß ... Ihr seid eine gute Band – keine Frage, aber in der Kürze der Zeit und bei eurem derzeitigen Bekanntheitsgrad sind keine allzu hohen Absatzzahlen zu erwarten. Ihr braucht noch ein paar Jahre, bevor ihr in die nächste Liga aufsteigt.“
Dann lenkt der Manager das Gespräch wieder auf den anstehenden ersten Gig: „Es ist eure Entscheidung. Ins Dungeon passen rund 400, 450 Leute. Da kenn' ich den Besitzer recht gut. Ich denke, den Laden bekommen wir definitiv voll. Das alte Rock Maiden hat ein Fassungsvermögen von knapp 1.000. Das voll zu bekommen, könnte schwierig werden, zumal wir zum Wochenende dort keinen Slot bekommen.“
Ricci schiebt sich die Sonnenbrille auf die Nasenspitze und blickt seinen verunsicherten Schützlingen fest in die Augen: „Wenn ihr lieber auf Nummer Sicher gehen wollt, sage ich nur High Voltage. Der Laden ist winzig. Da passen mit Ach und Krach 300 Leute rein.

Ein echter Geheimtipp für Hardcore-Fans. Kommt ihr bei denen an, dann seid ihr in der Szene ganz vorne dabei! Ich hoffe bloß, ihr habt genügend Liedchen auf Lager, um dort einen kompletten Abend zu füllen."

In welchem Laden sollen die Metal Heroes ihren ersten Tour-Auftritt schmeißen?
*The Dungeon > **322** | Rock Maiden > **279***
*Oder Riccis Empfehlung folgen: High Voltage > **259***

287 Schwer beeindruckt kehren immer mehr der in Korsagen geschnürten Göttinnen im Publikum ihren langhaarigen Begleitungen den Rücken. Besonders die schmerzerfüllt-düsteren Songs der Heroes schließen die Ladys in ihr schwarzes Herz.
Umso begeisterter sind sie, als Leo im Zentrum der Bühne mit geschwellter Brust posiert. Er genießt die Energie der Fans, die sein Solo frenetisch bejubeln. Leo hat sich für heute Abend etwas ganz Besonderes einfallen lassen ...

*Achtung, Gig-Challenge! Checke Leos **Power**!*
*Gelungen > **276** | Misslungen > **295***

288 Dank Leos neuem Input und künstlerischem Talent schaffen es die Metal Heroes endlich, fokussiert zu bleiben.

*Die Band erhält **4 Song-Punkte**!*
*Spare oder investiere sie jetzt, um Songs freigeschalteter Genres im **Repertoire** zu aktivieren, indem du einen Kreis um die Track-Nummer machst.*

*Besitzt Joey sein **Special**?*
*Ja, ist angekreuzt > **305** | Nein, dem ist nicht so > **254***

289 Chuck kratzt sich seinen Schnauzer und mahnt, eventuell könne es auf lange Sicht besser sein, nicht sofort alle geilen Tracks auf die Debütscheibe zu bringen.
„So wie Sterne die Dunkelheit um sich herum brauchen, um erstrahlen zu können, brauchen gute Songs auch weniger spektakuläre, um sich auf einem

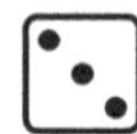 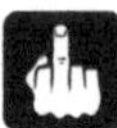

Album entfalten zu können." Ergibt das einen Sinn? Du weißt es nicht.

*Die Band erhält **3 Song-Punkte**!*
*Investiere jetzt gesparte Song-Punkte, um **mindestens 1 Song** freigeschalteter Genres im **Repertoire** zu aktivieren. Tue dies, indem du einen Kreis um die entsprechenden Track-Nummern machst.*

Weiter > ***272***

290 Als die Jungs ihre Karre auf den Parkplatz direkt unter der Space Needle, Seattles berühmten Wahrzeichen, dem rund 190 Meter hohen futuristischen Aussichtsturm, abstellen, wird ihnen bewusst, dass sich ihre Tour dem Ende entgegenneigt.
Melancholisch beginnt Joey eine Rede, bedankt sich bei seinen Freunden und beim Tourbus für die vielen treuen Meilen mit einem satten Schlag gegen das rostige Blech, was der Wagen seinerseits mit ächzendem Scheppern und dem Verlust einer Radkappe quittiert. Aber jetzt müssen die hungrigen Mäuler gestopft werden!

Wohin soll's gehen?

Rauf ins Restaurant der Space Needle > ***257***
Rüber zur Sportsbar gegenüber > ***266***

291 Das Konzert verläuft wie am Schnürchen. Die Heroes finden die richtige Mischung. Von episch bis furios ist alles dabei. Die Fans moshen im Pit – wollen mehr.
Gregori spürt die besondere Atmosphäre an diesem Abend, will eine noch spektakulärere Show abziehen und lässt mit jedem Taktschlag die Sticks wild zwischen den Fingern rotieren.

*Gig-Challenge! Checke Gregoris **Power**!*

Gelungen > ***271*** | *Misslungen >* ***253***

292 Gregori begrüßt die Damenwelt mit ausgebreiteten Armen und schnalzt einige Male mit der Zunge: „Krass, ihr hört euch echt scharf an!"
Kichern und Quieken im Bus – schon hat sich die erste willige Rocker-Braut Brian um den Hals geworfen und haucht ihm etwas Schmutziges ins Ohr.

„Hey, ich bin ein Mann, okay?", erwidert der Frauenheld laut. „Keine Klo- oder Müllmann - einfach nur ein Mann! Ich steh'n drauf, wenn's beim Pinkeln brennt."

Willst du die ganze Veranstaltung abblasen, bevor es unzüchtig wird?

Dann nutze deine göttliche Macht > ***•273***

Ansonsten bleibst du voyeuristischer Beifahrer > ***329***

293 Mit Mühe schafft es Joey, das Gleichgewicht zu halten und sich nicht quer über die Bühne zu legen – was man vom Turm nicht behaupten kann! Unter Rumpeln und Funkenflug kracht das 2.000-Watt-Lautsprecher-Gebilde ein, wie eine alte Eiche, in die ein Blitz eingeschlagen hat.

5 Die Menge grölt, unwissend, ob das Spektakel gewollt war oder nicht. Zum Glück ist niemand zu Schaden gekommen und die Boxen sind zügig wieder aufgebaut und angeschlossen.

Diese denkwürdige Szene wird den Konzertgängern noch lange in Erinnerung bleiben!

Der ***Gig-Score*** *steigt um 2!*
Notiere den perfekten „Mikro-Kreisel" als einen Bonus von ***+2*** *im* **B***-Feld von* ***„Rock the Maiden"*** *im* ***Tour-Book*** *des Metal-Logbuchs.*

Weiter > ***308***

294 „Tut mir leid, Mann! Hab's nicht sofort gecheckt."

„Kein Stress, kann ja passieren."

Joey stellt sich und seine Kollegen vor. Dan tut es ihm gleich und meint: „Hey, Metal Heroes, ich hab' schon einiges von euch gehört! Mal sehen, was ihr heute Abend verzapft!"

„Apropos zapfen...", schmaucht Brian die Friedenspfeife. „Wie wär's mit ein paar schönen kanadischen Bierchen nach dem Konzert?"

„Wir sind dabei – wenn ihr zahlt!", lacht Dan.

Notiere dir unter ***Road to Glory*** *im Metal-Logbuch, Eintrag* ***#7****, dass die Band mit Striker eine* ***Band-Freundschaft (II)*** *geschlossen hat, indem du dort ein* **×** *im Kreis machst.*

Weiter > ***318***

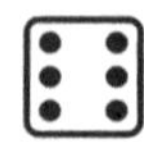
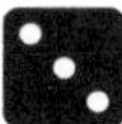

295 Die kleine Showeinlage wird unfreiwillig komisch, als Leo der Bass von der Schulter rutscht und ihm gegen das rechte Auge donnert. Autsch! Wie sich herausstellt, kann man selbst mit einem zugeschwollenen Auge noch ganz gut spielen, zumal es optisch kaum auffällt.
Ein Fan ruft belustigt: „Ich glaub', ich hab' Tinitus im Auge – ich seh' überall nur Pfeifen!"

Weiter > ***303***

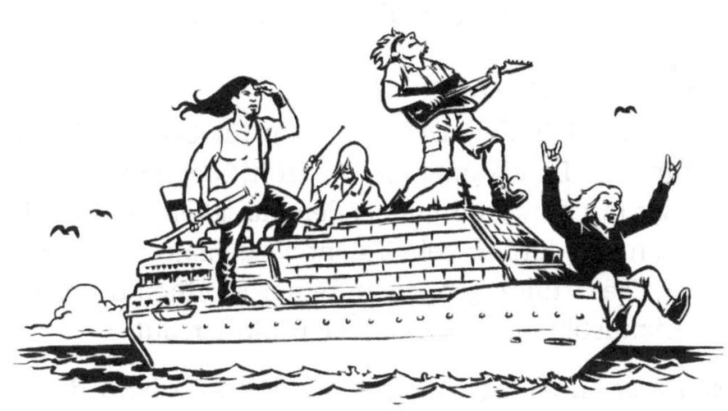

5

296 Das High Voltage gilt als Geheimtipp unter den Metal-Fans und wird gelegentlich von echten Größen der Szene besucht. Der kleine Flachbau, eine ehemalige Lagerhalle, liegt nur wenige Blocks vom Staples Center entfernt, den weltberühmten Multifunktionshallen, wo die Basketballer der Los Angeles Lakers ihre Heimspiele austragen.
Durch den schnuckeligen Laden weht ein Hauch von Nostalgie. Die Säulen und Wände sind daumendick zugekleistert mit Plakaten aller Bands, die jemals hier aufgetreten sind. Dennoch ist das Ambiente nicht schäbig. Man achtet schon beim Einlass, dass nicht jeder dahergelaufene Kaputnik reinkommt.
Als gegen halb zehn die Metal Heroes angekündigt werden, drängen sich knapp 300 junge Fans im schwül-warmen Dunst des Schuppens. Die ersten Zuschauer befreien sich von den durchnässten Shirts. Offenherziger Jubel und schrille Schreie empfangen die Band.

Setlist Turn on the Voltage
*Wähle nun **8 Songs** (plus **1 Zugabe**) aus dem **Repertoire** und bestimme damit die **Setlist** für diesen Auftritt. Trage dazu ihre Track-Nummern in die vorgesehenen Felder mit dem #-Symbol im **Gig-Muster** ein.*
*Hast du alle Songs der **Setlist** eingetragen, ziehe eine Karte! Sie bestimmt die **3 relevanten Songs** dieses Auftritts. Kreuze den **Pfeil** mit dem entsprechenden Karten-Symbol am Rand des **Gig-Musters** an.*

Was soll Joey tun?

*Feuer frei! > **284*** | *Vorstellung der Band > **256***

297 ⏩ FAST FORWARD

Der Abend im High Voltage macht sich für Leo und somit auch
5 indirekt für seine Bandkameraden bezahlt! Coach Ezrin beschäftigt sich intensiv mit den schlummernden Fähigkeiten des philippinischen Hünen und fördert sein Talent als genialer Songwriter und Komponist. Die Grundlagen, die in seiner Kindheit durch die klassische Musikausbildung gelegt wurden, blühen auf.

*Hake nun unter Leos Eigenschaften im Metal-Logbuch das **Special**-Symbol ab! Es steht für sein bemerkenswertes Talent als **Komponist**.*

***Leos Special** bedeutet, dass immer dann, wenn die Band **Song-Punkte** erwirbt, du sein **Skill** checken darfst. Gelingt der Check, erhöht sich die Anzahl der erhaltenen **Song-Punkte um 1**!*

*Willst du mehr zum Thema erfahren, dann lies dir **„Specials – Verborgene Talente der Metal Heroes“ (R10)** in den Regeln durch.*

*Weiter > **280***

298 ⏩ FAST FORWARD

Knapp 2 Jahre später ... Ein aufgedonnerter Fan drängt sich an der Security vor dem Hotel vorbei und ruft Brian etwas zu. Der Leadgitarrist braucht einen Moment, erkennt dann aber das Groupie mit der feuerroten Mähne, mit der er sich im Tourbus nach dem Gig in Frisco vergnügte. Überrascht von ihrem plötzlichen Erscheinen gibt er den Gorillas ein Zeichen, die junge Frau durchzulas-

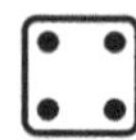
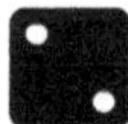

Gig-Muster

TURN ON THE VOLTAGE

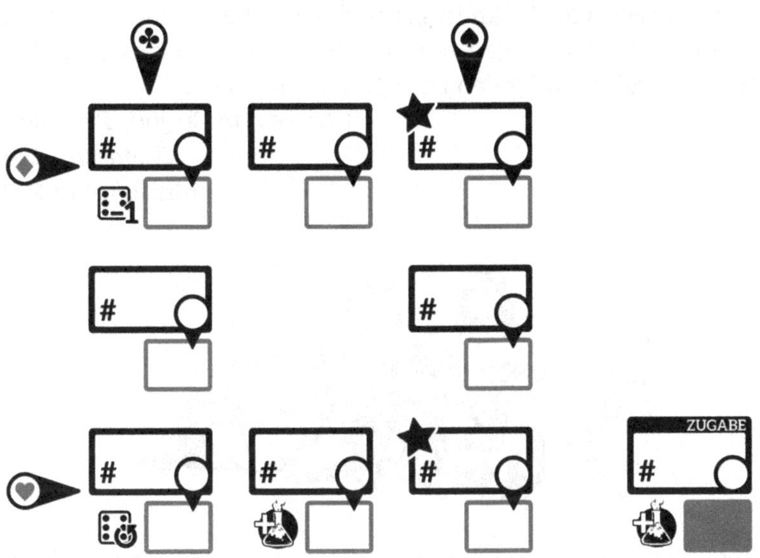

sen. Im Arm trägt sie ein Kleinkind mit süßen Löckchen. Brian herzt seine Bekanntschaft und küsst sie auf die Wangen: „Hey, schön dich wiederzusehen, Baby. Ist lange her."
„Ja, du, Brian, ich wollte dir bloß sagen ... du bist Vater ..."
Pause. „Äh, wie bitte?" – „Du bist ein Metal-Daddy ... Guck mal!"
Längere Pause. Spontan schießt dir eine Zeile des Heart-Hits „All I wanna do is make love to you" durch den Kopf♫:

Then it happened one day, we came round the same way
You can imagine his surprise when he saw his own eyes

„Äh, wow ...", stammelt Brian, „also, okay, ich meine ... wow!"
Vermutlich ist dies der Beginn eines fantastischen Lebens mit zuckersüßem Nachwuchs (wovon wir an dieser Stelle einfach ausgehen wollen), aber leider auch das Ende der Ambitionen deiner Band!

POWER OFF, BITCH! (Repeat > ***329****)*

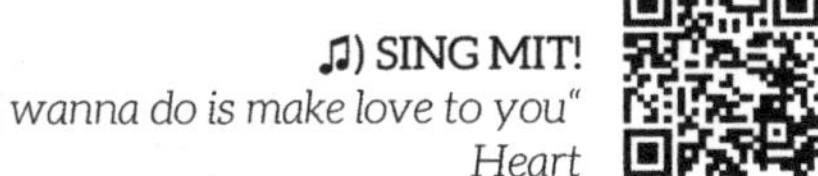

299 Die Fans geben Striker einen würdigen Abgang. Als die fünf ausgepowerten Kanadier an den Metal Heroes vorbei die Bühne hinunterspringen, rempelt Sänger Dan Cleary den überraschten Gregori an. Brian ist gleich dabei, seinen blinden Kumpel mit Fäusten zu verteidigen, doch Leo hat kapiert, dass es keine Absicht war, und beruhigt den Leadgitarristen wieder.

Checke nun Gregoris ***Presence!***
Gelungen > ***294***
Misslungen > ***278***

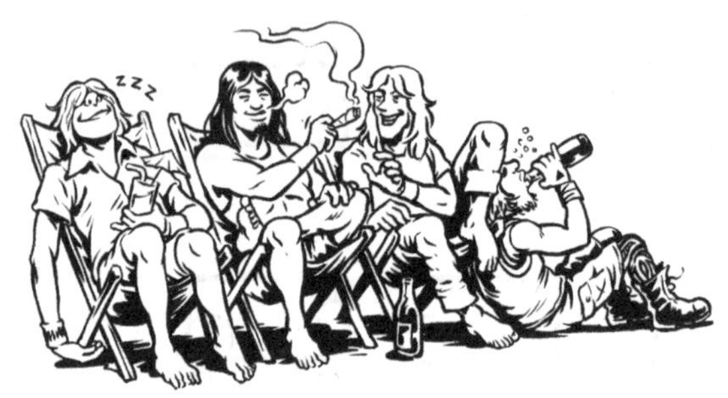

300 Im Gegensatz zum Konzert in Vancouver lief der Auftritt in Calgary nicht so gut. Der Laden war kaum besucht. Nur ein paar angetrunkene Eishockey-Fans haben sich in den Club verirrt und wollten eher Stress verbreiten, als sich tatsächlich den Meister-Metal der Heroes reinzuziehen. Entsprechend mies ist die Laune auf der letzten Fahrt nach Edmonton.

Besitzt Joey sein ***Special?***
Ja, ist angekreuzt > ***275*** | *Nein >* ***255***

301 Wieder in Los Angeles angekommen, werden die Metal Heroes gleich von einem Schreiben des Managements empfangen. Er ist ein wenig enttäuscht von den Verkaufszahlen des Debüts. Zwischen den Zeilen erklärt er dies damit, dass „Fate of Rock“ eben ein schlechter Titel für ein Album sei.

Wo hoch ist die ***Fanbase?***
4 oder höher > ***331***
Geringer > ***311***

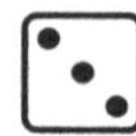 

302 Leo braucht einen Moment, seine Nervosität gegenüber der Basketball-Legende abzulegen. Dann erklärt er seine Rolle in der Band und Gary wird plötzlich hellhörig.

„Hey, richtig, ihr seid die Typen, die viele unserer Kids in den Heimen hören. Erst gestern hat mir ein Junge erzählt, wie cool er eure Musik findet."

Kurzentschlossen setzt er sich an den Tisch der Band und bittet sie um einen Gefallen: In einer Stunde würden die Kinder eines Waisenhauses seiner Stiftung auf die Space Needle kommen und er könne sich gut vorstellen, dass die Metal Heroes ein, zwei Songs zum Besten geben könnten. Er kenne den Manager des Restaurants und werde alles Nötige veranlassen. Da es sich um eine Spendenaktion handle, gäbe es freilich keine Gage

Was sollen die Metal Heroes tun?

Gary den Gefallen tun > ***314***

Freundlich ablehnen, dies sei nichts für die Kids > ***319***

5

303 Die schwüle Luft im Dungeon ist zum Schneiden, beweist aber die außergewöhnliche Performance der Metal Heroes.

Ermittle nun den ***Gig-Score*** *für* ***Down the Dungeon!*** 320
Checke dazu nacheinander die ***Performance*** *der jeweiligen* ***Leader*** *für alle* ***relevanten Songs*** *(ohne Zugabe).*
Achtung: Sollte es sich um einen Song aus dem Genre ***Death*** *handeln, ist der Check um 1 leichter!*
Ist der ***Gig-Score 10 oder höher****, dann wollen die Fans im The Dungeon mehr! Checke deshalb die* ***Performance*** *für die* ***Zugabe*** *(falls ausgefüllt) und notiere den* ***Fame-Stern****, sollte der Check gelungen sein.*

Wie hoch ist der ***Gig-Score****?*

8 oder höher > ***280***

7 oder weniger > ***328***

304 Die Location wurde rasch voll und blieb es auch. Der Umsatz muss ausgesprochen gut gewesen sein, wie der Ladenbesitzer den Metal Heroes mitteilt. Vor Joeys Augen zerreißt er die Vorschuss-Forderung zur Belastung seiner Kreditkarte und stellt ihnen im selben Atemzug einen seiner Freunde vor.

Der gestandene Alt-Rocker heißt Ron Ezrin und beglückwünscht die Metal Heroes zu ihrem Auftritt. Mit funkelndem Goldzahn-Lächeln streicht er sich durch seine silbernen Locken und zeigt sich beeindruckt vom Konzert.
Er berichtet von seiner Arbeit als Coach talentierter Künstler und könne sich gut vorstellen, mit der Band zusammenzuarbeiten. Während Joey, Brian und Gregori wenig Begeisterung zeigen, ist Leo ernsthaft interessiert. Er weiß eben, was richtige Anleitung unter einem guten Lehrer bewirken kann.

Soll Leo den zurückerstatteten Vorschuss des Abends sofort in ein Coaching investieren? > **297**

Soll er darauf verzichten, damit die Band wieder größeren finanziellen Spielraum hat? (In diesem Fall
5 *bekommt Joeys* **Kreditkarte** *einen* **Geldschein***)* > **280**

305 Am letzten Abend vor dem Konzert, kurz nach der vierstündigen Generalprobe in der legendären Garage der Morgans, trommelt Joey seine Freunde noch einmal zusammen.
„Also, Leute, die vergangenen Wochen waren richtig geil. Und wenn ihr mich fragt, waren die Metal Heroes noch nie so gut! Ich fühl' es, morgen reißen wir die Hütte ein!"

Die **Bandchemie** *steigt um 2!*

In welchem Laden haben die Metal Heroes ihren ersten Gig?

„The Dungeon" – ab ins Gewölbe! > **320**

„Rock Maiden" – beglückt die Rock-Jungfrauen! > **325**

„High Voltage" – auf zu den Die-Hard-Fans! > **296**

Kannst du dich nicht mehr erinnern, schlage in deinem Tour-Book nach und lasse deine Matschbirne bitte von einem Arzt untersuchen, wenn du dir so etwas nicht über zwei Sektionen hinweg merken kannst!

306 Bevor die Veranstaltung im Bus ihren Höhepunkt erreicht, ziehst du deinen Geist zurück. Irgendwie ist es schon seltsam, als göttlicher Spanner den Jungs bei ihren Vergnügungen über die Schenkel zu schauen. Ebenso wie der Fahrer und Bandroadie

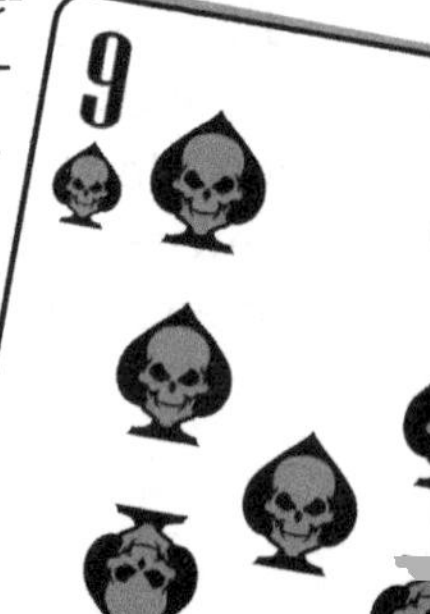

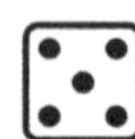 

wartest du knapp eine Stunde außerhalb des Busses, bis der Spuk vorbei ist.
Die Ladys verabschieden sich in kleinen Grüppchen von den Heroes und verschwinden ins Nachtleben San Franciscos. Die rote Furie drückt Brian noch einen auf und schenkt ihm als Beweis für den gemeinsamen Ritt einen wuchtigen Ring aus Silber.

*Checke Brians **Power** und **Presence**!*

*Beides gelungen > **298** | Andernfalls > **332***

307 Das haben die Jungs echt gebraucht! Eine Mütze voll Schlaf wirkt manchmal Wunder. Ausgeruht gehen die Metal Heroes das finale Konzert an!

*Der **Gig-Score** steigt um 2!*
*Notiere dir, dass die Jungs „Kraft tanken" als einen Bonus von **+2** im **A**-Feld von **„Stars at Starlite"** im **Tour-Book** des Metal-Logbuchs.*

... Joeys Handy klingelt zum wiederholten Male. Der Manager des Starlite Rooms ist dran und legt den Metal Heroes in ungehaltenem Ton nahe, nun sofort ihren Arsch auf seine Bühne zu bewegen, sonst würde er sich mit ihrer Gage den Hintern abwischen.

*Weiter > **318***

5

308 Schweißgebadet und vollkommen ausgepumpt stehen die vier Helden auf der Bühne und genießen den Jubel. Joey bedankt sich mit versagender Stimme bei den Fans für den tollen Abend – es müssen weit über 1.000 Leute gekommen sein!

*Ermittle nun den **Gig-Score** für **Rock the Maiden**!* 325
*Checke dazu nacheinander die **Performance** der jeweiligen **Leader** für alle **relevanten Songs** (ohne Zugabe).*
*Achtung: Sollte es sich um einen Song aus dem Genre **Classic** handeln, ist der Check um 1 leichter!*
*Ist die **Gig-Score 12 oder höher**, dann wollen die Fans im Rock Maiden mehr! Checke deshalb die **Performance** für die **Zugabe** (falls ausgefüllt) und verbuche die **Bandchemie**, sollte der Check gelungen sein.*

*Wie hoch ist der **Gig-Score** im Rock Maiden?*

*10 oder höher > **280** | 9 oder weniger > **328***

309 Striker räumt unter frenetischem Beifall die Bühne. Nacheinander laufen die fünf verschwitzten Kerle an den Metal Heroes vorbei, die jetzt an der Reihe sind.

„Viel Spaß da draußen", klopft der Sänger Joey freundschaftlich auf die Schulter und überreicht ihm das Mikro.

Der Bandleader der Metal Heroes packt die Gelegenheit bei der Mähne und stellt sich samt Mannschaft vor: „... am Ende, City of Gold, ist 'n fetter Song."

„Danke, Mann! Mal sehen, was ihr so drauf habt."

„Lust nach dem ganzen Scheiß noch einen heben zu gehen?"

„Sicher, Mann, da sind wir dabei! Aber ihr zahlt!"

*Notiere dir unter **Road to Glory** im Metal-Logbuch, Eintrag **#7**, dass die Band mit Striker eine **Band-Freundschaft (II)** geschlossen hat, indem du dort ein ✖ im Kreis machst.*

Weiter > ***318***

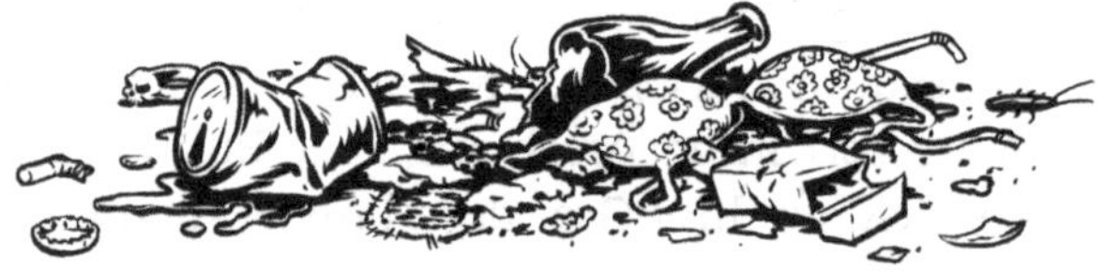

310 Die „Heroes ablaze the Coast"-Tour ist Geschichte. Was war das für ein Höllen-Ritt für deine Schützlinge! Doch du kannst stolz auf sie sein. Sie haben alles gegeben – und noch etwas mehr!

Nun bist du genauso wie sie gespannt, ob die Promotion dem ersten Album einen Schub verleihen konnte.

*Kontrolliere nun die Songs, die du im **Repertoire** mit **„1"** im Feld **„Out"** markiert hast, und zähle ihre aktuellen **Fame-Sterne** zusammen. (Sind hinter einem auf dem Album veröffentlichten Song zwei Sterne ausgefüllt, dann entspricht dies ein **Fame** von 2.)*
*Heißt der **Manager** der Band **Ricci Truman**, gibt es 2 Punkte extra für sein besonderes Promotion-Gespür!*

*Der **Score** des Albums beträgt ...*

12 oder mehr > ***265***

7 bis 11 > ***281*** | *6 oder weniger >* ***301***

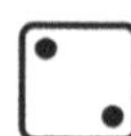 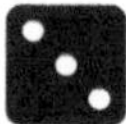

311 „Auch wenn die letzten Monate sicher ein wenig unter den Erwartungen geblieben sind", eröffnet der Manager seinen Klienten, „müsst ihr weiter am Ball bleiben!"

*Wie heißt der **Manager** der Metal Heroes?*

*Ricci Truman > **277***

*Russ Marlow > **269***

312 In einer echten Slapstick-Einlage verheddert sich Joey mit seinen dünnen Stelzen in der gefühlt zwei Meilen langen Strippe und brettert morsch auf die Bühne. Brian versucht zwar, mit einem improvisierten Solo die Situation zu retten, doch Joey hat die Lacher auf seiner Seite.

*Weiter > **308***

313 Arm in Arm stehen die Metal Heroes auf der Bühne und bedanken sich beim Publikum des High Voltage. Ihre langen Haare hängen in nassen Strähnen herunter – die Jungs haben alles rausgehauen, was drin war!

*Ermittle nun den **Gig-Score** für **Turn on the Voltage!** 296*
*Checke dazu nacheinander die **Performance** der jeweiligen **Leader** für alle **relevanten Songs** (ohne Zugabe).*
*Achtung: Sollte es sich um einen Song aus dem Genre **Nu** handeln, ist der Check um 1 leichter!*
*Ist die **Gig-Score 9 oder höher**, dann wollen die Fans im High Voltage mehr! Checke deshalb die **Performance** für die **Zugabe** (falls ausgefüllt) und verbuche die **Bandchemie**, sollte der Check gelungen sein.*

*Wie hoch ist der **Gig-Score**?*

*8 oder höher > **304***

*7 oder weniger > **328***

314 Nur zwei Stunden später sind die vier im Restaurant auf der Space Needle und umringt von zahllosen aufgedrehten Kids. Nachdem die ersten ihre Scheu verloren haben, wollen sie Autogramme und stellen naive Fragen.
Natürlich kann man in diesem Saal, dessen Boden langsam rotiert

Gig-Muster

CHARITY IN SPACE

und in wenigen Minuten einen 360-Grad-Rundumblick über die Küstenstadt, den Hafen und ihre grünen Lungen ermöglicht, nicht mit voller Power spielen.

Setlist Charity in Space
*Wähle nun **4 Songs** aus dem **Repertoire** und bestimme damit die **Setlist** für diesen Auftritt.*
*Trage die Track-Nummer der gewählten Songs aus dem **Repertoire** von links nach rechts ins **Gig-Muster** oben ein.*

Setlist-Einschränkung:
*- Keine Songs mit **Gregori** als **Leader***

*Weiter > **285***

315 In der Ferne erstrahlt die Golden Gate Bridge, als sich der Hinterausgang des Regency Ballroom öffnet. Frisch geduscht verlassen die Metal Heroes das weiße Theatergebäude. Mit sich und der Welt zufrieden, lachen und schreien sie ihre Freude über ihren gelungenen Vorband-Aufritt vor 1.500 Exodus-Fans in die Nacht hinaus.
„Scheiße, ich werd' bekloppt!", bleibt Brian plötzlich stehen und deutet wild gestikulierend auf den großen Nightliner. Unter der spärlichen Beleuchtung im Inneren des Tourbusses ist ein halbes Dutzend Ladys dabei, sich für eine Aftershowparty der besonderen Art aufzubrezeln.

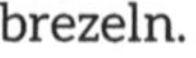

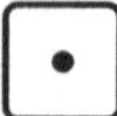

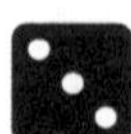

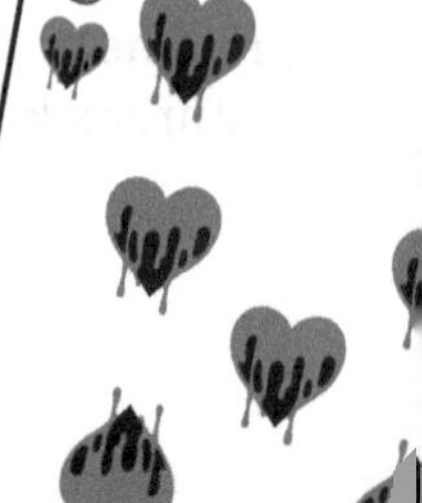

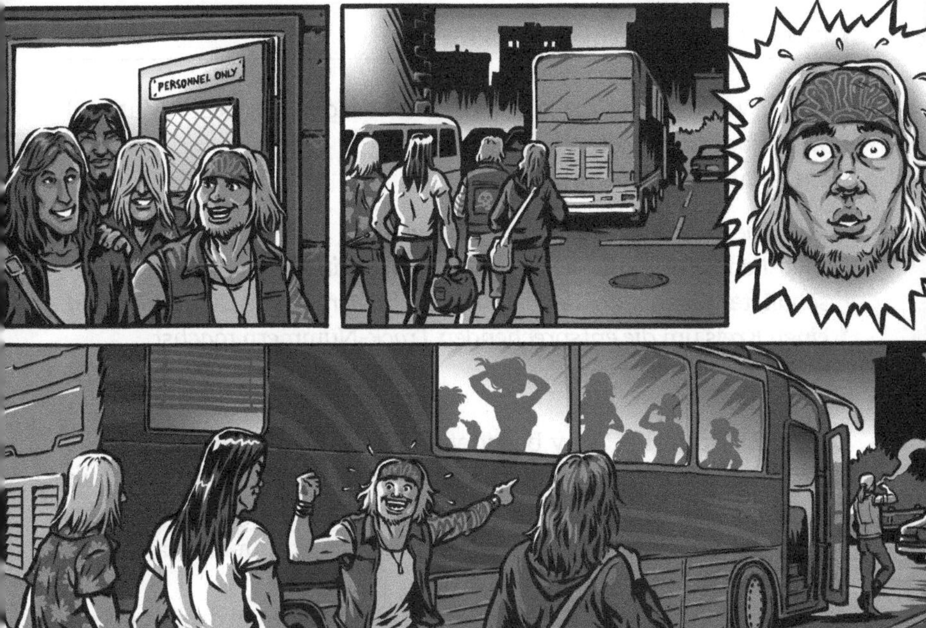

315 *„Scheiße, ich werd' bekloppt!", bleibt Brian plötzlich stehen und deutet wild gestikulierend auf den großen Nightliner.*

Selbst Leo fällt es schwer, seine Libido zu zügeln: „Oh, Mama, unsere ersten Groupies." Er verfällt in pubertierendes Kichern und gibt sich mit Brian ein High-Five.

„Ich hoffe aber, dass die Girls auch spitze aussehen", bemerkt Gregori in aller Ernsthaftigkeit und streicht sich mit beiden Händen sein buntes Blütenmusterhemd glatt.

Soll Joey versuchen, das Hormon-Trio zu zügeln, und dafür plädieren, die Groupies wieder nach Hause zu schicken und lieber die geplante Session zum Proben und Komponieren während der Nachtfahrt durchzuziehen – schließlich hat man schon genug Stress mit dem Label, bla, bla, bla ... > **258**

Wie? Was? Sorry, ich muss eingenickt sein ...
Hey ho, let's go! (Ab 18 Warnung: die nachfolgenden Szenen enthalten Nacktheit, Schimpfwörter) > **326**

316 „Was gibt es da zu überlegen? Macht das beste Material drauf, was ihr zu bieten habt. Ende."
Dem ist nichts mehr hinzuzufügen!

*Die Band erhält **3 Song-Punkte**!*
*Investiere jetzt gesparte Song-Punkte, um **mindestens 1 Song** freigeschalteter Genres im **Repertoire** zu aktivieren. Tue dies, indem du einen Kreis um die entsprechenden Track-Nummern machst.*

*Weiter > **272***

317 Es ist vorbei. Joey beendet das Experiment „Metal Heroes". Überfordert von den eigenen künstlerischen Ansprüchen, dem Druck der Medien und Fans sowie Brians ständigen Eskapaden zieht er einen Schlussstrich. Und es ist ihm vollkommen egal, ob die Welt dabei draufgeht oder nicht!

5

Abschließend bedankt sich der Bandleader bei seinen drei Kollegen und sorgt dafür – ganz Joey –, dass die Auflösung der Band vertraglich sauber über die Bühne geht.

POWER OFF!

318 Befreit vom Druck des letzten Konzerts recken deine vier Metal Heroes stolz die Fäuste empor und lassen sich von den Fans im Starlite Room feiern.

*Ermittle nun den **Gig-Score** für **Stars at Starlite!*** 275
*Checke dazu nacheinander die **Performance** der jeweiligen **Leader** für alle **relevanten Songs**.*
*Achtung: Sollte es sich um einen Song aus dem Genre **Thrash** handeln, ist der Check um 1 leichter!*

*Wie hoch ist der **Gig-Score**?*
*9 oder höher > **267** | 8 oder weniger > **274***

319 Das letzte Konzert auf der „Heroes Ablaze the Coast"-Tour ist für die Band natürlich etwas ganz Besonderes. Trotzdem passiert nichts Ungewöhnliches. Der Club ist gut besucht und die Stimmung hervorra-

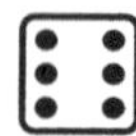
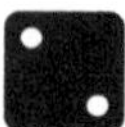

gend. Souverän spielen die Heroes ihr Set runter, geben zwei extra Zugaben, was super ankommt. Mittlerweile haben sie sich zu einer guten Live-Band entwickelt.
Selbst Zeit für kollektives Abstürzen nach dem Gig bleibt leider nicht. In drei Tagen muss der „Tourbus" wieder aufgetankt und geputzt auf dem Parkplatz des Labels stehen!
Die Einflüsse der Smaragdstadt, der enge Kontakt zur Nu-Metal-Szene und seine unauslöschlichen Grunge-Wurzeln, setzen neue Energien und Ideen frei!

*Die Band erhält 4 **Song-Punkte**!*
*Spare sie, um später Songs freigeschalteter Genres im **Repertoire** zu aktivieren.*

*Weiter > **310***

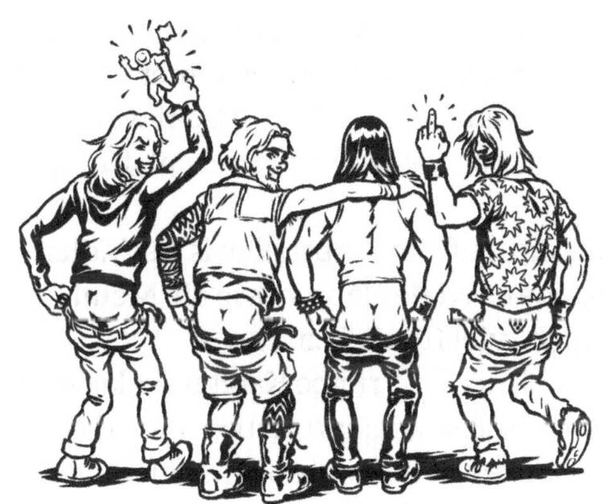

320 Eng, verdammt eng. Ist dein erster Eindruck vom Dungeon. Sämtliche Zugänge und die umliegenden Räume sind zugunsten des Hauptsaals auf ein Minimum reduziert. Mit Sicherheitsbestimmungen nimmt man es in der Coast-Area eh nicht so genau. Ebenso mit der Ticketkontrolle. Damit die Leute nicht an Saustoffmangel verrecken, werden kurz nach Beginn der Veranstaltung die Notausgänge geöffnet, um für ausreichend Frischluft zu sorgen. Klar, dass da mehr als genügend Schwarz-Hörer in die unterirdischen Gewölbe des Dungeon drängen.

Setlist Down the Dungeon

*Wähle nun **6 Songs** (plus **1 Zugabe**) aus dem **Repertoire** und bestimme damit die **Setlist** für diesen Auftritt. Trage dazu die Track-Nummern in die vorgesehenen Felder mit dem #-Symbol im **Gig-Muster** gegenüber ein.*

*Hast du alle Songs der **Setlist** eingetragen, ziehe eine Karte! Sie bestimmt die **3 relevanten Songs** dieses Auftritts. Kreuze den **Pfeil** mit dem entsprechenden Karten-Symbol am Rand des **Gig-Musters** an.*

*Weiter > **287***

321 Nach vielversprechenden Auftritten im Großraum Los Angeles mit Stopps in Pasadena, Anaheim und San Diego gibt das
5 Management endlich grünes Licht: Die Metal Heroes gehen für ihre erste CD ins Studio!

Diesmal jedoch machen sie einen ganz großen Bogen um die High-Low-Studios, wo die Debüt-EP aufgezeichnet wurde.

Jetzt zeigt sich, dass eine gute Führung Gold wert ist. Mit den richtigen Kontakten ist der passende Produzent für die junge Truppe schnell gefunden.

Chuck Landau, ein auf dem Abstellgleis befindlicher Rock-Recke Mitte 50, weiß, wie er wilde Haufen wie die Metal Heroes zu führen hat. Da bleibt nicht viel für dich zu tun.

Klar, das Label will aus der Truppe Kapital schlagen, aber es handelt sich um Profis, die selbst gemerkt haben, dass die Heroes über großes Potenzial verfügen, das man tunlichst nicht verbocken sollte!

Bevor die Aufnahmen in den Palm-Studios steigen, bleibt der Band knapp ein Monat. Zeit um alte Songs zu perfektionieren und eventuell neue zu schreiben ... Kreativität, du Bitch, komm raus!

Wen sollen die Metal Heroes um Rat fragen, was die Song-Zusammensetzung ihrer ersten CD angeht?

*Den Produzenten > **289** | Den Manager > **316***

*Niemanden! > **323***

322 Der Manager stimmt zu. „Also, Leute, es macht wahrscheinlich Sinn, erst einmal kleinere Brötchen zu backen. Einen Slot werden wir dort

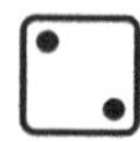

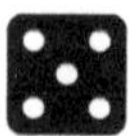

Gig-Muster

DOWN THE DUNGEON

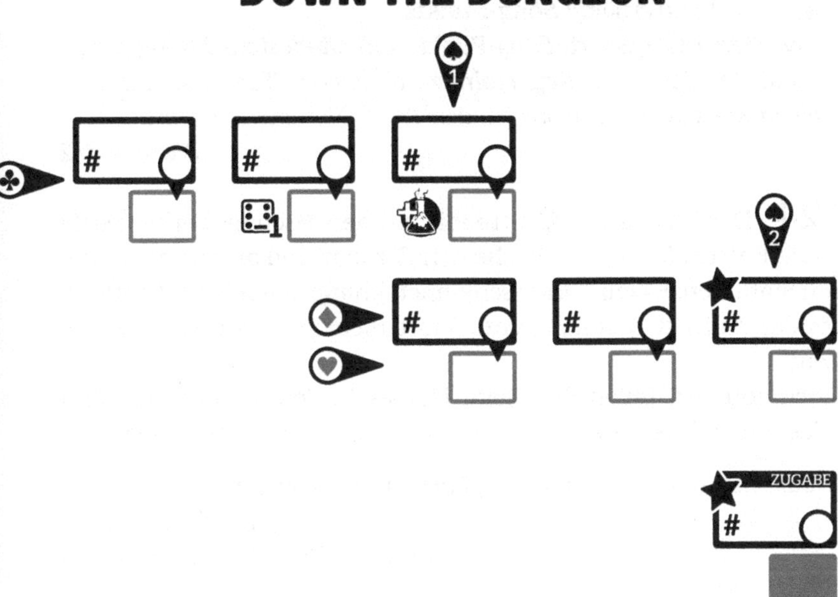

sicher ohne Probleme kurzfristig bekommen. Ich kenne da den ein oder anderen."

Die kommenden zwei Wochen sind die Metal Heroes fokussiert auf ihre große Chance. Das konzentrierte Proben und die strömende Kreativität schlagen sich in besserer Technik und einem neuen Song nieder!

Kreuze nun bitte im ***Tour-Book „Down the Dungeon"*** *an!*

Die Band erhält ***3 Song-Punkte****!*
Spare oder investiere sie jetzt, um Songs freigeschalteter Genres im ***Repertoire*** *zu aktivieren, indem du einen Kreis um die Track-Nummer machst.*

Besitzt Joey sein ***Special****?*

Ja, er hat es > ***305*** *| Leider nicht >* ***254***

323 Die Metal Heroes verlassen sich bei der Vorbereitung für die Album-Aufnahme ganz auf ihren eigenen Instinkt.

*Die Band erhält **4 Song-Punkte**!*
*Investiere jetzt gesparte Song-Punkte, um **mindestens 1 Song** freigeschalteter Genres im **Repertoire** zu aktivieren. Tue dies, indem du einen Kreis um die entsprechenden Track-Nummern machst.*

*Weiter > **272***

324 Der Manager klopft freudig auf den Tisch und erhebt sich: „Gute Entscheidung! Ich mache den Gig klar und arbeite an weiteren Stationen. Es wird wahrscheinlich knapp einen Monat dauern, bis der Auftritt bestätigt wird. Sauft nicht so viel und nutzt die
5 Zeit!"
Hochmotiviert feilen die Metal Heroes in den kommenden drei Wochen an ihrem Repertoire und schreiben sogar neue Songs.

*Kreuze nun bitte im **Tour-Book „Turn on the Voltage"** an!*

*Checke Leos **Skill**!*
*Gelungen > **288** | Misslungen > **283***

325 Das altehrwürdige Rock Maiden hat seine glorreichen Tage lange hinter sich. In den 90ern spielten hier alle Größen und Legenden des Metals. Vorbei die Zeiten, in denen das „Sold out"-Schild wie selbstverständlich an der Abendkasse hing. Heute rieselt der Putz von den Wänden und eingeworfene Scheiben sorgen für Frischluft. Dennoch – oder gerade deshalb – erliegt man dem Dino-Charme des Rock Maiden.
Das Management der Metal Heroes hat seine Hausaufgaben gemacht: Neben deinen Schützlingen sind zwei weitere Bands engagiert worden, die ziehen. So wird der baufällige Schuppen voller und voller.
Die Bühne liegt im Dunkeln, als die Jungs ihre Positionen beziehen. Vor ihnen brodelt es in der Ur-Suppe der vor Erwartung angespannten Fans.
Dann warnt Joey zur Eröffnung der großen Konzert-Premiere: „Wer uns stoppen will, wird sterben!"

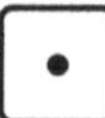 

Setlist Rock the Maiden

*Wähle nun **7 Songs** (plus **1 Zugabe**) aus dem **Repertoire** und bestimme damit die **Setlist** für diesen Auftritt. Trage dazu ihre Track-Nummern in die vorgesehenen Felder mit dem #-Symbol im **Gig-Muster** unten ein.*

*Hast du alle Songs der **Setlist** eingetragen, ziehe eine Karte! Sie bestimmt die **4 relevanten Songs** dieses Auftritts. Kreuze den **Pfeil** mit dem entsprechenden Karten-Symbol am Rand des **Gig-Musters** an.*

*Weiter > **263***

Gig-Muster

ROCK THE MAIDEN

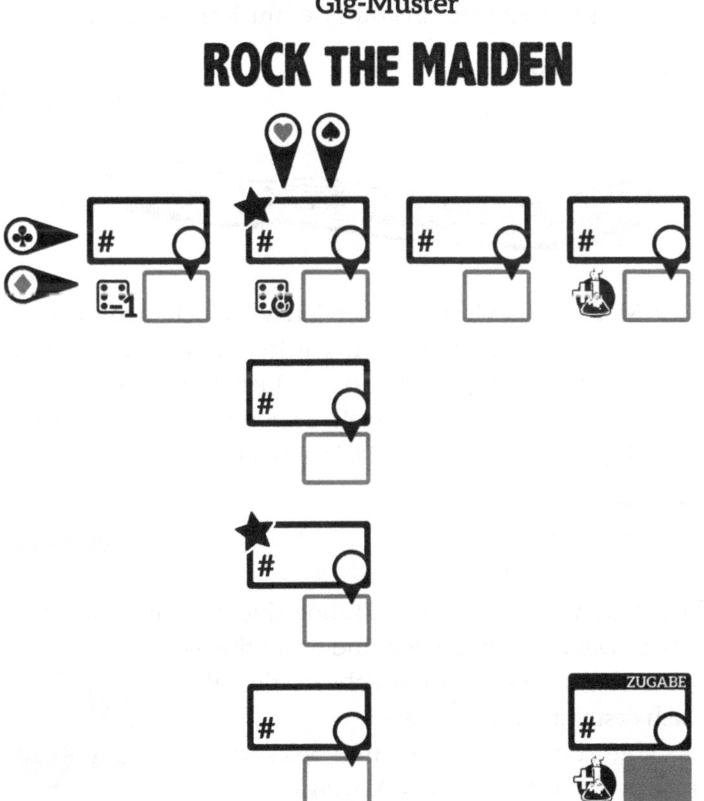

326 Vergeblich versucht Joey seine Freunde aufzuhalten. Doch es ist, als würden die jungen Damen, sirenengleich, die restlichen Metal Heroes verführen, in den Bus zu steigen.

*Wird die Band von einem **Roadie** namens **Zig** supportet?*

*Ja > **262** | Nein > **292***

327 Über den Lokalsender laufen am kommenden Morgen unter der Überschrift „Heroes in Space“ wohlwollende Berichte vom Spontan-Konzert für die Waisenkinder Seattles.

⏩ FAST FORWARD

Diese Charity-Aktion wird zwar kaum unter den Metal-Anhängern registriert (wer bitteschön ist bereits um 8 Uhr morgens wach?!). Trotzdem gab es den Heroes ein gutes Gefühl. Karma rockt!

*Leos **Presence** steigt um 1!*

*Weiter > **319***

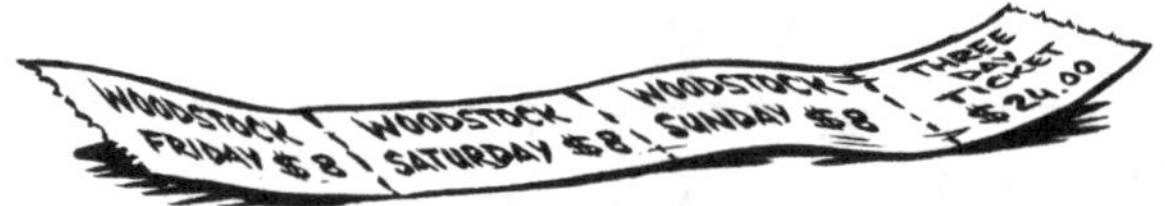

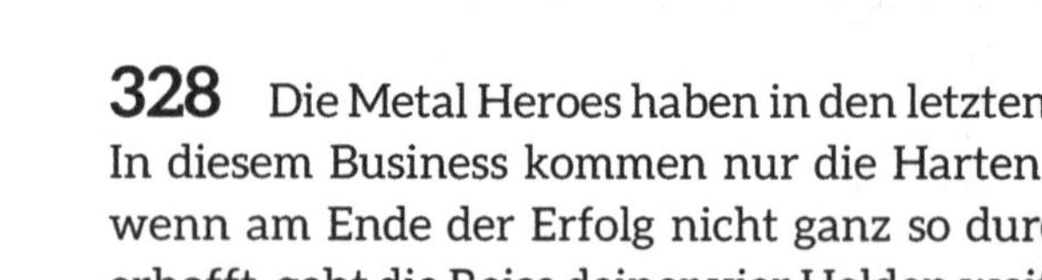

328 Die Metal Heroes haben in den letzten Wochen viel gelernt. In diesem Business kommen nur die Harten in den Garten! Auch wenn am Ende der Erfolg nicht ganz so durchschlagend war wie erhofft, geht die Reise deiner vier Helden weiter. Ihnen stehen weiterhin alle Möglichkeiten offen – dafür wirst du schon sorgen!

*Die **Fanbase** steigt um 1!*

*Weiter > **321***

329 Nach knapp einer halben Stunde sind die schwarzen Vorhänge zu den Separees zugezogen und unter die Metal-Musik aus den Deckenlautsprechern des Busses mischt sich erstes schweres Atmen.
Einerseits gönnst du den Jungs ihren Spaß, andererseits schrillen nun die göttlichen Alarmglocken!

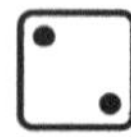 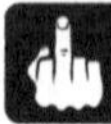

Irgendetwas geht hier vor. Irgendetwas, was den Erfolg deiner Aufgabe gefährdet. Instinktiv blickst du zu Brian und seinen beiden angelachten Bekanntschaften hinüber, die es sich rittlings auf ihm bequem gemacht haben.
Vor lauter Action ist der Vorhang halb aus der Schiene gerissen. Von deinem Schützling ist kaum mehr etwas zu sehen. Erst als er seine Hand ausstreckt und mit einem in goldene Folie eingeschweißten Kondom herumwedelt.
Die Rothaarige nimmt das Teil entgegen, steckt es jedoch zu deiner Überraschung weg, fischt unbemerkt eine andere Lümmeltüte aus ihrem Spitzen-BH und zieht es Brian gekonnt über.

*Soll Brian der roten Sirene widerstehen? > •**268***
*Oder soll das Schicksal kommen? > **306***

5

330 Die Stimmung ist auf dem Nullpunkt, als sich Joey vor die Mannschaft stellt und sie daran erinnert, dass heute nicht Rudelbumsen angesagt war, sondern Songwriting und Proben für das nächste Album. Entsprechend aggressiv und aufgeladen geht die Band an ihre Aufgabe. Außer angestautem Stress kommt dabei nicht viel zu Tage.

*Sollte Joey kein **Special** haben, sinkt die **Bandchemie** um 1!*
*Die Band erhält **2 Song-Punkte**!*
*Spare oder investiere sie jetzt, um Songs freigeschalteter Genres im **Repertoire** zu aktivieren, indem du einen Kreis um die Track-Nummer machst.*

Tja, so kann's geh'n ... Das ist das Ende von Track 5.
*Weiter bei **333** mit **Track 6: „Sultan of Swing“**.*

Unautorisierte Verbindung | *„Hallo?! HALLO! Hört mich jemand? URGH. Was für ein verfluchter Dreckssound! Verdammt noch mal, scheiße, wenn mich irgendjemand da oben hören kann ... holt mich hier raus! Ich werde diese Leitung nicht lange au...recht... PIIIEP! ...erhal... KNACK! ...önnen ... SQUIIIIIEK!“*

331 „Also, Männer, ihr habt einen super Job gemacht. Der Kartenverkauf war durchweg positiv, das Album verkauft sich super und auch sonst scheint ihr einen Nerv zu treffen."
Der Manager der Metal Heroes zieht überraschend seinen nächsten Plan aus dem Hut: „Ich hoffe, ich mache keinen Fehler, aber was haltet ihr von einem Kurztrip nach Skandinavien?"
Als Hauptziel hat er Schweden auserkoren. Einige Gigs seien bereits klar.
„Es wird keine Mega-Tour. Ich sehe das mehr als Testballon."
Wenige Wochen später sitzt die Band nicht in einem Ballon, sondern im Flieger nach Kopenhagen, Dänemark!
Wow!

*Weiter geht's für dich bei **S1** mit **Bonus Track 1: „Bjørn to be Wild"***
(siehe Kapitelmarkierung „S").

332 Nach der ganzen Action mit der Damenwelt sowie den Strapazen des Konzerts, fallen die Metal Heroes erschöpft in ihre Kojen. So verschlafen sie die komplette Nachtfahrt nach Los Angeles.

Yes! Das ist das Ende von Track 5!
*Und jetzt weiter bei **333** mit **Track 6: „Sultan of Swing"**.*

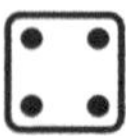

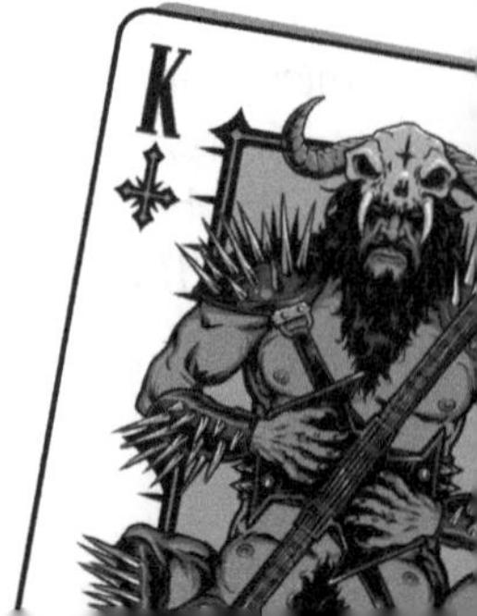

BONUS TRACK 1

BJØRN TO BE WILD

S1 Als du dein göttliches Bewusstsein wiedererlangst, blickst du hinunter auf deine vier Metal Heroes, wie sie im Hinterhof eines Bürogebäudes irgendwo in Kopenhagen stehen. Die nordeuropäische Niederlassung von Palm Records hat den Jungs freundlicherweise und vollkommen unkompliziert einen ihrer Tourbusse für den Trip ins Nachbarland Schweden zur Verfügung gestellt.
Brian streicht begeistert über den nagelneuen und frisch gewaschenen Lack des Gefährts, während Joey den Zündschlüssel zückt und die Entriegelung betätigt. Nix passiert. Kein Blinken, kein Schlösserklacken. „Klarer Fall, der Sender ist am Arsch!“, stellt Brian fest.
„Leute, hierher“, winkt Gregori von der anderen Seite des Parkplatzes seine Freunde herbei. Er deutet auf einen weiteren Bus des Labels, der sehr wohl auf Joeys Funkkommandos reagiert.
Brian tritt gegen die rostige Stahlfelge des ehrwürdigen Vehikels. „Verdammte Axt, jetzt reicht's! Wir fahren nicht schon wieder mit so 'ner Dreckskarre durch die Pampa!“ Wild entschlossen stapft er zurück ins Palm-Records-Büro. „Männer, ich regel' das jetzt!“

*Checke Brians **Presence***!*

*Gelungen > **S5** | Misslungen > **S42***

S2 Nach knapp einer Stunde Fahrt sägen Joey und Gregori auf der Rückbank, während Leo den aufmerksamen Beifahrer gibt und Brian einen Schluck aus seiner Jacky-Flasche anbietet.
Brian fällt es schwer, seinen Unglauben flüsternd auszudrücken: „Du warst 'einklaufen'?“
Leo grinst vielsagend und nimmt einen Schluck aus der Buddel, woraufhin Brian seinem Kumpel feixend auf den Oberschenkel klopft: „Alter, das hätt' ich dir ja gar nicht zugetraut. Aber pass' auf, sonst landest du noch hinter schwedischen Gardinen.“

S

**) An dieser Stelle darf keine Bandchemie zum automatischen gelingen des Checks eingesetzt werden, da Brian es alleine regeln möchte!*

Die Piste durch die nächtliche Einöde scheint schier endlos ...

Ziehe eine Karte!

♣ ♦ ♥ > ***S44*** | ♠ > ***S31***

S3 Als die Metal Heroes vollkommen verschlafen, verschwitzt und verspätet im improvisierten Wohnwagen-Büro des Veranstalters „Svensk Pirat Radio" aufschlagen, ist der Zug für den finalen Gig bereits abgefahren. Sie werden mit mürrischer Verachtung gestraft und ihnen wird nahegelegt, an ihrer Professionalität zu arbeiten. Der Auftritt ist geplatzt! Eine traurige Premiere für die Heroes.
*Die **Bandchemie** sinkt um 1!*

*Ist **Zig** der Metal-Heroes-**Roadie**?*

*Ja > **S7** | Nein > **S43***

S

S4 Joey gestikuliert beim Handytelefonat mit dem Management mit ganzem Körpereinsatz und beteuert, dass die Heroes keine Schuld für Unfall und Brand trifft.
Derweil fährt Zig mit seinem eigenen Auto, einem langgezogenen, mattschwarzen Volvo, vor. Die Karre ist tatsächlich ein alter, in Staub und Dreck erstickender Leichenwagen. Dessen Highlights die praktische Sarg-Schienenvorrichtung zum Verladen von schwerem Sound-Equipment und die auf dem Kopf stehenden Kreuze auf den milchig-weißen Scheiben, sind. „Ich habe sie damals extra herausnehmen und wieder verkehrt herum einsetzen lassen."

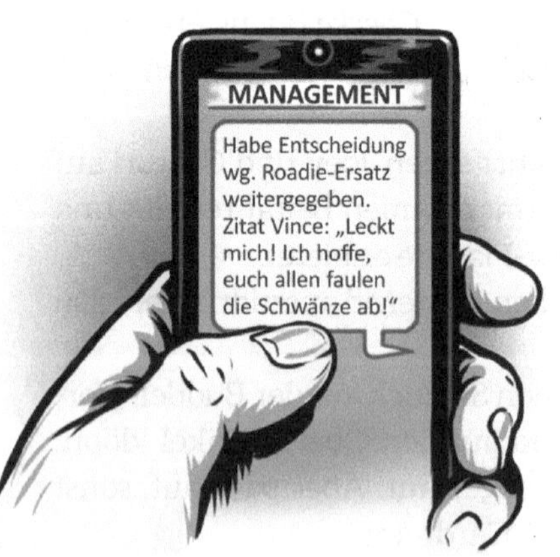

„Lässig morbide, Alter", honoriert Brian.
Kaum knirscht der Kies unter den Reifen von Zigs Wagen, brummen auch schon die Smartphones der Heroes ...

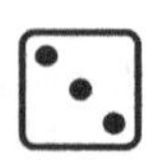
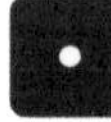
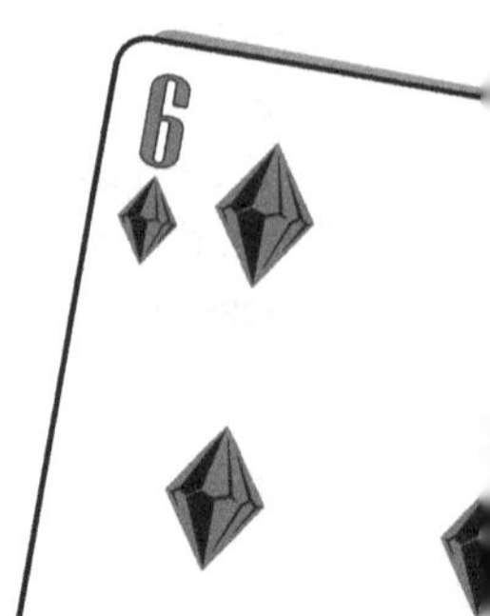

Nachdem Joey die Botschaft vorgelesen hat, kratzt sich der reaktivierte Roadie den stoppeligen Hals. „Ja, so ist das Geschäft!"
Während der Fahrt nach Östersund rotiert die CD der Metal Heroes im Player. Dabei lässt der erfahrene Zig kein gutes Haar an den Songs. Knallhart und ungeschönt macht er sie rund.
Leo bricht als Erster das Schweigen nach Zigs Sprüchen: „Das ist echt hart. Also von dir Kritik entgegennehmen zu müssen, ist wie von einem Totengräber vermessen zu werden."
„Mag sein", entgegnet der Schwede und hustet heiser, „die wichtigste Aufgabe eines Roadies ist: Ehrlichkeit. Okay, vielleicht knapp hinter ständig für ausreichend Fusel zu sorgen."
Allgemeine Zustimmung. „Aber eines ist klar: Das verlange ich ebenso von euch! Wenn ich merke, dass ich verarscht werde, bin ich weg! Verstanden?"

Mit Zigs Hilfe können die Metal Heroes bis zu ***3 bisher unveröffentlichte Songs*** *(aktiviert, aber leeres* ***„Out"****-Kästchen) stilistisch überarbeiten. Fülle jeweils einen zusätzlichen* ***Anspruch****-Punkt für diese Songs im* ***Repertoire*** *aus!*

S

Weiter > ***S39***

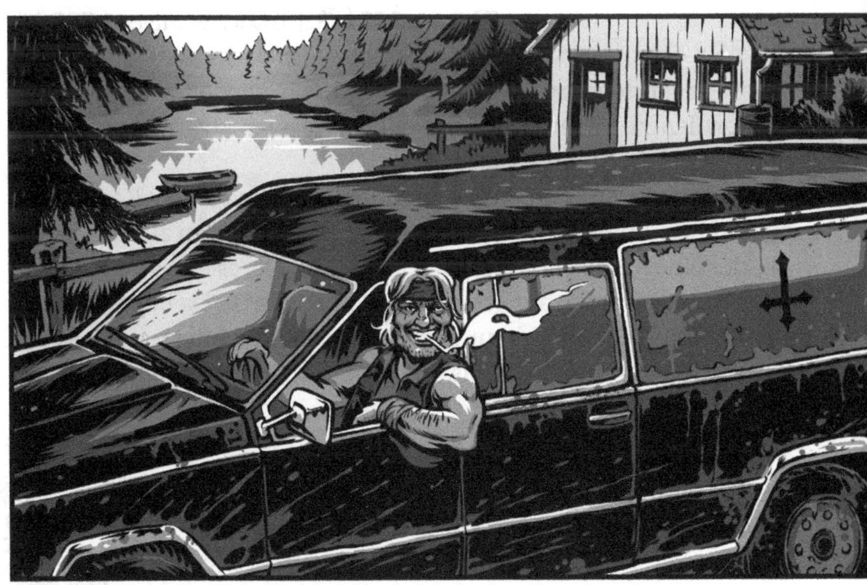

S4 *Derweil fährt Zig mit seinem eigenen Auto, einem langgezogenen, mattschwarzen Volvo, vor. Die Karre ist tatsächlich ein alter, in Staub und Dreck erstickender Leichenwagen.*

S5 Stolz präsentiert Brian seinen Bandkollegen einen anderen Zündschlüssel und verkündet, höchstpersönlich den fabrikneuen Tour-Bus lenken zu wollen. Unerwartet steigt in dir ein undefinierbares Unwohlsein auf, bei der Vorstellung deiner Schützlinge in diesem Gefährt.

Abfahrt sabotieren > ***•S50***
Gefühl ignorieren > ***S10***

S6 Du bist erstaunt, wie viele Menschen sich in das kleine Städtchen Östersund an diesem Tag verirrt haben. Tausende tummeln sich auf der Wiese vor der Bühne. Auch wenn die meisten nur das Volksfest genießen und nicht wegen der Bands hier sind, haben sich erstaunlich viele Headbanger darunter gemischt. So oder so ist es eine super Erfahrung für deine Helden!

S

Ermittle nun den ***Gig-Score*** *für das* ***Open Air Östersund!*** S15
Achtung: Notiere dir einen Bonus von ***+1*** *für jeden gespielten Song des Genres* ***Death*** *im* C*-Feld im* ***Tour-Book*** *des Metal-Logbuchs.*

Wie hoch ist der ***Gig-Score****?*
10 oder höher > ***S48***
7 bis 9 > ***S32*** | *6 oder weniger >* ***S29***

S7 Irgendwie sind die Metal Heroes froh, wieder im Flieger nach Kalifornien zu sitzen. Der Schweden-Trip war anstrengender und holpriger als gedacht!
„Ich sag's euch. Das war das letzte Mal, dass ich in so 'nem Kack-Tourbus gefahren bin!“, spricht Brian seinen Bandkollegen aus der Seele. Zig, der eine Reihe vor ihnen sitzt, brummt: „Ho, es muss '76 gewesen sein. Damals war ich auf Tour mit Led Zeppelin* ... Da fällt mir ein ...“ Die nächsten Stunden haut der Veteran ohne Unterlass eine geile Story nach der anderen raus. Genug Stoff für enthüllende Bücher oder eben gute Songs.

Die Band erhält ***2 Song-Punkte!***
Spare sie, um später Songs freigeschalteter Genres im ***Repertoire*** *zu aktivieren.*

Weiter > ***S51***

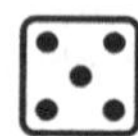 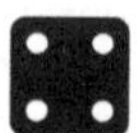

Gig-Muster

GIG FOR ZIG

S8 Die Nacht verbringt man gemeinsam vor dem Kamin. Alte Sauf- und Bums-Geschichten werden vorgetragen. Als die Stimmung besonders gut scheint, quatscht Brian den Alt-Rocker mit seiner direkt-sympathischen Art an: „Bjorn, wir brauchen noch 'nen guten Roadie. Wir können dir zwar nicht die fette Kohle versprechen, aber sicher wieder 'n wahres Rocker-Leben auf der Piste."

„Wenn ihr bloß jemanden sucht für das übliche Ausladen, Schleppen, Aufbauen, Verkabeln, Mikrofonieren, dann könnt ihr's vergessen. Ich bin zu alt für diesen Scheiß. Aber ich könnte eure Tour samt Backliner und Stagehands organisieren."

„Erfahrung ist uns wichtiger als Muskelkraft", zeigt Joey Verständnis für Bjørns Forderung.

Und Brian unterstreicht: „Zur Not packen wir selbst mit an!"

Bjørn grunzt überheblich und nagt weiter am Knochen des von der Straße gekratzten Elchs. „Ihr seid jung und angeblich erfolgreich. Aber euer Ruf ist noch nicht in meine Hütte nach Schweden vorgedrungen. Spielt mir was vor und überzeugt mich."

Setlist Gig for Zig

*Wähle nun **4 Songs** aus dem **Repertoire** und bestimme damit die **Setlist** für diese sehr intime Session.*

*Trage dazu ihre Track-Nummern in die vorgesehenen Felder mit dem #-Symbol im **Gig-Muster** oben ein.*

*Weiter > **S45***

★) ROCK ICONS: Led Zeppelin

War eine britische Rockband. 1968 gegründet, gehört sie mit 300 Millionen verkauften Alben zu den erfolgreichsten Bands. Gehörte zu den Pionieren des Progressive sowie des aufkeimenden Heavy Metal.

S9 „Machen wir es kurz, Leute. Das ist nicht meine Musik. Ich wünsche euch alles Gute!"
Den spärlichen Rest der Nacht verbringen deine vier Helden auf dem speckigen Sofa und dem Nikotin-Sessel.

Weiter > ***S12***

S10 Im Rahmen der Promo-Tour für ihr erstes Album (in Fan-Kreisen mittlerweile als „MHatFoR" abgekürzt) halten die Metal Heroes Gigs in Clubs und auf Bühnen der größeren Städte Schwedens ab. Zunächst in Göteborg, später unter anderem in Stockholm und Östersund. Über knapp eine Woche verteilt ist dies ein enger Terminplan – gerade wegen der enormen Entfernungen zwischen den Veranstaltungsorten.
Am dritten Tag der Tour steht der Sin City Rock Club im Herzen Stockholms auf dem Programm. Die Besitzer, Bo und Blackie, sind ein etwas in die Jahre gekommenes Radio-Moderatoren-Pärchen in Slade- und Pink-Floyd-Shirts, die sich nun als Event-Veranstalter verdingen.
Sie heißen ihren Live-Act herzlich willkommen und führen die Metal Heroes durch die Location. Joey deutet auf ein Poster des gestrigen Konzerts und muss grinsen: „Schaut mal, Jungs, Battle of the Tribute Bands – daran hätten wir vor zwei Jahren wahrscheinlich teilgenommen."
„Ja, das hätte ich mir gut vorstellen können", bestätigt die Besitzerin des Clubs. „Unsere Stammgäste lieben eine gute Mischung."
Lange diskutieren die Metal Heroes über die Setlist für ihr Konzert in der Hauptstadt Schwedens. Schließlich soll Stockholm heute Abend in Schutt und Asche gelegt werden!

Setlist Swedish Sins
*Wähle nun **9 Songs** (plus **1 Zugabe**) aus dem **Repertoire** und bestimme damit die **Setlist** für diesen Auftritt. Trage dazu ihre Track-Nummern in die vorgesehenen Felder mit dem #-Symbol im **Gig-Muster** gegenüber ein.*
*Stehen nicht genügend geeignete Songs im **Repertoire** zur Verfügung, müssen Felder leer bleiben!*

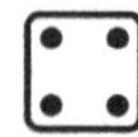
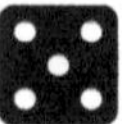
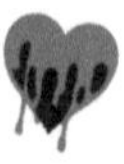

*Hast du alle Songs der Setlist eingetragen, ziehe eine Karte! Sie bestimmt die **3 relevanten Songs** dieses Auftritts.*
*Kreuze den **Pfeil** mit dem entsprechenden Karten-Symbol am Rand des **Gig-Musters** an.*

*Weiter > **S40***

Gig-Muster

SWEDISH SINS

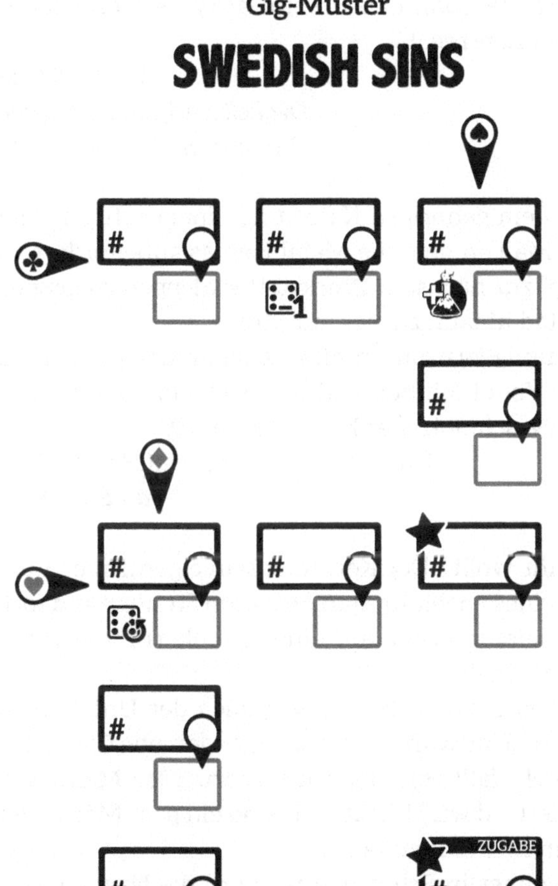

S

S11 „Vergiss es, Leo“, übt sich Joey in der Vaterrolle. „Für den Stoff haben wir nicht genug Cash.“

Ein weiterer Kunde, ein Typ in glänzendem Ledermantel, dessen glatter Vollbart ebenso aschgrau wie sein Haupthaar ist, verfolgt das Drama mürrisch, bis er vom Tankwart erlöst und vorgelassen wird.

Leo packt derweil die eckige Flasche mit dem schwarzen Label wieder von der Theke. „Dann eben kein Jacky!“ Angefressen geht er zurück zum Schnapsregal.

Was soll Brian tun?
*Die Zeitschriften anschauen > **S21***
*Komischen Kauz verfolgen > **S25***

S12 Mit einem gehörigen Kater und einem saftigen Manager-Anschiss per Mail, in dem die Metal Heroes aufgefordert werden, den Bus „asap“ zur nächsten Werkstatt schleppen zu lassen, geht's wieder den Pfad hinauf, zurück zur Straße.

Als die Jungs und Bjørn am Unfallort ankommen, glauben sie ihren Augen kaum: Vom Kleinbus sind nur noch ein verkohltes Chassis und Klumpen geschmolzener Kunststoff übrig!

*Unterstützt **Zig** die Metal Heroes als **Roadie**?*
*Ja > **S4** | Nein > **S43***

S13 „Wie ihr wollt.“ Der Kerl setzt sein eigentliches Vorhaben, das Zerteilen eines angefahrenen Elchs, am Straßenrand fort, wirft die blutigen Fleischbrocken auf eine Schubkarre und verschwindet in der Dunkelheit.

„Verdammt, Leute, wisst ihr, an was mich der Unfall erinnert?“, grübelt Gregori. „Uns wäre es fast so ergangen wie Cliff Bur…★“

„Sei bloß ruhig!“, fällt ihm Joey ins Wort. „Der Mann war eine Metal-Legende! Und wir? FUCK! Wir sind ein paar Möchtegerns, zu blöd, um einen Kleinbus zu fahren …“

Obwohl es Sommer in Schweden ist, wird die Nacht doch empfindlich kühl. Einige Scheiben sind zersplittert und der Motor ist abgesoffen.

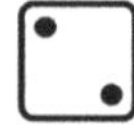 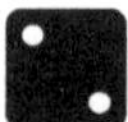

Es dauert bis zum Nachmittag, als endlich der Abschlepper eintrifft und ein Ersatzwagen organisiert werden kann. Jetzt heißt es „Pedal to the Metal“, um noch irgendwie rechtzeitig das letzte Ziel auf dem Tourplan zu erreichen!

Weiter > ***S39***

S14 Die Metal Heroes fachsimpeln mit Bjørn über das Demo, dabei kann der Kettenraucher seine Verwunderung ob des breitgefächerten Musikwissens seiner jungen Gäste nur schwer verhehlen.

*Der **Gig-Score** steigt um 2!*
*Notiere dir diese „Fachsimpelei“ als einen Bonus von **+2** im* **A** *-Feld von **„Gig for Zig“** im **Tour-Book** des Metal-Logbuchs.*

Weiter > ***S8***

S

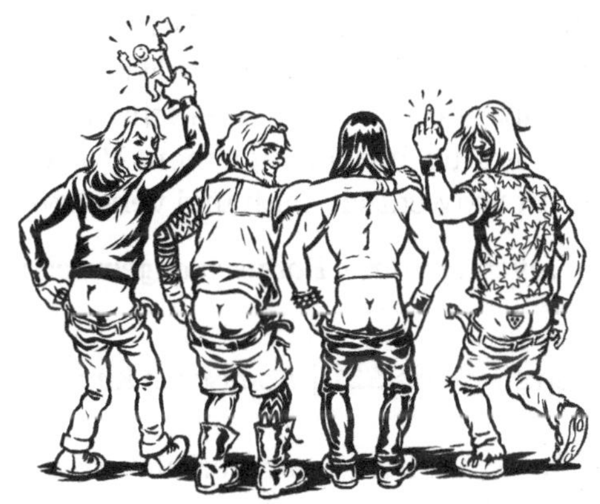

S15 Offenbar hält man innerhalb der schwedischen Radio-Familie zusammen. Das dynamische Veranstalterpärchen des Sin City Rock Clubs in Stockholm, Bo und Blackie, haben ihren Kollegen in Östersund nahegelegt, die Metal Heroes trotz der Verspätung nicht fallen zu lassen, sondern dafür gesorgt, dass sie im laufenden Programm des Open Airs nach hinten gestellt wurden. Ein echt fairer Zug von den beiden!

★) ROCK ICON: Clifford Lee Burton
War ein US-amerikanischer Bassist und Gründungsmitglied der Metal-Band Metallica. Verunglückte am 27. September 1986 in Dörarp, Schweden, beim Unfall des Band-Tourbusses.

Setlist Open Air Östersund

*Wähle nun **9 Songs** aus dem **Repertoire** und bestimme damit die **Setlist** für diesen Auftritt. Trage dazu ihre Track-Nummern in die vorgesehenen Felder hier ein.*

*Wenn die Metal Heroes einen **Supporter** namens **Zig** haben und ihn vor der Zusammenstellung der Setlist um Rat fragen sollen > **S19***

*Hast du alle Songs der **Setlist** eingetragen, ziehe eine Karte! Sie bestimmt die **3 relevanten Songs** dieses Auftritts. Kreuze den **Pfeil** mit dem entsprechenden Karten-Symbol am Rand des **Gig-Musters** an.*

*Weiter > **S6***

S16 Mit dem kleinen Extrazuschuss bezahlt Joey die Tankrechnung und Leos Stoff. Da er Probleme mit den Kronen-Moneten hat, lässt er einen anderen Kunden vor. Der Kerl trägt einen amtlichen Vollbart, dessen glatte aschgraue Haare ebenso wie sein Haupthaar weit über den Kragen seines schwarzen Ledermantels reichen und einen undurchdringlichen Vorhang bilden. Er brummt etwas auf Schwedisch, zahlt und verschwindet.

*Ändere nun den Inventareintrag **Bonus** in **angebrochenen Bonus**.*

Was soll Brian tun?

*Die Zeitschriften checken > **S21** | Komischen Kauz beobachten > **S25***

S17 Wie sich herausstellt, war der Naturbursche damit beschäftigt, ein angefahrenes Elchkalb zu zerteilen und es auf seinen rostigen Schubkarren zu wuchten, als er von Joey fast überfahren wurde. Diese Arbeit beendet Bjørn noch, bevor er sich mit blutigen Fingern eine weitere Kippe ansteckt und seine neuen Bekannten einen schmalen Trampelpfad, an flachem Buschwerk vorbei, zu einem im Mondschein funkelnden See, hinabführt.

Da der Einheimische nun doch einen überraschend sympathischen Eindruck macht, folgen ihm die Metal Heroes – dank des Unfallschocks noch immer mit weichen Knien – mit Sack und Pack.

*Weiter > **S30***

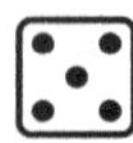 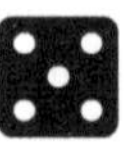

Gig-Muster

OPEN AIR ÖSTERSUND

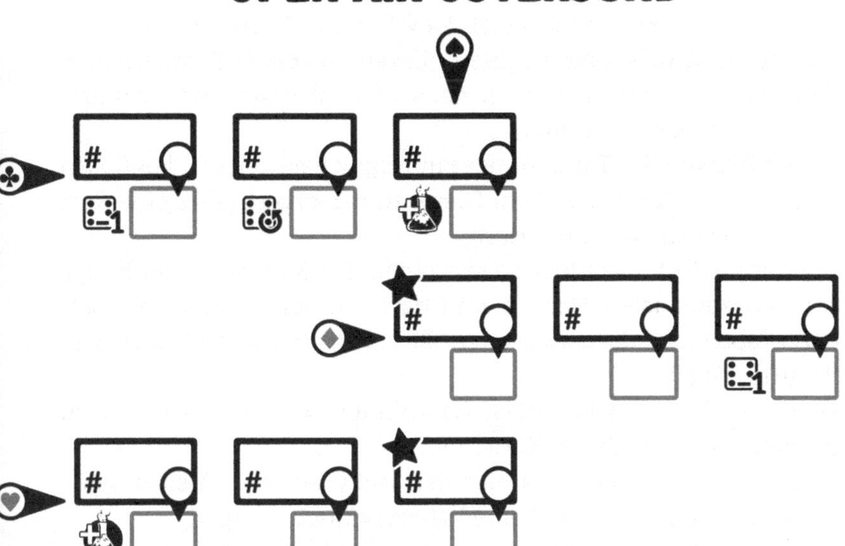

S

S18 Leo überreicht das Tape wieder Brian, der es ins vermüllte Handschuhfach feuert.

Weiter > ***S10***

S19 Zig geht erneut mit den Metal Heroes hart ins Gericht: „Also ihr habt Talent, keine Frage. Wenn ihr allerdings in Skandinavien einen Stich machen wollt, solltet ihr zeigen, dass ihr ebenso die schwarze Kunst beherrscht!"

Zurück zum Setlist schmieden! > ***S15***

S20 Die Zeit drängt. Die Fahrt zum morgigen Gig in Östersund bedeutet eine heftige Nachtschicht hinterm Lenkrad!
Es dauert eine gefühlte Ewigkeit, bis die Sonne ihren flachen Lauf hinter den Bergen Schwedens vollendet hat. Die Digitaluhr des

Tourbusses zeigt 22.24 Uhr, als es dunkel wird. Die Straßen sind bis auf vereinzelte Schlaglöcher in einem guten Zustand.
Gegen Mitternacht erreichen die Metal Heroes eine größere Stadt (für schwedische Verhältnisse). Joey liest das Ortsschild „Bollnäs" laut vor und reißt damit seine Kollegen aus dem Dämmerschlaf. „Hört sich das für euch auch nach Fleischbeilage an?", brummt Gregori von der Hinterbank.
Da das Blinken der Tankanzeige eindringlich empfiehlt, den Bus in absehbarer Zeit mit frischem Diesel zu versorgen, gibt's eine Rast an der einzigen Tanke des Kaffs.
Der Tankwart hinter dem Tresen, ein junger Kerl mit öliger Kappe auf den zerzausten Haaren und darin verschwindenden Kopfhörerkabeln, hat diesen unsteten Blick, wie sie nur Bekloppte oder Bekiffte haben.
Während Joey das Betanken übernimmt, schaut sich Leo nach „hartem Stoff" für „harte Kerle" um.
„Leute, unvorstellbar, was hier der Jacky kostet!", lässt er seine Kollegen wissen und reckt eine Whiskeyflasche empor.
„Zwei Worte", ruft Gregori quer durch den Laden, „Tankstelle und Alkoholsteuer." – „Da fragt man sich doch, wie Metal hier überhaupt erfolgreich sein kann."

*Haben die Metal Heroes am Abend einen **Bonus** für ihren Auftritt in Stockholm bekommen (kontrolliere dazu Joeys Inventar)?*

*Ja, haben sie! > **S16***

*Falls nicht, soll Joey seine **Kreditkarte** benutzen (sollte sie noch mindestens einen **Geldschein** Deckung haben)?*

*Klar! > **S34** | Weder noch > **S11***

S21 Brian vergnügt sich derweil am Zeitschriftenregal: „Leute, ich versteh zwar vor lauter Smörrebröd kein Wort, aber schaut euch mal die ganzen Metal-Magazine an. Der Hammer! Da ist ja eines abgedrehter als das andere. Und all die fiesen Typen drauf. Ich bepiss mich gleich."
Joey, noch immer beschäftigt, die Kronen an der Kasse zusammenzukratzen, ruft herüber: „Mit Black und Death bist du in Schweden eben ganz vorne dabei."

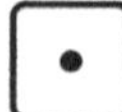

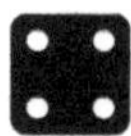

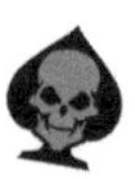

Leo tippt auf eines der Cover: „Sag mal, Brian, war das nicht der Kerl, der gerade bezahlt hat?"
„Stimmt, das war Tony Sunnhag, der Sänger von Gormathon ...", wirft der Tankwart in sicherem Englisch ein. „Tony ist nicht sehr gesprächig. Meistens legt er seinen Kram einfach auf die Theke, zahlt und haut wieder ab."
„Der Typ sieht aus wie dieser fiese Zauberer aus Herr der Ringe", kichert Brian.
„Ja, wie Saruman", bestätigt Leo.
„Sauron, meinst du", glaubt es Joey besser zu wissen.
„Nein, Saruman." – „Sicher?"
„Ja", setzt Gregori der peinlichen Diskussion aus Nerd-Halbwissen ein Ende. „Sauron ist der mit dem großen Auge. Saruman der mit den langen Haaren."

Weiter > ***S41***

S

S22 Nach kurzer Schrecksekunde wechselt Brian intuitiv die Griffe und ignoriert durch Substitution, also dem Ersetzen von Akkorden, die gerissene Saite! Du musst gestehen, so viel Mut, Können und Improvisationsgabe hättest du dem manchmal etwas dumpfen Gitarristen gar nicht zugetraut! Nur wenige im Saal haben überhaupt bemerkt, was der Sunnyboy gerade für eine Show abzieht!

Hake nun unter Brians Eigenschaften im Metal-Logbuch sein ***Special****-Symbol ab! Es steht für sein Talent als* ***Rampensau****.*

Mit ***Brians Special*** *kannst du während eines Gigs automatisch den* ***Performance-Check*** *eines Songs gelingen lassen (es wird also nicht gewürfelt)!*

Wenn du mehr zum Thema erfahren möchtest, dann lies dir den Abschnitt ***„Specials – Verborgene Talente der Metal Heroes" (R10)*** *der Regeln durch.*

Weiter > ***S35***

S23 Achtlos wirft Leo das kaputte Tape aus dem Fenster. Da war nichts mehr zu retten.

Weiter > ***S10***

S24 „Falsch! Muss man auch nicht wissen. Aber für unwissende Jungspunde gibt's nichts von meinem Kaffee für die Reise."

Weiter > ***S33***

S25 Brian geht raus und sieht noch, wie ein Volvo mit heruntergelassenen Scheiben unter quietschenden Reifen davonfährt. Hinter dem Steuer der mysteriöse Schwede. Du verspürst eine dunkle Aura und selbst das göttliche Feuer des Rock scheint in ihm zu lodern!
Auf der staubigen Heckscheibe klebt ein Band-Logo. Total unleserlich. Zu verschnörkelt. Typisch Death-Metal!

Weiter > ***S41***

S

S26 Der ehrwürdige Roadie schnauft durch, hustet ab und klopft sich auf die Oberschenkel: „Wisst ihr was? Ich bin dabei! Solange ich mein Essen nicht mehr von der Straße kratzen muss ..."
„Perfekt, Bjorn! Ich sage unserem Management Bescheid. Die klären alles Weitere."
„Hey, Männer, lasst das mit dem Bjørn. Alle meine Freunde nennen mich Zig!"
Joey lacht erleichtert: „Wie passend!"
„Ho! Noch keine Haare am Sack und schon frech werden!?"
„Haare am Sack?", höhnt Gregori und nimmt Zigs nicht ganz ernstgemeinten Zwischenruf auf. „Alter, du kommst echt aus den Siebzigern."

Markiere nun unter ***Supporter*** *im Metal-Logbuch, dass* ***Zig*** *der neue* ***Roadie*** *der Metal Heroes ist.*

Nacheinander nicken die Metal Heroes auf der Nikotin-geschwängerten Couch ein. Einzig Gregori ist noch wach: „Riecht ihr das auch? Es riecht irgendwie verbrannt hier!"
„Wen wundert's?", murmelt Leo im Halbschlaf. „Der alte Schwede schmaucht schließlich einen Stumpen nach dem anderen."

Weiter > ***S12***

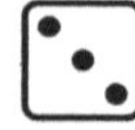

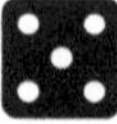

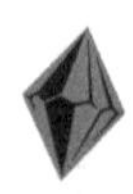

S27 Wie zu erwarten war, feierte im Sin City Rock Club ein ebenso fachkundiges wie offenes Publikum. Gepaart mit skandinavischer Power haben sie den Metal Heroes zu neuen Höhen verholfen. Stockholm rockt!
Bo und Blackie schließen jeden der Vier in die Arme und bedanken sich herzlich für den grandiosen Abend und den tollen Auftritt. Sie seien überrascht, wie flexibel die Band sei.
Neben der versprochenen Gage (die direkt ans Management überwiesen wird) überreicht Blackie Joey sogar noch einen Bonus in bunten Scheinen der Landeswährung für ihre Performance.

*Notiere den **Bonus** unter Joeys Inventar im Metal-Logbuch.*

*Weiter > **S20***

S28 Unter heftigen Rückkopplungen und Verzerrungen müssen die Metal Heroes den Song abbrechen und erneut ansetzen. Kein Beinbruch, allerdings auch nicht stimmungsfördernd am Höhepunkt des Auftritts.

*Der **Gig-Score** sinkt um 2!*
*Notiere dir diesen nervigen „Saitenwechsel" als einen Abzug von **-2** im B-Feld von **„Swedish Sins"** im **Tour-Book** des Metal-Logbuchs.*

*Weiter > **S35***

S

S29 Den Auftritt in Östersund hätten sich die Metal Heroes fast schon sparen können. Immerhin haben sie ihn trotz aller Widrigkeiten über die Bühne gebracht.

*Ist **Zig** der **Roadie** der Metal Heroes?*

*Ja > **S7** | Nein > **S43***

S30 Bjørns Fischerhütte liegt tatsächlich direkt am Letssjön-See, auf dessen glatter Oberfläche sich die Sterne widerspiegeln. Das fahle Licht, das aus einem mit Klebeband geflickten Fenster fällt, bestrahlt einen uralten Volvo unter dem Vordach. Eine dicke Staubschicht konserviert die Kutsche.
In der Hütte angekommen, marschiert Bjørn mit festem Schritt auf

★) ROCK ICON: Bruce Springsteen
US-amerikanischer Rockmusiker, Oscar- und Tony-Award-Preisträger sowie 20-facher Grammy-Gewinner. Seine Songs haben meist das amerikanische Alltagsleben zum Thema.

den Eisenofen im Wohnzimmer zu, wirft zwei Scheite nach und brüht frischen Kaffee auf. „Eine Spezialmischung von meinem letzten Kolumbien-Trip", wie er stolz erzählt.
Zahllose Polaroids, Bilder, Bändchen mit vergilbten Backstage-Pässen, Eintrittskarten und Plattencover bedecken die Holzwände der großen Wohnstube nahezu lückenlos. Der ganze Kram entführt in die Rock-Ära der 70er, 80er und 90er.
„Willst du vielleicht auch eine Autogrammkarte von uns, Björn? Wir sind nämlich 'ne Metal-Band", prahlt Brian.
„Ich hab das schon gecheckt, Freundchen. E-Gitarren, Zottelhaare, Alkohol, geschrotteter Tourbus. Ich bin doch nicht von gestern."
Brian tippt auf eines der nikotin-gelben Fotos an der Wand, um das Thema zu wechseln: „Schaut her, ein Bild mit Bjorn und dem Boss!"
„Wessen Boss?" – „Sag mal, Gregori ... Bruce Springsteen★, natürlich!"
Bjørn tritt heran und schwelgt: „Ende der 70er bin ich viele Jahre mit dem Boss und der E-Street-Band quer durch die Staaten getourt. Die Kerle haben die größten Stadien vollbekommen. Mega Arbeit für 'nen Roadie, sag ich euch. Aber war 'ne starke Zeit!"
Joey erstaunt: „Du warst Roadie?"
„27 Jahre lang, Kumpel." Bjørn stößt einige Rauchkringel aus und geht an den Ofen, um einen frischen Pott Kaffee aufzusetzen. „Hey, ihr Jung-Metaller, Quizfrage! Preis ist ein halbes Pfund meiner Spezialmischung ... Warum wird Bruce Springsteen eigentlich ‚The Boss' genannt?"

Weil er als harter Hund galt und stets den Ton angab > ***S24***

Weil er zu Beginn seiner Karriere allen seinen Mitarbeitern die Gage bar ausgezahlt hat > ***S47***

S31 Der Bandleader hat nun den Job des Fahrers übernommen und kämpft seinerseits gegen das Blei, dass seine Lider beschwert. Nur noch bis zur nächsten Haltebucht, dann will er sich von Leo ablösen lassen ...
Joey macht es sich gedanklich bereits auf der Rückbank gemütlich und kneift abwechselnd das linke und rechte Auge zu, um das brennende Gefühl der Müdigkeit darin loszuwerden. *(Betrachte nun den Comic!)*

★) **ROCK ICON** *Hinweis auf vorheriger Seite*

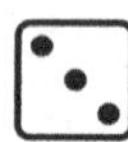

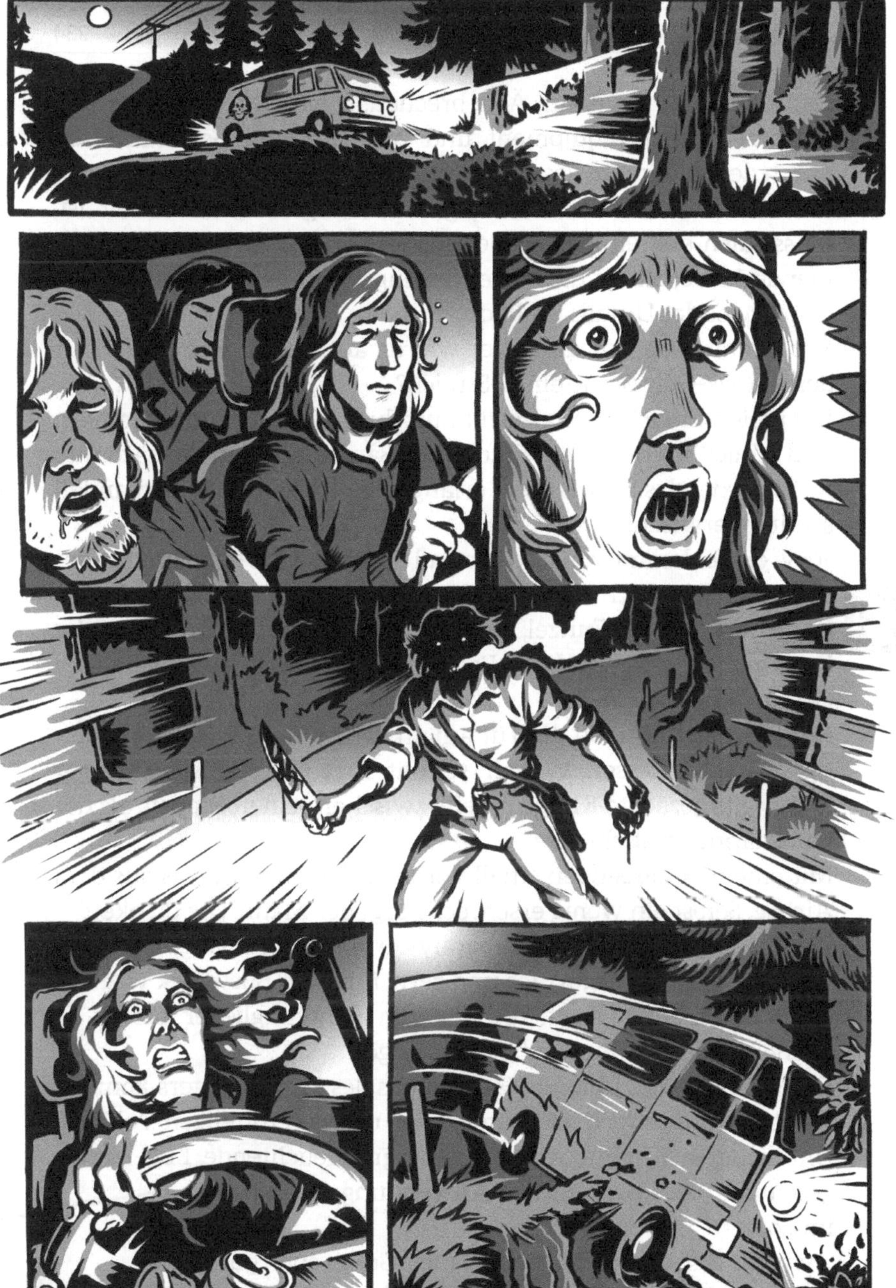

S31 *Joey macht es sich gedanklich bereits auf der Rückbank gemütlich und kneift abwechselnd das linke und rechte Auge zu, um das brennende Gefühl der Müdigkeit darin loszuwerden.*

Der alte Motor heult auf, Äste brechen. Die Metal Heroes werden mitsamt Gepäck, Equipment und zerquetschten Getränkedosen durch den Laderaum geschleudert. Aufprall, Stillstand, Ruhe.
Selbst du, dessen Geist von jeglicher Körperlichkeit befreit ist, musst dich erst einmal wieder sortieren. Du fühlst eine beklemmende Leere, als du dich orientierungslos in der Dunkelheit und dem Chaos des Unfalls umblickst.
Verdammt, was war das? Wer war da auf der Straße? Spielen dir deine Rock-Gott-Sinne einen Streich?
Mit großer Erleichterung vernimmst du das Stöhnen und Jammern und schließlich die ersten Flüche der Bandmitglieder, die nach und nach wieder das Bewusstsein erlangen. Es hat offenbar niemanden schlimm erwischt.
Joey, eingeklemmt von Gepäck und Airbag, tastet den Himmel der Fahrerkabine nach dem Schalter für die Innenbeleuchtung ab. Kaum brennt die Funzel, kreischt er auf wie ein Mädchen im Kettenkarussell. Durch das Fahrerfenster starrt das eingefallene Gesicht eines Mannes!
Der kräftige Kerl reißt die Tür auf, in der zitternden Hand ein blutiges Armee-Messer. Wieder schreit Joey. Der sensible Sänger wähnt die gezackte Klinge bereits zwischen seinen Rippen, als der Unbekannte zusticht ...
Mit einem betäubenden Knall verpufft das staubige Gas aus dem Airbag. Selbst ein wenig erschreckt, sagt der Mann: „Är du okej?“
Zielsicher greift er über den paralysierten Joey hinweg, schneidet ihn vom Sicherheitsgurt los und zerrt ihn vom Buswrack weg auf den Grünstreifen. Auch die anderen Bandmitglieder befreit er nacheinander aus ihrer misslichen Lage.
Der schüttere, graublonde Haarwuchs des Endfünfzigers konzentriert sich auf seine buschigen Brauen und den zotteligen Vollbart. Um seine zerfurchte Stirn ist eine grell-leuchtende LED-Lampe geschnallt. Praktisch in der Anwendung, bescheuert im Look.
„Ach, ihr Burschen seid Amerikaner. Geht's euch gut? Tut irgendwas weh?“, fragt der Kerl besorgt in perfektem Reibeisen-Englisch.

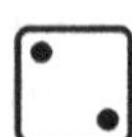 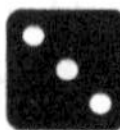

Der Bus hat sich mit der Vorderachse in den Graben verabschiedet und ist mit purer Muskelkraft - selbst mit Hilfe der neuen Bekanntschaft - nicht zu bergen.

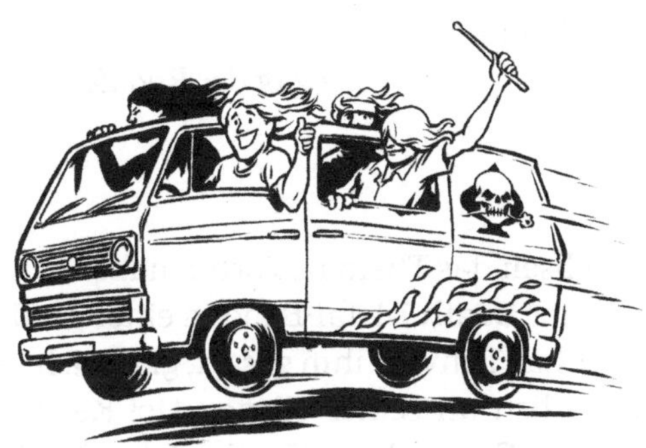

Leo hat sich derweil im demolierten Tourbus umgeschaut: „Hey, Leute. Fast alles ist zu Bruch gegangen, außer unsere Instrumente und der Jacky! Na, wenn das mal kein Zeichen ist!"
„Gib' mal her", lässt sich Gregori die Whiskey-Flasche aushändigen. Er wiegt sie ein wenig in der Hand, um sie dann auf den Asphalt zu zerschmettern. „DAS ist ein Zeichen, du Penner!"
Der Retter der Metal Heroes räuspert sich, drückt sein breites Kreuz durch und stellt sich vor: „Hi, ich bin Bjørn Brøderson."
Leo, der die Aussprache des Familiennamens richtig treffen will, fragt noch einmal nach: „Bröderson?"
„Nein, Brøderson!"
„Ach, Broederson ..."
„Nein ... ach, ja, passt schon, Kleiner", brummt der verwahrloste Kerl resigniert und bugsiert beiläufig ein Zigarillo zwischen die gelben Zähne. Mit belegter Stimme bietet er an, die Band könne gerne die Nacht in seiner bescheidenen Hütte am See verbringen. „Gegen fetten Aufpreis, kommt der Abschlepper nachts raus", brabbelt er und diagnostiziert treffend: „Aber das können sich die Herrschaften bestimmt nicht leisten."

Sollen die Metal Heroes dem Mann folgen?

Ja, der Alte ist doch hochgradig sympathisch > ***S17***

Nein, lieber im Auto andere Hilfe anrufen > ***S13***

S

S32 Mit jedem gespielten Song wird die Aufmerksamkeit, die das gemischte Publikum in Östersund den Metal Heroes entgegenbringt, größer und größer.

*Dein **Einfluss** steigt um 1!*

*Ist **Zig** der **Roadie** der Metal Heroes?*
*Ja > **S7***
*Nein > **S43***

S33 Brian wechselt das Thema: „Vorhin haben wir einen schrägen Typen von einer Death-Metal-Band in einer Tanke getroffen." „Ja, der Tankwart hat Tony zu ihm gesagt, glaub ich", ergänzt Leo. Bjørn zieht genüsslich an seiner Kippe. „Ho! Kenn ich! Das war Tony Sunnhag von Gormathon. Death-Metal-Band. Aber melodisch. Wohnen hier ganz in der Nähe." Er steht auf und kramt in seinem Chaos. „Irgendwo muss ich noch ein Demo von den Jungs haben ... Ah, hier ist es ..."

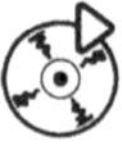
*Höre dir nun bitte **Track 3** des **Metal-Heroes-Soundtracks** aufmerksam an!*

„Land of the Lost"
MELODIC DEATH METAL

Following the stellar lights
Path thru the dark
Of rotten limbs and piles of bones
Of hundreds ripped apart

By our heart of choice
Into the devils jaws
Fearless thru eternity
For a greater cause

Time, we need time
To seal the challenge of our call
Time, we need time

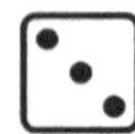 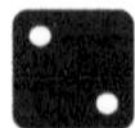

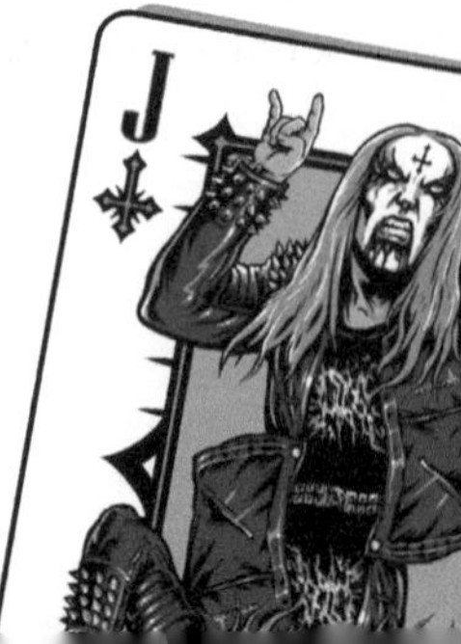

In the land of the lost
We are living the land of the living
We're living in the land of the lost
In the spur of the moment as we're giving it all
Giving it all away

[Solo]

With the strength of our will
Like heaven hell shall be
Rigorously we strive
Thru the dark side of me

Time, we need time
To seal the challenge of our call
Time, we need time
In the land of the lost

We are living the land of the living
We're living in the land of the lost
In the spur of the moment as we're giving it all
Giving it all away

[Repeat 2x]

„Land of the Lost" (2012) von Gormathon
Death-Metal-Band aus Bollnäs (Schweden)

Welches Instrument dominiert das Solo nach rund 1:15 Minuten?

E-Gitarre > ***S14***
Drums > ***S8***

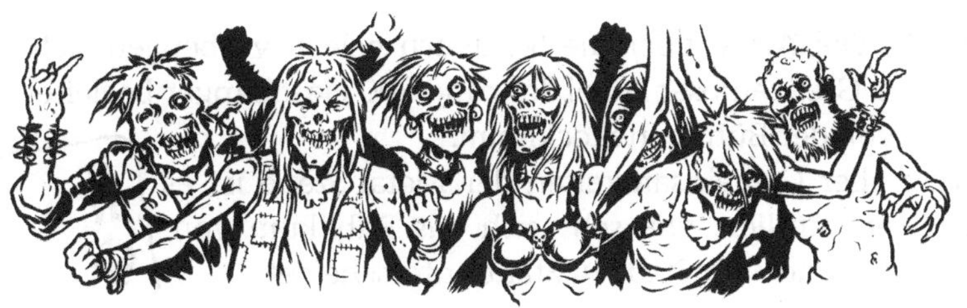

S34 Zum wiederholten Male zieht Joey seine VISA durch den Schlitz des Lesegeräts. Er versteht zwar nicht den Fehlertext, weiß aber den schrillen Signalton der Ablehnung zu interpretieren.
„Scheiße, Leute. Das fuck Teil nimmt die Karte nicht an."
„Ungültig", bestätigt der Tankwart resigniert.
Leo schlussfolgert angefressen: „Wahrscheinlich hat dein Dad die Karte sperren lassen, Joey."

Schneide nun, äh, streiche nun die ***Kreditkarte*** *auf Joeys Inventar durch! Sie gilt fortan als gesperrt.*

Ein Typ mit einem glatten grauen Vollbart, der ihm bis zum Bauch reicht, wartet störrisch darauf, bis das Drama an der Kasse endlich gelöst wird.
Der Tankwart sagt: „Tony, ett ögonblick!" Und lässt den Mann im glänzenden Ledermantel vor.

Leo nimmt die eckige Flasche mit dem schwarzen Label wieder von der Theke. „Dann eben ohne den Jacky!" Und trägt sie - merklich angepisst - zurück zum Regal.

Was soll Brian tun?
Die Zeitschriften anschauen > ***S21***
Komischem Kauz nachblicken > ***S25***

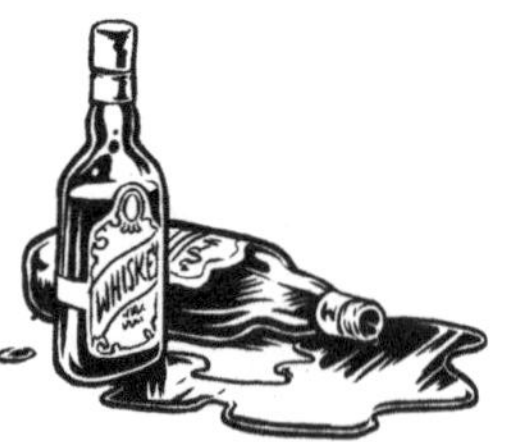

S35 Die Arme über die Schultern gelegt, verbeugen sich die Heroes. Grenzenloser Jubel der rund 800 Headbanger begleitet die Band von der Bühne in Stockholm.
Trotz aller Gemeinsamkeiten der Metal-Szene ist es doch erstaunlich, wie sehr sich das Publikum von Land zu Land, von Stadt zu Stadt unterscheidet.

2

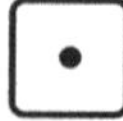 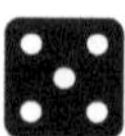

*Ermittle nun den **Gig-Score** für **Swedish Sins!** S10*
*Checke dazu nacheinander die **Performance** der jeweiligen **Leader** für **alle relevanten Songs** (ohne Zugabe).*
*Ist die **Gig-Score 8 oder höher**, dann schreien die Fans in Stockholm für eine Zugabe!*
*Checke deshalb die **Performance** für die **Zugabe** (falls ausgefüllt) und notiere den **Fame-Stern**, sollte der Check gelungen sein.*

*Haben die Metal Heroes mindestens **vier unterschiedliche Genres** mit ihrer Setlist in Stockholm bedient?*
*Ja > **S27** | Nein > **S49***

S36 „Das sind eure besten Songs?", gibt sich der schwedische Einsiedler abweisend.
„Naja, die Leute stehen drauf", meint Joey verunsichert.
„Mag ja sein, aber ich wollte die besten Songs hören, nicht die erfolgreichsten."

War mindestens ein Nu Metal-Song dabei?
*Ja > **S9** | Nein > **S26***

S37 Joey steigt aus und donnert die Beifahrertür des VW-Busses zu. Im schwachen Scheinwerferkegel geht er einige Meter die Straße entlang. „Was hat er denn?", fragt Brian scheinheilig.
„Lass ihn", flüstert Gregori. „Deine Aktionen waren in letzter Zeit wohl etwas zu viel für ihn."
Brian schnauft tief durch und sinkt in den Fahrersessel. Man sieht ihm an, wie sehr ihm seine Eskapaden leidtun.
Als Joey nach seiner kurzen Auszeit zurückkehrt, verweist er Brian schweigend auf den Beifahrersitz. Der räumt reumütig das Feld und entschuldigt sich bei seinem Freund, mit dem Versprechen, sich bessern zu wollen.

*Weiter > **S31***

S38 Leo lässt sich einen Bleistift aus der Ablage reichen, steckt ihn in eines der Löcher der Kassette und wickelt durch Drehen des Stifts das Band wieder auf. Ungläubig begutachtet Brian die Rettungsaktion aus dem letzten Jahrtausend.

Wenn Leo das gerettete Tape einstecken soll, dann notiere unter seinem Inventar ***Demo-Tape mit Bandsalat*** *im Metal-Logbuch.*

Weiter > ***S10***

S39 Der letzte Gig in Schweden - gleichbedeutend mit dem letzten ihres experimentellen Euro-Trips - führt die Metal Heroes auf eine Freilicht-Bühne auf einer kleinen Halbinsel bei Östersund. Im Rahmen des Storsjöyran-Musikfestivals ist ihr Auftritt geplant.
Vollkommen übernächtigt kommen die Jungs mit reichlich Verspätung an. Der Veranstalter der Metal-Gigs, ein „Piraten-Sender" aus der Gegend, wurde telefonisch durch das Kopenhagener-Palm-Büro von den Problemen deiner Schützlinge in Kenntnis gesetzt.

Besitzt Joey einen ***Bonus*** *bzw.* ***angebrochenen Bonus*** *in seinem Inventar?*

Ja, hat er > ***S15*** | *Nein >* ***S3***

S

S40 Das erste Set ist in die schwedische Nacht gebrannt und die Fans sind bereits weich gekocht. Wellen aus blonden Mähnen moshen synchron durch die Halle.
Plötzlich durchzuckt eine akustische Verzerrung dein musikalisches Gemüt. Bisher hat niemand davon Notiz genommen, doch deinem geschärften Ohr entgeht nichts!
Mitten in Brians Solo des vorletzten Tracks ist ihm eine Saite seiner Explorer gerissen! Das bedeutet eine knallharte ...

Gig-Challenge!

Checke Brians ***Skill*** *und* ***Presence****!*

Beide Checks gelungen > ***S22***

Nur einer gelungen > ***S46***

Beide misslungen > ***S28***

Spieltipp: Denke daran, ***Bandchemie*** *einzusetzen, um misslungene Checks nachträglich gelingen zu lassen!*

S41 Es bleibt keine Wahl. Wenn die Jungs rechtzeitig in Östersund sein wollen, um ihren letzten Gig zu schmeißen, dann müssen sie die kommende Nacht durchfahren.

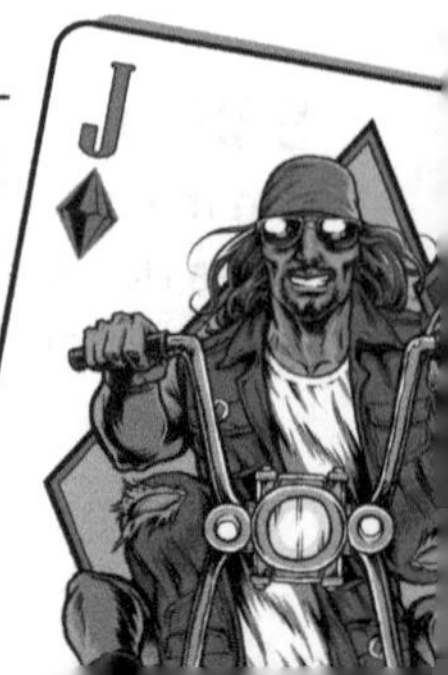

„Wir wechseln uns ab. Jeder muss mal zwei, drei Stündchen auf dem Bock sitzen. Und über die Reihenfolge ziehen wir Karten."
Leo hält sich bei der Diskussion auffallend zurück.
Gregori überzogen empört: „Und der Blinde darf wieder mal nicht mitmachen. Dabei sehe ich von euch Nasshaarkämmern im Dunkeln eindeutig am besten."
Brian zieht als Erster den Reaper, also die Joker-Karte des Rock-Pokerblatts, die bestimmt, wer zuerst fahren muss ...
Wenige Meilen hinter Bollnäs vertraut Brian dem Tipp des Tankwarts und lenkt den Tourbus auf eine schmale Landstraße – einer Abkürzung am Letssjön-See vorbei.

*Hat die Band einen **angebrochenen Bonus**?*
*Ja, der Bonus wurde angebrochen > **S31***
*Nein, der **Bonus** ist noch komplett da bzw. fehlt ganz > **S2***

S

S42

Amüsiert öffnet Leo die Heckklappe des rostigen Busses. Der Geruch von unzähligen Touren, eine Mischung aus Alkohol und diversen Körperflüssigkeiten, klebt in den Polstern.
„Von wegen 'fällige Inspektion'", regt sich Brian auf. „Das hat sich diese Moni doch ausgedacht!"

***Brian** ist dermaßen angepisst, dass er ab sofort einen Abzug von **-1** auf **alle Checks** erleidet!*
Vermerke dies, indem du sein -Symbol markierst. Dir wird mitgeteilt, wenn du diesen Nachteil wieder streichen darfst.
*Dieser Abzug hat keine Auswirkungen auf seinen **Ego**-Wert.*

Joey, Leo und Gregori sehen das Ganze nicht so eng. Ihr Traum lebt! Egal ob nun mit einer neuen oder alten Karre. Und mit Musik sieht die triste Rocker-Welt gleich wieder besser aus.
„Auf, Brian, schmeiß eine CD rein", fordert der blinde Drummer nach einigen Meilen Fahrt.
„Würde ich ja, aber diese Edelkarosse hat keinen Player, sondern nur ein olles Radio mit so 'nem großen Schacht."
Der Leadgitarrist hämmert energisch auf den versifften Auswurfknopf. Woraufhin eine Kompaktkassette heraushüpft, gefolgt von einem Wirrwarr aus braunem Magnetband.

„Lit the Hights – Demo“, entziffert Leo die verblichene Handschrift auf dem Klebeschildchen.

Was erscheint dir nun sinnvoll?
*Benutze Kassette mit Handschuhfach > **S18***
*Benutze Bleistift mit Kassette > **S38***
*Benutze Kassette mit offenem Fenster > **S23***

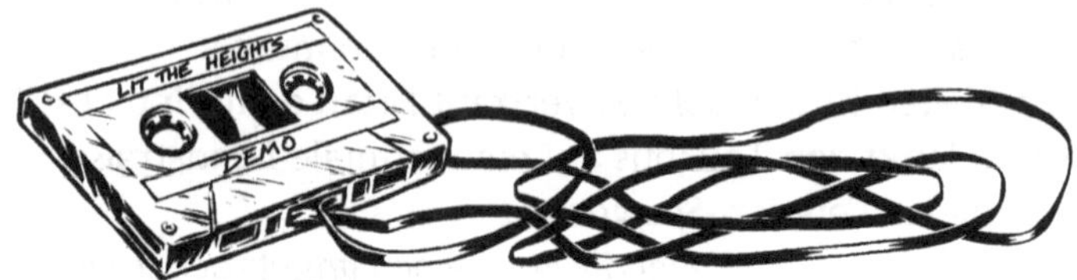

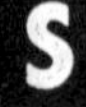

S43 Wieder im Flieger nach Kalifornien fällt die Anspannung endlich ab. Was für ein Trip! Die erste Europa-Tour werden die Vier nicht so schnell vergessen. Sicher, einerseits hätte es besser laufen können – andererseits sind alle unbeschadet aus dem Wrack des Tourbusses gekrochen und haben dennoch ihre Auftritte hingelegt. Der Rest ist ein Fall für die Versicherung.

*Weiter > **S51***

S44 Joey schreckt aus seinem Halbschlaf hoch, erkennt, dass Brians Kopf im Sekundenschlaf nach vorne kippt, greift über ihn hinweg ins Lenkrad und fängt mit einem kurzen Ruck den Bus ab. Brian erwacht und legt intuitiv eine Vollbremsung hin.

Es dauert einige Sekunden, bis klar ist, dass niemandem etwas geschehen ist. Dennoch flippt Joey aus und tritt mit seinem Knie gegen den Fahrersessel.

„Mann, Joey, reg dich ab. Is' doch nix passiert“, will Brian seinen Freund beruhigen, erreicht allerdings genau das Gegenteil, als dem Bandleader Brians Whiskey-Fahne entgegenschlägt.

„Nichts passiert, nichts passiert?! Wir wären fast draufgegangen, du versoffenes Arschloch!“

*Joey brennt eine **Sicherung** durch!*

*Wie viele intakte **Sicherungen** hat Joey jetzt noch?*
*Nur eine > **S37** | Noch zwei > **S31***

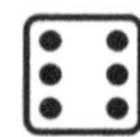 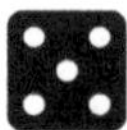

S45 Zig fasst sich an sein linkes Ohr, drückt die Muschel nach unten und spielt an einem unscheinbaren Hörgerät. „Tja, zu meiner Zeit hat sich keine Sau um Gehörschutz gekümmert. Heute gibt's die ganzen modernen Monitoring-Anlagen und die Ohrstöpsel für die Musiker. Von so etwas konnten wir nur träumen. Einzig und allein diesem Teil ist es zu verdanken, dass ich euer Geschrubb überhaupt beurteilen kann."

*Achtung: Addiere nun **nur** den **Anspruch** aller Songs für **„Gig for Zig"** S8 und eventuell einen erhaltenen Bonus.*

Was kommt dabei raus?
*7 oder mehr > **S26***
*6 oder weniger > **S36***

S46 Trotz des Malheurs lässt sich der Leadgitarrist nichts anmerken. Mitten im Song gibt er seinen Kollegen ein Zeichen und Gregori überbrückt den Wechsel des Instruments mit einem improvisierten Solo. Niemand im Publikum bemerkt etwas. Die Show geht weiter.

*Weiter > **S35***

S47 „Für einen Haufen Grünschnäbel kennt ihr euch erstaunlich aus. Gefällt mir eigentlich."
Wie versprochen, überlässt er für solch grandioses Rock-Wissen seinen Gästen eine Packung seiner ganz speziellen Bohnenmischung.

*Notiere unter Brians Inventar: **verdammt schwarzer Kaffee**.*
*Sollte diese Biowaffe eingesetzt werden, erhöht sich der kreative Output der Band. Streiche diesen Gegenstand, um **einmalig** den Erhalt von **Song-Punkten** innerhalb einer Sektion zu **verdoppeln**!*

Brian schlürft an seinem Becher und muss sich schütteln: „Boa, den Stoff hätten wir vor unserer Fahrt saufen sollen! Dann wären wir nicht im Graben gelandet."
„Alter, das Gebräu lässt sogar für mich die Sonne aufgeh'n!", grunzt Gregori.

*Weiter > **S33***

S48 Obwohl die Metal Heroes eine schwere Nacht hinter sich haben, fließt die Energie von Beginn an und reißt das Publikum regelrecht mit! Du genießt die Kraft, die von den Massen ausgeht in vollen Zügen.

*Die **Fanbase** steigt um 1!*
*Dein **Einfluss** steigt um 1!*

*Ist **Zig** der **Roadie** der Metal Heroes?*
*Ja > **S7** | Nein > **S43***

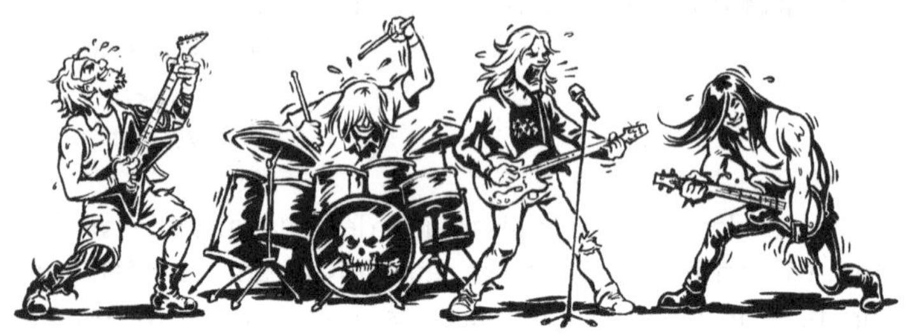

S49 Frisch geduscht stehen die Jungs bei den beiden Veranstaltern, die genervt von der durchwachsenen Stimmung den Schreibkram hinter sich bringen möchten.
Kaum sind die Quittungen gegengezeichnet, spricht der schlaksige Ex-Moderator Bo Klartext: „Ihr seid mir Helden! Einfach nur die vermeintlich besten Songs raushauen reicht nicht. Ihr müsst besser drauf achten, auf was die Leute stehen. In unserem Club wäre klassischer Heavy Metal sicher gut angekommen. Zugegeben, nicht unbedingt typisch für Schweden."

*Weiter > **S20***

S50 Freudig hüpfend prüft Brian die Federung des Fahrersitzes und dreht dabei den Zündschlüssel, als just in dem Moment da du deine göttliche Kraft strömen lässt, ein heftiger Kurzschluss den Bus erfasst, der selbst dich ordentlich durchgeschüttelt hat.

*Dein **Einfluss** sinkt um 1!*

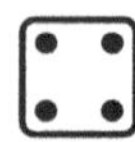

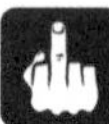

„Was ist denn jetzt los?", jammert Brian über den toten Motor. „Komm schon, du Dreckskarre, spring an!"
Verärgert donnert seine Faust aufs Armaturenbrett. Und als dann noch Leo das Offensichtliche mit „schätze, die Batterie ist defekt" einwirft, steht Vulkan Brian kurz vor der Eruption. Fluchend stapft der zurück ins Büro und organisiert die schrottreife Alternative.
Trotz schlechten Gewissens bist du überzeugt, dass deine Manipulation den Heroes die Möglichkeit eröffnet, einer großen Persönlichkeit zu begegnen.

Weiter > ***S10***

S51 Allerdings wird der Einlauf im Büro des Managers in Los Angeles noch warten müssen. Es geht nämlich zunächst ins Herz des Thrash-Metals: in die Bay-Area, San Francisco! Dort wartet ein kurzfristig festgezurrter Auftritt - als Ersatz für eine ausgefallene Vorband von Exodus!
Das Management setzt also ungebrochen auf die talentierten Newcomer - und andere sehen das ebenso!
Bis jedoch die Maschine dort landet, bleibt genügend Zeit, das Gepäck der Metal Heroes zu checken ...

S

Streiche nun folgende nutzlos gewordene Einträge von den Inventar-Listen, solltest du sie notiert haben:
- ***Bonus***
- ***angebrochenen Bonus***

*Hatte **Brian** einen Abzug auf alle Checks hinnehmen müssen, so ist dieser Nachteil nun wieder aufgehoben. In diesem Fall streiche das ○-Symbol im Metal-Logbuch wieder.*

Okay! Das war der kleine Ausflug ins sommerliche Schweden.
*Jetzt aber wieder zurück nach **Track 5**, Sektion **315**!*

TRACK 6

SULTAN OF SWING

333 Deine göttlichen Augen brennen vor Übermüdung, als du die Lider aufschlägst. Du schwebst in der Ecke im Büro des Managements. Nach einem kurzen Blick auf den Pin-up-Wandkalender ist klar, dass wieder ein knappes Jahr vergangen sein muss.

Du wirst Zeuge des monatlichen Treffens des Heroes-Managers mit deinen Jungs. Er wedelt mit einem Briefkuvert und lockt die nichts ahnenden Musiker mit singender Stimme: „Ratet mal, wer uns zu seiner nächsten Charity-Party eingeladen hat?"

Während Joey, Leo und Gregori die Augen verdrehen, als das Wort „Charity" fällt, reißt Brian den Brief sofort an sich.

„Echt wahr?", ruft er und tippt begeistert auf den Briefkopf der auf feinstem Papier gedruckten Einladung. Ein stilisierter Hasenkopf mit Fliege ist darauf zu sehen.

Auch Joey erkennt den Absender nun. „Wir wurden wirklich in die Mansion eingeladen?", erkundigt er sich ungläubig.

„Sieht ganz so aus, Männer!", trompetet der Manager.

Leo kann seine Fantasien zügeln und spottet: „Wie alt ist Hef mittlerweile? Hundert? Ohne die kleinen blauen Pillen wäre sein Aal sicher längst auf Eis gelegt."

„Der pure Neid!", kontert Brian. „Wahrscheinlich hat der Knacker selbst heut' noch mehr Sex an 'nem Tag als du in 'nem ganzen Jahr."

Der Manager stellt klar, dass die Heroes an dem besagten Abend eingeladen wurden, um einige, dem Anlass angemessene Songs zu performen. „Natürlich unentgeltlich!"

„Ist echt fair von Hef!", meint Gregori. „Hätte eigentlich gedacht, der verlangt ordentlich Eintritt."

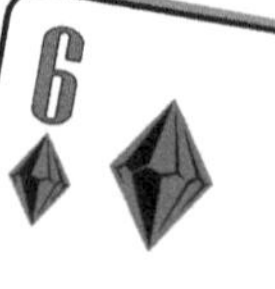

Wie soll die Band die Zeit bis zum Event verbringen?

Proben, proben, proben! > ***392***

PR-Termine eintüten! > ***383*** | *Sowohl als auch >* ***368***

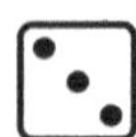

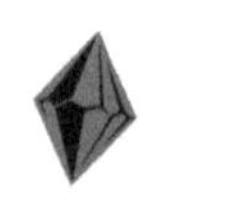

334 Schmutziges Lachen erschallt. Jill ist über alle Maßen von deiner armseligen Nummer amüsiert. „Hey, du Jammergestalt von namenlosen Rock-Gott! Dir ist schon klar, dass die halbe Unterwelt hinter dir und deinen Helden her ist, oder?"
Du stellst dich vor und teilst ihr zudem dein Unwissen telepathisch mit, was erstaunlich reibungslos funktioniert. „Keine Ahnung, was, Taylor?", höhnt Jill. „Okay, dann zum Mitschreiben: Seit der Gründung der Band versucht der Herrscher der Misstöne die Karriere deiner Burschen zu sabotieren. Angefangen bei Paul, diesem kaputten Bassisten, der sogar die Schlägerei auf dem Sunset fingierte, damit die schwarzen Schergen dem Blinden die Sachen unterm Arsch wegklauen konnten! Oder diese Vampir-Schlampe auf dem Halloween-Fest, die Brian versklaven wollte."
Du kratzt du dich am Kinn. „Okay, aber wer sind diese Typen?"

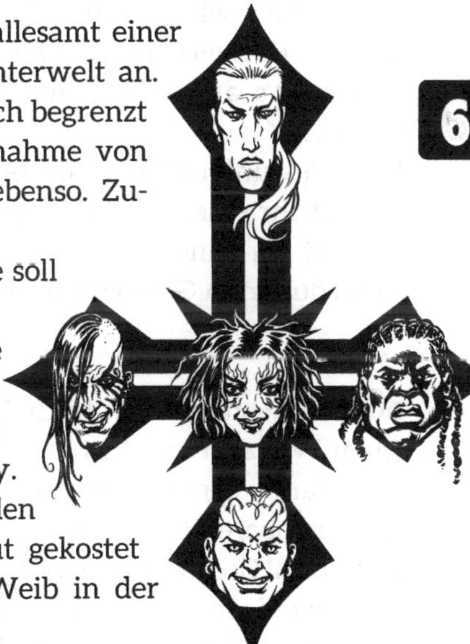

„Diese fünf Gestalten gehören allesamt einer Band aus den Eingeweiden der Unterwelt an. Ihre Zeit auf der Oberfläche ist jedoch begrenzt und ihre Möglichkeiten der Übernahme von menschlichen Hüllen zum Glück ebenso. Zumindest noch."
„Eine Band aus der Unterwelt? Wie soll die denn heißen?"
„Keine Ahnung. Ich habe nur ihre Rufnamen mitbekommen."
Jill zählt die Namen der Combo auf: „Fate, Fury, Fuzz, Fuel und Foxy. Letztere ist die Emo-Schlange mit den spitzen Beißerchen, die Brians Blut gekostet hat. Sie ist übrigens das einzige Weib in der Truppe."

Du denkst noch einmal über die gesamte Situation an diesem Abend nach und offenbarst der überraschten Hexe, dass der vereitelte Angriff definitiv nur ihr, der DJ der Party, gegolten habe. „Wie erklärst du dir das?"

6

Sie kommt ins Grübeln: „Sie wissen wahrscheinlich, dass ich euch geholfen habe. Das passt ihnen nicht."
Du spürst, dass ihre Antwort nicht ganz aufrichtig ist. Fahrig streicht sie sich die blonden Strähnen glatt: „Bist du eigentlich immer alleine unterwegs, Taylor?" – „Wie meinst du das?"
„Ja, wo ist denn dein Boss, der Rock-Gott? Joey hatte doch ihn angerufen und nicht dich, oder?"
Du denkst kurz nach und musst Jill beipflichten: „Ich bin nur seine Vertretung. Den Chef habe ich länger nicht gesehen. Der wird seinen Urlaub genießen, vermute ich."
„Der muss ziemlich weit weg sein, wenn er auf direkte Anrufungen nicht mehr reagiert."
„Dazu kann ich nichts sagen", wiegelst du ab.
„Mann, Taylor, lass dir Eier wachsen! Warum zur Hölle glaubst du denn, geht's seit Jahren mit dem Rock bergab?" Kunstpause. „Ich sag's dir! Der verkalkte Rock-Opi klemmt sich nicht mehr dahinter
6 – so sieht's aus! Wir brauchen endlich frischen Sound in dem Saftladen."
Trotz des unterschwelligen Gefühls, Jill wolle dich manipulieren, schließt ihr einen Pakt der gegenseitigen Unterstützung. Die Hexe schwört, der Band unauffällig bei allem Irdischen zur Seite zu stehen, wenn du ihr im Gegenzug Schutz vor der Unterwelt-Bagage bietest.

*Weiter > **388***

335 Eins muss man festhalten: Der blinde Drummer mit russischen Wurzeln ist nicht auf den Mund gefallen! Freilich mag das auch daran liegen, dass der Alkoholpegel unter den Damen sich eher am oberen Ende der Skala befindet.
Sei's drum! Gregori lässt es sich gutgehen – und du gönnst es ihm.
Nach wenigen Minuten Small Talk (aha, soso), ein paar guten Sprüchen (kicher, kicher) und der beiläufigen Bemerkung, Rockstar zu sein (hui, ehrlich?), verschwinden beide in die Villa.

*Ist im Metal-Logbuch unter **Road to Glory** Eintrag **#8** angekreuzt?*

*Ja > **357***

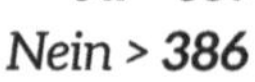

*Nein > **386***

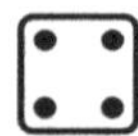 

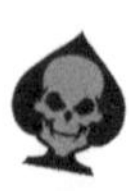

336 Joey drückt und schiebt sich durch die tanzenden Menschen vor zur Bühne, doch ehe er das DJ-Pult erreichen kann, berühren Jills Lippen bereits das Glas.

Was gedenkst du zu tun?

Auf Joey vertrauen > ***385*** | *Selbst eingreifen >* ***•407***

337 Irgendwie tut dir der schweigsame Riese leid. Keine Freundin, keine Action!

Etwas abseits des Trubels, nur wenige Schritte von Leo entfernt, unterhält sich ein Pärchen. Die Frau, großgewachsen und bildhübsch, sendet ihrem Gegenüber erste zaghafte Signale der Ablehnung aus. Der Schwätzer allerdings ignoriert die Zeichen mutwillig und textet die Arme weiter zu.

Willst du deine Macht nutzen, um die Hilflose aus ihrer misslichen Lage zu befreien und gleichzeitig Leo ins Spiel zu bringen?

Ja, mache ich > ***•414*** | *Bin ich der Rock-Amor?! >* ***371***

338 Brian blickt ungeduldig auf Jill, die sich beiläufig ein poliertes Silbertablett vom Tisch greift und in ihrem Spiegelbild den Sitz von Haaren und Make-up prüft.

„Also, du wolltest uns was sagen, Jill? Was tust du hier?" – „Ich bin Sängerin und DJ und wie ihr seht, mache bloß meinen Job!"

Die Metal Heroes sind erstaunt und bleiben – genauso wie du – skeptisch. Kann das wahr sein?

„Meine letzte Band waren die Chelsea Girls. Knallharte Frauenpower! Wir haben ausschließlich Rock-Covers gespielt. Aber das ist vorbei. Jetzt suche ich eine neue Herausforderung!"

Leo schnauft. „Ach so, dann ist dieses ganze Hexengetue nur Show?"

„Ob das nur Show ist? Ich sage dir mal was, Kleiner", schreitet Jill Leo entgegen und pikst ihm mit dem spitzen Nagel ihres Zeigefingers in die Nasenspitze. „Ich kann Dinge sehen, arkane Mächte spüren, und wenn's mir passt, sie gar kontrollieren!"

Joey versucht, das verbale Gift zu neutralisieren, indem er Jill etwas Persönlicheres fragt: „Sag, wo kommst du denn her?"

„Ich bin im Staat New York geboren und habe auf einer Farm in den Catskills meine Kindheit verbracht", erzählt sie widerspenstig.

„War sicher nett, dort aufzuwachsen, oder?“

"Ja“, taut die coole Metal-Hexe kurz auf. Es ist ihrem Gesicht anzusehen, wie sie gedanklich in die Vergangenheit reist. „Wir Kinder liebten es, im Schatten der Ahornbäume zu spielen.“

Durch geschicktes Nachfragen kitzelt Joey weitere Details aus Jills Leben, bevor sich ihr Blick wieder verfinstert: „So, Kleiner, ich erzähl' dir doch nicht meine Biographie ... Fragestunde beendet!“

*Blättere nun zu den **Charakter-Infos** hinten im X-tras-Kapitel, lies dir dort alles über **Jill** und ihre Story durch und anschließend hier weiter!*

Sie schlendert zwischen den Bücherregalen der Bibliothek umher: „Glaubt es oder lasst es! Zwei Herzen schlagen in meiner Brust, ein irdisches und ein spirituelles.“
Verträumt lässt sie ihren Blick schweifen und zuckt erschrocken, als sie zufällig zu dir emporschaut. Sie weiß um deine Anwesenheit und nutzt das sofort:
„In eurer Nähe verspüre ich eine außerordentlich machtvolle Aura. Ja, ich bin fest davon überzeugt, dass euch die Götter beschützen. Just in diesem Moment seid ihr nicht allein!“
Leo schnaubt. Für den Akademiker-Sohn ist dieses esoterische Gequatsche kaum auszuhalten.
Jill beleidigt: „Ihr glaubt mir nicht, hm?“ Meditativ massiert sie sich den Nasenrücken. Energisch fordert sie: „Also schön, Joey, ruf nach dem Gott des Rock! Dann werdet ihr schon sehen.“
Oh, Scheiße! Du malst dir bereits aus, wie man nach dir ruft, deinen Körper zwingt, sich schmerzvoll in die menschliche Form zu transferieren. Übelkeit, Desorientierung - davon hattest du in deinem Leben genug!
Joey will sich nicht verarschen lassen und verschränkt die Arme.
Das Blau von Jills Augen blitzt vor Zorn: „Nach allem, was ihr bereits erlebt habt, hegt ihr immer noch Zweifel?“ -
„Dann mach's doch selbst, Hexen-Braut.“
„Das funktioniert so nicht! Nur Seelen, die von den Göttern beschienen sind, können auch mit ihnen in Kontakt treten.“

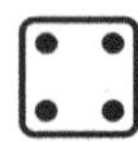 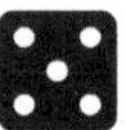

„Hört sich vernünftig an“, meint Leo weiterhin im aktivierten Ironie-Modus. „Etwa so vernünftig, wie ein Zimmer mittels geöffneter Kühlschranktür klimatisieren zu wollen.“

*Ist im Metal-Logbuch unter **Road to Glory** Eintrag **#6** angekreuzt?*

*Ja > **390** | Nein > **358, Option** Ⓑ*

339 „Das sehen wir überhaupt nicht so!“, entgegnet Joey stolz. „Wir spielen gerne mit den Grenzen des Metal und letztendlich auch mit den eigenen. Damals, als wir diese Entscheidung trafen, spielten wir übrigens noch in unserer Ur-Besetzung.“
„Du meinst, mit eurem ersten Bassisten Paul Tornbridge ...“, stellt Angie für ihre Hörer klar.
„Richtig, und er war nicht unerheblich an der Richtungsentscheidung beteiligt.“

*Weiter > **389***

6

340 Ohne Probleme überwindest du den Willen des alten Türstehers. Du nimmst die Einladung eines mysteriösen Mannes im edlen Anzug entgegen und kontrollierst sie ausgiebig.

*Dein **Einfluss** sinkt um 1!*

Verunsichert will er wissen: „Ist etwas nicht in Ordnung?“
„Ich bin mir nicht sicher, Sir“, genießt du den Moment. „Dr. Fred Edison“, verliest du den Namen auf der Karte und nutzt einen verhassten Standardsatz der Kreditkarten-Hotline, der sich dir ins Hirn gefressen hat: „Ich müsste zur Verifizierung Ihrer Identität zunächst Ihre persönlichen Daten abgleichen.“
Der Mann schluckt ertappt.
„Wie ist Ihr Geburtsdatum, Sir?“, näselst du.
„Geburtsdatum? Was soll das?“, spielt der Herr auf Zeit.
Als du auf die Beantwortung der Frage beharrst, leuchten seine Augen kurz in diabolischem Rot. Magische Blitze, für Normalsterbliche unsichtbar, züngeln aus seinem Schädel, schlagen dir entgegen. Der Wichser will deinen Geist übernehmen!

Ziehe eine Karte!

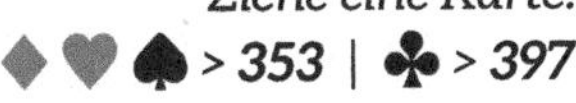
♦ ♥ ♠ > **353** | ♣ > **397**

341 Der sonst so gut aufgelegte Gitarrist fühlt sich gekränkt und schuldig zugleich. Einem Gefühlscocktail, mit dem kaum ein Kerl umzugehen weiß. So kommt Brian zur Überzeugung, dass Alkohol und anonyme Frauenbekanntschaften die einzige Möglichkeit darstellen, den heutigen Abend noch positiv zu gestalten.

*Ist **Brian** stolzer Besitzer des **AAA-Chips**?*

*Oh, ja! > **380** | Nein > **372***

342 „Ja, klar. Wir haben uns vor Kurzem auf einer Charityparty getroffen und uns auf Anhieb verstanden“, erklärt Leo in aller Offenheit.

„Was heißt ‚verstanden‘ genau?“ Hinter Angies freundlicher Nachfrage verbirgt sich professionelle Neugier.

„Naja, wir haben eine gewisse Intimität genossen“, lacht Leo wie ein schüchterner High-School-Debütant.

Brian bringt es auf den Punkt: „Mann, sie haben eben gemeinsamen Spaß. Alles easy.“

*Die **Fanbase** steigt um 1!*

(Unfassbar, aber wahr, die Leute stehen drauf, wenn Rocker und Models etwas miteinander haben.)

*Zurück ins Studio > **419***

343 Nach kurzem Abwägen, ob die sofortige Sicherstellung des Artefakts wichtiger sei als sichere Stellungen mit einer offensichtlich zu allem bereiten Partybekanntschaft, setzt er die Dame vor die Tür.

Geblendet vom magischen Funkeln des Hemdes, entgeht Gregori der feine Draht, der um den Rahmen gespannt ist.

Wenige Minuten später wird er samt Diebesgut von der durch den stillen Alarm herbeigerufenen Security gestellt.

Dieser illustre Abend endet für Gregori und seine Bandkollegen in der Zelle des Reviers, was leider deine Ambitionen total torpediert.

POWER OFF, Langfinger!

*(Repeat > **388**)*

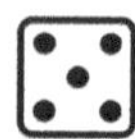 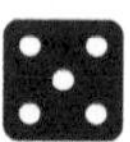

344 Du bist vollkommen desorientiert, die Welt dreht sich um dich. Einige Minuten müssen vergangen sein, in denen du die Verbindung zum Geist des Portiers verloren hast. Vom besessenen Mann fehlt jede Spur.
Du schüttelst den Schwindel ab und dir wird bewusst, dass die dunklen Mächte, die deinen Schützlingen nachsteigen, mittlerweile ohne Skrupel agieren! Während sich der Sicherheitsmann um seinen ohnmächtigen Kollegen kümmert, schweifst du in die Eingangshalle der Villa.

Weiter > ***384***

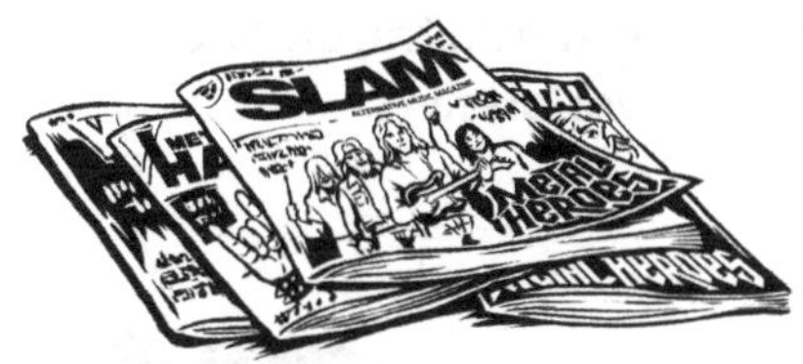

345 Leo entgegnet der Moderatorin spontan: „Die Entscheidung, dass die Band diesen extravaganten Weg einschlägt, wurde vor meiner Zeit gefällt. Trotzdem bin ich froh, Teil dieses Traums zu sein. Und wie es scheint, honorieren unsere Anhänger diesen anspruchsvollen Ansatz."
„Jetzt glaube ich zu wissen", schmunzelt Angie, „warum du von vielen einfach nur ‚Professor' genannt wirst, Leo."

Weiter > ***389***

346 Du versuchst per Gedankenübertragung, Jill klarzumachen, dass es verdammt noch mal keine gute Idee ist, dich und deine Rolle in diesem Spiel zu offenbaren. Sollte den Metal Heroes bewusst werden, dass sie von Göttern hofiert werden, könnten sie jeglichen künstlerischen Antrieb verlieren. Mit gefletschten Zähnen wendet sie sich ab.

Willst du Jill weiterhin bequatschen > ***402***
Vertrauen, dass die Metal Heroes mit der Gesamtsituation klarkommen > ***347***

347 Zunächst wollen es die Metal Heroes nicht glauben, dass dieser jämmerliche, nackte Haufen von Kerl einen Gott des Rock darstellen soll. Doch als Joey beginnt, dir clevere Fragen zu stellen, bist du – wie vertraglich festgelegt – gezwungen, wahrheitsgemäß zu antworten. Egal wie fatal dies für eure weitere Beziehung ist.

⏩ FAST FORWARD
In den folgenden Wochen versuchen die Metal Heroes, deiner inständigen Bitte zu folgen und zu tun, als wüssten sie nicht, dass sie vom Rock-Pantheon unterstützt werden. Aber wer bitteschön kann so etwas ausblenden? Spätestens als Brian sich einen Jux daraus macht, dich zu rufen, um zu fragen, wie das Wetter wird, ist dir klar, deine Aufgabe ist verloren!

POWER OFF, WITCH!
(Repeat > ***338****)*

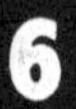

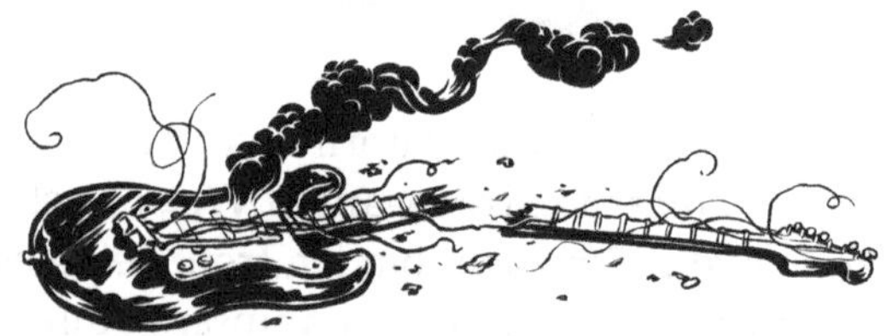

348 Eine Kellnerin tritt heran und bietet den Herrschaften Getränke und Snacks an. Es ist Dawna!
Brian ist total perplex und lässt den Hausherrn augenblicklich links liegen. Sie trägt eine Kellner-Weste samt Einstecktuch und niedlicher Fliege. Die neuerdings feuerrote Mähne hat sie zu einem Pferdeschwanz gebunden. Wie sich herausstellt, jobbt das ebenso hübsche wie intelligente Girl für eine Catering-Firma, um sich ihr Studium zu finanzieren.
Verlegen kratzt sich Brian am Hinterkopf: „Oh, Mann, Dawna, es ist lange her …“
„Oh ja, Bry, seit Greg weg ist, haben wir uns nicht mehr gesehen …“

Weiter > ***408***

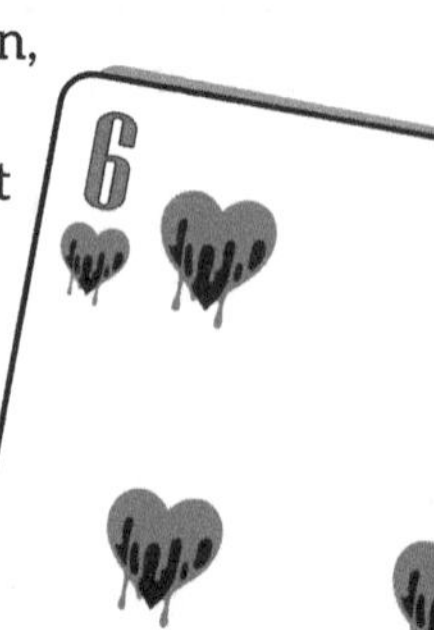

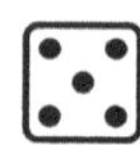

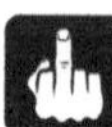

349 Die „Heavy Fuel"-Moderatorin, Angie Chambers, eine durchgeknallte Endzwanzigerin mit blonder Igelmatte und knallbuntem Outfit, ist derzeit eine der angesagtesten Radio-Tussis an der Westküste.
Zur Begrüßung reicht sie ihren Gästen die Hand (ohne wirklich zuzudrücken) und deutet auf ein geschwungenes, im Boden verankertes Edelstahl-Sitzrohr, das mit Schaumstoff ummantelt ist. Da kann man nur hoffen, dass einem der Hintern nicht einschläft.
Angie erläutert, für ein Vorgespräch bliebe keine Zeit und überhaupt sei ein spontanes Interview spannender.
Kaum haben die Jungs ihre Position hinter den Mikros eingenommen, quatscht die Moderatorin auch schon über das Ende von Soundgardens★ „Black Hole Sun": „Aufgepasst, Hörerschaft! Euer liebster Hard'n'Heavy-Sender der Westküste, WHNA, hat alle Hebel in Bewegung gesetzt, um exklusiv DIE Newcomer des Jahres ans Mikro zu bekommen."
Ohne Pause quasselt sie weiter: „Ich begrüße direkt aus Eagle Rock, Los Angeles: Joey Morgan, Brian Farlane, Leonardo Usano und Gregori Popov – besser bekannt als ... die ... Metal Heroes!"
Mit unüberhörbarer Nervosität tragen die vier Freunde nacheinander ihre Begrüßungsformeln für die Zuhörer vor. Nach ein paar belanglosen Nettigkeiten und Fragen leitet die Laber-Lady geschickt zum interessanten Part des Interviews über.

*Ist im Metal-Logbuch unter **Road to Glory** Eintrag **#4** angekreuzt?*

Ja, ist markiert > ***354*** | *Nein >* ***398***

350 Brian setzt seine Bandkollegen vor vollendete Tatsachen: „Also, Freunde, ihr wisst ja, meine Liebe gehört euch, aber bis ich morgen früh ausgepumpt in irgendeinem Bett wieder aufwache, kenne ich euch nicht, klar?" Mit emporgereckten Armen und peinlich-spitzem Cowboy-Schrei mischt er sich unters Party-Volk.
Nun musst du dich entscheiden, welchen der Bandmitglieder du verfolgen möchtest.

Joey und Gregori > ***412***
Brian > ***373*** | *Leo >* ***370***

★) ROCK ICONS: Soundgarden
US-amerikanische Grunge-Band aus Seattle. Der Name geht auf die Klangskulptur The Sound Garden zurück, die auf einem Gelände der Ozean- und Wetterbehörde in der Heimatstadt der Band steht.

351 „Nicht so schnell, mein Freund!", ruft dir Jill nach, bevor du schwebend den Raum verlassen kannst. „Du glaubst wohl, eine Hexe wie mich an der Nase herumführen zu können? Wir werden uns unterhalten, ob's dir passt oder nicht!"
Sie zückt eine lange Rabenfeder aus ihrem Dekolleté und zieht sie sich zwischen den Lippen durch den Mund. Dabei murmelt sie eine Zauberformel, die dich zwingt, an Ort und Stelle zu bleiben!

Ziehe eine Karte, um festzustellen, was du aufgrund Jills mentaler Attacke verlierst ...

♦♥ ... **1 Einfluss-Punkt**
♣ ... **2 Einfluss-Punkte**
♠ ... *nur ein paar Nerven*

Weiter > **334**

352 „Sorry, aber die Leute haben doch keine Ahnung", brummt Gregori ins Mikro. „Wir machen das, worauf wir Bock haben. Und viele stehen drauf. Also, Angie, warum sollten wir irgendwas ändern? Nur weil ein paar Nullchecker meinen, sie müssten ihre Meinung unreflektiert irgendwo posten?"

Weiter > **403**

353 Sein Übernahmeversuch zerschellt an deinem kompakten, Rock-göttlichen Hirn. Sämtliche Energie aus seinem falschen Körper entlädt sich binnen eines Blitzschlags in die Umgebung und verpufft. Du bist sicher, dass dahinter wieder einer dieser finsteren Kerle steckt, die deinen Schützlingen seit Beginn ihrer Karriere nachsteigen.
„Geh in das Loch zurück, aus dem du herausgekrochen bist", zischst du deinem Widersacher böse ins Ohr, während du den Bodyguard heranwinkst und ihn bittest, den verwirrten Herren mit der gefälschten Einladung vom Anwesen zu entfernen. Der murmelt immerfort: „Ich wollte der DJ doch bloß einem Drink spendieren ..."

Notiere dir unter ***Road to Glory*** *im Metal-Logbuch, Eintrag* ***#8****, dass du einen* ***Arsch in die Wüste geschickt*** *hast, indem du dort ein* ✖ *im Kreis machst.*

Weiter > **384**

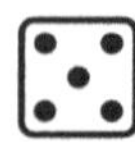
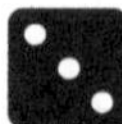

354 „Stimmt es, dass ihr zu Beginn eurer Karriere mit einem Mini-Gig im berühmt-berüchtigten Rainbow auf dem Strip den Durchbruch gefeiert habt?“

Brian bejaht und fügt stolz hinzu: „Es war schon 'ne spaßige Zeit damals. Wir haben nix auf die Kette bekommen, doch von einem Tag auf den anderen lief's plötzlich. Es war fast so, als hätte uns das Karma ordentlich in den Hintern getreten.“

„Verstehe.“ Der Ton der Moderatorin wird plötzlich ernst: „Ist es wahr, Joey, dass dein Vater einen guten Draht zum Besitzer der Rainbow Bar pflegt?“

Der Bandleader checkts gleich: Dieses Interview wird ein Balanceakt auf einem Hochspannungsseil.

Was soll Joey tun?

Diese Frage beantworten > ***415***

Sich zurückhalten > ***362***

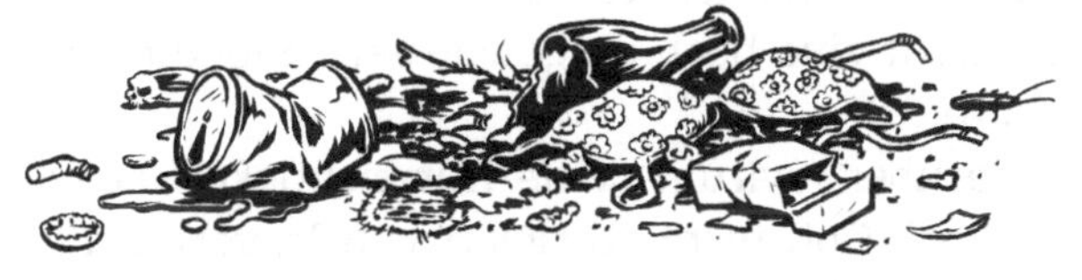

355 Obwohl das Publikum an diesem Abend wahrlich nicht die Standard-Zielgruppe der Metal Heroes war, kam der Song mit der blonden Sirene an der Spitze hervorragend an.

Erstaunlich, wie gut der musikalische Gedankenaustausch mit deinen Jungs und der Hexe geklappt hat. Kein Ton ging daneben. Du glaubst sogar, dass es zwischen ihr und Brian ein wenig mehr gefunkt hat.

Brians ***Power*** *steigt um 1!*

Weiter > ***376***

356 Joey ist zu schüchtern, um ein ungezwungenes Gespräch mit einem der netten Mädels um sich herum zu beginnen. Ihn zieht es zur Tanzfläche, wo wider Erwarten rocklastige Scheiben aufgelegt werden.

Hinter dem erhöhten Mischpult steht ein weiblicher DJ und sorgt für die amtliche Beschallung der Gäste. Den Kopfhörer mit beiden Händen festangedrückt lässt sie ihre Hüften im Rhythmus kreisen. „Verdammte Scheiße, das ist doch…“, führt Joey ungläubig Selbstgespräche und läuft schnurstracks auf die junge Blondine mit den markanten Gesichtszügen zu.

*Ist im Metal-Logbuch unter **Road to Glory** Eintrag **#8** angekreuzt?*

Ja > ***406*** | *Nein >* ***411***

357 Es fällt dir außerordentlich schwer, dich im Meer aus wandelnden Hochglanzseiten auf deinen Schützling zu konzentrieren. Dennoch entgeht deinem geschulten Gehör nicht, dass hier amtlicher Rock aufgelegt wird. Der DJ hat Geschmack!

Neugierig lässt du den Blick über den Lustgarten schweifen, registrierst nebenbei die unübersehbaren Brian und Leo, bis du schließlich den Meister der Scheiben entdeckst. Am Pult hinter der

Tanzfläche steht eine hoch aufgeschossene Blondine im Tanktop und Kopfhörer.

Im Ärger darüber, warum deine Kurzsichtigkeit beim Transfer zum Quasi-Rock-Gott nicht korrigiert wurde, verlierst du Gregori endgültig aus den Augen!

Minutenlang wandelst du von einem Raum in den nächsten und wirst dabei Zeuge des ein oder anderen ungezwungenen Beischlafs und musst einsehen, dass du im weitläufigen Mansion den Drummer wohl so schnell nicht entdecken wirst. Du entschließt, dich einem anderen Helden zuzuwenden.

Brian > ***373*** | *Leo >* ***370***

358 „Nun gut, Jill!“ Joey scheint entschlossen, dieses jämmerliche Kammerspiel zu beenden, indem er beweist, dass das ganze Götter-Gelaber nur Spinnerei ist. Er atmet tief ein und fordert theatralisch: „O großer Gott des Rock! Erscheine!“

Fuck! … Argh! Dieser verdammte Rückholschmerz. Danke, Jill! Mit letzter transzendenter Kraft gelingt es dir, deinen Geist hinter eines der raumteilenden Bücherregale zu bugsieren, bevor sich dein Körper wie-

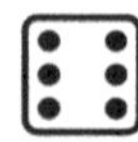
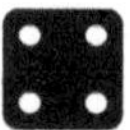

der materialisiert. Dein erbärmliches Stöhnen führt die toughe Blondine und die Jungs geradewegs zu dir.
Während Joey, Brian und Leo deinen nackten Hintern mit amüsierten Blicken mustern, kämpfst du gegen das Karussell im Schädel an. Deine Sinne sind durch Joeys direkten göttlichen Anruf total auf ihn fokussiert. Der hingegen macht keine Anstalten, dir eine Frage zu stellen. Sollte er es jedoch tun, müsstest du ihm wahrheitsgemäß antworten.

*Weiter bei ... Ⓐ > **364** | Ⓑ > **346***

359 Brians Kopf folgt unweigerlich einer brustschwimmenden Nixe im Pool.
„Schon klar, mein Frauenversteher! Mit deiner Aufmerksamkeit ist es ja nicht weit her", schnipst Dawna mit den Fingern vor Brians Augen, „aber um sämtlichen Weibern auf den Hintern zu glotzen, reicht's noch."
„Was soll ich sagen, Baby ... Ich steh' halt auf Ärsche."
Dawnas Zorn ebbt augenblicklich ab, als sie Brian tief in die Augen schaut und sich leise eingesteht: „... ich offenbar auch."
Mit einer vom Make-up geschwärzten Träne nimmt sie das Tablett wieder auf, lässt ihren Ex wortlos stehen und bedient die nächstbesten Gäste.

*Weiter > **341***

6

360 Angie rattert unmotiviert die aktuellen Tourdaten der Metal Heroes runter und legt einen ihrer weniger bekannten Songs auf.
*Wähle nun irgendeinen aktivierten Song aus dem **Repertoire** mit maximal **Fame 1** und gebe ihm einen weiteren **Fame-Stern**!*

*Besitzt Leo einen **Hasen-Talisman** in seinem Inventar?*

*Ja > **377***
*Nein > **419***

361 „Na, wie kommst du den darauf, mein junger Freund?"

*Weiter > **348***

362 „Das is' vollkommener Quatsch!", übernimmt Brian. „Joeys Dad ist Rechtsanwalt und kennt Adrian über diese Schiene. Wir haben es deshalb in den Laden geschafft, weil wir 'nen Wettbewerb gewonnen haben und nicht wegen Vitamin B."
Und Gregori fügt locker hinzu: „Übrigens ... lustige Geschichte. An diesem Abend wurden wir kurz vor dem Gig ausgeraubt. Fast unser ganzes Equipment hat man geklaut."
„Interessant zu hören, wie es damals abgelaufen ist...", lächelt Angie unterkühlt und wendet sich der nächsten Frage auf ihren Kärtchen zu.

*Weiter > **398***

363 Nachdem sich die beiden über die letzten Monate ausgetauscht haben und Brian subtile Zeichen aussendet, noch immer an Dawna interessiert zu sein, streichelt sie ihm die Schulter.
„Du, Bry, es tut mir leid. Ich bin mit einem anderen zusammen."
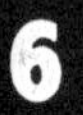
Brian eifersüchtig: „Was, echt?! Kenne ich ihn?"
Dawna schweigt vielsagend.
Der Metal Hero zupft sich nachdenklich das Ziegenbärtchen: „Dann kenne ich den Typen also!"
Sie setzt das Tablett auf einem der Stehtische ab und Brian schießt derweil ins Blaue: „Paul?"
Verlegen verzieht Dawna das Gesicht.
„Kack die Wand an!", schreit Brian und krümmt sich vor mentalem Schmerz. „Wow, Dawna, das ist hart! Dieser Vollhonk und du?"
„Hey, jetzt sperr mal die Lauscher auf, Freundchen! Wer war denn nie da? Wer ist ständig durch andere Betten getigert? Ich lasse mir von dir unverbesserlichen Schürzenjäger doch kein schlechtes Gewissen einreden!"
Brian steht kurz vor dem Ausbruch, aber Dawna hat vollkommen Recht. Hätte er sich mehr ins Zeug gelegt, wären die beiden heute noch zusammen.
Er schnauft mehrmals: „Sorry, Baby! Ich bin wohl zu weit gegangen!" „Na, dann darfst du jetzt noch viel weiter gehen, Bry – und zwar weit weg!"

*Weiter > **341***

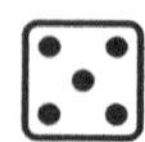 

364 Deine Lungen brennen, als hättest du zu tief an einer schimmligen Zigarre gezogen. Ehe du etwas hervorbringen kannst, hat sich Joey vor dir aufgebaut: „Warte, den perversen Wichser kenne ich doch!"
„Ganz richtig", bestätigt Jill.
„Stimmt, damals am See ..."
Dem Bandleader ist die Offenbarung peinlich und lacht verlegen. Dann erzählt er seinen Kollegen von eurem Zusammentreffen am See in der Halloween-Nacht, während du mit zitternden Knien versuchst, dich zu erheben.
Brian will nicht an Zufälle glauben: „Sicher, Kumpel?"
„Klar! Diesen haarigen Arsch würde ich überall wiedererkennen."
„... was ich durchaus erschreckend finde, Joey", verzieht Leo den Mundwinkel, während er dir die Hand reicht und wieder auf die Beine hilft. Bei dieser freundlichen Geste überträgt sich, vom wohlerzogenen Bassisten und den weiteren Anwesenden unbemerkt, etwas von deiner göttlichen Kraft!

*Leos **Power** steigt um 1!*

Hilflos blickst du Jill an, die sich mit selbstgerechtem Grinsen im Hintergrund hält. Sie genießt die Situation und verfolgt aufmerksam jede deiner verzweifelten Bewegungen.

*Weiter > **346***

365 Kurz vor dem Höhepunkt taucht ein schwarzes Muskelpaket aus dem dampfenden Wasser neben Brian und Crystal auf. Wie sich herausstellt, ist es kein Mitspieler, der sich selbst einwechseln möchte, sondern ein Security-Mann in Badehosen. Sachen gibt's! Er fordert beide auf, die Grotte sofort zu verlassen. Sogar das Innerste der Vergnügungszone wird also videoüberwacht! Perverse Schweine.
Draußen warten schon der Hausherr mit verschränkten Armen und die restlichen Helden.
„Kapier' ich nicht? Wo ist das Problem?", versucht sich Brian herauszureden. „Ich dachte, dazu sei die Grotte da?"

6

Hefs Höflichkeit ist nur noch aufgesetzt. Zornesröte verdrängt die Altersblässe.
Leo hält sich die Hand vor den Mund und flüstert Brian zu: „Dir ist schon klar, dass Crystal Hefs Frau ist, oder?“
Stimmt, da war doch was …
Hefs eisige Miene ist angsteinflößend. „Gentlemen, ich muss sie nun bitten augenblicklich zu gehen!“
Ohne Widerrede ziehen die Metal Heroes von dannen und ahnen nicht, dass Brians Aktivitäten ihrer Karriere nachhaltig geschadet haben. Dein göttliches Engagement läuft ins Leere.

POWER OFF!

*(Repeat > **380**)*

366 Mit einem entschlossenen Funkeln in den Augen legt Jill einen Sampler auf und packt Joey am Oberarm.
„Komm, wir suchen den Rest deiner Freunde. Ich werde nun mein
 Versprechen einlösen und euch verraten, was vor sich geht.“

*Weiter > **378***

367 Kurzerhand öffnet Gregori das Fenster und ruft nach seinen Freunden. Irritiert schauen die Gäste im Park zum schreienden Sonderling hinauf. Bevor es noch peinlicher wird, hat sich Gregoris Flamme verdünnisiert.

*Weiter > **396***

368 Die Band zählt die Tage bis zu diesem ganz besonderen Event und nutzt die Zeit mit Proben und diversen PR-Auftritten.

*Die Band erhält **3 Song-Punkte**!*
*Spare oder investiere sie jetzt, um Songs freigeschalteter Genres im **Repertoire** zu aktivieren, indem du einen Kreis um die Track-Nummer machst.*
*Zudem darfst du **2 Fame-Sterne** auf zwei beliebige aktivierte Songs verteilen.*

*Weiter > **395***

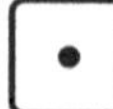 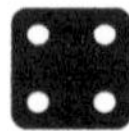

369 Leo hat seine Stimme wieder: „Das soll jetzt keine stumpfsinnige Anmache sein ... Aber kenne ich Sie irgendwoher?"
Du willst Leo nur zurufen: „Klar kennst du sie irgendwoher! Und zwar von Titelseiten, Litfaßsäulen und Werbespots. Das ist Reanne Reymour - du Vollpfosten! Ein weltberühmtes Foto-Model - und Ex des extrovertierten Sängers von Buns'n'Noses!"
„Das ist gut möglich. Ich bin Reanne und arbeite als Model", haucht sie. „Dich kenne ich allerdings auch."
Überrascht stellt sich Leo dennoch vor. Seine Bescheidenheit gefällt der ebenso zurückhaltenden Frau. Während beide unter den Zypressen spazieren gehen und sich nett unterhalten, streicht sie sich immer wieder durch ihr langes, kastanienbraunes Haar.

⏩ FAST FORWARD
Es hat gefunkt zwischen Leo und Reanne. Sweet! Als Zeichen ihrer Zuneigung schenkt sie dem Bassisten einen silbernen Anhänger, in Form des berühmten stilisierten Hasenkopfes mit Fliege, der ihr vom Hausherrn als Willkommensgruß überlassen wurde. Sie würde solch Schmuck niemals tragen. Außerdem schickt sie folgende Kurznachricht ...

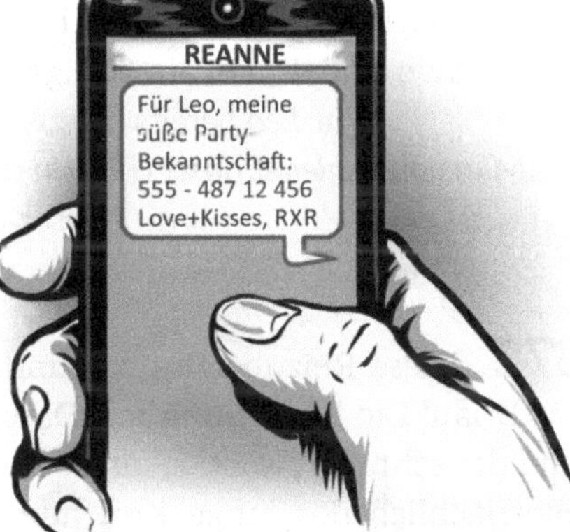

Notiere nun unter ***Leos Inventar*** *den* ***Hasen-Talisman*** *und die letzten* ***drei Ziffern*** *von Reannes Telefonnummer.*
Auch wenn du schon weißt, was die Zahl zu bedeuten hat, sollte Leo ein echter Gentleman sein und sie noch nicht sofort „zurückrufen", sondern erst, sollte dies im Text erwähnt sein.

*Der Silberanhänger bringt tatsächlich Glück: Bis zu **dreimal** kann ein **missglückter Check von Leo** wiederholt werden! Notiere ihn daher in der untersten Zeile mit den drei Würfeln. Willst du den Talisman einsetzen, streiche einen der Würfel ab.*

*War Leo bereits der **zweite** Metal Hero, den du durch das Mansion begleitet hast?* (Bist du dir unsicher, kontrolliere die Kreise auf dieser Doppelseite. Sind beide markiert?)

*Ja > **378** | Nein > **391***

○ **370** Leo sitzt einsam mit einem Glas Bier auf einer Parkbank und beobachtet das Treiben auf der Party. Der ruhige Bassist schert sich nicht um Kontakte und schon gar nicht um oberflächliche. Für ihn sind Konversationen auf Partys schlicht belanglos.

*Checke Leos **Presence**!*

*Gelungen, du Hübscher > **405** | Misslungen > **337***

(Markiere bitte den Kreis vor der Sektionsnummer, als Beweis, dass du diesen Abschnitt gelesen hast.)

371 Leo schüttelt verächtlich den Kopf, steht auf und geht weg. Nirgendwo findet man ein ruhiges Plätzchen!

*War Leo bereits der **zweite** Metal Hero, den du durch das Mansion begleitet hast?* (Bist du dir unsicher, kontrolliere die Kreise auf dieser Doppelseite. Sind beide markiert?)

*Ja > **378** | Nein > **391***

372 Diese Reizüberflutung und der Gefühlsstress sind zu viel für Brian! Die Begegnung mit Dawna, die Absurdität dieser Party und der schnelle Aufstieg als Rockstar bringen ihn ins Grübeln. So oberflächlich der junge Kerl auch zu sein scheint, er ist clever genug, seine Situation reflektieren zu können. Einsam schlendert er durch den Park hinter der Villa.

*War Brian bereits der **zweite** Metal Hero, den du durch das Mansion begleitet hast?* (Bist du dir unsicher, kontrolliere die Kreise auf dieser Doppelseite. Sind beide markiert?)

*Ja > **378** | Nein > **417***

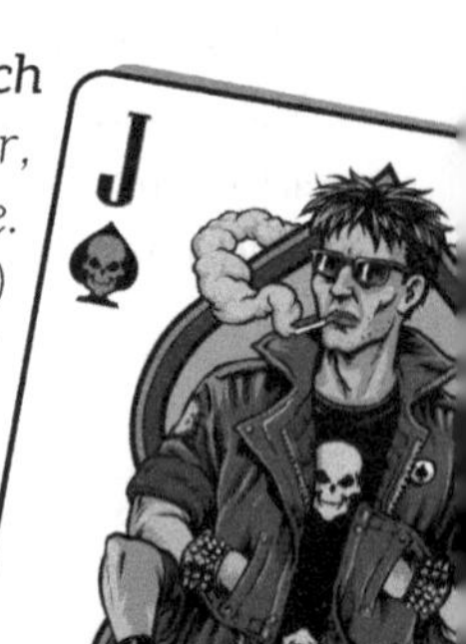

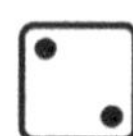 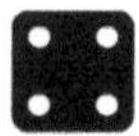

○ **373** Brian ist in seinem Element und quatscht eine Frau nach der anderen an und holt sich Abfuhren im Minutentakt, was ihn aber nicht abhält, seine Gießkannen-Anmachtaktik durchzuziehen. Dabei begegnet er einem älteren Herrn, bekleidet mit einem Abendmantel aus rotem Samt.
„Hey, Hef!", rutscht es Brian raus.
Der ergraute Mann nimmt seine Pfeife aus dem Mund und drückt mit deren Mundstück die Krempe seiner Kapitänsmütze nach oben: „Nun ja, so nennen mich gute Freunde. Willkommen in meinem bescheidenden Heim, unbekannter Freund."
Den Hausherrn scheint es zu amüsieren, aber auch ein wenig zu wundern, dass der junge Bursche eher den leichtbekleideten Damen mit den süßen Hasenohren und Plüschschwänzchen hinterherschaut, als ihm gedanklich zu folgen. Dann breitet er die Arme aus und fordert Brians volle Aufmerksamkeit, indem er fragt: „Weißt du eigentlich, wo all das seinen Anfang nahm?"

In Dallas > ***361*** | *In Chicago* > ***382*** | *In New York* > ***413***

(Markiere bitte den Kreis vor der Sektionsnummer, als Beweis, dass du diesen Abschnitt gelesen hast.)

374 Vor gegenseitiger Zuneigung knistert die Luft. Beide wissen es – keiner traut sich. Doch dann fasst sich Brian ein Herz: „Baby, ganz ehrlich, ich würde dich jedem dieser Häschen hier vorziehen."
Für einen flüchtigen Moment werden Dawnas süße Grübchen sichtbar – sie versucht sich dennoch nichts anmerken zu lassen: „Das sah aber eben nicht so aus."
„Hey, du weißt doch, wie Partys so sind."
„Ja, richtig! Und ich weiß wie DU bist, Bry!", haut sie ihm mit der Faust gegen die Brust. Woraufhin Dawna einen finsteren Blick einer älteren Kellnerin am Pool erntet. „Du", flüstert sie und rollt die Augen, „ich muss jetzt weiter machen, sonst gibt's Ärger."
„Roger. Ich misch' mich dann mal wieder unters Volk."
„Bry ... Keine Hasenjagd, versprochen?"
Brian bündelt all seine Überzeugungskraft: „Logisch, Babe! Aber warum sollte der attraktive Jäger seine Flinte ab sofort stecken lassen?"

Dawna packt Brian am Kragen, zieht ihn zu sich heran und haucht ihm ins Ohr: „Na, vielleicht deshalb, weil der süße Jäger dann heute Nacht woanders zum Schuss kommt ...“
Beiläufig steckt Dawna dem verdutzten Kerl ein Foto zu. Ein Selfie! Es zeigt das Ding im knappen Chiffon-Kleidchen und übertriebenen Kussmund. Sie hat den Schnappschuss extra auf Hochglanzpapier ausdrucken lassen.

*Notiere nun unter Brians Inventar Dawnas **Sexy Selfie**.*
*Brian darf damit einmal die Auswirkungen **einer durchgebrannten Sicherung** ignorieren (du musst also keine Sicherung durchstreichen, solltest du dazu aufgefordert werden).*
*Notiere daher das **Sexy Selfie** in der untersten Zeile mit dem Blitz im Kreis ⚡. Willst du das Selfie benutzen, streiche den Kreis einfach ab.*

*War Brian bereits der **zweite** Metal Hero, den du durch das Mansion begleitet hast? (Bist du dir unsicher, kontrolliere die Kreise auf der vorherigen Doppelseite. Sind beide markiert?)*

*Ja > **378** | Nein, er war der Erste > **417***

375 Ehe sich der finstere Typ wieder verdrücken kann, springt ihm Joey auf den Rücken und reißt ihn zu Boden.
„Jill, ich glaube, du solltest auf dein Glas besser aufpassen“, stöhnt der Schlacks im Kampf gegen den Ergriffenen. Der wehrt sich zunächst nach Leibeskräften, bevor sein Körper erschlafft.
Die umstehenden Gäste sind schockiert und befürchten das Schlimmste, doch als der Mann die Augen wieder aufschlägt, scheint er körperlich in Ordnung, allerdings total desorientiert.
Einzig du erkennst warum: Es ist der Typ mit der dunklen Aura vom Eingang! Und diese Aura entweicht nun in Form eines schwarzen Nebels aus seinem Mund und seiner Nase.
Jill hat die Situation erfasst, hilft dem verwirrten Gast auf die Beine und verhindert mit Engelszungen, dass Joey, als vermeintlicher Rocker-Rowdy, vom Grundstück geworfen wird.

*Weiter > **366***

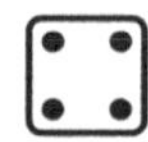

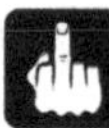

376 Als die Metal Heroes am Rande der Tanzfläche über ihre weiteren Party-Pläne sprechen, hat sich Jill bereits einige Schritte zu den Hecken des Lustgartens verdrückt.
„Die Dame, nicht so eilig!", ruft Leo ihr entschlossen nach. „Wie ich sehe, willst du uns also wieder sang- und klanglos verlassen ..."
Das Power-Weib bleibt stehen, ohne sich umzuwenden: „Ja, so ist es! Aber wir werden uns wiedersehen", spricht sie bedacht, mit einer reifen, sonoren Stimme, ganz so, als wäre sie binnen eines Augenblicks um Jahre gealtert. Aufrechten Schrittes verschwindet sie in der Dunkelheit.
Streiche nun folgenden nutzlos gewordenen Eintrag von der Inventar-Liste, solltest du ihn notiert haben:
- ***AAA-Chip***

Weiter > ***410***

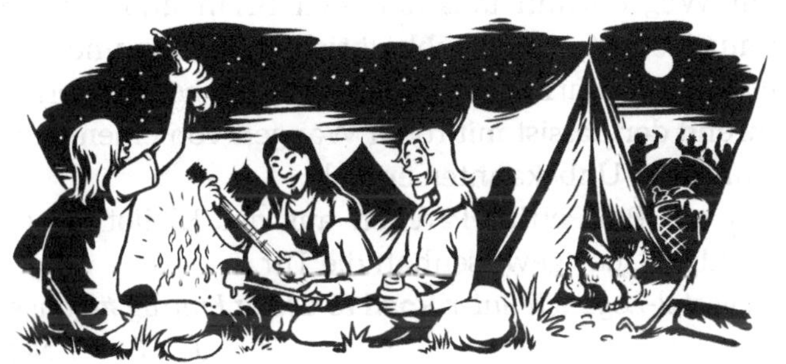

377 Angie quatscht über die letzten Sekunden des Metal Heroes Songs und beschließt das Interview mit ihrer finalen Frage an den tiefenentspannten Bassisten: „Sag mal, Leo, stimmt es, was die Sozialen Medien so zwitschern, dass zwischen dir und dem heißen Top-Model Reanne Reymour etwas läuft?"
Leo bläst verwundert die Backen auf und versucht mit einem langgezogenem „ähm", Bedenkzeit zu gewinnen. Für Brian ist das gleichbedeutend mit einer Bestätigung und reckt seine Hand für ein unbeantwortetes High Five empor: „Ich krieg' zu viel, Leo! Du hast was mit der Reymour!? Rattenscharf, Alter!"

Was soll Leo tun?

Die Wahrheit sagen > ***342*** | *Lügen wie gedruckt >* ***381***

378 Leo und Brian sind gleichermaßen überrascht wie verärgert, als Joey mit Jill im Schlepptau auftaucht und sie von ihren Party-Begegnungen loseist.
„Obacht, Auftritt der Drama-Queen!“, murrt Leo. „Und siehe da, diesmal samt Gefolge!“
Auch wenn Joey selbst gerne ein paar Worte mit ihnen gewechselt hätte, besteht er darauf, sofort das klärende Gespräch mit Jill zu führen, das der Band beim letzten Zusammentreffen auf dem Halloween-Fest versprochen wurde.
Gregori bleibt trotz längerer Suche verschwunden. Sogar du kannst ihn nicht aufspüren – was nichts heißen muss –, solange er nicht in Gefahr ist oder irgendwelchen Rock-Mächten ausgesetzt wird, ist er für dich nur schwer zu entdecken. So entschließen sich die drei verbliebenen Helden, mit Jill in die Bibliothek zu gehen.
Auf dem Weg dorthin tauschen sich Brian und Leo über das Erlebte aus. Der Gitarrist schubbert sich die Locken und schwadroniert in aller Ausführlichkeit von Dawna, die beim Catering arbeitet, während der Bassist mit roten Wangen von einem netten Gespräch mit einer Unbekannten erzählt.
Nachdem ein Prä-Petting-Pärchen aus der Bibliothek gemobbt wurde, schließt Joey gewissenhaft die Tür.

*Ist im Metal-Logbuch unter **Road to Glory** Eintrag **#8** angekreuzt?*

*Ja > **338** | Nein > **394***

379 Debütierende Neuankömmlinge werden freundlich, aber bestimmt von der Hausdame über die Gepflogenheiten und Etikette auf dem Anwesen aufgeklärt. „Übrigens: Mit diesem Bändchen erhalten Sie uneingeschränkten Zutritt.“
Brian verschluckt sich fast an seinem Schnittchen und fragt nach einem Letzte-Reste-Schlucken: „Gilt das auch für die Grotte?“
Die Dame rümpft die Nase über den eklatanten Verstoß einer ihrer soeben postulierten Benimmregeln. „Wie ich bereits sagte – uneingeschränkt …“
Brian wendet sich mit breitem Grinsen an einen ebenso aufmerksam lauschenden Gast und stößt ihn mit dem Ellenbogen an: „Uuuh … Haben Sie gehört?

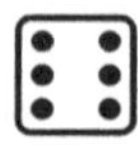

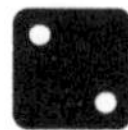

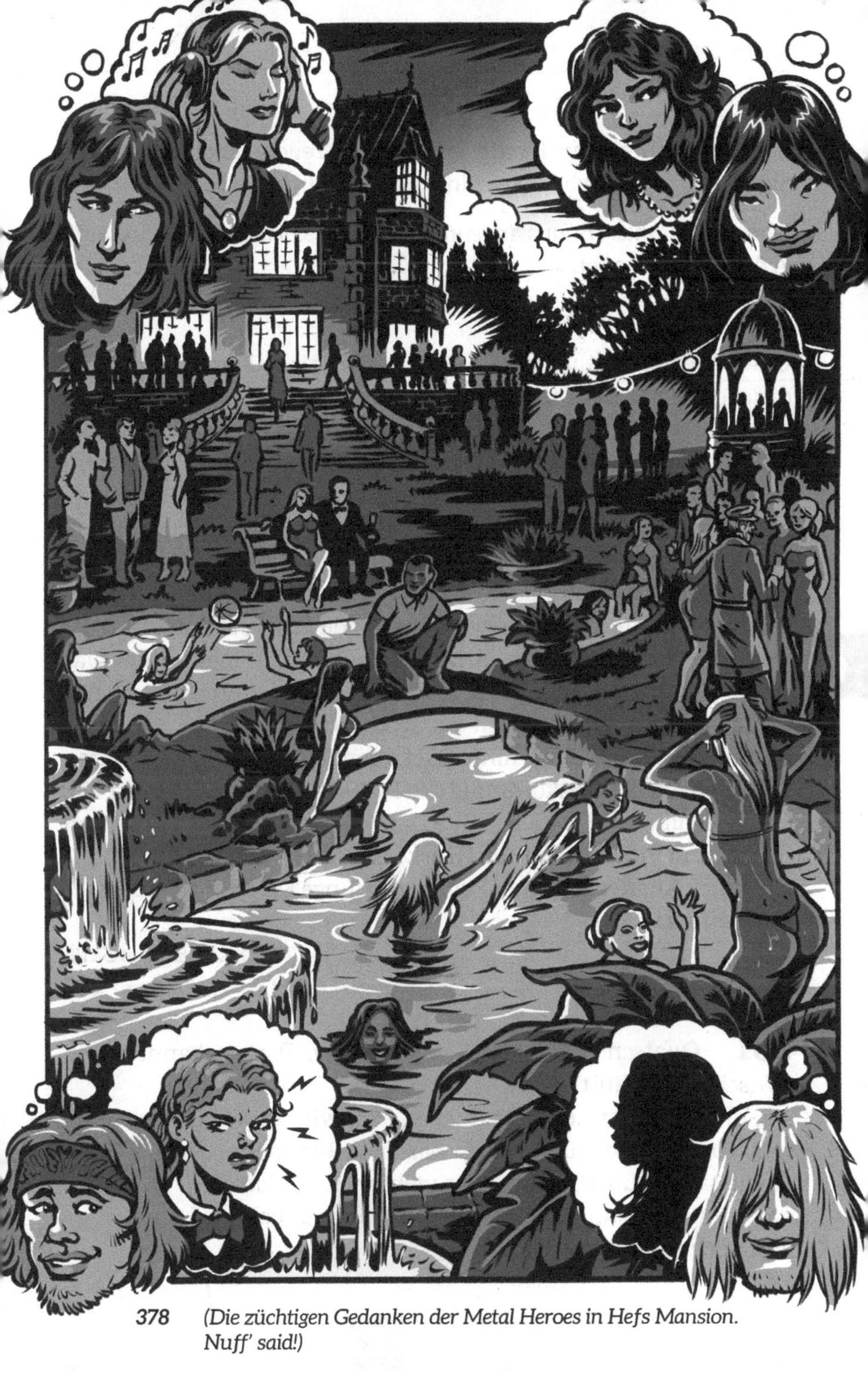

378 (Die züchtigen Gedanken der Metal Heroes in Hefs Mansion. Nuff' said!)

Auch die Grotte! Yeah!“
Leo begutachtet sein Bändchen. „In den Teilen scheint ein NFC-Sicherheitschip verbaut zu sein. Richtiges High-Tech.“

Notiere dir unter Brians Inventar den Access-All-Areas-Chip, kurz ***AAA-Chip*** *genannt.*

Weiter > ***350***

380 So ein stattlich gebauter Kerl wie Brian, übersät mit beeindruckenden Tribal Tattoos an Armen, Beinen und Brust, zieht wie selbstverständlich die Aufmerksamkeit der Damenwelt am Pool auf sich. Und so bleibt er nicht lange allein, selbst als er unter dem Wasserfall hindurch in die Grotte taucht.
Nachdem du deinen Geist ebenfalls in die Schwüle der künstlichen Höhle einkehren lässt, ist Brian schon schwer mit eine-links-eine-rechts und Küsschen-hier-Küsschen-da beschäftigt.
Kurze Zeit später taucht eine platinblonde Schönheit auf. Du hast sie heute Abend bereits mehrmals bewundert. Immer wieder war sie im Zentrum illustrer Gesprächsrunden gewesen. Nun scheint sie zu einer kleinen Runde in die Grotte gekommen.
Kaum hat sie sich Brian hinterrücks genähert, folgen die anderen Bikini-Nixen der Hackordnung der Mansion und räumen das Feld. Lasziv schlingt sie deinem Schützling die Arme um den Hals und drückt ihm ihre beiden Kunstwerke in den Nacken.
Du ahnst: Aus der Nummer kommt der junge Kerl nur ganz schwer wieder raus!

Checke Brians ***Skill****!*
Gelungen > ***399*** | *Misslungen >* ***365***

381 „Quatsch! Reanne ist eine triviale Partybekanntschaft. Zwischen uns läuft nichts.“
„Ja, unser kleiner Leo liebt es eben, frei wie ein Vöglein zu sein“, feixt Gregori und würgt seinen Bassisten-Kumpel.
Angie säuselt übertrieben: „Das werden viele Damen da draußen bestimmt gerne gehört haben ... Leo ist also noch solo!“

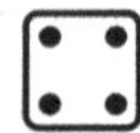
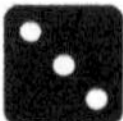

⏩ FAST FORWARD

Da mag die umtriebige Angie vielleicht sogar Recht haben, doch leider ist Reanne dermaßen angepisst von Leos falschen Sprüchen über den Sender, dass er am gleichen Abend eine SMS erhält.

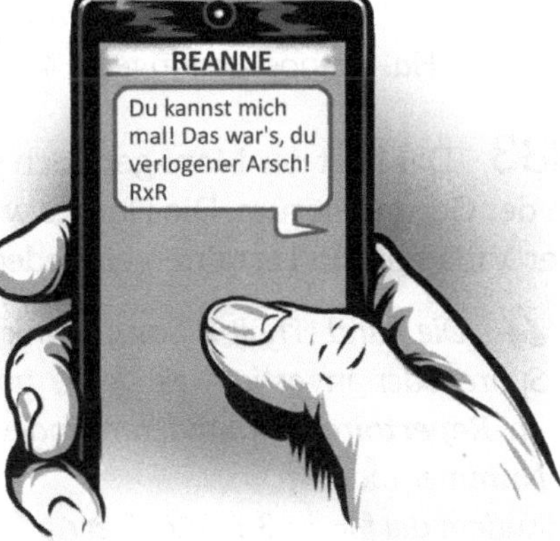

Enttäuscht von sich selbst und im Glauben, eine solche Frau nicht verdient zu haben, legt er Reannes Anhänger ab.
Erst nach zwei durchzechten Nächten finden ihn seine Bandfreunde und bringen ihn wieder in die Spur.

6

*Leo verliert eine **Sicherung**!*
*Streiche zudem den **Hasen-Talisman** von Leos Inventar!*

*Zurück ins Studio > **419***

382 „Korrekt. Windy City, Dezember '53 mit dem bezaubernden Cover-Girl Marilyn ...", kommt der Playboy-Dino ins Schwärmen.

*Der **Gig-Score** steigt um 3!*
*Notiere dir diesen „Stein im Brett" als einen Bonus von **+3** im A-Feld von **„Vamp the Mansion"** im **Tour-Book** des Metal-Logbuchs.*

Wie aufs Stichwort schmiegt sich an Hefs Seite eine bildhübsche Frau. Ihr langes, leicht gelocktes Platinblond glänzt, als sei es eben erst in Diamantenstaub getaucht worden.
„Verzeihe meine schlechten Manieren, meine Liebe." Hef gibt seiner Begleitung einen Handkuss und stellt sie umgehend vor: „Dies ist meine bezaubernde Frau Crystal."

*Checke nun Brians **Presence**!*
*Addiere zudem die Anzahl **ausgefüllter Herzen** zum Ergebnis des weißen Würfels. (Sind beispielsweise 2 Herzen ausgefüllt, wäre der Check also um 2 schwieriger.)*
*Ha, dennoch gelungen > **418** | Misslungen, war ja klar! > **348***

383 Das hört der Manager doch gerne und telefoniert ein wenig in der Gegend herum. Die Heroes werden bis zum großen Abend in der Villa mit PR-Terminen eingedeckt.

*Die Band erhält **2 Song-Punkte**!*
*Spare oder investiere sie jetzt, um Songs freigeschalteter Genres im **Repertoire** zu aktivieren, indem du einen Kreis um die Track-Nummer machst.*
*Zudem darfst du **3 Fame-Sterne** auf **zwei** beliebige aktivierte Songs verteilen.*

*Weiter > **395***

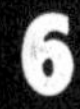

384 Die Bediensteten heißen die Neuankömmlinge freundlich willkommen und leiten sie zügig durch das mit Messing verzierte Portal in die Empfangshalle. Nur vereinzelt stehen Gäste in den Ecken oder am breiten Handlauf der Edelholztreppe zum ersten Stock und unterhalten sich. In knappen Zweiteilern bekleidete Damen mit den berühmten, aufgesetzten Hasenohren reichen Sekt und Kanapees auf Silbertabletts.
Während Joey, Leo und Gregori schweigend genießen, ist Brian kaum zu stoppen. Den Mund vollgestopft mit Schnittchen und zwei Sektgläsern in der Hand, rüttelt er an Joeys Schulter und nuschelt ihm mit vollen Backen ins Ohr: „Alter, Musik ist für mich gestorben. Ab heute bin ich hauptberuflich Playboy!"
Joey steht wie angewurzelt an einem dekorativen Flügel, überhört den Spaß seines Freundes und starrt durch die breite Glasfront hinaus in die rückseitige Parkanlage des Anwesens. Dem gehobenen Geräuschpegel nach zu urteilen, steigt die eigentliche Party draußen, direkt am oder im Pool und der sagenumwobenen Grotte.

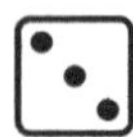
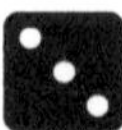

Zum ersten Mal wünschst du dir, kein Gott zu sein! Wie gerne würdest du jetzt mit den Häschen rumhoppeln.
Eine Bedienstete des Hauses, unerwartet hochgeschlossen und mit professionell ernstem Gesichtsausdruck, bittet die neu angekommenen Gäste, ihr in den Nebenraum zu folgen.

Was sollen die Metal Heroes tun?

Erst der Anstandsdame folgen ... > **379**

Gleich ins Getümmel stürzen! > **350**

385 „Jill! Nicht trinken!“, schreit Joey. Doch die Power-Frau bekommt seine Warnung gedämpft durch den Kopfhörer nicht mit und stürzt den Sekt hinunter. Verdammt! Was geschieht jetzt?
Um es mit Alice Cooper★ zu sagen: „Poison running thru her veins!“

POWER OFF!

(Repeat > ***411****)*

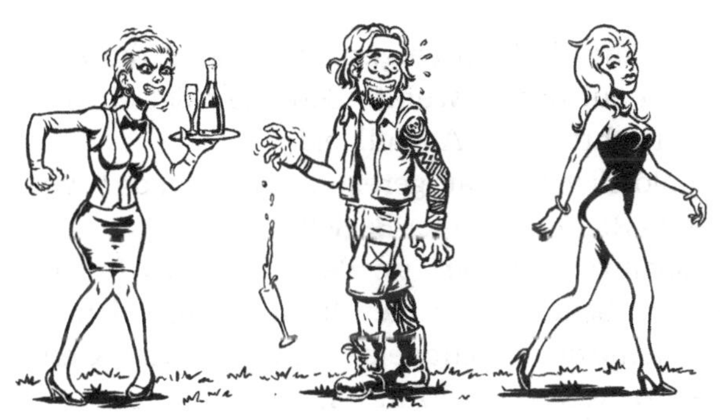

6

386 Du folgst den beiden die breite Treppe in den ersten Stock hinauf und fühlst dich schon ein wenig wie ein notgeiler Spanner, als du plötzlich negative Schwingungen von draußen empfängst. Dein Blick geht instinktiv hinunter in den Garten, ohne Umschweife zur mit großen Bodenplatten ausgelegten Tanzfläche.
Dort erkennst du Joey, wie er panisch versucht, sich durch die tanzenden Gäste zum DJ-Pult vorzukämpfen! Er braucht Hilfe. Sofort!

Weiter > **411**

★) ROCK ICON: Alice Cooper

US-amerikanischer Rockmusiker. Gilt aufgrund seines Hangs zu schaurigen Inszenierungen als einer der Wegbereiter der heute gängigen aufwändigen Bühnenshows in der Rockmusik.

387 Eine kurze Pause, dann legt Brian noch einmal nach: „Fuck off, Kritiker!“, und rülpst voller Inbrunst die Hefegase des gerade vertilgten Biers ins Mikro. „Wem’s nicht gefällt, soll sich unsere Alben halt nicht reinzieh’n.“

Weiter > ***360***

388 Du bist froh, Gregori wieder gefunden zu haben. Er hat sich bei einer reizenden Lady untergehakt und lässt sich von ihr durch die oberen Stockwerke des Anwesens führen. Mit Hingabe erläutert sie dem blinden Drummer, welche Kunstwerke die Wände, Kommoden und Vitrinen zieren.

Die beiden biegen schließlich in einen Flur des Obergeschosses mit zahlreichen Gästezimmern ein. Gregori presst sein Ohr an eine der Türen, öffnet sie und lässt seiner Begleitung den Vortritt. Der edle Raum im Kolonialstil ist heute offensichtlich intensiv frequentiert worden.

6 „Hui, das ist aber hübsch eingerichtet“, flötet die Perle und legt ihren Mantel auf das zerwühlte Bett. Sie trägt einen satinfeinen Traum von nachtblauem Abendkleid.

Gregori ist plötzlich ganz aufgeregt. „Was hängt da?“, will er wissen und deutet in Richtung seiner Begleitung.

Peinlich berührt korrigiert sie den Sitz ihres Bustiers und du kannst ihr nur beipflichten: „Hey, bei mir hängt nichts!“

„Baby, ich meine doch nicht deine garantiert perfekten Möpse! Ich will wissen, was da an der Wand ist ...“

Verdammt, Gregori hat recht! Über dem Bett hängt, eingerahmt hinter Glas, ein magisch funkelndes Metal-Artefakt!

Verwundert, warum der Blinde überhaupt wissen kann, dass sich dort etwas befindet, beschreibt die Dame das Teil: „Es ist ein buntes Hemd. Ein altes Hawaiihemd, würde ich sagen. Nicht ganz so knallig wie deins. Aber ungefähr deine Größe.“

Auch du kannst nur über die Gabe des Drummers staunen. Gregori kann tatsächlich „sehen“, wenn er sich in der Nähe eines Metal-Artefakts aufhält. Als Synästhetiker nimmt er, ähnlich wie du, ein „schrilles Farbenmeer“ wahr.

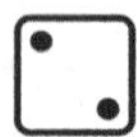
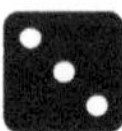

Du bewunderst die Macht des Rock, die hinter der Scheibe schlummert. Vermutlich steckt sie in den Metallknöpfen.

Was soll Gregori nun tun?
Den Rest der Truppe hinzuziehen > ***367***
Seinen Wildfang wegschicken und das Hemd klauen > ***343***
Freundin zur Komplizin machen und das Hemd klauen > ***409***

389 „Okay, Leute“, sagt Angie zu den Metal Heroes bei geschlossenem Mikro. „Nun dürft ihr entscheiden, welchen eurer Songs wir für die Hörer spielen sollen …“

Wähle nun irgendeinen aktiven Song aus dem **Repertoire** *der Band und ziehe anschließend eine Karte.*
2 – 6 > *Die* **Fame** *dieses Songs steigt um 1!*
7 – 10 > *Die* **Fame** *dieses Songs und eines anderen steigt um 1!*
J, Q, K, A > *Die* **Fame** *dieses Songs und zwei anderer steigt um 1!*

Besitzt Leo einen **Hasen-Talisman** *in seinem Inventar?*
Ja > ***377*** | *Nein >* ***419***

390 Jill tippt Joey mit dem schwarzen Nagel ihres Zeigefingers gegen die Stirn, als wolle sie etwas aus seinem Unterbewusstsein hervorzaubern: „Erinnere dich an die Nacht am See. Damals auf dem Halloween-Fest hast du es schon einmal getan …“
Man kann in den leeren Gesichtszügen des Bandleaders regelrecht ablesen, wie sich die Erinnerung an den besagten Moment langsam wieder zusammensetzen und es ihm eiskalt über den Rücken läuft. Oh ja, die finstere Macht von Halloween!

Weiter > ***358****, Option* 

391 Die Party ist gut besucht. Es müssen weit über 200 Gäste sein, die sich mittlerweile im Garten und in der Villa vergnügen. Du steigst empor und verschaffst dir so einen besseren Überblick. Neben Leo und seiner Bekanntschaft machst du Joey und Brian aus. Gregori hingegen ist nicht zu sehen. Ob er sich im Herrenhaus herumtreibt?

Wen willst du nun beobachten?
Joey > ***356*** | *Brian >* ***373***

392 An jedem verdammten Tag wird geprobt! Nach den Sessions malen sich die Jungs in ihren schmutzigen Fantasien bereits aus, wie der bevorstehende Abend in der sagenumwobenen Villa wohl verlaufen wird.

*Die Band erhält **5 Song-Punkte**!*
*Spare oder investiere sie jetzt, um Songs freigeschalteter Genres im **Repertoire** zu aktivieren, indem du einen Kreis um die Track-Nummer machst.*
*Zudem darfst du **einen Fame-Stern** auf einen beliebigen aktivierten Song vergeben.*

*Weiter > **395***

○ **393** Schnell hat man sich auf unkompliziertes Dosenbier geeinigt. Die künstliche Trulla hat das Sixpack kaum gebracht, da haben die Metal Heroes die Kaltgetränke schon auf ex runtergekippt und den zerknüllten Weißblechmüll mit einem erfrischten
6 Lächeln zurück aufs Tablett gelegt.
(Kreuze nun den Kreis vor der Sektionsnummer ab, als Beweis, dass du diese Sektion gelesen hast.)

*Weiter > **349***

394 „Jill wäre fast vergiftet worden!", eröffnet Joey ohne Umschweife und erzählt von dem Angreifer, einem offensichtlich besessenen Mann, der ihr ein Pulver ins Glas gemixt hat. Dem allgemeinen Unglauben und Bedauern folgt eine längere Pause.

*Weiter > **338***

395 Eine gecharterte Limousine des Managements chauffiert die Heroes zum berühmten Anwesen des Publizisten, das eingebettet in den Holmby Hills von Los Angeles liegt. Schwarze Pick-ups privater Sicherheitsfirmen patrouillieren dort zwischen den Villen der Stars über die prächtigen Wege.
Als das große Gatter mit den vergoldeten, Fliege tragenden Hasenköpfen sanft nach hinten schwingt, ist Brian nicht mehr zu halten. Seine Stimme über-

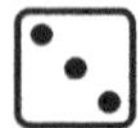 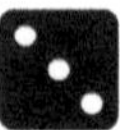

schlägt sich in einer Mischung aus schwer verständlichen Ausrufen und Freudenschreien, in dem „die ganze Nacht“, „ausgiebiger Hüfteinsatz“ und „Wundsalbe“ vorkommen.
Kies knirscht unter den Reifen der Limo. Die Auffahrt führt an etlichen geparkten Luxuskarossen, Cabrios und Sportwagen vorbei, um einen Brunnen im Zentrum eines Rondells herum und endet vor dem Haupteingang des Anwesens. Mit seinen blaugrauen Schindeln, den grob behauenen Mauersteinen und seinen zwei Türmen wirkt der Bau wie ein englisches Herrenhaus aus dem 19. Jahrhundert.
„Luxuriöser Hasenstall“, murmelt Leo sarkastisch, als die vier die Stufen zum Eingang erklimmen und deine Götterantennen unverhofft auf Empfang gehen.

Was willst du tun?
Den Jungs ins Haupthaus folgen > **384**
Dich am Eingangsbereich umschauen > **404**

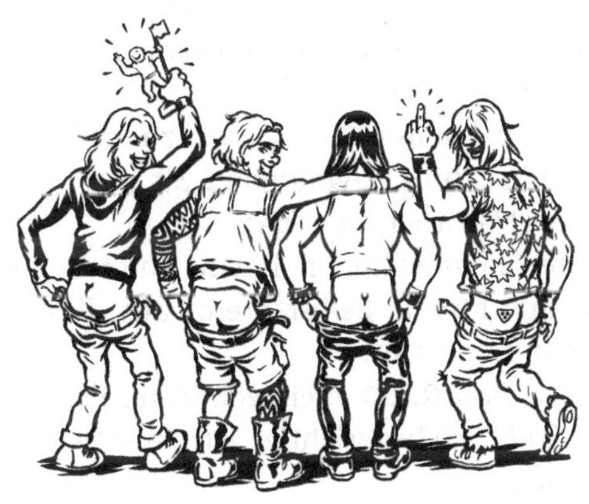

396 Es dauert eine Weile, bis sich die restlichen Metal Heroes im Gästezimmer eingefunden haben. Ehe Gregori von seiner Entdeckung berichten kann, klopft es gegen die offene Tür.
„Dürfte ich erfahren, was hier gespielt wird?“ Der Hausherr höchstpersönlich schaut nach dem Rechten.
Gregori, gewohnt direkt, deutet auf den Rahmen: „Es geht um dieses Hemd, Sir. Wir wollen es haben. Nein, wir müssen es haben!“

„Junger Mann, das ist ein Geschenk meines alten Freundes Akebono. So etwas verschenkt man nicht ohne Grund."
„Ach, sie meinen den U2*-Sänger?"
Leo schnauft tief durch und murmelt zu Brian: „Hawaii …"
„Wie jetzt? Ich denke, die Jungs kommen aus Irland."
„Quatsch, Brian!", fährt Leo seinen Kameraden laut über den Mund, bevor es noch peinlicher wird. Das Wissen platzt förmlich aus ihm heraus: „Akebono ist der erste nicht-japanische Sumotori, dem es gelang, Yokozuna zu werden!" Und fügt vorausschauend hinzu: „Yokozuna ist der höchste Rang eines Kämpfers im Sumo."
Der Hausbesitzer nickt anerkennend, als er das Hemd aus dem Rahmen befreit: „Ah, ein Experte in fernöstlicher Kampfkunst. In der Tat, Akebono war kolossal. Er überragte selbst Sie um gut einen halben Kopf, junger Mann, und brachte in seinen Glanzzeiten über 400 Pfund in den Dojo."
Du begutachtest das Artefakt – total vintage! Der leichte Stoff ist beidseitig mit höchster Kunstfertigkeit bedruckt und zeigt – ebenso wie die feinen Metallknöpfe – Anlehnungen an Tapamuster und hawaiianische Bildsymbole.

Gregori tastet es ab, kommt dann jedoch zu einem vernichtenden Urteil: „Das ist kein echtes Hawaiihemd, Sir."
„Wie meinen Sie? Natürlich ist es das!"
„Nun, Sir, echte Hawaiihemden haben Knöpfe aus Kokosnussschalen, nicht aus Metall. Selbst wenn auf diesen interessante Petroglyphen eingraviert sind."
Hef ist verblüfft. „Ganz Recht, mein gebildeter Freund. Aber in diesem Fall ist der Stilbruch beabsichtigt. Ich garantiere, das ist ein echtes Barong Tagalog."
Der alte Publizist erzählt, dass die Originalknöpfe durch Exemplare des hawaiianischen Musik-Virtuosen Frank Ferera ersetzt wurden. Der wiederum soll sie von Joseph Kekuku, dem Erfinder der Steel Guitar, geschenkt bekommen haben. Wahre Erbstücke, sozusagen!
„Wenn ich es mir recht überlege", grübelt der gealterte Partylöwe und streicht über den Kragen, „diese

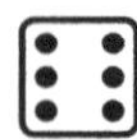

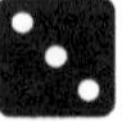

Herren waren vor rund einem Jahrhundert Pioniere der Rock-Musik."
Er unterbricht seine nostalgischen Gedanken für einige Pfeifenzüge: „Wissen Sie was, ich werde Ihnen dieses Hemd überlassen, mein blinder Kamerad! Es macht in meinen Augen wenig Sinn, es hier hinter Glas weiterhin hängen zu lassen. Zumal Akebono sicher nichts dagegen hätte, dass ich es an die nächste Generation weiterreiche. Dafür allerdings, müsst ihr diese Party mit Live-Musik aufwerten ..."
Sein Blick wandert zu Jill und er fügt lächelnd hinzu: „Nichts für ungut, meine Liebe."

*Trage nun unter **Metal-Artefakte** im Metal-Logbuch **Akebonos Hemd** in der Zeile für **Gregori** ein.*
*Solange er es besitzt, steigt seine **Power** um 1!*
*Dein **Einfluss** steigt zudem um 1!*

Gedankenversunken geht Leo als Letzter aus dem Zimmer: „Eine Frage noch, Hef. Wie sind sie eigentlich auf uns gekommen? Sie hätten sicher viel namhaftere Bands engagieren können?"
„Nun, ihr Burschen seid mir von einem guten Bekannten empfohlen worden, und da ich durchaus eine Schwäche für junge, experimentierfreudige Menschen habe, sprach ich die Einladung aus."
„Dürften wir bitte erfahren, wie dieser Bekannte heißt?"
„Sicher. Es war Lex Lucius, der Producer von Abÿss Records. Allerdings ist er mir heute Abend noch nicht über den Weg gelaufen. Er wird wohl verhindert sein."
Brian spottet Joey ins Ohr: „Lex Lucius? Mann, was'n Scheißname."
Sollen die Metal Heroes Hefs Bitte für ein Kurzkonzert nachkommen?

Ja, sicher! > **400**
Nein, habe Zielgruppen-Bedenken > **376**

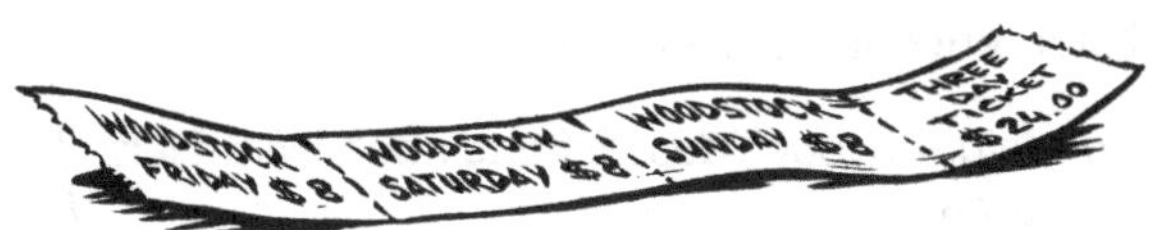

★) ROCK ICONS: U2
Irische Rockband aus Dublin. Insbesondere Leadsänger Bono setzt sich für soziale und politische Projekte wie Amnesty International oder die Bekämpfung von AIDS ein und thematisiert dies teilweise in U2-Songs.

397 Du verfluchst deine Arroganz! Seine Macht ist stark – verdammt stark! Dein Geist wankt, stürzt und du verlierst das Bewusstsein ...

Weiter > ***344***

398 „Ihr habt euch ja auf die Fahnen geschrieben, eine möglichst große Bandbreite des Metals abzudecken. Ihr spielt fast jede Stilrichtung. Viele sagen, ihr vergeudet euer Talent, weil ihr euch nicht auf eine Sache konzentriert. Was entgegnet ihr diesen Kritikern?“

Wer soll diese Frage beantworten?
Joey > ***339*** | *Leo >* ***345***
Gregori > ***352*** | *Brian >* ***401***

399 „Hi, Crystal. Wow! Welch’ nette Überraschung.“
Brian bleibt stark! Sanft, aber bestimmt drückt er das platinblonde Gift von sich weg, auch wenn man seinen Blicken ansieht, dass er gerade einen harten, inneren Kampf ficht.

„Weiß Hef eigentlich, dass du hier bist?“
„Ist das wichtig?“, säuselt sie.
„Naja, vielleicht hat der alte Hausherr was dagegen, wenn sein Lieblingshäschen an einer anderen Möhre knabbert.“
Wie eine Sirene versucht Crystal den jungen Mann auf ihre Felsen zu locken und löst aufreizend langsam die Schlaufe ihres Bikinis.
„Tut mir Leid, Crystal. Weißt du, das ist so eine Monogamie-Sache.“
Ja, unfassbar, Brian bleibt standhaft! „... tut mir echt Leid!“
Dann krault er eilig aus der Grotte, verweilt noch einige Sekunden am Beckenrand, um intensiv über Baseball-Rekorde nachzudenken, und steigt mit roten Ohren aus dem Wasser.
Im Gegensatz zu Brian kannst du sehen, dass Dawna die Szene ihres entfliehenden Freundes mitbekommen hat. Ihr trauriges Gesicht hellt sich wieder ein wenig auf.

Male nun im Metal-Logbuch das ***kleinste noch leere Herz*** *über Brians Kopf aus!*

Weiter > ***372***

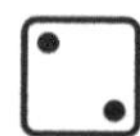

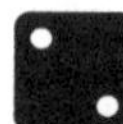

Gig-Muster

VAMP THE MANSION

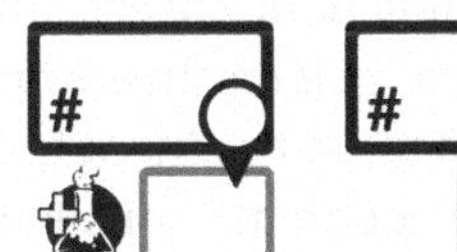

400 Zwei Stunden später ist die Bühne für die Metal Heroes bereitet und hinter der Tanzfläche wurden ihre Instrumente aufgebaut. Das Management hat wohl von vornherein mit einem Auftritt vor den Branchen-Dinos in der Mansion geliebäugelt.
Aus dem Stegreif improvisiert die Band einen Mini-Gig mit drei ihrer bekanntesten und massentauglichsten Songs.

Setlist Vamp the Mansion
*Wähle nun **3 Songs** aus dem **Repertoire** und bestimme damit die **Setlist** für diesen improvisierten Auftritt. Trage dazu ihre Track-Nummern in die vorgesehenen Felder mit dem #-Symbol im **Gig-Muster** oben ein.*

Setlist-Einschränkung:
*- **Anspruch** muss mindestens **2** sein!*

*Checke sofort die **Performance** für jeden Song dieses Auftritts und streiche eventuelle Boni dafür ein und ermittle nebenbei den **Gig-Score** für **Vamp the Mansion**!*
*Ist er **11 oder höher**, dann darfst du den **Fame** eines der gespielten Songs erhöhen. Fülle dazu einen weiteren seiner **Fame-Sterne** aus.*

Jill schreitet zur Bühne herüber und klatscht demonstrativ Beifall. Begeistert scheint sie nicht: „Hey, Leute, wie wäre es mit einer Zugabe ... inklusive guter Stimme, hm?"
Joey ist überrumpelt von ihrem Vorschlag, zeigt sich aber offen:

„Warum nicht? An welchen Song denkst du?"
„Ich habe da meine eigenen Vorstellungen ..."
Die Blondine winkt Joey, Leo und Brian zu sich an Gregoris Drum-Set und fordert alle auf, sich gegenseitig an den Händen zu fassen, ihren Geist zu öffnen. Nach anfänglichem Zögern und Feixen fallen die Kerle tatsächlich in Trance, neigen ihre Köpfe unter Jills hypnotischem Summen hin und her. Mit deinem göttlichen Blick verfolgst du, wie sich - verdammt nochmal - musikalische Muster aus Jills Geist, über ihre Arme in den Körpern der Metal Heroes festsetzen!

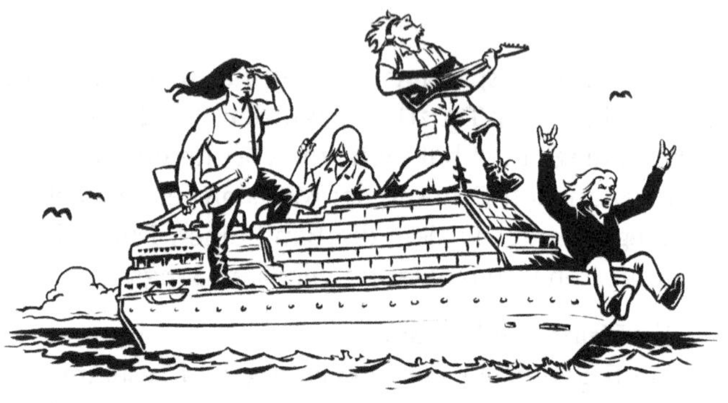

Hätte es noch einen letzten Anstoß für die Jungs gebraucht, um restlos überzeugt zu sein, dass sie Teil einer sehr schrägen Hexennummer sind, jetzt wäre es soweit!
Dank Jills Geistesverschmelzung haben die vier einen neuen Song binnen Augenblicke gelernt und fetzen ihn ungebremst runter!

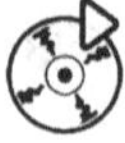

*Höre dir nun bitte **Track 4** des **Metal-Heroes-Soundtracks** aufmerksam an!*

„Flesh"

CLASSIC METAL

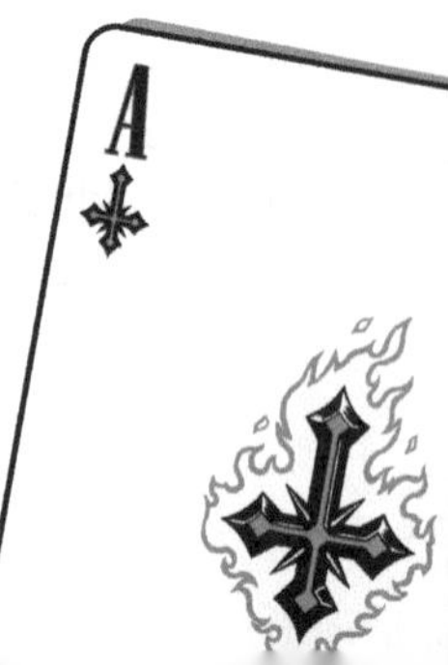

Nightmares don't trouble me
I wear them on my sleeve
like a wet stain

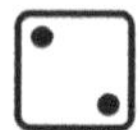 

Red skies in the morning
signals my final warning
Predicting your pain
Hey! I'm not the same
I'm in lust
Feel me bust

Hunt you like a wild beast
Turn you out for my release
Craving your flesh
What I'd give to watch you cry
Sister, I ain't gonna lie
Unless it's on your flesh

Watching you walk alone
I call you on the phone
Heavy breathing

Night covers me
It's all clear
I want your fear

[Chorus]

You on my shelf
I can't control myself

Fall to your knees
Crawl to me

What makes me want you bad?
Well, I can't stop craving your flesh

[Chorus]

„Flesh" (2015) von Huntress
Heavy-Metal-Band aus Los Angeles, Kalifornien (USA)

Wie singt Jill die abschließende Zeile „On your flesh"?

Schreiend, fast heiser > ***376***
Deutlich, glasklar > ***355***

401 Brian zeigt sich erbost über die Fragerei, stützt sich provokant aufs Pult und ätzt: „Wo kommen wir denn hin, wenn Kritiker sagen könnten, was wir spielen sollen? Ehrlich gesagt … es ist uns scheißegal, was andere über uns oder unsere Musik denken."

Hat Brian bereits Dosenbier intus?

*Ja > **387***

*Nein > **403***

*(Sollte es dir entfallen sein, ob er schon getankt hat, kontrolliere, ob du den Kreis bei **393** abgestrichen hast.)*

402 „Welche sterbliche Seele würde mit solchem Wissen auf dem Teppich bleiben können?", sendest du ihr zu.
„Das ist wohl wahr", murmelt Jill unauffällig im allgemeinen Trubel und gibt dir mit einem Zwinkern zu verstehen, sie hat's kapiert.
„Okay, du hast Recht, Joey", wendet sich die Hexe wieder den Metal Heroes zu. „Das ist mein … mein Freund – Bob."
Joey grübelt: „Ja, genau, Bob …"
6 „Ihr glaubt mir nicht? In Ordnung. Der Halloween-Spaß hat wohl nicht funktioniert. Schade …", vollendet Jill ihre verbale Kehrtwende und stellt sich vor dich. „Vielleicht solltet ihr nach eurem blinden Freund suchen. Nicht, dass er in irgendwelchen feuchten Grotten verloren geht."
Leo schüttelt abfällig den Kopf und schreitet entschlossen zur Tür. „Verdammt! Wie lange soll uns diese Hexe eigentlich noch zum Narren halten?"
„Pass auf, was du sagst!", zischt Jill.
„Was dann? Willst du mir Warzen anhexen oder mich in eine Kröte verwandeln?"
Joey geht dazwischen und beruhigt beide wieder, ist jedoch selbst angepisst: „Also, Jill, das war's? DAS ist deine ganze Erklärung?"
„Sieht so aus", antwortet sie schnippisch und verfrachtet die nunmehr vollkommen verwirrten Metal Heroes vor die Tür der Bibliothek. „Jetzt haut endlich ab! Lasst uns allein."
Du spürst erleichtert, wie der Drang nach Antworten in deinem Geist nachlässt – Joeys Anfrage an den

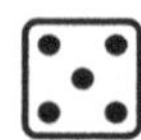 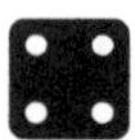

Rock-Gott wurde gnädigerweise gestrichen, was dir die Gelegenheit gibt, dich in die Standard-Rock-Gott-Geist-Erscheinung zurückzutranszendieren. Augenblicklich entspannst du dich wieder in der Schwerelosigkeit des Rock-Äthers.
Eines steht jedoch fest: Wäre Gregori hier gewesen, nun ja, er hätte dieses falsche Spiel mit seinem Blick für göttliche Energien definitiv durchschaut!

Was willst du tun?
Vorerst bei Jill bleiben. Vielleicht kommt da noch was… > ***334***
Nach Gregori schauen. Wo steckt der Kerl nur? > ***351***

403 „Okay, ihr da draußen“, wendet sich Angie an ihre Hörer und nimmt noch einmal Schwung auf, „nun ist es an euch zu entscheiden, welchen Song der Metal Heroes wir spielen sollen. Unter allen Anrufern verlosen wir …“

*Die Zuhörer wählen den Titel mit dem derzeit höchsten **Fame** aus dem Genre **Classic** Metal (hat die Band mehrere mit dem gleichen Wert – suche dir einen davon aus).*
Ziehe eine Karte!
2 - 10 > *Die **Fame** dieses Songs steigt um 1!*
J, Q, K, A > *Die **Fame** dieses Songs und eines anderen steigt um 1!*

*Besitzt Leo einen **Hasen-Talisman** in seinem Inventar?*
Ja > ***377***
Nein > ***419***

404 Am Eingang werden alle Gäste, wie die Metal Heroes, freundlich von einem Diener empfangen. An seiner Seite steht ein Herr in klassischem Security-Schwarz, diskret im Halbschatten der Säulen, die den opulenten Treppenaufgang flankieren.
Man kann sagen, was man will, aber das Publikum des heutigen Abends ist ein bunter Querschnitt der High Society. Überraschenderweise ist es alles andere als eine reine Männerrunde. Viele der geladenen Herren sind in Begleitung ihrer Frauen oder erwachsenen Töchter. Selbst Damen ohne Anhang zeigen ihre Einladungskarten beim Türhüter vor.

6

Da entflammt sie wieder, diese negative Aura, die dich immer dann umtreibt, wenn Gefahr droht, just, als eine Gruppe von Sportwagen und Edelkarossen vorfährt. Unmöglich zu sagen, von wem der aussteigenden Herrschaften du die schädlichen Schwingungen empfängst.

Willst du den Türsteher nun kontrollieren, um den merkwürdigen Gästen auf den Zahn zu fühlen > ***•340***

Willst du nur beobachten > ***416***

Oder sofort deinen Schützlingen folgen, um sie nicht aus den Augen zu verlieren > ***384***

405 Eine grazile Frau in einem umwerfenden Abendkleid tritt an die Bank heran.

„Entschuldige, darf ich mich zu dir setzen?"

Verwundert kämpft Leo mit dem letzten Schluck Whiskey in seinem Rachen und rutscht hustend zur Seite. Lächelnd nimmt die Dame Platz, schlägt die karamellbraunen Beine übereinander und streicht den schmiegsamen Stoff glatt.

Weiter > ***369***

406 Joey steht plötzlich hinter der DJ im knappen Tanktop. Es ist Jill!

„Sag mal, stalkst du uns?", fragt er halb im Spaß, halb im Ernst.

Die Hexe braucht eine Sekunde, bevor sie realisiert hat, wer sie anspricht. Sie scheint tatsächlich nicht wegen der Metal Heroes hier zu sein.

„Wie ich sehe, hat das Schicksal entschieden", spricht sie düster und packt Joey am Oberarm. „Lass uns den Rest deiner Freunde suchen. Ich werde mein Versprechen nun einlösen."

Weiter > ***378***

407 Du lässt deine Macht strömen und überlagerst das Audiosignal des CD-Players mit einer schrill-fiesen Rückkopplung. Jill flucht schmerzerfüllt und zerrt sich den Kopfhörer herunter. Dabei stößt sie das Sektglas um, das auf dem Boden zerschellt.

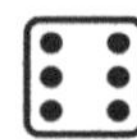
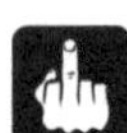

Dein ***Einfluss*** *sinkt um 1!*

Derweil ist Joey herangestürmt und nutzt sein Football-Können aus der High-School, indem er den zwielichtigen Attentäter zu Boden tackelt. Für einen kurzen Moment erglühen dessen Augen wie Schmiedeeisen in der Esse – dann erschlafft sein Körper.
„Lass ab von ihm“, faucht Jill. „Dieser Mensch ist nur noch eine taube Hülle. Der dunkle Geist, der ihn besetzt hielt, ist bereits gewichen.“ Recht hat sie!
„Verdammt, Jill, was geht ab? Dieser … dieser Besessene hat dir was in den Drink geschüttet!“
Misstrauisch tippt sie in die Scherben des Glases und leckt sich den Tropfen Sekt vom Finger. „Gift!“, stellt sie trocken fest.

Weiter > ***366***

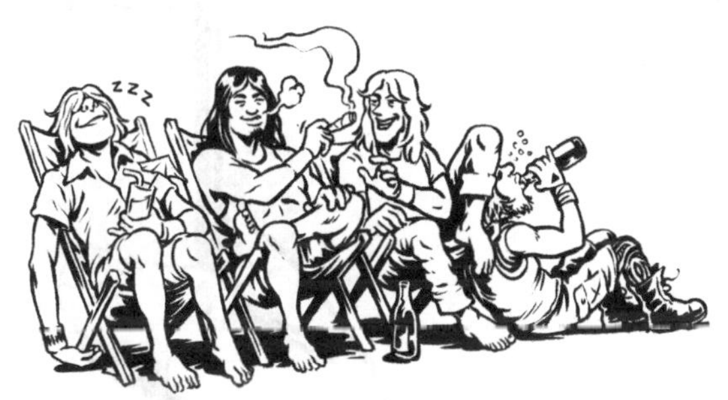

408 „Verdammt, Dawna, also deine neue Haarfarbe. Naja, du warst schon immer scharf wie Chili!“
„Weißt du was? Mach’s dir selbst und stirb dran.“
BÄMM! Weibliche Inbrunst. Fies! Brian stammelt eine Erwiderung, doch Dawna tut der Satz bereits leid: „Hey, entschuldige, Bry. Aber wenn man den ganzen Abend nur blöd angequatscht wird, dann kann man irgendwann nicht mehr zwischen ‚nett gemeint’ und ‚bist du fickbereit?’ unterscheiden. Verstehst du?“

Checke Brians ***Power!***

Gelungen > ***374***
Misslungen > ***359***

409 „Kannst du mir sagen, ob hier irgendwelche Kameras sind?" „Hallo?! Ich habe es dir vorhin doch schon gesagt: keine Filmchen!" Gregori schnauft genervt.

„Okay, davon hättest du wohl nichts", kichert die Kleine verlegen und bestätigt, keine Kameras zu sehen. Nur zwei dünne Kabel, die von der Decke hinter den Rahmen mit dem Hemd führen und sie an die Kopfhörer ihres Smartphones erinnern.

„Eine Alarmanlage, war ja klar", führt Gregori leise Selbstgespräche. Ohne Hilfe kommt er nicht an das Teil heran.

Weiter > ***367***

410 Am nächsten Mittag brummen die Smartphones der Metal Heroes fast simultan: Eine Mitteilung des Managements ist eingegangen …

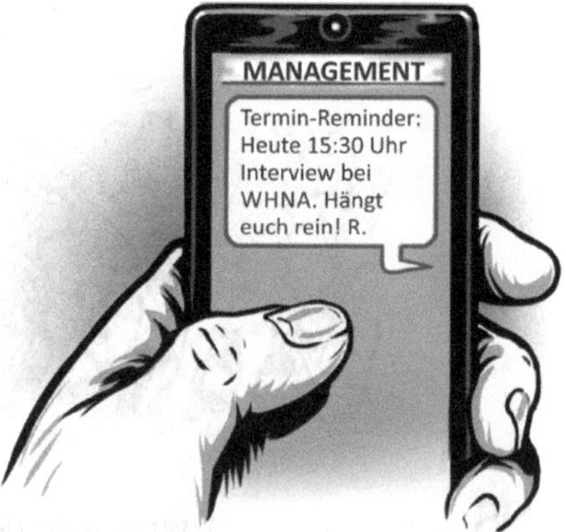

6

Die Fahrt hinüber nach East Hollywood ist für L.A.-Verhältnisse ein Katzensprung. Es dauert nur knapp eine Stunde, bis die Band vor dem Gebäude des Radiosenders WHNA steht und von einer Assistentin mit French-Nails und Haarextensions empfangen wird. Das Püppchen führt die Metal Heroes zum Studio, wo an jedem Mittwochabend „Heavy Fuel" live über Sender geht.

Die Sprecherkabine ist einem Tonstudio nicht unähnlich. Auch hier sind große Teile der Wände mit schallabsorbierenden Platten versehen. Die Mikros hängen entkoppelt durch filigrane Alu-Rohr-Konstruktionen von der Decke.

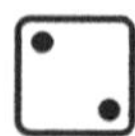 

„Wollt ihr noch irgendwas trinken, bevor es losgeht?“, will die aufgedonnerte Empfangsbraut in der dünnen Leoparden-Muster-Bluse wissen.

Drinks zum Lockerwerden, bitte > ***393*** | *Verzichten! >* ***349***

411 Joey läuft los, als hätte er einen Geist gesehen, und rempelt sich durch die Tanzenden Richtung DJ, während sich zeitgleich ein Kerl aus dem Schatten des Lautsprechers schält.
Unbemerkt nähert er sich der DJ im offenherzigen Tanktop und schüttet ihr ein weißes Pülverchen ins Glas. Jetzt erkennst du sie wieder: Die Frau, die hier die Musik auflegt, ist die zwielichtige Jill!

Checke Joeys ***Power*****!*

Gelungen > ***375*** | *Misslungen >* ***336***

) Achtung, Baby,* ***Bandchemie* *darf hier nicht eingesetzt werden. Joeys Freunde sind einfach zu beschäftigt ...*

412 Es ist ein herrlicher kalifornischer Sommer-Abend. Das Orange der sanft schwindenden Sonne lässt das Anwesen strahlen. In den englischen Rasen gesteckte Fackeln weisen den Weg durch den kunstvollen Lustgarten, an Statuen, Liegen und einer Tanzfläche samt DJ-Bühne vorbei, bis zum großen Pool, dessen geschwungene Uferlinie einem natürlichen See nachempfunden wurde.
Zögerlich steigen Joey und Gregori die Stufen in den Park hinab, als könnten sie noch immer nicht glauben, Teil dieser illustren Gesellschaft zu sein. Viele der Herrschaften sind tatsächlich so prominent, dass selbst ein Allgemeinwissen-Allergiker wie du sie kennst.
Am Rand des Pools und seiner dekorativen Felsen sitzen und liegen Dutzende Damen, dicht an dicht, spritzen herum, lachen, kreischen, schäkern mit den Gästen.
„Tragisch, Gregori, dass du das nicht sehen kannst ...“, zeigt sich Joey mitfühlend – nicht ohne einen Hauch von Ironie in seiner Stimme. Als er sich umwendet, um das vermeintlich genervte Gesicht des Drummers zu genießen, muss er allerdings feststellen, dass der bereits die Hüfte einer quiekenden Nixe fest umschlungen hält: „Hi, meine Liebe, ich bin Gregori. Und der armselige Kerl dort, ist mein Hetero-Kumpel Joey.“

Der lächelt verkniffen: „Alles klar, Meister, bis später!"
„Du weißt ja", ruft Gregori seinem Freund spöttisch nach und kneift seiner Bekanntschaft frech in den Hintern, „wer nicht sehen kann, muss fühlen!"

Welchem der beiden willst du weiterhin folgen?
*Einsamer Joey > **356** | Zweisamer Gregori > **335***

413 „Sollte man annehmen, nicht wahr." Der alte Herr pafft an seiner Pfeife und schwelgt in Erinnerungen. „Tatsächlich hatte ich stets viel in New York zu tun und es gab durchaus Pläne, dort den Grundstein für meinen Verlag zu legen, aber, nun ja, es ist glücklicherweise anders gekommen."

*Weiter > **348***

6

414 Stress verbreiten – eine deiner leichtesten Übungen! Schnell übernimmst du Körper und Geist des lebendig gewordenen Redeschwalls und haust einen Machospruch nach dem anderen raus.

*Dein **Einfluss** sinkt um 1!*

In der Hoffnung, Leo würde endlich als Retter auf den Plan treten, wirst du fordernder und schließlich handgreiflich: „Jetzt hab' dich mal nicht so, Baby!"
Da zuckt das spitze Model-Knie empor, direkt in die Familienplanung deines geliehenen Unterkörpers. Oh, Mama! Erstaunlich, wie dieser brennende Schmerz selbst in deiner göttlichen Gedankenwelt nachhallt.
Als deine Glocken wieder ausgependelt sind, ist Leo zur Stelle und die Übernahme beendet.

*Weiter > **369***

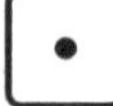

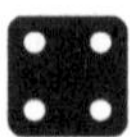

415 „Ja, es stimmt", kontert Joey in aller Ruhe. „Mein Dad ist Rechtsanwalt und kennt den Boss der Bar, Mister Adrian Pollak. Er ist einer seiner Klienten. Doch die Einladung in die Rainbow Bar haben wir uns durch die Teilnahme an einem Nachwuchswettbewerb verdient."
Angie ist überrascht, dass Joey ihre Attacke so souverän parieren konnte, durchsucht hastig ihre Fragekärtchen und wechselt das Thema.
*Joeys **Presence** steigt um 1!*

Weiter > ***398***

416 Der junge Herr greift in sein Jackett und zeigt dem Portier seine Einladung. Mit einem angedeuteten Diener wünscht er dem Herrn einen schönen Aufenthalt in der Villa.
Wenn dich dein Gefühl nicht trügt, hat der Kerl heute Abend noch etwas vor. Und damit meinst du nicht, unschuldige Häschen zu jagen.
Du folgst ihm in die Eingangshalle. Mit Spannung verfolgst du das Zusammentreffen zwischen ihm und deinen Schützlingen.
Desinteressiert schlendert er umher, verfolgt nicht die lebhafte Diskussion der Metal Heroes, wie sie in den Abend starten wollen. Im Gegenteil: Der Kerl würdigt sie keines Blickes, genehmigt sich ein Gläschen und betreibt unverfängliche Konversation.
Als du dich für einen Augenblick abwendest, um auf den aktuellen Stand der knappen Damen-Abendmode zu kommen, ist er verschwunden!

Weiter > ***384***

6

417 Du steigst mit deinem Geist hinauf, bis zu den Wipfeln der Zypressen, die das Anwesen einrahmen, und verschaffst dir einen Überblick von der Party. Neben Brian siehst du ebenfalls Leo am Rande des Parks und Joey bei der Tanzfläche. Gregori ist nirgends zu sehen. Vielleicht hat er sich in die Villa zurückgezogen.

Wen willst du nun beobachten?

Joey > ***356*** | *Leo >* ***370***

418 Eine Bedienung mit einem Tablett Sektgläser tippt Brian auf die Schulter, der nur beiläufig zurückblickt und sein eigenes Glas erhebt: „Danke dir, Süße, aber ich hab noch!“

Woraufhin die Kellnerin Brian dermaßen heftig anrempelt (mit voller Absicht, wie du aus deiner erhöhten Perspektive erkennst), dass er prompt seinen Sekt verschüttet.

„Entschuldigen Sie bitte, Sir“, zischt die Kleine ironisch, „darf ich Ihnen vielleicht JETZT nachschenken!?“

„Was zum Teu… Oh, hey, Honey, was treibst du denn hier?“

Welch Zufall – es ist Dawna! Brians alte Bekanntschaft trägt eine schlichte schwarze Weste mit Einstecktuch und hat ihre feuerrot gefärbte Mähne zu einem Pferdeschwanz hochgebunden. Das ebenso hübsche wie clevere Girl erzählt, nachdem sich Hef ahnend verabschiedet hat, dass sie für eine Catering-Firma jobbt, um sich ihr Studium zu finanzieren.

Brian kommt mit dem unerwarteten Treffen unter diesen Umständen nicht klar: „Oh Baby … es ist lange her …“

„Ich weiß. Seit Greg weg ist, haben wir uns nicht mehr gesehen …“

*Wie viele **Herzen** über Brians Kopf sind ausgefüllt?*
*keins > **363** | ein Herz > **408** | zwei Herzen > **374***

419 Derweil der Aerosmith-Klassiker „Janie’s got a Gun“ über den Äther geht, zeigt sich Angie noch einmal von ihrer oberflächlich-netten Seite: „Klasse, Leute, schön dass ihr da wart. War ein Spitzenauftritt. Gerne wieder.“

Auf dem Weg nach draußen ätzt Leo: „Angie, diese Bitch! Sie wollte uns von Anfang an bloß fertig machen …“

So, dieses Kapitel wäre hiermit abgeschlossen.
*Es geht weiter bei **420** mit **Track 7: „Rockin’ in the Old World“**.*

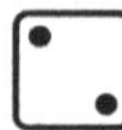

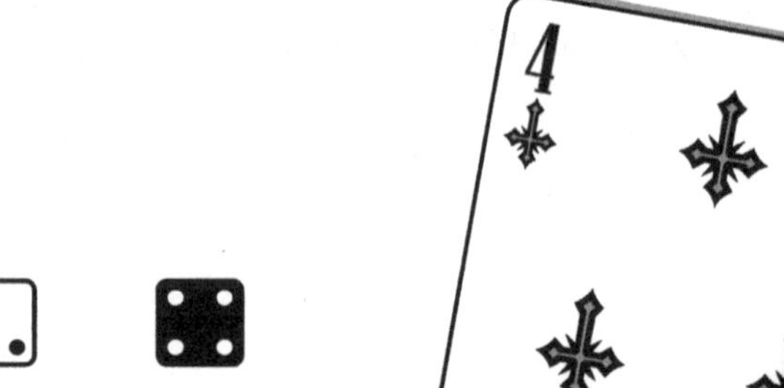

TRACK 7

ROCKIN' IN THE OLD WORLD

420 Dein Schädel pocht und das Erste, was du nach einem zeitlosen Äther-Trip wiedererkennst, ist ein schwarzes Taxi weit unter dir, das offensichtlich wie alle anderen Karren in dieser Stadt auf der falschen Fahrbahn fährt. Moment, diese Skyline – Tower Bridge? Big Ben? Aha! Die Metal Heroes machen London unsicher! Es hat sie jedoch nicht ein Auftritt oder Konzert ins Epizentrum des NWoBHM* getrieben, sondern die Aufnahme des zweiten Albums sowie den Dreh des ersten kommerziellen Videos!
Bevor es allerdings so weit ist, genießen unsere Freunde das lockere Leben bis zum letzten Tag ihres Urlaubs, der morgen mit einem Kurz-Gig, dem PR-Startschuss für die kommende „Heroes take over Europe"-Tour, endet.
Nach einer ausgiebigen Sightseeingtour durch Camden, dem musikalischen Szeneviertel der Inselmetropole, will Leo seine Kameraden überzeugen, den Tag mit einem Pub-Besuch ausklingen zu lassen. Joey hingegen – die alte Spaßbremse – plädiert für einen geordneten Rückzug ins Hotel, um morgen frisch in die Tour zu starten.

Wer soll sich durchsetzen?

Joey > **472** | *Leo* > **445**

7

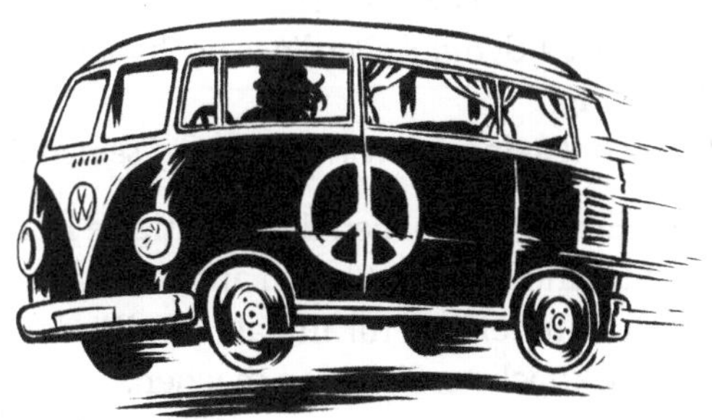

*) NwoBHM = "New Wave of British Heavy Metal"
Terminus aus den späten 70ern, den der Londoner DJ Neal Kay prägte. Steht für den Stil junger britischer Bands, die sich in der Tradition früher Metal-Bands sahen, ohne auf Punk-Elemente zu verzichten.

421 Kurz bevor Ricci die Teenies wieder hinausgeleitet, wendet sich die ältere Chris mit schlagendem Herzen an Brian: „Wärst du so nett und unterschreibst unter einem meiner Tattoos? Ich würde das Autogramm dann morgen nachstechen lassen."
„Du hast schon Tattoos?", ist der Angehimmelte erstaunt.
Der Teenie zieht den ausgeleierten Ausschnitt ihres verwaschenen Tank-Tops herunter.
„Hey, Brian", ist Joey überrascht. „Die Kleine hat echt ein Tattoo von deinem Quadratschädel auf dem Schulterblatt!"
Derweil legt Brian Hand an und signiert unter hysterischem Mädchengekicher mit gekonntem Schwung.
„Das ist sooo cool!", jauchzt das Mädchen, „Danke, Bry. Danke!"
Der Metal Heroes Leadgitarrist platzt vor Stolz. Ein Tattoo von sich inklusive Unterschrift – na, wenn das mal nichts ist!

*Brians **Presence** steigt um 1!*

*Weiter > **532***

422 Die Metal Heroes sind aufgeregt. Die Vorband ist fertig!
7 Zwar haben sie schon Dutzende Auftritte, Konzerte und Festivals hinter sich, doch heute Nacht – Scheiße – sind sie der Headliner! Joey geht zu jedem seiner Bandkollegen, feuert sie an. Als er Leo rüttelt, blickt er in gerötete Augen und eine heftige Bierfahne schlägt ihm entgegen. Der Bassist ist rotzbesoffen!

***Leo** erleidet ab sofort einen Abzug von **-1** auf **alle Checks**! Vermerke dies, indem du sein -Symbol markierst. Dir wird mitgeteilt, wenn du diesen Nachteil wieder streichen darfst.*
*Achtung: Sollte Leos -Symbol allerdings noch markiert sein, verliert er jetzt eine **Sicherung**!*
*Dieser Abzug hat keine Auswirkungen auf seinen **Ego**-Wert.*

„Alter, nicht dein Ernst? Wir haben das wichtigste Konzert der Geschichte und du schießt dich ab?" Joey ringt um Fassung, doch nun heißt es für ihn als Bandleader, das Beste aus der beknackten Situation machen.

*Weiter > **436***

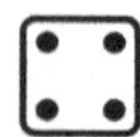
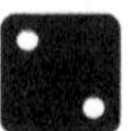
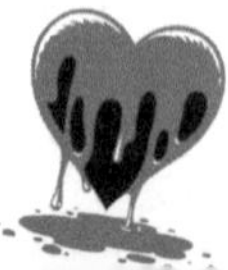

423 Tapfer hält Leo mit den schottischen Kampftrinkern mit, doch schließlich streicht er die Segel. Gestützt von Brian und Joey torkelt er in die Toiletten und entlässt das Ale literweise – entgegen der von der Natur vorgesehenen Richtung – in die Schüssel.
Ein älterer Arbeiter, der sich seinerseits an der Rinne erleichtert, höhnt mit kaum verständlichem Akzent: „Hay, jede Kloschüssel lacht sich kaputt über so ein Würstchen!"
Für Leo endet dieser Abend bitter.

Weiter > **428**

424 Kaum ist die Batterie aus dem Rauchmelder des Hotelapartments entfernt, kann das entfachte Rauschkraut die große Couch-Rundreise antreten.
Mit breitem Grinsen hängen die Jungs auf den Ledersesseln ab. Das holländische Pot haut wohl ordentlich rein, zumindest hast du sie noch nie so stoned erlebt. Zeit für einen winzigen Spaß, denkst du dir und sendest eine unverbindliche Anfrage um Unterstützung an die Rock-Äther ...
Jemand klopft an die Tür. Aber keinen der Jungs kümmert es: Während Joey kichernd mit der Illusion seiner drallen Grundschullehrerin quatscht, Brian im Slalom durch rosa Wattewölkchen Victoria's-Secret-Engeln nachstellt, ist sich Gregori absolut sicher, endlich sehen zu können.
Das Klopfen wird zu einem Pochen. Leo rafft sich auf und öffnet. Wer wohl vor der Tür steht?

Ziehe daher eine Karte!

♣ > **519** | ♦ > **513** | ♥ > **507** | ♠ > **499**

Du kannst allerdings deine Macht verwenden, um jemanden ganz Besonderen auftauchen zu lassen! > **•525**

425 Als Joey auf dem Display den Namen „Ricci" liest, ahnt er nichts Gutes. Der langjährige Agent hat endgültig genug von den Eskapaden der Metal Heroes und zieht die Reißleine. Alle Verträge werden gekündigt!

7

Kaum eine Stunde später klingelt erneut Joeys Handy. Diesmal am Rohr: Russ Marlow, der gut informierte Manager-Kollege aus dem Rainbow. Er wolle nur mal unverbindlich anfragen ... denn er hätte etwas läuten hören ...
Aus Ermangelung an Alternativen geben die Heroes dem Veteranen eine Chance. Vielleicht hätte man von Anfang an auf seine Erfahrung setzen sollen. Zumal jetzt ein guter Zeitpunkt ist, Verträge neu zu verhandeln und bessere Konditionen zu erhalten.
„Aber damit das klar ist", macht Russ deutlich, „ich hab euch da einmal rausgehauen, das passiert nicht ein weiteres Mal. Es gibt nämlich keine Versicherungspolice für Metal-Schwachköpfe - zumindest keine bezahlbare."

*Markiere dir nun im Metal-Logbuch unter **Supporter**, dass ab sofort **Russ Marlow** und nicht mehr **Ricci Truman** der **Manager** der Band ist.*

*Zurück in die Gegenwart > **533***

426 „Das sind Chris und seine Kumpel aus Perth", gibt der Wirt bereitwillig Auskunft, während er vier Bier klarmacht.
Leo nickt wissend: „Ah, Australien!"
Prompt zeigen sich kleine Zornesfalten auf der Stirn des Barmanns: „Nein, Schottland. Sie statten uns seit Ewigkeiten mal wieder einen Besuch ab."
Nachdem die Metal Heroes ihre Gläser in Empfang genommen und sich einen Platz gesucht haben, drückt Gregori Leo noch einen Spruch: „Manchmal ist es klüger, einfach mal die Fresse zu halten, als ständig klugzuscheißen."

*Weiter > **504***

427 Es ist ein seltsames Gefühl, wenn man weiß, dass in diesem Garten, auf diesen Bänken und Tischen die Titanen der Rock-Geschichte Platz genommen haben, um zu chillen, und dabei ihre Muse fanden. Beatles, Rolling Stones, Pink Floyd* - alle haben sie hier abgehangen!
Leos mächtiger Brustkorb hebt sich dermaßen, als wolle er die Vergangenheit atmen.

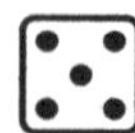 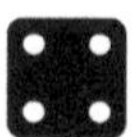

Derweil läuft Gregori erstaunlich sicher über die schmalen Kieswege. Dann bleibt er stehen und bückt sich an einem Hibiskusstrauch und beginnt mit den bloßen Händen zwischen den Wurzeln zu graben.
„Zur Hölle, was machst du da?", ist nicht nur Leo verwundert.
„Schnauze! Irgendwas ist hier vergraben." Ein paar weitere Aushebungen später, hält Gregori eine abgeranzte englische Münze in der erdigen Hand. Jetzt erkennst du ebenfalls ihr spezielles Funkeln, ähnlich deinem alten Poker-Kartenspiel.
Nach primitiver Spucke-Shirt-Reibe-Reinigung erklärt Leo, dass es sich um eine halbe Krone aus dem Jahr 1969 mit dem Konterfei der noch frischen Queen Elisabeth II. handle.
„Gregori, was bist du? Ein verdammter Metalldetektor?"

*Notiere die **Glücksmünze** auf der untersten Linie von **Gregoris Inventar** und markiere dort das **Anti-Ego-Symbol**. (Er darf fortan die negativen Auswirkungen des **Ego**-Würfels bei allen Checks ignorieren!)*

*Weiter > **464***

428 Ein langer, feucht-fröhlicher Abend ist zu Ende. Die Mannen von Alestorm und die restlichen Gäste des „Brave's Inn" verabschieden sich mit Schulterklopfen und nicht ganz jugendfreien Sprüchen.
Kaum sitzen die Metal Heroes in einem der weltbekannten schwarzen Londoner Taxis, ratzt der arme Leo auf der Rückbank.

***Leo** wird selbst noch am kommenden Tag etwas von seinen Eskapaden haben und erleidet ab sofort einen Abzug von **-1** auf **alle Checks**!
Vermerke dies, indem du sein -Symbol markierst. Dir wird mitgeteilt, wenn du diese Nachteile wieder streichen darfst.
(Dieser Abzug hat keine Auswirkungen auf seinen **Ego**-Wert.)*

*Weiter > **450***

429 Am Abend des ersten Tages gehen die Metal Heroes mit Norrie in einem Restaurant um die Ecke futtern. Joey erzählt dem redseligen Produzenten von ihren Erfahrungen in Amsterdam und

★) ROCK ICONS: Pink Floyd
Britische Rockband, gegründet 1965 in Cambridge. Mit ihrer Musik und der visuellen Gestaltung ihrer Platten und Auftritte schuf sie einen seinerzeit neuartigen Stil. Gehört zu den erfolgreichsten Bands überhaupt.

der fixen Idee, Symphonic Tracks aufs Album zu packen. Der enthusiastische Engländer zeigt sich offen für jeden frischen Ansatz, will allerdings die nächsten Tage ein Arrangement haben, mit dem er arbeiten könne. Alle Köpfe drehen sich zu ...

*Checke Leos **Skill**!*
*Sollte sein **Special** freigeschaltet sein, ist der Check um 1 leichter!*

Gelungen > ***506***
Misslungen > ***528***

430 „Dann haut mal rein", sind Chris und seine Kollegen gespannt. Sie kennen die Metal Heroes natürlich und kündigen sie vollmundig beim Pub-Publikum an.

Setlist Brave Heroes
*Wähle nun **3 Songs** (plus **1 Zugabe**) aus dem **Repertoire** und bestimme damit die **Setlist** für diesen Auftritt. Trage dazu ihre Track-Nummern in die vorgesehenen Felder mit dem #-Symbol im **Gig-Muster** gegenüber ein.*

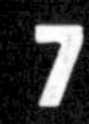

Setlist-Einschränkung:
*- Nur Songs mit **Anspruch 1**!*

Weiter > ***435***

431 Ricci hält brav den beiden Gewinnerinnen die Tür zum Backstage-Bereich im „The O2-Underworld" auf.
„Darf ich vorstellen? Ashley und Chris aus Soho."
Der Metal-Teenie und ihre gleichaltrige Freundin sind total aufgekratzt, springen wie Gummibälle auf und ab, halten sich gegenseitig an den Armen. Keine Frage: echte Fans.
Brian, eben noch in der Couch versumpft, setzt sich aufrecht hin, legt sein Gewinnerlächeln auf und mustert das Outfit der Girls. Zu viel Make-up, selbst für seinen Geschmack.
Beiläufig hält Ricci fest: „Die beiden haben das MBro-Preisausschreiben gewonnen und bewiesen, dass sie ‚mega Fans' sind ..."
„Ehrlich!", wendet sich Brian an die Glücklichen und schlingt die Arme um sie. „Wie ‚mega' denn?"

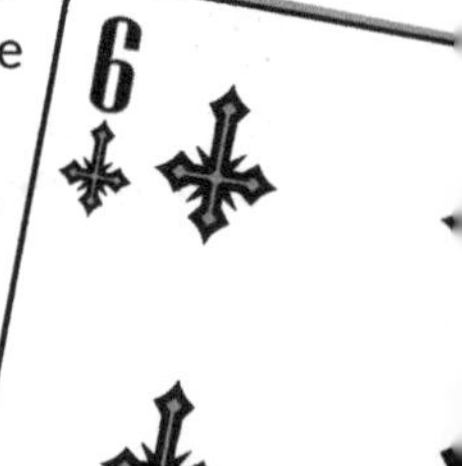

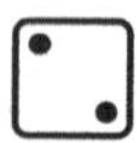 

Gig-Muster

BRAVE HEROES

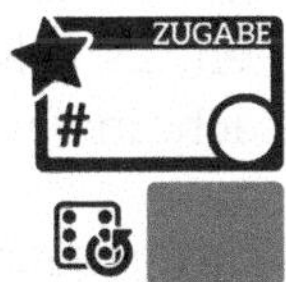

„... und beide sind 15 Jahre alt", betont der Manager seufzend. Leo lacht ertappt. „Zieh' dir den Stock raus, Ricci! Hab' doch nur Spaß gemacht."

Wie soll dieses Treffen weitergehen?

Weiter auf die Fans eingehen > ***421***

Küsschen rechts, Küsschen links und ein letztes Selfie > ***461***

432 Dein Fokus ist ungebrochen. Kannst du Joey mit deinem gottgleichen Adlerblick tatsächlich zu seinem heißgeliebten Glücksshirt führen?

Auf welcher Höhe soll er schauen (Bild bei ***475****)?*

Oben (Reihe „1") > ***458*** *| Oberhalb der Mitte (Reihe „2") >* ***494***

Unterhalb der Mitte (Reihe „3") > ***478*** *| Unten (Reihe „4") >* ***486***

433 Was geht ab?! Im Strudel des Stoffs und negativen Gefühle rastet Brian vollkommen aus! Wütend auf sich und die Welt (womit wohl alles abgedeckt wäre) greift er nach der Nachttischlampe und schleudert sie gegen den Flachbild-Fernseher. Joey will ihn aufhalten, ist aber selbst zu benebelt.

Vorsorglich geht er in Deckung und muss mit ansehen, wie nacheinander Schrank und Spiegel auf dem Boden zerschellen und die Gardinen herausgerissen werden.

Kurze Zeit später stehen zwei Polizeibeamte und der aufgelöste Portier auf der Matte und begutachten das Schlachtfeld, das vor wenigen Minuten noch ein edles Apartment war.

*Brian brennt eine **Sicherung** durch!*

Joey versucht die Situation zu regeln, indem er versichert, für den entstandenen Schaden aufzukommen. Trotzdem bestehen die Beamten darauf, alle vier Herrschaften mit auf die Wache zu nehmen. Es folgen Alkohol- und Drogentests sowie eine lauschige Nacht in der Ausnüchterungszelle.

⏩ FAST FORWARD
Die gesalzene Rechnung über einen fünfstelligen Euro-Betrag erhält das Management zwei Wochen nach Brians Ausraster, was wiederum einen Ausraster seitens des Heroes-Managers nach sich zieht.

*Wie heißt der **Manager** der Metal Heroes?*
Russ Marlow > ***480*** | *Ricci Truman >* ***425***

434 Während das Publikum die krasse Asso-Aktion mit einem gellenden Pfeifkonzert quittiert, wechselt Gregori sein durchnässtes Hemd mit stoischer Gleichgültigkeit. Ihm ist wie durch ein Wunder nichts passiert.

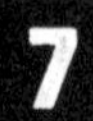

Weiter > ***505***

435 Christopher hebt sein Glas und bleibt weiterhin in seiner Rolle: „Bei Poseidons Dreizack! Nicht schlecht, meine Helden!“

*Ermittle nun den **Gig-Score** für **Brave Heroes**!* 430
*Checke dazu nacheinander die **Performance** der jeweiligen **Leader** für alle Songs (ohne Zugabe).*
*Achtung: Sollte es sich um einen Song aus dem Genre **Death** handeln, ist der Check um 1 schwieriger!*

*Wie hoch ist der **Gig-Score**?*
7 oder höher > ***465***
6 oder weniger > ***514***

436 Der Laden ist zum Brechen voll. Die Stimmung ordentlich vorgeheizt. Die Erwartungshaltung der Fans ist zum Greifen: Sie wollen eine Mega-Show

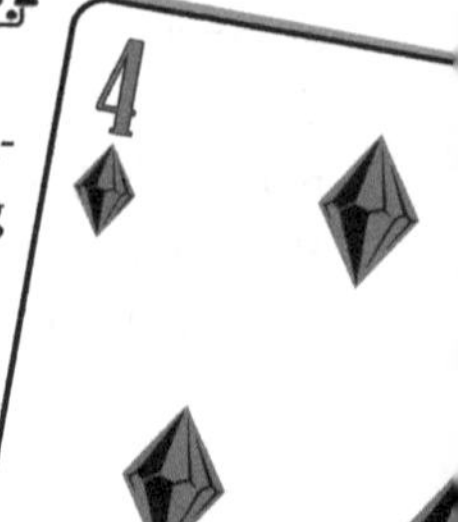

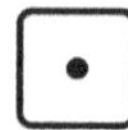 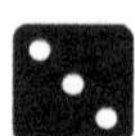

- und die Metal Heroes sind bereit zu liefern! Joey betritt wie an jedem Abend als letztes Bandmitglied die Bühne.
Wie ein Adler seine Schwingen breitet er die Arme aus, genießt den Jubel und die anspornenden Rufe. Ganz Profi hat sich der Bandleader einen Spruch zur Begrüßung des Amsterdamer Publikums zurechtgelegt.

Was sagt er?

„Heute wird gerockt!" > **530**

„Seid ihr bereit zu sterben?" > **530**

„Wisst ihr was? Ich steh' dermaßen auf meine Gitarre, dass ich sie nachts mit ins Bett nehme." > **530**

„Ich werde nun Sex mit 1.500 Menschen haben. Erst dann werde ich befriedigt nach Hause gehen können!" > **530**

„Ich war eben noch auf dem Lokus und wenn ich die Zeichen richtig deute, liefern wir heute ein geiles Konzert ab!" > **530**

„Also, Leute, bevor nicht alle Ladys blankgezogen haben, können wir leider nicht anfangen ..." > **530**

„Steht hier jemand auf Kultur? Ja? Tut mir leid, so'n Dreck gibt's erst morgen im Saal gegenüber." > **530**

„Sorry, Leute, es gibt nichts Sinnvolles, was ich zu sagen hätte." > **530**

7

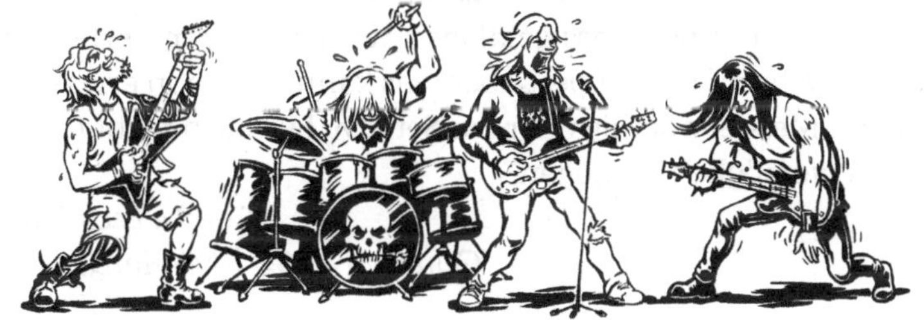

437 Durch den roten Vollbart dröhnt ein breites Lachen. „Selbstverständlich, Sir! Vier Bier – bereits in der Mache!"

*Der **Gig-Score** steigt um 1!*
*Notiere dir diesen „Schottischen Humor" als einen Bonus von **+1** im **A**-Feld von **„Brave Heroes"** im **Tour-Book** des Metal-Logbuchs.*

Weiter > **504**

438 „Die Entscheidung liegt bei euch“, sagt Russ und pafft sich einen Zigarrenstumpen an. „Ihr seid die Band – es ist eure Musik. Aber wenn ihr nach meiner bescheidenden Meinung fragt, dann wäre ich für einen eingängigen, unkomplizierten Song.“

Weiter > ***520***

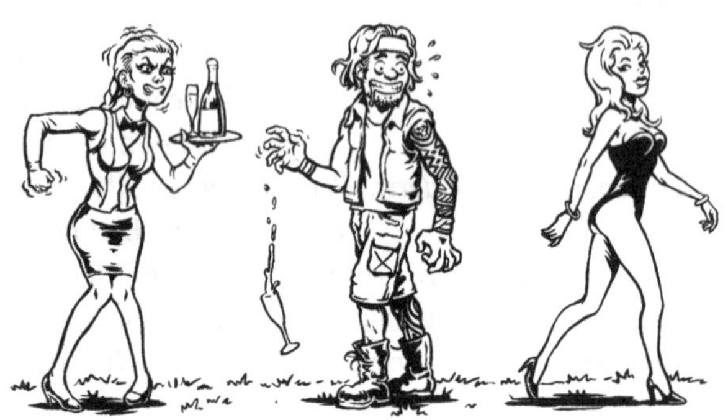

439 Der Typ von Regisseur macht zwar einen wenig motivierten Eindruck, dafür scheint er zumindest sein Handwerk zu verstehen. Mit knappen Kommandos weist er seine Crew an.

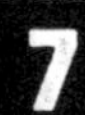

Als er jedoch während der dritten Einstellung Leo wiederholt anpflaumt, er solle sich in seinem Fellumhang irgendwie „männlicher bewegen“ und seinen Bass gefälligst „wie ein ganzer Kerl halten“, ist Leo bereits auf der Kippe. „Aber was kann ich schon erwarten?“, brüllt der Meister abfällig über das Set. „Du bist eben nicht fotogen, sondern womöglich homogen.“

Checke Leos ***Power****!*

Gelungen > ***482*** | *Misslungen >* ***529***

440 Wie es sich für einen Briten gehört, werden Wettschulden sofort eingelöst! Die fünf Burschen im Seemannskostüm machen sich bereit für eine viel umjubelte Zugabe!

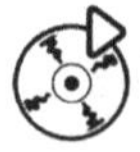

Hebe dein Glas und spiele nun ***Track 6*** *des* ***Metal-Heroes-Soundtracks*** *ab! Höre ihn dir genau an, während Leo versucht, die letzte Aufgabe des Trinkspiels zu meistern.*

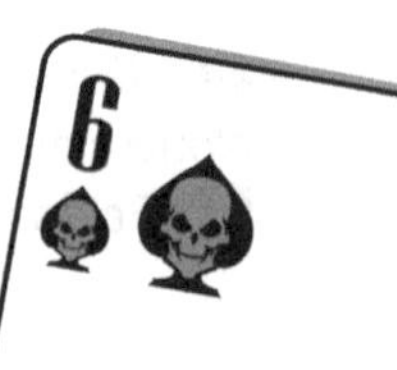

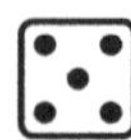

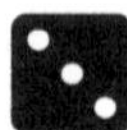

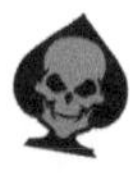

„Drink"

FOLK METAL

Oy you give me some beer!

Piracy's a crime and crime doesn't pay
And we go home poor at the end of the day
But I'd rather live my life in rags
Than be taped to a desk with a wife as a hag
We live each day like there's nothing to lose
But a man has needs and the need is booze
They say all the best things in life are free
So give all your beer and your rum to me!

We are here to drink your beer
And steal your rum at a point of a gun
Your alcohol to us will fall
Cause we are here to drink your beer
We are here to drink your beer
And steal your rum at a point of a gun
Your alcohol to us will fall
Cause we are here to drink your beer

Drink! [x15]

We've travelled all the seas for wenches and mead
And told great tales of the huntmasters' deeds
The quest for a drum of the famous ol' spiced
Has shown us the wrath of leviathan's might
We went back through time to get more rum
Though we end up shipwrecked having no fun
But heavy metal pirates we must be
So give all your beer and your rum to me!

We are here to drink your beer
And steal your rum at a point of a gun

7

Your alcohol to us will fall
Cause we are here to drink your beer
We are here to drink your beer
And steal your rum at a point of a gun
Your alcohol to us will fall
Cause we are here to drink your beer

[Instrumental]

We are here to drink your beer
And steal your rum at a point of a gun
Your alcohol to us will fall
Cause we are here to drink your beer
We are here to drink your beer
And steal your rum at a point of a gun
Your alcohol to us will fall
Cause we are here to drink your beer

Drink! [x?]

„Drink" (2014) von Alestorm
Folk/Power Metal Band aus Perth, Schottland (GBR)

7

„Na, mein Freund, mal sehen, wie gut dir unser geliebtes Ale bekommen ist. Hoffentlich hast du meinen Kumpels gelauscht, als sie dir ihr kleines Trinklied vorgetragen haben."

Wie oft haben die Männer am Ende des Songs die Aufforderung „Drink" hintereinander geschmettert?

trockene 6-mal > **466**
feucht-fröhliche 7-mal > **477**
trinkfeste 8-mal > **488**

441 Mit aufgewecktem Blick betrachtet Charlotte ihren Sängerkollegen: „Also, du bist Joey Morgan von den Metal Heroes … Bevor du gehst, würde ich gerne noch mehr über euch erfahren!"
„Wäre wohl fair", antwortet der Hero beiläufig. „Immerhin weiß ich, dass du Charlotte Wessels bist. Und

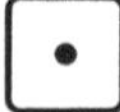 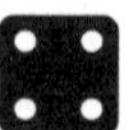

ich habe bereits Einiges von euch gehört. Ihr macht in Symphonic ... nun, wir nicht."
Sie nippt an einer Plastikflasche mit stillem Wasser und stellt fest: „Begeisterung klingt anders."
Der Bandleader beteuert, es läge nicht an ihm, jedoch gäbe es einen Kollegen, der nicht von diesem Stil überzeugt sei.
„Interessant", kontert Charlotte, „dabei hatte ich gelesen, die Metal Heroes hätten sich auf die Fahnen geschrieben, offen für alle Richtungen des Metal zu sein. Offenbar stimmt das nur bedingt."
Joey überlegt, wie er den Standpunkt der Band weiterhin verteidigen kann. Verlegen kratzt er sich am Hinterkopf. „Wo du recht hast ... Womöglich ist die Zeit für etwas Neues gekommen!"

Weiter > ***451***

442 Scheiße, sind deine Jungs aufgeregt! Man merkt, dass sie Kamera-Jungfrauen sind. Es braucht schon ein wenig Eingewöhnungszeit und den ein oder anderen Drink, bevor sie locker werden.

*Checke nun die **Presence** aller vier Metal Heroes!*
*Besitzt Brian sein **Special**, ist sein Check automatisch gelungen!*
*(Denke daran, dass du wie immer **Bandchemie** einsetzen darfst, um misslungene Checks zu korrigieren.)*

Alle vier Checks gelungen! > ***487*** | *Drei gelungen >* ***479***
Zwei gelungen > ***467***
Einer oder keiner gelungen > ***515***

7

443 Gregori hatte Glück im Unglück! Die Flasche hat ihn nur an der Schulter getroffen und ihn nicht ernsthaft verletzt. Dennoch spielt er wegen dieser Scheiß-Aktion für den Rest des Abends mit viel Wut im Bauch. So ein Asso-Laden!

*Der **Gig-Score** sinkt um 2!*
*Notiere dir Gregoris „dicker Flaschen-Hals" als einen Abzug von **-2** im **B**-Feld der **„Underworld Preview"** im **Tour-Book** des Metal-Logbuchs.*

Weiter > ***505***

444 Joey zieht seinen Freund raus auf die Terrasse. „Jetzt sag, Brian. Du bist doch noch immer total in Dawna verknallt, stimmt's?"
Unglücklich ext Brian das Schnapsfläschchen aus der Mini-Bar und schleudert es in die sanfte Strömung der Gracht am Fuße des Hotels. „Scheiße ja. Aber liebt sie mich auch?"
„Klar, Alter! Dawna steht total auf dich", lallt Joey. „Sie vertraut dir bloß nicht."
„So sieht's aus!", tönt Gregori noch im Zimmer sitzend durch den Spalt der Terrassentür. „Aber wenn du das nicht erkennst, Brian, dann bist du genauso blind wie ich."
Die versunkenen Erinnerungen des Gitarristen an seine feurige Ex manifestieren sich nun auch in deinem Geist:

⏪ REWIND
Brian verfolgt Dawna durch seine Bude. Beide lachen und schäkern. Sie tragen nur Unterwäsche. Als Brian seine Freundin in ihrem kindischen Fangspiel endlich zu fassen bekommt, umschlingt er sie mit seinen tätowierten Armen und zieht sie fest
7 heran. Ihr Blick verschmilzt in tief empfundener Zweisamkeit.

„Wer hätte das gedacht?", scherzt Joey. „Brian Farlane, dem unverbesserlichen Schürzenjäger, blutet das Herz."
Erbost stößt Brian das Leichtgewicht weg. „Kannst du nicht einfach mal die Backen halten?"
Nur mit Mühe kann sich Joey am Balkongeländer festhalten.

*Checke erneut Joeys **Presence**!*
*(Sollte er sein **Special** besitzen, ist er um 1 leichter.)*
*Gelungen > **484** | Misslungen > **433***

445 Über der Tür quietscht ein Schild im Wind: „Brave's Inn". Cooler Name für eine Kneipe, wie die Metal Heroes einstimmig befinden. Die dicken grünen Fensterscheiben sind stumpf und gewölbt und lassen nur verzerrt erahnen, was im Schankraum vorgeht.

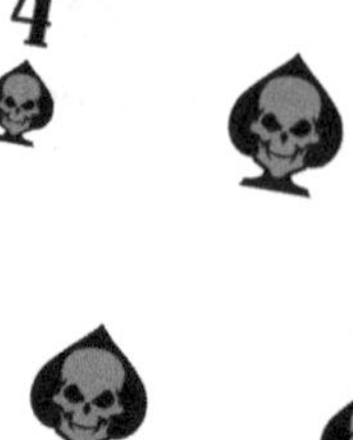

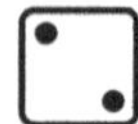
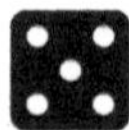

Schwülwarme Luft und ein Wirrwarr aus Stimmen und Livemusik strömen aus dem Pub, als Brian die schmale Schwingtür aufdrückt. Direkt im Eingangsbereich drängen sich die ersten Herren, halten ihr Ale und heißen die Unbekannten mit einer inbrünstig vorgetragenen Strophe von schottischem Liedgut willkommen.
Die Arbeiter stehen dicht an dicht und es braucht schon viel Durchsetzungskraft, um sich durch die speckigen Körper bis an die Theke vorzukämpfen. Irgendwann wird der Bartender auf seine neuen Gäste aufmerksam und fragt knapp, was es denn sein soll.

„Viermal Hausmarke!“ > ***504*** | *„Wer spielt da?“ >* ***426***
„Drei Wasser und ein Krug Ziegenmilch, bitte.“ > ***437***

446 Brian weiß, wer die richtigen Leute fragt, bekommt in den Niederlanden easy an Gras. So führt ihn eine Gruppe Punks vom Marktplatz zu einem Coffeeshop neben der U-Bahn-Haltestelle „Nieuwmarkt“.
Freundlich halten ihm die Irokesen-Papageien die Ladentür des „Rock-It“ auf, mit dem grün-weißen Hinweisschild, dass es sich um einen sauberen, zugelassenen Coffeeshop handelt.
Dunstwolken ziehen durch den Raum. Erst auf den zweiten Blick erkennst du die junge Kundschaft, die entspannt zwischen allerlei orientalisch angehauchtem Interieur auf der Couch relaxt.
Brian macht bei der Gelegenheit ein paar Euro locker. Allein 30 als Bezahlung für seine holländischen Punker-Freunde, die den Shit in ausreichender Menge für die Aftershow-Party besorgen, und eine weitere Spielerei.

Notiere dir die beiden folgenden Dinge unter Brians Inventar im Metal-Logbuch:
- ***Party Tüten****, Auswirkung: ???*
- ***Alles-Easy-Kippen*** *(Unter Einfluss dieser speziellen Zigaretten darf die Band während eines Gigs sämtliche Auswirkungen von Ego-Würfen ignorieren.)*

Es bleibt noch Zeit. Was willst du tun, bevor das Konzert steigt?
Leo besuchen > ***463***
Joey und Gregori kontrollieren > ***491***

447 Mit purer Geisteskraft versuchst du Joey zur richtigen Stelle zu lenken.

*Auf welcher Höhe soll er schauen (Bild bei **475**)?*
*Oben (Reihe „1“) > **458** | Oberhalb der Mitte (Reihe „2“) > **469***
*Unterhalb der Mitte (Reihe „3“) > **478** | Unten (Reihe „4“) > **486***

448 Aufmerksam verfolgen Joey und Gregori Delains Technikprobe. Ihr Drummer, Sander Zoer, ein junger, bulliger Typ mit Kurzhaarfrisur, ist auffallend bleich um die Nase.

Mitten in einem Stück springt er auf, rennt hinter die Kulisse und muss sich – so ist es zumindest über die Lautsprecher weithin zu hören – mehrstrahlig übergeben.

Wie sich herausstellt, konnte er den Futterresten des gestrigen Heroes-Caterings nicht widerstehen. Als sich Sanders Zustand immer weiter verschlechtert, wird er schließlich mit dem Notarzt und der Diagnose „Lebensmittelvergiftung“ ins nächste Krankenhaus verfrachtet.

Während der Zwangspause diskutieren die Überbleibsel der niederländischen Band, was zu tun ist.

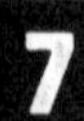

„Ich könnte einspringen“, wirft Gregori beiläufig ein und stopft sich ein weiteres Schnittchen von der kalten Platte in den Mund, die außer ihm offenbar niemand mehr anrühren möchte.

Charlotte zweifelt: „Du kennst unsere Songs?“

„Na ja“, schmatzt Gregori mit voller Kauleiste. „Ich habe eben zugehört und wenn ihr mir ein, zwei Stunden Zeit gebt, zieh ich mir euer Album rein. Dann geht das schon.“

„Das ist doch Bullshit!“, mault einer der Bühnenarbeiter.

Joey steht seinem Bandkameraden zur Seite, denn er weiß, zu was ihm sein besonderes Talent befähigt. „Gregori ist Synästhetiker. Er hat's echt drauf.“

„Was auch immer …“, kratzt sich der Techniker den Rücken mit dem Schraubenschlüssel und arbeitet weiter.

*Checke sowohl Joeys als auch Gregoris **Skill**!*
*Mindestens ein Check gelungen > **536***
*Beide misslungen > **475***

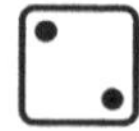 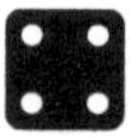

449 Das Konzert läuft wie am Schnürchen, bis eine alte Roadie-Weisheit sich wieder einmal bewahrheitet: Wo viel Technik, da kann verdammt viel abrauchen!
Plötzlich stockt Joey mitten im Refrain. Mit verzerrtem Gesicht reißt er sich seine Ohrstöpsel heraus und blickt vorwurfsvoll zum Soundtechniker. Unter schrill-quietschenden Todesschreien hat sich das In-Ear-Monitoring verabschiedet.

*Checke Joeys **Skill**!*
*Gelungen > **496** | Misslungen > **538***

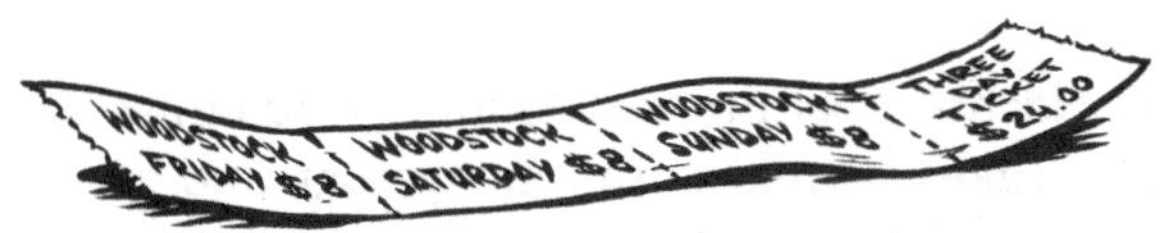

450 Am nächsten Morgen steckt die Reise nach Camden den Metal Heroes noch in den Knochen. Doch ein wahrer Rocker lässt sich von bedenklichen Blutwerten nicht aufhalten! Schließlich steht heute ein lebenswichtiger Gig auf dem Programm.

*Wo hoch ist die **Fanbase** derzeit?*
*5 oder höher > **470***
*Geringer > **532***

451 Es brauchte zwar etwas Überredungskunst, um Brian umzustimmen, doch den letzten Abend in Amsterdam verbringen die Metal Heroes erneut im „The Max“ und geben sich das Delain Konzert. Dank guter Beziehungen gab's Freikarten mit bester Sicht von der Galerie auf die Bühne.
In der Pause bearbeitet Joey seinen alten Kumpel: „Glaubst du nicht, das wäre auch was für uns, Brian?“ Der zieht sich als Zeichen der Ablehnung das Bandana über die Augen.
Leo setzt nach: „Aber dir ist sicher nicht entgangen, gepriesener Frauenheld, wie viele Damen sich im Publikum aufhalten, oder?“
Brian bringt sein Stirnband wieder in Position und lugt über das Geländer hinunter auf die Fanmassen. Breit grinsend meint er: „... was meistens am Drummer liegt.“

Neues Genre gemeistert: ***SYMPHONIC!***
Die Metal Heroes öffnen sich für den Stil des Symphonic Metal! Dies bedeutet, dass sie ab sofort auch Songs dieses Genres in ihr **Repertoire** *übernehmen dürfen! Markiere dies, indem du dort den Schriftzug „Symphonic" ausmalst.*

Sie beherrschen somit den ersten Song ***„Your Body is a Battleground" (#29)****, ein Cover von Delain, des Genres* **Symphonic***. Markiere dies, indem du einen Kreis um dessen Track-Nummer machst.*

Weiter > ***533***

452 Die Nachbearbeitung des Albums wird einige Tage andauern. Bis alle Takes perfekt zusammengefügt und zum Final Mix abgemischt sind, haben die Metal Heroes nicht viel zu tun. Außer, ja, ein fettes Video zu drehen!
Bloß wie kam es dazu? Wir führen uns daher die Entscheidungsfindung zum anstehenden Dreh noch einmal vor Augen...

⏪ REWIND
7 Nur selten lässt sich der Manager der Heroes in ihrem Proberaum blicken. Er weiß, dass sie Kontrollbesuche hassen. Diesmal jedoch hat er gute Neuigkeiten im Gepäck: Die Band soll parallel zum Release des zweiten Albums ihr erstes Video am Start haben.
Die Finanzierung steht, bleibt zu klären, welcher Song es wird. Und zwar pronto! Schließlich muss ein Script erstellt, Regisseur, Location und Darsteller gebucht werden.

Wie hoch ist die ***Fanbase*** *derzeit?*
6 oder höher > ***537*** | *Geringer >* ***511***

453 ⏩ FAST FORWARD
Der legendäre Auftritt der Metal Heroes in Amsterdam mit dem neuen Material macht später als Bootleg in der Szene die Runde.
Vor zehn Jahren war ein Konzertmitschnitt noch eine finanzielle Katastrophe, heute ist es die perfekte PR im Internet!
Die ***Fanbase*** *steigt um 1!*

Weiter > ***460***

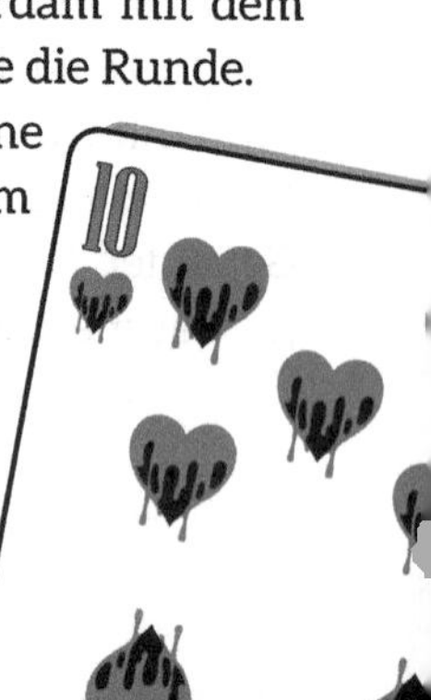

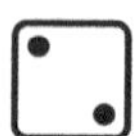
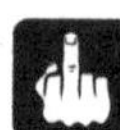

454 Deine Jungs haben keinen Dunst, dass es sich beim Besuch des Superstars nicht um eine gepflegte Hasch-Halu handelt, sondern tatsächlich um dessen wahren Seelenschatten!
Ungefragt beginnt der Geist von seinen Drogenerfahrungen zu quatschen und schafft es, dass die Metal Heroes – trotz ihres benebelten Befindens – zuhören!

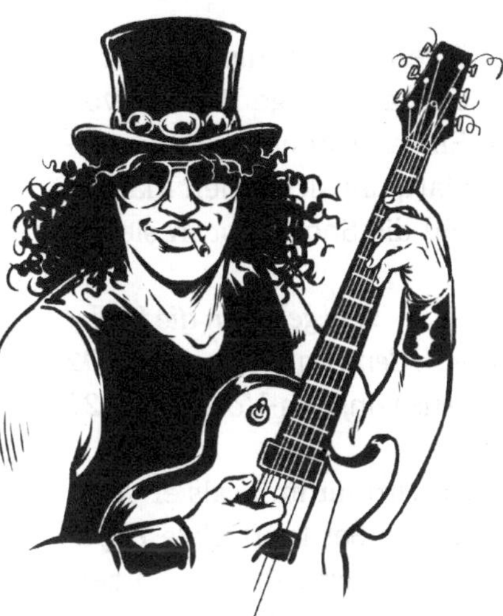

*Die **Bandchemie** steigt um 1!*

*Zudem erhält die Band **2 Song-Punkte**!*
*Spare sie, um am Ende des Kapitels Songs freigeschalteter Genres im **Repertoire** zu aktivieren.*

Bevor es zu intim wird, grätscht Brian dazwischen: „Was'n das für'n schräger Shit? Anti-Drogen-Tipps während eines Trips? Damit komm' ich nich' klar."
„Sei froh, dass es kein Sex-Traum ist, Kumpel", kichert Joey.

Weiter > ***444***

7

455 Gefühlte drei Minuten, nachdem dir die Augen zugefallen sind, klingelt der Weckanruf der Rezeption durchs Hotelzimmer. Die Dame macht die Metal Heroes freundlich darauf aufmerksam, dass der Flug nach Amsterdam selbst dann nicht auf sie warten würde, sollte Brian sie weiterhin mit Flüchen belegen.
So treffen deine Schützlinge – die zugeschwollenen Augen hinter breiten Sonnenbrillen verborgen – rechtzeitig in der niederländischen Hauptstadt ein und werden direkt vor der Ankunftshalle des Flughafens Schiphol von einem Chauffeur und einigen Fans, die zufällig das Schild mit dem Bandlogo in den Händen des Fahrers gesehen haben, empfangen.
Die erste echte Location der „Heroes take over Europe"-Tour ist nur knapp 10 Kilometer vom Ziel, dem Melkweg im Stadtzentrum, entfernt und führt die Band über unzählige kleinere und größere

Brücken, die die berühmten Grachten überspannen, hinweg. Der Melkweg in Amsterdam ist ein Multimedia-Zentrum für Rock, Jazz, Blues sowie für Theater, Film, Galerie und Tanz und liegt ebenfalls umringt von breiten Wassergräben. Der Musiksaal „The Max" wurde 1995 für 1.500 Besucher erweitert und bietet alles, was man für einen geilen Abend braucht! Lasershow, digitales Monitoring, modernste Lautsprechertechnik.
Als die Heroes vorfahren, trauen sie ihren Augen nicht: Überall prangen ihre Gesichter auf Plakaten und als riesige Banner von den Dächern der Halle entrollt! Vorm Eingang stehen sich die unverbesserlichen Fans bereits die Füße platt, um sich einen Platz in der vordersten Reihe zu sichern, obwohl die Show erst in sieben Stunden losgeht!

Wie geht's in die Halle?
Unbemerkt durch den Hintereingang > **502**
Vorne rein! Fan-Vollbad! > **522**

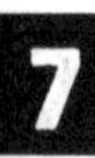

456 Dem Bassisten der Metal Heroes wird mulmig, als er seine Freundin in spe, Reanne Reymour, auf dem Set trifft. Ihre Popularität, die weit über das Musik-Business hinausstrahlt, zu nutzen, ist ein geschickter Schachzug des Managements. In der Yellow Press gibt es seit Monaten die wildesten Gerüchte über Leo und das Supermodel. Selbst seine Bandkollegen wissen nicht, was geht.
Beide begrüßen sich mit einem innigen Kuss – die Luft knistert. Reanne trägt, ihrer Rolle im Video entsprechend, eine gewagte Combo aus Tüll-Brautkleid und superheißen Spitzen-Strapse und der schleimige Regisseur attestiert ihr ein „schnuckeliges, HD-fähiges Gesicht", eine Bemerkung, die sie professionell weglächelt, Leo hingegen auf die Palme bringt.

Alleine die Tatsache, dass ein attraktives Supermodel mitwirkt und somit das gefundene Fressen für die Klatschspalten abgibt, macht das Video besonders.
*Fülle deshalb den **Stern** ☆ hinter der Video-Score-Leiste aus!* 520

Weiter > **512**

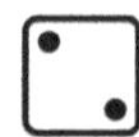
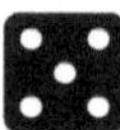

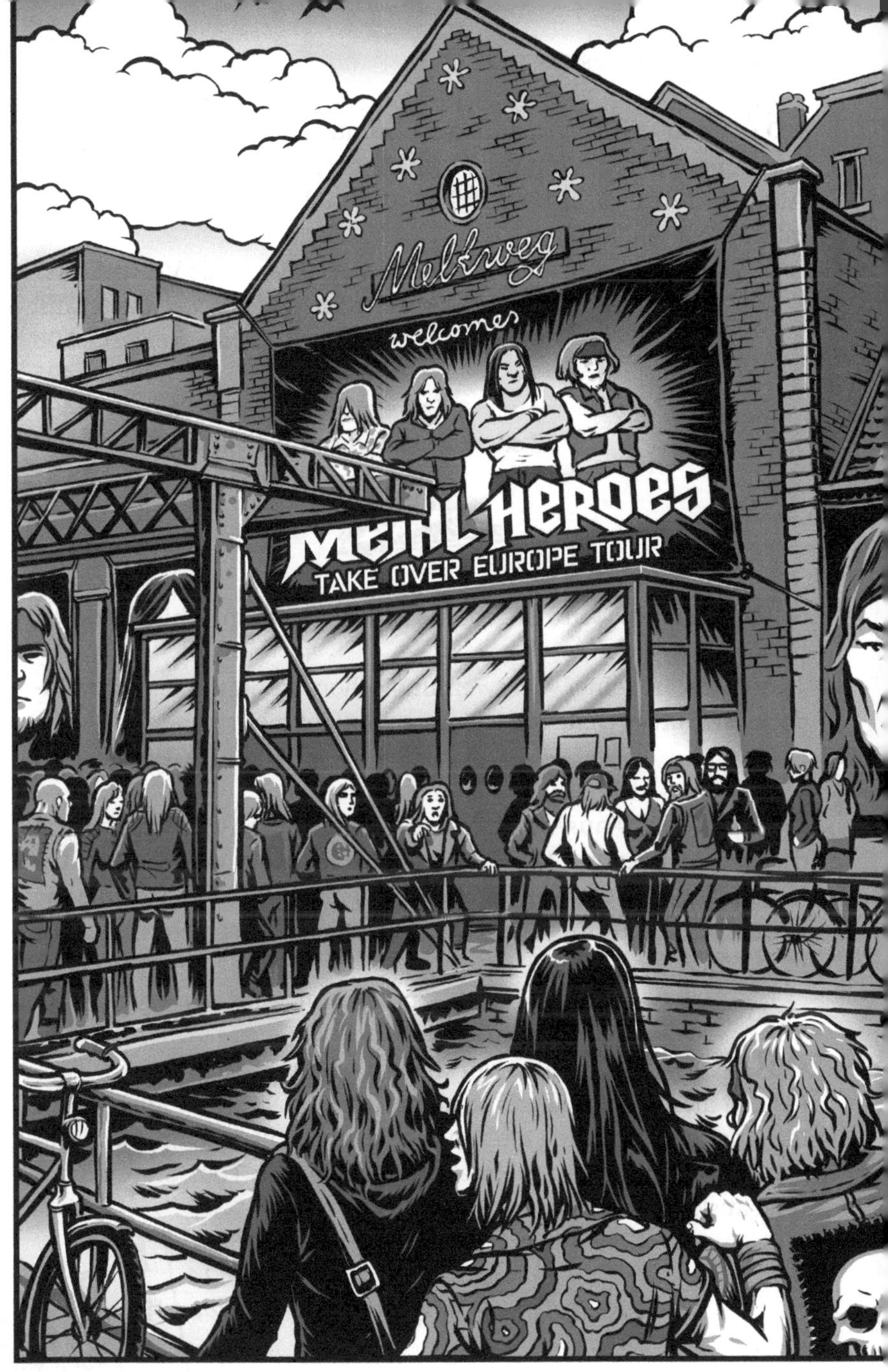

455 *Als die Band vorfährt, trauen sie ihren Augen nicht: Überall prangen ihre Gesichter auf Plakaten oder als riesige Banner von den Dächern der Halle entrollt!*

457 Jetzt wird es spannend, ob und wie die Fans das Video annehmen. Bereits in zwei Wochen, noch vor Launch des neuen Albums, wird es auf allen bekannten Musiksendern und im Internet zu sehen sein.

Wie hoch ist der finale ***Video-Score****?*

Kontrolliere dazu die Video-Score-Leiste! 520

3 oder weniger > ***508***

4 bis 6 > ***495***

7 oder mehr und leerer Stern ☆ > ***483***

7 oder mehr **sowie** *ausgefüllter Stern ★ >* ***471***

458 Charlotte wird ungeduldig: „Sicher, dass du es hier verloren hast?“
Joey tastet in seiner Verzweiflung schon im Staub des Schrankdeckels. „Mittlerweile bin ich mir echt nicht mehr sicher.“

Weiter > ***441***

7

459 In einer Pause zwischen seinen Zigaretten-Pausen brummt der alte Haudegen: „Die Leute im Underworld sind positiv bekloppt. Sie sind da, weil sie eine der ersten sein wollten, die die Metal Heroes auf ihrer Europa-Tour erleben! Also gebt ihnen frische Ware!“

Zurück zum Setlist schmieden > ***532***

460 Obwohl Leo nicht wirklich fit ist, feiern deine vier Metal-Recken diesen außergewöhnlichen Abend. Nach einer ausgedehnten Kneipentour durch die Amsterdamer Nacht beschließen sie, in der Apartment-Suite des Hotels den gelungenen Tour-Start gebührend ausklingen zu lassen.

Besitzt Brian einige ***Party Tüten****?*

Ja, zur Feier des Tages > ***424***

Nein, damit kann er nicht dienen > ***524***

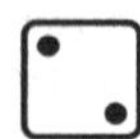

461 Joey legt seinem Freund die Hand auf die Schulter und zieht ihn sanft zurück: „Brian, unser Auftritt beginnt gleich und ihr beiden Ladys wollt doch sicher nicht, dass sich das Konzert wegen euch verzögert."
Dank Joeys diplomatischem Einwurf bringen die Metal Heroes den PR-Termin ohne Peinlichkeiten und moralische Verstrickungen hinter sich.

Weiter > **532**

462 „Rollt die Fässer an Bord", grölt Chris aus voller Kehle und haut mit der Faust auf den Tisch. „Ich wähle den Mann, der augenscheinlich den längsten Seeweg hierher zurückgelegt hat." Und deutet auf Leo. Der lässt sich diese Herausforderung nicht entgehen und setzt sich Chris breitbeinig gegenüber.
Die Zuschauer klatschen und johlen und machen gerne Platz, wenn die dralle Bedienung mit den feurigen Haaren und süßen Sommersprossen die nächsten Krüge auf den Tisch wuchtet. Sie lächelt Leo freundlich an und wünscht ihm viel Glück.
Fünf Runden sind die Kehle hinuntergelaufen, da gibt es die erste Pause zum Austreten.

Checke Leos ***Power****!*

Gelungen (heb' den nächsten Humpen!) > **527**
Misslungen (er braucht 'nen Lumpen!) > **423**

463 Nachdem Leo sich das dritte Bierchen reingezogen hat, lässt er seinen Blick von der erhöhten Bühne über die hell erleuchtete Halle schweifen. Ihm wird bewusst, dass der ganze Stress hier einzig ihrem Auftritt heute Abend dient.
Mit Argwohn beobachtest du, wie Leo bereits zur vierten Flasche binnen knapp 20 Minuten greifen will.

Möchtest du nun deine Kraft (The Power formerly known as ***Einfluss****) einsetzen, um den Bassisten von weiterem Alkoholkonsum vor dem Gig abzuhalten?*

Ja > **•509**
Nein > **422**

7

464 Nach rund einer halben Stunde taucht ein kleiner, charismatischer Typ in Jeans-Klamotte und himmelblauen Turnschuhen auf. Er hält Joey die dürre Hand zur Begrüßung entgegen. Es ist Norrie Meek, Produzent und Aufnahmeleiter und einer, der aussieht, als hätte er jede Freude im Leben eines Mannes mitgenommen – und dafür den Preis gezahlt.

Nach belanglosem Geplauder kommt Norrie gleich zur Sache: „Zwei Wochen sind eigentlich ein Witz, um ein Album aus dem Boden zu stampfen. Ich habe mir euer bisheriges Material natürlich angehört und muss sagen, ich freue mich, mit euch zusammenzuarbeiten."

Der ergraute Engländer, ein wahres Energiebündel, quatscht ohne Pause weiter. „Ihr seid talentiert, kreativ, kraftvoll, perfekt ... Und ich bin dazu da, die letzten zwei, drei Prozent rauszuholen ... Aber bevor's losgeht, zeige ich euch erst den Schuppen!"

Die Metal Heroes nehmen ihr zweites Album nicht nur unter den strengen Augen eines sehr anspruchsvollen Produzenten, sondern auch unter sehr professionelleren Bedingungen auf.

Nach einem ausführlichen Rundgang und endlosem Händeschütteln sind die Heroes endlich im Herzen der Abbey Road Studios angekommen, dem Studio 2. Eine riesige Panzerglasscheibe trennt die Technik-Crew von den Musikern. Bis auf spärliche Sitzgelegenheiten sowie Mikrofonen und Bildschirmen dominieren akustikoptimierende Holzkeile an Decke und Wänden das Ambiente. Nach einigen Minuten im Aufnahmeraum hat man tatsächlich das seltsame Gefühl, sein eigenes Herz schlagen zu hören.

Der Regieraum ist vollgestopft mit Technik. Auf dem gigantischen Mischpult flimmern Leuchtdioden und die Regler bewegen sich wie von Geisterhand gelenkt.

*Haben die Metal Heroes das Genre **Symphonic** gemeistert?*
*Ja, haben sie > **429** | Nein, die haben keine Ahnung > **473***

465 „Ihr habt eure Seetauglichkeit eindrucksvoll unter Beweis gestellt. Mir genügt das!", grölt Chris im Einklang mit den Leuten im Pub. Lautstark skandieren sie für den besten Song der auswärtigen Gäste.

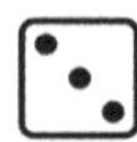 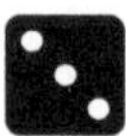

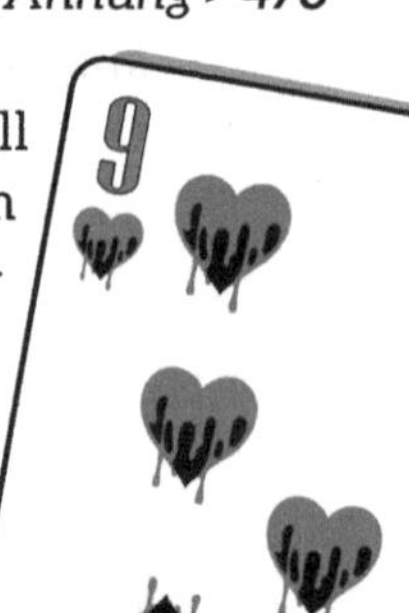

*Spiele nun die **Zugabe** des **„Brave Heroes"**-Auftritts* 430 *und streiche den Bonus ein, sollte der **Performance-Check** des **Leaders** für diesen Song gelingen. (Solltest du dort noch keinen Song eingetragen haben, dann hole dies nun nach.)*

„Und wir", tönt Chris theatralisch, „werden unsere Schulden selbstverständlich begleichen. Aber vielleicht will sich jemand noch der Herausforderung eines Trinkspiels stellen?"
Leo bekommt große Augen. Langsam machst du dir Sorgen, was den Bassisten betrifft. Immer wenn es ums Saufen geht, ist der Kerl ganz vorne mit dabei.

Ziehe eine Karte!

♣ ♠ > **488** | ♦ ♥ > **462**

466 „Ja, Zählen müsste man können, ihr Leichtmatrosen." Christophers Kommentar versetzt den Pub in kollektive Heiterkeit, als hätten die Gäste nur wieder auf einen lockeren Spruch ihres Anführers gewartet.

Weiter > **428**

7

467 Drei Tage nach Drehschluss trudelt eine gebrannte DVD per Kurier ein. Das fertig geschnittene Video zeigt, dass bei weitem nicht alle Heroes im Showbiz angekommen sind. Es ist schon ein Unterschied, cool auf einer Bühne rumzuhampeln oder fotogen vor einer Kamera.

*Der **Video-Score** steigt um 1.* 520

Weiter > **457**

468 Gekränkt schlägt der Star die Tür wieder zu. Die Metal Heroes können darüber nur lachen. Warum auch immer.

Weiter > **444**

469 Charlotte wird unruhig: „Also, der Herr, ich würde sagen, hier am Spiegel ist kein Shirt."
„Ja, verdammt, sieht so aus", brummt Joey enttäuscht.

Weiter > **441**

470 Knapp eine Stunde vor der Preview-Show in Camden bekommen die Jungs vom Management per SMS gesteckt, dass es noch einen kurzen Promotion-Termin zu absolvieren gilt – egal ob es ihnen nun gefällt oder nicht.

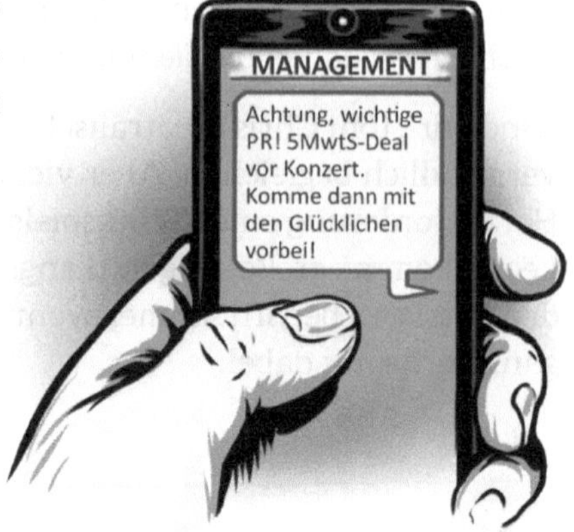

Die beiden Gewinner des „Five Minutes with the Stars"-Preisausschreibens des großen Musik-Senders MBro hätten sich tatsächlich ein Treffen mit den Metal Heroes gewünscht. Und nach Meinung des Managers soll es offenbar auch bei fünf Minuten bleiben.

7

*Wer ist **Manager** der Metal Heroes?*

Ricci Truman > ***431*** | *Russ Marlow >* ***517***

471 Als die ersten Klickzahlen und das Feedback der Sender und Fans bei den Heroes eintreffen, drehen die Jungs fast durch! Das sprengt sämtliche Erwartungen. Über 2 Millionen Views! Der Manager kriegt sich gar nicht mehr ein: „Leute, euer Video knallt durch die Decke! Bombe! Die Kids laden sich nun sogar schon die scheiß Memes von eurem Song runter."

In einem mehrstündigen Telefonat bedankt sich Leo bei seiner Flamme. Reannes Karriere wird der Erfolg des Videos natürlich ebenfalls helfen. Das Ende vom Lied: Die beiden werden sich nun noch weniger sehen.

*Die **Fanbase** steigt um 1!*
*Die **Fame** des Video-Songs sowie zwei weiterer beliebiger Songs steigt jeweils um 1.*

Weiter > ***539***

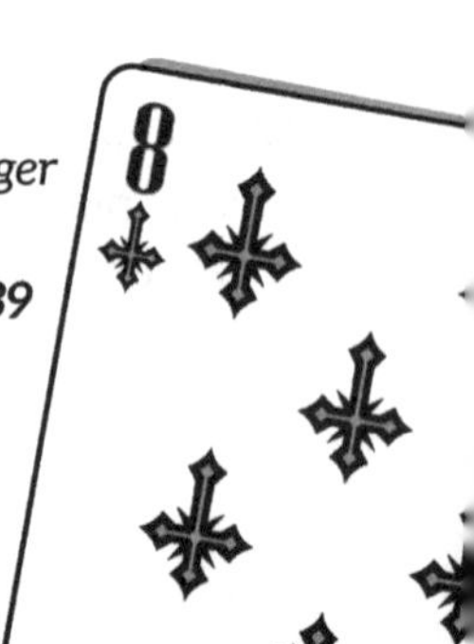

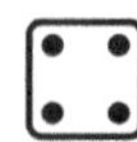 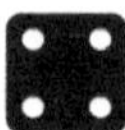

472 Joey spürt, dass er mit seiner super-professionellen Einstellung nicht gerade auf Gegenliebe bei seinen Bandkameraden stößt. Leo mault: „Das hat doch nichts mit Rock'n'Roll, dem Leben auf der Überholspur, zu tun! Wirklich, Joey, zumindest ein Absacker an der Hotel-Bar sollte später erlaubt sein ..."

*Sollte Joey nicht sein **Special** besitzen, sinkt die **Bandchemie** um 1!*
*Die Band erhält **2 Song-Punkte**!*
*Spare sie, um später Songs freigeschalteter Genres im **Repertoire** zu aktivieren.*

Weiter > ***450***

473 Norrie ist mit der Tracklist zufrieden und überzeugt, dass mit der richtigen Einstellung und Mischung das Debütalbum der Metal Heroes, dessen Titel „... and the Fate of Rock" er übrigens – kein Scherz – „herausragend innovativ" fand, in allen Belangen übertroffen werden kann.

*Bestimme nun sämtliche Tracks, die auf dem **2. Album** der Metal Heroes veröffentlicht werden sollen!*
*ONLY: Suche dir einfach **7 Songs** gemeisterter Genres aus dem **Repertoire** aus, die jetzt als Tracks des 2. Albums aktiviert werden. Kreise ihre Track-Nummern ein und schreibe **„2"** ins **„Out"**-Feld!*
*Wähle dazu **mindestens 6** aber **höchstens 8** beliebige, bisher **unveröffentlichte Songs** aus dem **Repertoire**, indem du eine **„2"** ins **„Out"**-Feld schreibst. Natürlich müssen all diese Songs aktiviert sein.*
Hat die Band keine 6 unveröffentlichten Songs zur Verfügung, tue Folgendes: Fülle die benötigte Anzahl auf, indem du jetzt beliebige Songs freigeschalteter Genres aktivierst.
*Tue dies, indem du einen Kreis um die entsprechenden Track-Nummern machst. Allerdings musst du für all diese Songs ihre noch leeren **Anspruch-Felder** und **Fame-Sterne** auskreuzen! Das bedeutet, dass diese Tracks unter Zeitdruck im Studio zusammengeschustert wurden und kein Potenzial mehr besitzen!*
*Addiere nun den **Anspruch** aller gewählten Songs zusammen!*

*Wie hoch ist der **Anspruch** des 2. Albums?*
12 oder mehr > ***492*** | *11 oder weniger >* ***452***

474 Die Fans rasten aus, als die Metal Heroes erneut die Bühne betreten. Selbst du spürst die Intensität der Stimmung. Dafür ist man Musiker!

Spiele nun ***beide Zugaben*** *des* ***„Bring it to ‚The Max'"****-Auftritts* 530 *und streiche den Bonus ein, sollte der* ***Performance-Check*** *des* ***Leaders*** *gelingen.*

Die Stimmung in der Metal Metro war außergewöhnlich. Die Leute in den hintersten Ecken der Halle drängten nach vorne in die tanzende Meute hinein. Dieses Konzert war einer Europa-Premiere absolut würdig!

War bei den gespielten Songs mindestens einer dabei, der noch unveröffentlicht ist (ohne Eintrag in der Spalte ***„Out"****)?*

Ja > ***453*** | *Nein, alle bereits draußen >* ***460***

475 Fest entschlossen, endlich sein verlorenes Shirt zu finden, stiefelt Joey Backstage.

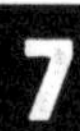

„Du schon wieder!" Charlotte steht mit verschränkten Armen in der Tür der Umkleide, während der junge Sänger unachtsam ihm unbekannte Taschen und Kleider durchsucht.

„Ach, Charlotte, lass dich nicht stören, ich such' bloß was."

Die Sängerin fühlt sich – wie wahrscheinlich jede Frau, deren Klamotten von einem Wildfremden durchwühlt werden – gestört: „Darf ich bitteschön erfahren, was du suchst?"

Joey wie selbstverständlich: „Mein Glücksshirt!"

Man kann förmlich sehen, wie sich die Vorstellung des knallharten Metal Sängers Joey Morgan, der sein Glücksshirt liebkost, sich im Kopf der Niederländerin festsetzt. Mühevoll unterdrückt sie einen Lacher. „Wie sieht es denn aus, das gute Stück?"

„Schwarz, XL, verwaschen..." – „Hm, ja, sehr hilfreich. Ist vielleicht irgendwas aufgedruckt?"

„Klar, *Metal Heroes*. Das war unser erstes eigenes Band-Shirt, weißt du? Echt antik."

Charlotte rümpft die Nase. „Danke, ja ... ich denke, ich habe jetzt eine lebhafte Vorstellung von dem Teil."

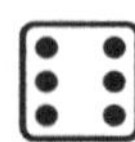

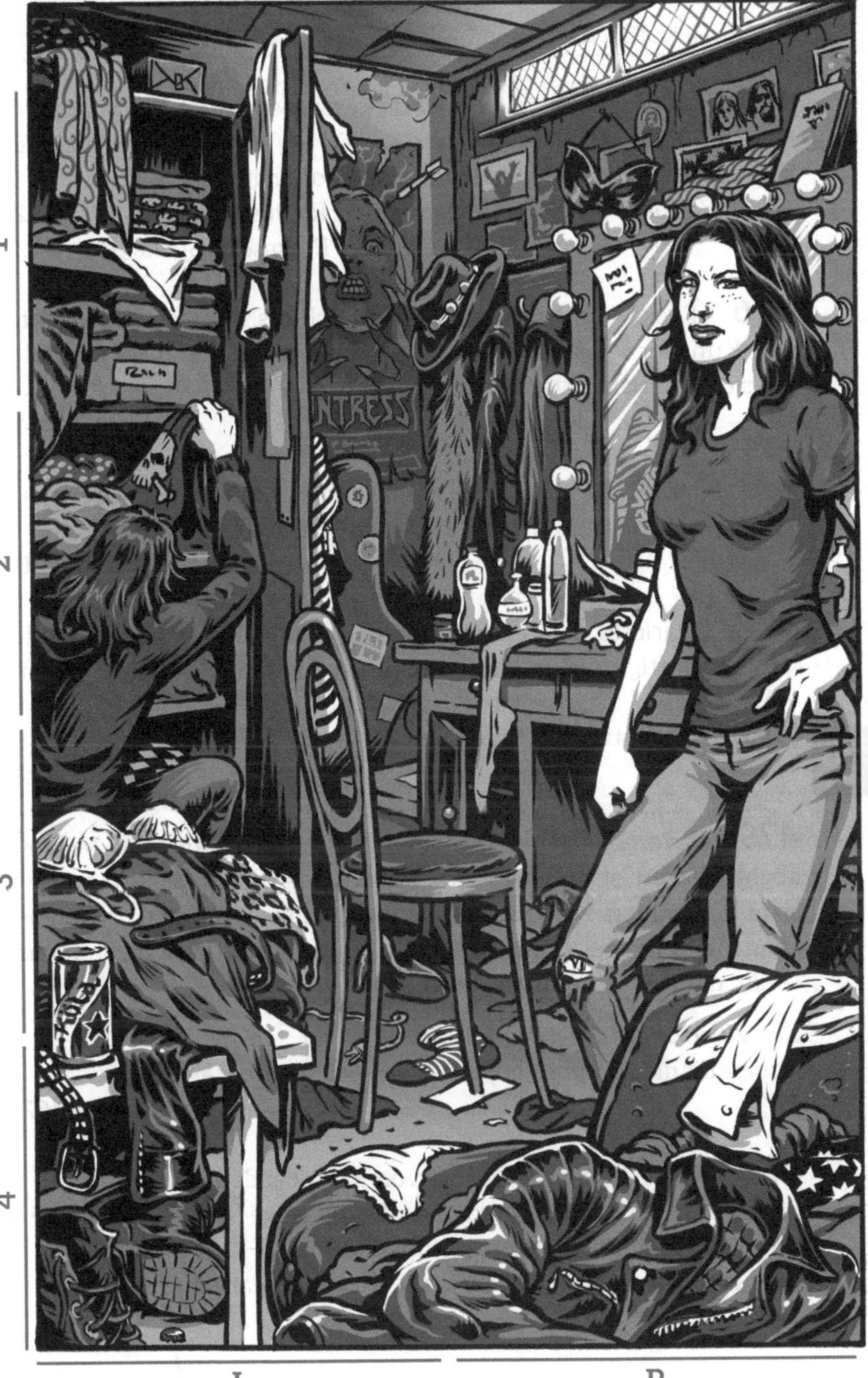

475 *„Ach, Charlotte, lass dich nicht stören, ich such' bloß was."*

Hilf Joey, indem du ihn mit deiner dir gegebenen Götter-Macht auf die richtige Fährte führst. (Versuche das Shirt auf dem Bild der Umkleide zu entdecken, und ermittle die korrekte Koordinate.)

Wo sollen die beiden suchen? Linke Raumseite (Spalte „L“) > ***432***

Rechte Raumseite (Spalte „R“) > ***447***

476 „Fuck you!“ Die Tür knallt ins Schloss. Wer hätte gedacht, dass Künstler selbst als Geist so reizbar sind. Die Metal Heroes halten sich den Bauch vor Lachen.

Weiter > ***444***

477 „Nay!“ Christophers Enttäuschung hält sich in Grenzen. „Eins daneben ist auch vorbei!“ Das Pub bebt vor Gelächter.

Weiter > ***428***

478 Charlotte zieht einen Schlussstrich. „Hör zu, ich sollte mich langsam fertig machen. Ich muss noch zu einem Shooting, daher wäre es gut …“

„Klar, hab' verstanden. Mann, ich hätte schwören können …“

Weiter > ***441***

479 Es vergehen drei Tage, bis die Post-Production des Videos abgeschlossen ist und die Metal Heroes den finalen Schnitt zu Gesicht bekommen. Keine schlechte Performance für ein paar verzogene Metal-Bengel. Dennoch bist du ein wenig enttäuscht, denn du weißt, dass mehr in ihnen steckt.

Der ***Video-Score*** *steigt um 2.*
Notiere dir diesen Bonus auf der Video-Score-Leiste. 520

Weiter > ***457***

480 Joey erhält einen Anruf von Russ, bei dem der Bandleader kaum zu Wort kommt. Der kernige Manager kündigt sämtliche Verträge mit den Metal Heroes, da er zum wiederholten Male durch ihr Kindergartenverhalten ordentlich Kohle blechen musste.

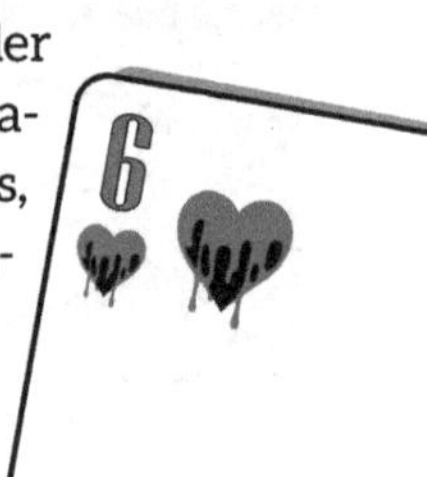

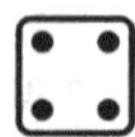
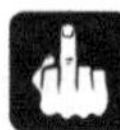

Zwei Tage hängen deine Schützlinge in der Luft, bis Joeys Handy erneut klingelt. Diesmal ist es Ricci Truman, der junge Manager, den die Band damals in der Rainbow Bar ebenfalls kennenlernte. Er hätte von ihren „kleineren Problemen" gehört und bietet sich nun an, alle Geschäfte sofort zu übernehmen.

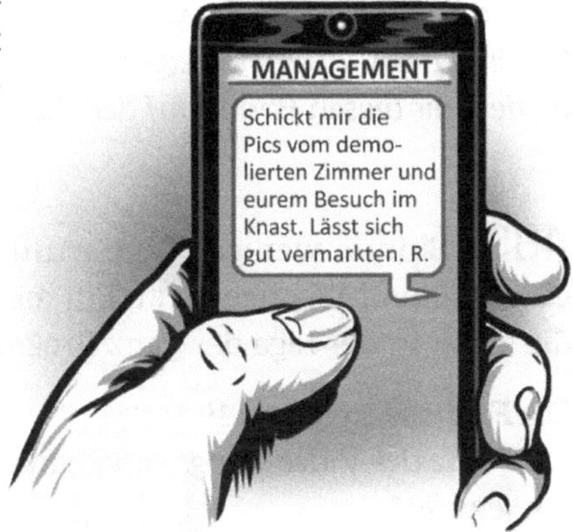

*Die **Fanbase** steigt um 1!*
*Markiere dir nun im Metal-Logbuch unter **Supporter**, dass ab sofort **Ricci Truman** und nicht mehr **Russ Marlow** der **Manager** der Band ist.*

Zurück in die Gegenwart > ***533***

481 Mit großzügigem Runden-Schmeißen liegt man in Pubs immer richtig. Dumm nur, dass dies eigentlich nichts Ungewöhnliches ist und somit wenig Eindruck schindet.
Wenn man jedoch gerade beim Zechen angekommen sei, meint Christopher, warum dann nicht mit einem zünftigen Trinkspiel beginnen, um die Gunst der Lokalmatadoren zu gewinnen?

Christophers Trinkspielherausforderung annehmen?
Ja > ***462*** | *Nein >* ***521***

482 Leo stapft in seinen Bikerboots zum schmierigen Regisseur hinüber, baut sich vor ihm auf und macht dem roten Baron unmissverständlich klar, er solle aufpassen, was er sagt. Der bietet zunächst Paroli, doch das stachelt Leo allerdings nur noch mehr an. Das Blitzen in seinen Mandelaugen ist todernst.
Eingeschüchtert von der Umgebung verdunkelnden Erscheinung,

entschuldigt sich der Regisseur kleinlaut. Fortan zeigt er sich von seiner zart-bitteren Schokoladenseite und ist allen Mitarbeitern gegenüber kooperativer.

Da die Stimmung am Set während der Dreharbeiten elementar für die Qualität des Videos ist, steigt der ***Video-Score*** *um 1!*
Notiere dir diesen Bonus auf der Video-Score-Leiste. 520

Weiter > ***442***

483 Binnen weniger Tage wurde das Video im Internet knapp eine Million Mal angeklickt. Ein mega Erfolg für die Metal Heroes, die somit in der Liga der ganz Großen angekommen sind.

Die ***Fanbase*** *steigt um 1!*
Die ***Fame*** *des Video-Songs sowie eines weiteren beliebigen Songs steigt um jeweils 1.*

Weiter > ***539***

484 Du weißt zwar nicht, wie Joey das immer hinbekommt, aber mit dem Einfühlungsvermögen eines Seelenklempners schafft er es, seinen Freund zu erreichen. Bis zum Morgengrauen quatschen sie über Brians Gefühle und Avancen Dawna gegenüber und Brian erzählt vom Tag der Trennung, als sei es die romantischste Sache der Welt gewesen:

⏪ REWIND
„Ach, Bry, ich habe keinen Bock mehr auf deine Eskapaden. Mach doch, was du willst. Ständig bist du auf Tour ..."
„Baby, ich ..."
„Wie lange soll das denn noch gehen? Ich will vielleicht mal eine Familie gründen und keine dauerhafte Fernbeziehung zu einem Rock-Star führen! Und was ist mit Kindern? Die Zeit tickt, Bry!"
„Mensch, Dawna! Du weißt doch: 30 ist das neue 20 ..."
„Sag das mal meinen Eierstöcken, du Schlauberger!"
Mit einem freundschaftlichen Schulterklopfen holt Joey seinen alten Freund wieder zurück in die Gegenwart: „Jaja, gute Sprüche sind ihr Hobby!"

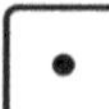 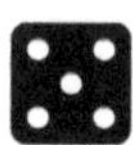

Dank seinem Beistand fasst Brian den Entschluss, die nächste Chance beim Schopfe zu packen und sie zu fragen, ob sie sich eine gemeinsame Zukunft vorstellen kann.

*Male nun im Metal-Logbuch das **kleinste noch leere Herz** über Brians Schädel aus! Fein.*

Weiter > ***490***

485 Ohne Zugabe gehen die Leute heute Nacht nicht nach Hause! Alle Fans fordern mehr!

*Spiele nun nur die **erste Zugabe** des **„Bring it to ‚The Max'"**-Auftritts* 530 *und streiche den Bonus ein, sollte der **Performance-Check** des **Leaders** gelingen.*

Fan-nah und energisch spielten die Metal Heroes ihr Programm. Joey wurde über den Knopf-im-Ohr sogar aufgefordert, die Fans zu zügeln, da sich der Veranstalter um die häusliche Sicherheit sorgte. Für die Band ein zweifelsfreies Zeichen, alles richtig gemacht zu haben.

Weiter > ***460***

486 Charlotte stellt fest: „Ein Shirt in einem Rock-Schuppen zu verlieren ist denkbar ungünstig."
„Da hast du wohl Recht ...", muss Joey ihr beipflichten und sucht ein letztes Mal den Boden ab. „Das gute Stück werde ich wahrscheinlich nie wiedersehen."

Weiter > ***441***

487 Drei Tage nach Drehschluss geht den Metal Heroes der fertige Clip per Mail zu. Selbst du, der den Dreh mit ausreichend Abstand verfolgt hast, bist überrascht, mit welcher Selbstverständlichkeit deine Schützlinge ihr erstes Video abgedreht haben. Das Teil macht richtig Laune, denn die Kamera liebt sie!

*Der **Video-Score** steigt um 3!*
Notiere dir diesen Bonus auf der Video-Score-Leiste. 520

Weiter > ***457***

488 „Aye, du Landratte!", Christopher klopft Leo anerkennend auf die Schulter. „Respekt!"
Christophers Kollege Peter, seines Zeichens Drummer von Alestorm, kommt derweil mit Gregori ins Gespräch. Die beiden verstehen sich auf Anhieb so gut, dass sie sich für die letzten Tage des Urlaubs der Metal Heroes zu einigen Sessions verabreden.

FAST FORWARD
Sie verbessern Übergänge, feilen an galoppierenden Bass-Lines und Gregori lernt, sich im rechten Moment zurückzunehmen. Erkenntnis der Woche: Setze ungewöhnliches Drum-Equipment, wie Kuhglocken oder Schellen, ein. Aber wenn, dann nur pointiert! Dies kann einem stimmungsvollen Song den letzten Kick geben.

Neues Genre gemeistert: ***POWER!***
Die Metal Heroes öffnen sich für den Stil des Power Metal! Das bedeutet, dass sie ab sofort auch Songs dieses Genres in ihr ***Repertoire*** *übernehmen dürfen! Markiere dies, indem du dort den Schriftzug „Power" ausmalst.*
7 *Sie beherrschen somit den ersten Song* ***„Rise and Fall!" (#24)*** *des Genres* ***Power****. Markiere dies, indem du einen Kreis um dessen Track-Nummer machst.*

Die Band erhält zudem ***4 Song-Punkte!***
Spare oder investiere sie jetzt, um Songs freigeschalteter Genres im ***Repertoire*** *zu aktivieren, indem du einen Kreis um die Track-Nummer machst.*

Weiter > ***521***

489 Mit einem lauten Knall kracht die Tür ins Schloss. Ein Superstar lässt sich eben nicht gerne verarschen. Auch nicht als Geist. Im Verwirrspiel der Sinne lachen sich die Heroes kaputt.

Weiter > ***444***

490 Unerbittlich knallt die Amsterdamer Morgensonne in Joeys Gesicht. Ihm brummt der Schädel und jeder Herzschlag hämmert ihm eine weitere nebulö-

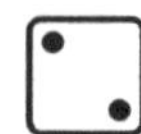

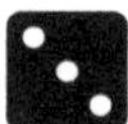

se Erinnerung der vergangenen Nacht ins Hirn. Leere Flaschen klappern über die Fliesen der Terrasse, als er sich von der Sonnenliege erhebt. 9.52 Uhr. Na, vielen Dank!
Nach Überprüfung der Vitalzeichen seiner Bandkollegen braucht's erstmal einen Kaffee, um die eigenen Lebensgeister aus dem Koma zu holen!

Besitzt die Band ***verdammt schwarzen Kaffee****, kann Joey ihn nun aufbrühen, um die dicken Schädel zu vertreiben.*
Ansonsten erleiden ***Joey*** *und* ***Gregori*** *ab sofort einen Abzug von* ***-1 auf alle Checks****! Vermerke dies, indem du das -Symbol von beiden markierst. Dir wird mitgeteilt, wenn du die Nachteile wieder streichen darfst.*
Diese Abzüge haben keine Auswirkungen auf ihren ***Ego****-Wert.*

Als er sich durch die Haufen seiner Reisewäsche wühlt, muss Joey feststellen – oh, Schreck – sein Glücksshirt ist weg! Vergessen im „The Max". Kein Zweifel, er trug es nämlich während der Probe.
Gemeinsam mit Gregori, der seine Suchkompetenz für unerlässlich hält (schließlich sei in diesem speziellen Fall eher der Geruchs- als Sehsinn gefordert) ziehen sie los.
In der Konzerthalle herrscht wieder reges Treiben. Die Abendshow der Symphonic Metaller Delain, die sowohl heute als auch morgen performen, wird vorbereitet.
Ungeschminkt und die rubinroten Haare hochgesteckt, geht die Sängerin mit liebreizender Natürlichkeit über die Bühne und begrüßt alle ihre Kollegen und Techniker auf Holländisch. Joey hat sich gleich in ihre süßen Sommersprossen verschossen.
Nach dem obligatorischen Check der Instrumente spielen Delain ihr erstes Stück als Warm-up.

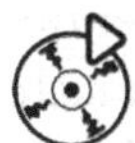

Bonus-Track! Höre dir nun bitte ***Track 5*** *des* ***Metal-Heroes-Soundtracks*** *als passende Einstimmung an.*

Mit offenem Mund folgt Joey der Probe und beschreibt ehrfürchtig die junge Sängerin: „Grazie und Power. Hammer!"
Der Drummer bestätigt Joeys Meinung, zumindest, was die Power angeht. „Charlotte Wessels heißt die Dame, wenn ich mich nicht irre.

Und dieser Song, Masters of Destiny, ist auch nicht von schlechten Eltern."

„Hmhmm. Diese Stimme ... so klar und rein, wie ... wie flüssige Diamanten! Das fehlt uns noch", träumt Joey laut.

„Du willst doch nicht etwa das Mikro an den Nagel hängen?"

„Schwachsinn! Allerdings gibt es Songs und Stilrichtungen, die von einer Frauenstimme, egal ob Solo oder Duett, richtig profitieren würden."

„Klar. Aber das erkläre mal Brian! Für den sind Frauen im Metal wie Pickel am Arsch. Und überhaupt, sind wir nicht wegen deinem Glücksshirt hier?"

Wo soll Joey nach seinem Shirt suchen?
Zunächst auf und um die Bühne > **448**
Sofort Backstage, in der Umkleide > **475**

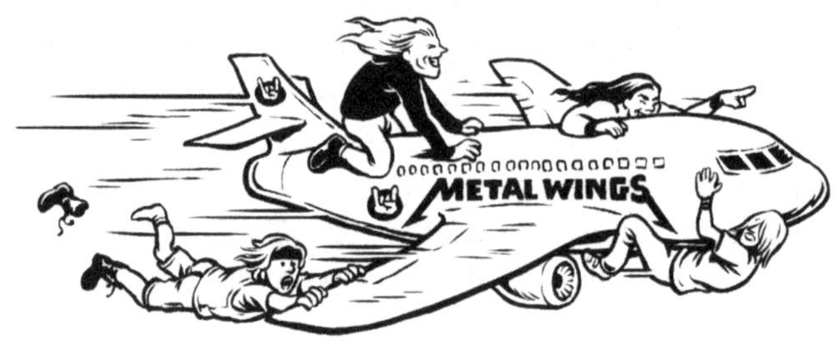

491 Joey und Gregori lassen es sich vor dem großen Konzert Backstage gut gehen. Bierchen, Schnittchen, noch ein Bierchen und ein kleines Schläfchen.

Weiter > **422**

492 Am fünften Tag, während einer Aufnahmepause, wendet sich Norrie an den fokussierten Joey. Der Produzent wundert sich, dass die Band nicht mehr aus Gregoris Talent mache. Damit meine er gar nicht seine exzellenten Fähigkeiten als Drummer, sondern sein unfassbar geschultes Gehör. Selbst ihm, dem erfahrenen Rock-Produzenten, seien einige Böcke während der nervenaufreibenden Sessions entgangen. Gregori hingegen hätte sie sofort bemerkt!

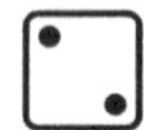 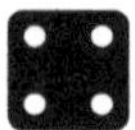

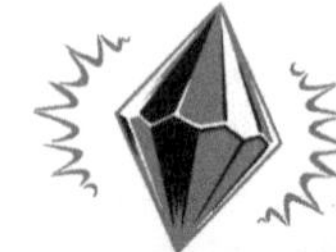

Die nächsten knapp zwei Wochen arbeitet Norrie intensiv mit dem Heroes-Schlagzeuger. Der alte Hase gibt dem blinden Musiker Einblicke in seine Arbeit und den Post-Production-Prozess. Gregori zahlt es mit großer Einsatzbereitschaft zurück und saugt das Erlernte auf wie ein Schwamm.
Die logische Konsequenz: Das Album erhält einen ganz besonderen Sound, den der heroische Drummer als ein musikalisches Gemälde mit unerwarteter Farbexplosion beschreibt.

*Hake nun unter Gregoris Eigenschaften im Metal-Logbuch das **Special**-Symbol ab!*
*Es steht für seine bemerkenswerte Einstellung als großer **Perfektionist**, immer das Maximum aus Arrangements herausholen zu wollen.*

*Mit **Gregoris Special** kannst du **während eines Gigs**, nachdem die Karte gezogen wurde, um die **relevanten Songs** zu bestimmen, sein **Skill** checken. Gelingt der Check, darfst du **zwei beliebige Songs** der **Setlist** untereinander **vertauschen**!*
*Wenn du mehr zum Thema erfahren möchtest, dann lies dir den Abschnitt **„Specials – Verborgene Talente der Metal Heroes" (R10)** der Regeln durch.*

Weiter > **452**

7

493 „Hm, schwierig. Die Szene in Holland ist breit aufgestellt. Keine Ahnung, auf was dieses holzschuhtragende Völkchen steht. Mein Rat: Geht's raus und spielt's Metal!"

Zurück zum Setlist basteln! > **530**

494 „Ist es das hier?" Charlotte streckt einen verkrusteten Stoffklumpen zwischen ihren Fingernägeln Joey entgegen.
„Phänomenal gutes Auge. Respekt!"
Erlöst reibt sich die Sängerin die Hand an der Jeans ab: „Ich weiß auch nicht … Plötzlich hatte ich diese Eingebung."

*Die **Bandchemie** steigt um 1!*
*Notiere dir zudem das **Glücksshirt** unter Joeys Inventar im Metal-Logbuch.*

Weiter > **441**

495 Obwohl das Ergebnis nicht dem Potenzial deiner Metal-Schützlinge gerecht wird, wird das Video zu einem viel beachteten Medien-Event. Das Teil wird auf den Sendern und im Internet hoch und runter gespielt.

*Die **Fame** des Video-Songs sowie eines weiteren beliebigen Songs steigt um jeweils 1.*

*Weiter > **539***

496 Joey gibt Brian ein Zeichnen, tippt auf seine Ohren. Der Gitarrist kapiert sofort und verschafft mit einem improvisierten Solo dem Techniker genügend Zeit, auf die Bühne zu huschen und das defekte Backpack auszutauschen. Joey rockt ohne Stress weiter.

*Weiter > **535***

497 Zugegeben, es gab schon bessere Konzerte! Mit besserer Stimmung, besserem Sound, besseren Heroes. Aber selbst wenn dieser Auftritt in der Metal Metro keine Berge versetzt hat, war er solide genug, um niemanden enttäuscht nach Hause gehen zu lassen.

*Weiter > **460***

498 Das ist genau dein Ding! Ein Traum geht für dich in Erfüllung: Selbst ein geiles Metal-Video zu drehen! Und so schwierig kann das nicht sein … Ist es doch, du selbstgefälliger Vollpfosten! Keine Ahnung von der Materie, aber einen auf Tarantino machen. Da helfen auch die rudimentären Erkenntnisse aus dem Hirn des ferngesteuerten Regisseurs nichts.
Nach knapp einer Stunde hält dich sogar der Kabelträger für einen Schaumschläger und Komplettversager. Das Ergebnis des ersten Drehtages ist eine einzige Katastrophe. Glückwunsch, Budget versenkt!

*Dein **Einfluss** sinkt um 1!*

*Weiter > **457***

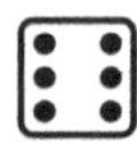

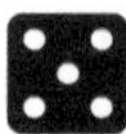

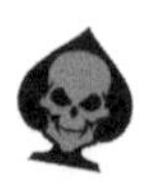

499 Langsam öffnet sich die Tür, und ein drahtiger, blasser Kerl mit tiefen Furchen rund um seinen riesigen Mund tritt herein. Blonde Naturlocken fallen ihm auf die Schulterpolster des hochgeschlossenen Hemdes, dessen breiter Kragen seinen faltigen Hals verdeckt. Mit der einen Hand hält er fest ein Mikrofon, während er mit der anderen ständig in der Luft rumfuchtelt, als wolle er eine lästige Mücke verjagen.

Wie soll Joey diesen Künstler begrüßen?
Servus, Slash! > **468** | *Ave, Angus!* > **476**
Friede, Freddie! > **489** | *Mensch, Mick!* > **454**

500 Der Urlaub hat den Metal Heroes gutgetan. Die Akkus sind voll und das Gefühl sofort da! Die Menge tobt und taumelt aufgrund des abgefeuerten Materials dem Rausch entgegen. Nach gut einer halben Stunde werden die ersten Headbanger von den Sanis aus dem Pit gezogen. Derweil fegt Leo über die Stage, zerreißt sich das Hemd – und dann das Solo! Heute Nacht werden irgendwo auf der Welt Seismografen verrücktspielen!
Plötzlich fliegt aus der Dunkelheit des Pits eine Bierflasche gen Bühne! Das Wurfgeschoss rotiert und spritzt dem nichtsahnenden Gregori entgegen ...

Checke Gregoris ***Power****!*
Gelungen > **434** | *Misslungen* > **443**

501 Christopher ist begeistert von den amerikanischen Besuchern und ihrer Bereitschaft, sich einem ur-englischen Spiel zu stellen.
Der ganze Pub verfolgt das Match „Christopher gegen Metal Heroes“, was scherzhaft zum Krieg zwischen den Bravehearts und der Neuen Welt hochstilisiert wird.
„Aye! Folgende Regel: Wenn es auch nur einer von euch schafft, gleich viele oder mehr Punkte als ich zu erzielen, habt ihr gewonnen! In jeder Runde werfen wir mit drei Pfeilen.“
Natürlich darf Gregori ebenso sein Glück versuchen (und seine Chancen als Blinder schätzt du nicht unwesentlich schlechter ein, als du das sehende Grobmotoriker-Trio beim Üben siehst).

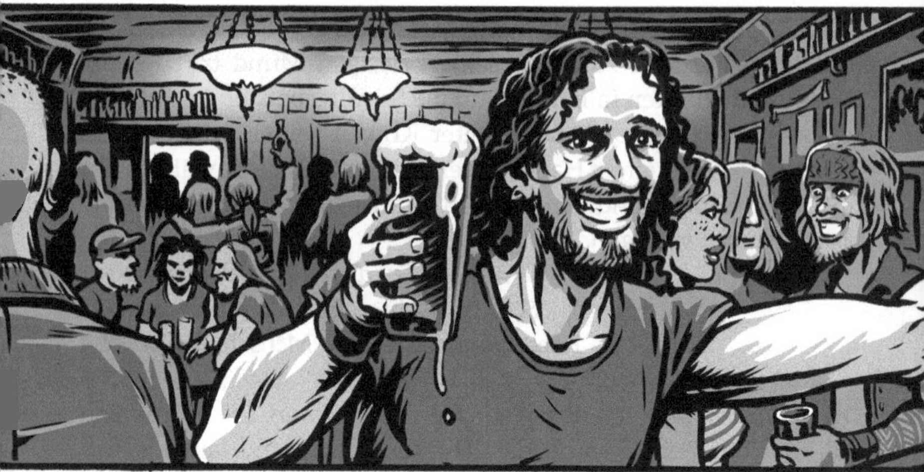

Gespielt wird so: Nimm einen Bleistift, fasse ihn am äußersten Ende und zeige mit der Spitze auf die Dartscheibe. Halte etwa einen Abstand von 15 cm ein, schließe die Augen und tippe auf die Scheibe. Zähle das Ergebnis von jeweils drei Würfen zusammen.

7 *Die Regeln, sprich Punktezählung, sollten klar sein, wenn man in einem Londoner Pub einen Dart-Wettstreit vom Zaun bricht. Falls nicht, dann nutze den Link unten rechts, um mehr über diesen englischen Volkssport zu erfahren.*

Christopher erzielt mit jeweils drei Pfeilen in seinen vier Runden:

63 Punkte** | **45 Punkte** | **52 Punkte** | **71 Punkte

*Wenn du möchtest, darfst du, bevor es losgeht, deine Macht einsetzen. Streiche dann einen Punkt **Einfluss** und sämtliche Scores von Christopher sind um 20 schlechter!*

Konnten die Metal Heroes Christopher zumindest in einer Runde schlagen?

*Ja > **465** | Nein > **514***

502 In der stattlichen Mehrzweckhalle herrscht emsiges Gewusel von Arbeitern und Technikern. Strippen werden gezogen, Lautsprecherzeilen an die

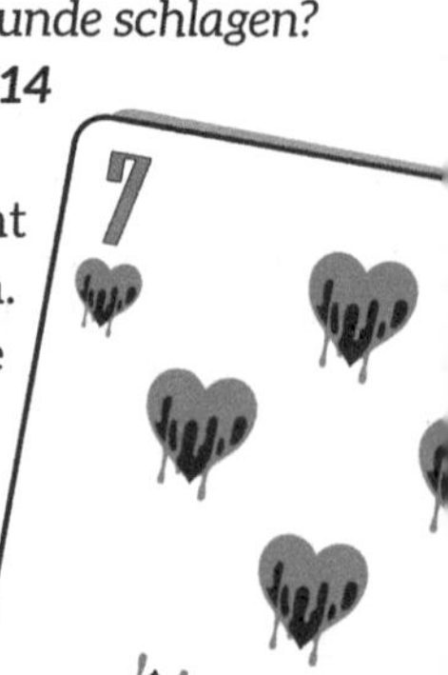

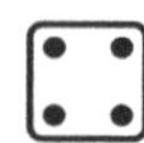 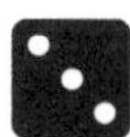

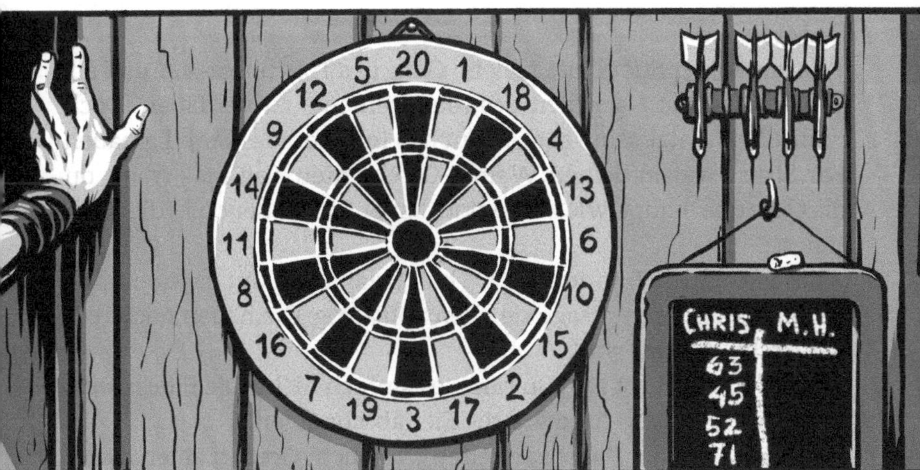

501 *Christopher ist begeistert von den amerikanischen Besuchern und ihrer Bereitschaft, sich einem ur-englischen Spiel zu stellen.*

Decke gehievt. Das Management hat nicht zu viel versprochen, als es hieß, die Europatour wird „ganz groß aufgezogen“. Catering vom Feinsten, Dutzende Helfer Backstage und ein klasse Equipment mit Laser, Pyro und allem Pipapo.

Der Soundcheck, bei dem es den Metal Heroes schwerfällt, professionell zu bleiben, mündet in die abschließende Überprüfung der restlichen Bühnentechnik. Grelle Strobos, LED-Leinwände, waberndes Trockeneis und ein Warschall-Tiefbass, der den Putz von den Wänden rieseln lässt.

Noch drei Stunden bis zum Auftritt. Was nun?

Durch die Innenstadt flanieren mit Brian > ***446***

Catering plündern mit Leo > ***463*** | *Chillen mit Joey und Gregori >* ***491***

503 ⏩ FAST FORWARD

Machen wir's kurz: Natürlich konnte Brian seine Finger nicht von den beiden Mädels lassen und hat sich nach dem Konzert liebevoll um sie gekümmert. Nur drei Wochen später flattert ein Anwaltsschreiben ins Postfach. Der juristisch-trockene Vorwurf: „Verführung Minderjähriger“.

Keine Ahnung von Dart? Abhilfe unter:
http://de.wikipedia.org/wiki/Darts#Dartscheibe

7

BÄMM!
Wie ein wilder Stier läuft Joey im Gang des Tourbusses auf und ab. Er versucht die Nachricht des Managements zu verdauen. Doch schließlich platzt seine ganze Wut aus ihm heraus: „Ständig haben wir Stress wegen deinen Weiber-Geschichten. Sag mal, fragst du die Girls überhaupt, wie alt sie sind, bevor du mit denen in die Kiste steigst?"
„Was regst du dich so auf, Joey?", hält Brian kleinlaut dagegen. „Die beiden haben doch gesagt, sie seien volljährig! Die haben mich halt verarscht. Kommt vor."
Joeys Kopf läuft rot an. „Du raffst es einfach nicht! Die Eltern werden uns verklagen – und uns die Eier abschneiden."
„In Brians Fall mag das sogar helfen", versucht Gregori einen lockeren Spruch zu platzieren, der Joey aber nicht runterbringt.

*Joey brennt eine **Sicherung** durch!*

Nur mit Mühe gelingt es Leo, die beiden voneinander zu trennen und die Lage zu beruhigen.

In den nächsten Wochen wird Brians Anwalt schließlich einen Vergleich mit Ashleys und Christinas Eltern aushandeln. Zum Glück für den Schürzenjäger haben sich die Erziehungsberechtigten ebenfalls fragwürdig verhalten, indem sie den englischen Gesetzen zufolge ihre Fürsorgepflicht verletzt haben. Ansonsten hätten sie Brian sicher finanziell den Arsch aufgerissen. So kommt er mit einem blauen Auge und einem blauen Ei davon.

*Weiter > **532***

504 Der Wirt führt die Metal Heroes an den letzten freien Tisch und stellt die Bestellung ab. Mit einem fleckigen Lappen wischt er über dessen Platte, was den Film darauf aber nur umso klebriger macht.

Das Mobiliar ist ebenso rustikal wie die Gäste. Alte Fassdeckel mit heimischen Biersorten, Mannschaftsfotos der Glasgow Rangers und allerlei schottischer Tand zieren die Wände. Neugierig verfolgen die Vier das Spiel der Live-Band „Alestorm", wie das Logo auf

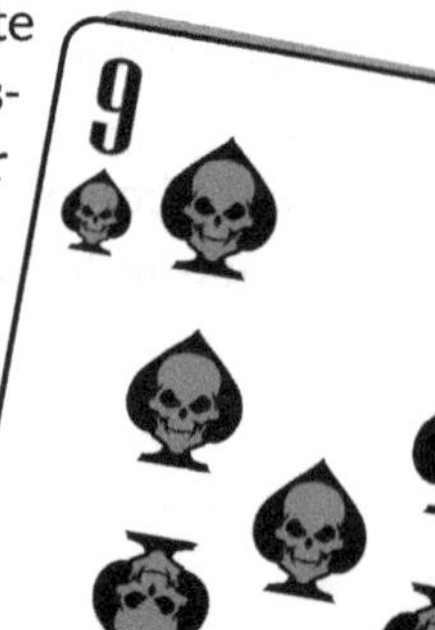

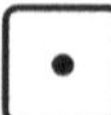
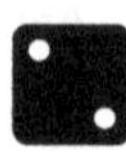

der Basstrommel verrät. Und die Jungs geben richtig Gas! Sänger Christopher mit seinem frechen Mienenspiel und den hüpfenden Locken passt perfekt zum spaßigen Folk-Rock. Damit treffen sie beim einfach gestrickten Arbeitervolk genau ins Schwarze.

Am Ende des Sets geht Joey herüber und fragt, ob sie auch einen härteren Song aus ihrem Repertoire geben würden. Schnell wird man sich einig. Einen Song würden die Lokalmatadore gerne spielen, jedoch nur, wenn man eine Gegenleistung dafür erhalten würde. Das Ganze ist natürlich nicht ernst gemeint, sondern eher ein Einführungsritual für Pub-Frischlinge.

Wie sollen die Metal Heroes die Schotten „überzeugen", einen weiteren Song zum Besten zu geben?

Eine Lokalrunde schmeißen > **481**

Im Dart herausfordern > **501**

Im Gegenzug selbst ein paar Songs spielen > **430**

505 Was für ein Auftakt der „Heroes take over Europe"-Tour! Auch wenn das nur die Preview-Show war, gibt sie die Richtung vor. Die Metal Heroes haben alles gegeben und es bleibt zu hoffen, dass ihr Material bei den Leuten gut angekommen ist.

7

*Ermittle nun den **Gig-Score** für das **Underworld Preview**! 532*
*Checke dazu nacheinander die **Performance** der jeweiligen **Leader** für alle relevanten Songs (ohne Zugaben).*
*Achtung: Für alle **unveröffentlichten Songs** (ohne eine Markierung im Feld „**Out**") ist der Check um 1 leichter!*

*Wie hoch ist der **Gig-Score**?*

14 oder höher > **518** | *9 bis 13* > **526**

8 oder weniger > **531**

506 Leos klassische Musikausbildung macht sich einmal mehr bezahlt! In seinen Adern muss Kontrabass-geschwängertes Wagner-Blut fließen.

Norrie ist dermaßen begeistert von der Komposition, dass er sogar eine Aufnahme mit echten Symphonikern arrangiert, die sowieso ihre Stücke parallel im altehrwürdigen Studio 1 für Klassik-Musik nebenan einspielen.

Aktiviere nun ***kostenlos*** *einen Song für* ***maximal 4 Song-Punkte*** *aus dem Genre* ***Symphonic*** *im* ***Repertoire****! Außerdem sind dessen* ***Anspruch*** *und* ***Fame*** *automatisch um 1 höher!*
Wichtig: Dies bedeutet nicht, dass dieser Song zwangsläufig auf das neue Album muss.

Weiter > ***473***

507 Die Tür fliegt auf und ein kleines Kraftpaket mit kurzen, schwarzen Locken und buschigem Schnauzer schlittert ins Zimmer.
„HEEEY-O", schmettert er und zeigt mit dem Mikro, das in eine auf halber Länge gekürzte Ständerstange eingespannt ist, auf die Heroes, reckt die Faust gegen Himmel und wirft den Kopf zurück. Mit dem unbeugsamen Selbstverständnis eines Superstars trägt er eine homoerotische Kombination aus Muscle-Shirt und enganliegender Leggins.

Wie soll Joey diesen Künstler begrüßen?
Servus, Slash! > ***468*** | *Ave, Angus! >* ***476***
Friede, Freddie! > ***454*** | *Mensch, Mick! >* ***489***

508 Leider entwickeln sich die Klick-Zahlen nicht so dynamisch, wie es sich das Management erhofft hatte. Wahrscheinlich war die Songauswahl nicht perfekt.
„Männer, das ist kein Beinbruch", schaltet Joey den Heuchelschalter ein. „Für den Anfang war es doch okay. Oder, Brian?"
„Red' kein Blech! Scheiße kann man nich' vergolden!"

Die ***Bandchemie*** *sinkt um 1!*
Dennoch steigt entweder die ***Fame*** *des Video-Songs oder eines anderen beliebigen Songs um 1.*

Weiter > ***539***

509 Kaum hat Leo die nächste Flasche ergriffen, geht einer der Techniker am langen Buffettisch vorbei. Es genügt, den Mann für einen kurzen Moment zu kontrollieren, sein Gleichgewicht zu stören. Mit

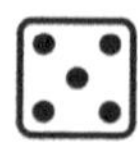

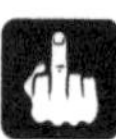

einem eleganten Arm-raus-Abräumer stürzen sämtliche Pullen zu Boden und zerplatzen auf dem Parkettboden.

*Dein **Einfluss** sinkt um 1!*

Als der Schaum sich aufgelöst hat, betrachtet sich Leo in der Spiegelung der Bierlache selbst. Schockiert vom eigenen, bemitleidenswerten Gesicht, schlurft er zurück zu den anderen.

⏩ FAST FORWARD
Seine langsam wachsende Selbsterkenntnis, ein Alkoholproblem zu haben, bringt Leo dazu, seine Gefühle und Einstellung zur Sucht in einem Song zu verarbeiten.
Leo textet in dieser Nacht einen zukünftigen Heroes-Klassiker …

*Übernehme nun den Song **„Fallen Hero" (#37)** als **Glorious Track** ins **Repertoire** der Band, indem du einen Kreis um dessen Track-Nummer machst.*
*Wenn du mehr über diesen Song erfahren möchtest, lies die Zusatzinfos unter **„Glorious Tracks Inside"** hinten im X-tras-Kapitel durch.*

*Weiter > **436***

7

510 Joey deutet aufgeregt über die Schultern des Fahrers: „Leute, da vorne sind sie, die glorreichen Abbey Road Studios!"
Der Londoner seufzt und bringt sein Taxi, etwa 300 Meter vor dem Ziel, zum Stehen. Auf Brians Frage, warum er nicht bis zu den Treppen des Eingangs vorfahre, murmelt er nur etwas von einem Fußgängerüberweg, ständigem Stau und dass er nun bitte 41 Pfund, 30 Pence hätte.
Als die Heroes schließlich mit ihrem Gepäck in Richtung Abbey Road★ marschieren, stoßen sie tatsächlich auf stehende Autos, blockiert durch Touristen, Kamera im Anschlag, die sich vor dem schlanken, mit Kalk getünchten Backsteingebäude tummeln.
Sie halten sich an schwarz-weiß-gestreiften Laternen fest, die – typisch für London – mit ihren orangefarbenen Blinksignalen die Autofahrer auf den Zebrastreifen hinweisen. Die Leute scherzen,

★) ROCK ICONS: Abbey Road (Studioalbum) von „The Beatles"
Eine britische Beat- und Rockband in den 1960er Jahren. Mit mehr als 600 Millionen verkauften Tonträgern ist sie die erfolgreichste Band der Musikgeschichte. „Abbey Road" war ihr elftes Studioalbum.

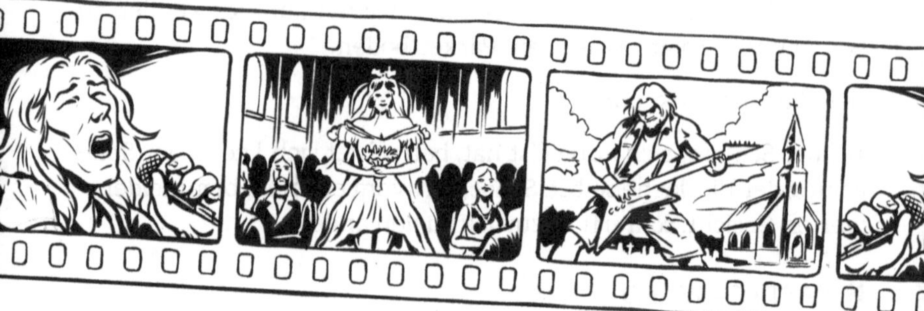

fotografieren Freunde und Bekannte, die ihrerseits auf den Markierungen des Überwegs mit ausladenden Arm- und Beinstellung verharren und somit die genervten Einheimischen vom Weiterfahren abhalten.

Das Studio selbst hat einen unscheinbaren Eingang über den Hinterhof. Der für England typische Baustil des sechsstöckigen Hauses mit seinen hohen Holzfenstern scheint hier perfektioniert. Es strahlt Eleganz und Tradition aus.

Die Empfangsdame, überrascht vom frühen Erscheinen der Metal Heroes, bittet um etwas Geduld. Ihr Termin sei erst in knapp einer Stunde. Wenn sie nicht hier warten möchten, könnten sie sich aber gerne im Garten oder dem Restaurant die Zeit vertreiben.

*In den Garten gehen > **427** | Ins Restaurant gehen > **523***

*Im Eingangsbereich Platz nehmen > **464***

511 Das Heroes-Management hat sich dazu entschieden, beim ersten Video für die zweite Platte keine allzu großen finanziellen Risiken einzugehen. Daher setzt man eher auf künstlerisch-wertvolle Stilelemente (auch bekannt als billiger Computer-Animations-Schnick-Schnack).

*Wie heißt der **Manager** der Band?*

*Ricci Truman > **516** | Russ Marlow > **438***

512 Ein genervtes, durch ein Megaphon verzerrtes „Hallo?!“ lässt dich aufschrecken. „Dürfte ich um Aufmerksamkeit bitten?!“

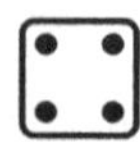 

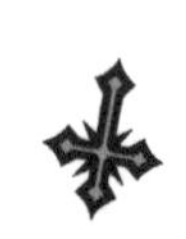

512 *Es scheint ein Ding der Unmöglichkeit, all diese wirren Produzenten-Ergüsse binnen drei Drehtagen im Kasten zu haben.*

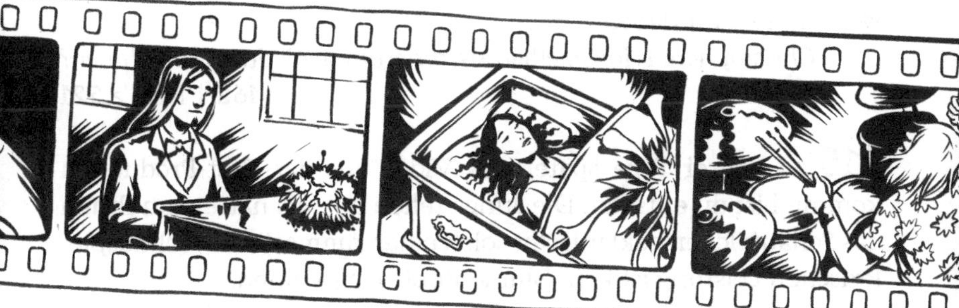

Auf der roten Stirn des Regisseurs rinnt der Schweiß. „Wie sie alle hoffentlich wissen, ist das Budget für dieses Video begrenzt ..."
Der speckige Typ mit dem Mondgesicht fuchtelt mit einer Storyboard-Kladde wild über dem Kopf.
„... übrigens, dies gilt ebenso für meine Zeit! Es scheint fast ein Ding der Unmöglichkeit, all diese wirren Produzenten-Ergüsse binnen drei Tagen abzudrehen."
Generell macht der Kollege Regisseur auf dich einen wenig empathischen Eindruck. Ständig ist er am Mosern und belegt die Crew mit sarkastischen und abfälligen Kommentaren.

7

Willst du das Ruder in die Hand nehmen und das Heft herumreißen... oder so ähnlich? > ***•498***
Willst du dem Treiben mit dem gebührenden Abstand eines Rock-Gotts zusehen? > ***439***

513 Die Tür schwingt zurück und ein drahtiger Kerl in der Uniform eines britischen Schuljungen erscheint. In kurzen Hosen spielt er eine Gibson SG, atmet wie ein Fisch auf Land und hüpft mit steifen Scherenschritten durchs Zimmer der Metal Heroes. Seine rotblonden Locken verraten seine schottische Abstammung.

Wie soll Joey diesen Künstler begrüßen?
Servus, Slash! > ***468*** | *Ave, Angus! >* ***454***
Friede, Freddie! > ***476*** | *Mensch, Mick! >* ***489***

514 „Kein Schiffsbruch, Freunde! Ich gebe euch eine weitere Chance. Beweist eure Seetauglichkeit in einem Trinkspiel. Was sagt ihr, seid ihr dabei?"

Christophers Trinkspielherausforderungseinladung annehmen?*

Ja > **462** | *Nein* > **521**

515 Als drei Tage später das Video aus der Post-Production kommt, bist du entsetzt. Die Jungs sehen aus, als hätte man ihnen das Schäufelchen geklaut. Mit solch einer jämmerlichen schauspielerischen Leistung ist kein Blumentopf zu gewinnen.

Weiter > **457**

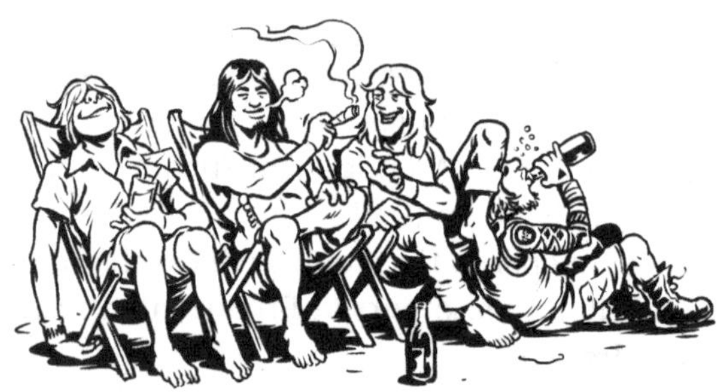

516 Ricci gibt bei der Auswahl des passenden Songs zu bedenken, dass nicht nur Beliebtheit oder Qualität, sondern auch Aktualität extrem wichtig sind. „Niemand will gammliges Zeug sehen", fasst er treffend zusammen. „Es könnte aber der perfekte Zeitpunkt sein, einen guten, unbekannten Track auf dem Markt zu etablieren!"

Weiter > **520**

517 Russ führt die beiden Gewinnerinnen zu den Metal Heroes in den beengten Backstage-Bereich vom O2-Underworld. „Also Männer, das sind Ashley aus Soho und ihre Freundin Christina."

Die aufgedonnerten Teenager können ihre Freude kaum zügeln. Berauscht von Glücksgefühlen halten sie sich gegenseitig fest und hopsen auf der Stelle.

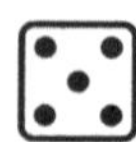 

Chris trägt ein knalliges Hawaiihemd, über dem Bauchnabel zusammengeknotet, was Joey zu einem ironischen Kommentar verleitet: „Lass mich raten, wen du von uns besonders gut findest ...“ Russ pafft derweil genüsslich an seiner Zigarre und erfreut sich des Anblicks: „Die jungen Damen wollten nur mal kurz ‚Hallo' sagen.“ „Hallo“, greift Brian das Stichwort theatralisch auf. „Kommt ruhig rein und trinkt was mit uns.“

Wie soll dieses Treffen weitergehen?
Brian soll weiter auf die Mädels eingehen > ***503***
Bussi, Bussi und ein Foto > ***461***

518 Perfekter Auftakt für den Euro-Trip! Die Metalheads wollen mehr!

*Spiele nun **beide Zugaben** der **„Underworld Preview“** 532 und streiche den entsprechenden Bonus ein, sollte der **Performance-Check** des **Leaders** gelingen.*

Schon wenige Stunden nach dem Konzert überschlagen sich die Berichte der Fans im Internet.

Weiter > ***455***

7

519 Ein kerniger Typ in Lederkutte und einer Les Paul über den Schultern nickt zur Begrüßung. Schwarze, fein gelockte Haare verbergen wie ein öliger Vorhang sein Gesicht. Auf der wulstigen Unterlippe klebt eine glimmende Kippe, die fast nur noch aus Asche besteht. Der Qualm umspielt die Krempe seines seidig-glänzenden Zylinders, der ihn zwingt, beiläufig in die Knie zu gehen, als er ins Zimmer tritt.

Wie soll Joey diesen Künstler empfangen?
Servus, Slash! > ***454*** | *Ave, Angus!* > ***468***
Friede, Freddie! > ***476*** | *Mensch, Mick!* > ***489***

520 Joey bespricht sich mit seinen Kollegen. Jeder der vier Musiker hat zwar seine eigenen Vorstellungen, doch recht schnell kristallisiert sich ein Favorit heraus.

*) Wenn du das unfallfrei lesen konntest,
dann geht vielleicht doch noch was.

Welcher Heroes-Song soll als Video produziert werden?
Wähle nun einen aus dem **Repertoire** *der Band und notiere im Kästchen unter* **„Out"** *ein* **„V"**. *Dies kann natürlich auch ein bereits veröffentlichter Song sein,* **Symphonic** *ist jedoch nicht zugelassen!*
ONLY: Suche dir irgendeinen Song eines bereits gemeisterten Genres, außer **Symphonic**, *aus dem* **Repertoire** *aus!*

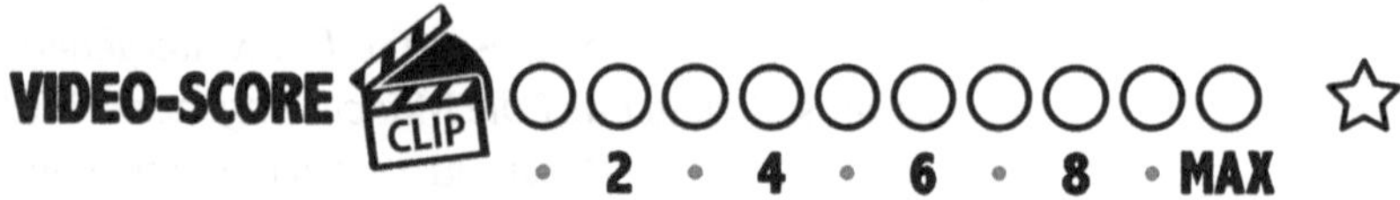

Zuletzt trägst du seinen **Fame** *in der Video-Score-Leiste hier ein. (Hat er beispielsweise 2 Fame-Sterne, trage sofort 2 Punkte hier ein.*

Joey teilt die Entscheidung schließlich dem Manager mit.
„In Ordnung", klemmt er sich an sein Smartphone. „Ich werde alles in die Wege leiten. Das wird groß!"

Okay, kehren wir zurück zum Videodrehort in die Gegenwart!

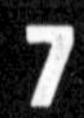

Besitzt Leo einen **Hasen-Talisman** *in seinem Inventar?*
Ja! > Lies bei der notierten Sektion weiter!
Ansonsten > ***512***

521 Ein launiger Abend neigt sich dem Ende entgegen. Die Männer im „Brave's Inn" schmettern Abschiedslieder, während der Wirt den Heroes eines der berühmten schwarzen Londoner Taxis ruft.

Weiter > ***450***

522 Kaum haben die ersten Heroes-Freaks die Ankunft ihrer Idole bemerkt, wird es ungemütlich: Binnen Sekunden sind deine vier Schützlinge von jubelnden Autogrammjägern umringt. Keine aggressiven Typen, aber die schiere Masse Metalheads ist erdrückend.

Checke Gregoris ***Power***!
Gelungen > ***502*** | *Misslungen >* ***534***

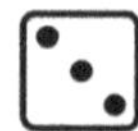
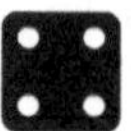

523 Das angeschlossene Restaurant „The Crossing" (Bar inklusive) ist für Normalsterbliche nicht zugänglich, sondern nur für Künstler, die ihre Musik in den Studios einspielen, oder eben für kleine und große Berühmtheiten, mit denen der Inhaber sich gerne ablichten lässt, wie eine mit Schnappschüssen vollgehängte Wand eindrucksvoll untermauert.
Auf jedem der Fotos ist neben einem – mehr oder weniger bekannten – Star, ein Mann mit breitem Grinsen zu sehen, der offenkundig über die Jahre hinweg immer weiter an Leibesfülle und Zahnlücken zulegte.

Weiter > ***464***

524 Man trifft sich in Brians Zimmer, nicht ohne vorher den Inhalt aller Mini-Bars zusammengelegt zu haben.
Nach einer Stunde sind die Vorräte fast aufgebraucht und Leo schwelgt lallend in Erinnerungen an seine erste Liebe: „Ihr Gesicht ist wie in mein Gedächtnis eingebrannt. Warum ich sie so schön fand, weiß ich nicht zu sagen. Sie war nicht perfekt. Sie war edel. Und andere wirkten neben ihr, nun, nicht hässlich, sondern banal."
Leo wird unvermittelt traurig und stammelt, dass er sich dringend aufs Ohr hauen muss. Mit seinem neuen Kumpel, einem blauen Eimer, den die Putze wohl im Bad vergessen hat, verdrückt er sich in sein Zimmer.
„Oh, Mann, der Junge ist echt am Arsch!", brabbelt Gregori.
Dann bricht es auch aus Brian hervor: „Diese scheiß Weiber! Immer das Gleiche! Alles dreht sich immer um diese scheiß Weiber!"
„Jupp", kämpft Joey gegen den Nebel in seinem Kopf an, „du kannst nicht mit ihnen – und du kannst nicht ohne sie. Punkt."

Checke Joeys ***Power!***

Gelungen > ***444*** | *Misslungen >* ***433***

7

525 Die Luft knistert, als ein kleiner Mann mit fliehender Stirn und schulterlangem, zerzaustem Haar den Raum betritt. Es ist Ronnie James Dio★, die Stimme des Metal und Inspiration für unzählige Musiker!

★) ROCK ICON: Ronnie James Dio
War ein US-amerikanischer Hard Rock und Heavy Metal-Sänger (der Bands Elf, Rainbow, Black Sabbath, Dio und Heaven und Hell). Gilt als einer der bedeutendsten Rocksänger.

In enger Lederkluft geht der Kultsänger mit italienischen Wurzeln zwischen den Heroes herum, wie ein stolzer Lehrer, der seine besten Schüler begutachtet.
Ein Lächeln erhellt die tiefen Furchen seines Gesichts, als er die Mano cornuta* zeigt, das berühmte Teufelszeichen, das er der Metal-Welt schenkte. Dann stimmt er an ...♫

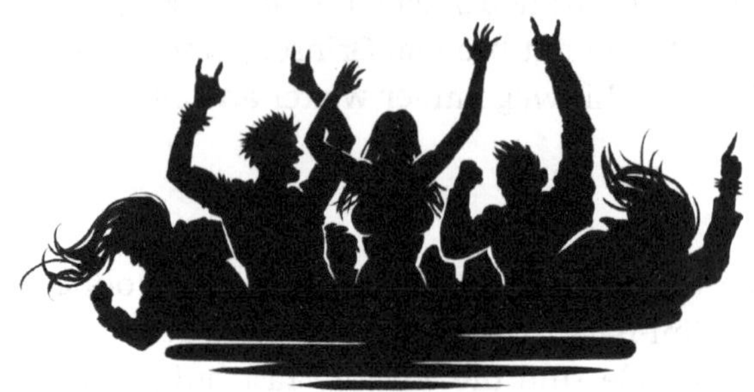

When I see lightning, you know it always brings me down
'Cause it's free and I see that it's me
Who's lost and never found
Feel the magic, I feel it floating in the air
But it's fear, and you'll hear
It calling you beware
Look out!

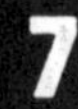

There's no sight of the morning coming
There's no sight of the day
You've been left on your own
Like a rainbow
Like a rainbow in the dark, yeah

„Rainbow in the Dark" (1983) von DIO
Hard Rock/Heavy Metal Band aus New York (USA)

Energie voller Talent knistert in seiner Hand und schlägt in gleißenden Lichtbögen auf die Heroes über.

*Die **Bandchemie** steigt um 2!*
*Dein **Einfluss** sinkt jedoch um 1!*

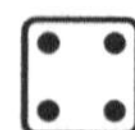 

*Zudem erhält die Band **4 Song-Punkte**!*
*Spare sie, um am Ende des Kapitels Songs freigeschalteter Genres im **Repertoire** zu aktivieren.*

Traurig, dass deine Jungs in ihrem jetzigen Zustand gar nicht kapieren, wer vor ihnen steht. Sie halten den Besuch aus dem Rock-Äther für einen weiteren schrägen Drogen-Trip.
Ronnie versucht es zwar noch mit ein paar warmen Worten, zieht sich dann jedoch achselzuckend zurück.

Weiter > **444**

526 Eine tolle Show! Die Fans sind begeistert vom Material der Heroes und wollen einen Nachschlag. Der Grundstein für eine geile Tour ist also gelegt.

*Spiele nun die **erste Zugabe** der **„Underworld Preview"** 532 und streiche den Bandchemie-Bonus ein, sollte der **Performance-Check** des **Leaders** gelingen.*

Weiter > **455**

527 Der Respekt ganz Schottlands scheint Leo sicher. Weitere Gläser rinnen die Kehle des Philippinen mit dem breiten Kreuz hinunter. Chris' Augen sind glasig, seine Bewegungen fahrig. Leo hat ihn fast soweit!

*Checke zum zweiten Mal Leos **Power**!*
Gelungen (er hält sich auf den Beinen) > **440**
Misslungen (eher ein Anblick zum Weinen) > **423**

*) **Das Metal-Zeichen** | *Ja, die guten alten Horns! Wohl nach dem Victory-Zeichen und dem Stinkefinger eine der berühmtesten Gesten. Von den Deutschen-Fans liebevoll „Pommesgabel" getauft. Es wurde von Ronnie James Dio (Sänger u. a. bei Rainbow, Black Sabbath) in die Szene eingeführt. Als Kind erlernte er es von seiner italienischen Großmutter, die das „Maloik" als Schutz vor dem „Bösen Blick" verwendete.*

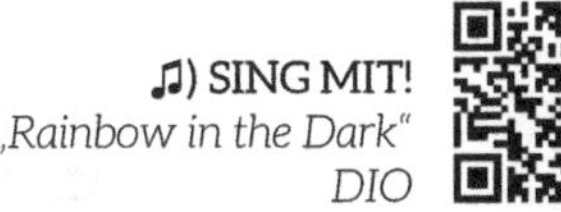

528 Leos erste Klassik-Komposition ist für die Schnelle der Zeit aller Ehren wert! Binnen weniger Tage werden die Spuren für Piano, Streicher und Bläser von einem Spezialisten für Synthesizer programmiert.

Aktiviere nun kostenlos einen Song für ***3 Song-Punkte*** *aus dem Genre* ***Symphonic*** *im* ***Repertoire****! Außerdem sind dessen* ***Anspruch*** *oder* ***Fame*** *um 1 höher! Wichtig: Dies bedeutet nicht, dass dieser Song zwangsläufig auf das neue Album muss.*

Weiter > ***473***

529 Leo schüttelt nur mit dem Kopf und lässt den Typen quatschen. Für solche Arschloch-Konfrontationen ist der introvertierte Bassist eben nicht zu haben.

Weiter > ***442***

530 Du hast das Gefühl, Joey hätte heute Abend sagen können, was er wollte, an dem Ergebnis, der ernüchternden Reaktion der Fans, hätte es nichts geändert. Die Metal Heroes sind eben Stars aus Amerika – hier in Europa, der alten Metal-Welt, bekommen sie keine Geschenke und schon gar nicht irgendwelche Stimmungsalmosen.

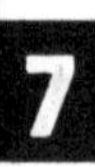

Setlist Bring it to „The Max“

Wähle nun ***12 Songs*** *(plus* ***2 Zugaben****) aus dem* ***Repertoire*** *und bestimme damit die* ***Setlist*** *für diesen Auftritt.*
Trage dazu ihre Track-Nummern in die vorgesehenen Felder mit dem #-Symbol im ***Gig-Muster*** *gegenüber ein.*

Haben die Metal Heroes einen ***Supporter*** *namens* ***Zig*** *und sollen ihn vor der Zusammenstellung der Setlist um Rat fragen >* ***493***

Hast du alle Songs der Setlist eingetragen, ziehe eine Karte! Sie bestimmt die ***5 relevanten Songs*** *dieses Auftritts. Kreuze den* ***Pfeil*** *mit dem entsprechenden Karten-Symbol am Rand des* ***Gig-Musters*** *an.*

Weiter > ***449***

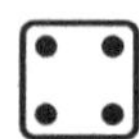
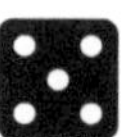

Gig-Muster

BRING IT TO THE MAX

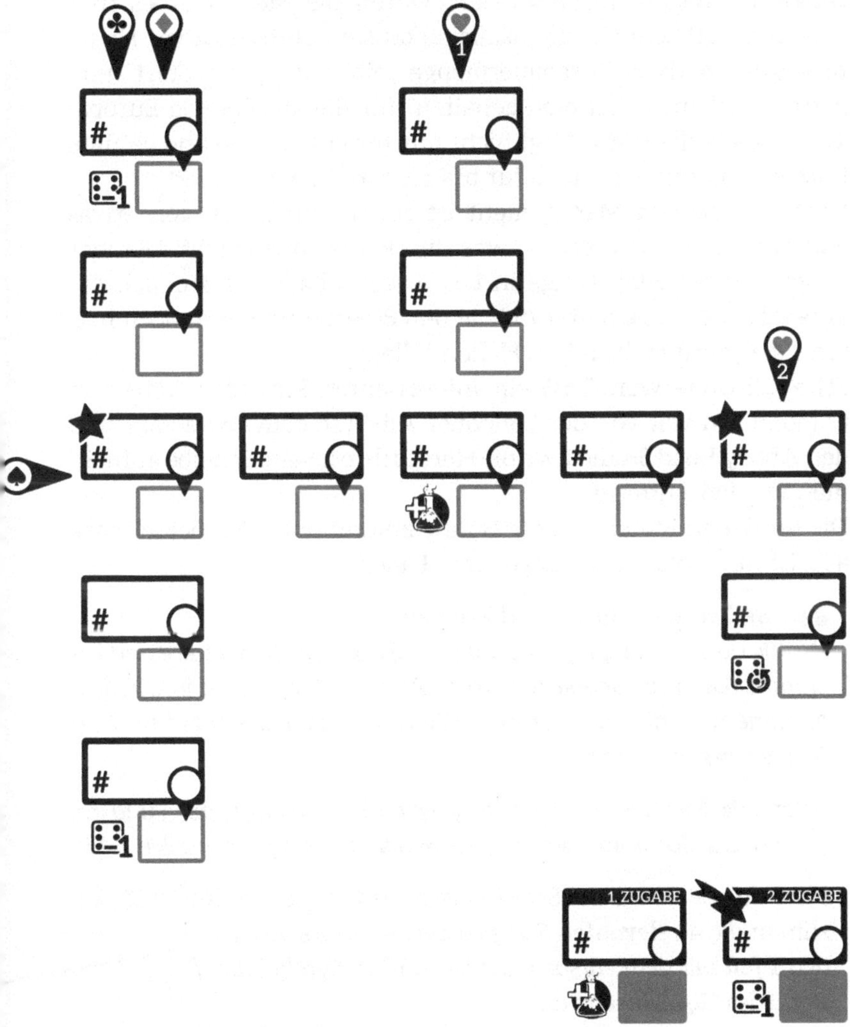

1

\#

\#

2

\# \# \# \# \#

\#

\#

531 Obwohl die Jungs wahrlich gut drauf waren, ist der Funke nicht übergesprungen.

*Weiter > **455***

532 Zu Beginn ihrer Karriere wären die Metal Heroes froh gewesen, 500 Leute in einem ausverkauften Club zu haben. Heute hingegen ist diese Zuschauermenge „ein gelungener Start“ und „extra in kleinem Rahmen gehalten“ für die anstehende Europa-Tour. Eine volle Hütte sorgt nicht nur für gute Laune und gefüllte Kassen, sondern eben auch für brauchbare Bilder und PR!
Doch das clevere Management ist zudem Ausdruck von etwas anderem. Und zwar etwas, was dir richtig Mut macht: Die vier Jungs aus der Edel-Garage in Los Angeles haben tatsächlich das Potenzial, das viele Metal-Acts in den 80erm und 90ern noch hatten - sie könnten die fetten Hallen füllen!
„The O2-Underworld“ ist ein interessanter Schuppen mitten in Camden. Unweit von der Londoner Altstadt, dem Hyde Park und den Abbey Road Studios, wo die Heroes ihre zweite Scheibe aufnehmen werden, entfernt.

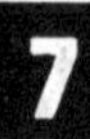

Die nur einen Meter erhöhte Bühne kommt ohne Schnickschnack aus, ist „brit-solid“, wie der gesamte Laden.

Setlist der Underworld Preview

*Wähle nun **10 Songs** (plus **2 Zugaben**) aus dem **Repertoire** und bestimme damit die **Setlist** für diesen Auftritt. Trage dazu ihre Track-Nummern in die vorgesehenen Felder mit dem #-Symbol im **Gig-Muster** gegenüber ein.*

*Wenn die Metal Heroes einen **Supporter** namens **Zig** haben und ihn vor der Zusammenstellung der **Setlist** um Rat fragen sollen > **459***

*Hast du alle Songs der Setlist eingetragen, ziehe eine Karte! Sie bestimmt die **4 relevanten Songs** dieses Auftritts. Kreuze den **Pfeil** mit dem entsprechenden Karten-Symbol am Rand des **Gig-Musters** an.*

*Fertig mit der Setlist? > **500***

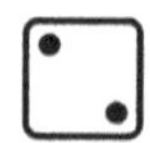
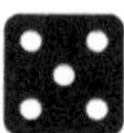
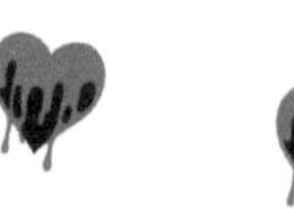

Gig-Muster

UNDERWORLD PREVIEW

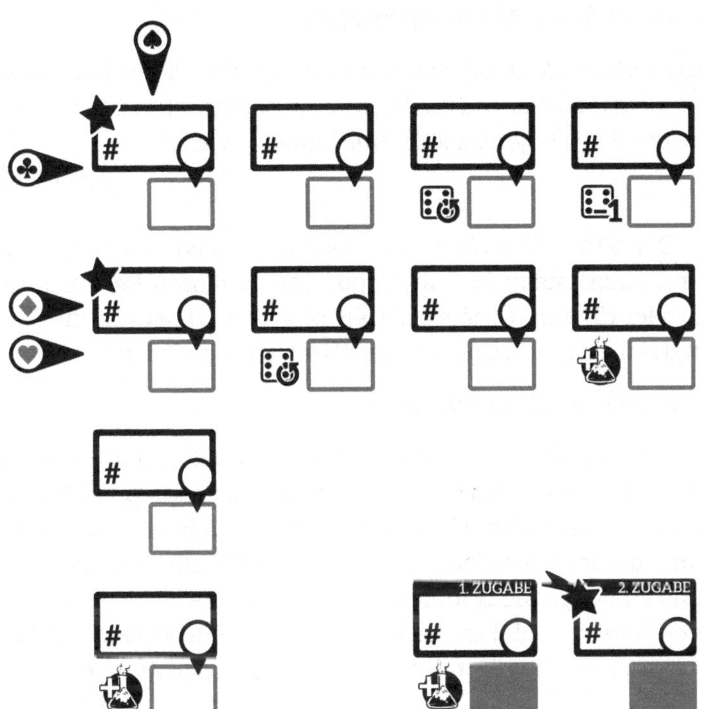

533 Obwohl die Europatour erst begonnen hat, geht es zunächst im Flieger zurück auf die britische Insel. Dort wird nämlich in den kommenden Wochen das nächste Album der Metal Heroes aufgezeichnet und anschließend ein fett produziertes Debüt-Video!

Folgenden Inventareintrag bitte jetzt streichen:
*- **Party Tüten***

*Als Belohnung zum Ende dieses Abschnitts der Europa-Tour gibt es **4 Song-Punkte**!*
*Investiere sie jetzt, um mindestens **1 Song** freigeschalteter Genres im **Repertoire** zu aktivieren. Tue dies, indem du einen Kreis um die entsprechenden Track-Nummern machst.*

*Für **jeden** Metal Hero, der einen Abzug auf alle Checks hinnehmen musste, gilt, dass dieser Nachteil nun wieder aufgehoben ist. In diesem Fall streiche das -Symbol im Metal-Logbuch wieder.*

*Weiter > **510***

534 Der blinde Drummer der Metal Heroes wird zum Spielball der Fans. Angst steigt in ihm empor. Die zahllosen Berührungen sind zu viel für ihn. Gregori schreit plötzlich wie ein in die Enge gedrängtes Tier und wird in seiner Panik handgreiflich.

*Gregori brennt eine **Sicherung** durch!*

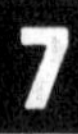

Es braucht schon den gemeinsamen Einsatz von Leo und Brian, um ihren Schlagzeuger zu beruhigen. Die Bilanz nach knapp 5 Minuten Haupteingang-Aufruhr: 12 Autogramme, 34 Selfies, 2 Leichtverletzte und das Internetvideo „Drummer schlägt blind um sich“.
Zum Glück blieben die beiden Kerle, die sich eine blutige Nase eingefangen haben, cool. Für sie ist es eher ein Ehrbeweis und kein Grund eine Anzeige wegen Körperverletzung anzustrengen.

*Weiter > **502***

535 Gregoris Finales Drum-Gewitter befriedigt auch den letzten Fan in Amsterdam. Hallende Rufe der Begeisterung folgen den Heroes bis hinunter in die Katakomben. Selbst als die Metalltür zur Umkleide zufällt, sind die Jubelstürme weiterhin zu spüren.

*Ermittle nun den **Gig-Score** für **„Bring it to ‚The Max‘“**!* 530
*Notiere dir einen Bonus von **+1** für jeden gespielten Song des Genres Power im C-Feld im **Tour-Book** des Metal-Logbuchs.*
*Checke jetzt nacheinander die **Performance** der jeweiligen **Leader** für alle relevanten Songs (ohne Zugaben).*

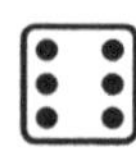 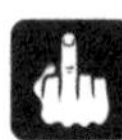

*Wie hoch ist der **Gig-Score**?*
16 oder höher > ***474***
10 bis 15 > ***485*** | *9 oder weniger >* ***497***

536 Gesagt, getan. Gregori bekommt vom Fan-Artikel-Stand das aktuelle Delain-Album in die Hand gedrückt und zieht sich die Scheibe backstage rein. Währenddessen betreibt Joey Small Talk mit Charlotte. „Ihr habt wohl öfter medizinische Probleme mit eurer Besetzung." – „Wie meinst du das?"
„Naja, ich habe gehört, euer Bassist hätte neulich mit, naja, aufgeschlagenen Eiern spielen müssen."
„Oh ja", kichert die Niederländerin. „Es war wohl nicht besonders clever über dieses Absperrgatter zu hüpfen. Der Arme hat die Show aber tapfer durchgezogen!" – „Ist bei uns ähnlich. Unser Leadgitarrist Brian spielt auch ständig mit dicken Eiern."
Charlotte rollt die Augen: „Ja, ein gewisser Ruf eilt ihm voraus ..."
Knapp eine Stunde später bewundern die verbliebenen Delain-Musiker Gregoris Anpassungsfähigkeit. Es scheint, als hätte er nie etwas anderes getan, als Teil dieser Truppe zu sein.

*Mache nun mit Gregori einen **Performance-Check** für das Genre **Symphonic**, also auf seinen schlechtesten Wert unter den Eigenschaften **Skill** und **Presence**, um zu sehen, wie er sich heute Abend schlägt. Gelingt der Check, erhält die Band **2 Song-Punkte**!*

Als sich Joey verabschieden möchte, ergreift Charlotte sein Handgelenk: „Ich find's total super, dass dein Kollege das für uns macht." Joey winkt ab. „Kein Ding! Gregori hilft gerne aus. Solange er spielen kann, ist er happy. Weißt du, für ihn sind die unterschiedlichen Klangfarben in seinem Kopf einfach das Geilste."
Sie lächelt sanft. „Die Heroes haben was gut bei mir! Solltet ihr mal Hilfe brauchen, werde ich mich revanchieren. Versprochen!"

*Kreuze nun unter **Supporter** das Kästchen bei **Charlotte** ab als Zeichen, dass die Sängerin die Metal Heroes unterstützt.*
*Blättere nun zu den **Charakter-Infos** hinten im X-tras-Kapitel und gib dir dort die Infos über **Charlotte**.*

Weiter > ***475***

7

537 Die Heroes sind im letzten Jahr dermaßen durchgestartet, dass genügend Kleingeld da ist, um jetzt das erste Video anspruchsvoll zu gestalten. Das Management setzt auf Qualität und sattes Budget. Also keine Ein-Tage-Drehs mit billigen HD-Kameras im Wald, Wackelbilder-Orgien in verlassenen Fabrikanlagen oder Schwarz-Weiß-Kollagen von aufgekauften C-Movies.
Du erwartest nette Effekte, Kostüme und Komparsen.

*Die **Video-Score** steigt um 2 Punkte!*
Notiere dir diesen Bonus auf der Video-Score-Leiste. 520

*Wie heißt der **Manager** der Band?*
*Ricci Truman > **516** | Russ Marlow > **438***

538 Joey hat echte Schwierigkeiten, sich auf den neuen, zeitversetzten Sound einzustellen. Sein Gesang und Gitarrenspiel kommen dabei zwangsläufig aus dem Takt. Erst in einer Zwangspause vor dem nächsten Song kann das Problem behoben werden. Stinksauer spielt der Bandleader weiter.

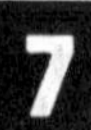

*Der **Gig-Score** sinkt um 3!*
*Notiere dir das „Rückkopplungsgeschrei" als einen Abzug von **-3** im **B**-Feld von **„Bring it to ‚The Max'"** im **Tour-Book** des Metal-Logbuchs. (Supportet **Zig** die Band, beträgt der Abzug nur **-1**!)*

*Weiter > **535***

539 Du fasst es nicht! Das waren nur die ersten Wochen auf der Europa-Tour der Metal-Heroes und es kommt dir so vor, als wären es Monate gewesen. Diese Typen machen dich fertig! Umso glücklicher bist du, als dich göttliche Müdigkeit umfängt und ins Nichts des Rock-Äthers abtreiben lässt.

*Die Band erhält **4 Song-Punkte**!*
*Spare oder investiere sie jetzt, um Songs freigeschalteter Genres im **Repertoire** zu aktivieren, indem du einen Kreis um die Track-Nummer machst.*

Das ist das Ende … dieses Kapitels.
*Es geht weiter bei **540***
*mit **Track 8: „Hell likes Teen Spirit"**.*

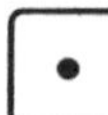

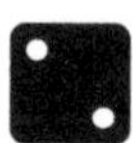

TRACK 8

HELL LIKES TEEN SPIRIT

540 Strahlender Sonnenschein empfängt dich an diesem herrlichen Frühlingstag. Du schwebst über zahllosen Köpfen. In der Ferne ragt der Eiffelturm in den blauen Himmel empor. Du bist in Paris! Der Stadt der Liebe – soweit du weißt.
Passanten drängen sich durch die Fußgängerzone, strömen in und aus den Metro-Zugängen, vollbepackt mit Tüten, oder sitzen auf den Terrassen der Cafés und Bistros. Warum dich nun deine Rock-Gott-Sinne nach Monaten entspannter Ruhe zum Power-Shopping in Frankreichs Hauptstadt mit den Metal Heroes verdonnert haben? Wir werden es herausfinden!
Fluchend bleibt Gregori vor einem Laden stehen und rutscht erschöpft mit dem Rücken am Schaufenster auf den Hosenboden.
„Mann, Alter, jetz' bock nicht rum!", mault Brian, „wir können auch nichts 'für, dass hier so viel los ist."
Doch den interessiert es nicht, was seine Bandkollegen zu sagen haben, und spitzt die Ohren: „Hört! Da wird Dragonforce♫ gespielt."
Der Drummer deutet in eine weniger besuchte Seitengasse.
„Na und? Da hat jemand seine Anlage eben lauter."
„Red kein Blech, du taube Nuss! Das ist nicht das Original. Da spielt nur eine Gitarre!"
Natürlich liegt Gregori richtig. Wenn es um puren Sound geht, macht ihm niemand etwas vor.

Sollen die Freunde den Klängen nachgehen?

*Ja, ich will wissen, was dort gespielt wird! > **676***

*Nein, weiter shoppen > **561***

541 Sie wirft Gregori mit bemerkenswerter Kraft zu Boden.
Schrill-keifend faucht sie: „So! Halte still, dann tut's auch nicht weh. Oder stehst du auf Schmerzen?"

♫) SING MIT!
„Through the Fire and Flames"
Dragonforce

8

Der Drummer kämpft gegen die Ohnmacht, Sterne tanzen in seinem Geist. Er ist den geschickten Angriffen der Schlampe hilflos ausgeliefert. Sie beugt sich über ihn, streift sich die Kette mit dem goldenen Anhänger über den Kopf und hält ihm das Artefakt vor die Stirn. Du kannst sehen, wie sich dessen Kraftlinien auf Gregoris Musik-Matrix ausrichten. Du musst sofort die anderen finden, sonst wird sie ihm sein Talent aussaugen!

*Weiter > **642***

542 Dieses Konzert war wohl das Beste, was die Heroes jemals abgeliefert haben! Während jenes Metal Moments war die Energie zwischen ihnen regelrecht greifbar und hat nicht nur jeden Fan vor Ort mitgerissen, sondern selbst die Zuschauer der TV-Übertragung.

*Setze nun eine bereits **durchgebrannte Sicherung** eines beliebigen Heroes zurück. (Achtung, dies gilt nicht für Brians erste Sicherung.)*

*Weiter > **647***

543 Brian packt einen der eingeschüchterten Liftboys am Arm und schleudert ihn mit einer kurzen Entschuldigung auf den roten Teppich der Lobby, direkt in den Weg der heranstürmenden Security.
Obwohl Leo wie verrückt den „Tür schließen"-Knopf drückt, reagiert der Aufzug nicht. Offenbar wurde er per Zentralsteuerung lahmgelegt. Sekunden später sind die Helden von Sicherheitsbeauftragten umstellt und werden diskret nach draußen geleitet.

*Weiter > **610***

544 Es war eine Frage der Zeit, bis die Fleischberge in Sonnenbrille und Anzug die Jungs dingfest machen würden. Gregori wurde durch das ungestüme Vorgehen doppelt bestraft: Während der Aktion ist der blinde Drummer gestolpert und hat sich die Rübe an einem Türrahmen gestoßen. Blut tropft auf sein schönes Hawaiihemd.

*Mit gesenkten Köpfen geht's weiter > **668***

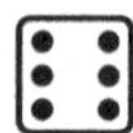 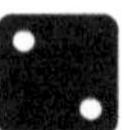

545 Am Hintereingang des Grand Hotels geht es zu wie in einem Taubenschlag. Bedienstete und Zulieferer kommen und gehen. Doch auch hier steht ein echter Security-Brocken im Weg. Mit verschränkten Armen, Sonnenbrille und Headset hinterlässt er einen ebenso korpulenten wie kompetenten Eindruck.
Soeben ist ein Lastwagen einer Reinigungsfirma vorgefahren. Zwei Männer steigen aus und beginnen, große Rollcontainer aus Aluminium von der Ladefläche ins Hotel zu schieben.

Sollen die Heroes die Gelegenheit nutzen? > ***585***

Lieber doch noch mal in die Lobby und versuchen, so zu den Zimmern zu gelangen > ***555***

Oder sie lassen die Sache auf sich beruhen (Umschreibung für „haben die Hosen voll") > ***668***

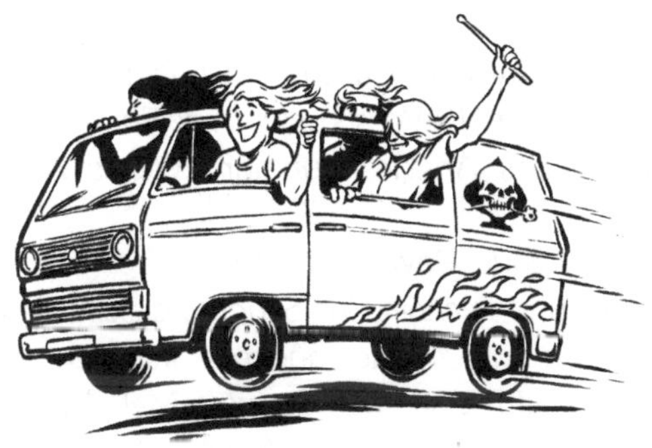

546 Leo beobachtet ihn aufmerksam. „Herr Iommi, sammeln Sie etwa Demo-Tapes?"
„Ja, eine meiner Leidenschaften. Ich hatte Glück und konnte in einem alten Plattenladen in der Innenstadt einige Kassetten ergattern. Da ist zwar meistens nicht mehr viel Verständliches drauf, aber es geht mir eigentlich eher um die Historie des Tapes und die damit verbundenen Geschichten."
„Was meinen Sie hierzu?" Leo hält dem überraschten Tony sein Demo-Tape aus dem schwedischen Tourbus entgegen.
„Lit the Hights? Oh, ja, die Aufnahme ist rar. Wie viel kostet mich der Spaß?"
„Nichts. Die Kassette schenke ich Ihnen."

Während Tony für Leo als kleines Dankeschön ein Autogramm mit persönlicher Widmung anfertigt, streifen draußen die Security-Leute über den Flur.
Ihre lautstarken Kommandos entgehen auch der Metal-Ikone nicht. Gleich hat er verstanden, auf wen sie es abgesehen haben: „Macht euch keinen Stress! Ich rufe bei der Rezeption an und sage ihnen, dass ihr zu mir gehört und sie ihre Gorillas zurückpfeifen können."

Die Band muss nicht mehr befürchten, von der Hotel-Sicherheit aufgegriffen zu werden. Daher kannst du ab sofort alle Aufforderungen, die ***Security-Stufe*** *zu erhöhen,* ***ignorieren****!*
Außerdem steigt die ***Bandchemie*** *um 1!*

Weiter > ***583***

547 *Nach Jahren auf der Straße und der Ochsentour durch sämtliche Clubs und Hallen der US-Westküste sowie Europa präsentieren die Metal Heroes aus Los Angeles nun ihr zweites Album „Reigning Heroes".*
Als genre-niederreißende Power-Combo machen sie ihrem Namen wahrlich alle Ehre und beenden ihr Schattendasein als Insider-Band: Jeder einzelne Track huldigt einer anderen Stilrichtung, ist eine Verneigung vor der Metal-Welt als Ganzes. Melodische Symphonic-Elemente gehen in hymnische Power-Stücke über, weichen düsteren Black-Metal-Tracks, schwer wie Beton, und werden von progressiv-wuchtigem Industrial verfeinert. [...]
Der Begriff „Genre-Mix" (der ja normalerweise eher abwertend genutzt wird) greift für dieses Album viel zu kurz! Diese Scheibe ist eine der besten Stil-Verquickungen, seit der Metal aus den Poren des Musik-Äthers kroch. [...]
So bleibt mir nur, diesem Werk zu huldigen und mich meinerseits tief zu verneigen. Grandios! ★★★★★

Die ***Fanbase*** *steigt um 2!*
Die ***Bandchemie*** *steigt um 2!*
Dein ***Einfluss*** *steigt um 1!*

Weiter > ***679***

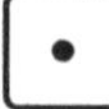

548 Der eigentlich so sanfte Leo ist wie jeden Abend auf der Bühne wie ausgewechselt. Wie ein Derwisch rotiert er über die Stage, zwischen Grabsteinen und Galgen, macht aus dem sonst meist wenig beachteten Bass-Spiel eine mega Show. Dafür lieben ihn besonders die Damen.

Die Security hat alle Hände voll zu tun, die hysterischen Verehrerinnen vor sich selbst zu schützen, indem sie aus der sich zermalmenden Masse herausgezogen werden.

Als sich Leo an diesem Abend sogar das Hemd vom Leib reißt (wieso und weshalb wird für immer sein Geheimnis bleiben), dreht die Frauenwelt komplett hohl. Drei extramotivierte Fans überwinden den Security-Muskel-Wall und schmiegen sich selig an den Six-Pack des Heroes-Bassisten.

*Checke Leos **Skill**!*

*Gelungen > **557** | Misslungen > **566***

549 Getrieben von seinem knurrenden Magen geht Brian auf eine Gruppe Langhaariger zu, die sich um einen großen Stahltopf voller Bohnensuppe zusammengerottet hat. Drei maximal aufgeleierte Campingkocher hauen alles raus.

„Also, Leute, ich muss immer wieder feststellen, wenn Deutsche Gas geben, dann richtig."

„Fast, Freunde", lacht der Koch in seinen Vollbart, „wir sind Österreicher ..." – „Ist das nicht das Gleiche?"

Leo schlägt sich die Hand ob des Brianschen Fauxpas' gegen die Stirn.

Derweil erkennt einer der vier Typen die Metal Heroes und steckt seinen Kumpels, wer vor ihnen steht, woraufhin ein gemeinschaftliches Grölritual die kleinen Berühmtheiten willkommen heißt. Bohnen-Koch Marco lässt es sich nicht nehmen und stellt nacheinander seine drei Freunde und Bandkollegen Rene, Dominik und Matthias vor. Stolz erzählen sie, dass sie seit einigen Jahren als „Garagedays" den harten Stoff zum Besten geben. Und es wäre ihnen eine Ehre, ihr Essen mit den Heroes zu teilen.

*Sollen die Heroes von der Gogo-Popo-Mexiko-Suppe essen? > **636***

*Sich lieber an einem offiziellen Futterstand verpflegen > **625***

550 Als das rote Cabrio mit heulendem Motor um die nächste Ecke biegt, bricht Leo seine Verfolgung mitten auf der Straße stehend ab. Ein Autofahrer kann gerade noch rechtzeitig reagieren und bringt seinen alten Renault mit quietschenden Reifen nur eine Handbreit vor Leos Beinen zum Stillstand.
Mit einer Tirade in Landessprache kurbelt der Pariser die Scheibe herunter. Mittlerweile steht ein knappes Dutzend Kleinwagen kreuz und quer auf der Kreuzung und jeder Fahrer scheint seinen Teil zum herrschenden Hupkonzert beitragen zu wollen. Joey redet beschwichtigend auf den Mann ein, will ihn überzeugen, dass er den Metal Heroes hilft. Wohl dem, der Französisch am College nicht abgewählt hat!

*Checke Joeys **Presence**!*
*Gelungen > **554***
Misslungen > Ziehe eine Karte!
♠ *> **616*** | ♣ ♦ ♥ *> **668***
*Oder willst du dich nicht darauf verlassen, dass der Zufall deinen Schützlingen hold ist? > **•635***

551 Brian baut sich in seiner unnachahmlich einfühlsamen Art vor der aparten Rezeptionistin auf, wischt sich die schweißverklebten Haare aus dem Gesicht und verlangt Auskunft über die Zimmernummer der Flüchtigen, deren Eckdaten er so gut es geht beschreibt.

Der Angestellte im edlen Zwirn hinter ihr trägt die Nase etwas höher als die anderen Hotelmitarbeiter. Auf seinem Revers ist ein kleiner goldener Anstecker mit zwei gekreuzten Schlüsseln. Er schiebt die angesprochene Kollegin zur Seite und erkundigt sich in akzentfreiem Englisch über das Problem der Metal Heroes. Der Concierge signalisiert durchaus Interesse und Verständnis, gibt aber unmissverständlich zu verstehen, dass er den Aufenthaltsort von Gästen nicht preisgeben werde.

*Ist unter Leos Inventar ein **eleganter Sonnenhut** vermerkt?*
*Ja > **562***
*Falls nicht, geht's jetzt in die Lobby > **577***

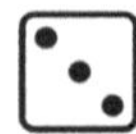 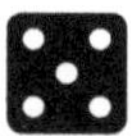

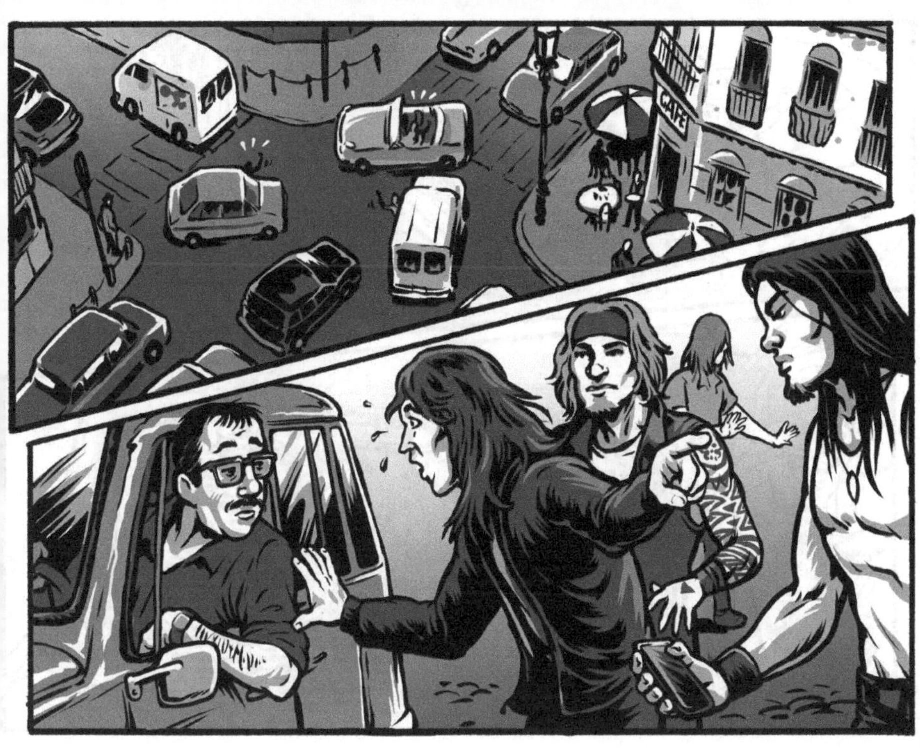

550 *Mittlerweile steht ein knappes Dutzend französischer Automobile kreuz und quer auf der Kreuzung und jeder Fahrer scheint seinen Teil zum herrschenden Hupkonzert beitragen zu wollen.*

8

552 Zwar können sich die vier Freunde gerade noch ins Treppenhaus retten, doch der Kerl hat sie bemerkt und setzt zur Verfolgung an.

*Erhöhe die **Security-Stufe** um 2!* 555

Hurtig, hurtig, in eine andere Etage!
*Étage °1 > **611** | Étage °3 > **633** | Étage °4 > **644***

553 Es grenzt an Magie, dass selbst solch ein Brocken wie Leo von wenigen Händen getragen werden kann. Die Fans genießen den Kontakt zu ihrem Star ebenso wie der Heroes-Bassist das Gefühl, schwerelos zu sein. Eine nette Einlage!

*Weiter > **663***

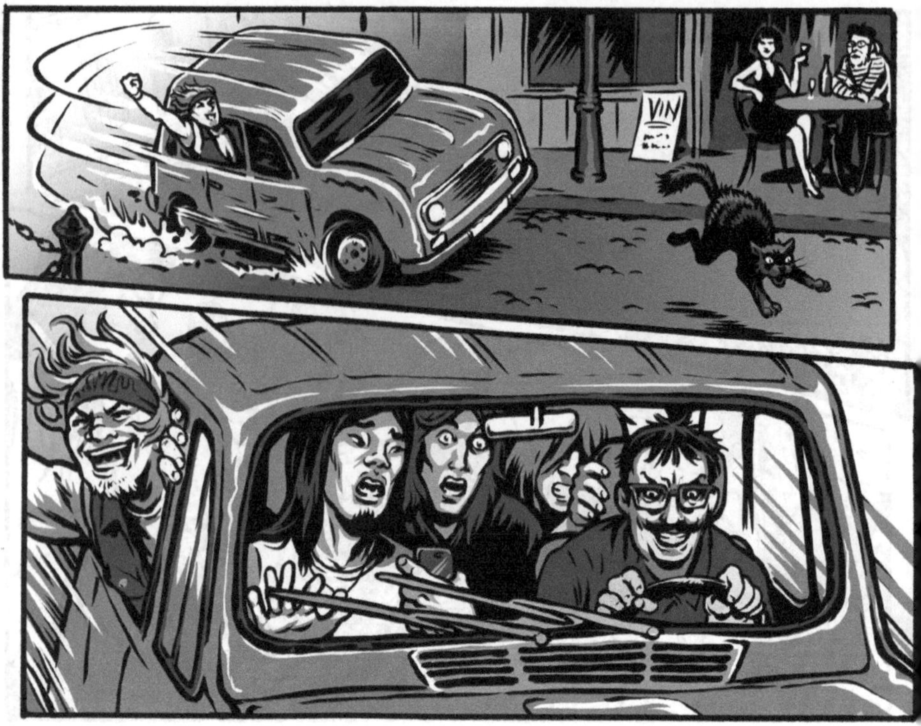

554 Je bewusster dem Fahrer wird, dass er Teil einer kinoreifen Verfolgungsjagd ist, desto motivierter ist er, jegliche Verkehrsregel zu brechen.

554 Je bewusster dem Fahrer wird, dass er Teil einer kinoreifen Verfolgungsjagd ist, desto motivierter ist er, jegliche Verkehrsregel zu brechen. Mit quietschenden Rädern schneidet er Kurven, mobbt unter heftigem Hupen Fußgänger und Vespas von der Bahn. Dennoch bleibt das schnittige Cabrio verschwunden. Erst als Joey dem Franzosen das flüchtende Auto exakt in seiner Landessprache beschreibt, kommt der auf die Idee, dass ein solches Fahrzeug womöglich geliehen sei und auf eine ausländische Dame schließen lasse. Vielleicht sei sie in einem noblen Hotel untergekommen.

Weiter > ***658***

555 Die Herrschaften an der Rezeption verfallen in sichtbare Unruhe, als die ungebetenen Gäste erneut durch die Lobby hasten. Hektisch greift eine der

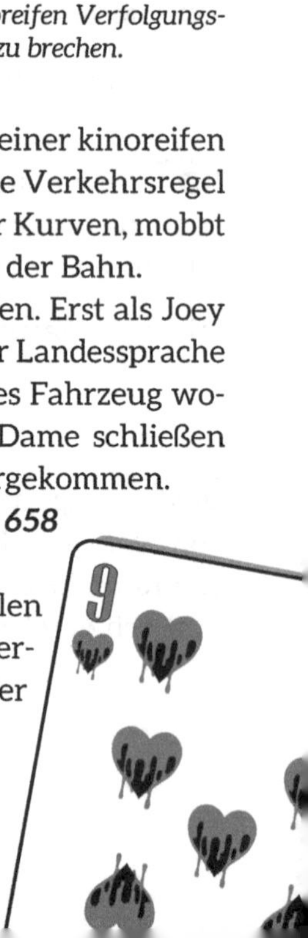

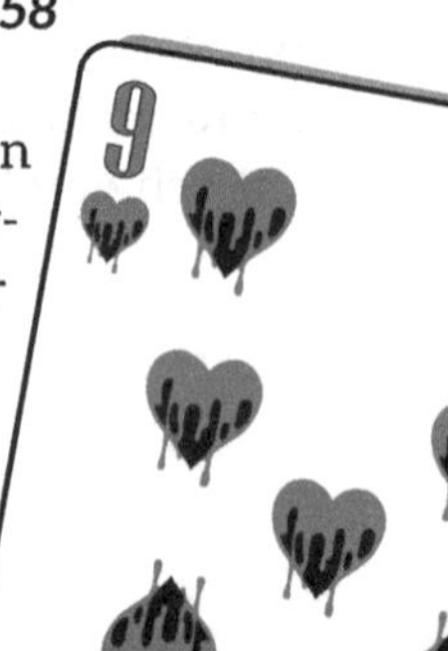

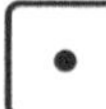
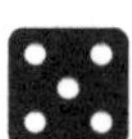

Damen nach dem Telefonhörer. Deinen Jungs bleibt kaum Zeit, bis die alarmierte Security sie zu fassen bekommt und sie (vermutlich) mit einem fetten Arschtritt an die Luft setzt.

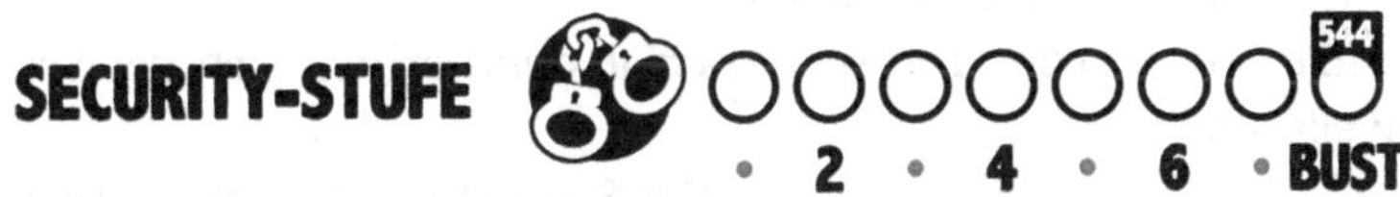

*Daher musst du die Diebin so schnell wie möglich finden! Dafür gibt es hier die **Security-Stufe**, die du immer dann **erhöhen musst** (sprich einen Kreis ankreuzt), wenn du im Sektionstext dazu aufgefordert wirst. Kann Tinas gestohlener Schlüssel-Anhänger nicht innerhalb dieses Limits sichergestellt werden, lies **sofort weiter** bei der Sektionsnummer, die beim achten Kreis vermerkt ist.*

Wohin geht's?
*Zu den Aufzügen > **623***
*Ins Treppenhaus laufen > **567***

556 Verkrampft versucht Joey eine einigermaßen bequeme Sitzposition im Fliegersessel einzunehmen. Aus Erfahrung weiß er, dass er kaum Schlaf finden wird, beim 10-Stunden-Flug von Europa zurück an die Westküste.
Immerhin war er clever genug, sich in einem Kiosk am Flughafen mit Metal-Magazinen einzudecken. Und Überraschung: Eines der Cover zieren die Metal Heroes!
Nach knapp einer Stunde skurriler Lektüre setzt sich Joey mit großen Augen im Sessel auf. Aufgeregt rüttelt er an Brians Schulter.
„Alter, was is'?", erwacht der blondgelockte Gitarrist aus seinem Schlummer. „Ernsthaft, ich hoff' für dich, dass wir abstürzen!"
„Brian, schau dir das an! Eine Kritik von unserer Scheibe!"
„Echt? Und was meinen sie?"
„Keine Ahnung. Kann ich Deutsch?!"
„Ich sehr wohl, Kollege!", sagt Leo und nimmt dem verdutzten Joey das Slam-Magazin aus der Hand. Nach kurzem Querlesen beginnt das philippinische Multitalent mit der Übersetzung der Rezension.

8

*Kontrolliere nun die Songs des **Repertoires**, die mit „2“ markiert sind, und zähle ihre aktuellen **Fame-Sterne** zusammen. (Hast du hinter einem auf der CD veröffentlichten Song drei Sterne ausgefüllt, dann entspricht das 3 Punkten.)*
*Besitzt Gregori bzw. Leo sein **Special**, dann erhöht sich der Score jeweils um 2!*

*Der **Score** des 2. Albums beträgt ...*
*17 oder mehr > **547***
*14 bis 16 > **563** | 11 bis 13 > **581***
*7 bis 10 > **605** | 6 oder weniger > **629***

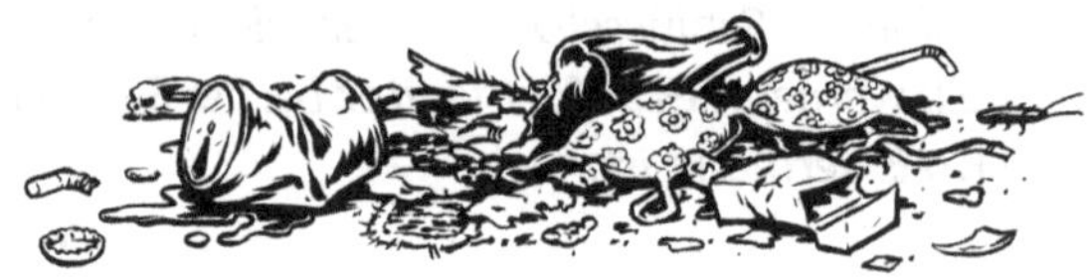

557 Es muss ihm zwar unfassbar schwerfallen, aber Leo bleibt fokussiert auf sein Spiel. Er ignoriert die Anbeterinnen, so gut er kann, lässt sich die Muckis betatschen und abknutschen. Bevor die Security das wilde Trio wieder einfängt, bekommt Leo noch ein paar Schmatzer und Kratzer verpasst.

*Weiter > **643***

558 Im Dauerlauf geht es zurück durch den langen Gang zum Treppenhaus des Hotels. Auf halben Weg kommt ihnen Brian entgegen, der seine beiden Freunde atemlos darüber informiert, dass Gregori das Zimmer der Diebin ausfindig gemacht hat.
„Ja, Nummer 558, richtig?“, gibt Joey den Hinweis des Zimmermädchens zum Besten.
Brian verwirrt: „Wie? Nee. Greg steht vor 'ner anderen Tür, hier im 4. Stock. Er meinte, er hätte die Tante am Klang ihres Kaugummis erkannt.“
*Erhöhe die **Security-Stufe** um 1!* 555

*Sollen die drei zunächst zu Gregori laufen und ihn davon abhalten, eine Dummheit zu begehen? > **677***
*Ohne den Drummer sofort ins Dachgeschoss! > **607***

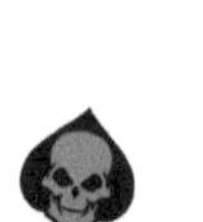

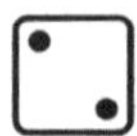 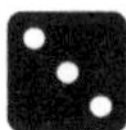

559 Vereinzelt sind Buhrufe zu hören, als sich die Heroes von der Bühne verabschieden. Damit haben die Pariser Metal-Freunde nicht gerechnet. Ohne Zugabe ins Bettchen geschickt zu werden. Dennoch bleibt ihre außergewöhnliche Performance an diesem Abend in Erinnerung.

Weiter > ***600***

560 Leo wird von einem der Einparker angesprochen. Der junge Mann in Hoteluniform erkundigt sich freundlich, ob Leo den Hut gefunden habe. Seines Wissens gehöre das Accessoire der Fahrerin des SLK.
„Das ist richtig", schaltet der clevere Leo sofort. „Wir wollen ihr den Hut gerne wiederbringen. Haben Sie parat, wo wir Madame auffinden können?"
„Natürlich! Die Fahrerin des Mercedes SLK. Anfang 20 ..."
Der Bedienstete ist clever und hat die Menschenkenntnis, um sein Wissen zu vergolden. Aufreizend langsam spricht er weiter: „Oh, diese Beine ... lang wie der Eiffelturm ..."
Erst als Joey ihm 20 Euro zusteckt, verrät der Einparker: „Ich weiß es zwar nicht sicher, aber mich würde es wundern, sollte Madame Renard nicht in einem der oberen, edleren Stockwerke gastieren."

Weiter > ***580***

561 Eine Straße weiter entsteht ein Tumult, als ein alter Verkäufer aus seinem Laden heraus die umstehenden Passanten auffordert, einen Dieb festzuhalten, der ihn offensichtlich eben bestohlen hat.
Allerdings haben weder du noch die Metal Heroes etwas mitbekommen. Es ist niemand Verdächtiges zu sehen. Außerdem: Wer in Los Angeles aufgewachsen ist, quittiert einen einfachen Ladendiebstahl mit müdem Lächeln.

Weiter > ***590***

562 „Ich kann Madame Renard gerne den Hut in Ihrem Namen aushändigen", deutet der Concierge auf Leos modisches Mitbringsel. „Sie müssen also nicht Ihre außerordentlich wertvolle Zeit ver-

schwenden, indem Sie sich weiterhin in unserem Hause aufhalten."
„Schon klar, Meister!", brummt Brian. „Wir haben wohl kein' Bock auf ein wenig Rock'n'Roll im Spießerschuppen, was?"
Er nimmt Leo den Sonnenhut aus der Hand und setzt ihn dem verdutzten Concierge mit zweimal Nachklopfen auf den Kopf.

*Streiche den Eintrag **eleganter Sonnenhut** wieder von Leos Inventar in Metal-Logbuch.*

Was nun?
*Weiter nach der Flüchtigen suchen > **555***
*Raus aus dem Edelschuppen > **614***

563 *Die lang erwartete zweite Scheibe der Metal Heroes rotiert endlich in den Abspielgeräten weltweit! Heiß ersehnt und mit viel Lorbeeren versehen, wollen die vier Typen aus sunny California ihre Mission mit „Heroes on request" erfüllen: Nicht mehr und nicht weniger als die Vereinigung des Metal! Ich weiß, was jeder von euch jetzt denkt: Wenn ich einen Sampler will, dann kaufe ich mir eine Metal-Gazette am Kiosk. Aber wer so tickt, verpasst eines der spannendsten und brillantesten Projekte der Rock-Geschichte! Denn: Die Vier-Mann-Combo aus L.A. kann nicht nur bedrohlich düsteren Black-Metal oder schleppenden Stoner, nein, sie lässt die Ohrmuscheln sogar mit penibel arrangierten Orchesterteppichen frohlocken! […]*
All diese Stilrichtungen sind zudem hervorragend zusammengestellt! Man kann kaum glauben, wie gut sie ineinander übergehen, sie regelrecht miteinander harmonieren. […]
Die Metal Heroes beweisen: Geiler Metal kennt keine Genres! ★★★★☆

8

*Die **Fanbase** steigt um 1!*
*Die **Bandchemie** steigt um 2!*
*Dein **Einfluss** steigt um 1!*

*Weiter > **679***

564 Joey legt sein freundlichstes Lächeln auf und erkundigt sich in französischer Sprache bei dem überraschten Zimmermädchen. Während die Frau überlegt, ob sie die Gesuchte überhaupt gesehen hat,

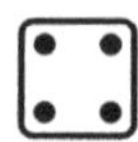

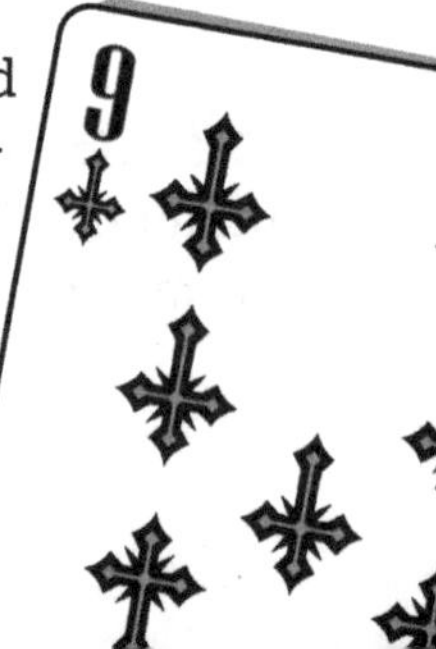

rückt sie ihr kleines Hütchen aus weißer Spitze schüchtern zurecht.
„Oui Monsieur, je connais la dame. Elle vit sur la rive ensoleillée de l'hôtel. Si je me souviens bien, son numéro de chambre est 558."

> ***Also?***

565 Der Bandleader fährt alle runter: „Wir sollten den Schuppen erst mal unter die Lupe nehmen, bevor wir irgendwas Sinnfreies unternehmen. Die Tante muss ja hier ein Zimmer haben. Und irgendwann wird sie ihr Auto wieder abholen."
Leo meint: „Joey, das kann Stunden dauern!"
Doch plötzlich schreit Gregori: „Da ist es! Da oben!"
„Willst du uns verarschen, du Blindschleiche? Was soll da sein?"
„Ein Artefakt. Ich sehe seine Farben tanzen!"
„Scheiße, Greg hat Recht!", reibt sich Joey die Augen und deutet auf einen Balkon des Edelhotels.
Obwohl die Jungs vor Anspannung und Jagddrang schreien und herumspringen wie blöd, hat die finstere Diebin noch nicht bemerkt, dass sie beobachtet wird.

Ist unter Leos Inventar ein ***eleganter Sonnenhut*** *vermerkt?*

Ja > ***560***

Falls nicht, ab in die Lobby! > ***580***

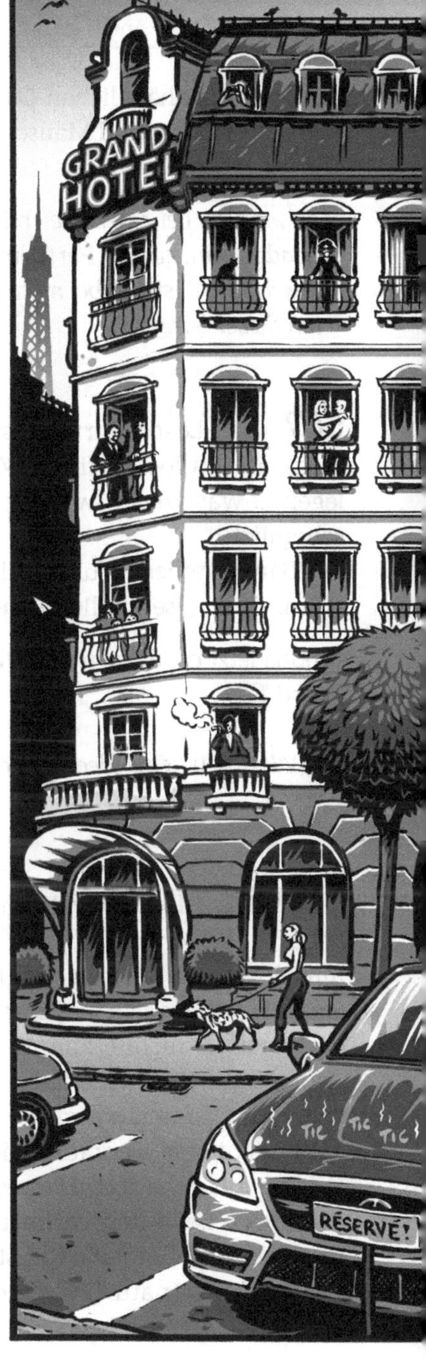

565 *Plötzlich schreit Gregori: „Da ist es! Da oben!"*

566 Die anhänglichen Damen machen sich einen Spaß mit Leo und spielen Katz und Mäuschen mit der Security. Vor lauter Hektik auf der Bühne kommt es fast zum Abbruch des Songs.

*Sollte bei einem der **relevanten Songs** auf der **Setlist** Leo der **Leader** sein, gilt der **Performance-Check** für diesen automatisch als misslungen! Ist Leo bei mehreren der Leader, betrifft es nur den letzten dieser Songs.*

*Weiter > **643***

567 Der Lead Gitarrist erstürmt bereits die Stufen in den ersten Stock, als ihn Joey aufhält: „Moment, Brian, lass uns mal kurz überlegen ... was wissen wir über die Schlampe? Wo haust sie wahrscheinlich?"
Die Bandmitglieder führen eine heftige Diskussion im Flüsterton. „Nun, sie trug sehr edle Klamotten. Die hat wohl dick Kohle."

*Erhöhe jetzt die **Security-Stufe** um 1, indem du den ersten Kreis markierst!* 555

In welchen Stock sollen die Jungs laufen?
(Wenn du keine Idee hast, dann kannst du auch eine Karte ziehen!)
*Étage °1 ♣ > **611** | Étage °2 ♦ > **622***
*Étage °3 ♥ > **633** | Étage °4 ♠ > **644***

8

568 Das Mädchen hilft ihrem Großvater und betrachtet deine Schützlinge genauer. „Moment mal ... Ihr seid doch ...", begreift sie mit zitternder Stimme. „Ja, klar! Ihr seid die Heroes!" Total von Sinnen rauft sie sich die Haare. „O Mann, ist das abgefahr'n! Ich hab euch erst gar nicht erkannt!"
„Wisst ihr, meine liebe Tina redet von keiner anderen Band mehr", lacht der Opa und nimmt seine Enkelin in den Arm.
Joey reicht dem Verkäufer die Hand. Fragt, ob er so nett wäre, sein Wissen mit den Metal Heroes zu teilen.
Die Miene des Alten verfinstert sich schlagartig: „Tut mir leid, ich gebe meine Kunst nicht leichtfertig Preis."
„Sie erhalten natürlich eine angemessene Bezahlung", beruhigt ihn Leo.

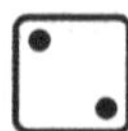
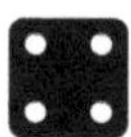

„Sehr freundlich. Mein Geschäft ist lukrativ genug ..."
Die Ladentür bimmelt erneut. Die Dame mit dem ausladenden Sonnenhut hat ihren Rundgang beendet und verlässt den Laden wortlos mit einem Rucksack unter dem Arm.
„Komisch, mir ist der Ranzen gar nicht aufgefallen, als Madame reinkam", merkt Leo an.
Brian lacht dreckig: „Also, Kumpel, mir auch nicht."
Alarmiert zieht Tina den Pappaufsteller zur Seite. Ihr Rucksack ist verschwunden! Geklaut von der Business-Tussi!
„Oh, nein! Der Anhänger!", schreit die Kleine hilflos.
Der Opa wird kreidebleich und fordert überraschend ungeschönt: „Meine amerikanischen Freunde, fangt diese Kokotte und bringt uns den Schlüssel zurück!"

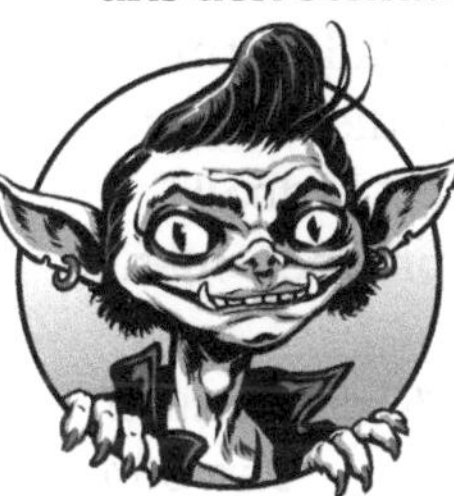

„O je! Schon wieder finstere Gestalt! Was haben diesmal vor? Und warum Taylor-Meister nicht Aura gespürt? BÄH! Nicht gut."

8

Wild entschlossen, die Diebin zu erreichen, rennt Leo mit raumgreifenden Schritten los. Knapp gefolgt von Brian und Joey.
„Und was ist mit Ihnen, junger Mann?", mosert der Alte Ladenbesitzer Gregori an.
„Sorry, Meister", zuckt der lässig mit den Achseln, „ich lass' es langsamer angehen und beobachte lieber aus sicherer Distanz."

Checke Leos ***Power****!*

Gelungen > ***626*** | *Misslungen >* ***550***

569 Die Enttäuschung ist Tom förmlich ins Gesicht geschrieben. Er hätte wohl nicht erwartet, dass die Metal Heroes ihre Chance dermaßen ertränken würden.
„Nichts für ungut, Jungs, aber ihr schaut mir nicht so aus, als wärt ihr in der Lage, heute Abend das zu geben, was ich von einem Main Act erwarte."

Joey protestiert noch einmal leise, doch der Wacken-Chef bleibt eisern: „Du hast ganz schön viel Meinung für so wenig Ahnung, Jungchen!"

Dann gibt er eine Anekdote über durchgemachte Nächte und geile Shows zum Besten, lässt sich jedoch auf keinen besseren Deal ein. „Ich sag' euch was – nur weil ihr den weiten Weg gekommen seid und ich euch echt gut finde, bekommt ihr heute Nachmittag eine Stunde auf der Headbanger Stage. Abmarsch!"

Weiter > ***655***

570 Während der Taxifahrt zurück zum Plattenladen findet Joey wieder Worte: „Das waren doch schon wieder diese Typen. Warum verfolgen die uns bloß über den ganzen scheiß Erdball?"

„Es gilt in Erwägung zu ziehen, dass hinter Jills Sprüchen mehr steckt", grübelt Leo voller Unbehagen.

Ist im Metal-Logbuch unter ***Road to Glory*** *Eintrag* ***#10*** *angekreuzt?*

Ja > ***604***

Nein > ***668***

571 Brian lässt Gregori von seinen Schultern gleiten und läuft, Seite an Seite mit Joey und Leo, dem kräftigen Schönling mit der kränklichen Blässe entgegen.

„Ach, wie nett", kichert er wahnsinnig. „Das erspart uns eine Menge Laufarbeit."

Geschickt weicht er Brians erstem Schwinger aus, verpasst gleichzeitig Leo einen Leberhaken und schleudert beide auf den eingeschüchterten Joey. Dieser Typ ist die Unterwelt-Reinkarnation von Bruce Lee!

„Schon genug? Enttäuschend!", spottet er und geht zu Gregori, den er trocken ohrfeigt.

Checke Gregoris ***Power****!*

Gelungen > ***598*** | *Misslungen >* ***613***

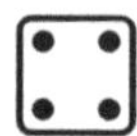

572 Auf dieser Etage gibt's nur Ärger mit unschuldigen Gästen und leere Zimmer. Die Heroes wollen gerade über das Treppenhaus ein anderes Stockwerk in Angriff nehmen, als einer der Sicherheitsleute in Schwarz um die Ecke biegt!

*Checke Joeys **Skill** und Gregoris **Power**!*

Beide Checks gelungen > ***617***

Andernfalls > ***552***

573 Als du Gregori verloren vor der Tür mit den Messingzahlen 468 stehen siehst, wird dir ganz flau in der nicht vorhandenen Magengrube. Plötzlich wird die Tür aufgerissen und der hilflose Hero wird vornüber ins Zimmer gezerrt.

„Du neugieriger, kleiner Scheißer!“, keift die Verfolgte in Jagdlaune und schleudert ihn auf den Boden. Für einen kurzen Augenblick blitzen die Reißzähne und Knochenfratze eines Dämons hervor, als wäre ihr bisheriges Erscheinen nur eine sexy Fassade. Gut, dass der Drummer das nicht sehen musste!

Entschieden stellt sie einen Fuß auf Gregoris Unterleib und bohrt ihm ihren Absatz ins Gemächt. Mit steigendem Druck wird ihr Grinsen breiter.

*Ist im Metal-Logbuch unter **Road to Glory** Eintrag **#9** angekreuzt?*

Ja > ***588***

Nein > ***597***

8

574 Die beiden Freundinnen Sarah und Tatjana kommen aus Österreich und sind seit zwei Jahren Die-Hard-Fans der Band. Total aufgeregt erzählen sie, wie sie ihre Ersparnisse zusammengekratzt haben, nachdem sie hörten, dass ihre „Heroes“ in Wacken auftreten würden, nur um bei ihrem Auftritt dabei sein zu können. Es entwickelt sich ein nettes Gespräch mit den locker-vorlauten Alpenländerinnen. Wobei sich Leo unbemerkt von den anderen – wieder einmal – einen zu viel über den Durst genehmigt.

*Die **Bandchemie** steigt um 1!*
*Leo verliert eine **Sicherung**!*

Weiter > ***637***

575 Schweren Herzens erklärt Joey die Sachlage und entschuldigt sich bei den Fans, die sich vom Schicksal um den Rest des Konzerts gebracht sehen. Dennoch verbuchen die meisten diesen Auftritt als einen der besten dieses Jahr auf dem Festival.

*Streiche den letzten, also den **5. relevanten Song** von der **Setlist des W:O:A-Gigs (Headbanger Stage)** 655.*
*(Dieser Song kann keine **Gig-Score** generieren. Insofern darfst du für ihn auch **keinen Performance-Check** ablegen!)*

*Weiter > **663***

576 Keinem der ausgepowerten Fans fällt es schwer zu akzeptieren, dass nach der ersten Zugabe endgültig Schluss ist. Die Saat für weitere erfolgreiche Auftritte in Frankreich ist gelegt!

*Spiele nun die **erste Zugabe** von **„Metal Metro Mayhem“** 590 und notiere dir den Bonus bei gelungenem **Performance-Check**.*

*Weiter > **600***

577 „Ehrlich, Leute“, grummelt Gregori aus dem Hintergrund, „ich hasse bloß zwei Typen von Menschen: Rassisten und Franzosen.“

Der Concierge wahrt die Fassung: „Ich muss Sie nun bitten, auf der Stelle zu gehen.“

Was nun?

*Anweisungen ignorieren! Weiter nach der Tussi suchen > **555***

*Das Schicki-Micki-Hotel verlassen > **614***

578 Joey klopft vorsichtig, lauscht, nimmt Haltung an und gibt seinen Kollegen ein Zeichen, dass er etwas gehört hat.
Schließlich öffnet ein fetter Kerl mit Halbglatze und einem breiten Gesicht die Tür. Sein geöffneter Bademantel lässt die Vermutung aufkommen, dass er offenbar in der Erwartung eines anderen Besuchs war.
„Also, Greg“, murmelt Brian und sein Blick friert in Hüfthöhe des Dicken ein, „es gibt Momente, da beneide ich dich.“

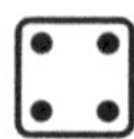

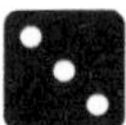

*Erhöhe die **Security-Stufe** um 1!* 555
Willst du noch einmal an einer zufälligen Tür des 3. Stocks klopfen, lies weiter bei irgendeiner Sektion dieses Kapitels. Beginnt der dortige Text jedoch nicht mit „Eindeutig!“ dann ignoriere die Sektion und wähle ein anderes Stockwerk ...

*Étage °1 > **611** | Étage °2 > **622** | Étage °4 > **644***

579 Der Hauptgang zu den Zimmern teilt sich mehrmals in kleinere Flure. Die großen Metallzahlen an den Wänden unterweisen die Gäste in die weitere Einteilung der Zimmernummern. Sie sind nach ihrer Zehnerstelle unterteilt.

*Erhöhe die **Security-Stufe** um 1!* 555

In welchen Gang soll Brian seinen blinden Kumpel Gregori führen? In den Gang mit den ... (Wenn du keine Idee hast, dann kannst du auch eine Karte ziehen!)

*40er-Zimmern ♣ > **640** | 50er-Zimmern ♦ > **650***
*60er-Zimmern ♥ > **660** | 70er-Zimmern ♠ > **670***

580 Die Lobby des Grand Hotels scheint einem prunkvollen Atrium auf der Akropolis entsprungen: Dicke Säulen aus Marmor, meterhohe exotische Pflanzen, Statuen und Vasen rahmen Sitzgelegenheiten aus gepolstertem Leder ein.

Der Luxusschuppen ist gut besucht. Dutzende betuchte Gäste tummeln sich im Empfangsbereich, unterhalten sich, lassen ihre Koffer von Pagen schleppen, studieren die Tageszeitung oder wischen stumpfsinnig über ihr Smartphone. Fast an jedem Frauenhals funkelt eine wertvolle Kette oder prunkvolles Collier.

Am Marmortresen der Rezeption stehen vier Hoteliers in Uniform, offenbar allesamt sehr beunruhigt, als sie deine Metal-Jünger in voller Jeans/Leder/Nieten-Pracht über die edlen Teppiche der Halle stapfen sehen.

Und jetzt?

*Ab an die Bar! > **632** | An die Rezeption > **551***
*Nobelschuppen wieder verlassen > **614***

8

581 *Wie, Metal Heroes? Noch nie gehört? Dann wird's aber Zeit! Schließlich könnte die kalifornische Band aus Los Angeles zum kommenden Exportschlager der US-Metal-Szene avancieren. „Heroes under siege" ist eine Ode an den Metal und all seine Facetten. Balladige Stücke, gepaart mit Rock-Hymnen und beängstigenden Tracks der finstersten Sorte fräsen sich ins Ohr. An manchen Stellen merkt man zwar, dass Wunsch und Realität dann doch weiter auseinanderklaffen als erhofft (Übergänge wirken teilweise unnötig verkrampft und lassen aufgebauten Druck verpuffen), hingegen beeindruckt Frontmann Joey Morgan mit seinem wandelbaren Gesang. Aber auch die drei anderen Kerle imponieren mit ihren Talenten. [...]*
Das Ergebnis ist ein gelungenes zweites Studio-Album, dessen ambitionierter Ansatz, mehrere Metal-Genres auf eine CD zu pressen, gar nicht genug hervorgehoben werden kann. Freunde, unbedingt reinhören! ★★★☆☆

*Die **Fanbase** steigt um 1!*
*Die **Bandchemie** steigt um 1!*
*Dein **Einfluss** steigt um 1!*

*Weiter > **679***

8

582 Du bist überrascht und schockiert! Leo, der ruhige Riese, ist vor aller Augen zusammengebrochen!
Wenig später sitzen die verbliebenen Metal Heroes im Wartebereich der Notaufnahme und warten auf Informationen über Leos Zustand von seinem behandelnden Arzt.
„Sie sind also die Freunde, hm?" Ein Doktor in weißem Kittel mit Stethoskop um den Hals und Kladde unter dem Arm begutachtet das Trio über den Rand seiner Brille: „Nun, es war verdammt schwierig, Herr Usanos Blutgruppe festzustellen, bei all dem Alkohol in seinen Adern ..."
Brian grinst stolz: „Ja, unser Großer kann ganz schön was wegkippen, oder?"
Joey rammt seinem Kumpel den Ellenbogen in die Rippen: „Du Raffnix, das war Sarkasmus."

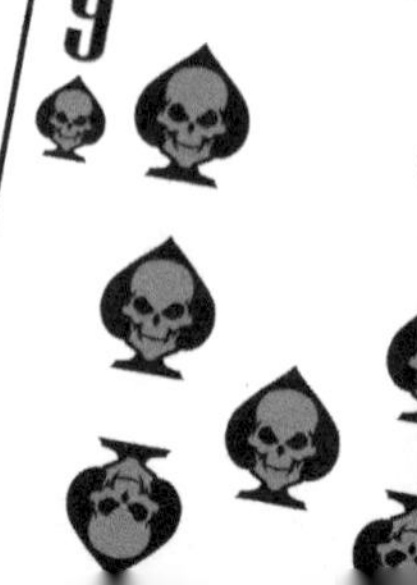

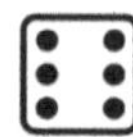

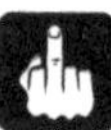

„Gut erkannt, junger Mann. Die Lage ist ernst. Ihr Freund zeigt Anzeichen einer Leberzirrhose aufgrund starken Alkohol-Konsums."
Kaum vernehmbar fragt Gregori betroffen: „Dürfen Sie darüber überhaupt mit uns sprechen?"
„Zum Glück fallen Ratschläge nicht unter den Hippokratischen Eid. Daher gebe ich Ihnen den Rat, stehen Sie Ihrem Freund bei – helfen Sie ihm da raus, bevor es zu spät ist."

⏩ FAST FORWARD

Leo sah jeden Tag schlimmer aus. Erst der Alkohol, dann der harte Scheiß. Er wirkte wie eine lebende Leiche: die Wangen eingefallen, der Blick gefroren in Gleichgültigkeit.
Hoffnung, ihm zu helfen, gab es lange nicht mehr. Leo war den Weg schon zu weit gegangen. Hatte Seele und Verstand vor vielen Meilen verloren. Ohne es zu wollen, nahm er alle, die ihn liebten, mit auf diesen Weg. Einen Weg ohne Wiederkehr.

POWER OFF!*

*) ***Nachruf*** | *Leonardo Usano verstarb im Alter von nur 27 Jahren am 13. Januar in einem Motel im Süden von Los Angeles. Als Todesursache wurde Herzversagen infolge exzessiven Drogen- und Alkoholkonsums festgestellt. Knapp einen Monat nach Leos Beisetzung wurden seine letzten Aufnahmen veröffentlicht. Das Album war neun Wochen auf Rang 1 der Billboard Charts.*

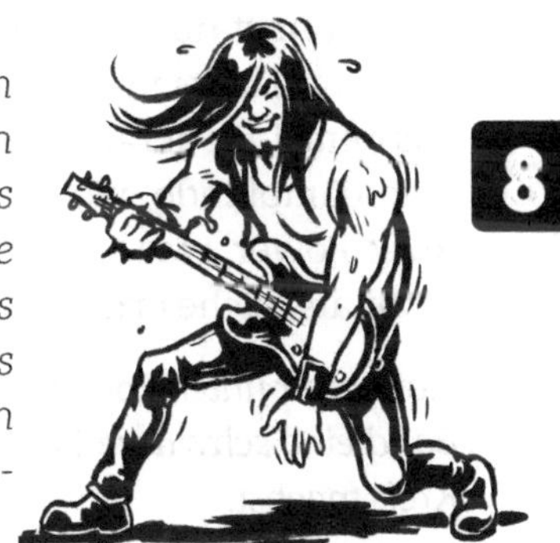

8

And if you listen very hard
The tune will come to you at last
When all is one and one is all, that's what it is
To be a rock and not to roll, oh yeah

„Stairway to Heaven" (1971) von Led Zeppelin
Rock Band aus Großbritannien

583 „Die Brille, die Sie suchen, ist aber nicht die, die in Ihren Haaren steckt, oder?“ „Verflucht, ja!“, gesteht Tony. „Oh, Leute, ich bin wirklich am Arsch.“
Brian grinst sich einen mit Blick auf das zerwühlte Bett. „War wohl 'ne lange Nacht, was?“
„Das kannst du laut sagen, mein Freund! Wisst ihr, da war diese faszinierende Lady ...“
Joey beschreibt die Diebin.
„Ihr kennt sie also. Nun, ich traf sie an der Bar und wir hatten ein paar Drinks ...“, lacht Tony. „Was soll ich sagen ...“
„Versteh' ich“, schmunzelt Brian. „Aber sagen Sie, trug die Tante vielleicht einen Anhänger um den Hals?“
Bevor Tony antworten kann, fährt Leo ihm über den Mund: „Quatsch, zu dem Zeitpunkt konnte sie den Anhänger doch noch gar nicht haben.“
„Doch, doch, sie trug einen Anhänger“, bestätigt Tony. „Er sah aus wie ein abgebrochener Zylinder. Der ist mir ständig vor der Nase rumgetanzt ... hat mich total high gemacht – ihr versteht?“
Jetzt kannst du auch einordnen, was du die ganze Zeit siehst: Der Puls von Tonys magischer Aura hat gelitten. Sie scheint regelrecht
8 aus dem Takt geraten. Offenbar hat dieser eine Teil des Schlüssels eine dämpfende, vielleicht sogar zerstörerische Wirkung auf die Rock-Power, was erklären würde, warum du die Unterwelt-Tante nicht als solche erkennen konntest.

*Notiere dir unter **Road to Glory** im Metal-Logbuch, Eintrag **#9**, dass die Band eine **schwarze Legende getroffen** hat, indem du dort ein ✖ im Kreis machst.*
*Dennoch: Erhöhe die **Security-Stufe** um 1!* > 555

Brian fragt, ob Tony weiß, in welchem Zimmer sie wohnt.
„Ich habe nur kurz auf ihre Zugangskarte geschaut. Wenn ich mich nicht irre, begann ihre Zimmernummer mit einer „4“, was bedeuten würde, dass sie im obersten Stock residiert.“

Na dann, eine Etage hinauf! > **654**

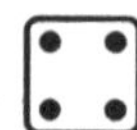

584 Aufgescheucht vom Ende des Grave Digger Finales, springt Joey über die Bühne und gibt seinen Kollegen das Kommando für eine Zugabe.

Leider heißt es nach knapp drei Minuten für ihren Song „fade out"! Ehe er überhaupt seine Kraft entfalten konnte, wird ihnen der Saft abgedreht und die Metal Heroes spielen alleine für sich und die erste Reihe. Es gibt nicht Bemitleidenswerteres als unverstärkter E-Gitarren-Sound. Vereinzelt werden Pfiffe laut.

*Der **Gig-Score** sinkt um 2!*
*Notiere dir diesen „langsamen Tod" als einen Abzug von **-2** im **B**-Feld von **„W:O:A (TV-Gig)"** im **Tour-Book** des Metal-Logbuchs.*

*Weiter > **678***

585 Die Metal Heroes müssen echt einen Dachschaden haben, wenn sie immer auf deine Eingebungen hören! Kurzerhand drücken sie sich am LKW entlang, warten auf einen günstigen Moment und hüpfen nacheinander in einen der Container voller Bettbezüge und Tagesdecken. Als sie von der Rampe geschoben werden, haben sie sich bereits unter einige Lagen Laken versteckt.

Ziehe eine Karte!

♣ > **601** | ♦ ♥ ♠ > **609**

8

586 Die Metal Heroes rasten fast aus, als Tom ihnen einen der begehrten Abendslots auf der Mainstage anbietet. Schließlich hätte er schon viel Gutes von ihnen gehört.

Allerdings bekommen sie eine weitere Band vorgesetzt, mit der sie gemeinsam auf der Zwillingsbühne vor dem Hauptfeld spielen: Während die Heroes auf der Black Stage performen, stehen ihnen auf der True Metal Stage die deutschen Metal-Urgesteine Grave Digger zur Seite!

Nachdem deine Schützlinge keine Einwände haben, bittet der Festivalchef den Grave-Digger-Sänger Chris Boltendahl★ ins Büro und gibt vor, wie er sich den Abend vorstellt: „Jeder von euch spielt fünf Songs. Immer abwechselnd. Keine Pausen."

★) ROCK ICONS: Chris Boltendahl
Sänger der deutschen Band Grave Digger, Fotograf, Maler.
Zum 30-jährigen Bühnenjubiläum von Doro Pesch sang er beim Wacken Open Air 2013 mit ihr „East meets West".

Chris beäugt derweil den aufgeregten Joey. Die mehr als drei Jahrzehnte Bandgeschichte haben die Erscheinung des deutschen Musikers geprägt. Die Naturlocken ergraut, die Stimme rau. Dazu eine Sonnenbrille mit runden Gläsern, die, wie der Sänger selbst, aus der „guten alten Zeit" zu stammen scheint.
Auch er ist wie Tom ein gestandener Haudegen und macht es Joey nicht leicht. „Wie ihr vielleicht wisst, Grave Digger spielt ursprünglichen Heavy Metal mit ordentlich Power. Wir sollten uns heute Abend nicht in die Quere kommen. Verstanden?"
Die Fronten sind geklärt - die Jungspunde haben hier nichts zu melden!
Tom wiederholt beim Handschlag: „Also, schreibt's euch hinter die Lauscher, jeder fünf Songs, gemeinsam maximal 90 Minuten!"
Dies sei, so der Manager, eine Anforderung des Senders, der die Abend-Auftritte live überträgt und für spätere Ausstrahlungen aufzeichnet. Sollten die Performance und Stimmung vorzeigbar sein, ist das die perfekte PR im Metal-Reich Deutschland!

Weiter > ***675***

8

587 Gregori presst sein Ohr an eine Tür nach der anderen. Schließlich flüstert er aufgeregt: „Brian, komm her! Hör dir das an. Hier muss es sein."
Auf die berechtigte Frage, was ihn so sicher mache, erklärt der blinde Schlagzeuger, dass er hören kann, wie sie einen Kaugummi kaue. „Okay, warte", befiehlt Brian und läuft los. „Ich hol die anderen!"

Erhöhe die ***Security-Stufe*** *um 1!* 555

Weiter > ***573***

588 Gregori ahnt, was du sicher weißt, nämlich dass der Schlüssel zwischen den Händen der Bitch etwas Besonderes ist. Dieser scheiß Anhänger kann Rock-Macht in sich aufsaugen und somit jegliches Musik-Talent vernichten!

Checke Gregoris ***Skill*** *und* ***Presence****!*

Mindestens ein Check gelungen > ***608***

Beide misslungen > ***541***

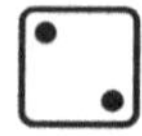 

589 Die beiden Metalheads haben bereits einige Zimmer gefilzt, sei es weil sie einfach gelauscht, in offen stehende Türen hineingeblickt oder frech geklopft haben – bislang ohne Erfolg.
Schließlich stürzt Brian um die Ecke und erzählt atemlos, dass Gregori sicher sei, das Zimmer gefunden zu haben.
Und schon eilt das Trio zurück zur Frontseite des Hotels.

Weiter > ***642***

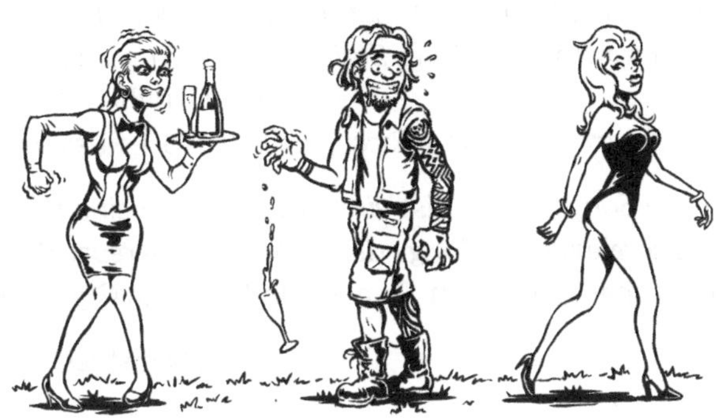

590 An diesem Abend stehen die Heroes unter den Einflüssen ihres innerstädtischen Shopping-Trips – Paris war echt ein Erlebnis und wahrlich der krönende Abschluss ihrer ganz eigenen Tour de France.
Die Location in der Stadt der Liebe, die Katakomben der zentral gelegenen Metal Metro, ist die Top-Adresse für Freunde des gepflegten Abhottens. Mehr als 1.200 Metalheads und solche, die noch nicht wissen, dass sie es bald sind, haben sich mit Karten für die Headliner aus Sunny California eingedeckt. Ausverkauft!
Mittlerweile hat es ebenfalls in Frankreich die Runde gemacht: Die Metal Heroes versprechen einen einzigartigen Mix aus unberechenbarem Metal und grandioser Bühnenshow. Können sie heute Abend diesem Anspruch gerecht werden?
Dumm nur, dass es nach dem Konzert nicht die sonst übliche Aftershowparty geben wird: Die Band muss nämlich sofort zum Flieger Richtung Hamburg, da bereits morgen das nächste Festival ansteht!

Setlist Metal Metro Mayhem

*Wähle nun **13 Songs** (plus **2 Zugaben**) aus dem **Repertoire** und bestimme damit die **Setlist** für diesen Auftritt. Trage dazu ihre Track-Nummern in die vorgesehenen Felder gegenüber ein.*

Setlist-Einschränkung:
*- Keine **Classic**-Songs mit **Anspruch 1** oder **2**!*

*Sollen die Metal Heroes zuvor nahestehende Personen bei der Zusammenstellung der **Setlist** um Rat fragen (vorausgesetzt, sie gehören zu ihren **Supportern**)?*
*Zig fragen > **651** | Ricci fragen > **673** | Russ fragen > **664***

*Hast du alle Songs der **Setlist** eingetragen, ziehe eine Karte! Sie bestimmt die **5 relevanten Songs** dieses Auftritts. Kreuze den **Pfeil** mit dem entsprechenden Karten-Symbol am Rand des **Gig-Musters** an.*

*Fertig! Setlist festgelegt! > **548***

591 „Jetzt gibt's die Wachablösung! Zeigt, dass ihr hungrig seid, und scheißt drauf, was die Promoter sagen. Wenn ihr es schafft, das letzte Wort zu haben, dann habt ihr Wacken wirklich gerockt!"

*Zurück zum Setlist schmieden > **675***

592 Leo rutscht unglücklich aus, verliert an Schwung und die durch die Extra-Gatter ausgedünnte Fan-Menge tritt kollektiv zur Seite. Bei seinem unkontrollierten Flug kracht er auf eine der Querstangen. Alle männlichen Zeugen des Missgeschicks erleiden plötzlich schreckliche Phantomschmerzen im Schritt, als der Bassist wie ein nasser Sack vom Gatter rutscht. Sofort eilen die Backliner heran und schaffen ihn hinter die Bühne.
Der herangeeilte Notarzt nimmt Leos Gehänge unter die Lupe. „Hölle!", stöhnt Leo und krümmt sich auf der Liege. Die Farbenpracht reicht von Rot über Blau zu Violett. Ein Anblick, der selbst deinen göttlichen Unterleib zusammenziehen lässt.
„Es scheint noch alles dort, wo es hingehört", meint

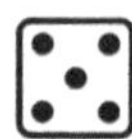 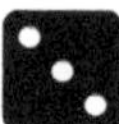

Gig-Muster

METAL METRO MAYHEM

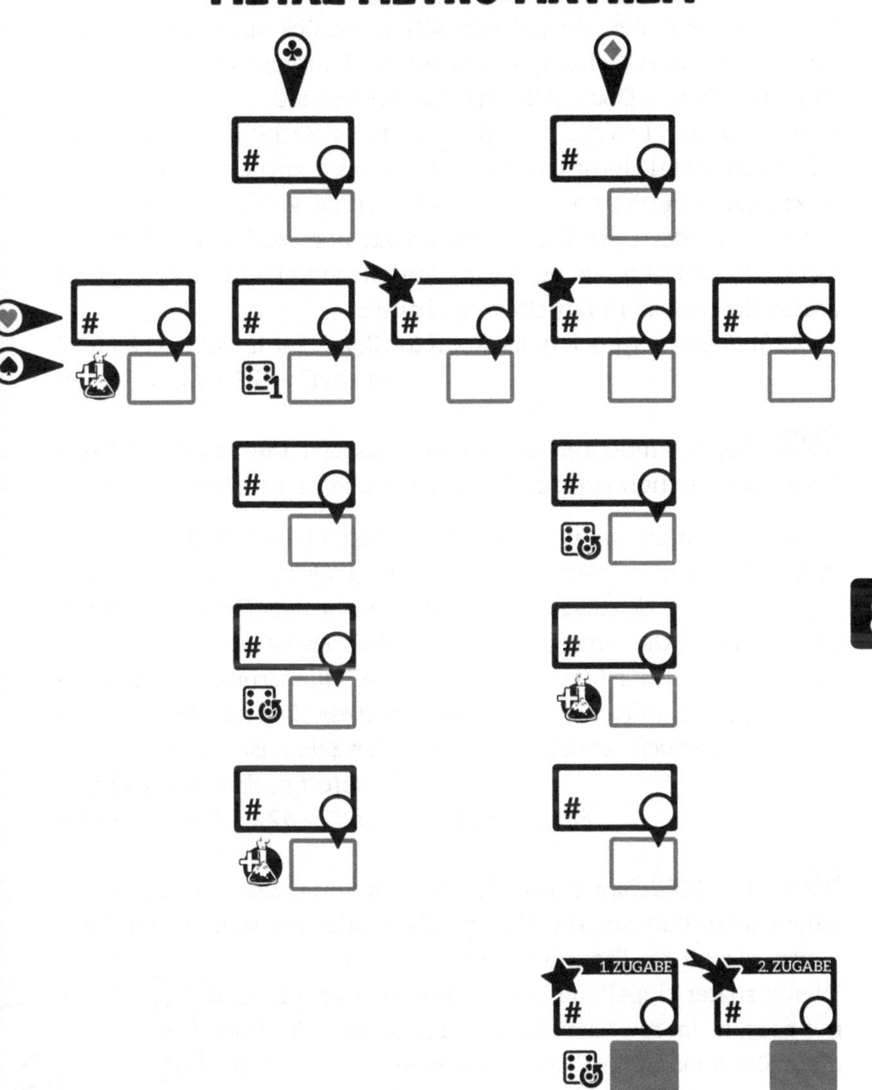

der Arzt lapidar. „Sie sollten mit Eis kühlen, Herr Usano, dann wird das wieder."
„Woher kennen Sie meinen Namen?"
„Nun ja, ich muss gestehen, ich bin ein großer Fan."
Der Arzt zieht den Ärmel des Kittels zurück und legt auf der Innenseite seines rechten Unterarms das Bandlogo frei.
„Schickes Tattoo, Doc", nickt Brian anerkennend.
Es hilft nichts – Leo muss ins Krankenhaus. Ratlos bleiben die verbliebenen Metal Heroes im Backstagebereich zurück, während das elektrisierte Publikum zunehmend unruhig wird. Seit über fünf Minuten fordern sie die verdiente Zugabe. Auch die Bühnentechniker rechnen wie bei jedem Auftritt mit einem Zuschlag und halten die Fans per Lightshow bei Laune.

*Ist im Metal-Logbuch unter **Road to Glory** Eintrag #7 angekreuzt?*
*Ja, und? > **672** | Nein … > **575***

593 Selbst anklopfen an wahllos ausgesuchte Türen und das kurze Aushorchen verärgerter Gäste bringt hier nichts.

Willst du, dass die Jungs an irgendeiner bestimmten Tür des 3. Stocks ihr Glück versuchen, dann lies weiter bei irgendeiner Sektion in diesem
8 *Kapitel. Beginnt der dortige Text jedoch nicht mit „Eindeutig!", dann ignoriere die Sektion und lies stattdessen bei **578** weiter.*
*Hinweis: Wurde dir bereits eine bestimmte Zimmernummer zugetragen (und steht unter **Notizen**), dann lies diese Zahl von hinten nach vorne und versuche es mit der so ermittelten Sektionsnummer!*

Oder sofort in eine andere Etage?
*Étage °1 > **611** | Étage °2 > **622** | Étage °4 > **644***

594 Das Mädchen verabschiedet sich von ihrem Großvater mit einem Küsschen auf die Wange. Sie wolle nur schnell duschen, bevor sie zu ihrer Freundin gehe.
Wenig später tippelt sie in ein Handtuch gehüllt und mit nassen Haaren barfuß in den Laden zurück. „Hab' mein Shampoo in der Tasche vergessen", sagt sie verlegen und schiebt den Papp-Simmons beiseite.

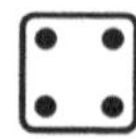 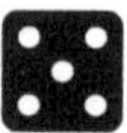

„Opa, hast du meine Tasche genommen?"
„Nein, Tina. Wie kommst du denn darauf?"
Misstrauisch mustert sie die Metal Heroes. Joey weiß gleich, was Sache ist: „Schau nicht so! Wir haben deine Tasche nicht."
Brian verwirrt: „Eben gerade is' diese Sonnenhut-Lady mit 'nem ollen Rucksack rausmarschiert. Passte gar nicht zu ihr."
„Merde!" Der Teenie stürzt barfuß auf die Straße und deutet aufgeregt Richtung Hauptstraße. „Ja, ja! Dahinten läuft sie!"
Leo schaltet zuerst und setzt zur Verfolgung an.
„Großvater", gesteht Tina entsetzt, „im Rucksack ist der Anhänger!"
Der Alte packt Joey am Arm und fleht: „Bitte! Ihr müsst das Artefakt zurückholen! Koste es, was es wolle!"

Weiter > ***550***

595 Einmal in Fahrt, lassen sich die Metal Heroes nicht aufhalten. Unter den finsteren Blicken des Managers ziehen sie ihre Extra-Songs durch. Wollen wir hoffen, dass er nicht die Kabel durchbeißt!

Spiele nun ***beide Zugaben*** *von* ***„Metal Metro Mayhem"*** **590** *und notiere dir eventuelle Boni bei gelungenen* ***Performance-Checks.***

Aber damit nicht genug! Gregori, der das hysterische Herumgefuchtel des Managers freilich nicht sehen kann, gibt den Takt mit seinen Sticks vor und schreit: „Soul Reaper!" Und schon fegt der ursprünglichste aller Heroes-Songs über die Köpfe der Fans hinweg. Joey verdrückt gar eine Träne, so geil gehen seine Kumpels auf seinen allerersten Text ab! Zum Glück schwitzt er wie ein Schwein, so dass diesen emotionalen Ausbruch niemand bemerkt.

Wie heißt der ***Manager*** *der Metal Heroes?*
Ricci Truman > ***618*** | *Russ Marlow >* ***606***

596 Ein Schild, gespannt an einer Kette zwischen zwei Messingständern, weist Gäste dezent darauf hin, dass in diesem Bereich alle Zimmer renoviert werden. Das ist doch mal was!

Sofort in den Gang mit den ...
40er-Zimmern > ***640*** | *50er-Zimmern >* ***650*** | *60er-Zimmern >* ***660***

8

597 Im Schlüssel steckt die Macht, das Muster der Rock-Power zu zerstören! Doch davon ahnt Gregori leider nichts …

*Checke Gregoris **Presence**!*

*Gelungen > **608** | Misslungen > **541***

598 Fate rechnet nicht mit Gregoris Fähigkeit, Rockkräfte, inklusive die Aura von riesen Arschlöchern, erkennen zu können. Mit einer Magen-Eier-Kinn-Kombination schickt der Heroes-Drummer den überraschten Unterwelt-Typen auf den roten Teppich des Hotelflurs.
Bevor die Security auftaucht oder der Typ wieder Luft bekommt, hauen Joey, Leo und Gregori ab. Brian jedoch lässt sich die Gelegenheit nicht entgehen: Er knöpft Fates Hose auf und zieht sie hinunter bis über dessen Knie.
„Da schau her! Wusste ich's doch …“, lästert der Heroes-Gitarrist und folgt kichernd seinen Kollegen.

*Die **Bandchemie** steigt um 1!*

*Weiter > **621***

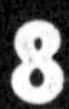

599 Brian und Gregori lauschen abwechselnd an den Zimmertüren, als sich der Aufzug mit einem dezenten „Bing“ öffnet. Zwei Herrschaften treten heraus, gefolgt von einem Koffer schleppenden Pagen. Mit gerümpften Nasen drücken sie sich an den Metalheads vorbei.

*Erhöhe die **Security-Stufe** um 1!* 555

Weiter in einem anderen Gang. Den mit den …

*50er-Zimmern > **650** | 60er-Zimmern > **660** | 70er-Zimmern > **670***

600 „Paris war der Hammer!“, fasst Leo die letzten Tage in Frankreichs Hauptstadt für seine Verhältnisse erstaunlich salopp zusammen.
„Stimmt, Alter!“, klopft Brian seinem Sitznachbarn in der Maschine nach Hamburg aufs Bein. „Aber der nächste Gig wird der Oberhammer, Leo. Ich sag nur: Wacken!“

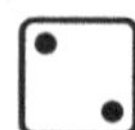 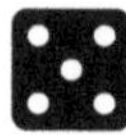

Wie aufs Stichwort heben alle vier Metal Heroes ihre Plastikbecher Bord-Plörre und headbangen simultan um die Wette. Gemeinsam skandieren sie:

WACKEN - WACKEN - WACKEN!

Bis die Stewardess sie freundlich aber bestimmt auffordert, einen Gang runterzuschalten.

Als Belohnung für den Stress erhält die Band ***5 Song-Punkte****! Spare sie, um später Songs freigeschalteter Genres im* ***Repertoire*** *zu aktivieren.*

Streiche nun folgende nutzlos gewordene Einträge von den Inventar-Listen, solltest du sie notiert haben:
- ***eleganter Sonnenhut***

Hatte ein Metal Hero einen Abzug auf alle Checks hinnehmen müssen, so ist dieser Nachteil nun wieder aufgehoben. In diesem Fall streiche das -Symbol im Metal-Logbuch wieder.

Weiter > ***620***

601 Überrascht vom hohen Gewicht, entgleitet dem Bediensteten der Rollcontainer. Scheppernd donnert die große Aluwanne die Rampe hinunter, kracht gegen zwei weitere Metallbehälter am Rand der Zufahrt und kippt krachend um.
Der Security-Typ eilt herbei und zieht einen Metalhead nach dem anderen aus dem Stoffknäuel.
„... und was haben Sie mit uns vor?", wimmert Joey.
„Freundchen, das verrate ich euch, nachdem ihr eure Zähne zusammengefegt habt."
Glücklicherweise bleibt es bei dieser rustikalen Drohung.

Weiter > ***610***

602 Mit einem Blitzlichtgewitter und Donnerschlag beendet Grave Digger ihr Set. Die Menge grölt. Der Double-Header mit den Metal Heroes ist super angekommen!

Hat die Band ***„My Girl is a Short Track Medalist" (#36)*** *drauf?*

Ja > ***634*** *| Nein >* ***678***

8

603 Eindeutig! Machtvolle, düstere Klänge wälzen sich aus dem Zimmer. Joey muss mehrmals heftig klopfen, bevor eine rauchige Männerstimme mit der klaren Silbenbetonung eines Briten reagiert: „Einen Moment bitte!"
Es öffnet ein älterer Herr, gehüllt in einen dunklen Mantel aus glattem Leder. In seiner von grauen Strähnen durchzogenen schwarzen Lockenpracht steckt eine eisblau getönte Sonnenbrille und auf seiner Brust funkelt ein großes Kreuz aus Gold.
Die Jungs fallen fast vom Glauben ab, als sie realisieren, wer vor ihnen steht: Es ist Tony Iommi*, Gitarrist der Ur-Metal-Band Black Sabbath! Ohne Nachfragen bittet er sie hinein.
„Meine Herren, ich bin gleich so weit", kämpft er gegen seine Müdigkeit. „Ich suche nur noch meine Brille."
Er beginnt seine beiden Reisekoffer und eine kleine Kiste mit alten Kassetten zu durchwühlen.

*Hat Leo ein **Demo-Tape mit Bandsalat** in seinem Inventar?*
*Ja > **546** | Nein > **583***

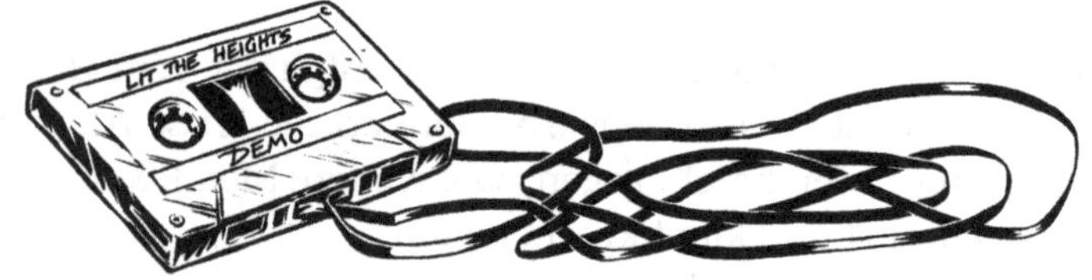

604 „Wer hätte das gedacht? Tina, schau, da ist dein Anhänger wieder!", ruft der Plattenladen-Opi mit erfreut-knorriger Stimme, als die Metal Heroes zurückkehren. Doch seine Stimmung wird schlagartig ernster, als er erkennt, dass beide Schlüsselfragmente zusammengefügt wurden. „Das vereinte Artefakt darf auf keinen Fall in die falschen Hände geraten", wispert er geheimnisvoll, nur für dich hörbar, als wüsste er von deiner Gegenwart.
Er bedankt sich im Namen seiner Enkelin und ist gerne bereit, sein Versprechen einzulösen. Feierlich bittet er Tina um eine Kostprobe auf ihrer Excalibur.
Ungläubig bewunderst du dieses frische Talent, wie sie alle Register des elektronischen Gitarrenspiels zieht.

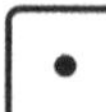 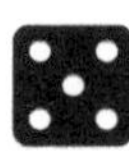

Dabei nutzt sie sämtliche Verzierungstechniken, wie Hammer-on, Pull-off, Bending, Sliding oder Vibrato mit einer virtuosen Präzision und Geschwindigkeit, dass selbst dir schwindelig wird. Vorsicht, Epilepsie-Gefahr!
Fasziniert folgst du Tinas göttlicher Performance, das sich als blauer Nebel über ihren Finger und den Saiten der Gitarre zum Artefakt in Händen ihres Großvaters sammelt. Als dann Leo sein Glück versucht, strömt der Dunst wieder zurück und vereint sich mit dem plötzlich noch feinfühliger und schneller spielenden Fingerakrobaten der Metal Heroes. Intuitiv gibt er einige Black-Sabbath-Riffs zum Besten.

*Leos **Skill** steigt um 1!*

Brian klopft seinem Bandkollegen auf die breite Schulter: „Also, Leo, nicht schlecht, aber wie's aussieht haben wir jemanden gefunden, der sowohl besser spielt als auch aussieht wie du."
Kurzerhand zückt Joey ein paar Konzert-Freikarten für Tina und ihren Großvater. „Danke für die Vorstellung und den Nachhilfeunterricht, aber wir müssen nun los!"

*Der **Gig-Score** sinkt um 2!*
*Notiere dir diesen „scheiß Stress" als einen Abzug von **-2** im **A**-Feld von **„Metal Metro Mayhem"** im **Tour-Book** des Metal-Logbuchs.*

8

Minuten später, die Heroes haben sich längst verabschiedet, verharrst du bei Tina und ihrem eigenartigen Großvater, zu faszinierend findest du das erbeutete Metal-Artefakt. Abschätzend hält der Alte den Talentschlüssel gegen das Sonnenlicht. Er grübelt ebenso wie du über die Macht dieses spannenden Schmuckstücks und ob es eine gute Idee war, den beiden das Teil zu überlassen.
Von der Straße gegenüber dringen schrilles Vogelgeschrei und Hilferufe herein.
„Tina, was geht denn da draußen vor sich?"
Das Mädchen geht einige Schritte vor die Tür. „Kein Plan, Opa. Die Tauben spielen verrückt. Sie greifen die Passanten an! Total gruselig!"
Das panische Geschrei der Vögel wird ohrenbetäubend. Die Men-

★) ROCK ICON: Tony Iommi
Gitarrist von Black Sabbath. Obwohl er als junger Musiker die Kuppen zweier Finger verlor, gehört er heute zweifelsfrei zu den stilbildenden Gitarristen des Heavy Metal.

schen schlagen wild um sich, wollen sich dem Hacken und Kratzen der aggressiven Tiere entziehen.
Dann erhebt sich der Schwarm, sammelt sich in einer wabernden Wolke aus hunderten Tauben. Tina erstarrt in Angst, als sie realisiert, dass er direkt auf den Plattenladen zufliegt!
Ein unaufhörliches Trommelfeuer aus kreischenden Vogelleibern kracht gegen das Schaufenster. Die Scheibe bekommt tiefe, wachsende Risse. Geistesgegenwärtig gelingt es dem Großvater, seine Enkelin in den Laden zu ziehen und die Tür zu schließen. Dutzende Vögel sind bereits hereingeflattert und greifen beide in ihrer ungebrochenen Hysterie an. Erst als sich die Menschen ins Hinterzimmer retten, lassen die Viecher von ihnen ab.
Im Regen der aufgewirbelten Federn erkennst du Jill, wie sie triumphierend das Artefakt vom Boden hebt, das der Alte im Trubel verloren hat. Diese durchtriebene Hexe! Du willst sie gerade zur Rede stellen, was sie hier für eine Show abzieht, als ein düsteres Brummen aus dem Äther unweigerlich deine Sinne fokussiert …

„Du schräges Weib! Für wen hältst du dich? HUH!? Ich gebe dir einen kostenlosen Rat: Hör' auf damit! SOFORT! Das ist nicht dein Spiel. Oder ich durchtrenne all deine Schicksalssaiten! YEAH!"

8

Du spürst die Selbstherrlichkeit und Entschlossenheit eines gottgleichen Wesens. Allerdings schwingen auch bitterer Zorn und ein Unterton Ohnmacht in den Worten.
Jill, die die Ansprache ebenfalls vernommen hat, legt sich ungerührt das Artefakt um den Hals. „Weißt du was, Luci, du kannst mich mal!", bleibt sie trotz der Drohung unerschütterlich selbstbewusst. „Ach ja, Grüße an deine Unterwelt-Stümper. Haben mal wieder einen super Job gemacht."
Ihr krächzendes Lachen und das Gebrüll aus dem Äther gehen dir durch Mark und Bein, als die Hexe in einem Wirbel aus Rabenfedern verschwindet …

Weiter > ***590***

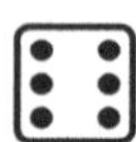
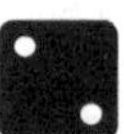

605 *Metal aus Los Angeles sagt man ja so einiges Negatives nach. Womöglich liegt das in den 80ern und 90ern begründet, als Haarspray wichtiger war als Talent. Die Metal Heroes aus dem US-Sonnenstaat Kalifornien treten nun den Gegenbeweis an und präsentieren mit ihrem zweiten Album „Guys, Heroes, Gods" ein waghalsiges Experiment: Jeder der Titel deckt ein mehr oder minder anderes Genre der von uns allen so geliebten Musik ab. Klassische Power-Stücke wechseln sich mit donnernden Black-Tracks ab, gefolgt von mitreißendem Nu oder weichen Orchester-Klängen. […]*
Freilich, man muss offen sein für die Subgenres des Metal, aber jeder, der sich auf dieses Unterfangen einlässt, wird erstaunt sein, wie gut es funktioniert – obwohl es hie und da beim Feintuning hakt und das musikalische Talent noch entwicklungsfähig ist. Diese Mankos werden spätestens mit dem folgenden Album, wenn die Jungs mehr Erfahrung sowie Kohle für die Produktion in der Tasche haben, Geschichte sein, da bin ich sicher. ★★☆☆☆

*Die **Bandchemie** steigt um 1!*
*Dein **Einfluss** steigt um 1!*

*Weiter > **679***

606 „Was sollte das? Mann, unser Flieger geht gleich. Ich habe gesagt maximal eine Zugabe und nicht drei, ihr eigensinnigen Penner!"
„Reg dich ab, Russ, wir hatten da draußen eine geile Zeit, scheiß auf den Flieger!"
„Wir werden durch eure Aktion erst morgen früh hier loskommen und somit frühestens am Nachmittag auf dem Festival sein. Ihr könnt froh sein, wenn sie euch nicht den Gig streichen!"

*Weiter > **600***

607 Die Tür zu 558 ist nur angelehnt. Darin ist ein Zimmermädchen gerade dabei, die Laken zu wechseln, und erzählt, dass vor knapp einer Stunde ein großzügiger Herr das Zimmer räumte. Von einer Frau mit schwarzen Haaren weiß sie nichts.

*Weiter > **642***

608 Das Miststück aus der Unterwelt fühlt sich dem Blinden gegenüber maßlos überlegen und spielt mit ihm. Sie ahnt nicht, dass er, ebenso wie du, die – wenn auch sehr schwache – Signatur des neu zusammengefügten Metal-Artefakts wahrnehmen kann.
Gregori macht einen auf hilflos, tastet den Teppich und die Wand ab. Als sie sich zu ihm hinunterbeugt, um ihn weiter zu verhöhnen, packt er sie mit beiden Händen an ihrer Korsage und verpasst ihr einen gut platzierten Kopfstoß!
Während der Drummer sich eine wilde Rauferei mit dem finsteren Luder liefert, laufen auf dem Gang endlich die anderen Metal Heroes herbei. Es braucht schon ganzen Körpereinsatz von Leo, Brian und Joey, um die Furie zu überwältigen und auf dem Bett ruhigzustellen. Erst als sie geknebelt und ihre Hand- und Fußgelenke mit Kabelbindern und Panzertape aus Brians Cargo-Hose fixiert sind, gibt sie klein bei. Die drei erkennen ihre Gefangene sofort. Doch erinnern sie sich auch an ihren Namen?

Wie heißt die schrecklich-angenehme Erscheinung?
Foxy > ***628*** | *Lexi* > ***641***

8 **609** Wenige Augenblicke und einige französische Flüche später befindet sich der Container voller Nachwuchs-Metall vor dem Lastenaufzug. Der Bedienstete hat allem Anschein unter dem Gewicht dieser Fuhre gelitten und schnauft wie eine Dampflok.
Gegenseitig befreien sich die Freunde von den Bettbezügen und klettern über den Rand des Containers. Der Lärm und Geruch einer Großküche liegen in der Luft.
Joey schaut sich verstohlen um und weist anhand der Notbeleuchtung des Rettungswegs seinen Kameraden den kürzesten Weg zum Treppenhaus.

*Die Band muss nicht befürchten, von der Hotel-Sicherheit aufgegriffen zu werden. Daher kannst du alle Aufforderungen, die **Security-Stufe** zu erhöhen, **ignorieren**!*

Weiter > ***567***

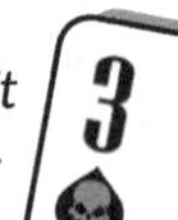

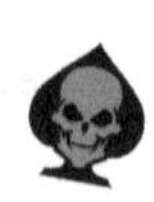

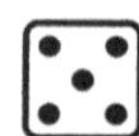

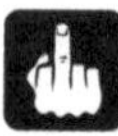

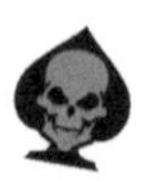

610 Mit einem unsanften Schubs - was für diesen Edelschuppen gleichbedeutend mit einem hochkanten Arschtritt ist - werden die Metal Heroes auf die Straße befördert.
Was bleibt, ist der kontrollierende Blick durch das Zaungitter zum Parkplatz des Hotels voller Edelkarossen.
„Verdammt, der rote SLK ist weg! Die Schlampe sehen wir wahrscheinlich nie wieder."
In diesem Punkt stimmst du mit Joey nicht überein ...

Weiter > ***668***

611 Die Suche nach der Diebin scheint auf dieser Etage wenig zu bringen. Hier gibt es keine Zimmer für Übernachtungsgäste, sondern Tagungsräume.

*Erhöhe die **Security-Stufe** um 1!* 555

Also: Etagenwechsel!
Étage °2 > ***622*** | *Étage °3* > ***633*** | *Étage °4* > ***644***

612 Joey muss sich die SMS mehrmals durchlesen, um ihre Tragweite zu realisieren:

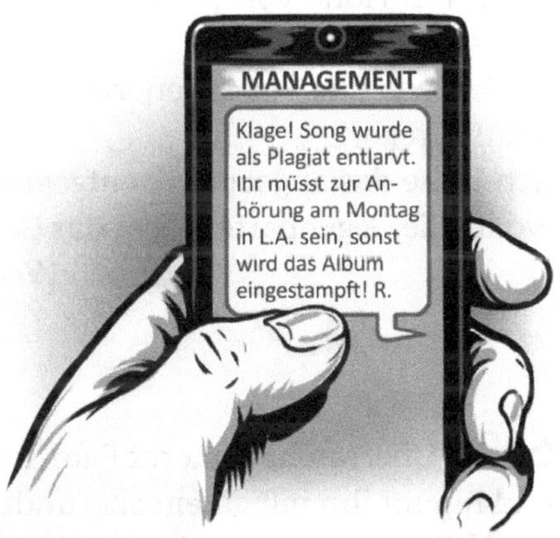

„Scheiße, Leute! Wir wurden verklagt."
„Verklagt?", murrt Brian mit dem Mund voller Pommes. „Wieso? Von wem? Sind meine Nacktfotos ins Netz gestellt worden?"
„Angeblich haben wir eine Notenfolge von ‚Kill and Destroy' benutzt, ohne den Urheber zu benachrichtigen oder um Erlaubnis zu fragen."

8

Gregori winkt ab. „Der Song ist doch Müll – und wir haben ihn vergoldet.“
„Müll? Mag sein. Aber Müll, der uns nicht gehört! Jetzt wollen die Jungs von Ironica fette Kohle sehen.“
„Das fällt denen aber früh ein, die Scheibe ist schon seit Wochen auf dem Markt!“
Leo hat die Strategie gleich durchschaut: „Das sind eben keine Idioten. Sie haben abgewartet, bis sich das Album richtig verkauft, damit der Streitwert entsprechend hoch ist.“

⏩ FAST FORWARD
Drei Tage später sitzen die Metal Heroes im Büro ihres auf Medienrecht spezialisierten Anwalts, Downtown L.A. Zähneknirschendes Schweigen in der Runde, als der Mann im gestreiften Anzug den Jungs einen Vergleich nahelegt.
„Es ist ganz einfach: Sie dürfen fortan den Song weder bewerben noch aufführen. Hinzukommt eine zu zahlende Abfindung an Ironica in Höhe von 50.000 Dollar sowie 3,7 Prozent des Album-Umsatzes.“
„Sollen wir uns vor ihnen vielleicht noch in den Staub werfen?“, mault Gregori.
„Ich hatte das angeboten“, entgegnet der Anwalt trocken, „jedoch wollte die Gegenpartei lieber das Geld.“

*Wer ist **Manager** der Metal Heroes?*
*Ricci Truman > **661***
*Russ Marlow > **649***

613 Überrascht bemerkt Fate den Schlüssel in Gregoris Händen und nimmt ihn mit einem abgrundtiefen Knurren an sich.
Joey hilft seinen Freunden wieder auf und muss mitansehen, dass der Fiesling ins Zimmer seiner finsteren Freundin zurückkehrt und die Tür verriegelt.
Wie begossene Pudel verlassen die Metal Heroes schweigend das Hotel durch den Hintereingang. Keiner von ihnen will über das gerade Erlebte sprechen.

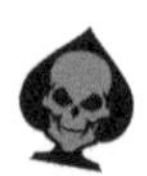

Ziehe jetzt eine Karte, um festzustellen, welchen Hero es bei der Keilerei mit Fate besonders erwischt hat:

♣♦ > *Joey* | ♥ > *Brian* | ♠ > *Leo* | **Reaper** *(Joker) > keinen*

Dieser Held erleidet ab sofort einen Abzug von ***-1*** *auf* ***alle Checks****!*
Vermerke dies, indem du dessen ⚪*-Symbol markierst. Dir wird mitgeteilt, wenn du diese Nachteile wieder streichen darfst.*
Dieser Abzug hat keine Auswirkungen auf den ***Ego****-Wert.*

Weiter > ***570***

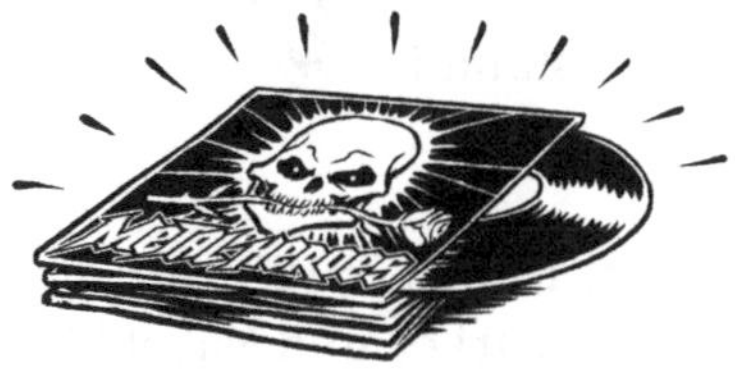

614 Der Laden sieht zwar vornehm aus, doch du bist dir sicher, dass sie wissen, wie man ungebetene Gäste diskret entsorgt. Daher war es clever, das Hotel zunächst zu verlassen.
Wollen die Jungs der schwarzhaarigen Tante weiterhin in den werten Knackarsch treten, bleiben ihnen nicht mehr viele Möglichkeiten.

Entweder sie laufen noch einmal frech ins Hotel und probieren, ungesehen zu den Zimmern vorzustoßen > ***555***

Oder sie versuchen ihr Glück über den Hintereingang > ***545***

615 Spontan geht Brian nach vorne und legt einen roten Euro-Schein dazu: „Hey, Kleine, echt Hammer!"
Das Mädchen streicht sich die schwarzen Strähnen aus dem vor Anstrengung geröteten Gesicht und bedankt sich artig in gutem Englisch.
„Sag mal, wer hat dir beigebracht, so gut zu spielen?"
„Mein Großvater ..." Sagt sie beiläufig und deutet hinter sich auf den Plattenladen.
Als du den jungen Leuten in den ehrwürdigen Laden hinterherschwebst, kommen Erinnerungen an deine Kauftouren in

8

„Franky's Music Store“ hoch. Dutzende Schallplattenfächer bilden schmale Gänge und teilen sich den Platz mit zahllosen klassischen Instrumenten. Der Geruch von Vinyl vermischt sich mit dem Muff der guten alten Zeit.
Hinter der Theke hockt ein ergrauter Verkäufer in sich zusammengesunken. Leises Schnarchen mischt sich unter die rockige Beschallung von „The Who“. Erlebnisse vergangener Rock-Götter manifestieren sich plötzlich in deinem Geist. Die Erinnerung an alte Tage hat sie erweckt. Dann vernimmst du ein dumpf gemurmeltes Raunen aus dem rosa Rauschen des Äthers. Es kommt dir vertraut vor, doch es bleibt unverständlich.

*Dein **Einfluss** steigt um 1!*

„Großvater, aufwachen, Kundschaft!“, ruft die Kleine routiniert, während sie Gitarre, Verstärker und Kabel hinter einem zungenrausstreckenden Gene-Simmons-Pappaufsteller verstaut. Der alte Kauz schlurft derweil um die Theke. Er macht nicht den Eindruck, als wäre er noch in der Lage, eine Klampfe zu halten, geschweige denn, sie virtuos zu spielen.
Durch das erneute Klingeln blicken allesamt automatisch zur
8 Ladentür. Eine Frau in schwarzem Business-Kleid, mit großem Sonnenhut und modischer Sonnenbrille, die ihr halbes Gesicht verdeckt, betritt den Laden. Der betagte Besitzer wendet sich an die Kundin, fragt, ob er helfen könne. Sie streicht sich eine verirrte Strähne ihres dunklen Haars hinters Ohr und antwortet lapidar auf Französisch, sie wolle sich nur umschauen.

*Wie hoch ist die **Fanbase** der Metal Heroes derzeit?*
*7 oder höher > **568** | 6 oder geringer > **594***

616 Knapp eine halbe Stunde fahren die Metal Heroes nun schon durch die Gegend und nicht nur sie haben die Hoffnung aufgegeben, das Artefakt jemals wiederzusehen. Dann jedoch gleitet in den Augenwinkeln der rote Mercedes vorbei. Er steht auf dem Parkplatz des Grand Hotels, eine der Nobel-Hobel-Absteigen in ganz Paris.

*Weiter > **653***

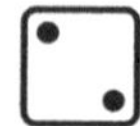

617 Vorsichtig verdrücken sich die Heroes in die entgegengesetzte Richtung. Der Sicherheitsmann macht Meldung über sein Headset, er habe womöglich einen Hinweis auf die Eindringlinge. Interessiert hebt er Stücke getrockneter Erde vom Flurteppich. Sie stammen aus der Sohle von Brians Bikerstiefeln.

*Erhöhe die **Security-Stufe** um 1!* 555

Fix, in eine andere Etage!
*Étage °1 > **611** | Étage °3 > **633** | Étage °4 > **644***

618 „Leute, geile Show, aber die war zu lang, echt! Wir haben doch gesagt nur eine Zugabe!"
„Sorry, Ricci", entschuldigt sich Brian heiser. „Aber da draußen ging's dermaßen ab, da konnten wir nich' einfach abhauen."
„Versteh' ich ja. Passt auf, ich hab' beim Charles-de-Gaulle angerufen, der Flieger ist pünktlich und draußen steht der Transfer. Also schwingt die Hufe und zwar ungeduscht!"

*Die **Bandchemie** steigt um 1!*

Dank des guten Ricci und einem wahnsinnigen Fahrer namens Daniel sitzt die euphorisierte Band noch rechtzeitig in der vollen Maschine. Der Manager war so clever und hatte sich beim Einchecken einen Platz am anderen Ende geben lassen. Im Unterschied zu den unwissenden Mitreisenden, die nun die schleichende Zersetzung des Achselschweißes der vier zotteligen Moschusochsen ertragen müssen.

*Weiter > **600***

619 Joey schiebt 50 Euro über den Tresen. Beiläufig bedeckt der Barkeeper den Schein mit seinem Wischtuch und steckt ihn ein.
„Sie hat die Schlüssel-Karte kurz aus ihrer Handtasche genommen, als sie mir Trinkgeld zusteckte. Ich bin mir nicht sicher, aber ich denke, Madames Zimmernummer endete mit einer 60er-Zahl."
Sofort folgen die Metal Heroes der frischen Spur und marschieren zurück in die Lobby.

*Weiter > **555***

8

620 In guter Laune drängen sich die Metal Heroes an einem verankerten Tisch eines Fast-Food-Restaurants im Hamburger Flughafen, stopfen sich wie ausgehungerte Höhlenmenschen ihr erlegtes Fleisch in den Rachen, erfüllen beiläufig Autogrammwünsche und posieren für das ein oder andere Fanfoto, als Joeys Handy durch heftiges Vibrieren um Aufmerksamkeit buhlt.

Hat die Band auf ihrem 2. Album den Thrash-Song
***„Kill and Destroy“ (#16)** veröffentlicht?*
*(Kontrolliere hierzu das Kästchen **„Out“** hinter diesem Song.)*
*Ja, dort ist eine „2“ vermerkt > **612** | Nein > **630***

621 Während deine Jungs einen Gang höher schalten, wirft Fate einen kurzen Blick ins Zimmer mit seiner gefesselten Freundin, schreit zornig und setzt zur Verfolgung an!
Nacheinander stürzen die Metal Heroes in den Aufzug. Brian drückt sich mit Gregori auf dem Rücken als Letztes durch die Tür, der den Schlüssel fest umklammert hält. Fates keifendes Geschrei hallt durch den Gang.
„Los, Joey! Drück! Drück!“, brüllt Leo in Panik. Mit unmenschlichem Tempo stürzt der Verfolger heran. Just als die Tür schließt, springt er ab – doch anstelle einen dumpfen Aufprall zu hören, strömen bloß sich rasch verflüchtigende Schwefelschwaden durch die Fugen der Tür.
Entgeistert starren sich Joey, Brian und Leo an. Gregori hingegen präsentiert die Beute, den zusammengesetzten Schlüssel, über Brians Schulter hinweg und stimmt an♫:

You're the Keeper of the Seven Keys
That lock up the seven seas
And the Seer of Visions said before he went blind
Hide them from demons and rescue mankind

Or the world we're all in will soon be sold
To the throne of the evil payed with
Lucifer's gold

„Keeper of the Seven Keys“ (1988) von Helloween
Speed/Power-Metal-Band aus Hamburg (Deutschland)

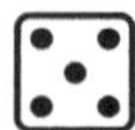 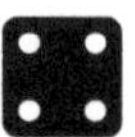

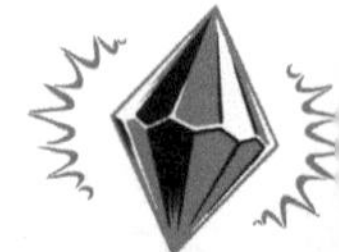

Zunächst musst du erleichtert schmunzeln, doch dann schaudert es dich, denn den Jungs ist nicht bewusst, dass Gregori mit „Keeper of the Seven Keys", dem berühmten Helloween★-Klassiker, der Wahrheit verdammt nahe ist ...

*Notiere dir unter **Road to Glory** im Metal-Logbuch, Eintrag **#10**, dass die Band den **Schlüssel ergattert** hat, indem du dort ein ✖ im Kreis machst.*

*Weiter > **570***

622 Frustriert klappern die Metal Heroes eine Tür nach der anderen ab, die auch nur irgendwelche Hinweise auf einen Gast gibt. Es mag mehr bringen, es anderweitig zu versuchen.

*Étage °1 > **611** | Étage °3 > **633** | Étage °4 > **644***
*Oder sollen die Jungs auf dem 2. Stockwerk weitersuchen? > **572***

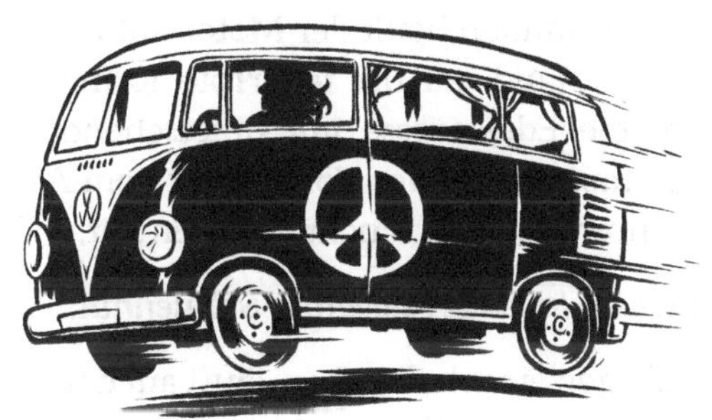

623 Offenbar informiert einer der Liftboys seine Kollegen, die ihm aufmerksam zuhören.

*Dennoch mit dem Aufzug fahren? > **543***
*Oder abbiegen, um ins Treppenhaus zu gelangen? > **567***

624 Der Auftritt beim größten Metal-Festival der Welt hätte ein weiterer Meilenstein für die Metal Heroes sein können. Der Gig ging reichlich in die Hose.

*Die **Bandchemie** sinkt um 1!*

*Weiter > **556***

★) ROCK ICONS: Helloween
Speed/Power-Metal-Band aus Hamburg. Eine der erfolgreichsten Metal-Bands Deutschlands.

♫) SING MIT!
„Keeper of the Seven Keys"
Helloween

625 Für das leibliche Wohl ist gesorgt. Von klassischer Bratwurst über Chinafraß, Pizza, Flammkuchen, Burger bis hin zum Schließmuskel verbrennenden Chili ist für jeden Banger-Härtegrad etwas dabei. Natürlich entscheiden sich die Metal Heroes für die deutsche Wurst mit Senf im Brötchen und ein kühles Bierchen. Außer Leo. Er steht auf das scharfe Zeug (und zwei Bier).

Wo sollen die Metal Heroes die Nacht verbringen?

In einem der Trailer des Artist Villages > ***637***

In den Zelten des Normalvolks > ***646***

626 Während Joey und Brian japsend zurückbleiben, vollendet Leo seinen einzigartigen Sprint, indem er quer über die Motorhaube eines parkenden Kleinwagens rutscht und über das Geländer einer Verkehrsinsel hinwegspringt. Durch das Poltern alarmiert, rennt die Diebin ihrerseits los und hüpft in ein Mercedes SLK Cabrio.
Mit einem tiefen Brummen heult der Motor auf und Leo gelingt es nur noch, mit der Hand auf die feuerrote Kofferraumhaube zu schlagen, bevor die Edelkarosse mit quietschenden Reifen entkommt. Ausgepumpt hebt er den Sonnenhut vom Asphalt, den die feine Dame bei ihrer rasanten Flucht verloren hat.

8 *Notiere dir unter Leos Inventar:* ***eleganter Sonnenhut****.*

Als ihn seine Kollegen eingeholt haben, läuft auf dem Display seines Smartphones bereits eine Karten-App mit den nahegelegenen Straßen und wichtigsten Sehenswürdigkeiten.
„Seht ihr …", zeigt Leo auf zwei blinkende Icons. „Hier sind wir und hier ist dieses Frauenzimmer samt Diebesgut."
„Das ist ja stark!", jubelt Brian. „Dann kann die gar nicht abhau'n?"
Leo erklärt, dass der Sender, den er auf den Rücksitz geworfen hat und normalerweise zur Überwachung seines Equipments nutzt, nur mit Glück einige Stunden Signale ausstrahlen wird.
Für den herbeigerufenen Taxifahrer ist es zwar nicht das erste Mal, dass er einem Fahrzeug nachfahren soll, wohl aber einem blinkenden Punkt.

Weiter > ***658***

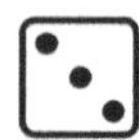 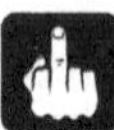

627 Von einem Moment auf den anderen hast du die Kontrolle über den Barkeeper und dessen Gedanken und Erinnerungen. Und prompt lässt du ein Martini-Glas fallen! Zu viel Input. Erschrocken vom Klirren der Scherben, wenden sich die Heroes nochmals um, die sich eigentlich bereits verabschiedet hatten.
„Hey, Leute, mir ist noch was eingefallen", hältst du die Mannschaft durch den Mund des Barkeepers auf, während du zielsicher mittels des Touchpads der Kasse durch die Rechnungen des Vorabends scrollst.
„Hier ist es: Kreditkartenzahlung, Mister Iommi – Zimmer 306."

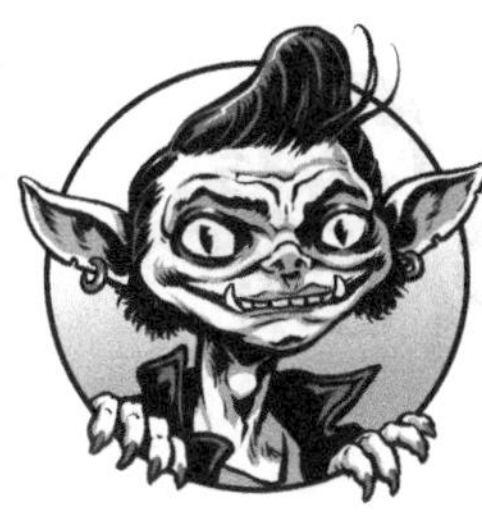

„Nein, brauchen nicht versuchen! Nummer alleine nix bringen. Taylor Meister besser aufschreiben, sonst bestimmt vergessen, hm?"
Danke, Quiff! Ein wahrer Super-Schergen-Spitzentipp! Notiere dir unter **Notizen** *im Metal-Logbuch die Zimmernummer 306. Man kann ja nie wissen ...*

Die Jungs bedanken sich artig, aber verwirrt, ob der 180-Grad-Wendung des Barkeepers in Sachen Diskretion. Du versuchst abzulenken: „Ihr seid doch die Heroes! Hab' euch gleich erkannt ..."
Nach eiligen Servietten-Signaturen läuft die Truppe zurück zur Lobby.

Weiter > ***555***

8

628 Joey erinnert sich an Jills Erklärungen, damals auf dem Halloween-Fest.

Wenn du deine Erinnerungen wieder auffrischen willst, blättere nun nach ***334****, lies dir dort die Passage zwischen den Blitzen ⚡ durch und mache anschließend hier weiter!*

„Lass mich raten. Du heißt Foxy und bist Rock-Sängerin, richtig?" Vorsichtig nimmt Joey ihr das Häkeldeckchen des Nachttischs aus dem Mund.
„Schwachsinn! Rhythmus Gitarre!", krächzt sie trotzig und bläht eine Kaugummiblase auf. „Wo ich herkomme, singen Frauen nicht."

„Hört sich nach dem Paradies an …“, johlt Brian als verbohrter Verfechter des frauenfreien Death-Metal.

„Ja, genau, du Arsch. Flotter Spruch für einen, dem ich fast das Ohr und wahrscheinlich noch mehr abgebissen hätte.“

„Du Miststück hältst dich wohl für unwiderstehlich!“

„Klar, mein kleiner Bry!“, ahmt sie Dawnas Stimme täuschend echt nach. „Ich hätte dich flachgelegt und zu meinem Sklaven gemacht.“

„Ach was!“, ätzt Brian zurück. „Wer dich bumst, ist doch bloß zu faul zum Wichsen!“ Brian: 1 – Foxy: 0.

Weiter > ***641***

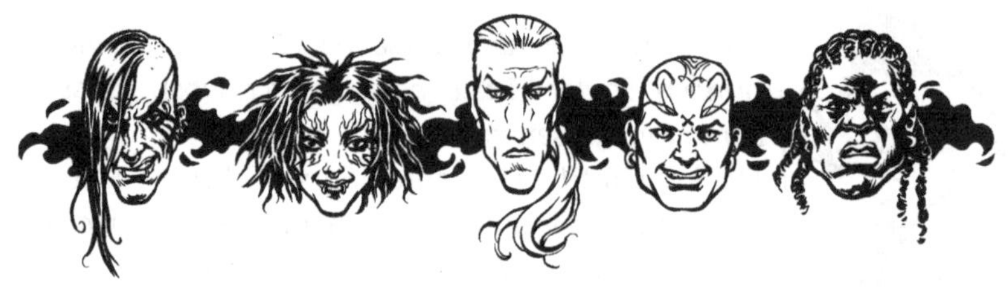

8

629 *Was die Metal Heroes mit ihrer heißerwarteten zweiten Scheibe abgeliefert haben, ist weder Fisch noch Fleisch. „Never call us Heroes“ ist ein Mischmasch aus den unterschiedlichsten Strömungen des Metal, der niemals – nicht einmal annähernd – meinen Nerv trifft (ihn eher tötet). Alleine die Idee, mehrere Sub-Genres des Metal auf einem Datenträger zu vereinen, musste scheitern! […]*

Die Tracks schwappen anstrengend zäh aus den Lautsprechern. Die Übergänge zwischen den wahllos aneinandergereihten Stilrichtungen wirken bemüht, rocken nicht. Einzig die Symphony-Anhänger mögen ihren gelungenen Part der Veranstaltung ertragen (hier überzeugen Arrangements und Technik), doch der Rest der Gemeinde hält sich entweder die Ohren zu oder gähnt. Sorry, Guys, leider platzt euer Versuchsballon, ehe er überhaupt eine nennenswerte Höhe erreichen konnte. Ein Fall für den Schredder! ★☆☆☆☆

Dieser Verriss weckt deinen göttlichen Ehrgeiz.
Dein Einfluss steigt um 3!

Weiter > ***679***

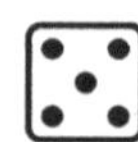 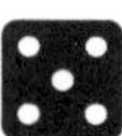

630 Ein Freudenschrei entfährt Joeys Kehle, als er die letzte Nachricht vom Heroes-Management öffnet:

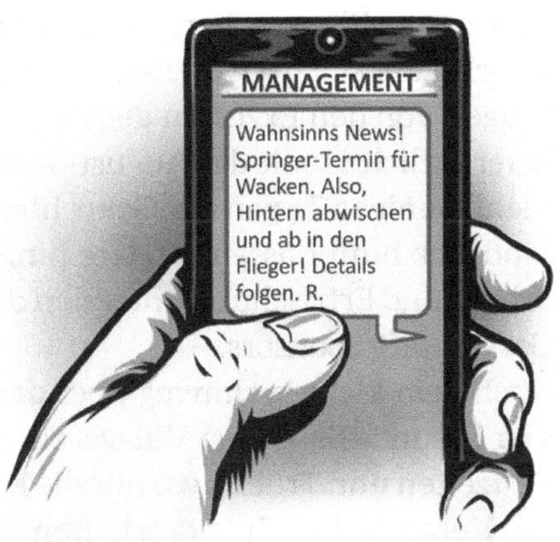

Da lacht das Metaller-Herz! Wacken ist Kult und mit über 80.000 Besuchern das größte Metal-Festival der Welt*. Dort aufzutreten, kommt einem Ritterschlag gleich. Zumal der bedeutende deutsche Markt von den Metal Heroes noch nicht beackert wurde. Eine mega Chance, die wahrscheinlich nicht so schnell wiederkommt und den perfekten Abschluss für ihre Europa-Tour darstellt.
Die Fahrt vom Hamburger Flughafen-Hotel rüber ins kleine Städtchen Wacken mit dem eigens vom Veranstalter gestellten Kleinbus verbringen die Freunde in sich zusammengesunken und hinter Sonnenbrillen verborgen. Ob das reicht, für den Gig heute Abend ihre Akkus wieder aufzufüllen?

8

***) HINTERGRUND** | *Das Festival gibt es nun schon über 30 Jahren. Entstanden aus einer Bierlaune heraus und nach Jahren der Unwägbarkeiten von Politik und Finanzierung haben es die Initiatoren geschafft: Wacken gilt als das größte Metal-Festival auf dem Planeten. Auf jeden der knapp 2.000 Einwohner des kleinen schleswig-holsteinischen Städtchens Wacken kommen so mehr als 40 Metalheads! Irre.*

Als die Heroes an diesem Freitagvormittag, dem zweiten offiziellen Veranstaltungstag, nach einem fetten Stau auf den letzten Kilometern auf dem Gelände eintreffen, haben die meisten Metal-Jünger bereits einige Tage Festival-Freuden hinter sich.

Zerrissene Planen, herrenlose Bierflaschen sowie ausrangierte Couch-Landschaften zwischen den Zelten und Campingwagen zeugen von den Exzessen der vergangenen Nacht.

Unerbittlich knallt die August-Sonne auf die Wiesen und hat bei nicht wenigen Typen als „Gekochter-Hummer-Bräune“ bleibenden Eindruck hinterlassen. Andere hingegen sind cleverer und suchen Schutz und Erfrischung unter den dunkelgrünen Sonnensegeln des Gerstensaft-Sponsors.

Nach dem kleinen Umweg über das Festivalgelände erreichen die vier Freunde das Artist Village, ein abgegrenztes Areal aus stabilen Festzelten und Trucks, wo nur die Künstler, Helfer und Mitarbeiter des Veranstalters Zutritt erhalten.

Früher wäre es sicher in peinliches Durchfragen und Betteln um Einlass geendet, ohne Akkreditierung auf das Gelände zu gelangen. Doch heute werden die Metal Heroes sofort erkannt und mit Eskorte zum Büro des Organisators geleitet!

Eine gestresste Mitarbeiterin des offenbar sehr beschäftigten Orga-Teams übergibt routiniert die Backstage-Pässe – fein laminiert und an Halsbändern mit Wacken-Aufdruck befestigt. Sie teilt den Heroes mit, dass aus dem Auftritt heute Abend leider nichts wird. Man hätte noch einmal kurzfristig umdisponieren müssen. Dafür sei die Band für den abschließenden Festivaltag, den Samstag, fest eingeplant. „Das ist eigentlich auch der beste Tag“, wie sie hinter vorgehaltener Hand versichert. Alles Weitere bekommen sie morgen früh um 9 Uhr, direkt von Tom, ihrem Chef, mitgeteilt.

Was nun?

*Festivalgelände erkunden > **549***

*Socializing im Artist Village > **665***

631 Angestachelt von der Aussichtslosigkeit, auf der kleinen Bühne richtig Publikum zu ziehen, und wahrscheinlich auch wegen der eigenen Dummheit, geben die Metal Heroes alles. Die Security kommt ordentlich ins Rotieren und muss zusätzliche Alugatter heranschaffen, um dem Ansturm der Fans Herr zu werden. Selbst der sonst so ruhige Leo ist heute Abend voller Tatendrang –

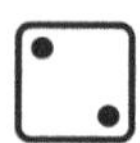
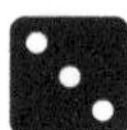

klatscht rhythmisch mit den Händen über dem Kopf, um das Publikum weiter anzuheizen, und springt gazellenhaft in die Menge ...

*Checke Leos **Power**!*

*(Ist die **Fanbase** der Metal Heroes derzeit 7 oder weniger, dann ist der Check um 1 schwieriger.)*

*Gelungen > **553** | Misslungen > **592***

632 „Nichts für ungut, Jungs", mustert der Barkeeper die Metal Heroes und poliert beiläufig ein Glas, „die Kleine ist eine Nummer zu groß für euch."

Joey legt einen braunen Euro-Schein auf die Theke und beteuert, es handle sich um eine gute Bekannte. Der Bartender stellt das saubere Glas in die letzte Lücke hinter sich und flüstert: „Gestern war sie in Begleitung von Monsieur Iommi hier."

Er ist sicher, den Namen der Diebin aufgeschnappt zu haben. Der Herr hätte sie „Natalie" genannt. Mit Verweis auf die vom Management geforderte Diskretion gibt er keine weiteren Details preis.

„Iommi? Klingt finnisch", bemerkt Leo.

*Willst du deine Macht nutzen, um vielleicht zusätzliche Infos aus den Hirnwindungen des Bartenders zu bekommen > **•627***

*Wenn nicht > **619***

8

633 Zum Glück keine Security. Aber auch keine diebische Tussi. Womöglich hat sie auf einem anderen Stockwerk ihr Zimmer.

*Étage °1 > **611** | Étage °2 > **622** | Étage °4 > **644***

*Oder sollen die Jungs auf dem 3. Stockwerk weitersuchen? > **593***

634 Entschlossen springt Joey von einem seiner verblüfften Kollegen zum anderen und brüllt gegen den Jubel der Massen: „Medalist! Medalist!"

Woraufhin Gregori seine Sticks zusammenschlägt und den treibenden Takt des Punk-Tracks vorgibt.

Die Menge ist zu Beginn ebenso überrascht wie der Bühnentechniker, der eigentlich mit diesem Teil des Abends abgeschlossen hatte. Entsprechend spielen die Heroes zunächst im Dunkeln, was der Energie der Performance allerdings keinen Abbruch tut.

My Girl is a Short Track Medalist

PUNK ROCK

My girl's tight,
she likes to fight
A two-bladed artist
I can't resist
Once, my girl would be
a Short Track Medalist

Never struggle!
Bare knuckle!
Deep to the wrist
she clenches her fist
'Cause, my girl is
a Short Track Bronze Medalist

Riding on top
makes every job
Slap! Slap! Final lap!

Close race,
second place!
Well, curvy twist
she's just finalist
Damn, my girl is
a Short Track Silver Medalist

Work harder!
Faster, faster!
Dream of golden shower
feel unlimited power!

Beat the hoe!
Being fair? No!
At last, top of the list!
Recommend a dentist

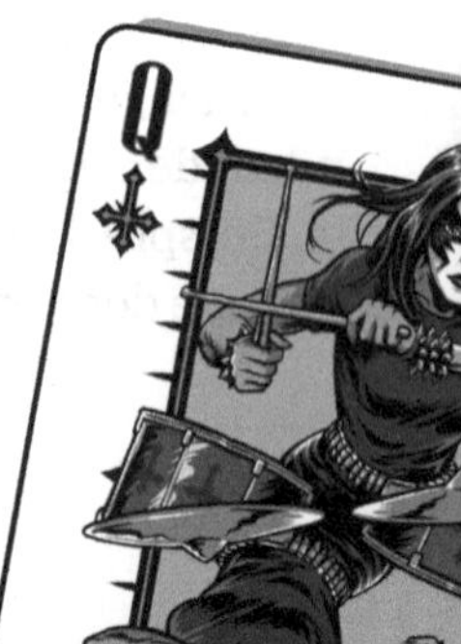

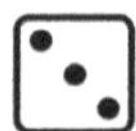 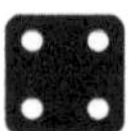

My girl is a Short Track Golden Medalist

Yeah, on top of the list!
she's a fuckin' Short Track Medalist!

Der frivol-witzige Punk-Song fegt über den Pit hinweg und beweist einmal mehr die unglaubliche Flexibilität deiner Band.

*Notiere Track-Nummer **#36** im leeren Feld **Zugabe** der **Setlist** von „**W:O:A (TV-Gig)**"!* 675

Weiter > ***678***

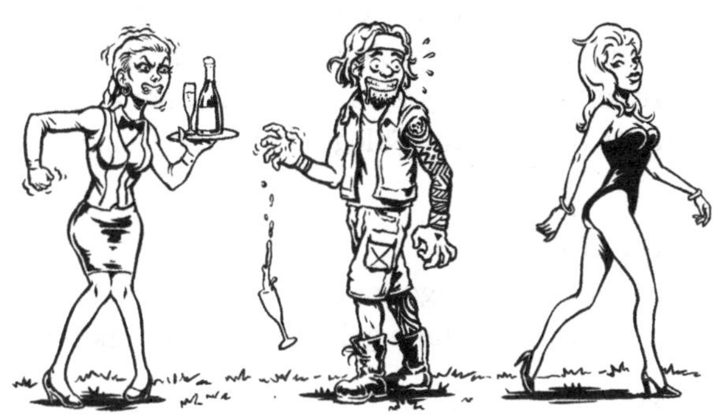

635 Du besinnst dich auf deine göttlichen Kräfte und legst den Fokus auf das Metal-Artefakt. Seine Aura pulsiert durch den Äther, versetzt das Geflecht der Welt in Schwingung. Was das alles zu bedeuten hat? Keinen blassen Schimmer! Aber immerhin: Du kannst der Spur des Schlüssels folgen, selbst wenn du null Ahnung hast, was das Teil überhaupt macht.
Kurzerhand fährst du in den Fahrer ein und lenkst nach kurzem mentalen Widerstand und quietschendem Schlingern den schnuckeligen 45-PS-Renault.
Einige Minuten Irrfahrt rund um das Stadtzentrum später, ist der rote Renner aufgespürt. Er steht auf dem Parkplatz des Grand Hotels, eines der edelsten Hotels in ganz Paris.

*Dein **Einfluss** sinkt um 1!*

Weiter > ***653***

636 Die Österreicher bieten ihre Klapp- und Liegestühle an und setzen sich ihrerseits auf umgedrehte Bierkästen.
Fachmännisch werden etliche Flaschen per Feuerzeug geöffnet und gerecht verteilt.
„Hätte gar nicht gedacht, dass ihr so locker drauf seid und euch mit uns, dem niederen Volk, abgebt", stellt Marco fest.
„Ehrlich gesagt, ihr seid uns auch scheißegal, wir wollten nur was von der Suppe und eurem germanischen Wurstwasser!", scherzt Gregori und löffelt weiter von seinem Plastikteller.
Die Anwesenheit der Star-Musiker ist den Platznachbarn nicht verborgen geblieben, und so bildet sich in Windeseile eine Fan-Traube, gemütlich sitzend um die Feuerstelle. Bereitwillig lässt sich Leo eine Akustikgitarre reichen und spielt alte Songs – aber auch die Männer von Garagedays nutzen die Gelegenheit und zeigen, was sie so draufhaben.

⏩ FAST FORWARD
Das Video von Leos unbefangener Extra-Performance wird binnen weniger Tage zehntausendfach geklickt und mit Likes gehypt.

*Checke Leos **Skill** und **Presence**!*
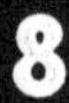
*Für jeden **gelungenen** Check darfst du die **Fame** eines Songs, bei dem Leo der **Leader** ist, um 1 erhöhen!*

Ziehe eine Karte!
♣ ♦ ♥ > *669* | ♠ > *646*

637 Die Nacht war kurz, verdammt kurz. Schlaftrunken machen sich die Heroes auf den Weg, ihren 9 Uhr-Termin beim Wacken-Boss wahrzunehmen, und schlurfen durchs Artist Village, wo sie sich immerhin per Dusche in einen einigermaßen zivilisierten Zustand bringen können.

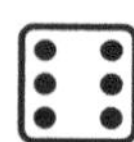 

Thomas Jensen, der Cheforganisator, ist kurz angebunden. Mit der Erfahrung und Selbstsicherheit aus einem Vierteljahrhundert als Festival-Manager bittet der bullige Typ mit getönter Pilotenbrille und schwarzer Adidas-Joggingjacke die Heroes, Platz zu nehmen, und kommt rasch zum Thema.
Er entschuldigt sich für das Durcheinander, stellt aber klar, dass dieser Auftritt eine Chance für die Band sei. „Es kommt nur ganz selten vor, dass ein Main Act so kurzfristig absagt. Ihr habt also verdammtes Schwein – und einen guten Manager."
Toms Laune ist schwer zu deuten. Knallhart erkundigt er sich nach ihren Vorstellungen und Ideen für die Show. Dabei blickt er besonders den gezeichneten Leo immer wieder an.

*Checke Leos **Presence**!*
*Für jede bereits von ihm **durchgebrannte Sicherung** ist dieser Check um 1 erschwert! Haben die Heroes jedoch eine **Supporterin** namens **Charlotte**, darfst du diese Erschwernis ignorieren!*
*Gelungen > **586** | Misslungen > **569***

638 Der Auftritt in Wacken war eine einzigartige Erfahrung für die Metal Heroes, auch wenn es nicht alles perfekt gelaufen ist. Alleine dabei gewesen zu sein, beim größten Metal-Festival der Welt, ist unbezahlbar.

*Weiter > **556***

639 Joey ist mit den Nerven am Ende: „Fuck, 40 Zimmer! Wie sollen wir bitteschön das richtige finden?"
Leo korrigiert: „Aber bloß, wenn wir uns überhaupt im korrekten Trakt befinden."
Auf halbem Weg stehen zwei Rollwagen. Einer ist beladen mit feinsäuberlich zusammengelegten Laken, der andere voller Reinigungsmittel. Aus der offenen Tür des Zimmers 429 erklingt der fröhliche Gesang eines Zimmermädchens.

*Erhöhe die **Security-Stufe** um 1!* 555

*Zimmermädchen ansprechen > **564***
*Weiter umschauen > **589***

640 So charmant das Innere des Hotels auch sein mag, so ernüchternd ist dessen Eintönigkeit der Korridore. Jeder Gang wirkt austauschbar.

*Sollen die beiden in den Gang direkt neben dem Aufzug gehen? > **599***

Oder sollen sie in einen anderen Gang gehen?

In den Gang mit den …

*50er-Zimmern > **650** | 60er-Zimmern > **660** | 70er-Zimmern > **670***

641 Die Gefesselte ist entschlossen, nichts mehr zu verraten: „Was wollt ihr schon machen? Mich entführen, mich foltern? Sicher easy, das den Gendarmen zu erklären."
„Sie hat Recht", meint Leo zerknirscht.
„Egal! Wir haben ja jetzt den Anhänger wieder." Gregori zieht der keifenden Braut die Kette vom Kopf.
„Naja, du wirst schon klarkommen, oder?" Prüfend zerrt Joey an einem der Kabelbinder und gibt seinen Freunden das Zeichen zum Rückzug.
Mit stolzgeschwellter Brust gehen sie den Gang hinunter, als hinter ihnen ein alter Bekannter um die andere Ecke des Rundgangs kommt. „Hey, was treibt ihr hier?", ruft er den Metal Heroes hinterher. Es ist Fate! Der großgewachsene, gestylte Typ mit der schneeweißen Version einer Jon-Bon-Jovi-Frisur.

Was nun?

*Kampf suchen > **571** | Abgang, und zwar flott! > **621***

642 Mit gepressten Rufen wollen die drei Kameraden Gregori auf sich aufmerksam machen. Es vergehen Momente der Ewigkeit, bis sich die Tür zu 468 öffnet und der Drummer stöhnend heraustorkelt. Blut rinnt ihm aus der Nase.
„Diese böse Bubblegum-Bitch hat mich gehauen! Das melde ich der Behindertenpolizei", hat Gregori seinen Humor nicht verloren. Leider fehlt von der Gesuchten jede Spur.
Resigniert kehren die Metal Heroes in die Lobby zurück und lassen sich anstandslos von den Sicherheitsleuten vom Gelände des Grand Hotels führen.

*Weiter > **610***

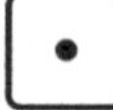 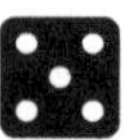

643 Die Heroes haben ihre Show wieder einmal mit Vollgas durchgezogen! Fast drei Stunden maximaler Energie-Level. Man kann ihnen nichts vorwerfen. Aber wie ist ihre Performance beim Pariser Publikum angekommen?

*Ermittle nun den **Gig-Score** für **Metal Metro Mayhem!*** 590
*Checke dazu nacheinander die **Performance** der jeweiligen **Leader** für alle relevanten Songs (ohne Zugabe).*
*Für alle aktuell veröffentlichten Songs des 2. Albums (eine „2“ im Feld „**Out**“) ist der Check um 1 leichter!*
*Zudem gibt es folgende Boni auf den **Gig-Score**:*
*Jeweils **+2** für die gespielten **Glorious Tracks „Siren of Desire“ (#35)** sowie **„Fallen Hero“ (#37)**.*
*Notiere dir diese zusätzlichen Boni im C-Feld dieses Gigs im **Tour-Book** des Metal-Logbuchs.*

*Wie hoch ist der **Gig-Score**?*
*17 oder höher > **671***
*11 – 16 > **652***
*10 oder weniger > **662***

644 Im obersten Stock wirken die Gänge noch edler. Ob hier die außerordentlich beluchten Gäste residieren?

Wohin?
*Étage °1 > **611** | Étage °2 > **622** | Étage °3 > **633***
*Auf dem 4. Stockwerk weitersuchen! > **654***

645 „Denkt dran, für die Alten seid ihr noch Frischlinge. Denen ist egal, wie erfolgreich ihr seid. Haltet euch an die Absprachen und zeigt eine gute Show! Der Rest ist scheißegal.“

*Zurück zum Setlist schmieden > **675***

646 Langsam senkt sich die Abendröte über die Wiesen von Wacken. In der Ferne brummen Stromgeneratoren, versorgen die Meute mit überlebensnotwendiger Kühlung für Bier und Grillgut. Irritiert von den unzähligen Umgebungsgeräuschen, stolpert Gregori über eine Nylonschnur und reißt dabei den Hering, samt

8

Trägerstange eines Mehr-Personen-Zelts, heraus. Die Plane sinkt gen Boden und schmiegt sich über zwei weibliche Körper. Mittels Zappeln und deftigen Flüchen in deutschem Dialekt tun die Gefangenen ihren Unmut über die Störung der Nachtruhe kund.
Brian - ganz Gentleman - lupft den Zeltstoff und hilft den Insassinnen wieder in die Freiheit. Als sie die Störenfriede erkennen, sind sie hin- und hergerissen, laden die Metal Heroes spontan ein, gemeinsam am Lagerfeuer zu feiern. Die beiden jungen Damen haben diesen verträumt-glasigen Blick, den man nur durch den übermäßigen Genuss von Tetrapak-Rotwein bekommt.

*Checke Joeys **Power**!*
*(Hat Joey sein **Special**, gelingt dieser Check automatisch.)*
*Gelungen > **674***
*Misslungen > **574***

647 Wacken war das perfekte Publikum für deine Jungs! Die phänomenale Bühnenshow und der Sound fegten wie ein Wirbelsturm über die staubigen Wiesen hinweg. Der gemeinsame Auftritt mit Grave Digger überzeugte selbst den letzten Fan, dass diese Band absolut zu Recht zu den Headlinern des größten Metal-Festivals der Welt gehörte.

Chris Boltendahl lässt es sich nicht nehmen, sich für die gute Zusammenarbeit bei Joey und Tom, dem Festival-Manager, zu bedanken. Er und seine Band wären gerne bereit, weitere gemeinsame Projekte anzugehen.

⏩ FAST FORWARD
Monate später laufen die Ausschnitte des Wacken-Auftritts immer noch im TV oder werden als Internet-Video verbreitet.
Einer der Kommentare eines Musikjournalisten:
„Der Bandname Metal Heroes ist gut gewählt. Und ich sehe weit und breit niemanden, der ihnen diesen selbstgewählten Ehrentitel streitig machen könnte. Nicht zuletzt deshalb, da sie stilbildend für die aktuelle und kommende Metal-Generation sind."

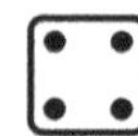
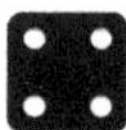

So sieht's aus!

*Die **Fanbase** steigt um 1!*
*Notiere dir unter **Road to Glory** im Metal-Logbuch, Eintrag **#11**, dass die Metal Heroes eine **Band-Freundschafft (III)** geschlossen haben, indem du dort ein ✖ im Kreis machst.*
*Checke nun bitte, ob die **Road to Glory** Einträge **#5** und **#7** ebenfalls angekreuzt sind, sprich, ist es den Metal Heroes gelungen, alle drei Band-Freundschaften zu schließen?*
*Falls ja, steigt dein **Einfluss** jetzt um 2, ansonsten nur um 1!*

*Weiter > **556***

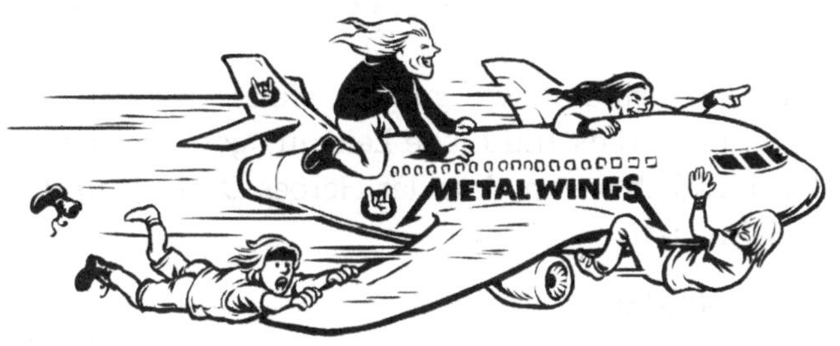

648 Joey trift den gestandenen Roadie, als er sich gerade eine Prise Schnupftabak durch die Nase zieht. Der überlegt kurz und meint: „Die meisten Headbanger hier sind Deutsche, klar. Nach allem, was ich gehört habe, fahren die total auf Power-Metal ab ..."

*Zurück zur Setlist > **655***

649 Eigentlich haben beide Seiten Stillschweigen über das Verfahren vereinbart, aber wie es bei Berühmtheiten nun mal so ist, irgendjemand plaudert immer. Für die Yellow Press ist das ein gefundenes Fressen und tritt einen Kacksturm im Internet los.
„Ein Shitstorm ist wie eine moderne Steinigung", philosophiert Leo. „Jeder darf aus sicherer virtueller Distanz einen digitalen Brocken werfen."

*Die **Bandchemie** sinkt um 1!*

*Zurück in die Gegenwart, in den Flieger nach Hamburg > **630***

650 Wahrlich ein wirklich schönes Exemplar eines Korridors. Es könnte sich lohnen, ihn genauer zu betrachten.

*Sollen die beiden diesen Gang untersuchen? > **667***

Oder sollen die beiden in einen anderen Gang gehen?

In den Gang mit den …

*40er-Zimmern > **640** | 60er-Zimmern > **660***

*70er-Zimmern > **670***

651 „Das Publikum in der Metal Metro hat einen erstaunlich hohen Frauenanteil. Vielleicht könnt ihr heute Abend mit Gefühlen punkten!“

*Zurück zum Setlist schmieden > **590***

652 Du bist erstaunt, wie gut die Metal Heroes ankommen, obwohl sie nur durchschnittliche Leistung gebracht haben. Oder liegte es womöglich daran, dass der Heroes-Durchschnitt tatsächlich erste Sahne ist?

*Dein **Einfluss** steigt um 1!*

*Weiter > **600***

653 „Zweifelsfrei“, meint Leo und tastet vorsichtig die Haube ab, „das Auto wurde vor Kurzem bewegt. Der Motor ist warm.“ Das Einheitskennzeichen und ein Werbeaufkleber in der Windschutzscheibe weisen den Mercedes als einen – wenn auch sehr gediegenen – Leihwagen aus.

*Ist unter Leos Inventar ein **eleganter Sonnenhut** vermerkt?*

*Ja > **560***

*Falls nicht, geht's jetzt in die Lobby > **580***

654 Türen, Türen, Türen. Egal in welchen der sanft gebogenen Gänge man blickt. Und sie unterscheiden sich einzig darin, dass eine andere dreistellige Nummer angeschlagen ist. Nach den Wegweisern auf den Fluren zu urteilen, befinden sich in jedem Stock etwa 80 Zimmer.

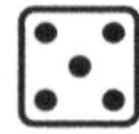

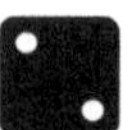

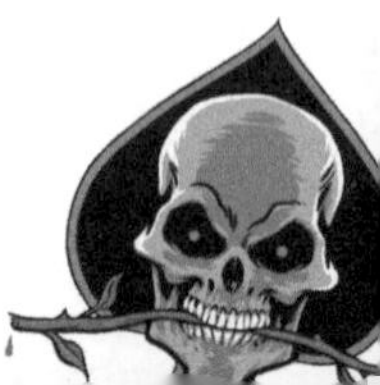

„Leute, wir müssen uns beeilen“, presst Brian durch die Zähne und gibt mit einer zuckenden Kopfverrenkung in Richtung einer dezent platzierten Überwachungskamera zu verstehen, dass er glaubt, die Band würde beobachtet.
Kurzerhand beschließen die vier, sich in Zweier-Teams aufzuteilen. Joey und Leo knöpfen sich die Rückseite des Hotels vor, während Brian und Gregori die Front begutachten wollen.
Da selbst du dich nicht zweiteilen kannst, musst du nun entscheiden, in welchen Trakt des vierten Stocks dein Geist wandern soll? Knifflig.

Mit Joey und Leo (Zimmer 400 bis 439) > ***639***
Mit Brian und Gregori (Zimmer 440 bis 479) > ***579***

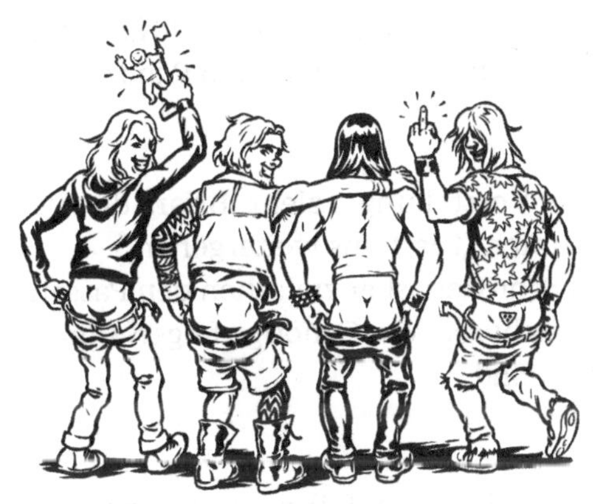

8

655 Es ist Nachmittag. Du lauschst. Jetzt müssten eigentlich die Metal Heroes ihren Auftritt haben, aber der aufgewirbelte Staub trägt einzig den Sound einer anderen Band heran.
Ein Halbwüchsiger in einer ihm viel zu großen Jeanskutte mit allerlei Old-School-Aufnähern rennt zur Bühne und brüllt hysterisch: „Spielen die Heroes? Warum spielen die Heroes nicht? Ich habe gedacht, die Heroes spielen!“
Tja, von wegen deutsche Pünktlichkeit! Auf der Headbanger Stage steht gerade eine andere, dir unbekannte, Black-Metal-Truppe. Ihr Sänger, ein Panzer von kahlem Kerl, grunzt ununterbrochen ins Mikro. Keine Ahnung, was er da von sich gibt.

Immerhin: Mit seinem beeindruckenden Vollbart, geflochten zu einem imposanten, armlangen Zopf, schafft er es gekonnt, ein Propeller-Flugzeug zu imitieren.

Setlist W:O:A (Headbanger Stage)

*Wähle nun **14 Songs** aus dem **Repertoire** und bestimme damit die **Setlist** für diesen Auftritt. Trage dazu ihre Track-Nummern in die vorgesehenen Felder mit dem #-Symbol im **Gig-Muster** gegenüber ein.*

*Haben die Metal Heroes einen **Supporter** namens **Zig**? Falls ja, können sie ihn bei der Zusammenstellung der **Setlist** um Rat fragen > **648***

*Hast du alle Songs der Setlist eingetragen, ziehe eine Karte! Sie bestimmt die **5 relevanten Songs** dieses Auftritts. Kreuze den **Pfeil** mit dem entsprechenden Karten-Symbol am Rand des **Gig-Musters** an.*

*Weiter > **631***

656 „Schöne Vorstellung", zieht Brian die Performance des Mädchens herunter. „Lasst uns weitergehen."
Nach wenigen Schritten ist er zwischen den Passanten in der Fußgängerzone verschwunden. Genötigt folgen ihm seine Band-Kollegen kopfschüttelnd.

8

*Weiter > **590***

657 Der Circle-Pit vor der Bühne rotiert schneller und schneller und lässt einen Baby-Tornado aufgewirbelten Staubs entstehen. Flammen schießen gen Himmel. Die Bühnenshow brennt sich in die Netzhaut der Fans.
Kaum haben die Metal Heroes den letzten Song auf die deutschen Headbanger losgelassen, erlischt das Licht auf der Black Stage und neben ihnen beginnt das große Grave-Digger-Finale.
Joey drückt auf die Beleuchtungstaste seiner Armbanduhr. Der Auftritt dauert nun bereits 82 Minuten.
„Könnte knapp werden ...", murmelt er.
Was der Bandleader wohl plant?

4

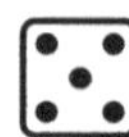 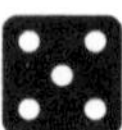

Gig-Muster

W:O:A HEADBANGER STAGE

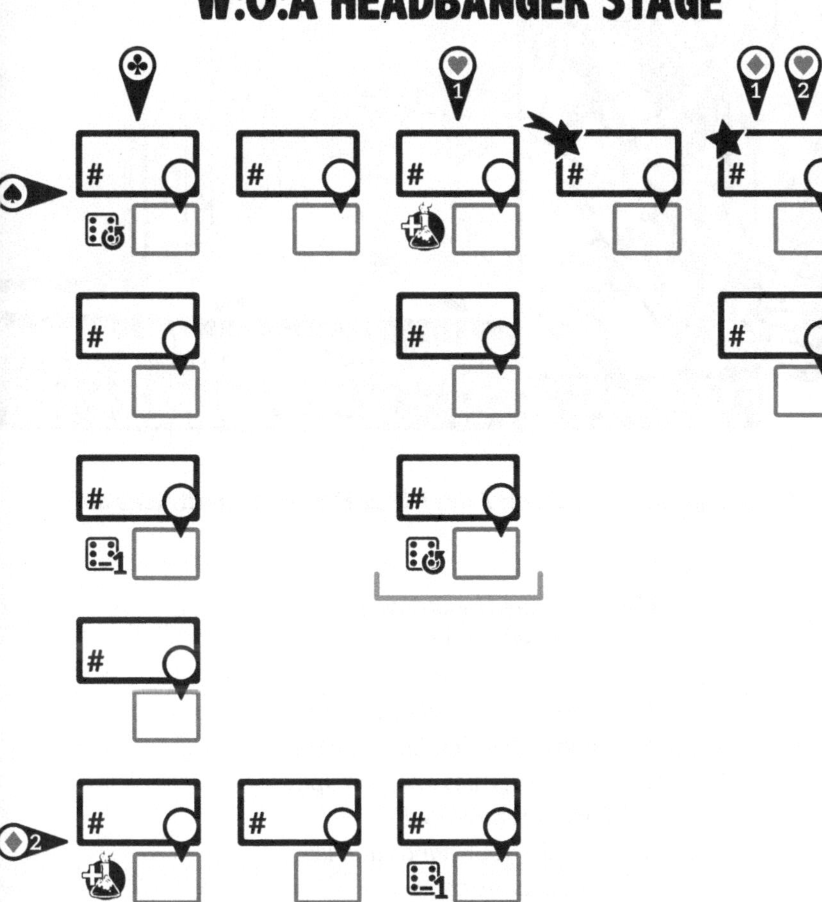

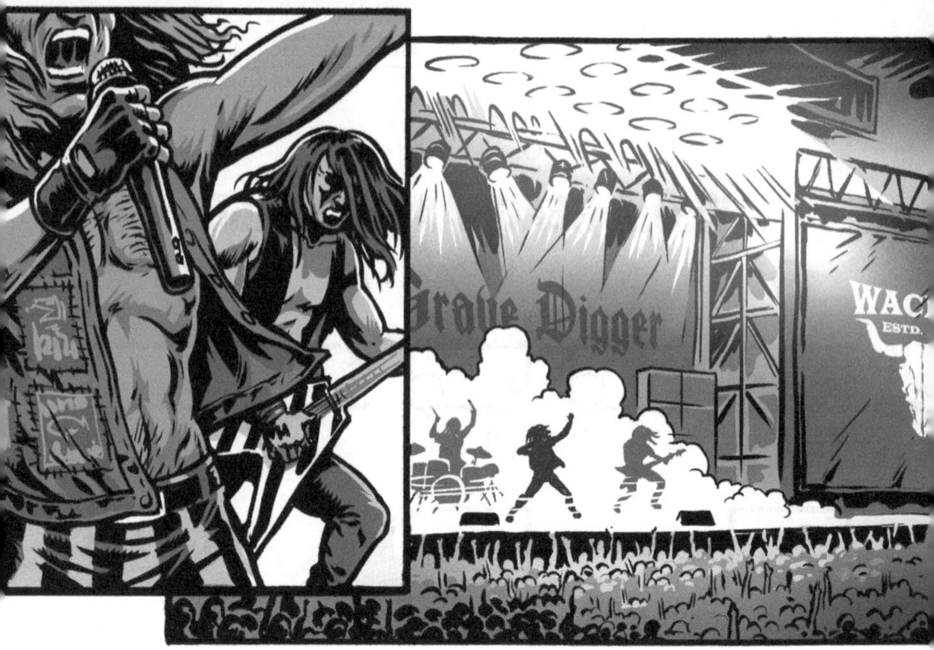

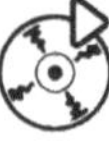

*Höre dir nun bitte **Track 7** des **Metal-Heroes-Soundtracks** aufmerksam an!*

8

„Heavy Metal Breakdown"

CLASSIC METAL

Metal invasion that's all what we need
Metal dominion that's all what we want
We come to give you rules and principles
What you have to do
We come to shake your hands and legs
As fast as we can do

Heavy Metal Breakdown
Heavy Metal Breakdown – Breakdown, Breakdown
Heavy Metal Breakdown
Heavy Metal Breakdown – Breakdown, Breakdown

Women and children want to hear the noise
Women and children want to feel the beat

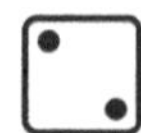

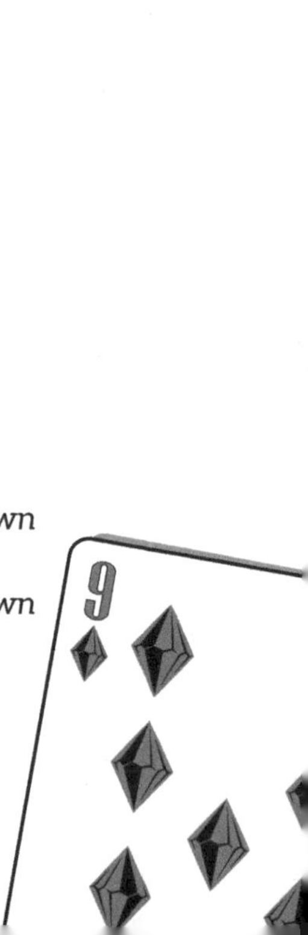

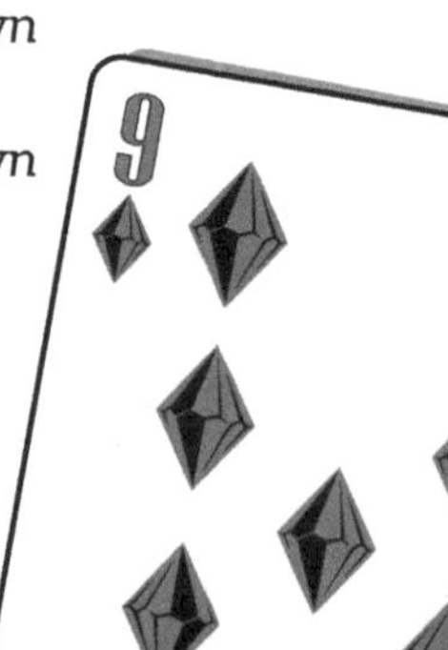

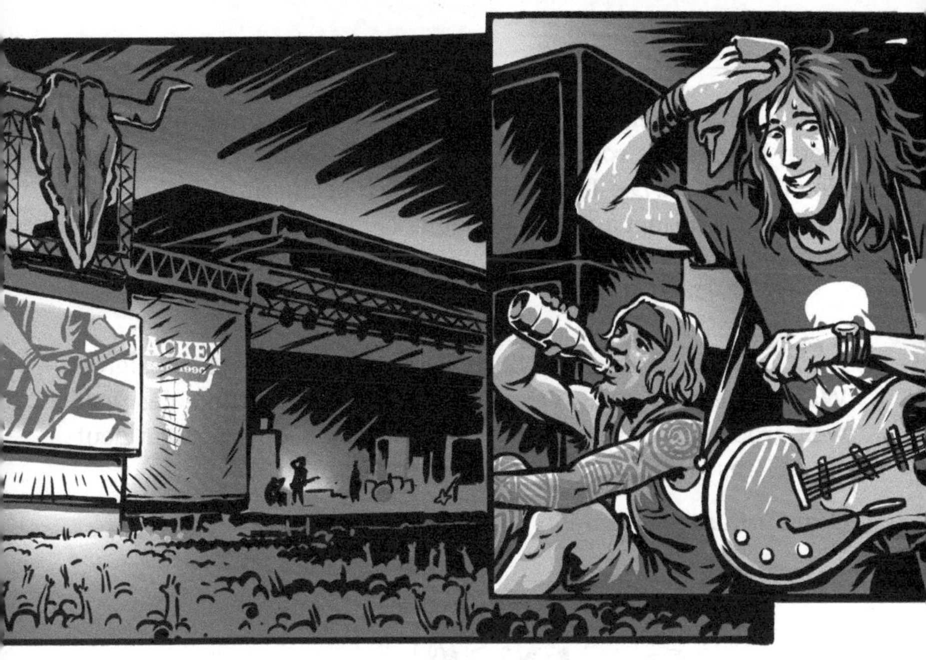

657 *Joey drückt auf die Beleuchtungstaste seiner Armbanduhr. Der Auftritt dauert nun bereits 82 Minuten. „Könnte knapp werden …", murmelt er.*

Bang your heads as fast as you can
Until you're breaking down
The night is long, the show is right
Bang until you die

Heavy Metal Breakdown
Heavy Metal Breakdown – Breakdown, Breakdown
Heavy Metal Breakdown
Heavy Metal Breakdown – Breakdown, Breakdown

Heavy Metal Breakdown!
Shake your legs and bang your heads
Heavy Metal Breakdown – Breakdown, Breakdown
Heavy Metal Breakdown!

„Heavy Metal Breakdown" (1984) von Grave Digger
Classic-Metal-Band aus Gladbeck (Deutschland)

Wie lange dauert der Grave Digger Track?
Über 4 Minuten > ***584*** | *Unter 4 Minuten >* ***602***

658 Tatsächlich, nach knapp einer Viertelstunde haben die Metal Heroes das rote SLK Cabrio auf dem Parkplatz des Grand Hotels entdeckt! Die Truppe bedankt sich bei ihrem aufgekratzten Fahrer und springt aus dem Renault.

Fluchtauto inspizieren > ***653***

Einen Blick über die Stuckfassade des Hotels werfen > ***565***

659 Trotz all der Schwierigkeiten haben die Metal Heroes Wacken gerockt! Auch wenn es nur eine Nebenbühne des weltweit größten Metal-Festivals war, konnte die Band bei den deutschen Fans bleibenden Eindruck hinterlassen.

Dein ***Einfluss*** *steigt um 1!*

Weiter > ***556***

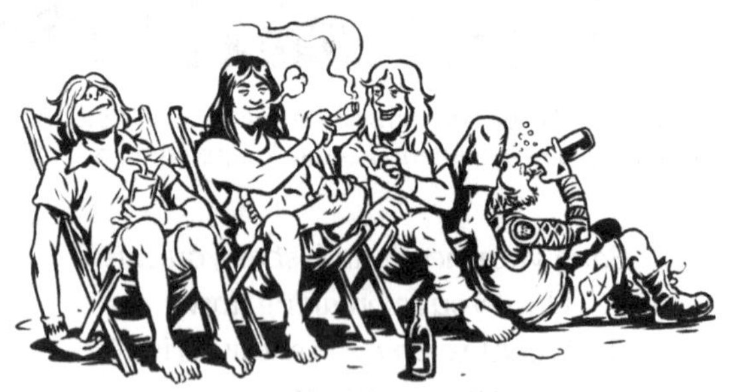

660 Ja, hier könnte sie irgendwo sein! Du spürst regelrecht die Präsenz des Anhängers. Oder ist es nur die Aufregung?

Was sollen Brian und Gregori tun?

Alle Türen in diesem Korridor kontrollieren > ***587***

Oder doch nicht? Dann weiter in den Gang mit den …

40er-Zimmern > ***640***

50er-Zimmern > ***650*** | *70er-Zimmern >* ***670***

661 Eine teure Lektion. Aber hilfreich! Merke: Selbst schlechte Publicity kann Erfolg versprechen, wenn man es richtig angeht. Ricci ließ einige geschickte Tweets und News im Internet lancieren, mit

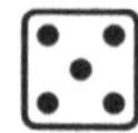 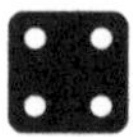

dem Resultat, dass Ironica nun als die größten Spaßbremsen der Nation dastehen.

*Zurück in die Gegenwart, in den Flieger nach Hamburg > **630***

662 Man hat den Metal Heroes durchaus den Stress der letzten Stunden angemerkt. Du hättest dir natürlich Besseres erhofft für das Frankreich-Finale, aber mehr war an diesem Abend einfach nicht drin.

*Weiter > **600***

663 Selbst wenn es nur eine der Nebenbühnen war, haben doch Tausende Fans sich den Auftritt der Metal Heroes am späten Nachmittag reingezogen.

*Ermittle nun den **Gig-Score** für **W:O:A (Headbanger Stage)**!* 655
*Checke dazu nacheinander die **Performance** der jeweiligen **Leader** für alle relevanten Songs.*

*Wie hoch ist der **Gig-Score**?*
*18 oder mehr > **659***
*11 bis 17 > **638***
*10 oder weniger > **624***

664 „Denkt dran ... Wir haben eine CD zu promoten! Also keine Experimente. Spielt aktuelle Tracks. Nur deswegen sind die Leute gekommen." Russ pafft an seiner Zigarre und fügt brummend hinzu: „Ach ja, wir müssen heute Nacht noch den letzten Flieger nach Hamburg erreichen. Also keine allzu langen Extra-Schichten einlegen, okay?"

*Zurück zum Setlist schmieden > **590***

665 Nach einigen Stunden voller spannender Gespräche mit der einen oder anderen Berühmtheit der Metal-Szene wollen die jungen Kerle endlich mal wieder lockeren Spaß unter Gleichgesinnten. Und hier in good ol' Germany ist ihr Bekanntheitsgrad noch nicht so groß, als dass sie ständig von Fans angequatscht werden.

*Weiter > **646***

8

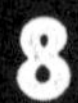

666 Das Entsetzen ist dem riechenden Rock-Rowdy in die entstellte Fratze geschrieben. Schwarzer Rauch strömt aus seiner vor Wut verkrümmten Hakennase.
Die liebreizende und unbestechliche Geberin bestätigt deinen Sieg mit brüchiger Stimme: „Vier Asse!“ Und blickt sofort zur Seite, in der stillen Hoffnung, so dem Zorn ihres Meisters zu entgehen.
Lucivers hingegen, versucht seinen Ärger, der sich als unkontrolliertes Zucken seiner wulstigen Unterlippe zeigt, zu überspielen: „Respekt, Taylor. Nette Hand. Ob du noch einmal so viel Glück haben wirst?“
„Danke, Luci! Danke für die Steinchen“, rufst du ironisch, während du deinen magischen Gewinn von der Tischmitte zu dir ziehst und wieder einverleibst.
Quiff, der Rockscherge, grinst sich einen und flüstert dir ins Ohr: „Gut betrogen, Taylor Meister! Geschehen ihm recht.“

*Glückwunsch! Verdoppele deinen Einsatz und schreibe dir nun den gewonnenen **Einfluss** im Metal-Logbuch gut. (Beachte, dass alle Punkte, die über dein Maximum gehen, verfallen.)*

Weiter > ***F64***

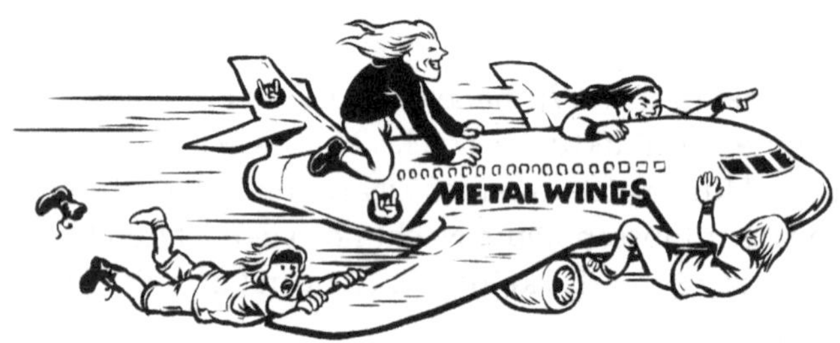

667 Und tatsächlich! Die Schönheit dieses Korridors sucht unter all den anderen des Hotels ihresgleichen! Aber hier gibt es keinen Hinweis auf die Gesuchte.

*Erhöhe die **Security-Stufe** um 1!* 555

Schicke Brian und Gregori in den Gang mit den ...
40er-Zimmern > ***640*** | *60er-Zimmern >* ***660***
70er-Zimmern > ***670***

2

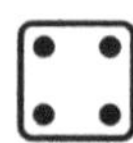 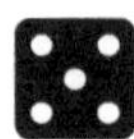

668 Bitter, aber wahr: Der Schlüsselanhänger ist futsch. Tina und ihr Großvater haben das schon erwartet und so hält sich ihre Enttäuschung in Grenzen.
Der alte Ladenbesitzer sieht von einer Anzeige gegen unbekannt ab. Selbst das Angebot der Metal Heroes, eine Zeugenaussage zu tätigen oder eine detaillierte Beschreibung der Business-Tussi abgeben zu können, stimmt ihn nicht um. Das Einzige, was der Band bleibt, ist den beiden, Freikarten für das Konzert heute Abend zu schenken.

*Der **Gig-Score** sinkt um 3!*
*Notiere dir diesen „scheiß Stress" als einen Abzug von **-3** im A-Feld von **„Metal Metro Mayhem"** im **Tour-Book** des Metal-Logbuchs.*

*Weiter > **590***

669 Ehe Leo zum Finale aufspielen kann, beginnt sein Magen zu rebellieren. Mit schmerzverzerrtem Gesicht hält er sich den Sixpack.
„Alles klar, Leo?", fragt Joey besorgt.
„Ich habe es geahnt. Verdammter Mex-Tex-Fraß!", flucht der blasse Bassist und wankt zum nächsten Dixi.
„Das verstehe ich nicht", entschuldigt sich der Fan-Koch. „Ich habe eben erst die Dosen aufgemacht. Da kann nichts verdorben sein."
Abwechselndes Stöhnen und Fluchen dringt aus dem hellblauen Plastikhäuschen.
„Hier, probiert das!", tippt eine hilfsbereite Rockerbraut dem wartenden Joey auf die Schulter. Sie hält ihm zwei dünne Plastiktütchen zum Aufreißen mit einer pulverisierten Arznei entgegen.

*Soll Joey das Geschenk annehmen, dann notiere dir **Rohr frei** unter seinem Inventar im Metal-Logbuch. Aufgelöst in Wasser richtet es jede Magenverstimmung binnen einer Sitzung!*

Um den Gig am nächsten Tag nicht zu gefährden, gehen die Heroes zum Artist Village zurück. Leo wird diese Nacht mit brennendem Schließmuskelhusten zum Dauergast auf dem WC Royal (ein blumiger Ausdruck für VIP-Klo).

*Weiter > **637***

670 Leider kein Hinweis auf die Dame. Was hast du auch erwartet? Dass sie hier irgendwo rumsteht und mit dem Hintern wackelt?

*Dennoch diesen Gang untersuchen > **596***
Oder in einen anderen Gang gehen? Und zwar mit den ...
*40er-Zimmern > **640** | 50er-Zimmern > **650***
*60er-Zimmern > **660***

671 Was für ein Gig! Die Crowd aus wahnsinnigen Metalheads ist mittlerweile ein waberndes Meer aus Schweiß und Tränen. Die kreischenden Mädels, die auf den Schultern ihrer Typen sitzen, haben sich längst von ihren Shirts befreit und schleudern sie über den Köpfen.

Die Fans haben noch nicht genug! Doch die Metal Heroes müssen los! Der Manager steht bereits nervös hinter der Bühne und macht wilde Gesten, als wolle er sich mit der flachen Hand die Kehle durchtrennen.

*Soll die Band jetzt die geplante **Zugabe** spielen?*
*Klar, beide Zugaben! Rock on! > **595***
*Okay, eine muss reichen > **576***
*Nee, Fans sofort verabschieden ... > **559***

8

672 Glück im Unglück: Das Drama um den verletzten Heroes-Bassisten blieb selbst anderen Bands nicht verborgen! Striker, die Jungs aus Kanada, haben das Konzert zufällig Backstage verfolgt und so taucht ihr Bassist William Wallace unverhofft bei Joey, Brian und Gregori auf, um seine freundschaftliche Aushilfe anzubieten.

Das Publikum braucht zwar einen Song, bis sie mit „Wild Bill" warm werden, doch der kanadische Kerl weiß zu improvisieren.

*Der **Gig-Score** sinkt um 3!*
*Notiere dir für das „Balls to the Wall" einen Abzug von **-3** im **B**-Feld von **„W:O:A (Headbanger Stage)"** im **Tour-Book** des Metal-Logbuchs.*

*Weiter > **663***

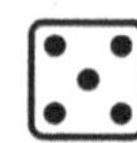

673 „Kein Stress! Ihr macht das schon. Die Fans sind heiß, da ist es fast schon egal, was ihr spielt. Stimmt … vergesst nicht, dass wir direkt nach dem Gig nach Hamburg müssen."

Zurück zum Setlist schmieden > ***590***

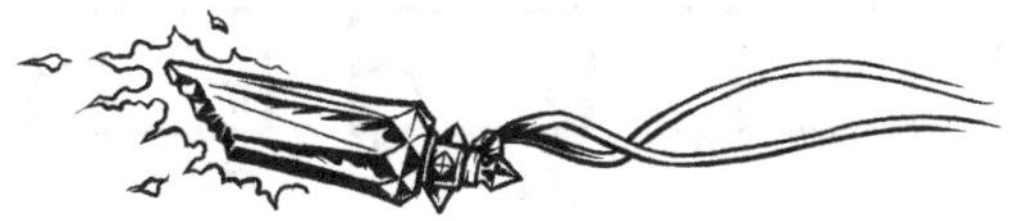

674 Nachdem das Zelt der beiden Mädels wieder steht, schlägt Joey die Einladung ab und erntet von Brian einen bösen Blick.
Die Stunden vergehen, und je länger der Abend, desto weniger Zeltbewohnern gelingt es, sich verständlich zu artikulieren. So gibt es in dieser Nacht nichts Lustigeres für die Metal Heroes, als das unverständliche Lallen der vollgesoffenen Deutschen ins Englische zu übersetzen.

Weiter > ***637***

675 Mit Pipi in den Augen klopfen sich Joey und Brian gegenseitig auf die Schultern, da sie realisieren, dass ihre Band gleich im Epizentrum der Mutter aller Metal-Festivals auftreten und sie den legendären Rinderschädel zwischen den Zwillingsbühnen, der True Metal und Black Stage, aus nächster Nähe brennen sehen werden.
Eingerahmt wird das Ganze von haushohen W:O:A-Bannern und drei übergroßen LED-Leinwänden, die ständig Livebilder von der Action zeigen.
Mit einem Donnerschlag und einem blendenden Stakkato aus Stroboblitzen entrollt sich das Logo der Metal Heroes vor den ausflippenden Fans als zentraler Eyecatcher des Bühnenbilds.
Während Dutzende Metalheads sich über das Meer aus Händen tragen lassen, sitzen offenherzige Bräute auf den Schultern ihrer verschwitzten Stecher.
Vier Sky Beamer durchschneiden wie ein Fächer aus grellem Sternenlicht den Nachthimmel über den Wiesen von Wacken – es geht los!

Gig-Muster

W:O:A TV-GIG

8

Setlist W:O:A (TV-Gig)

*Wähle nun **5 Songs** aus dem **Repertoire** und bestimme damit die **Setlist** für diesen Auftritt! Trage dazu ihre Track-Nummern in die vorgesehenen Felder mit dem #-Symbol hier ein.*

Auch wenn es sich um keinen offiziellen Battle gegen Grave Digger handelt, ist es so, dass es letztendlich um die Vormachtstellung auf der Zwillingsbühne und die Aufmerksamkeit der Wacken-Gänger geht!

Setlist-Einschränkungen:
*- Feld **Zugabe** bleibt **leer**!*
*- Keine **Glorious Tracks***

*Sollen die Metal Heroes zuvor nahestehende Personen bei der Zusammenstellung der **Setlist** um Rat fragen (vorausgesetzt, sie gehören zu ihren **Supportern**)?*
*Zig fragen > **645** | Ricci fragen > **591***

*Durchatmen – Setlist ist bereit! > **657***

676 Die Metal Heroes müssen sich zunächst durch eine Menschentraube durchzwängen, die sich vor dem Straßenmusiker gebildet hat.
Brian führt Gregori an der Hand und ruft: „Machen

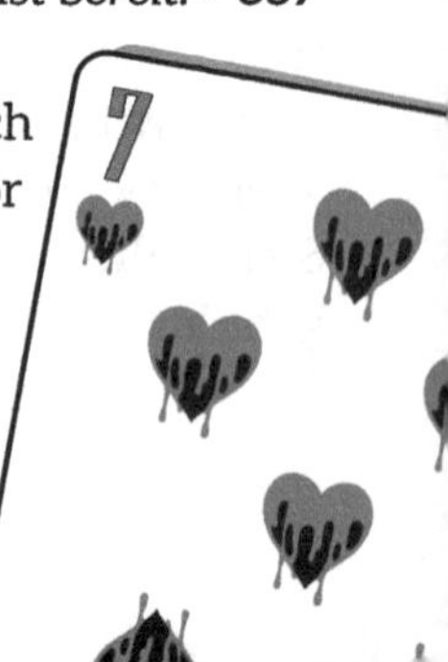

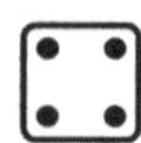
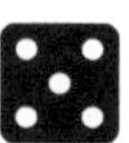

sie bitte Platz! Lassen sie doch den Blinden nach vorn."

Auf einer Bank vor dem Plattenladen sitzt eine Teenagerin in zerrissener Jeans, vertieft in ein eindrucksvolles Solo. Einen Turnschuh auf dem Verstärker abgesetzt, lässt sie die Finger in allen erdenklichen Verzierungstechniken über die sechs Saiten einer schnittigen, schwarz-lackierten Vigier Excalibur Custom fliegen.

Joey murmelt fasziniert: „Das ist doch Fake, oder?"

Leo hingegen bestätigt deine Annahme: „Nein! Die Kleine spielt das selbst. Definitiv. Schau, sie wandelt bisweilen Licks leicht ab."

„Wenn sie so weiter macht, fängt ihre Gitarre gleich Feuer ...", flüstert Gregori, der ebenso wie du das Rock-Gott-gefällige Farbenspiel dieser Vorstellung genießt. Nach sieben Minuten Solo-Wahnsinn ist „Through the Fire and Flames" beendet. Die Zuschauer klatschen begeistert und werfen etliche Euro in den Gitarrenkoffer.

Checke Brians ***Skill****! (Sein* ***Ego*** *ist bei diesem Check um 2 erhöht.)*

Gelungen > ***615*** *| Misslungen >* ***656***

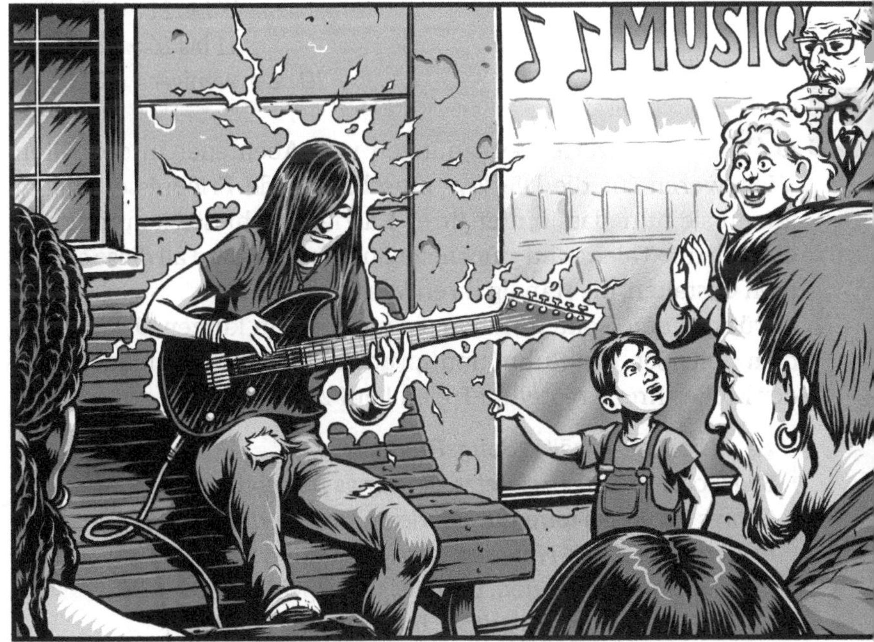

676 *„Wenn sie so weiter macht, fängt ihre Gitarre gleich Feuer ...", flüstert Gregori, der ebenso wie du das Rock-Gott-gefällige Farbenspiel dieser Vorstellung genießt.*

677 Die drei Freunde stürzen die Gänge entlang. Ob Gregori noch wartet? Du eilst mit deinem Astralkörper voraus.

Weiter > ***573***

678 Vollkommen ausgepowert, aber erleichtert, ihre erste aufgezeichnete Bühnenshow hingelegt zu haben, liegen sich die Metal Heroes in den Armen. Selbst das Experiment mit den deutschen Teufelskerlen auf der Parallelbühne hat fantastisch funktioniert. Anerkennend schaut Chris herüber und hebt den Daumen.

Ermittle nun den ***Gig-Score*** *für* ***W:O:A (TV-Gig)!*** 675
Checke dazu nacheinander die ***Performance*** *der jeweiligen* ***Leader*** *für alle* ***relevanten Songs*** *inklusive der* ***Zugabe*** *(sollte sie gespielt bzw. ausgefüllt worden sein, zählt sie also* ***auch zur Gig-Score****).*
Achtung: Sollte es sich um Songs aus den Genres ***Power*** *oder* ***Death*** *handeln, ist der jeweilige Check um 1 leichter!*

Wie hoch ist der ***Gig-Score****?*
22 oder mehr > ***542***
17 bis 21 > ***647***
11 bis 16 > ***638***
10 oder weniger > ***624***

8

679 Die Konzerte, Begegnungen und Abenteuer in der Alten Welt waren für die US-Boys einschneidende Erlebnisse. Zudem ahnen sie nun, dass hinter ihrer Karriere mehr stecken muss als einfach nur Talent und glückliche Zufälle. Wer sind all diese seltsamen Gestalten, die ständig ihren Weg kreuzen?
Zurück in den Staaten finden sie nach einem kurzen Urlaub und dem Genießen von Ruhm und sprudelnden Einnahmen auch wieder Muße, ihrer Kreativität freien Lauf zu lassen.

Die Band erhält ***6 Song-Punkte****!*
Spare oder investiere sie jetzt, um Songs freigeschalteter Genres im ***Repertoire*** *zu aktivieren, indem du einen Kreis um die Track-Nummer machst.*

So, durchschnaufen, bevor es weitergeht bei ***680***
mit ***Track 9: „Broke on the Water"****.*

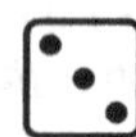
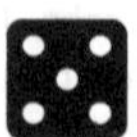
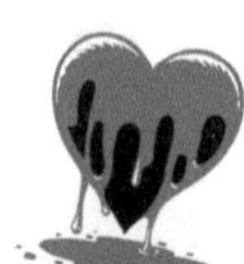

TRACK 9

BROKE ON THE WATER

680 Deine Sinne werden wieder klar und nach einigen Minuten geistigen Datenabgleichs per Rock-Olymp-Radio bist du auf dem Laufenden: Weit über ein Jahr ist seit der letzten mentalen Verbindung zu deinen Helden vergangen. Joey hat seinem Vater den Stinkefinger gezeigt und dem elterlichen Anwesen inklusive der kultigen Garage den Rücken gekehrt. Gemeinsam mit Brian hat er ein zweigeteiltes Loft in Uptown bezogen. Bei deiner Stippvisite im neuen Proberaum arbeitet die Band fleißig an frischem Material. Erstaunlich, mit welch Hingabe und Einsatz die vier weiterhin ihren Weg gehen – und sich dabei so gut verstehen.

Mittlerweile sind die Heroes gern gesehene Gäste in TV-Shows, haben Werbeverträge und Cameo-Auftritte in Comedy-Serien, schmeißen sinnfreien und umso lukrativeren Merchandise auf den Markt. Und nebenbei: Die Leute stehen ungebrochen auf ihre Musik!

An einem typischen Rockstar-Morgen mit dickem Schädel und Gedächtnislücken summen gegen 14.30 Uhr kollektiv die Smartphones. Das Management lässt verlauten:

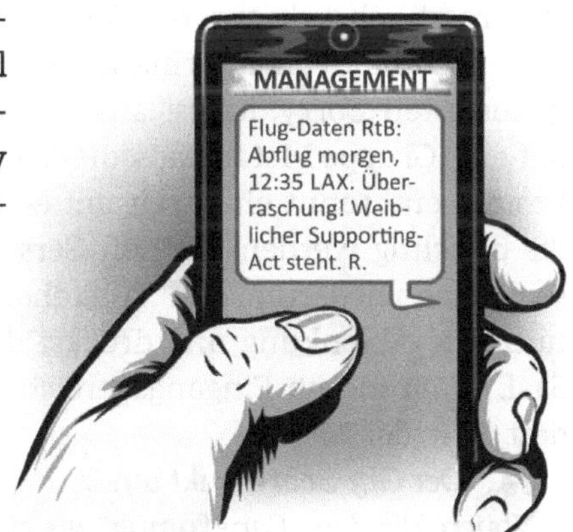

27 Stunden später betreten deine Schützlinge die Gangway eines Passagierschiffs, das im Hafen von Chicago vor Anker liegt, denn zum ersten Mal in ihrer Karriere sind sie der Headliner auf einer medial beachteten Veranstaltung!

9

Und dabei handelt es sich nicht um ein 08/15-Gig oder -Tour, sondern um die „Rock the Boat“! Sozusagen ein schwimmendes Festival auf dem luxuriösen Kreuzfahrtschiff eines deutschen Anbieters, der bereits in Europa mit diesem Konzept auf der Erfolgswelle schwimmt.
Binnen zwei Wochen werden über 600 rockende Passagiere auf 10 Decks von einem Hafen zu nächsten geschippert - inklusive Nonstop-mit-allem-Pipapo-Metaller-Rahmenprogramm.
Die Idee für diesen einzigartigen Seetrip kam bei den Metal-Jüngern offenbar super an: Binnen Minuten war der Kahn voll - ein bis auf den letzten Platz besetztes Konzert und engster Kontakt zu den Fans sind garantiert.

Was geht auf dem Schiff?
Chillen auf dem Sonnendeck! > ***695***
Erst mal Wellness! > ***764***
Bars abchecken! > ***740***

681 Wie ein Junge, der sein Baseball-Team über den Zaun spielen sehen möchte, versuchst du am Sicherheitstypen vorbei das Konzert durch die Tür zu verfolgen. Der Arsch macht sich jedoch extra breit, um dir den Blick zu versperren.
Verärgert gehst du um die Ecke, schnappst dir einen verwaisten, aber noch halbvollen, Trinkbecher und schleuderst ihn mit einem geflüsterten „Sorry, Jungs!“ aus dem Schutze eines Werbeaufstellers auf eine Gruppe Metalheads, die sich am Eingang unterhalten.
Prompt entbrennt ein Streit mit ein paar vorbeilaufenden Typen, die bezichtig werden, für den Gerstenanschlag verantwortlich zu sein, was wiederum den Türsteher veranlasst, einzugreifen. Du nutzt die Ablenkung und drückst dich, wie einige andere, in den Saal. Während im Eingangsbereich die Fäuste fliegen, verschwindest du in der Menge.

*Der **Gig-Score** sinkt um 2!*
*Notiere dir den „Fan-Tumult“ als einen Abzug von -2 im C-Feld von **„Rock the Boat“** im **Tour-Book** des Metal-Logbuchs.*

Weiter > ***763***

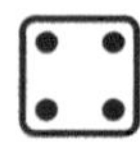
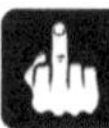

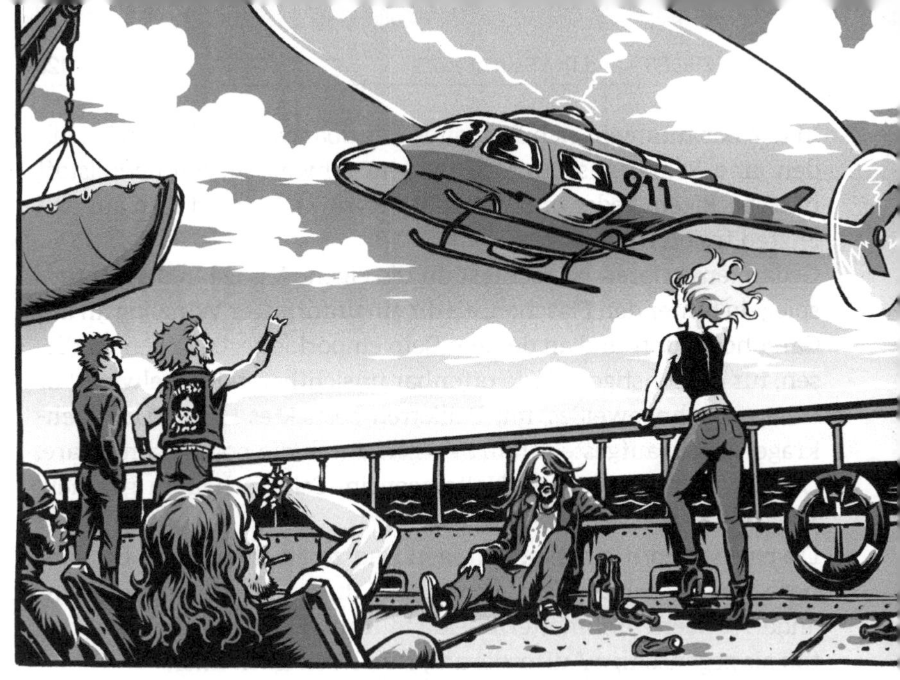

682 Du hörst die Rotoren eines nahenden Helikopters. Es handelt sich um einen Rettungshubschrauber, wie die Notrufnummer auf seinem Rumpf verrät.

682 Es vergehen Stunden, bis sich der Kapitän erneut per Lautsprecherdurchsage meldet. Er entschuldigt sich für die Unannehmlichkeiten und versichert, man kümmere sich um den Schaden. Bis die Maschinen repariert seien, bedauert er, muss das Schiff vor Anker bleiben.

Derweil versuchst du, dich wieder an das Menschsein zu gewöhnen, und mischst dich unters Volk. Durch die Rückverwandlung hast du nicht nur die Verbindung zu deinen nichtsahnenden Metal-Jüngern verloren, sondern verspürst, wie sich das archaische Verlangen nach zwei von drei Grundbausteinen einer ausgewogenen Rocker-Ernährung wieder einstellt: nach a) Fett und b) Bier.

So machst du dich auf, die Bar im Heckbereich des Decks heimzusuchen. Auf dem Weg dorthin hörst du die Rotoren eines nahenden Helikopters. Es handelt sich um einen Rettungshubschrauber, wie die Notrufnummer auf seinem Rumpf verrät. Er landet auf dem Schiff.

In der Bar tummeln sich Dutzende Headbanger vor der Theke, bilden eine Wand aus buntbedrucktem schwarzem Baumwollstoff und speckigem Leder und vernichten Drinks. Du setzt dich auf den letzten freien Hocker.

Gedankenverloren betrachtest du die eigene Visage in den Wandspiegeln hinter den Flaschen, als dir ein unförmiger Winzling an der Cargohose zupft und an deinem Bein emporklettert. Du kennst diesen, für die sonstigen Gäste offenbar unsichtbaren Runzelwicht! Er trägt ein schneeweißes, mit Pailletten besticktes Hemd. Den Stehkragen lässig aufgestellt fährt er sich durch die pomadigen Haare. Du hast ihn zum letzten Halloween im Scheiterhaufen gesehen! Was will er hier?

Du packst den Kleinen am Kragen und zerrst ihn empor. Da donnern zwei Langhaar-Passagiere neben dir ihre Flaschen gegeneinander. „Cheers!“, schmettern beide in franko-kanadischen-Kumpelton als gegenseitige Aufforderung zum Ruck-Zuck-Exen.

Das braune Glas hält zwar dem Belastungstest stand, doch das unabwendbare Unheil steigt bereits auf: Überschäumende Spritzfontänen verpassen sowohl dir und den Umstehenden eine unfreiwillige Bierdusche sowie dem Wicht auf deinem Schoß. Feine Rauchschwaden kräuseln vom Kleinen empor, genau von den Stellen, wo die Bierspritzer seine runzelige Haut getroffen haben.

„O je, nein – deutsches Gerstengebräu. Bäh! Viel zu rein …“, heult er. „AUA! Nein, nein, nein! Auaaa!“

In Panik wischt er sich über Arme, Gesicht und Tolle. Zunächst kannst du dir ein Lachen nicht verkneifen, zu ulkig sind die zappelnden Bewegungen des Knuddel-Elvis und seine quäkenden Beschwerden. Doch du bemerkst, wie die umstehenden Barbesucher erstarren und mit aufgerissenen Augen den zeternden Gnom betrachten. Das Bier hat ihn sichtbar gemacht!

Was willst du tun?

Feueralarm auslösen > ***•784***

Versuchen cool zu bleiben und abwarten > ***703***

683 Joeys Auftritt als lebende Fackel dauert glücklicherweise nur Augenblicke. Ein Mann des

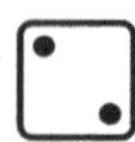 

Sicherheitstrupps stürzt sich geistesgegenwärtig mit einer Löschdecke auf den schreienden Joey und erstickt das Feuer. Das Publikum verfolgt die Szene in schockierter Anteilnahme.
Zum Glück: Der Bandleader kommt mit ein paar versengten Haaren und dem Schrecken davon! Ein Hoch auf die maritimen Brandschutzbestimmungen!

⏩ FAST FORWARD
Das Handy-Video vom erleuchteten Joey und seiner flammenden Performance wird zum Klick-Schlager auf YouTube.

*Erhöhe den **Fame** eines beliebigen Songs. Fülle dazu einen weiteren seiner **Fame-Sterne** aus.*

Leo stellt sich auf die hell beleuchtete Bühne und bedankt sich – immer noch unter Schock – bei den Fans für ihr Kommen und ihre Unterstützung.
Als am Abend per Bord-Lautsprecher die Meldung erschallt, Joey sei nichts Schlimmeres passiert, brandet über dem gesamten Kahn immenser Jubel auf.

Und jetzt?

Meine Macht einsetzen, um diesen Moment zu verstärken > **•771**
Ruhe bewahren > **750**

9

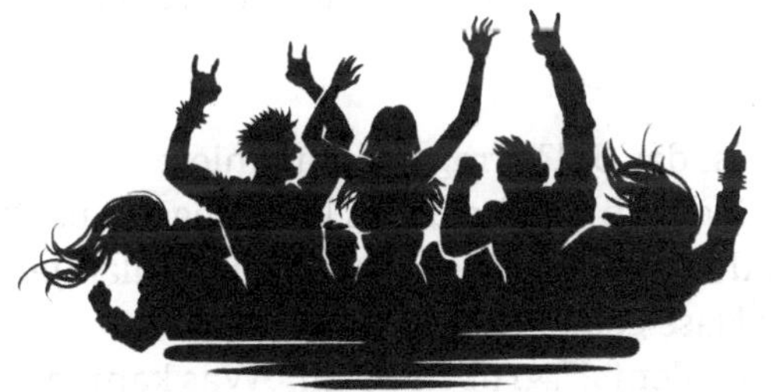

684 Von draußen dringen Schritte und Rufe in die düstere Rumpelkammer.
„Brauche weiße Pillen“, quengelt der Wicht im Flüsterton und erklärt: „Helfen gut. Yeah, machen mich wieder unsichtbar.“
„Welche Pillen? Hoffentlich kein Ecstasy oder Meth oder ...“

„Acetylsalicylsäure“, fällt dir der Kleine unerwartet zielsicher ins Wort.
„Was für'n Scheiß?“ – „Pillen für Schmerzen.“ Jetzt dämmert es dir.
„Hilf Quiff, dann hilft Quiff dir!“ Der Gnom verleiht seiner Bitte Nachdruck, indem er in die Hand spuckt und seine Tolle in Form bringt. Du denkst nach.
„Quiff? Ist nicht dein Ernst, oder?“
„Naja, Meister, darf mich auch Aaron nennen.“
„Aaron? Nee, echt nich', Kumpel – wir belassen es bei Quiff!“
Der Trubel vor der Kammer scheint sich wieder zu legen, doch die Stimmung des Schergen bleibt getrübt: „Habe schlechte Nachricht, Taylor-Meister. Gott des Rock wurde ... wurde ... entführt.“
„Ja ... Quiff, ich weiß Bescheid. Aber hast du eine Ahnung, wie es ihm geht, wo er steckt?“
Der Kleine winkt dich zu sich hinunter und legt dir seine faltige Hand auf die Stirn. Verzerrte Bildfetzen der Musikgeschichte verdrängen deinen Verstand. Die hohlen Stimmen berühmter Rockgrößen sprechen zu dir, fordern Hilfe!
„Krass!“, das war ja wie ‚The Walking Dead' der Rock'n'Roll-Hall of Fame.“
Dein einzigartiges, kompaktes Rocker-Hirn verarbeitet die eingegangenen Informationen – und das ...

9 *... 36% ... 54% ... kann dauern ... 72% ... 93%...*

*Fertig! > **710***

685 „Was ist das, Jill?“, fragst du fasziniert.
„Nun, das ist bloß ein bescheidenes Mitbringsel aus Paris. Bekannt als Schlüssel des Talents. Diese Vampirella-Schlampe Foxy hat ihn euch vor der Nase geklaut.“
„Schlüssel des Talents?“, grübelt Brian. „Was kann das Ding?“
„Nun, vereinfacht gesagt, es kann sowohl Talent absaugen als auch spenden. Das ultimative Artefakt, um aus einem unmusikalischen Vollpfosten einen kleinen Mozart zu machen und umgekehrt.“

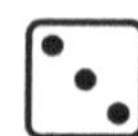

Gregori streckt sich nach dem Schmuckstück: „Kann das jeder?"
Jill klopft ihm auf die Griffel: „Unsinn! Man sollte schon wissen, was man tut. Und in zwei Hälften zerbrochen, kann ein Teil nur nehmen und das andere nur geben."
Nach kurzem Überlegen überreicht sie mit einer angedeuteten Verbeugung dem verwunderten Bassisten das Artefakt. Zunächst zögert Leo zuzugreifen, doch als er den Teil-Schlüssel schließlich annimmt, entlädt sich das darin gespeicherte Rock-Talent über ihn! Binnen eines Augenblicks wird er mit den Fähigkeiten eines alten, unbekannten Gitarrenvirtuosen überschüttet.

*Trage zudem unter **Metal-Artefakte** im Metal-Logbuch den **Schlüssel des Talents** in der Zeile für **Leo** ein.*
*Dadurch steigt Leos **Skill** um 1!*

*Checke Brians **Ego**!*
*Würfle mit dem schwarzen Würfel direkt auf den **Ego**-Wert!*
*Brian ist cool (Würfel zeigt eine höhere Zahl) > **744***
*Ego-Alarm! (weniger oder gleich bzw. „Fuck off") > **705***

686 Spätestens beim zweiten Song „Night Witch" sind die Leute nicht mehr zu halten. Seite an Seite kreisen die Mähnen im Takt des Thrash-Songs. Überall recken sich Hände zum Metaller-Gruß. Jills flexible Stimme, manchmal rau, manchmal glasklar, verwandelt das umfunktionierte Theater in einen schweißgeschwängerten Hexenkessel.

9

*Übernehme nun den **Thrash**-Song **„Night Witch" (#15)** ins **Repertoire**, indem du einen Kreis um dessen Track-Nummer machst. (Dafür musst du **keine Song-Punkte** einsetzen.)*

*Beherrschen die Metal Heroes bereits diesen Song, erhalten sie stattdessen **4 Song-Punkte**!*
*Spare sie, um später Songs freigeschalteter Genres im **Repertoire** zu aktivieren. So oder so darfst du bei **Song #15** einen weiteren **Fame-Stern** ausfüllen!*

*Weiter > **716***

*) **ONLY:** *Diese Würfelsymbole gelten nur für Regel-Pussys (die ohne Ego-Regel spielen)!*
2 oder niedriger gewürfelt | 3 oder höher gewürfelt

687 Dein Frust über das havarierte Schiff wird stetig größer. Gregori zieht sich abends mit Leo zurück. Beide tüfteln an einem neuen, einzigartigen Song-Projekt. Joey und Brian hingegen mischen sich unter die feiernden Metalheads. Sie genießen den engen und kumpelhaften Kontakt zu den bangenden Passagieren.

Am dritten Tag entspannt ihr gemeinsam auf den Liegen des Sonnendecks und starrt über den funkelnden Lake Michigan.

Brian bricht das Schweigen: „Sag mal, Taylor. Warst du es eigentlich, der Paul abgesägt hat?"

„Nein, nicht wirklich", erinnerst du dich. „Ich fand zwar auch, dass er ein arrogantes, selbstgerechtes Arschloch war, aber Joey hat schon allein dafür gesorgt."

Plötzlich weckt das Brummen eines heranfliegenden Helikopters lange verschüttete Erinnerungen bei dir. Schließlich hast du einige Jahre in der Army verbracht. Grundausbildung, Pilot, unehrenhafte Entlassung. Nicht schön.

Der bunte Charter-Chopper landet auf dem Deck, und wer springt raus? Dawna! „Hey, Freunde!", läuft sie euch winkend entgegen. „... war ja klar. Hier schön untätig die Bäuche rösten, während andere arbeiten, hm? Das könnte euch so passen! Auf geht's, holt eure Sachen, ich bring euch Gestrandete runter von diesem Pott!"

Wenige Minuten später sitzt ihr auf den Bänken des Helikopters, allerdings ohne Jill. Sie hat dir unter vier Augen gesteckt, es gäbe
9 noch Einiges zu klären und versprach, rechtzeitig am Start zu sein, sollte die Fahrt zur Unterwelt anstehen.

Du schnallst dich an. „Hey, wer ist das denn?", deutet Dawna auf dich.

„Oh, ja, das ist Bob, äh, Taylor, meine ich. Ein alter Freund", erklärt Joey. „Lange Geschichte."

Du reichst der jungen Frau die Hand, die sie mit einem verkniffenen Lächeln schüttelt. Die Kufen heben ab.

„Wie 'Rockstar' ist das denn? Per Heli weg vom Schiff!" Brian ist vollauf begeistert und schiebt die gewölbte Plexiglasscheibe der Tür zurück. Bevor er irgendwas anstellen kann, packt Dawna seinen Gürtel und zieht

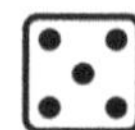 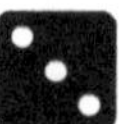

ihn wieder auf den Sitz: „Jetzt halt mal den Rand, Bry, und schnall dich an. Ich habe nämlich mega Neuigkeiten ..."
Unter der zahlreichen Fanpost befand sich ein Schreiben mit edlem Umschlag aus Büttenpapier: In kalligrafisch anspruchsvollem Golddruck werden die Metal Heroes zum 30-jährigen Jubiläum der Rock'n'Roll-Hall of Fame eingeladen!
Leo fällt es schwer an einen Zufall zu glauben. Dawna hingegen hat keine Ahnung von den Vorkommnissen der letzten Tage: „Das Management sagte mir, es sollte eigentlich eine Überraschung für euch sein. Wenn ihr vor Ort gewesen wärt, hätte man euch aufgeklärt, aber durch die Verzögerung hier haben sie mich in den Heli gesteckt, um euch abzuholen. Ist das nicht total cool?"

*Die **Bandchemie** steigt um 1!*
*Notiere dir außerdem unter **Road to Glory**, Eintrag **#13a**, dass ihr **per Heli-Taxi** an Land geflogen seid, indem du dort ein ✖ im Kreis machst.*

Die Erkenntnis, von einem Rock-Gott begleitet zu werden, inspirierte Gregori und Leo in den letzten beiden Nächten zu einem neuen Song, den sie in einer Jam-Session auf dem Schiff aufgezeichnet haben!
*Aktiviere den epischen Track **„The Song of Hatred, the Dragon" (#38)** aus der Liste der **Glorious Tracks** im **Repertoire** der Band!*
*Willst du mehr über diesen Song erfahren, insbesondere wenn du mit den Freak-Regeln spielst, lies die Zusatzinfos unter **„Glorious Tracks Inside"** hinten im X-tras-Kapitel durch.*

9

Brian betrachtet ausgiebig die Karte. „Echt, wir werden in die Hall of Fame eingeführt? Unfassbar! Wir, Seite an Seite mit den Rolling Stones★, AC/DC, Van Halen, ..."
„Mann, Brian, wisch dir den Sabber ab! Wir sind nur zur Verleihung eingeladen." Leo erklärt die Regeln des elitären Clubs: „In die Ruhmeshalle kommt man frühestens 25 Jahre nach der ersten Plattenveröffentlichung."
„Verstehe, uns bleibt also genug Zeit, um es noch zu verkacken."

Weiter > ***789***

★) ROCK ICONS: Rolling Stones
Englische Rockband, gegründet 1962. Sie zählen zu den langlebigsten und kommerziell erfolgreichsten Gruppen in der Rockgeschichte. 1989 wurden sie in die Rock and Roll Hall of Fame aufgenommen.

688 So, die ersten Locations sind begutachtet, nun wird das Gepäck auf die Kabine verfrachtet.
Der Matrose geht voran und zeigt den Bandmitgliedern ihre Unterkunft. Aufgeteilt in zwei 3er-Kajüten gilt es also die nächsten zwölf Nächte auszuhalten. Bei der Unterweisung muss er deutlich lauter sprechen – das Brummen der Maschinen ist auf dem untersten aller Unterdecks allgegenwärtig.

*Der **Gig-Score** sinkt um 2!*
*Notiere dir diesen „Maschinen-Terror" als einen Abzug von **-2** im **B**-Feld von **„Rock the Boat"** im **Tour-Book** des Metal-Logbuchs.*

Weiter > ***782***

689 Du stehst an der Kasse und legst beide Packungen auf die Theke. Die Verkäuferin im weißen Kittel schaut dich abschätzig an. „Ein Analgetikum und Sedativum ... Dürfte ich bitte ihr Rezept und einen Ausweis sehen, Sir?"
Die eigentlich zu erwartende Forderung der Dame bei diesem brisanten Pillen-Cocktail lässt deinen Puls steigen. Mit rollenden Augen erwartet sie eine Antwort.
Du stammelst irgendetwas von „verlegt" und „vergessen" und merkst gleichzeitig, wie du dich langsam – von den heißen Ohren ausgehend – auflöst. Hals über Kopf läufst du aus dem Laden, springst in den Leihwagen und forderst Joey auf, Gas zu geben.

„Sag mal, Taylor, hast du was geklaut, oder warum machst du so ein Stress?"
Du brabbelst nur „Scheiß Adrenalin" und hoffst, dass dieses ständige Taylor-wechsel-dich-Spielchen bald ein Ende findet.

Weiter > ***789***

690 Joey gibt seinen Kollegen ein Zeichen eine kurze Pause zu machen, und springt von der Bühne. Mit weiten Schritten eilt er die Stufen zu Charlotte hinauf und begrüßt sie herzlich mit einem Wangenkuss.
„Sag bloß, du willst bei uns mitmachen?", fragt er hoffnungsvoll.

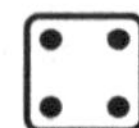 

„Tut mir leid, Joey, daraus wird nichts. Das hätte ich zunächst mit dem Management absprechen müssen und außerdem steht in Amsterdam ein bedeutsamer Auftritt für meine Band an. Das ist mir viel zu wichtig, als dass ich irgendetwas riskieren möchte." Mit verträumtem Blick betrachtet Joey das Lederhalsband und die Sommersprossen auf dem zarten Hals der Sängerin.
Charlotte schnipst einige Male mit den Fingern vor Joeys Augen, um ihn wieder ins Hier und Jetzt zurückzubringen.
„Sag, sind alle Niederländerinnen so süß?"
„Joey, ich mag dich. Wirklich. Aber ich habe meine Prinzipien. Nichts anfangen mit einem Kollegen."
Mit einem traurig-süßen Lächeln streicht sie Joey eine verschwitzte Strähne aus dem Gesicht. „Bei der nächsten Gelegenheit werde ich euch unterstützen, versprochen!"

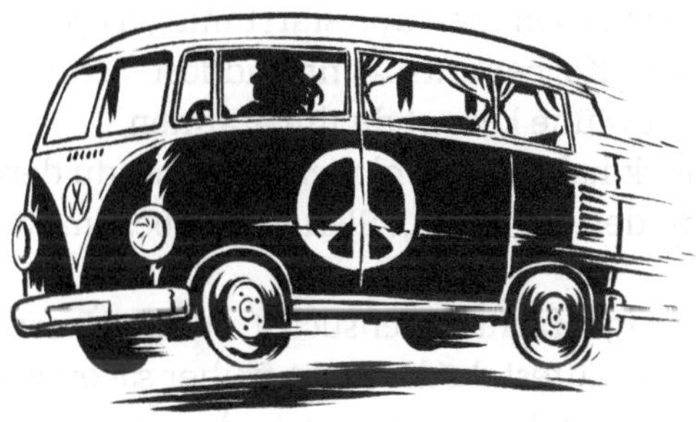

Der Bandleader schaut der Sängerin nach, bis sie die Tür zum Theater hinter sich geschlossen hat, und kehrt zu seinen Freunden zurück. Gregori bemerkt sofort an der gedrückten Stimme - auch wenn er von Charlotte nichts mitbekommen hat - dass sein Kumpel wieder einmal Herzschmerz verarbeiten muss.
„Sag, wie lebt sich's eigentlich so auf den Monogamischen Inseln?"

*Kreuze nun unter **Supporter** das Kästchen bei **Charlotte** ab, als Zeichen, dass die Sängerin die Metal Heroes ab jetzt unterstützt.*
*Blättere nun zu den **Charakter-Infos** hinten im X-tras-Kapitel und lies dir dort die Infos über **Charlotte** durch.*

Weiter > **742**

691 Bühne frei für das gewaltige Finale! Die Zugabe soll die Metal-Passagiere in bleibender Erinnerung bleiben.

*Die **Fanbase** steigt um 1!*

*Spiele nun die **Zugabe** des **„Rock the Boat“**-Gigs 782 und streiche den Bonus ein, sollte der **Performance-Check** des **Leaders** gelingen.*

*Die Zugabe war eine Ballade der **Glorious Tracks** > **707***

*Es war keine Ballade > **722***

692 Die Ärztin führt dich zur Tür, überreicht dir eine Probe-Packung Aspirin und wünscht dir eine gute Reise.

Zurück in der Kammer hältst du Quiff die Tabletten entgegen. Wie ein Junkie auf Entzug entreißt er dir die Schachtel und drückt sich eine Pille nach der anderen direkt aus der Plastikverpackung ins schiefe Maul.

Seufzend sackt er zusammen und starrt mit glasigen Augen zu den Wischmobs. Sein Körper entspannt und löst sich tatsächlich wieder auf! Nur mit Mühe kannst du ihn erahnen.

„Na, so viel Glück habe ich wohl nicht“, meinst du deprimiert.

Quiff zuckt mit den Achseln. „Pillen helfen bestimmt auch Taylor-Meister.“

„Wie bitte?!“ Aufgebracht durchsuchst du die Überreste der Verpackung. „Mann, hättest du das nicht früher sagen können?!“

Immerhin: Du entdeckst die Bruchstücke einer halben Tablette. Argwöhnisch betrachtest du den Haufen pharmazeutischer Splitter in deiner Hand.

Was tun?

*Die Brocken sofort einwerfen! > **781***

*Ich bleibe erstmal clean! > **714***

693 Wieder etwas sicherer auf den Beinen, läuft Jill weiter in den Bauch des Schiffs hinab. Das Brummen der Dieselmotoren wird mit jeder Metallstiege lauter, bis ihr schließlich vor der verschlossenen Tür des Maschinenraums steht. Jill zieht eine Rabenfeder aus ihrem Dekolleté und steckt sie wie einen Schlüssel,

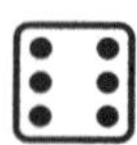

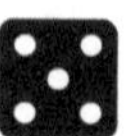

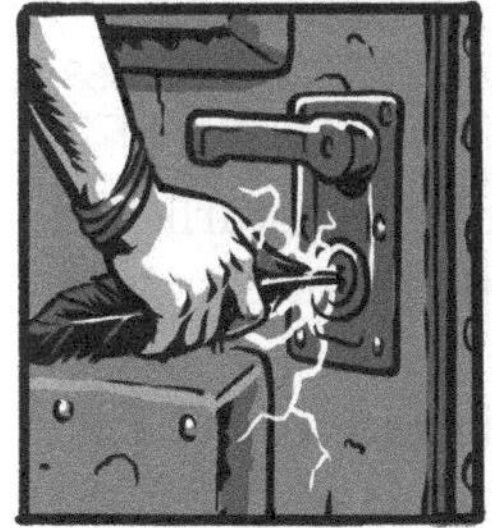
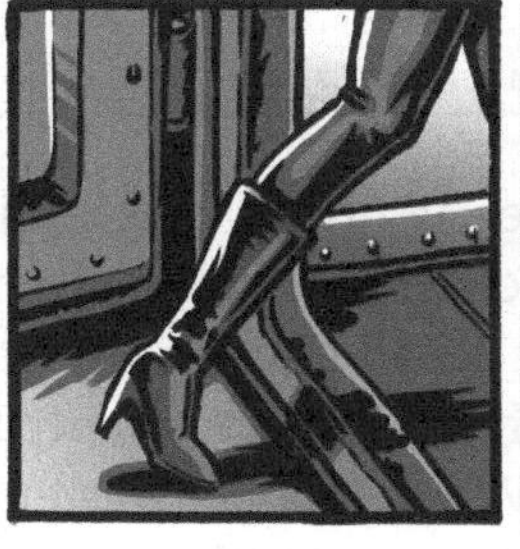
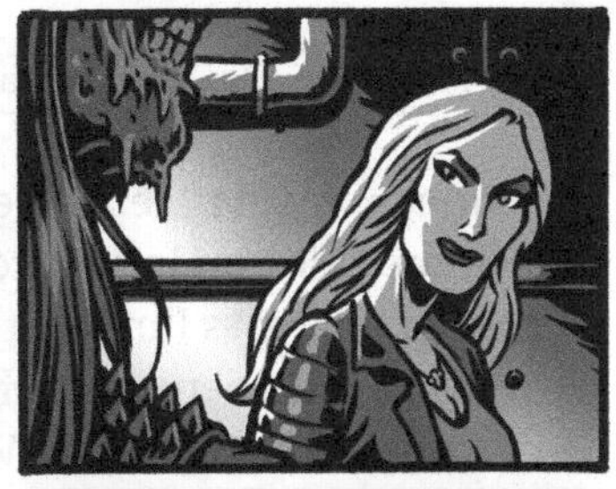
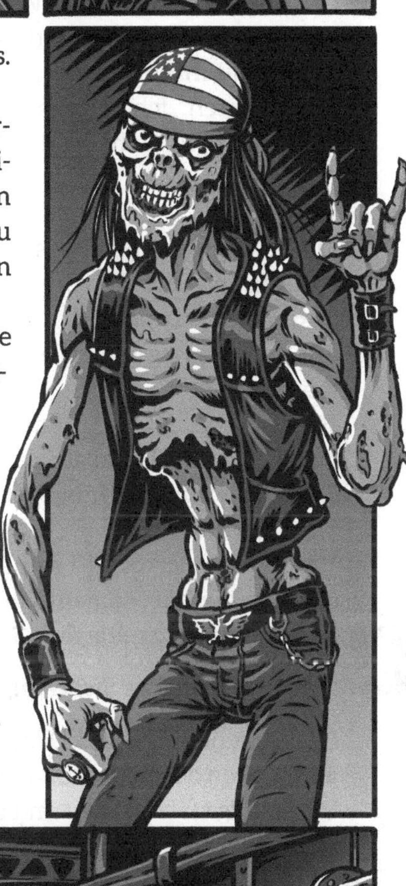

den Kiel voran, in das Zylinderschloss. Klack-tschak!

Da erfasst dich eine Welle pervertier-ter-göttlicher Kraft und lässt den musikalischen Energiefluss abreißen! Von einer Sekunde zur anderen fühlst du dich von allen guten Göttern verlassen und elend. Was passiert hier?

Während du mit deiner inneren Leere kämpfst, drückt sich Jill in den feuchtwarmen Raum. Verstohlen schließt sie die Tür hinter sich und schreitet zwischen den Kesseln, Tanks und Leitungen der Maschinen auf und ab, bis ein hageres Wesen mit enger Lederweste und Jeans aus dem Schatten in ihren Rücken tritt. Seine fahle, violett schimmernde Haut, die ihm in Fetzen vom Gesicht hängt, lässt ihn wie eine wandelnde Leiche erscheinen.

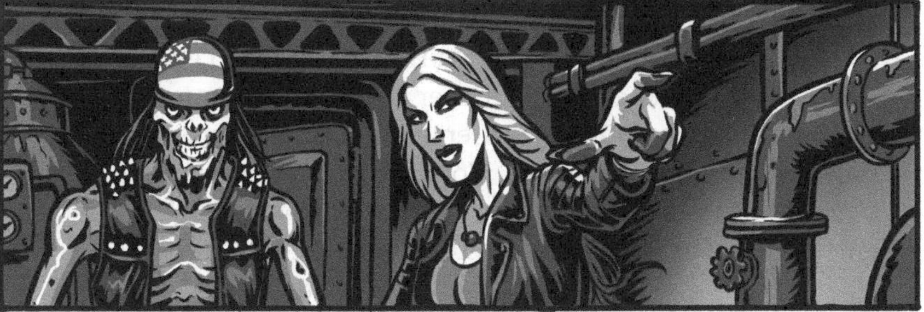

693 *Verstohlen schließt sie die Tür und schaut zwischen den Kesseln, Tanks und Leitungen der Maschinen, bis ein hagerer Kerl mit enger Lederweste und Jeans aus dem Schatten in ihren Rücken tritt.*

„Endlich, meine Liebe“, begrüßt der Typ Jill mit widernatürlicher Stimme, wie von hunderten Menschen gleichzeitig geflüstert. „Wir freuen uns, dass Ihr Wort gehalten habt.“
„Was hast du denn gedacht, Helioz?“, schnauft Jill gegen den Lärm der Aggregate. „Dass das Wort einer Schwester nichts wert sei?“
Die Hexe wendet sich zu dir um, als wisse sie, wo du schwebst, und deutet mit ihrem geschwärzten Zeigefinger auf dich wie auf einen Angeklagten. „Ich hatte es deinem Meister versprochen - hier ist er.“
Das darf nicht wahr sein! Diese dreckige Verräterin!

Weiter > ***696***

694 Es braucht etwas Überzeugungskraft und die geknurrte Androhung einer Bierdusche, bis Quiff sich vor den Augen der versammelten Truppe zeigt. Mit offenen Mündern starren die Jungs auf den knorrig-winzigen Leib des Schergen, wie er sich langsam materialisiert.
„Das ist ja ... das ist ...“, stammelt Joey. „... wie Beamen bei Star Trek.“
Neugierig geht Brian auf den Gnom zu und bohrt ihm prüfend den Zeigefinger in die Wange. „Krasser Scheiß! Könnte glatt der Bruder von Gollum sein.“
Verängstigt zeigt Quiff seine ebenso schiefen wie scharfen Beißerchen. In diesem Moment gibt es einen dumpfen Aufprall - Gregori hat soeben kurzzeitig auf „Stand-by“ geschaltet.

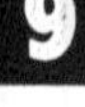

Gregori brennt eine ***Sicherung*** *durch!*

Die Gesichtsfarbe des Drummers unterscheidet sich kaum mehr vom Laken des Betts, auf dem ihn seine Freunde gewuchtet haben. Ungläubig starren Joey und Brian auf den Schergen, der sich verlegen hinter dem Ohr kratzt und sich an dich wendet:
„Gesagt Meister! Nie gut, wenn Quiff von Menschen gesehen.“
Als Gregori wieder erwacht, fasst er allen Mut zusammen, will mit eigenen Händen spüren, was er glaubt an Energiemustern „gesehen“ zu haben. Vorsichtig tastet er das Gesicht des Wichts ab und murmelt dabei etwas von einem Zwerg in Halloween-Maske.

Weiter > ***773***

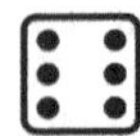 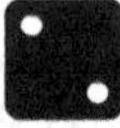

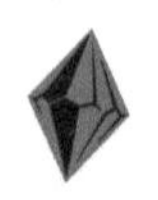

695 Die Kalifornier genießen die Mischung aus wärmenden Sonnenstrahlen und der kühlenden Seebrise auf dem Oberdeck. Seite an Seite mit Fans und echten Metalheads machen sie es sich auf den Liegen bequem.
Auch du chillst ein wenig und gleitest durch die Lüfte. Brian und Joey holen flüssigen Nachschub, um einer drohenden Dehydrierung entgegenzuwirken. Derweil schlendert Leo umher. Einzig Gregori bleibt dösend liegen. Gegen die stechende Sonne hat er sich ein altes Warlock-Shirt übers Gesicht drapiert.
Aus der Entfernung beobachtest du einen massigen Headbanger, zwei Bierchen in der Hand, der vor Gregoris Liege verharrt und ihn auf den Oberschenkel tippt.
„Hier, für dich mein Freund, eine kleine Erfrischung“, sagt der Unbekannte.
Gregori setzt sich auf. „Ah, geil, Leo! Ich dachte schon, ich müsste in der Sonne verrecken.“
Moment! Wie bitte? Tatsächlich, der Kerl hat sich genauso angehört wie der Bassist der Metal Heroes!

Was willst du tun?

Scharade auffliegen lassen > **•753** | *Abwarten* > **772**

696 Instinktiv versuchst du zu entkommen, doch der hagere Kerl stimmt einen seltsamen Gesang an, der dir durch Mark und Bein geht. Du kannst dich nicht mehr bewegen und fühlst, wie sich deine Kräfte langsam, mit jeder gesungenen Zeile dieses schrägen, ohrenzerfetzenden Liedes, vom geistigen in den stofflichen Zustand transformieren.
Schließlich liegst du nackt auf den kalten Metallplatten vor den geschmacklosen Cowboystiefeln deines Peinigers. Du bist wieder körperlich! „Verdammt, was willst du von mir?“, stößt du hervor.
Zufrieden streicht der Totengräber in Lila sich mit den dürren Fingern über die eingefallene Wange. Ein fahles Lächeln zeigt sich auf seiner Fratze: „Taylor, Taylor, Taylor. Was hast du erwartet? Dass wir dich gewähren lassen? Oder dass wir deinen Metal-Marionetten ewig tatenlos zusehen würden?“

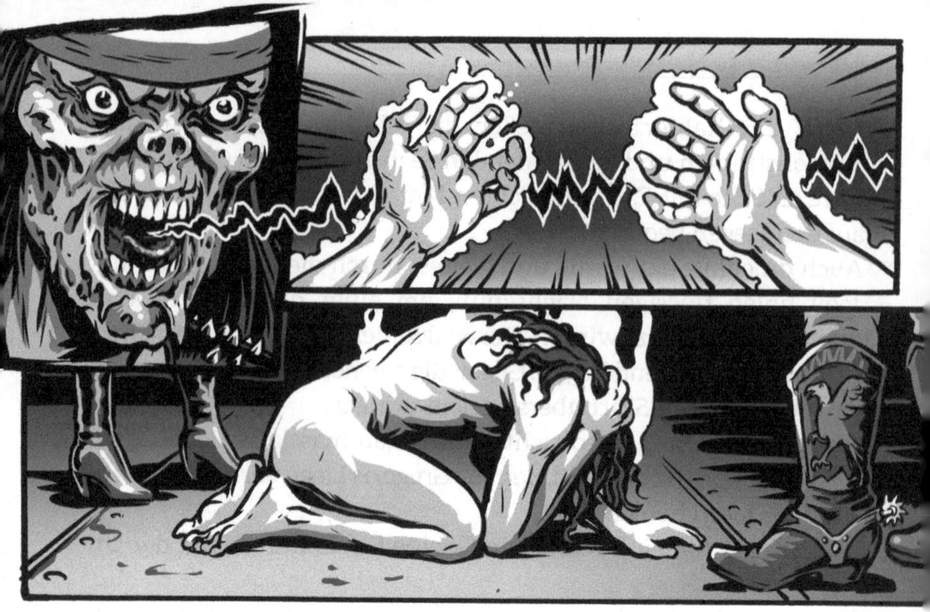

696 a Schließlich liegst du nackt auf den kalten Metallplatten vor den geschmacklosen Cowboystiefeln deines Peinigers. Du bist wieder körperlich!

Du interpretierst diese Aussage als Kompliment. Offenbar sind deine Jungs dermaßen mächtig geworden, dass sie gar die Herren der Unterwelt in Aufruhr versetzen. Krass!

Schmerzerfüllt willst du wissen: „Scheiße, wer bist du jetzt schon wieder?"

9 Der bleiche Kerl zupft sich seine Nietenweste zurecht und lässt seine Genickwirbel knacken, indem er den Schädel abwechselnd nach rechts und links neigt. „Okay, Freundchen, ich bin Helioz, Wächter der Weltenmembran."

Du willst die Verschnaufpause ausnutzen und versuchst aufzustehen, da verpasst dir der Kerl mit der Geschwindigkeit einer zubeißenden Schlange einen unbarmherzigen Tritt, dass dir die Luft wegbleibt. Ansatzlos drückt er dich zu Boden und presst dir die Faust ins Kreuz.

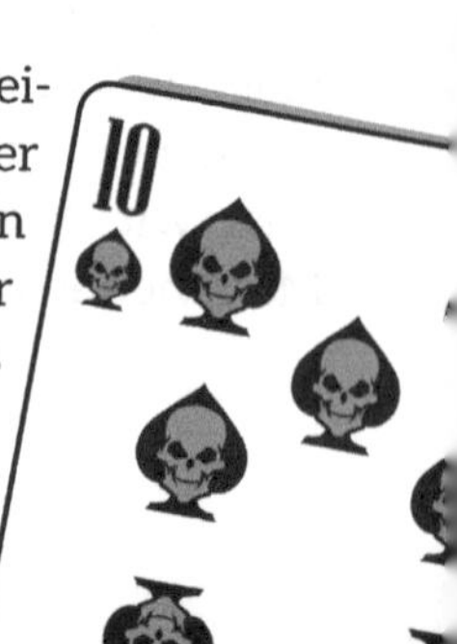

Ein brennender Schmerz zieht sich über die Haut deines Schulterblatts und zerreißt dir die Sinne. Weißer Rauch steigt empor. Der blasse Arsch verpasst dir ein Branding mit einem glühenden Siegelring an seiner Hand! Als du dich wegrollen kannst, ist es bereits

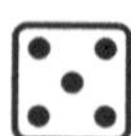

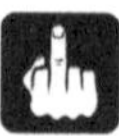

geschehen: Ein auf dem Kopf stehendes Kreuz ziert von nun an deinen Körper! Wutentbrannt stürzt du dich auf den kichernden Kerl und schenkst ihm einen ansatzlosen Leberhaken ein.

Ziehe eine Karte!

*Addiere den Wert der Karte zur aktuellen **Fanbase** der Band hinzu!*

(Dabei zählen J=11, Q=12, K=13, A=14)

Wie hoch ist die errechnete Zahl?

*16 oder höher > **737***

*10 bis 15 > **780***

*9 oder weniger > **702***

697 Trotz seiner Schlappe lacht der Bote aus der Unterwelt inbrünstig - denn er hat seine Aufgabe erfüllt, egal was jetzt noch geschieht.

Selbstsicher erhebt er sich, klopft sich demonstrativ den Schmutz aus der Jeans, greift in seine Westentasche und wirft einen pechschwarzen Stein daraus empor. Als ihn die Schwerkraft wieder nach unten ziehen will, verpufft er und ein Wirbel aus finsterem Nebel formt sich über euren Köpfen.

Aus seinem feurig glimmenden Auge strömt zunächst flirrender Schwefeldunst, bevor sich der Riss der Realitäten in einen mächtigen Sog direkt ins Herz der Unterwelt verwandelt! Die lebende Leiche nutzt die Verwirrung, springt ins Wurmloch und verschwindet im Strudel aus Staub und schwarzen Federn.

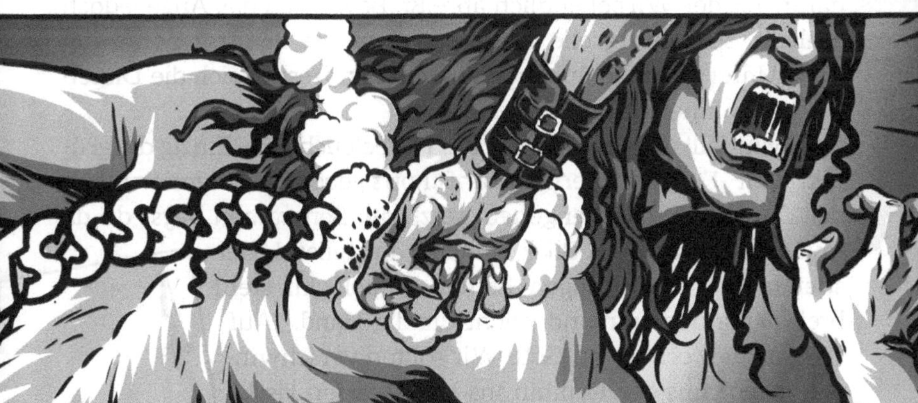

696 b *Ein brennender Schmerz zieht sich über die Haut deines Schulterblatts und zerreißt dir die Sinne. Weißer Rauch steigt empor.*

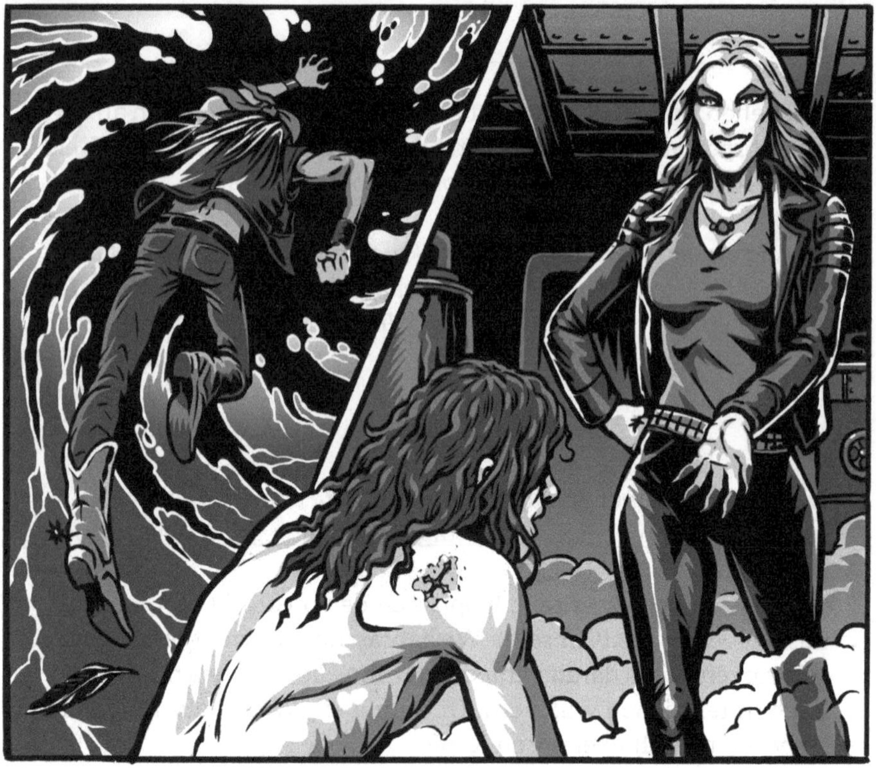

697 Aus seinem feurig glimmenden Auge strömt zunächst flirrender Schwefeldunst, bevor sich der Riss der Realitäten in einen mächtigen Sog direkt ins Herz der Unterwelt verwandelt!

9

Du ergreifst eine Eisenstrebe an der Wand und klammerst dich daran, bis der Wirbel endlich abreißt. Bevor sich das Auge jedoch schließt, schlagen grelle Lichtbögen auf die Schiffsgeneratoren über. Unter ohrenbetäubendem Kreischen fressen sich die Dieselmotoren binnen Sekunden fest.

Das Licht fällt aus und schaltet auf Notbeleuchtung. Einzig die grünen „Exit"-Funzeln oberhalb der Schotts geben dir Orientierung in der Dunkelheit. Sirenengeheul setzt ein. Benommen liegst du da und schaust auf. Dein Blick wandert an steilen Lederstiefeln und ewig langen Beinen empor. Jill steht breitbeinig über dir und reicht dir die Hand. „Aufstehen, du Möchtegern-Gott! Wir sollten verschwinden, bevor uns der Kapitän ins Loch werfen lässt."

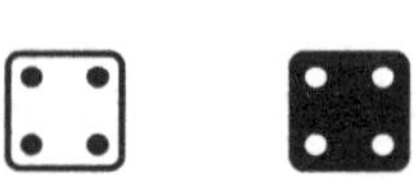

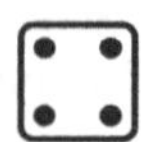 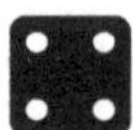

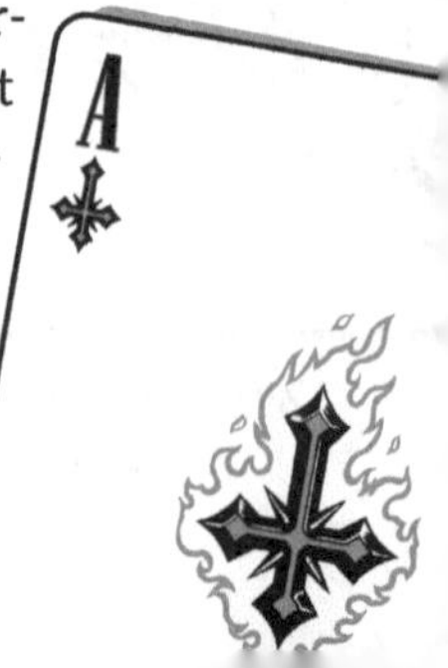

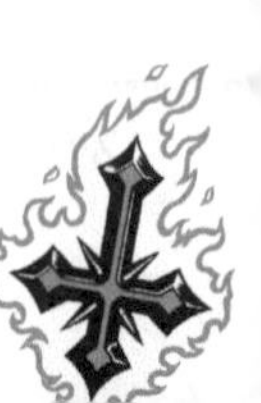

Du weißt nicht, was du von diesem blonden Gift halten sollst. Zerzaust und mental ramponiert flüchtet ihr aus dem Maschinenraum die Stiegen empor. Als ihr durchs Schott das sonnenüberflutete Mitteldeck erreicht, wirft dir Jill von einer Liege ein Handtuch zu. Fragend hältst du ihr den flauschigen Stoff entgegen.
„Glaub mir, ich habe nichts gegen einen süßen Piepmatz", dreht sie sich genervt um und deutet auf dein struppiges Nest, „aber langsam nervt der Anblick deiner Eier."
Vergeblich versuchst du dich in einen Geist zurückzuverwandeln, doch je mehr du dich darauf fokussierst, desto heftiger strahlen die Schmerzen von der Schulter aus.
„Tut mir leid", resignierst du und schlingst das Handtuch um die Hüfte. „Ich habe in letzter Zeit mein Körpergefühl verloren."
Lachend verpasst dir Jill einen Klaps: „In letzter Zeit, hm?!"
Als ihr beide die Kajüten der Metal Heroes betretet, durchwühlt sie die Klamotten der Band-Mitglieder. Für deinen geschundenen Götterspeisenleib etwas zu finden, ist gar nicht so einfach. Am Ende wirft sie dir eine Cargo-Hose von Brian und ein Accept-Shirt von Joey zu. Dann hält sie dir prüfend eine von Leos Unterhosen an die Hüfte: „... vielleicht ein wenig luftig."
„Sehr witzig ...", murrst du und entreißt Jill die Buxe.
„Zur Not könnte ich dir auch eine von meinen überlassen, Taylor."

Willst du dich in der Kabine der Metal Heroes umschauen > ***761***

Ansonsten > ***719***

○ **698** Deine feindliche Übernahme des Bühnentechnikers geht mächtig in die Hose. Irgendetwas oder besser irgendwer blockt dich ab! Als du es ein weiteres Mal versuchst, schaut der bullige Mann auf, starrt dich an und spricht mit einer unmenschlich verzerrten Stimme: „Hör sofort auf! Es sei denn, du willst diesen Körper vernichten ..."
Erschrocken weichst du zurück. Damit hast du nicht gerechnet. Ein anderer Geist, ebenfalls fähig Menschen zu kontrollieren, hat diesen armen Kerl unter Kontrolle!
„Was tust du hier?", stellst du die unbekannte Macht zur Rede. Wobei du zu wissen glaubst, was er vorhat.

„Nach was sieht es denn aus?“, antwortet er bissig. „Ich sorge für eine heiße Show.“
Du verlangst von ihm, sofort den Scheiß sein zu lassen.
„Ach ja? Dann zeig mir mal, wie du das anstellen willst!“
Der Bühnentechniker sackt zusammen und ein schemenhafter Nebel entweicht aus seinem Körper, den offenbar nur du wahrnehmen kannst, da sich sonst keiner der Arbeiter darum schert. Obwohl du weder Gesicht noch Gliedmaßen erkennst, spürst du den finsteren Hass und die grenzenlose Aggressivität, die dir der Geist entgegenbringt. Er durchdringt deinen Astralkörper, greift deine Fähigkeiten und Verbindung zum Gott des Rock an.
Zugleich wird dir bewusst, dass dieser Spuk ebenso von Musik, wenn auch von deren schrillen, disharmonischen Aspekten, beseelt ist. Zwischen euch entbrennt eine Schlacht der musikalischen Mächte!

Ziehe eine Karte!
*Addiere den Wert der Karte (J=11, Q=12, K=13) zur aktuellen **Fanbase** der Band hinzu.*
*Ist die errechnete Zahl gleich oder höher als 12, dann konntest du den mentalen Angriff abblocken. Wiederhole dies insgesamt **drei Mal**!*
Wie oft gelang es dir zu Blocken?
*dreimal > **779** | ein- oder zweimal > **752** | Niemals > **724***
*Hast du jedoch beim dreimaligen Ziehen mindestens einmal ein A (**Ass**) gezogen? > **783***
(Vergiss nicht, den Kreis vor der Sektionsnummer 698 abzustreichen!)

699 Pech! Die Assistentin geht weiter und dein Tischnachbar hat tatsächlich mehr Glück. Er fischt den Reaper aus dem Zylinder und erntet für diese grandiose Leistung den Applaus der Zuschauer. Aufgeregt stolpert er auf die Bühne und versucht die kniffligen Multiple-Choice-Aufgaben zu meistern. Bei Frage 3 „Wie heißt die Sängerin von ‚All we are‘?“ scheitert er jedoch kläglich.
Das zur Lösungsmitteilung aufgeforderte Publikum in Chor: „Doro Pesch*!“
„Tja, das hätte man wissen können ...“, gibt der Rock-Quiz-Moderator den begossenen Kandidaten der

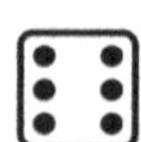

Lächerlichkeit preis. Die Menge grölt. „Stimmt, hätte man wissen können", hörst du eine Frau hinter dir mit rauem, deutschen Akzent sagen.
Als du dich umwendest, hat sich die Blondine in Lederkluft bereits umgewendet und bahnt sich ihren Weg durch die Zuschauer. Unweigerlich hängen deine Blicke der Lady mit der langen Mähne und den stolzen Schritt nach. Jill? Dir ist, als sei ihre Metal-Aura strahlender, ja, wesentlich positiver als je zuvor.
Du genießt den Rest der Veranstaltung im selbstsicheren Glauben, das Quiz locker gerockt zu haben, schwelgst in alten Zeiten und kippst ein Bierchen.

Weiter > ***725***

700 Plötzlich erfasst dich eine Erschütterung der Macht! Nein, es ist kein Planet irgendwo in einer weit, weit entfernten Galaxie explodiert, sondern deine Verbindung zur göttlichen Musik-Power ist abgerissen! Dabei war dir bislang gar nicht bewusst, wie es sich anfühlt, wenn dieser ständige Fluss um dich herum einfach weg ist. Was ist passiert? Du hast keine Ahnung ...
Fest entschlossen, endlich den knorrigen Rock-Gott zur Rede zu stellen, machst du dich auf, für die überfällige Kontaktaufnahme einen geeigneten Ort zu finden. Er weiß hoffentlich, was Sache ist.

Weiter > ***712***

701 Verdammt, das hättest du fast vergessen! Zittrig vor Aufregung tastest du über deine schweißnasse Brustbehaarung und zerrst dir den Brustbeutel über den Kopf. Brian betrachtet das alte Kunstleder mit dem Konterfei der weiß geschminkten Paul Stanley, Gene Simmons, Ace Frehley und Peter Criss: „Und was is' das, du Spießer? Bewahrst du deine Kohle in 'ner KISS-Kindertasche auf?"
Leo nüchtern: „Das ist wie mit dem Pinkeln unter der Dusche, Brian – es ist praktisch und somit folgerichtig."
„Mensch, Leute, weniger quatschen, mehr Beutel-Aufmachen", forderst du energisch.

★) ROCK ICON: Dorothee „Doro" Pesch
Deutsche Rock-Sängerin. Bekannt geworden mit der Band Warlock, etablierte sie sich Mitte der 1990er Jahre erfolgreich als Solokünstlerin. Sie gilt als die Queen of Metal.

Q1 „Du Glückspilz ... Willkommen bei Metal Money!“ Der schrille Moderator klopft dir heftig auf die lädierte Schulter. „Mal schauen, ob du es schaffst, hier ganz groß abzuräumen.“
Du nickst selbstbewusst. Warum auch nicht? Der Bürger Taylor war ein Loser. Hat nie viel gerissen. Aber in puncto Rock-Wissen war er der King!
„Ich will gar nicht lange rummachen. Vorspiel ist was für Pussys! Lass uns sofort loslegen. Ich stelle dir nun die erste Frage und gebe dir dazu drei Antwortmöglichkeiten. Nur eine ist richtig.“
Welche Band gilt gemeinhin als Begründer des Heavy Metal?

Black Sabbath > **Q8**
Five Finger Death Punch > **Q18** | *Steppenwolf* > **Q28**

„Eine Pokerkarte! Gehört die etwa zu unserem Deck?“ Der Bandleader wundert sich nicht schlecht. „Dann warst du es also, der uns dieses Paket damals geschickt hat!“
Du nickst hoffnungsvoll. Und als Joey die Karte zurück in den Stapel schiebt, gibt es einen augenzerfetzenden Stroboflash und die Macht des wiedervereinigten Artefakts ergießt sich wie ein Glitterregen über die Band.

Ändere nun den ***Metal-Artefakte****-Eintrag* ***unvollständiges Pokerblatt*** *in* ***vereintes Pokerblatt*** *im Metal-Logbuch!*
Außerdem musst du natürlich die ***entfernte Pokerkarte*** *streichen.*
9 *Und dein* ***Einfluss*** *steigt um 1!*

O ja, Pokerblatt vereint! Taylor Meister darf jetzt eine zweite Karte ziehen, wenn ihm die erste nicht gefallen tut! Wenn aber zweite Karte ziehen, dann die nehmen müssen. Kapiert?

Weiter > ***773***

702 Ein Schwarm kreischender Raben flattert an dir vorbei und umhüllt den bleichen Unterwelthäscher in einem Sturm aus schwarz-schimmernden Federn. Eilig rollst du dich über die kalten Metallplatten in Sicherheit und beobachtest, wie dein Gegner panisch versucht, sich dem Angriff der Kamikaze-Vögel zu erwehren.

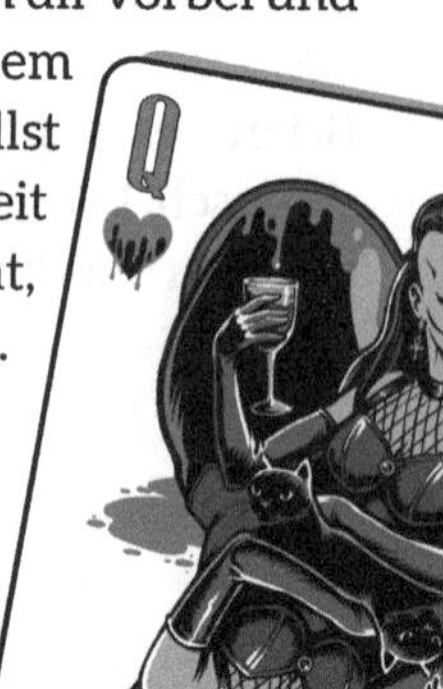

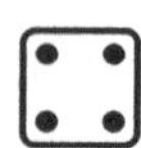 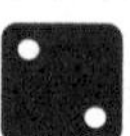

„Diesen Verrat wirst du noch bitter bereuen, du götterverfluchte Schlampe!“, brüllt die dürre Kreatur aus der dunklen Federvieh-Wolke hervor.
„Merk dir eins, Helioz, du vertrockneter Suppenkasper“, kontert Jill aufgewühlt, „ich bin keine Schlampe, sondern eine Hexe!“*

*Weiter > **697***

703 „Geile Puppe, Alter“, lobt einer der Betrunkenen und hebt seine Flasche zum Gruß.
Du brauchst einen Moment, bis du verstehst, was der Blind-Guardian-Fan meint, und stotterst: „Ja, ja, gute Puppe. Bin Bauchredner.“
Die Leute sind vollends begeistert von Detailverliebtheit des Wichts auf deinem Bein und verlangen eine Kostprobe deiner Kunst.

Wie willst du die Barbesucher überzeugen?
*Hand unters Hemd des Wichts stecken und ihm eine Frage stellen > **715***
*Hand um den Nacken des Wichts legen, mit seinem Kopf wackeln und versuchen als Bauredner durchzukommen > **727***

*) *Sorry, Leute, aber Jills extrem gelungener Wortwitz ging leider bei der Übersetzung aus ihrer Muttersprache, dem Englischen, verloren.*

Q

9

Q2 „Möglich. Nächste Frage ...“
Mit wem war Schlagzeuger und Bandgründer Tommy Lee der Glam Metal Combo Mötley Crüe verheiratet?
*Stephanie Seymour > **Q3** | Suzi Quatro > **Q13** | Pamela Anderson > **Q16***

Q3 „Aha! Vielleicht kommst du mit der letzten Frage besser klar ...“
Immortal, Darkthrone und Emperor sind Black-Metal-Bands aus ...
*Norwegen > **Q11** | Brasilien > **Q14** | USA > **Q19***

Q4 „Kann ich gut verstehen! Die Master-Frage ist auch echt schwierig und 1.000 Dollar sind ist ein Haufen Asche für einen Metalhead, nicht wahr?“
*Notiere dir **1.000 Dollar** unter **Taylors Kram** im Metal-Logbuch.*
*Weiter > **770***

Q

Q5 „Nee, Chance vertan, das stimmt nicht! Hier, die Kohle."
*Notiere dir **750 Dollar** unter **Taylors Kram** im Metal-Logbuch.*

Weiter > ***770***

Q6 „Soso. Dann stelle ich dir jetzt die letzte Frage …"
Welcher dieser Titel gehört zu keinem Metal-Album?

Arise > ***Q9*** | *Rebell Yell >* ***Q15*** | *Stay Hungry >* ***Q21***

Q7 Du streichst dir die feuchten Hände an der Cargohose ab, machst ein wenig auf Spannung und gibst deine Antwort. „Ja, wieder richtig. Mal sehen, ob du Frage 3 auch so locker beantworten kannst …"
Welche Band gab dem Genre des Black Metal seinen Namen?

Celtic Frost > ***Q6*** | *Venom >* ***Q22*** | *Mercyful Fate >* ***Q23***

704 „Keine Ahnung, wo diese Schmerzen herrühren. Wir sollten das beobachten. Mein ärztlicher Rat, lassen Sie für die kommenden Tage die Finger vom Alkohol."
Tja, der Plan hat wohl nicht funktioniert.

Weiter > ***743***

705 „Hey!", schreitet Brian ein. „Warum bekommt Leo das Teil und nich' ich? Verdammte Scheiße, wer ist denn bitteschön ein Gründungsmitglied der Metal Heroes?"

Leo zögert, weiß nicht genau, was er antworten soll. Dennoch ist er gewillt, seinen neuen Schatz zu verteidigen, wie das Blitzen in den Schlitzen verrät.
Jill hat dieses Konfliktpotenzial unterschätzt, ebenso wie Joey, der seinen Kumpel Brian zur Seite nimmt und ihn überzeugen will, dass er mit dem Schlüssel eh nichts anfangen könne.

*Die **Bandchemie** sinkt um 1!*
*(Es sei denn, Joey besitzt sein **Special**.)*

Weiter > ***744***

706 „Wie bist du in Besitz dieses Schlüssels gekommen?", fragt Leo mit zweifelndem Unterton. Er kann sich noch lebhaft an die aufopferungsvolle Verfol-

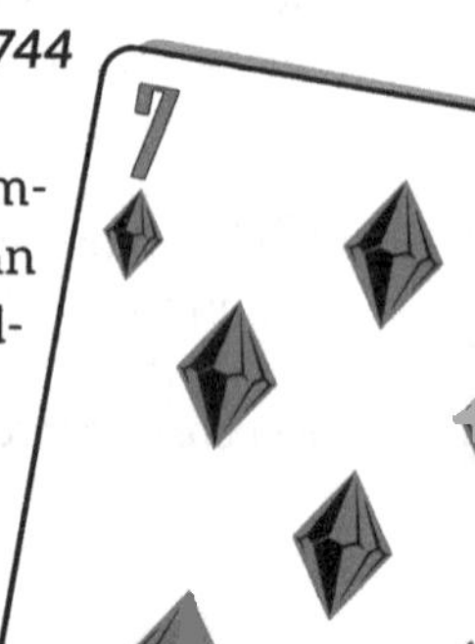

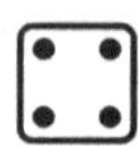

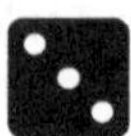

gungsjagd in Paris erinnern, um das Artefakt aus den kalten Händen Foxys zu reißen und Tina und ihrem Großvater wiederzubringen. „Jill, hast du ihn etwa gestohlen?“
„Jetzt mach dir mal nicht in die Hose! Glaub mir, Leo, hätte ich das Artefakt nicht der Gitarren-Göre und ihrem greisen Opa abgenommen, wäre es längst in den Eingeweiden der Unterwelt verschwunden. Oder denkt ihr, die hätten aufgehört, nur weil ihr diese Abÿss-Kids verscheucht habt?“
Misstrauisch kneift Leo die Augen zusammen (erst bei genauerem Hinsehen zu erkennen), was Jill zu einer Ergänzung ihrer Absichten zwingt: „Schon gut! Wir können den beiden den Schlüssel gerne wiedergeben, wenn wir mit unserer Aufgabe fertig sind. Zufrieden?“
Leo schnappt sich den goldenen Anhänger und befestigt ihn an seiner Kette.

*Trage nun für Leo unter **Metal-Artefakte** im Metal-Logbuch den **Schlüssel des Talents** ein.*

Weiter > **744**

707 Dutzende Feuerzeuge flackern neben unzähligen Smartphone-Displays mit Feuerzeug-Flacker-Apps. Wie aus einer Kehle singen die Fans Zeile um Zeile die berühmte Ballade „Fallen Hero“ der Metal Heroes mit. Es herrscht eine Stimmung von heiler Gemeinschaft.

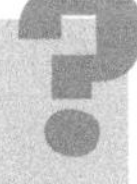

Q8 Du blickst den Moderator an, als könne die Frage nicht sein Ernst gewesen sein.
„Okay, das war einfach“, stellt der Moderator belustigt fest. „Zweite Frage ...“
Welche Band gehört neben Metallica, Anthrax und Slayer zu den „Big Four“ des amerikanischen Thrash Metal?

Megadeth > **Q7** | *Kreator* > **Q17** | *Testament* > **Q27**

Q9 „Zwei Fehler. Ich würde sagen eine solide Leistung, mit der man sich nicht schämen muss. Hier, dein Geld, viel Spaß damit.“
*Notiere dir **500 Dollar** unter **Taylors Kram** im Metal-Logbuch.*

Weiter > **770**

Q10 „Perfekt, du Rockgott! Höchster Respekt! Was machst du eigentlich in deiner Freizeit?"
Dir läuft es für einen kurzen Moment eiskalt den Rücken runter ob der ungewollt direkten Anrede an den Gott des Rock und stammelst irgendetwas Unverständliches ins Mikro. Sofort nimmt der Moderator wieder das Heft des Handelns in die Hand: „Kommen wir nun zum Höhepunkt von Metal Money ... Der Entscheidungsfrage! Wie sieht's aus? Willst du deinen Gewinn einsetzen? Oder den Schwanz einziehen und mit den 1.000 Steinen einen auf dicke Hose machen?" Provokant wedelt er dir mit einem Fächer aus Dollarnoten vor der Nase herum.
Das Publikum jault und grölt: „Zocken, zocken, zocken!"

Verdoppeln natürlich! > ***Q30*** | *Ich habe genug ... >* ***Q4***

Selbst wenn dieses Konzert nur eine bescheidene Größe hat, bist du sicher: Deine Jungs haben es tatsächlich geschafft!

*Dein **Einfluss** steigt um 1!*

*Erhöhe den **Fame** der Ballade **„Fallen Hero" (#37)**! Fülle dazu einen weiteren **Fame-Stern** dieses Songs aus.*

Weiter > ***738***

708 Die aufgedonnerte Hostess knabbert ungeduldig an ihrem Lippenpiercing, während du eine Karte aus dem Zylinder ziehst.

Rate mal, was jetzt kommt ... Ja, richtig, ziehe eine Karte!
Aber halt! Du kannst, bevor du eine Karte herausfischst, deine Macht einsetzen, um das ganze Auswahlverfahren zu deinen Gunsten zu manipulieren > ***•739***
Wenn nicht, dann ziehe jetzt tatsächlich eine Karte!
*Solltest du – wie auch immer – den **Reaper** (Joker) gezogen haben >* ***721***
Ist es eine andere Karte > ***699***

709 Charlotte schreitet die breiten Stufen zur Bühne hinab und klatscht einsam Applaus. Erst jetzt kapieren die Jungs, wen sie vor sich haben. Joey zieht die Niederländerin die Kante hinauf und umarmt sie.
„Was treibst du denn hier?" – „Was soll die Frage? Hat euer Management nichts gesagt?"

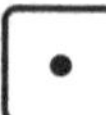 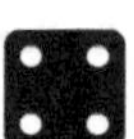

Leo kombiniert die bekannten Fakten und Aussagen: „Ach, dann bist du also die weibliche Überraschung?“ Er reicht Charlotte zur Begrüßung die Hand: „Wunderbar! Willkommen an Bord.“

Im Gegensatz zu seinen Freunden ist Brian von der Verstärkung nicht vorbehaltlos überzeugt. Dennoch probt die Band Charlottes neuen Gesangspart des Symphonic-Stücks. Ergebnis neben ihrem Solo-Song: Ein emotionales Duett, als Streit zwischen ihr und Joey, aufgezogen.

Joey ist restlos begeistert: „Na, Buddy, da kannst selbst du nichts mehr sagen, oder?“

„Ich geb's zu“, gesteht Brian augenzwinkernd, „die Lady rockt.“

„Danke sehr, welch gewaltiges Kompliment“, lacht Charlotte und zupft Brian neckisch am Ziegenbart, bevor sie den Metal Heroes für die restlichen Songs wieder die Bühne überlässt.

*Notiere dir unter **Road to Glory**, Eintrag **#12**, dass **ein Engel singt**, indem du dort ein ✖ im Kreis machst.*

*Weiter > **787***

710 Du grübelst angestrengt über die Lage nach. Okay, zum besseren Verständnis machst du gedanklich eine To-do-Liste (absteigend nach Wichtigkeit):

Q11 „Was soll ich sagen? Drei Fehler sind zwar nicht richtig kacke, aber es riecht schon ziemlich streng. Bitteschön, dein Zaster.“

*Notiere dir **250 Dollar** unter **Taylors Kram** im Metal-Logbuch.*

*Weiter > **770***

Q12 „Wahrscheinlich. Nächste Frage ...“

Welches dieser Alben ist nicht von Iron Maiden?

*Brave New World > **Q3** | The Number of the Beast > **Q13***

*Keeper of the Seven Keys > **Q26***

Q13 „Mal sehen. Die letzte Frage von Metal Money lautet ...“

Was bedeutet die Abkürzung NWOBHM?

*Norwegian Women of Black Heavy Metal > **Q14***

*Nine Ways of Brazilian Heavy Metal > **Q19***

*New Wave of British Heavy Metal > **Q29***

Q

Q14 „Vier Fehler! Tja, alles falsch, mein Freund. Beeindruckend! Hast du das mit Absicht gemacht, um bei den Damen auf Mitleid zu machen? Du Schlitzohr."

Weiter > ***770***

Q15 „Ach, wie ärgerlich. Nur ein Fehler. Aber ein Fehler bleibt ein Fehler und da sind wir knallhart, was die Regeln angeht..."
Laute Buhrufe und Sympathiebekundungen für den Kandidaten verunsichern den Moderator allerdings gehörig.
„Na, du hast aber viele Fans im Schlepptau, hm? Okay, dann will ich mal nicht so sein, was? Wenn du mir die folgende Frage beantworten kannst, drücke ich ein Auge zu ..."
Welchen Job übte Ozzy Osbourne ***niemals*** *aus?*

Schlachter > ***Q5*** | *Plattendealer >* ***Q10*** | *Autohupenstimmer >* ***Q25***

1. Entführtem Rock-Gott helfen!
2. Rettungsmission in die Unterwelt starten (laut Jill nur mit Metal Heroes möglich)!
3. Den Jungs klarmachen, dass du der stellvertretende Rock-Gott bist und sie dir beistehen müssen!
4. Dem Rockschergen Schmerzpillen verschaffen!

9 Es wird deutlich: Diese Liste stellt eine Kausalkette dar und muss in umgekehrter Reihenfolge abgearbeitet werden. Also machst du dich auf, beim Schiffs-Doc, unter Vortäuschung falscher Symptome, die nötigen Pillen für Quiff rauszuleihern.
Die Doktorin ist eine selbstbewusste Frau, die mit streng-genervtem Blick durch ihre randlose Brille die Metaller-Schlange vor ihrer Schiffspraxis im Eiltempo abfertigt. Sie hört sich deine Lügengeschichte nur mit einem Ohr an, stellt routinierte Fragen zu den Beschwerden.

Was willst du der Ärztin weismachen?

„Oh, Doc, diese Kopfschmerzen. Unerträglich ..." > ***692***

„Scheiße, ich futtere schon seit Tagen und nix kommt durch ..." > ***723***

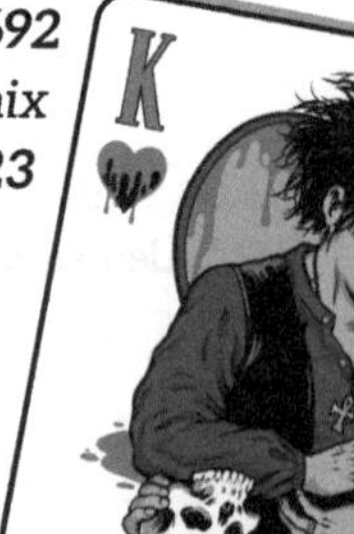

711 Es fällt dir zwar schwer zuzugeben, aber du genießt die wenigen Minuten der Probepausen. Oh, ja, du bist alt geworden! Die Zeiten von Non-stop Party sind endgültig vorbei. Zum Kotzen, wie schnell dein Rock-Gott-Geist ermüdet!

Du betrachtest einen schwitzenden Arbeiter der Stage-Crew. Der Bühnentechniker verdrillt Litzen, verlegt und isoliert Kabel. Obwohl du dich nicht wirklich mit diesem Pyro-Kram auskennst, wunderst du dich sehr wohl über dessen Arbeitsweise. Sicherheitsvorkehrungen scheinen ihn nicht zu interessieren. Lebensmüde hantiert er unter Strom. Und als die ersten Funken fliegen, ihm die Haare zu Berge stehen und seine Muskeln zucken, schüttelt er sich bloß und macht unbeirrt weiter. Was für ein Freak!

Bühnentechniker unter die Lupe nehmen! > ***718***

Bühnentechniker direkt manipulieren! > ***•698***

Q

712 Du suchst dir ein einsames, unbeobachtetes Plätzchen. Der Maschinenraum mit seinen gigantischen Dieselmotoren scheint dir besonders geeignet, um mit deinem Chef in Verbindung zu treten.

Dieser Bereich, entlegen hinter dicken Stahlschotten im Bauch des Ozeanriesen, ist für normale Passagiere des Rock-the-Boat-Festivals unzugänglich. Einzig ein gelangweilter Mechaniker schlurft hier herum.

Du checkst, ob die Luft rein ist, und schickst – entgegen den eigenen Kopfschmerzen – die erste intersphäre Botschaft an den Rock-Gott. Wo der Alte wohl abhängt?

Zunächst gehen deine Anfragen zur göttlichen Verfügbarkeit ins Leere. Du empfängst wieder einmal bloß dumpfes Gebrodel, als wärst du in einem gähnenden Götter-Funkloch.

9

Q16 „Meinste, he? Und nun die vierte und letzte Frage ...“
Welcher Frontmann ist, wider des schwarzen Band-Images, gläubiger Katholik?

Tom Araya von Slayer > ***Q9*** | *Tom Angelripper von Sodom* > ***Q11***

Cronos von Venom > ***Q29***

Q17 „Hat ja gedauert. Nächste Frage ...“
Wer zeigte als Erstes das Hörner-Zeichen, das später als universelles Zeichen der Heavy Metal Bewegung avancieren sollte, in seinen Bühnenshows?

Ronnie James Dio > ***Q6*** | *Ozzy Osbourne* > ***Q16*** | *Eric Adams* > ***Q26***

Q18 „Interessante Antwort. Nächste Frage …“
Metallica erlebte 1986 wohl das bitterste Jahr der Bandgeschichte. Was war geschehen?

Sänger James Hetfield wurde von Pyrotechnik schwer verletzt > **Q2**
Schlagzeuger Lars Ulrich brach sich bei einem Motorradtrip beide Hände > **Q12**
Bassist Cliff Burton starb bei einem Busunfall in Schweden > **Q17**

Q19 „Du hast echt richtig abgeräumt, Kamerad. Vier Fragen, vier Fehler. Geschichtsträchtig!“

Weiter > **770**

Doch du lässt nicht locker! Bis schließlich die Luft um dich herum zu knistern beginnt. Zügellose Energie sammelt sich und zuckt als blaue Blitze über die Stahlwände des Schiffs. Moment, so viel göttliche Kraft hast du gar nicht mobilisiert …
Schritte nähern sich. Ein hagerer Kerl mit enger Lederweste und Jeans tritt aus dem Schatten der Maschinen. Seine fahle, violett schimmernde Haut löst sich teilweise aus seinem Gesicht wie die Schale einer faulen Zwiebel.

*Weiter > **696***

713 Die erste Hürde wäre genommen, sprich du hast die Kohle. Nun braucht's noch einen Beförderungsschein vom Schiffsarzt. Leider lassen sich Ärzte nicht so einfach an der Nase herumführen.

Kontrolliere nun bitte den Kreis vor der Sektionsnummer bei 698, um zu wissen, wie es weitergeht:
Er ist markiert … > **732** | *Nichts zu sehen … >* **751**

714 Du legst die weißen Bröckchen in eine Servierte und steckst die Arzneifragmente ein. Man weiß ja nie!

*Notiere dir die **Bröseltablette** unter **Taylors Kram** im Metal-Logbuch.*

„Du bleibst in meiner Nähe, klar!“, befiehlst du Quiff, der sich dir wortlos an die Fersen heftet, als du dich

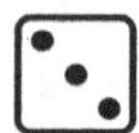
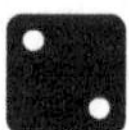
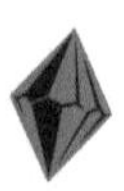

aufmachst - wenn auch etwas wackelig auf den Stelzen - zur Konzerthalle zu marschieren.

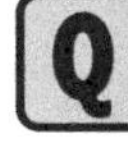

Am doppelflügeligen Eingang wird akribisch nachgezählt, wie viele Leute bereits ins Theater eingelassen wurden. Aufgrund des Andrangs für das Metal-Heroes-Konzert wird es heute etliche enttäuschte Gesichter geben.

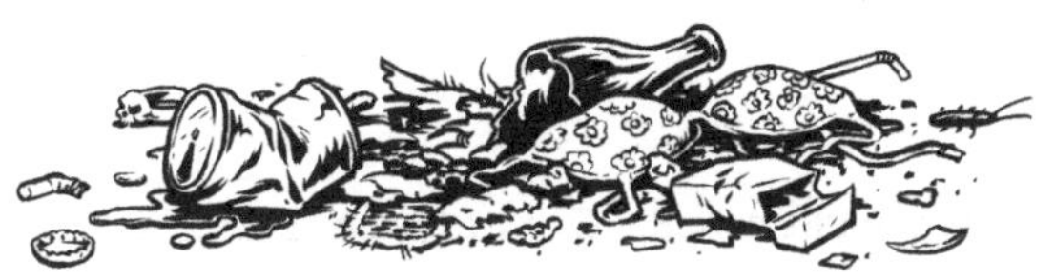

„Moment mal, Kamerad!“ Der schwabbelige Arm des Türstehers zuckt knapp an deiner Nase vorbei. „Kein Platz mehr!“

„Oh Mann, war ja klar“, fluchst du und beginnst einen erbärmlichen - wenn auch ehrlichen Erklärungsversuch - „Pass auf, lass mich bitte rein! Die Metal Heroes sind meine Jungs. Glaub mir, ich muss das Konzert sehen ...“

„... schönen Abend noch.“

*Besitzt du einen **RTB-Pass**?*

*Ach, ja! Hier, schluck das, Alter! > **763***

*Menno, nee! Hab ich nicht! > **681***

9

Q20 „Ha! Leider daneben. Ist auch schwierig zu wissen. Warst nah dran, keine Frage, aber der Schotter bleibt in meinen Taschen.“

*Weiter > **770***

Q21 „Nun, mein Freund, zwei Fehler. Das reicht leider nicht für die Bonusfrage. Kann man nichts machen. Dennoch hat es für ein paar große Scheine gereicht.“

*Notiere dir **500 Dollar** unter **Taylors Kram** im Metal-Logbuch.*

*Weiter > **770***

Q22 „Korrekt, du Streber! Du machst mir Angst. Kommen wir zur letzten Frage. Beantwortest du auch diese richtig, kannst du hier vielleicht das ganz große Ding drehen ...“

*Welcher Begriff wurde **niemals** im Titel eines Studioalbums der True Metal Band Manowar verwendet?*

*Sword > **Q10** | Glory > **Q15** | Steel > **Q24***

Q

Q23 „Gut möglich, oder? Achtung, die letzte Frage steht an ..."
Von welcher Band gibt es mittlerweile zwei „offizielle Versionen", da ihr Sänger Geoff Tate nach über 30 Jahren von seinen Bandkollegen rausgeschmissen wurde?

Judas Priest > ***Q9*** *| Twisted Sister >* ***Q21*** *| Queensrÿche >* ***Q24***

Q24 Ein Raunen geht durch die Menge. Jetzt merkst du es auch! Wie dumm, von dir ...

Weiter > ***Q15***

Q25 „Schade, schade, schade. Das ist falsch. Tja, da kann man nichts machen."
Notiere dir ***750 Dollar*** *unter* ***Taylors Kram*** *im Metal-Logbuch.*

Weiter > ***770***

715 Du räusperst dir den Kloß aus dem Hals und blickst dem Wicht in die kristallblauen Kulleraugen. Glücklicherweise scheint er das Ziel der Show verstanden zu haben und klimpert gelegentlich mit den Wimpern und bewegt die Pupillen mechanisch von einer Seite zu anderen.

9

„Sag mal, Pelvis", erfindest du auf die Schnelle den passenden Namen für deine vermeintliche Puppe. „Wie geht ein Typ wie du eigentlich auf Toilette?"
Der Wicht neigt den Kopf zur Seite und zeigt die schiefen Zähne: „Fragt der Mann, der gerade seine Hand in meinem Arsch hat."
Lacher. Hach, Betrunkene sind ein so dankbares Publikum.
„Hey, Kumpel", sagst du in aufgesetzter Empörung, „das habe ich doch gar nicht nötig! Ich habe eine Freundin!"
„Ach, deinen Magneten?"
„Du meinst Männermagneten?"
„Nein, sie ist wie ein Magnet: Anziehend von hinten, abstoßend von vorne!"
Wieder Lachen.
„Unfassbar realistisch, also echt", klopft dir dein Platznachbar auf die Schulter.

8

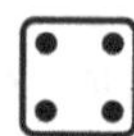

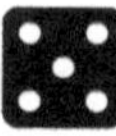

„Ja, man soll es nicht glauben, was heute alles mit Kautschuk und ein paar Motoren machbar ist, oder?"
„Genau", ruft der Wicht und reißt sein Fäustchen empor, „dicke Dildos!"
Die Meute grölt.
Du willst dich wieder vom Acker machen, als dich ein Mann in den Fünfzigern anspricht. Nach seinen Klamotten ist er Rocker, trägt jedoch ein Namensschild, wie alle Mitglieder der Crew.
„Sag mal, vielleicht haben du und deine Puppe Bock morgen Abend bei meiner Show mitzumachen? Wenn ihr rechtzeitig auftaucht, dürft ihr mitquizzen."
Er gibt dir eine Spielkarte eines Kartenblatts. Es handelt sich offenbar um eine Art Joker, in Form des Reapers.

*Notiere dir den **Reaper** unter **Taylors Kram** im Metal-Logbuch.*

Bevor die angeheiterte Metaller-Meute doch noch hinter euer Geheimnis kommt, verdrückst du dich in einem unbeobachteten Moment mit dem Wicht in eine Rumpelkammer des Reinigungspersonals.

*Weiter > **684***

Q26 „Wer weiß, wer weiß. Oh, oh, es folgt die letzte Frage ..."
Welche Band hat den so genannten „Heavy-Metal-Umlaut" erfunden?
*Motörhead > **Q11** | Blue Öyster Cult > **Q21** | Mötley Crüe > **Q29***

Q27 „Überraschend. Nächste Frage ..."
Welche Band lässt sich nicht dem Symphonic Metal zuordnen?
*Epica > **Q16** | Rainbow > **Q23** | Nightwish > **Q26***

Q28 „Danke für diese Antwort. Nächste Frage ..."
Wem gegenüber fanden sich die beiden bekloppten Typen Wayne und Garth aus dem Kultfilm „Wayne's World" unwürdig?
*Bruce Dikinson > **Q2** | Iggy Pop > **Q12** | Alice Cooper > **Q17***

Q29 „Ach, wie traurig, Kumpel. Drei Fehler. Hätte ich dir gar nicht zugetraut. Als ich dich sah, hatte ich eigentlich mehr erwartet. Trotzdem, für ein paar Flocken hat's immerhin gereicht."
*Notiere dir **250 Dollar** unter **Taylors Kram** im Metal-Logbuch.*

*Weiter > **770***

Q

9

716 Im Jubelgeschrei der Fans geht Joeys Verabschiedung des weiblichen Gastauftritts fast unter. Du hörst nur noch Joey anerkennenden Kommentar: „Was für eine Wahnsinns-Frau!“

Weiter > ***741***

717 Du spürst, Joey hat es schwer erwischt. Es ist, als hätte sich das glühende Magnesium der Pyro dir selbst ins Fleisch gebrannt. Der Gitarrist wird diesen Unfall, wie es später heißt, zwar überleben, doch die Verbrennungen sind teilweise so übel, dass er monatelang eine Reha über sich ergehen lassen muss.
Das Ende der eng getakteten Ambitionen der Metal Heroes.

Burn, Baby, Burn! POWER OFF!

(Repeat > ***782****)*

718 Der Kerl wischt sich den Schweiß von der Stirn und schnäuzt staubigen Rotz ins Shirt. Wohl ein ganz Harter. Du beobachtest ihn noch einige Minuten, bis er seinen Job erledigt hat.

Weiter > ***700***

719 Gedankenversunken streichst du dir über die verwundete Schulter. Jill tastet das eingebrannte Kreuz mit ihren weißlackierten Krallen ab. „Du hattest Glück im Unglück, Schätzchen.“
„Ach, hatte ich das?“, zischst du von Schmerz gepeinigt durch die Zähne.
„Das Siegel ist nicht tief genug eingedrungen, um permanent zu sein. In ein paar Monden kannst du dich wahrscheinlich wieder zurückverwandeln.“
Frustriert von den wenig erbaulichen Aussichten, setzt du Jill die Pistole auf die Brust: „Jetzt sag an, welches Spiel spielst du, du falsche Schlange?“
„Ich weiß, wie das Ganze aussieht, Taylor“, flüstert sie geheimnisvoll. „Aber ich schwöre – bei den Seelen meiner Schwestern – ich stehe auf eurer Seite. Diesem Helioz habe ich etwas vorgespielt, denn nur so konnte ich in Erfahrung bringen, was in der Unterwelt vor sich geht.“

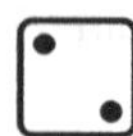

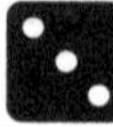

„Und was geht da so vor sich, verdammt noch mal?"
„Sie haben den Rock-Gott entführt!"
Du musst dich wieder setzen. Krasse News – auch wenn du mit so was gerechnet hattest. Jill nimmt gegenüber am Tisch Platz.
„Normalerweise ist das unmöglich – die Macht des Rock-Gotts ist zu groß, um ihn kontrollieren oder gar zu irgendetwas zwingen zu können. Allerdings hat sich der Alte geschwächt, indem er dir Vollpfosten immense Teile seiner Fähigkeiten übertrug."
Du schnaufst tief durch und donnerst mit der Faust auf den Tisch: „Scheiße, dann hole ich ihn da wieder raus! Bist du dabei?"
„Ho, ho, Cowboy! Immer ruhig mit den Pferden. Alleine schaffen wir das nicht. Wir brauchen Hilfe. Wir brauchen deine Jungs!"
„Die Heroes?" Du tippst mit dem Zeigefinger gegen die Stirn. „Die flippen aus, wenn wir sie einweihen! Die sind noch nicht so weit ..."
„Uns läuft die Zeit davon. Ich weiß nicht, wie lange der alte Knabe die Musik-Marter der Unterwelt noch aushält."
„Was geschieht, sollte er, nun ja, die Stimmgabel abgeben?"
Jill schweigt vielsagend und packt dich schließlich am Unterarm: „Taylor, du hast bis heute Abend nach dem Konzert Zeit. Wenn du bis dahin den Jungs keinen reinen Wein eingeschenkt hast, dann tue ich es, verstanden?"
Du nickst mit einem leisen Seufzer.

Weiter > ***682***

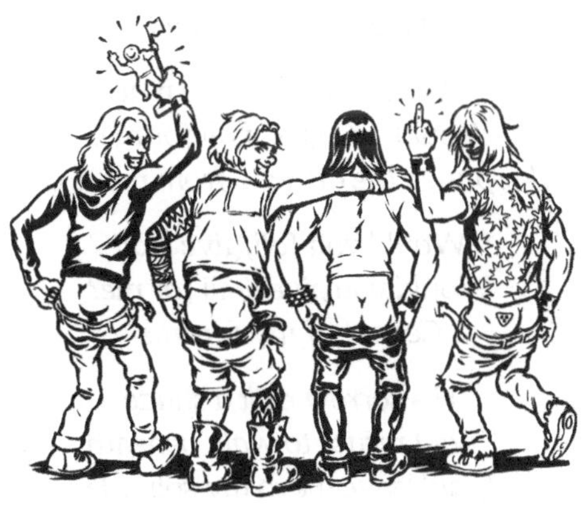

720 Unter einem Raunen geht das Spotlight an und lässt die rote Mähne von Charlotte erglühen. Das Publikum jubelt der Schönheit zu. Bezaubernd, fast engelsgleich, schwebt sie zur Bühnenmitte. Ihr atemberaubendes Outfit aus geschnürter Stoffhose und offenherziger Bluse und Spitzenkorsage unterstreicht die Proportionen der anmutigen Niederländerin.
Joey steht ihr zur Seite, schmiegt freundschaftlich den Arm um sie und richtet sich mit gedämpfter Stimme ans Publikum: „Den nächsten Song hat Charlotte aus ihrer Welt mitgebracht! Wir sind dankbar, ihn gemeinsam mit ihr auf der Rock the Boat spielen zu dürfen."

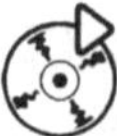

*Höre dir nun bitte Charlottes Song (**Track 9**) des **Metal-Heroes-Soundtracks** aufmerksam an!*

„Suckerpunch"

SYMPHONIC METAL

His frost performed it's art
And it has stained my tainted heart
Just leave me to my solitude
It's where I feel at home

9 *Since that cold night*
When my love cried

Would you fall, give it all
Would you give it all for me?
Suckerpunch the demons from my dreams

Would you fall, give it all
Would you give it all for me?
Get out of my dreams

His sorrow cast a shade
That I refuse to walk beneath
I said leave me to my solitude
Where I'm self-defined

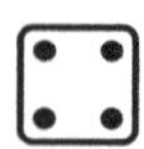

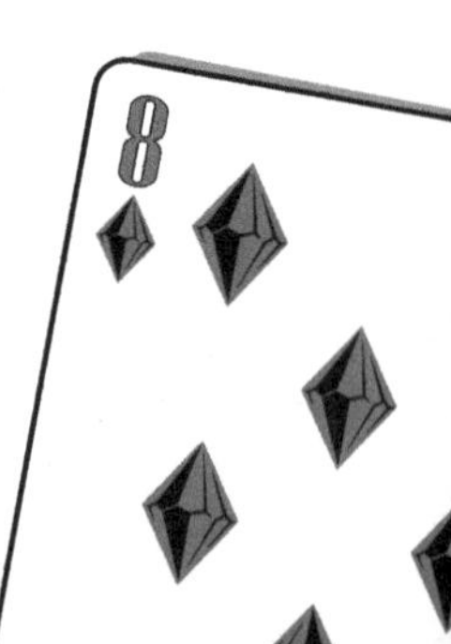

Only replied
With my love's cries

Would you fall, give it all
Would you give it all for me?
Suckerpunch the demons from my dreams

Would you fall, give it all
Would you give it all for me?

Get out of my dreams
Get out of my dream!

Would you fall, give it all
Would you give it all for me?
Suckerpunch the demons from my dreams

Would you fall, give it all
Would you give it all for me?

Get out of my dreams
Get out of my dreams

Get out of my dream!

„Suckerpunch" (2016) von Delain
Symphonic-Metal-Band aus den Niederlanden

Q

9

Mit welcher Einstellung sollen die Jungs spielen, um Charlotte auch beim zweiten Song, den Joey extra als Duett geschrieben hat, bestmöglich zur Geltung kommen zu lassen?

Hingebungsvoll und präzise > ***733***
Kraftvoll und dynamisch > ***746***

721 Ungläubig starrst du auf die Karte und reckst den Arm. Unter dem Applaus der Zuschauer führt dich die Assistentin auf die Bühne.

Weiter > ***Q1***
Das Quiz und seine „Q"-Sektionen findest du in den grauen Kästen (beginnend vor Sektion 702)!

Q

722 Die Fans geben für den finalen Song dieses außergewöhnlichen Konzerts noch einmal alles. Körper schwimmen auf Wogen aus Armen, Schweiß tropft vom Stuck der Decke des Theaters. Selbst auf den eigentlich gesperrten Logen haben sich Leute hinaufgezogen und moshen um die Wette.
*Dein **Einfluss** steigt um 1!*

*Weiter > **738***

723 Quiff schnuppert an den Tabletten, die du ihm anreichst. Trotz seiner Skepsis wirft er sie sich dann komplett ein.
Es dauert einige Minuten, bis sich schließlich die Wirkung der Medizin einstellt. Der Rock-Scherge löst sich vor deinen Augen auf! Auf dem Weg zum Konzert lässt du ihn auf der Schulter sitzen und bemerkst schon auf dem nächsten Deck die rumorenden Geräusche im Unterleib deines Kameraden. Die Verdauung – von derer Existenz er angeblich noch nicht einmal wusste – setzt in einem furiosen Endspurt den Schlussakkord deiner Bemühungen, unerkannt das Konzert deiner Jungs zu erreichen …
Keine Rede von den bohrenden Fragen der Obrigkeit, Tage später, wer oder was dieser kleine Scheißer ist. Aber ehe euer Fall an die Agenten Mulder und Scully zu den X-Akten gelegt wird, ist der echte Rock-Gott der unterweltlichen Musik-Marter erlegen.

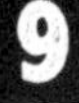

POWER OFF!
*(Repeat > **710**)*

724 Dieser Geist entstammt den tiefsten musikalischen Abgründen. Schrille Klänge, schmerzhafte Disharmonien und taktlose Melodien bringen deinen Verstand ins Wanken. Du versuchst das, was schon vielen bei schlechter Musik nicht geglückt ist: weg-zuhören! Doch mit jedem falschen Ton, mit jedem schrägen Akkord vergehst du mehr und mehr.

POWER OFF!
*(Repeat > **711**)*

725 Du kommst wieder zu dir. Die Kabine, in der du dich befindest, ist ein einziges Katastrophenge-

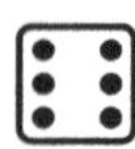
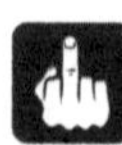

biet und es scheint nur eine Frage der Zeit, bis die Küstenwache aufkreuzt.

Flaschen haben den Rest ihres alkoholischen Inhalts über den einst unifarbenen Teppich ergossen und das sonst so dezent-sonore Rauschen der Klimaanlage hat sich offenbar über Nacht in ein hirnzerfetzendes Rattern verwandelt.

Als du dich weiter umblickst, setzen sich langsam Fragmente nebelhafter Erinnerungen in deinem brummenden Schädel zusammen: Du bist in der Kabine der Metal Heroes! Auch sie kommen, einer nach dem anderen, zu sich.

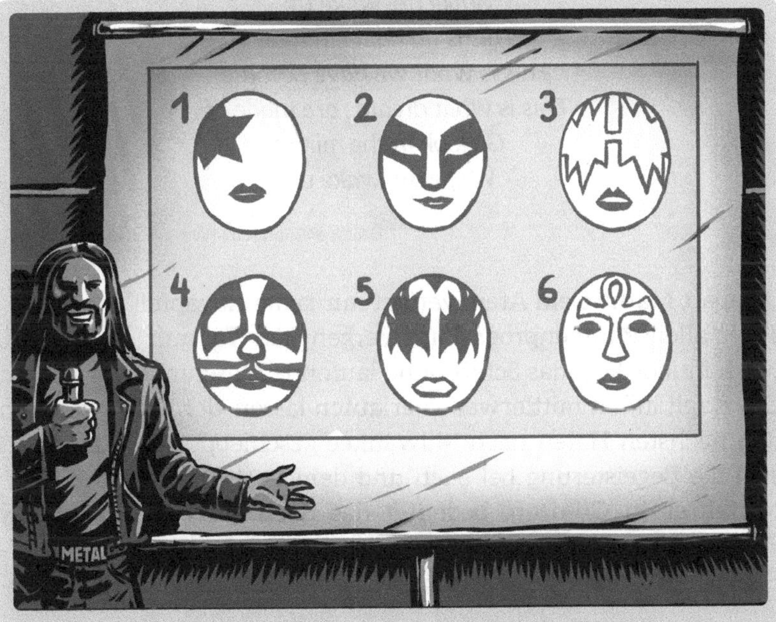

Q30 „Doppelt oder nichts also! Wunderbar!" Mit einem überrascht-freudigen Grunzen bittet er um Ruhe. „Somit kommen wir jetzt zur alles entscheidenden Bonusfrage ... Werfe bitte einen Blick auf unsere Leinwand. Und wer es wagt vorzusagen, wird von Bord geworfen ..."

Welche dieser Gesichtsbemalungen passen nicht zur Urbesetzung einer legendären Rockgruppe?

*Hast du deine Wahl getroffen, tue Folgendes: Schreibe die gefundenen Zahlen hintereinander und stelle eine **7** davor. Mache bei der **ermittelten Sektion** weiter (ob du richtig liegst, siehst du am ★ nach der Nummer)!*

Küss' mir den Arsch! Ich hab keine Ahnung ... > **Q20**

Leo drückt sich ein Kissen gegen die Stirn und stöhnt gequält.
„Oh Mann“, gurgelt Joey mit Reibeisenstimme, als er das Ausmaß der Zerstörung erkennt, „das wird uns einiges an Trinkgeld kosten.“
Brian hustet heiser: „Wenn ihr mich fragt, hat sich's gelohnt ...“ Und zieht einen bordeauxroten Schlüpfer aus Spitze aus der Ritze der Couch.
„Bitte, Kumpel, tu mir einen Gefallen und riech nicht ... ja, genau!“
Derweil hat sich der Gitarrist seine Trophäe übers Gesicht gezogen und springt aufgedreht zwischen dem Unrat der vergangenen Nacht zu Leo hinüber, entreißt ihm das schützende Kissen vom Kopf und grölt♫:

Wake up, wake up.
This is no hallucination
This is what we have become
This is what dreams are made of
Go look in the mirror
Wake up, wake up!

„Wacke up!“ (2010) von Suicide Silence
Deathcore-Band aus Riverside, Kalifornien (USA)

„Hau ab, Mann! Dein Atem verätzt mir ja die Augäpfel!“

Trotz allen Rahmenprogramms vergeht der Tag nur schleppend. Noch immer liegt das Schiff ohne laufende Maschinen vor Anker. Der Kapitän hat mittlerweile verlauten lassen, der Kahn werde in den nächsten Hafen nach Milwaukee geschleppt. Allerdings hält sich die Begeisterung bei euch und dem Rest der Rock-the-Boat-Mitfahrer in Grenzen, bedeutet das doch, dass sie weder das Feuerwerk noch das Museum anlässlich des 30-jährigen Hall-of-Fame-Jubiläums sehen werden.

*Hatte **Gregori** einen Abzug auf alle Checks hinnehmen müssen, so ist dieser Nachteil nun wieder aufgehoben. In diesem Fall streiche das -Symbol im Metal-Logbuch wieder.*

*Wie hoch ist die aktuelle **Fanbase** der Metal Heroes?*

*8 oder höher > **687***
*Geringer > **755***

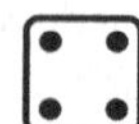
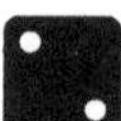
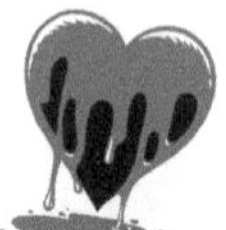

726 ★ „Man soll es nicht für möglich halten, aber es stimmt!" Der Moderator greift in seine Kutte und zückt einen Umschlag: „Der Typ gewinnt tatsächlich die beiden Tickets für das Jubiläumskonzert zum 30-jährigen Bestehen der Rock and Roll-Hall of Fame inklusive eines Taschengeldes von 1.000 Dollar! Da bin ich jetzt ein stückweit neidisch, mein Freund!"
Als dir der Moderator dein Preis überreicht, hält er das Mikro weg vom Mund und flüstert dir schelmisch zu: „Wenn du mich fragst, Kumpel, ein ziemlicher Dreckspreis. So wie es nämlich aussieht, bekommt der Kapitän den Kahn nicht schnell genug flott, um rechtzeitig zur Party in Cleveland zu sein."

*Notiere dir **1.000 Dollar** sowie die **Jubiläumstickets** unter **Taylors Kram** im Metal-Logbuch.*

Weiter > ***770***

727 Eure Performance stößt auf wenig Gegenliebe. Verkrampft nuschelst du irgendwas durch die Zähne. Immerhin spielt der Wicht mit und verrät die Scharade nicht.
„Ganz ehrlich, Chef", bemitleidet dich ein Banger mit rotgeschwollener Knollennase, „ohne deine geile Puppe wäre deine Show die totale Oberkacke!"
Du schnappst dir den Schergen, verabschiedest dich und machst dich schleunigst vom Acker. In einem unbeobachteten Moment verdrückst du dich in eine Kammer des Putzpersonals.

Weiter > ***684***

9

728 Das Konzertvolk verabschiedet den weiblichen Gaststar mit großem Applaus. Joey heizt die Stimmung noch einmal an: „Die Metal Heroes werden sicher nicht das letzte Mal mit dieser tollen Frau auf einer Bühne gestanden haben."

Weiter > ***741***

729 Unter schwerem Husten steht der von allen Geistern verlassene Bühnentechniker wieder auf. Verwirrt kippt er sich die Hälfte einer Wasserflasche über den Kopf und bohrt den Rest auf

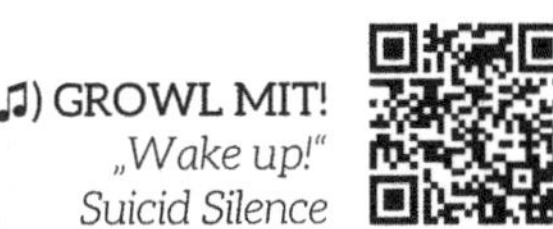

ex ab. Nach einer kurzen Pause beendet er die Verdrahtung der Pyrotechnik.
Wer oder was war dieser Geist? Ein Häscher der Unterwelt? Was wollte der Scheißer?

Weiter > ***700***

730 Das Spotlight schneidet durch die Dunkelheit und setzt Jill und ihr hautenges Lederoutfit in den Mittelpunkt der Show. Mit aufreizendem Hüftschwung schreitet sie zur Bühnenmitte und genießt das Grölen und den frenetischen Applaus mit jedem „Klack“ ihrer übers Knie reichenden Stiefel.
Als sie den Mikroständer erreicht, streicht sie sich mit ihren rußschwarz gefärbten Fingern lasziv über Wangen und Hals.
Sie fixiert das Publikum durch die wilden Strähnen ihrer blonden Mähne. „Hi, ich bin Jill und ich werde euch alle killen“, raunt das Power-Weib stolz ins Mikro. Der explosive Startschuss für den gemeinsamen Song „Eight of Swords“ mit den Metal Heroes, der wie eine entfesselte Naturgewalt über die Headbanger hereinbricht.

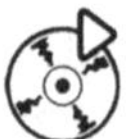
*Höre dir nun bitte Jills Song (**Track 8**) des **Metal-Heroes-Soundtracks** aufmerksam an!*

„Eight of Swords“
CLASSIC METAL

Eight swords form a cage
The sky is grey

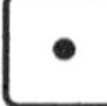 

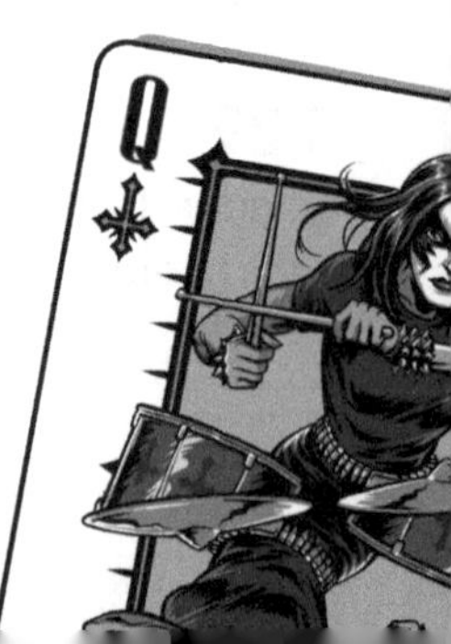

I'm tied and I am blind
There is no escape
The cards will tell the truth
The laws of motion rise!

Eight of swords
Trouble or trick?
Kill the heretic!

Eight of swords
Devil's cards of sin
Let the witches in!

My clothes are wet and torn
I stand in waste
These blades can set me free
The mirror keeps me insane

Eight swords form a cage
The sky is grey
I'm tied and I am blind
I don't want to escape!
The cards will tell the truth
The laws of motion rise!

Eight of swords
Trouble or trick?
Kill the heretic

Eight of swords
Devil's cards of sin
Let the witches in!

These swords don't protect you
They bind you
More!

[Solo]

Eight of swords!

She said she was two
Only one will do
Let the witches in
Let the witches in
Let the witches in

[Solo]

Eight of swords
Trouble or trick?
Kill the heretic (kill the heretic)

Eight of swords
Devil's cards of sin
Let the witches in!
Let them in!
No!

[Repeat]

„Eight of Swords" (2011) von Huntress
Heavy-Metal-Band aus Los Angeles, Kalifornien (USA)

Mit welcher Einstellung sollen die Jungs spielen, um Jill auch beim zweiten Song, den Joey für diesen Auftritt hervorgeholt hat, bestmöglich zur Geltung kommen zu lassen?

9

Hingebungsvoll und präzise > ***777***
Kraftvoll und dynamisch > ***686***

731 Du ahnst nichts Gutes, als das sonore Rauschen der Rotoren von einem beunruhigenden Rasseln und Stottern abgelöst wird. Du weißt nur zu gut, was dieses Geräusch bedeutet: Die Motorenleistung fällt rapide!
Du rüttelst den erstaunlich tatenlosen Piloten an der Schulter, schreist ihn an, er solle sofort mehr Stoff geben.
Doch als er sich umwendet, blickst du in ein paar diabolisch-schwarze Augen. Sein grenzdebiles Dauergrinsen lässt keinen Zweifel: Der Pilot ist beseelt von irgendeinem Unterwelt-Arsch!

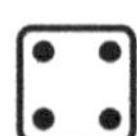 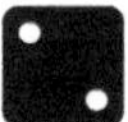

Mit göttlichem Überlebensinstinkt packst du den Kerl am Kragen und streckst dich zugleich nach dem Gashebel. Doch dein Widersacher fixiert deinen Arm und würgt dich mit der anderen Hand.
„Taylor, bist du irre?“, brüllt Leo. „Lass den Piloten in Ruhe! Du wirst uns noch alle umbringen!“
„Quatsch!“, röchelst du. „Der Typ will die Kiste abstürzen lassen!“

Wen der Metal Heroes willst du direkt auffordern, dir sofort in dieser brenzligen Situation zu helfen?
Joey > **756** | *Brian* > **766** | *Leo* > **776** | *Gregori* > **786**

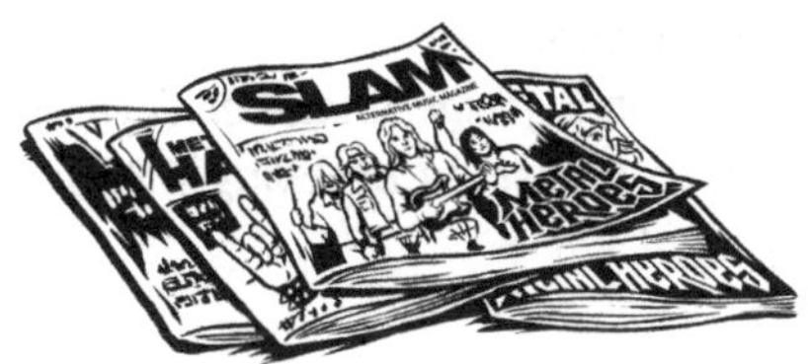

732 Während du mit leisem Stöhnen vor der Liege im Untersuchungszimmer stehst, ist die Ärztin noch mit dem Schreibkram eines anderen Patienten beschäftigt. „Sie schon wieder?“, fragt sie resigniert. „Was ist es denn diesmal?“
Wie aufs Stichwort erhöhst du die Frequenz und Amplitude der Schmerzlaute und hältst dir den Bauch.
Seufzend hilft sie dir auf die Liege und tastet deinen Unterleib ab. „Tut das weh?“ Du stöhnst und nickst. „Und das?“ Du klagst ein wenig lauter. „Hm, verstehe. Vielleicht der Blinddarm“, stellt dir Ärztin schwer besorgt fest. Sie regt an, dich vorsichtshalber gleich zur Beobachtung hierzubehalten. Morgen früh würde sie dann die Operation zur Entfernung deines Wurmfortsatzes durchführen.
Dir wird schlecht. Du springst von der Liege und stürmst mit einem „niemand schneidet mir den Wurm ab!“ aus der Schiffspraxis.
Eure letzte Hoffnung ist der charmante Joey. Du schickst ihn zur Ärztin, wo er mit oscarreifer Vorstellung lamentiert, er hätte undefinierbare Schmerzen in den Armen.

Checke Joeys **Presence***!*
Gelungen > **748** | *Misslungen* > **704**

733 Die Jungs geben alles, um Charlotte einen perfekten Auftritt mit den beiden Symphonic-Stücken zu ermöglichen. Mit ihrer klaren, engelsgleichen Stimme transportiert sie im Duett mit Joey die Gefühle von „Wasted Tears" und berührt das Publikum bis in den letzten Winkel des Theaters.

*Übernehme nun den **Symphonic**-Song **„Wasted Tears" (#31)** ins **Repertoire**, indem du einen Kreis um dessen Track-Nummer machst. (Dafür musst du **keine Song-Punkte** einsetzen.)*

*Beherrschen die Metal Heroes bereits diesen Song, erhalten sie stattdessen **4 Song-Punkte**!*
*Spare sie, um später Songs freigeschalteter Genres im **Repertoire** zu aktivieren. So oder so darfst du bei Song **#31** jetzt einen weiteren **Fame-Stern** ausfüllen!*

*Weiter > **716***

734 Mit einem unguten Gefühl des inneren Widerstands löst du den Fokus von der Band und folgst Jill auf den langen Flur des Decks. Sie eilt den Gang entlang, bleibt immer wieder stehen, um sich an den Wänden und Türen abzustützen, als müsse sie sonst umfallen. Ihr entfährt ein inbrünstiger Schrei der Wut.
„Was gibt es da zu glotzen, ihr arglosen Puppen?", faucht sie ein Metaller-Pärchen an, das sich besorgt zu ihr umgeblickt hat, jetzt allerdings ihrerseits den Stinkefinger zeigen.
Mit dem Rücken gegen die Wand gestemmt, versucht sie zur Ruhe zu kommen. Ihr Brustkorb hebt und senkt sich. Sie scheint dich nicht wahrzunehmen. Was ist bloß los mit ihr?

*Willst du Jill weiter verfolgen? > **693***
*Lieber zurück ins Theater zu deinen Jungs > **787***

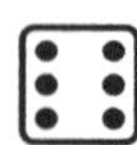 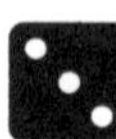

735 Du wirfst dir die Überreste der Schmerztablette ein und spürst augenblicklich ihre entspannende Wirkung auf die Schulter. Dein Kopf wird klar und dein Körper verschwindet vor den Augen der sprachlosen Metal Heroes.

Selbst Gregori beobachtet genau, was soeben geschieht, und kommentiert melancholisch. „Dieses Glänzen und Funkeln – so habe ich mir immer den Sternenhimmel vorgestellt."

*Weiter > **773***

736 Das hat niemand kommen sehen – Gregori schmeißt die Stöcke hin! Er kommt einfach nicht damit klar, was gerade abgeht. Seit seiner Geburt blind, kann er nun plötzlich Musikenergien, Götter und schräge Schergen erkennen. Und jetzt fangen die Fans auch noch an, Müll zu verzapfen.

Sorry darauf hat er keinen Bock mehr! Er will zurück in seine gewohnte Umgebung nach Los Angeles, ins Haus seiner Eltern. Es war eine schöne Zeit, aber sie ist vorbei ...

POWER OFF!

737 Du legst ihm die Hände um den Hals und willst zudrücken als du dem selbstgefälligen Untergrund-Wichser in seine leeren, eisblauen Augen blickst. Dir läuft ein Schauer über den Rücken. Was ist aus dir geworden? Ist dein Hass auf diesen Spinner und die Unterwelt so groß, dass du ihn dafür um die Ecke bringen würdest? Angewidert von dir selbst, lässt du von ihm ab.

*Weiter > **697***

738 Was für ein hammer Konzert! Du musst dich ernsthaft zusammenreißen, um nicht auszuflippen und deinen Stolz hinauszuschreien.

Nach dem Gig müssen die Metal Heroes zunächst den Ansturm der Autogrammjäger überstehen. Auch wenn es mitunter nervt, deine Jungs wissen, was sie den Fans schuldig sind – außerdem wäre an Flucht auf diesem Schiff eh nicht zu denken. Gemeinsam sitzen sie hinter einer Phalanx aus Tischen, wo Poster, CDs, Shirts und sonstiges Merchandise auf ihre Käufer warten.

„Ich hab mir eben euer Konzert reingezogen und bin echt geflasht. Super Performance!“, bekennt ein Bär von Kerl am Fan-Stand.
Joey bedankt sich beiläufig bei dem Fan mit Pferdeschwanz und signiert eine weitere Karte. Der fügt mit deutschem Akzent hinzu: „Aber deine Shouts und Growls, Joey, sind manchmal etwas dünn.“
Der Heroes-Sänger schaut irritiert auf. Was war das? Kritik?
Sein Gegenüber lächelt selbstsicher. Joey hat ja bereits von der „German Direktheit“ gehört, aber das eben kam echt überraschend. Ihm fehlen die Worte.
Der Kerl greift in eine der Taschen seiner Cargohose und reicht Joey eine Visitenkarte. „Hi! Mein Name ist Thomas Fischer. Shoutcoach aus Deutschland. Ich werde dafür sorgen, das Maximum aus deiner Stimme rauszuholen.“

Soll Joey dieses selbstbewusste Angebot annehmen?

Ja, klar! > ***767***

Nee, was will der denn? > ***750***

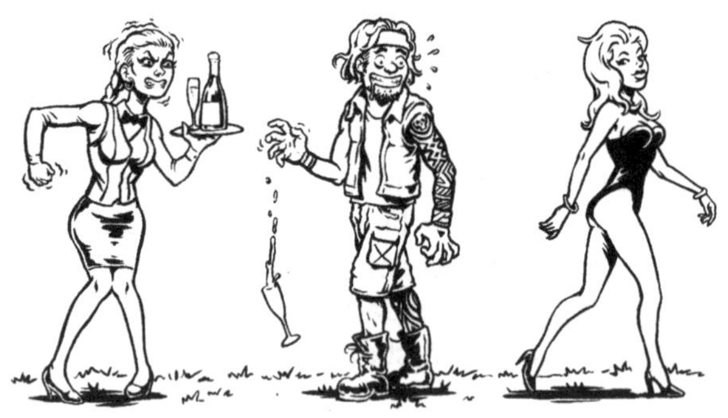

9

739 Unauffällig versteckst du die Spielkarte in deiner Handfläche und greifst in den Zylinder. Mit aufgesetztem Grinsen ziehst du sie wieder hervor und empfängst den Applaus der Zuschauer. Die Assistentin führt dich auf die Bühne.

Dein ***Einfluss*** *sinkt um 1!*

Weiter > ***Q1***

Das Quiz und seine „Q“-Sektionen findest du in den grauen Kästen (beginnend vor Sektion 702)!

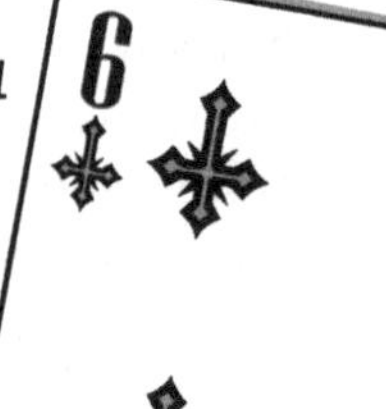

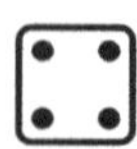 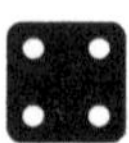

740 Ohne Probleme finden sich bereits ortskundige Headbanger, die die Heroes bereitwillig zur Aussichts-Bar auf Deck 7 am Heck des Luxusschiffes führen.
Dort hat das Personal alle Hände voll zu tun, die Bedürfnisse nach frisch gezapften Gerstensaft zu befriedigen. Da macht sich der VIP-Status deiner Jungs einmal mehr bezahlt: Die Rechnung geht auf den Deckel des Veranstalters!
Brian quatscht eine Gruppe junger Franko-Kanadierinnen an, die sich ebenfalls am Tresen vergnügen, und erklärt ihnen ganz beiläufig, dass sie die Metal Heroes seien und welche Musik sie machen ...
Die eine dreht sich ihre süßen blonden Löckchen um den Zeigefinger und schmatzt mit ihrem Kaugummi, als sich ihr Sprachzentrum plötzlich meldet: „Ach, ja, genau. Das ist doch dieser Trash-Metal, oder?“
Joey fragt nach: „Wie? Welche Musik?“
Die Tussi verdreht die mit blauem Lidschatten betonten Augen: „Trash-Metal! Verstehst du mich nicht? Also echt, ich hab gedacht, du spielst den Scheiß!“
Auf blöde Ignoranz steht Joey gar nicht: „Mann Lady, was quatschst du für einen Müll? Das heißt Thrash-Metal ... mit Ti-äitsch!“
„Ach so, sag's doch gleich“, und prägt sich das frisch Gelernte mit didaktischer Dreifach-Wiederholung im Flüsterton ein: „Trash-Methal, Trash-Methal, Trash-Methal ...“
Joey wendet sich mit einem tiefen Seufzer dem grinsenden Brian zu und murmelt: „Wie doof kann man eigentlich sein?“
Brian seinerseits wirft einen prüfenden Blick auf die übereinandergeschlagenen, schimmernden Beine der Barbekanntschaft: „Sei nicht so streng. Sie ist doch lernwillig.“
Bevor Brian sein Netz der Verführung über sein Opfer werfen kann, hat Leo dessen Hals gepackt und zerrt ihn von den kichernden Mädels weg.
„Sag mal, geht's noch?“, murrt der Bassist. „Wir sind kaum an Bord und schon willst du dieser Sirene das Deck schrubben?“
„Schon gut, Meister, entspann dich. Wir trinken noch ein Bier und dann beziehen wir erst mal unsere Kajüten, okay?“

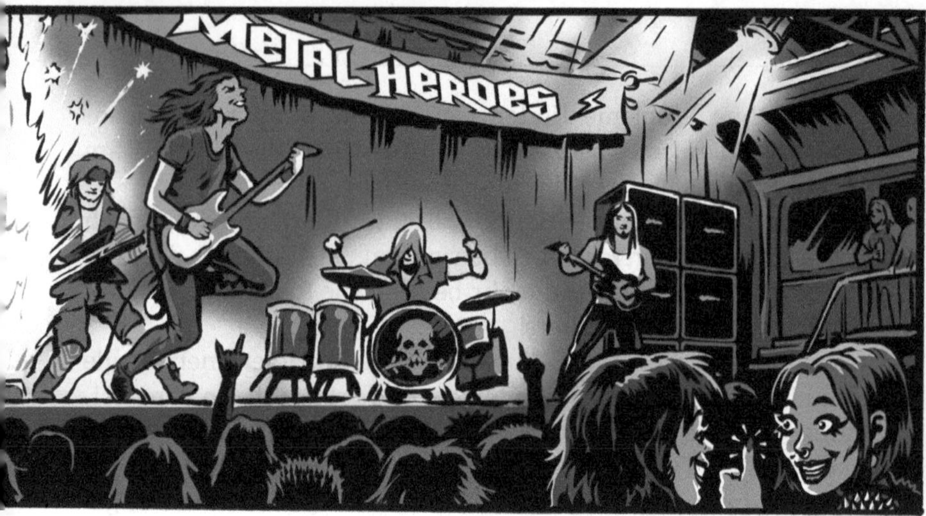

741 a Auf dem Höhepunkt seines Gitarrensolos rennt Joey von links nach rechts über die gesamte Bühne …

Auch du entspannst und schaust über das dunkle Blau des Lake Michigan. Was diese Fahrt wohl für die Metal Heroes bereithalten wird? Schließlich werden deine Rock-Sinne nicht ohne Grund erweckt worden sein.

*Wie heißt der **Manager** der Metal Heroes?*
Ricci Truman > ***688*** | *Russ Marlow >* ***745***

9 **741** Auf dem Höhepunkt seines Gitarrensolos rennt Joey von links nach rechts über die gesamte Bühne. Und hinter jedem seiner Schritte schießen meterhohe Funkenfontänen aus dem Boden empor.

„Total abgefahrene Show“, ruft eine Bewunderin in der ersten Reihe ihrer Freundin ins Ohr.

Kontrolliere nun den Kreis bei 698, um zu wissen, wie es weiter geht:
Er ist markiert … > ***785***
Nichts zu sehen … > ***754***

742 In einer Probenpause sitzen die Metal Heroes am Rand der Bühne und diskutieren über die finale Zusammenstellung der Setlist, als im Schatten der

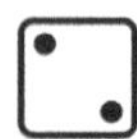
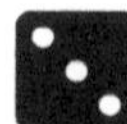
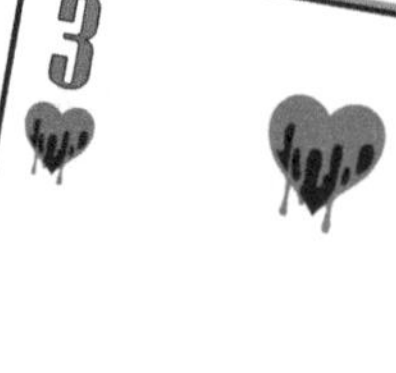

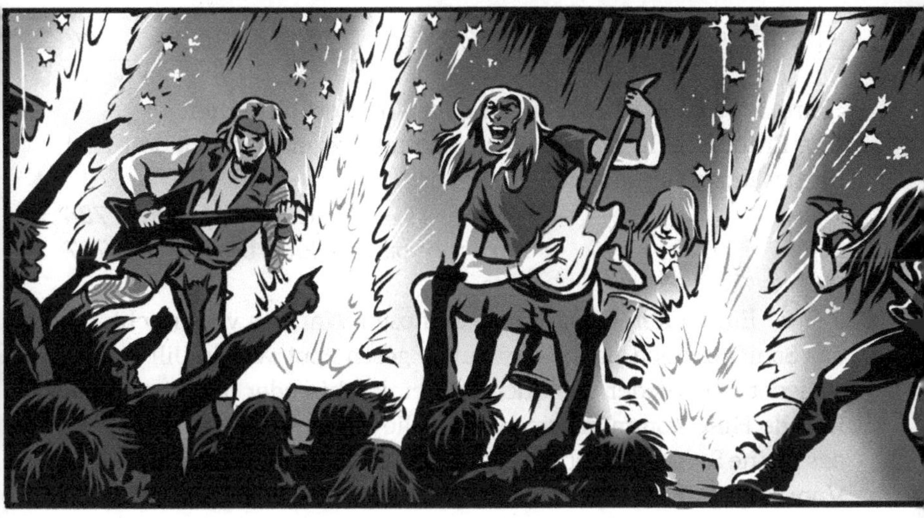

741 b *... Und hinter jedem seiner Schritte schießen meterhohe Funkenfontänen aus dem Boden empor.*

Wandvertäfelung ein feuriges Augenpaar aufflackert und eine rauchige Frauenstimme die Band aufschreckt.

„Na, meine Helden, habt ihr mich schon vermisst?“

Jill tritt hervor und kratzt Leo sanft über Wange und Hals, während sie sich zwischen Joey und Brian setzt und dabei aufreizend die Beine übereinanderschlägt.

Gregori ist wie alle anderen überrascht vom Erscheinen der modernen Hexe: „Was treibst du denn hier, Jill?“

„Schlechte Kommunikation, hm? Euer Manager hat mich angefragt, ob ich mit euch auf der Bühne stehen möchte. Nichts weiter.“

Joey lacht ungläubig, akzeptiert den Deal aber gerne. In der nächsten Stunde probt die Band mit ihrer stolzen Aushilfssängerin zwei Songs ein.

Ehe es zur Abschlussbesprechung kommt, rudert Jill unerwartet mit den Armen und bricht die Probe vorzeitig ab. Verwirrt blickt sie sich um, als hätte sie einen Geist gesehen.

„Sorry, Leute. Ich ...“, stammelt sie und massiert sich die Schläfe. „Ich muss sofort gehen!“ Kurzerhand wirft sie Joey das Mikro zu, lässt sich von einem Helfer von der Bühne heben und eilt aus dem Theater.

„Dann bis später, okay?“, ruft ihr Joey irritiert hinterher.
„Die Braut ist echt schräg, was?“, spottet Gregori und gibt den Takt für das letzte zu probende Stück vor.

Willst du Jill folgen? > **734**
Der Probe bis zum Ende beiwohnen > **787**

743 Ein weiterer Tag schier endlosen Wartens verstreicht, bis das Schiff endlich nach Milwaukee geschleppt wurde. Jill verabschiedet sich wieder von euch: „Artefakte hin oder her, ganz ohne fremde Hilfe kommen wir nicht in die Unterwelt rein. Aber lasst das meine Sorge sein. Ich werde meine Beziehungen spielen lassen.“
Vom Hafen geht es per Mietwagen sofort weiter nach Cleveland, Ohio (echt dumm, dass du ohne Ausweis keinen Flieger betreten darfst). Die knapp 500 Meilen nach Ohio reißt ihr in einer Nacht runter und verfolgt die „Heroes’ Night“ im Radio, eine Sondersendung bei der abwechselnd Songs deiner Schützlinge und Metal-Klassiker gespielt werden. Das hebt die Stimmung!

*Die **Bandchemie** steigt um 1!*

Trotz aller guten Laune und Brians Bleifuß reicht es nicht – das große Hall-of-Fame-Jubiläumskonzert ist ohne die Metal Heroes gelaufen. Ärgerlich! Dennoch: Ein Artefakt muss „sichergestellt“ werden. Koste es, was es wolle.

Checke nun den Kreis bei der Sektionsnummer 781.
Er ist markiert > **758**
Keine Markierung > **789**

744 Gregori fasst zusammen: „Also fehlt uns noch ein Artefakt. Aber woher sollen wir jetzt auf die Schnelle eines dieser Dinger besorgen?“
Die allgemeine Ratlosigkeit wird schließlich von Leo beendet, indem er ein paar Flaschen verteilt und meint: „Im Museum der Hall of Fame sind doch unzählige Kuriositäten des Rock ausgestellt. Also wenn da nichts dabei ist... Aber solange der Kahn nicht wieder flott gemacht wurde, sind uns wohl die Hände gebunden.“

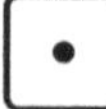 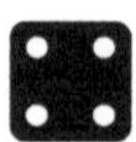

Tja, da ist was dran. Recht zügig entwickelt sich der Abend zu einem feucht-fröhlichen Gelage voller Anekdoten und niveaubefreiter Herrenwitze. Jill zieht sich kurz nach Mitternacht zurück und überlässt den lallenden Kerlen die Kabine.

Was tust du?
*Ich bleibe in der Kabine > **725***
*Schiff abklappern > **760***

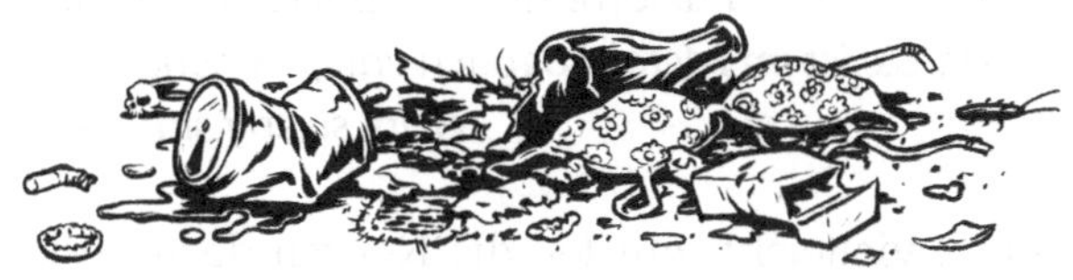

745 Nach der ersten kleinen Schiffserkundung heißt es zunächst, das Gepäck in den eigenen Unterkünften unterzubringen. Der Matrose schleppt die Koffer ans Ende des Gangs von Deck 11 und zeigt den Bandmitgliedern die beiden Kajüten. Schnell wird klar: Der Veranstalter hat sich nicht lumpen lassen und die Metal Heroes in dem gehobenen Bereich des Luxusdampfers untergebracht. Zwei edle 3er-Kabinen mit allem Schnickschnack machen es einem schwer, den Raum überhaupt wieder verlassen zu wollen.

*Weiter > **782***

746 Man merkt der Band und Charlotte an, dass sie zum ersten Mal gemeinsam live auf der Bühne stehen. Dennoch gelingt es ihr, zusammen mit Joey, das Publikum ebenso mit dem zweiten Song „Wasted Tears" in ihren Bann zu ziehen.

9

*Übernehme nun den Symphonic-Song **„Wasted Tears" (#31)** ins **Repertoire**, indem du einen Kreis um dessen Track-Nummer machst. (Dafür musst du **keine Song-Punkte** einsetzen.)*

*Beherrschen die Metal Heroes bereits diesen Song, erhalten sie stattdessen **3 Song-Punkte**!*
*Spare sie, um später Songs freigeschalteter Genres im **Repertoire** zu aktivieren.*

*Weiter > **728***

747 Im Gewusel der Arbeiter entgeht dir nicht, dass durch einen der Seiteneingänge Charlotte den Saal betritt. Im Gegensatz zu ihrer opulenten Bühnenshow in Amsterdam zeigt sie sich ungeschminkt und leger in Jeansklamotte. Die rote Mähne mit Haarklammern hochgesteckt und mit strahlenden Sommersprossen setzt sie sich entspannt auf ihren großen Rollkoffer und verfolgt mit Interesse die Probe der Metal Heroes.

*Ist **Charlotte** eine **Supporterin** der Metal Heroes?*
Ja, sie ist im Metal-Logbuch entsprechend markiert > ***709***
Nein, so eng sind sie nicht > ***690***

748 „Hmm, vielleicht wurden die Nerven doch verletzt…“ Die Ärztin knabbert nachdenklich an ihrem Stift, offenbar ist sie Joey auf den Leim gegangen. „Ich kann Sie auf dem Schiff leider nicht akkurat untersuchen. Man sollte neurologische Tests durchführen. Am besten fliegen Sie morgen aufs Festland.“
Bingo! Am nächsten Vormittag geht’s per Rettungsheli also direkt nach Chicago.

Weiter > ***759***

749 Aus dem Dunst des Lake Michigan schält sich in der Ferne die Wolkenkratzer von Windy-City, Chicago. Es sind also nur noch wenige Meilen bis zum Festland.
Gregori deutet auf den Piloten und fragt dich: „Hey, Taylor, sag mal, kann es sein, dass der Typ ein Metal-Artefakt bei sich trägt?“
Aus den Augenwinkeln checkst du die Lage – kannst aber keine Musik-Power-Funken sehen. Doch dann wird dir schlagartig heiß und kalt! Kann es sein, dass Gregori mehr sieht als du in deinem derzeitigen Zustand?

Was tun, Meister Taylor? Den Piloten …
ansprechen > ***731*** | *angreifen >* ***774***

750 Ein solches Konzert erlebt man nicht jeden Tag! Doch trotz aller Erlebnisse heute steht nun ein schwerer Gang für dich an: Du musst deinen Jungs endlich reinen Wein einschenken!

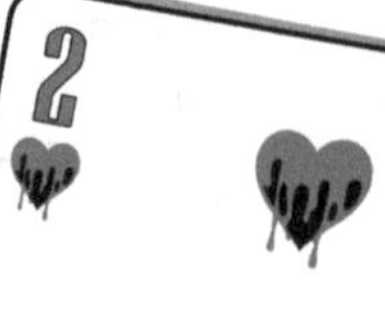

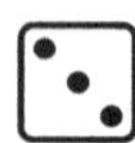
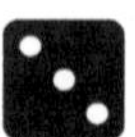

Du erwartest die Bandmitglieder vor ihren Kabinen mit flauem Magen. Jill und der unsichtbare Rocker-Kobold Quiff, der es sich auf ihrer Schulter bequem gemacht hat, stehen dir bei – sind mit ihrem andauernden Schweigen jedoch keine große Hilfe.
Endlich biegen die vier Freunde um die Ecke. Überrascht bleiben sie stehen.
„Hey Jill!", begrüßt Joey die Rock-Lady, rümpft dann aber gleich die Nase, als er dich begutachtet. „... ach ja, und dein Freund ... Bob, wenn ich nicht irre."
Leo murrt: „Schönes Shirt hast du da – Bob."
„... und die Hose erst", erkennt auch Brian die Klamotten.
„Ihr solltet sehen, was er Süßes drunter trägt", haucht Jill spöttisch.
Während Joey die Gäste in die Kajüte eintreten lässt, stellt er klar: „Ohne vernünftige Erklärung kommt ihr hier nicht wieder raus."
„Richtig. Wir wollen endlich die ganze Wahrheit", fügt Leo hinzu und blickt Jill durchdringend an.
Wie bei einem Tribunal nehmen die Metal Heroes nebeneinander am Tisch und auf den Betten Platz.
Zögerlich stellst du dich vor und verrätst, die Urlaubsvertretung eines Gottes zu sein.
„Ich weiß", unterbricht Jill das Gelächter der jungen Truppe seufzend. „Wenn man ihn so ansieht, ist das schwer zu glauben."
„Allerdings!", feixt Leo.
„Aber ich schwöre euch, dieser Typ ist ein Gott! Einer der Götter der Musik – der Gott des Rock, um genau zu sein ..."
„Dann beweise uns, oh, erhabener Taylor, dass du ein Gott bist", schmeißt sich Joey weg.
Verärgert willst du wissen, wie er sich das vorstellt.
„Naja, indem du irgendwas Gott-Mäßiges machst", kichert Brian. „Vielleicht Wasser in Bier verwandeln, oder so was."
Joey schnauft und fährt sich mit der Hand über die Stirn. „Dann mach dich doch unsichtbar!"
„Ich kann nicht", sagst du resigniert und legst dein frisches Schulter-Branding frei.
Jill geht dazwischen. „Das wäre jetzt zu kompliziert zu erklären."
Ein müder Lacher entfährt Leos Kehle. So kannst du die Metal

Heroes nicht überzeugen – verdammt noch mal, niemanden könntest du mit dieser armseligen Vorstellung überzeugen!

Was kannst du tun, um die vier von deiner göttlichen Rolle in diesem Spiel zu überzeugen?

*Dein kleiner Freund Quiff, der Rockscherge, soll sich zeigen > **694***

Du hast eine **Bröseltablette** *und willst sie nun schlucken > **735***

*Oder du hast etwas unter Taylors Kram (im geliebten Brustbeutel), das du jetzt als Beweis präsentieren möchtest > lies bei der dort **angegebenen Nummer** weiter (ha, verarscht, doch eine Sektionsnummer!)*

751 Du begleitest den Sänger der Metal Heroes zur Ärztin, die sich zunächst über die neuen Verbände und die seltsame Pflanzenpaste auf Joeys Brandwunden echauffiert, dann jedoch verwundert feststellt, dass die Verletzungen einen erstaunlich zügigen Heilungsverlauf aufweisen. Tja, was so ein wenig Hexenspeichel doch ausmacht!

*Weiter > **748***

752 Ein langer, erbitterter Kampf um die mentale Hoheit über den anderen hat begonnen. Obwohl dein Gegner dies nicht zum ersten Mal macht, kannst du deine überlegenen Kräfte bündeln und den finsteren Geist aus den Gedanken vertreiben. Kreischend verfliegt der Nebel.

*Weiter > **729***

753 Einmal mehr spürst du eine mentale Barriere, die von Leos akustischem Doppelgänger ausgeht. Dennoch reicht der Fluss deiner Macht, um die Scharade zu stören. Die Stimmlage des Mannes wird schrill und heiser, bis die Imitation schließlich auffliegt und Gregori den Kerl ins Gesicht greift: „Hey, du Arsch! Wer bist du?" Ertappt verdrückt der sich in die Masse der Metalheads und schleudert beide Bierflaschen in die Wellen.

*Dein **Einfluss** sinkt um 1!*

*Wie heißt der **Manager** der Metal Heroes?*

*Ricci Truman > **688** | Russ Marlow > **745***

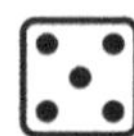
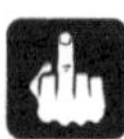

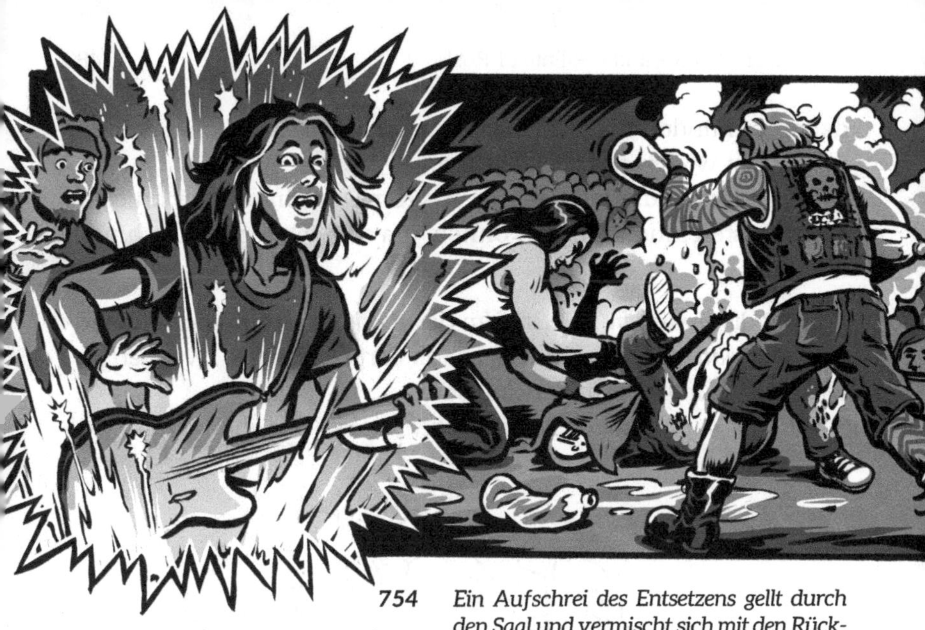

754 *Ein Aufschrei des Entsetzens gellt durch den Saal und vermischt sich mit den Rückkopplungen von Joeys Gitarre.*

754 Du nickst im Takt des Songs, als Joey plötzlich aufschreit! Der Schlaks steht inmitten einer Fontäne aus weißglühenden Funken, stürzt zu Boden und rollt sich weg, doch seine Jeans und Shirt stehen bereits in Flammen!
Ein Aufschrei des Entsetzens gellt durch den Saal und vermischt sich mit den Rückkopplungen von Joeys Gitarre.
Während Brian in Panik sämtliche Trinkflaschen, die er zu fassen bekommt, über den Bandleader ausschüttet, hält das Publikum den Atem an. Leo versucht mit Handtüchern das Feuer zu ersticken.

Ziehe eine Karte!

♥ > *683*

♣ ♦ ♠ > *717*

*Haben die Metal Heroes einen **Roadie** namens **Zig**, darfst du dich frei entscheiden (hach, wie freundlich)!*

755 Der Kapitän hat soeben die Passagiere darüber in Kenntnis gesetzt, dass sich mittlerweile eine Crew Spezialisten mit der Reparatur des defekten Schiffsantriebs beschäftigt.
„Wer weiß, wann es weitergeht“, murrt Gregori. „Bis Cleveland

dauert es mindestens zwei Tage – wenn die Mechaniker das Schiff überhaupt wieder flott bekommen."
Brian ist total frustriert: „Mann, das Konzert können wir knicken! Wir müssten schon fliegen können, um da noch rechtzeitig hinzukommen."

*Da fällt dir etwas ein ... oder? Um deine Erinnerungen wieder aufzufrischen, blättere nun nach **682**, lies dir dort die Passage zwischen den Blitzen durch und folge deiner Idee ...*

Bist du allerdings ebenso plan- wie ahnungslos > ***743***

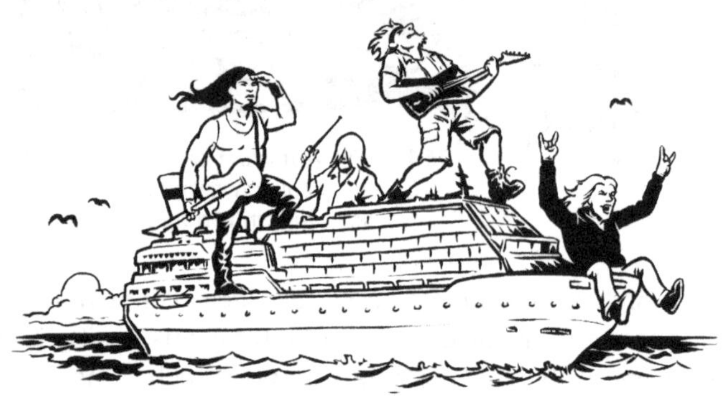

756 „Ich hoffe du weißt, was du da tust!"
9 Joey greift mit seinen bandagierten, langen Armen um den Hals des Piloten und fixiert dessen Oberkörper. Dank der Unterstützung gelingt es dir, dich von dem keifenden Kerl loszureißen.

Weiter > ***774***

757 Mit Stolz beobachtest du die Probe zum Konzert heute Abend. Deine Jungs legen mittlerweile eine beachtliche Routine an den Tag, wenn es ums Abstimmen ihrer Instrumente und die Anweisungen an die Sound- und Licht-Crew geht. Sie sind Stars. Sie haben Standing!

Befindet sich mindestens ein ***Symphonic****-Song auf der* ***Setlist****?* 782
Ja > ***747*** | *Nein >* ***742***

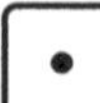
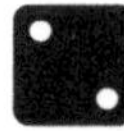
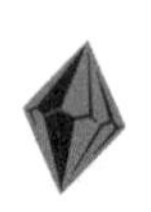

758 Du bist hundemüde und bemerkst nur im Unterbewusstsein, dass ihr soeben die Stadtgrenze nach Cleveland überquert habt. Unerbittlich tritt Brian den Mietwagen und es grenzt an ein Wunder, dass ihr noch nicht von den Cops rausgezogen wurdet. Gregori rüttelt dich wach und umfasst deine Schulter. Dabei brüllt er dir ins Ohr, mit dem Wissen, dass du auf alten Rock-Scheiß♫: stehst:

No stop signs
Speed limit
Nobody's gonna slow me down
Like a wheel
Gonna spin it
Nobody's gonna mess me 'round

Hey Satan
Payin' my dues
Playin' in a rocking band
Hey momma
Look at me
I'm on my way to the Promised Land

I'm on the highway to hell
Highway to hell
I'm on the highway to hell
Highway to hell

„Highway to Hell" (1979) von AC/DC
Hard-Rock-Band aus Sydney (Australien)

Just als ihr an einer Drogerie vorbeifahrt, kommt dir eine Idee und du bittest Brian sofort anzuhalten.
Du stehst vor dem Regal mit den Mittelchen für Jedermann. Ach, wie sehr du dieses Land liebst! Ja, in Amerika darf sich jeder einwerfen was er möchte. Naja, solange er genügend Kohle auf den Tisch legt, versteht sich.

Welche Tabletten sollen es sein?
*Schmerzpillen > **765** | Beruhigungspillen > **778***
*Beides > **689***

♫) SING MIT!
„Highway to Hell"
AC/DC

759 Zur Mittagszeit gibt der Rettungspilot endlich grünes Licht. Du wunderst dich, dass er seine Bezahlung nicht vor dem Start verlangt und hegst die stille Hoffnung, er würde es vergessen.
Als der Helikopter über die flachen Wellen des Lake Michigan rast, kommen verschüttete Erinnerungen an die Zeit in der Army wieder hoch. Schweigend starrst du aus dem Fenster, während die Metal Heroes ihren Spaß haben.

*Bist du stolzer Träger eines **Heroes Shirts**?*
*Klar, Mann! > **768** | Nein. Wo gibt's das zu kaufen?* > **749***

760 Du gehst vor in die Lounge des Mitteldecks und suchst dir ein freies Plätzchen an einen der Dutzenden Bistrotische. Viele Metalheads haben den Weg zu dieser eher ruhigen Veranstaltung – einem Abend voller Spiele rund um die härteste Musik der Welt – gefunden.
Der langhaarige Showmaster, gekleidet mit Anvil-Shirt und einer leuchtend weißen Kunstlederhose, erläutert in aller Kürze die Quiz-Regeln: Insgesamt stellt er einem Kandidaten vier Fragen. Für jede richtige Antwort gibt es 250 Dollar.
Wer vier Mal richtig lag, erhält die Möglichkeit, eine Masterfrage zu beantworten. Ist auch die korrekt, gibt's einen fetten Extrapreis. Ist sie falsch, ist alles futsch. Logisch.

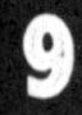

Eine hochaufgeschossene Assistentin schreitet mit einem Zylinder in der Hand durch die Reihen und fordert die mutigsten unter den Anwesenden auf, eine Karte aus dem Hut zu ziehen. Wer den Reaper zieht, wird zum glücklichen Kandidaten.
Als sich die rassige Latina vor dir aufbaut und den Zylinder entgegenhält, hast du nur Augen für ihre unzähligen Tattoos, die jeden freien Quadratzentimeter ihres Körpers zu bedecken scheinen.
„Na, Schätzchen, willste dein Glück versuchen, oder bloß weiter glotzen?", reißt dich die Assistentin mit ihrer rauen Stimme aus deinen Träumen und pustet sich eine Strähne aus dem Gesicht.

*Checke deinen, also, äh, **Taylors Kram**!*
*Besitzt du eine **Reaper**-Spielkarte?*

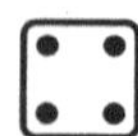 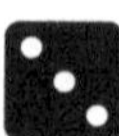

Ja, habe ich dabei! > **Q1**
Nö, besitze ich nicht … > **708**
Das Quiz und seine „Q"-Sektionen findest du in den grauen Kästen (beginnend vor Sektion 702)!

761 Dein Blick wandert über das allgemeine Chaos. Die Bude ist ein einziger Saustall. Als hättest du das Hauptquartier der anonymen Messies entdeckt. Wie kann man binnen zweier Tagen nur so viel Müll und Unordnung hinterlassen?
Zwischen zerknitterten Dosen und Brians Klamotten entdeckst du ein schwarzes Lanyard mit RTB-Aufdruck, an dessen Ende eine besondere Zugangskarte baumelt.
Jill nickt dir zu: „Gute Idee, Taylor. Stecks ein, vielleicht kannst du's noch gebrauchen."

*Notiere dir den **RTB-Pass** unter **Taylors Kram** im Metal-Logbuch!*
Weiter > **719**

762 Es fällt dir schwer, den Fokus von deinen Schützlingen zu nehmen, doch nach einiger Zeit kannst du deinen Geist herunterfahren und eine tiefe Ruhe umfängt dich. Entspannt sinkst du ins beruhigende Grau des Äthers und seinem dezenten Rosa Rauschen. Was soll dich jetzt noch aufwecken?

*Dein **Einfluss** steigt um 1!*
Weiter > **700**

9

763 Kurze Zeit später steht die Band in Formation auf der Bühne. Nur die glimmenden grünen Spots der Notausgänge geben den Augen Halt in der Finsternis.
Mit einem inbrünstigen Schrei und einem Strobo-Blitzgewitter begrüßt Joey die Fans im Bordtheater. Gekonnt spielt er mit ihren Emotionen und nutzt jede Gelegenheit, die Stimmung anzuheizen. Einzig ein spärliches Rudel Security-Typen steht zwischen den Anhängern und der Band. Keine Absperrungen, keine Hindernisse – Kontakt pur.

Nach dem vierten Song kocht der Hexenkessel über. Joey bekommt das verabredete Zeichen von der Crew und wendet sich pathetisch an die Fans: „Heute ist ein besonderer Abend für uns. Nicht nur, dass wir hier eines der coolsten Konzerte mit den geilsten Fans der Welt feiern dürfen, nein, wir freuen uns, euch ein neues Mitglied der Metal-Heroes-Familie vorstellen zu dürfen …“
Die Spannung im Saal ist greifbar, als sich Joey mit einer präsentierenden Armbewegung zur Seite dreht. Die Menge erwartet den Überraschungsgast.

*Ist im Metal-Logbuch unter **Road to Glory** Eintrag **#12** angekreuzt?*

Ja, das ist er! > **720**

Nein, ist er nicht > **730**

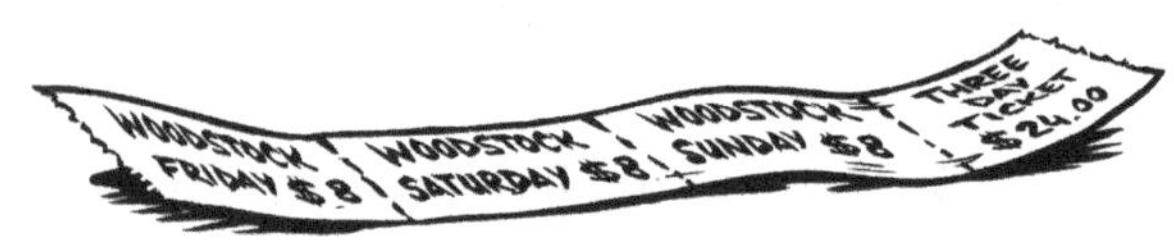

764 Auf Deck 11 gibt es eine schier unerschöpfliche, genau auf die Zielgruppe zugeschnittene Angebotspalette, um den erschöpften Metaller wieder auf die Beine zu bringen: Neben dem obligatorischen Gang zu den 24/7-Bars und der Bestellung eines „Konterbiers“ oder dem klassischen Rauschausschlafen auf dem Sonnendeck stehen dem verspannten Fan zudem diverse Massage-, Sauna- und Beauty-Angebote auf dem Fitness- und Wellness-Deck zur Verfügung. Perfekt, um die geschlauchten Jungs wieder auf Vordermann zu bringen!

9

Während Leo tonnenweise Eisenhanteln wuchtet, genießt der vom ständigen Schaukeln gereizte Gregori die zarte Muskelbearbeitung zweier Masseurinnen.

*Der **Gig-Score** steigt um 3!*
*Notiere dir das „Wellness chillen“ als einen Bonus von **+3** im **A**-Feld von **„Rock the Boat“** im **Tour-Book** des Metal-Logbuchs.*

*Wie heißt der **Manager** der Metal Heroes?*

Ricci Truman > **688** | *Russ Marlow* > **745**

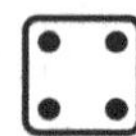
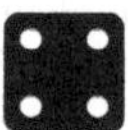

765 Das weibliche Fachpersonal im weißen Kittel kaut stoisch ihren Kaugummi, mustert dich und zieht das kleine Päckchen über den Scanner.
„Das macht 12 Dollar und 30 Cent, Sir."
Du zahlst und haust ab, bevor dein unberechenbarer Körper wieder zickt.

*Notiere dir **Schmerzpillen** unter **Taylors Kram** im Metal-Logbuch.*

*Weiter > **789***

766 Brian lässt sich nicht zweimal bitten und packt den Piloten mit einem Haltegriff im Genick. Dank dieser Aktion, die selbst eines Hulk Hogans würdig gewesen wäre, nimmst du Maß.

*Weiter > **774***

767 Der deutsche Shoutcoach beherrscht sein Metier. Mit einfachsten Techniken bringt er Joey bei, wie er seine Taschenfalten effektvoller und zugleich seine Stimmbänder schonender einsetzt. Besonders auf langen Touren kann es für Sänger eine Herausforderung sein, die Stimme nicht zu überstrapazieren. Will Joey sie nicht ruinieren, bliebe ihm nur, einen Gang runterzuschalten.

⏩ FAST FORWARD
Während der kommenden drei Tage an Bord des Luxusdampfers treffen sich die beiden an jedem Vormittag und wiederholen Toms Übungen.
Joey war erst skeptisch ob der Notwendigkeit und den Erfolgsaussichten eines Gesangsunterrichts, doch jetzt kann er seine gutturale Stimme wesentlich effektiver nutzen. Er schafft die Voraussetzung, indem er regelmäßig - trotz der belustigten Blicke seiner Bandkollegen - die Übungen wiederholt.

*Joeys **Skill** steigt um 1!*

*Weiter > **750***

768 Auf halben Weg fragt der Pilot: „Hey, Taylor! Willst du nicht bezahlen?"

9

Mürrisch zerrst du eine Reisetasche unter dem Sitz hervor und öffnest den Reißverschluss. Unzählige Dollar-Scheine quellen hinaus. Joey bekommt große Augen: „Scheiße, wie viel Kohle ist das?"
„Über zehn Riesen", machst du einen auf Understatement.
„Quatsch kein Scheiß! Vertickst du Drogen?"
Du lachst. „Nö. Eure Shirts! Was aber für die meisten eurer Fans aufs selbe rauskommt. Fast jeder hat eins gekauft. Total plemplem! Der Typ im Shop kam mit dem Bedrucken gar nicht nach."
Gregori greift beherzt in die Tasche und holt eine Faust voller Scheine hervor. Irre kichernd wirft er die Kröten in der Kabine des Helikopters umher, während du das Geld für den Flug zusammensuchst ... Fuck, Geistesblitz! Woher kennt der Pilot deinen Namen!?

Weiter > ***731***

769 „Ganz ehrlich, Leute, ich hab auf diesen ganzen Scheiß keinen Bock mehr. Ich mach ab sofort mein eigenes Ding."
Mit diesen Worten eröffnet Joey plötzlich und vollkommen unerwartet seine Zukunftspläne. Verblüfft greift ihm Brian in den Arm: „Du heulst rum, weil einmal etwas nicht ganz so rund läuft? Nimm dir ein Beispiel an Anvil*! Haben die Typen jemals aufgegeben?"

9

*Wenn du willst und kannst, darfst du jetzt **1 Einfluss**-Punkt einsetzen, um die **Bandchemie** wieder auf 3 zu heben und das aktuelle Kapitel von vorn zu beginnen. Ansonsten war's das, Kumpel!*

POWER OFF, Ego-Maniac!

770 Der Quizmaster klopft dir zum Abschied noch einmal deftig auf die Schulter mit dem entzündeten Siegel: „Danke, dass du mitgespielt hast!"
Unter brennenden Schmerzen quälst du ein Lächeln hervor und gesellst dich wieder zu den Leuten. Jetzt ist mal Feiern angesagt!

Weiter > ***725***

771 Es braucht nicht viel von dir und die ohnehin schon sehr positiven Schwingungen verstärken sich zu einem kollektiven Mutmachen für den Band-

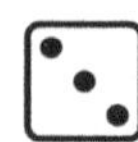 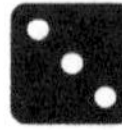

leader. Spontan stimmen die Fans den Metal Heroes Klassiker „Kneel to Die!" an und sorgen mit diesem intonierten Zusammenhalt auf hoher See für einen unvergesslichen Gänsehautmoment.

*In diesem Metal Moment steigt die **Bandchemie** um enorme 3!*
*Dein **Einfluss** sinkt jedoch um 1!*

*Weiter > **750***

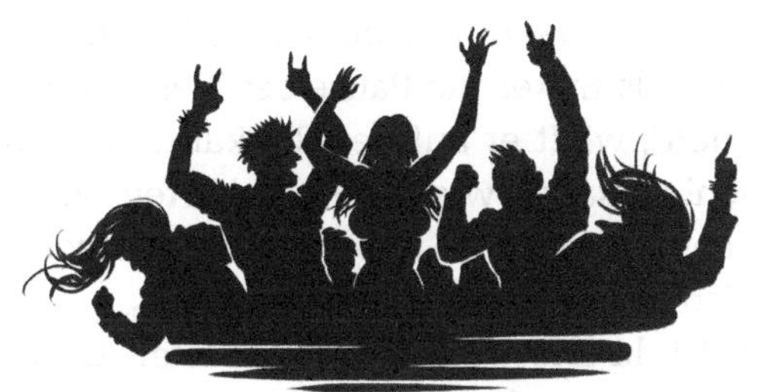

772 Der Typ stößt seine Flasche gegen Gregoris. „Auf ex, alter Kumpel!"
Nach dem fünften Schluck spuckt und würgt der blinde Drummer das Gesöff aus, hustet und japst.
Der Unbekannte lacht, als würde Leo seinen Freund verhöhnen, steht auf und mischt sich wieder unter die anderen Passagiere.
Als der wahre Leo zurückkehrt, kümmern sich Joey und Brian bereits um Gregori, dessen Körper Schwierigkeiten hat, die heruntergekippten Schnapsmengen zu verarbeiten. Es kommt zum Streit über den schlechten Scherz, wobei Leo natürlich nicht den Hauch einer Ahnung hat, wovon seine Bandkollegen überhaupt sprechen.

*Die **Bandchemie** sinkt um 1!*
***Gregori** erleidet ab sofort einen Abzug von **-1** auf **alle Checks**!*
Vermerke dies, indem du sein -Symbol markierst. Dir wird mitgeteilt, wenn du diese Nachteile wieder streichen darfst.
*Dieser Abzug hat keine Auswirkungen auf seinen **Ego**-Wert.*

*Wie heißt der **Manager** der Metal Heroes?*
*Ricci Truman > **688** | Russ Marlow > **745***

★) ROCK ICONS: Anvil
Kanadische Heavy-Metal-Band, die in den 80er-Jahren den Speed-Metal maßgeblich beeinflusste, aber niemals den ihr eigentlich dafür zustehenden Ruhm erfuhr.

773 Ununterbrochen schüttelt Leo den Kopf. „Wie... wie abgefahren ist das denn?", stammelt er kreidebleich.
Als du den Jungs dann noch einige Zitate, ausgesprochen während diverser schicksalhafter Momente der Band – wie Pauls Rauswurf, der ersten Begegnung mit Jill oder des denkwürdigen Trips in den Edel-Hasen-Bau oder dem Stress in Paris – auftischst, sind sogar Leos Restzweifel ausgeräumt. Solche Details können selbst der unverbesserlichste Fan und durchgeknalltste Stalker nicht kennen.
Gregori beendet als Erster die Pause des Verdauens. „Also, Leute, ich glaube ihnen", wirft er auf der Bettkante sitzend ein. „Ja, ich kann sie sehen! Genauso wie die Pokerkarten oder dieses ganze andere Zeug, das wir im Laufe unserer Karriere abgegriffen haben. Ich kann es nicht erklären. Es ist wie Magie."
„Ja, genau!", rufst du erlöst. „Das sind die Metal-Artefakte! Die Dinger sind bis zum Rand vollgesaugt mit dieser krassen Rock-Power. Die Essenz der Musik-Geschichte ..." Und fügst kleinlaut hinzu: „Zumindest wurde es mir mal so erklärt."
„Okay, okay. Angenommen, ihr sagt die Wahrheit", räumt Joey seine Gedanken auf. „Was wollt ihr dann von uns? Warum die Metal Heroes?"
Du blickst zu Jill hinüber. Ihre Mundwinkel verziehen sich. Es ist Zeit für Tatsachen – so riskant sie auch sein mögen. Komm jetzt, scheiß auf das Rock-Pantheon oder den Geisteszustand deiner Jünglinge!
„Okay, ganz ehrlich ...", beginnst du zaghaft, „ihr seid mir vom alten Boss aufgedrückt worden. Er wollte, dass ich euch zur größten Band der Welt aufbaue. Schaffe ich das, werde ich sein Nachfolger. Der neue Rock-Gott. Das ist der Deal."
Brian ballt die Fäuste: „Du hast uns also von Anfang an nach deiner Pfeife tanzen lassen? Und soll das etwa heißen, wir wären ohne dich niemals durchgestartet?"
Mit zögerlichem Nicken bestätigst du Brians Schlussfolgerung, schiebst jedoch hinterher: „Hey, das ist nicht alles! Ihr habt echt Talent und Willen und so – deshalb ist der Rock-Gott überhaupt wild auf euch gewesen."

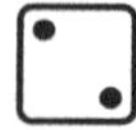 

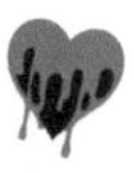

„Und wieso hast du jetzt deine Maske fallen lassen? Ist der Rock-Arsch nicht zufrieden mit unserer Performance?“

„Nein, Leute“, besänftigt Jill die Meute. „Wir, nein, die ganze Musikwelt braucht eure Hilfe...“

„Pah! Was soll’n das heißen?“, will Brian wissen.

Du suchst den Rock-Schergen, der sich in der Zwischenzeit in den dunklen Schrank verkrümelt hat, und kommandierst ihn, sich zu zeigen und seine Story zu erzählen. Als Quiff in seiner ganzen Pracht mit vielen Worten und Gesten von der Entführung des Rock-Gottes erzählt, machen die Heroes große Augen – und selbst dir wird wieder die Dringlichkeit der Rettungsaktion bewusst.

Beim Anblick des knittrigen Gnoms stammelt Leo, bleich um die Nase: „Und... und was bedeutet das jetzt konkret für uns?“

„Ganz einfach“, erklärt Jill entschieden. „Wir müssen runter in die Unterwelt und den alten Sack raushauen!“

Für Abenteuer ist Brian bekanntlich stets zu haben. „Okay, Madame, hört sich ja recht spaßig an!“

Jill wiegt den Kopf. „Das wird kein Spaziergang im Park, Brian! Sterbliche kommen da nicht ohne Weiteres rein.“

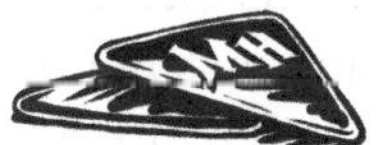

Mit ihrem Hinweis wird Jill bewusst, dass die Jungs wohl noch Nachhilfe in Sachen Metal-Artefakte brauchen: „Jeder von euch benötigt ein Artefakt, eine Eintrittskarte, wenn ihr so wollt, um unversehrt die Membran zur Musik-Unterwelt durchbrechen zu können.“

„Nun, so wie ich das überblicken kann, haben wir erst zwei Artefakte. Joeys Pokerkarten und mein Hemd“, fasst Gregori zusammen. „Wir brauchen also noch zwei andere, richtig?“

„Nicht ganz!“ Jill bricht ihren goldenen Anhänger, der aussieht wie ein altertümlicher Schlüssel, in zwei Teile und legt einen davon auf den Tisch.

*Ist im Metal-Logbuch unter **Road to Glory** Eintrag **#10** angekreuzt?*

*Ja, das ist so > **706** | Nein > **685***

774 Du verpasst dem doof grinsenden Piloten eine auf die Nase. Als die Metal Heroes sehen, wie der Mann am Knüppel schlaff in die Gurte gleitet, kreischen sie wie Teenager in einem Boy-Group-Konzert. Damit haben sie nicht gerechnet.

„Regt euch ab!“, kommandierst du, drängst dich auf den Co-Pilotensitz und übernimmst den Steuerknüppel. Es ist schon ein paar Jährchen her, als du das letzte Mal im Simulator gesessen hast, aber es gelingt dir, den Vogel zu stabilisieren und tatsächlich nur wenig später an den Docks in Chicago zu landen.

„Bist du bekloppt? Was sollte das?“, sinkt Leo in die weichen Knie.

Du erklärst den Jungs die Notwendigkeit deines Handelns und Gregori erkennt: „Ja, stimmt, das Glitzern ist weg.“

„Okay, nur damit ich das richtig verstehe“, schnauft Joey. „diese Typen aus der Unterwelt können Menschen übernehmen, quasi fernsteuern?“

Du erläuterst sowohl die Bedingungen und Anwendungsmöglichkeiten als auch die Einschränkungen der Übernahme.

„Aha! Könntest du oder die das auch mit uns machen?“

„Naja“, druckst du herum. „Nein. Das ist gegen den Deal. Ich darf das nicht. Und so wie sich das bisher darstellt, die anderen wohl auch nicht. Sonst hätten die das sicher schon längst durchgezogen.“

„Und jetzt? Willst du den Piloten einfach so liegen lassen?“

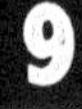

Du überzeugst die Metal Heroes, dass es keinen Sinn macht, sich mit Behörden rumzuplagen (eine deiner wenigen Lebensweisheiten), zumal sich der Kerl, wenn er aufwacht, bis auf ein paar Kopfschmerzen an nichts erinnern wird.

Ihr rafft euren Kram zusammen und organisiert euch einen Leihwagen. Die mehr als 300 Meilen nach Cleveland sind bis heute Abend zu schaffen...

*Notiere dir unter **Road to Glory**, Eintrag **#13b**, dass ihr **per Rettungsheli** an Land geflogen seid, indem du dort ein ✖ im Kreis machst.*

Checke nun den Kreis bei Sektionsnummer 781.

Er ist markiert > ***758***

Keine Markierung > ***789***

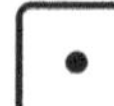 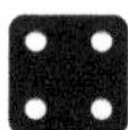

775 Nachdem du dir eine schriftliche Genehmigung von Joey und das Band Logo als Vektordatei von Leo auf einen USB-Stick hast ziehen lassen (von alledem hast du eigentlich null Ahnung), gehst du damit zum Shirt-Typen auf dem Promenaden-Deck. Du quatschst ihn voll, er solle mal nicht diese langweiligen Urlaubsfoto-Shirts, sondern gescheite Shirts mit dem Metal Heroes Logo drucken. Gesagt getan! In den nächsten Stunden fließt mehr als genügend Kohle, um den Piloten zu bezahlen.

Notiere dir mit großem Stolz das ***Heroes Shirt*** *unter* ***Taylors Kram*** *im Metal-Logbuch.*

Weiter > ***713***

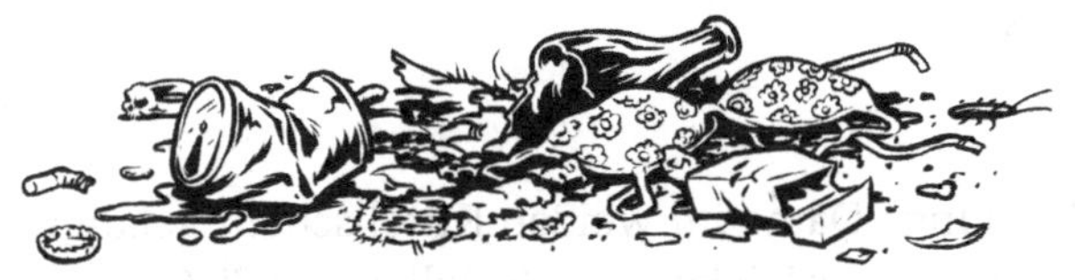

776 Leo steht auf und zerrt an deiner Schulter. „Spinnst du?!" Der besessene Pilot nutzt die Gunst des Moments und reißt erneut am Steuerknüppel. Der Motor heult ein letztes Mal auf.

Du weißt, jetzt gibt es nur noch eine Rettung: Springen! Mit geschulten Handgriffen umgehst du die Sicherheitsvorkehrungen der Tür und verteilst die Rettungswesten.

Leo starrt über die Kufe hinunter auf die Wogen des Lake Michigan. „Willst du wirklich, dass wir springen?"

„Glaub mir, in wenigen Sekunden wirst du froh sein, wenn du Wasser und keinen Feuerball unterm Hintern hast."

Heilfroh am Leben zu sein, paddelt ihr im kalten Nass, blickt dem trudelnden Heli hinterher und seht, wie der Pilot aus dem Cockpit springt, gerade rechtzeitig, bevor die Maschine zerschellt.

Die Küstenwache rettet euch wohlbehalten. Doch neben wichtigem Equipment und Metal-Artefakten ruht nun ebenso sämtliche Hoffnung auf eine erfolgreiche Befreiung des Rock-Gotts auf dem Grund des Sees.

POWER OFF, WIMP!

(Repeat > ***731****)*

777 Das Zusammenspiel zwischen Jill und den Metal Heroes ist noch nicht perfekt. Es fehlte einfach die Zeit für längere Proben. Dennoch: Die Leute direkt vor der Bühne gehen richtig ab und bringen das Theater mit dem zweiten gemeinsamen Song „Night Witch" zum Kochen.

*Übernehme nun den Thrash-Song **„Night Witch" (#15)** ins **Repertoire**, indem du einen Kreis um dessen Track-Nummer machst. (Dafür musst du **keine Song-Punkte** einsetzen.)*

*Beherrschen die Metal Heroes bereits diesen Song, erhalten sie stattdessen **3 Song-Punkte**!*
*Spare sie, um später Songs freigeschalteter Genres im **Repertoire** zu aktivieren.*

*Weiter > **728***

778 Die junge Dame im weißen Kittel schaut gelangweilt nach oben und scannt das Päckchen: „19 Dollar und 75 Cent, Sir."
Du wirfst hastig ein paar verknüllte Scheine aus der Geldtasche auf den Tresen, ignorierst ihr „Sir, sie bekommen noch Wechselgeld!" und verschwindest, ehe du dich vor ihren verschlafenen Augen in einen Geist verwandeln würdest.

*Notiere dir **Beruhigungspillen** unter **Taylors Kram** im Metal-Logbuch.*

*Weiter > **789***

779 Obwohl du noch nie einen solchen mentalen Kampf ausgefochten hast, gelingt es dir, deine göttliche Kraft in einem einzigen Punkt deiner Musikerseele zu bündeln. Der fremde Geist windet sich, will der Pein entgehen, doch du bist im unumkehrbaren Rausch der Macht. Auf einer „Highway to Hell" sozusagen. Ohne Unterlass setzt du dem bösen Wesen zu, bis von ihm nur noch blasse Erinnerungen bleiben.

*Dein **Einfluss** steigt um 1!*

*Weiter > **729***

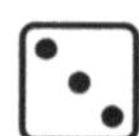
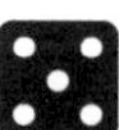

780 Voller Zorn lässt du einen Schlag auf den anderen folgen. Jeder Fausthieb detoniert wie eine Granate auf den Knochen des Unterwelt-Henkers. Erst als die letzte Restenergie aus seinem Leib gewichen ist, beruhigst du dich und lässt von ihm ab.

*Dein **Einfluss** steigt um 1!*

*Weiter > **697***

○ **781** Du wirfst dir die Tablettenfragmente ein. Nach wenigen Sekunden vergeht der Schmerz an der Schulter und du bist abermals auf dem besten Weg Richtung Körperlosigkeit.
„Aber Taylor-Meister, wenn Aua wiederkommt, dann wieder sichtbar!"
„Na und?", freust du dich über deine wiedererlangte Freiheit. „Dann werfe ich mir eben eine weitere Pille ein. Und noch eine und noch eine, bis die scheiß Schulterschmerzen weg sind."
„Aufpassen, Taylor-Meister. Tabletten gefährlich! Hilfe kurz, Sucht lang", erläutert Quiff und schiebt traurig nach, dass er wisse, wovon er spricht.
In deiner Euphorie des erneuten Schwebezustands blickst du auf den Wicht hinab und trägst noch einmal alle Fakten zusammen: Pomadige Tolle, Rock'n'Roll-Klamotte und dazu tablettensüchtig! Fehlt nur, dass der Kleine von lauschigen Abenden auf seiner Veranda in Graceland erzählt ...
„Komm, Quiff! Wir suchen die Metal Heroes!", munterst du ihn auf. „Es gibt noch was zu klären! Sie hängen bestimmt Backstage ab und machen sich fertig fürs Konzert."
Backstage bedeutet bei diesem Gig eine enge Kammer für die Band. In der umfunktionierten Kabine haben die Bandmitglieder nur kleine Hocker zur Verfügung.
Jeder der vier konzentriert sich auf seine Weise, geht noch einmal in sich und versucht das Lampenfieber zu bekämpfen. Es pocht drei Mal kräftig an der Tür. Das Zeichen des Roadies. Es geht los! Joey gurgelt einen letzten Schluck Wasser.
„Wo steckt bloß der versprochene weibliche Überraschungsgast?",

höhnt Brian. Leo klopft ihm auf die Schulter: „Egal, mein missmutiger Metal-Misogyn. Wir werden improvisieren, sollte es nötig sein."

Markiere bitte den Kreis an der Sektionsnummer, als Zeichen, dass du diesen Abschnitt gelesen hast.

*Weiter > **763***

782 Den Jungs bleibt nicht viel Zeit. Selbst auf dieser Kreuzfahrt ist an Urlaub nicht zu denken. Ihr Terminplan für heute spricht eine gnadenlose Sprache: Direkt nach dem Mittagsessen steht die Probe für den Gig am Abend an.

Das Theater befindet sich im Bug des Ozeanriesen und erstreckt sich über zwei Decks. Als die Metal Heroes den edlen Saal mit dem elfenbeinfarbenen Stuck an Decke und Wänden sowie seinen flach abfallenden Stufen betreten, lösen emsige Arbeiter die Schrauben der letzten Sitzreihen. Selbst von ganz hinten hat man so freie Sicht zur Bühne. Hier werden die Heroes also ihre Auftritte haben!

„Der Laden rockt!", zeigt sich Joey begeistert.

Brian ist ebenso fasziniert: „Hammer, was die alles auf so 'nem Kahn unterkriegen."

Setlist Rock the Boat

9

*Wähle nun **14 Songs** (plus **1 Zugabe**) aus dem **Repertoire** und bestimme damit die **Setlist** für diesen Auftritt. Trage dazu ihre Track-Nummern in die vorgesehenen Felder mit dem #-Symbol im **Gig-Muster** gegenüber ein.*

Setlist-Einschränkung:

*- nur Songs mit **Anspruch 2** oder **3**!*

*Haben die Metal Heroes einen **Roadie** namens **Zig**? Falls ja, können sie ihn um Rat fragen > **788***

*Hast du **alle Songs** der Setlist eingetragen, ziehe eine Karte! Sie bestimmt die **6 relevanten Songs** dieses Auftritts. Kreuze den Pfeil mit dem entsprechenden Karten-Symbol am Rand des **Gig-Musters** an.*

*Setlist für das **Rock the Boat**-Konzert? Erledigt! > **757***

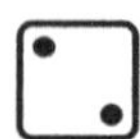

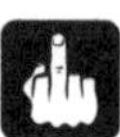

Gig-Muster

ROCK THE BOAT

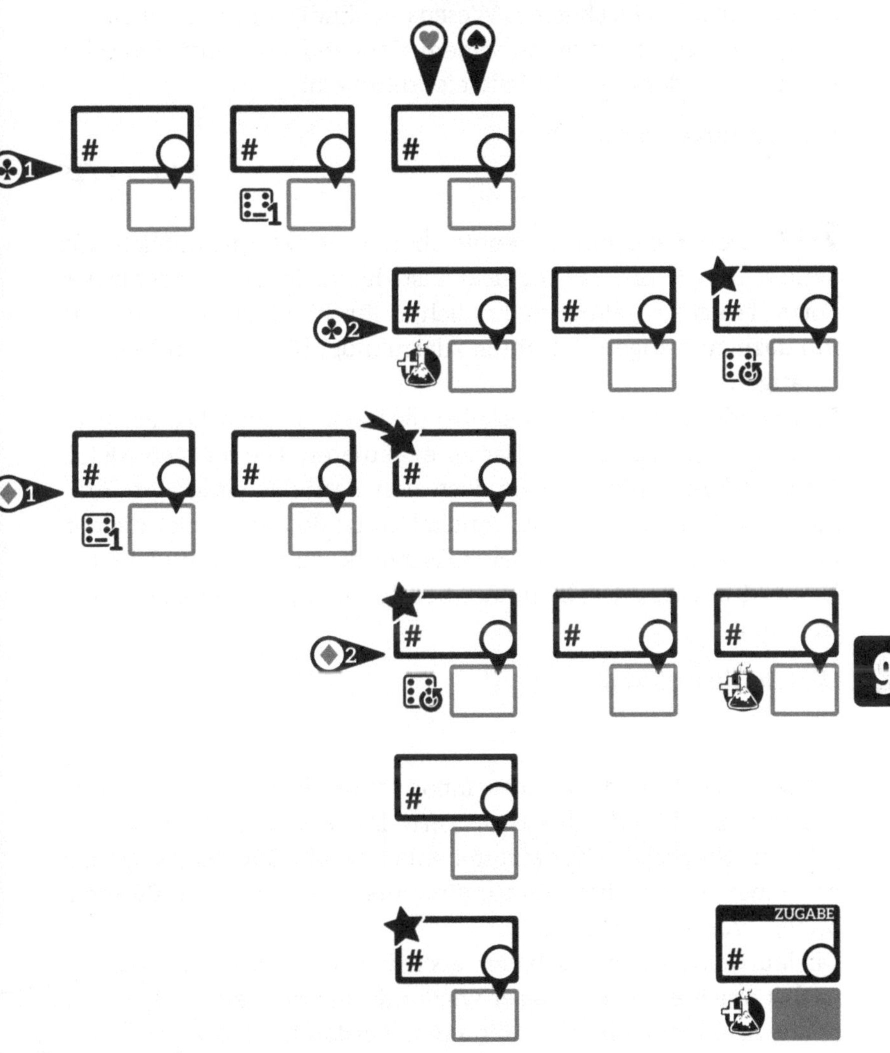

783 Fast glaubst du, sämtliche Fans der Metal Heroes würden wie eine Wand hinter dir stehen, dich bei dieser Schlacht der Musikerseelen unterstützen. Selbstsicher wirfst du die Angriffe des finsteren Geistes zurück, bis du schließlich seine Schwachstelle, quasi eine Art blinden Fleck seines Wesens, ausfindig machen kannst.
Unbarmherzig zerrst du an seinem Verstand, entziehst ihm seine Kraft und verleibst sie dir teilweise selbst ein!

*Dein **Einfluss** steigt um 2!*

*Weiter > **729***

784 Den Barmann zu kontrollieren, kostet unglaublich viel Willen und Kraft. Zu entrückt bist du in deiner menschlichen Form. Trotzdem gelingt es dir, dich in ihn hineinzuversetzen und ihn dazu zu bringen, den roten Alarmknopf hinter der Scheibe zu betätigen.
Postwendend erschallen quer über die Decks Sirenen. Das Personal sieht sich gezwungen, die Bar zu evakuieren. Die meisten Metal-Fans bleiben ruhig, sind sie doch von Festivals einiges an Ausnahmezuständen gewohnt. Dennoch nutzt du den Trubel, um den kleinen Wackel-Elvis unter eine Tischdecke zu stopfen und ihn unbemerkt in eine Abstellkammer der Reinigungsfachkräfte zu verfrachten.

9 *Dein **Einfluss** sinkt um 1!*

*Weiter > **684***

785 Brian reißt die Gitarre empor, schüttelt sie, um den Vibrato des finalen Akkords hinauszuzögern. Das Publikum kreischt und grölt, als Gregori das Konzert mit einem satten Doppelkick, gefolgt von einer meterhohen Pyrofontäne über die komplette Bühnenbreite – vorerst – beendet.
Dir läuft ein eiskalter Schauer über den Rücken! Zunächst angenehm, dann ist er wieder da, dieser brennende Schmerz in der Schulter – und, verdammt, das Siegel lässt deine Körperlichkeit verrücktspielen! Es

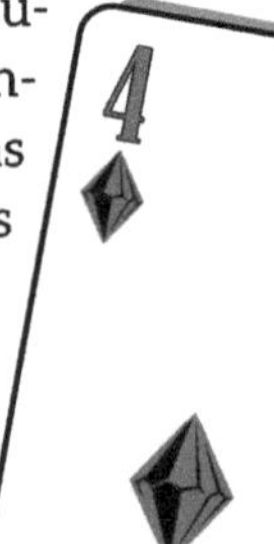

gelingt dir gerade noch, ins Dunkel hinter einer Säule zu eilen, ehe das Flackern jemand bemerkt. Als der Spuck wieder vorbei ist, streichst du dir erleichtert über den materialisierten Bauch: „Ach, ich hab dich so lieb ..."

*Ermittle nun den **Gig-Score** für **Rock the Boat!*** 782
*Checke dazu nacheinander die **Performance** der jeweiligen **Leader** für alle relevanten Songs (ohne Zugabe).*

*Wie hoch ist der **Gig-Score**?*
25 oder höher > ***691*** | *24 oder weniger >* ***750***

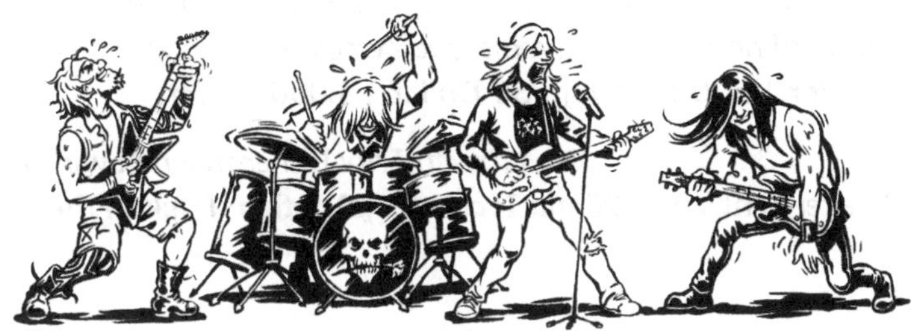

786 Deine Wahl fiel nicht ohne Grund auf Gregori. Im Gegensatz zu dir kann er nämlich die Rock-Mächte derzeit erkennen und so packt der blinde Drummer zielsicher den Helm des Piloten und reißt – sehr zur Verwunderung seiner Kollegen – daran wie ein Berserker. Die Gelegenheit für dich!

*Die **Bandchemie** steigt um 1!*

Weiter > ***774***

787 Du lässt deinen Blick über das abgespeckte Bühnenbild schweifen (der Veranstalter hatte dem Management angekündigt, dass man auf einem Schiff Abstriche bei Sound-Anlage, Effekten und Lightshow in Kauf nehmen müsste).
Die handfesten Typen, die im umfunktionierten Theater ihre Arbeit verrichten, sind dir gänzlich unbekannt. Sie wurden direkt vom Ausrichter angeheuert und machen einen guten Job.

Willst du dich zurückziehen, um Kräfte zu sammeln > ***762***
Oder lieber ein waches Rock-Gott-Auge haben > ***711***

9

788 „Auch wenn die Bestuhlung entfernt wurde, handelt es sich um ein Theater. Das perfekte Ambiente für Streicher ..."

Stelle die Setlist fertig! > ***782***

789 Die letzten Stunden waren ein einziger Horrortrip auf und über dem See. Du hoffst bei allen Musik-Göttern, dass der Ausflug in die Rock'n'Roll Hall of Fame nicht ganz so stressig wird.

Hast du auf der Rock the Boat einen größeren Dollar-Betrag gewonnen und leider keine Verwendung dafür gehabt? Dann streiche nun diesen unnötig gewordenen Eintrag unter Taylors Kram wieder (keine Angst, das Geld wird natürlich für wohltätige Zwecke eingesetzt).
- 250 Dollar | 500 Dollar | 750 Dollar | 1.000 Dollar

Was für ein Trip! Daher machen wir's kurz:
Weiter geht's bei ***790*** *mit* **Track 10: „Another Trick in the Hall"**.

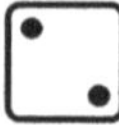
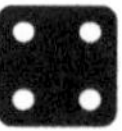
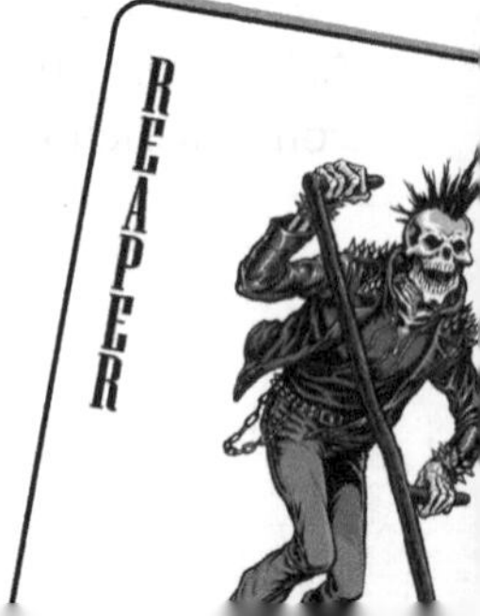

TRACK 10

ANOTHER TRICK IN THE HALL

790 Direkt am Ufer des Eriesees, Downtown Cleveland, zwischen North Coast Harbor und dem Football-Stadion der Browns, funkelt ein futuristisches Gebäude im Sonnenlicht. Neben einer Pyramide mit imposanter Glasfassade schrauben sich angebaute Türme wie Korkenzieher in den Himmel.
Brian breitet die Arme aus und ahmt die theatralische Sprechweise eines Boxansagers nach: „Ladys and Gentlemen, ich heiße sie herzlich willkommen in der Rock'n'Roll Hall of Fame★!"
Auch Joey zeigt sich ergriffen von diesem Moment: „Wer hätte gedacht, dass wir einmal so weit kommen würden?"
Dieser Ort ist das Mekka aller Rock-Fans. Ebenso für dich. Zu Lebzeiten hast du stets davon geträumt, durch die Hall of Fame zu schlendern und die Vergangenheit aufzusaugen. Einen Trip hierher konntest du dir leider nie leisten.
„Hm, die Architektur erinnert mich an den Louvre ...", meint Leo.
Und Brian grübelt: „... mich an einen Lippenstift."
Nach den ereignisreichen Tagen an Bord des Metaller-Dampfers steht nun bereits das nächste Unterfangen an: Irgendwo im legendären Museum für Rock-Geschichte müsst ihr ein Artefakt finden und ungesehen rausbringen.
Eingerahmt wird die Ruhmeshalle des Rock'n'Roll von einem weiten, ovalen Platz und meterhohen, kunterbunten Gitarren-Skulpturen. Dazwischen tummeln sich hunderte mehr oder weniger betagte Musik-Fans (zu denen du dich ebenfalls zählen würdest), um diesen besonderen Anlass zu zelebrieren und ihren Idolen nahe zu sein. Sogar der Musiksender MBro hat sein News-Team losgeschickt, um für eine Sondersendung Livebilder direkt vor Ort einzufangen.

10

★) ROCK LOCATIONS: Rock'n'Roll Hall of Fame
Ruhmeshalle und ein Museum in Cleveland (Ohio) für die wichtigsten und einflussreichsten Musiker, Produzenten und Persönlichkeiten im Umfeld des Rock 'n' Roll.

Leo kommt ins Schwadronieren: „Übrigens, Cleveland gilt als Geburtsort des Rock'n'Roll. Zumindest der Begriff. Er stammt von einem Radio-Moderator namens Alan Freed, der ihn 1951 im Zusammenhang mit den schnellen Rhythm-and-Blues-Stücken verwendete. Er war es natürlich auch, der das erste Rock'n'Roll-Konzert der Geschichte initiierte. Ein echter Pionier."
Gregori seufzt: „Natürlich. Danke für's Update, Leo."

Wie habt ihr die letzten Meilen nach Cleveland zurückgelegt?

Per brumm-brumm Auto > ***864***

Per fub-fub Heli > ***841***

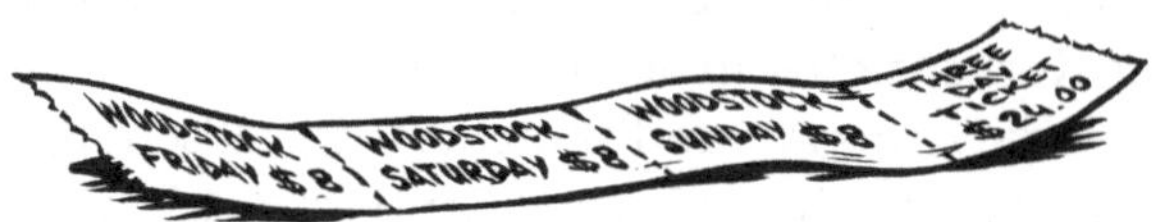

791 Routiniert spulen die Metal Heroes ihren Song ab, werden aber nicht wirklich mit dem passiven Publikum warm. Unter dürftigem Anstandsapplaus räumen sie die Bühne für die nächste Preisvergabe.

Dein ***Einfluss*** *steigt um 1!*
Überprüfe nun bitte die Qualität für das Video, welches die Metal Heroes vor kurzem produziert haben.

Wie hoch ist der ***Video-Score*** *für diesen Song?* 520

10 oder höher > ***803*** | *9 oder weniger >* ***884***

10

792 Endlich angekommen an Dock 2 im Hafen von Cleveland, dem vereinbarten Treffpunkt, fällt dir eine tonnenschwere Last von den Schultern. Voller Stolz zeigst du das Diebesgut den gespannt wartenden Joey, Brian und Leo.
„Wahnsinn! Wir haben's tatsächlich gepackt!", befummelt Brian sofort das Artefakt. Und Leo resümiert verhalten: „Der letzte Schlüssel zur Unterwelt ist somit unser ..."
„Also, kann es jetzt losgehen?", will Joey von dir wissen. Doch du musst gestehen, eigentlich null Ahnung zu haben, was nun passieren soll.

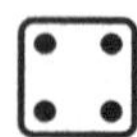 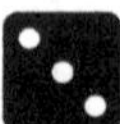

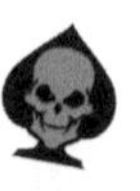

Da erschallt das typische Trittgeräusch von hochhackigen Schuhen hinter einem der Schiffscontainer. Gregori weiß sofort Bescheid: „Spürt ihr es auch?“, fragt er ironisch. „Der Hexensabbat findet seine Fortsetzung ...“
Jill schreitet heran und wirft sich die blonden Haare in den Nacken, als wolle sie sich ihren Auftritt nicht von miesen Kommentaren kaputtmachen lassen. Direkt im Schatten hinter ihr schlurft Quiff, der winzige Rock-Scherge, und blinzelt treu-doof mit seinen großen Knopfaugen.
„Hey, Jill!“, grüßt Joey. „Woher weißt du eigentlich immer, wo wir uns gerade befinden? Du stehst doch mit dem Teufel im Bunde!“
„In gewisser Weise ...“, bestätigt die Hexe und hält ihm ihr Smartphone vor die Nase. „,... ich folge euch auf Twitter.“
Exemplarisch zitiert sie ihre persönliche Top 3 von Brians belanglosesten Statusmeldungen vor. „Fehlt nur noch, dass du Bilder von deinen erfolgreichsten Stuhlgängen postest.“

*Ist im Metal-Logbuch unter **Road to Glory** Eintrag **#15** angekreuzt?*
*Ja, ist markiert > **888***
*Nein, weiß wie Brians Popo > **862***

793 Mit einer Mischung aus Be- und Verwunderung betrachtest du den drahtigen Mann. Buddy Holly★, ein Star der 50er – grauer Anzug, Hose mit Bügelfalte und eine fette Hornbrille, die heutzutage bloß Hipster-Spacken tragen. Diese Wachsfiguren sind verdammt faszinierend in ihrer Detailtreue. Sogar Hautporen und Bartstoppeln sind herausgearbeitet.
Gregori bittet dich ein letztes Mal ihn exakt zu positionieren, damit er gleich die Glashaube der Vitrine für dich anheben kann.
Jetzt kommt es drauf an! Letztendlich hängt die Erfolgsaussicht eures Coups an der Planung und auch ein wenig vom Glück ab ...
Ziehe daher eine Karte!

*Die **Coup-Chance** 800 sinkt entsprechend ihrer Farbe:*
♣ = 2 | ♦♥ = 1 | ♠ = 0 (*alle Farben +1*)
*Sind alle Kreise in der **Coup-Chance**-Leiste markiert?*
*Ja, voll abgekackt > **856** | Nein, nicht so schlimm > **865***

★) ROCK ICON: Buddy Holly
Hochbegabter US-amerikanischer Rockabilly-Musiker der 50er-Jahre. Starb am 3. Februar 1959 mit 22 Jahren bei einem Flugzeugabsturz.

10

794 Als Brian wiederkehrt, hat er einen jungen Kerl dabei. Dessen grenzdebiles Dauergrinsen beweist, dass er total auf die „Heroes“ steht. „Ihr könnt auf mich zählen, Leute“, wirft der Typ aufgekratzt ein. „Und ein wenig blind auf Felle dreschen bekomme ich hin. Hoffentlich geht's Gregori bald wieder besser.“
Der Kerl geht optisch als Gregori durch – gut! Schlecht ist allerdings, dass sich seine Drummer-Künste darin erschöpfen, zu wissen, an welchem Ende man die Sticks zu halten hat.

FAST FORWARD
Das fachkundige Publikum begreift sofort, dass es sich um Musik aus der Konserve handelt, und es gibt vereinzelte Pfiffe. Zudem scheint es tatsächlich Fans zu geben, die die Authentizität des Heroes-Drummers anzweifeln, zu asynchron malträtiert die Aushilfskraft das Schlagzeug.

*Die **Coup-Chance** sinkt um 2!* 800

*Weiter > **844***

795 Im ersten Stock des Museums wurde eigens eine kleine Bühne aufgebaut, um zum Jubel-Fest für ordentlich Rock-Stimmung unter den Besuchern zu sorgen.
Im Moment hat die australische Hard'n'Heavy-Band Mammoth Mammoth die Stage in Beschlag. Der Sänger, ein cooler Hund mit Tätowierungen auf den Armen, glatt nach hinten gestrichenen Haaren und gestutztem Vollbart begrüßt das verdutzte Publikum standesgemäß mit gut platzierten Bierfontänen.

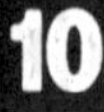

Während wütende Mütter ihre Kinder in Sicherheit bringen, siehst du etwas abseits ein junges Pärchen in Metal Heroes-Shirts, wie sie einen Museums-Flyer inspizieren und sich lautstark über die falsche Angaben des Tagesplans ärgern.
„Ich weiß, manche sind hier, um diese glorreichen Helden zu sehen“, verkündet der Mammoth-Mammoth-Frontmann süffisant per Mikro, „aber die sind irgendwo auf dem Eriesee verschollen. Yeah, so spielt das Leben! Danke für den Gig!“

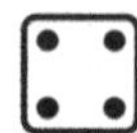 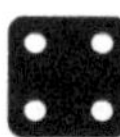

„Was ist denn das für ein scheiß Wichser?“, knurrt Brian.
„Reg dich ab, Kumpel!“, blickt Joey wieder einmal als Erster nach vorne. „Kommt schon, wir gehen Backstage. Die Typen sind gleich mit ihrem ersten Set durch. Vielleicht lassen sie uns ja doch noch ran, wenn wir lieb Bitte sagen.“
Ein stämmiger Mitarbeiter des Museums, mit Headset und schwarzer „Crew“-Basecap, führt die Band bereitwillig nahe der Bühne in ein umgebautes Büro. In dem beengten Raum hat sich bereits Mammoth Mammoth breitgemacht. Die Jungs kommen gerade für eine kurze Pause reinmarschiert und genehmigen sich eine Erfrischung.
„Leck mich, wen haben wir denn da?“ Die Begrüßung des Frontmanns Mikey Tucker trieft vor Ironie. „Die großen Helden aus Los Angeles! Scheiße schwimmt also doch oben.“
Während Brians Kopf eine bedrohliche Rotfärbung annimmt, bleibt Joey locker und fragt, ob sich Mammoth Mammoth ein Intermezzo der Metal Heroes bei ihrem Auftritt vorstellen können.
„Kannste vergessen, Pussy!“, höhnt Mikey. „Das ist unser Gig, unsere Chance!“
Leo versucht zwar noch einmal diplomatisch zu werden, doch der Australier bleibt knallhart: „Ihr Lockenköpfchen habt’s verbockt und wir haben übernommen. Ende der Geschichte!“

Checke Brians ***Power****!*
Gelungen > ***802***
Misslungen > ***835***

10

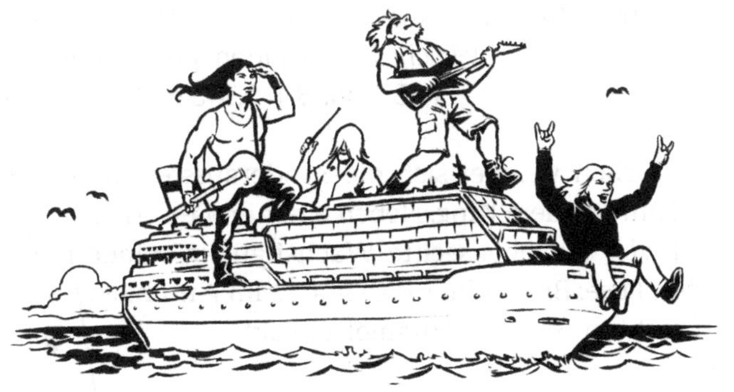

796 Entschlossen drückst du auf den Sprechknopf, räusperst dich (falsche Reihenfolge, Anfänger!) und machst deine Ansage für die zahlreichen Museumsgänger: „Meine Damen und Herren, liebe Freunde des gepflegten Rocks! Heute präsentiert ihnen die Rock'n'Roll Hall of Fame etwas Besonderes, ja, etwas Einzigartiges. Auf der Bühne im ersten Stock erwartet sie in wenigen Minuten ein exklusiver Auftritt der aktuell angesagtesten Band auf Mutter Erde. Erleben sie die Metal Heroes!"
Vereinzelte, hysterische Schreie sind zu hören und auf den Monitoren kannst du verfolgen, wie sich ganze Besucherströme in Bewegung setzen.

Weiter > ***850***

797 Den Metal Heroes gelingt es, mit ihrer ganzen Bühnenerfahrung und Energie, das Fachpublikum im Saal zumindest aus der Reserve zu locken. Besonders die Fans direkt vor der Bühne und am Steg rasten aus. Leider ist der Auftritt viel zu schnell vorbei, schließlich wartet bereits die nächste Laudatio.

Die ***Fanbase*** *steigt um 1!*
Überprüfe nun bitte die Qualität für das Video, welches die Metal Heroes vor kurzem produziert haben.

Wie hoch ist der ***Video-Score*** *für diesen Song?* 520
9 oder höher > ***803***
8 oder weniger > ***884***

798 Beeep! „Falsche Eingabe! Verbleibende Versuche: 02"

Welche Kombination möchtest du eingeben?
1489 > ***858*** | 1849 > ***829*** | 1948 > ***828***

799 Natürlich widmet sich die Sonderausstellung der Hall of Fame ausführlich dem King. Neben einer großen Vitrine steht Elvis* als lebensechte Wachsfigur in seiner berühmten Pose: Breitbeinig, die Gitarre im Anschlag und den rechten Arm gen Himmel gereckt.

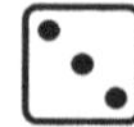
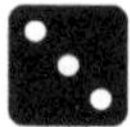

Dazu eine weiße Schlaghose, wie sie eben angesagt waren in den 70ern, sowie eine große Sonnenbrille mit Goldrand, die cool in die nach hinten gestylten Haare gesteckt ist.
Das Objekt der Begierde ist jedoch sein legendäres Aloha-Cape, das er 1973 bei seinem grandiosen Auftritt auf Hawaii trug.
Zugegeben, du konntest nie viel mit dem King anfangen, zu seiner Zeit warst du noch nicht einmal auf der Welt und du stehst nun mal auf härteres Zeug. Nichtsdestotrotz bewunderst du den Mann für sein Schaffen und seinen Einfluss auf die Rock-Musik.

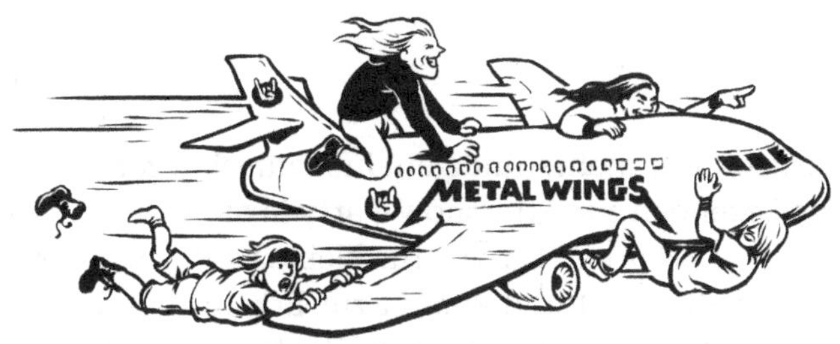

„Das war echt eine Spitzenidee, eine knarzende Lederjacke von einer steifen Wachsfigur klauen zu wollen“, beschwert sich Gregori und reißt dich aus den Gedanken.
Kaum berühren deine Finger das weiße Leder des Capes, durchfährt dich ein heftiger Schmerz. Unweigerlich zuckst du zurück.
„Scheiße, was war das?“, fragt Gregori verwundert.
Zunächst glaubst du an eine Sicherheitsvorkehrung des Museums, als du das bekannte Funkeln der Rock-Macht erkennst. Wahnsinn! Die Berührung mit dem Metal-Artefakt reaktivierte deine alten Fähigkeiten.
Euphorisch setzt du Gregori darüber in Kenntnis. Der ist derzeit nur begrenzt begeisterungsfähig: „O Freude, O Freunde, wir sind gesegnet ... Mann ... wir haben echt andere Probleme ...“
Zum Glück besitzt das legendäre Outfit über die komplette Länge der Arme und Flanken Reißverschlüsse, so dass ihr die Fransenjacke langsam von der Figur abstreifen könnt. Nicht unbedingt eine unauffällige Aktion.

10

★) ROCK ICON: Elvis Aaron Presley
War ein US-amerikanischer Sänger, Musiker und Schauspieler, der als einer der wichtigsten Vertreter (über eine Milliarde verkaufte Tonträger) der Rock- und Popkultur gilt.

*Checke nun Gregoris **Skill**!*
Achtung: Der Check ist für den Blindfisch um 2 erschwert!
*Für jeden Punkt den Gregori diesen Check verhaut, sinkt die **Coup-Chance** um 1!*

Da die Erfolgsaussicht eures Coups zudem vom Zufall abhängt, musst du eine Karte ziehen!
*Die **Coup-Chance** ▸800 sinkt entsprechend ihrer Farbe:*
♣ = 2 | ♦ ♥ = 1 | ♠ = 0 (*alle Farben +1*)

*Sind alle Kreise in der **Coup-Chance**-Leiste markiert?*
*Ja > **879***
*Nein > **870***

800 Nach dem mehrstündigen Jubiläumskonzert zieht es die Stars und Legenden zur Aftershow-Party in die oberen Stockwerke des Museums. Während Dawna für kleine kalifornische Mädchen ist, haltet ihr Kriegsrat und kommt zur Erkenntnis, dass es zu gefährlich war und ist, heute Nacht auf Beutezug zu gehen.
Die Sicherheitsvorkehrungen sind für die Promi-Veranstaltung verstärkt worden. Überall ziehen Wachleute ihre Kreise. Außerdem könnten die Metal Heroes - und das ist mittlerweile sehr wahrscheinlich - von anderen Musikern erkannt werden.
Nur Brian möchte am liebsten sofort durchstarten: „Bei euch hört sich alles so an, als sei es 'n Verbrechen."
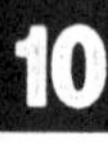
„Du hast recht", lacht Leo sarkastisch, „irgendwo einzusteigen, um etwas mitgehen zu lassen, ist doch kein Diebstahl!"
Auch Gregori sieht das so: „Ja, verdammt! Wir können da nicht blind reinmarschieren. Schnappen die uns, wandern wir ungesehen in den Bau."
Die kommende Nacht verbringen die Metal Heroes damit, Dawna behutsam über dich, den angehenden Rock-Gott, und ihre eigene Rolle aufzuklären sowie den notwendigen Artefakt-Coup in seinen Grundzügen zu planen. (Bitte an dieser Stelle effektvoll das „A-Team"-Thema summen - Ja, genau! Taa-ta-taah Ta-ta-taaah! Danke!)

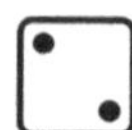 

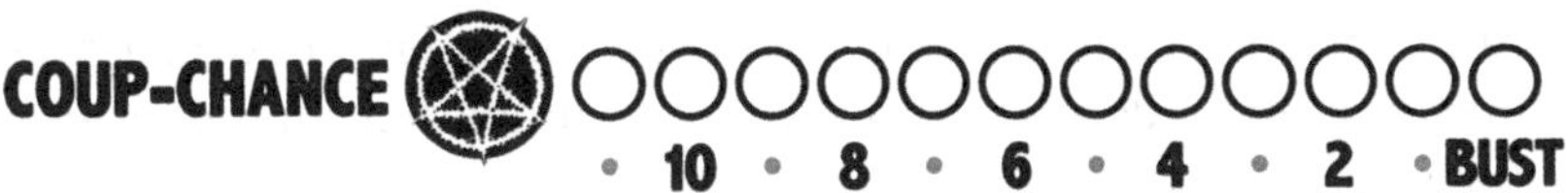

Die Metal Heroes wollen tatsächlich ein Metal-Artefakt aus der Hall of Fame „besorgen". Damit dieser Coup jedoch gelingt, müsst ihr allesamt, also die Metal Heroes, Dawna und du, zusammenarbeiten und clevere Entscheidungen treffen.

Geht dabei etwas schief, sinkt die **Coup-Chance**, *deren Veränderung du hier einträgst, solltest du im Sektionstext dazu aufgefordert werden. Übrigens: Je mehr Kreise du abstreichen musst, desto unwahrscheinlicher wird es, das Vorhaben am Ende in die Tat umzusetzen.*
Daher darfst du jedes Mal, wenn sich die **Coup-Chance** *verschlechtert, einen* ***Einfluss****-Punkt einsetzen, um den genannten Abzug um 1 zu mildern!*

Weiter > ***896***

801 Deinen wachsamen Augen entgeht nicht, dass selbst die Kameras, die eigentlich andere Bereiche des Raumes überwachen sollten, nun auf eure illustre Diebesbande ausgerichtet werden. Wahrscheinlich haben sie euren ursprünglichen Coup nicht bemerkt, sonst wäre hier längst der Teufel los.
„Bleibt cool!", drückst du geistesgegenwärtig durch die Lippen, während du so tust, als würdest du dir deinen Schuh binden. „Wir trennen uns. Ich lenke sie ab. Wenn sie mich schnappen, ist es nur halb so wild. Also, macht euch dünne!"
Dawna führt Gregori durch die Besuchermassen auf direktem Wege zum Ausgang, während du in die Gänge der angrenzenden „World of Woodstock"-Ausstellung verschwindest …

Ziehe eine Karte!

♣ > *887* | ♦♥♠ > *792*

802 Und schon fliegen die Fäuste! Mikey und Brian geben es sich dreckig und auch zwischen den anderen Bandkollegen kommt es zu Wortgefechten. Du hältst dich ebenso wie Dawna zurück, die

nur kopfschüttelnd zuschaut, wie die beiden Streithähne über Alukoffer stürzen, den Garderobenständer umwerfen und über den Boden rollen.
Als sie endlich zur Ruhe kommen, haben sich beide dermaßen ineinander verkeilt, dass es nicht mehr weiter zu gehen scheint. Schließlich flüstert Brian Mikey etwas ins Ohr. Offenbar ist es so unfassbar lustig, dass der Australier vor lauter Lachen seinen Griff löst. Er rollt sich zur Seite und hält sich den Magen: „Scheiße, das ist so wahr, du amerikanischer Bastard!"
Brian reicht Mikey die Hand und hilft ihm wieder auf die Beine. Du verstehst diese durchgeknallten Kerle von Down Under echt nicht! Vor wenigen Minuten hatte es den Anschein, als wolle er gleich das Buschmesser zücken und Brian ausweiden. Jetzt könnte man meinen, die beiden seien seit Jahren beste Kumpel.
„Okay", lacht Brian, „ich sag dir mal was, du tasmanischer Teufel ... weißt du, wie du singst? Wie 'ne schwangere Seekuh, die Gartengeräte auskackt!"
„Stimmt! Aber performen dürft ihr trotzdem nicht."
Brian grölt und ruft Mammoth Mammoth auf ihrem Weg zurück auf die Bühne hinterher: „Aber einen Versuch war's wert!"
Nun, das war wohl nichts. Dennoch seid ihr entschlossen, euren Coup durchzuziehen. Während Joey, Brian und Leo in der Nähe der Stage bleiben, ziehen Dawna, Gregori und der designierte Gott des Rock - also du - los, ein Artefakt aus den Weiten der Hall of Fame sicherzustellen.

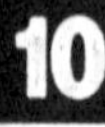

Weiter > ***830***

803 Eine Teenie-Göre, in Fetzenfummel mit durchblitzenden Strapsen, wohl krass berühmt, zeigt theatralisch auf die gigantische Leinwand hinter sich und haucht ins Mikro: „Und jetzt die Nominierungen für bestes Metal/Hard-Rock-Video ..."
Der passende Trailer läuft an. Ein ölverschmierter Kerl bearbeitet vollkommen sinnbefreit (aber effektvoll) ein Eisenrohr mittels Trennschleifer, so dass die Funken nur so fliegen. Leicht bekleidete Damen in Highheels dreschen hinter ihm mit Vorschlag-

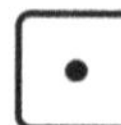
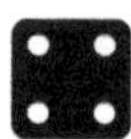

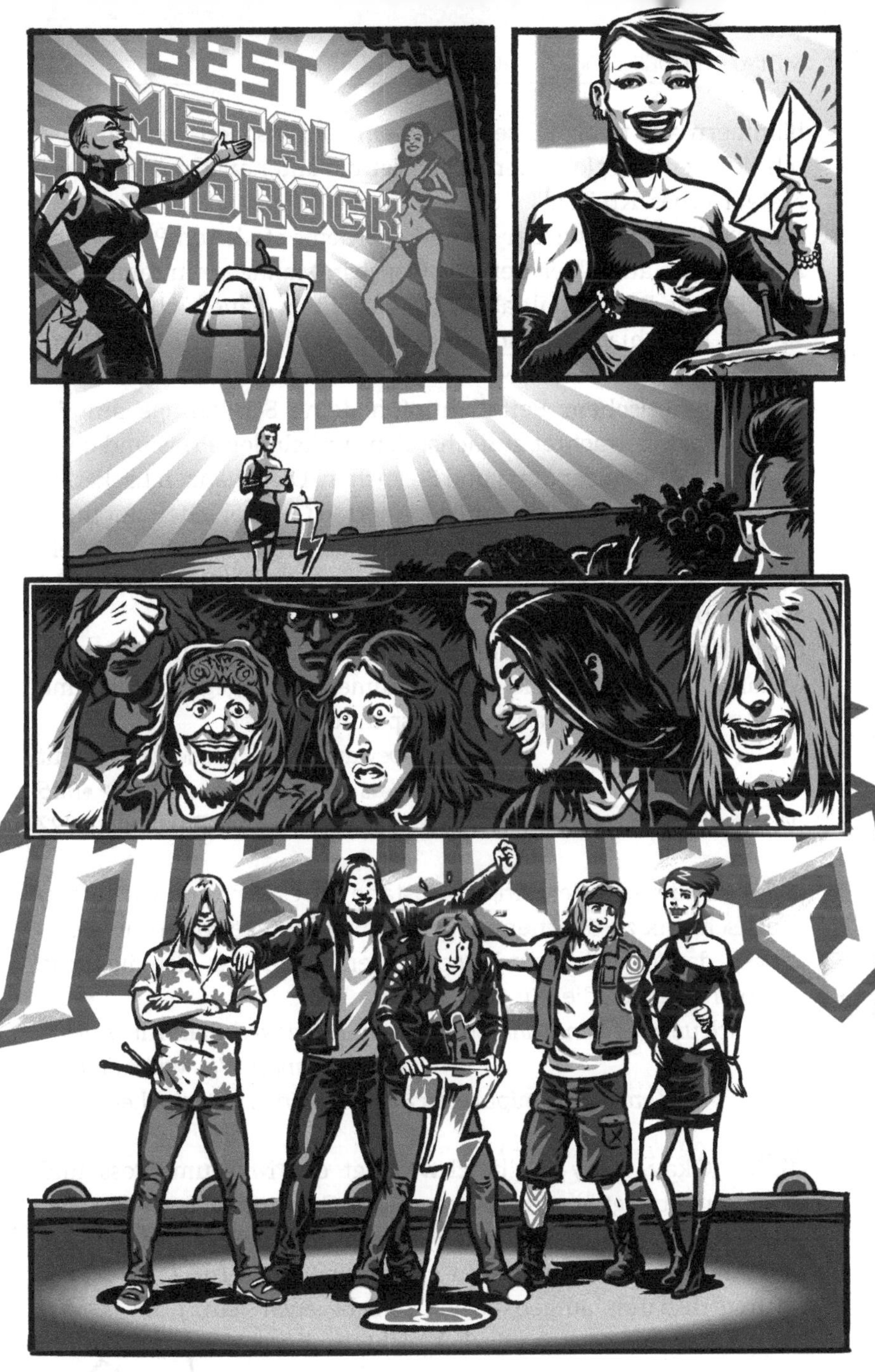

803 *Eine Teenie-Göre, in Fetzenfummel mit durchblitzenden Strapsen, wohl krass berühmt, zeigt theatralisch auf die gigantische Leinwand hinter sich und haucht ins Mikro: „Und jetzt die Nominierungen ...“*

hämmern auf rostige Eisenbleche ein. Dazwischen werden Ausschnitte der fünf Nominierten gezeigt, darunter auch das Video der Metal Heroes. Kreisch!
Das Spotlight geht wieder an und die Kleine stellt den Preis, einen Astronauten aus Silber, der eine Flagge in Mondgestein rammt, auf das gläserne Rednerpult ab. Mit gebleachtem Dauerlächeln öffnet sie den Umschlag: „... und die Gewinner für bestes Metal/Hard-Rock-Video sind ... die ... METAL HEROES!"
Unter frenetischem Beifall hüpfen deine Schützlinge auf die Bühne. Joey betrachtet zunächst den funkelnden Preis und dann die ersten Reihen der Stars und Sternchen. Diese ganzen Lackaffen in ihren Anzügen und die aufgedonnerten Goldkehlchen mit ihren falschen Haarteilen und Paillettenkleidchen! Joeys abgrundtiefe Verachtung gegenüber dieser Veranstaltung steht ihm ins Gesicht geschrieben.
Doch dann setzt der Bandleader ein fieses Grinsen auf, formt das Metal Zeichen und drückt seinen Daumen so fest gegen Mittel- und Ringfinger, bis seine Hand vor Anspannung zittert.

Willst du Joey aufhalten, bei dem was er tut (zumindest was du glaubst, das er tut) > ***•825***
Willst du von Joey ebenso überrascht werden wie das Publikum > ***892***

804 In deinem derzeitigen Zustand ist es dir unmöglich, den Wachschrank zu übernehmen, gleichwohl ihn geistig so zu beeinflussen, dass er dich nicht bemerkt. Verwirrt hält er sich die Birne und wankt durch die Tür.

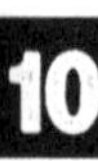

Da es sich um eine Mini-Manipulation handelt, sinkt dein ***Einfluss*** *nicht!*
Deine Chance! Was willst du tun?
Kameras manipulieren > ***847*** | *Spinde untersuchen >* ***833***

805 „Okay, okay ...", beschwichtigt der Museums-Boss und wischt unentwegt über das Display seines Smartphones. „Als Alternative könnte ich euch einen Auftritt hier im Museum anbieten. Wir haben eigens eine Stage für Nachwuchsbands aufgebaut. Ich schiebe euch rein. Mehr ist organisatorisch wirklich nicht drin!"

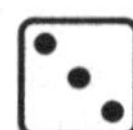 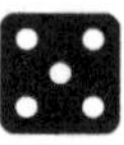

Sollen die Metal Heroes dieses Angebot annehmen?
Ja, der Museumsfuzzi hat doch nur seinen Job gemacht > ***866***
Nix da! Almosen haben die Metal Heroes nicht nötig! > ***816***

806 Du kannst dieses Gefühl nicht erklären, doch du bist sicher, dass in dieser Ausstellung irgendetwas Seltsames vor sich geht. Dennoch findest du keinen Hinweis.

Weiter > ***837***

807 Der Museums-Boss mit den krausen, grau melierten Haaren wundert sich über die Anwesenheit der Metal Heroes. Er hätte von der Havarie der Rock the Boat gehört und rechnete daher nicht mehr mit dem Eintreffen der Band.

Ist im Metal-Logbuch unter ***Road to Glory*** *Eintrag* ***#13a*** *oder* ***#13b*** *angekreuzt?*
Ja, einer der beiden ist markiert > ***872***
Falls nicht … Wie heißt der ***Manager*** *der Metal Heroes?*
Russ Marlow > ***823*** | *Ricci Truman* > ***836***

808 Vor einem der zahlreichen ausgestellten Schlagzeuge stehen zwei junge Kerle und fachsimpeln über das Instrument. Der eine, blonde Steckdosenfrisur, verwaschenes Ramones-Shirt, ist nur unwesentlich kleiner als Gregori und ähnlich kräftig gebaut. Der Teenager flippt fast aus, als Brian in anquatscht.
„Krass, du bist doch Brian Farlane von den Heroes, oder?"
Der Leadgitarrist nickt und deutet auf ein Schlagzeug. „Hey, sag mal, kannst du damit umgehen?"
„Logo, Mann! Ich drumme, seit ich nicht mehr in Windeln kacken muss."
„Und wie sieht's mit unseren Songs aus?"
„Kenne ich alle! Ist oberste Bürgerpflicht, Mann!"
„Dann heiße ich dich willkommen, Soldat! Du wurdest soeben zwangsrekrutiert für die Metal-Heroes-Army …"
Brian drückt dem aufgekratzten Teenager Gregoris Sticks in die Hand, der sie wie eine Trophäe in die Luft reckt.

⏩ FAST FORWARD

Überrascht blicken sich Leo, Joey und Brian an, als der Gast-Drummer Gregoris Standarderöffnung „Auf drei, ihr Weicheier!“ nahezu perfekt imitiert. Auch ansonsten hat der Edel-Fan nicht zu viel versprochen: Er kennt das Repertoire der Metal Heroes in- und auswendig. Niemand im Publikum bemerkt, dass es sich um eine Kopie handelt.

Weiter > ***844***

809 Beeep! Beeep! „Falsche Eingabe! Verbleibende Versuche: 01“

Welche Kombination möchtest du eingeben?

1498 > ***898*** | 1948 > ***818***

Willst du jetzt deine göttliche Kraft einsetzen, um mögliches Unheil abzuwenden? > ***•831***

810 Obwohl an diesem Tag wesentlich mehr Leute im Museum unterwegs sind, verlaufen sich die Menschenmassen in dem großzügigen, modernen Bau. Interessiert studiert ihr eine Infotafel gleich hinter dem Sicherheitscheck.

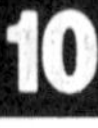

Auf ganzen sieben Stockwerken verteilt zeigt die Rock'n'Roll Hall of Fame die Geschichte der Rock-Musik. In der Eingangshalle erfährt man alles über dessen Ursprünge, wie Gospel, Blues, R&B sowie Folk und Country. Direkt darüber sind sowohl eine kleine Bühne für spezielle Auftritte und Events als auch interaktive Infostände zu berühmten One-Hit-Wonders und Songs, die den Rock prägten.

Das Herzstück des Hall-of-Fame-Museums tritt ab dem dritten Stock zu Tage. Dort befindet sich eine lange Wand mit den Unterschriften aller bisher in die Ruhmeshalle aufgenommenen Künstler, Journalisten und Produzenten. Zahllose einzigartige Ausstellungsstücke belegen ihre Schaffenskraft über die Jahrzehnte.

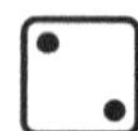

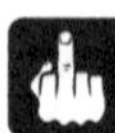

Der vierte Stock bietet unter anderem das Foster Theater, das ebenso als ein 3D-Kino wie als Konzertsaal für bedeutsame Veranstaltungen genutzt wird.

Auf den oberen Stockwerken werden zeitlich befristete Ausstellungen zu wahren Rock-Größen aber auch einschneidenden Ereignissen präsentiert. Laut dem ausliegenden Flyer sind derzeit Bilder, Filme und Exponate aus Woodstock und die Sonderausstellung „Heroes of Rock“ zu sehen.
Zudem wird dort - zur körperlichen Besucher-Erheiterung - eine Reihe genitaler Gipsabdrücke gezeigt. Die Penisse diverser Musiker wurden von Cynthia Plaster Caster abgenommen und machten das Edel-Groupie weltberühmt. Eintritt nur für Erwachsene!

Während eurer Runde durch das Museum kommst du aus dem Staunen nicht mehr raus! Dieser Laden ist voll mit Erinnerungen, voll von musikhistorischen Devotionalien. Das meiste davon ist Tand, wie beispielsweise eines von Madonnas Bühnen-Outfits, bei dem man sich eh fragt, was das hier verloren hat, einige Stücke jedoch, wie die Lederjacke des schlaksigen Joey Ramone oder die bordeauxrote Schuluniform von Angus Young, treiben dir Pippi in die Augen.
Trotzdem ist die Suche ernüchternd. Kein einziges Exponat war von allmächtiger Schaffenskraft durchzogen! Kein Funkeln, kein Glitzern!
Du bist noch nicht einmal mehr in der Lage die Artefakte der Jungs wahrzunehmen. Offenbar kannst du in deinem jetzigen Zustand - im Gegensatz zu Gregori - nicht den Rock-Gott-Röntgenblick einsetzen. Ihr werdet euch bei der Suche also auf den blinden Drummer verlassen müssen!
Beim Schlendern durch die beeindruckenden Ausstellungen bemerkt Leo einen Mann in den besten Jahren mit Anzug und Krawatte, der von einem Reporter des größten lokalen Fernsehsenders interviewt wird. Der Bassist ist sich sicher: Es handelt sich um den Chef der Hall of Fame, Greg Harris.

Museums-Mensch ansprechen! > **807**

Reden ist Silber, sofort klauen ist fuckin' Gold! > **821**

811 Obwohl dein Geist in sicherem Abstand über den Köpfen der Band, zwischen Deckenventilatoren und bunten Luftballons, kreist, kannst du jedes Wort des Telefonats verstehen. Der Manager ist sehr ungehalten über die Entscheidung, die MBro-Einladung auszuschlagen. Joey zeigt sich jedoch unbeirrt und würgt das Gespräch nach einigen unschönen Sätzen ab.

„Fuck, ich hoffe, dies war in deinem Interesse, Taylor“, brummt der Bandleader in sich hinein, wohlwissend, dass du mithörst. Zwei Minuten später vibrieren die Handys der Metal Heroes fast gleichzeitig …

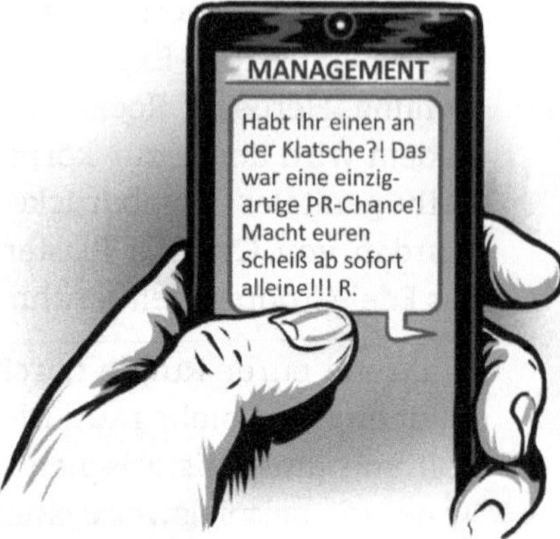

*Entferne nun deinen **Manager**-Eintrag unter **Supporter** im Metal-Logbuch. Die **Bandchemie** sinkt zudem um 1!*

Die kommende Woche besorgen die Metal Heroes einen tauglichen Manager-Ersatz, feilen an ihrer Bühnenshow und versuchen sich das ein oder andere neue Stück draufzuschaffen, bevor sie schon wieder im Flieger sitzen, um wenig attraktive PR-Auftritte an der Ostküste wahrzunehmen.

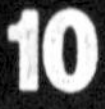

*Die Band erhält **3 Song-Punkte**!*
*Spare oder investiere sie jetzt, um Songs freigeschalteter Genres im **Repertoire** zu aktivieren, indem du einen Kreis um die Track-Nummer machst.*
*Erhöhe zudem den **Fame** eines beliebigen Songs. Fülle dazu einen weiteren **Fame-Stern** dieses Songs aus.*

*Weiter > **827***

812 Gregori zögert nicht lange und schlägt im Namen der verdutzten Rest-Band ein.

⏩ FAST FORWARD

Noch nicht einmal 48 Stunden nach dem Handschlag hat der tighte K'Dogg aus einem alten, bisher unveröffentlichten Heroes-Demo ein eingängiges Rap-Rock-Crossover-Stück gemixed. Deine Jungs mussten nichts weiter tun, als die Freigabe zu erteilen. Easy!

*Übernehme nun den Song **„Thrill to Kill" (#39)** als **Glorious Track** ins **Repertoire** der Band, indem du einen Kreis um dessen Track-Nummer machst. Wenn du mehr über diesen Song erfahren möchtest, lies die Zusatzinfos unter **„Glorious Tracks Inside"** hinten im X-tras-Kapitel durch.*

*Weiter > **851***

813 👁 Du fühlst dich wie ein Panzerknacker, als du den Stecker der Kamera, die auf die Buddy-Holly-Figur zeigt, herausziehst und einen anderen mit der Buchse verbindest.

*Notiere dir unter **Road to Glory**, Eintrag **#14a**, dass du die **Buddy-Cam manipuliert** hast, indem du dort ein ✖ im Kreis machst.*
Das ging ja fix! Willst du noch ...

*... die Spinde untersuchen > **833***
*... per Sprechanlage eine Ansage an die Besucher richten > **796***

814 Mehr oder weniger im Vorbeigehen ergreifst du die Karte. Kaum ist sie in deiner Tasche verschwunden, wunderst du dich über die eigene Dreistigkeit.

10

*Notiere dir die **alte Woodstock-Karte*** auf deinem Inventar im Metal-Logbuch. (Ja, bitte das Wort „alte" nicht vergessen – sehr aufmerksam!)*

*Weiter > **792***

815 Irgendwo muss es einen Kontrollraum geben, wo die Signale der Kameras zusammenlaufen. Du lässt dir von Gregori sein Handy aushändigen und machst dich sofort auf die Socken.
Im vierten Stock, recht zentral neben dem Foster Theater, findest du in einem Nebengang eine Eisentür mit dem Warnhinweis

**) Spieltipp: Jeder Metal Heroes Special Edition liegt eine Replika der original Woodstock-Karte von 1969 als Lesezeichen bei.*

„Security – Staff only". Daneben ist ein Zahleneingabefeld mit Display in die Wand eingelassen... „Enter Code"
War ja klar! Ohne die passende Nummer kommst du hier nicht weiter. Jetzt müsste man wieder körperlos sein! Andererseits: Dann könntest du die Kameras auch nicht manipulieren.

*In sicherem Abstand die Tür beobachten > **834***

*Wieder zu den anderen gehen > **846***

816 Mit seiner lautstarken Unmutsbekundung stößt Joey auf taube Ohren. Der Museumsboss ist mit allen Wassern gewaschen. Sämtliche Argumente entkräftet er störrisch mit dem Hinweis, dass das Management der Metal Heroes selbst auf Nachfrage keine konkreten Angaben machen konnte und wollte, wann mit der Ankunft der Band zu rechnen sei.
„Tut mir leid, Freunde, aber der Deal ist geplatzt", resümiert der Business-Rocker cool und wünscht einen schönen Tag.
Als der Ärger über den verpassten Auftritt verflogen ist, meint Leo in aller Seelenruhe: „Ich denke, es ist clever, dennoch zur Bühne zu gehen und uns dort blicken zu lassen. So bekommen wir immerhin ein wasserdichtes Alibi."

*Weiter > **795***

817 Tatsache! Es läuft ein Metal Heroes Song aus der Konserve. Aber den meisten Besuchern fällt das nicht auf und sie beeilen sich, um die Band noch auf der Bühne im 4. Stock zu sehen.
10
Ihr könntet euch kaum mehr Unachtsamkeit wünschen. Nur vereinzelt laufen Leute durch die Heroes-of-Rock-Ausstellung.

*Die **Coup-Chance** sinkt um 1!* 800
*Erhöhe den **Fame** dieses Songs, indem du einen weiteren seiner **Fame-Sterne** ausfüllst.*

*Weiter > **860***

818 Nervös tippst du den vierstelligen Code ein und hoffst das Beste, als das Display aufleuchtet ...

*Weiter > **840***

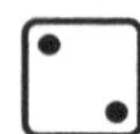
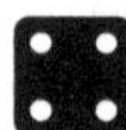
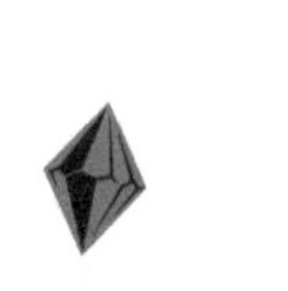

819 Du kramst in den Taschen. „Ach, bevor ich es vergesse ..." Voller Stolz zückst du deinen Quiz-Hauptgewinn: die beiden Karten für das Jubiläums-Konzert!
„Ich werd' weich, Taylor, das wird ja immer besser!" Brian rauft sich die Haare. „Wo hast du'n die Tickets her?"
Du erzählst von deinem Rätsel-Triumpf auf der Rock-the-Boat-Fahrt und fügst hinzu: „Tja, Leute, sorry. Aber ich habe nur zwei Stück. So wie es aussieht, werde ich nicht jeden glücklich machen können ..."
Amüsiert betrachtest du die jungen Kerle, wie sie versuchen, deine Entscheidung mit mehr oder weniger armseligem Körpereinsatz zu beeinflussen. Dawna kichert belustigt.

Was willst du mit den Karten machen?
Eine Karte Dawna geben > ***894***
Dawna beide Karten überlassen > ***878***

820 In kaum einer Stunde steht die Kurz-Performance der Metal Heroes vor den Besuchern der Hall of Fame an. Sie ist während eines Auftritts der australischen Band Mammoth Mammoth geplant, die offenbar diesen Gig-Slot direkt von deinen Jungs geerbt haben. Es bleibt also nur noch wenig Planungszeit für den Diebeszug.
Derweil klopft es an der Tür des Büros, das eigens für die auftretenden Stars umfunktioniert wurde. Es ist der Bühnenmeister, der wissen will, welches MP3-File er für die kurze Gastrolle der Metal Heroes bereithalten soll.
„Playback!? Ich könnt' kotzen!", schnaubt Brian.
„Vielleicht ist das gar nicht mal so schlecht, Leute", murmelt Gregori geheimnisvoll. „Wenn wir unser Ding machen, solange die Heroes auf der Bühne stehen, wird uns niemand verdächtigen."
Leo nickt zustimmend. „Interessante Idee, Greg! Aber wie willst du sie in die Tat umsetzen?"
„Pass auf – der ganze Auftritt ist doch Playback. Wir setzen einen extrem gutaussehenden Typen im Hawaiihemd an meine Schießbude, kämmen ihm die Matte ins Gesicht und ich ziehe mit Dawna und Taylor los und mache das Artefakt klar. Easy!"

„Genau! Und wenn die pseudo Blindschleiche auf der Bühne noch doof rumstolpert und die PA abräumt, glaubt das jeder“, feixt Joey. Brian tippt sich gegen die Stirn und schlingt den Arm um Dawnas Hüfte. „Könnt ihr vergessen! Wir ziehen Mylady da nicht mit rein!“ Dawna sieht das wohl anders und schubst ihn weg. „Schwachsinn! Gregori und ich schaffen das! Außerdem hilft uns doch der olle Rock-Onkel.“
Angepisst von der Geheimniskrämerei fragt der Bühnenmensch noch einmal mit Nachdruck, welcher Song es denn sein soll.

Welchen Song sollen die Metal Heroes performen, während Gregori und Dawna mit dir auf Raubzug gehen?
Überlege gut, denn die Jungs haben vielleicht einen speziellen Song im ***Repertoire****, der ihnen in diesem konkreten Fall hervorragende Dienste leisten könnte...*

Achtung, auch Regel-Pussys bitte beachten!
Setlist Introducing the Hall
Wähle nun ***1 Song*** *aus dem* ***Repertoire*** *und bestimme damit die* ***Setlist*** *für diesen Auftritt. Trage dazu die Track-Nummer in das vorgesehene Feld mit dem #-Symbol im* ***Gig-Muster*** *gegenüber ein.*
Spiele nach Möglichkeit einen ***Glorious Track****!*

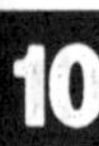

„Na dann! Jetzt müssen wir nur noch spontan jemanden finden, der als Gregori durchgeht.“
Es wird also ein kräftiger Typ gesucht, nicht zu groß, mit langen, blonden Haaren, die sich schön übers Gesicht drapieren lassen. Dem zudem Hawaiihemden stehen bzw. gewillt ist, solche überhaupt zu tragen.
„Okay, ich übernehm’ das!“, ruft Brian entschlossen und zieht los einen geeigneten Kandidaten aufzutreiben.

Checke Brians ***Presence****!*

Gelungen > ***808*** | *Misslungen >* ***794***

821 Die Band ist sich einig, dass es besser ist, so wenige Menschen wie möglich im Vorfeld des Coups anzuquatschen.

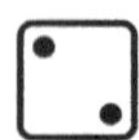 

Gig-Muster

INTRODUCING THE HALL

Leo bändigt seine schwarzen Haare zu einem Zopf und deutet auf ein Plakat, das an die Glasfassade geklebt ist. Darauf werden diverse Bands – darunter auch die Metal Heroes – aufgeführt, die heute über den gesamten Tag verteilt auf den Bühnen des Museums auftreten sollen. Offensichtlich ist das Poster vor den Problemen des Rock the Boat Trips entstanden. „Keine Ahnung, ob es eine gute Idee ist, aber ich denke, wir sollten uns dort blicken lassen. Dann bekommen wir immerhin ein Alibi."

Weiter > ***795***

822 Just bevor der Wachmann in den Aufenthaltsraum tritt, hast du dich in die dunkle Nische zweier Spinde gedrückt. Überhaupt scheint der Mann mehr mit den Flecken auf seiner Hose als mit seiner Umgebung beschäftigt zu sein. Fluchend geht er durch die Sicherheitstür, die automatisch hinter ihm schließt. 10

Du bist allein. Dir bleibt nicht viel Zeit. Was willst du tun?

Kameras manipulieren > ***847***

Spinde untersuchen > ***833***

823 „Ja, der gute alte Russ! Da hat er mal wieder Recht behalten. Hätte nicht gedacht, euch hier zu sehen. Er hat mich ganz schön bequatscht, euren Auftritt nicht sausen zu lassen. Also, ich denke, da können wir noch was machen."

Weiter > ***805***

824 Ohne zu überlegen reißt du an den dünnen Kabeln, bis alle Monitore nur noch Schneesturm und Testbilder senden.
Zufrieden mit deiner kompromisslosen Aktion entkommst du ungesehen aus dem Überwachungsraum und machst dich zurück zu Dawna und Gregori.

*Die **Coup-Chance** sinkt um 3!* ›800

Weiter > ***850***

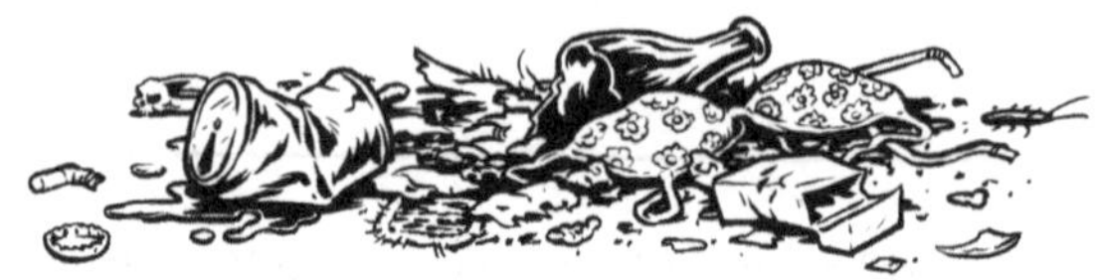

825 Durch die Augen des preisverleihenden Pop-Sternchens siehst du all die aufgesetzt lächelnden und Beifall klatschenden Nominierten im Publikum. Neben dir der bebende Joey. Er ringt mit seiner Antipathie.
Beruhigend legst du deine perfekt manikürte Hand auf seinen Unterarm mit der Trophäe und versuchst seine Aggression mit einem kecken Zwinkern zu zügeln. Dabei blickt er dich an, als könne er sehen, wer in dem zarten Köpfchen steckt.
Zur Verwunderung seiner Kollegen und der Zuschauer schreit er plötzlich: „Leck mich, Taylor. Leckt mich alle!“ Und mit einem „Ich tue das, was ich für richtig halte!“ donnert Joey den Award auf die
10 Glasscheibe des Pults, die unter der Wucht des Schlags zerbricht.

*Joeys **Power** steigt um 1!*
*Allerdings ist eine seiner **Sicherungen** durchgebrannt und dein **Einfluss** sinkt um 1!*

Brian klopft seinem schnaufenden Freund, der von seiner eigenen Tat überrascht scheint, auf die Schulter. „Die Metal Heroes scheißen auf diesen Preis!“, schreit er derart laut ins Pultmikro, dass eine kreischende Rückkopplung die konsternierten Gäste zusammenzucken lässt. Unter ungläubigem Gemurmel und einzelnen

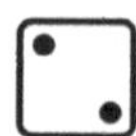 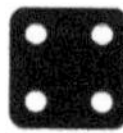

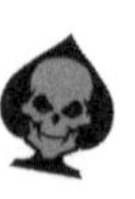

Pfiffen der Menge räumen die Jungs die Bühne, ohne jedoch, dass Brian die Gelegenheit ungenutzt ließe, in den hochglanzpolierten Yamaha-Flügel des nachfolgenden Acts zu rotzen.

Weiter > ***843***

826 Du grübelst, denn du hast diese geschmeidigen, widernatürlichen Bewegungen schon einmal gesehen – doch kein normaler Mensch läuft so bescheuert!

Im Besucherstrom der Hall of Fame bleibst du dem Kerl auf den Fersen, der sich wie eine Echse durch jede Lücke windet. Du hingegen trampelst durch die Massen, näherst dich hinterrücks, packst ihn entschlossen an der Schulter und reißt ihn herum. Der unscheinbare, drahtige Mann ist ein Rocktourist, wie er im Buch der Musik-Peinlichkeiten steht. Black Sabbath-Shirt und Jeans mit weißen Turnschuhen.

„Ich grüße dich, Taylor!", raunt der Typ selbstsicher. „Ja, so sieht man sich wieder …"

Du erkennst seine irren Augen sofort – es ist Helioz, die scheiß Unterweltschlange, der Arsch, der dir das Kreuz-Branding verpasst hat! Ehe du etwas tun kannst, wirst du deinerseits von den zahllosen Besuchern an Armen und Schultern gepackt und zurückgezerrt. Wie hirnlose, ferngesteuerte Zombies grabschen sie nach dir, verhindern, dass du den Handlanger der Unterwelt weiter verfolgen kannst. Dabei halten sie dich nicht nur körperlich in Schach, sondern zehren zugleich an deiner Macht! Erst als du Helioz aus den Augen verloren hast, lassen die verwirrten Rock-Fans wieder los und beenden das Absaugen deiner Kräfte.

Notiere dir unter ***Road to Glory****, Eintrag* ***#15****, dass du den* ***Untoten verfolgt*** *hast, indem du dort ein* ✖ *im Kreis machst.*

Dein ***Einfluss*** *sinkt um 1! (Für alle Mathe-Klugscheißer: Negativ können die Werte übrigens niemals werden.)*

Verwirrt blickst du nach oben. Verflucht! Du befindest dich im Visier der Überwachungskameras! Möglichst unauffällig drückst du dich in die Gänge der angrenzenden Ausstellung „World of Woodstock" hinein.

Weiter > ***887***

827 Am späten Abend eines ereignisreichen Tages beziehen die Metal Heroes ihre Hotelzimmer mit Blick zum Central Park in New York. In ausgelassener Stimmung betreten sie den Aufzug und du kannst deinen geisterhaften Körper gerade noch durch die zugleitende Tür bugsieren.
Auf halbem Wege nach oben flackert plötzlich die Beleuchtung und der Fahrstuhl bleibt ohne Vorwarnung stehen. Krasses Déjàvu! Und überhaupt: Die mit Samt ausgekleidete Kabine kommt dir irgendwie bekannt vor ...
Brian hämmert verärgert auf den Messingtasten des Bedienfelds herum: „Mann, was ist denn jetzt wieder los?" Dabei erwischt er das rote Glockensymbol und eine weibliche Stimme mit französischem Akzent wispert: „'allo?! Mister Taylor? 'ören Sie mich?"
Du weißt sofort: Hier spricht das hinreißende Liftgirl, die du bei deiner Abfahrt in die Unterwelt beschnuppern durftest! „Pardon", entschuldigt sich die Frauenstimme, „mit wem spreche ich?"
„Hier sind die Metal Heroes", nimmt Leo, der große Charmebolzen, das Heft des Handelns in die Hand. „Wer sind Sie? Und woher kennen Sie Taylor?"
„Metal 'eros? Mince alors! Ich 'abe keine Zeit für Small Talk! Ist Mister Taylor zu sprechen?"
Dir rutscht das Herz in die Hose. Die Kleine war so süß und offenbar will sie dich wiedersehen. Vor lauter Aufregung reagiert dein Körper unerwartet widerspenstig mit Wiedererscheinungsstörungen.

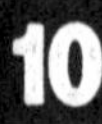

Gregori blickt zu dir herüber und meint: „Ja, der Knabe steht neben mir, er kann Sie hören. Er kann sich derzeit nur nicht verständlich machen ..."
„Compris! Bitte, Taylor, 'ör gut zu! Ich spreche aus meinem Lift ..." Ein nervöses Räuspern. „Ich 'abe ge'ört wie Luzivers' Band über deinen alten Freund sprachen. Sie 'aben ihn entführt und ich fürchte, seine Kräfte sind zu schwach, um den Sirenen länger zu widerstehen ..."
Da kreischt eine schrille Rückkopplung und ihr hört, wie sich die Frau verzweifelt gegenüber einem erbosten Unbekannten rechtfertigen muss. Dann bricht

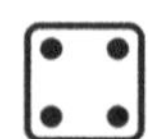 

die Verbindung komplett zusammen und der Aufzug fährt weiter, als sei nichts gewesen.

Endlich wieder körperlich drückst du mehrfach auf die Glocken-Taste und versuchst vergeblich, das Liftgirl erneut zu erreichen.

Joey hebt vielsagend eine Braue: „Na, Taylor. Kennst die Kleine wohl, hm?"

Du schweigst zerknirscht und Brian stößt dir einen Ellenbogen in die Seite: „Is' bestimmt 'n 'eißer Feger, oder? Ich mein', bei der Stimme."

Im Zimmer angekommen, wartet schon die nächste Überraschung: Am Fenster steht Jill und betrachtet die Lichter Manhattans. Ohne den Blick hinaus abzuwenden, begrüßt sie die Truppe und hört sich an, was euch soeben passiert ist. „Dann ist es also wahr", resümiert sie. „Der Meister der Unterwelt hat tatsächlich einen Weg gefunden, dem Gott des Rock den Saft abzudrehen."

Jill schubst dich, sodass du unfreiwillig auf der Bettkante Platz nimmst, und beginnt augenblicklich deinen Kopf abzutasten. Dabei zieht sie dir unsanft die unteren Lider hinunter und blickt dir tief in die Augen, als wolle sie deine Seele ergründen.

Am Ende der Untersuchung begutachtet sie die Schulter mit Helioz' Branding: „Wie ich sehe, geht es dir besser, Anwärter. Offenbar bist du wieder in der Lage, die Form frei zu wählen."

„Naja", räuspert sich Gregori in Hinblick auf dein Versagen soeben im Aufzug, „mal mehr, mal weniger."

„Quatsch nicht rum!", fährst du dem Drummer schroff über den Mund und wiegelst Jill gegenüber ab.

Die Hexe lächelt und kratzt dir langsam mit dem Ringfinger die Halsschlagader hinunter: „Du glaubst, bereit zu sein?"

Dir ist klar, es gibt nur eine einzige Möglichkeit, der Unterwelt das Bandana streitig zu machen. Du musst an den Ort und die Zeit zurück, als der Rock seine Initialzündung erlebte: August 1969, Woodstock. Dort gilt es das Artefakt zu finden und Helioz' schmutzigen Klauen zu entreißen, bevor sie es überhaupt ergreifen können.

„Absolut!", rufst du.

Jill neigt sich dir entgegen, presst deine Lippen mit den Fingern zusammen und flüstert düster: „Überleg's dir gut, Kleiner Taylor."

Willst du also das Risiko eingehen und den legendären Sommer '69 unsicher machen?

Ja, Flower Power forever! > ***900***

Nein, ich bleibe lieber im 21. Jahrhundert > ***899***

828 Mit zittrigen Fingern gibst du die Kombination ein und betest zu den Rock-Göttern. Optimistisch blickst du auf das Display ...

Weiter > ***840***

829 Beeep! Beeep! „Falsche Eingabe! Verbleibende Versuche: 01"

Welche Kombination möchtest du eingeben?

1489 > ***898*** | 1948 > ***818***

Willst du jetzt deine göttliche Kraft einsetzen, um mögliches Unheil abzuwenden? > ***•831***

830 Du fühlst dich wackelig auf den Beinen. Der Gedanke, dein Körper könne sich jederzeit inmitten der Menschenmenge auflösen, ist dir nicht geheuer. Aber wenn ihr das nun durchziehen wollt, musst auch du Risiken eingehen. Zur Tarnung bekam Gregori von Dawna für die Mission „Metal-Artefakt" ein neutrales Steppenwolf-Shirt aus der Fan-Shop-Grabbelkiste und eine coole Sonnenbrille verpasst. Immerhin.

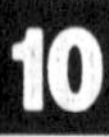

Ihr eilt über die Etagen des Museums und lotst den blinden Drummer durch den Strom der Menschen, bis ihr schließlich in der – wie passend – „Heroes of Rock"-Sonderausstellung im fünften Stock angelangt seid. Knapp ein Dutzend Rock-Legenden werden hier von Jung und Alt als detailgetreue Wachsfiguren bestaunt.

„Warte!", raunt Gregori aufgeregt. „Ich glaube, ich sehe was."

Er deutet auf eine Vitrine neben Buddy Holly. Sie ist voller kleinerer Devotionalien wie ein Plektrum, eine verknitterte Kippenschachtel oder einer Diner-Serviette mit Ketchup-Flecken und Textnotizen für „Peggy Sue". Verwirrt reibst du dir die Augen. Aus irgendeinem verhexten Grund kannst du in deinem derzeitigen

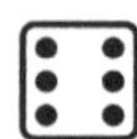 

Zustand die Rock-Kräfte der Artefakte nicht erkennen. Du musst Gregoris Urteilsvermögen vertrauen.
Er hat offenbar etwas eher Unscheinbares als Metal-Artefakt identifiziert, nämlich eine zusammengerollte Gitarren-Saite mit Rost- und Rußflecken. Dawna liest das Schildchen daneben vor: „E-Saite, Fender Stratocaster, Buddy Holly (1936 – 1959). Fundstück aus dem Flugzeugwrack, in dem der legendäre Rock-Musiker am 3. Februar 1959 ums Leben kam."
„Der Tag, an dem die Musik starb"♫, sinnierst du melancholisch.
Während du noch in Erinnerungen schwelgst, ist Dawna bereits einen Schritt voraus: „So wie es aussieht, ist die Vitrine nicht besonders gesichert." Sie deutet unauffällig zur Decke: „Allerdings gibt es Überwachungskameras."
„Okay, Taylor", flüstert das clevere Girl. „Du musst dafür sorgen, dass die Kameras uns nicht aufzeichnen. Bekommst du das hin?"

Auf jeden Fall! > **815**

Ich? Nee! Wir bleiben besser zusammen … > **852**

831 Der Schweiß schießt dir in die Achseln, denn du weißt, dass dies deine letzte Chance ist, durch die Sicherheitstür zu schlüpfen. Mit einem kurzen Stoßgebet an den Rock-Gott tippst du die vier Zahlen der Kombination ein.

*Dein **Einfluss** sinkt um 1!*

Weiter > **840**

10

832 Die Brauen des Museums-Chefs verengen sich. Er weiß nicht, was er von dieser Bitte halten soll. „Tut mir Leid, Freunde. Aber wir haben klare Bestimmungen. Unsere Exponate werden niemals außer Haus gegeben, da sie meistens gar nicht uns gehören, sondern Leihgaben gut situierter Sammler und Liebhaber sind."
Aus irgendeinem Grund hast du das Gefühl, dass der Kurator nun für die Absichten der Metal Heroes sensibilisiert wurde.

*Die **Coup-Chance** sinkt um 1!* ›800

Weiter > **820**

♫) SING MIT!
In Anlehnung an die Songzeile „The Day the Music Died" aus dem Hit American Pie von Don McLean, 1971, die Buddy Holly ein musikalisches Denkmal setzte.

833 Du entscheidest dich dafür, die Spinde genauer zu untersuchen. In einem hängt eine Wachuniform in Übergröße fein säuberlich auf einem Kleiderbügel. Im Fach darüber ein Gürtel mit angecliptem Walky Talky. Du schnappst dir das Funkgerät.
Nur wenige Sekunden später hörst du erneut das typische Piepsen des Türschlosses. Du verdrückst dich in den Schatten, wartest, bis der frisch gewaschene Wachmann wieder hinüber zu seinen Monitoren gestapft ist, und entschwindest unter einsetzenden Schmatzen und Schlürfen ins Freie.

*Die **Coup-Chance** sinkt um 1!* 800

Auf dem Gang schaltest du das Funkgerät ein. Außer einem Rauschen hörst du nichts. Zumindest noch nichts. Vielleicht verrät dir der Funkverkehr später die Aktivitäten der Wachleute.

Weiter > ***850***

834 Der dicke Wachmann, bewaffnet mit einer 12er-Schachtel Donuts (wovon ihm schon ein Schoko-Exemplar im Mund steckt), watschelt auf dich zu. Er murmelt dir irgendwas durch den speichelgetränkten Rührteig entgegen, du hättest hier nichts verloren, und gibt nebenbei den Code ein. Aus den Augenwinkeln versuchst du die Kombination zu erkennen.
Die vierstellige Zahl beginnt mit einer Eins und endet mit einer Zahl aus der untersten Reihe, also Sieben, Acht oder Neun, so viel steht fest.

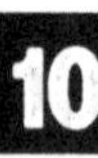

Kaum ist der Wachmann durch die Tür verschwunden, nimmst du das Zahlenfeld in Augenschein. Und du hast Glück! Der Schmierfink hat tatsächlich deutliche Schoko-Fett-Fingerabdrücke auf den Zahlen 1, 4, 8 und 9 hinterlassen …

Welche Kombination möchtest du eingeben?

1489 > ***889*** | 1849 > ***849***
1498 > ***798*** | 1948 > ***848***

835 „Sag mal, ist heute internationaler Arschlochtag?“, ätzt Brian flüsternd, aber eben gerade noch so laut, dass es alle im Raum hören können.

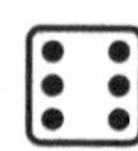

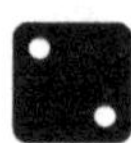

Mikey schnauft. Sein schelmisches Grinsen verrät, dass er sich insgeheim über Brians provozierte Reaktion freut. Cool wendet er sich seinem Band-Kollegen zu. „Ben, halt mal mein Bier…"
Brian und Mikey stehen sich nun Auge in Auge gegenüber. Der Metal Hero neigt den Kopf zur Seite, lässt die Nackenwirbel knacken und murrt selbstsicher: „Letzte Chance, noch ein einigermaßen ansehnliches Selfie zu machen, Buschmann!"
Ungerührt geht Mikey an Brian vorbei zu Dawna, die von den Testosteron-Spielchen sichtlich genervt ist.
„Hey, Kleine! Schau genau hin, wie ein echter Kerl sowas regelt", und klatscht ihr auf den Hintern.
Es ist einer der Momente, bei dem die Zeit anzuhalten scheint und man sehen kann, wie einem der Metal Heroes eine Sicherung durchbruzzelt …

*Wie angekündigt: **Brian** brennt eine **Sicherung** durch!*
Sollten Brians sämtliche Sicherungen durchgeknallt sein, lies bei der entsprechenden Sektion weiter. Oder befindet sich mittlerweile ein bestimmter Gegenstand in Brians Inventar, der eben dies verhindert?

Ansonsten > ***802***

836 Verunsichert streicht sich der Museums-Chef über den feinen Anzug. „Es tut mir wirklich leid, Freunde, aber ich musste euren Auftritt absagen. Ihr wurdet durch einen anderen Act ersetzt. Hätte mir Ricci früher sagen müssen, dass ihr doch noch rechtzeitig kommt."
Unerwartet aggressiv wendet sich Joey gegen den Rock-Kurator.

*Checke Joeys **Presence**!*
*(Besitzt Joey sein **Special**, gelingt der Check automatisch!)*
Gelungen > ***805*** | *Misslungen >* ***816***

10

837 Unauffällig zwinkerst du Dawna zu. Das Zeichen zum geordneten Rückzug. Wie ein professionelles Diebes-Trio verlasst ihr den Tatort und betretet mit gebührendem Abstand untereinander die angrenzende Sonderausstellung „World of Woodstock".

Weiter > ***887***

838 👁 Mit zittrigen Händen ziehst du den Stecker der Kamera, die auf die King-Wachsfigur zeigt, heraus und verbindest einen anderen mit der Buchse.

*Notiere dir unter **Road to Glory**, Eintrag **#14b**, dass du die **King-Cam manipuliert** hast, indem du dort ein ✖ im Kreis machst.*

Das ging ja überraschend flott! Willst du noch ...
*... die Spinde untersuchen > **833***
*... per Sprechanlage eine Ansage an die Besucher richten > **796***

839 Einige clevere Fans haben sich in der Nähe des VIP-Eingangsbereichs auf die Lauer gelegt. Es handelt sich zwar um klassische Autogrammjäger, die die Metal Heroes wahrscheinlich noch nicht einmal beim Namen kennen, dennoch war dieser Zusammenstoß mit Publikum unnötig. Da hilft auch die dilettantischste Verkleidung nichts.

*Die **Coup-Chance** sinkt um 1!* 800

*Weiter > **810***

840 Ein leises Summen ertönt. „Code akzeptiert!"
Stolz über dein erfolgreiches Schoko-Skimming drückst du die Tür auf und zwängst dich vorsichtig ins Unbekannte.
Unstetes, bläuliches Licht aus einem benachbarten Raum lässt die Umgebung gespenstig wirken. Du stehst in einem gefliesten Umkleideraum mit einfachen Holzbänken, einem Tisch voller Fast-Food-Essensreste und zerfledderten Tageszeitungen sowie etlichen Spinden.

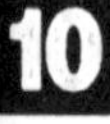

Du spähst hinter einen der Metallschränke zur Quelle des flimmernden Lichts und erblickst den Wachmann auf einem Bürostuhl lümmelnd, den obersten Hosenknopf geöffnet, die Quanten unter einem Pult ausgestreckt. An der Wand zeigen ein Dutzend veralteter Monitore die Bilder der Überwachungskameras. Gelangweilt tippt der Wachbär auf einem Zahlenfeld und schaltet so zwischen den Räumen hin und her.
Du versuchst, das Schema hinter der Bedienung und seine Beobachtungsstrategie zu verstehen, und es

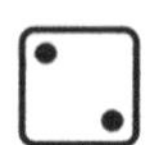
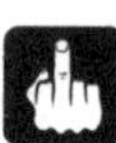

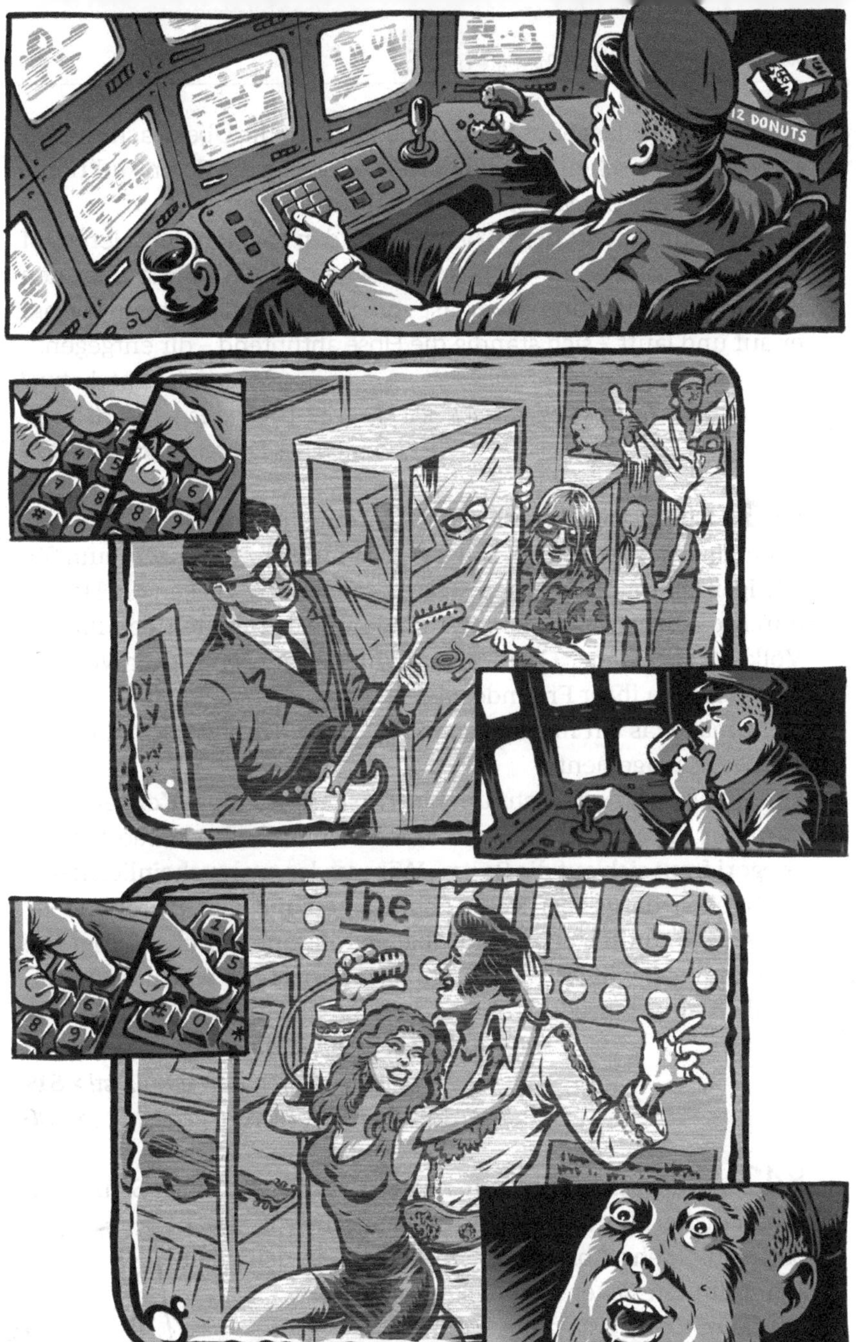

840 *Gelangweilt* **tippt** *der Wachbär auf einem* **Zahlen***feld und schaltet so zwischen den Räumen und Perspektiven hin und her. Du versuchst das Schema hinter der Bedienung und seine Beobachtungsstrategie zu verstehen.*

wird deutlich, dass er es nicht unbedingt auf die Überwachung der Exponate abgesehen hat, sondern allzu gerne die Zoomfunktion - insbesondere beim weiblichen Publikum - einsetzt.
Irgendwann steuert der perverse Bock den Saal mit der „Heroes of Rock"-Ausstellung an, als er erschrocken seinen Kaffee über den Schoß verschüttet und dabei fast vom Stuhl kippt. Fluchend springt er auf und läuft - sich ständig die Hose abtupfend - dir entgegen!

Was möchtest du tun?
Verstecken, zack, zack! > **822** | *Abhauen, sofort!* > ***869***
Etwas deiner Energie nutzen > ***•804***

841 Direkt angeschlossen ans Museum liegt das Foster Theater in einem der Türme. Dort soll das große Jubiläumskonzert zum 30-jährigen Museumsbestehen steigen. Wehmütig blicken die Heroes durch die Glasfassade der Pyramide und betrachten das illustre Völkchen geladener Gäste, als Dawna mit bunten Karten vor den leeren Augen ihrer Freunde wedelt.
„Seht mal, was ich hier habe! Mit freundlicher Unterstützung des Heroes-Managements."
Es handelt sich zwar nicht um Eintrittskarten für das Konzert, sondern nur für den Indoor-Bereich des Museums, aber immerhin.
Gregori freut sich auf die Party: „Wir werden wahrscheinlich keine Stars sehen, dafür aber lecker Schnittchen und Sekt abgreifen."
„... und wir können uns unauffällig im Museum umsehen", fügt Leo geheimnisschwanger hinzu. „Ihr erinnert euch, warum wir tatsächlich hier sind, oder?"

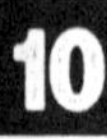

*Hast du vielleicht **Jubiläumstickets** einstecken?*
Ja, klar. Waren hart erquiz-st! > ***819***
Nee, dazu hat's leider nicht gereicht ... > ***800***

842 „Auf was warten wir noch?", tritt Dawna euch Schnarchnasen in den Hintern. Gregori stimmt seiner Ex-Nachbarin zu: „Mehr Ablenkung werden wir in den nächsten Minuten sicher nicht bekommen."
*Die **Coup-Chance** sinkt um 3!* 800

Weiter > ***860***

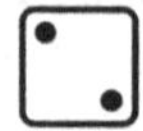 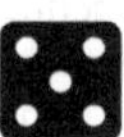

843 In der Garderobe ernten die Heroes finstere Blicke der Show-Crew und anderer Stars und Sternchen. Aber die Jungs sind dermaßen voller Adrenalin, dass sie das nicht kümmert.
Man ist sich einig – Joey tat das Richtige. Quasi das Einzige, dass den ungeschriebenen Gesetzen des Rock'n'Rolls entsprach.
Sodann klopft es an der Tür.
Charlotte! Gehüllt in einem Traum aus weinroten, funkelnden Pailletten. Farblich abgestimmt, mit roten Strähnen, trägt sie ihren Naturlocken-Schopf. „Hallo ihr Vier! Starker Auftritt. Unkonventionell, aber, naja, effektvoll."
„Danke, Charlotte", freut sich Leo über den unerwarteten Besuch. „Aber so sind wir eben, wir hinterlassen nur brennende Bühnen."
Die holländische Sängerin schmunzelt: „Hätte gar nicht gedacht, dass ihr so gestrickt seid. Ich habe mich wohl in euch getäuscht."
„Nicht jeder scheint das so zu sehen", meint Joey ernst und zeigt eine Mitteilung in die Runde, die das Management soeben geschickt hat.

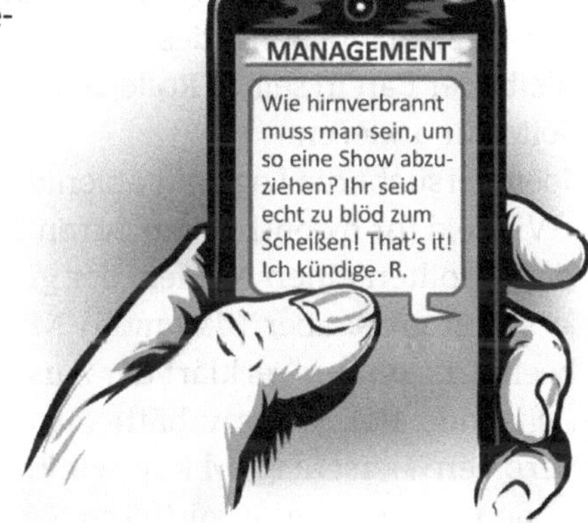

„Das hätte ich nicht erwartet, Leute", sagt Charlotte traurig. „Aber wenn er nicht zu euch stehen will, dann war er eh nicht der Richtige."
„Ich liebe diese Frau!", schmeißt sich Brian an Charlotte ran und will ihre Hüften umschlingen. Sie lässt ihn jedoch mit einem eleganten Schritt zur Seite ins Leere laufen. „Hey, zudringlicher Held! Erinnere dich. Wir hatten einen Deal!"

Kopfschüttelnd, aber mit einem verschmitzten Lächeln auf den Lippen, verlässt Charlotte wieder die Garderobe.

*Entferne nun deinen **Manager**-Eintrag unter **Supporter** im Metal-Logbuch.*
*Dafür steigt die **Bandchemie** um 1!*

Weiter > ***851***

844 „Ach, die Metal Heroes! Welch Ehre." Mit einer übertriebenen Verbeugung untermalt der kantige Sänger der australischen Hard'n'Heavy-Band Mammoth Mammoth, Mikey Tucker, seine Begrüßung und macht deutlich, was er von der Planänderung bezüglich ihres Auftritts hält. „Habt ihr uns doch tatsächlich noch einen Song von unserem Gig abspenstig gemacht!"
Mikey schreitet mit den Daumen in den Taschen seiner Jeans durch die Reihen der Metal Heroes und beäugt den Pseudo-Gregori über die Kante der verspiegelten Gläser seiner Sonnenbrille. Doch der Gesichtsvorhang des Drummer-Doubles sitzt perfekt. Cool bleibt der Fan in seiner Rolle, neigt den Kopf rhythmisch von einer Seite zur anderen.
Joey versucht die Lage mit ablenkendem Smalltalk zu entschärfen: „Wie seid ihr eigentlich auf euren Bandnamen gekommen?"
„Wir wollten einen Namen, der gigantisch wirkt. Ein Mammut ist ja schon groß, aber Mammoth Mammoth ist natürlich noch viel beeindruckender", erklärt der Australier routiniert.

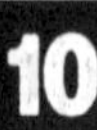

„Ich finde, Pussy Pussy hätte auch gut gepasst", setzt Brian einen verbalen Tiefschlag. Mikey winkt ab und verabschiedet sich mit seinen Kollegen zum mittleren Set, bevor die Metal Heroes „ihren Scheiß" einschieben dürfen.
So bleiben Joey, Brian und Leo samt Ersatzmann in Bühnennähe, während Dawna, Gregori und du den Coup - die Sicherstellung eines Tickets zur musikalischen Unterwelt - startet.

Weiter > ***830***

845 „Sorry, Leute", entschuldigt sich Gregori. „Das Bandana muss ich wohl übersehen haben."

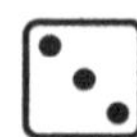
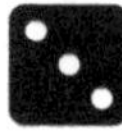

„Hey, kein Vorwurf, Alter!“, spielt Brian den Vorfall herunter. „Wir haben unsren Artefakt-Scheiß bekommen, der Rest is' doch egal.“
„So, ist es das, ja?“, fällt Jill dem Gitarristen energisch ins Wort. „Helioz hat sich bestimmt nicht umsonst das Bandana geschnappt. Es muss wichtig für ihn sein, wichtiger als das, was wir haben.“
„Ja, und was jetzt, ihr Halbgötter in Schwarz?“, will Dawna, die sich die Diskussion ruhig angehört hat, von dir und Jill wissen. „Der Typ hat sich doch längst wieder in die Unterwelt verkrochen. Wir werden das Teil niemals wiedersehen.“
Da schaltet sich Quiff aus dem Schatten ein: „Gehen schon, unbekannte Frau. Taylor bekommen das Bandans von Jimi direkt.“
Du blickst Jill fragend an, doch sie zuckt nur mit den Achseln.
Dawna beugt sich neugierig zum verknitterten Gnom herunter und streichelt ihm das spitze Ohr. Betört kichernd fährt er fort: „Reise nach Woodstock. Verstehen? Taylor Meister kann machen! Hat Gott-Macht dazu. Quiff helfen. Dann kriegen Bandans, bevor Helioz kann stehlen.“ Der Scherge zeigt sein schiefstes Lächeln. „Soll ich machen dich tun Reise durch Zeit?“
Ehe du antworten kannst, schaltet sich Jill noch einmal ein: „Hey, fahr mal rechts ran, Kumpel! Taylor, du musst für diesen Trip absolut fit sein! Kuriere zunächst deine körperlichen Schwankungen aus. Alles andere wäre viel zu gefährlich.“
Quiff justiert sich die Tolle mit etwas Selfmade-Gel und meint: „Mir Zeitpunkt egal. Nur nicht warten zu lange mit Reise. Wenn Rock-Gott zu schwach, kein Woodstock mehr. Kein Rock mehr. Nichts mehr.“

Während Jill den Schergen zur Seite zieht und ihn ausfragt, wie er sich das Ganze vorstellt, checken die Metal Heroes ihre Online-Accounts.
„Also Jill, warum bist du eigentlich hier?“, fragst du sie direkt.
„Nun, ihr habt alle einen Schlüssel. Glückwunsch! Aber wie ich dir bereits sagte, mache ich mir Sorgen um deinen Zustand. In dieser Verfassung unmöglich.“ Sie schreitet um dich herum und fährt fort: „Wegen der Spitzenaktion damals im Maschinenraum der Rock the Boat brauchst du womöglich ebenfalls ein Artefakt, um

die Unterwelt betreten zu können. Tja, da helfen die besten Tabletten nichts“, spottet Jill.
Die Hexe überzeugt dich und die Metal Heroes zunächst die Füße still zu halten. Dann wendet sie sich Brian und Dawna zu, die beide nebeneinander auf dem Bett sitzen. Unterkühlt schmunzelt sie: „Sag mal, Schätzchen, bist du mir eigentlich dankbar, dass ich deine Karre damals habe verrecken lassen vor der Villa der Morgans?“

*Willst du deine Erinnerungen daran wieder auffrischen, blättere nun nach **50**, lies dir dort die Passage zwischen den Blitzen durch und mache anschließend hier weiter.*

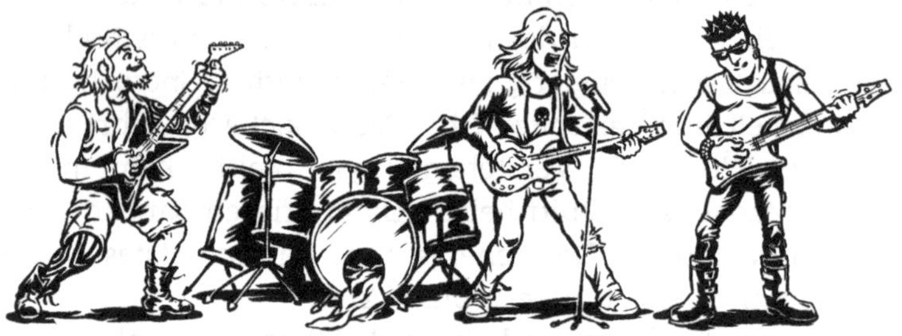

„Ach, du warst das?“, fragt Dawna schnippisch.
„Warum so feindselig, Schwester? Du hättest den süßen Bry doch sonst niemals kennengelernt.“
Das ist wahr! Darüber hast du nie nachgedacht. Es scheint, als trug Jill mehr zur Entwicklung der Band bei, als dir lieb sein kann.

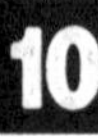

Die mysteriöse Hexe verabschiedet sich mit dem Versprechen, sich bald – nachdem deine Fähigkeiten wieder vollkommen hergestellt sind – zu melden. In der Zwischenzeit werden sie und Quiff Vorbereitungen für den Welten-Trip treffen und versuchen erneute Übergriffe, seitens der Unterwelt zu vereiteln.
In den folgenden Tagen spricht sich der Diebstahl in der Hall of Fame herum. In der Szene kursieren die schrillsten Gerüchte und Verschwörungstheorien. Mit schlechten Fotomontagen unterstellt man fast jedem bekannten Musiker etwas geklaut zu haben. Natürlich ermitteln die Behörden, doch niemand kommt auf die Idee, dass die Metal Heroes etwas damit zu schaffen haben.

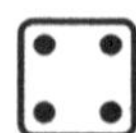 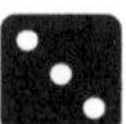

Die Truppe ist derweil nach L.A. zurückgekehrt. Dawna hat ihr Medizin-Studium wieder aufgenommen und dein Körper scheint endlich den Schock von Helioz' Brandmal überwunden zu haben. Seit über 24 Stunden bist du nunmehr körperlos und deine Metal-Mimikry, also die Tarnung unter Gleichgesinnten, funktioniert wieder! Einerseits beruhigend, andererseits ahnst du, dass bald heroische Taten vom angehenden Rock-Gott erwartet werden.
Ihr habt euch darauf geeinigt, dass die Jungs bis auf Weiteres zunächst ihr Ding durchziehen und nur im äußersten Notfall nach dir rufen werden. Schließlich sind die Metal Heroes auf dem Höhepunkt angekommen und reiten die Welle des Erfolgs! Eine Anfrage folgt der nächsten. Und einige Tage später vibriert Joeys Smartphone erneut ...

Weiter > ***880***

846 Du hoffst darauf, dass die Security durch den Andrang an diesem Jubiläumswochenende so beschäftigt ist, dass sie die Entwendung des einen oder anderen Artefakts übersieht.

Die ***Coup-Chance*** *sinkt um 2!* 800
Du gehst zurück zu den anderen in der Ausstellung.

Weiter > ***850***

847 Als wahrer Fachmann für vorsintflutliche Technik der 90er begutachtest du das Bedienpult und entdeckst ein Kabelwirrwarr unzähliger gelber Cinch-Stecker. Doch auf den zweiten Blick ist alles nur halb so wild: An ihrem Ende ist jeweils ein farblicher Ring mit einer Nummer angebracht – offensichtlich sind sie bestimmten Überwachungskameras zugeordnet.

Welche Kamera möchtest du manipulieren?
Ich habe keine Ahnung, daher reiße ich alle Kabel raus > ***824***
Ich lasse die Kabel lieber so, wie sie sind > ***833***
Hey, Moment, habe ich nicht die richtige Kamera-Nummer irgendwo gesehen?! (Wenn dem so ist, addiere 800 zu dieser Zahl und lies bei der ***berechneten Sektion**** *weiter.)*

10

**) Ob es sich um eine legitime Sektion handelt, erkennst du daran, dass sie mit einem -Symbol beginnt.*

848 Schweißperlen rinnen dir über die Stirn, als du die Kombination eintippst. Das ist ja wie bei Mission Impossible! Gebannt starrst du auf das Display ...

Weiter > ***840***

849 Beeep! „Falsche Eingabe! Verbleibende Versuche: 02“

Welche Kombination möchtest du eingeben?

1489 > ***809***

1498 > ***829*** | 1948 > ***828***

850 „Ah, Taylor, da bist du ja wieder!“, flüstert Dawna und schaut sich misstrauisch um. „Und, alles klar?“
„Ja“, bestätigst du konspirativ. „Der Eagle ist gelandet.“
„Wie bitte?! Was für ein Igel?“
„Ich meine ... Mission ‚Metal Storm' hat grünes Licht.“
„Was faselst du da? Ist das irgendeine Rock-Rentner-Geheimsprache? Hast du die Kamera-Aktion jetzt erledigt oder nicht?“
„Nunja, soweit machbar“, bestätigst du zerknirscht.
Gregori schnauft einige Male tief durch, wie ein Hochleistungssportler vor dem entscheidenden Versuch. „So wie ich die Sache sehe, brauchen wir ein Rock-Wunder“, murmelt er sarkastisch.
In der Ferne hört ihr immer noch die Jungs von Mammoth Mammoth spielen. Trotz ihrer eher kleinen Dimensionierung beschallt die PA locker die benachbarten Stockwerke, und da an einigen Ecken sogar große Flachbildschirme stehen, die direkte Bilder von der Bühne zeigen, kann man das Konzert - wenn auch dumpf - quasi live mitverfolgen.

10

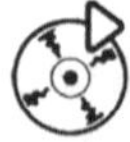 *Lege nun bitte den* ***Metal-Heroes-Soundtrack*** *ein und ziehe dir* ***Track 10*** *rein!*

„Hell's likely“

PUNK/HARD ROCK

My life is messed up
My head's filled with hate

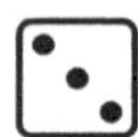 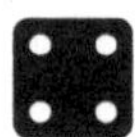

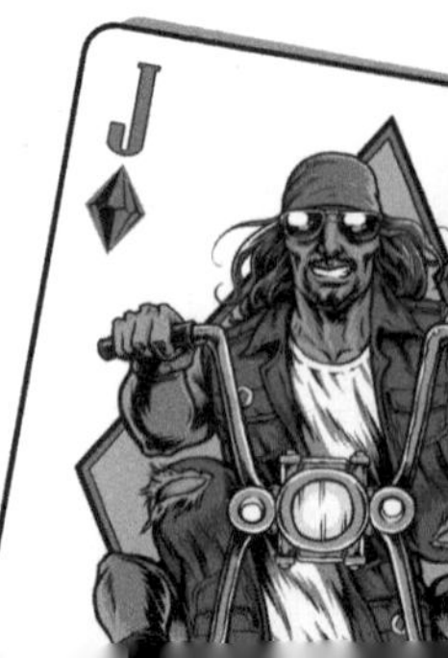

I'm ditchin' this city baby
I'm shuttin' the gate
My foot's flat to the floor
Full steam ahead
Death starin' me in the face man
I'm comin' prepared yeah

Hell's likely, Hell's likely
Hell's likely, Hell's likely

My life is messed up
Journeys just begun
Sweet smell is fillin' my lungs from
This smoking gun
Lights are flashin' in my eyes
It's full steam ahead
Death starin' me in the face man
I'm comin' prepared yeah

Hell's likely, Hell's likely
Hell's likely, Hell's likely

My life is messed up
My heads filled with hate
I'm ditchin' this city baby
I'm shuttin' the gate
My foots flat to the floor
Full steam ahead
Death starin' me in the face man
I'm comin' prepared yeah

Hell's likely, Hell's likely
Hell's likely, Hell's likely, Yeah!
Hell's likely, Yeah!
Hell's likely, Yeah!
Hell's likely, Yeah!

„Hell's Likely" (2012) von Mammoth Mammoth
Hard/Stoner-Rock-Band aus Melbourne (Australien)

Der kurze, eingängige Song reißt das Publikum binnen weniger Takte mit. Ihr Jubel aus dem unteren Stockwerk hallt durch das Museum. Dich jedoch bringt der passende Songtitel ins Grübeln. Wie eine finstere Prophezeiung bohrt sich dir der Refrain in den Kopf.

*Checke nun, ob du bei „**Introducing the Hall**“* 820
einen Song notiert hast.

Ja, habe ich > ***861*** | *Sorry, kein Song >* ***842***

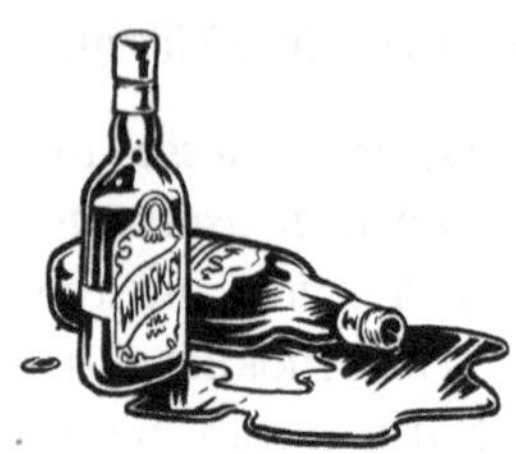

851 Die denkwürdigen MBro-Awards sind Geschichte und die Metal Heroes auf dem Weg ins kurzfristig klargemachte Hotel, nur ein paar Blocks vom Broadway entfernt.
Eigentlich hoffst du nach all der Aufregung, endlich wieder in deinen Rock-Gott-Schönheitsschlaf zu fallen, doch aus irgendeinem Grund bleibst du wach ...

Weiter > ***827***

852 Wahrscheinlich sei alles nur eine Frage des Timings, um
10
den Kameras zu entgehen, instruierst du Dawna und Gregori. Jetzt heißt es also den richtigen Zeitpunkt treffen!

Die ***Coup-Chance*** *sinkt um 2!* 800

Weiter > ***850***

853 Du näherst dich dem räumlichen Übergang zu den 60ern und nimmst das Wachsabbild von Jim Morrison* genauer unter die Lupe. Sein wilder Lockenschopf, das kantige, maskuline Gesicht mit den verträumten Augen ließen Frauenherzen höher schlagen.

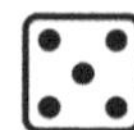 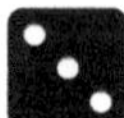

Wie kein Zweiter verstand es der „The Doors“-Frontmann, die Gefühle, Ängste und Visionen der Spät-60er zu artikulieren. Und wie so viele von den Musik-Göttern gesegnete Künstler verstarb auch er viel zu früh.
Betrübt drängst du weiter durch die Besucher der Ausstellung.

*Weiter > **837***

854 Du fliegst mal kurz im Regieraum der MBro-Awards vorbei und kommst aus dem Lachen gar nicht mehr raus, so angepisst und aufgekratzt sind die Leute von Joeys Aktion.
Dem Aufnahmeleiter steht der Schweiß auf der feuerroten Stirn. Immer wieder nippt er mit zitternder Hand an seinem Kaffeebecher, als ein dynamischer Assistent mit Headset und Kladde unterm Arm ihn anspricht.

*Haben zwei oder mehr der gespielten Songs beim **MBro Awards Medley** 890 mindestens **3 Fame-Sterne**?*

*Ja > **871** | Nein > **877***

855 Zwei Wochen später steigt die Live-Show nach tagelangen Vorbereitungen und Proben auf dem Broadway in New York – Limousine, roter Teppich und Pre-Event-Interviews inklusive. Wichtigstes Thema: Welche stylishen Outfits (soweit überhaupt Stoff vorhanden) tragen die Pop-Tussis heute spazieren?
Natürlich bekommt Joey – kurz bevor die Metal Heroes durch den Eingang schlüpfen können – von einer MBro-Moderatorin ein Mikro unter die Nase gehalten und irgendetwas Belangloses gefragt.

*Checke Joeys **Presence**!*
*(Besitzt **Joey** sein **Special**, ignoriere den **Ego**-Würfel!)*

*Gelungen > **886***
*Misslungen > **863***

856 Verdammt! Der Deckel der Vitrine ist offenbar an vier Stellen mit kleinen Häkchen fixiert. Erst als du mit einer von Gregoris Plastikkarten durch den Spalt fährst, kannst du die Sicherheitsriegel lösen.

★) ROCK ICON: James Douglas „Jim“ Morrison
War ein US-amerikanischer Songwriter, Lyriker und Sänger der Psychedelic-Rock-Band „The Doors“. Verstarb am 3. Juli 1971 unter ungeklärten Umständen mit 27 Jahren in Paris.

10

Glücklicherweise ist Dawna clever genug, zu erkennen, dass ihr beiden Vollhonks es mit dem Artefakt nicht gebacken bekommt, und startet ihre eigene kleine Ablenkungsshow. Für ihre Freunde gibt sie wirklich Alles!

Checke nun Dawnas Herz!
Würfle dazu mit einem Würfel gegen die Anzahl der ***ausgefüllten Herzen*** *zwischen* ***Brian*** *und* ***Dawna!***
(Da sie alles andere als egoistisch ist, natürlich ohne ***Ego****-Würfel!)*
Würfel zeigt niedriger oder gleich > ***865***
Würfel zeigt höher > ***879***

857 Das heroische Thema des epischen Tracks bebt durch die Gänge und Hallen des Rock-Museums. Fasziniert bleiben die Menschen stehen, lauschen den brettharten Solis. Etliche Fans erkennen das Stück und laufen los, um den Auftritt der Metal Heroes live mitzuerleben.
„Hatred fliegen zu lassen, war eine weise Entscheidung", flüstert Gregori in Richtung Dawna.
Die atmet auf: „Hätte nie gedacht, dass dieses ewige Gedudel eines Tages einmal etwas bringen würde."
Künstlerisch streitbar, aber dafür mit monumentaler Überlänge ganz in alter Lynyrd Skynyrd* „Free Bird"-Tradition verschafft euch der Song zudem genügend Zeit, euer Ding zu drehen.

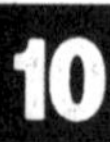

(Erhöhe den **Fame** von ***„The Song of Hatred, the Dragon" (#38)***, *indem du einen weiteren* ***Fame-Stern*** *dieses Songs ausfüllst.*)
Weiter > ***860***

858 Beeep! Beeep! „Falsche Eingabe! Verbleibende Versuche: 01"
Welche Kombination möchtest du eingeben?
1849 > ***898*** | 1948 > ***818***
Willst du jetzt deine göttliche Kraft einsetzen, um mögliches Unheil abzuwenden? > ***•831***

859 Du wippst mit den Füßen und trommelst den Takt auf den Knien. Wie gerne würdest du nun auf-

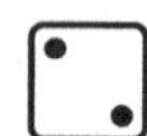
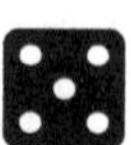

springen und mal so richtig abgehen! Dieser Klassiker versetzt dich in höhere Sphären. Du fühlst dich so gut wie schon lange nicht mehr!
Beiläufig schaust du auf deine Hände – oder besser: durch deine Hände. Sie sind teilweise transparent! Aufgeschreckt von deiner spontanen Rückverwandlung schickst du die ebenso verwirrte wie ahnungslose Dawna zu den anderen zurück und stürzt zur Toilette, um dort den weiteren Auflösungsprozess abzuwarten.
Einerseits bist du genervt, das Konzert nicht bis zu Ende schauen zu können, andererseits bist du happy, dass sich Jills Prognose nicht zu bewahrheiten scheint und der Rückverwandlungsprozess schneller einsetzt. Bei der Gelegenheit gibst du einem lange verdrängten Bedürfnis nach und gehst für kleine Rock-Götter.

*Während du in den Abfluss blickst, steigt dein **Einfluss** um 1!*

Beim Abschütteln bemerkst du, dass du dich nicht komplett verwandelst. Es scheint, als käme das Ganze in Schüben. Ähnlich einem grippalen Infekt oder einem verdorbenen Burger. Mit den Händen in den Taschen deiner Kutte gehst du zu den anderen zurück.

*Weiter > **800***

860 Jetzt heißt es: Volle Konzentration auf das Metal-Artefakt! Nach kurzer Besprechung geht Dawna in Position auf der anderen Seite der Ausstellung und stellt sich zwischen das berühmte Wachsfigurenpaar Mick Jagger und Patti Smith. **10**
Beiläufig öffnet Dawna den obersten Blusenknopf (soll ja zuweilen wahre Wunder wirken) in der Hoffnung, die Besucher, die noch die Sonderausstellung „Heroes of Rock“ bestaunen, für die vielleicht entscheidenden Sekunden ablenken zu können. Derweil machst du dich mit Gregori bereit, das auserkorene Zielobjekt sicherzustellen.

Bei welcher Wachsfigur wollt ihr zuschlagen?
*Buddy Holly > **793** | Elvis Presley > **799***

★) ROCK ICONS: Lynryd Skynyrd
US-amerikanische Rockband (anfangs Lynard Skynard geschrieben). Gehört zu den wichtigsten Vertretern des in den 1970er-Jahren populären Southern Rock. Berühmtester Song: „Sweet Home Alabama“.

861 Dawna spitzt die Ohren. „Eigentlich müssten doch jetzt die Jungs auftreten, oder?“

Gregori pflichtet ihr bei. „Mikey quatscht aber gerade per Mikro zu den Fans“, schildert der blinde Drummer die Situation anhand seiner akustischen Wahrnehmung.

Welchen unüberhörbaren Genre-Einfluss hatte der eben gehörte Mammoth Mammoth Song?

Rap > ***874*** | *Punk* > ***893*** | *Country* > ***882***

862 Jill wird ernst: "Ich habe Gerüchte vernommen, dass die Unterwelt ein wichtiges Artefakt erbeuten konnte. Ich weiß nicht wie und wann, nur, dass es dem Wächter der Weltenmembran, Helioz, gelang, seine Klauen daran zu bekommen."

"So?", ist Leo neugierig. "Welches Artefakt denn?"

"Jimis Bandans!", kreischt Quiff mit aufgerissenen Augen.

Ihr schaut euch fragend an.

"Der Kleine meint", murrt Jill, "das Stirntuch von Hendrix."

Brian lacht: "Logisch, dass da so einiges an Rock-Soße dran ist."

Weiter > ***845***

863 Kopfschüttelnd wendet sich Joey von der aufgebrezelten Moderatorin ab, doch Gregori bleibt stehen und sagt mit schrill-warmer Stimme: „Hi Chris, nett, dass du fragst! Ich trage heute ein Hawaiihemd von Akebono in einer gewagten Kombination aus einer Stonewashed des großen Löb Strauß und ein paar flachen Vintage-Klettverschluss-Sneakern aus dem Hause Adi Dassler.“

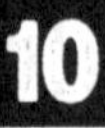

Verstört wendet sich die Reporterin wieder ihrem Kameramann zu und stammelt bloß ein „zurück zu dir, Ray!“ ins Mikro.

Weiter > ***895***

864 „Super, da seid ihr ja endlich!“ Aus der Menge hüpft eine strahlende Dawna und wirft sich nacheinander den verdutzten Jungs um den Hals.

„Hey, Baby, was machst’n du hier?“, freut sich Brian.

„Wir haben auf euch gewartet und wollten eigentlich gemeinsam mit euch abhängen.“ Die junge Frau

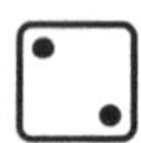 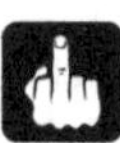

ist kaum zu bremsen. „Boah, war das ein geiles Konzert! Aber ich hatte schon Schiss, dass ihr überhaupt nicht mehr auftaucht, nach Brians SMS vom kaputten Schiff und so."
Du ärgerst dich grün und blau. Wie gerne wärst du bei diesem Gig dabei gewesen. Da ist man quasi der neue Rock-Gott und verpasst dennoch die Highlights.
Dawna kneift Brian in die Hüfte und deutet verstohlen auf dich: „Sag mal, habt ihr endlich einen besseren Gitarristen gefunden?"
Joey stellt dich namentlich und in aller Kürze vor, vermeidet dabei allerdings welterschütternde Götter-Interna preiszugeben.

Weiter > ***800***

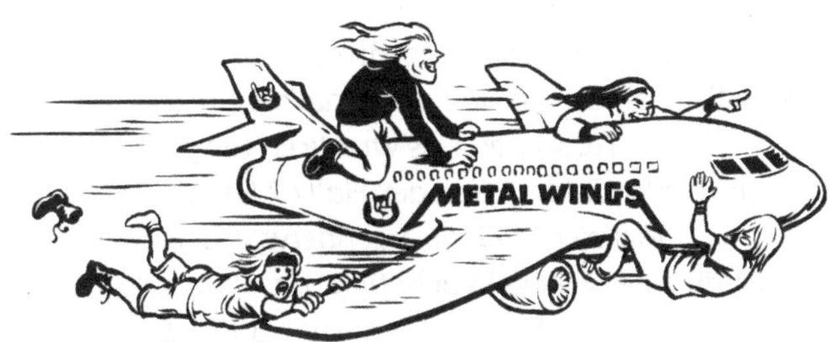

865 Offensichtlich fällt niemandem euer kleiner Diebes-Coup auf! Die Besucher schlendern weiterhin fröhlich-interessiert durch die Gänge. Gregori kippt vorsichtig den Vitrinendeckel zurück, während du deine Hand nach der aufgerollten Saite ausstreckst.
Da gibt es plötzlich eine heftige Entladung! Du zuckst unweigerlich zusammen und schimpfst mit geflüsterten Flüchen auf die Sicherheitsmaßnahmen des Museums, doch dann siehst du ein Funkeln in der Vitrine. Es ist pure rock-göttliche Macht!
Ernsthaft! Die Berührung mit dem Metal-Artefakt war wie eine Initialzündung für deine alten Fähigkeiten. Entschlossen greifst du erneut unter das Glas und schnappst dir Buddy Hollys Saite!

10

⏩ FAST FORWARD

Mit geschulten Handgriffen zieht der Roadie die seltsame Saite auf Brians Gitarre. Er fragt erst gar nicht, wieso er eine neue gegen dieses verrottete Exemplar austauschen soll.

Doch du siehst den Grund nur zu genau: Dir läuft es eiskalt den Rücken hinunter, als sich die göttliche Kraft dieser einzigartigen Saite über Brians 76er Gibson Explorer ausbreitet und sich schließlich mit dem Musiker verbindet. Ein Teil vom charismatischen Buddy Holly pimpt nun seine Gitarre und den Leadgitarristen selbst!

*Dein **Einfluss** steigt um 1!*
*Trage das **HoF-Mitbringsel (Saite)** im Metal-Logbuch unter **Metal-Artefakte** in der Zeile für **Brian** ein.*
*Dadurch steigt Brians **Presence** um 1!*

Du ziehst Gregori unauffällig vom Tatort weg und schaust noch einmal zurück. Du könntest schwören, dass sich irgendetwas in den letzten Minuten im Ausstellungssaal verändert hat …

Tatsächlich, es wurde etwas gestohlen! Nur was?
*Vergleiche die beiden Bilderseiten der Hall of Fame (bei **840** und hier).*
Vielleicht fällt dir irgendetwas Ungewöhnliches auf?
Willst du eine weitere Wachsfigur anschauen? Ja, und zwar …
*Freddie Mercury > **885** | Elvis Presley > **801***
*Jimi Hendrix > **875** | Jim Morrison > **853***
*An anderer Stelle suchen > **806** | Nein, wir hauen jetzt ab! > **837***

866 Greg Harris weist seine Mitarbeiter an, den Kurz-Auftritt der Metal Heroes auf der kleinen Museumsbühne im 1. Stock des Museums zu ermöglichen.
„Ist sonst noch was, Freunde?“

10

Sollen die Jungs den Chef bitten, ihnen ein Artefakt aus der Ausstellung zu überlassen?
*Klar! Probieren geht über Studieren! > **832***
*Nein, keine weiteren Zeugen! > **820***

867 Zunächst verstehst du gar nicht, weshalb deine Sitznachbarn plötzlich so unruhig werden. Doch dann wird dir bewusst, dass die eingeworfene Tablette die Auflösung deines Körpers beschleunigt!
Du willst so schnell wie möglich raus aus dem Kon-

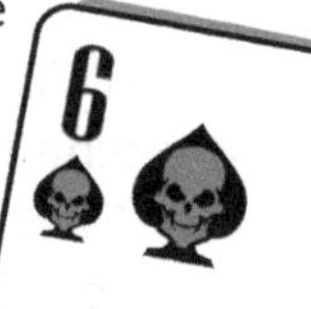

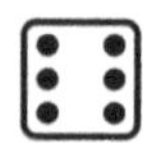

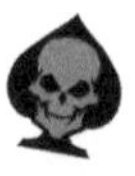

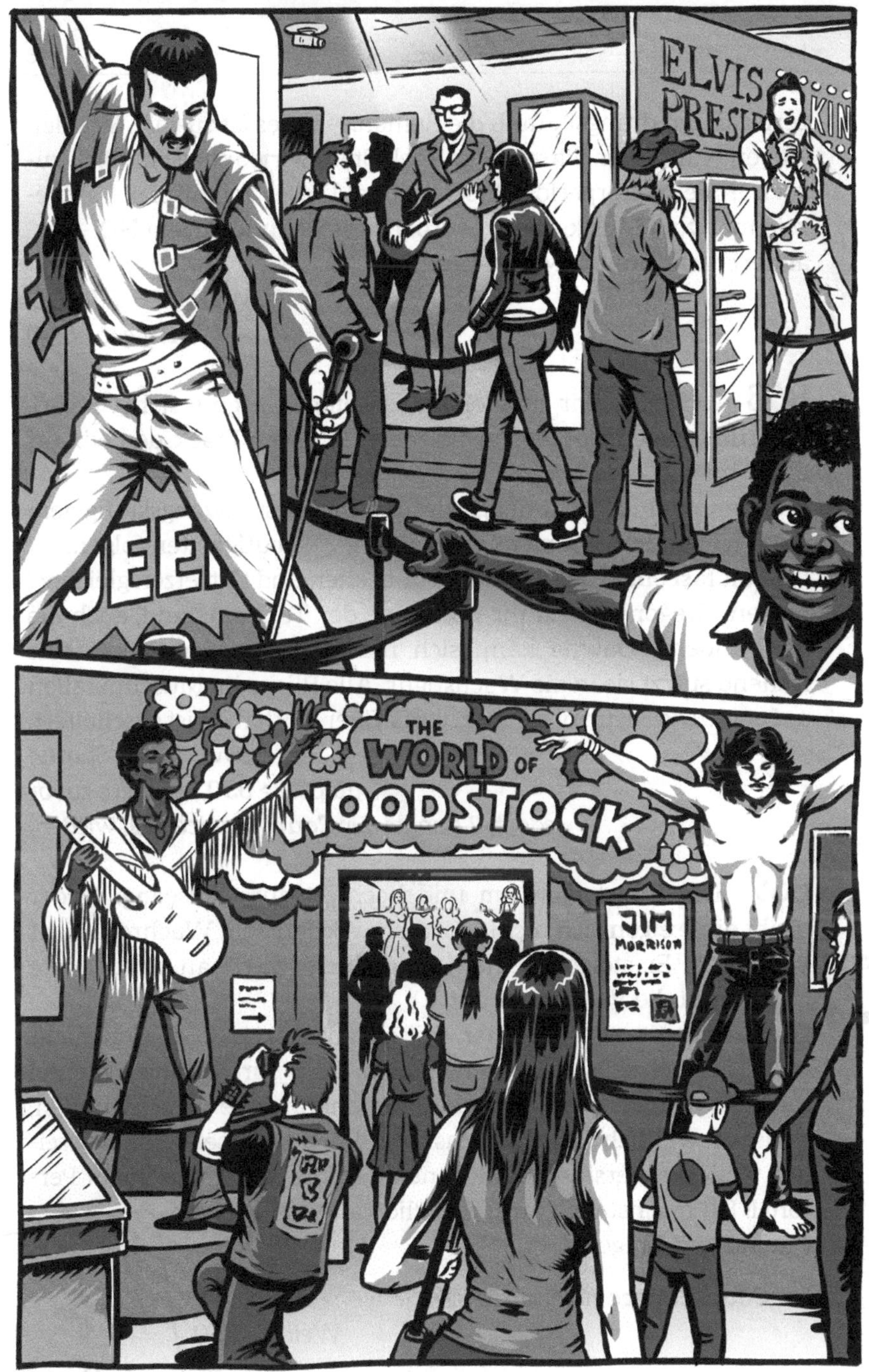

865 *Du ziehst Gregori unauffällig vom Tatort weg und schaust noch einmal zurück. Du könntest schwören, dass sich irgendetwas in den letzten Minuten im Ausstellungssaal verändert hat … Nur was?*

zertsaal und drängst durch die Reihen. Aber es ist zu spät. Vor den Augen Hunderter schreiender Rock-Stars verwandelst du dich zurück in deine körperlose Erscheinung! Dieses Schauspiel – aufgezeichnet vom Musiksender MBro in gestochen scharfem HD – verändert nicht nur die Musik-Welt!

POWER OFF, JUNKIE!
*(Repeat > **894**)*

868 „Scheiße, wir müssen uns beeilen!", ärgert sich Gregori. „Warum spielen die Deppen bloß den kürzesten Track, den wir auf Lager haben?"
Dawna und du lauscht neugierig, und ihr müsst zwangsläufig dem flott-frechen Punk-Song mit all seinen Zweideutigkeiten folgen.
Ihr fällt fast ein Ei aus der Hose vor Lachen und Entsetzen gleichermaßen. Gregori erklärt ihr noch, wie der Text entstand, doch die verwunderte Dawna kann sich nicht konzentrieren. Lauthals lachend stürzt sie in die Wachsfigur. Alle Blicke im Museum fallen auf euch. Die Security ist unterwegs. Euer Vorhaben ist gescheitert.

POWER OFF, Shorty!
*(Repeat > **830**, erneuere zuvor jedoch 2 Punkte der **Coup-Chance** 800 wieder!)*

869 Du drehst dich um und hechtest zum Ausgang. Leider bleibt diese eigentlich recht sportliche Aktion dem Wachross nicht verborgen. Er steigert seine Kaffee-Flüche, zerrt an seiner Hose und nimmt die Verfolgung auf.

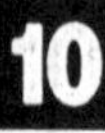

Du bist zwar nach all deiner Zeit als entrückter Rock-Gott nicht mehr der Schnellste auf den Beinen, aber für so eine Wachtel reicht es allemal. Wieder in der Menschenmenge verschwunden, siehst du wie sich der Museumshüter kurzatmig per Funk mit seinen Kollegen verständigt. Rechne ab sofort mit wachsamem Personal! Du machst dich augenblicklich auf den Weg zu Dawna und Gregori.

*Die **Coup-Chance** sinkt um 2!* 800

*Weiter > **850***

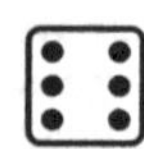
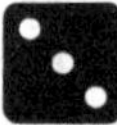

870 Während Dawna am anderen Ende des Saals vollen Körpereinsatz zeigt, indem sie zur Musik aus den Lautsprechern tanzt, um zumindest die meisten männlichen Besucher in ihren Bann zu ziehen, rollst du das Cape zusammen und steckst es in Brians Rucksack. Die Fransen der Lederjacke sind trotz ihres Alters noch erstaunlich geschmeidig.
Selbst ohne das Cape wirkt die Wachsfigur authentisch. Das himmelblaue Hemd mit dem nun unfreiwillig hochgestellten Dackelohr-Kragen lässt nichts vermissen.

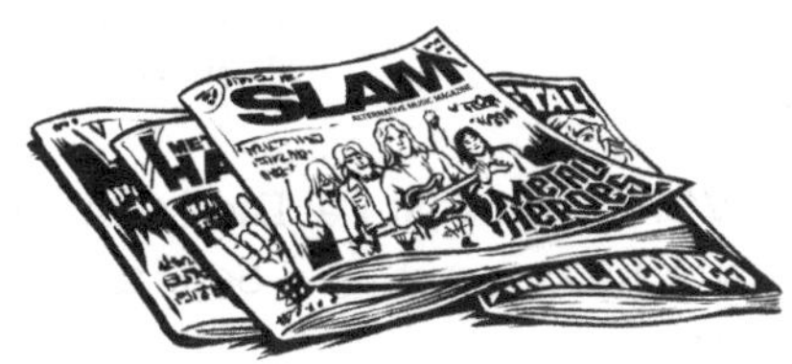

⏩ FAST FORWARD
Brian rümpft die Nase, als Gregori ihm das Cape des Kings entgegenhält. „Das is' nich' euer Ernst, oder?"
Dawna lacht. „Ach, Bry, jetzt hab dich nicht so! Das Teil steht dir bestimmt super."
Als der Gitarrist der Metal Heroes endlich überredet wurde und das Artefakt überwirft, verfolgst du ebenso gespannt wie Gregori den Übersprung der Macht. Ob es nun der Schweiß des Kings ist oder eine andere göttliche Power – sie wird soeben ein Teil von Brian!
„Boa, ist die schwer!", ruft er euphorisch. „Aber ich kann die doch nicht in der Öffentlichkeit tragen. Das Fransen-Teil wird garantiert von der Polizei gesucht."
Da hat Brian freilich Recht. Das Cape werden die Band und du nur beim Übergang in die Unterwelt nutzen können.

*Dein **Einfluss** steigt um 1!*
*Trage das **HoF-Mitbringsel (Cape)** im Metal-Logbuch unter **Metal-Artefakte** in der Zeile für **Brian** ein.*

Mit vor Nervosität nassen Händen zerrst du Gregori vom wankenden Elvis weg. Während eurer Flucht blickst du dich unweigerlich im Ausstellungssaal um. Du bist sicher: In den letzten Minuten hat sich hier etwas verändert ... Nur was?

Vergleiche die beiden Bilderseiten der Hall of Fame (bei ***840*** *und* ***865****).*
Vielleicht fällt dir irgendetwas Ungewöhnliches auf?
Willst du eine weitere Wachsfigur anschauen? Ja, und zwar ...
Buddy Holly > ***801*** | *Freddie Mercury >* ***885***
Jim Morrison > ***853*** | *Jimi Hendrix >* ***875***
An anderer Stelle suchen > ***806***
Nein, wir hauen jetzt ab! > ***837***

871 „Chef, das VCA-Voting ist da! Die Metal Heroes liegen mit 38 Prozent knapp vor K'Dogg mit 34 ... Soll ich das Ergebnis an die Grafik weitergeben?"
Du brauchst eine Sekunde, bevor du realisierst, was die Abkürzung „VCA" bedeutet – die Metal Heroes gewinnen den verdammten Viewer's Choice Award! Also den prestigeträchtigen Publikumspreis, bei denen die Zuschauer per Internet-, App- und SMS-Voting ihre Stimme abgeben dürfen. Bei allen Göttern des Musik-Pantheons! Das wär' was!
Doch dann reißt dich der erboste Aufnahmeleiter wieder aus deiner Euphorie. „Warte!", brummt er genervt, während er von seiner Assistentin ein Handy gereicht bekommt, mit dem knappen Hinweis: „Der Senderchef!"

Nach wenigen Sätzen des Telefonats ist klar, dass die Bosse kein Interesse an einem Sieg der Metal Heroes in der Königskategorie haben. K'Dogg – Rapper, Produzent, Mann einer sexy R'n'B-Diva und eigentlich nur auf Platz 2 – soll die Lorbeeren an ihrer statt einheimsen. WTF?!

Eine schwierige Entscheidung steht an!
Setzte deine Macht ein, um dafür zu sorgen, dass deine Jungs das bekommen, was ihnen zusteht > ***•897***
Oder halte dich zurück, da du annimmst, sie würden den Preis ablehnen > ***891***

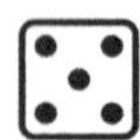
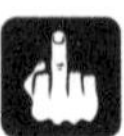
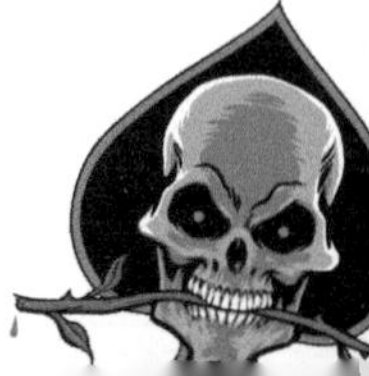

872 „Extra per Helikopter runter vom Schiff? Respekt, dann scheint euch der Auftritt ja wirklich wichtig zu sein, hm?"
Der Museums-Chef beginnt damit Termine auf seinem Smartphone zu checken und ruft einige Leute an. Dabei geht es teilweise recht lautstark zu.
„Also, die schlechte Nachricht ist, dass euer Slot leider mittlerweile von einer anderen Band besetzt worden ist. Die gute: Ich konnte für euch einen Kurzauftritt klarmachen. Ihr könnt immerhin einen Song performen – für die Fans. Was sagt ihr?"

Sollen die Metal Heroes dieses Angebot annehmen?

Ja, der Museumsfuzzi hat doch nur seinen Job gemacht > ***866***

Nix da! Almosen haben die Metal Heroes nicht nötig! > ***816***

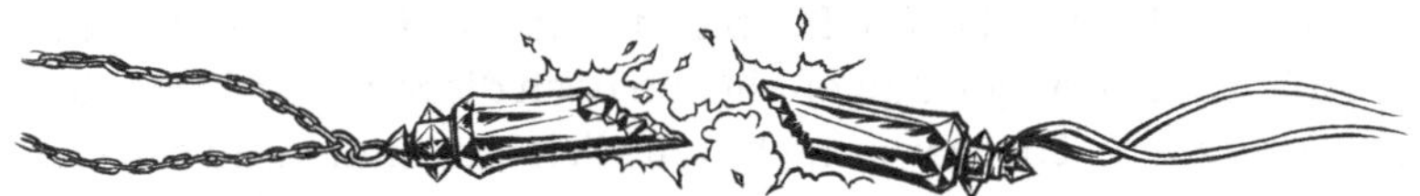

873 Du bist erstaunt, wie schnell sich die Metal Heroes auf die unterkühlte Stimmung im Saal einstellen. Joey gelingt es, in seiner unnachahmlichen Energie und Ausstrahlung, die Damen im Publikum zu neuen Heroes-Fans zu machen. Sogar im sonst so entstellt-leeren Gesicht von Courtney Love findet sich wieder so etwas wie Leben.
Immerhin: Der Sender hat sich den Auftritt einiges kosten lassen. Fette Lightshow und Pyro bringen den Saal zum Kochen. Als der letzte Bass-Kick verhallt und Joey die finale Note über jegliches normale Lungenvolumen hält, brandet großer, ehrlicher Jubel auf. Doch der nächste Programmpunkt wartet bereits.

Die ***Fanbase*** *steigt um 1!*
Zudem steigt dein ***Einfluss*** *um 1!*

Überprüfe nun bitte die Qualität für das Video, welches die Metal Heroes vor kurzem produziert haben.

Wie hoch ist der ***Video-Score*** *für diesen Song?* 520

8 oder höher > ***803***

7 oder weniger > ***884***

10

874 Mikey Tucker spricht direkt zum Publikum und bedankt sich bei den Metal Heroes für die freundliche Überlassung ihres Gigs. Manche Besucher johlen, manche buhen.
„Hey, ihr dürft euch natürlich gerne bei den Jungs persönlich bedanken", ruft der angepisste Sänger ins Mikro.
„Auch wenn es organisatorisch nicht für einen kompletten Auftritt gereicht hat, haben sie es doch einrichten können, zumindest einen ihrer tollen Songs als Playback hier zu performen."

*Die **Coup-Chance** sinkt um 2!* 800

Weiter > ***860***

875 Tatsächlich! Jemand hat von Jimi Hendrix' Wachsfigur das Bandana mitgehen lassen. Du bist dir sicher, dass das rote Batik-Stofftuch vor wenigen Augenblicken noch die Stirn des legendären Musikers zierte. Dir war es nicht wirklich aufgefallen, zu sehr hast du dich auf die von Gregori auserkorenen Artefakte konzentriert. Dennoch ahnst du, welcher Bandana-Träger aus der Unterwelt es geklaut haben könnte, und überlegst, was zu tun ist.

Ach, ich lasse den Dieb laufen und haue lieber selbst ab > ***837***

Quatsch! Ich suche nach dem Typen! > Dann errechne die Sektionsnummer, indem du die Stelle im Alphabet des ersten und des letzten Buchstabens seines Namens hintereinanderschreibst (Beispiel: Der Name sei „Gusta**v**". Der erste Buchstabe „G" ist die 7. Stelle im Alphabet und der letzte „V", die 22. Die daraus resultierende Sektionsnummer wäre also 722.)*

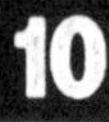

876 „Wenn ihr mich fragt, bei einem solchen TV-Auftritt sollte jedes Band-Mitglied ins rechte Licht gerückt werden. Und denkt daran: Es ist die ultimative Chance, einen noch unbekannten Song zu pushen!"

Großartig, Zig! Zurück zur Songwahl … > ***890***

877 „Chef, das VCA-Voting ist da! K'Dogg hat knapp vor den Metal Heroes und Miley gewonnen.

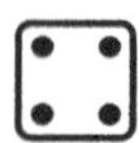 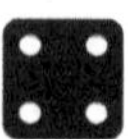

Soll ich das Ergebnis an die Grafik weitergeben?“
„Ja, klar!“, kommandiert der Aufnahmeleiter sichtlich erleichtert. „Zum Glück sind es diese Metal Hirnis nicht geworden.“
Verwundert über das positive Abstimmungsverhalten der Zuschauer machst du dich auf zur Garderobe. Die Jungs haben tatsächlich noch Potenzial! Und was wäre gewesen, wenn zuvor alles optimal gelaufen wäre?

Weiter > ***843***

878 In einem Anflug aus Rocker-Romantik und -Güte überlässt du Dawna deine Karten für das Jubiläumskonzert. Sie strahlt über das gesamte Gesicht und erwählt – wer hätte es gedacht – Brian als Begleitung.
Wehmütig blickst du beiden hinterher, wie sie von den Türstehern die Treppen zum abgesperrten 4. Stock des Museums vorgelassen werden.
„Das war ganz großes Kino, Taylor!“ Joey boxt dir freundschaftlich auf die Brust. „Bist'n geiler Typ.“
Draußen vor der Pyramide erleben tausende Fans, angereist aus aller Welt, das Konzert über eine riesige Leinwand.
In der Werbepause bleiben die Live-Bilder aus dem Foster Theater dennoch zu sehen. Die Kamera schwenkt die vorderen Sitze ab, zeigt die ungeschminkten Gene Simmons und Alice Cooper und nur zwei Reihen dahinter liegen sich Dawna und Brian wild knutschend in den Armen. Ein Seufzen geht durch den Saal.

Male nun im Metal-Logbuch das ***kleinste noch leere Herz*** *über Brians Kopf aus!*

Weiter > ***800***

10

879 Mit ihrem durchdringenden, an- und abschwellenden Dauerton schreit die Sirene „Alarm, Alarm!“. Besucher wenden sich verwundert um und zeigen auf Gregori und dich, wie ihr euch gerade am Ausstellungsstück zu schaffen macht. Eine Kamera schwenkt herüber.

*) Das Alphabet nach Zahlen:

A	B	C	D	E	F	G	H	I	J	K	L	M	N	O	P	Q	R	S	T	U	V	W	X	Y	Z
1	2	3	4	5	6	7	8	9	10	11	12	13	14	15	16	17	18	19	20	21	22	23	24	25	26

Die Hosen voll, flüchtest du, doch der blinde Gregori ist selbst für die beleibten Wachmänner ein leichter Fang.
Kompromisslos übergibt man ihn und die aufgebrachte Dawna den Behörden. Aus der Nummer kommen die beiden so schnell nicht raus.

POWER OFF!
*(Repeat > **800**, setze dort die **Coup-Chance** zurück)*

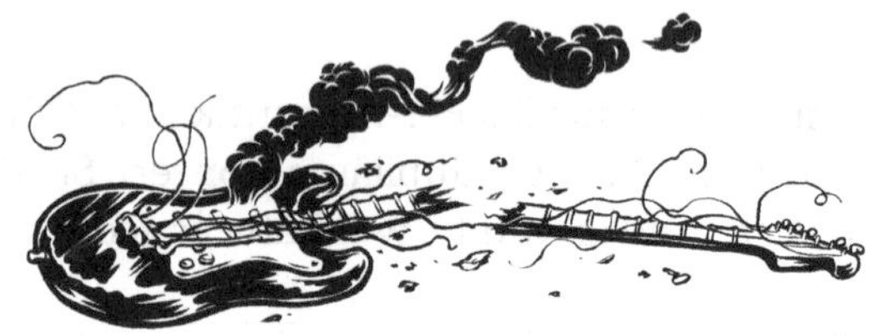

880 Eine Nachricht erreicht die Metal Heroes während des Mittagessens im Carney's Express, einem extravaganten Fastfood-Restaurant, das in einem abgekoppelten Zugwaggon, direkt am Sunset Boulevard in L.A., untergebracht ist. Dort gibt es die geilsten Chili-Wraps! Auch dein Verdauungstrakt weiß ein Liedchen davon zu singen …

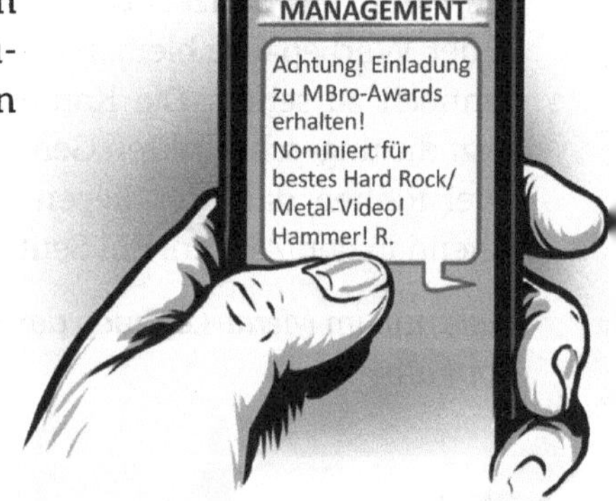

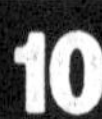

Joey liest die Nachricht seinen Bandkollegen vor. Nach anfänglicher Euphorie finden Brian und Gregori die ersten Haare in der Suppe. Sie bezweifeln, ob eine solche Veranstaltung dem Image der Band entspräche, und befürchten, dass Hardcore-Fans deshalb angepisst sein könnten.

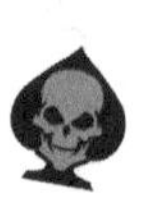

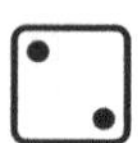 

Schnell wird die Diskussion hitzig, ob man tatsächlich der Radio City Music Hall in New York einen Besuch abstatten sollte.
Zwischen Leos „einmalige Gelegenheit einen großen Medienhype auszulösen“ und Brians „die Kommerz-Penner von MBro können mich am Arsch lecken“ bewegen sich die Argumente und Standpunkte.
Der Bandleader wiederum hält sich erstaunlich zurück. Moderiert mehr, als er argumentiert. Schließlich einigt sich die Band und Joey nutzt die Rückruffunktion seines Smartphones, räuspert sich, mit der Absicht dem Heroes-Management sofort ihre Entscheidung mitzuteilen.

Team Leo: Ultimative Chance annehmen! > **890**
Team Brian: Nix da! Scheiß Kommerz! > **811**

881 Dank der adrenalinsenkenden Wirkung der Arznei stehst du das komplette Konzert ohne Komplikationen durch. Du bleibst ein Mensch aus Fleisch und Blut!
Wahnsinn, welch Sternstunde! Immer wieder schaust du dich ungläubig um und betrachtest die versammelten Rock-Größen, atmest ihre Luft, schwelgst in ihrer Präsenz.
Irgendwie bizarr – eigentlich sind sie deine Jünger und müssten dir huldigen – aber du bist noch immer durch und durch Fan!

Dein ***Einfluss*** *steigt um 2!*

Fast vier Stunden dauert der Trip durch die Rockgeschichte. Du geleitest Dawna nach draußen in die sternenklare Nacht am Ufer des Eriesees.
Wehmütig blickt ihr die Glasfassade der Hall of Fame empor. Die Jubiläumskarten bieten leider keinen Zugang zur After-Show-Party, die jetzt dahinter steigt.
„Ach ja“, sagt Dawna plötzlich, „könntest du mich bitte daran erinnern, dass ich den Jungs ausrichten muss, dass sie sich an den Museums-Chef wenden sollen?“

Weiter > **800**

882 Mammoth Mammoth haben ihr zweites Set gespielt und Mikey lässt es sich nicht nehmen, sich bei den Metal Heroes für die freundliche Überlassung ihres Slots zu bedanken. Die offenbar sehr ironisch gemeinte Dankeschön-Ansage per Mikro stößt beim Publikum auf geteiltes Echo. Etliche Fans, die extra wegen der Heroes hierhergekommen waren, sind verärgert.
„Hey, bleibt cool, Leute. Ich bin nur der Überbringer. Eure Helden stehen direkt hier an der Bühne! Und natürlich werden sie einen ihrer Songs vom Band laufen lassen."

*Die **Coup-Chance** sinkt um 3!* 800

*Weiter > **860***

883 Nachrichten von Damen erfreuen (in aller Regel) das kühle Metaller-Herz! So auch diese:

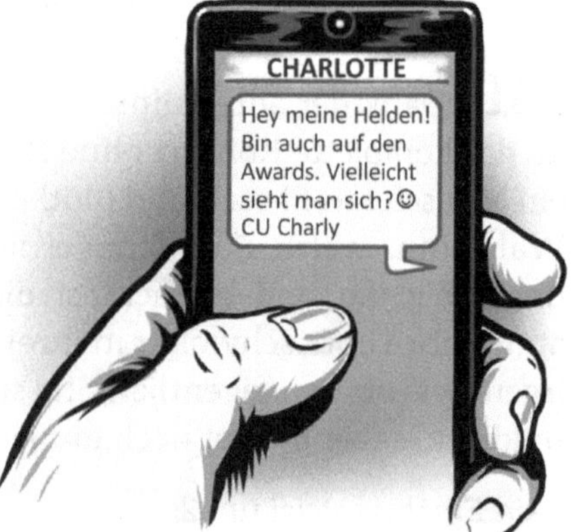

10 *Der **Gig-Score** steigt um 1!*
*Notiere dir die „Nette Motivation" als einen Bonus von **+1** im A-Feld von **„MBro Awards Medley"** im **Tour-Book** des Metal-Logbuchs.*

*Das ist doch süß! Zurück zur Setlist … > **890***

884 Die Show plätschert vor sich hin und du kannst ihr relativ wenig abgewinnen. Von ihren miesen Sitzplätzen verfolgen die Metal Heroes, dass die Auszeichnung für das beste Hard Rock/Metal-Video mal wieder an die üblichen Verdächtigen, die alten Säcke von Ironica, geht. Mürrisch beobachtet Joey die Übergabe, Laudatio und Dankesrede. Routiniert sammeln die vier Metal-

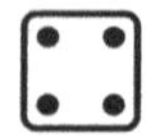 

Titanen ihren x-ten Preis ein. Warum auch immer, platzt Joey plötzlich der Kragen.
Wütend erhebt er sich von seinem Sessel und brüllt zur Verwunderung aller Anwesenden: „Für was habt ihr das Teil bekommen? Fürs fünfte Comeback, oder was? Ihr spielt doch seit zehn Jahren den gleichen Dreck!"
Kopfschüttelnd schauen sich die vier Gewinner an und versuchen die Intervention aus dem Publikum professionell zu überspielen. Als Brian jedoch noch ein paar Schimpfworte nachschiebt, zeigt der Drummer von Ironica, Mars Friedrich, den Metal Heroes den Finger und meint lapidar: „Tja, fürs billige Songkopieren gibt's halt keine Preise!"
Leo zieht seine Kollegen wieder dezent auf ihre Plätze zurück und beschwichtigt sie, bevor sich der Disput zu einem echten Eklat ausweitet. Da du befürchtest, dein göttlicher Geist müsse sich gleich wegen akuten Fremdschämens auflösen, lässt du ihn forttreiben.

Weiter > ***854***

885 Du blickst dich in Freddie Mercurys★ Schatten um, kannst allerdings nichts Ungewöhnliches erkennen. Indes betrachtest du das lebensechte Gesicht des charismatischen Queen-Sängers mit dem schwarzen Schnauzer über den breiten Mund mit dem Überbiss. Tatsächlich glaubst du in diesem Moment, die ersten Zeilen der „Bohemian Rhapsody" aus seiner Kehle zu hören:

Is this the real life?
Is this just fantasy?
Caught in a landslide,
No escape from reality.

„Bohemian Rhapsody" (1975) von Queen
Rock Band aus Großbritannien

Dir zittern die Lippen. Mit einem „Scheiß AIDS!" verfluchst du den zu frühen Tod des legendären Sängers.

*Dein **Einfluss** steigt um 1!*

Weiter > ***837***

★) ROCK ICON: Freddie Mercury
Britischer Musiker und einer der bedeutendsten Rocksänger. Wurde als Komponist und Leadsänger der Band Queen bekannt. Erschuf Welthits wie „Bohemian Rhapsody" oder „We Are the Champions".

10

886 Mit einem weichgespülten Lächeln beantwortet Joey professionell die zwei rhetorischen Fragen und nimmt die besten Wünsche der Moderatorinnen entgegen.

*Der **Gig-Score** steigt um 2!*
*Notiere dir die „Roter Teppich Coolness" als einen Bonus von **+2** im **B**-Feld von **„MBro Awards Medley"** im **Tour-Book** des Metal-Logbuchs.*

Weiter > ***895***

887 Dich umgibt das psychedelische Spiel aus Farben und Formen der Hippies aus den 60ern. Auch wenn du eher versuchst, mögliche Verfolger zu erspähen, entgeht dir nicht das verlockende Funkeln in einer der Auslagen bunter Exponate.
Angezogen wie die Motte vom Licht, bleibst du stehen und betrachtest das kleine vergilbte Stück Papier. Es ist eine Eintrittskarte für das wohl berühmteste Musikfestival der Geschichte: Woodstock 1969. Daneben ein Zitat eines gewissen Max Yasgur:

Woodstock war eine Keimzelle, nein, eine Brutstätte der Rock-Bewegung. Wie würde die Welt heute aussehen ohne dieses denkwürdige Ereignis?

Du schaust nach oben: Die Überwachungskamera zeigt im Moment in eine vollkommen andere Ecke! Offenbar hat der Wachmann, der sie bedient, gerade etwas Interessanteres im Blick.

10 *Willst du die Gelegenheit nutzen?*
Keine Frage, ich schnapp mir die Woodstock-Eintrittskarte! > ***814***
Finger weg, das macht's doch nur noch schlimmer! > ***792***

888 Du erzählst von deiner unheimlichen Begegnung mit dem Wächter der Weltenmembran und dem Bandana, das Helioz von Jimi Hendrix' Wachsstirn riss.
„Helioz schon wieder?", ruft Jill nervös. „Du bist dir absolut sicher, Taylor?"
„Naja, die Schimmelfresse sah aus wie irgendein Museumsbesucher", gibst du zu Protokoll, „aber er hat

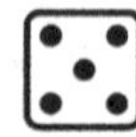
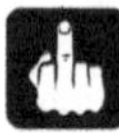

sich komisch bewegt. So seltsam geschmeidig wie eine Schlange. Und dann diese Augen! Also, Jill, der Osterhase soll mir die Eier hartkochen, wenn es nicht wieder dieser Penner war!"
„Das bedeutet nichts Gutes", argwöhnt Jill und bündelt ihre blonde Mähne zu einen Pferdeschwanz. „Erstens dürfte er so kurz nach seinem letzten Erscheinen auf dem Schiff überhaupt nicht die Kraft besitzen, hier aufzutauchen. Und zweitens wüsste ich nicht, dass er in der Lage wäre, Menschen dermaßen zu kontrollieren. Das kann nur bedeuten, dass..."
„...dass dieser Helioz bereits Kräfte des Rock-Gotts in sich aufgenommen hat!", vollendet Leo treffsicher Jills Gedanken.
Die Hexe nickt.

*Weiter > **845***

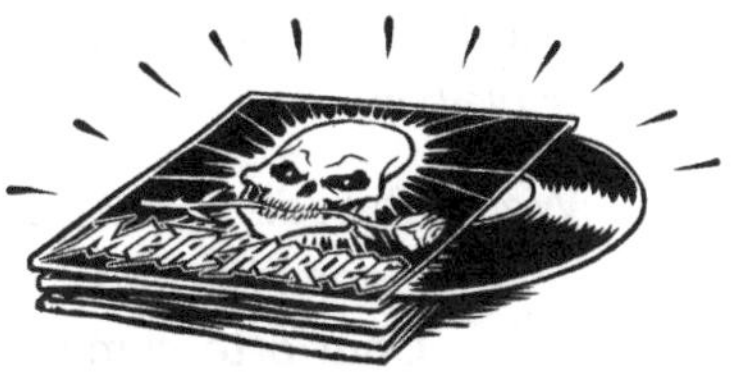

889 Beeep! „Falsche Eingabe! Verbleibende Versuche: 02"

Welche Kombination möchtest du eingeben?

1849 > ***809*** | 1498 > ***858*** | 1948 > ***828***

890 Der Manager ist happy: „Gute Entscheidung, Männer! Das ist eine Mega-Chance für euch! Die Awards werden weltweit live im TV übertragen! Acht Millionen pure Zielgruppe vor der Glotze allein in den Staaten. Eine bessere PR gibt's nicht."
Ehe die Bedienung die Rechnung gebracht hat, ist die Bestätigungsmail des Senders, dass man sich freue, die Metal Heroes an Bord zu haben, eingetroffen.
Zudem will man wissen, ob sie einen Song als Vertreter des Metal-Genres spielen wollen. Aus dem Verlauf des Mailkontakts wird allerdings deutlich, dass das Management diesem Wunsch bereits entsprochen hat – es soll ein Medley* sein, um die Wandelbarkeit der Heroes zu demonstrieren.

*) **Medley** | *Als Medley (englisch „Mischung", „Gemisch") bezeichnet man in der Musik ein Lied bzw. ein Musikstück, das aus mehreren Teilen verschiedener selbständiger Kompositionen zusammengesetzt ist und bei dem die einzelnen Teile fließend ineinander übergehen.*

Immerhin darf die Band selbst entscheiden, welche Titel sich darin wiederfinden sollen. Die Jungs diskutieren nur kurz und verkünden ihre Wahl per SMS.

Setlist MBro Awards Medley

*Wähle nun bis zu **6 Songs** aus dem **Repertoire** und bestimme damit das Medley für diesen Auftritt. Trage dazu ihre Track-Nummern in die vorgesehenen Felder mit dem #-Symbol des **Gig-Musters** gegenüber ein.*

Setlist-Einschränkungen:
- ***Anspruch** darf **höchstens 2** sein*
- *Keine **Glorious Tracks**!*
- *Jeder Song **muss** aus einem **anderen Genre** stammen (siehe Überschriften). Beherrschen die Metal Heroes das **Genre nicht**, muss das entsprechende **Feld leer** bleiben!*

*Wen haben die Metal Heroes als **Supporter**?*
*Sie können **Zig** gerne um Rat fragen > **876***
Charlotte** ist mit ihnen bekannt > **883

*Die Setlist steht, das Lampenfieber steigt! > **855***

891 Es tut dir schon in der Seele weh, wie K'Dogg sich von seiner Gang abfeiern lässt, als sein Name auf der Leinwand erscheint und er seinen Bling-Bling-Triumphzug Richtung Ersatz-Pult antritt. Aber so ist das Business nun einmal. Überall wird manipuliert. Die Charts und Verkaufslisten nur noch fake. Zum Kotzen!

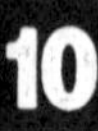

*Weiter > **843***

892 Dann entlässt Joey die aufgebaute Spannung in seinen Fingern als heftiges Schnippen auf die Flagge des Astronauten. Das Banner mit dem Senderlogo rotiert noch, als sich der Sänger trotzig seine Haare zurückwirft und in die Steady-Cam blickt. Selbstsicher wendet er sich ans Fernsehpublikum: „Die Heroes verzichten auf diesen Scheißpreis! Wir machen Musik für euch und nicht für Kommerz, Klicks oder eine sich selbstbeweihräuchernde Branche."

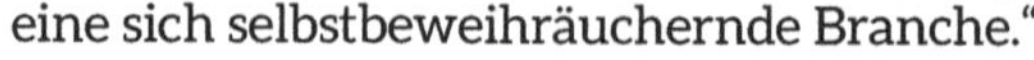

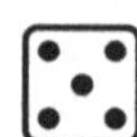
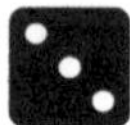

Gig-Muster

MBRO AWARDS MEDLEY

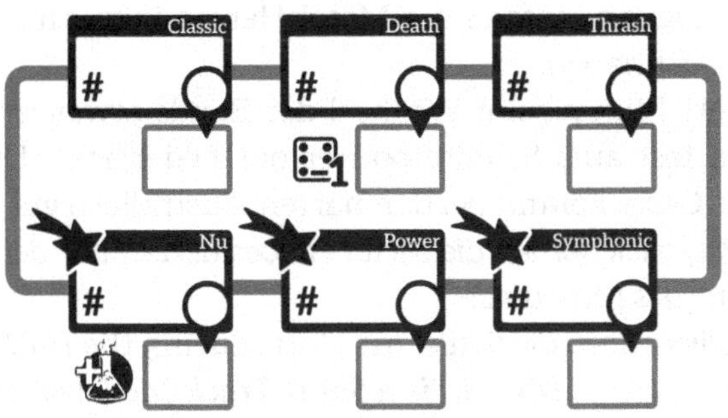

Buhrufe, aber auch vereinzelte Schreie der Zustimmung brechen die Stille im Saal. Yeah!

Dein ***Einfluss*** *steigt um 1!*

Joey gibt das Zeichen zum kollektiven Abflug an seine überraschten Kollegen, die ihm bereitwillig folgen. Brian reckt zum Abschied den Stinkefinger in die Luft und erhält dafür prompt Schmährufe – insbesondere von der Rap-Fraktion.
Der Sender verabschiedet sich in eine eilig angesetzte Werbepause mit reißerischer Stimme aus dem Off: „Gleich bei den MBro-Video-Awards: Erstmals gemeinsam auf einer Bühne zu sehen ... Britney und Miley ..."

Was nun, Herr Quasi-Rock-Gott?
Meinen Jungs folgen > ***843***
Neugierig bei der sicherlich total begeisterten Aufnahmeleitung Mäuschen spielen > ***854***

893 Mikey will nicht weiter Öl ins Feuer gießen, schließlich ist die Stimmung schon aufgeheizt genug. Mit den vielen enttäuschten Heroes-Fans mag er sich nicht anlegen.

„Die Jungs wären heute sicher gerne an unserer Stelle auf dieser Bühne. Aber bestimmt habt ihr es gehört – das Rock-the-Boat-Schiff ist verreckt. Jetzt machen wir eben ihren Job."

Viele Fans sind deprimiert, doch Mikey überrascht sie mit der fetten Ankündigung, dass es die Metal Heroes immerhin für einen Song geschafft haben.

Joey flüstert Mikey beim Wechsel der Bands etwas ins Ohr und klopft ihm fest aufs Schulterpolster der Lederjacke. Die freundschaftliche Geste kommt bei den harten Australiern gut an.

Welches Playback spielen die Metal Heroes derzeit auf der provisorischen Bühne des Museums?

Kontrolliere dazu die ***Setlist*** *des* ***„Introducing the Hall"****-Gigs.* 820

***„My Girl is a Short Track Medalist" (#36)* > 868**

***„The Song of Hatred, the Dragon" (#38)* > 857**

Irgendeinen anderen Song > ***817***

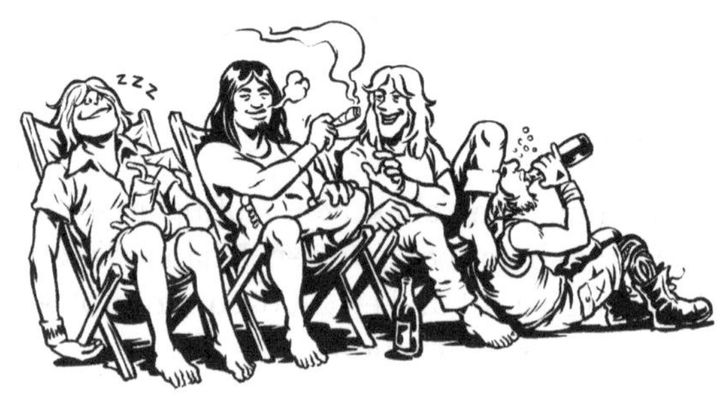

10

894 Dir stockt der Atem, als du durch eine der großen Flügeltüren trittst. Das Foster Theater ist voller Rock-Legenden! Zu nahezu jedem der Gesichter schießen dir spontan Geschichten und Liedzeilen in den Kopf.

Ablenkt von den Helden deines Lebens, stolperst du zwischen den Aufgängen des Konzertsaals umher und hast Schwierigkeiten die richtige Sitzreihe zu finden. Erst als Dawna dich am Kragen packt und zu den Plätzen zerrt, bekommst du dich wieder ein.

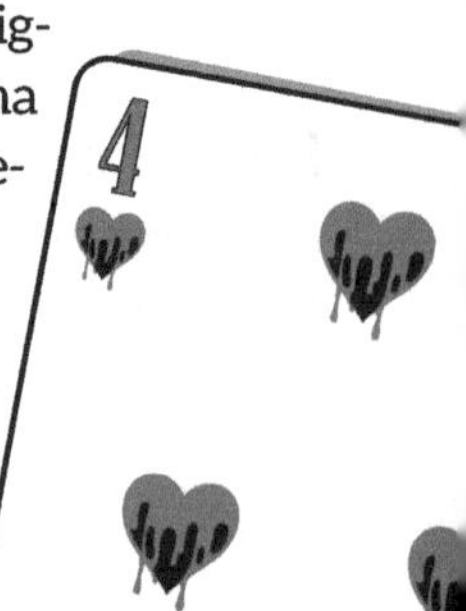

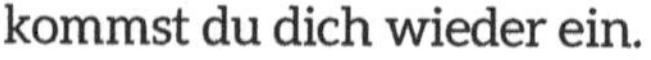

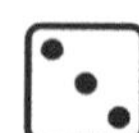 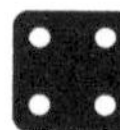

Einige Reihen vor euch erblickst du wahre Götter: Carlos Santana, Eric Clapton★, Brian May, Eddie van Halen, Jeff Beck und der „Master of the Telecaster" James Burton – allesamt begnadete Saiten-Spinner. Sie sitzen neben ihren Frauen und Bekannten und warten auf den Beginn der Show. Du wischst dir eine Träne von der Wange. Was die erzählen könnten ...

Dawna ist verwundert: „Alles okay, Taylor?"

„Sicher", bricht dir die Stimme. „Du hast schon mitbekommen, wer da vor uns sitzt?"

„Ja, alte Menschen. Entweder mit zu wenigen oder vielen grauen Haaren. Muss ich die kennen?"

Nach einem kurzen Anflug von Schnappatmung klärst du Dawna in aller Ausführlichkeit auf, als dir jemand von der Reihe hinter dir auf die Schulter tippt: „Entschuldige, Kumpel, hast du Feuer?"

Du wendest dich um und erstarrst – grauer Filzhut, graue Haare und ein ebenso graues wie zerfurchtes Gesicht wie die Luftaufnahme eines Übertage-Kohle-Reviers ... es ist Keith Richards!

Überfordert von der Situation tastest du reflexartig die leeren Brusttaschen ab. Patzig meint Dawna: „Hey, Unbekannter, soweit ich weiß, ist im gesamten Gebäude das Rauchen verboten ..."

Dem Rolling-Stones-Urgestein fällt fast die Kippe aus dem Mund. „Na schön, Kumpel", zieht er die Braue nach oben. „Im Gegensatz zu dir hat zumindest die Kleine Feuer!"

Die Show, eine Mischung aus Konzert, Rückblende und Einführung neuer Musik-Größen in die Rock'n'Roll Hall of Fame, erreicht mit dem gemeinsamen Auftritt von Mike Patton, Billy Joel und Bruce Springsteen ihren ersten Höhepunkt. Das eigenwillige Potpourri aus „Epic", „We didn't start the fire" und „Born in the USA" bringt den Laden in Schwung. In deinem Magen hingegen regt sich ein flaues Gefühl.

*Besitzt du **Beruhigungspillen** und willst eine einwerfen* > ***881***

*Besitzt du eine **Böseltablette** oder **Schmerzpillen** und willst etwas davon schlucken* > ***867***

Hast du nichts davon oder willst nichts einnehmen > ***859***

★) ROCK ICON: Eric Patrick Clapton

Ein britischer Blues- und Rock-Gitarrist und -Sänger, genannt „Slowhand". 17-facher Grammygewinner und als einziger Musiker dreifaches Mitglied der Rock and Roll Hall of Fame.

895 Auf der Pre-Show-Party in der Radio City Music Hall begegnen die Heroes aufgedonnerte Pop-Stars, R'n'B-Sternchen und Rap-Bitches samt ihrer Produzenten-Macker.
Ein paar Drinks später wird ihre Gegenwart sogar erträglich. Beiläufig scannst du die unzähligen Musiker nach Talent, doch bis auf wenige Ausnahmen ist es nur rudimentär in der auf den Massenmarkt ausgerichteten Branche vorhanden.
Die Stunden bis zum Auftritt der Metal Heroes ziehen sich. Und als die Show endlich beginnt, sind die ausgesuchten Fans vor der Bühne, die hauptsächlich für gute Fernsehbilder sorgen sollen, sehr zurückhaltend. Stimmungslevel: bescheiden.
Aber damit müssen die Jungs klarkommen! Und die Tatsache, dass Millionen Teens vor den Bildschirmen hängen und sich ihre Performance live reinziehen, lässt das Lampenfieber steigen. Ein blöder Patzer, eine missverständliche Geste und ein Shitstorm wird in den sozialen Netzwerken über sie hinwegfegen. Mal sehen, wie gut die Metal Heroes an diesem Abend drauf sind.

*Achtung: Ist jeder der vier Metal Heroes mindestens einmal als **Leader** während des Auftritts in Erscheinung getreten, erhöht sich der **Gig-Score** um 2! Notiere dir diese „Ausgeglichenheit" als einen Bonus von **+2** im C-Feld unter **„MBro Awards Medley"** im **Tour-Book** des Metal-Logbuchs.*

*Ermittle nun den **Gig-Score** für das **MBro Awards Medley**!* 890
*Checke dazu nacheinander die **Performance** der jeweiligen **Leader** für alle notierten Songs.*

10

29 oder höher > ***873***
19 bis 28 > ***797***
18 oder weniger > ***791***

896 Am sonnigen Morgen nach dem großen Jubiläumskonzert sind noch immer die Reinigungskräfte mit den Hinterlassenschaften der Fans beschäftigt. Aber auch heute ist der Andrang auf die Hall of Fame ungebrochen. Hunderte Besucher warten am Ufer des Eriesees auf Einlass in die berühmte Glaspyramide.

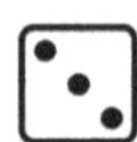
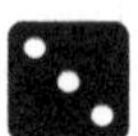
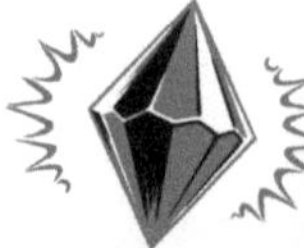

Die fünf Freunde haben sich auf den Weg hierher mit Basecaps, Hüten, Sonnenbrillen und Casual-Klamotten eingedeckt, um in der Menge unerkannt zu bleiben.
Joey will dann von dir wissen, ob du ein Handy hast, um notfalls in Kontakt treten zu können. Stolz präsentierst du dein Motorola Razr Klapphandy (der letzte Schrei 2004) – musst allerdings feststellen, dass es durch diverse Rock-Power-Entladungen bloß noch ein Häufchen Elektro-Schrott ist.
„Oh, Scheiße, Taylor, was machst du denn mit dem Teil? SMS in Steintafeln ritzen?“
Wo sollen die Heroes das Museum betreten? Durch den...

Besuchereingang > ***810***
VIP-Eingang > ***839***

897 Eingefahren in den Körper des Aufnahmeleiters genehmigst du dir zunächst einen ordentlichen Schluck frisch aufgebrühten Automatenkaffee und verbrennst ihm mit inbrünstiger Schadenfreude die Zunge.
In einer irren Mischung aus Lachen und Röcheln gibst du dem Assistenten die Anweisung, das Voting sofort an die Grafik weiterzugeben, woraufhin sich der verwirrte Bursche noch einmal vergewissert, alles richtig verstanden zu haben, und trollt sich schließlich zum Kollegen, aus dessen Computer die Animationen und Einblendungen während der Live-Sendung kommen. Du wartest,

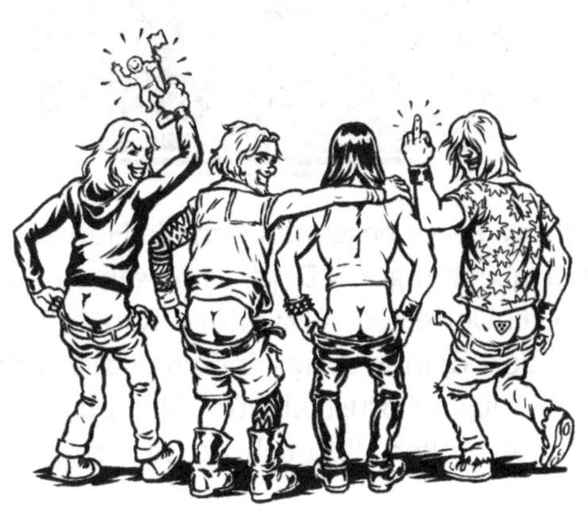

bis das Ergebnis definitiv auf der großen Leinwand über der Bühne verkündet wurde, und ziehst dich dann aus dem Körper des Aufnahmeleiters zurück, der nicht begreifen kann, was er soeben getan hat. Panisch rauft er sich die Haare, als das Telefon erneut unheilvoll klingelt (du bist sicher das hören zu können).
Derweil erhalten die Metal Heroes den Preis aus den Händen einer bekannten Sängerin: Charlotte Wessels tritt auf die Bühne in einem seitlich geschlitzten, bordeaux-roten Abendkleid. Die Delain-Frontfrau zwinkert den Jungs freundschaftlich zu, überreicht den Astronauten und bekommt bei der Gelegenheit von Brian einen dicken Schmatzer aufgedrückt.
„Ich weiß zwar nicht, was euch geritten hat“, wendet sich Joey verblüfft an das Fernsehpublikum, „aber es beweist, dass unsere Musik doch mehr Leute erreicht, als die meisten sogenannten Produzenten und Altstars in diesem Business uns glauben machen wollen. Danke an alle Metalheads da draußen! Up the irons and play us loud!“

In diesem Metal Moment seigt sowohl die ***Fanbase*** *um 1 als auch die* ***Bandchemie*** *um 2!*
Dein ***Einfluss*** *sinkt jedoch um 1!*

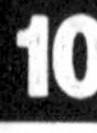

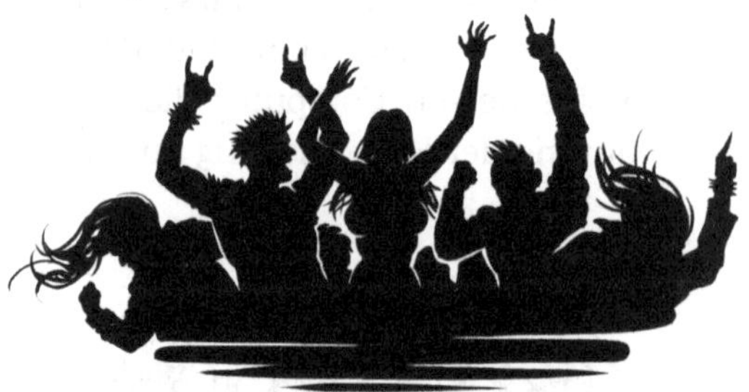

Auf der Aftershow-Party begegnen sich die Heroes und der in der Zuschauergunst abgehängte K’Dogg samt seinem Goldketten behangenen Gefolge. Der erfolgsverwöhnte Rapper und Produzent gratuliert deinen Jungs, indem er sich mit der Faust auf die eigene Brust klopft: „Also ihr seid diese Metal-Motherfucker, die mich heute fertigge-

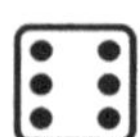 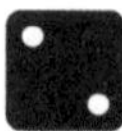

macht haben." Sein böser Blick weicht einem breiten Brilli-Zahnspangen-Grinsen. „Cool, cool - cool! Lasst uns mal was zusammen machen."

Erstaunt nimmst du seine musikalischen Energien wahr, die um seinen wulstigen Körper tanzen. Er konkretisiert auch sofort das Angebot über ein gemeinsames Projekt und erzählt irgendwas von einer Idee wie einst Aerosmith★ und Run DMC.

Sollen die Metal Heroes das Angebot von K'Dogg annehmen?

Ja, könnte witzig werden > ***812***

Bleib mir bloß weg mit dem Rap-Scheiß! > ***851***

898 Kaum hast du die vierte Ziffer eingegeben, wechselt die Ziffernblock-Beleuchtung von grün zu rot. „Zugang verweigert – Tür gesperrt". Darüber blinkt nun eine kleine rote Warnlampe.

Du fühlst dich wie ein Gefängnissträfling, der während seines Ausbruchversuchs in den Lichtkegel der Suchscheinwerfer geraten ist und nimmst die Beine in die Hand. Im letzten Moment drückst du dich um die Ecke, als hinter dir die Tür von innen geöffnet wird und der Wachmann mit halb heruntergelassener Hose und schokoverschmiertem Gesicht das Tastenfeld begutachtet.

Über sein Walky Talky benachrichtigt er seine Kollegen und gibt lautlosen Alarm. Es bleibt dir nichts anderes übrig, als sofort zurück zu den anderen zu gehen.

Die ***Coup-Chance*** *sinkt um 5!* 800

Weiter > ***850*** 10

899 Zugegeben, dir geht der Arsch gehörig auf Grundeis. Und nur wegen eines Bandana, das du vielleicht gar nicht bekommst, dein Leben sowie die Zukunft der Rock-Geschichte aufs Spiel zu setzen, erscheint dir dann doch ein zu gewagter Einsatz. Du teilst deine Entscheidung Jill und den enttäuschten Metal Heroes mit.

Weiter geht's mit ***T1*** *in* ***Bonus Track 3: „Dyin' after Midnight"***

(siehe Kapitelmarkierung „T").

★) ROCK ICONS: Aerosmith

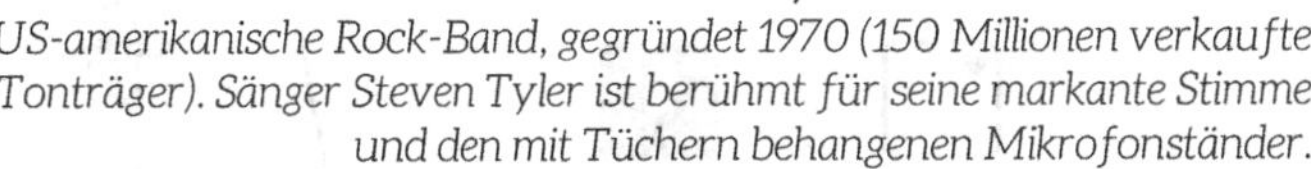
US-amerikanische Rock-Band, gegründet 1970 (150 Millionen verkaufte Tonträger). Sänger Steven Tyler ist berühmt für seine markante Stimme und den mit Tüchern behangenen Mikrofonständer.

900 „Was gibt es da zu überlegen“, krächzt du und löst den Blick aus Jills tiefem Ausschnitt. „Woodstock ist eines der größten Ereignisse in der Geschichte des Rock'n'Roll. Wie kann man da nicht dabei sein wollen?“

Jill schüttelt den Kopf: „Vielleicht kommst du nie zurück, Schätzchen.“

„Ach, und wenn schon, die 70er waren verdammt cool“, schwelgst du. „Die Autos fett, der Sex frei ... und der Rock entwickelte sich, Metal befand sich im Aufbruch. Led Zeppelin, Rolling Stones, Deep Purple*, ... also ich könnte mir Schlimmeres vorstellen, als in dieser Zeit zu stranden.“

„Wo is' eigentlich Quiff? Wollte der nicht den Zeitsprung managen?“, will Brian wissen, als wie aufs Stichwort die Toilettenspülung gurgelt. Der kleine Wicht kommt pfeifend aus dem Bad und nestelt an den Knöpfchen seiner Bikerhose.

Als er die Blicke bemerkt, kratzt er sich verlegen den Hintern, als könne er nicht verstehen, jetzt im Mittelpunkt zu stehen.

„Da war wohl jemand für kleine Schergen“, lacht Joey.

Jill verdreht die Augen und schnauft: „Götter, steht uns bei!“

Es geht nun weiter bei ***W1*** *mit* ***Bonus Track 2: „Bummer of '69“***
(siehe Kapitelmarkierung „W“).

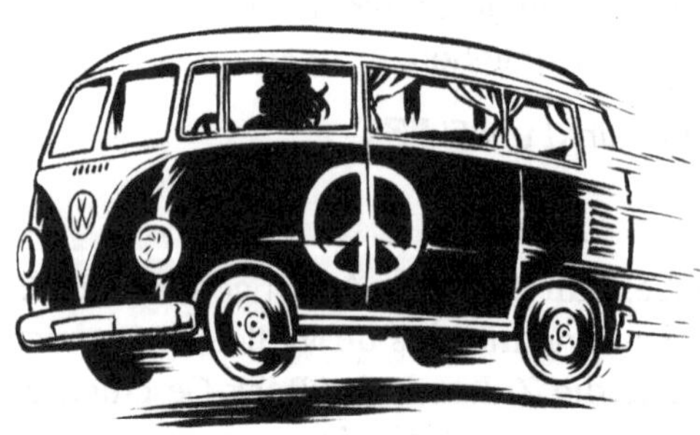

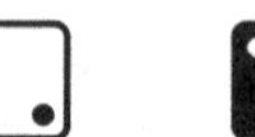

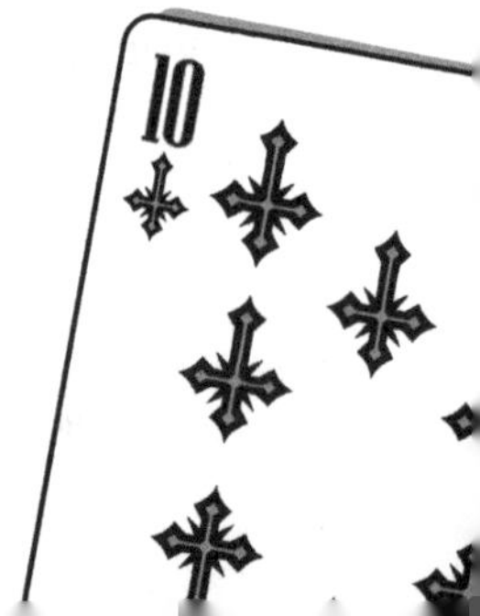

Willst du etwa einen Notruf absetzen? Ehrlich? Ach nein, du erinnerst dich daran, dass wenige Stunden nach dem Ausfall der Maschinen ein Rettungshelikopter auf dem Oberdeck des Kahns landete. Clever!
Und in der Bar triffst du tatsächlich auf dessen Piloten. Wie du erfährst, wird er morgen früh wieder zurück an die Küste fliegen, da der Schaden des Schiffs schneller behoben werden konnte als gedacht.
Auf die Frage, ob er auch Passagiere mitnehmen würde, winkt der Pilot aus Ohio bloß ab. Du packst ihm am Arm und machst ihm klar, wie ernst dir das Ganze ist.
„In Ordnung", murrt er und schaut sich verstohlen um. „200 pro Mann! Und echte Scheine. Mit Plastik kann ich nichts anfangen!"
Du stimmst zu, bevor du überhaupt nachgerechnet hast. Der Pilot: „Nicht so schnell, Sportsfreund! Natürlich brauche ich auch einen guten Grund mit einem Patienten an Land zu fliegen..."

*Hast du genügend Kohle für sechs Personen? (An dieser Stelle reichen **1.000 Dollar** in deinem Inventar, da das restliche Kleingeld aus der Barschaft der Heroes zusammengekratzt werden kann.)*

Ja, habe 1.000 Dollar! **> 713**

Nein, so viel habe ich nicht – aber das besorge ich! **> 775**

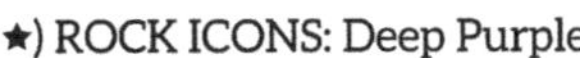
★) ROCK ICONS: Deep Purple

Englische Rockband, die mit revolutionärem Stil zu den einflussreichsten Vertretern des Hard Rock und aufkeimenden Heavy Metal wurde. „Smoke on the Water" ist wohl der legendärste Gitarren-Riff des Rock.

978 Dichter Nebel wabert um dich. Hustend wedelst du mit der Hand vorm Gesicht und vertreibst die blauen Schwaden. Auf einer Stoffcouch vor dir sitzen drei quarzende und biertrinkende Rocker-Gestalten in gestreiften Muscle-Shirts und Netzhemdchen, gepaart mit hautengem Leder und Zottel-Matten. Kurzum, dieses Trio vereint sämtliche Geschmacklosigkeiten der 80er.
Der mittlere Zausel, braune, fransige Haare, kichert bekloppt: „Taylor, du hast's verdammt nochmal hingekriegt! 11-mal sterben... Respekt, Alter!“ Er prostet dir mit seiner Flasche zu: „DAS ist eine Leistung! Denn wie jeder weiß: 11 ist eins mehr als 10!“
Anerkennendes Grölen seiner Kumpel, doch du senkst beschämt den Kopf, was wohl die Herzen der drei Metal-Kerle erweicht. Der Bulle links wischt sich den Bierschaum aus seinem buschigen, schwarzen Schnauzer und rülpst mehr, als er spricht: „Mach dir keinen Stress! Wir setzen dich zurück auf Null und du steigst dort wieder ein, wo es dich zerrissen hat. Easy!“
Und der rechte mit den Goldlöckchen ergänzt: „Ja, aber zum Andenken bekommst du noch was Feines von uns geschenkt...“

Notiere dir das ***Spinal Tap Plektrum*** *unter Taylors Kram. Solange es sich in deiner Tasche befindet, sind alle Checks (egal von wem, also echt ALLE) erleichtert um 1!*

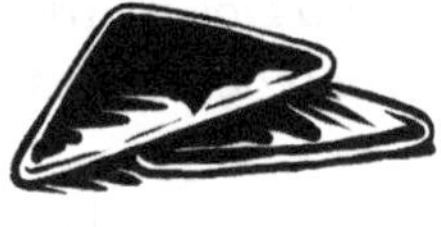

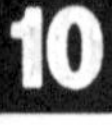

Du kratzt dir den Haaransatz und bedankst dich artig, wie ein Junge, der von seiner Omi zu Weihnachten selbstgemachte Socken bekommen hat und fragst die Drei, ob sie eine Illusion seien.
„Wie, ob wir echt sind?“, lacht der mittlere Kollege auf. „Alter, wir sind Spinal Tap★! Und genauso echt wie du, Taylor...“

Lies nun weiter in der Sektion, wo du zum letzten Mal abgekackt hast!

„Wie, du hast vergessen, von wo du gekommen bist? Kein Thema, Alter, das Gefühl kenn ich! Wart mal, ich check mal was ... Kommst du vielleicht von 196, 317, 582 oder 736? Dann können wir dir echt nich' helfen und du musst noch mal ganz von vorne ran, sorry, Alter.“

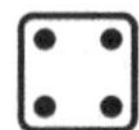 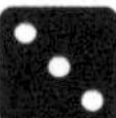

BONUS TRACK 2

BUMMER OF '69

W1 Erbost weist Jill auf die Ernsthaftigkeit der Lage hin und erklärt dir weitere Einzelheiten: „Während du in der Vergangenheit bist, wird uns deine Abwesenheit gar nicht so lange erscheinen. Aber lass dir nicht ewig Zeit! Mit jeder Stunde wird dein Verstand weiter entrückt und irgendwann kannst du nicht mehr zwischen Gestern, Heute und Morgen unterscheiden. Dein Wille zurückkehren zu wollen, wäre gebrochen."
„Naja, einen Vorteil hat das Ganze doch", überspielst du die Anspannung. „Vor lauter Entrückung wird niemandem auffallen, dass ich nicht total bekifft bin wie alle anderen Hippies!"
Leo gibt den Bedenkenträger: „Taylor, du weißt, jede Kleinigkeit, jede unbedachte Tat kann den Lauf der Zeit verändern. Also, bitte, halte dich zurück, okay?"
Du zuckst gleichgültig mit den Achseln und denkst laut: „Ach, was soll schon passieren?"
Leo ernst: „Taylor, weißt du was der Schmetterlingseffekt ist?"
„Du meinst dieses Magengefühl, wenn man sich frisch in eine nette Lady verknallt hat?"
„Quatsch! Es handelt sich dabei um eine wissenschaftliche Theorie aus der Chaosforschung ..."
Du sinkst in dich zusammen, denn du weißt, dass euch jetzt eine langwierige Erklärung erwartet.
„... sie besagt, dass der Flügelschlag eines einzigen Schmetterlings über Brasilien ausreicht, um in Texas einen Tornado auszulösen."
Du stöhnst: „Und, Leo, das heißt was?"
„Es braucht eventuell nur eine Kleinigkeit, eine winzige Veränderung der Vergangenheit, um die Zukunft ins Chaos zu stürzen ..."
Brian bleibt indes locker: „Ach, jetzt hör' mal nicht auf den Asia-Nostradamus! Grüß lieber meine Oma, Taylor! Wenn die Storys meiner Eltern stimmen, war sie nämlich ebenfalls in Woodstock."

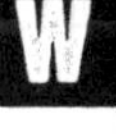

★) ROCK ICONS: Spın̈al Tap
Halb-fiktive Heavy Metal/Rock-Band, die durch den Kult-Spielfilm „This Is Spın̈al Tap" aus dem Jahr 1984 bekannt wurde.

Vor Aufregung über den bevorstehenden Trip in die Geschichte des Rock hörst du Brians Familienanekdote nur mit einem Ohr zu. Derweil beginnt der Scherge mit seiner Zauberei und schmiert dir brabbelnd seinen besten Rotz auf Stirn und Backen. Jill assistiert ihm – verbal: „Schließe die Augen, Taylor ... spüre den Strom der Zeit ... die Schwingungen des Seins ... erliege dem Ruf des Vergangenen und erwache, wo alles begann ...“
Funken magischer Entladungen knistern dir um Arm und Beine, springen auf deinen Kopf über. Schräge, rückwärtsgespielte Riffs ertönen, betäuben deine Sinne. Unterbewusst verabschiedest du dich mit einem letzten Metaller-Gruß bei deinen Jungs, Jill und Quiff ...
Zisch! Boing! Rassel! Wo wird dieser Trip bloß enden?

Ziehe eine Karte!

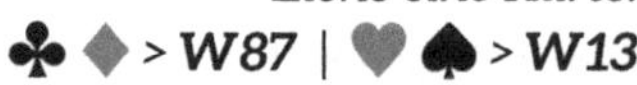
♣ ♦ > **W87** | ♥ ♠ > **W13**

W2

Du betrachtest das gute Stück und bist baff. 24 Dollar mussten die Leute im Vorverkauf abdrücken und am Ende wurde kein Arsch mehr kontrolliert. Pech! Ohne Gewissensbisse steckst du das jungfräuliche Souvenir ein.

*Notiere die **neue Woodstock-Karte** im Metal-Logbuch.*

Weiter > ***W90***

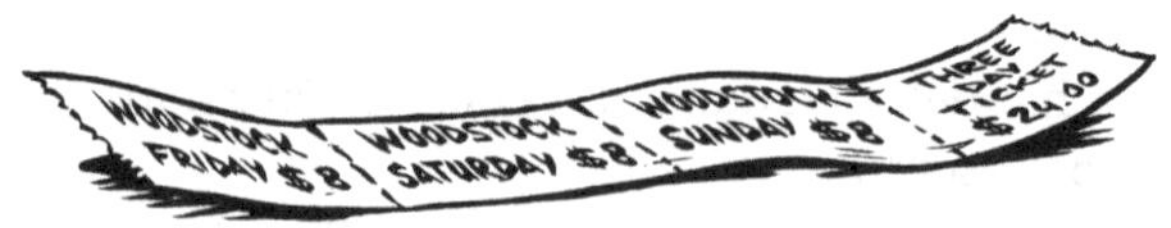

W3

Du entreißt der verdutzten Ticketdame die Karte und rennst los. Die Alte schreit um Hilfe, man solle dich aufhalten. Doch die meisten der Blumenkinder haben entweder gar nichts mitbekommen oder checken nicht, was abgeht.
Dummerweise verharren nicht nur Hippies mit zugeschloteten Hirnen in der Schlange. Ein Kerl in Armeeklamotten stellt dir ein Bein und befördert dich kopfüber in den Staub! Ehe du dich wieder aufrappeln kannst, drückt dir der GI bereits sein Knie ins Kreuz und verdreht dir die Arme.

Er übergibt dich den Polizisten, die dich wegen Diebstahls zunächst ohne weiteres Verhör in die Zelle zu zahlreichen anderen Flower-Power-Typen stopfen. Du weißt zwar, dass das Gitter deine Rückkehr in die Gegenwart nicht aufhalten kann, trotzdem ist das Festival gelaufen.

POWER OFF, Langfinger!
(Repeat > ***W98****)*

W4 Routiniert konzentrierst du dich auf deine Kraft. Nichts. Du erinnerst dich: Deine Götter-Power ist derzeit nicht verfügbar. Du bist zu einem gewöhnlichen Menschen degradiert worden. Mit all seinen Vor- und Nachteilen.
Der Roadie neigt den Kopf zur Seite und wundert sich über deinen leeren Blick. „Sag mal, du Spinner, willst du mich anmachen oder bist du high? Im Sinne deiner Gesundheit hoffe ich, dass es Letzteres ist."
Du wischst dir den Schweiß von der Stirn und machst die Fliege, bevor es unschön wird. Es muss einen anderen Weg geben, an Lemmy vorbeizukommen.

Weiter > ***W101***

W5 Ja, dein Fluchtinstinkt lag goldrichtig. Als du schließlich dem Maisfeld entfliehst und dich auf einem Feldweg inmitten einer sattgrünen, bewirtschafteten Hügellandschaft wiederfindest, siehst du den Grund für den Lärm: Ein Farmer sitzt auf seinem Feldhäcksler und fährt seine Ernte ein.

Farmer ansprechen > ***W8***
Oder einen großen Bogen um ihn und sein Land machen > ***W76***

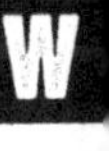

W6 „Wir haben schon einige Anzeigen geschaltet. Auch über die Staatsgrenzen hinaus", erläutert Mike Lang stolz. Er ergänzt mit Blick zum Farmer: „War verdammt teuer, kann ich dir sagen."
Du lässt dich aber nicht weiter vom Thema ablenken und pochst auf die Spendenidee. Mike nickt: „Ist euch wohl wichtig, hm? Okay, dann versuchen wir's!"
Dankend-strahlend schüttelt dir Max Yasgur die Hand.

⏩ FAST FORWARD

Und so begab es sich, dass Taylor, der barmherzige Rock-Gott-Anwärter, beim Einsammeln von Spenden zur Finanzierung des Woodstock-Festivals half. Zügig kam ein ordentliches Sümmchen zusammen, zumal per Lautsprecher immer wieder auf ihn und seine unverwechselbaren Klamotten und Tätowierungen hingewiesen wurde.

Trittbrettfahrer, die meinten, leichte Kohle mit ihrem „eigenen Klingelbeutel" verdienen zu können, wurden dingfest gemacht oder vom morastigen Acker geprügelt.

*Notiere dir den schwer erschufteten **Helfer-Ausweis** unter **Taylors Kram** im Metal-Logbuch.*

Du verabschiedest dich wieder von Mike Lang und Max Yasgur und setzt deine Suche nach dem göttlichen Bandana fort.

Weiter > ***W14***

W7 Beiläufig stimmst du einen absoluten Favoriten♫ deiner persönlichen Hit-Playlist an:

If I leave here tomorrow
Would you still remember me?
For I must be traveling on, now
Cause there's too many places I've got to see
But, if I stayed here with you, girl
Things just couldn't be the same
Cause I'm as free as a bird now

„Free Bird" (1973)
Lynyrd Skynyrd, US-Southern Rock-Band

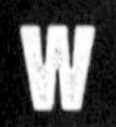

In deinem Kopf spielst du das über vierminütige Gitarrensolo dieses legendären Songs nach und wiederholst dabei immer wieder:

And this bird you can not change
Oh, oh, oh, oh, oh

Zeit genug, um mehrmals den ekstatischen Höhepunkt gemeinsam zu erleben. Schwer atmend liegt ihr Seite an Seite und sie fragt dich: "Sag mal, Taylor, dieser Song ist echt toll. Von wem ist der eigentlich?"

"Lynyrd Skynyrd", entgegnest du prompt. "Hm, komischer Name. Kann sein, dass ich den schon mal gehört hab ..."
Da läuft es dir eiskalt den Rücken runter. Free Bird war 1969 noch vollkommen unbekannt. Der Song existierte zwar als Demo, aber eben nicht als veröffentlichte Schallplatte.
Stammelnd und mit hochrotem Kopf raffst du deine Klamotten zusammen und verlässt halbnackt das Zelt. Die Kleine ruft dir noch irritiert hinterher, ob sie etwas Falsches gesagt hätte, doch du verdrückst dich wortlos in die Menschenmenge und verbringst die restliche Nacht unter freiem Himmel.

*Dein **Einfluss** sinkt um 1!*

Weiter > ***W88***

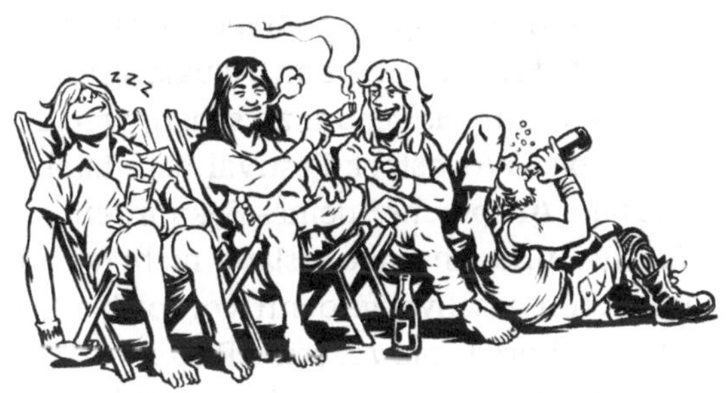

W8 Der alte Farmer drückt seinen ausgefransten Strohhut mit dem Zeigefinger nach oben und mustert dich vom Sitz seines Traktors.
„Du willst doch sicher zu Max Yasgur. Hinauf zu seiner Farm auf den Catskills Hills. Dort wo dieses schreckliche Hippie-Fest stattfindet, stimmt's?"
Du, ganz Diplomat, antwortest freundlich: „Ja, Sir. Könnten Sie mir verraten, wie ich schnellstmöglich dorthin komme?"
Der Farmer kratzt sich ausgiebig die ergrauten Bartstoppeln: „Sag mal, du bist aber kein Hippie, oder etwa doch?"

„Nunja, Sir, ich will nur Max besuchen ..." > ***W34***
„Äh, naja, eigentlich schon ..." > ***W45*** | *Wortlos verabschieden >* ***W76***

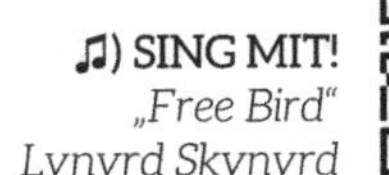

W9 Du nimmst dein Handy wieder entgegen und marschierst stolz durch den Backstagebereich von Woodstock. Ganz ehrlich? Du hast dir die Bühne dieses legendären Festivals immer viel größer, viel imposanter vorgestellt. Geschichtsverklärung nennt man das wohl.

Du begibst dich in den Schatten eines Lautsprecherturms und achtest darauf, weder im Wege zustehen, noch einen anderen Grund zu liefern, dich wieder wegzuschicken.

Irgendwann quatscht dich einer der Bühnentechniker an, du sollst ihm zur Hand gehen. Da dir spontan keine Ausrede einfällt und du eh nichts Besseres tun kannst, hilfst du aus und so vergeht die Zeit wie im Fluge.

Am frühen Nachmittag des Sonntages, nach einem heftigen Schauer, schallt der Name Max Yasgur durch die Lautsprecher. Der Ansager kündigt eine Rede des Farmers an. Neugierig erheben sich die Besucher und recken ihre Hälse, um zu sehen, wer der Mann ist, der sein Land für das Woodstock-Festival bereitstellte. Auch du bist gespannt auf die Ansprache* deines Bekannten.

„Ich bin ein Farmer und ich habe bislang nicht vor mehr als 20 Menschen gesprochen, geschweige denn, vor solch einer Menge …“, beginnt Max Yasgur hörbar nervös seine Rede.

„Ich glaube, ihr habt den Menschen etwas bewiesen – nicht nur jenen in Bethel oder Sullivan County oder New York State … ihr habt es der ganzen Welt bewiesen! Dies ist die größte friedliche Ansammlung von Menschen, die jemals an einem Ort zusammenfand!“ Jubel brandet auf und Max Yasgur muss kurz innehalten.

„Leider konnten wir nicht ahnen, dass so viele von euch hier auftauchen würden. Daher möchte ich mich für die Unannehmlichkeiten wie das Fehlen von Wasser und Nahrung entschuldigen. Eine Herkulesaufgabe für alle Helfer und sie freuen sich über eure Unterstützung und Dank.“ Erneut jubeln die Hippies dem einfachen Farmer zu.

„Aber die wichtigste Botschaft habt ihr der Welt überbracht: Auch in der heutigen Zeit können eine halbe Millionen Kinder – und ich nenne euch Kinder, da ich selber welche habe, die älter sind, als ihr

*) MOMENTS OF ROCK: Woodstock
Farmer Max Yasgur redet vor hunderttausenden Festival-Besuchern, die sein Land verwüsteten.

es seid – in Frieden zusammenfinden und drei Tage lang Spaß und Musik erleben ... ich meine, eben nur Spaß und Musik erleben. Und Gott segne euch dafür!"
Welch ergreifender und geschichtsträchtiger Moment der Rock-Geschichte! Und du warst ein Teil davon!

*Dein **Einfluss** steigt um 1!*

*Besitzt du eine **neue Woodstock-Karte**?*
YEAH! > ***W25*** *| Nein >* ***W29***

W10 Trotz deiner überschaubaren Barschaft fasst du folgende Sachen aus dem Warenangebot des Ladens ins Auge:

Vassmer's General Store – Warenliste
Alkoholfreies in Flaschen: ***Wasser*** *10¢ |* ***Milch*** *20¢ |* ***Coke*** *30¢*
Speisen: ***Toastbrot*** *50¢ |* ***Dosenwürstchen*** *50¢ |* ***Erdnussbutter*** *40¢*
Was zum Lesen und so: ***New York Times*** *70¢ |* ***Playboy*** *$1 (Zeigt das züchtige Porträt einer Blondine mit süßen Sommersprossen)*
Spaßmacher: ***Tabak*** *$1 |* ***Zigarettenpapier*** *20¢ |* ***Six-Pack Bud-Bier*** *$1*
Flasche Whiskey *$2,75 (nur gegen Vorlage eines Ausweises!)*

Bei deinem Einkauf begegnest du einem Teenie-Mädchen, das eifrig die Regale auffüllt.
Du bewunderst ihr Faltenkleid, himmelblau mit weißen Punkten, sowie einer schlichten Schürze darüber. Passend dazu trägt sie ein breites Stoffhaarband, deren große Schleife ihren Pferdeschwanz bändigt. Niedlich. Sie könnte direkt einem B52s-Video entsprungen sein.
Selbstverständlich hilfst du ihr, als sie ächzend versucht, eine schwere Palette Wasserflaschen zu verstauen.

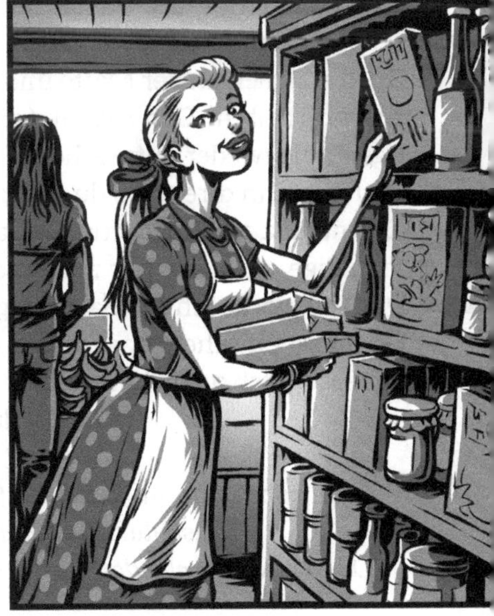

W10 *Bei deinem Einkauf begegnest du einem Teenie-Mädchen, das eifrig die Regale auffüllt.*

„Was tut ein artiges Mädchen, Alice?“, raunt der stämmige Mann hinter der Kasse mit einem unüberhörbaren väterlich-feindlichen Unterton. Sie bedankt sich brav mit einem Knicks, vermeidet dabei jeden Blickkontakt und hantiert stumm weiter.
Du trägst deinen Einkauf zur Theke. Und während der Verkäufer mürrisch die Preise in die Registrierkasse einhämmert, stellst du dir vor, wie ätzend es wäre, ebenfalls so eine bemitleidenswerte Hauptharwüste auf dem Schädel zu haben.

*Notiere dir maximal **zwei Dinge** aus der Warenliste im Metal-Logbuch. Mit mehr willst du dich auf dem Festival nicht belasten. Denke außerdem daran, dass du nur **3 Dollar 51 Cent** und **keinen** Ausweis dabei hast!*

*Weiter > **W78***

W11 Als der cholerische Manager wieder von der Bühne verschwunden ist, gehst du noch einmal auf den jungen Gitarrenvirtuosen zu.
„Jimi, tut mir leid, dein Wachhund ist ein verdammtes Arschloch“, platzt es aus dir heraus.
Der Rockstar bleibt cool und flüstert: „Weißt du, Kumpel, die Menschen sehen nur das, was sie noch alles bekommen könnten, schätzen jedoch nicht, was sie haben, bis sie alles verlieren ...“
Du kratzt dich an der Matte und versuchst, Jimis tiefsinnige Worte zu verarbeiten. Der lächelt freundlich: „Kann ich das vielleicht irgendwie wieder gutmachen?“
Du fragst ihn direkt, ob du das Bandana haben könntest.
„Du meinst mein Kopftuch? Na-na, keine Chance, Kumpel! Entschuldige, aber das hat mir eine ganz besondere Frau geschenkt. Das Teil werde ich niemals weggeben.“

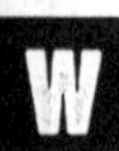

Du musst einsehen, dass dieses Artefakt - obwohl es zum Greifen nahe ist - sich außerhalb deiner Reichweite befindet.

*Bist du in Besitz von **Magic Mushrooms**?*

*Ja, sicher! > **W44***

*Nein, habe keine am Start und frage daher direkt, ob ein talentierter Gastgitarrist bei seinem Auftritt mitspielen darf > **W53***

*Oder du verabschiedest dich enttäuscht, um immerhin den Rest der Show zu genießen > **W116***

W12 Leo kann vor Aufregung nicht sein komplettes Potenzial abrufen. Es ist eben nicht sein Auftritt, nicht seine Zeit. Er spielt dezent und fährt seinen Part immer weiter zurück, bis er kaum mehr wahrnehmbar ist.
Es passiert sogar, dass einige Fans tatsächlich ihren Unmut über die Performance kundtun. Jimi bleibt cool und nimmt der Situation die Kraft mit einem lockeren Spruch: „Mir ist scheißegal, ob ihr mich ausbuht, solang ihr in der richtigen Tonlage buht!"
Leo ist das Ganze gehörig peinlich. Trotzdem: Er wird diesen Moment, mit einem der Größten gemeinsam auf der Bühne gestanden zu haben, niemals vergessen!

*Erhöhe nun Leos **schwächste** Eigenschaft um 1!*
(Sind mehrere Eigenschaften gleich schwach, suche dir eine aus.)

Weiter > ***W116***

W13 Ein bitterer Geschmack lässt dich erwachen. Es ist saftiges, grünes Gras, das du wie Rindvieh angeknabbert hast. Deine dicke Rübe pocht. Erwacht im Schatten eines alten Baums,versuchst du die Verwirrung der Reise abzuschütteln. Es ist sehr warm, fast heiß, und um dich herum sind idyllische Felder und Weiden.
In der Ferne, mitten auf einem engbepflanzten Acker, fährt ein Farmer seine Maisernte ein. Hinter seinem Traktor steigt eine staubige Wolke in den sonnigen Himmel.

Farmer anquatschen > ***W8***
Ihn und sein Land ignorieren > ***W76***

W14 Entspannt trottest du durch die Reihen der Hippies und triffst dabei auf eine Gruppe Jugendlicher. Ihrer Kleidung zu urteilen sind es keine wirklichen Blumenkinder, sondern machen eher den Eindruck, Farmerssprösslinge aus der Umgebung zu sein. Das jüngste der Mädchen, maximal 15 Jahre, lacht besonders ausgelassen. Ihre langen braunen Strähnen werden von einem himmelblauen Haarband mit weißen Punkten zusammengehalten.

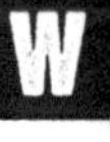

Kommt sie dir nicht bekannt vor?
Falls ja, sprich sie doch an! > ***W24***
Falls nicht, dann schlendere weiter > ***W60***

○ **W15** Als du den Deckel der Truhe zurückdrückst, rechnest du damit, einen Jingle aus Harfen und Geigen zu hören, sowie in gleißendes Licht zu blicken, doch welch Enttäuschung - in der Kiste sind weder Rubine noch Gold versteckt. Im Gegenteil: Eine Sammlung militärischer Helme, Mützen und Kappen aus dem Zweiten Weltkrieg sind darin. Allesamt in bestem Zustand.

Zunächst glaubst du, auf den Fundus eines Theaterensembles gestoßen zu sein, doch bei genauerer Betrachtung der GI-Kappe, der Wehrmacht-Schirmmütze und anderen Kopfbedeckungen bist du von ihrer Authentizität überzeugt.

Mit einer Mischung aus Abscheu und Faszination legst du den Kriegskram wieder in die Kiste zurück und machst es dir im Stroh bequem. Dein Schädel brummt. Der Zeitsprung zeigt erste mentale Nachwirkungen. Du schließt die Augen.

Markiere bitte den Kreis neben der Sektionsnummer oben, als Hinweis darauf, dass du verwirrt diesen Abschnitt gelesen hast!

Weiter > ***W96***

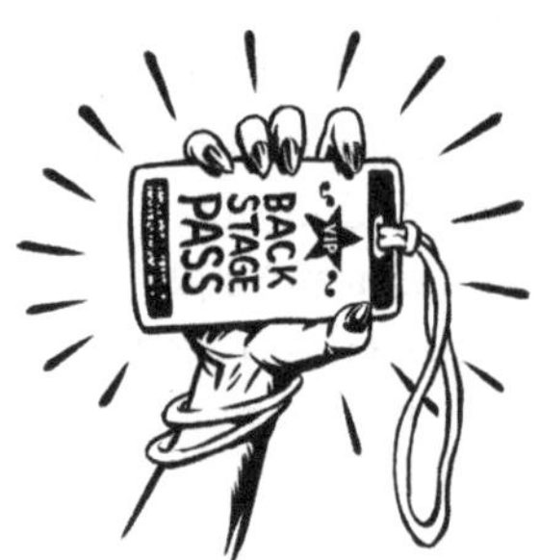

W **W16** Die Kleine heißt Lunaire und ist überglücklich einen neuen Freund gefunden zu haben. Besitzergreifend hüpft sie dir auf den Rücken und lässt sich huckepack durch die Reihen tragen, während dir das Leichtgewicht über die Schultern hinweg deutet, wohin die Reise gehen soll.

Etwas abseits im Zeltlager erreicht ihr schließlich einen rost-grünen VW-Bus mit geöffneter Schiebetür. Im Schatten einer blauen Plastikplane, die als Vordach dient, sitzt ein entspannter Glatzkopf, Mitte 40, fransiger Vollbart, in einem Jutekittel breitbeinig auf einem Klappstuhl und zieht sich genüsslich eine Tüte rein.

„Jacque, das ist Taylor, ein lieber Freund", sagt Lunaire, als sie dir wieder vom Rücken rutscht. Du rechnest damit, Zeuge und Auslöser einer Beziehungskrise zu werden – doch weit gefehlt! Jacque, der, wie du soeben feststellen musstest, keine Unterhose trägt, bleibt cool: „Peace, Buddy. Komm, setz' dich her. Lass uns teilhaben an deinen Gedanken."

Willst du das Angebot annehmen und dich dem ungleichen Franco-Kanadier-Pärchen für die kommenden Stunden anschließen > **W68**

Du kannst aber noch die Biege machen und zur Bühne gehen > **W43**

W17 Als du endlich den Laden betreten kannst, scheint der wie geplündert. Trotz der durchgestrichenen Schildchen mit ihren mehrfach nach oben gesetzten Preisangaben, blickst du, bis auf ein paar zerrissene Verpackungen, auf leere Regale.

Dein Plan, hier eine Flasche Whiskey für Lemmy zu kaufen – die hätte er sich sicher gerne genehmigt – ging leider nicht auf.

Weiter > **W77**

W18 Nach knapp zwei Stunden langweiligem Anstehens erreichst du endlich eines der provisorisch errichteten Kartenhäuschen. Eine ältere Dame mit spitzer Brille und hochgeschlossener Bluse schaut dich nüchtern an.

„Ein Erwachsener bitte", sagst du unsicher.

„Freitag, Samstag, Sonntag oder ganzes Wochenende?", fragt sie mit routinierter Gleichgültigkeit.

Du wählst das Komplettangebot.

Sie reißt eine Karte von der Rolle und hält sie dir entgegen.

„So, der Herr, macht 24 Dollar."

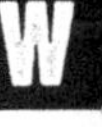

Verdammt. Du überprüfst deine spärliche Barschaft. Das reicht hinten und vorne nicht. Du erkundigst dich nach dem Preis für den heutigen Freitag. Die Dame rollt mit den Augen, als würde sie dieses Drama zum x-ten Male mitmachen: „Nur der Freitag, hm? Macht 8 Dollar." Immer noch zu viel.

Kleinlaut verabschieden > **W28**

Von wegen! Beherzt der Schachtel die Karte entreißen, um damit woanders durch die Ticketkontrolle zu gelangen > **W3**

W19 Am nächsten Morgen (dir fällt es schwer, dich an die letzte Nacht zu erinnern) läufst du hinter einer Gruppe Freigeister am Zaun entlang durchs nasse Gras. Auf der anderen Seite winkt ein junges Paar und fordert euch auf, einfach rüber zu klettern. „Kommt, macht schon! Niemand schert das!"

In der Ferne erklingt Carlos Santanas* Gitarre. Lange, verzerrte Riffs erzeugen seinen unverwechselbaren warmen, lateinamerikanischen Sound. Gemeinsam mit seiner Band spielt er „Evil Ways". Knapp eine Meile hinter dem letzten Kartenhäuschen schließt du zu einer Menschentraube auf, die lauthals den freien Zutritt fordert. Parolen grölend reißen sie schließlich den Zaun nieder und springen fröhlich auf das Festivalgelände.

Du verharrst, überprüfst deine Gemütslage und stellst fest, dass sich dein schlechtes Gewissen, auf diese Weise auf das Gelände zu gelangen, arg in Grenzen hält. Spontan nutzt du die Gelegenheit und hüpfst hinterher, bevor die Sicherheitsleute das Loch wieder stopfen können.

Weiter > ***W40***

W20 Es vergeht eine halbe Ewigkeit, bis du endlich an einem der improvisierten Holzhäuschen stehst. Unter einem „Ausverkauft"-Schild sitzt eine ältere Dame mit hochgeschlossener Bluse.

Sie betrachtet deine Eintrittskarte von allen Seiten. Dann zieht sie ihre tropfenförmige Brille auf die Nasenspitze hinunter und mustert dich über deren Rand. Ihre Krähenfüße vertiefen sich in Argwohn. Du fühlst dich ertappt, auch wenn deine Karte eigentlich einwandfrei sein sollte.

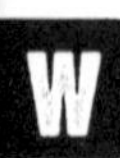

Hinter dir stehen bereits die nächsten Festivalgänger und spielen ungeduldig mit ihren Tickets. Scheiße! Jetzt siehst du, warum die Dame misstrauisch wurde: Deine Karte ist total vergilbt! Während die aktuellen Exemplare strahlend grün sind, hinterlässt deine den Eindruck, jemand hätte sie als Indikator-Streifen in eine Urinprobe getaucht.

Welche Ausrede soll es sein?

„Entschuldigen Sie, Ma'am, ich hab' die Karte aus Versehen in meiner Hose mitgewaschen." > ***W104***

„Tut mir Leid, Ma'am, ich hab' Kaffee drübergeschüttet." > ***W92***

W21 „Verzeihen Sie bitte mein Eindringen, Mister Yasgur", entschuldigst du dich im eingeschalteten Weichspüler-Modus.
„Kennen wir uns?", fragt der Famer überrascht.
„Nein, Mister Yasgur. Aber sie sind doch bekannt als wichtiger Mitinitiator von Woodstock."
„Hm, ja, das bin ich wohl."

Weiter > ***W73***

W22 *Das ist nicht dein Ernst?! Ich gehe mal davon aus, dass du dir einen Spaß erlaubst und diese Sektion nur aus Neugier oder spieltheoretischen Zwecken anschaust. Sollte dies jedoch tatsächlich dein (letzter) Wille sein, bitteschön:*

Zielsicher bahnst du dir deinen Weg durch das Maisfeld dem Motoren-Lärm entgegen. Das Rasseln wird lauter und lauter, und du glaubst nun auch Country-Musik aus einem Radio zu hören, als die Spitzen der Maispflanzen vor dir verschwinden und dich das rotierende Erntewerk eines Feldhäckslers erfasst. Die Maschine ächzt beim ungewohnten Verarbeiten von Fleisch und Knochen.

POWER OFF, SCHREDDER!
(Repeat > ***W87****)*

W23 Du genießt Lunaires Streicheln und Liebkosungen. Alkohol und Hasch tun ihr Übriges, dich gehen zu lassen. Aber als Jacque sich hinzugesellt und beginnt, die Gürtelschnur seines Kittels zu entwirren, läuten Alarmglöckchen. Du windest dich aus Lunaires Umklammerung, raffst deine sieben Sachen zusammen und läufst davon.

Weiter > ***W43***

W24 Du denkst nach, wie die Kleine heißen könnte. Dann fällt es dir wieder ein, oder?

„Hi, Alice Vassmer!?" > ***W66*** | *„Hallo, Mary White!?" >* ***W47***
„Tagchen, Debbie Hopper!?" > ***W113***
Hast du null Ahnung oder willst keinen Namen sagen > ***W36***

★) ROCK ICON: Carlos Augusto Santana Alves
US-amerikanischer Gitarrist mexikanischer Herkunft, der durch sein eigenwilliges Gitarrenspiel die Rockmusik um die Variante des Latin Rock erweitert hat.

W25 Bis zum Auftritt von Jimi Hendrix bleiben dir noch einige Stunden. Du grübelst über die vergangene Zeit. Da trifft dich ein Gedanke wie ein Blitz: Wenn du die neue Eintrittskarte in die Hall of Fame bringst, wird man früher oder später den Schwindel bemerken. Du musst sie authentisch altern lassen, möchtest du kein Risiko eingehen!

In einem der zahllosen Müllberge findest du eine leere Weißweinflasche. Du rollst das Ticket zusammen, zwängst es durch den Hals und drückst den Korken komplett hinein.

Zufrieden betrachtest du deine Zeitkapsel Marke Eigenbau. Jetzt benötigst du noch einen Platz in den Catskill Mountains, wo sie mindestens 50 Jahre übersteht, ohne entdeckt zu werden.

Als dir erneut „Catskill Mountains" durchs Hirn schießt, fällt es dir wie Schuppen aus der Mähne: Kennst du nicht jemanden, der seine Kindheit dort verbrachte?

*Solltest du dich nicht mehr erinnern können, wer diese Person war, blättere nun zu den **Charakter-Infos** hinten im X-tras-Kapitel und versuche es herauszufinden.*

*Wie viele **Buchstaben** hat der **Vorname** dieser Person?*
*Drei > **W38** | Vier > **W49** | Fünf > **W57***

W26 „USB?", wiederholt der Pilzmann und kratzt sich die Platte. „Was soll das bedeuten?"

„Universal ... irgendwas ... Bus", erklärst du verunsichert und im Wissen, dass deine Antwort falsch ist.

„Nee, Bruder", kichert er. „Ich meine nicht den ganzen VW-Bus, ich meine das Friedenszeichen auf der Flagge."

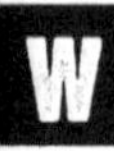

*Besitzt du etwas **Tabak** oder **Zigarettenpapier**, dann kannst du dir eine zweite Chance erschnorren:*
*Wenn du auf „LSD" tippst > **W41***
*Oder ist deine Wahl nun „CND" > **W65***
*Ansonsten musst du eben auf den Pilzgenuss verzichten > **W23***

W27 Du erinnerst dich: Janis Joplin ist – wie etliche Helden des Rock im Alter von nur 27 Jahren – verstorben. Sie ist neben Jimi Hendrix, Jim Morrison, also Musikern ihrer Generation, sowie den

späteren Stars Kurt Cobain und Amy Winehouse Mitglied des Klubs „27".
Sie folgten einem von vielen Fans glorifizierten Lebensstil aus „Sex, Drugs and Rock'n'Roll" und „Live fast, love hard, die young".
Du schließt die Augen und spürst die Bande mit diesen Persönlichkeiten. Es ist mittlerweile jedoch mehr als die Bewunderung eines Musikverehrers. Ihre einzigartigen Songs und Stimmen mit ihrer Energie und Kraft sind wahrlich Ergebnis göttlichen Schaffens!

*Dein **Einfluss** steigt um 1!*

Weiter > ***W33***

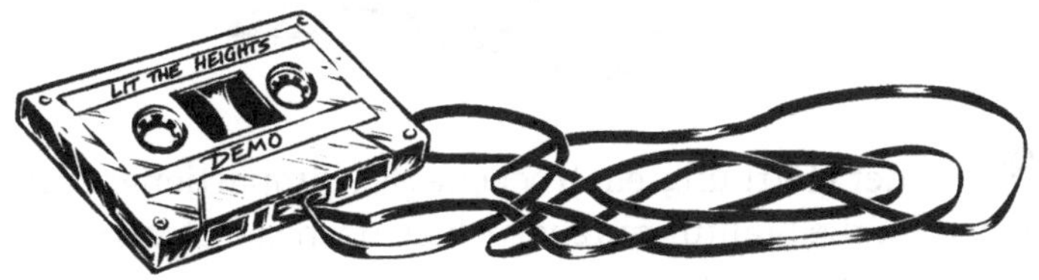

W28 Enttäuscht blickst du zum Kartenhäuschen, kämpfst dich gegen den Besucherstrom zu einem weniger frequentierten Feldweg zurück und setzt dich in den kühlenden Schatten eines mächtigen Ahornbaums.
Du grübelst. 24 Dollar! 1969 war das verdammt viel Kohle. Selbst für dich im 21. Jahrhundert wäre es verdammt viel Kohle! Die wirst du so schnell nicht zusammenbekommen. Zumindest nicht auf legalem Wege.
Ein echter Rückschlag! Aber, was soll's. Schließlich bleibt dir das ganze Wochenende, um auf das blöde Gelände zu kommen.
Die Abendsonne versinkt langsam hinter den Hügeln der Catskills. Woodstock ist in vollem Gange. Die Straßen heillos überfüllt und in der Ferne spielen die Bands. So gesehen, ist es fast egal, auf welcher Seite des Zauns man sich befindet.
Die Ersten, denen es genauso ergangen ist wie dir, beginnen bereits ihre Zelte, Wohnmobile und Autos für die Nacht vorzubereiten. Du machst das Beste aus der Situation, mischst dich unter die Leute und suchst nach Spaß für diesen langen Abend ...

Weiter > ***W19***

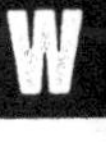

W29 Langsam wirst du unruhig. Die Zeit läuft davon! Du beschließt, die Nacht zum Montag durchzumachen und versuchst alles, um an Hendrix heranzukommen. Verdammt, wo hängt der Typ bloß ab?

*Besitzt du einen **Star-Ausweis**?*
Ja, habe ich! > ***W110***
Nein. Ich trolle durch die Nacht … > ***W105***

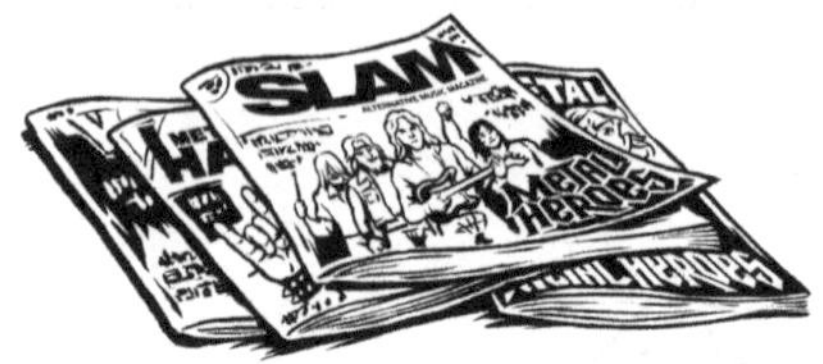

W30 In der Hoffnung, ein trockenes Nachtquartier anzufinden, versuchst du die Stalltür aufzudrücken, doch sie ist verriegelt. Im prasselnden Regen gehst du um den Stall herum, zuversichtlich, einen anderen Zugang zu entdecken.

Ein Seil baumelt knapp zwei Meter über dir. Es ist das Ende eines Flaschenzugs, mit dem offenbar Heuballen auf den Schober gehievt werden.

Willst du das Seil erreichen und dich daran hinaufziehen?
Dann stelle dich dieser sportlichen Herausforderung > ***W109***
Oder du musst eine andere Bleibe für die Nacht suchen.
Dann streife weiter durch die Hippie-Zeltstadt > ***W103***

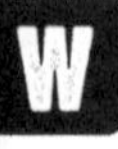

W31 Auf dem Weg zur Bühne begutachtest du deine entwertete Woodstock-Karte. In diesem Zustand kannst du sie unmöglich wieder an ihren Platz in der Hall of Fame zurücklegen. Zumindest wenn du willst, dass euer kurzes Leihgeschäft ohne Folgen bleibt.

Das Festivalgelände hat sich mittlerweile in ein schmierig-braunes Minenfeld aus Glas und Müll verwandelt. Unermüdliche Helfer versuchen dem Chaos Herr zu werden, indem sie den Dreck zu großen Haufen zusammenrechen.

Dabei wirbelt eine Windböe etwas Papier auf und ein Woodstock-Wochenend-Ticket flattert dir direkt zu Füßen! Happy beugst du dich herunter und greifst nach der unversehrten Karte. Da streift dich das beklemmende Gefühl einer erlebten Wiederholung: Das letzte Mal, als du eine Eintrittskarte aufgehoben hattest, bist du kurze Zeit später draufgegangen. Ist das schon wieder ein abgekartetes Spiel?

*Willst du deine Erinnerungen wieder auffrischen, blättere nun in Intro nach **19**, lies dir dort die Passage zwischen den Blitzen durch.*

Wenn du die Karte aufheben möchtest ... > ***W2***
Oder willst du sie weiterflattern lassen? Ja, dann ... > ***W90***

W32 Neugierig streckst du dich nach den Pilzen, als dir Jacque einen Klaps auf die Hand gibt.
„Na, na, na, mein amerikanischer Freund, keine Selbstbedienung."
Der Kanadier treibt schon längst in anderen Sphären - zu oft streicht er sich durch seinen wirren Bart - trotzdem willst du keinen Ärger heraufbeschwören und siehst von den Pilzen ab.
Der Naturbursche formt mit Zeige- und Mittelfinger ein V: „Frieden, Bruder, so war das nicht gemeint. Ich teile gerne, was ich habe."
Dann wandert sein Blick ins Leere: „Oh, ja! Allerdings, wer gedenkt, mit uns auf einen Trip zu gehen, muss beweisen, dass unsere Seelen gemeinsam zu reisen im Stande sind. Verstehst du?"
Nein, du verstehst nicht. Wahrscheinlich wären dazu die Pilze hilfreich, aber dein neuer Bruder bringt es erstaunlich zügig auf den Punkt: „Wenn du mir sagen kannst, wo der Ursprung dieses Zeichens liegt, dann teilen wir unseren Besitz gerne ..."
Er deutet auf eine Fahne, die unter dem Himmel des VW-Busses hängt. Sie ist der kanadischen Staatsflagge nachempfunden, doch anstelle des Ahornblatts zeigt sie das Friedenszeichen.

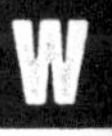

„Mit welcher Abkürzung bringt man dieses Symbol in Verbindung?", will Jacque wissen.

Bestimmt mit „LSD" > ***W41***
Eher mit „USB" > ***W26***
Oder vielleicht „CND" > ***W65***

W33 In den frühen Morgenstunden - du kannst kaum mehr die Augen aufhalten - folgt The Who. Die Musik der Briten ist dir schon immer zu soft gewesen, aber was Gitarrist und Sänger Pete Townshend auf der Bühne abzieht, ist wahrer Rock'n'Roll: Er tritt einem Kameramann in den Arsch, kloppt einen Friedensaktivisten, der auf die Bühne kommt, um einen Spruch durchs Mikro zu geben, seine Gitarre ins Kreuz und beendet das Konzert mit dem rituellen Zertrümmern seiner Klampfe.
Respekt! Tolle Erinnerungen für die kommende Nacht.

Weiter > ***W88***

W34 „Verstehe, Besuch aus der Stadt, hm? Ich hoffe bloß, dass diese ganzen Spinner nicht auf die Idee kommen, mein Land zu verwüsten."
Der Farmer bleckt seine braunen Zähne und spuckt eine Ladung Kautabak auf den Acker. „Ich schwöre, sollte auch nur einer meiner Zäune oder eines meiner Rinder zu Schaden kommen, dann wird Max dafür zahlen! Das darfst du ihm gerne ausrichten."
Widerwillig erläutert er den Weg zum Woodstock-Gelände und knattert auf dem Traktor in die entgegengesetzte Richtung davon.

Weiter > ***W61***

W35 Die Sonne brennt vom Himmel an diesem wolkenlosen Montagmorgen. Fast scheint es dir, als hätte es dieses August-Wochenende voller Schauer, Matsch und körperlicher Höchstleistungen nie gegeben.

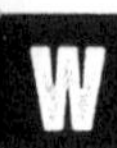

Der warme Wind lässt Papier und Mülltüten über das verwüstete Weideland rollen. Bis auf einen spärlichen Rest Hartgesottener und Bewusstseinsgestörter ist die Woodstock-Nation längst wieder auf dem Weg nach Hause oder zur Arbeit.
Beim Gang hinter die Bühne sammelst du Leo ein, nickst einem dösenden Lemmy zu und dann habt ihr es endlich geschafft: Da steht er! Beschienen von der Morgensonne, die Gitarre quer über den Rücken gegurtet und mit verträumtem Blick über die Weiten der White Hills - Jimi Hendrix*!

*) ROCK ICON: James Marshall „Jimi" Hendrix
War ein US-amerikanischer Gitarrist, Komponist und Sänger. Galt wegen seiner experimentellen und innovativen Spielweise auf der E-Gitarre als einer der bedeutendsten und einflussreichsten Gitarristen.

Er ist eine der größten Legenden des Rock. Ein charismatischer Saiten-Virtuose und Elektronik-Zauberer und der feuchte Traum rebellischer High-School-Girls.
Wie kein Zweiter vermochte er an der Lunte der Zuhörer zu zündeln. Dabei brauchte es nur ein paar einzigartige Heuler seiner Gitarre, um ganze Stadien in Flammen zu setzen. Und heute? Das Festival wurde schon längst offiziell beendet, doch jeder der verbliebenen Zuschauer wartet sehnsüchtig auf Jimis Einsatz.
Zwischen seinen krausen Locken strahlt ein rotes Kopftuch hervor. Du erkennst das florale Batikmuster sofort – es ist das Bandana aus der Hall of Fame! Cool streicht sich Jimi über den kurzrasierten Oberlippenbart. Als er zur Begrüßung die Arme ausbreitet, schweigt sogar der Wind.
Hendrix ist Linkshänder. Du erinnerst dich. In den 60ern gab es noch keine speziell hergestellten Gitarren für Lefties. Entsprechend hält er sein Instrument falsch herum, mit nach oben gebogenem Gitarrenkopf.
Ein untersetzter Schwarzer mit glänzender Glatze, protzigem Goldschmuck und Pailletten-Jackett geht zu Jimi und klatscht aufmunternd in die Hände. Dann nimmt er den Kaugummi seines Schützlings entgegen, wickelt ihn sorgsam in Alupapier und steckt das Ganze in der Hosentasche.
Nach dem dritten Song macht Gypsy Sun & Rainbows, so der Name der Band, eine Pause, um sich zu sortieren. Jimis Spiel ist größtenteils improvisiert und seine Kollegen brauchen Anweisungen.
Er steht nun alleine und inhaliert einen tiefen Zug einer Zigarette, deren Qualm er langsam durch seine Nase entweichen lässt. Das ist womöglich die Möglichkeit, auf die du das ganze Wochenende sehnsüchtig gewartet hast!

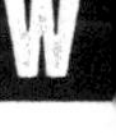

Du trittst Hendrix gegenüber und fragst ihn, ob er einen kurzen Moment für dich hätte.
„Hey, Mann, was tust du?“, tönt es erbost hinter dir. Der schwarze Kerl im Glitzerhemd springt heran und greift dir schroff in den zum Gruß ausgestreckten Arm.
„Bleib cool, Mikie, er will doch nur ein Souvenir“, versucht Jimi seinen aggressiven Manager zu beschwichtigen.

„Was denn für ein Souvenir?", faucht der dich an. „Die gibt's am Highway, aber nicht gratis hinter der Bühne, verstanden?"
Deine Fäuste ballen sich vor Zorn, während der Schleimer das silbrig glänzende Papier herauskramt und dir unter die Nase hält. „Hier, kannst du haben. Ist ein Original Hendrix!"

Was willst du tun, um es dem Arsch richtig zu zeigen?

Das Geschenk annehmen und dich mit aller Ironie bedanken > ***W102***

Den Ekel überwinden und dir den Inhalt schmecken lassen > ***W108***

Mit einer internationalen Ein-Finger-Geste ablehnen > ***W58***

W36 Du verkneifst dir es einen Namen in die Runde zu werfen, nickst lächelnd und gehst weiter.

Weiter > ***W60***

W37 Die Zeit läuft dir davon und du versuchst, deinen Adoniskörper an einer unübersichtlichen Stelle des Bretterzauns zu hieven. Du hast das erste Bein fast über das glatte Holz bugsiert, als ein kräftiger Mann auftaucht und dir Hilfe anbietet: „Wo soll's denn hingehen, mein Freund?"
Schweißgebadet und kurzatmig antwortest du: „Ich muss unbedingt hier rüber, Jimi Hendrix treffen und ihm sein Bandana abschwatzen. Ansonsten wird die Rock-Welt untergehen."
„Ja, wenn das so ist ...", sagt der Hüne zweideutig und ergreift deine Ferse. Wie sich herausstellt, handelt es sich um einen Hog Farmer, dem offiziellen Sicherheitstrupp des Festivals.
Verzweifelt versuchst du dich loszureißen, wirst aber von weiteren Burschen unsanft in einen umgebauten Zellen-Wohnwagen verbracht. Als du am Montagmorgen wieder rauskommst, ist Woodstock fast vorbei. Deprimiert läufst du zur Bühne und setzt dich neben den desillusionierten Leo ins Gras. Jimi spielt sein letztes Set.

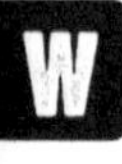

Weiter > ***W116***

W38 Du verbuddelst die Flasche in einem der Wäldchen nahe dem Festivalgelände unter einer markanten Buche.
Die Sonne geht bereits unter. Fix zurück aufs Festival!

Weiter > ***W29***

W39 Du holst tief Luft und läufst entschlossen los. Hinter dir hörst du schon die Stimmen der Bluthunde, drehst dich um und knallst volles Rohr gegen eine Tür, die just in diesem Moment geöffnet wurde. Wie ein ausgeknockter Schwergewichtsboxer torkelst du zu Boden.

Kein Geringerer als der Ausnahme-Gitarrist Jimi Hendrix beugt sich über dich und kratzt sich verlegen die Afrofrisur: „Hey, Mann. Sorry, das wollte ich nicht. Geht's dir gut?"

Er tätschelt dir die Backen. Sterne funkeln. Aber nicht am Himmel. Ehe du antworten kannst, packen dich die Schränke von den Hog Farmers und schleifen dich durch den Matsch. Der Ohnmacht nahe blickst du Jimi hinterher, wie er sich wieder in seinen Trailer zurückzieht.

Du hingegen wirst in einen Wagen für besondere Problemfälle gesperrt. Es dauert bis zu den Morgenstunden des nächsten Tages, bevor man dich freilässt. Immerhin kannst du das Ende des Festivals noch live miterleben.

Weiter > ***W116***

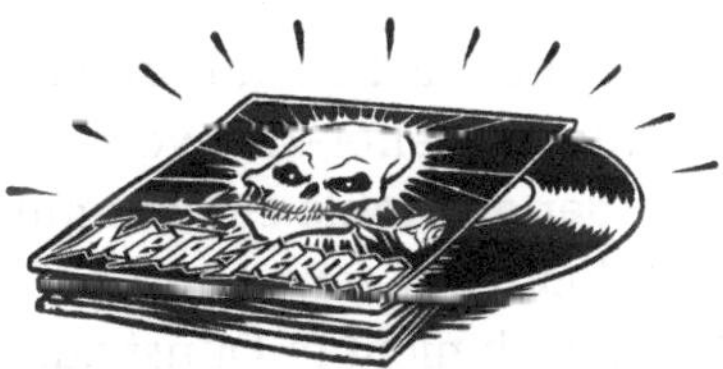

W40 Im Lichte des Tages begutachtest du den Stall der Farm, das einzige Gebäude weit und breit, das vor dem Festival errichtet wurde. Auf dem Blechdach des Mais-Silos daneben sitzt eine Schar aufgeschreckter Raben, denen der Tumult auf dem Erdboden nicht geheuer ist. Typische Landluft, eine Mischung aus Kohlenmonoxid und Ammoniak (Übersetzung für Städter: Stroh plus Kuhpisse) liegt in der Luft.

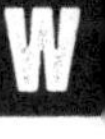

„Hey, Mister!", ruft dir ein hagerer Mann in weißem Hemd aufgebracht zu. „Wie oft muss ich es denn noch sagen? Lasst die Finger von meinen Schuppen. Was glaubt ihr wohl, warum er verschlossen ist?"

Der Herr wirkt wenig angsteinflößend: fliehende Stirn, schwarze Pfeife und eine Nickelbrille mit großen Gläsern.
Die oberen Knöpfe des Hemds lässig geöffnet, die graue Hose hingegen mit der typischen Bügelfalte der damaligen Zeit. Der schmale Mann, Ende 40, ist wahrlich keine Farmer-Erscheinung. Du glaubst dennoch zu wissen, wer vor dir steht.

Ich entschuldige mich > **W21** | *Ich bleibe schweigsam* > **W59**

W41 „Sollte man meinen, was, Bruder?" Jacque lacht lauthals und faltet das Stofftuch, in dem die Pilze ausgebreitet waren, wieder zusammen. „Tut mir leid, Bruder, heute gibt es keinen Trip für Unwissende."
Du zuckst mit den Achseln und ziehst von dannen. Lunaire wirft dir zum Abschied traurig ein Küsschen zu.

Weiter > **W43**

W42 Du setzt ein breites Lächeln auf und präsentierst den von Mike Lang unterzeichneten Helfer-Ausweis.
„Ach, du bist der Typ, der die Kohle eingesammelt hat ... hey, gute Aktion!" Kumpelhaft klopft dir Lemmy auf die Schulter. „Immerhin einer, dessen Hirn sich noch nicht in Dunst aufgelöst hat!"
Du willst schon weitergehen, als er dich am Oberarm packt: „Entschuldige, Alter. Aber das ist KEIN Backstage-Pass."
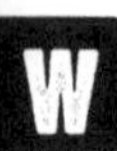

Das darf nicht wahr sein! Mit dem Mute der Verzweiflung versuchst du dich loszureißen, doch Lemmys Griff bleibt fest. Energie fließt zwischen euren Körpern!

*Dein **Einfluss** steigt um 1!*

„Hör zu, Kumpel", sagt er säuerlich-verwirrt. „Ich weiß zwar nicht warum, aber irgendwie mag ich so schamlose Pussys wie dich. Echt, ich will dir nichts brechen oder so, doch du lässt mir kaum eine Wahl."

Kehre zurück zu **W90** *und triff dort eine andere Entscheidung.*

W43 Zum ersten Mal hast du freie Sicht auf die Bühne, die sich in der Senke der Catskills befindet. Du bist geplättet! Eingerahmt von wild zusammengenagelten Gerüsten für Licht und Lautsprecher-Technik, glüht das helle Ahornholz im Rot der versinkenden Abendsonne.

Die sanft abfallenden Hügel bilden eine natürliche Tribüne. Selbst mehrere hundert Yards entfernt kann man locker die Musiker erkennen.

Auf dem Lattenzaun rechts und links von der Bühne haben die Menschen ihre bunten Schlaghosen und Hemden zum Trocknen drapiert. Im Hintergrund stehen hunderte Autos auf dem Campingplatz. Ein verirrtes Schaf verharrt ängstlich zwischen den Massen. Schon jetzt wird deutlich, wohin dieses Festival zusteuert: Liebevolles Chaos!

Ein Blick auf deine Abo-Prämien-Digital-Armbanduhr: kurz nach 5. Die Soundchecks erreichen mittlerweile mit sieben Rückkopplungen pro Minute ihren Höhepunkt. Die Menge wird unruhig, klatscht und pfeift den Beginn herbei.

Willst du versuchen, hinter die Bühne zu kommen? > **W81**

Oder einen schönen Abend mit Mensch und Musik verbringen? > **W62**

W44 Um den Frust etwas abzutöten, teilst du mit dem Kommentar „bevor die Teile schlecht werden“ deine Zauberpilze mit Leo und Jimi, wobei Letzterer in Anbetracht des bevorstehenden Auftritts dankend ablehnt.

Bereits nach wenigen Minuten beginnt die wilde Fahrt im Farbenkarussell und auch Leos Lächeln ist nicht mehr von dieser Welt.

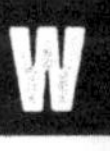

*Achtung, sämtliche **Presence-Checks** von Leo gelten bis zum Ende dieses Kapitels automatisch als **misslungen**!*

Übermütig fragst du Jimi, ob ein überaus talentierter Gastgitarrist bei seinem Auftritt mitspielen darf > **W53**

W45 „So? Du bist also auf der Suche nach freier Liebe, dem Sinn des Lebens, wie? Ich verrate dir was – harte Arbeit, mein Junge, das ist der Sinn des Lebens."
Der Spruch hätte von deinem Alten kommen können.
„Und nun, sieh zu, dass du Land gewinnst!"

Weiter > ***W76***

W46 „Bumblebee?" Nach kurzer Denkpause bricht Flower schließlich in überdrehtes Gekicher aus. Immer wieder ringt sie während ihres Lachflashs nach Luft. „Du bist mir einer!"

Weiter > ***W74***

W47 Die Jugendlichen schauen sich untereinander an, kichern und zucken mit den Achseln. Dieser Name ist ihnen offenbar unbekannt.

Weiter > ***W60***

W48 Du erntest nur höhnisches Gelächter, als du die Schwarzmarkthändler nach 24-Dollar-Karten fragst und über deine finanziellen Möglichkeiten informierst. Almosen haben die Kerle eben nicht zu verteilen.

Weiter > ***W28***

W49 Unweit entfernt muss die Farm der Familie Janus sein, oder zumindest das Gebäude, in dem Jill später ihre Kindheit verbringen wird. Du erinnerst dich an ihre kurze Gefühlsregung, damals im Mansion.

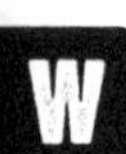

Lies dazu den Abschnitt zwischen den beiden ⊘-Symbolen bei Sektion ***338****, um deine Erinnerung aufzufrischen!*

Du fragst dich am General Store durch. Der Ladenbesitzer ist guter Laune. Der Hippie-Ansturm ist fürs erste überstanden und die Kasse hat ordentlich geklingelt. Er meint, eine Freundin seiner Tochter Alice hieße Janus mit Nachnamen und erklärt dir, dass der Hof ihrer Familie nur zwei Meilen von hier entfernt sei.

Du trampst mit einem der nach Hause fahrenden Hippies mit und stehst nur Minuten später am Gatter zur Auffahrt der Farm. Von hieraus überblickst du das gesamte Gelände. Neben dem Haupthaus siehst du zwei große Ställe, einen Hundezwinger und etwas abseits, einen Spielplatz unter Ahornbäumen.

Wo willst du die Flasche verstecken?

Irgendwo am Haupthaus > **W72** | *Im Schober des Stalls >* **W84**

Unter den Bäumen am Spielplatz > **W97**

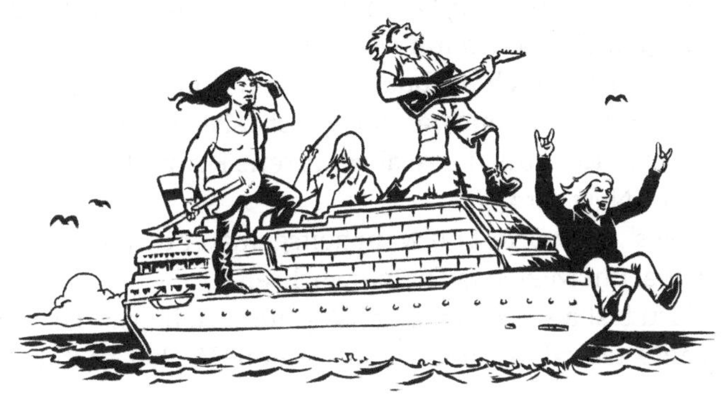

W50 Du marschierst gemeinsam mit dem schweigsamen Farmer eine knappe Meile über die aufgeweichten Wiesen, bis ihr abseits von der Bühne durch einen schmalen Durchgang im Zaun ein Fuhrpark kunterbunt angestrichener Campingwagen erreicht. An einem ist ein handbeschriebenes Schild angeschlagen: „Festival-Leitung".

Max Yasgur klopft wiederholt gegen die Tür, bis endlich hinter ihrem kleinen Fenster ein Vorhang zur Seite gedrückt wird und ein Wuschelkopf mit geröteten Augen erscheint. „Guten Morgen, Max. Was führt Sie zu mir?", öffnet der untersetzte Mann freundlich-verschlafen.

Der Farmer beginnt dem Boss sein Leid zu klagen, verlangt, dass das Festival sofort abgebrochen wird und bekräftigt: „Mike, Sie haben gesagt, maximal 50 oder 60 Tausend. Aber jetzt fangen die Leute schon an, mein Hab und Gut niederzureißen. Das funktioniert so nicht! Es sind schlicht zu viele!"

Der jung-dynamische Cheforganisator geht in sich: „Ich sehe Ihren Punkt, Max. Allerdings haben wir bis auf den Karten-Vorverkauf und die Essensstände keine Einnahmen erzielt. Die Fans haben uns quasi überrannt und die Zäune niedergerissen. Den Kartenverkauf vor Ort können wir vergessen."
Bevor der fassungslose Farmer antworten kann, hakst du ein: „Wenn Sie mich fragen, Mister Lang, dann wäre das doch einen Grund mehr, an die Ehrlichkeit der Besucher zu appellieren und zu Spenden aufzurufen. Wenn man es gut organisiert, sollte das einiges einbringen. Da bin ich mir sicher."
Mike Lang mustert dich nachdenklich von Kopf bis Fuß. „Hör mal, du kannst mir erzählen was du willst, aber du bist doch kein Yankee. Dazu trägst du viel zu abgefahrene Klamotten. Sag', woher kommst du? New Jersey?"
„Los Angeles", antwortest du wahrheitsgemäß, auch wenn du nicht kapierst, warum Mike das Thema wechselt.
„Knaller! Du bist also den ganzen Weg aus L.A. hierhergekommen, nur um am Festival teilnehmen zu können? Woher hast du davon erfahren?"

„Aus der Zeitung" > **W6** | *„Fernsehwerbung"* > **W86**

W51 Im Schneidersitz haben es sich die beiden Blumenkinder-Ladys auf einer großen Wolldecke bequem gemacht. Cynthia hat sich ihr rotes Haar hochgesteckt, doch einige nasse Strähnen umspielen ihre neugierigen, rehbraunen Augen. Sie streicht der schüchternen Diane zärtlich über das Knie.

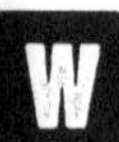

Überhaupt macht Cynthia einen freien, frechen Eindruck. Sie plappert offen über sich und ihre Heimat Chicago, will dafür im Gegenzug möglichst alles von dir erfahren. Allerdings fällt es dir mit jeder ausgedachten, zusammengestammelten Antwort schwerer, das Lügengebäude aufrechtzuerhalten. Und so wirst du immer wortfauler.

Wie willst du das Gespräch mit Cynthia weiterführen?

„Habe ich dich nicht schon einmal gesehen?" > **W69**
„Kennt ihr zufällig den Hendrix?" > **W75**
„Habt ihr was zum Quarzen?" > **W83**

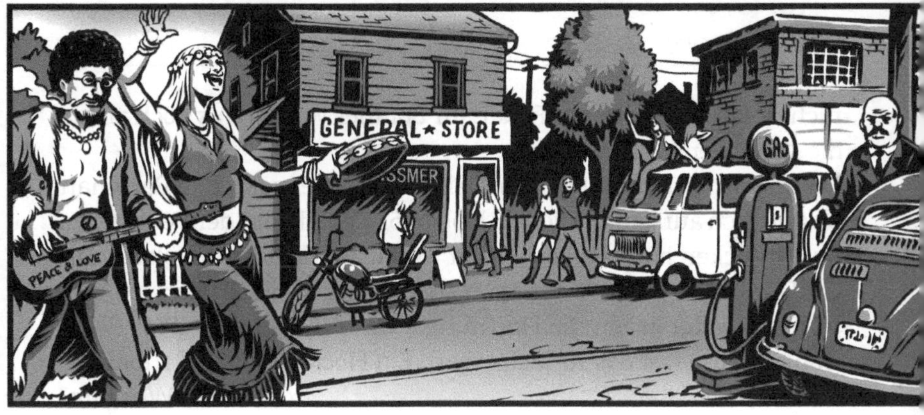

W52 Nach knapp einer Stunde Fußmarsch erreichst du den General Store von Familie Vassmer, wie das große Schild über der Ladentür verrät. Er scheint die einzige Möglichkeit in Bethel zu sein, sich mit Lebensmitteln einzudecken. Dutzende ausgelassener Kunden – alle offenkundig wegen des Festivals hier – decken sich mit dem Notwendigsten für das kommende Wochenende ein: Wasserflaschen, Brot, Konserven.

Durch das Schaufenster hast du direkte Sicht zur Tankstelle gegenüber. Amüsiert beobachtest du den Tankwart im Blaumann, wie er mit seinem öligen Tuch die kiffenden Hippies von seiner einzigen Zapfsäule verscheucht. „Zum Teufel!“, brüllt er heiser. „Könnt ihr

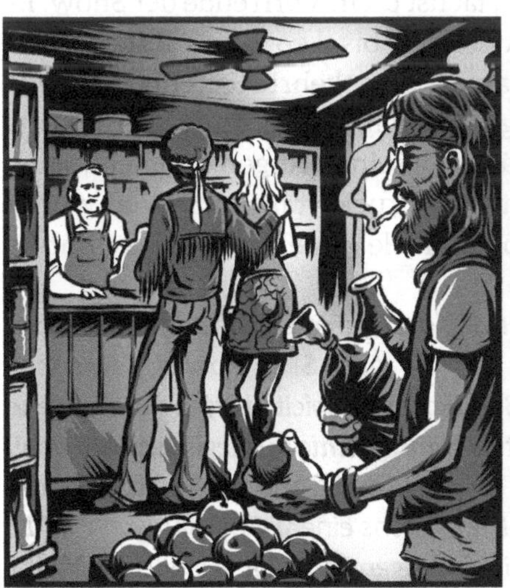

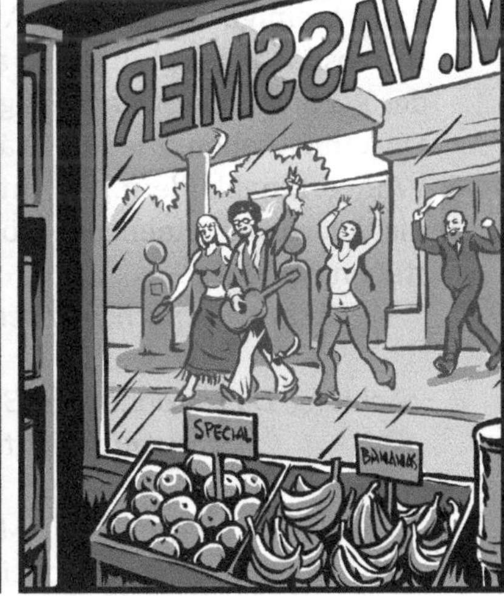

W52 *Durch das Schaufenster hast du direkte Sicht zur Tankstelle gegenüber. Amüsiert beobachtest du den Tankwart im Blaumann, wie er mit seinem öligen Tuch die kiffenden Hippies von seiner einzigen Zapfsäule verscheucht.*

nicht lesen? Kein offenes Feuer! Ihr Spinner werdet uns noch alle in die Luft jagen!"
Du schaust dich im Laden um. Deine zusammengekratzte Barschaft beläuft sich auf jämmerliche 3 Dollar, 51 Cent. Exakt der Betrag, den du einstecken hattest, als dich der Truck auf dem Sunset plattwalzte. Eigentlich kein Vermögen, doch die Preisschilder an den Warenregalen geben dir Hoffnung – du bist im Jahre 1969, deine Kohle ist also fast das 10-fache wert. Ein Hoch auf die Inflation!

Was nun?

Etwas kaufen > ***W10*** *| Laden verlassen >* ***W78***

W53 Jimi verharrt und blickt dir tief in die Seele. Dann gibt er – warum auch immer – seine Zustimmung: „Sicher, Kumpel. Larry, sei so nett, und gib ihm eine Gitarre!"
Du stellst allerdings sofort richtig, dass nicht du, sondern ein Freund spielen soll und deutest auf Leo, der vollkommen perplex von einem der Techniker auf die Bühne gezogen und mit einer taufrischen Mosrite ausgestattet wird. Bevor Leo sich orientieren kann, gibt der Drummer bereits den Beat des ersten Songs vor.
„Ich hoffe, der Junge kennt mein Zeug", ruft dir Hendrix mit einem gewinnenden Lächeln zu.
„Da bin ich mir absolut sicher", lachst du in Vorfreude der Show. Es dauert einige Takte und Akkorde, bis Leo seine anfängliche Nervosität abgelegt und sich an die umgekehrte Saitenreihenfolge der Rechtshänder-Gitarre angepasst hat. Doch jetzt geht er voll ab! Du kannst sehen, wie sich Tränen in seinen Augen sammeln, seine Wange hinabkullern. Sie sind Ausdruck von Stolz. Wer würde nicht gerne mit einem der größten Idole gemeinsam auf der Bühne stehen wollen?

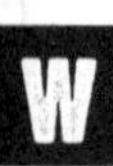

Checke nun nacheinander ***alle drei*** *guten Eigenschaften von Leo (also* ***Skill****,* ***Power****,* ***Presence****)!*

(Achtung: Da Leo ohne seine Bandkollegen spielt, dürfen misslungene Checks ***nicht*** *mittels* ***Bandchemie*** *ausgeglichen werden!)*

Alle drei Checks gelungen > ***W114***

Mindestens einer ist misslungen > ***W12***

Oder willst du Leos einzigartigen Moment gestalten? > ***W111***

W54 Genervt reißt dir Lemmy die Karte aus der Hand. „Ein Backstage-Pass ist das aber nicht, Freundchen." Dennoch ist der Roadie neugierig geworden. Fasziniert betrachtet er sie von beiden Seiten. „Verdammt, die ist echt abgefahren. Interessantes Bild. Okay, ich lass dich hinter die Bühne, aber, Kumpel, mach bloß keinen Ärger! Wenn ich wegen dir Stress bekomme, dann klopfe ich dir den Weltfrieden aus'm Kittel, kapiert?"

*Entferne die Markierung beim ♠A unter **entfernte Pokerkarte** vom Metal-Logbuch!*
*Zur Belohnung, dass du Lemmy zu einem der größten Songs der Rock-Geschichte inspiriert hast, steigt dein **Einfluss** um 1 und du darfst fortan sämtliche **Asse** bei Kartenabfragen wie **Reaper** (Joker) behandeln! Dies gilt übrigens auch, solltest du dieses Spielbuch **erneut** spielen!*

Gut geplant oder bloß Glück? Egal – du bist endlich Backstage!

Weiter > ***W95***

W55 „Power? Ach, du stehst also auch auf Allen Ginsberg? Super Typ. Seine Gedichte sind mein Leben."
Flower erzählt von ihrer ausschweifenden Vergangenheit als Studentin der Philosophie in New York. Da du wenig Spannendes zu deiner Person sagen kannst und willst, dreht sich eure Unterhaltung einzig um sie. Recht schnell hat sie dich intellektuell abgehängt. Deine Entgegnungen werden immer kürzer, bis du nur noch mit geratenen „Ja" und „Nein"-Floskeln antwortest.
Irgendwann wendet sie sich einem anderen, interessanteren Typen zu und du verbringst die Nacht – wieder einmal – alleine.

Weiter > ***W88***

W56 Nachdem die Absperrungen und Zäune Geschichte sind, ist es ein Leichtes den nahegelegenen Laden zu erreichen. Doch in Vassmer's General Store hineinzugelangen braucht Geduld: Die Schlange wartender Hippies reicht quer über die Straße bis zur gegenüberliegenden Tanke. Der Tankwart sitzt zusammengesunken an der Zapfsäule und hat sein Gesicht in den Händen vergraben.

Es würde Stunden dauern, bis du endlich an der Reihe wärst. Und auf deiner persönlichen Hass-Liste ist „in einer Schlange stehen“ direkt auf Platz 3, gleich hinter „Square Dance“ und „warmes Bier“. Interessiert beobachtest du aus sicherer Entfernung, wie ein Lieferwagen zweimal hupend vorfährt. Der Fahrer begrüßt den Verkäufer und beginnt die Waren auszuladen.
Sofort drängeln einige Leute aus der Schlange und sorgen für einen Tumult an der Ladefläche, da sie meinen, direkt von der Quelle einkaufen zu können. Wortgewaltig schickt sie der Ladenbesitzer wieder zurück ins Glied.

Kaust du gerade einen Kaugummi? Blättere dazu kurz zu Abschnitt W66 und kontrolliere dort den Kreis neben der Sektionsnummer.

Ja, tue ich (Kreis markiert) > ***W70***

Wenn nicht, dann musst du weiter warten > ***W17***

W57 Du legst die Flasche unter eine einfache Straßenbrücke, in eine Nische zwischen Fahrbahn und Pfeiler. Ob das funktioniert? Der Abend bricht herein. Hurtig, hurtig zurück aufs Festival, sagenhafte Live-Musik genießen!

Weiter > ***W29***

W58 „Hab' ich es mir doch gedacht, Jimi, der Herr möchte überhaupt kein Souvenir.“
Mit einer einzigen Geste lässt der Arsch von Manager zwei Helfer antanzen, die dich gnadenlos von der Bühne in den Matsch werfen. Scheiße, das war's. Deine Mission in Woodstock war ein Reinfall.

Weiter > ***W116***

W

W59 Max Yasgur ist aufgebracht. Immer wieder deutet er auf die Massen von Menschen: „... außerdem ist mir eure ständige Raucherei zuwider ... diese Berge von Müll ... von so vielen Leuten war niemals die Rede!“
Selbst wenn er weiß, dass du damit nichts zu tun hast, lässt er, einmal angefangen, seinen ganzen Frust heraus.

Weiter > ***W73***

★) ROCK ICON: Ian Fraser „Lemmy“ Kilmister
War ein britischer Rocksänger und -bassist. Mitglied der Band Hawkwind, Gründer von Motörhead. Sang stets mit weit über dem Kopf eingestelltem Mikrofon, so dass er die Kehle überstrecken musste.

W60 Hubschrauber fliegen mit lautem „schrapp-schrapp-schrapp" über das Gelände und du hörst die Leute halb im Spaß, halb im Ernst „Vietnam" sagen. Natürlich sind es weder Helikopter der Army noch der Nationalgarde, sondern von den Veranstaltern gecharterte Maschinen, die die Musiker bequem über das Chaos hinweg zur Bühne bringen.

Du blickst in den Himmel und meinst hinter der Scheibe eines Helis einen jungen Schwarzen mit rotem Bandana erkannt zu haben. Egal, ob phantasiert oder real, sein Gesicht erinnert dich an deine eigentliche Aufgabe: Finde Jimi Hendrix!

Du schwingst die Hufe und stehst Minuten später am Zugang zum Backstagebereich, einem sonst gut bewachten Durchgang im Bretterzaun. Diesmal jedoch hast du Glück!

Du drückst dich durch das Loch, als wie aus dem Nichts ein verschlagener Rocker mit extra finsterem Blick und Kippe im Mundwinkel aus dem Schatten tritt. Der Kerl sorgt also für die Filterung. Seine breiten Zähne blitzen selbstbewusst durch den buschigen Backenbart. Du bist baff: Der Zaunkönig ist Lemmy Kilmister*! Sein Markenzeichen, das Fibrom auf der linken Wange, ist zwar noch recht klein, seine strahlende Persönlichkeit einer angehenden Rock-Ikone hingegen unverwechselbar.

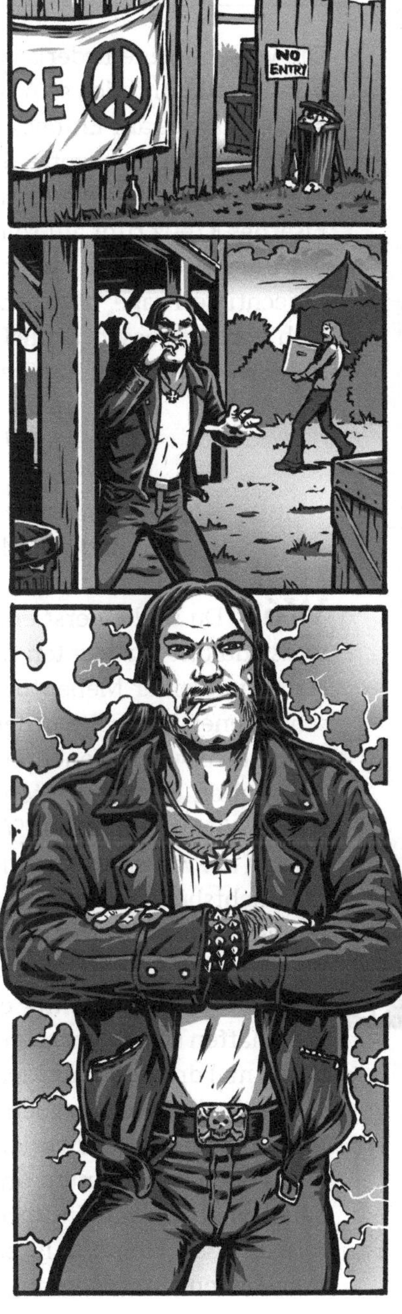

W60 *Die verschlissene Lederjacke quietscht, als er die Arme provokant verschränkt.*

Die verschlissene Lederjacke quietscht, als er die Arme provokant verschränkt und sich sein Brustkorb hebt: „Na, Meister, ohne Backstage-Ausweis auf Entdeckungsreise, wie? Hau ab!“
Lemmys finster-schroffe Stimme flößt dir Respekt ein. Silberne Totenkopfringe funkeln an fast jedem seiner Finger und ein Eisernes Kreuz ruht auf seinem Brusthaar. Du denkst dir: „Ehrlich, warum ist ER eigentlich nicht zum Rock-Gott ernannt worden?“
Berechtigte Frage, aber jetzt geht es darum, ihn zu überzeugen, dich vorbeizulassen. Schließlich bist du kein dahergelaufener Fan, sondern verfolgst hehre Ziele!

Was willst du tun?

Meine Macht einsetzen, um Lemmy zu manipulieren, mich durchzulassen > **•W4**

Ich verdünnisiere mich zunächst mal und suche nach einer anderen Möglichkeit Backstage zu gelangen > **W101**

W61 Du schlenderst entspannt den Feldweg entlang, denn du weißt, du bist zur rechten Zeit am rechten Ort.
Nach etwa einer Meile stößt du auf ein großes Schild. Die handgeschriebenen Lettern wurden dermaßen satt mit roter Farbe gepinselt, dass die verlaufenen Tropfen dich an den blut-triefenden Titel eines alten Horrorstreifens erinnern. Dort steht: „Stoppt Max' Party! Wir wollen keine 150.000 Hippies! Kauft keine Milch!“
„Wenn die wüssten ...“, schmunzelst du laut. Am Ende werden die Geschichtsbücher des Rock von knapp einer halben Millionen Blumenkinder sprechen, die über die Weiden Bethels strömten.

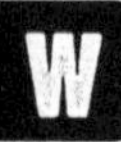

Plötzlich hast du ein ungutes Gefühl in der Magengrube. Zunächst weißt du es nicht richtig einzuordnen, doch alte Gewohnheiten verschaffen sich in Form eines knatternden Furzes Gehör – oha, du musst mal dringend für kleine Metaller! Mit verkniffenem Gesicht suchst du dir einen Strauch abseits der Straße.
Wenig später zurrst du erleichtert den Nietengürtel wieder fest, als dich jemand von hinten anquatscht und dich dem Herzstillstand nahebringt. Es ist dein Rock-Scherge in Kniehöhe! Quiff trägt ein zeitgemäßes Hemd mit einem Kragen so ausladend wie die Tragflächen eines Flugzeugs und grinst verschmitzt.

„'tschuldigung, Taylor Meister. Bin hier zu sagen, dass aussehen wie Mensch mit Kleidung von Zukunft."
Erbost stauchst du den frechen Wicht zusammen, wie er es wagen könne, den Quasi-Rock-Boss bei seinem göttlichen Schiss zu stören, und überhaupt sei dir deine unzeitgemäße Klamotte längst aufgefallen.
„Äh, musste warten, bis Taylor Meister allein ... Ach ja ... und Götter-Kräfte auch weg solange in Vergangenheit."
Okay, DAS wusstest du allerdings nicht! „Schönen Dank!"
Mit einem kurzen „immer zu Diensten" macht es „puff!" und Quiff ist wieder verschwunden. Verärgert über die mangelhafte Informationspolitik folgst du dem Wegweiser zum nächstgelegenen Städtchen namens Bethel.

Weiter > **W52**

W62 Du schnaufst durch. Für heute hast du genug Rock-Legenden-Jagd betrieben. Du suchst dir ein schönes Plätzchen von einer Kombination aus gutem Blick und Sweet-Spot des Stereo-Dreiecks und genießt die Show.

Weiter > **W71**

W63 „Taylor? Ebenso schön wie klassisch. Magst du dich zu mir legen?" Die Kleine klopft auf die Decke neben sich. „Deine Augen sind so tief und geheimnisvoll, als stammst du nicht von dieser Welt", haucht sie und knabbert dir am Ohrläppchen.
Ähm, das ging schnell.

Weiter > **W74**

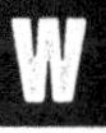

W64 Die Grenzen zwischen Max Yasgurs Land und dem seines Nachbarn sind wortwörtlich fließend. Die immer wieder einsetzenden schweren Regengüsse haben das Gelände und die Feldwege mittlerweile in schmierige Schlammlöcher verwandelt. Und überhaupt: Die hunderttausende Woodstock-Besucher scheren sich einen feuchten Dreck um irgendwelche Besitztümer.
In der Hoffnung, etwas Brauchbares für Lemmy zu finden, schaust du dich auf der Ranch des benachbarten Vieh-Bauers um.

Plötzlich hörst du das unheilvolle Durchladen einer Schrotflinte.
„Hey, du Hippie! RUNTER VON MEINEM LAND!"
Du blickst in die irren Augen eines alten Farmers und nimmst instinktiv die Beine in die Hand. Der Typ ist total drüber.
BÄMM!
„Woodstock, das Fest des Friedens und der Nächstenliebe", kreischst du. Wieder löst sich ein Schuss! In Panik kommst du ins Straucheln und schlitterst bäuchlings die matschige Wiese herunter, bis du dich, au, au, im Stacheldraht des Weidezauns verfängst. Brennender Schmerz erfüllt deine Wade. Du weißt nicht, ob du am Draht hängen geblieben bist oder dich der Spinner mit Schrot vollgepumpt hat. Fest steht, du kannst die unbewusste Verbindung zur Vergangenheit nicht aufrechterhalten und wirst augenblicklich in die Gegenwart zurückgerissen ...
Verflucht, du bist mit deiner Aufgabe gescheitert!

POWER OFF!

*(Repeat > **W60**)*

W65 Selbstsicher packst du dein Demo-Wissen aus: „Keine Atombomben, Alter! Das Symbol steht für CND*."
„Hey, Bruder, wenn ich nicht so high wäre, dann würde mich das echt beeindrucken. Aber du hast vollkommen Recht. Greif zu, Wissender!"
Mit der freundlichen Einladung genehmigst du dir einige besonders schön gewachsene Pilze. Dein neuer Freund überlässt dir sogar einen Bogen Butterbrotpapier und schnürt dir fingerfertig ein kleines Säckchen. Zufrieden steckst du die verdiente Portion ein.

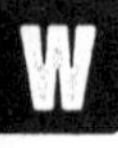

*) ***CND-Symbol*** | *Das berühmte Friedenszeichen (siehe rechts auf dem Bulli) wurde 1958 vom britischen Künstler Gerald Holtom im Auftrag der britischen Kampagne zur nuklearen Abrüstung (englisch: Campaign for Nuclear Disarmament, abgekürzt CND) entworfen. Es wurde beim weltweit ersten Ostermarsch von London zum Kernwaffenforschungszentrum in Aldermaston gezeigt und stellt eine Kombination zweier Zeichen aus dem Winkeralphabet dar, nämlich von „N" für „nuclear" und „D" für „disarmament" („Abrüstung").*

*Notiere dir die **Magic Mushrooms** unter **Taylors Kram** im Metal-Logbuch.*

Zum Glück sind Jacque und Lunaire in null Komma nichts mit sich selbst beschäftigt und du kannst dich elegant mit einem „der Hippie muss mal Pippi" aus der Affäre ziehen.

Weiter > ***W43***

○ **W66** Der Kleinen fällt plötzlich das Lachen aus dem Gesicht. Ihre Ohren werden feuerrot. Mit weichen Knien geht sie zu dir hinüber und flüstert flehend: „Bitte, Sir, verraten Sie nichts meinem Vater. Ich bekomme garantiert Hausarrest. Er versteht das nämlich nicht. Wir wollen doch nur ein wenig Spaß haben."
Du tätschelst dem eingeschüchterten Mädchen die Wange und beugst dich zu ihr hinunter. „Cool bleiben, Alice. Ich verpfeif hier niemanden. Oder sehe ich aus wie ein Spießer?"
„Wi...wirklich, Sir? Oh, Sie sind prima!"
„Na, dann rockt mal schön weiter – aber denkt dran... immer schön sauber bleiben! Und übrigens: Ich bin kein ‚Sir', ich bin ein Gott."
Die Anspannung weicht aus Alice' Gesicht: „Hier, der ist für Sie."
In ihrer zitternden Hand hält dir das junge Ding einen giftgrünen Bubblegum entgegen. „Für guten Atem", schiebt sie verstohlen hinterher. Du verstehst den wohlgemeinten Wink und beginnst zu kauen. Wow, echte Minze! Das zischt!
Markiere bitte den Kreis neben der Sektionsnummer oben, als Hinweis darauf, dass du gut riechst und diesen Abschnitt gelesen hast!

Weiter > ***W60***

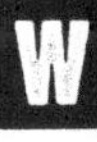

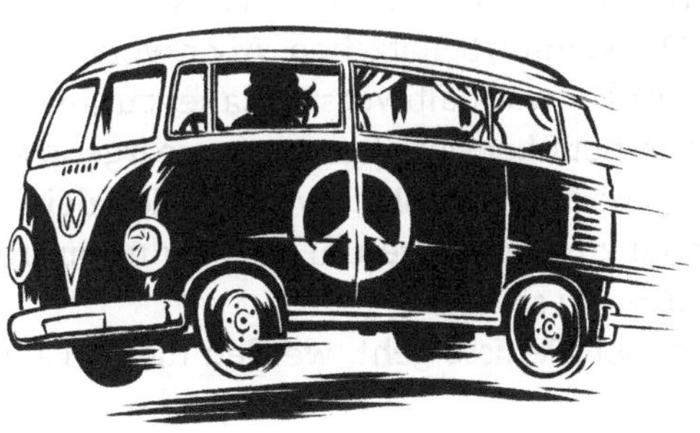

W67 „Amtlich, amtlich, Alter!“ Der Engländer betrachtet dein Mitbringsel genau und prüft den Sitz der Mütze.
„Passt perfekt!“, bestätigst du überschwänglich.
„Hey, woher weißt du, dass ich auf so'n deutschen Scheiß stehe?“
Du zuckst mit den Achseln und grinst breit.
„Dass ich Nazi-Erinnerungsstücke sammle, bedeutet nicht, dass ich ein Faschist bin. Ich mag einfach die Klamotten, kapiert?“
Du nickst neutral und Lemmy checkt, ob die Luft rein ist und spricht die erlösenden Worte: „Geh' durch! Aber ich warne dich, mach bloß keinen Mist, denn du weißt, man sieht sich immer zwei Mal im Leben ...“
Mit einem Kloß im Hals lässt du nun eine Rock-Legende hinter dir, um hoffentlich eine weitere zu treffen ...

Weiter > **W95**

W68 Der Bus ist eine gemütliche Hippie-Höhle auf Rädern. Zwischen Patchwork-Decken, Fellen und Windspielen findet sich allerlei Nützliches: Plattenspieler, Kochnische, Wasserpfeife. Du fragst Lunaire, warum sie nicht zur Bühne gehen würden.
„Ach weißt du“, beginnt das Blumenkind tiefenentspannt, „wir sind nicht nur wegen der Musik hier.“ Verträumt streicht sie eine braune Harzpaste über ihren Joint, pafft ihn an und reicht ihn rüber – dabei legt sie dir die Hand aufs Knie. Auf einem ausgebreiteten Batiktuch vor euch ist ein Haufen getrockneter Pilze ausgebreitet.

Zugreifen! > **W32**
Lieber nicht ... > **W23**

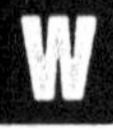

W69 Du fragst Cynthia direkt, ob sie so etwas wie eine Bildhauerin sei. „Das stimmt, Schätzchen. Aber woher weißt du das?“
Du stammelst irgendwas halbwegs Schlaues zusammen, du hättest mal was im Internet über sie gelesen, was sie irgendwie noch mehr zu verwirren scheint. Zum Glück verhält sich dein Alkoholpegel antiproportional zum Schamgefühl, und du unterbreitest ihr den Vorschlag, Modell zu stehen.
„Naja, wenn es um Penisse geht, werden die stillsten Wasser ge-

sprächig, wie?", scherzt Diane und Cynthia meint: „Auch wenn es hart für dich ist. Wir machen nur Abdrücke von den ganz großen im Biz. Tut mir leid, Schätzchen."
Enttäuscht winkst du zum Abschied und begibst dich wieder auf die Suche nach Jimi Hendrix.

Weiter > ***W105***

W70 Du verlässt deinen Platz in der Schlange und gehst zum Lieferwagen und dem jungen Mädchen herüber, das hilft, die Waren durch die Hintertür in den Laden zu tragen.
„Oh, Mister Taylor", entfährt es ihr. Überraschung und Furcht dich wiederzusehen stehen der Kleinen ins Gesicht geschrieben.
„Hey, keine Angst, freche Draufgängerin. Ich verrate dich nicht – hab's doch versprochen", flüsterst du ihr ins Ohr. „Aber du könntest mir einen Gefallen tun ..."
Nach ein paar Minuten taucht Alice wieder auf und zaubert eine Flasche Whiskey aus ihrer Schürze hervor. Du bedankst dich für ihre Hilfe und gibst ihr deine restliche Kohle bis auf den letzten Penny.

Notiere die ***Flasche Whiskey*** *unter* ***Taylors Kram*** *im Metal-Logbuch.*

Weiter > ***W77***

W71 Am späten Abend, die Sonne ist schon lange untergegangen, hörst du in der Ferne Donnergrollen, das sich mit den exotischen Klängen eines indischen Sitarspielers mischt.
Erste schwere Tropfen fallen auf den staubigen Boden. Als mit allen Wassern (und sonstigen Niederschlagsformen) gewaschener Festivalgänger weißt du nur zu gut, dass diese Kombination binnen weniger Minuten zu einer verdammt schmierigen Angelegenheit ausarten wird.

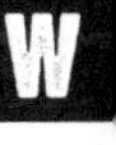

Du blickst dich um. Nur eine halbe Meile von hier kannst du eine Scheune oder Stall als Silhouette im fahlen Schein des Festivals erkennen.

Auf zur Scheune, um dort Unterschlupf zu finden! > ***W30***
Ich verlasse mich auf die Hilfsbereitschaft der Hippies > ***W103***

W72 Wie ein Penner, der sein erstes Ding drehen will, schleichst du um das Hauptgebäude der Farm. Du überlegst noch, wo du die Flasche deponierst, als du plötzlich das unheilvolle Knurren eines Hundes vernimmst.
Du ergreifst die Flucht, doch der ausgewachsene Wachhund rennt dir nach, springt dir ins Kreuz und verbeißt sich in deinen Schenkel. Der brennende Schmerz bringt deine Konzentration zum Einsturz. Die Zeitreise ist augenblicklich beendet.

POWER OFF!
(Repeat > ***W95****)*

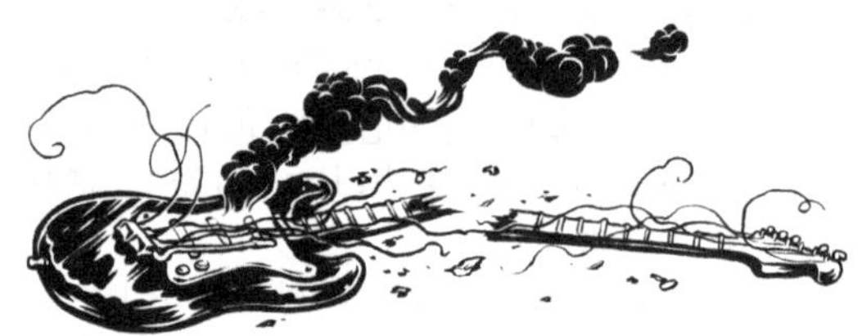

W73 Erschöpft und den Tränen nahe, setzt sich der Farmer auf eine einfache Holzbank vor dem Schuppen. „Ich wollte der Jugend doch nur einen Ort zum Feiern geben. Und nun sehen Sie sich das an ... mein Land ... meine Farm ..."
Wahrlich, Max Yasgur konnte nicht mit einer solchen Invasion durchgedrehter Hippies rechnen.
„50.000 Dollar wurden mir von Mister Lang als Miete und Entschädigung zugesichert. Sollte mein Nachbar jedoch seine Drohung wahrmachen und mich auf Schadensersatz verklagen, bin ich ruiniert."

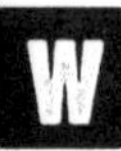

Der hagere Farmer schweigt einen Moment und kommt zum Schluss: „Das Festival muss abgebrochen werden! Ich werde Mister Lang sofort Bescheid geben."
Alarmstufe Butterfly! Zwangsläufig denkst du an einen Schwarm chaotisch flatternder Schmetterlinge über dem Meer. Was tun?

Dich verabschieden, ihm jedoch folgen > ***W91***
Ihm einen Vorschlag unterbreiten > ***W107***
Yasgur sofort töten! > ***W99***

W74 „Flower, du duftest so gut."
„Danke, Taylor, du bist echt süß …"
Ob es nun deine unwiderstehliche Aura oder das gute Gras war, das euch zu Kopf gestiegen ist, letztendlich gibt ein Wort das andere und ihr verbringt eine unvergessliche Nacht im Rausch von Lust und Sehnsucht … Wahrlich, ganz großes Bagger-Tennis, mein Freund!

Welchen Song möchtest du anstimmen, um eure Sinne zu stimulieren?

„Free Bird" von Lynyrd Skynyrd > **W7**

„I Feel Free" von Cream > **W115**

W75 „Du meinst Jimi? Oh, ja, Schätzchen! Und sogar besser als die meisten anderen Ladys, will ich meinen." Sie schließt Diane in die Arme und streicht ihr sanft durchs nasse Haar.
„Wir waren schon ganz nah an unserem Jimi, stimmt's Süße?", schwärmt Cynthia. Unbewusst wiegst du mit dem Kopf.
„Glaubst uns nicht, hm? In der aktuellen Ausgabe des Playboy Magazins ist ein Artikel über meine Arbeit. Also, angeblich. Ein Freund hat mir davon erzählt …"

Wie sieht's aus? Bist du entsprechend ausgestattet?

Ja, habe den ***Playboy*** *gekauft und dabei! >* **W93**

Nein, interessiere mich nicht für Interviews > **W82**

W76 Da du überhaupt keine Ahnung hast, in welche Richtung du gehen musst, um das Festivalgelände zu erreichen, wirfst du all deine langjährige Erfahrung in die Waagschale und suchst den Horizont nach verräterischen Anzeichen ab.

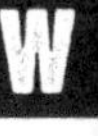

Und da! Hinter einem entfernten, bewaldeten Hügel siehst du mehrere vom Augustwind aufgewirbelte Staubsäulen aufsteigen. Ein sicheres Zeichen für viele Menschen oder zumindest schweres Gerät auf ausgetrockneten Äckern. Du folgst dem Feldweg, bis du an einem Wegweiser vorbeikommst: „Bethel – 2 Meilen". Läuft!

Weiter > **W52**

W77 Mittlerweile machen abertausende Besucher die Gegend unsicher. Die meisten der Zäune liegen danieder und die sanitären

Anlagen hinterlassen auch nicht mehr den frischesten Eindruck. Hach, pure Festival-Nostalgie!
An der Seite eines bunt bemalten Campingwagens wurde provisorisch eine Plane befestigt, die mit zwei in den Boden gerammten Eisenstangen Schatten für ein Gelage von etwa einem Dutzend nackter Hippies spendet. Wie viele es sind, lässt sich nicht genau sagen – zu sehr sind die mit Fingerfarben verzierten Körper ineinander verschlungen. Es ist, als würdest du in den Schlangenkorb eines Fakirs blicken.

Bist du neugierig genug, um den Körper-Knoten zu entwirren > ***W80***

Ansonsten, ab zur Bühne, die Abend-Show reinziehen! > ***W89***

W78 Hunderte Leute bahnen sich über die heillos überfüllten Straßen ihren Weg zum Festival. In den Gräben stehen die Autos, Stoßstange an Stoßstange. Ihre Besitzer haben es aufgegeben näher an das Gelände heranzufahren.
Unweigerlich malst du dir aus, mit welchem Dauerständer Jay Leno an diesen zukünftigen Oldtimern vorbeimarschieren würde.
Die Prozession strömt zum hügeligen Weideland. Einfach zusammengenagelte Holzzäune und Stacheldraht trennen die Wiesen von den schmalen Straßen. Entsprechend stockend geht es voran. Von überall trägt der lauschige Wind Musik heran. Selbstgesungene Friedenslieder oder blecherne Rock-Songs aus Transistorradios. Die Stimmung ist fröhlich und ausgelassen.
Der ausgiebige Gebrauch von Alkohol und Rauchwerk mag seinen Beitrag leisten, doch es ist in erster Linie die Einstellung der Menschen selbst! Sie sind einfach gut drauf, offen und herzlich. Wildfremde werfen sich dir an den Hals, küssen dich, lachen und tollen wie Kinder.

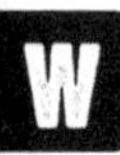

„Also Leute, ich hab echt nichts gegen Liebe und Frieden und so. Aber dieses ständige Um-den-Hals-Gefalle und Abgeknutsche geht mir langsam auf die Nüsse“, lässt du einen der Hippies wissen.
Ihr Verhalten passt zu ihren Outfits: Knallbunte Klamotten, meist aus schrillen Batik-Stoffen, flatternde Hosenbeine, Frauen wie Männer mit langen Haaren (zudem unter den Achseln und womöglich sonst wo), die Damen mit Blumen geschmückte Frisuren,

die Herren gerne mit Stirntuch und wucherndem Vollbart. Wenn du es nicht besser wüsstest, müsstest du annehmen, dass Woodstock der Beginn aller Laster, Geschlechtskrankheiten und Filzläuse war.

Besitzt du eigentlich eine ***alte Woodstock-Karte***?*

Ja! Ich werde damit jetzt das legendäre Gelände betreten! > ***W20***

Nein, ich besitze keine > ***W98***

W79 Lemmy schaut sich verstohlen um. „Du weißt offenbar, wie man sich Zutritt in den Rock-Olymp erkauft."
„Ja klar, mit gutem Stoff", grinst du.
„Recht so, mein Freund!", flüstert Lemmy und tippt dir mit dem Zeigefinger auf die Brust. „Die Brühe ist meine Ambrosia. Kapiert? Okay, geh' durch, bevor ich es mir anders überlege!"
Glückwunsch! Du hast es in den heiligen Woodstock-Backstagebereich geschafft!

Weiter > ***W95***

W80 „Hey, Leute, wisst Ihr überhaupt, wer mit wem vögelt?", fragst du lachend in die Runde.
Ein junges Ding mit süßen Sommersprossen reckt ihren Schopf empor. Feuerrote Zöpfe umspielen ihre knallig geschminkten Lider und Wangen. Ihr Liebreiz erwärmt dein Rocker-Herz.
Die Kleine, etwa Mitte 20, hüpft auf, hakt sich ungefragt unter und streicht dir mit geschwungenen Bewegungen über die Brust bis hinunter zum Oberschenkel: „Hey, abgefahrene Klamotten. Sag, kommst du aus England?"
Perplex starrst du durch den dünnen Stoff ihres Batikkleidchens. Sie dreht einen ihrer Zöpfe um den Finger und klappert dabei mit den eingeflochtenen Holzperlen.
„Bist 'n Schweigsamer, hm? Also, ich bin Flower."

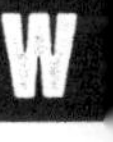

Wie willst du dem liebenswerten Blumenmädchen antworten?

„Ich bin Bumblebee. Summ, summ." > ***W46***

„Nenn mich Power. Brumm, brumm." > ***W55***

„Hi, Blümchen! Ich bin Taylor." > ***W63***

**) Das Adjektiv „alte" ist wie bei allen anderen Abfragen bezüglich der „Woodstock-Karte" in diesem Kapitel sehr wichtig. Beachte also stets die exakte Formulierung und Schreibung!*

W81 Leider musst du alsbald feststellen, dass es von dieser Seite unmöglich ist, hinter die Bühne zu gelangen. Der hohe Lattenzaun sperrt den Backstage-Bereich wirksam ab. Du könntest seine oberste Kante noch nicht einmal mit einem Sprung erreichen. Zudem hat das Sicherheitspersonal alles im Blick.
Was soll's! Genug Superstar-Jagd für heute. Du lässt fünf gerade sein, legst dich auf ein freies Fleckchen Wiese und wirst Teil der Woodstock-Familie. Echt, morgen ist auch noch ein Tag!

Weiter > ***W71***

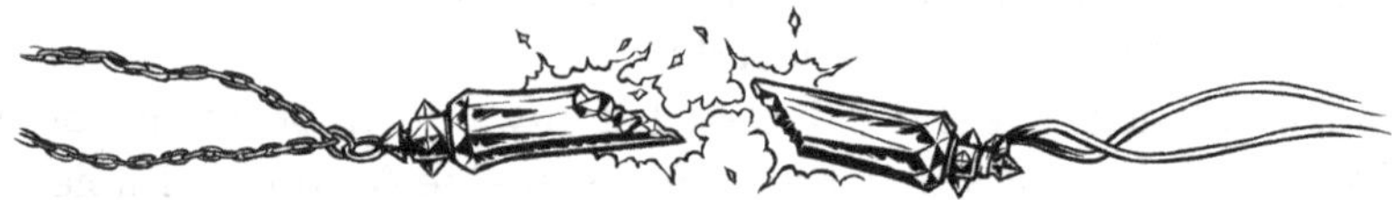

W82 Du verabschiedest dich von den beiden seltsamen Teich-Nixen, die nicht wissen, wo sich Jimi derzeit aufhält, und jetzt offenbar wieder unter sich sein wollen.

Weiter > ***W105***

W83 Die Stimmung merklich aufgelockert, erzählt dir Cynthia Plaster Caster, so ihr voller Künstlername, dass sie Gipsabdrücke von Berühmtheiten anfertigt. Aber eben keine Büsten, sondern Abgüsse vom besten Stück der Musiker.
„Hm. Es würde bestimmt deine Bekanntheit erhöhen, wenn du auch Abdrücke von den Möpsen weiblicher Stars machen würdest oder dich an unbekanntem Material versuchst", brainstormst du euphorisiert und deutest dir in den Schritt.
„Sicher, Schätzchen, das würde dir so gefallen!"
Diane, die die ganze Zeit geschwiegen hat, kichert: „Wenn ich so darüber nachdenke, Cynthia, schaden kann es doch nicht."
Cynthia lässt sich überzeugen und zieht dir kurzerhand die Jeans runter. Mit geschultem Künstlerblick mustert sie dich.
„Ja, ein schönes Exemplar. Das wird ein kräftiger Abdruck."
Nachdem Diane die neuralgischen Stellen rasiert hat, legt Cynthia eingeweichte Gipsbinden auf. Lage um Lage, bis dein kleiner Taylor komplett umhüllt ist.

W

„Ist das unangenehm?", „Hast du Schmerzen?" sind Cynthias Lieblingsfragen während des Aushärtungsprozesses, die du stets mit einem reflexartigen „nein, nein" beantwortest, auch wenn „sich von zwei scharfen Bräuten den Schwanz eingipsen lassen" eindeutig zu den Top 3 der bizarr-(un)angenehmsten Momente deiner Rocker-Existenz zählt.

⏪ REWIND
Plötzlich ereilt dich ein pochender Kopfschmerz. Ein Teil deines Gedächtnisses verschwimmt - eine neue Erinnerung formt sich.

*Frische nun diese konkrete Erinnerung auf, indem du nun nach **810** blätterst und dir dort die Passage zwischen den Blitzen durchliest.*

Du bist dir sicher, ein weiterer Abdruck hat sich hinzugesellt:
„Woodstock '69 - Diane in Love, Model: Unbekannt."
„... und dazu stehe ich!", murmelst du entspannt.

*Dein **Einfluss** steigt um 1!*

Weiter > ***W105***

W84 Du hast dich dem Stall bereits auf einen Steinwurf genähert, als du beängstigendes Hundegebell hörst. Du nimmst sofort Reißaus und kannst dich mit einem beherzten Sprung über das Gatter retten, bevor dich der Köter in Fetzen zerrissen hätte. Immerhin kennt der Hund sein Revier und verbleibt knurrend hinter dem Zaun.
Voller Adrenalin denkst du dir: Scheiß auf die Karte! Bis die Flachpfeifen von der Hall of Fame überhaupt etwas merken, ist die Rock-Welt schon längst gerettet. Außerdem: Die sollten doch froh sein, wenn sie ein fast druckfrisches Ticket bekommen!
Du zerschmetterst die Flasche auf den Asphalt der Straße und fischst die Woodstock-Karte aus den Scherben.
Entschlossen, dieses Abenteuer in der Vergangenheit zu beenden, gehst du zurück zum Festival. Ein Abend mit allerlei sehenswerten Auftritten bricht an.

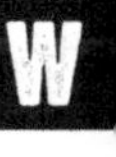

Weiter > ***W29***

W85 Blitzschnell ergreifst du dein Handy und hüpfst wie ein Wiesel (zumindest nach eigenem Körperempfinden) über das Absperrband. Als du jedoch die schmale Treppe zur Bühne erklimmen willst, kommt dir ein japsender Tontechniker samt einem PA-Lautsprecher auf den Schultern entgegen.

Notgedrungen windest du dich unter dem Geländer hindurch und springst herunter. Dein Verfolger brüllt dir hinterher, während du ihm wahllos herumstehende Koffer, Mülltüten und Kisten in den Weg schleuderst.

Mit einem letzten Haken kannst du dich hinter einen Campingwagen drücken und lauschst. Dein Jäger ruft zornig nach Verstärkung.

Du musst hier weg! Bloß wie?

Weiter rennen, bis du die Kerle abgeschüttelt hast > ***W39***

In irgendeinen Wohnwagen flüchten, in der Hoffnung, dass deine Verfolger die Fährte verlieren > ***W100***

W86 „Davon wüsste ich aber, mein Freund", höhnt Mike und du spürst, dass in ihm Misstrauen erwächst. Dann drängt er dich mit aufgesetzter Freundlichkeit von den Stufen seines Wagens, er wolle unter vier Augen mit dem Farmer über das „geringe Problem" sprechen.

Du fügst dich dem Herren des Festivals und gehst in Wartestellung. Nach einem kurzen, lautstark geführten Streit verlässt Max Yasgur den Wohnwagen wieder mit hochrotem Kopf.

„Er will eine Nacht über das Problem nachdenken", hadert er. „Er meint, ihm falle eventuell noch etwas Besseres ein ..."

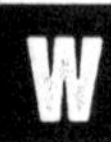

Mit Engelszungen redest du auf den aufgebrachten Farmer ein und es gelingt dir tatsächlich, ihn umzustimmen, nichts Übereiltes zu tun. Das Argument, enttäuschte Besucher würden schnell zu frustgesteuerten Überreaktionen in Form von blinder Zerstörungswut neigen, ist sehr überzeugend.

Weiter > ***W14***

W87 Tief brummendes Rattern und Knattern, Rieseln und Tuckern. Du erwachst aus deiner Umnachtung auf lehmigem

Ackerboden und erhebst dich mühsam. Du bist umzingelt von hohen Maispflanzen, deren aufgeplatzten, goldgelben Kolben dir das Wasser im Mund zusammenlaufen lassen. Das Maschinengeräusch wird stetig lauter.

Was tust du?
Hochspringen > **W94** | *Weglaufen* > **W5**
Fröhlich zum Geräusch gehen > **W22**

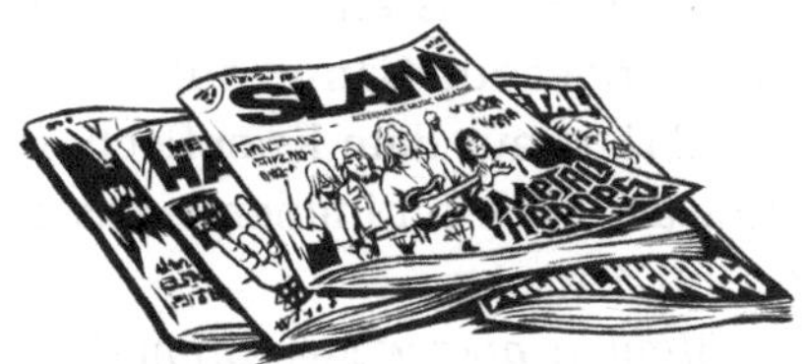

W88 „Wach auf ... Taylor, verdammt, komm' zu dir!"
Irgendein Wichser beendet deine Umnachtung, indem er gnadenlos an deinen Schultern rüttelt. Seine sonore Stimme dröhnt dir im Ohr: „Mann, Taylor, was ist mit dir?!"
Du brabbelst irgendetwas mit verschleimtem Rachen und fängst dir prompt eine erfrischende Ohrfeige. Die grelle Morgensonne über dem Festivalgelände ätzt dir fast die Augen aus. Erst jetzt erkennst du Leo, der fragt: „Hast du das Artefakt ergattert?"
Torkelnd erhebst du dich. „Wie du siehst, arbeite ich hart daran."
„Sag mal, bist du high?", argwöhnt Leo. „Wir waren in Sorge. Wieso brauchst du denn so lange?"
Du erklärst Leo, dass hinter die Bühne zu gelangen, eine echte Herausforderung sei. Schließlich nehme Lemmy seinen Security-Job total ernst.
Ein rabenschwarzer Kaffee später *(der dir 2 Lebenspunkte geben würde, wäre dies ein gescheites Fantasy-Spielbuch)*, klärst du Leo über die Lage auf und schickst ihn auf direktem Weg zur Bühne. Der Plan: Er soll dort warten und die Füße stillhalten, um dann zügig gemeinsam abhauen zu können, wenn die Zeit reif ist.
Nach einer flotten Katzenwäsche machst du dich ebenfalls auf.

Besitzt du eine ***ungültige*** *oder* ***eingerissene Woodstock-Karte****?*
Ja! (Danke für nichts, olle Ticket-Tante!) > **W31** | *Nein* > **W90**

W89 Du suchst dir ein freies Plätzchen mit gutem Blick zur Bühne und es haut dich fast um: Janis Joplin* tritt auf! Die Ikone der Hippies schlechthin! Binnen weniger Takte hat die Power-Frau mit der goldblonden Mähne und der eisern-rostigen Stimme das Publikum für sich eingenommen.
Vor ihrem letzten Song hebt sie bedächtig die Arme. Die Menge hängt ihr an den Lippen. „Früher waren wir nur wenige, jetzt gibt es Massen und Massen und Massen von uns", raunt sie ins Mikro. Grenzenloser Jubel brandet auf. Gänsehaut!
Du wischst dir eine Träne aus dem Knopfloch. In gut einem Jahr wird Janis die Bühne der Welt für immer verlassen und einem verdammten Scheiß-Club beitreten.

Welchen berühmten, aber wenig ruhmreichen Club wird Janis am 4. Oktober 1970 leider beitreten? Wenn du die Antwort kennst, dann lies bei der naheliegenden ***W-Sektion*** *weiter.*

Ansonsten > ***W33***

W90 Nach den beiden vergangenen Tagen, in denen es fast nur durchregnete und die Bands ihre Auftritte entweder abbrechen oder nur unter lebensgefährlichen Bedingungen durchziehen konnten, sehnen alle die Sonne herbei. Mit ausgelassenen Freudentänzen bei freiem Oberkörper heißen die Hippies ihre ersten Strahlen über Bethel willkommen.
Auch du genießt ihre Wärme. Du fühlst dich - im wahrsten Sinne des Wortes - lebendig. Verflogen sind deine Sorgen ...
Aber warum warst du noch einmal hier? Ach ja, Hendrix! Du begrüßt den Tag angemessen mit einem knatternden Furz, ziehst das klamme Hemd aus und wirfst es dir über die verblichenen Tattoos deiner Brust.

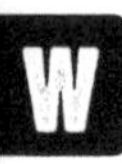

Erneut machst du dich auf, um endlich hinter die Bühne zu gelangen, und wünschst Lemmy einen schönen Morgen. Der kratzbürstige Engländer schüttelt den Kopf, als er dich erkennt: „Leck mich, du schon wieder? ... Du verarschst mich!"
Der kommende Motörhead-Frontmann ist amüsiert und erstaunt ob deiner Hartnäckigkeit. Dann verfinstert sich sein Blick. „Alter, jetzt mach dich vom Acker, bevor ich dir wehtun muss."

Du ahnst, dies ist keine leere Drohung und deine letzte Chance.

Besitzt du einen der folgenden Gegenstände und willst diesen Lemmy zwecks Bestechung überlassen?

Der erarbeitete **Helfer-Ausweis** > **W42**

Die gemopste **Wehrmachtsmütze** > **W67**

Die erhaltene **Flasche Whiskey** > **W79**

Oder …

Das ♠A aus deinem heiligen Kartenspiel (kontrolliere hierzu den Eintrag **entfernte Pokerkarte** *unter* **Taylors Kram***, ob du diese spezielle Karte überhaupt bei dir führst)* > **W54**

Hast du keinen dieser Gegenstände oder du willst keinen davon zeigen, dann ziehe wieder Leine > **W37**

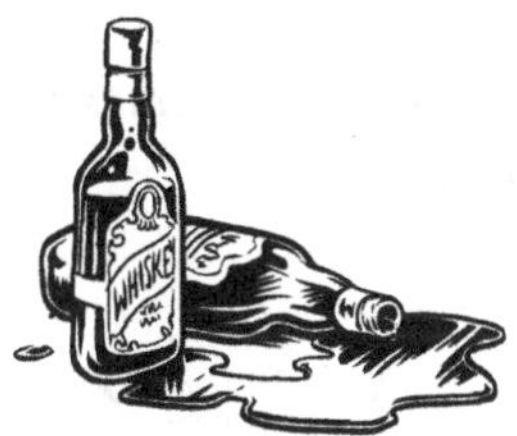

W91 Du folgst dem Farmer fast eine Meile über die morastigen Äcker seines Lands, bis er den großen Zaun unweit der Bühne erreicht. Max Yasgur schlüpft durch einen unscheinbaren Spalt hindurch. Als du in sicherem Abstand folgen willst, hält dich ein Security-Kerl auf. Hättest du doch nur jedes Mal in deinem Leben, wenn dir soetwas widerfuhr, einen Dollar bekommen …

Du nickst zerknirscht und ziehst dich zurück, behältst aber Max im Auge, wie er zu einem Wohnwagen marschiert und dort einen jungen Mann mit Wuschelkopf trifft. Beide diskutieren heftig, doch bei der Verabschiedung klopft der Naturbursche, offenbar der Festival-Boss Michael Lang, dem Farmer freundschaftlich auf die Schulter. Ein Woodstock-Abbruch ist wohl vom Tisch. Erleichtert lauschst du der Musik von der Bühne.

Weiter > **W14**

★) ROCK ICON: Janis Lyn Joplin

War eine einflussreiche US-amerikanische Rock- und Bluessängerin. Sie starb am 4. Oktober 1970 mit 27 Jahren an einer Überdosis Heroin.

W

W92 „So, so." Misstrauisch schnüffelt die Dame am Papier und verzieht angewidert das Gesicht. „Es entzieht sich zwar meiner Kenntnis, was dieser Karte widerfahren ist, aber nach Kaffee riecht sie nicht. Da ich davon ausgehen muss, dass es sich um eine Fälschung handelt, fordere ich Sie auf zu gehen."
Zu allem Überfluss stempelt sie die Karte ab! Dick und fett prangen nun die roten Lettern „UNGÜLTIG!" darauf. So 'ne Sauerei!
Du willst noch mit der Dame diskutieren, merkst aber schnell, dass dies wenig Aussicht auf Erfolg hat. „Der Nächste!", wiederholt sie eisern, bis die nachfolgenden Besucher dich unsanft wegdrücken.
„Wenn Sie sich beschweren wollen, wenden die sich bitte an den Veranstalter Michael Lang", ruft dir die blöde Schachtel mit falschem Lächeln hinterher.

*Ändere den Eintrag **alte Woodstock-Karte** in **ungültige Woodstock-Karte** in deinem Metal-Logbuch.*

Weiter > ***W28***

W93 „Warum bin ich nicht überrascht?", lacht Cynthia, als du den Playboy aus der Hose ziehst. Sofort beginnt sie zu blättern und tippt auf einen ausführlich bebilderten Artikel. Kaum hast du die ersten Eindrücke verarbeitet, wird dir klar, was die Kleine so in ihrer Freizeit treibt, und lachst wissend.
Du erinnerst dich wieder an Cynthias* Geschichte: Einst auszogen, um als Hippie Liebe in die Welt zu bringen, genoss sie ein Leben ohne Grenzen. Nichts schien zu anstrengend, nichts hat sie ausgelassen. Das Leben war rasant, aufregend, flüchtig ...

Weiter > ***W83***

W94 Du fokussierst dein ganzes sportliches Potenzial und musst feststellen, dass du zwar in die Vergangenheit gereist bist, deine Fettdepots allerdings auch. Du bist noch immer der ungelenke Sack, zu dem du in den letzten Jahren geworden bist.
Nichtsdestotrotz kannst du beim dritten Sprung, unweit von dir entfernt, einen in den Himmel gerichteten Auspuff, der eine tiefschwarze Wolke Ruß in die Luft hustet, erspähen.

Was nun, Herr Rock-Gott?
Weglaufen, aber ziemlich zügig! > **W5**
Dem Auspuff und allem, was dazugehört, entgegenlaufen > **W22**

W95 An die Bühne heranzukommen ist schwieriger als gedacht. Die aus frischen Fichtenbalken zusammengezimmerte Holzkonstruktion ragt wie das Gestell einer Achterbahn in den Himmel. An ihrer höchsten Stelle hat sie gut und gerne 10 Meter und ein langer Steg, der Artist's Walkway, führt die Musiker über etliche, wenig vertrauenserweckende, nasse Planken auf die Bühne. Überall laufen Helfer umher. Techniker hängen in den Anlagen, ziehen neue Strippen, schlagen Nägel ein.
Entschlossen marschierst du auf den Security-Clown der Hog Farmers zu. Ein stämmiger Kerl mit dem störrischen Bluthund-Blick, wie man ihn von den Türstehern der Clubs in L.A. kennt.
„Hey, hiergeblieben, Freundchen! Erst wird gefilzt!"
Sorgfältig beginnt der Sicherheitsmensch dich abzutasten. Die Beule in deiner Jeans erregt seine Aufmerksamkeit. Mit gekonntem Griff zieht er das verdächtige Teil hervor.
Fasziniert begutachtet er das abgehalfterte Klapphandy: „Hey, was is'n das?"
„Äh, das, ja, das ist ein … ein Radio", gibst du eine hörbar fadenscheinige Erklärung ab.
„Wahnsinn! Bestimmt eins von diesen modernen Transistor-Dingern, oder? So winzig? Hab ich ja noch nie gesehen!"
Wahllos drückt der Hog Farmer auf den Tasten herum, als auch schon das Display das überraschte Gesicht des jungen Mannes erhellt.

★) ROCK ICON: Cynthia Plaster Caster
War in den 60ern ein bekanntes Groupie. Aus der sexuellen Nähe zu Stars entwickelte sich ihre Hauptbeschäftigung: Sie macht Abdrücke der Genitalien ihrer Bekanntschaften und stellt diese als Kunstobjekte aus.

„Made in Japan", erklärst du und bekommst ein mulmiges Gefühl. Vor deinem geistigen Auge entsteht das Bild eines Schimpansen, der mit dem roten Startknopf einer Atomrakete spielt. Dieser Typ darf dieses Stück Zukunft nicht weiter untersuchen!

Willst du ihm das Teil aus der Hand reißen und versuchen, dich zwischen den Campingwagen der Stars zu verstecken > ***W85***

Oder du forderst dein Handy, äh, Transistorradio zurück > ***W9***

W96 Geblendet von der tiefen Morgensonne blickst du über die von Dunst verhüllten Catskills und den White Lake. Ein ungebrochener Strom Menschen bewegt sich entlang der Straßen Bethels zu den wenigen Kartenhäuschen am Rande des Festivalgeländes und fordert von den überforderten Kontrolleurinnen lautstark um Einlass.

Schließlich kommt es zu Handgreiflichkeiten – von wegen Friedensbewegung ... Als die ersten über die Absperrungen und provisorischen Zäune klettern, wird das Ganze zur Massenbewegung und die Leute reißen die Hindernisse nieder. Die Geschichte vom größten Festival seiner Zeit nimmt ihren Lauf!

Weiter > ***W40***

W97 Im Sandkasten findest du eine kleine Kinderschaufel. Aber nicht diesen China-Plastik-Scheiß, sondern echtes Metall-Spielzeug aus den 60ern! Damit kannst du schnell ein recht beachtliches Loch am Wurzelwerk des mittleren der drei Ahornbäume graben und darin die Flasche verstecken. Gut gemacht!

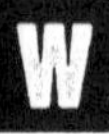

Ändere nun bitte den Eintrag ***neue Woodstock-Karte*** *in* ***versteckte Woodstock-Karte*** *im Metal-Logbuch.*

Die Sommersonne versinkt bereits. Jetzt aber hurtig, hurtig zurück aufs Festival, denkst du dir und willst dich schon aufmachen, als dir eine Mutter mit ihren drei Töchtern, allesamt mit auffallend langen strohblonden Haaren, entgegenlaufen. Sie meinen, du wärst einer dieser lieben Hippie-Onkel, denen sie heute bei ihrem Ausflug begegnet waren.

**) Witziger Verschreiber. Ach, den lass ich drin!*

Ehe du dich versiehst, haben dich die Gören ins Zentrum ihres Tanzkreises geschlossen und tollen singend herum. Irgendwie süß, aber irgendwie auch verdammt nervig.
Du zwängst dich in die Freiheit, winkst der Mama, die irgendetwas Klobiges aus schwarzem Metall und Glas in Händen hält, und gehst zurück aufs Festival.

Weiter > ***W29***

W98 Keine Karte, kein Einlass. Pah! Es wäre schließlich nicht das erste Mal für dich unvorbereitet auf ein Festival zu gelangen. Es gibt immer Alternativen!

Wie beispielsweise ...

... auf dem Schwarzmarkt tätig werden > ***W48***

... in die Schlange stellen und sein Glück direkt bei einem der Kartenhäschen versuchen (wow, wie einfallsreich!) >* ***W18***

W99 „Du spinnst wohl?", dröhnt eine Stimme aus dem Off. „Wenn dir allerdings nach der Sinn nach Blutvergießen steht, empfehle ich diverse andere Spielbücher, eher aus dem Bereich Fantasy – wie beispielsweise das durchaus lesenswerte *Reiter der schwarzen Sonne* eines talentierten Nachwuchsautors. Dort kannst du deinen stillen Gelüsten gerne nachgehen – hier jedoch nicht!"

Kehre zurück zu ***W73*** *und triff eine andere Wahl! Echt!*

W100 Ohne weitere Überlegung erklimmst du die Metallstiegen und öffnest die Tür des Trailers. Was auch immer dahinter auf dich wartet, es kann nicht schlimmer sein als ein aufgebrachter Sicherheits-Gorilla.
Wie man sich täuschen kann! Du starrst auf den nackten Hintern eines Mannes, der sich in diesem privaten Moment eine lange Unterhose – hellblau und hauteng – die behaarten Stelzen hochzieht. Abscheu ist ihm ins Gesicht geschrieben, als er sich umdreht, um zu sehen, wer soeben in seine Kabine gestürmt ist. Mit englischem Akzent und einem Scheppern in der Stimme, als würde er sich täglich Glasscherben ins Müsli mischen, fragt er dich, was du hier zu suchen hast.

Du erstarrst in Ehrfurcht. Auch diesen Typen kennst du. Das ist - wenn auch noch jung und zudem quicklebendig - Joe Cocker*!
„Was ist, hat dir mein Knackarsch die Sprache verschlagen?"
„Schöner Hintern", stammelst du und reaktivierst dein Humorzentrum. „Hab noch keinen schöneren gesehen, ehrlich."
„Muss ich Angst um ihn haben?", fragt Joe mit noch tieferer Reibeisenstimme.
„Keine Gefahr, Mister ... ähm, Cocker. Ich bin bloß auf der Flucht vor einigen Typen, die was dagegen haben, wenn man die Hintertür benutzt. Sie verstehen?"
„Ich denke schon, mein Freund, ich denke schon ... Hey, wenn du wirklich Spaß haben willst, geh heute Nacht zum Filippini-Teich ..."
Interessiert lässt du dir erklären, wo sich diese geheime Location befindet, und Joe ergänzt: „Nicht jeder kommt da hin, aber du scheinst ein ehrlicher Freigeist zu sein ..."
Joe überlässt dir - jetzt halt dich fest - seinen Woodstock Star-Ausweis! „Ich habe gleich meinen Auftritt und werde dann per Helikopter ausgeflogen, dann brauch ich ihn eh nicht mehr."

*Notiere dir den **Star-Ausweis** unter **Taylors Kram** im Metal-Logbuch.*

Wenn du schon dabei bist ...
*Besitzt du eine **neue Woodstock-Karte**?*
*Ja, habe ich > **W25***
*Also, irgendwie nicht so wirklich > **W29***

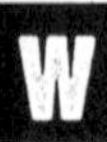

W101 Oh, Mann, Lemmy Kilmister - eine Ikone des Metal! Alles hast du über ihn gelesen, es regelrecht aufgesaugt ... Und da wirst du dich doch an irgendein beschissenes Detail erinnern, das dir jetzt hilfreich wäre. Du gehst noch einmal in dich, überlegst, ob dir in den letzten Stunden etwas Passendes über den Weg gelaufen ist, mit dem du ihn bestechen könntest.
Wo glaubst du, das Richtige abstauben zu können, um Lemmy davon zu überzeugen, dich hinter die Bühne zu lassen?

*Im General Store > **W56** | Beim benachbarten Farmer > **W64***
*Ist zudem bei Abschnitt W15 der Kreis neben der Sektionsnummer markiert? Falls ja, dürftest du im nahegelegenen Stall suchen > **W106***

W102 Du legst ein gestelltes Grinsen auf und nimmst den Kaugummi samt Alupapier an dich. „Na, sieh, Jimi! Es kann so leicht sein, einen Fan glücklich zu machen."
Jimi steht sein Unbehagen deutlich ins Gesicht geschrieben. Ihm ist die ganze Sache peinlich.

Notiere dir im Metal-Logbuch: ***Jimis Kaugummi (eingewickelt).***

Weiter > ***W11***

W103 Du benötigst nur wenige Minuten, bis ein älteres Hippie-Pärchen sich deiner erbarmt und in seinem trockenen Zelt aufnimmt. Fürsorglich hilft man dir aus den nassen Klamotten, bewundert deine „voll abgefahrenen" Tattoos und hüllt dich in Tücher und Felle. Eine Dose weiße Bohnen, erhitzt über einer Gaskartusche aus alten Armeebeständen, stillt deinen Hunger, den du nach all der Zeit als Rock-Geist gar nicht mehr gewohnt warst.
Dankbar über so viel Hilfsbereitschaft schläfst du, trotz aller Unruhe auf dem Zeltplatz und in deinem Magen, ein.

Weiter > ***W112***

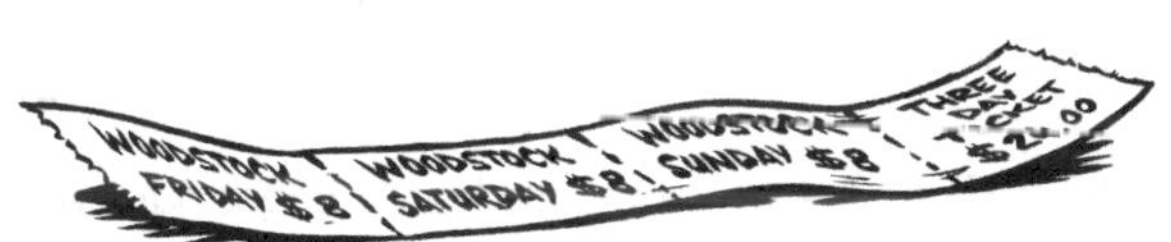

W104 „Ja, das kommt eben raus, wenn Männer sich im Haushalt betätigen!", lacht die Dame mitleidig, reißt die Karte ein und reicht sie dir zurück. Mit einer Mischung aus Erleichterung und Ehrfurcht trittst du durch das Gatter auf das Woodstock-Gelände.

W

Ändere den Eintrag ***alte Woodstock-Karte*** *in* ***eingerissene Woodstock-Karte*** *in deinem Metal-Logbuch.*

Unerbittlich brennt die August-Sonne auf das Festivalgelände. Wobei – auf die Halme des Ackers gelangt kein Strahl, schließlich gibt es kaum ein Fleckchen mehr, das noch nicht von einem Vehikel oder einer Decke voller junger Menschen belegt ist.

★) ROCK ICON: John Robert „Joe" Cocker
War ein britischer Rock- und Blues-Sänger. Eröffnete den dritten Tag in Woodstock. Seine gefühlvoll zappelnde und zuckende Bühnengestik, die er vor dem Mikrofon pflegte, wurde von da an sein Markenzeichen.

Aus den trichterförmigen Lautsprechern, die an den in den Himmel ragenden Laternenmasten angebracht sind, macht eine blecherne Herrenstimme im Stile eines übereifrigen Radiosprechers darauf aufmerksam, dass das Festival um 17 Uhr mit dem Auftritt von Richie Havens beginnt.
Augenblicklich setzt Jubel ein und die Leute laufen los. Du folgst ihnen. Bis zur Bühne ist es immerhin eine knappe Meile quer durchs Chaos von Lagerfeuern, Grills und planlos aufgestellten Zelten. Auf halbem Wege hakt sich ein zierliches Hippie-Girl bei dir unter, lacht und küsst dir auf die Wange. Sie hüpft um dich herum, trällert irgendein französisches Liedchen und bringt dich unweigerlich zum Tanzen (zumindest fällt mir auf die Schnelle keine bessere Vokabel für dein unbeholfenes Gewackel ein).
„Spacige Klamotten trägst du." Verteilt sie ein liebes Kompliment, kommt beim Vorlesen des Bandnamens allerdings ins Stocken ... „I-ron Mai-den. Sind wohl ziemlich morbide drauf, wie?", sagt sie mit goldigem Akzent und tippt auf Eddies Totenschädelfratze. „Sag mal, Süßer, wollen wir vielleicht zusammen abhängen?" Dabei streicht sie dir liebevoll über dein verwaschenes Shirt und klimpert mit den Wimpern.

Was tust du?
Natürlich diesem verlockenden Angebot nachgeben > ***W16***
Freundlich einen Korb verteilen, um weiter zur Bühne zu kommen > ***W43***

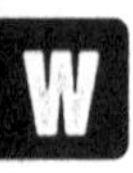

W105 Du streifst durch die Nacht. Betrachtest jeden Schwarzen, der dir begegnet und auch nur im Entferntesten nach Hendrix aussieht, ganz genau. Einer droht dir sogar Schläge an, da er sich belästigt fühlt – zu Recht!
Du musst einsehen: Deine beste und einzige Chance wird es sein, Jimi vor seinem Auftritt am Montagmorgen abzupassen.

Weiter > ***W35***

W106 Mit dem sicheren Gefühl, die richtige Eingebung zu haben, marschierst du schnurstracks den Hügel hinauf zum Stall von Max Yasgur. Das Tor ist überraschenderweise nur angelehnt.

Verstohlen blickst du dich um, schlüpfst hinein und erklimmst dankbar die Leiter zum Heuschober.
Zielstrebig hast du die Kiste in der Ecke als lohnendes Ziel ausgemacht. In ihr befindet sich eine Sammlung militärischer Kopfbedeckungen. Du nickst zufrieden, als du dir eine der Mützen heraussuchst und mehr schlecht als recht unter deinem Shirt verschwinden lässt.

*Notiere dir **eine** der folgenden Weltkriegs-Kopfbedeckungen unter **Taylors Kram** im Metal-Logbuch: **GI-Kappe**, **Wehrmachtsmütze** oder **Tommy-Flieger-Haube**.*

Weiter > ***W77***

W107 Du glaubst, dass viele Menschen, die kostenlos auf das Festival gekommen sind, dennoch so ehrlich wären, zu zahlen oder zumindest eine angemessene Spende an den Farmer zu entrichten, sollte man sie freundlich darauf ansprechen.
Max Yasgur zieht seine Brille ab und saugt nachdenklich am Bügel. „Das ist wahrhaftig eine schöne Idee von Ihnen, die es lohnt, vertieft zu werden. Sind Sie so nett, mich zu Mike Lang zu begleiten?"

Ja, ich helfe dem aufgebrachten Farmer > ***W50***
Nein, das ist sein Problem > ***W14***

W108 Du legst deinen verrücktesten Blick auf, nimmst den Kaugummi zwischen Daumen und Zeigefinger und ziehst ihn langsam vom Alupapier. Der Manager beobachtet angewidert, wie du dir den Klumpen in den Mund steckst, den Brechreiz überspielst und die ersten quietschenden Kaubewegungen vollführst.
„Hey, Mann", stößt Jimi überrascht hervor.

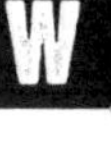

Notiere dir im Metal-Logbuch: ***Jimis Kaugummi (gekaut).***

Weiter > ***W11***

W109 Kaum baumelt dein von Fett und Zucker gestählter Körper an dem Seil, fühlst du dich an den verhassten Sportunterricht in der High School erinnert. In Gedanken steht dein keifender Sportlehrer Mister Wolf neben dir und trötet dir unentwegt seinen Speichel durch eine Trillerpfeife ins Gesicht.

Dank göttlicher Fitness und dem angestauten Zorn vergangener Peinigungen als Teenager ziehst du deinen Arsch das Seil hinauf und wälzt dich erschöpft, aber stolz, auf die staubigen Holzplanken des Heuschobers.
Das Licht zahlreicher Lagerfeuer und Autoscheinwerfer genügt dir, um dich zu orientieren. Neben all dem trockenen Stroh hat der Farmer hier etliche Ernteutensilien verstaut. In einer Ecke, ein Regal vollgestopft mit allerlei rostiger Eisenwaren, steht eine wuchtige Holzkiste mit Metallbeschlägen. Auf der anderen Seite kuschelt ein halbnacktes Pärchen.

Einen Blick riskieren … also, in die Kiste natürlich! > **W15**

Einfach ablegen und die Äugelein schließen > **W96**

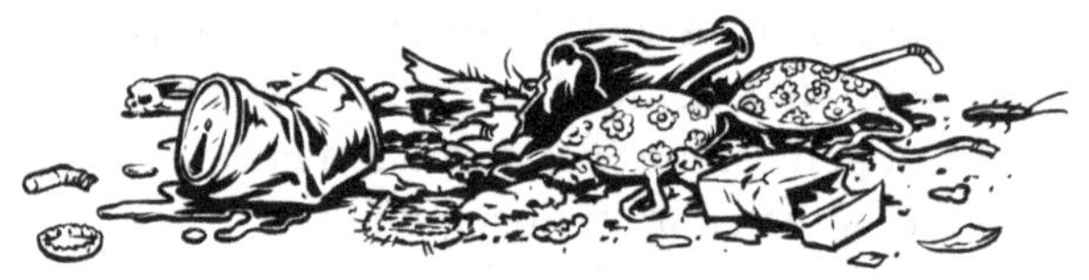

W110 Selbst am idyllischen Filippini-Teich, im Norden von Max Yasgurs Farmland, streifen diese finsteren Wachhunde von Hog Farmern rum und kontrollieren, ob alle Besucher brav ihre Ausweise am Start haben.
Dank Joes Star-Ausweis bleibst du cool und schlenderst lässig die Trampelpfade an der Böschung des beschaulichen Sees entlang. Fackeln und Öllampen lassen seine stille Oberfläche funkeln und das Schilf wiegt sich im lauen Sommerwind. Auf der gegenüberliegenden Uferseite planschen zwei bezaubernde Nackedeis. Joe hat also nicht zu viel versprochen. Du hebst den rechten Arm und steckst prüfend den Zinken unter die Achsel. Ja, auch du könntest ein Bad gebrauchen!

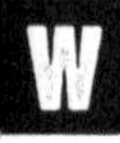

Kurzerhand zerrst du dir die Kleidung vom Leib und springst mit einem Freudenschrei ins Wasser. Die beiden neckischen Badenixen jauchzen über deinen Besuch. Nach ausgiebigem Plantschen laden dich Cynthia und Diane in ihr geräumiges Wigwam ein.

Den Nixen in ihr Zelt folgen > **W51**

Ablehnen und woanders nach Jimi suchen > **W105**

W111 Zum ersten Mal spürst du, dass es cleverer ist, einen deiner Schützlinge nicht zu viel zu gestatten. Es widerstrebt dir zwar, doch du störst Leos Konzentration absichtlich, indem du ihn immer wieder verwirrende Zeichen gibst und ihm irgendein Scheiß zurufst.
Er darf sich keinesfalls ins Rampenlicht spielen und somit diesem legendären Moment der Rock-Geschichte verändern! Trotz seiner mittelprächtigen Performance wird Leo diesen Auftritt Seite an Seite mit Jimi Hendrix nicht mehr vergessen.

*Erhöhe nun Leos **schwächste** Eigenschaft um 1!*
(Sind mehrere Eigenschaften gleich schwach, suche dir eine aus.)

*Weiter > **W116***

W112 Du hattest schon fast vergessen, wie es ist, körperlich zu sein und streckst deine Glieder von dir. Du bedankst dich bei deinen Gastgebern und rappelst dich zu einem belebenden Morgenspaziergang auf.
Von einem Hügel, etwas abseits der Bühne, blickst du über die nebelverhangenen Catskills und den White Lake. Noch immer strömen tausende Menschen über Bethels Straßen und machen das Festival zu einem einzigen Tohuwabohu.
Sämtliche Zugänge sind hoffnungslos überfüllt. Die Leute skandieren „Lasst uns rein" oder „Wir haben bezahlt" (wobei Letzteres zuweilen fragwürdig scheint), und so überrascht es dich nicht, dass die ersten über die Absperrungen und provisorischen Zäune klettern.
Nach wenigen Minuten gibt die Bretterwand unter dem Ansturm nach und die Hippies ergreifen die Chance, jubelnd aufs Gelände zu strömen. Die Geschichte nimmt ihren Lauf ...

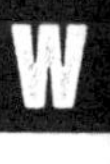

*Weiter > **W40***

W113 Keiner der Jugendlichen scheint diesen Namen zu kennen. Lachend ignorieren sie dich. Einzig das Mädchen mit dem Haarband verfolgt dich noch einige Sekunden mit verwirrtem Blick, bevor sie sich wieder ihren Freunden zuwendet.

*Weiter > **W60***

W114 Jimi nickt überrascht zum Takt von Leos Virtuosität. Der Meister muss sich gar anstrengen, um von seinem zukünftigen Fan nicht die Show gestohlen zu bekommen. Gegenseitig treiben sie sich immer weiter an.
Dieses Stück – eine mitreißende Interpretation der amerikanischen Nationalhymne – wird in die Geschichte des Rock eingehen, so viel steht fest!
Doch offenbar bist du dir nicht darüber im Klaren, dass das Konzert aufgezeichnet wird und Leo nun Teil eben dieser Geschichte wird. Wenn auch nur als Randfigur, hat er am Image einer der größten Gitarren-Götter gekratzt. Das verändert Alles! Total.

POWER OFF, BUMMER!
*(Repeat > **W35**)*

W115 Deine benebelten Götter-Hirnwindungen spucken ungefragt den Song aus, der ihnen in dieser netten Zweisamkeit wohl am sinnvollsten erscheinen:

Bomp, bomp, bomp, bomp, bomp
I feel free
Feel when I dance with you
We move like the sea
You, you're all I want to know
I feel free

„I feel free" (1966)
von Cream (erste Supergroup der Welt)*

Entfesselt singt ihr im Rhythmus eures Liebesspiels dem gemeinsamen Schlussakkord entgegen.
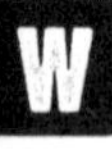
Schwer atmend liegt ihr nebeneinander auf den Fellen und sie will wissen: "Sag mal, Taylor, dieser Song ist echt toll. Von wem ist der eigentlich?"
"Cream", entgegnest du spontan. "Wie passend ...", schnurrt Flower.

Am nächsten Morgen – es ist kühl und es hat wieder zu nieseln begonnen – windest du dich aus zahllosen Wolldecken. Flower schlummert noch. Sanft küsst du ihre Sommersprossen auf der Schulter und deckst sie vorsichtig zu.

**) Eine Supergroup oder auch Superband ist eine Gruppe, deren Mitglieder zuvor bereits als Solist oder Mitglied einer anderen Band bekannt wurden.*

„Wie heißt du eigentlich?", willst du zum Abschied wissen.
„Roswita", murmelt Flower und wischt sich den Schlaf aus den Augen. – „Roswita?"
„Ja, so heiße ich. Das ist mein echter Name. Oder dachtest du tatsächlich meine spießigen Eltern hätten mich Flower getauft?"
Deine rosa-benebelten grauen Zellen beginnen mühevoll ihre Arbeit. Zögerlich fragst du: „Einer deiner Typen heißt nicht zufällig Farlane mit Nachnamen?"
„Ja, schon ... Kennst du ihn?" Du verfällst in Schockstarre.
Flower streichelt dich verwundert: „Oder kennen wir uns etwa?"

⏩ FAST FORWARD

Beiläufig verfolgst du Brians Fingerspiel bei einem seiner Solos. Erst bist du bloß verblüfft ob seiner technischen Steigerung seit deinem letzten Bandprobenbesuch. Doch dann erkennst du die wahre Veränderung und erschrickst: Brian hat an jeder Hand sechs Finger! Voll beweglich und kontrolliert lässt er sie über Saiten und Griffbrett fliegen. Abgefahrene neue Griffe und Akkorde scheinen dadurch möglich!

Brians ***Skill*** *steigt um 1!*
Notiere dir zudem unter ***Road to Glory*** *im Metal-Logbuch unter* ***Eintrag #16****, dass ein* ***6. Finger im Spiel*** *ist, indem du dort ein ✖ im Kreis machst.*

Du verspürst stechenden Schmerz an beiden Handrücken und bekämpfst ihn instinktiv mittels heftigem Kratzen. Diese Phantomschmerzen hast du seit der Kindheit. Und nun zum ersten Mal auch nach der Verwandlung zu einem Rock-Geist. Sanft streichst du über die Narben, deren Ursprung deine Mutter niemals recht erklären wollte.

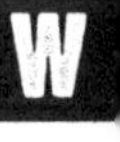

„Polydaktylie", flüstert dir dein kleiner Freund, der Rockscherge Quiff, mit ungeahntem Fachwissen ein. „Auch Vielfingerigkeit. Gibt's oft. Aber Taylor Meister wurde diese Gabe als Baby genommen. Gemein!"

Oder vereinfacht formuliert: Schnipp, schnapp, sechster Finger ab! Du verabschiedest dich von Roswita und versuchst, sämtliche abwegigen Gedanken zu verdrängen, doch das ist alles zu viel für dich. Dein Kreislauf spielt nicht mehr mit und du klappst abseits eines Zelts zusammen.

Weiter > ***W88***

W116 Du spürst, wie der Teil deines Daseins im 21. Jahrhundert den Teil der Vergangenheit einfordert. Er zerrt an deinem Körper, deinem Verstand. Gemächlich lasst ihr die Bühne hinter euch und werft gemeinsam einen letzten Blick zu Jimi, der das Publikum noch immer mit seinen schreienden Solis bannt, und euch wird bewusst: In gut einem Jahr, mit gerade einmal 27, wird dieser Gitarren-Gott tot sein ...
Du musst deine gesamte Vernunft einschalten, um nicht sofort loszustürmen und ihn anzuschreien, er solle die Finger von den scheiß Drogen lassen und bloß nicht nach London zurückkehren ...
Jimis Interpretation der amerikanischen Hymne schreit Vorwurf und Hoffnung gleichermaßen. Sein „Star-Spangled Banner" verbindet die Sinnlosigkeit des Vietnam-Krieges mit dem Wunsch der Heimkehrer nach Respekt. Du wischst dir Tränen der Ergriffenheit von der Wange. Wie oft hattest du deinen Kumpels gesagt „Ich würde mein Leben geben, um damals in Woodstock dabei gewesen zu sein". Nun, selbst wenn dieser Satz sicher nicht ernst gemeint war, genau das hast du getan!
Eingeschlossen im wohl versifftesten Toiletten-Wagen der Rock-Geschichte begibst du dich Arm in Arm mit Leo zurück in die Gegenwart, leider ohne Jimis Bandana, dafür mit einem Sack voller unbezahlbarer Erfahrungen.

W

Der Trip in die Vergangenheit und der Gig mit Jimi beflügeln Leo und inspirieren ihn zu einem einzigartigen Song! Aktiviere ***„God of Rock"*** ***(#40)*** *aus der Liste der* **Glorious Tracks** *im* **Repertoire** *der Band!*
Wenn du mehr über diesen Song erfahren möchtest, insbesondere wenn du mit den Freak-Regeln spielst, lies die Zusatzinfos unter ***„Glorious Tracks Inside"*** *hinten im X-tras-Kapitel durch.*

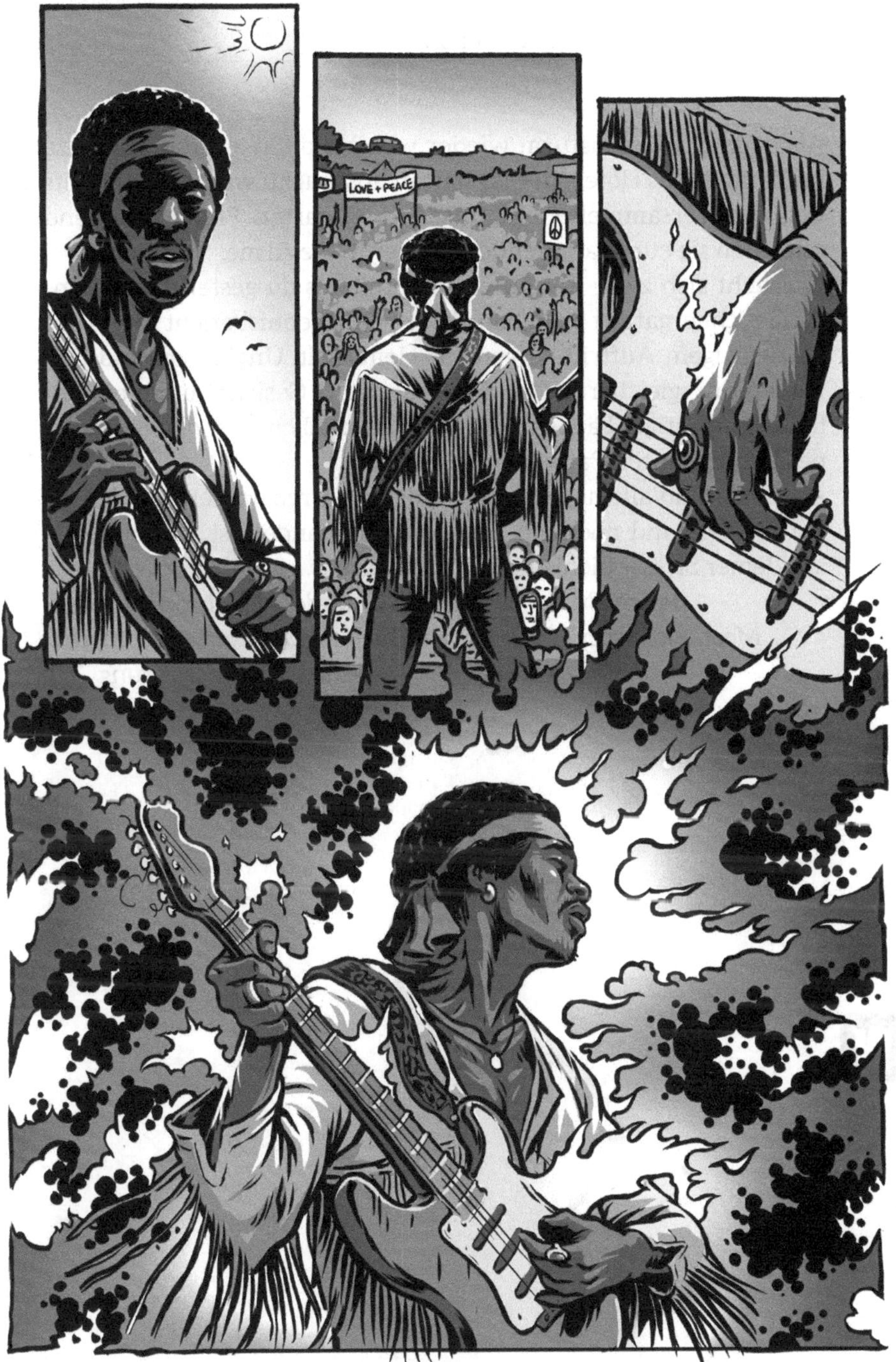

W116 *Jimis Interpretation der amerikanischen Hymne schreit Vorwurf und Hoffnung gleichermaßen. Sein „Star-Spangled Banner" verbindet die Sinnlosigkeit des Vietnam-Krieges mit dem Wunsch der Heimkehrer nach Respekt.*

Als euch der Zeitensturm wieder wohlbehalten auf der Matratze im Zimmer des Hotels in Manhattan ausspuckt, werdet ihr bereits von der versammelten Mannschaft erwartet. Freudestrahlend schließen sie eure dampfenden Körper in die Arme.
Es macht sich zwar Enttäuschung breit, als du gestehst, das Bandana nicht ergattert zu haben, doch dein Erlebnisbericht samt Leos einzigartigem Auftritt sorgen für Heiterkeit, Unglauben und Unverständnis gleichermaßen. Selbst über Jills Gesicht huscht ein seltenes, gutmütiges Lächeln, während sie zärtlich über den Stoff deines kunterbunten Batik-Hemdes streicht.
Am Ende sind alle happy, dass weder ein irreparabler Schaden an eurem Verstand noch am Zeitstrahl entstanden ist. Zumindest - aus deiner Sicht - nichts Erwähnenswertes ...

Peace, Bruder! Dies ist das Ende des Woodstock-Kapitels!
*Mach weiter bei **T1** mit **Bonus Track 3: „Dyin' after Midnight“***
(siehe Kapitelmarkierung „T“).

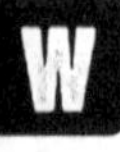

BONUS TRACK 3

DYIN' AFTER MIDNIGHT

T1 „Wo ist das Problem?", bringt es Gregori auf den Punkt. „Wir haben dieses doofe Bandana doch niemals gebraucht! Wieso machen wir uns dann nicht sofort auf die Socken in die Unterwelt?"

Jill lehnt entspannt mit dem Rücken an der Wand des Hotelzimmers. „Kein Grund zur Eile! Wir, also Quiff und ich, sind uns einig, dass die Zeit in der im Reich der Unmusik viel langsamer vergeht als auf der Oberfläche ... zumindest aus der Sicht der Sterblichen."

Gregori rauft sich die Haare. „Ihr seid mir Experten! Erst macht ihr so einen Alarm und jetzt soll's egal sein, wann wir den Rock-Knacker raushauen?"

Die Hexe rümpft die Nase über Gregoris Bemerkung – selbst wenn diese wie immer absolut treffsicher war. „Ihr könnt euch nicht ewig Zeit lassen, klar. Wir vermuten ein Verhältnis von einem Tag zu knapp zwei Jahren."

„Hä!? Kapier' ich nich'!", kratzt sich Brian den Lockenschopf.

Der perfekte Moment für Erklärbär Leo: „Also ... Wenn in der Unterwelt ein Tag vergangen ist, sind bei uns bereits zwei Jahre verstrichen." Der clevere Bassist schnipst mit den Fingern, als hätte ihn ein Geistesblitz durchzuckt: „... Heureka! Deshalb erscheinen die Unterwelttypen immer in diesen großen Zeitabständen. Ist doch logisch."

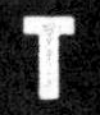

Jill nickt anerkennend: „Wie mir scheint, denkt mal einer von den Herrschaften mit."

Sogar du raffst das jetzt: „Das ist auch der Grund, warum ich die Hilferufe des Rock-Gotts nie verstanden habe! Ich hielt dieses gelegentliche dumpfe Gejaule für irgendein Hintergrundrauschen aus dem Musik-Äther."

Willst du deine Erinnerungen wieder auffrischen, blättere nun nach ***615*** *sowie* ***712*** *und lies dir dort jeweils die Passage zwischen den Blitzen durch. Anschließend geht's hier weiter, selbst wenn du dich nicht an sie erinnern kannst!*

„Es ist, als würde man eine Single mit 33 und nicht mit 45 abspielen. Alles hört sich tiefer und langsamer an. Nur noch viel extremer, um nicht zu sagen, total unverständlich."
„Mag sein", bestätigt Jill deinen Erklärungsversuch. „Er hat sicher im Rahmen seiner Möglichkeiten versucht, den Frequenzunterschied zwischen dem Jenseits und Diesseits der Weltenmembran auszugleichen. Aber selbst der gestandene Rock-Boss hat Grenzen."

Während sich Leo einen Drink aus der Mini-Bar genehmigt, fasst Brian zusammen: „Ich hab's zwar immer noch nich' ganz kapiert, was das mit Singles im mittleren Alter zu tun hat, aber wenn ich's recht auf die Kette bekomme, haben wir jetzt genug Zeit, unsren Kram durchzuziehen, ohne dass der Olle gleich abkackt, richtig?" Mit hochgezogenen Brauen wiederholt er in deine Richtung: „Korrekt, Mister Rock!?"
„Was weiß ich, Brian!", verteidigst du dich. „Ich mach dieses Rock-Gott-Ding eigentlich nur ehrenamtlich!"
Quiff, der traumwandlerisch sicher auf dem Schirm der Stehlampe balanciert, meint beiläufig: „Taylor Meister und Jill Hexe haben Recht. Mehr Zeit für Helden? Kein Problem!"
„Perfekt", ruft Joey erleichtert und fuchtelt mit seinem Smartphone herum, „dann ziehen wir in den nächsten Wochen noch ein paar Gigs durch!"
Befreiter Jubel unter den Metal Heroes. Die Jungs haben merklich keinen Bock auf Höllenfahrtkommandos, nach dem Motto: „Wir haben schließlich Verpflichtungen!"

Du hingegen versuchst sie in aller Ernsthaftigkeit ein letztes Mal zu überzeugen, dass jede weitere Verzögerung die Gesundheit des alten Rock-Gotts aufs Spiel setzen könnte.
„Dir is' schon klar, was du da von uns verlangst, oder, Taylor?", ist Brian ungewohnt ernst. „Wir haben bis heute echt viel geschluckt und allen Scheiß mitgemacht. Das ist unsere Chance für den absoluten, weltweiten Durchbruch. Davon haben wir immer geträumt! Alter, das darfst du uns nicht kaputtmachen!"
„Okay", stimmst du zaghaft zu. „Ihr habt es euch verdient."
Deine Schützlinge fallen sich in die Arme und freuen sich wie kleine Buben, deren Vater versprochen hat, mit ihnen einen Ausflug ins Disneyland zu unternehmen.
Derweil zieht dich Jill zur Seite: „Du hast recht daran getan, sie gewähren zu lassen, Taylor. Es wird ihre Verbindung weiter stärken und sie hoffentlich besser auf ihre schicksalhafte Aufgabe vorbereiten. Auf die paar Unterwelt-Stunden wird es nicht ankommen."
Es ist also beschlossen: Den Metal Heroes werden drei Wochen bis zum nächsten Vollmond zugestanden (auf Jills Verlangen), sich international beweisen zu können.

Haben die Metal Heroes derzeit einen ***Manager****?*
(Kontrolliere den Eintrag unter ***Supporter****, ob entweder bei* ***Ricci Truman*** *oder* ***Russ Marlow*** *ein Kreuz vorhanden ist.)*

Ja, klar > ***T30***
Nein, aktuell keinen Manager > ***T62***

T2 Ja, an den Ballerautomaten mit Laser-Gun macht der amerikanischen Jugend niemand etwas vor! Joey schießt sich auf Anhieb in die High-Scores.
Einzig Gregori hat begrenzt Spaß in der Arcade. Das dauernde Gepiepse und Gerumpel aus allen Richtungen treibt ihn in den Wahnsinn. Er ist genervt und verabschiedet sich: „Leute, ich hab' echt keinen Bock mehr ..."

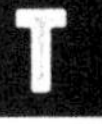

Natürlich begleiten ihn seine Freunde nach draußen und man verbringt den Rest der Nacht mit Sinnlos-Tand-Shopping in den schrillen Läden Akihabaras.

Weiter > ***T85***

T3 Du weißt, jetzt kannst du nur mit der sofortigen Beeinflussung eines Menschen etwas bewirken. Und du fürchtest, dass eine falsche Entscheidung das Ende bedeuten könnte ...

In wen willst du einfahren, um ihn zu kontrollieren?

In den Angreifer selbst > ***•T77***

Dessen kräftigen Stehnachbar > ***•T15***

Hast du dummerweise keinen ***Einfluss-Punkt*** *mehr zur Verfügung, dann vergiss all diese Optionen >* ***T80***

T4 Du bist überzeugt, dass der Mann mit dem schwarzen Bart der Täter ist, doch als du dich näherst, überkommen dich Zweifel ...

Weiter > ***T80***

T5 „Also, wie sieht er aus?“, hakt der Manager energisch nach. Der Agent ist überrascht: „Sie wollen wirklich nicht evakuieren? Schön ... auf Ihre Verantwortung ...“
Die Zuständigen der Sicherheitsfirma werden in den Raum zitiert und erhalten Instruktionen und eine Täterbeschreibung.

Ziehe eine Karte!

♣ > ***T11*** | ♦ > ***T22*** | ♥ > ***T33*** | ♠ > ***T44***

(War die gezogene Karte der ***Reaper****, suche dir die Farbe aus.)*

T6 „Also, Männer, die Brasilianer wollen das ganze Heroes-Repertoire! Keine falsche Bescheidenheit. Nur das Beste vom Besten. Haut sie weg!“

Zurück zum Setlist schmieden > ***T81***

T7 Das Pulver aus Wacken vollbringt wahre Wunder und räumt Leos Magen auf. Nach einem weiteren reinigenden Spülvorgang ist das Schlimmste für den Bassisten überstanden.

Streiche die ***Rohr frei****-Medizin vom Inventar!*

Weiter > ***T81***

T8 Die Farbmuster der aufleuchtenden Pfeile wechseln so schnell, als wären sie Teil einer Disco-Beleuchtung. Leo folgt ihrem

Takt wie ein Broadway-Profi und steht seinem japanischen Partner in nichts nach.
Mit Verklingen der letzten Note fallen sich beide erschöpft in die Arme. Die Mädels kreischen und hüpfen um sie herum, machen Schnappschüsse mit ihren Smartphones.

⏩ FAST FORWARD
Wenige Tage nach der spaßigen Tanzeinlage in Akihabara wird das Management von einem Bekannten in Tokio auf trendy YouTube-Uploads aufmerksam gemacht. Zu sehen: Leo tanzt sich einen Wolf mit einem winzigen Japaner an seiner Seite.
Wie sich herausstellt, handelte es sich um Yu Shiotake, einem berühmten Spieler aus der Otaku-Szene, der normalerweise stets alleine auftritt.
Unter all den Posts verrät der weibliche Fan, dass die „Langnase" der Bassist der Metal Heroes und „echt toll" und „süß" und überhaupt sei. Ein besseres virales Marketing hätte man sich in Tokio kaum wünschen können!

*Die **Fanbase** steigt um 1!*
*Erhöhe zudem den **Fame** zwei beliebiger Songs, indem du einen weiteren **Fame-Stern** ausfüllst.*

Weiter > ***T85***

T9 Nur weil jemand eine Metal-Heroes-Kappe trägt, heißt das noch lange nicht, dass er ein friedlicher Fan ist.

Weiter > ***T80***

T10 Leo fasst kurz zusammen, was er aus dem Wust von kurzfristigen Angeboten herausgefiltert hat: Entweder kann es spontan in die japanische Hauptstadt Tokio gehen oder nach Moskau!
Beide Metropolen sind ebenso interessant wie unterschiedlich, was die Metal-Fans angeht.

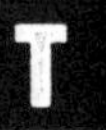

Wo soll es hingehen?
Nach Japan! > ***T72***
Nach Russland! > ***T55***

T11 „Zeugen berichten von einem Mann mit kurzen, schwarzen Haaren und Knollennase."
„Ist das alles? Was ist mit Gesichtsmetall? Brille? Bart? Tattoos?"
Der Agent blättert in seinem Notizbuch. „Nein, darüber liegt uns nichts vor."
„Dünner geht's ja echt nicht. Mögen uns die Rock-Götter beistehen!", murmelt einer der Sicherheitsleute. Das lässt du dir nicht zweimal sagen und eilst in deinem stofflosen Körper zurück zur Bühne, wo die Heroes bereits ihren nächsten Song performen.

Weiter > ***T50***
(Kreuze dort bitte das ♣-Symbol ab!)

T12 Du fliegst auf deinen Kandidaten mit der Basecap zu, um ganz sicherzugehen, ob er es wirklich ist. Ein Anflug von Unsicherheit lässt dich zögern.

Weiter > ***T80***

T13 „Moskau, hm? Also, wenn ihr mich fragt, die russischen Metalheads stehen auf abgefahrene Shows! Mal sehen, was ich dazu beitragen kann …"

⏩ FAST FORWARD
Ein Aufschrei geht durch die Menge, als am Ende des ersten Sets Zig – nur mit einer Bärenfellmütze bekleidet – an Stahlseilen hängend von der Decke schwebt.
Das Mikro zwischen die Backen geklemmt, fliegt er wie ein flügellahmer Albatros über die Köpfe des Publikums hinweg. Nachdem er laut hörbar einen hat knattern lassen, landet er in Superhelden-Pose auf der Bühne, schnappt sich eine Trinkflasche, kippt sich die Brühe über seine behaarte Brust und legt einen bizarren Bauchtanz aufs Parkett. Schließlich verschwindet er in einer Rauchexplosion und lässt eine verstörte Band und tosende Fans zurück.

*Der **Gig-Score** steigt um 3!*
*Notiere dir den „Fliegenden Schweden" als einen Bonus von **+3** im* C*-Feld von **„Echo Russija"** im **Tour-Book** des Metal-Logbuchs.*

Zurück zum Setlist schmieden > ***T55***

T

T14 Die schnuckeligen Pop-Gören sind ebenso unnahbar wie abgespaced. So sehr sich die Jungs – insbesondere Leo – um kulturelle Annäherung und amerikanisch-japanische Freundschaft bemühen, mit Yukai und ihrer schüchternen Freundin Aoi werden sie nicht warm.
Am nächsten Abend steigt noch der zweite und letzte Auftritt der Heroes in Tokio. Wieder fast ausverkauft. Der Gig ist gut, die Stimmung danach eher zurückhaltend. Untypisch für deine Recken ziehen sie sich ins Hotel zurück und geben dem Jetlag nach. Sie schlafen bis zur Abreise durch.

Weiter > ***T85***

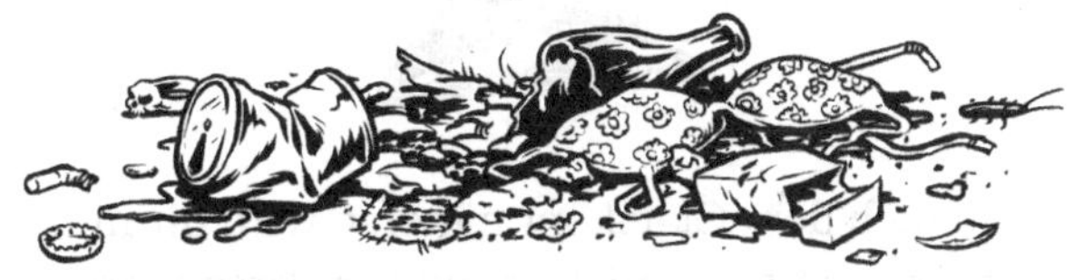

T15 Deine Wahl fällt auf einen kräftigen Typen mit behaartem Stiernacken, dessen heftiges Moshen wie krampfhafte Zuckungen aussieht. Schlagartig wechselt deine Perspektive hinter den Angreifer und du siehst, dass sich ein großer, rechteckiger Gegenstand unter seinem dicken Sweater abzeichnet.
Du fackelst nicht lange. Mit der blanken Faust schlägst du dem Kerl gnadenlos ins Genick und schickst ihn auf die Bretter. Unter diabolischem Kreischen entweicht aus seinem Rachen gespenstischer Rauch, der sich als keifende Schlange zwischen den Beinen der umstehenden Fans manifestiert.

*Dein **Einfluss** sinkt um 1!*

Willst du die Schlange …
… sofort angreifen! > ***T40*** | *… ziehen lassen >* ***T51***

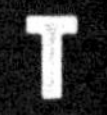

T16 Zwei Tage später sitzt die Meute wieder im Flieger nach L.A. Du schaust Joey über die Schultern, als er vom Management eine Mail mit der Kritik zum großen Gig in São Paulo erhält. Ja, das verwöhnte und kritische brasilianische Publikum wollte die volle Bandbreite und nur das Beste vom Besten!

*Ermittle nun den **Gig-Score** für **São Paulo Arena**!* T81
*Checke dazu nacheinander die **Performance** der jeweiligen **Leader** für alle 7 relevanten Songs (ohne Zugaben).*
*Achtung: Für **Glorious Tracks** ist der jeweilige Check um 1 leichter!*

*Wie hoch ist der **Gig-Score**?*
*32 oder mehr > **T25*** ⚀
*27 bis 31 > **T34*** ⚁
*20 bis 26 > **T42*** ⚂⚃
*13 bis 19 > **T53*** ⚄
*12 oder weniger > **T61*** ⚅

T17 Als du dich dem Glatzkopf näherst, wird dir mulmig in der Magengrube. Du bist wohl nicht ganz der Personenbeschreibung gefolgt …

*Weiter > **T80***

T18 Ob das wirklich der Täter ist?

*War deine letzte gezogene Karte ♣ > **T70***
*Ansonsten > **T60***
*(Kannst du dich nicht erinnern, kontrolliere die Markierung bei **T50**.)*

T19 Du freust dich über den gelungenen Coup des Managements. São Paulo steht Kopf!
Vor der Bühne haben sich drei Moshpits gebildet, Crowdsurfer reiten über die Wellen hunderter Arme. Die ausverkaufte Arena tobt und dir wird bewusst: Die Popularität der Metal Heroes hat ihren Höhepunkt erreicht!

*Weiter > **T80***

T20 Leo zeigt seinen Kollegen eine hochspannende Mail in schlechtem Englisch, die die Band zu einem Gig in die russische Hauptstadt Moskau führen wird. Das wird … äh, hochspannend!

*Auf nach Russland! > **T55***

T21 Es ist zwar nicht so, als würde man die Metal Heroes aus der Halle prügeln, doch trotz respektabler Performance sind die Fans alles andere als begeistert. Vielleicht war die Songauswahl nicht auf den Geschmack der russischen Zielgruppe abgestimmt.
Egal. Russland war dennoch eine Reise wert.

Weiter > ***T84***

T22 „Zeugen berichten von einem Mann mit langen, schwarzen Haaren. Außerdem sei er gepierct."
„Sonst noch was? Hat er vielleicht eine Brille oder einen Bart?"
„Nein, darüber wurde nichts berichtet."
„Rock-Gott, steh uns bei!", fleht ein Sicherheitsmann. Du hörst die Aufforderung an deine Adresse und fliegst zurück zur Bühne, wo die Metal Heroes nichtsahnend ihren nächsten Song spielen.

Weiter > ***T50***
(Kreuze dort bitte das ◆-Symbol ab!)

T23 Zunächst bist du dir sicher, dass der blonde Typ mit der schirmlosen Kappe dein Kandidat ist, doch dann ...

Weiter > ***T80***

T24 Die Uhr tickt. Es ist nur noch knapp eine Stunde bis zum Auftritt. Die zweite Vorband heizt den Fans ordentlich ein.
Leo rutscht unruhig auf seinem Stuhl hin und her und stürzt schließlich auf die Toilette. Ob es nun der Stress wegen der Bombendrohung oder das südamerikanische Futter ist ... So oder so, Leo scheint schön der Arsch zu brennen!
Er meint zwar, es würde bestimmt irgendwie gehen, du indes glaubst nicht daran. Mit der explosiven Rache Montezumas ist nicht zu spaßen!

Besitzt die Band eine spezielle ***Rohr frei****-Medizin >* ***T7***
Falls nicht, checke Leos ***Power****! (Achtung: Für jede verlorene* ***Sicherung*** *ist der Check um 1 schwieriger!)*
Puh, dennoch gelungen > ***T74***
So ein Mist, misslungen! > ***T59***

T25 *Wer heutzutage ein Konzert der Metal Heroes besucht, muss auf den Headliner ordentlich warten: Drei Vorbands und ein längerer Umbau später, betrat das Quartett aus Los Angeles gegen 22 Uhr endlich die Bühne. Doch was dann folgte, sollte die ewige Wartezeit als eine Ouvertüre des folgenden, unvergesslichen Spektakels erscheinen lassen. Die nächsten knapp zwei Stunden wurden zu einer Demonstration, was Metal sein kann: Magie und Macht. Die Heroes zogen dafür alle Register: Unnachahmliche Songs, jeder für sich eine Metal-Hymne, Stilbrüche par excellence und eine Performance, die ihresgleichen sucht. Joey Morgan überzeugte mit jedem Ton und flashte das Publikum einfach nur so weg! [...]*
Schon nach dem dritten Song drehte die Crowd völlig durch: Shirts wurden ausgewrungen oder gleich ganz ausgezogen, Handyaufnahmen vergessen. Zur Halbzeit ergoss sich der Schweiß regelrecht von den Oberrängen. [...]
Gegen Ende legte die Band sogar nach und krönte ihren göttlichen Auftritt mit einem hymnisch-hypnotischen Zugaben-Trio. Zurück blieben völlig ausgepowerte, aber überglückliche Fans, denen bewusst wurde, Augen- und Ohrenzeuge des Beginns einer neuen Ära des Metal gewesen zu sein. ★★★★★

*Die **Fanbase** und dein **Einfluss** steigen um 1!*

*Checke nun noch die **Performance** aller **3 Zugaben** vom **„São Paulo Arena“**-Gig* **T81** *und notiere die entsprechenden Boni, falls gelungen.*

Weiter > ***T83***

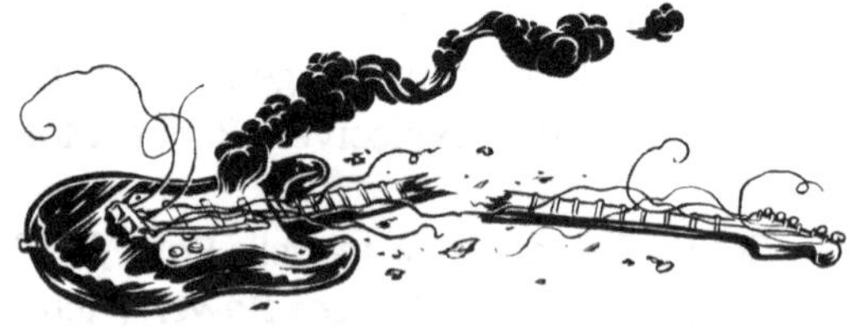

T26 Der blonde Sunnyboy steht sicher nicht umsonst so nah an der Bühne. Du machst dich bereit, ihn anzugreifen.

Weiter > ***T80***

T27 Unsicherheit übermannt dich. Ist er das wirklich? Das ist echt verwirrend, oder?

*War deine letzte gezogene Karte ♦ > **T73***
*Ansonsten > **T63***
*(Kannst du dich nicht erinnern, kontrolliere die Markierung bei **T50**.)*

T28 Während der Jubel nach dem letzten Song ungebrochen anhält, stecken die Metal Heroes die Köpfe zusammen. Sie haben sich offenbar für die Moskauer Fans etwas ganz Besonderes einfallen lassen.
Gregori gibt den Takt vor und du brauchst einige Sekunden, bis du hörst, was die erste Zugabe darstellen soll: Es ist das Einzige, was die Jungs offensichtlich an „russischem Kulturgut" auf der Pfanne haben – das Tetris-Thema!
Die kultige Pieps-Polka vom Handheld-Helden Gameboy, frei konvertiert und interpretiert als Riff-lastiges Metal-Getöse. Erstaunlich, wie gut sie improvisieren. Die Fans haben Spaß und grölen die stetig schneller und schneller werdende Melodie nach. Eine abgefahrene Idee!

*Die **Fanbase** steigt um 1!*
*Checke nun noch die **Performance** der **weiteren Zugabe** (wenn vorhanden) von **„Echo Rossija"** T55 und notiere den entsprechenden Bonus, falls gelungen.*

*Weiter > **T84***

T29 Der schlecht rasierte Kerl sieht aus, als hätte er die letzten Tage und Nächte durchgemacht. Ob er an der Verwirklichung seines perfiden Plans arbeitete?

*Weiter > **T80***

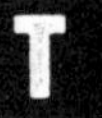

T30 Seit ihren Auftritten in der Hall of Fame und den MBro-Awards sind unzählige Anfragen aus der ganzen Welt für die Metal Heroes aufgeschlagen: Gigs in Japan, Russland, Südafrika oder gar ein Mega-Festival mit den Heroes als Headliner in Brasilien stehen zur freien Auswahl. Der globale rote Teppich wurde

ihnen quasi ausgerollt, jetzt müssen sie nur noch drüber spazieren. Euphorisch diskutiert die Band über die vorliegenden Angebote. „São Paulo wär' der ultimative Gig! Da kommen vielleicht 100.000 Fans!" „Ja, das wäre der Oberhammer!" „Also, ich weiß nicht so recht." „Hey, Moskau hab ich noch nie geseh'n ..."
Und in alter Heroes-Tradition entbrennt eine Diskussion, die deinen göttlichen Geist dermaßen ermüdet, dass du dich zurückziehst und einschläfst.

Weiter > ***T71***

T31 Dem Brasilianer mit der Brille stehen die Schweißperlen auf dem Gesicht. Der Kerl muss es sein ...

Weiter > ***T80***

T32 Ist das ein Mann? Nee! Du musst schon aufmerksamer sein, um den Attentäter zu stellen ...

Weiter > ***T80***

T33 „Zeugen berichten von einem Mann mit weißer, extravaganter Kurzhaarfrisur. Außerdem trägt er Bart."
„Ein wenig dünn", moniert der bullige Sicherheitschef. „Sonst was? Metall im Gesicht? Trägt er eine Brille? Hat er ein Tattoo?"
„Nein, davon ist nichts bekannt."
„Mit dieser Beschreibung braucht es schon die Gnade der Rock-Götter, um diesen Verrückten zu finden ..."
Auch wenn diese Anrufung sicher nicht an dich persönlich gerichtet war, fühlst du dich verpflichtet ihr nachzugeben und schwebst durch Wände und Türen zurück zur Bühne. Die Metal Heroes spielen ahnungslos einen weiteren Song.

T

Weiter > ***T50***

(Kreuze dort bitte das ♥-Symbol ab!)

T34 *Hoher Besuch im Morumbi-Stadion: Die Metal Heroes baten zum Tanz! Bevor die vier Jungs aus Los Angeles jedoch die Bühne vereinnahmen, hieß es warten. Erst drei Vorbands und ein Bühnenumbau später (der als König aller Bühnenumbauten in die Geschichte eingehen*

wird) konnte der denkwürdige Gig der Metal Heroes endlich steigen: Mit viel Bumm und Zisch begann die Show und riss die aus allen Nähten platzende Arena von der ersten Sekunde mit.
Im Zwielicht der Lightshow rotierte Bass-Beherrscher Leo Usano wie ein Beserker über die Bühne, und Joey Morgan schmetterte seine Growls den Fans entgegen, als wollte er sie allesamt verschlingen. [...]
Die Metal Heroes zeigten genau das, was man mittlerweile mit ihnen verbindet: Eine unnachahmliche (Ver-)mischung der Metal-Genres, die als Gesamtkunstwerk eine durchschlagende und vereinnahmende Kraft entwickelt, dass man glaubt, sie stünden direkt mit dem Gott des Metals im Bunde. [...]
Verschnaufpausen gab es keine. Die Band knallte ihre Setlist ohne Unterlass, ohne Gnade in die Ohrmuscheln der durchdrehenden Fans. Als die Zugabe eröffnet wurde, sammelten die Heroes noch einmal alle Kräfte und beendeten diesen einzigartigen Abend mit drei kultigen Brechern. Danach war das Verlangen der moshende Feiermeute nach Endorphinen endgültig gestillt und so machte man sich beglückt auf den wohlverdienten Heimweg. ★★★★☆

*Die **Fanbase** steigt um 1!*
*Checke nun die **Performance** der **ersten zwei Zugaben** von **„São Paulo Arena“** T81 und notiere die entsprechenden Boni, falls gelungen.*

*Weiter > **T83***

T35 Ja, ja die attraktiven Ladys. Da kann „Mann“ schon mal durcheinanderkommen ...

*Weiter > **T80***

T36 Jetzt oder nie! Er muss es einfach sein ...

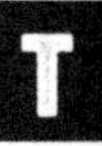

*War deine letzte gezogene Karte ♥ > **T76***
*Ansonsten > **T66***
*(Kannst du dich nicht erinnern, kontrolliere die Markierung bei **T50**.)*

T37 Du weißt nicht, was dich geritten hat, aber das ist definitiv kein Mann! Hastig hältst du weiter Ausschau nach dem Verdächtigen ...

*Weiter > **T80***

T38 Damit haben Brian und Joey nicht gerechnet. „Scheiße, Greg, das müsstest du sehen“, ist Brian von den Socken. „Unser Philippinen-Bulle lässt die Hufen tanzen, als hätte man ihm die Eier abgeklemmt!“

Checke nun Leos ***Presence!***

Gelungen > ***T8*** | *Misslungen >* ***T65***

T39 Von einem treudoofen Blick lässt du dich doch nicht aufs Glatteis führen! Du stürzt auf den dicken Kerl zu …

Weiter > ***T80***

T40 Mit einem gezielten Stampfer deiner Biker-Boots erwischst du die Schlange am Schwanz. Voller Pein windet sie sich unter der dicken Sohle, doch du hörst nicht nur das schmerzerfüllte Fauchen, sondern ebenso eine verzerrt geschriene Hasstirade in deinem Geist.
Für diesen flüchtigen Moment verlierst du die Orientierung, torkelst einen Schritt zu Seite und die Schlange entkommt – wenn auch schwer verwundet – zwischen den Beinen der begeistert moshenden Fans.

Notiere dir unter ***Road to Glory*** *im Metal-Logbuch, Eintrag* ***#17****, dass du die* ***Schlange getreten*** *hast, indem du dort ein ✖ im Kreis machst.*

Es bleibt nichts mehr zu tun, als dir den ohnmächtigen Pseudo-Attentäter über die Schulter zu werfen und ihn der Security zu übergeben. Das Konzert geht ohne weitere Vorkommnisse zu Ende. Was für ein Abend!

Wollen wir hoffen, dass die Metal Heroes ihre Chance genutzt haben > ***T16***

T41 „Hey, Männer, wir haben ein Problem. Und zwar ein Mega-Problem.“
Ricci erzählt von einem Eintrag auf der Heroes-Homepage. Irgendein Verrückter hätte für dieses Konzert in São Paulo eine Bombendrohung ausgesprochen! Die vier Freunde können das gar nicht glauben, wollen es mit ihren eigenen Augen sehen. Der schockier-

te Manager zückt sein Smartphone und zeigt ihnen einen Screenshot vom bereits gelöschten Text.

„Der Post ist auf Portugiesisch. Und mir wurde versichert, er sei authentisch."

Selbstverständlich wurden die Behörden informiert. „Es ist aber unwahrscheinlich, dass der Typ rechtzeitig gefasst wird."

Wie sollen sich die Metal Heroes entscheiden?

Abbruch des Konzerts und mit den Konsequenzen leben > **T82**

Risiko eingehen > **T24**

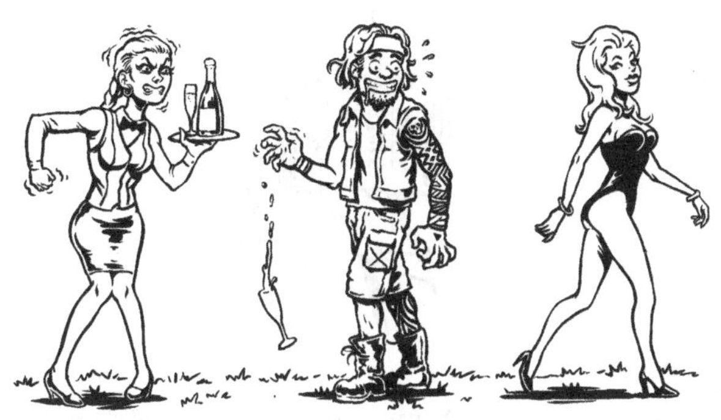

T42 *Wer zum Metal Heroes Konzert später als üblich aufgebrochen war, machte an diesem Abend alles richtig: Die Newcomer aus den USA ließen sich nämlich lange bitten – erst gegen 22 Uhr betraten sie die aufwendige Bühne der bis zum Bersten gefüllten Arena.*

Als jedoch der schreiende Riff von Brians Explorer durch die Muscheln der Fans fegte, war jeglicher Zorn auf die Verspätung verflogen. [...] Joeys Stimme brach und überschlug sich immer wieder, während er die tiefsten Ängste und Gedanken aus dem Leib schreite. So schafften es die Heroes das Publikum mitzureißen: Man huldigte der perfekt aufeinander abgestimmten Band mit Applaus und ekstatischen Schreien. [...] Alles wirkte wie aus einem Guss: Lichteffekte, Pyro und natürlich der unverwechselbare Sound der Kalifornier. [...]

Die Playlist, ein spannender Stil-Mix, erfüllte sämtliche Erwartungen, auch wenn es an manchen Stellen mit den Übergängen etwas hakte. Dennoch setzten sich die Songs schon beim ersten Mal im Gedächtnis

T

fest und verleiteten zum Mitnicken und Mitsingen. Selbst weniger bekannte Stücke entpuppten sich im Rahmen dieses Konzerts als wahre Perlen und ließen die Arena kochen. Da auch die Technik passte, durfte die Band unter anhaltendem Jubel die Bühne verlassen. ★★★☆☆

*Die **Fanbase** erhöht sich um 1!*

*Checke nun die **Performance** der **ersten Zugabe** von **„São Paulo Arena“** T81 und notiere den entsprechenden Bonus, falls gelungen.*

*Weiter > **T83***

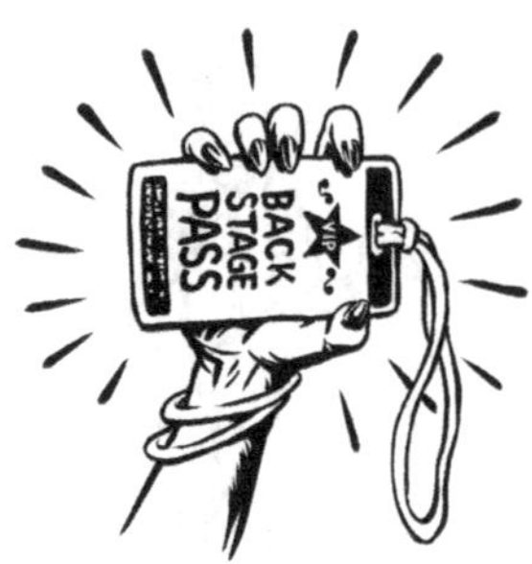

T43 Die Tattoos über Arme und den trainierten Oberkörper sind kaum zu übersehen. Seltsam, eigentlich findest du das ganz sympathisch.

*Weiter > **T80***

T44 „Zeugen berichten von einem Mann mit schulterlangem, blonden Haar. Zudem sei er gepierced.“

„Okay. Gibt’s noch mehr?“, fragt einer der Sicherheitsleute aus der hinteren Reihe.

„Hat er einen Bart oder vielleicht auffällige Tattoos?“

„Negativ. Kein Bart!“

„Gott, steh uns bei!“, hörst du einen der Männer murmeln.

Wenn auch nicht direkt auf dich bezogen, machst du dich dennoch auf zur Bühne, um als körperloser Geist die Suche zu unterstützen. Die Metal Heroes performen derweil den nächsten Song.

*Weiter > **T50***

(Kreuze dort bitte das ♠-Symbol ab!)

T45 Mit einem sicheren Gefühl nimmst du diesen Kerl ins Visier.

*War deine letzte gezogene Karte ♠ > **T79***
*Ansonsten > **T69***
*(Kannst du dich nicht erinnern, kontrolliere die Markierung bei **T50**.)*

T46 Super Idee des Managements, diese Jungs auf die Bühne zu bekommen. São Paulo kocht!
In den Weiten aus Armen, Crowdsurfern und kreischenden Mädels auf den Schultern ihrer Stecher wird dir klar: Die Metal Heroes sind ganz oben angekommen!

*Weiter > **T80***

T47 Am nächsten Abend – direkt nach ihrem zweiten, letzten und recht passablen Auftritt – lernen die Metal Heroes in einem der zahllosen Hinterhof-Clubs, die man nur über schmale, bunt beleuchtete Treppen in den Untergrund erreichen kann, ein paar Visual-Kei-Fans kennen.
Die androgynen Gestalten, also Leute, bei denen man sich nie sicher sein kann, ob nun Männlein oder Weiblein im schrillen Outfit steckt, sehen im Prinzip aus wie die um zwei Köpfe geschrumpfte Version des Twisted Sister-Sängers Daniel „Dee" Snider★.
Leo ist erstaunlich gut drauf und gibt für den Rest des Abends die Richtung vor: „Wenn wir schon in Akihabara sind, will ich unbedingt in eine Spielhalle gehen. Am liebsten in den Club Sega."
„Sega? Warum ausgerechnet dahin?", will Joey wissen.
„Ganz einfach, weil es keinen Club Nintendo gibt."
Der Club Sega – eine Spielhölle auf sechs Stockwerken – bietet alles, was man sich nur als 100-Yen-Münzgräber erträumen kann. Hunderte Arcade Maschinen blinken und fiepen um die Gunst der jungen Besucher und bilden ein Labyrinth aus bunt bemalten Gehäusen.

Nach was sollen die Metal Heroes Ausschau halten?
*Action-Automaten > **T2***
*Musik- & Tanz-Automaten > **T75***

★) ROCK ICONS: Dee Snider
US-amerikanischer Musiker und Sänger der Metal-Band Twisted Sister. Liebt schrille Kleidung und Make-up. Stand 1985 im Mittelpunkt einer Senatsanhörung, in der er Songtexte als Kunstwerk verteidigen musste.

T

T48 Blonde Matte und cooles Ziegenbärtchen - so Kamerad, jetzt bist du dran!

Weiter > ***T80***

T49 Mit offenen Mündern verfolgen Leos Bandkollegen seine Tanzskills. Damit haben sie nicht gerechnet! Wie ein Wirbelwind schwingt er die mächtigen Hufe über die flackernden Pfeilmarkierungen. Nicht nur das virtuelle Publikum des Automaten rastet aus, sondern ebenso die Zuschauer in der Spielhalle.
Doch dann kommen die Team-Moves, die eben nur gemeinsam zu bewältigen sind ...

Checke nun sowohl Leos ***Skill*** *als auch* ***Presence!***

Beide Checks gelungen > ***T58***

Ansonsten > ***T65***

T50

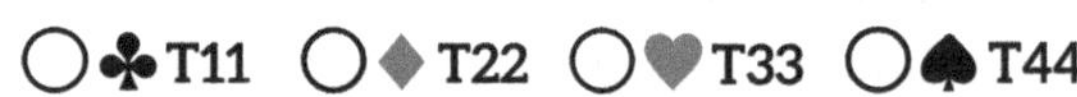

Ein mulmiges Gefühl quält deinen Geist. Du spürst eine Vibration in der Weltenmembran. Die Gefahr der Bombendrohung ist real! Unruhig streifst du umher.
Schließlich richtest du den Blick über Joeys Schultern hinweg auf die Fanmassen. Du weißt nicht weshalb, aber du ahnst, dass dieser Wahnsinnige irgendwo hier unter den Leuten der vordersten Reihen zu finden sein muss.

Ermittle die Person, auf die die Beschreibung der Agenten zutrifft!
(Falls dich deine Erinnerung bereits wieder verlassen hat, findest du das Täterprofil passend zur zuletzt gezogenen Karte bei der daneben angegebenen Sektionsnummer.)

Hast du deine Wahl getroffen, tue Folgendes:
Halte die Seite mit dem Bild der Menschenmenge ***gegen das Licht*** *und lese bei der „T"-Sektionsnummer weiter, die* ***im Gesicht deines Verdächtigen erscheint.***

Hast du keine Ahnung wer, wie, was, wo > ***T80***

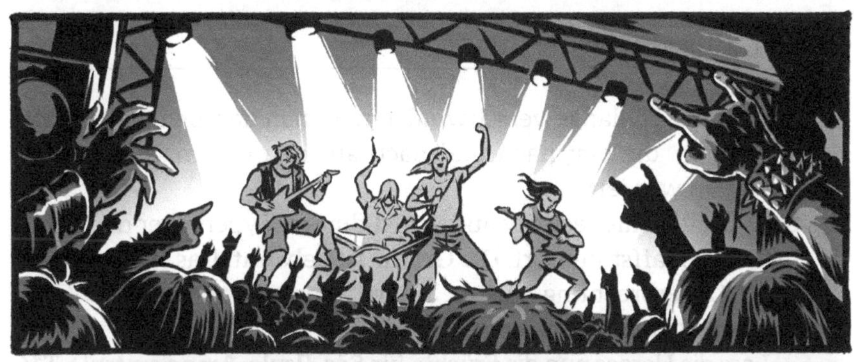

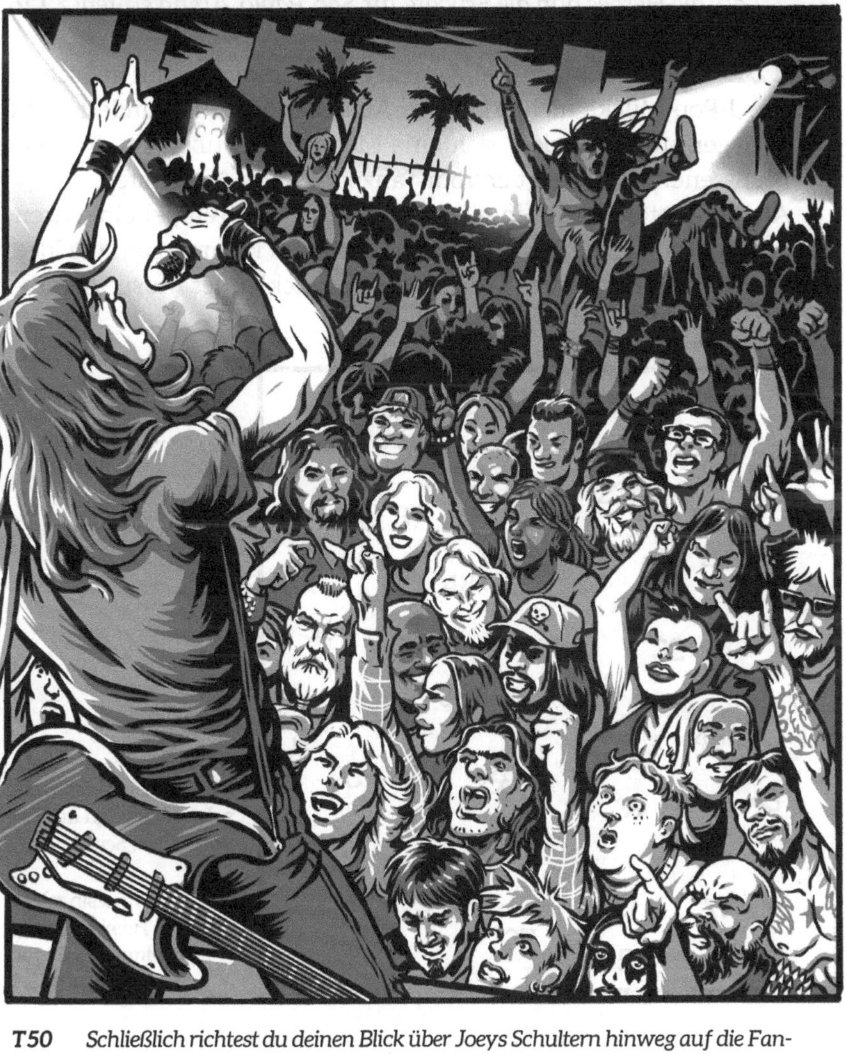

T50 *Schließlich richtest du deinen Blick über Joeys Schultern hinweg auf die Fanmassen. Du weißt nicht warum, aber du fühlst, dass dieser Wahnsinnige irgendwo hier unter den Leuten der ersten Reihen zu finden sein muss.*

T51 Die Schlange verschwindet zwischen den Beinen der Umstehenden, die erst nach und nach auf den Ohnmächtigen aufmerksam werden.

Du gibst dich als Security aus, wirfst dir den Typen über die Schulter und schaffst ihn fort. Die Gefahr ist gebannt. Das Konzert geht ohne Unterbrechung weiter. Kaum jemand hat von dem Zwischenfall Notiz genommen.

Lass die Heroes nun die Früchte für ***São Paulo Arena*** *ernten!* > ***T16***

T52 Leo ist ein wenig eingerostet oder er kommt mit der schrägen J-Pop-Mucke nicht klar. Um Ausreden ist er zumindest nicht verlegen und es ergießt sich eine Menge Spott über ihn. Wie ein begossener Pudel steigt er vom Tanzpodest des Automaten.

Als die Metal Heroes in einem der Fast-Food-Tempel einkehren, diskutieren sie die Eindrücke des Tages und kommen auf die Idee, man könne einen ihrer Tracks dem Entwickler des Musik-Arcade-Spiels zur Verfügung stellen.

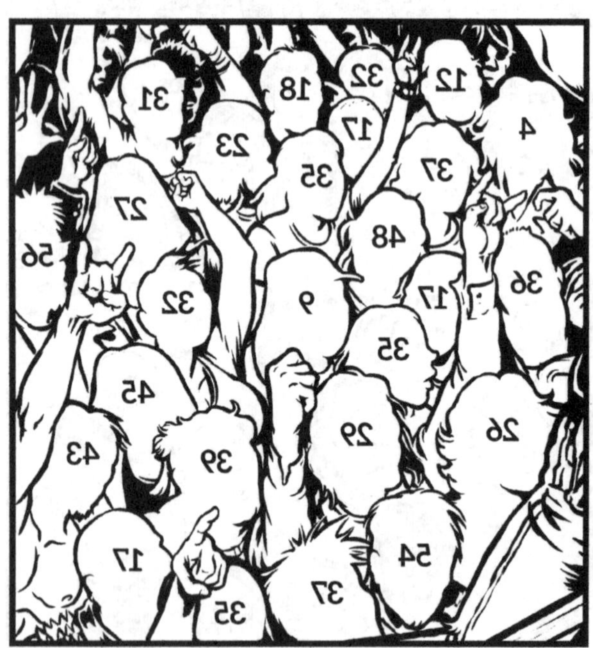

(T50)
(Dieser Bildausschnitt gehört zum Bild auf der vorherigen Seite.)

• Wer diesen Text spiegelverkehrt liest ist **doof**, bekommt aber **1 Einfluss-Punkt!**

Wähle nun einen Song aus dem* Repertoire *der Band, für den eine kostenfreie Lizenz für „Metal Slam 3" erteilt werden soll.
Die* Fame *dieses Songs steigt um 1!

Weiter > ***T85***

T53 *Pünktlich um 21.53 Uhr (drei Vorbands und ein Mega-Bühnenumbau später) betraten die Helden des Metal die Bühne des Morumbi-Stadions und starteten sofort mit ihrer unverwechselbarem Stil-Mixtur, die einem den Eindruck vermittelt, als sei sie direkt dem genial-gefährlichen Gehirn eines Metal-Alchemisten entsprungen.*
Schon nach den ersten Riffs von Leadgitarrist Brian Farlane war klar: Leute, haltet euch fest, euch erwartet das Konzert eures Lebens! Ein Abend eben, um Emotionen freien Lauf zu lassen – Liebe, Hass und die Abgründe des menschlichen Daseins.
Meister-Sänger und Heroes-Frontmann Joey Morgan begeisterte mit seiner unverkennbaren Stimme aus Screams, Shouts und Growls, die – wenn es der Song hergibt – auch mal glockenhell und staubfrei daherkommt.
Während der fast zwei Stunden andauernden Performance suchte er ständig die Nähe zum Publikum, das gerne die Fäuste reckte und bei jedem Song lautstark mitsang. [...]
Anfangs ging die Stimmung voll nach vorn und die Arena kochte. Bis zum Höhepunkt, als Brian auf dem Wellenbrecher stand und dort ein Gitarrensolo in die Nacht zerrte. Leider flachte das Konzert fortan ab. Selbst Gregori Popov, der sein Instrument normalerweise blind beherrscht, unterliefen einige Patzer [...]
Die Metal Heroes lieferten definitiv eine würdige Show ab, auch wenn sie die hohen Erwartungen nicht ganz erfüllen konnten. Man konnte sich einfach nicht des Gefühls erwehren, als seien sie mit ihren Gedanken woanders. ★★☆☆☆

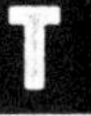

Weiter > ***T83***

T54 Headbangende Kurzhaar-Träger waren dir schon immer suspekt. Nun erhält der Kerl seine gerechte Strafe!

Weiter > ***T80***

T55 Unfassbar: Selbst in Russland sind die Heroes bekannt wie bunte Hunde. Auch wenn sich die Amerikaner und die Russen traditionell nicht einmal den Dreck unter den Nägeln gönnen, scheren sich die meisten jungen Leute nicht die Bohne um Politik. Sie haben ihre eigenen Probleme. Ein weltweites Phänomen.

Leo brachte es während des Fluges über die eisigen Weiten der Arktis auf den Punkt: „Der Rock überwindet nicht nur Grenzen, er überwindet selbst die Mauern in unseren Köpfen. Wahrscheinlich wurde er genau deshalb von den Göttern erschaffen!"

Das moderne Moskau hat nicht mehr viel mit den finsteren Hollywood-Klischees aus der Ära des Kalten Krieges gemein. Es ist eine Weltstadt. Mit all ihren Unzulänglichkeiten. Enorme Gefälle zwischen Arm und Reich, Obdachlosen und Oligarchen.

Leider hat die Band schlicht zu wenig Zeit, um weiter über den Tellerrand blicken zu können. Das Konzert in Moskau ist nämlich generalstabsmäßig durchorganisiert. Ankunft am Flughafen Domodedowo, Transfer zum Hotel, Probe und Soundcheck in der Halle, zurück ins Hotel zur Pressekonferenz, Promo-Termine sowohl mit dem hiesigen Musiksender als auch mit diversen Zeitschriften und schließlich der eigentliche Auftritt am Abend.

Setlist Echo Rossija, Moskau

*Wähle nun **14 Songs** (plus **? Zugaben**) aus dem **Repertoire** und bestimme damit die Setlist für diesen Auftritt. Trage dazu ihre Track-Nummern in die vorgesehenen Felder hier ein.*

***Bestimmung der Zugabe**: Der Jetlag und das anstrengende PR-Programm kosten Spielfreude und Durchhaltevermögen.*
Daher ziehe eine Karte!

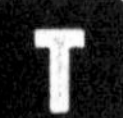

♣ > *Zugabe komplett **gestrichen**!*
♦ ♥ > *fülle nur die **erste** Zugabe aus*
♠ > *fülle **beide** Zugaben aus*

*Haben die Metal Heroes einen **Roadie** namens **Zig**? Falls ja, können sie ihn bei der Zusammenstellung der Setlist um Rat fragen >* ***T13***

Gig-Muster

ECHO ROSSIJA

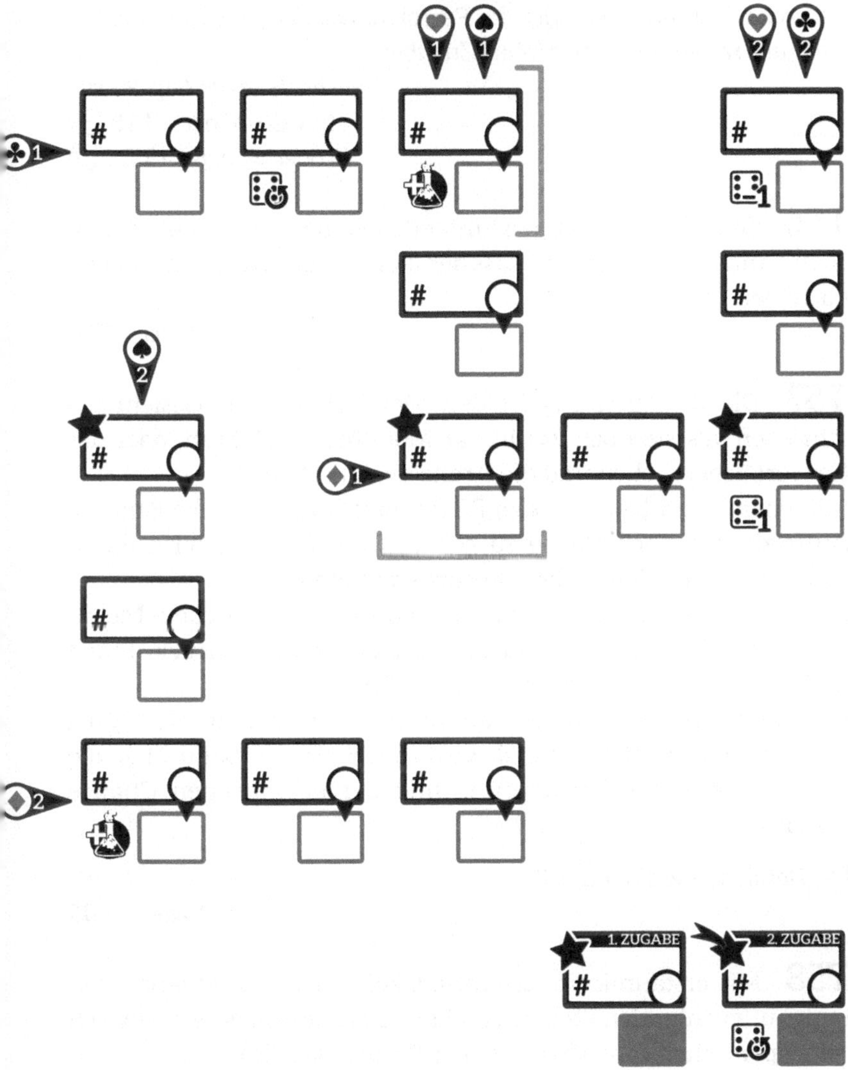

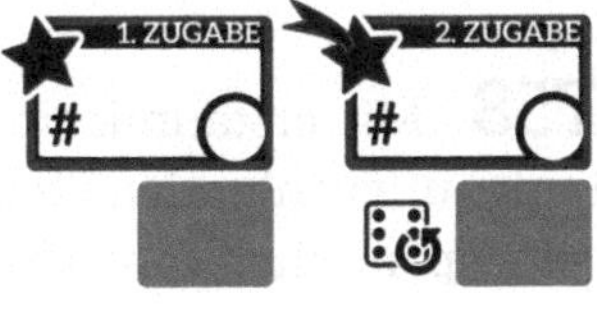

*Hast du alle Songs der **Setlist** eingetragen, ziehe eine Karte! Sie bestimmt die **6 relevanten Songs** dieses Auftritts. Kreuze den **Pfeil** mit dem entsprechenden Karten-Symbol am Rand des **Gig-Musters** an.*

*Ermittle nun den **Gig-Score** für **Echo Rossija, Moskau**!*
*Checke dazu nacheinander die **Performance** der jeweiligen **Leader** für alle relevanten Songs (ohne Zugabe).*

*Wie hoch ist der **Gig-Score**?*
*26 oder höher > **T28***
*25 oder weniger > **T21***

T56 Obwohl du die Augen hinter der Sonnenbrille nicht ausmachen kannst, bist du sicher, dass der blonde Kerl Dreck am Stecken hat. Oder?

*Weiter > **T80***

T57 Die Enttäuschung ist den Metal Heroes ins Gesicht geschrieben, als sie über das In-Ear-Monitoring erfahren, dass das Konzert abgebrochen und die Arena evakuiert wird.
Mit einem ohrenbetäubenden Pfeifkonzert quittieren die Fans die Aufforderung nach Hause zu gehen. Und natürlich wird ihnen nicht der wahre Grund des Abbruchs verraten.
Nach knapp einer Stunde bleiben von der gigantischen Metal-Party nur ein Müllberg und enttäuschte Träume zurück. Einen Zwischenfall gab es - Gott sei Dank - nicht.
Den ganzen Abend und auch am nächsten Morgen auf dem Weg zum Aeroporto Internacional wird innerhalb der Band über die Sinnhaftigkeit der Evakuierung und der entgangenen Chance gestritten.

T

*Die **Bandchemie** sinkt um 1!*

*Weiter > **T83***

T58 Mit erstaunlicher Leichtfüßigkeit folgt Leo fehlerlos den bunt aufleuchtenden Pfeilen. Am Ende des Pop-Songs verneigt sich sein japanischer Tanzpartner voller Respekt vor ihm.

Aber auch seine Bandkollegen sind gleichermaßen amüsiert wie überrascht von Leos versteckten Talenten.

*Die **Bandchemie** steigt um 1!*

Weiter > ***T8***

T59 Trotz der akuten Gefahr eines Unterhosenrisses, lässt sich Leo nichts anmerken. Er zieht den Mega-Gig mit seinen Kumpels durch und stopft sich - in weiser Voraussicht - vor dem Gang auf die Bühne eine halbe Rolle Küchenkrepp in die Buxe.

***Leo** erleidet ab sofort einen Abzug von **-1** auf **alle Checks**!*
Vermerke dies, indem du sein -Symbol markierst. Dir wird mitgeteilt, wenn du diesen Nachteil wieder streichen darfst.
*Dieser Abzug hat keine Auswirkungen auf seinen **Ego**-Wert.*

Weiter > ***T81***

T60 Als du dich diesem Pomaden-Proleten näherst, keimen ihn dir Zweifel, ob dies tatsächlich der Kerl ist, den ihr sucht.

Weiter > ***T80***

T61 *Geduld ist eine Tugend und manchmal leider notwendig, wenn man auf einen Wir-sind-fett-im-Geschäft-Headliner wartet. So auch diesmal im ausverkauften Morumbi-Stadion: Die Metal Heroes hielten ihre Fans fast zwei Stunden hin!*
Als es dann endlich losging, waren einige bereits auf Krawall gebürstet und verliehen ihren Unmut mittels Pfiffen und Beschimpfungen Ausdruck, was innerhalb der Band sichtlich für Unruhe sorgte. [...]
Normalerweise überzeugen die Kalifornier mit beeindruckender Tightness, einer extravaganten, experimentellen Setlist und einzigartiger Bühnenpräsenz. Diesmal war es allerdings mit der Sauberkeit der Instrumentalisten sowie den Vocals von Joey Morgan nicht weit her. Sogar Bassist Leo Usano - für gewöhnlich eine Bank in Sachen Stimmung - ließ sich ebenso hängen und verfehlte so manchen Ton. Selbst das sonst so gute Drumming von Gregori Popov erschien dünn und entfaltete nicht die übliche treibende Kraft. Insgesamt machten die Heroes einen unmotivierten, fast müden Eindruck. [...]

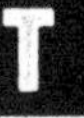

Zwar wurde eine sehr ausgereifte und spannende Setlist geboten, die das immense Potential und Bandbreite der Metal Heroes andeutete, aber an diesem Abend nicht mit Leben gefüllt werden konnte. Die Show war vorhersehbar und so wollte der berühmte Funke einfach nicht überspringen. Schade. ★☆☆☆☆

*Die **Bandchemie** sinkt um 1!*

Weiter > ***T83***

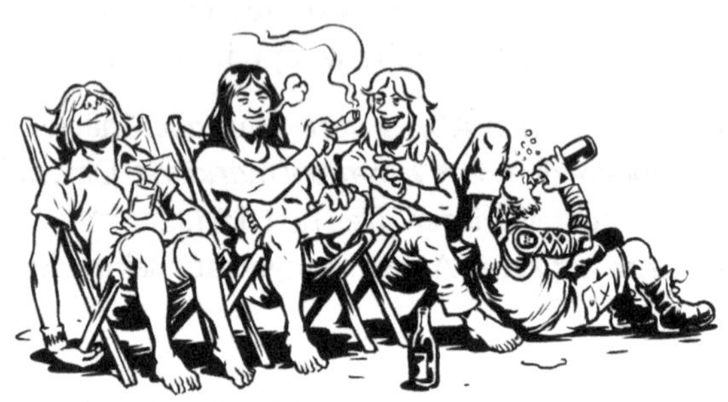

T62 In diesen Stunden zeigt sich wieder, wie wichtig ein funktionierendes Management wäre. Ständig kommen Anfragen zu Gigs, Interviews, Shootings, Werbeverträgen oder TV-Auftritten rein. Unmöglich dabei den Überblick zu behalten. Dennoch: In all dem Durcheinander entdeckt Leo einige interessante Angebote.

*Wie hoch ist die **Fanbase** der Metal Heroes derzeit?*

9 oder mehr > ***T10***

Geringer > ***T20***

T63 Dieser langhaarige Bombenleger kann nur ein, nun ja, langhaariger Bombenleger sein. Todesmutig stürzt du dich ihm entgegen …

Weiter > ***T80***

T64 In der Pause zwischen den ersten Sets bekommen die Metal Heroes die Nachricht zugesteckt, dass nun eine bekannte brasilianische Band einen Ein-Song-Gastauftritt hinlegen wird. Es sei eine Überraschung für Fans und auch die Metal Heroes.

„Alter, ich werd' weich!", ruft Brian und zerrt wie ein kleiner Junge an Joeys Lederjacke. „Da kommen Max und Igor Cavalera!"
Die beiden Giganten der wohl berühmtesten Metal-Band Brasiliens, Sepultura, sorgen sofort für kollektives Ausrasten in der Arena. Unter dem Namen Cavalera Conspiracy gelten sie als die legitimen Erben des Sepultura-Nachlasses.
Max, mit Stirnband über den blonden Dreadlocks und Uniform in Camouflage-Grau, ist ebenso ein Tier von Kerl wie sein jüngerer Bruder Igor. Der zeigt gerne seine Tattoos, die seinen ganzen Körper wie eine zweite Haut bedecken. Mit gereckter Faust nimmt er hinter seinen Drums Platz, während Max sich zum Mikro begibt, die Menge standesgemäß begrüßt und auf die beiden verbliebenen Band-Mitglieder, Bassisten Marc Rizzo und dem zweiten Gitarristen Nate Newton, deutet.
Die Leute flippen aus. Überall Hände, ein Meer von Händen ... Jetzt geht's ab! Kollektives Ausrasten.

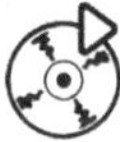
*Lege nun bitte den **Metal-Heroes-Soundtrack** ein und höre dir **Track 11** der Lokalmatadore genau an!*

„Bonzai Kamikazee"
THRASH METAL

Thrash!!!

Emperor
Not for you
I undertake
This suicide
Gazing upwards
Dream is empty
Violence boils
In your stomach

Bonzai kamikazee, Bonzai suicide
Bonzai kamikazee, Bonzai suicide

T

Special attack
Are now falling
Subduer of demons
Evoking evil
My body is a shell
I'm taking it off
Put on the glory
That never wears off

Bonzai kamikazee, Bonzai suicide
Bonzai kamikazee, Bonzai suicide

Thrash!!!

Blossom the wind
Fallen country
Why did you?
Have to die?
We will bloom again
Into the shrine
Zero fighter
Suicide

Bonzai kamikazee, Bonzai suicide
Bonzai kamikazee, Bonzai suicide

Kamikaze suicide, Kamikaze suicide

„Bonzai Kamikazee" (2014) von Cavalera Conspiracy
Death/Thrash-Metal-Band aus Brasilien

Die Cavalera-Brüder können und wollen ihre Thrash-Wurzeln nicht verleugnen. Recht so!

Was ist nach rund 3:10 Minuten des Tracks zu hören?

Heulende Sirenen > **T67**

Absturz eines Kampfflugzeugs > **T19**

Das Gebrüll eines Japaners > **T46**

T65 Beim Versuch eine halsbrecherische Oben-Unten-Rechts-Links-Hüpf-Combo zu meistern, kommt Leo ins Straucheln, stolpert und begräbt den schmächtigen Tokio-Tänzer unter sich. Ent-

setzt starren die jungen Mädchen auf dessen zappelnden Ärmchen, während aus den Lautsprechern des Automaten ein enttäuschtes „Failed!" erschallt.
Leo hilft seinem Partner wieder auf die Beine - dem Kleinen ist körperlich nichts passiert - sehr wohl merkt man ihm die Schande des Versagens an, die der Metal Hero ihm quasi aufgezwungen hat. Mit rotem Kopf und ein paar unverständlichen Worten verschwindet er in der Menge. Ein wenig ruhmreiches, aber umso amüsanteres Ende des Abends in Tokio.

*Weiter > **T85***

T66 All deine Sinne fokussieren sich auf den alten Rocker mit dem grauen Iro. Sein finsterer Blick lässt in dir einen Verdacht aufsteigen ...

*Weiter > **T80***

T67 Der Sirenen-Synthi-Sound erinnert dich an einen Polizeiwagen im Einsatz und führt dir erneut die Gefahr des heutigen Abends vor Augen - du hättest die Bombendrohung fast vergessen! Instinktiv suchst du die Nähe des Band-Managers. Er wartet ungeduldig in der Garderobe auf die Ankunft der Polizei. Gibt es etwa neue Erkenntnisse?
Wenige Minuten später treten zwei Herrschaften mit gegelten Haaren in feinstem Agentenzwirn und Sonnenbrille durch die Tür und bringen das Management auf den Stand der Ermittlungen: Die Sicherheitsbehörden wurden von den geänderten Plänen des Verdächtigen überrumpelt.
Nach der ersten Analyse der Internetprotokolle plant er seit Monaten einen Anschlag auf ein Einkaufszentrum, hätte aber erst heute Morgen seine Drohung für das Metal-Heroes-Konzert veröffentlicht. Die Identität des offenbar geistig Verwirrten sei noch nicht geklärt, es gäbe nur ein paar Zeugenaussagen, die ihn in der Nähe der Wohnung gesehen haben wollen.

Du ziehst deine eigenen Schlüsse über die Beweggründe dieses Kranken, plötzlich die Metal Heroes ins Visier genommen zu haben. Du bist sicher, da steckt jemand anderes dahinter!
Der Einsatzleiter in Schwarz meint knapp: „Sie sollten das Stadion sofort evakuieren."
„Wie stellen Sie sich das vor?", höhnt der Heroes-Manager. „Hier sind rund 100.000 Menschen. Die rasten aus, wenn wir abbrechen. Tut mir leid, der Zug ist abgefahren. Wie sieht der Kerl denn überhaupt aus? Vielleicht finden wir ihn ja."
Der zweite Agent, bislang schweigsam, verschränkt die Arme und lacht verächtlich: „Das ist die berühmte Nadel im Heuhaufen. Selbst mit exakter Täterbeschreibung werden sie den Typen wahrscheinlich nicht ausfindig machen."

Soll das Konzert weitergehen?
Ja, wir gehen das Risiko ein und suchen den Kerl! > **T5**
Nein, wir brechen ab und evakuieren die Arena > **T57**

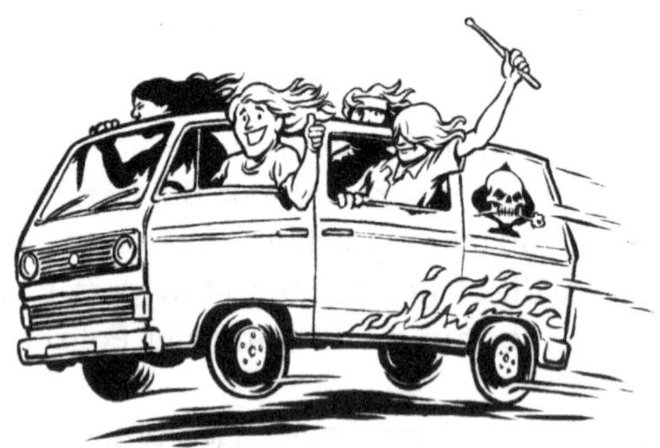

T68 Überrascht von Leos Tanz-Können, spricht der transpirierende Mini-Travolta den Metal-Heroes-Bassisten an. Mit Händen und Füßen und einigen Brocken Englisch will er seinen Herausforderer überzeugen, gemeinsam mit ihm eine Runde im 2-Spieler-Coop-Modus zu versuchen.
Natürlich ist Leo dabei, woraufhin der quirlige Japaner unter Hochreißen von Armen und Knien stylish durch die Menüs navigiert. Die umstehenden Mädchen kreischen in Ekstase.

Als es auf dem Screen schließlich um die Auswahl des Schwierigkeitsgrades geht, will der Nippon-Derwisch von Leo wissen, welche Herausforderung es sein soll. „Basic" ist offenbar unter seiner Würde. Es geht einzig um die Frage: „Expert" oder gar „Maniac"?

Welcher Schwierigkeitsgrad soll es sein?

Level „Expert" genügt > ***T38***

Pah, Level „Maniac" natürlich! > ***T49***

T69 So unaufmerksam der junge Blondschopf auch ist, bist du dir just in diesem Moment unsicher, ob es sich wirklich um den Täter handelt.

Weiter > ***T80***

T70 Ja, du spürst es, dieser Möchtegern-Elvis ist der Gesuchte! Du musst schnell handeln!

Weiter > ***T3***

T71 Als du wieder aus deinem Götterdämmerungszustand erwachst, brauchst du zunächst einen Moment, um zu kapieren, dass die Metal Heroes tatsächlich den Gig in São Paulo akzeptiert haben. Du dankst den Göttern, dass sie dich rechtzeitig aufweckten, um an diesem Abend Zeuge eines legendären Auftritts im Rahmen der „Heroes rule the World Tour" werden zu können …

Deine Jungs hocken wie vor jedem ihrer Konzerte backstage in ihrer Garderobe und jeder zieht sein eigenes Ritual durch. Trotz aller Routine siehst du Joey und Leo das Lampenfieber förmlich an. Selbst Gregori und Brian sind aufgeregt, kontrollieren immer wieder den Sitz ihrer Klamotten und Tapes.

Dieser Gig in der Millionenmetropole São Paulo ist ein Meilenstein für die Heroes. Zehntausende Metalheads, allesamt aufgewachsen mit dem melodisch-getriebenen Thrash der Mega-Band Sepultura★, warten darauf, das Stadion in eine Hölle aus Lärm und Schweiß zu verwandeln.

Man spürt die Präsenz der Massen wie eine fortlaufende Vibration, ein beständiges Brummen in den Tiefen der Katakomben.

★) ROCK ICONS: Sepultura
Eine 1984 gegründete Metal-Band aus Belo Horizonte in Brasilien. Auf ihren Bandnamen (port. ‚Grab') stießen die Mitglieder beim Übersetzen des Motörhead-Titels „Dancing on Your Grave".

T

Kurz nachdem die erste Vorband ihre Show beendet hat, wird die Garderobentür vom Band-Manager aufgerissen.

*Wer ist **Manager** der Band?*
*Ricci Truman > **T41***
*Russ Marlow > **T78***

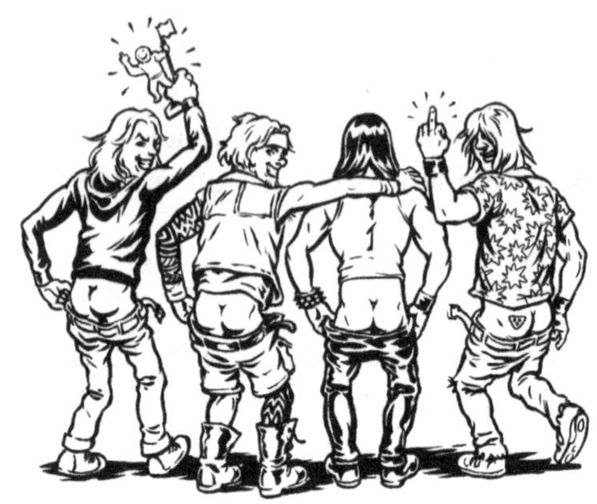

T72 Der asiatische Markt, insbesondere der japanische, ist riesig und sehr lukrativ. Allerdings schwierig zu bedienen. Gerade für westliche Metal Acts. Die Charts im Land der aufgehenden Sonne sind dominiert von J-Pop-Combos a la AKB48★, einer Retorten-Girl-Band. Seit Jahren feiern sie einen Hit nach dem anderen.

Beim mehrtägigen Tokio-Trip lassen es sich die Metal Heroes natürlich nicht nehmen, einen Abstecher nach Akihabara, dem berühmten Tech-Viertel der japanischen Mega-City, zu unternehmen. Und wie es der Zufall will, treffen sie dort tatsächlich auf ein gutes Dutzend der AKB-Sternchen!

Zuckersüß gestylt in Schulmädchen-Uniform und perfektem Püppchen-Make-Up, veranstalten sie in einem eigens für die Combo hergerichteten Theater kurze Auftritte für ihre Fans.

Am Ende der Vorstellung setzt Brian seinen ganzen Charme ein, bei einem der freundlichen Girls zu landen, die bereitwillig ihren zurückhaltenden Verehrern Autogramme geben. Als er jedoch den imaginären Wohlfühlabstand (der in Japan offenbar deutlich groß-

★) J-POP ICONS: AKB48
Eine gecastete japanische Idolgruppe. Das zugrunde liegende Konzept ist eine Musikgruppe von Idols, die täglich von ihren Fans im eigenen Theater im Tokioter Stadtteil Akihabara angetroffen werden können.

zügiger ausgelegt wird) zur jungen Yukari unterschreitet (du schätzt ihr Alter zwischen Mitte 13 und Ende 21), lernt er eine Mischung aus fernöstlicher Kampfkunst und brachialer Muskelgewalt, vereint in einem japanischen Bodyguard, kennen.
Unter den Damen entspringt eine kleine Panik und es braucht ein paar Beulen und eine blutige Nase, bis die Sprachbarriere überwunden und das kulturelle Missverständnis aufgeklärt werden kann. Peinlich, peinlich.
Allerdings wäre ein Japaner kein Japaner, wenn er in solch einer Lage nicht etwas vollkommen Unerwartetes tun würde: Die Girls fordern die Metal Heroes auf, sie in einen angesagten Club zu begleiten.

Sollen die Metal Heroes der Einladung folgen?
Ja, Ehrensache > ***T14***
Keine Lust auf Kindergarten > ***T47***

T73 Oh, Scheiße, das ist tatsächlich der gesuchte langhaarige Typ! Deine göttlichen Übersinne haben dich nicht getäuscht. Was nun?

Weiter > ***T3***

T74 Leo kneift die Backen zusammen und vermittelt den Eindruck, alles unter Kontrolle zu haben. Dennoch wird er an diesem Abend sehr mit sich beschäftigt sein.

Der ***Gig-Score*** *sinkt um 3!*
Notiere dir diese „Popo-Explo" als einen Abzug von ***-3*** *im* **A**-*Feld von* ***„São Paulo Arena"*** *im* ***Tour-Book*** *des Metal-Logbuchs.*

Weiter > ***T81***

T

T75 Der dritte Stock ist fest in der Hand von Musik-Automaten. Da stehen die Japaner drauf!
Während es bei einigen darum geht, mit Nachbildungen von Instrumenten zu hantieren, muss der Spieler bei anderen eine auf dem Bildschirm erscheinende Schrittfolge über Bodenkontakte nachtanzen.

Mit langen Schritten eilt Brian durch die Reihen. „Bin gespannt, ob die auch 'nen Münzschlucker mit Metal-Mucke haben."
Fasziniert bleibt Leo bei einem drahtigen Japaner stehen, passend aufgemacht in enger Bluejeans mit Paillettenbesatz und Hemd mit aufgestelltem Kragen. Eine Menschentraube hat sich um den Automaten versammelt, klatscht nach jeder kniffligen Schrittfolge frenetischen Beifall.
„Ob ich das noch beherrsche?", betritt Leo die benachbarte Hüpfmatte. „Früher habe ich diese Dance-Games auf der PlayStation gespielt bis zum Umfallen." Cool fordert er den Meister heraus.

*Checke nun Leos **Skill**.*
Gelungen > ***T68*** | *Misslungen >* ***T52***
*Ist höchstens eine seiner **Sicherungen** durchgebrannt, ist der Check um 1 leichter!*

T76 Verdammt, das ist der Kerl! Du kannst es spüren. Wie willst du den lebensmüden Alt-Rocker jetzt aufhalten?

Weiter > ***T3***

T77 Du fokussierst deine Macht auf den Schurken, um ihm schnellstmöglich das Handwerk zu legen. Verdammt! Sein Geist ist resistent gegen eine Übernahme. Eine mächtige Entität sitzt ihm bereits im Hirn und steuert ihn. War doch klar! Dieser Spinner hatte niemals das Heroes-Konzert auf seiner Rechnung. Hallendes Gelächter dröhnt in deinem Schädel: „Zu spät, Rock-Gott-Azubi. Dieses Spiel hast du endgültig verloren ..."

*Dein **Einfluss** sinkt um 1!*

Du musst wohl oder übel einen Unbeteiligten beteiligen > ***•T15***
*Hast du dummerweise keinen **Einfluss-Punkt** mehr zur Verfügung, dann vergiss es >* ***T80***

T

T78 „Also Männer, ich muss euch über etwas extrem Wichtiges in Kenntnis setzen."
Mit besorgniserregender Ernsthaftigkeit trägt Russ sein Anliegen vor: „Irgendein Spinner hat auf einer eurer Social-Media-Seiten gepostet, er wolle hier eine Bombe zünden."

Deine Schützlinge können es gar nicht glauben, lassen sich von ihrem Manager den Ausdruck des portugiesischen und mittlerweile gelöschten Eintrags zeigen. Sie wägen ab, ob die ganze Sache überhaupt ernst zu nehmen sei.
„Ich habe natürlich die hiesige Polizei informiert, doch erwarte mir nicht allzu viel davon."

Wie sollen sich die Metal Heroes entscheiden?
*Abbruch des Konzerts und mit den Konsequenzen leben > **T82***
*Risiko eingehen > **T24***

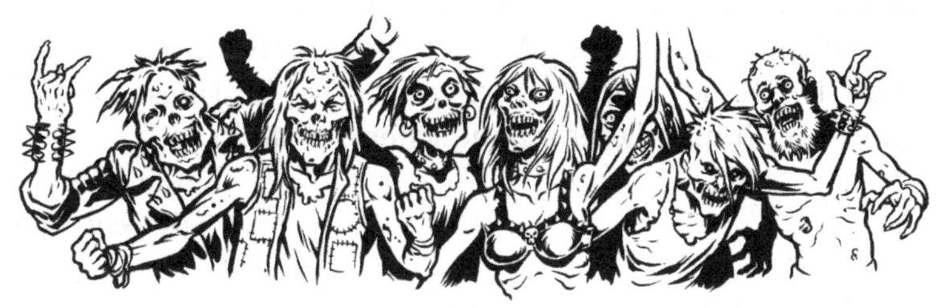

T79 Unfassbar, deine Instinkte haben dich nicht getäuscht. Dieser junge Typ ist es tatsächlich! Hoffentlich ist es noch nicht zu spät!

*Weiter > **T3***

T80 Plötzlich hörst du trotz des Lautsprecherlärms einen durchdringenden Piepston im Sekundentakt. Ein Countdown! Ganz in deiner Nähe. Piep! Dir wird schlecht. Piep! Du kannst den Ton nicht orten. Die Metal Heroes spielen zu laut …
PIEP!
Jetzt werden auch die umstehenden Fans auf einen schwitzenden Typen aufmerksam, der sich krampfhaft ans Sweatshirt fasst.
PIEP – PIEP – PIEEEP. Du schließt die Augen. Nichts!
Verwirrt holt der Typ ein Bündel Sprengstoffstangen samt Drähten und rot leuchtender Uhr hervor. Ungläubig starrt er auf das blinkende Display: „00:00" – der Zünder muss versagt haben!
„Hey, du Spacke, schalt dein verdammtes Handy aus!", brüllt sein Nachbar in der Reihe. Als der allerdings das Gerät sieht, bekommt er große Augen und schreit: „Ach du Scheiße, der scheiß Penner hat eine scheiß Bombe!"

Wie eine Lawine breitet sich das Wissen um die Gefahr aus. Erstarrt verfolgst du die chaotischen Szenen. In Panik versuchen die Menschen zu flüchten und trampeln dabei die Schwächsten nieder. Du setzt deine verbliebenen Kräfte ein, um den Ziellosen zu helfen, ebenso wie die Metal Heroes und Security vor und um der Bühne, doch gegen diese Kettenreaktion von Massenpanik seid ihr machtlos.
Zum Glück war die Bombe nur ein Blindgänger, dennoch gab es Dutzende, teilweise schwer Verletzte. Von dieser Tragödie können sich die Metal Heroes – auch wenn sie selbst nichts abbekommen haben – nicht mehr erholen. Weder mental noch künstlerisch. Ihre Weltkarriere findet an diesem schwarzen Tag ihr jähes Ende. Und du ahnst, wer hinter dieser schändlichen Tat steckt.

POWER OFF!
*(Repeat > **T64**)*

T81 Es dauert eine Weile, bis die Jungs ihre Nervosität abgelegt haben. Die gigantische Crowd vor Augen und eine latente Angst durch die Bombendrohung machen die Sache nicht einfacher. Doch nach ein paar Songs kehren Routine und Spaß zurück.

Setlist São Paulo Arena
*Wähle nun **18 Songs** (plus **3 Zugaben**) aus dem **Repertoire** und bestimme damit die **Setlist** für diesen Auftritt. Trage dazu ihre Track-Nummern in die vorgesehenen Felder hier ein.*

Setlist-Einschränkung:
*Von den insgesamt 18 Songs dürfen jeweils **maximal 6 Songs** mit **Anspruch 1**, **2** und **3** dabei sein!*

*Kennen die Metal Heroes einen **Roadie** namens **Zig** und wollen sie ihn bei der Zusammenstellung der Setlist um Rat fragen? > **T6***

*Hast du alle Songs der **Setlist** eingetragen, ziehe eine Karte! Sie bestimmt die **7 relevanten Songs** dieses Auftritts. Kreuze die **Pfeile** mit dem entsprechenden Karten-Symbol am Rand des **Gig-Musters** an.*
*Fertig? > **T64***

T

Gig-Muster

SÃO PAULO ARENA

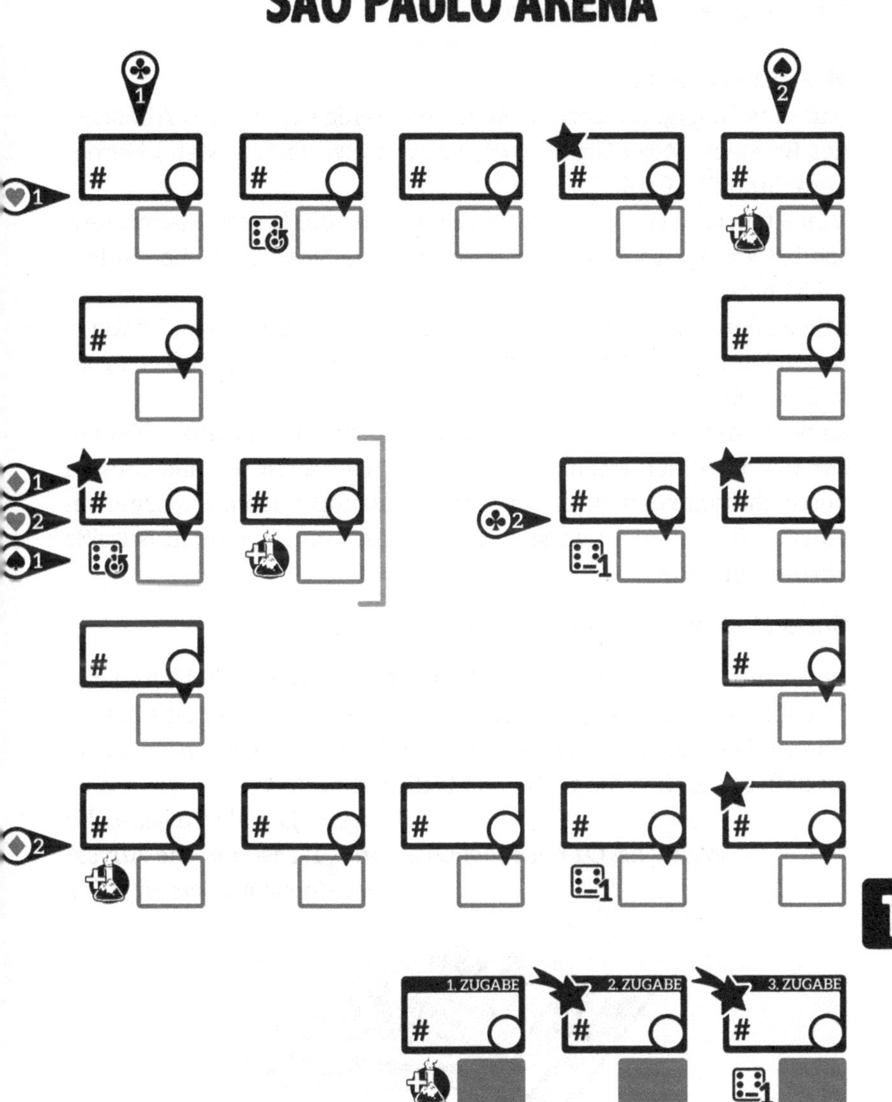

T

T82 „Wow, harte Entscheidung, Leute." Der Manager ist nicht erfreut, doch er sieht ein, dass es wohl die richtige Wahl ist, selbst wenn es der Band einiges an Kredit (sowohl bei den Fans, als auch auf der Bank) verspielen wird.

⏩ FAST FORWARD

Auf einschlägigen Internetseiten und wenige Tage nach Abblasen des Brasilien Mega-Gigs ist beispielsweise zu lesen: „Metal Heroes verachten São Paulo!"

Viele Journalisten zeigen Verständnis für die krasse Maßnahme, schließlich müsse man verstehen, dass die Sicherheit oberste Priorität habe.

Etliche Fans hingegen lassen ihrem Frust im Internet per Shitstorm freien Lauf. Von „Weicheiern" und „Pussys" seien die Metal Heroes kaum mehr zu unterscheiden.

Es bleibt den Jungs nichts anderes übrig, als dieses dunkle Kapitel der Bandgeschichte schnell abzuhaken. Der sonst so stille Gregori verflucht während einer der wenigen Bandproben die „perversen Fans" und kann nicht verstehen, wie man so eine gequirlte Scheiße verbreiten kann.

*Gregori brennt eine **Sicherung** durch!*

Selbst auf dem Rückflug nach Los Angeles gibt es kein anderes Thema als das abgesagte Konzert. Ob sie jemals wieder eine solche Chance bekommen werden? Finstere Gedanken hängen dir nach, als dich schließlich die göttliche Müdigkeit besiegt.

Das hat's ja mal echt gebracht!

*Weiter bei **O1** mit **Final Overture: „Treason in the Abyss"***
(siehe Kapitelmarkierung „O").

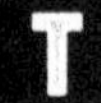

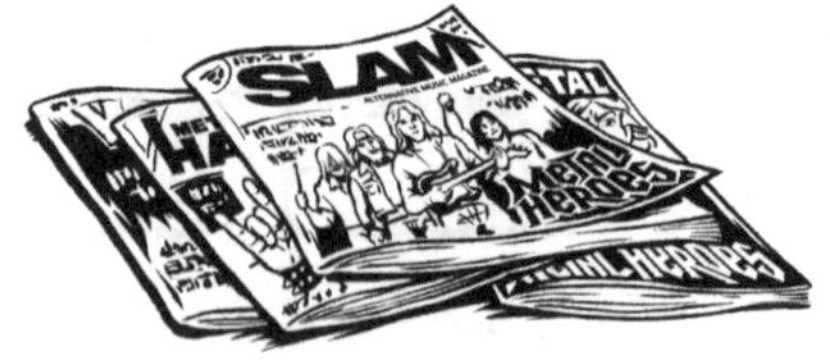

T83 Den Rückflug nach Los Angeles verbringen die Metal Heroes nicht alleine. Mit an Bord: Max und Igor Cavalera. Wie sich herausstellt, haben beide ebenfalls Business-Kram in Kalifornien zu erledigen. Gregori lässt es sich natürlich nicht nehmen, auf dem sechsstündigen Flug seinen legendären Drummer-Kollegen auf die Nerven zu gehen und ihn über Technik und Ideen auszuquetschen und sich für einige Jam Sessions zu verabreden.

*Gregoris **Skill** steigt um 1!*
*Hatte **Leo** einen Abzug auf alle Checks hinnehmen müssen, so ist dieser Nachteil nun wieder aufgehoben. In diesem Fall, streiche das -Symbol im Metal-Logbuch.*

*Die Band erhält **6 Song-Punkte**!*
*Investiere nun die restlichen Punkte (Achtung, Spoiler!), denn dies ist deine letzte Chance, um Songs freigeschalteter Genres im **Repertoire** zu aktivieren, indem du einen Kreis um die Track-Nummer machst!*

Jede Tour muss einmal enden!
*Weiter bei **O1** mit **Final Overture: „Treason in the Abyss“** (siehe Kapitelmarkierung „O“).*

T84 Du ärgerst dich ein wenig, denn du glaubst, dass dieser Russland-Trip nicht besonders viel brachte. Auf dem Rückflug in die kalifornische Heimat belehren dich Leo und Joey allerdings eines Besseren.
Der Ausflug in die unendlichen Weiten Russlands erweitert den Horizont der Metal Heroes.

*Die Band erhält **5 Song-Punkte**!*
*Investiere nun die restlichen Punkte (Spoiler-Alert!), denn dies ist deine letzte Chance, um Songs freigeschalteter Genres im **Repertoire** zu aktivieren, indem du einen Kreis um die Track-Nummer machst!*

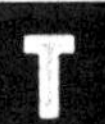

Tour Ende!
*Weiter bei **O1** mit **Final Overture: „Treason in the Abyss“** (siehe Kapitelmarkierung „O“).*

T85 Machen wir es kurz: Rein finanziell war der Nippon-Trip für die Metal Heroes ein Verlustgeschäft. Dafür haben sie viele Eindrücke und Erfahrungen gesammelt, die sie in ihrer Musik sowie in ihrer Persönlichkeit verarbeiten können. Und einem wahren Künstler sollte Kreativität doch mehr wert sein als Kohle. So bringt der bizarre Tour-Stopp Tokio den Metal Heroes eine Menge an Inspiration.

*Die Band erhält **4 Song-Punkte**!*
*Investiere nun die restlichen Punkte (Spoiler-Alarm!), denn dies ist deine letzte Chance, um Songs freigeschalteter Genres im **Repertoire** zu aktivieren, indem du einen Kreis um die Track-Nummer machst!*

Back to Business!
*Weiter bei **O1** mit **Final Overture: „Treason in the Abyss“***
(siehe Kapitelmarkierung „O“).

T

FINAL OVERTURE

TREASON IN THE ABYSS

01 Aufgeschreckt öffnest du die Lider. Du liegst in feuchtem Moos und über dir tanzen grün lodernde Flammen am sternenklaren Nachthimmel. Minutenlang erliegst du dem faszinierenden Farbspiel der Nordlichter und dem Rauschen der Wellen, die sich weit unter dir am Fuße der Klippen brechen.
Du spürst mit jeder Faser deines Körpers, wie dich elementare Magie durchströmt. Dieser Platz ist voll davon.
Mühevoll erhebst du dich und erblickst drei gigantische Schwerter aus schwarzem Stein. Es scheint, als hätte sie ein Riese vor Urzeiten die Spitze voran in den wilden Fels am Rande des Meeres gerammt. Du atmest tief ein, genießt die Reinheit von Natur und Geist und realisierst: Dies ist kein Traum! Dies ist der Ort, von dem Jill sprach. Du bist also wieder erwacht, erwacht zur Stunde Null. Dem Moment der Wahrheit. Für dich und deine Schützlinge.
Der Mond strahlt in voller Pracht. Eine steife Brise bläst dir ins Gesicht. Da streift dich das göttliche Update ... importierter Metal-Heroes-Flashback inklusive!

◀◀ REWIND
Joey bleibt vor der Apartmenttür stehen, vergewissert sich mit einem Räuspern der Rückendeckung seiner Bandkollegen und drückt die Klingel, um deren Knopf mit rotem Filzstift ein Pentagramm gemalt wurde. Auf dem schmutzigen Fußabtreter stapeln sich etliche Briefe, Rechnungen und Mahnungen.
Blaue Augen und blutrot verschmierte Lippen blitzen durch den sich öffnenden Spalt. „Endlich!“, heißt Jill die Metal Heroes mürrisch in ihrem Apartment in L.A. willkommen. Ein süßlich-herber Geruch aus geräucherten Kräutern und modrigem Fleisch schlängelt sich den Freunden in die Nase.

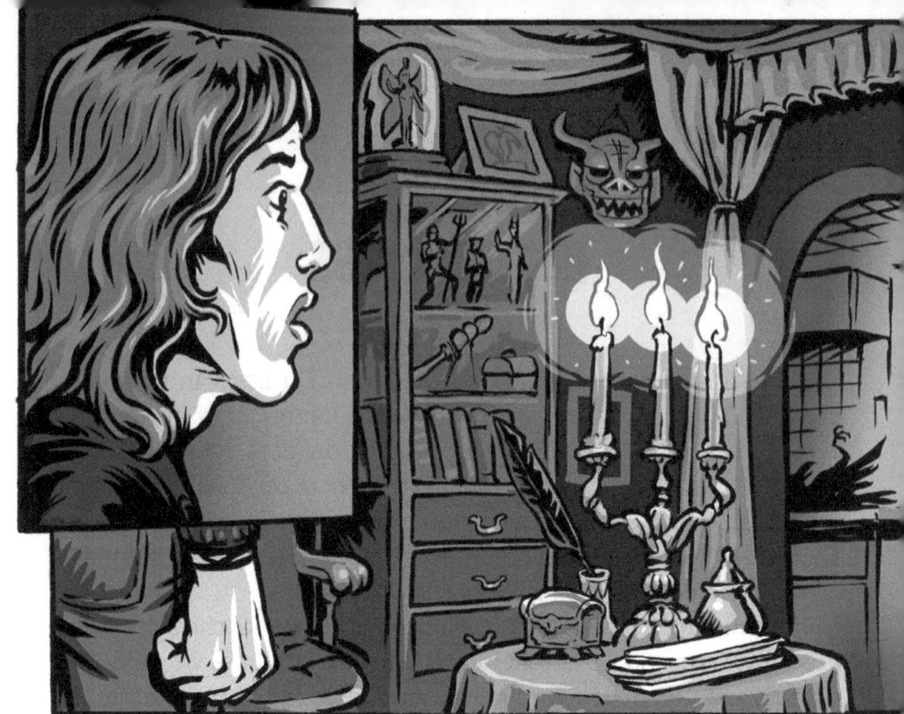

Mit Zögern treten sie ein, denn Jills Bude spiegelt jede Faser ihrer Natur wider: Violette Vorhänge und orientalische Teppiche mit Runen und Pentagrammen schmücken Boden und die geschwärzten Wände. Ölgemälde mit verzerrten Fratzen und grotesken Kreaturen gaffen die Gäste an.

Auf dem Ottomanen vor dem Kamin genießen eine Katze und ein Hund in entspannter Zweisamkeit die Wärme des Feuers, während in der Küche ein Rabe mit steif ausgestreckten Krallen rücklings in einer Lache aus Blut und Federn liegt.

Überall lodern schwarze Kerzen in den Kronleuchtern und Kandelabern auf antikem Mobiliar. Durch die verbarrikadierten Fenster dringt kein Lichtstrahl. Kurzum: Dies ist definitiv nicht die Bude einer pubertierenden Goth-Tussi!

0 Die mysteriöse Hexe ignoriert die verunsicherten Blicke ihrer Gäste und kommt zur Sache: „Die Zeit ist gekommen! In zwei Nächten herrscht Vollmond – und ihr macht euch besser sofort auf den Weg das Portal aufzusuchen! Wahrlich, ich musste große Opfer bringen."

„... offensichtlich", murmelt Leo und begutachtet eine Zinnschale auf dem Küchentisch mit einem abgerissenen Rabenkopf.

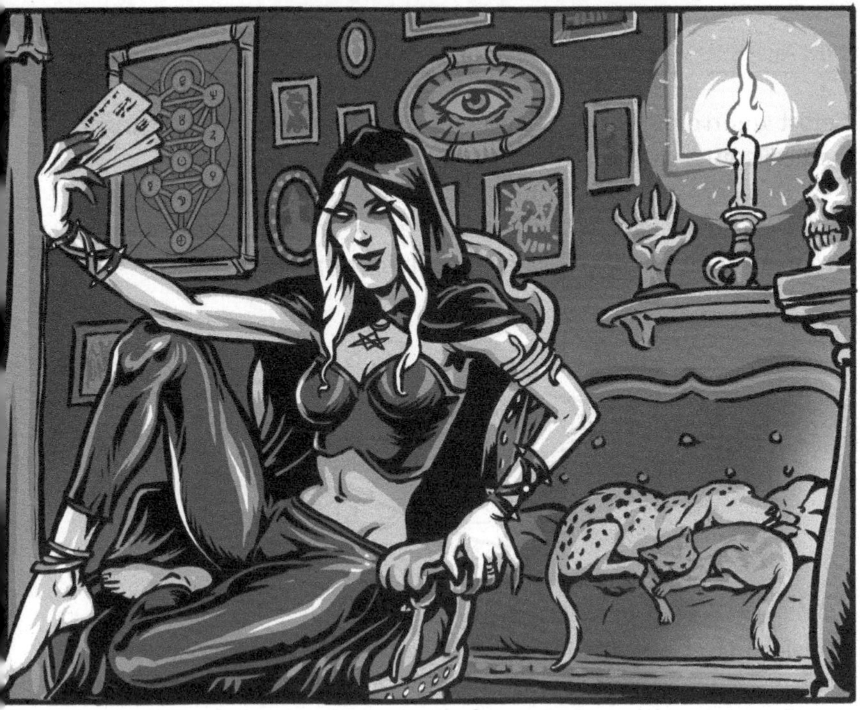

„Okay, wo ist dieses Unterwelt-Portal, Jill?", fragt Gregori mutig.
„Sverd i Fjell, Norwegen."
„Ja, klar, wo auch sonst?", meint Brian ironisch. „Black Metal Land. Aber wenn ich so drüber nachdenke – hört sich logisch an."
Leo schnaubt: „Logisch? Das hört sich logisch an? Was bitteschön ist überhaupt logisch an diesem ganzen Scheiß?!"
Jill geht mit erhobener Stimme dazwischen: „Um es gleich klarzustellen ... ihr werdet ohne mich reisen, denn das Portal zu öffnen, ist einzig und allein eure Aufgabe. Zudem müsst ihr das ohne fremde Hilfe schaffen." Sie überreicht Joey ein Bündel Flugtickets und ein Lederbeutelchen.

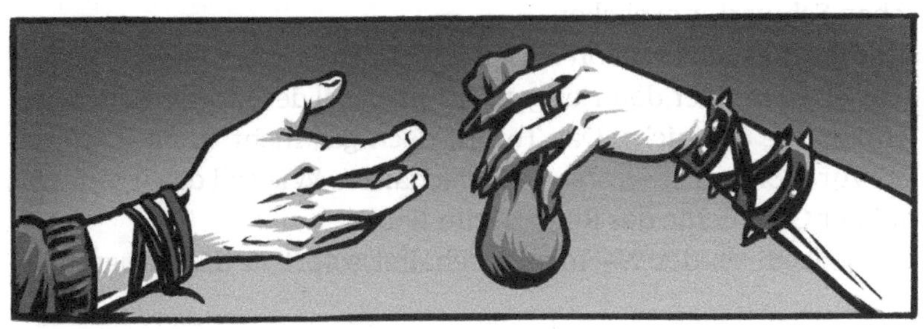

Selbst wenn dieses Ereignis nur eine Projektion aus der Vergangenheit ist, spürst du, dass Jill nicht ganz aufrichtig ist, äh, war ...

Vertraust du Jill? Dann geht's sofort weiter > **O2**

Willst du lieber etwas Energie einsetzen, um deine mittlerweile erwähnenswerten, rockgöttlichen Beziehungen spielen zu lassen > **•O28**

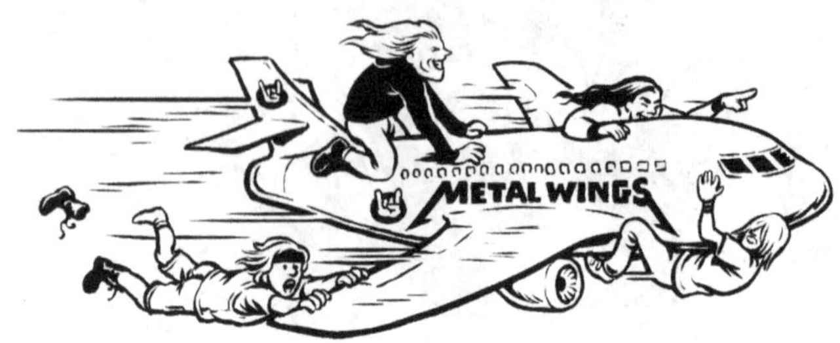

O2 ▶ *Zurück in die Gegenwart ...*

Als sich dein Geist wieder auf das Hier und Jetzt eingependelt hat, erblickst du erneut die drei Schwerter. Allerdings sind sie nun von der Sonne beschienen. Es ist helllichter Tag und du stehst am schroffen Ufer eines Fjords. Die Wellen laufen sanft aus, Möwen schreien. Unweit entfernt befindet sich eine pittoreske Siedlung aus rot gestrichenen Holzhäusern. Da vernimmst du eine dir bekannte Stimme ...

„Leute, also echt! Zwei Tage non-stop über diesen gottverlassenen Planeten! Mittlerweile geht mir diese Reiserei tierisch auf'n Sack!", hörst du Brians unverwechselbare Schnauze schimpfen.

Du schaltest sofort und verdrückst dich hinter einige mannshohe Felsen. Schließlich respektierst du Jills Wunsch, dass die Jungs alleine das Portal öffnen sollen.

Die Bandmitglieder schweigen in Ehrfurcht, als sie die drei gigantischen Schwerter erblicken.

0

„Das muss es sein, wovon Jill sprach", flüstert Leo. „Sverd i Fjell!"

Joey streicht über den riesigen Granitsockel des Monuments: „Leo, ich kapiere das nicht. Das Teil ist doch gar nicht so alt. Laut der Gravur hier wurde es erst 1983 erschaffen. Wie soll das irgendwas mit der Geschichte des Rock zu tun haben?"

Leo, erfreut ob der Nachfrage, schaltet sofort in den Klugscheiß-

Modus: „Ja, 1983 stimmt zwar, aber habt ihr gewusst, dass dieser Fjord nach Haraldr Hårfagre benannt wurde? Er besiegte hier seine Feinde im Jahre 872 und legte somit den Grundstein zur Vereinigung Norwegens. Hårfagre bedeutet übrigens ‚Schönhaar'."

Gregori hat es sich derweil auf einem verwitterten Felsen gemütlich gemacht: „Hm, vielleicht war dieser Wikinger ja der erste Headbanger."

Brian geht suchend um das Monument. „Also, hier soll das Portal irgendwo sein ... Aber was suchen wir eigentlich? Eine Tür, Luke oder 'nen Hebel, oder was?"

„Keine Ahnung ... Hey, Gregori, kannst du nichts sehen?"

„Ja, schon, Joey. Aber dann irgendwie doch nicht. Es funkelt und blitzt hier überall. Ich kann mich kaum konzentrieren. Der Ort ist echt abgefahren."

„Leo, zeig mal den Runenstein, den uns Jill überließ."

Der Bassist kramt in der Brusttasche seines Mantels und holt Jills Beutelchen hervor. Darin ein verwitterter Stein mit eingeritzten Runen: „Hier steht ... 'Im Schutz des Königs Harald Hårfagre'."

Brian kratzt sich das Bärtchen: „Und, Leo, was sagt uns das jetzt?"

„Zunächst einmal nicht viel. Aber hier sollten weitere Runensteine sein. Selbst wenn wir sie nicht so im Vorbeigehen finden werden."

Die Heroes schwärmen aus und suchen zwischen schroffen Felsen und der spärlichen Vegetation aus Flechten und Moosen. Achtlos weggeworfenes Leergut und Plastikmüll zeugen davon, dass selbst am nasskalten Arsch der Welt viele Leute unterwegs sind.

„Hätte nicht vermutet, dass es hier so regen Touristenverkehr gibt", wundert sich Joey. „Das kannste laut sagen ...", kichert Brian und fischt mit einem Stöckchen ein gammeliges Kondom aus dem Gestrüpp.

Es vergeht eine geschlagene Stunde und die Metal Heroes konnten keinen weiteren Runenstein entdecken.

„Leute, das können wir vergessen! Scheiße, die Schlacht ist über 1.000 Jahre her. Wenn es noch irgendwelche Steine hier gibt, dann liegen die womöglich metertief unter der Erde."

Gregori schreckt auf: „Hey, Leo, gib mir mal den Stein, ich möchte etwas ausprobieren."

Bedächtig schreitet Gregori mit dem Runenstein in der Handfläche liegend die nähere Umgebung des Monuments ab und ... tatsächlich, der Stein funkelt!
„Hier, ihr Loser!“, beginnt der blinde Drummer mit seinen Sticks die Erde aufzukratzen und legt einen weiteren Stein frei. „Wie ich dachte. Die Teile haben zueinander allesamt eine Verbindung.“
Joey schüttet Wasser aus seiner Trinkflasche über das Fundstück und säubert dessen Runen. „Und was heißt das jetzt wieder?“
Leo zückt sein Smartphone und macht ein Foto von der Inschrift und murmelt: „Mit der richtigen Wissenschafts-Texterkennungs-App ... 'seinem Weibe Gyda Eiriksdóttir'.“
„Scheiße, ist das spannend“, ruft Brian aufgekratzt. „Los, lasst uns sofort weitersuchen!“
Gesagt, getan. Mit Gregoris Detektor-Strategie sind nach intensiver Suche zwischen Gestein, Flora und teilweise recht ekligen Hinterlassenschaften zwei weitere Runensteine ausgebuddelt. Sie zieren die Inschriften „und ihrem Erstgeborenen Eiríkr blóðøx“ und „Ingimund, dem Schwerte“.

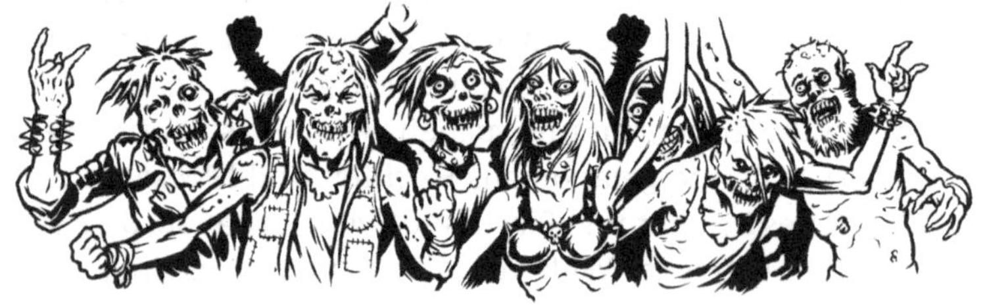

Motiviert wollen die Metal Heroes auch noch die letzten Quadratmeter umpflügen, als eine Stimme grollt: „Hei, hva gjør du her?“
Ein stämmiger alter Herr mit rauschendem Vollbart in kariertem Holzfällerhemd tritt hinter einem Felsen hervor. Sein Akzent weist ihn eindeutig als Einheimischen aus. Verärgert deutet er auf einen frischen Erdhaufen neben sich. „Was fällt euch ein?!“
Ertappt versucht Gregori die Runensteine hinter seinem Rücken zu verstecken, woraufhin sich die buschige linke Braue des Mannes wissend hebt: „So was! Ihr seid auf der Suche nach des Königs Erbe! Leugnen zwecklos.“

Joey nickt zaghaft.
„Bei Odins breitem Arsch!", grölt der Alte, ballt die rechte Faust und klopft sich auf die stolzgeschwellte Brust. „O ja, Haraldr Hårfagre! Auch ihr habt seinen Ruf vernommen, nicht wahr? Des Königs Erbe erschallt in diesem Fjord bis zum heutigen Tage ..."
Leo geht zwei Schritte auf den Mann zu: „Ihr meint, das vereinte Norwegen?"
„Papperlapapp! Ländereien – Schall und Rauch! Wenn der König die Stimme erhob, verzagten seine Feinde. Und wenn er ins Kriegshorn stieß, riss die Erde entzwei ..."
Mit verschränkten Armen schreitet der merkwürdige Kauz um das Monument herum und beäugt die Metal Heroes. „Erstaunlich ... sein mächtiges Blut fließt sogar in euren Adern!"
Joey flüstert Gregori etwas ins Ohr, der sich daraufhin räuspert und die vier Steine dem Nordmann entgegenhält: „Wisst Ihr vielleicht mehr über diese Runen?"
Mit einem ungläubigen Lachen ergreift er die Artefakte und zeigt begeistert seine breiten Zähne, als er die Runen zwischen den Fingern rollen lässt: „Eines Mannes schärfstes Schwert ist sein Wort ... ich werde euch helfen! Jedoch ... beweist, des Königs würdig zu sein, indem ihr mir sagt, was ihr misst."
„Ihr meint ‚wisst', nicht ‚misst', oder?", fragt Brian nach.
Der Alte schüttelt den Kopf: „Nein, ich will wissen was ihr MISST."
Leo fordert die Steine wieder zurück, doch der störrische Geselle denkt gar nicht daran!
„Finger weg und aufgepasst! Ich gewähre euch nur noch diesen letzten Blick auf die Runen ..."
„Sehr freundlich!", meint Joey cool und schießt kurzerhand ein Foto von den Objekten mit seinem Smartphone. Erschreckt vom Blitz der Kamera („Bei Thor!") verschränkt der Wikinger die Arme und vergräbt dabei die Hände mitsamt den Steinen unter den Achseln. Jetzt heißt es also clever sein! Aufgeregt stecken die Metal Heroes die Köpfe zusammen und beratschlagen, wie dieser Typ überzeugt werden kann.

*Checke nun entweder Leos **Presence** oder Gregoris **Skill**!*
*Leos Check gelungen > **O17** | Gregoris Check gelungen > **O25***
*Der gewählte Check ist misslungen > **O10***

O3 „Respekt, dass ihr mich erkannt habt. Die Wenigsten kommen damit klar, dass ich leibhaftig bin und nicht nur auf Maiden-Covers existiere."
Das zerfledderte Monster tastet über die Brusttaschen seiner Jeanskutte. „Leider habe ich nichts, dass ich euch als Belohnung geben könnte. Allerdings einen guten Rat: Wenn ihr in der Unterwelt überleben wollt, fordert stets euer Recht!"
Eddie blickt sich verstohlen um. „Aber wisst ihr was? Ich mag euch. Ich habe nämlich das unbestimmte Gefühl, ihr werdet demnächst den Laden ganz schön aufmischen. Und das wird echt mal Zeit!"
Der lebendige Tote kratzt sich die Gesichtsmuskeln, als er vor den vier Metal Heroes auf und ab geht.
„Na, wer von euch hat Interesse an einem Teil meiner Macht?"
Irritiert und angewidert blicken sich die Jungs an. Wer will sich schon mit einem Untoten einlassen?
„Was?! Keine Freiwilligen?"
Kollektiv machen die Metal Heroes einen Schritt zurück - nur der blinde Gregori bleibt stehen und fasst sich zwangsweise ein Herz: „Hey, Captain, muss ich dich dazu anfassen?"
„Öhm. Eigentlich nicht ... Aber schaden würde es wohl auch nicht. Hm, hat mich noch keiner gefragt."
Ehe Gregori das zerfetzte Fleisch überhaupt berührt hat, wenden sich die Bandkollegen mit Grausen ab. „Boa, ist das ekelig!", würgt Brian, als der Drummer Eddies offene Wangen abtastet.
„Hey, das kitzelt!"

Erhöhe nun Gregoris ***schwächste*** *positive Eigenschaft um 1!*
(Sind mehrere Eigenschaften gleich schwach, suche dir eine aus.)

Weiter > ***O8***

O4 Joey beginnt per Bildbearbeitungs-App die fotografierten Bruchstücke auszuschneiden und auf dem Touchscreen zu verschieben. „Seht mal, die Kanten der Runensteine sind relativ glatt und symmetrisch. Vielleicht gehörten sie einst zusammen, wie ein kleines Puzzle."

Weiter > ***O20***

O5 Für dich schließt sich ein Kreis. Beginnend mit dem Tage der gestoppten Aufzugsfahrt in die Unterwelt und der heutigen Schiffsfahrt. Inbrünstig schmetterst du den Song mit. Und dank deiner göttlichen Unterstützung hört sich das Ganze nun sogar wirklich gut an!

Night was black, was no use holding back
'Cause I just had to see, was someone watching me?
In the mist, dark figures move and twist
Was all this for real or just some kind of Hell?

Six, six, six, the number of the beast
Hell and fire was spawned to be released!

„The Number of the Beast" (1982) von Iron Maiden
„New Wave of British Heavy Metal"-Band aus London (GBR)

*Die **Bandchemie** steigt um 2!*
*Dein **Einfluss** sinkt jedoch um 1!*

Weiter > ***O33***

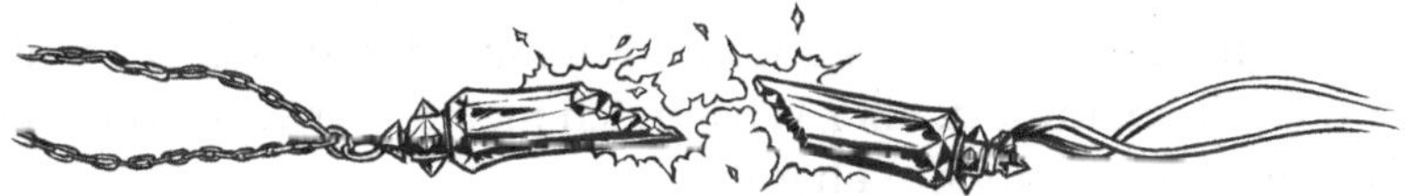

O6 Joey liegt mit dem Rücken auf dem Deck und spielt mit seiner Kreditkarte. Gekonnt wendet er sie zwischen den Fingern hin und her.
„Sag, Taylor, was ist schon die ganze Kohle wert, wenn man tot ist? Dieses ständige Streben nach Ruhm und Erfolg, nach Macht und Einfluss. Ist doch eh alles egal, wenn man irgendwann nur noch ein Haufen Asche ist …"
Jetzt ist der Seelenklempner in dir gefragt! In einer für deine Verhältnisse empathischen Rede spannst du einen weiten Bogen ausgehend von der Ethik des Kapitalismus über die Notwendigkeit von Rock-Musik bis hin zur Doppelmoral der Pornoindustrie.
„Passt schon, Taylor", lacht Joey. „Ich danke dir."

Metal Hero aus Sinnkrise befreit – checked! > ***O7***

O

O7 Auch du möchtest nun ein wenig allein sein und suchst dir ein stilles Plätzchen an Deck.

Kurze, ernst gemeinte Zwischenfrage (sorry, Dude) ...
Weilt Ozzy Osbourne★ eigentlich noch unter den Lebenden?
Was für eine Frage! Ja, natürlich! Ozzy ist unsterblich! > **O22**
Leider nicht. Ein ganz Großer ist von uns gegangen ... > **O30**

O8 „Unfassbar. Eddie, das Maskottchen von Iron Maiden. Leibhaftig. Das muss ein Traum sein. Aber ... Wie ...?“, stammelt Leo.
„Am Anfang war ich tatsächlich nur eine Fiktion auf Covern, später eine riesige Marionette, die an Seilen über der Bühne hing.“ Eddie beginnt zu schwelgen. „Doch irgendwann gab es so verdammt viele Fans, die an meine Existenz glauben wollten, dass mich ihre Energie – bumm! – zum Leben erweckte.“
Du willst wissen, was geschehen ist. Was er hier tut.
Er verzieht die Muskeln und Knorpeln seiner Fratze zu einer, naja, nachdenklichen aber umso mehr verzerrten Fratze: „Die Zeiten haben sich geändert. Der Metal ist schwach geworden. Jetzt halte ich mich eben als selbstständiger Kapitän, der Passagen in die Unterwelt organisiert, über Wasser. Ich meine, wer will schon aus Ignoranz vor die Hunde gehen?“

Willst du Eddie eine Frage stellen?
„Sind wir bald da?!“ > **O32**
„Kann man nur mit diesem Schiff in die Unterwelt gelangen?“ > **O13**
„Kennst du deinen Boss eigentlich persönlich?“ > **O21**
Keine Fragen – ist ja keine Quizshow! > **O26**

O9 Ehrfürchtig wartest du die kleine Gesangseinlage ab und schwelgst in Erinnerungen an Black Sabbath und die Ursprünge des Metal in den 70er-Jahren.
„Hey, Kumpel“, bemerkt Ozzy deine Neugier. „Ich kenne deine Jungs. Das sind doch die Heroes, von denen alle reden, richtig? Tony hat mir mal von ihnen erzählt. Aber sag bloß, die haben's verkackt? Zu viele Drogen geschmissen, hm? Oder warum seid ihr jetzt auf diesem vom Rock-Gott verlassenen Kahn?“

★) ROCK ICON: John Michael „Ozzy“ Osbourne
Britischer Rockmusiker. Wurde bekannt als Sänger der Metal-prägenden Band Black Sabbath. Trägt die Beinamen Godfather of Metal (Pate des Metals) und Prince of Darkness (Fürst der Finsternis).

Du erzählst von der Entführung deines Chefs und eurem Plan, ihn aus der Unterwelt rauszuhauen.
„Ich beneide Euch“, flüstert der Altmeister. „Ehrlich. Hört sich nach 'ner Menge Spaß an.“
Er greift mit der tätowierten „Ozzy“-Hand in seine Lederweste und übergibt dir eine Autogrammkarte.
„Hier, Kumpel, ist meine Letzte. Du sollst sie haben, bevor ich endgültig paranoid werde, hehe.“

*Notiere dir die **Autogrammkarte einer Legende** unter **Taylors Kram** im Metal-Logbuch.*

*Weiter > **O22***

O10 In angespannter Konzentration setzt sich Joey auf die Kante des Sockels: „Es geht offenbar um eine besondere Symbolik. Vielleicht ein geometrisches Muster.“

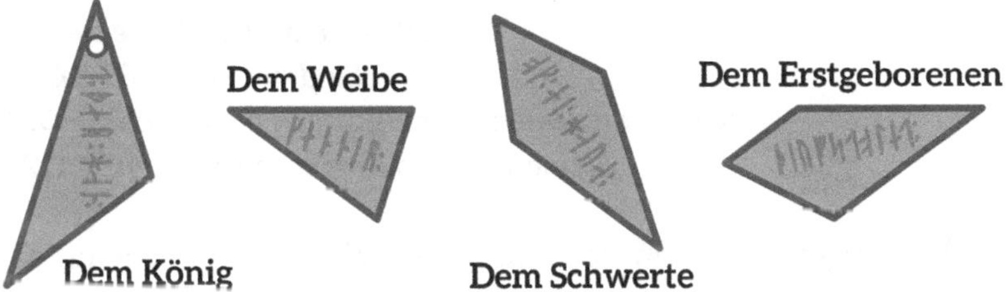

*Checke nun entweder Joeys **Skill** oder Brians **Power**!*

*Joeys Check gelungen > **O4** | Brians Check gelungen > **O15***
*Der gewählte Check ist misslungen > **O20***

O11 „Pah! Diese Rune gehört König Kjåtve, dem Dicken.“ Der Alte deutet auf das breiteste Schwert des Monuments.
„Sie wird Euch nicht helfen, genauso wenig wie ich es tun werde. Schade, ich hatte gedacht, dass mehr in Euch steckt.
Enttäuscht wendet sich der Hüne um.

*Besitzt du noch göttliche Macht in dir (mindestens **2 Einfluss-Punkte**) - dann musst du sie jetzt einsetzen! Anderenfalls ist der Spaß vorbei und das Portal bleibt für immer verschlossen.*

*Weiter > **••O29***
Ansonsten, POWER OFF!

O12 Du deutest zum legendären Mitreisenden hinüber und fragst Eddie flüsternd: „Was macht Ozzy Osbourne eigentlich hier?"
„Er hat sich noch nicht entschieden, wohin die Reise gehen soll. Jeden anderen hätte ich längst vom Schiff geworfen, kannste mir glauben, aber hey, wer legt sich schon mit dem Fürst der Finsternis an? Und ich sag, der Knabe hat ein Päuschen von der ganzen weltlichen Scheiße verdient, meinste nich'?"
„So sieht's aus, Eddie", ruft Ozzy herüber. Offenbar hat der Pate des Metal noch gute Ohren. „Kaum zu glauben, dass in deinem löchrigen Schädel genug Hirn ist, das einzusehen."

Weiter > **O22**

O13 „Es gibt einige Übergänge von der Unterwelt zu der Euren. Aber nicht viele sind Sterblichen zugänglich, geschweige denn bekannt."

Willst du eine weitere Frage stellen?
„Sind wir bald da?!" > **O32**
„Kennst du deinen Boss eigentlich persönlich?" > **O21**
„Keine weiteren Fragen, euer Ehren!" > **O26**

O14 Gregori steht an der Reling im Wind und es scheint, als würde er den Anblick der untergehenden Sonne genießen.
„O Mann, Taylor, eigentlich sollten das die besten Tage unseres Lebens sein – und jetzt sind es womöglich die letzten."
Ihr beide unterhaltet euch ausführlich über die Kraftlinien, die das Schiff umgeben und Gregoris besondere Wahrnehmung. Du bist sicher, dass seine außergewöhnliche Fähigkeit noch einmal sehr hilfreich werden wird.

Weiter > **O7**

O15 „Ja, Joey, du könntest Recht haben", grübelt Brian. „Vielleicht ist es ein Stern."
„Besser gesagt ein Pentagon oder Pentagramm", berichtigt ihn Leo. „Oder so."

Weiter > **O20**

O16 „Was soll ich sagen? Offenbar seid ihr des Königs Hilfe würdig“, brummt der Wikinger zufrieden und dreht den richtigen Stein herum. Voller Inbrunst liest er vor: „... und Bragi Boddason, dem Ersten unter den Skalden.“

„Was zur Hölle ist ein Skalde?“, fragt Gregori.

„Skalden waren Dichter“, erläutert Leo. „Sie verfassten komplexe Gedichte über die Heldentaten ihrer Herrscher, die auch gerne von den Menschen gesungen wurden.“ Der Heroes Bassist wendet sich dem Wikinger zu. „Nicht wahr, Bragi?“

Der alte Herr schmunzelt geschmeichelt. Dann beginnt er lauthals zu lachen. Lauter und lauter. Die Begeisterung des Skalden hallt über den Fjord, bricht sich an den Felsen und erfasst die seichten Wogen. Binnen weniger Wellen erheben sich die ersten Brecher und klatschen gegen das Ufer. Schwarze Wolken verdunkeln den Himmel und verhängen den Blick zum Festland. Gischt spritzt meterhoch empor.

Bragis grauer Vollbart flattert im Sturm, als er brüllt: „Hey! Worauf wartet ihr? Vollführt den letzten Gang in unsere Welt mit der Macht eures Blutes!“

Weiter > ***O23***

O17 Leo deutet auf das Display: „Wenn ich es richtig verstanden habe, steht jeder Stein für eine Person aus Haralds Gefolge.“

Weiter > ***O10***

O18 Als du dich Brian näherst, bemerkst du sofort, wie melancholisch er dreinblickt. „Eddie riecht wie ein toter Iltis, findest du nicht?“, versuchst du ihn aufzuheitern.

„Oh ja! Sein Achselschweiß würde glatt als Bio-Waffe durchgehen“, antwortet der blonde Leadgitarrist mit aufgesetzter Fröhlichkeit. Du durchschaust ihn und fragst direkt, selbst wenn du im Grunde diese Schnulz'n'Puls-Geschichten hasst: „Du vermisst sie, oder, Brian?“

„Fang du nicht auch noch an... Ja, verdammt! Ich vermisse sie! So, jetzt isses raus. Zufrieden?“

Du blickst ihm fest in die glasigen Augen. Dann schüttet der sonst so toughe und oberflächliche Brian dir sein Herz aus: „Ich habe sie

seit der Hall of Fame nicht mehr gesehen. Nur noch getextet oder wenn's hochkommt mal Facetime."
Verstohlen wischt er sich mit dem Lederarmband über die Wange. „Fuck! Vielleicht werde ich sie nie wieder sehen ..." Er wendet sich ab und geht.

*Male nun im Metal-Logbuch das **kleinste noch leere Herz** über Brians Kopf aus! Sind mittlerweile **alle vier Herzen** ausgefüllt, darfst du die **2. Sicherung**, sollte sie durchgebrannt sein, wieder **erneuern**! Also, das ist doch mal fair, oder?*

Weiter > ***O7***

O19 „Ja klar, und meine verrückte Freundin heißt Tiffany, oder was? Ihr seid mir Helden! Hätte wirklich gedacht, ihr hättet mehr Ahnung vom Classic Metal. Ich bin Eddie! Eddie the Head, ihr Experten!"

Weiter > ***O8***

O20 „Es kommt mir so vor", deutet Brian auf das kleine Loch der Königsrune, „als wären es an 'nem Band oder Kette um den Hals getragen worden. Vielleicht als Schmuckstück oder Talisman. Die Wikinger waren doch so abergläubisch."
„Ja, Brian, erstaunlich", meint Leo. „Das würde bedeuten, dass die Rune des Königs die Spitze des Ganzen wäre."
Mit brummiger Miene verfolgt der absonderliche Norweger die detektivischen Versuche der Metal Heroes das Geheimnis von König Schönhaar zu lüften.
„Ich habe schon sehr viel Interessantes und Richtiges aus euren Mündern vernommen ..."
Er greift in sein Hemd und zeigt drei weitere Fragmente, die den Stern vervollständigen könnten: „Erwählt den Richtigen und ihr werdet eure Reise unter des Königs Flagge fortsetzen!"
Leo streckt seine Hand aus, um die Steine an sich zu nehmen, doch auch diesmal zuckt der Alte zurück. Und als Joey erneut seinen Schnappschusstrick versucht, schlägt der Wikinger mit einer überraschend flinken Handbewegung das Handy zu Boden. „Hey

Junge, für wie dumm hältst du mich, huh? Noch einmal falle ich nicht auf deinen Blitz-Zauber rein."

Die Metal Heroes müssen sich also einzig aufgrund der Form des Steins entscheiden. Selbst die Runen sind nicht zu sehen, da alle drei - sicher nicht ganz zufällig - mit ihrer Rückseite nach oben in der Hand des Wikingers liegen.

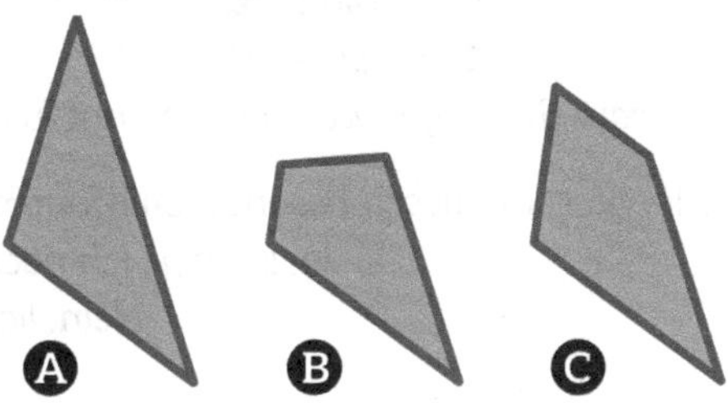

Schau dir nun diese geometrischen Figuren an!
Welches der abgebildeten Flächen benötigst du, um im Sinne der Symbolik das Amulett zu vervollständigen?

A > ***O11*** *| B >* ***O24*** *| C >* ***O16***

O21 „Du meinst Haraldr? Ja, dem gehörte einst dieser Kahn. Jedoch schmeißt sein Sohn mittlerweile den Laden. Ist 'n harter Hund, sag ich euch."

Weiter > ***O26***

O22 Plötzlich wird die See rauer. Donnergrollen kündigt einen Sturm an. Binnen Minuten wankt das Schiff dermaßen, dass Eddie sich genötigt sieht, seine Passagiere festzubinden.

Wellen, hoch wie Häuser, türmen sich vor dem Drachenschiff auf und zerschellen wie Hammerschläge auf Deck. Die Segel hängen mittlerweile in Fetzen vom Mast, der unter dem Sturm ächzt.

Um sich seine Angst von der Brust zu singen, stimmt Joey mit glockenheller Stimme an♫:

I left alone
my mind was blank
I needed time to think to get the memories from my mind

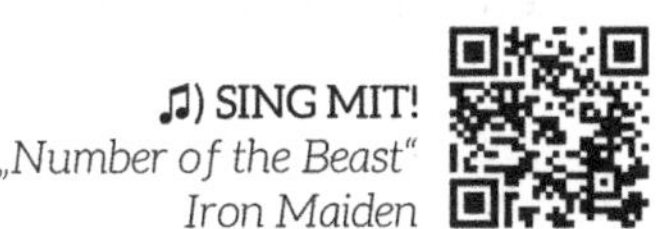

Angefixt vom einmaligen Maiden Sound schreien die anderen Bandmitglieder ebenfalls gegen den widernatürlichen Sturm an und setzen mit ein, wenngleich die Töne aus ihren Kehlen eher ein schrilles Krächzen sind, als nur annähernd an Joeys oder Bruce Dickinsons' unnachahmlich hohen Stimmlagen heranzureichen.

What did I see?
Can I believe?
That what I saw that night was real and not just fantasy

Möchtest du diesen besonderen Moment unterstützen?
Ja, solange ich noch kann ... > **•O5**
Nein, lieber nicht > **O33**

O23 Aus dem trüben Nebel, der über die Wellen wabert, erschallt ein Horn. Das tiefe Signal wälzt sich den Felsen empor und bringt die Steinklingen der drei Schwerter zum Schwingen.
Fassungslos deutet Gregori hinaus aufs Meer, als hätte er einen Geist gesehen.
Allmählich entschleiert sich der geschwungene Rumpf eines von göttlicher Rock-Macht durchdrungenen Wikingerschiffs. Das rotweiß gestreifte Segel aufgebläht und das Maul des Drachen aufgerissen, nimmt es direkten Kurs auf euch.
Niemand scheint an Deck oder am Ruder zu stehen. Gleichwohl legt es punktgenau längsseits des Monuments an. Dichter Nebel, zäh wie Trockeneis, schwappt über die Reling.
„Ahoi", tönt eine schrill-heisere Stimme aus dem Unbekannten. „Euer Ruf wurde vernommen!"
Eine schmale Planke sticht durch den Dunst und klappert mit ihrem Ende an den Uferfelsen.
Du gehst – durch den Übertritt in die Götterwelt wieder körperlich geworden – den verunsicherten Metal Heroes hinterher auf das Drachenboot. Der süßlich-beißende Geruch des Todes entsteigt den bleichen Planken unter deinen Stiefeln.
Klopfende Schritte nähern sich und die Gestalt einer gehäuteten Leiche schält sich aus dem wabernden Grau. In den leeren Augenhöhlen des Seemanns lodert der pure Wille dämonischen Feuers.

O

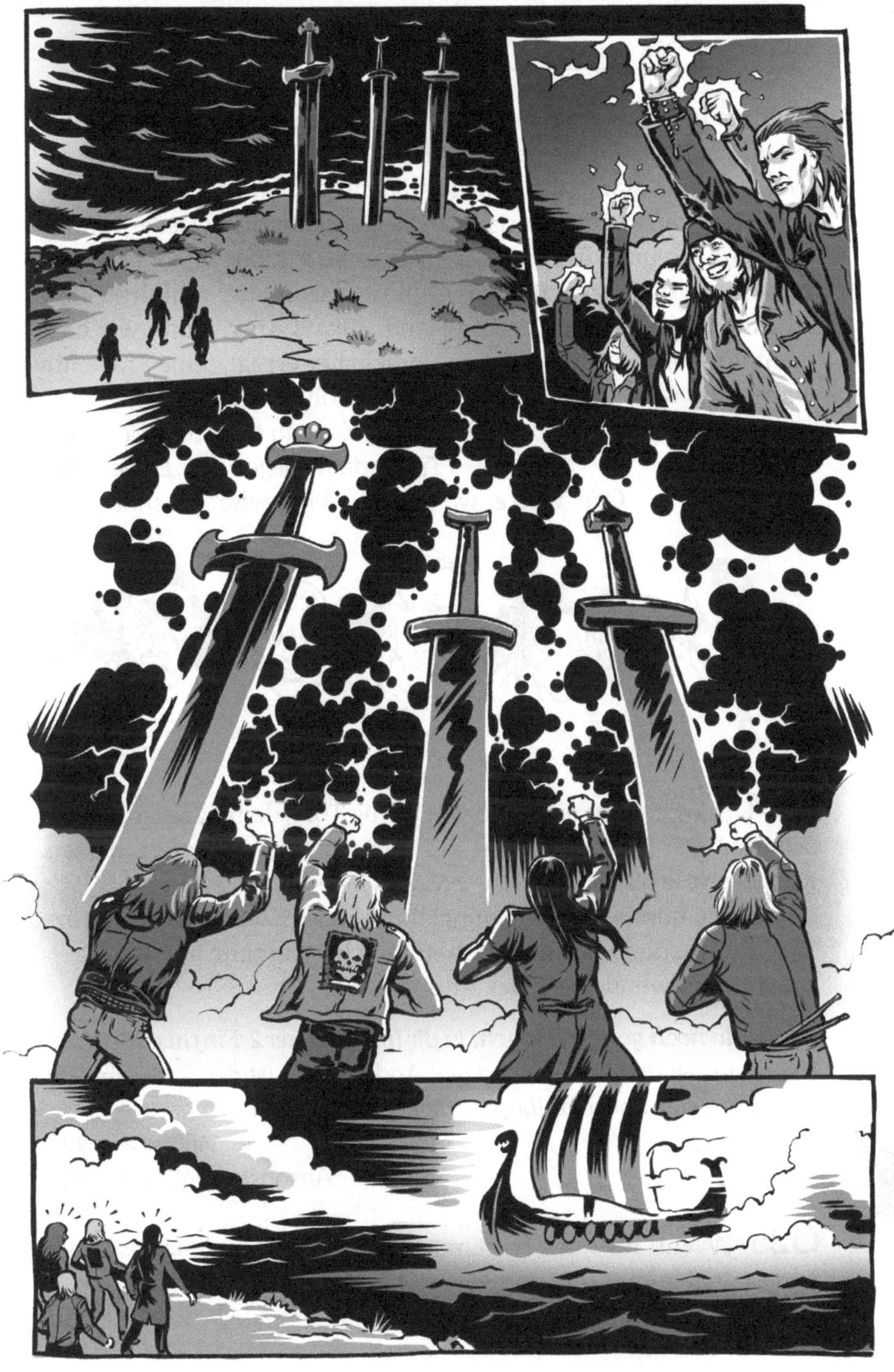

023 *Allmählich entschleiert sich der geschwungene Rumpf eines von göttlicher Rock-Macht durchdrungenen Wikingerschiffs. Das rot-weiß gestreifte Segel aufgebläht und das Maul des Drachen aufgerissen, nimmt es direkten Kurs auf euch.*

„Willkommen an Bord der Styx Diver! Ich bin Captain Head und ich werde Euch zur Unterwelt schippern."
Wie gebannt starrt ihr dem abstoßend-sympathischen, zombieesken Kapitän auf die Muskeln seines Gesichts, die bei jeder Mundbewegung ganze Arbeit leisten. „Ihr seid nicht besonders gesprächig, wie?", kratzt sich Captain Head die schlohweißen Strähnen mit der skelettierten Hand. „Okay! Aber, damit wir hier nicht vor Langeweile verfaulen", krächzt er erregt, „eine Frage für wahre Metal-Freunde ... Na, wie lautet wohl mein Vorname?"

Glaubst du der Kapitän heißt „Chuck" > ***O19***

Tippst du hingegen auf „Eddie" > ***O3***

Oder wird er womöglich „Pennywise" genannt > ***O31***

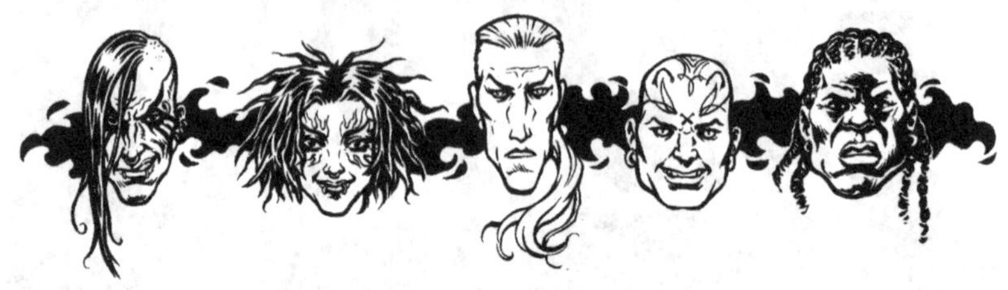

O24 „Nee! Das ist die Rune von König Tore, dem Langen mit der Scharte." Der Wikinger zeigt auf das schmalste Schwert, dessen Klinge eine große Einkerbung hat.
„Leider die falsche Entscheidung! Ihr seid des Königs Hilfe unwürdig. Enttäuschend, ich hatte gehofft, ihr hättet mehr Verstand."
Schweigend wendet sich der Alte ab.

Besitzt du noch göttliche Macht in dir (mindestens ***2 Einfluss-Punkte****) - dann musst du sie nun einsetzen! Anderenfalls ist der Spaß nämlich vorbei und das Portal bleibt für immer verschlossen.*

Weiter > ***••O29***

Ansonsten, POWER OFF!

O25 „Wenn ihr mich fragt, macht es Sinn, wenn Haralds Weib und Erstgeborener ihm zur Seite stehen."

Weiter > ***O10***

O26 Stunden der Ewigkeit vergehen und die Heroes haben sich inzwischen an den Gedanken gewöhnt, auf dem Weg in die Unterwelt zu sein. Still und jeder für sich, trotzen sie dem Wahnsinn dieser Überfahrt. Einzig das Knattern des Segels und das Ächzen des Holzes sind zu hören.
Du blickst rüber zum Heck des Schiffs, wo Eddie am Steuerrad steht. In regelmäßigen Abständen leckt er den Zeigefinger seiner rechten Hand ab und hält den Knochen prüfend in den Wind.

Wem der vier Metal Heroes möchtest du Gesellschaft leisten?

Joey > ***O6*** *| Brian >* ***O18*** *| Leo >* ***O27*** *| Gregori >* ***O14***

Keinem > ***O7***

O27 Der kräftige Bassist sitzt am Fuße des Masts und schaut dich verkniffen an.
„Fahren wir jetzt ins Sto'Vo'Kor?", versucht der junge Star-Trek-Fan die unwirkliche Situation aufzulockern. Du gesellst dich zu ihm und ihr quatschst über Rock-Götter und deren Welt. Am Ende des Gesprächs bist du aber nicht sicher, ob Leo tatsächlich den absurden Umständen gewachsen ist.

Weiter > ***O7***

O28 Du brauchst einen Moment, deinem Schergen deutlich zu machen, um was es überhaupt geht und wirst das Gefühl nicht los, dass er deiner Anfrage nur widerwillig nachkommt.
So vergehen einige Stunden im musikalischen Kauderwelsch des Äthers, bis Quiff sich wieder zeigt. Stotternd erstattet er Bericht: „Mein Kollege sagte, Hexe Jill wurde verbrannt …" – „WAS?!" – „Äh, verbannt. Wollte Schwestern mehr Rock-Power geben, aber …"
„… mehr muss ich nicht wissen", unterbrichst du den Schergen und grübelst, „offenbar verfolgt sie ihre eigenen Pläne …"

Dein ***Einfluss*** *sinkt um 1!*

Weiter > ***O2***

O29 Du stellst dich dem grimmigen Kerl mit deinem Astralkörper in den Weg. Verwundert starrt er dich an: „Oha! Hoher Be-

such aus Schallhalla!“ Mit einer zuckenden Kopfbewegung deutet er mit seiner Nase in Richtung der Metal Heroes. „Sind wohl deine Männer, wie?“
Genervt rollt er mit seinen kristallblauen Augen, dreht er sich um und geht wieder zurück.

*Vergiss nicht, dass dich dieser überzeugende Auftritt gleich **2 Einfluss-Punkte** gekostet hat!*

*Weiter > **O16***

O30 Bei deinem Rundgang über das nebelverhangene Deck bemerkst du einen hageren Mann mit dunklen Naturlocken, der gedankenverloren an der Reling in die Ferne blickt. In ihm bündeln sich die euch umgebenen Energielinien massiv.
Zunächst glaubst du, der Mitreisende mit der Sonnenbrille aus runden, blaugetönten Gläsern würde ein Seemannslied summen, doch als du näher herantrittst, verstehst du den Text♫:

Has he lost his mind?
Can he see or is he blind?
Can he walk at all,
Or if he moves will he fall?
Is he alive or dead?
Has he thoughts within his head?
We'll just pass him there
why should we even care?

He was turned to steel
in the great magnetic field
When he travelled time
for the future of mankind

„Iron Man“ (1970) von Black Sabbath
Early-Metal-Band aus Aston, Birmingham (GBR)

Es ist wahr! Ozzy Osbourne steht vor dir! Der „Prince of Darkness“ höchstpersönlich. Eine Legende des Metal.

*Ist im Metal-Logbuch unter **Road to Glory** Eintrag **#9** angekreuzt?*

*Ja > **O9** | Nein > **O12***

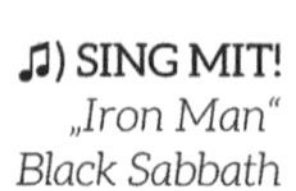

O31 „Sehe ich etwa so aus, als würde ich Kinder mit Luftballons in die Kanalisation locken? Ich heiße Eddie, ihr Schwachköpfe! Eddie the Head ... Pfff! Dachte, Ihr kennt euch mit Metal aus."

Weiter > ***O8***

O32 „Nerv! Was soll diese infantile Fragerei? Okay, ich erklär's dir: Dort wo wir hinfahren, gibt es keine Zeit, so wie ihr sie kennt. Für die einen ist es die Ewigkeit, für andere eine Singularität."

Weiter > ***O26***

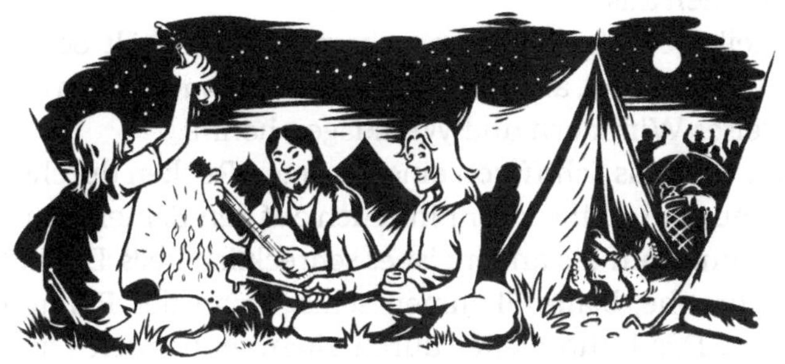

O33 Eddie lacht hysterisch ob der Erinnerung an glorreiche Tage und wankt zu euch über das schaukelnde Deck. Im peitschenden Regen versucht er zu beruhigen: „Macht euch keine Sorgen wegen des kaputten Segels. Das passiert jedes Mal kurz vor Ende der Passage. Ich vermute wegen des dramaturgischen Effekts."

Jetzt kommt es also drauf an ... Kneife die Popobacken zusammen und bestehe dein letztes Abenteuer!

Weiter bei ***F1*** *im* ***Final Track: „Playing with the Devil"***

(siehe Kapitelmarkierung „F").

O

FINAL TRACK

PLAYING WITH THE DEVIL

F1 Als der finale Ton von „Number of the Beast“ verklungen ist, flaut der Sturm abrupt ab und das Schiff pendelt die letzten hohen Wellen aus.
Eddie bleibt jedoch weiterhin angespannt und hält Sehnen und Fleisch in den Wind, als wüsste er, was jetzt kommt. Von der Ferne ziehen leises Wimmern und Wehklagen heran.
Plötzlich wird das Schiff von einem kurzen Rucken durchgeschüttelt und nur mit Mühe könnt ihr euch auf den Beinen halten. Von einer Sekunde auf die andere ist es schrecklich heiß. Die Luft flirrt und meterhohe, blaue Flammen schlagen an der Reling empor! Unfassbar: Der Kahn gleitet durch einen glühenden Fluss zäher Lava, ohne dabei Feuer zu fangen!
Eddie wirft den Anker, der glucksend absinkt. „Hier endet die Reise ins Herz der Bestie. Ich wünsche einen angenehmen Aufenthalt.“
Eine körperliche Verabschiedung vermeidend springt ihr eilig von den Planken des magischen Wikingerschiffs auf einen Steg aus glänzendem Basalt. Zum Abschied kotzen Joey und Leo im Duett. Die holprige Überfahrt, der beißende Schwefelgestank und dieses Höllenszenario sind zu viel für ihre Mägen. Du hingegen spürst eine starke, schier übermächtige Präsenz und ahnst, dass es diejenige ist, von der Jill sprach. Ihr Ursprung ist das Ziel eurer Reise.

Wenn du nun deine Macht einsetzen willst, um dich in körperloser Form umsehen zu können > ***•F116***
Ansonsten bleibe an der Seite der Band > ***F121***

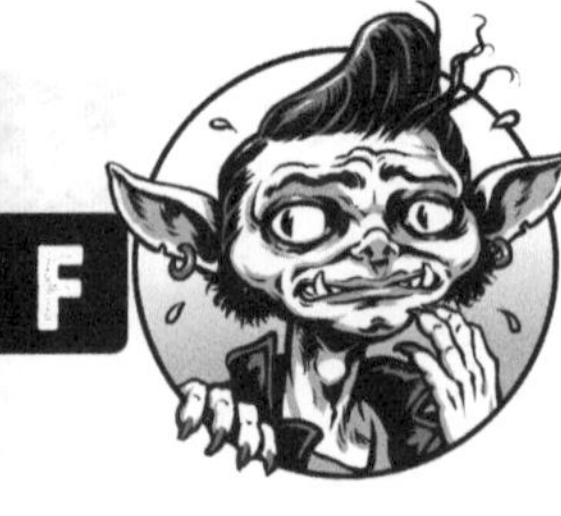

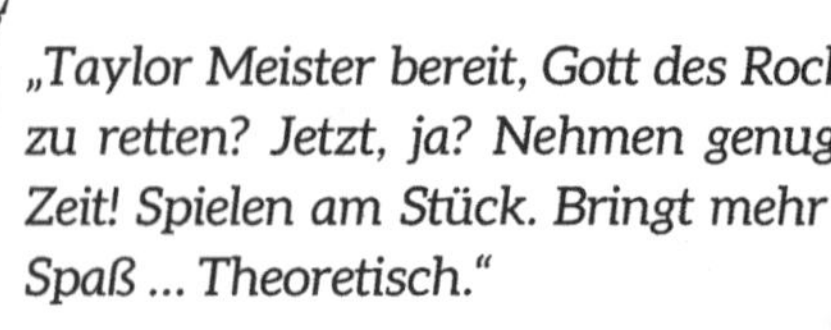

„Taylor Meister bereit, Gott des Rock zu retten? Jetzt, ja? Nehmen genug Zeit! Spielen am Stück. Bringt mehr Spaß … Theoretisch.“

F2 Der Geist des geschundenen Alten saugt die Energie auf wie ein trockener Schwamm.
„So was nennst du also Urlaub, hm?", versuchst du die Situation aufzulockern, während sich der Rock-Gott etwas erholt. „Jupp, ist wohl so'n Nachkriegs-Generationen-Ding", hustet er mit gequältem Lächeln.

*Dein **Einfluss** sinkt um 1!*

*Weiter > **F80***

F3 Wie aus dem Nichts lässt der Scherge ein uraltes, dickes Buch auftauchen, um sofort darin zu blättern. Shit! Es ist der Rock-Almanach! Schließlich tippt er zufrieden auf einen Eintrag und flüstert seinem Meister etwas ins Ohr. Mit jedem Satz wird das Grinsen auf Lucivers' Gesicht breiter und dein Unbehagen größer – doch dann fällt dem Unterwelt-Boss das Lachen aus der Visage und er brüllt: „WOODSTOCK?!" Mit einem kollektiven Aufschrei hält die Hölle den Atem an und scheint für eine Sekunde einzufrieren.
Wutentbrannt stößt er den Schergen von den Stufen seines Throns und schnappt sich das Buch, bevor es ebenfalls in die Tiefe stürzt. Laut zitiert er aus dem Almanach: „Mitch Farlane, geboren am 17. April 1970, ein Nachkomme (Brian Farlane), erzogen von Mutter Roswita Farlane, geborene Sweeney, und Stiefvater Walden Farlane."
Der Schmelzer der Schallplatten legt eine Kunstpause ein. „Was?! Leiblicher Vater unbekannt ... interessant ... Erkläre das, Diener!"
Der Scherge konnte sich mittlerweile aufrappeln und hat die Stufen erneut erklommen. Resigniert leistet er dem Befehl seines Meisters Folge: „Nun ja, der Eintrag weist eindeutige Spuren von temporaler Manipulation auf. Aufgrund der Herkunft sowie des Geburtsdatums, bei Zugrundelegung einer durchschnittlichen Schwangerschaftsdauer von 266 Tagen bei einer Sterblichen, liegt es nahe, dass die Zeugung auf dem Woodstock-Festival zwischen dem 15. und 17. August 1969 erfolgte."
Auch wenn Brian weit entfernt auf der Bühne steht, spürst du seinen vorwurfsvollen Blick. „Taylor, ist das wahr?", brüllt er magisch verstärkt herüber.

Du legst deinen treu-doofsten Gesichtsausdruck auf, den du in petto hast, und zuckst verlegen mit den Achseln. Was nun folgt, ist eine von Brians berühmten - aber in diesem Fall vollkommen gerechtfertigten - Hasstiraden (unterlegt mit etlichen Piepstönen).

Brian brennt wegen dir eine ***Sicherung*** *durch!*
(Sollte dies die letzte gewesen sein, dann lies - entgegen der Angabe auf der ***Sicherung*** *im Metal-Logbuch - weiter bei* ***F99****!)*

Lucivers genießt den Zwist, den du unfreiwillig gesät hast, lehnt aber das „durchaus interessante" Erstgeborene-Angebot ab und fordert endgültig eine der beiden anwesenden Damen.

Du versprichst Lucivers ...
Jill > ***F72*** *| Charlotte >* ***F34***

F4 Nach lautstarker Rücksprache mit seinem Unterwelt-Juristen gibt Lucivers zähneknirschend das Kommando, die Weltenmembran einen Spalt zur Oberwelt zu öffnen. „Sagt Helioz, er soll das Siegel brechen ... JETZT!"
Weit über euren Köpfen rumort es im Gestein, bis schließlich der Fels aufreißt und sich erste Sonnenstrahlen ihren Weg in die Tiefe bahnen. Sichtlich genervt zieht sich der Schlächter der Synkope in die Schatten seines Thronsaales zurück und harrt dort der Dinge. Du meinst nahe dem Riss dir bekannte, schlangenartige Bewegungen auszumachen und bist sicher: Es ist Helioz, der Meister der Weltenmembran!
Dann ist in der Ferne ein leises Wispern, wie aus hundert Mündern, zu hören. Unzählige Stimmen sprechen durcheinander, gleichzeitig, unverständlich in einem lauter und lauter werdenden babylonischen Wirrwarr.
Yeah! Die Heroes-Armee hat ihren Marschbefehl empfangen und ist auf dem Weg, ihrer Lieblingsband beizustehen!

Wie hoch ist die ***Fanbase*** *der Metal Heroes aktuell?*
Schwache 1-3 > ***F13*** *| Ordentliche 4-6 >* ***F46***
Saubere 7-9 > ***F79***
Krasse 10 oder mehr! > ***F101***

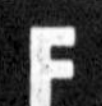

F5 Das Entsetzen ist dem Alten ins Gesicht geschrieben, als du ihn in den Schwitzkasten nimmst. Doch du kannst ihm kein Haar krümmen. In deinem Geist baut sich abermals diese Barriere auf. So sehr du es auch möchtest, du bist außer Stande, dein Vorhaben in die Tat umzusetzen!
„Muss ich die Herrschaften etwa daran erinnern", röchelt der Bote, „dass Ihr Vorgehen laut Paragraph 127, Absatz 4 nicht statthaft ist? Bei erneuter Zuwiderhandlung ist mit empfindlicher Strafe, gar mit Verbannung, zu rechnen."
Du lässt von ihm ab. Woraufhin sich der Alte zunächst die Kleidung und anschließend das schlohweiße Haar richtet.
„Also …", fordert er dich echauffiert auf, euch vorzustellen.

Willst du ihm den Gefallen tun > ***F15***
Oder die Sache aussitzen > ***F71***

F6 Als ein weiteres Mal unterbrochen wird und zur allgemeinen Belustigung ein halbes Dutzend Unterwelt-Narren ein Folk Metal Stück zum Besten geben, triffst du dich mit den Heroes in den – wortwörtlich – Katakomben der Bühne.
Eine bekannte, rauchige Frauenstimme unterbricht eure Diskussion: „Hey, Leute!"
Jill blickt in fünf erstaunte Gesichter. „Seid ihr Weicheier immer noch überrascht, wenn ich auftauche? Ihr macht mich fertig!", lacht die toughe Blonde. Ihr Look ist finsterer als sonst. Das Weiß ihrer Augen sticht hinter verschmiertem Mascara hervor, und die Finger zur Hälfte geschwärzt, könnte sie fast Lucivers' Braut sein.

Ist ***Charlotte*** *eine* ***Supporterin*** *der Metal Heroes?*
Oh, ja! > ***F49*** | *Nein >* ***F109***

F7 Brian kocht vor Wut, und es ist Joey, der Schlimmeres verhindert. Der Bandleader spürt, dass sich sein Freund Vorwürfe macht, Dawna in die ganze Scheiße mitreingezogen zu haben; ihr nicht gesagt zu haben, was er für sie empfindet.
Der umsichtige Sänger packt Brian an den Schultern, hält ihn davon ab, vollkommen auszurasten: „Alter, bleib cool, wir holen Dawna wieder zurück! Das sind doch bloß Show und fiese Psychotricks."

F

Trotz Joeys Einflusses erleidet ***Brian*** *ab sofort einen Abzug von -1 auf* ***alle Checks****! (Vermerke dies, indem du bei ihm das* *-Symbol im Metal-Logbuch markierst.)*
Dieser Abzug hat übrigens keine Auswirkungen auf den ***Ego****-Wert.*

Es sei denn, es sind alle ***4 Herzen*** *über seinem Kopf ausgefüllt ... >* ***F92***
Ansonsten, Abzüge hinnehmen und weiter machen! > ***F28***

F8 Du erwiderst starr Lucivers' Blick und meinst: „Ich habe hier etwas, das besser ist als die Artefakte meiner Jungs."
Mit einem breiten Grinsen hältst du dem skeptischen Unterwelt-Führer deinen ungewöhnlichen Schatz entgegen.

Wie kommt ***Jimis Kaugummi (...)*** *derzeit daher?*
(eingewickelt) > ***F115***
(gekaut) > ***F96***

F9 Ja, Taylor, Rock-Gott, eine schwierige Entscheidung! Aber das Leben eines Weltenlenkers ist kein Picknick ... und schon gar kein vegetarisches!
Also, wer von den beiden Damen, Jill oder Charlotte, soll den Gesangspart beim letzten Metal Heroes Song übernehmen, um dem Musik-Monster der Unterwelt endgültig den Stecker zu ziehen?

Welche Metal-Ladys soll nun ihre Stimme erheben?
Die entfesselte Jill! > ***F43***
Die besonnene Charlotte! > in diesem Fall kontrolliere nun bitte Eintrag ***#12*** *unter* ***Road to Glory*** *im Metal-Logbuch.*
Punkt ist angekreuzt > ***F51*** | *Nicht angekreuzt >* ***F68***

F10 „Was war denn das? Waren das Irre?", will Gregori eine Erklärung für das Ungesehene.
„Irre? Oh, nein", ist Leo noch immer geschockt. „In welchem Universum können Irre durch Wände schweben oder einfach weiterleben, obwohl sie augenscheinlich nicht mehr am Leben sind?"

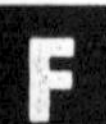

Mit schlotternden Knien folgen sie dir ins Zentrum der Unterwelt. Zumindest verheißt dies ein Hinweis-

schild: „Thronsaal - Unautorisierte Musik und offenes Feuer verboten! Eltern sterben für ihre Kinder!"
Durch einen schroffen Torbogen betretet ihr eine gigantische, in glühendem Rot erleuchtete Höhle. Breite Lavaströme wälzen sich hindurch.
In ihrer Mitte erhebt sich ein Plateau aus scharfkantigen Felsen. Verzerrt von der flirrenden Luft und dem Schwefelrauch kannst du nur erahnen, dass dort eine Gestalt auf einem imposanten Thron sitzt. Du spürst die mächtige Präsenz des Hausherrn. Entschlossen gehst du auf ihn zu. Rechts und links bilden große Eisenschalen, in denen mannshohe Flammen schlagen, ein Spalier. Teilnahmslose Diener werfen unentwegt CD-Booklets, LP-Hüllen und Notenblätter ins Feuer. Auf einem der Wagen mit Brennmaterial stapelt sich die Autobiographie von Axl Rose.
Es ist so weit! Du stehst dem Herrscher der Unterwelt gegenüber. Sein stattlicher, spitz zulaufender Vollbart, ein Teppich aus schwarzen Locken, verdeckt nur teilweise seinen riesigen Oberkörper, der selbst die Mucki-Machos von Manowar★ wie Hänflinge aussehen ließe. Er grinst über die gesamte Fratze und pult mit den Klauen in den Zwischenräumen seiner scharfen Zähne.
Der monströse Thron ist eine wirre Ansammlung diverser Musikinstrumente. So wird die Sitzfläche von einer großen Pauke gebildet. Die Rückenlehne ist ein Fächer aus Gitarrenhälsen. Überzogen ist das Ding mit muffigem Vinyl.
Neben dem Herrn der musikalischen Hölle entrollt ein ergrauter, blasser Wicht mit Buckel ein Pergament - eindeutig der Unterwelt-Scherge - er scheint das Äquivalent deines Gehilfen zu sein!
Der greise Diener holt tief Luft und verkündet mit gehobener Stimme: „Ihr steht vor Lucivers dem Ersten. Allvater der Akkorde, Herr über Schall und Krawall, Träger des Tinnitus und Usurpator der Unterwelt!"
„... YEAH!", fällt Lucivers seinem Herold freudig erregt ins Wort. „Ich führe wirklich verdammt viele Namen und Titel. Und schon bald wird ein weiterer hinzukommen: Regent des Rock!"
Seine abgrundtiefe Stimme grollt durch die Höhle, lässt die Felsen erbeben. Staub rieselt euch aufs Haar.

★) ROCK ICONS: Manowar
US-amerikanische Band, die als Begründer der musikalischen Stilrichtung des True Metal gilt. Musikalische Mittel sind kraftvoll orchestral und melodiös sinfonisch.

F

„Oder seid ihr etwa gekommen, um mir meinen rechtmäßigen Anspruch auf den Rock-Olymp abzusprechen? ODER?“
Lucivers' dämonische Augen flammen auf, als erhoffe er Widerspruch. Da ihm niemand den Gefallen tun möchte, fährt er donnernd fort: „Ich weiß, warum ihr Luschen hier seid! Und wir werden diese Angelegenheit ein für alle Mal in einem Wettstreit klären. HARR! Ein Wettstreit auf Leben und Taubheit!“

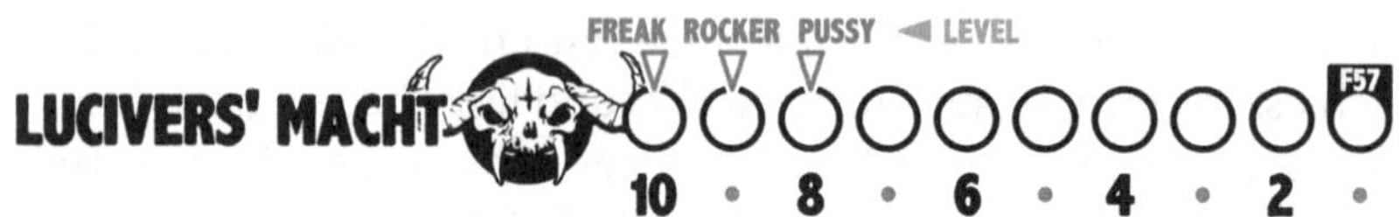

*Bevor es weitergeht ... Markiere jetzt bitte – abhängig vom gewählten Schwierigkeitsgrad – an der Leiste **Lucivers' Macht**, welches Macht-Potenzial dem Unterwelt-Boss in diesem monumentalen Wettstreit zur Verfügung steht, indem du das entsprechende Dreieck ∇ ausmalst.*
Wie du siehst, es ist ein langer, steiniger Weg, deinen Widersacher in die Knie zu zwingen ...

Lucivers deutet hinter sich auf einen Käfig mit dicken Eisenstäben. Darin windet sich dein gefesselter Chef.
„Zumindest wenn ihr die Seele eures unwürdigen Rock-Gotts a.D. zu retten gedenkt.“
Der Gequälte trägt ein Kopfhörer-ähnliches Gebilde aus zwei Messingtrichtern und es gefällt ihm gar nicht, was ihm bei vollem akustischen Bewusstsein, nun ja, eingetrichtert wird.

*Wie hoch ist die **Fanbase** der Metal Heroes derzeit?*
*10 oder mehr > **F36** | 9 oder geringer > **F65***

F11 Lucivers brummt zufrieden, breitet seine stammdicken Arme aus und öffnet die Klauen, als wolle er einen Segen empfangen. Dir wird schummrig. Er fokussiert seine Kräfte! Und sie übersteigen die deinen bei Weitem! Wie aus dem Nichts entstehen in seinen Handflächen ein Dutzend Kristalle, erfüllt von pulsierendem Licht.

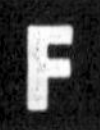

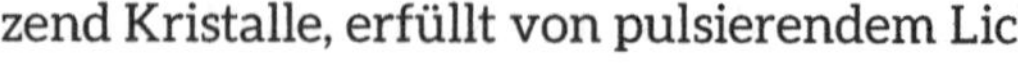

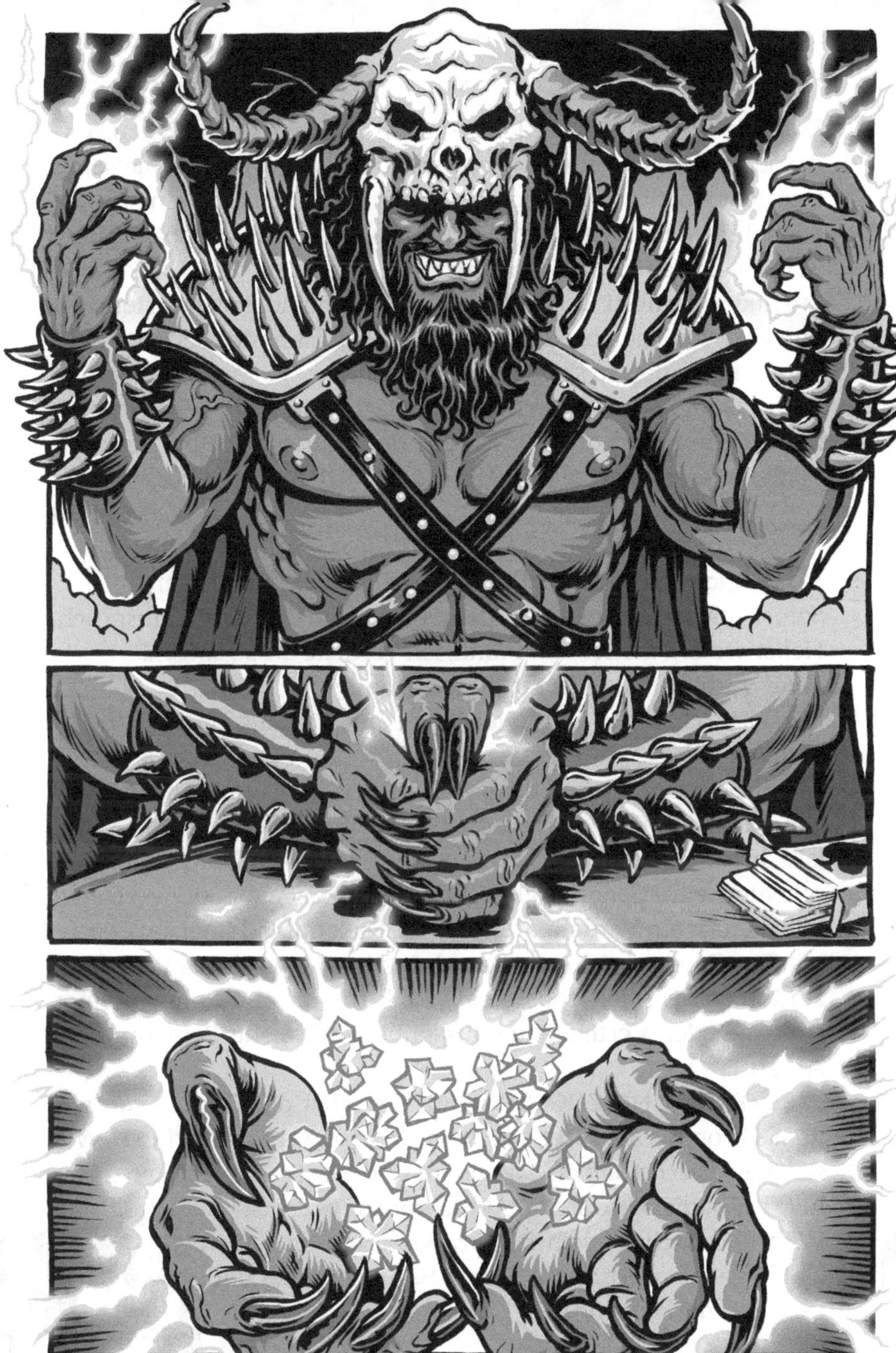

F11 *Dir wird schummrig. Lucivers fokussiert seine Kräfte! Und sie übersteigen die deinen bei Weitem! Wie aus dem Nichts entstehen in seinen Handflächen ein Dutzend Kristalle, erfüllt von pulsierendem Licht.*

Es sind Fragmente purer Rock-Power! Lucivers starrt dich auffordernd an. Du hast eine solche Umwandlung zwar noch nie selbst versucht – bleibst aber cool. Du ahmst so gut es geht, seine Gesten nach, brummst finster und lässt – oha! – ebenfalls ein paar bunte Kristalle in deinen Händen entstehen.
Zufrieden deutest du auf Joeys verpfändete Pokerkarten, die Lucivers vor sich abgelegt hat. Schließlich ist es der perfekte Zeitpunkt, mit ihnen zu spielen, wie du findest.
„Nein, nein, Anwärter", knurrt der Barbar der Balladen. „An meinen Tischen sind nur die Karten des Hauses erlaubt! Hä, was? Wieso es hier keine Würfel gibt? HA! Würfeln ist für Pussys!"

Weiter > ***F30***

F12 „Ich werde singen!", unterbricht Jill das Schweigen.
Sofort sticht Lucivers mit dem Finger in die Luft. „Einspruch, Hexenweib! Du bist mein Pfand, ich verbiete dir zu singen!"
„Wer verbietet das?!", fragt Jill todesmutig.
Der Herrscher der Unterwelt ringt um Fassung ob des Widerspruchs: „Wer … WER das verbietet?!"
Die Blicke wandern zu Lucivers' Schergen, dem offenkundig einzigen Experten für Musik-Pantheon-Rechtsangelegenheiten. Kleinlaut bestätigt dieser: „Auch hier, ähm, muss ich Frau Janus beipflichten, eure Gehörlosigkeit. Es gibt keinen Passus, der verbieten würde, dass ein Verdammter oder ein Seelenpfand singt. Im Gegenteil: Das Gesetz spricht sogar ausdrücklich davon, dieses Recht einzuräumen. Es spielt dabei keine Rolle, ob dies im Rahmen einer Anklage oder Verteidigung ausgeübt wird. Siehe Paragraph 34, Absatz …"
„VERZERRT UND ZUGEDRÖHNT!", krächzt der Dämon von seinem Thron herab. „Wer hat diese Weichei-Gesetze verfasst? Wie soll man da ernsthaft eine desphonische Gesellschaft dirigieren? Da hilft selbst die beste atonale Abschreckung nichts!"

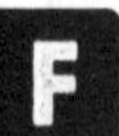

Während Lucivers seinen Zorn weiterhin an seinen Untertanen auslässt, geht Jill zur Bühne hinüber und zwinkert dir lächelnd zu.

Weiter > ***F43***

F13 Ein laues Lüftchen aus unerschrockenen Die-Hard-Fanseelen strömt an euren Köpfen vorbei. Sie senken sich über die Masse der Bad-Band-Anhänger, sickern in ihre Schädel ein und übernehmen ihren verbliebenen Verstand.

Am Ende sind es immerhin zwei, drei tausend, aber in den schier endlosen Weiten der Bad-Band-Kreaturen sind sie kaum zu hören. Lucivers tönt: „Und für diesen erbärmlichen Haufen habe ich das Siegel brechen müssen? Ich brauche ja mehr Sklaven, um den Riss wieder zu flicken, als ihr Fans habt. Lächerlich!"

*Notiere dir unter **Road to Glory**, Eintrag **#18a**, dass die Heroes **Fan-Unterstützung** erhalten haben, indem du dort ein ✖ im Kreis machst.*

*Weiter > **F41***

F14 Während Joey und Brian ihrem Ex-Bassisten Schläge androhen, sowie diverse Geschlechtskrankheiten an den Hals wünschen, bleibt Gregori wie gewohnt ruhig. „Spart euch die Sprüche, Leute. Paul ist nicht bei Verstand. Ich bin sicher, er wird irgendwie von Lucivers ferngesteuert."

*Weiter > **F56***

F15 Der Diener kritzelt, ohne weitere Nachfragen, penibel eure Namen auf die Schriftrolle, seufzt resigniert und verbeugt sich unter heftigstem Knacken seines Rückgrats.

„Ich weise sie hiermit ausdrücklich darauf hin, dass sich die Zustellung ihrer Daten und die Meldung über ihre Ankunft verzögern wird. Daher wünsche ich ihnen allen eine geruhsame Nacht."

Dann verschwindet er ebenso mysteriös, wie er gekommen ist, in einer Wolke aus Schwefeldampf.

*Weiter > **F121***

F16 Als Paul zu Beginn des Wettstreits die Bühne betrat, hast du dir noch in den Hintern gebissen. Zugegeben, es war eine Schnapsidee, ihn damals in der Garage – gegen den ausdrücklichen Rat des Rock-Gotts – zu pimpen! Da kommt dir eine Idee!

Die Dummheit aus der Vergangenheit könnte in der Tat den Metal Heroes heute helfen! Schließlich hast du einen Funken deiner

Energie in Pauls Seele gepflanzt und du solltest ihn damit manipulieren oder zumindest ärgern können!

*Für jeden Punkt **Einfluss**, den du jetzt noch übrig hast, darfst du einen Song der Bad Band sabotieren, indem du Paul total aus dem Takt geraten lässt. In dieser Runde gehen die Metal Heroes dann **automatisch als Sieger** hervor!*

*Mach weiter bei **F100** und benutze deinen verbliebenen **Einfluss** nach Belieben!*

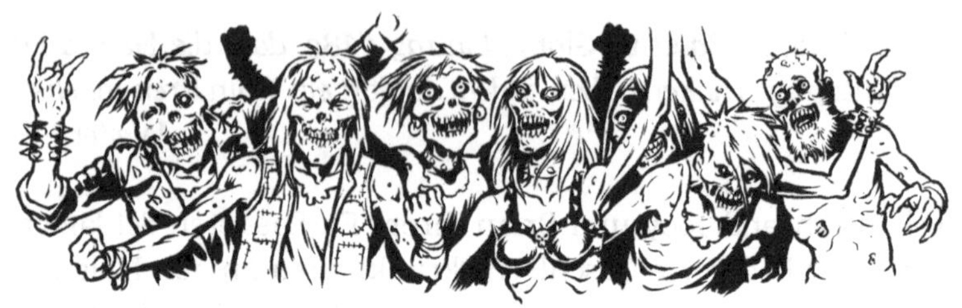

F17 Brian ist die naheliegende Wahl. Schließlich ist seine Fähigkeit, selbst unter größtem Druck Leistung zu bringen, nicht zu unterschätzen.

Er nimmt die Herausforderung an, schnappt sich seine geliebte „Rusty“ und versucht auf die Schnelle sich Fuels Tritonus zu nähern.

Gregori grübelt: „Ja, Brian, du bist auf einem guten Weg. Aber der Tritone ist noch nicht schwarz genug. Ich sehe farbliche Verwirbelungen, wenn auch sehr schwach.“

*Ist im Metal-Logbuch unter **Road to Glory** Eintrag **#16** angekreuzt?*

*Ja, ist er > **F117** | Nein > **F91***

F18 Des Rock-Gotts Augen leuchten, als er erkennt, von wem die Autogrammkarte ist. Der wahre Fürst der Finsternis, flüstert der Alte ehrfürchtig und tippt auf Ozzys Bild. „Danke, Taylor. Bin ein großer Fan!“

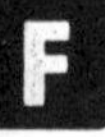

*Streiche dir die **Autogrammkarte einer Legende** wieder vom Metal-Logbuch.*

*Weiter > **F80***

F19 „Ein 6er-Drilling“, bewertet die Geberin dein Blatt. Der Perforierer der Pauke nickt anerkennend und deckt seine Hand auf:

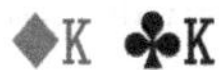

„Full House mit Königen. Meister Lucivers gewinnt“, flüstert die Geberin.
Der Dualisierer des Dreiklangs lässt sich nicht zweimal bitten und freut sich hämisch über die gewonnenen Rock-Steine. „Ach, meine Liebe, lauter! Es wollen doch alle hören.“

*Dein **Einfluss** sinkt um 1!*

Weiter > ***F94***

F20 ♥ Du drückst den rot glühenden Knopf, woraufhin leises Surren und Rattern einsetzt. Voller Ungeduld kratzt du mit den Stiefeln durch den Staub und presst neugierig dein Ohr gegen das heiße Metall der Tür. In der Ferne des Schachts hörst du hohlen Gesang - eine traurige Frauenstimme. Sie wird lauter und lauter und verdrängt schließlich sogar das Klang-Chaos der Unterwelt in deinem Gehörgang. Das Rumpeln verstummt, der Gesang auch.
BING!

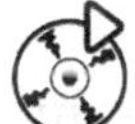
*Bonus-Tracks! Lege nun den **Metal-Heroes-Soundtrack** ein und genieße **Track 16** und 17 als deine Belohnung.*

Erwartungsvoll wirfst du einen Blick in den dir wohlbekannten Edel-Aufzug. In der Ecke steht - wie aus dem Ei gepellt - das sexy Liftgirl!
Ihr liebreizendes Rosenblüten-Parfüm bringt dein Herz wieder zum Schlagen. Entspannt betrachtet sie ihre feuerrot lackierten Nägel und summt dabei ein einfühlsames französisches Chanson. Sie hat dich noch nicht bemerkt. Du machst mit einem gehemmten „Hi!“ auf dich aufmerksam.
„Ja, bitte? Oh. OH! Bonsoir, Mister Taylor“, strahlt das Liftgirl mit erröteten Wangen, um sofort wieder in gewohnte Professionalität zurückzuschalten. „Schön, Sie wiederzusehen!“
Unwillkürlich entfährt deiner Kehle ein schmutzig-heißeres „Ho-ho-ho-huu“.

Die Kleine hält ihr Hütchen fest und reckt den Kopf an dir vorbei nach draußen. Irritiert ob des Wirrwarrs und der Aufregung, den euer Auftritt in den Höhlen der Unterwelt verursachte, will sie mit ihrem süßen französischen Akzent wissen, was geschehen sei.
„Sagen wir mal so“, trägst du dick auf, „dein Boss wurde auf Normalmaß zurechtgestutzt. Und jetzt geht's nach Hause.“
„Pas possible?!“, strahlt dich das Liftgirl ungläubig an und hakt sich sanft bei dir ein. „Wissen Sie was? Sie sind der erste Gast, den ich wieder 'inaufbegleiten darf ...“ Bedacht drückt sie den obersten Knopf und haucht: „... und das freut mich sehr.“
„Und mich erst“, gibst du die Avance zurück.
Der Aufzug nimmt Fahrt auf.
Minutenlanges Schweigen und scheue Blicke. Dein Herz schlägt dir bis zum Hals. Mutig setzt du im Stile eines waschechten Weltenretters alles auf eine Karte: „Wie wär's, willst du mit mir auf die Oberfläche gehen?“
Sie zögert. „Oh, wie gerne würde ich Sie begleiten ...“
Immer schneller rast der Aufzug nach oben.
„Dann komm doch einfach mit!“
„Ich kann nicht ... der Vertrag ... meine Seele ...“
„Mach dir keinen Stress. Ich habe Luci gezwungen dich freizugeben.“ – „Lucivers? Gezwungen!?“
Du nickst mit coolem Gewinnerlächeln. Sie kann ihr Glück kaum fassen. Der Aufzug verlangsamt sich.
BING!
Gleißende Sonnenstrahlen fallen in die Kabine, als die Tür aufgleitet. Befreit wirft deine Angebetete das Pagenhütchen weg und öffnet den Dutt. Ihr glänzend schwarzes Haar regnet hinab. Dann legt sie ihre überraschend warme Hand in die deine und schmiegt sich an dich: „Taylor ... das ist also die Stadt der Engel?“
„Oui, Baby“, platzierst du zielsicher die einzige Vokabel deines aktiven französischen Wortschatzes und fährst fort: „Das ist Los Angeles. Und verrätst du mir auch, wie ihr schönster Engel heißt?“ – „... oh, pardon. Ich 'eiße Clémentine!“

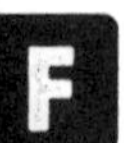

LET'S ROCK, Taylor!

*Läuft **Track 16** bzw. **17** des **Metal-Heroes-Soundtracks** noch? Falls ja, bitte warte und empfange Clémentines persönlichen Dank.*
*Markiere unter **Road to Glory**, dass du **Clems Herz gewonnen** hast, indem du dort das Herz mit einem Pfeil durchbohrst!*

Danach > ***F126***

F21 Zufrieden rollt Lucivers mit den Augen, breitet seine kolossalen Arme aus und öffnet die Klauen. Dir schwinden die Sinne, als er seine finsteren Rock-Kräfte bündelt. Und du weißt: Ich bin nur ein Furz im Wind gegen diesen Kerl. In seinen Handflächen entstehen ein Dutzend dunkler Kristalle, erfüllt von blutrotem Licht.
Der Perforierer der Pauke legt die Fragmente purer Rock-Power auf seine Seite des Tischs und wartet auf deinen Einsatz. Selbst wenn du eine solche Umwandlung noch nie gemacht hast, lässt du dir nichts anmerken. Du imitierst das gerade Gesehene, gurgelst ein paar Venom-Zeilen und es bilden sich tatsächlich einige bunte Power-Klunker in deinen Händen ... Cool!

Weiter > ***F30***

F22 Super, du hast ein Full House! Mit einem lauten „Ha!" deckst du dein Blatt auf.
Lucivers zieht die linke Braue hoch und zeigt seinerseits die verdeckten Karten:

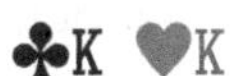

„Full House mit Königen", verkündet die Geberin scheu.
Lucivers kichert wahnsinnig und streicht erneut den Einsatz aus Rock-Kristallen ein, um dann in Richtung seiner Untergebenen zu brüllen: „LAUTER! Wir wollen doch alle gerne verstehen, was auf dem Tisch liegt, verstanden?"

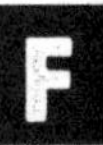

*Dein **Einfluss** sinkt um 1!*

Weiter > ***F58***

F23 „Echt?!", erkundigt sich Lucivers und dreht sich zur Lifttür, auf die er gerade deutete. „Sag mal, VERARSCHST du mich?"
Du vertreibst die Gedanken an die Augen des Liftgirls und überspielst deine Unsicherheit mit eisernem Schweigen. Da wird dir bewusst, dass deine Wahl auf den falschen Aufzug fiel.

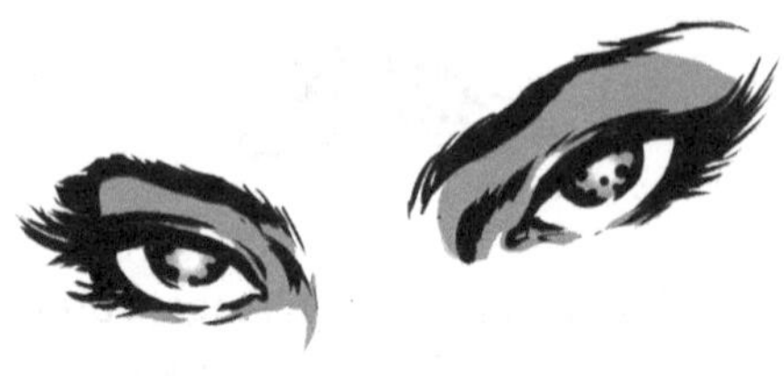

„Glaubst du, ich sei so doof und zeige dir die richtige Tür gleich als erstes?!"
Mantraartig wiederholt der Vulkanisierer des Vinyls die Tonleiter „do, re, mi, fa, so, la, ti, do", als wolle er den eigenen Zorn im Zaum halten.
Plötzlich lacht er auf: „HA, verstehe! Der Rock-Gott-Azubi eifert mir nach! LÖBLICH! Stimmt schon, es braucht eben die richtige Einstellung zu fremdem Leben und Tod, um ein Gott zu werden. Daher erhältst du eine letzte Chance, KLAR?!"

*Kehre zurück zu den Aufzügen bei **F83***
und triff eine bessere – die richtige – Wahl!

F24 Die Augen des Tribuns des Tritonus glühen auf, als das Schriftstück zur Verpfändung unterzeichnet wird. „UHHYEAH! Das verspricht ja, noch eine feurige Nacht zu werden!"
Dann klopft er zufrieden auf die Lehne seines Throns: „Setzt den Wettkampf augenblicklich fort!"
In den bunten Kegeln der Scheinwerfer ist die Bad Band für den letzten großen Schlagabtausch mit den Metal Heroes in Position gegangen. Aufmerksam verfolgst du die Bewegungen der höllischen Konkurrenz.

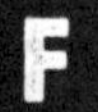

*Ist im Metal-Logbuch unter **Road to Glory** sowohl*
*Eintrag **#2** als auch **#17** angekreuzt?*
*Beide Punkte sind angekreuzt > **F16***
*Ansonsten > **F100***

F25 „Ja, Alter, das ist der Tritone! Ich kann die abgrundtiefe Finsternis sehen“, schreit Gregori. „Es ist wie ein Schwarzes Loch ... es verschlingt die Schallwellen geradezu!“
Joey trommelt mit den Fäusten auf seinen Kumpel ein: „Scheiße, was für ein hammer Sound, Brian! Jetzt fehlt dir nur noch der Speed.“

*Checke nun Brians **Skill**!*
*Gelungen > **F74** | Misslungen > **F69***
*(Hat Brian sein **Special**, gelingt der Check automatisch!)*

F26 Joey nimmt Charlotte schützend in den Arm und beruhigt sie mit melodischer Stimme. Alsdann versuchen beide auf die Schnelle, ein Stück aus einem anderen Genre zu besprechen. Doch Lucivers duldet keine weitere Verzögerung.
Indes erhebt sich aus der Ferne der Dunkelheit – kaum vernehmbar für sterbliche Ohren – das Wimmern einer Geige. Gregori flüstert aufgeregt: „Hört ihr das!?“
Takt um Takt werden die Klänge deutlicher. Gegen Lucivers’ lautstarken Protest drängen einige von den Metal-Heroes-Fans beseelte Kreaturen zur Bühne. In den Händen halten sie Stöcke und Knochen.
Drei wandelnde Leichen tragen den mächtigen, mit Fell bespannten Schädel eines verblichenen Wächters. Neben dem Teil, das offenbar eine Pauke darstellt, werden unzählige weitere undefinierbar-improvisierte Instrumente herangeschleppt. Binnen weniger Minuten ist aus dem Lavaseeufer ein ansehnlich bestückter Orchestergraben geworden!
Zunächst kannst du dir gar nicht vorstellen, dass man mit diesen morbiden Selfmade-Krachmachern überhaupt einen klaren Ton hervorbringen kann, doch als der erste der Seelen-Streicher einsetzt, traust du deinen Ohren nicht: Nach einigen schrägen Noten bildet sich ein imposanter Klangteppich eines großen, klassischen Orchesters. Sogar ein echter Dirigent ist mit Haut und Haaren dabei (und nicht mehr)! Er sorgt für Disziplin und den richtigen Einsatz. Und so entweicht aus ihren zusammengezimmerten Instrumenten der göttliche Funke!

Dank der talentierten Metal Heroes Army kann die Band tatsächlich ihren geplanten Song mit Charlotte durchziehen.

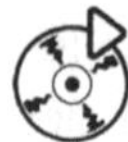

Lege nun bitte den ***Metal-Heroes-Soundtrack*** *ein und genieße* ***Track 13****.*

„Your Body is a Battleground"

SYMPHONIC METAL

Any infection (Imperfection)
Any affliction (Imperfection)
Each imperfection (Don't you settle?)
Spread the addiction (Take some action)

Any disorder (Imperfection)
Bi or tri polar (Imperfection)
For your protection (Don't you settle?)
Just an injection (Take some action)

One bitter pill hard to take
And one more each day just to feel the same
Kill the pain
Kill the pain
Any disorder?
No concentration
Too hard to handle?
No hesitation
For your protection
Just an injection
We'll write you a letter
The younger the better

One for your heart
For your head
One for every monster
Under your bed
Kill the pain

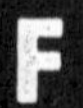

Your body is a battleground
And chemicals are scattered round
Your body is a battleground
But don't think you can do without

Your body is an industry
Your pain nothing but gain to me
Your body is an industry
You can't break free
You can't break free
No

[Instrumental]

Your body is a battleground
And chemicals are scattered round
Your body is a battleground
But don't think you can do without

Your body is an industry
Your pain nothing but gain to me
Your body is an industry
You can't break free
You can't break free
No

Any disorder
For your protection
Spread the addiction

„Your Body is a Battleground" (2014) von Delain
Symphonic-Metal-Band aus den Niederlanden

Ist der letzte Ton verklungen > ***F120***

F27 „Wenn ich den Herausforderer anschaue, erkenne ich Zweifel ob der Macht meiner Musik", wendet sich Lucivers dir zu. „Beweis gefällig? Bitte sehr!"
Ein Spotlight rast über die Massen im Publikum, bleibt immer wieder für einen Augenblick auf einer panisch aufkreischenden Kreatur stehen, um dann sofort zur nächsten zu springen.

F

Dies wiederholt sich einige Male, bis das grelle Licht schließlich auf einer jungen Frau mit feuerroten Haaren im Vordergrund verharrt. Dawna!
Wie eine Bekloppte starrt sie ins Leere und reagiert selbst auf Brians Schreie nicht. Erst als die Bad Band die ersten Misstöne des folgenden Stücks über die Unterwelt verbreitet, wendet Dawna sich apathisch der Bühne zu. Für sie beginnt ein Wechselbad der Gefühle. Binnen weniger Sekunden erlebt sie Fröhlichkeit, Angst, Hass. Brians Lady ist Lucivers diabolischer Musik verfallen und komplett gaga!

*Besitzt Joey sein **Special**?*
*Ja > **F7** | Nein > **F124***

F28 In der Pause nutzt du die Gelegenheit und eilst zum Käfig, in dem der Rock-Gott festgehalten wird. Du befreist ihn von seinen Fesseln, eng verknotete China-Cinch-Kabel, und wunderst dich, warum er anstelle seines Cowboyhuts einen Kopfhörer in Form zweier großer Messingtrichter trägt. Quälend blecherne Töne lassen dir die Mähne zu Berge stehen, als du ihm das Folter-Headset von den Ohren zerrst und in die zischende Lava schleuderst.
Der alte Haudegen ist gezeichnet von Lucivers' Marter. Seine Haut ist fahl, die Haare weiß (okay, dein Lehrmeister sah auch vorher nicht wirklich taufrisch aus).

Willst du ihm nun etwas von seiner Energie zurückgeben (sofern du überhaupt welche hast)?
*Ja, ich spendiere ihm Gott-Power > •**F2***
*Wie bitte? Macht verschenken? No way in hell! > **F38***
*Oder besitzt du gar die **Autogrammkarte einer Legende**? > **F18***

F29 Zwei Paar. Nicht schlecht. Aber ob das reicht? Verunsichert deckst du deine Hand auf.
Lucivers lächelt siegesgewiss und zeigt seine Karten:

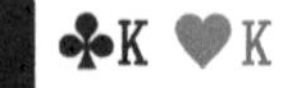

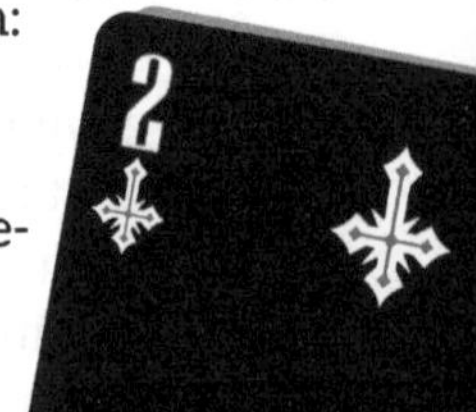

„Full House mit Königen", wiederholt sich die Geberin zaghaft.

Lucivers freut sich diebisch, reibt sich die Klauen und zieht die Rock-Klunker zu sich herüber. Mit zornigem Blick Richtung Misch-Lady haut der mit der Faust auf den Tisch: „LAUTER, verdammt!"

*Dein **Einfluss** sinkt um 1!*

*Weiter > **F58***

F30 Gleichzeitig legt ihr den Einsatz der ersten Runde, jeweils einen Kristall, in die Mitte des Tischs, ohne dabei den Blick voneinander zu lassen. Der Tyrann der Tonleiter nickt der Geberin finster zu, die sofort mit dem Mischen der diabolischen Karten beginnt.

Achtung!
Du darfst in dieser Pokerrunde nur Lucivers' schwarze Karten, die innerhalb dieses Kapitels, dem Final Track, abgebildet sind, nutzen. Also weder die normalen davor, noch eigene, echte Karten!

Argwöhnisch verfolgst du die präzisen, fast roboterhaften Bewegungen der Geberin. Im perfekten Abstand zueinander platziert sie die Karten auf der Tischmitte.

Auf dem Tisch	*Lucivers*	*Taylor*
♥3 ♦6 ♠6 ♣9 ♥K	? ?	♥6 ?

Das sieht doch gut aus!

Ziehe jetzt deine zweite Handkarte!

Ist es etwa eine: ♣3 ♦3 ♠3 ♦9 ♥9 ♠9 > ***F85***
*Andere Karte > **F19***

F31 Die Zeit nimmt wieder Fahrt auf. Die Geberin wirft dir die zweite Karte zu. Lucivers' Visage bleibt regungslos. Er ahnt, dass etwas stinkt. Du hingegen stimmst den Hard-Rock-Klassiker von Motörhead an, der ungebrochen in deinen Hirnwindungen rotiert. Lucivers angepisst: „Singen wird dir nichts bringen!"
Finde nun deine zweite Handkarte. Viel Erfolg!

Hast du die richtige schwarze Karte „bekommen", solltest du eigentlich wissen, wo du weitermachen darfst (schau genau hin!) ...

*Andernfalls > **F39***

F

F32 „Aufhören, aufhören, ich bekomme noch Angst!“, lacht der Aristokrat der Atonalität über die gefühlte A-cappella-Version des Symphonic-Stücks. Ohne die wagnergleiche Wucht des Orchesters kann der Song nicht die Macht entfalten, um Lucivers schlimmer zu schaden.

Weiter > ***F125***

F33 Du schickst den Schergen, er solle Joey überzeugen, ihm das Artefakt zu überlassen. Minuten eisigen Schweigens vergehen, bis der Wicht wieder mit den Pokerkarten in den Händen erscheint. Er schnauft erleichtert durch.

Streiche Joeys ***Metal-Artefakt****, das* ***vereinte Pokerblatt****, vom Metal-Logbuch. Dafür darfst du dir fette* ***5 Einfluss-Punkte*** *gutschreiben!*

Weiter > ***F11***

○ **F34** Charlotte ist starr vor Angst, als du deine Entscheidung verkündest. Glücklicherweise ist die Band mit Vorbereitungen ihrer letzten Songs hinter der Bühne beschäftigt und bekommt von dem Seelengeschachere nichts mit.

Mit großer Freude nimmt Lucivers das Angebot entgegen, verlangt aber eine Bestätigung aus ihrem eigenen Mund, schließlich seien Seelenverträge „juristisch ganz, ganz heikel“.

Du entschuldigst dich bei der verängstigen Charlotte, und selbst Jill verspricht, alles zu tun, dass ihr nichts geschieht. So kann die Arme gar nicht anders und verpfändet ihre Seele an den Quäler der Quinte.

Markiere nun bitte den Kreis neben der Sektionsnummer, als Beweis, dass du diesen Abschnitt gelesen hast.

Weiter > ***F24***

F35 Auch du hast eine Träne im Knopfloch, als du siehst, wie sich Dawna und Brian zwischen den jubelnden Untoten umarmen und nach allen französischen Regeln der Kuss-Kunst knutschen *(Bild rechts)*. Für den draufgängerischen Metal Hero ist es, als ginge eine lange Reise zu Ende. Die Suche nach der wahren Liebe.

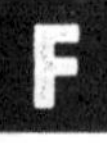

Etliche Frauen haben das Bett mit ihm geteilt. Er

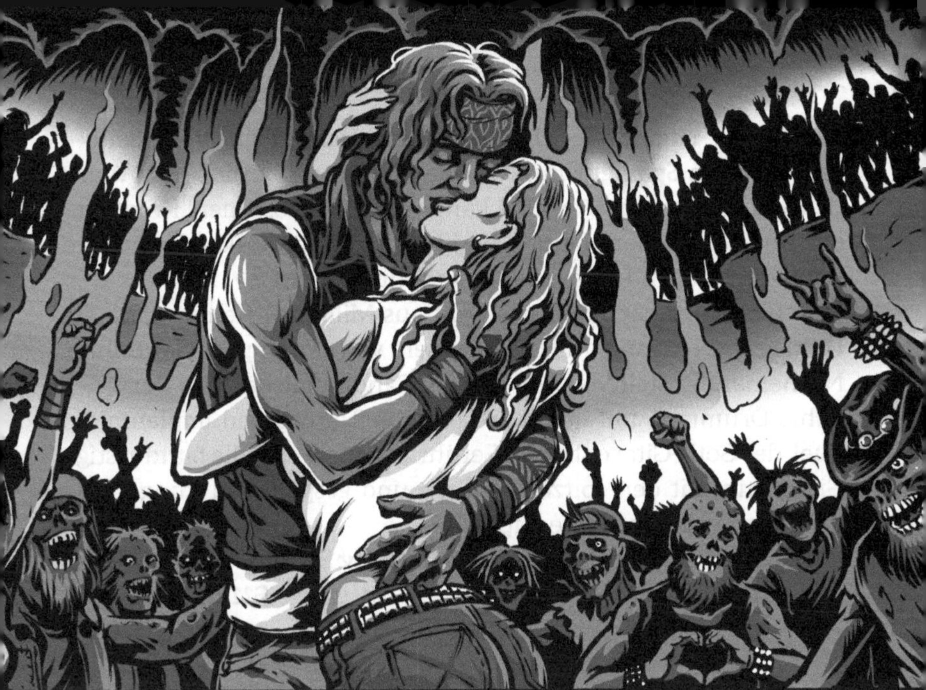

hatte Spaß. Sie hatten Spaß. Die Erfüllung jedoch, die er suchte, blieb ihm verwehrt. Nun ist die Leere gefüllt – Dawna!

Weiter > ***F83***

F36 Lucivers macht nicht den Anschein, als überrasche ihn eure Ankunft. „Endlich treffen wir uns, Jungspund!“, spricht der Meister der Misstöne mit theatralischer Freundlichkeit und schiebt mit finsterem Blick nach: „Selbst wenn es nur eine flüchtige Bekanntschaft bleiben wird.“
Das war ein wenig zu dick aufgetragen. Du spürst Respekt, vielleicht sogar einen Funken Furcht, die er versucht hinter seiner Arroganz zu verbergen. Du bedankst dich für die warmen Worte – bist selbst von der eigenen Coolness überrascht – und stellst deine Schützlinge nacheinander vor. Joey, Brian, Leo und Gregori stehen dabei entschlossen nebeneinander, haben die Arme über ihre Schultern hinweg verschränkt und erwarten trotzig die Musterung durch den Unterwelt-Obermotz.

Die ***Bandchemie*** *steigt um 1!*

Weiter > ***F104***

F37 Der Unterwelt-Scherge – eben noch an Lucivers' Seite – steht nun im Spotlight inmitten der Bühne und erhebt das Wort: „Nach dieser netten Vorband kann es endlich losgehen! Kniet nieder und senkt euer Haupt – empfangt in Demut die schwärzeste Band diesseits und jenseits der Weltenmembran …"
Ohrenbetäubender Jubel, gestöhnt aus Millionen Kehlen, lässt die Höhle erbeben. Sand und Kiesel rieseln von den Klippen der Bühne. Nacheinander stellt der Scherge die Bandmitglieder vor: Fury, der kahle Drummer, mit den martialischen Tattoos und Implantaten, Fuel, der Goth-Gitarrist ohne Gefühlsregung, Foxy, die blutdurstige Gitarristin mit den spitzen Beißern und gespaltenen Zunge. Alle drei werden bejubelt wie Superstars.

*Ist im Metal-Logbuch unter **Road to Glory** Eintrag **#17** angekreuzt?*

Ja, ist er > ***F112*** | *Nein >* ***F70***

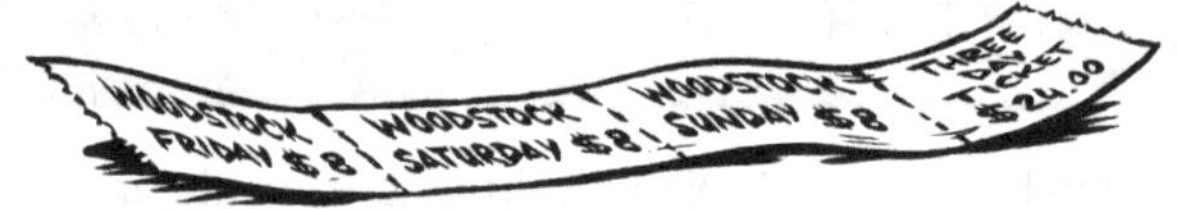

F38 Keine Energie für den Alten?! Na, du wirst deine Gründe haben! Du verabschiedest dich vom angesäuerten Rock-Gott und bahnst dir den Weg zurück zur Bühne.

Weiter > ***F41***

F39 „Full House mit Assen", jubelst du und streckst dich nach den Kristallen im Pott. Dein Rock-Scherge greift dir allerdings in den Arm. Geknickt deutet er mit seinen runzeligen Fingerchen auf Lucivers' Karten, die er soeben aufgedeckt hat, und sagt: „Ich fürchte, Taylor Meister, ihre Verstimmtheit hat erneut gewonnen."
„Wie tragisch. Du solltest deinen vertrockneten Hillbilly wohl immer zuerst fragen", höhnt der Negierer der Noten. „Vier Könige sind nun mal schwer zu schlagen, wie?"

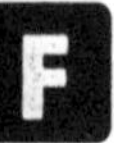

*Ziehe dir nun deinen Einsatz in Form von **Einfluss-Punkten** ab.*

Weiter > ***F64***

F40 Plötzlich grollt es durch die Höhle. Im Lavasee brodelt und zischt es. Fontänen schießen empor, spucken glühendes Gestein auf die stumpfsinnigen Kreaturen. Direkt vor euch erhebt sich eine schwimmende, aus schroffem Felsen geformte Bühne!
Als das zähe Magma abfließt, bleiben neun Plateaus aus glänzendem Basalt zurück, die augenblicklich von eifrigen Schergen erklommen werden. Sie platzieren auf jeder Erhebung ein Instrument. Neben einem dir unbekannten Equipment siehst du zudem den fein säuberlich vorbereiteten Kram der Metal Heroes – wie Joeys Stratocaster oder Gregoris Drumset mit dem Rosenschädel. Erstaunlich, hier wird offenbar fair gespielt!
Die halb-zerfallenen Roadies wischen die Arena noch einmal mit Blut feucht durch, bis Lucivers endlich den Daumenknochen-nach-oben von der Bühne bekommt. In Lucivers' Fratze regt sich eine Mischung aus Vor- und Schadenfreude.
„BEREIT?", beugt er sich erregt zu dir hinab. „Oder gibt's Fragen, bevor wir mit der Show beginnen, Anwärter?"

„Gibt's keinen Soundcheck?" > **F95**

„Deine Gruppe spielt zu fünft, meine ist aber nur zu viert. Findest du das fair?" > **F73**

F41 Mit einem erbosten „GENUG!" bringt Lucivers das Publikum zum Schweigen. Sein Scherge kündigt die zweite Herausforderung an: den Wettstreit der Gitarren!
Fuel, der hagere Leadgitarrist der Bad Band, schlurft daraufhin ins Zentrum der Bühne. Teilnahmslos nimmt er seine Position ein, senkt den Kopf, als müsse er das Scheinwerferlicht meiden.
Seine fahle Haut ist fast gänzlich verborgen hinter glattem, glänzend-schwarzen Haar, das ihm auf die Brust fällt. Nur das Funkeln zahlreicher Piercings lässt erahnen, dass sich dahinter ein Gesicht verbirgt.
Eine knappe Minute verharrt Fuel regungslos und hebt mahnend den dürren Zeigefinger. Das Publikum schweigt in gespannter Erwartung. Dann legt er los! Mit höllischer Virtuosität entfesselt er die willenlosen Kreaturen in einem elektrisierenden Ritt über die Frets.

Lucivers ist sichtlich zufrieden mit der Performance seines Leadgitarristen. „Dieses Solo ist unmöglich nachzuspielen. Jedoch soll man mir nicht nachsagen können, mit unlauteren Mitteln zu arbeiten. Daher wird es eure Aufgabe sein, einzig folgende Sequenz zu imitieren."
Der Schöpfer der Solis gibt Fuel einen Wink, er solle eine kurze, abgrundböse Abfolge seines Solos in Dauerschleife wiederholen. Dir wird mulmig.
Während Fuel noch spielt, kratzt sich Brian am Kinnbärtchen: „Hey, Leute, ich glaub' diese Benzin-Leiche baut in seinen Riffs 'nen verborgenen Tritone ein!"
Leo gibt ihm recht: „Korrekt! Aber so finster, hart und schnell habe ich einen Tritonus bisher nie gehört. Nutzt er vielleicht eine spezielle Art von Substitution*?"

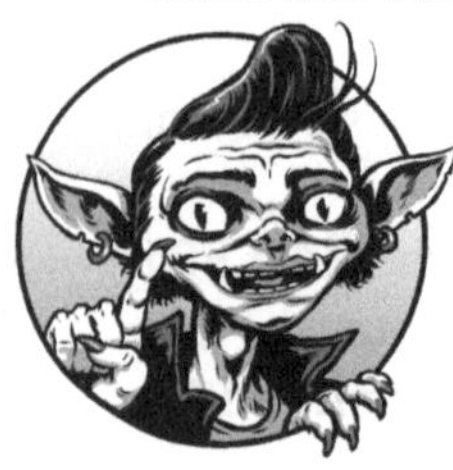

*) *„Unter Substitution versteht man das Ersetzen eines Akkordes durch einen anderen.*
Ja, Taylor Meister! Verstanden? Substitutionen machen bei der Variation von Akkordverbindungen.
Hä?! Ja, steht hier."

Mit menschlichen Augen ist es unmöglich, Fuels blitzschnelles Fingerspiel mit all seinen Hammer-ons und Pull-offs zu verfolgen. Du musst den Metal Heroes helfen!
Wer soll sich dieser Gitarren-Herausforderung stellen? Joey hat bereits seinen Test hinter sich. Bleibt eigentlich nur Brian. Oder vielleicht der Bassist der Band, Leo?

Brian soll's richten! > **F17** | *Leo, mach's uns!* > **F103**

F42 Lucivers genießt Gregoris Scheitern: „Tragisch, tragisch ... blind und dazu noch unfähig. Welch' schweres Schicksal!"
„Jetzt reicht's, du Missgeburt von einem Möchtegern-Musik-Gott!", wütet Leo auf der Bühne.

*Der sonst so selbstbewusste **Gregori** wurde von Lucivers' Sprüchen gehörig eingeschüchtert.*

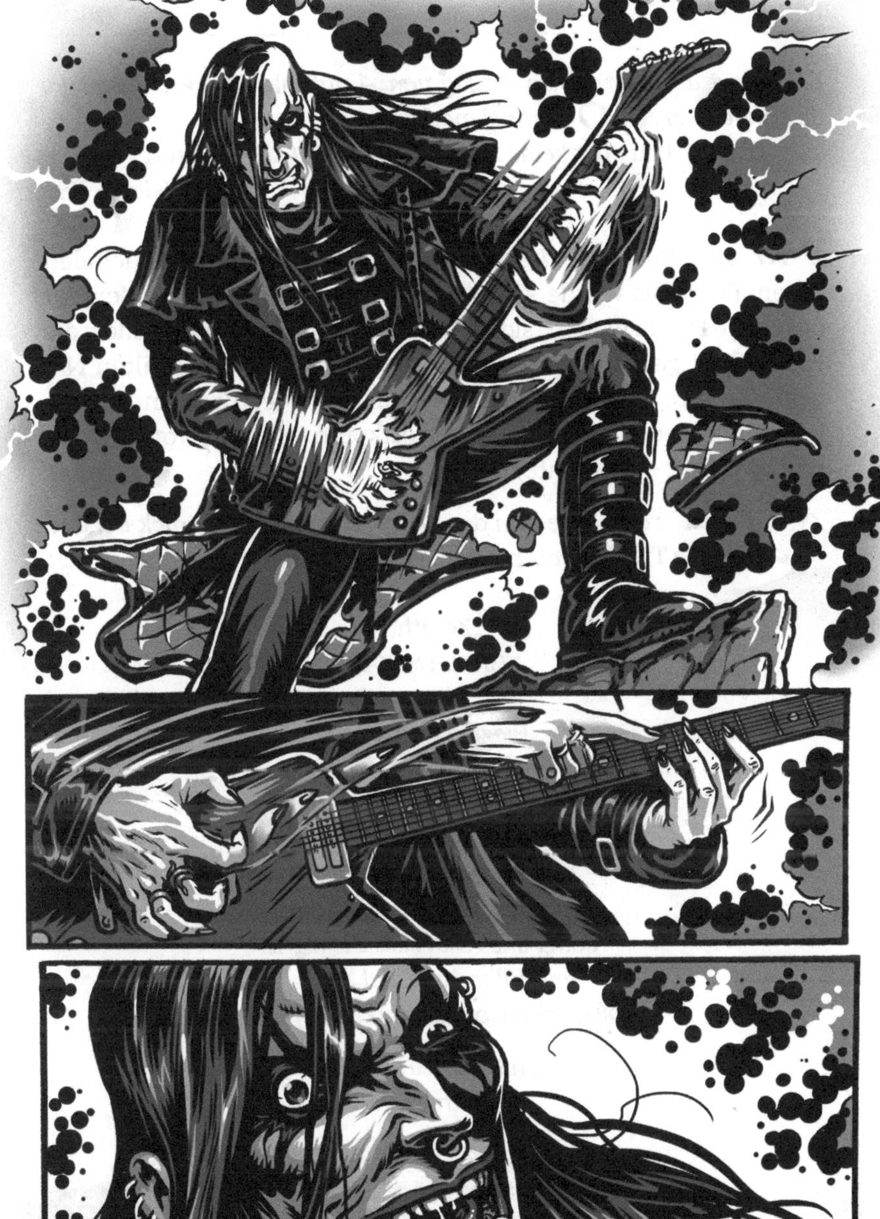

F41 *Dann legt Fuel los! Mit höllischer Virtuosität entfesselt er die willenlosen Kreaturen in einem elektrisierenden Ritt über die Frets.*

Er erleidet ab sofort einen Abzug von ***-1*** *auf* ***alle Checks****! Vermerke dies, indem du sein* *-Symbol markierst.*

Dieser Abzug hat keine Auswirkungen auf seinen ***Ego****-Wert.*

Weiter > ***F86***

F43 Jill genießt den Auftritt vor den zigtausenden wandelnden Toten. Es ist, als würde sämtliche Energie, die in diesem Moment durch die Höhle wabert, sich in ihr vereinen! Ihr feuriger Blick, die krampfhaft gespreizten Finger mit den krallenartig gefeilten Nägeln und ihre klare und zugleich kraftvolle Mezzosopran-Stimme reißen die Menge binnen weniger Akkorde fort. Ab sofort gilt Anschnallpflicht in der Unterwelt!

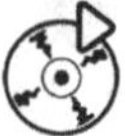

Bonus-Track! Lege nun den ***Metal-Heroes-Soundtrack*** *ein und genieße* ***Track 12*** *als passende Untermalung.*

„Zenith"

THRASH METAL

Blazing horizons
Burning the sky
Can't hold me back from the bull's eye
Yearning for heaven
Bursting the gloom
I'll vaporize this earthly tomb
Riding lines that slice the night
and fill the celestial bowl
Roll a sphere of stars about my soul

Zenith, blaze the sky
Zenith, high!

Seizing the cosmos
With beings of light
We'll smoke the galaxies tonight

Soaring on a constellation
Through the northern sky

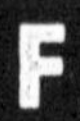

Vertical forever, we can't die
We can't die
Stay high

Zenith, blaze the sky
Zenith, high!
Zenith, never die
Zenith, high!

Zenith stay high
Burn free or die!

Zenith, blaze the sky
Zenith, high!
Zenith, never die
Zenith, high!

We broke the sky!

„Zenith" (2013) von Huntress,
Heavy Metal Band aus Los Angeles, Kalifornien (USA)

An der Seite mit den Heroes erreicht Jill zuvor unerreichbar erscheinende Höhen. Ihr Gesang wird zu einem Infero, dem sich keine verlorene Seele zu entziehen vermag. So geben sich Lucivers' letzte Verbündete der Selbstopferung hin und stürzen keifend in die Lava. Mit einem schier ewig nachhallenden Schrei und einem Kniefall beendet Jill ihren imponierenden Auftritt. Grenzenloser Jubel bricht sich Bahn.

„NEIIIN!" Lucivers hält sich den Schädel, als befürchte er sein Zerplatzen: „Wie schrecklich, dieser klirrende Weibergesang!" Schwerfällig erhebt sich der Genosse der GEMA und beklagt die Zerstörung seines geliebten Instruments, das verrostet und stumpf an den untersten Stufen der Thronleiter liegt.

Die verdammten Seelen feiern selig, schließlich ist es wahrhaftig Lucivers' erste Niederlage in der Musik-Unterwelt, seit das Ur-Metronom den allerersten Takt vorgab!

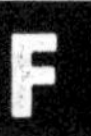

*Notiere dir unter **Road to Glory**, Eintrag **#20a**, dass du Lucivers **mit Jill gedemütigt** hast, indem du dort ein ✖ im Kreis machst.*

*Weiter > **F108***

F44 Du beauftragst den Schergen, er solle Brian überzeugen, ihm das Artefakt zu überlassen.

Um welches ***HoF-Mitbringsel*** *handelt es sich denn genau?*

Buddys Saite > ***F55*** | *Elvis' Cape >* ***F66***

F45 Lucivers kündigt die erste Prüfung für die Metal Heroes an: Joey soll beweisen, wie textsicher er ist. Dazu wählt der Rächer der Rhythmen einen seiner Favoriten.

„Zurück ins Jahr 1986", ruft er verheißungsvoll. „Reign in Blood! Versau das nicht! – Ach, was! LÜGE! Ich hoffe, du kackst VOLL AB!" Gregori schlägt den Takt an und seine Kollegen folgen ihm ins Intro des berühmten Slayer*-Songs. Joey und Brian fühlen sich um Jahre zurückversetzt, in eine Zeit, als sie noch ihren Metal-Ikonen in der Garage nacheiferten. Brian haut routiniert den Riff raus, Gregori bereitet mit einem monströsen Tom-Tom-Triplett-Gewitter Joeys Einsatz vor.

Der hat mittlerweile seine Nervosität abgelegt, schließt die Augen und röhrt den letzten Track des legendären Thrash-Albums in die Finsternis der Unterwelt. Die wandelnden Seelen stöhnen auf, halten sich den Schädel, als hätten sie sich diesen Song an jedem verdammten Tag ihrer Existenz auf Endlosschleife geben müssen.

Trapped in purgatory
A lifeless object, alive
Awaiting reprisal
Death will be their acquisition

Lucivers hat seine vernarbte Wange in die rechte Klaue gestützt und lauscht den monströsen Klängen. „Hach, nach all den Jahren bekomme ich immer noch eine klitzekleine Gänsepelle", zeigt sich der Schrecken der Sänger melancholisch. „Slayer. So fähige Leute. So lauschige Melodien. Wunderbar …"

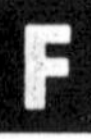

The sky is turning red
Return to power draws near
Fall into me, the sky's crimson tears
Abolish the rules …

„Raining Blood" (1986) von Slayer
Thrash-Metal-Band aus Huntington Park, Kalifornien (USA)

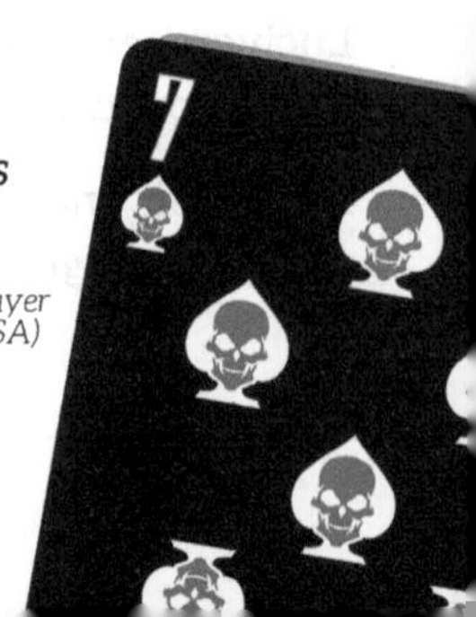

Beherrscht Joey tatsächlich den Text von „Raining Blood" perfekt?
Also, wie endet die letzte Zeile?
... made of bones (Knochen) > ***F63***
... made of guts (Eingeweide) > ***F76*** *| ... made of stone (Stein) >* ***F60***
... oder trägt er gar sein ***Glücksshirt*** *(siehe Joeys Inventar)? >* ***F54***

F46 Ein erfrischender Wind von Fan-Seelen weht der Band entgegen und verteilt sich über den Köpfen tausender stöhnender Kreaturen. Der funkelnde Schleier aus Energie der Heroes-Anhänger sickert in die Massen, beginnt viele der Bad-Band-Fans umzupolen. Einige zehntausend treue Soldaten der Metal Heroes Army feuern nun ihre Helden an! Obgleich das Verhältnis weiterhin extrem zu deren Ungunsten ist.

Die ***Bandchemie*** *steigt um 1!*

„Das ist alles?", spottet Lucivers hörbar erleichtert. „DAS soll eure Armee aus Metal-Jüngern sein?! HARR! Selten so gelacht!"
Wie es scheint, rechnete der Hasser der Harfe mit einer größeren Unterstützung seiner Gegner.

Notiere dir unter ***Road to Glory****, Eintrag* ***#18b****, dass die Heroes* ***Fan-Unterstützung*** *erhalten haben, indem du dort ein ✖ im Kreis machst.*
Weiter > ***F41***

F47 „HEY, nicht so eilig! Bevor es in die entscheidenden Runden geht, was ist eigentlich euer Einsatz für die Freiheit eures faltigen Gotts? Also, die widerspenstige Blonde oder die schweigsame Rothaarige? Beide könnte ich mir gut als Blickfang für meine Krachmacherkapelle vorstellen."
Ertappt schweigst du. Doch Lucivers weiß Bescheid und höhnt: „Hattest du wirklich geglaubt, mir die Ankunft eurer Hexen verheimlichen zu können?" Schlagartig verfinstert sich seine Miene und er brüllt über dich hinweg in die Menge: „Schließlich bin ICH der Herrscher der Unterwelt!"

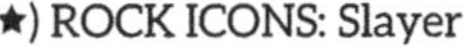
★) ROCK ICONS: Slayer

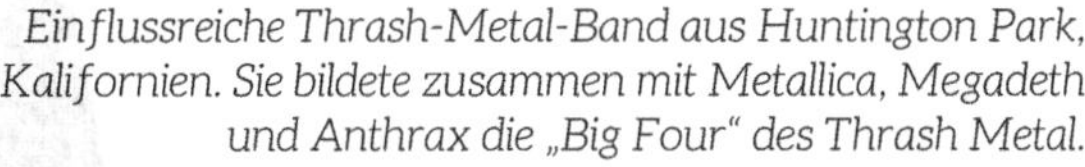
Einflussreiche Thrash-Metal-Band aus Huntington Park, Kalifornien. Sie bildete zusammen mit Metallica, Megadeth und Anthrax die „Big Four" des Thrash Metal.

Wie auf Kommando brandet untertäniger Jubel auf. Die verlorenen Seelen wissen, wem sie (noch) zu huldigen haben. Sympathie zu den Metal Heroes hin oder her.
„Also, wessen weibliche Seele darf ich pfänden?“, lechzt der Plärrer der Playbacks mit aufgerissenen Augen.

Schweren Herzens versprichst du Lucivers ...
Jill (♠) > ***F72*** *| Charlotte (♥) >* ***F34*** *| Dawna (♦) >* ***F61***
Dein Erstgeborenes (♣) > ***F114***
(Wenn du diese amoralische Zwickmühle per Zufall lösen möchtest, dann ziehe eine Karte!)

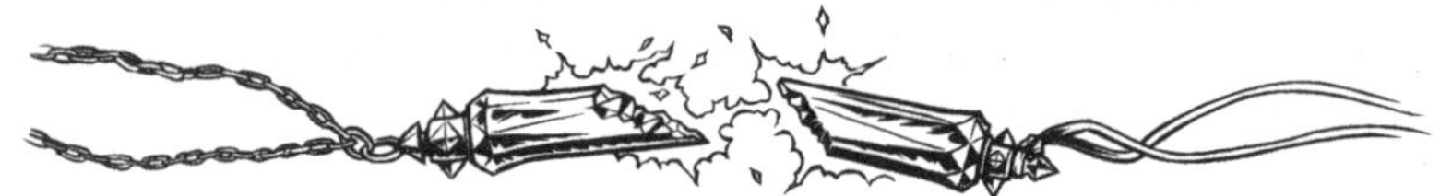

F48 „Ärgerlich. Aber keine Macht, kein Spiel. Tja, Anwärter, meine Regeln!“
Du hasst diesen arroganten Riesenarsch, samt seiner aufgesetzten Freundlichkeit. Und natürlich unterbreitet er dir sofort ein Angebot: „Du überlässt mir eines der vier Artefakte, die deine Jünger hierhergeführt haben. Im Gegenzug bekommst du vier Kristalle. Deal?“
„Fünf“, setzt du forsch einen drauf.
„Ha! So gefällt mir das. Feilschen um die Macht. Erfrischend – oder etwa kack-dreist?!“

Welcher Hero soll sein ***Metal-Artefakt*** *Lucivers überlassen?*
*Joey (****vereintes Pokerblatt****) >* ***F33*** *| Brian (****HoF-Mitbringsel****) >* ***F44***
*Leo (****Schlüssel des Talents****) >* ***F93***
*Gregori (****Akebonos Hemd****) >* ***F75***
Deine Wahl sollte gut überlegt sein, denn der Auserkorene mag darüber wenig erfreut sein ...
Besitzt du hingegen ***Jimis Kaugummi (...)****, kannst du ihn anbieten >* ***F8***

F

F49 Direkt hinter Jill tritt Charlotte hervor und umarmt die Metal Heroes einen nach dem anderen: „Ich hatte es dir versprochen, Joey, ich lasse euch nicht im Stich.“

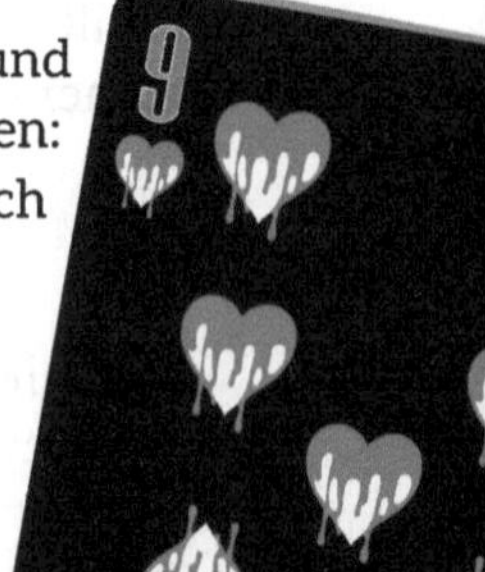

„Ja, verdammt", säuselt Jill. „Dieser feurigen Holländerin konnte ich diesen Höllen-Trip nicht ausreden. Und hübsch hat sie sich gemacht, nicht wahr?"
Da kann Mann nur beipflichten. Ein sexy Kleid, seitlich geschlitzt, in farblich abgestimmtem Unterwelt-Bordeaux. „Naja, du kannst auch überzeugend sein, Jill."
Einerseits freust du dich über die unerwartete Unterstützung, andererseits machst du dir Sorgen über beider Seelenheil. Jill weiß, was sie tut – das wusste sie schon von Anfang an. Bei Charlotte hoffst du, dass ihr liebgemeinter Freundschaftsdienst sie nicht den Verstand kosten wird.
„Bitte haltet euch im Hintergrund. Das hier ist kein Spaß!", redest du auf die Frauen ein, als ein kleiner, aufgedrehter Junge mit orangefarbener Haut, spitzzulaufendem Gesicht und kreisrunder Brille die Katakombe betritt. Er deutet direkt auf Gregori: „Mister Popov, Mister Popov! Nur noch zwei Minuten bis zu Ihrem Auftritt, Mister Popov!"

*Hast du unter **Taylors Kram** eine **versteckte Woodstock-Karte**?*
*Ja > **F62** | Nein, das ist nicht der Fall > **F90***

F50 „Wie heißt deine Band eigentlich?", schiebst du eine weitere Frage nach.
„Nur EINE Frage, hab' ich gesagt", knurrt Lucivers, ohne den Blick von der Bühne zu lösen.
„Wahrscheinlich Grateful Undead", spottest du ins Blaue.
Der Homie der Hymnen straft dich mit Nichtbeachtung. Kurzerhand übernimmst du selbst die Taufe: „Okay! Dann nennen wir sie eben ‚Bad Band'."
Derweil wird das Publikum unruhig. Pfiffe werden laut. Doch endlich: Auf der verdunkelten Bühne tut sich was. Lucivers klatscht zweimal. Ein Scheinwerfer nach dem anderen wirft einen weiteren bunten Lichtkegel: Auf ihren vier Plateaus erstrahlen Gregori, Leo, Brian und Joey im gleißenden Licht der Spotlights. Ein Tornado aus Buhrufen und schrillen Pfiffen lässt die Höhle erzittern.
Verwirrt von der Teleportation zu ihren Platz auf der Bühne, dieser einzigartigen Location, und dem abgrundtiefen Hass, der ihnen

entgegenschlägt, blicken sich die Heroes eingeschüchtert an. So etwas haben sie selbst in den billigsten Absteigen zu Beginn ihrer Karriere nicht ertragen müssen.

*Checke nun nacheinander die **Power** aller vier Metal Heroes!*
*Reduziere die **Bandchemie** pro misslungenem Check um 1!*

Die Luft flirrt vor Hitze und die widernatürlichen Schwefeldampf-Fontänen ersetzen die sonst üblichen Trockeneiseffekte.
Zaghaft löst der Heroes-Sänger das Mikro aus der Halterung. Eine Stimme im Pit kreischt gegen die Massen der armen Seelen an: „Joey! Ihr seid die Größten!"
Der räuspert einen schleimigen Klops die Kehle hinauf, heißt das Publikum und besonders seinen einsamen Fan mit einem kurzen „Metal rettet!" willkommen, doch die zaghafte Begrüßung geht im Sturm millionenfacher Ablehnung und Verachtung unter.

Setlist Inferno in the Deep, 1. Song
*Wähle nun **1 Song** aus dem **Repertoire** der Metal Heroes und bestimme damit den Auftakt für diesen unterirdischen Wettstreit. Trage dazu die Track-Nummer im vorgesehenen Feld mit dem #-Symbol im **Gig-Muster** ein.* F100

Setlist-Einschränkung:
*- Kein Song des Genres **Symphonic***

Leider habt ihr keine Ahnung, auf welchen Stil die Bewohner der Unterwelt abfahren, geschweige denn, dass ihr jemand um Rat fragen könntet.

*Weiter > **F67***

F51 Du gibst dein Okay für Charlottes Auftritt, denn du bist fest davon überzeugt, dass sie mit ihrem gefühlsbetonten Symphonic Metal das unterkühlte Herz des Unterwelt-Chefs zu erweichen vermag.

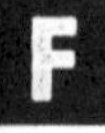

Die Band bespricht, welchen Song sie performen will, und Joey macht den Vorschlag, es mit dem gleichermaßen emotionalen wie dynamischen Delain-Cover „Your Body is a Battleground" zu versuchen.

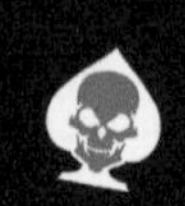

Im Prinzip ist man sich einig, doch Leo gibt ernüchtert zu bedenken: „Ohne Saft für meinen Synthesizer wird es keine Streicher, geschweige ein Orchester geben."
„Entschuldigt bitte", grinst sich Lucivers einen ab, der die Diskussion mitverfolgt hat und nun die Anfragen der Metal Heroes nach elektrischer Energie genüsslich zur Kenntnis nimmt. Arrogant wiegelt er ab: „Herrschaften, das hatten wir doch bereits. Es gibt keinen Strom in meinem Reich. Und schon gar nicht für irgendwelche Synthi-Retorten-Effekte. BÄH!"
Lucivers' Freude über den linken Deal ganz nach seinem Geschmack mündet einmal mehr in diabolisches Lachen.

*Wie hoch ist die **Fanbase** der Metal Heroes?*

10 oder höher > ***F26***

9 oder geringer > ***F32***

*An dieser Stelle darfst du verbliebene **Einfluss**-Punkte direkt zur Erhöhung der **Fanbase** verwenden!*

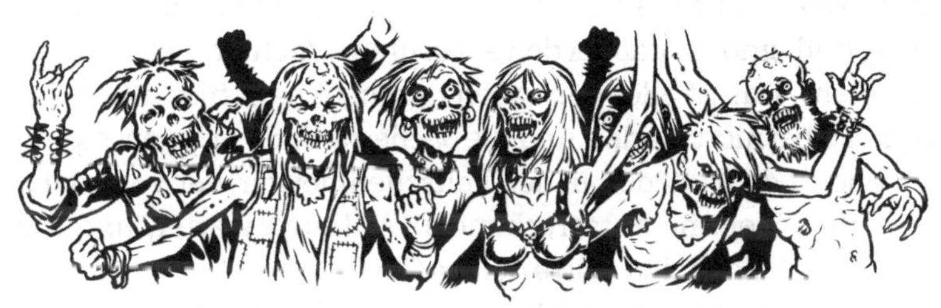

F52 „Leo, du bist Gott! Ich sehe die Schwärze des Tritones", schreit Gregori. „Ja, füttere das schwarze Loch! Weiter, weiter! Immer weiter!"
„Fetter Sound, Meister", jubelt Brian. „Jetzt musst du nur noch richtig Gas geben."
„Ist eigentlich gar nicht so schwierig", erklärt Leo konzentriert. „Der Trick ist, die obere Saite mit dem Daumen zu spielen."

*Checke nun Leos **Skill**!*

Gelungen > ***F74***

Misslungen > ***F69***

F53 Die Metal Heroes halten den Atem an, als ihr versucht, an dem Sklaventrupp vorbeizukommen. Für einen kurzen Moment ist Leo zu sehr von den peitschenschwingenden Wachen abgelenkt, dass er Gregori gegen einen Felsen laufen lässt. Der Drummer reibt sich die Nase und wimmert vor Schmerzen.
Alarmiert reckt eine der hünenhaften Wächter die feuchte Schnauze in den giftigen Dunst und nimmt die Witterung auf. Seine entstellte Fratze pulsiert vor Aufregung, als er auf euch zu schwebt. „Terror! Neue Sklaven!", grunzt er erregt und leckt mit spitzer Zunge das Blut von der Peitsche. „Terror! Verlorene Seele oder – Terror! – geschundene Kreatur?"
Joey muss lachen. Warum auch immer. „Verdammt, der sieht aus wie Corey Taylor von Slipknot!"
Der Höllenwächter interpretiert dies als Beleidigung und antwortet mit einem markerschütternden Knurren, gefolgt von einem speichelgurgelnden: „TERROR!"
„Sorry, Taylor", beginnt Joey mit einer fadenscheinigen Entschuldigung und ignoriert dabei den erzürnten Wächter. „Ich kann echt nicht mehr. Das ist alles dermaßen durchgeknallt hier unten. Lasst uns den Obermotz finden und die Sache zu Ende bringen, okay?"
Du wendest dich wieder an den Peitschenmeister, der verdutzt auf eine seiner Stellung entsprechenden Antwort wartet, und sagst: „Weder noch. Wir sind Gäste deines Chefs."
Die Enttäuschung ist dem Wächter in die blutverschmierte Fratze geschrieben. Frustriert schwebt er durch die Felsen hindurch zu seinen Sklaven zurück und drescht noch doller auf sie ein.

Weiter > ***F10***

F54 Joey lächelt verwegen und streicht über seinen verlotterten Metal Heroes-Shirt-Lumpen, den er aus Charlottes Umkleide im „The Max" in Amsterdam retten konnte, und schmettert selbstbewusst: „... made of stone!"

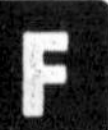

Weiter > ***F60***

F55 Es dauert eine gefühlte Ewigkeit, bis der Wicht wieder mit der aufgerollten Saite von Buddy

Hollys Gitarre in den Händen erscheint. Sein Kopf ist knallrot und Schweiß perlt aus den Koteletten. Die Diskussion mit Brian war wohl heftiger.

*Streiche Brians **Metal-Artefakt**, das **HoF-Mitbringsel (Saite)**, vom Metal-Logbuch. Dadurch sinkt Brians **Presence** wieder um 1! (Sein **Ego** bleibt aber wie es ist!)*
*Dafür darfst du dir mördermäßige **5 Einfluss-Punkte** gutschreiben!*

*Weiter > **F21***

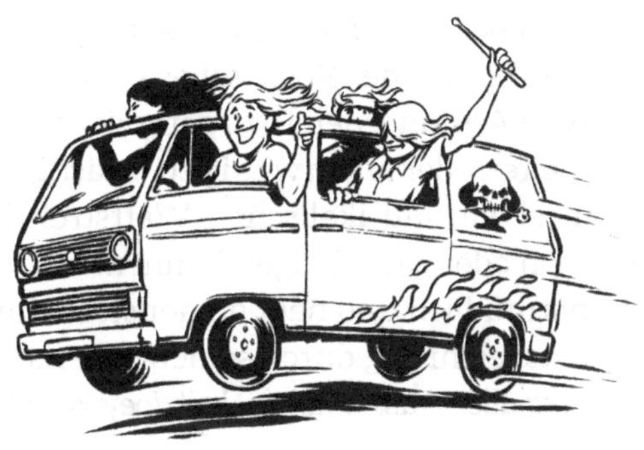

F56 Brian brüllt seinen Zorn die Bühne hinauf: „Und, Paul, haben dir deine neuen Freunde schon 'nen tollen F-Namen verpasst? Wie wär's mit ‚Fuck'?"
Der Unterwelt-Herold verzieht trotz des passenden Vorschlags keine Miene und stellt den Neuen im alten Look als „Flow" vor.

*Schnall dich an > **F70***

F57 Hunderte verlorene Seelen und geschundene Kreaturen erklimmen das Podest des Throns. Sie sind Lucivers nicht länger hörig, sie tanzen nicht mehr nach seiner Pfeife! Nun dürstet es sie nach Rache an ihrem ewigen Peiniger!
Die Höhle erzittert unter dem Frevel ihrer Bewohner. Sogar die Felsplateaus der Bühne bröckeln! Während sich Leo um den hilflosen Gregori kümmert, eilen Joey und Brian ihren geschlagenen Widersachern zur Hilfe. Foxy kauert desorientiert auf dem Boden, als sei sie aus einem nicht enden wollenden Alptraum erwacht.

F

„Ge-GENUG!“, ächzt Lucivers und bringt den Mob auf den letzten Stufen der Thronleiter mit einer rigorosen Handbewegung zum Stehen. „Wie könnt ihr es wagen, HUH?! Euer rebellisches Vorhaben war von Beginn an zum Scheitern verurteilt.“

„Wie meinst du das?!“, willst du von ihm wissen.

„Ihr hattet niemals den Hauch einer Chance! Es ist nun mal so, dass mich kein Mann jemals bezwingen kann. NIEMALS! Dies wurde mir einst uneingeschränkt vertraglich zugesichert.“

Der unterwürfige Musikhöllen-Advokat kramt emsig im Vertragswerk und zitiert den besagten Passus, um seinen Meister zu bestätigen: „„... nimmt der Regent des Rock, sei es persönlich oder durch Helfershelfer, davon Abstand, den Usurpator der Unterwelt in seinem Reich anzugreifen oder anderweitig zu belästigen. Kein Mann soll ihn jemals in einem musikalischen Wettstreit in seiner Domäne herausfordern oder gar schlagen können.“

Lucivers nickt unermüdlich und hebt dämonstrativ die Zeigeklaue während der Rechtsbelehrung durch seinen Schergen.

Soll trotz aller Aussichtslosigkeit Joey zum Mikro greifen?

Ja, sofort! > ***F98***

NEIN! Cool bleiben! > ***F110***

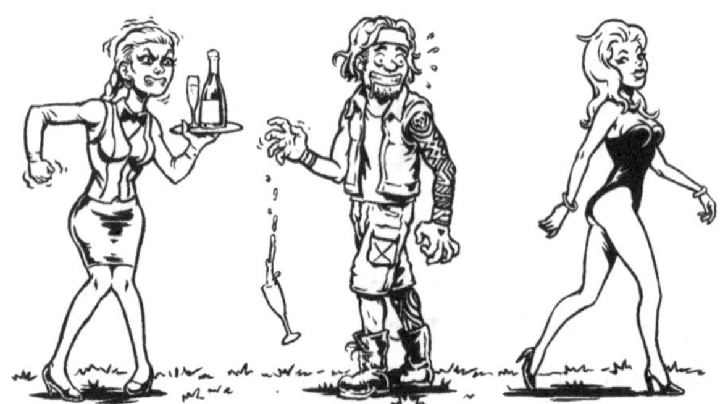

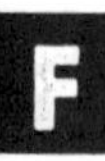

F58 Die letzte Runde steht an und du ärgerst dich maßlos. Das kann kein Zufall sein! Lucivers muss betrügen. Er kann nicht ständig zwei Könige haben. Misstrauisch verfolgst du jede Bewegung der Geberin und die Klauen deines schrecklichen Gegenübers.

„Wirklich schade, mein Freund!“, lenkt der Musik-Dämon ab und gibt der Dealerin mit einer kurzen Klauenbewegung zu verstehen, mit dem Geben der letzten Karten zu warten.
„Ich will mal nicht so sein, Anwärter“, grinst er dreckig. „In der finalen Runde gebe ich dir gerne die Gelegenheit, deinen Verlust wieder wettzumachen. Du darfst so viele Kristalle setzen, wie du magst.“

*Wie viele Punkte **Einfluss** möchtest du riskieren? Notiere dir deinen Einsatz (mindestens einen) nun unter **Notizen** im Metal-Logbuch.*

*Weiter > **F106***

F59 „Interessantes Angebot ...“, ist Lucivers überrumpelt und schaut zu seinem Schergen, der schweigend den Kopf schüttelt, woraufhin der Musikhöllen-Boss fortfährt. „... aber ich verzichte! Wahrscheinlich würde zuerst mein Reich zufrieren, bevor du endlich mal zum Schuss kommst!“
Während die Unterwelt in kollektives Gelächter verfällt, tritt Jill mit verschränkten Armen vor den Thron. Ihre blauen Augen stechen provokant hervor. „Lucivers, ich, die schwarze Jägerin, werde dein Pfand sein!“
Der bullige Musik-Dämon leckt sich mit der langen, violetten Zunge über die Lippen: „O ja, meine Liebe, welch stimulierende Idee!“

*Weiter > **F24***

F60 Lucivers windet sich auf seinem Thron. Energie knistert und sickert durch die Risse des blutigen Grunds der Unterwelt. Mit einem breiten Grinsen seiner messerscharfen Zähne überspielt er den kurzen Schmerz und seine erste Niederlage.
Der Chef aller Choräle erhebt sich, wirft sich das schwarze Fell in den Nacken und stapft zu dir herüber. Mit in die Hüften gestemmten Armen blickt er auf dich hinab: „Wissen ist das eine, werter Widersacher, Können das andere. Wir werden sehen, wie sich deine Helden in weiteren Disziplinen schlagen!“
Die Scheinwerfer verlöschen. Die Bühne versinkt in Finsternis.

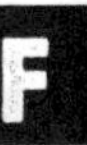

*Streiche nun einen Punkt von **Lucivers' Macht** ab!* F10

*Weiter > **F37***

F61 „Dawna?“ Lucivers kratzt sich am Gehörn. „Ach, die falsche Rothaarige! Ja, aber die gehört mir doch schon.“ Donnerndes Lachen wälzt sich durch die Unterwelt.
Als sich der Tadler der Talente wieder beruhigt hat, lehnt er mit aufgesetzter Freundlichkeit dein Angebot ab und fordert unmissverständlich eine der beiden ursprünglich erwähnten Damen.

Du versprichst Lucivers …

Jill > ***F72*** | *Charlotte >* ***F34*** | *Dein Erstgeborenes >* ***F114***

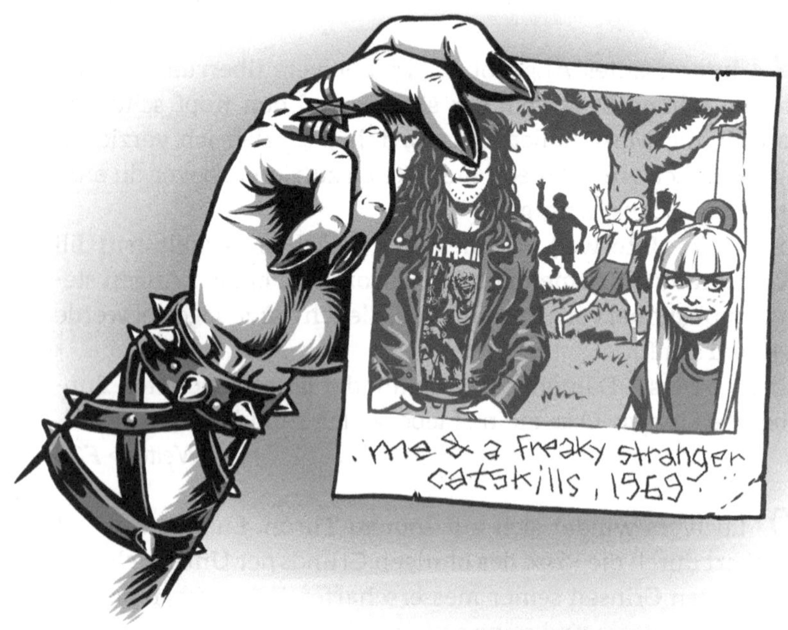

F62 „Du machst dir ernsthaft Sorgen, hm?“, schmiegt sich Jill an und folgt mit ihren weißen Nägeln sanft deiner Halsschlagader. Sie erinnert sich an das Outfit, das du bei der Rückkehr aus Woodstock trugst. „Als ich dich damals in dieser seltsamen Kombination aus Hippie- und Leder-Klamotten sah“, haucht sie mysteriös, „wurde mir bewusst, dass du der Typ auf dem Foto bist, das ich seit meiner Kindheit wie einen Schatz hüte.“

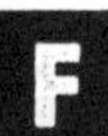

Willst du deine Erinnerungen wieder auffrischen, blättere nun nach ***W97****, lies dir dort die Passage zwischen den Blitzen* ⊘ *durch und mache anschließend hier weiter (weißt du doch!).*

Sie präsentiert ein vergilbtes Foto von dir unter dem Ahornbaum in Woodstock mit um einen Baum tanzenden Kindern. Sie tippt auf das Mädchen im Vordergrund mit den langen blonden Haaren und frechen Augen: „Unser Treffen, Taylor, war also kein Zufall, es war kosmische Fügung!"

Dein ***Einfluss*** *steigt um 2!*

Genug Sentimentalität!
Gregoris Herausforderung steht an! > ***F90***

F63 „Dachte ich es mir! Keine Ahnung, die jungen Hüpfer", spottet Lucivers.
Brian kann es nicht fassen, dass sein Freund versagt hat, und schimpft: „Alter, die Scheibe hast du doch selbst zu Hause! Fremdschämen pur!"

Weiter > ***F37***

F64 Der Traktierer der Takte steht auf: „Es war ein interessantes Spiel. Und die nächste Runde wird sicher noch erregender!" Woraufhin er in die Klauen klatscht. Von einem Moment auf den anderen befindet ihr euch wieder in der schwül-heißen Höhle, am Fuße der Stufen zum Thron.
Um dich herum, dort wo zuvor bloß Staub und Geröll lag, wanken nun zigtausende bemitleidenswerter Unterweltgeschöpfe und bilden die Horde des ewigen Todes. Allesamt starren sie zu einem Lavasee gegenüber dem Herrschersitz. Ihr Stöhnen und Jammern bildet eine fortwährende, kaum erträgliche Dauerbeschallung.
Weitere verlorene Seelen und geschundene Kreaturen drängen durch Felsspalten in die Höhle hinein. Ihnen wird – von über ihren Köpfen fliegenden Wächtern – die Notwendigkeit einer freiwilligen Teilnahme am bevorstehenden Konzert mittels Peitschenhieben nahegelegt.

Weiter > ***F40***

F65 Lucivers richtet das Wort direkt an dich: „Bemerkenswert, dass ihr bereits eingetroffen seid, Anwärter. Ich muss gestehen, das überrascht mich. Offenbar glaubt ihr wirklich, Eure Jünger sind der Herausforderung gewachsen."

Das Blitzen in seinen Augen verrät, dass er dich respektiert, dich vielleicht sogar ein wenig fürchtet. Er weiß dies jedoch hinter grenzenloser Arroganz und Selbstsicherheit zu verbergen.

Titangleich richtet er sich vor dir auf.

Während du einigermaßen mit Lucivers' Erscheinung klarkommst, haben die Metal Heroes die Hosen bis zur Bundunterkante voll und trauen sich keinen Ton zu sagen.

Weiter > ***F104***

F66 Lucivers grinst in Überlegenheit, genießt die Minuten, bis Quiff wieder in Elvis' Cape erscheint. Der Scherge wirkt unerwartet selbstbewusst, auch wenn die Klamotte ihm viel zu groß ist und die Hosenbeine über dem staubigen Felsboden schleifen. Dennoch hat es den Anschein, als wäre ein lang getrenntes Paar wiedervereint worden.

Kurz bevor Quiff dem Unterwelt-Boss das Artefakt überreicht, streift der clevere kleine Fratz mit seinem Händchen über dein Knie und überträgt dir ein Teil der Macht, die in Elvis' Cape gespeichert war!

Streiche Brians ***Metal-Artefakt****, das* ***HoF-Mitbringsel (Cape)****, vom Metal-Logbuch.*

Dafür darfst du dir fantastische ***7 Einfluss-Punkte*** *gutschreiben!*

Weiter > ***F21***

F67 Die Metal Heroes legen los. Trotz aller Ängste und des unmenschlichen Drucks, der auf ihnen lastet, spulen sie professionell ihren ersten Song ab. Quasi das Intro für einen legendären Auftritt. Und es hat den Anschein, als werden sie umso aggressiver und lauter, je mehr das Publikum gegen sie revoltiert.

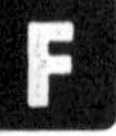

Inferno in the Deep, 1. Song
Gegner: Unterwelt-Publikum
Battle Power: ***4***

Lege nun den ***Performance-Check*** *des* ***Leaders*** *für diesen Song ab! Haben die Metal Heroes* ***„Blood spill, Brain leaks" (#19)*** *gespielt, dann gilt der Check automatisch als gelungen!*
*(****Gig-Muster*** *für* ***Inferno in the Deep*** *F100.)*

Wie bereits während der Pokerrunde, musst du – ob es dir nun passt oder nicht – im Rahmen des gesamten Finales nach Lucivers' Regeln spielen:
Ist der ***Performance-Check*** *gelungen, addiere wie gewohnt die* ***Fame*** *und den* ***Anspruch*** *des gespielten Songs (Haken in den Kreis machen). Ist der Check jedoch misslungen, gilt nur die* ***Fame*** *(Kreuz in den Kreis machen).*
Trage den ermittelten ***Performance-Wert*** *in das Feld des Songs ein. Vergleiche ihn nun mit der* ***Battle Power*** *der Gegner oben.*

Waren die Metal Heroes gleich gut oder gar besser?
Ja, 4 Punkte oder mehr! > ***F113***
Nein, 3 Punkte oder weniger > ***F122***

F68 Fassen wir zusammen: Kein Strom, kein Orchester und sowieso keine Ahnung von Symphonic Metal. Die Entscheidung für Charlotte war wohl nicht die schlaueste, oder?
Somit bleibt der Heroes-Song mit der Gast-Sängerin ein blutleeres, zusammengeschustertes Rock-Stück, vom dem leider keine Energie ausgeht, um Lucivers den Saft abzudrehen.

Weiter > ***F125***

F69 „Kein Grund, sich zu grämen, ihr unbegabten Anwärter-Zöglinge! Die wahre Kunst des Diabolic Metal", raunt Lucivers genüsslich, „wird eben niemals von armseligen Sterblichen zu meistern sein."

Die ***Bandchemie*** *sinkt um 1!*

Weiter > ***F97***

F

F70 Plötzlich hüllt ein Stakkato aus Explosionen die Bühne in hellen Nebel und hinter dem Kreuz des Bassisten tritt der Letzte der Bad Band, der weißhaarige, perfekt gestylte Sänger Fate hervor. Gehüllt in einen langen Ledermantel breitet der herrisch die Arme aus und empfängt die Huldigung der Massen.
Der Unterwelt-Schnösel mit der Undercut-Frisur schreitet genüsslich auf seinen Platz und verweilt dort regungslos, bis der letzte Schreihals in der Höhle verstummt ist.
Alsdann ein Stahlfeuer aus Growls, gutturalem Gesang und abgrundtiefen Basslines dich aus den Schuhen haut. Noch nie hast du eine dermaßen finstere Mucke gehört! Obwohl um euch herum glühende Lavaströme fließen, kochende Schwefelgeysire zischen, läuft es dir eiskalt den Rücken runter.
Das hat selbst mit Doom-Metal nichts mehr zu tun. Das, was du zu hören bekommst, kannst du musikalisch weder einordnen noch erklären. Diese Musik ist zu krass! Sie zerdrückt deinen Magen, zerquetscht dein Herz, vergreift sich an deinem Verstand ...
Sämtliche Töne sind schief und schräg, doch gemeinsam ergeben sie einen abartigen Klangkäfig schwarzer Magie, der seine Zuhörer in die Tiefen der Hölle reißt.
Einzig die dir überlassene göttliche Macht hält dich davon ab, ihr komplett zu verfallen. Du weißt nicht, was sie spielen, du weißt nicht, wie es heißt, geschweige denn, wie es funktioniert – dieser Metal ist diabolisch!
Glücklicherweise sind die Heroes ebenfalls immun gegen den Diabolic Metal der Bad Band. Ihr Kontakt mit den Artefakten hat sie abgehärtet. Zumindest vorerst.

*Ach ja, besitzen alle Heroes überhaupt noch ihr **Metal-Artefakt**?*

Ja klar! > ***F82***

Ähm, nö, verzockt ... > ***F89***

F71 „Es tut mir leid, aber ich habe nicht die ganze Ewigkeit Zeit."

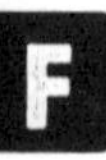

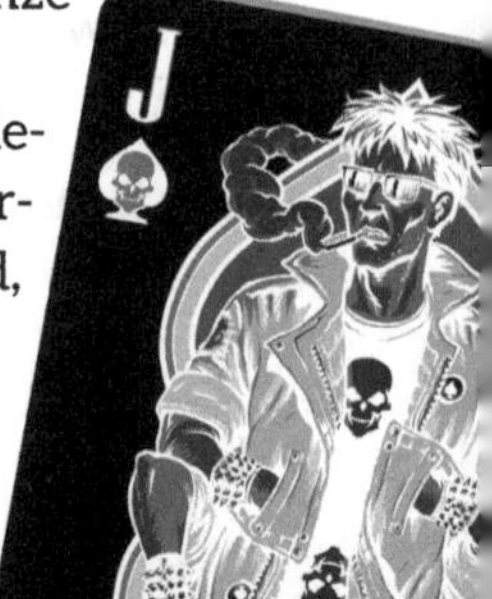

Kopfschüttelnd rollt der Diener das Pergament wieder ein. „Da die Herrschaften offenkundig keine verlorenen Seelen oder geschundene Kreaturen sind,

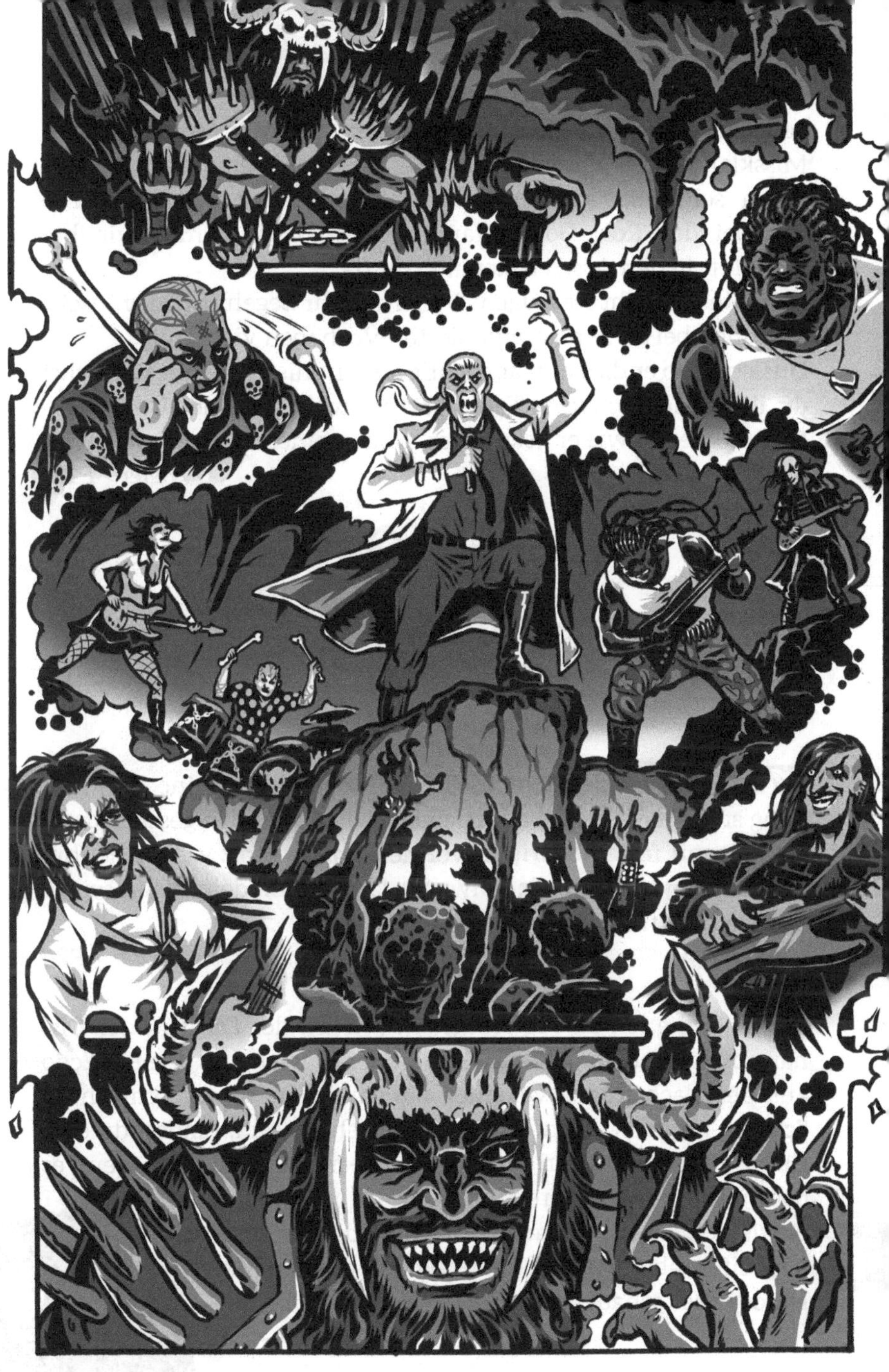

F70 *Sämtliche Töne sind schief und schräg, doch gemeinsam ergeben sie einen abartigen Klangkäfig schwarzer Magie, der seine Zuhörer in die Tiefen der Hölle reißt.*

gehe ich davon aus, sie sind gekommen, um dem Monarchen des Missklangs seinen prominenten Gefangenen streitig zu machen."
Brian schnaubt kämpferisch: „Sollte dieser Meister unseren Kumpel, den Rock-Gott, gefangenhalten, dann werden wir ihm wohl fett in den Arsch treten müssen, ja."
Der Alte verdreht die Augen: „Wenn das Ihr Begehr ist, so wünsche ich Ihnen bei diesem ambitionierten Vorhaben viel Erfolg!"
Unsicher, ob er dies nun aufrichtig oder ironisch meinte, wünschst du ihm einen schönen Tag. Dann verschwindet der Unterwelt-Diener wieder, wie er gekommen war, in einer Schwefelwolke.

Weiter > ***F121***

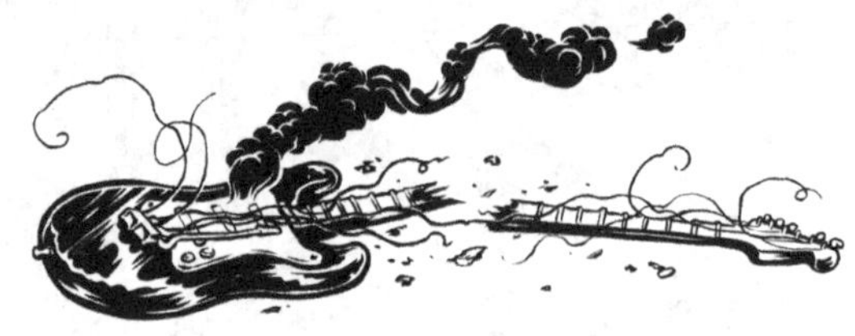

F72 „Die blonde Hexe also?" Die Freude über deine Entscheidung steht gut leserlich auf Lucivers' wulstiger Stirn geschrieben. Jill tritt mit festen Schritten vor den Thron. Stolz erhebt sie ihre Stimme: „Jawohl, ich, die schwarze Jägerin, soll dein Pfand sein, o Sperrer der Streamingdienste."

Weiter > ***F24***

F73 „Sehe ich da ein Tränchen?", höhnt der Dirigent der Disharmonien und genießt das Lachen der Massen, das wie ein Echo aus der Lach-Konserve einer Sitcom jeden seiner schlechten Scherze begleitet. „Ach, ich will mal nicht so sein. Findest du eine fünfte Besetzung, dann darf diese gerne mitmachen, auch wenn es das Bühnenbild ruinieren würde."

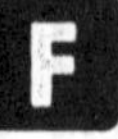

Du denkst ernsthaft darüber nach, selbst zur Gitarre zu greifen, aber wahrscheinlich würde das den Metal Heroes eher schaden.

Weiter > ***F50***

F74 Mit phänomenaler Fingerfertigkeit wirbeln die Hände über das Griffbrett und ein tiefes, bedrohliches Schallgewitter wälzt sich durch die Katakomben.
Auch dir geht der Tritonus durch Mark und Bein. Du spürst seine diabolische Kraft. In der Ferne schreien arme, verlorene Seelen, gepeinigt von dem Akkord, von dessen einnehmenden Klangs tatsächlich eine Befehlsgewalt ausgeht.
Stoisch lauscht Fuel der perfekten Kopie seines Riffs. Er verzieht keine Miene und geht zurück zu seinem Plateau, um den nächsten Song zu spielen.
Zum ersten Mal glaubst du, in Lucivers' verzerrter Fratze so etwas wie Verunsicherung zu erkennen. Er beschäftigt sich mit dem Unvorstellbaren – einer Niederlage!

*Streiche nun einen Punkt von **Lucivers' Macht** ab!* F10

Weiter > ***F97***

F75 Du entsendest den Schergen, er solle Gregori überzeugen, ihm das Artefakt zu überlassen. Am Pokertisch herrscht angespannte Stille, bis der Wicht wieder auftaucht. Er hat ein geschwollenes Auge mitgebracht, zeigt ansonsten seine leeren Händchen. Verärgert fragst du Quiff, was mit dem Hemd sei, doch der schüttelt mit dem Kopf und murmelt etwas von blindem Hass. Gregori ist augenscheinlich nicht gewillt, oben ohne zu spielen.
Du gehst noch einmal in dich und überlegst, welchen der verbliebenen drei du um das geliebte Artefakt bringen möchtest. Mit einem folgsamen Seufzer trollt sich der Scherge wieder Richtung Bühne.

*Welches **Metal-Artefakt** willst du Lucivers überlassen?*

Joeys vereintes Pokerblatt > ***F33***

Brians HoF-Mitbringsel > ***F44***

Leos Schlüssel des Talents > ***F93***

F76 Lucivers schlägt sich vor Lachen auf die muskulösen Oberschenkel. „Nette Idee! Warum sind Slayer da nicht selbst draufgekommen?"

F

„Wenn wir wieder zurück sind, Joey", ärgert sich Leo lautstark, „verbrenne ich persönlich all deine Slayer-Shirts!"

Weiter > ***F37***

F77 Jemand tippt dir auf die Schulter. Überrascht, dass dies in solch einem Moment überhaupt geschehen kann, drehst du dich um. Lemmy steht vor dir! Quicklebendig, frisch und knackig, wie du ihn in Woodstock kennengelernt hast. Seine Stimme hingegen ist die der berühmten Metal-Ikone von Motörhead, rau und rauchig, wie man sie liebt und vergöttert.

„Hi, Taylor. Tue mir einen Gefallen und tritt dem stierköpfigen Bastard in den Arsch, verstanden?! Mann, was geht der mir auf den Sack."

„Ja, klar, Lemmy", versprichst du. „Hab ich vor. Aber was treibst du hier, Kumpel?"

„Ich? Nichts. Ich dreh' bloß meine Runde ..."

Der Rock-Titan wendet sich auf den Hacken seiner Biker-Boots um und verschwindet wieder, wie er kam, in der Dunkelheit der Unterwelt. Dabei hallt seine whiskey-geölte Stimme♫:

If you like to gamble, I tell you I'm your man
You win some, lose some, it's all the same to me
The pleasure is to play, it makes no difference what you say
I don't share your greed, the only card you need is
The Ace of Spades!

„Ace of Spades" (1980) von Motörhead
Rock-Band aus Großbritannien

Weiter > ***F31***

F78 Du nutzt den kleinen Disput zwischen den Metal Heroes und Lucivers und setzt deine göttlichen Mächte ein. Ohne Probleme lässt du eine Verbindung zu deiner geliebten Gibson auf der Oberfläche entstehen und saugst sie durch ein Microwurmloch direkt in deine Hände!

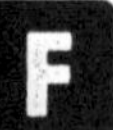

Dein ***Einfluss*** *sinkt um 1!*

„Hey, Leo!“, rufst du und wirfst ihm das gute Stück entgegen.
„Astrein, Taylor!“
„Hey!“, faucht Lucivers. „Wo kommt die Klampfe schon wieder her?“
„Ist Teil unseres Equipments“, konterst du cool, woraufhin der Unterwelt-Boss vor Zorn einen Gitarrenhals seines Throns abbricht und wahllos einer wandelnden Leiche an den Schädel wirft. Leo braucht einige Sekunden der Eingewöhnung, doch dann lässt er es ordentlich fliegen. Ein kleines Tränchen musst du schon verdrücken, als die alte Lefty-Gitarre deines Vaters nach all den Jahren mal wieder gespielt wird.
Gregori lauscht angestrengt Leos Künsten: „Sehr gut, das geht in die richtige Richtung. Allerdings ist der Tritone nicht schwarz genug. Ich sehe noch schwache Farbverwirbelungen.“

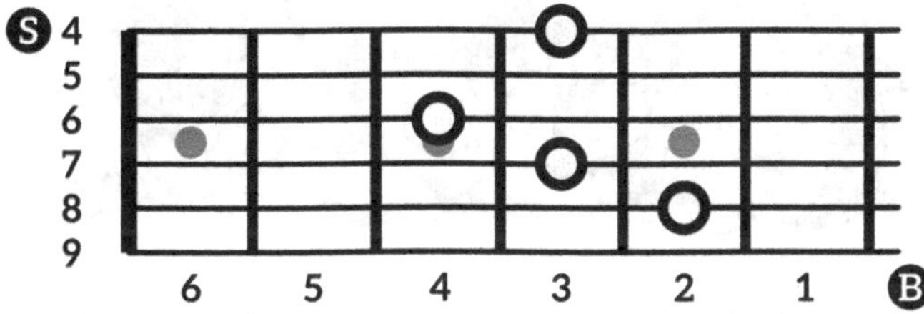

*Welche zusätzliche Saite soll Leo mit seinem letzten Griff spielen, um Fuels Tritonus zu imitieren? (Ziehe das Bild bei **F41** zu Rate.)*

*Die richtige Wahl aus **Saite (S)** und **Bund (B)** ergibt nacheinander geschrieben eine F-Sektionsnummer ...*

*Sorry, keinen Dunst > **F69***

F79 Ein entfesselter Sturm Fan-Seelen fegt über das Meer willenloser Kreaturen direkt auf die Metal Heroes zu. Joey reißt schützend die Hände vors Gesicht. Doch ehe der Tornado aus blauen Flammen die Bühne erreicht, dreht er ab und rast zwischen den Bad-Band-Anhängern hin und her und polt dabei jedes Geschöpf um, mit dem er in Berührung kommt. Binnen weniger Augenblicke sind Hunderttausende auf Seiten deiner Schützlinge!

*Die **Bandchemie** steigt um 2!*

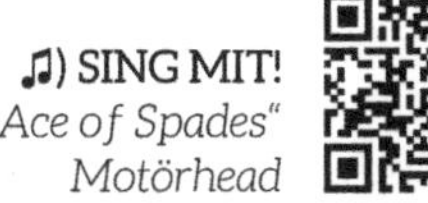
♫) SING MIT!
„Ace of Spades“
Motörhead

Lucivers knurrt: „Nett, wirklich nett. Allerdings werden euch diese fehlgeleiteten Idioten auch nicht retten!"
Die Verärgerung des Konkurrenten des Klangs ist Ausdruck seiner Überraschung, dass so viele Fans dem Ruf ihrer Helden gefolgt sind. Mit Sprechgesängen „Heroes, Heroes" unterstützen sie fortan deine Band.

*Notiere dir unter **Road to Glory**, Eintrag **#18c**, dass die Heroes **Fan-Unterstützung** erhalten haben, indem du dort ein ✖ im Kreis machst.*

*Weiter > **F41***

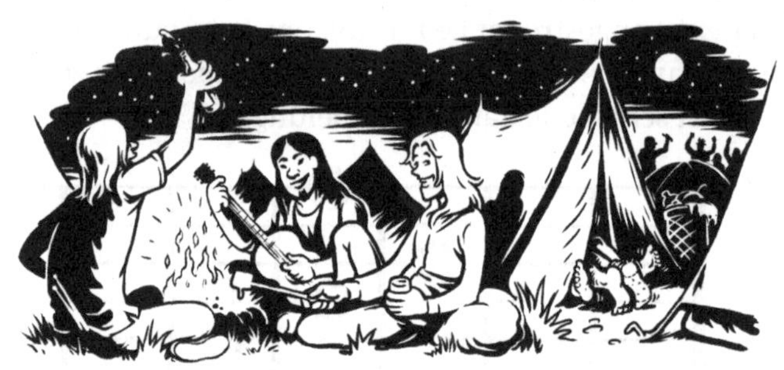

F80 Der Rock-Gott verliert keine Zeit mit weiteren Sprüchen: „Taylor, verlange von Lucivers, dass die Metal Heroes ihre Fans zur Unterstützung rufen dürfen", presst er hervor. „Laut Vertrag ist er dazu verpflichtet."
„Laut Vertrag?"
„Ja, hast du es noch nicht mitbekommen? Der Rock-Olymp, Unterwelt inklusive, fundiert auf einem ausuferten Vertragswerk. Ohne dieses Dokument würde das Musik-Pantheon im Chaos versinken. Sämtliche Beteiligten haben ihre Seele verpfändet, sich daran zu halten. Auch du, Taylor!"
„Ja, natürlich. Dieser Vertragskäse. Ich erinnere mich."
Du versprichst dem Rock-Gott, ihn so schnell wie möglich aus seinem Gefängnis zu holen, und eilst zurück zu den Metal Heroes an der Bühne. In aller Kürze erläuterst du ihnen den Vorschlag deines scheidenden Chefs.

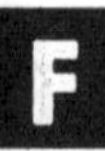

Joey ist erbost: „Er meint, wir sollen einige unserer Fans in diese Hölle schicken, um uns zu helfen?"
Du korrigierst: „Nicht einige - alle!"
Brian ist ebenfalls wenig begeistert. „Uns're Fans dreh'n doch durch, wenn die hier aufschlagen. Echt, das hält selbst der härteste Metalhead nicht aus."
Aus dem Nebel, der zwischen euren Beinen schwappt, reckt sich ein Händchen und Quiff erläutert: „Nein. Nur Seelen unterstützen Heroes. Körper und Verstand bleiben oben. Menschen davon nichts mitbekommen. Zumindest theoretisch."
„Theoretisch?!", rauft sich Leo die Haare. „Ich raste gleich aus!"
Lucivers blickt zu euch herüber. Er ahnt, dass sich Konspiratives abspielt, und stapft herbei. „Schluss mit dem Gequatsche! Der Wettkampf wird fortgesetzt. SOFORT!"

Sollen die Metal Heroes ihre vertraglich geregelte Unterstützung nun offiziell beantragen?
Ja, klar, wenn's im Vertrag steht! > **F4**
Bloß nicht, wer weiß, was diese unterirdischen Rechtsverdreher daraus machen ... > **F87**

F81 Selbst wenn die Hassliebe zwischen Paul und den Metal Heroes tief verwurzelt in der gemeinsamen Vergangenheit begründet liegt – insbesondere Brian hätte ihn gerne in der Hölle schmoren sehen – hielt es niemand für möglich, dass er sich mit der Unterwelt gemein machen würde.

Die ***Bandchemie*** *sinkt um 1!*

Weiter > **F56**

F82 Plötzlich wird dir bewusst: Sollte diese Band die Welt mit ihrer Musik verpesten, werden alle Menschen ihr mit Haut und Haaren verfallen. Darum geht es Lucivers also!
Die Entführung des Rock-Gotts war das perfekte Pheromon, dich und die Heroes in sein Reich zu locken. Fallen ihm nämlich alle vier Metal Artefakte in die Hände, kann er mit dem, was er besitzt, die

komplette Bad Band durch die Weltenmembran auf die Menschheit loslassen und eben nicht nur als Wesen aus Fleisch und Blut, sondern zudem mit ihren diabolischen Musikkünsten. Das wäre das Ende des Rock! Und somit das Ende jeglicher lebenswerten Existenz! Übel. Verdammt übel.
Deshalb: Höchste Konzentration! Die erste echte Runde im Battle gegen die Bad Band hat soeben begonnen ...

Setlist Inferno in the Deep, 1. Set
*Wähle nun **2 Songs** aus dem **Repertoire** und versuche damit gegen die Stars der Musik-Hölle zu bestehen. Trage dazu die Track-Nummern in die vorgesehenen Felder mit dem #-Symbol im **Gig-Muster** ein.* F100

Setlist-Einschränkungen:
- *Nur Songs des Genres **Death**!*
- *Songs dürfen während des gesamten **Inferno in the Deep** nicht zwei Mal gespielt werden. Stehen nicht genügend Songs zur Verfügung, müssen Felder leer bleiben.*

Inferno in the Deep, 1. Set
Gegner: Bad Band | Stil: Underworld Doom
*Battle Power: **7***

*Lege nun die **Performance-Checks** der **Leader** für jeden Song ab!*
*Check gelungen: Addiere die **Fame** und den **Anspruch** des gespielten Songs (Haken in den Kreis machen).*
*Check misslungen: Es gilt nur die **Fame** (Kreuz in den Kreis machen).*
Feld leer: 0 Punkte

*Trage den ermittelten **Performance-Wert** in das Feld des Songs ein. Addiere nun beide Werte, um die **Gesamt-Performance** für dieses Set zu erhalten. Vergleiche den Gesamtwert nun mit der **Battle Power** des Gegners oben.*

*Ist die **Performance** der Metal Heroes gleich oder höher?*
*Ja, 7 oder mehr > **F107***
*Nein, 6 oder weniger > **F27***

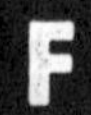

F83 „Keine Angst", versucht dich der Rock-Gott zu beruhigen, „sie werden in einigen Stunden mit dicker Birne aufwachen und sich nicht mehr an diese Schlacht erinnern."
„Und was ist mit mir? Werden sie sich an mich erinnern können?"
Der alte Rock-Gott blickt über die Weiten des Lavasees: „Du musst eins verstehen, Taylor ... sie sind immer noch Sterbliche. Das Erlebte würde sie auf Dauer fertig machen."
„Aber was ist mit ihrer Musik, ihren Fans?"
„Kein Grund zur Panik! Beides bleibt natürlich. Deine Bemühungen waren nicht umsonst!"
Dir entfährt ein Atemstoß der Erlösung. Die vergangenen Jahre ziehen wie ein heftiger Zeitraffer-Trip an dir vorbei. Übermannt von dessen Eindrücken setzt du dich auf den Hosenboden.
„Komm, Kumpel", packt dich der Rock-Gott aufmunternd im Nacken. „Wir verschwinden. Hier gibt's nichts mehr zu tun."
„Moment, Chef! Nicht so schnell!", wendest du ein. „Eine Sache muss ich noch erledigen ..."
Du verabschiedest dich vom Rock-Gott mit einer herzlichen Umarmung und verschaffst dir durch Aufzeigen des Victory-Zeichens in Richtung der Metal Heroes und des Rests der Gang einen lässigen Abgang.
Entschlossen gehst du zum besiegten Lucivers, der es sich mittlerweile wieder in seinem Vinyl-Thron räkelt. Aus seiner wulstigen Nase rinnt Blut, das im Vollbart versickert.
„Mir reißt gleich das Trommelfell!", knurrt der Titan der Tonkunst, als du dich näherst. „Was willst du noch, huh?"
„Ich verlange", forderst du selbstbewusst, „dass du einer Aufzugsdame die Freiheit schenkst"
„OHA! Lässt sich einrichten", brummt er unerwartet zuvorkommend. „Freilich habe ich viele davon. Wie heißt die Kleine?"
Fuck! Dummerweise kennst du ihren Namen nicht und zuckst mit den Achseln. Du beschreibst das Liftgirl in allen Details.
„Herzzerreißend!", säuselt Lucivers mit gespitzten Lippen. „Aber ohne einen Namen ... schwierig, schwierig", suhlt sich der Verehrer der Verzerrer in deinem Unwissen. „Allerdings ...", flötet er, „du hast mich als fairen Verlierer kennengelernt und dieser letzte Ein-

druck soll natürlich in Erinnerung bleiben. Deshalb überlasse ich dir die Wahl."

Mit großer Geste zeigt er ins wabernde Nichts seines Reichs, jenseits des Lavastroms. Der feucht-warme Schleier lichtet sich, gibt den Blick auf ein paar identische Aufzugtüren, eingelassen im Felsen, frei. „Findest du den Aufzug samt deinem Liebchen auf Anhieb, so schenke ich ihr die Freiheit ..."

Hoffnungsvoll blickst du über ein Dutzend Türen. Doch der Nebel weicht immer mehr zurück, offenbart dir schließlich weitere, schier endlose Gänge mit Aufzügen. Es müssen Hunderte sein.

„Ja, zu Stoßzeiten, wie dem Oktoberfest, ist hier unten einiges los", ruft dir der Verschulder der Volksmusik nach, als du fassungslos in einen der Korridore schreitest und die kleinen Messingschildchen über den Türen betrachtest. Lucivers' tiefes, kehliges Gelächter folgt dir: „Na, welcher Aufzug soll es sein, HUH?"

Hast du eine besondere Nummer von der ersten Begegnung mit dem Liftgirl vor deinem Auge, kannst du jetzt zu diesem Aufzug gehen und ihn anfordern. Um den richtigen Sektionsverweis zu erhalten, bilde die **Quersumme** *deiner Zahl, indem du alle ihre Stellen addierst. (Beispiel: Würde sie 3281 lauten, ergebe die Quersumme 3+2+8+1 = 14. In diesem Fall würdest du also bei F14 weitermachen). Du erkennst, ob du richtig liegst, wenn hinter der Sektionsnummer ein ♥ abgebildet ist.*

Nummer? Quersumme? Wie, wat? Keine Ahnung! > ***F119***

F84 Gregori kommt mit jeder Sequenz mehr ins Schwitzen. Und leider kannst du ihm nicht helfen. Die Muster entziehen sich deinem Blick.

Weiter > ***F42***

F85 Siegessicher summst du – wieder einmal – „The Number of the Beast" und deckst dein Full House mit laut gesungenem „Six, Six, Six" auf.

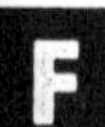

Lucivers stutzt kurz: „Glückwunsch, Anwärter! Allerdings ... und da hilft auch kein Lieblingssong – reicht das nicht."

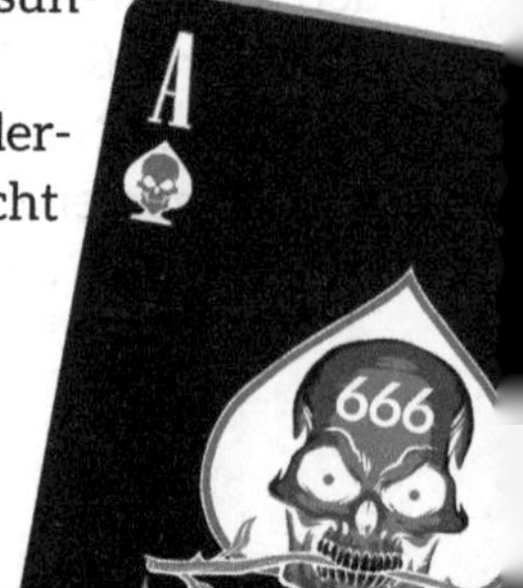

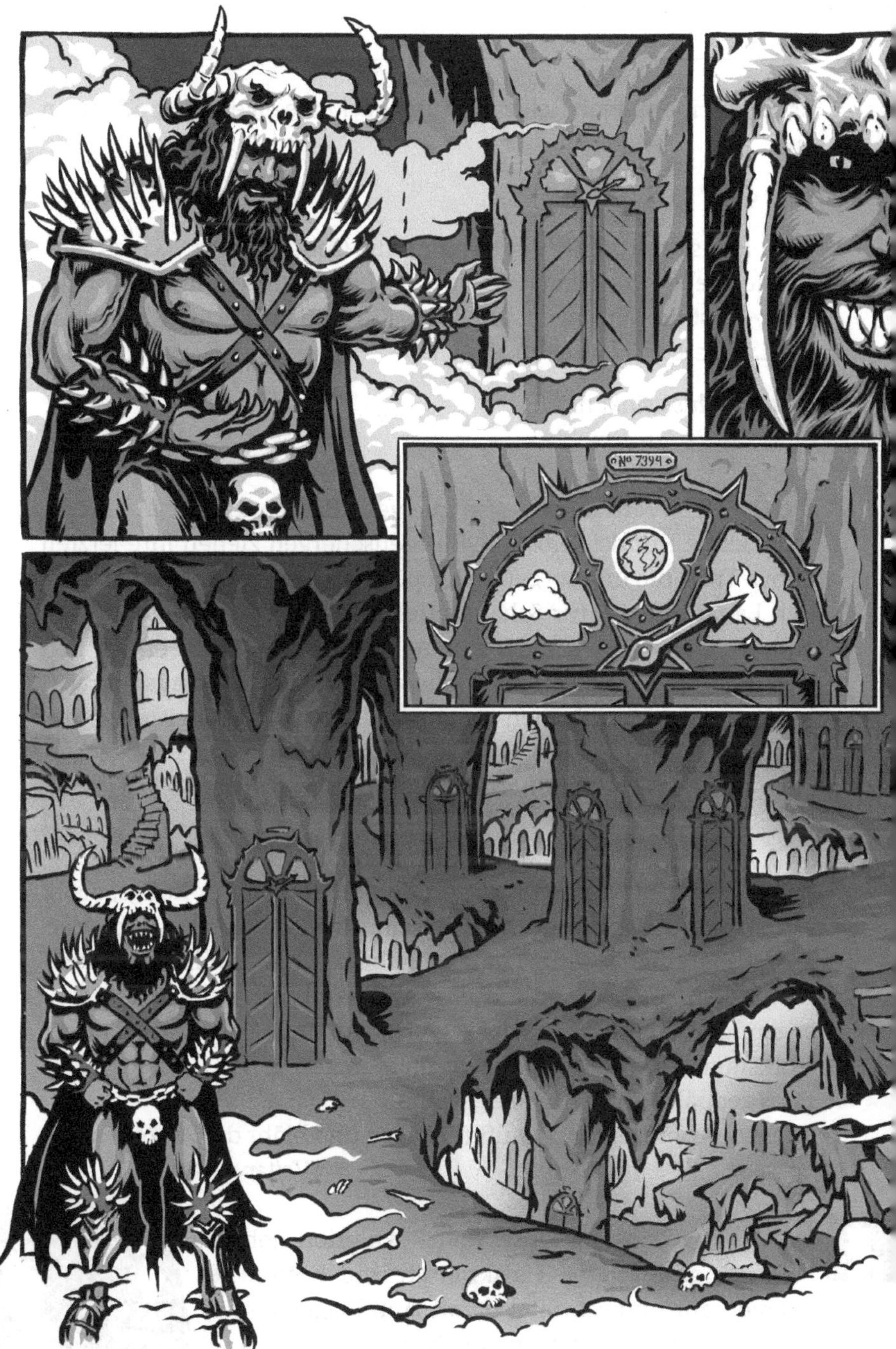

F83 *Der feucht-warme Schleier lichtet sich, gibt den Blick auf ein paar identische Aufzugstüren, eingelassen im Felsen, frei. „Findest du den Aufzug samt deinem Liebchen auf Anhieb, so schenke ich ihr die Freiheit …“*

Er zeigt seine spitzen Reißzähne und deckt die eigenen Handkarten auf:

♦K ♣K

„Full House mit Königen“, bestätigt die Geberin leise. „Ganz recht, meine Liebe“, tönt Lucivers mit breitem Grinsen und sackt die Rock-Kristalle ein, nicht ohne die Kartendame erneut aufzufordern, bitteschön lauter zu sprechen.

*Dein **Einfluss** sinkt um 1!*

*Weiter > **F94***

F86 Der Wettkampf gegen Lucivers' Bad Band geht in die entscheidende Runde! Selbst die Bühnenschergen ziehen ihre letzten Show-Trümpfe und sorgen mit gepflegten Erdbeben und meterhohen Lavafontänen für Schauereffekte. Schwefeldunst strömt entlang der Felskante von der Bühne, schwappt über die ersten Reihen hinweg und verwirbelt schließlich zwischen den ausgestreckten, ausgedorrten Armen der ekstatischen Unterweltbewohner und Heroes-Army.

*Ist **Charlotte** eine **Supporterin** der Metal Heroes?*

*Ja > **F47** | Nein > **F111***

F87 Der Gott des Rock rüttelt an den Stäben des Käfigs, als er mitbekommt, dass ihr euch gegen seine Idee entschieden habt. Verärgert schreit er: „Mann, Leute, seid ihr bescheuert!? Diese verlorenen Seelen heißen nicht umsonst so. Das sind ausschließlich Menschen, die der falschen Musik verfallen sind. Country, Hip-Hop, Volksmusik. Ihr hättet sie nicht mit den gerufenen Geistern eurer Fans gequält - ihr hättet sie gerettet!“

„... theoretisch“, ergänzt Quiff flüsternd und bläht die Bäckchen auf.

*Weiter > **F41***

F

F88 Im Chaos der Unterwelt-Revolution hebt Jill eine der gesprengten Halskrausen und Ketten der Sklaven auf und schreitet damit zum klagenden, in sich zusammengesunkenen Lucivers.

Ohne Gegenwehr lässt er sich von der Rock-Hexe den Eisenring ums Genick legen, das sich wie von Geisterhand auf auf die enorme Kragenweite des ehemaligen Züchtigers der Zuhörer weitet. Fortan steht er als übergroßes Schoßhündchen unter Jills Befehl!
Sie demonstriert ihre Macht über den gebrochenen Lucivers, indem sie an der Kette zerrt und ihn zwingt, Männchen zu machen und sich wieder abzulegen. Dabei bohrt sie ihm genüsslich den Stiefelabsatz ins Kreuz und züchtigt ihn mit einer Feuerpeitsche der vertriebenen Sklaventreiber.
„Ich danke euch, Männer, es ist vollbracht", ruft sie süffisant zu dir und den Metal Heroes herüber. „Ich denke, es ist Zeit, dass eine neue Macht das Ruder im unteren Musikreich übernimmt."
„Baby, jetzt reicht es aber!", ächzt Lucivers und erhebt sich schwerfällig. Seine Kräfte kehren langsam zurück. Mit einem Ruck zerreißt er die Kette und renkt sich unter mehrmaligem, lauten Knacken die Halswirbel ein. „Kleine, ich mag ja solch neckische Spielchen, ehrlich ..."
Erregt umfasst er Jills Hüften und zieht sie zu sich heran. Jill winkelt ihr Bein an, wirft lasziv die Haare zurück und haucht: „Wir wären sicher ein reizendes Duett, meinst du nicht, meine musikalische Schrecklichkeit?"
Sein Gelächter ist fast wieder genauso dreckig und durchdringend wie vor der Schlacht, aber du spürst, seine Machtgelüste sind - vorerst zumindest - gebrochen. Jill krault dem Unterwelt-Herrscher die Brustmuskeln, imitiert den Rhythmus seines Lachens und zwinkert dir und dem Rock-Gott vielsagend zu.
Achselzuckend blickt ihr euch gegenseitig an. Da selbst der wiedererstarkte Rock-Gott nicht weiß, wie er auf dieses unvorhergesehene Bündnis reagieren soll, nehmt ihr Jills Machtergreifung stillschweigend zur Kenntnis.
„Ich denke", flüstert dein Mentor, „ein weibliches Korrektiv für diesen Größenwahnsinnigen kann so schlecht nicht sein."

Notiere dir unter ***Road to Glory****, Eintrag* ***#21****, dass* ***Lucy in die Knie gezwungen*** *wurde, indem du dort ein* ✖ *im Kreis machst. Zudem gibt's dafür einen fetten Respekt-Punkt aus dem Rock-Pantheon!*

F

Weiter > ***F108***

F89 Nun rächt sich vielleicht dein Poker-Spielchen mit Lucivers, denn die restlichen Metal Heroes müssen dem geschröpften Bandmitglied ab sofort das Händchen halten. Das nervt!

*Die **Bandchemie** sinkt um 1!*

Weiter > ***F82***

F90 Zurück auf der Bühne macht sich der Drummer der Bad Band, Fury, bereit. Sein kahler Schädel und der speckfaltige Hals sind - wie der Rest seines Körpers - über und über mit Tribals tätowiert. Für seinen großen Auftritt hat er sich ein weites Hemd mit einem Muster aus Totenköpfen angezogen, die diabolisch im Schwarzlicht leuchten. Offensichtlich will er seinen Konkurrenten und Hawaii-Hemd-Liebhaber Gregori damit aufziehen, der jedoch - wie sollte es auch anders sein - cool darüber hinwegsieht.
„Du, blinder Schlagzeuger", eröffnet Lucivers die letzte Herausforderung. „Ich habe von deiner Fähigkeit erfahren, Geräusche und Töne als Farben wahrnehmen zu können. Einer Fähigkeit, die eigentlich nur Göttern zusteht. Nun, dann sage uns, welche Farbe siehst du, wenn dieser Rhythmus erschallt..."
Fury holt energisch mit seinen Knochenstöcken aus, doch Gregori erhebt lautstark Einspruch: „Hey, Luci, ich kann diese Aufgabe nicht lösen!"
„SO? Aber weshalb denn nicht, mein behinderter Freund?"
Der süffisante Tonfall legt nahe, dass der Okkultist der Oktaven bereits den Grund kennt.
„Meine Bezeichnung der Farben", erklärt Gregori, „ist in euren Augen willkürlich. Ich bin seit meiner Geburt blind und habe daher nicht die leiseste Ahnung, ob die Farbe, zu der ich „blau" sage, dem Blau der Sehenden entspricht."
„Ärgerlich, dann werdet ihr mutmaßlich an dieser Aufgabe scheitern." Lucivers' gekünsteltes Mitleid nervt.
Doch so einfach gibst du nicht auf! Da auch dir diese Fähigkeit im Rahmen deines neuen Jobs anvertraut wurde, glaubst du Gregori durchaus helfen zu können und gibst ihm ein Zeichen, er solle die Herausforderung annehmen.

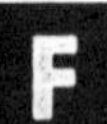

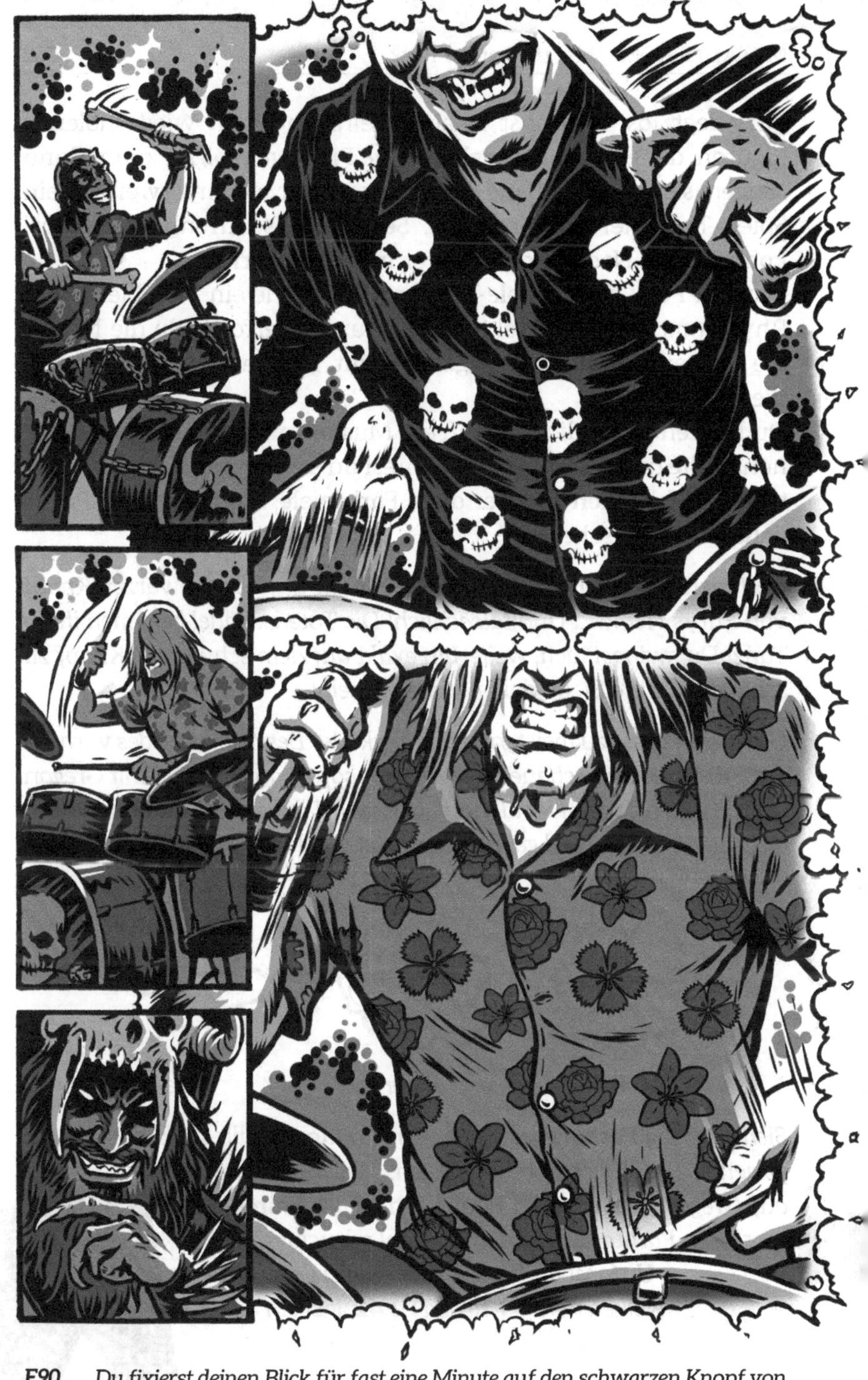

F90 *Du fixierst deinen Blick für fast eine Minute auf den schwarzen Knopf von Furys Hemd ... Und tatsächlich! Die Totenschädel beginnen ihren Tanz!*

Fury legt los. Zunächst spielt er einfache, sich wiederholende Figuren, denen dein Schützling ohne Probleme folgen kann. Dann steigert sich der Bad Band Drummer immer weiter, erweitert sein Spiel, Trommel um Trommel. Sein Solo ist affenhart. Gregori kommt beim Nachahmen schwer ins Schleudern.
Obwohl Fury den Double-Bass bearbeitet wie ein Tier, bleibt sein Rhythmus sauber, perfekt. Mit Ehrfurcht verfolgst du die Macht, die aus seinen Knochenprügeln strömt. Das kann dein Schützling niemals packen!
Du konzentrierst dich darauf, ein Muster in den Farben zu erkennen. Sollte dir dies gelingen, könntest du es sicher auf Gregori übertragen. Schließlich kann er diese Farbspiele, ähnlich einem Polarlicht, ebenfalls sehen.

Du fixierst deinen Blick für fast eine Minute auf den schwarzen Knopf von Furys Hemd ... Und tatsächlich! Die Totenschädel beginnen ihren Tanz! Du zwingst dich, weiterhin exakt auf dem schwarzen Knopf zu schauen. Du weißt, du darfst nicht blinzeln!

Um diese Hürde zu meistern, folge exakt der Beschreibung des vorherigen Absatzes und schaue anschließend sofort auf das Bild mit Gregori und dessen offenen Hemdknopf. (Achte bei der ganzen Aktion darauf, dass die Buchseite hell genug beleuchtet wird.)

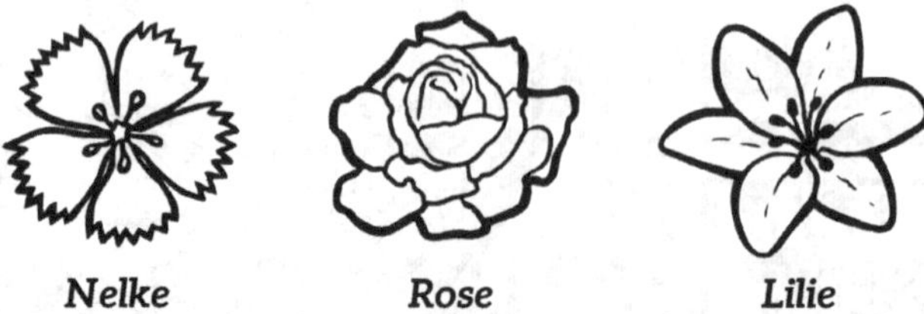

Siehst du die Farbmagie, die Gregori umtanzt? Falls ja, kannst du die folgende Frage sicher beantworten: Welcher ***Blütentyp*** *auf Gregoris Hemd wird hauptsächlich* ***(4 Blüten)*** *vom morbiden Farbtanz der* ***Totenschädel*** *erleuchtet?*

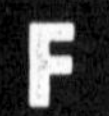

Unfassbar! Ich sehe die Magie! Es sind die ...

Nelken > **F84** | Rosen > **F42** | Lilien > **F123**

F91 Brian steht die Anspannung ins Gesicht geschrieben. Trotz seines Kopftuchs tropft ihm der Schweiß von der Nasenspitze. Diese musikalische Herausforderung ist nicht von dieser Welt.

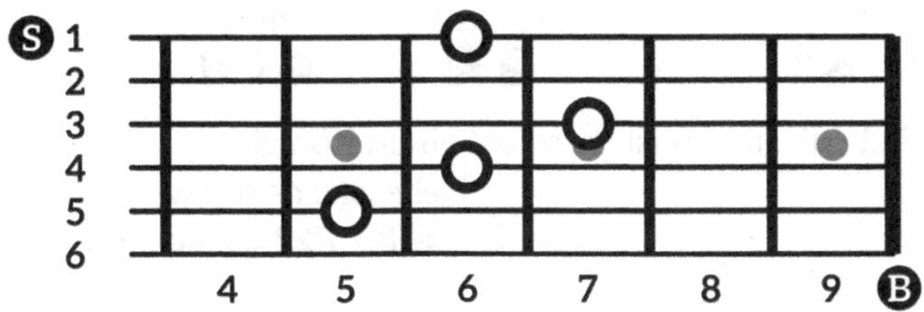

*Welche zusätzliche Saite soll Brian mit seinem letzten Griff spielen, um Fuels Tritonus zu imitieren? (Ziehe das Bild bei **F41** zu Rate.)*

*Die richtige Wahl aus **Saite (S)** und **Bund (B)** ergibt nacheinander geschrieben eine F-Sektionsnummer ...*

*Sorry, null Ahnung > **F69***

F92 Obwohl die Furcht, Dawna könnte ein Leid geschehen, Brian fast um den Verstand bringt, überkommt ihn plötzlich eine tiefe Zuversicht, dass ihre Bindung stärker ist als jede noch so abartige Prüfung der Unterwelt. Entschlossen packt der Metal Hero den Hals seiner schwarzen Rusty und nickt Joey mit festem Blick zu.

*Oh ja, die Liebe stark in ihm ist! > **F28***

F93 Du schickst den Schergen, er solle Leo überzeugen, ihm das Artefakt zu überlassen. Als der Wicht wieder mit dem Schlüssel des Talents erscheint, lacht Lucivers dreckig: „Warum hast du eigentlich einen solchen Ärger in Paris gemacht, wenn ihr offenkundig gar nicht versteht, dessen Macht einzusetzen?“

*Streiche Leos **Metal-Artefakt**, den **Schlüssel des Talents**, vom Metal-Logbuch. Dadurch sinkt Leos **Skill** wieder um 1! (🎸🎸🎸 Sein **Ego** bleibt aber wie es ist!)*

*Dafür darfst du dir überzeugende **5 Einfluss-Punkte** gutschreiben!*

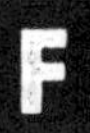

*Weiter > **F21***

F94 Du ärgerst dich über dein Pech und hoffst auf die zweite Runde. In Windeseile hat die Geberin die Karten gemischt und gibt sie aus.

Auf dem Tisch	*Lucivers*	*Taylor*
♠2 ♥8 ♠8 ♦10 ♦K	? ?	♠K ?

Freue dich, diesmal hast du selbst einen König!

Ziehe jetzt deine zweite Handkarte!

♦8 ♣8 > ***F22*** | *Andere Karte* > ***F29***

F95 „Soundcheck?! Was soll diese lächerliche Frage? Hier wird sich nicht aufgewärmt. Jeder Ton, der auf dieser Bühne gespielt wird, ist den Göttern geweiht! Und damit das klar ist: JEDE Note deiner putzigen Krachmacher könnte ihre LETZTE sein!"
Du lässt dich nicht von Lucivers' Erklärung abschrecken und bohrst nach: „Ich sehe gar keine Amps. Wie sollen wir hier bloß spielen?"
Der Dämon imitiert ein weinendes Kind, indem er sich wiederholt mit den Fäusten über die hummerroten Wangen streicht. „Wie sollen wir hier bloß spielen? Wie sollen wir hier bloß spielen?", äfft er dich nach. „Obwohl es hier weder ‚AC' noch ‚DC' gibt, wird jede erhobene Stimme, jede angeschlagene Saite und die Felle der Trommeln weithin zu hören sein. Diese Bühne hat einen höllischen Sound, das garantiere ich mit meinem guten Namen!"

Weiter > ***F50***

F96 Argwöhnisch knetet Lucivers den Kaugummi mit seinen knochigen Klauen, schnuppert daran und stopft ihn sich schließlich ins breite Maul. Schmatzend verdreht er die glühenden Augen. „Ausgezeichnet ... Mächtiger Geschmack!"
Während du angewidert den Blickkontakt mit der Geberin suchst, packen den Übertöner und Untertöne plötzlich heftige Krämpfe. Mit schmerzverzerrter Fratze hält er sich den fetten Wanst.

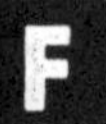

Dein getrockneter göttlicher Speichel, der sich im Kaugummi befand, bringt Lucivers' Verdauung in Wallung!

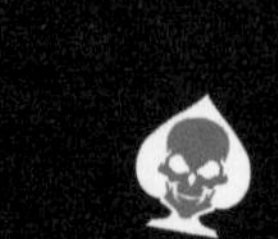

Streiche nun einen Punkt von ***Lucivers' Macht*** *ab!* F10

Der Unterwelt-Herrscher schluckt deine gut eingefädelte Falle (so wollen wir das mal stehen lassen) mit Fassung, bis die Schüttelkrämpfe schließlich nachlassen.

Vergiss nicht, dir die versprochenen ***5 Einfluss-Punkte*** *gutzuschreiben, aber streiche dir dafür* ***Jimis Kaugummi (gekaut)*** *vom Metal-Logbuch!*

Weiter > ***F21***

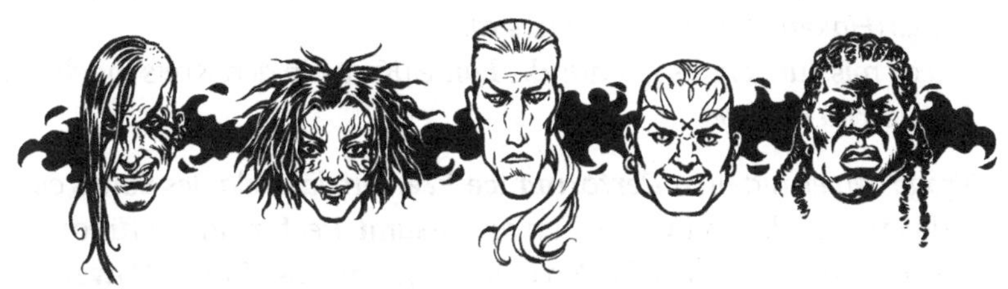

F97 Fate überreicht Joey nach dem zweiten Auftritt der Bad Band das Mikro, das eigentlich mehr einen symbolischen Staffelstab darstellt als wirklich notwendiges Equipment. Dabei zeigt der weißhaarige Sänger mit den eiskalten Augen Joey seine spitzen Eckzähne und flüstert düster: „Wir wählen ‚Diabolic'!"
Fates Mundgeruch, mit der Duftnote „erbrochener Eiersalat", ist betäubend. Du fragst dich, ob das den wildgewordenen Zombie-Girls jenseits des Lavagrabens klar ist, die dermaßen auf den geleckten Schleimbeutel abfahren.

Setlist Inferno in the Deep, 2. Set

Wähle nun ***3 Songs*** *aus dem* ***Repertoire*** *und versuche damit gegen die Stars der Musik-Hölle zu bestehen. Trage dazu die Track-Nummern im vorgesehenen Felder mit dem #-Symbol im* ***Gig-Muster*** *ein.* F100

Setlist-Einschränkungen:

- *Nur Songs des Genres* ***Thrash!***
- *Songs dürfen nicht zwei Mal während des gesamten* ***Inferno in the Deep gespielt werden*** *(weißt du doch). Stehen nicht genügend Songs zur Verfügung, müssen Felder leer bleiben.*

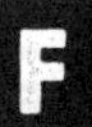

Inferno in the Deep, 2. Set
Gegner: Bad Band | Stil: Diabolic Metal
Battle Power: ***12***

Lege nun die ***Performance-Checks*** *der* ***Leader*** *für jeden Song ab!*
Achtung: Ist unter ***Road to Glory*** *Eintrag* ***#19*** *angekreuzt, sind die Checks um 1 leichter!*
Check gelungen: Addiere die ***Fame*** *und den* ***Anspruch*** *des gespielten Songs (Haken in den Kreis machen).*
Check misslungen: Es gilt nur die ***Fame*** *(Kreuz in den Kreis machen).*
Feld leer: 0 Punkte

Trage den ermittelten ***Performance-Wert*** *in das Feld des Songs ein. Addiere nun die drei Werte, um die* ***Gesamt-Performance*** *für dieses Set zu erhalten. Vergleiche den Gesamtwert mit der* ***Battle Power*** *des Gegners oben.*

Ist die ***Performance*** *der Metal Heroes gleich oder höher?*
Ja, 12 oder mehr > ***F105***
Nein, 11 oder weniger > ***F118***

F98 Du gibst deiner Band ein Zeichen, sie sollen loslegen. Joey, der die Diskussion natürlich mitverfolgt hatte, scheint seine Tonlage diesmal etwas höher anzulegen, als wolle er unterbewusst jemand imitieren.
Doch egal, wie sehr sich die Metal Heroes auch bei ihrem letzten Song ins Zeug legen, all ihre Energie verpufft letztendlich an der sich vor Lucivers manifestierenden Barriere aus Paragraphen und Gesetzen des Rock-Vertrages.

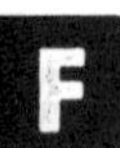

„GENUG!“, brüllt der Saboteur der Sackpfeife.

Weiter > ***F125***

F99 Brian ist außer sich. Die Kindheit mit seinen Großeltern ist eine einzige Lüge! Denn obwohl er nicht die hellste Kerze auf der Torte ist, hat er doch verstanden: Du bist sein Opa! Abgefahren.
Trotz seiner angestauten Wut bleibt er in der Spur. Wie ein Druckkessel hält er sich unter Kontrolle. Er weiß: Es geht jetzt um mehr als eine zeitmanipulierte Vergangenheit.
Gregoris Gespür für den richtigen Satz zum rechten Moment beweist er erneut, als er trocken meint: „Fehlt nur noch, dass du eine Schwester namens Leia hast, mein Padawan."

Kehre zurück zu ***F3*** *und mache dort weiter!*

F100 Die Fans sind in weiten Teilen bereits auf die Seite der Metal Heroes gewechselt. Das scheint die Bad Band allerdings nur umso mehr anzustacheln.
Fate growlt a cappella lateinische Verse, wie unheimliche Zitate aus einem Werk der schwarzen Magie. Seine Worte sind wie Schlangen aus dunklem Rauch, die sich aus seiner Kehle direkt in den Kopf der Zuhörer winden.
Den Abschluss setzt Foxy mit einem denkwürdigen Solo auf ihrer schwarz-roten Gitarre. Dabei klemmt sie den Korpus der Ibanez zwischen Schlüsselbein und Kinn und fiedelt wie eine wahnsinnige Teufelsgeigerin drauflos.
Es ist ein dynamisches, explosives und ohrenbetäubendes Ende einer bemerkenswerten Gewalterfahrung. Und egal, wie diese letzte Schlacht endet, du wirst es niemals vergessen (wenn es dumm läuft, heißt „niemals" in diesem Fall tatsächlich „niemals").
Es wird wieder dunkel. Die Spannung steigt. Die Metal Heroes warten auf ihren Felsplattformen. Sie sind die Herausforderer. Ihnen gehört der letzte Auftritt auf der Bühne der Unterwelt. Verdammt, jetzt kommt's drauf an!

ONLY: Achtung, Pussy! Würfle nun acht Mal!
Für jeden darfst du einen Punkt von ***Lucivers' Macht*** *F10 abstreichen.*
Ultimativer Spieltipp: Nutze die verbliebene ***Bandchemie****!*
Ignoriere ansonsten den Rest der nächsten Seite. Ist nur was für echte Rocker und Freaks!

F

Setlist Inferno in the Deep, letztes Set

Im Gegensatz zur bisherigen Vorgehensweise trägst du immer erst 1 Song aus dem **Repertoire** *an eine freie Stelle ins* **Gig-Muster** *ein und legst anschließend den erforderlichen* **Performance-Check** *ab.*
Achtung: Ist unter **Road to Glory** *Eintrag* ***#19*** *angekreuzt, sind sämtliche Checks um 1 leichter!*
Check gelungen: Addiere die **Fame** *und den* **Anspruch** *des gespielten Songs (Haken in den Kreis machen).*
Check misslungen: Es gilt nur die **Fame** *(Kreuz in den Kreis machen).*
Feld leer: 0 Punkte

Trage den ermittelten **Performance-Wert** *in das Feld des Songs ein. Dies wiederholst du solange, bis* **alle 9 Felder** *mit Songs belegt und ihre* **Performance** *ermittelt wurden.*

Setlist-Einschränkung:
- Songs dürfen während des gesamten **Inferno in the Deep** *nicht zwei Mal gespielt werden (wurde, glaub' ich, bereits erwähnt).*

Inferno in the Deep, Letztes Set

Gegner: Bad Band | Stil: Abyssal Catharsis
Battle Power: ? (siehe **Gig-Muster** *| alle Pfeil-Werte* **+1***)*

Berechne für jede Reihe, Spalte und Diagonale des **Gig-Musters** *jeweils die* **Combo-Performance** *der* **3 involvierten Songs***, indem du ihre einzelnen Performance-Werte aufaddierst.*
Da das **Gig-Muster** *insgesamt* **3 Reihen***,* **3 Spalten** *und* **2 Diagonalen** *hat, sind also* **8 Combos** *zu berechnen.*
Vergleiche nun jede **Combo-Performance** *mit der* **Battle Power***, die am Rand der jeweiligen Reihe, Spalte oder Diagonale in Form eines schwarzen Pfeils angegeben ist. Ist die Combo-Performance gleich oder höher als die Battle Power, darfst du einen Punkt von* **Lucivers' Macht** *abstreichen!* F10

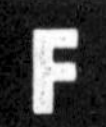

Hast du den **letzten Punkt** *von* **Lucivers' Macht** *abgestrichen, geht's sofort weiter!* > ***F57***
Konntest du dies selbst nach dem letzten Song nicht tun > ***F125***

Gig-Muster

INFERNO IN THE DEEP

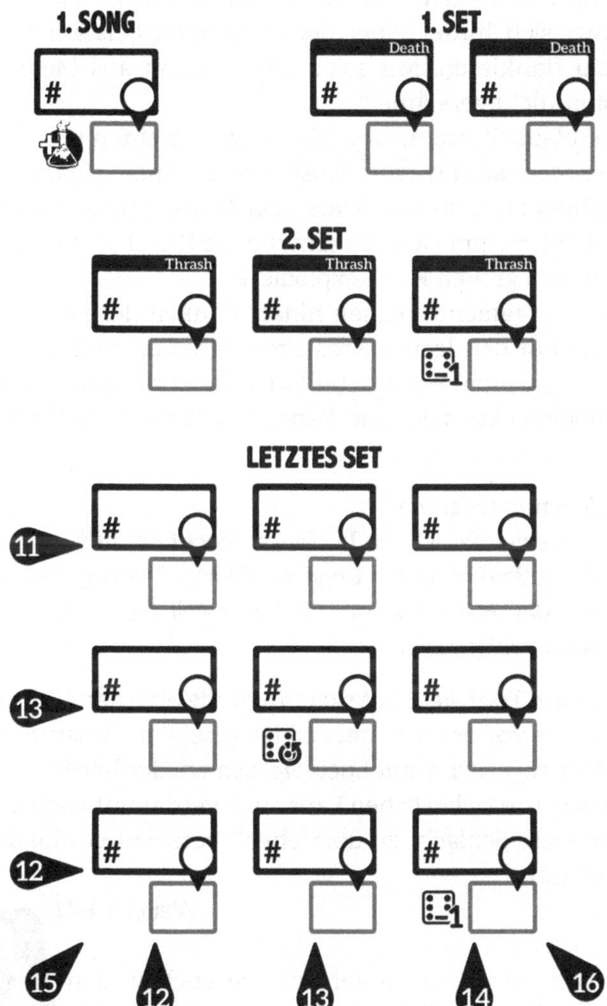

F

F101 Millionen von schreienden Seelen bilden überall in der Höhle Wirbel aus Staub und knisternder Energie, fegen über die Köpfe der Band und die Masse Geschundener hinweg und vereinen sich zu einem unbändigen Orkan purer Rock-Power!
Der Gott des Rock rüttelt euphorisch an den Stäben seines Käfigs, als könne er nicht glauben, was soeben geschieht. Lucivers indes verschanzt sich hinter einer der schwarzen Felssäulen, die den Thronsaal flankieren. Mit solch einer Legion aus Metal-Heroes-Fans hat er nicht gerechnet!
Wie eine bläulich-brennende Discokugel vereinen sich die Seelen über dem Meer aus Lucivers' Kreaturen zu einem gigantischen, im Takt des Metal Heroes Klassikers „Soul Reaper" pulsierenden Energieballs. Fanherz um Fanherz schwillt die Kugel an, bis sie schließlich mit einem großen Knall explodiert!
Brennende Fragmente regnen hinab, Funken der Fan-Seelen, die sich sofort mit den leeren Kreaturen vereinen und ihnen neuen Willen einhauchen! Schlagartig kippt die Stimmung. Die meisten der ehemaligen Fans der Bad Band skandieren nun für die Metal Heroes!

*Die **Bandchemie** steigt um 3!*
*Streiche nun einen Punkt von **Lucivers' Macht** ab!* F10
*Notiere dir außerdem unter **Road to Glory**, **Eintrag #19**, dass der **Aufmarsch der Heroes Army** die Unterwelt erschüttert, indem du dort ein ✖ im Kreis machst.*

Der Tilger der Tonträger hat sich hinter die eisernen Gitarrenhälse seines Throns verkrochen, um den freigesetzten Ansturm zu überstehen. Nur zögerlich traut Lucivers sich wieder hervor.
„Ihr werdet eure lächerlichen Fans auch verdammt noch mal brauchen, um diese Schlacht zu überleben", versucht er alte Stärke zu demonstrieren.

*Weiter > **F41***

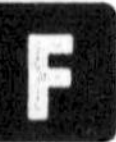

F102 Mit aller Vorsicht versucht ihr euch an den Wachen und ihren Sklaven vorbeizuschmuggeln. Während Leo und Joey Gregori an den Händen

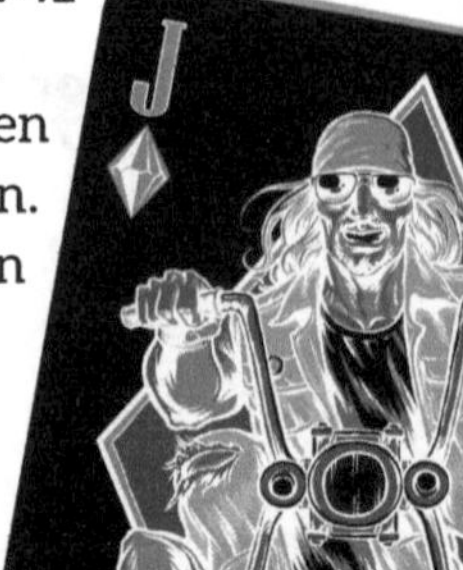

durch die schroffen Felsen führen, ist Brian bereits vorgegangen. Plötzlich verharrt der Frauenheld, steif und fest, starrt ins Leere, als hätte er einen Geist gesehen.
„Was ist los, Brian?“, ruft Joey energisch und rüttelt den Verstand seines Freunds zurück.
„Da – da war ein Zombie!“, stammelt Brian.
Er deutet auf einen der Felsen vor euch. Tatsache, da ist was!
„Hey, was fällt euch ein?“, hört ihr ein schwächliches, vorwurfsvolles Stöhnen. „Wer schimpft mich hier Zombie? Ich heiße Rob!“
Dann schiebt sich eine entstellte Hand, mehr Knochen als Fleisch, über die Felskante. Mit schabenden Schritten und leisem Ächzen tritt ein menschenähnliches Wesen hervor. Seine blaue Haut hängt in Fetzen von den Muskeln und das eingefallene Gesicht hat die Anmut einer wandelnden Moorleiche.
Das Monster, in der Kleidung eines Tankwarts der 60er-Jahre, scheint friedfertig. Zumindest versucht es zu lächeln. Dennoch machen alle einen Schritt zurück.
Joey will wissen, wieso es – oder er – in der Unterwelt ist.
„Wahrscheinlich aus demselben Grund wie alle hier“, klappert das Wesen traurig. „Ich bin irgendwann der falschen Musik verfallen. Es ist hoffnungslos. Der König des Krachs quält uns Nacht ein, Nacht aus mit diesem monotonen Tritonus.“
„Dann bist du eine dieser geschundenen Kreaturen?“ – „Nein, nein, ich bin eine verlorene Seele – zumindest laut meinem Vertrag.“
„Aha! Danke für die ... aufschlussreiche Info“, rümpft Joey die Nase. Im Namen seiner Freunde verabschiedet sich der Bandleader von der armseligen, zum Himmel stinkenden, Unterweltbekanntschaft.

Weiter > ***F10***

F103 Leo – eine clevere Wahl! Schließlich ist der Asia-Riese ein herausragender Gitarrist und hat mit seiner klassischen Musikausbildung Brian etwas voraus. Zumal der mit seinen Gedanken derzeit nicht ganz bei der Sache scheint.
Sofort legt Leo los und probiert einige Griffe auf Brians Gibson Explorer aus. Doch sein Spiel ist schräg und reicht in keiner Weise an Fuels Performance heran.

„Was ist los, Leo?", erkundigt sich Joey.
„Das wird nicht funktionieren. Ich kann den verfluchten Akkord nicht greifen. Das ist für einen Linkshänder mit umgedrehtem Griffbrett nahezu unmöglich."
„Und was is', wenn du wie'n Rechtshänder spielst? Das hast du doch schon öfters gemacht …"
„Stimmt schon, Brian. Aber mit Rechts kann ich das abartige Affentempo von diesem Lackaffen niemals mitgehen. So beschlagen bin ich nicht."
Brian geht ein paar Schritte vor und ruft zu Lucivers: „Okay, wir wechseln! Ich werde den Test ablegen!"
Der ist gerade dabei sich einen blutigen Snack zu genehmigen, überlegt und schüttelt den Schädel. „Nein! Ihr hattet euch entschieden. SO ISSES! Das überkandidelte Riesenbaby spielt!"
„Gut, Puster der Panflöte", klinkt sich Leo knurrend ein, „dann benötige ich eine Linkshänder-Gitarre!"
Fast verschluckt sich der Ober-Dämon am behaarten Schenkel in seinem Maul. „NEIN! Das ist gegen … gegen die Abmachung!" Mit fragendem Blick wendet er sich an seinen Gehilfen und flüstert hinter vorgehaltener Klaue: „… oder?"
„So ist es …", bestätigt der Unterwelt-Scherge, was Lucivers ein süffisantes „Na, endlich!" entlockt. „… den Kombattanten steht einzig das eigene Equipment zur Verfügung."

*Ist im Metal-Logbuch unter **Road to Glory** Eintrag **#3a** angekreuzt und steht dir mindestens noch **1 Einfluss-Punkt** zur Verfügung?*

*Klar, Mann! > **•F78***

*Nein, nein und nochmals nein! > **F69***

F104 Lucivers erhebt sich gelangweilt und es ist, als würde ein Riese die Sonne verdunkeln. Du bist diesem Gott schon einmal begegnet! Allerdings in einer weitaus menschlicheren Form, nämlich als schmieriger Geschäftsmann, damals im Viper Room, an dem schicksalhaften Tag, als der Truck deine Innereien auf dem Sunset verteilte! Ja, genau, was für ein Zufall …

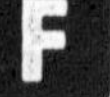

Willst du deine Erinnerungen wieder auffrischen, blättere nun nach ***15****, lies dir dort die Passage zwischen den Blitzen durch.*

„Ha, jetzt habe ich dich erkannt!", rufst du selbstbewusst. „Du bist doch Lex Lucius. Der Typ von Abÿss Records."
„Weder Körper noch Namen sind hier unten von Bedeutung!", versucht der Anführer der Unterwelt abzuwiegeln.
„Hey, Lucy, das muss dir nicht peinlich sein", spottest du. „Ich benutze bei Gelegenheit auch meinen Mädchennamen."
Vor Zorn gerötetem Schädel schnippt der Dämon mit den Klauen. Und als du eine Sekunde später wieder die Augen aufschlägst, hat er euch beide an einen anderen Ort teleportiert.

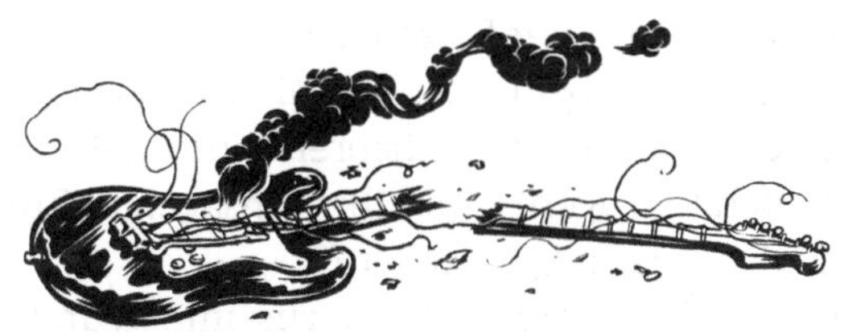

„Schluss mit lustig, Freundchen! Das ist MEINE Spielhölle und hier mach' ICH die Witze!", grollt er und schubst dich an einen großen mit Samt bezogenen Spieltisch, getragen von verblichenen Gebeinen. Schwerfällig setzt er sich neben eine bezaubernde Geberin mit feuerroter Beehive-Frisur. Sie grüßt schüchtern und deutet dir einen Knochenstuhl auf der gegenüberliegenden Seite. Ihr knappes Uniförmchen erinnert dich an die Liftgirls – offenbar das Markenzeichen aller Festangestellten auf Ewigkeit hier unten.
„Wir spielen Texas Hold 'em", brummt Lucivers erregt. „Allerdings in meiner favorisierten Variante: HELL STYLE. Bedeutet, kein Zwischensetzen oder sonst irgendwelche Faxen."
Mit einer kurzen Befehlsgeste seiner Pranke weist er die aparte Geberin an, die Regeln zu vertiefen. Sie flüstert: „Die Spieler erhalten je zwei verdeckte Handkarten. Anschließend werden fünf Karten aufgedeckt, die für beide Spieler gelten. Die beste Hand, gebildet aus fünf Karten, bestehend aus einer beliebigen Kombination eigener und offener Karten, gewinnt."

Du kratzt dir das Haupthaar. Lucivers verdreht die Augen und schnippt erneut mit den Klauen. Nach einer kurzen Schwefelverpuffung steht neben dir dein ängstlich dreinblickender Rockscherge, Quiff.

Mürrisch knurrt Lucivers: „Weil ich heute gut aufgelegt bin, darf dich der armselige Elvis-Imitator ausnahmsweise unterstützen. Zumindest ihm sollten die Regeln geläufig sein."

Leise ergänzt die Geberin ihre Erläuterungen: „Es werden drei Runden gespielt."

„KORREKT, meine Liebe! Und als Einsatz kann es natürlich nur um unsere Macht gehen. Um verlockend funkelnde Einflusskristalle. Sicherlich siehst du das genauso ... ODER?"

Du schaust dem Diktator der Dissonanz tief in die seelenlosen, finsteren Augenhöhlen. Er bemerkt dein Misstrauen.

„Ich schwöre bei der Seele meiner liebreizenden Geberin ... Sie wird weder lügen noch betrügen ... und ihre Ansagen in Zukunft LAUTER machen, nicht wahr, Schätzchen?"

Die Dame kneift die schwarzen Lippen zusammen und nickt zögerlich.

*Hast du mindestens noch **3 Einfluss-Punkte** zur Verfügung?*
*Ja, habe ich > **F21** | Nee, so gut bin ich nicht mehr ausgestattet > **F48***

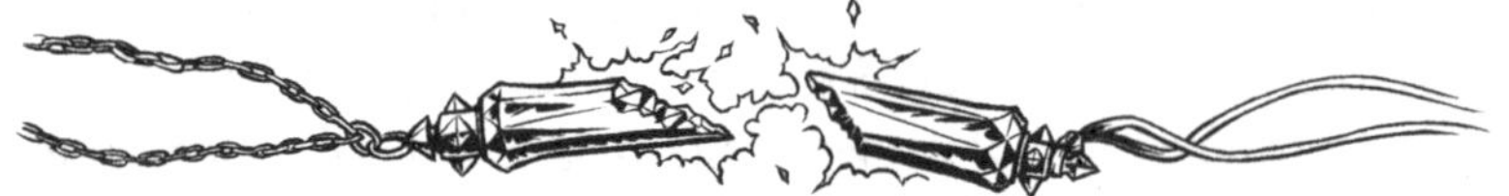

F105 Die Menge geht total ab! Beide Bands geben es sich dreckig und hauen sich die Riffs nur so um die Ohren. Zum Schluss haben die Metal Heroes das bessere Ende – und den Zuspruch der Fans – für sich!

Es ist eigentlich unmöglich, jedoch ist auf Lucivers' knallrotem Schädel so etwas wie Zornesröte zu erkennen. Der Vers-Vulkan steht kurz vor der Eruption!

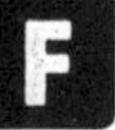

*Streiche nun einen Punkt von **Lucivers' Macht** ab!* F10
*Weiter > **F6***

F106 Mit zittriger Hand beginnt die Geberin die finale Runde zu verteilen.

Auf dem Tisch	*Lucivers*	*Taylor*
♣10 ♥K ♠K ♦A ♣A	? ?	♥A ?

Bevor die blasse Dame dir deine letzte Karte zuteilt, lässt du mit der einmaligen Fähigkeit der Zeitmanipulation das Geschehen einfrieren und erkaufst dir so einige Sekunden Bedenkzeit.

⏸ PAUSE
Wie, jetzt? Pausieren? Das geht auch?! Hätte mir das der Rock-Gott nicht schon früher sagen können? So 'ne Sauerei!

Lucivers sitzt still und starr, wie die gesamte Umgebung. In seiner hässlichen Fratze funkeln das Rot seiner dämonischen Augen und der Sabber auf seinem Maul. Er kämpft gegen den Frevel der Zeitmanipulation an. Du musst dich beeilen!
Du betrachtest die Karten auf dem Tisch und eilst hinter Lucivers Sessel, um einen Blick auf seine Hand zu erhaschen. Dummerweise hält er die Karten fest mit seinen Klauen verdeckt. Sollte er jedoch erneut zwei Könige haben, bleibt dir sowieso nur eine einzige Karte, die dir den Sieg bringt. Hastig nimmst du wieder Platz.
Quiffs unsichere Stimme, der selbst wie angewurzelt an deiner Seite steht, dringt in deine Gedanken:

„Lucivers falsch spielen! Ja, ja! Oder? Ja, ganz sicher! Gezinkte Karten. Taylor Meister! Mach's doch auch! Ja, spiel falsch ..."

Kontrolliere nun den Eintrag **Entfernte Pokerkarte** *im Metal-Logbuch. Ist dort eine der vier Karten markiert?*
Ja > ***F31*** | *Nein, ich musste die Markierung entfernen >* ***F77***

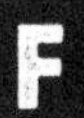

F107 Du bist stolz auf deine Jungs. Sie zeigen den Unterwelt-Pennern, warum sie es sind, die auf der Oberfläche, der Welt der Lebenden, den Ton angeben.

Etliche der verlorenen Seelen scheinen nicht mehr so verloren zu sein und bejubeln die Metal Heroes. Ein echter Affront Lucivers gegenüber! Der Schinder der Saiten stöhnt auf und hält sich die geschwungenen Hörner.
Mal sehen, was das Opfer der Oper noch alles auf Lager hat ...

*Streiche nun einen Punkt von **Lucivers' Macht** ab!* F10

*Weiter > **F27***

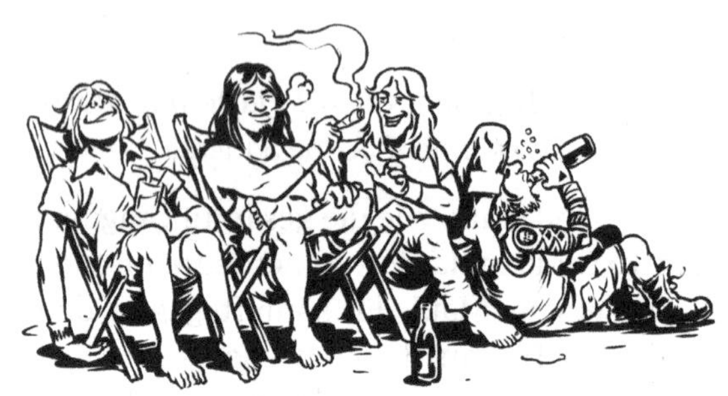

F108 In den blauen Augen des Rock-Gotts erkennst du einen Anflug von Rührung, als er dir vor Freude den Staub der Unterwelt von der Kutte klopft.
„Mann, Taylor, ich danke dir! Das war Rettung mit der letzten Rille. Und ohne dich wäre ich für immer da unten in diesem Musik-Alptraum gefangen. Und der Rock'n'Roll, so wie wir ihn lieben, im Arsch gewesen."
Ganz gepolt auf deine Beschützerrolle, willst du wissen, was nun mit den Metal Heroes geschieht.
„Es ist vorbei. Ich meine aber nicht ihre Karriere – die startet sicher durch. Nein, ich meine deine Aufgabe, sie zu unterstützen. Ab jetzt müssen sie alleine rocken."
Besorgt schaust du zu Joey, Leo und Gregori herüber. Sie lachen und feixen mit den unförmigen Gestalten der Unterwelt, als seien es Normalos von der Straße.

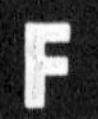

*Sind **alle Herzen** über Brians Kopf ausgefüllt?*

*Ja, alle 4 > **F35***
*Weniger > **F83***

F109 Jill betrachtet dich eindringlich, als wolle sie in dir etwas Besonderes erkennen. Traut sie dir die Rettung des Rock-Gottes etwa nicht zu? Undankbares Miststück!

Hast du unter ***Taylors Kram*** *eine* ***versteckte Woodstock-Karte*** *im Metal-Logbuch vermerkt?*

Ja, habe ich > ***F62*** | *Nein >* ***F90***

F110 „Kein Mann, da habt ihr Recht!" Wie auf Kommando wenden sich alle der Stimme zu, die es wagt, Lucivers ins Wort zu fallen. Es ist Jill, die selbstherrlich am Ufer des Lavasees im aufsteigenden Schwefeldampf posiert. Eine Hand in die Hüfte gestemmt, wirft sie ihre blonde Mähne zurück: „Sehr wohl jedoch eine Frau!"
Gregori, der wie seine Kollegen das Treiben mittlerweile an deiner Seite verfolgt, greift sich an den Kopf: „Wollen die uns verarschen? Das ist doch der älteste Trick, seit es Seelenverträge gibt, oder?"
Auch Lucivers kann es nicht fassen. Mit hochrotem Schädel schnaubt er seinen Schergen an: „IST DAS WAHR?"
„Ich fürchte, Eure Missgestimmtheit", antwortet der Angesprochene mit ruhig nickendem Köpfchen, „in diesem konkreten Fall kann man der Argumentation von Miss Janus durchaus folgen ..."
„WAS?! Wie kann das sein?", brüllt der Ober-Dämon und packt seinen Rechtsgehilfen am Kragen, der röchelnd fortfährt.
„Nun, Eure Taktlosigkeit, eine Erklärung wäre, dass bei Vertragsniederlegung Frauen in der Rock- und Metal-Musik de facto irrelevant waren. Dass sich dies einmal ändern könnte, hatten beide Parteien offensichtlich nicht bedacht."
Da hallt sonores Lachen durch die Höhle. „Beide Parteien? Seid ihr sicher?", höhnt der Rock-Gott zufrieden aus seinem Käfig. „Na, Lucivers, mein alter Freund, wie ist es, seine eigene Verarscher-Medizin verabreicht zu bekommen?"
Herausgefordert erhebt sich der Unterwelt-Herrscher vom Thron und setzt deinen Chef – mit nur einer Handbewegung – erneut quälenden Misstönen aus.
„PAH! Was wollt ihr Luschen überhaupt?!", faucht Lucivers. „Glaubt ihr, so ein Gender-Scheiß würde mich aufhalten? Egal ob Mannsbild oder Weib, ich werde jeden von euch eigenhändig mit meiner Axt spalten wie ein Scheit trockenes Holz!"

In Panik klammert sich Quiff an deinen Oberschenkel, als Lucivers die Pranke ausstreckt und seine im Thron verankerte Gitarre zu sich schweben lässt. Ihr Korpus ist einer mächtigen Kriegsaxt nachempfunden.
Blaue Blitze krachen durch die Luft, schlagen eine Brücke aus Energie zwischen Lucivers' Gehörn und dem diabolischen Artefakt, woraufhin die Klauen seiner rechten Hand stumpfer und flacher werden. Unfassbar – sie haben die Form von fünf Plektren angenommen!
Mit endlosem Wahnsinn im Blick genießt er die Aufmerksamkeit der Abertausenden. Als das Leder des Gitarrenriemens unter dem Druck seines sich hebenden Brustkorbes zerreißt, entflammen seine Augen ...

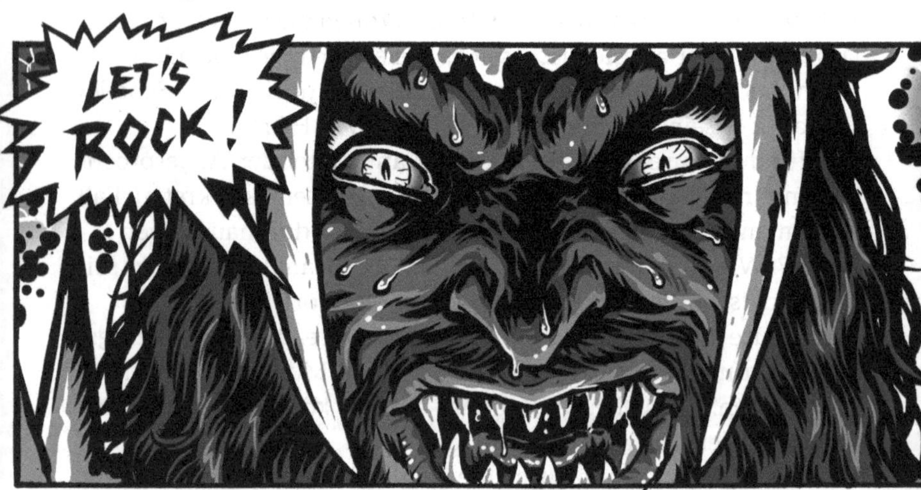

Lucivers' diabolischer Ruf donnert als diffuse Druckwelle durch die Unterwelt, reißt Staub und Dreck hinfort und erfasst selbst den allerletzten Fan. Die langen Haare der Metalheads flattern im Sog des Echos.

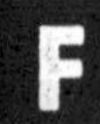

*Kontrolliere nun bitte den Kreis neben der Sektionsnummer **F111**. Ist er angekreuzt?*

Ja, ist er > ***F12*** | *Nein, keine Markierung >* ***F9***

○ **F111** „Entschuldigung, nicht so schnell! Bevor dieser Wettstreit entschieden wird, müssen wir uns noch über den Einsatz verständigen“, erklärt Lucivers todernst. „Welches Pfand bietet ihr mir an, damit ihr um das Leben eures altersschwachen Gotts spielen dürft?“
Das Klappern von Stiefeln mit hohen Absätzen zieht die Aufmerksamkeit auf sich. Jill steht neben dir mit verschränkten Armen. Ihre blauen Augen funkeln entschlossen.
„Höre, o scharfer Saitenschneider, ich, Jill, die schwarze Jägerin, will dein Pfand sein!“

Markiere nun bitte den Kreis neben der Sektionsnummer, als Beweis, dass du diesen Abschnitt gelesen hast.

Weiter > ***F24***

F112 In Herrscherpose bringt Lucivers die Massen zum Schweigen. „Werte Untertanen ... Leider ist Fuzz, der verehrte Bassist der Band, verhindert“, eröffnet der Macker der Mucke dem klagenden Publikum. Ein Suchscheinwerfer fängt am Rande der Bühne, quasi dem VUP*-Bereich, den zerknirscht dreinblickenden Hünen mit den geflochtenen Haarpeitschen ein. Den rechten Arm eingegipst und in einer Schlinge, grüßt er die Fans mit der freien Hand.
Lucivers zieht die allgemeine Aufmerksamkeit wieder auf sich: „Aber kein Grund zur Besorgnis, wir haben natürlich akkuraten Ersatz gefunden.“
Ungläubiges Entsetzen ist deinen Schützlingen ins Gesicht geschrieben, als die Vertretung die Bühne betritt, sich abfeiern lässt und sich mit den anderen Bad-Band-Mitgliedern abklatscht.
„Scheiße, das ist doch Paul!“, brüllt Brian schockiert.
Eindeutig: Der Typ ist – wenn auch abgemagert und fahl – der alte Bassist der Metal Heroes, Paul Tornbridge!
Das Publikum verspottet den Neuzugang von der verhassten Oberwelt und Lucivers weiß, was zu tun ist, soll die Stimmung nicht kippen: „Ja, meine Untertanen! Ich verstehe eure Missgunst! Wer will sich schon so einen hässlichen Menschen anschauen müssen.“
Lucivers schnippt mit den Fingern und Paul verwandelt sich vor

F

*) *VUP = Very Undead People*

den Augen seiner alten Bandmitglieder und unter dem Jubel der Fans in Fuzz' Ebenbild!
„Es ist wie überall im Musik-Biz", murmelt der Meister der Unterwelt dir zu und zuckt mit den Achseln. „Selbst diese verknitterten Kreaturen lassen sich von Äußerlichkeiten blenden."

Besitzt Gregori sein ***Special****?*
Ja > ***F14*** *|* *Nein >* ***F81***

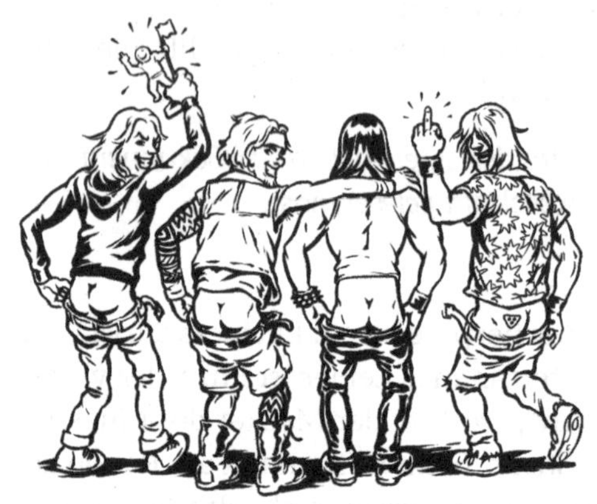

F113 Auch wenn die hasserfüllte Anti-Stimmung noch immer grenzenlos scheint, glaubst du doch, dass vereinzelte Seelen vom Spiel der Metal Heroes ergriffen sind. Hie und da ist sogar Jubel und Klatschen zu vernehmen. Das schmeckt Lucivers überhaupt nicht. Erbost drückt er sich aus den Polstern seines Throns.

Streiche nun einen Punkt von ***Lucivers' Macht*** *ab!* F10
Erfahre, was er zu sagen hat > ***F45***

F114 „Ha! Dein Erstgeborenes?" Lucivers ist erfreut ob der neuen, unverhofften Option. Darüber muss er kurz nachdenken und winkt seinen Schergen heran.

Ist im Metal-Logbuch unter ***Road to Glory*** *Eintrag* ***#16*** *angekreuzt?*
Ja > ***F3***
Nein > ***F59***

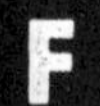

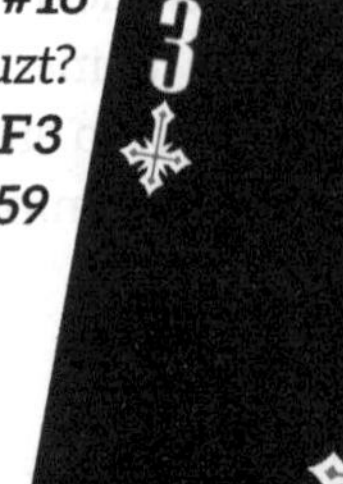

F115 „Interessant", schnuppert Lucivers an der Alufolie. „Ja, das gefällt mir!"
Mit dem Selbstbewusstsein eines Fast-Rock-Gotts schlägst du sogar einen weiteren Kristall heraus, so sehr fährt der Artefakt-Liebhaber auf den Geschmack deines Mitbringsels ab. Schmatzend löst er sein Versprechen ein.

Schreibe dir geniale ***6 Einfluss-Punkte*** *gut, aber streiche dafür* ***Jimis Kaugummi (eingewickelt)*** *vom Metal-Logbuch!*

Weiter > ***F21***

F116 Du spürst in deinem Geist einen schmerzvollen Widerstand, als würdest du deine Rübe gegen einen Steinwall schlagen. Plötzlich steht ein gebeugter Herr in feiner mittelalterlicher Kluft hinter euch. Wie aus dem Nichts ist er aufgetaucht.
Er deutet eine Verbeugung an, fasst sich in die edle Kutte und holt eine Pergamentrolle samt Federkiel hervor. „Wen darf ich dem Usurpator der Unterwelt melden?"
Er wirkt souverän, fast schon gelangweilt.

Was nun, lieber Rock-Gott?
Schweigend abwarten > ***F71***
Auf Attacke schalten! > ***F5***
Ich stelle mich und die Band standesgemäß vor > ***F15***

F117 Als du Brian bei seiner Mammutaufgabe auf die Hände schaust, wird dir wieder klar, dass der Heroes-Leadgitarrist dank deiner ungeschützten Gen-Übergabe in Woodstock mit einem zusätzlichen Finger ausgestattet ist.
Mit einer Mischung aus Peinlichkeit und Stolz verfolgst du den Test. Irgendwie wirst du das Gefühl nicht los, seine körperliche Extravaganz könnte ihm jetzt helfen ...

Weiter > ***F91***

F118 Du bist überrascht von der Vielseitigkeit der Bad Band. Sie fühlen sich offenbar ebenfalls in unterschiedlichen Metal-Genres zuhause.

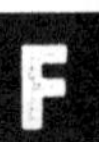

Lucivers, den du schon lange mit seinen extremen Gefühlsregungen durchschaut hast, ist wieder obenauf: „Ich muss gestehen, mittlerweile kann ich diesem neumodischen Kram etwas abgewinnen."

*Dein **Einfluss** sinkt um 1!*

Weiter > ***F6***

F119 Verwirrt registrierst du den zweiten, etwas lauteren Versuch der Dame, dich zu begrüßen. Du nickst enttäuscht und trittst unter Lucivers' Gelächter in den edlen Aufzug hinein. Es riecht nach Flieder.

Weiter > ***F126***

F120 „Bitte, bitte, hört endlich auf mit diesem schrecklichen Sirenengesang! Das halte ich nicht länger aus!", wimmert Lucivers, der gezeichnet von der vernichtenden Niederlage im Staub liegt. Selbst seine Axt hat aus dem musikalischen Kampf gegen die geballte Frauenpower tiefe Scharten davongetragen.
Während Verdammte sich frohlockend in den Armen liegen und verlorene Seelen befreit umhertreiben, umklammert der Bewahrer der Blockflöte sein Instrument wie ein Kind seinen Teddybär.
Es ist nicht zu fassen: Lucivers musste zum ersten Mal seit Anbeginn der Musikzeitrechnung, also seit das Ur-Metronom den allerersten Takt vorgab, eine Niederlage einstecken!

*Notiere dir unter **Road to Glory**, Eintrag **#20b**, dass du Lucivers **mit Charlotte gedemütigt** hast, indem du dort ein ✖ im Kreis machst.*

*Wie hoch ist die finale **Fanbase** der Metal Heroes?*

MAX**, Baby! >* ***F88

*Geringer (*grummel*) >* ***F108***

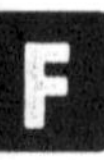

F121 Ihr marschiert einige Meilen durch finstere, stickige Gänge und du, als alter Technikverweigerer, musst gestehen: Die Smartphones der Metal Heroes haben zwar einen echt miesen Empfang in der

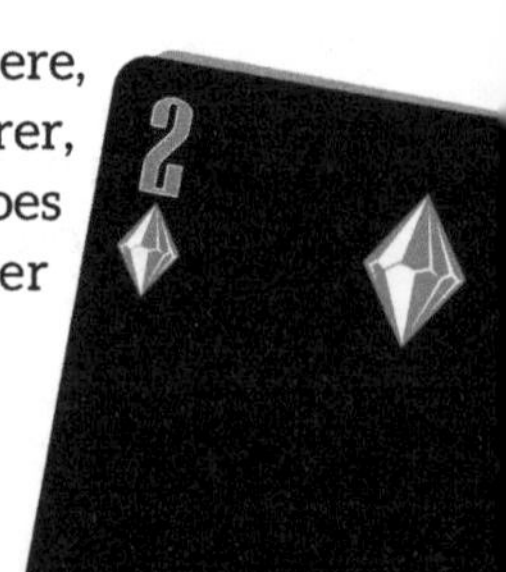

Unterwelt, dafür jedoch eine verdammt praktische Taschenlampen-Funktion!
Endlich weitet sich der Gang in eine gigantische Höhle, gehüllt in einen Schleier wabernden Qualms. Lavaströme winden sich zäh brodelnd durch den schwarzen Felsen.
An ihren Ufern stehen gebeugte Menschen in Lumpen und per schweren Ketten aneinandergefesselt. Mit langen Eisenkellen schöpfen sie Schlacke aus dem Fluss. Über den Gefangenen schweben riesige, groteske Kreaturen, zusammengesetzt aus diversen Menschen- und Tierkörpern.
Wahllos schlagen sie mit Peitschen aus Feuer auf die Sklaven ein, die die Bestrafung stoisch ertragen. Es macht den Anschein, sie stöhnen bloß auf, um ihren Peinigern die Genugtuung zu geben, gut gezielt zu haben.
Du blickst in die entsetzten Gesichter der Metal Heroes. Den Vieren ist der Spaß schon lange vergangen. Du packst sie bei der Ehre und versprichst, ihnen wird nichts geschehen. Naja, glaubst du das wirklich?
„Mann, Taylor“, flüstert Joey, „hätte ich gewusst, wo du uns hinschleppst, hätte ich mir noch ein paar Extra-Unterhosen eingepackt.“

Wollt ihr rechts oder links an der Sklavengruppe vorbeischleichen?

*Rechts hört sich gut an > **F102** | Nein, nein, nach links > **F53***

*Moment! Doch lieber rechts ... > **F102***

*Ach, Scheiße ... links! > **F53***

*Knifflig, hm?! Denn sei gewarnt: Rechts könnte der Tod lauern (**F102**). Vielleicht aber auch links (**F53**). Ach, was weiß ich ...*

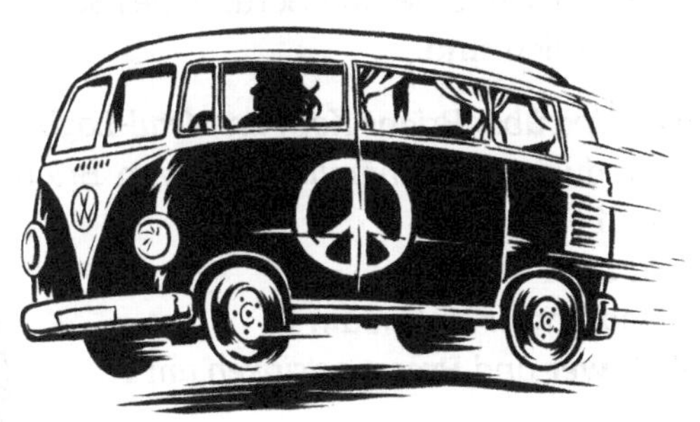

F

F122 Ungebrochen werden die Metal Heroes mit Schmährufen und Abscheu bedacht und vereinzelt werfen Zuschauer Felsbrocken Richtung Bühne, die jedoch nicht weit genug fliegen und im Lavagraben verdampfen.
Lucivers ist die Schadenfreude anzusehen. Hämisch blickt er zu dir herüber, zieht eine Grimasse und zuckt mit den breiten Schultern. Entschlossen erhebt er sich.

*(Die **Bandchemie** sinkt um 1!)*

Mal sehen, was er zu sagen hat > ***F45***

F123 Gregoris Gesicht entspannt sich, als er bemerkt, wie klar die Muster vor seinem geistigen Auge plötzlich werden. Sein Punch wird sicherer, der Druck präziser. Er spielt in einer Liga mit dem wahnsinnigen Bad-Band-Drummer!
„Wie ist DAS möglich?!", schreit Lucivers gepeinigt über die Köpfe der Massen hinweg. Wieder haben sich etliche ehemalige Fans der Bad Band auf die Seite der Metal Heroes geschlagen, was den Fürsten der Frets weitere Energie kostet, die sich knisternd aus seinem Leib löst und am Fuße des Throns im Urgrund der Unterwelt versickert.

*Streiche nun einen Punkt von **Lucivers' Macht** ab!* F10

Weiter > ***F86***

F124 Brians Herz ist zerfressen von Zorn und Hass. Sein Schwarm ist zu einer von Lucivers Marionetten verkommen! In diesem Moment der Wahrheit spüren nicht nur du und die drei anderen Metal Heroes, wie tief die Gefühle des Sunnyboys gegenüber Dawna tatsächlich sind.

*Wie viele **Herzen** sind über Brians Kopf im Metal-Logbuch ausgefüllt? Für jedes **Herz** reduziert sich nämlich eine von Brians Eigenschaften um 1 Punkt!*
*1 Herz: **Skill** sinkt um 1*
*2 Herzen: **Skill** und **Power** sinken um 1*
*3 Herzen: **Skill**, **Power** und **Presence** sinken um 1*

F

3

(Nimm alle nötigen Anpassungen vor, indem du verlorene Balken ausradierst. Es kann keine Eigenschaft unter ihren Startwert fallen ... wäre ja auch schwierig zu radieren.)

Das ist hart, aber nicht zu ändern > **F28**

Es sei denn ... Ja, es sei denn, es sind ***alle 4 Herzen*** *ausgefüllt* > **F92**

F125 Mit einem gewaltigen Satz springt Lucivers vom Thron inmitten der armseligen Kreaturen. Knurrend schwingt er seine Axt wie eine Sense von einer Seite zur anderen und schlägt erbarmungslos eine Schneise zur Bühne.

Schreie schallen durch die Höhle. Körper wirbeln wie aufgewirbeltes Laub zur Seite. Panik erfasst die Massen. Schwächere Unterwelt-Sklaven werden zurückgedrängt und stürzen hilflos in die Fluten der brodelnden Lava.

„AUS! VORBEI!", kreischt Lucivers im Rausch, die Brust stolzgeschwellt. „Ihr nassen Jammerlappen hattet eure Chance! Ihr hättet mir den Anspruch auf den Rock-Olymp verwehren können. YEAH! Doch ihr habt euren Einsatz verbockt, ihr erbärmlichen Gossen-Musikanten!"

Lucivers' nicht enden wollendes, wahnsinniges Gelächter lässt die Höhlenwände erzittern. Unter deinen Füßen reißt der Fels entzwei. Tosend stürzen die Aufbauten der Bühne ein. Schwarze Staubwolken rollen über dich.

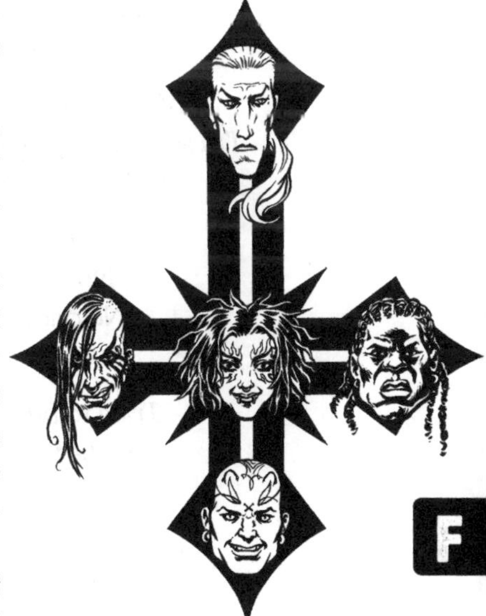

Deine Kraft schwindet. Du kannst den neuen Meister der Musik nicht aufhalten, als er unter einem ohrenbetäubenden Bass-Stakkato die Weltenmembran zerreißt und sich die Mächte der diabolischen Klänge ihren Weg auf die Oberfläche bahnen.

DIABOLIC POWER OFF!

(Repeat Final Track! > ***F1****)*

F

F126 Glückwunsch, du hast es vollbracht! Die Rock-Welt ist gerettet, das Gleichgewicht im Musik-Pantheon wiederhergestellt und du darfst dein Dasein auf Erden mit neuer Selbst(ver)achtung wieder aufnehmen. Ja, L.A. steht noch und ist genauso beschissen wie eh und je. Nunmehr jedoch mit einem strahlenden Licht.
Egal wie das Leben weitergeht – eines ist sicher: Das nächste Album der Metal Heroes kommt bestimmt! Und diesmal ganz ohne göttliche Hilfe. Verdammt, irgendwie stimmt dich der Gedanke daran etwas wehmütig, oder?

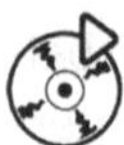

*Lege nun zur Belohnung für deine Leistung den **Metal-Heroes-Soundtrack** ein und spiele **Track 14** ab!*

„Winternight“
SYMPHONIC METAL

Mournful cries are in my mind
In this stormy winternight
Paint a shadow on my heart
A black cloud rains over me

See, this is me, no pleasure to see
Still the dark cloud is surrounding me
I'm scared, to be a different kind of my own
And the storm is raging on and on

Cold winternight
No way out of the dark
No one's leading me back
Where I belong

Tried to breathe in rays of light
I can't be without my winternight

See, this is me, no pleasure to see
Still the dark cloud is surrounding me

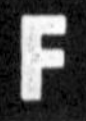

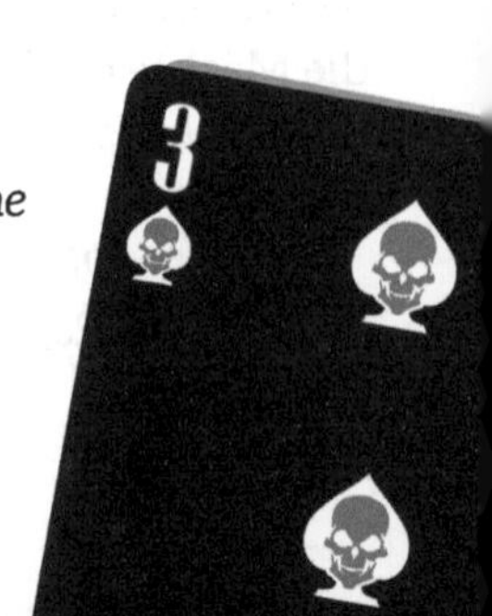

I'm scared, to be a different kind of my own
And the storm is raging on and on

Cold winternight
No way out of the dark
No one's leading me back
Where I belong

Uncovered secrets will never be found
No rebirth, no regrets
never be the one to hold

Cold winternight
No way out of the dark
No one's leading me back
Where I belong

Uncovered secrets will never be found
No rebirth, no regrets
I'll never be the one to hold

„Winternight" (2016) von Visions of Atlantis
Power/Symphonic-Metal-Band aus Österreich

DANKE FÜRS SPIELEN!

Die Metal Heroes kehren 2032 zurück auf ihrer
„Heroes Grind The Universe"-Tour

VOCALS + RHYTHM GUITAR

JOEY

X

Joey Morgan, aufgewachsen als betuchter Sohn einer angesehenen Anwaltsfamilie in Pasadena, wurde bereits in jungen Jahren durch die legendären Vinyl-Scheiben seines Großvaters mit dem Rock-Virus infiziert. Entsprechend früh war der Weg des schlaksigen und intelligenten Jungen vorgezeichnet: Während er zunächst gegen die Widerstände des Vaters auf einer abgefuckten akustischen Gitarre das Zupfen lernte, wechselte er später zum harten E-Stoff und wollte nicht mehr ohne Verstärker und Verzerrer leben.

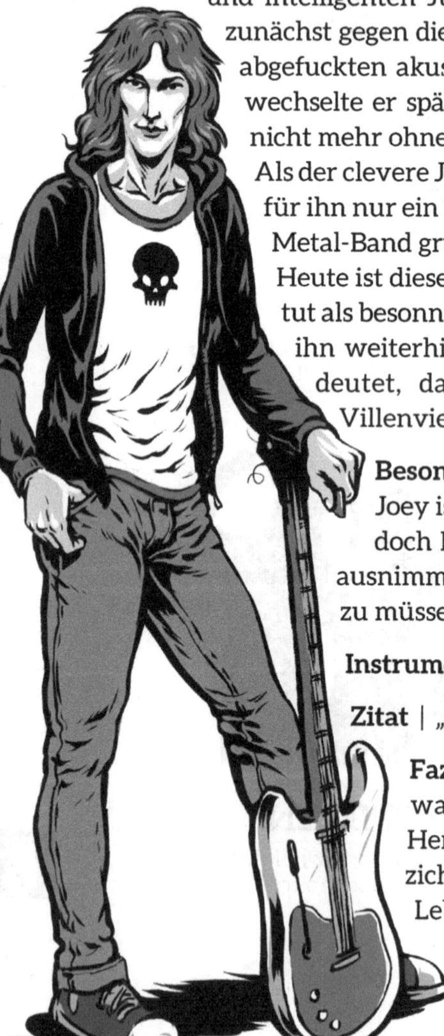

Als der clevere Joey auf die High School kam, gab es für ihn nur ein Ziel: Mit seinem Kumpel Brian eine Metal-Band gründen!

Heute ist dieser Traum wahr geworden und Joey tut als besonnener Bandleader alles dafür, dass er ihn weiterhin leben darf, selbst wenn dies bedeutet, das gemachte Nest in Pasadenas Villenviertel hinter sich zu lassen.

Besonderheiten | Der sprachbegabte Joey ist eigentlich Brillenträger, nutzt jedoch Kontaktlinsen, die er vor Gigs herausnimmt, um die Fanmassen nicht sehen zu müssen.

Instrument | 1967er Fender Stratocaster

Zitat | *„Metal ist Freiheit!“*

Fazit | Eloquenter Anführer mit wandelbarer Stimme und großem Herz. Für seinen Musiker-Traum verzichtete er auf sein altes, vergoldetes Leben.

*ACHTUNG! Kreuze nun im Metal-Logbuch den ersten **Geldschein** hinter Joeys **Kreditkarte** an!*

LEAD GUITAR

BRIAN

Brian Farlane ist ein gutaussehender Draufgänger und Vollblut-Gitarrist, vor dem kein Rock sicher ist – weder der gespielte, noch die getragenen. Nur allzu oft erliegen die Damen seiner lockeren, einnehmenden Art, seinem rustikalen Charme und den kristallblauen Augen. Zumal er keine Chance auf eine flotte Anmache – sei sie auch noch so plump – auslässt.
Brian kennt seinen Kumpel Joey, seit sie als kleine Hosenscheißer durch die Sandkästen der elitären Privat-„Kindergarden" Pasadenas krabbelten, um im Teeniealter gemeinsam den befreienden Sound des Metal zu entdecken.
Seine vielbeschäftigten Eltern waren oft auf Geschäftsreise, weshalb Brians Erziehung an Nannys und seiner coolen Hippie-Großmutter Roswita hängenblieb.
Der Student zeigt mehr Interesse an den Kommilitoninnen, dem Sportangebot und seiner geliebten E-Gitarre, als am Studium selbst.

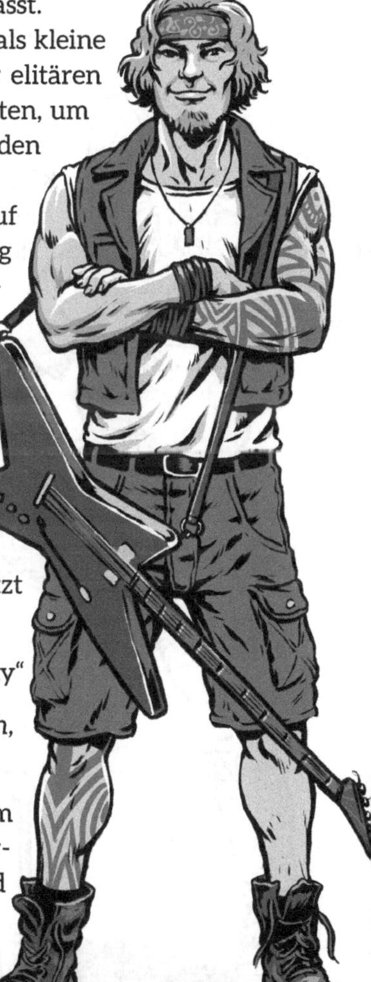

Besonderheiten | Seine Wortwahl ist ungehobelt und schlicht, weshalb er von vielen als unterbelichtet unterschätzt wird.

Instrument | 1976er Gibson Explorer „Rusty"

Zitat | *„Ein Leben ohne Möpse ist möglich, aber sinnlos."*

Fazit | Frauenheld mit besonderem Charme und liebenswerter Selbstüberschätzung. Steht loyal zu Freunden und Band.

DRUMS

GREGORI

X

Gregori Popov kam im zarten Alter von sechs Jahren im Gepäck russischer Einwanderer über Detroit ins sonnige Kalifornien. Als Teenager litt er extrem darunter, keinen Anschluss zu gewinnen, was nicht zuletzt an seinem Akzent und seiner Behinderung (er ist von Geburt an blind) lag.

Bis heute ist der Querdenker schweigsam, weiß jedoch in den richtigen Momenten mit pointierten Kommentaren und Analysen zu überraschen. Ans Drum-Kit gesetzt, verliert er hingegen alle Hemmungen.

Der bekennende Hawaiihemd-Liebhaber und Klettverschluss-Träger ist mit seiner Nachbarin **Dawna Torin**, einer selbstbewussten Studentin aus Santa Monica, befreundet. Sie wird von Gregoris Eltern bezahlt, ihn zu seinen Terminen kreuz und quer durch die Stadt zu kutschieren.

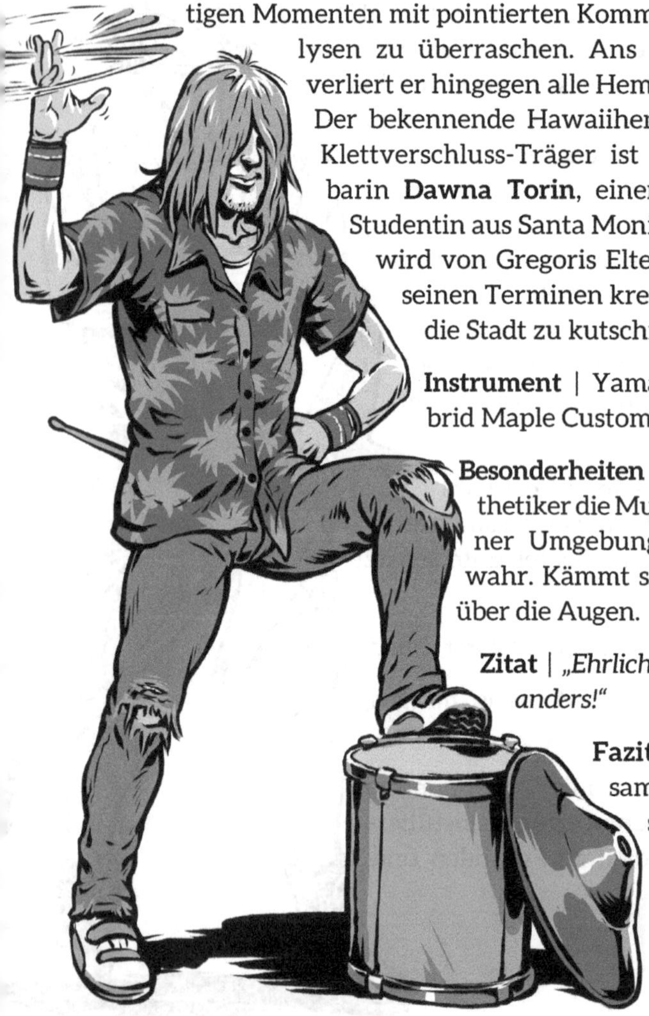

Instrument | Yamaha Absolute Hybrid Maple Custom Drum Kit

Besonderheiten | Nimmt als Synästhetiker die Musik und Klänge seiner Umgebung in Farbmustern wahr. Kämmt sich stets die Haare über die Augen.

Zitat | *„Ehrlich, ich sehe das total anders!“*

Fazit | Das schweigsame Tier mit dem besonderen Blick.

BASS

LEO

Leonardo Usano ist der jüngste Spross einer philippinischen Akademiker-Familie, die Mitte der 80er in die USA emigrierten. Aufgewachsen in Los Feliz im Norden LAs, genoss er sowohl eine intensive humanistische Schul- als auch klassische Musik-Ausbildung, was sein außerordentliches Talent an Klavier, Geige und Klarinette früh förderte.

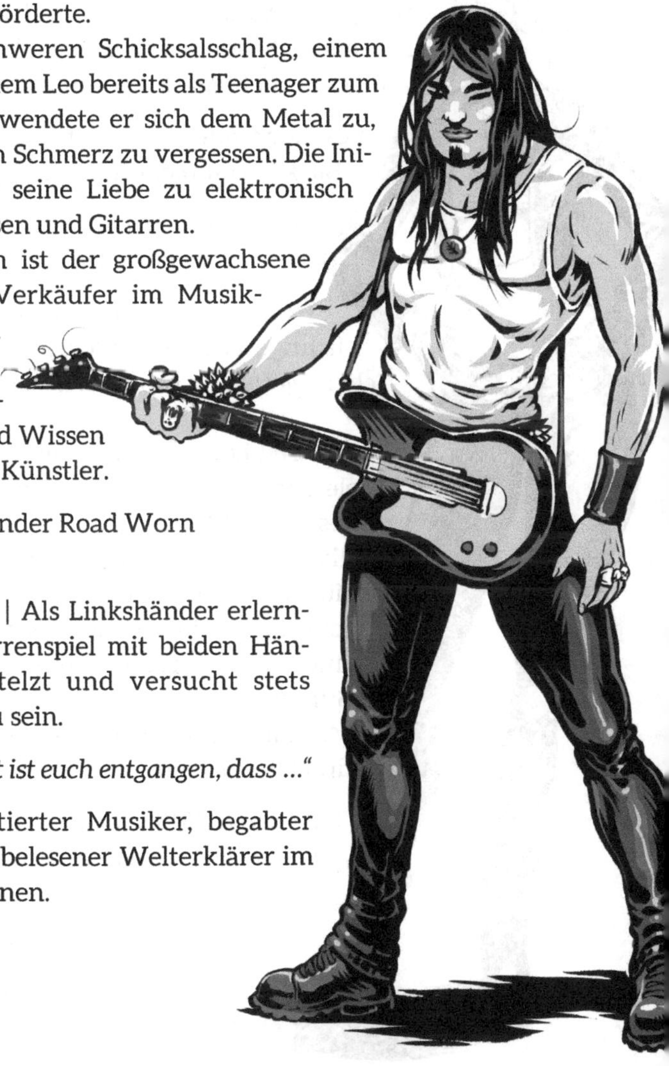

Nach einem schweren Schicksalsschlag, einem Autounfall, bei dem Leo bereits als Teenager zum Waisen wurde, wendete er sich dem Metal zu, der ihm half, den Schmerz zu vergessen. Die Initialzündung für seine Liebe zu elektronisch verstärkten Bässen und Gitarren.

Seit fünf Jahren ist der großgewachsene Leo der beste Verkäufer im Musikladen „Wishlist“. Dort beeindruckt er mit seinem Können und Wissen selbst berühmte Künstler.

Instrument | Fender Road Worn Precision Bass

Besonderheiten | Als Linkshänder erlernte Leo das Gitarrenspiel mit beiden Händen. Redet gestelzt und versucht stets super-korrekt zu sein.

Zitat | *„Vielleicht ist euch entgangen, dass …“*

Fazit | Introvertierter Musiker, begabter Songwriter und belesener Welterklärer im Körper eines Hünen.

SUPPORTER

JILL

X

Jill Janus wurde in den Catskill Mountains des Bundesstaats New York geboren und erlernte während ihrer kurzen Kindheit alles, was sie später zu einer selbstständigen, toughen Frontfrau formte. Ihre alleinerziehende Mutter förderte früh ihr Gesangs- und Schauspieltalent. Neben dem Metal gilt ihre ganze Aufmerksamkeit und Kraft dem Übersinnlichen: „Schönheit und Jugend sind vergänglich, Macht und Magie hingegen währen ewiglich."

Besonderheiten | Ihr unbeugsamer, stechender Blick verrät nichts über ihre schwarze Seele.

Zitat | *„Verharrt in Angst und ihr werdet vergehen, ihr tauben Hüllen!"*

Fazit | Eine ebenso mysteriöse wie zwielichtige Hexe der Moderne, deren tatsächlichen Motive im Dunkeln liegen.

Im wahren Leben | ... war Jill Janus mit Leib und Seele Sängerin und der real gewordene Traum eines jeden Metal-Heads: ein blondes Biest mit Julliard-Abschluss und Playmate-Vergangenheit. Die Sirene der Finsternis lockte ihre Opfer nicht nur mit ihren Reizen, sondern ebenso mit einer vier Oktaven umfassenden Sopran-Stimme.
Mit ihrer Band Huntress veröffentlichte sie drei Studioalben.

Im August 2018 verstarb Jill Janus mit nur 43 Jahren in Portland, Oregon.

Mehr zu Jill Janus
de.wikipedia.org/wiki/Jill_Janus

SUPPORTER

CHARLOTTE

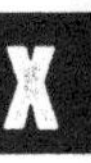

Die weltoffene und begeisterungsfähige Sänger-Songwriterin **Charlotte Wessels** aus Zwolle war zwischen 2005 und 2021 Gesicht und Stimme der niederländischen Symphonic-Band Delain.
Der Weg der rothaarigen Frontfrau in die Metal-Szene war früh vorgezeichnet: Mit 15 Jahren schloss sie sich einer Gothic-Gruppe an. Später vertiefte sie – auf Anraten einer Gesangslehrerin – ihr außergewöhnliches Talent in Jazz und Klassik, was die sonst so bescheidene Holländerin heute dazu befähigt, auf der Bühne stimmgewaltige Stürme zu entfesseln.
Mit Interesse verfolgt sie den Werdegang der Metal Heroes, da sie die Idee einer breitgefächerten Combo spannend findet.

Besonderheiten | Erkennt in jedem Menschen das Einzigartige.

Zitat | *„Lebe deinen Traum, aber verträume nicht dein Leben."*

Fazit | Gebildete, zurückhaltende Frontfrau mit wandelbarer Stimme, die weiß, was sie will.

Im wahren Leben | ... hat Johanna Charlotte Wessels – so ihr voller Name – Universitätsabschlüsse in Kunstgeschichte sowie Genderforschung erlangt und ist neuerdings im Musical-Projekt Phantasma als Sängerin und Songwriterin involviert. Gemeinsam mit Delain hat sie sechs Studio-Alben hervorgebracht. Mit den beiden Teilen zu „Tales From Six Feet Under" (2021 bzw. 2022) startete sie in ihre Solo-Karriere. Ihr aktuelles Album ist „The Obsession" (2024).

Mehr zu Charlotte Wessels
de.wikipedia.org/wiki/Charlotte_Wessels

REPERTOIRE

X

DIE GENRES DES HEAVY METAL

An dieser Stelle findest du einen kleinen Überblick über die im Metal-Logbuch aufgeführten Genres*. Mit ihnen kommen die Metal Heroes voraussichtlich während ihrer Karriere in Berührung.

Classic

Der klassische Heavy Metal zeichnet sich durch laute, verzerrte Gitarren, schwere Bässe und kräftigen Gesang aus. Eine typische Band besteht aus Schlagzeuger, Bassist, Rhythmusgitarrist, Leadgitarrist und Sänger, wobei es üblich ist, dass dieser auch eines der Instrumente spielt. In der Regel entsteht zwischen Leadgitarrist und Sänger, die beide als treibende Kraft einer Metal Band wahrgenommen werden, eine einzigartige, künstlerische Spannung.

***Genre-Ikonen**: Black Sabath, Iron Maiden, Judas Priest, Motörhead*
Performance**-Eigenschaft: **Presence

Death

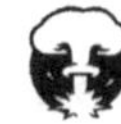

Death Metal gilt als extremes Sub-Genre des Metal. Typisch sind seine sehr tief gestimmten Gitarren und Basse sowie der häufige Einsatz von Doublebass- und Blastbeat-Techniken des Schlagzeugs, die den martialischen Melodien noch mehr Dominanz und Wucht verleihen. Die Liedtexte vermitteln eine nihilistische Weltanschauung, es geht häufig um Leid und Tod. Der Gesang ist guttural und wird als Growling oder Grunt bezeichnet.

***Genre-Ikonen**: Autopsy, Cannibal Corpse, Morbid Angel, Possessed*
Performance**-Eigenschaft: **Power

**) Kaum eine andere Musikrichtung hat so viele Sub-Genres hervorgebracht wie Heavy Metal, daher ist diese Genreunterteilung freilich eine starke Vereinfachung und wurde als praktikable Annäherung für dieses Spielbuch gewählt. Also kein Grund, sich hier aufzuregen! Wer mehr über die Entwicklung des Metal erfahren möchte, dem sei an dieser Stelle die einzigartige TV-Doku „Metal Evolution" von Sam Dunn empfohlen. https://de.wikipedia.org/wiki/Metal_Evolution*

Thrash

Thrash Metal* gilt als Verschmelzung von Schnelligkeit und Aggressivität. Ursprünglich zeichnet sich dieser Stil vor allem durch schnelle Drumlines und präzise gespielten Riffs aus. Aber auch das Shredding, eine anspruchsvolle Gitarren-Solotechnik, spielt eine gewichtige Rolle. Die klaren und direkten Texte des Thrash Metal prangern oftmals Missstände der Gesellschaft an. Das Gesangsspektrum ist sehr variantenreich.

***Genre-Ikonen**: Metallica, Slayer, Megadeth, Anthrax*
Performance**-Eigenschaft: **Skill

Nu

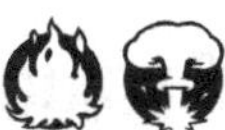

Im Gegensatz sonstigen Metal-Stilrichtungen verzichtet Nu auf virtuose Gitarrensoli, dafür setzt es umso mehr auf eingängige Riffs. Bassisten und Drummer ihrerseits treiben den Rhythmus zuweilen mit Break Beats. Oft werden Samples, Scratching oder andere elektronische Klänge eingesetzt. Sänger müssen neben einer guten Stimme etliche Techniken, wie Rappen, Screaming und Growling, beherrschen. Viele Texte handeln von Schmerz und Entfremdung.

***Genre-Ikonen**: Korn, Limp Bizkit, Linkin Park, Slipknot*
Performance**-Eigenschaft: **Skill** oder **Power** | Meisterbar in **Track 3

Power

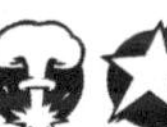

Power Metal kombiniert Merkmale des Classic sowie Speed Metal im symphonischen Kontext. Im Allgemeinen setzt dieser Stil auf erhebende, hymnengleiche Arrangements. Viele Songs sind im Bereich der heroischen Fantasy zu verorten. Die Texte, zumeist klar und hell gesungen, mit ihren eingängigen Refrains, sind emotional und dramatisch. Etliche Power Metal Bands frönen dem Körperkult oder schlüpfen in fiktive Rollen während ihrer Auftritte.

***Genre-Ikonen**: Helloween, Running Wild, Manowar*
Performance**-Eigenschaft: **Power** oder **Presence** | Meisterbar in **Track 7

**) Hinweis für Metal-Noobs: Es heißt „thrash" nicht „trash"! Beliebter Fehler. Die Genre-Bezeichnung hat also nichts mit „Müll" zu tun, sondern beschreibt die Art des Gitarrenspiels, nämlich dem „Dreschen" der Saiten.*

Symphonic

Symphonic Metal lebt von aufwändigen Arrangements und klassischen Instrumenten, wie Piano, Streicher und Bläser. Die Songs sind sehr atmosphärisch. Bei vielen Symphonic Bands singt eine Frau, am häufigsten in der Stimmlage einer Sopranistin. Um dem Gesang mehr Tiefe zu verleihen, wird oft mit Chören gearbeitet. Die Texte behandeln fantastische oder mythologische Themen, insbesondere jedoch die Gefühlswelt der Menschen.

***Genre-Ikonen**: Epica, Nightwish, Therion, Within Temptation*
Performance**-Eigenschaft: **Skill** oder **Presence** | Meisterbar in **Track 7

Glorious Tracks

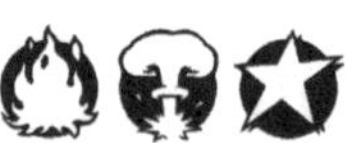

Die Glorious Tracks der Metal Heroes sind ganz besondere Songs, die aus ihren speziellen Erfahrungen und Eingebungen während ihrer Karriere entstanden sind. Sie können diverse Genres (auch außerhalb des Metals) angehören.
Bei Fans sind die einzigartigen Glorious Tracks sehr beliebt, zeugen sie doch von ihrer Flexibilität und Kreativität als Musiker.

***Genre-Ikone**: Metal Heroes*
Performance**-Eigenschaft: **Skill**, **Power** oder **Presence

Spieltipp: Detaillierte Infos zu diesen besonderen Stücken der Band folgen auf den nächsten Seiten unter „Glorious Tracks Inside".

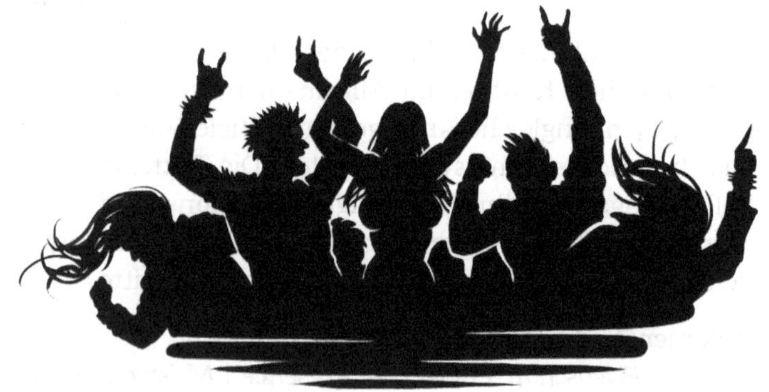

REPERTOIRE

GLORIOUS TRACKS INSIDE

X

Hier findest du eine Liste aller 13 Tracks aus dem **Repertoire** der Metel Heroes, die eine Besonderheit haben (zu erkennen am speziellen Fame-Stern ✪) oder weil sie schlicht den schwer zu entdeckenden **Glorious Tracks** angehören.
Erfahre sämtliche Hintergrundinformationen und Geheimnisse über diese ausgefallenen Songs inklusive Sonderregeln für Spieler des **Freak**-Schwierigkeitsgrads.

Under the Heroes' Banner (#6)

Am Ende eines Gigs, als Zugabe gespielt, entfaltet diese Metal-Hymne ihre wahre Kraft. Wenn die Fans „Under the Heroes' Banner" textsicher schmettern, verstärkt sich das Gemeinschaftsgefühl zwischen ihnen und der Band auf unerklärliche Weise.

***Genre**: Classic* | ***Leader**: Gregori*
***Sonderregel mit Fame 4 ★★★★**: Wenn als **Zugabe** gespielt, lässt dieser Song nachträglich eine misslungene **Performance** eines zuvor gespielten Songs gelingen!*

Altars of Sacrifice (#12)

Mit diesem Song hat sich Gregori selbst übertroffen: Kaum ein Zuhörer kann sich der Schwärze und der treibenden Kraft der abgrundtiefen Basslines von „Altars of Sacrifice" entziehen. Der Zuhörer glaubt, der Schlagrhythmus des eigenen Herzens müsse sich dem höllischen Takt dieses Death-Meisterwerks unterwerfen.

***Genre**: Death* | ***Leader**: Gregori*
***Sonderregel mit Fame 4 ★★★★**: Wenn dieser Song den 4. Fame-Stern erreicht, erhalten zwei beliebige andere Songs jeweils einen weiteren **Fame-Stern**.*

X

Crawling Crusader (#18)

Als Halbballade arrangiert, entfaltet „Crawling Crusader“ erst im zweiten Abschnitt seine wahre Anziehungskraft von Falsett-Stimme und virtuosem Gitarren-Solo. Als entfesselte Naturgewalt bringt Joey dann Saiten und Stimmbänder zum Glühen. Die Jungs spielen diesen Song gerne als effektvolle Zugabe, wenn die Lichter nach dem letzten Set verloschen sind und die Fans versessen nach mehr schreien.

Genre: *Thrash* | ***Leader:*** *Joey*
Sonderregel mit Fame 3 ★★★: *Wenn als* ***Zugabe*** *gespielt, lässt dieser Song den* ***Performance-Check*** *der nachfolgenden Zugabe automatisch gelingen!*

Nightfall on Mars (#23)

Nur wenige Metal-Tracks thematisieren Zukunftsvisionen und Science Fiction. Leo stieß mit dem zum Nachdenken anregenden Progressive-Track „Nightfall on Mars“ in diese Lücke und erzählt vom fernen Traum der Menschheit, einst den Nachbarplaneten der Erde zu kolonisieren.

Genre: *Nu* | ***Leader:*** *Leo*
Sonderregel mit Fame 3 ★★★: *Wenn als* ***Zugabe*** *gespielt, erhöht dieser Song die* ***Bandchemie*** *um 1!*

The Shadow's Tale (#28)

Ein Power-Metal-Stück, wie es klassischer kaum sein könnte. „The Shadow's Tale“ verbindet eine eingängige, kraftvolle Melodie mit einem brillanten Fantasy-Text. Der Song erzählt die Sage vom Schatten eines Mannes, der sich einst von seinem Herren trennte, um alleine die Welt zu bereisen. Das spricht jeden Metal-Fan auf mehrere Ebenen an.

Genre: *Power* | ***Leader:*** *Brian*
Sonderregel mit Fame 3 ★★★: *Wenn als* ***Zugabe*** *gespielt, erhöht dieser Song deinen* ***Einfluss*** *um 1!*

X

Rest in Peace (#33)

Mit „Rest in Peace“ beweist Brian, dass in seiner ungehobelten Schale doch ein großes Herz steckt! Entfacht von den Gefühlen zu Dawna (und mit ein wenig Hilfe von Musik-Genie Leo) erschuf er eine wegweisende Power-Ballade mit tiefgründigem, ergreifendem Text und komplizierten Streicher- und Bläser-Arrangements.

Genre: *Symphonic* | **Leader:** *Brian*
Sonderregel mit Fame 4 ★★★★: *Wenn dieser Song den 4. Fame-Stern erreicht, erhalten zwei beliebige andere Songs jeweils einen weiteren* ***Fame-Stern****.*

Legacy in a Box (#34)

Der Song in alter Sleeze-Rock-Tradition ist eine typische Gemeinschaftsproduktion von Joey und Brian. Während der Bandleader den Text aus seinen schrägen Gehirnwindungen beisteuert, sorgt Brian mit einem anspruchsvollen Solo-Teppich für den nötigen Pepp. „Legacy in a Box“ erzählt von den schicksalhaften Zufällen des Lebens und wahrer Freundschaft.

Genre: *Sleeze-Rock* | **Leader:** *Joey*
Kann entdeckt werden in ***Track 2***
Sonderregel: *keine*

Siren of Desire (#35)

Dass sich die widernatürliche Begegnung mit den Bütteln der Unterwelt in einem Song manifestieren würde, ist wenig überraschend. Umso bemerkenswerter, wie es Brian schaffte, in dem schwermütigen Stoner-Rock-Stück „Siren of Desire“ seine ambivalenten Gefühle von Liebe, Lust und Verlangen zum Ausdruck zu bringen.

Genre: *Stoner-Rock* | **Leader:** *Brian*
Kann entdeckt werden in ***Track 4***
Sonderregel: *keine*

My Girl is a Short Track Medalist (#36)

Dieser zweideutige Punk-Rock-Song ist Brians schrägem Hirn entsprungen und belegt seine Qualitäten für anzügliche Doppeldeutigkeiten. „My Girl is a Short Track Medalist" ist mit rund 2 Minuten Laufzeit das kürzeste und knackigste Stück, das jemals von den Metal Heroes produziert wurde.

***Genre:** Punk-Rock | **Leader:** Brian*
*Kann entdeckt werden in **Track 5***
***Sonderregel:** keine*

Fallen Hero (#37)

Keine (erfolgreiche) Metal Band ohne Ballade. Allerdings darf man davon ausgehen, dass Leo keine kommerziellen Interessen verfolgte, als er das melancholische „Fallen Hero" über seine eigene Unzulänglichkeit und mentalen Kämpfe komponierte und textete.
In einem Interview sagte er: „Ich fechte stets gegen meine innerlichen Dämonen an, die anstoßen und Schnaps trinken und gemeinsam wüten."

***Genre:** Rock-Ballade | **Leader:** Leo*
*Kann entdeckt werden in **Track 7***
***Sonderregel:** keine*

The Song of Hatred, the Dragon (#38)

Ein epischer Track mit extremer Überlänge (knapp 12 Minuten Laufzeit), affenartigen Gitarren-Solis und mörderischen Drum-Lines. Unter Fans gilt „The Song of Hatred, the Dragon" schlichtweg als Beweis wahrer Virtuosität und Genialität. Der Text handelt von Hatred, dem letzten aller Drachen, der verbittert vor Einsamkeit die Welt und all ihre Geschöpfe vertilgen möchte.

***Genre:** Epic-Metal | **Leader:** Gregori + Leo*
*Kann entdeckt werden in **Track 9***
***Sonderregel:** Durch seine Überlänge müssen zwei unabhängige **Performance-Checks**, zunächst von Gregori und anschließend von Leo, abgelegt werden. Jeder Check wird wie ein separater Song bei der Berechnung der **Gig-Score** gehandhabt.*

Thrill to Kill (#39)

Der coole Rap-Song mit den Samples einer alten Metal-Heroes-Demo, schlägt ein wie eine Bombe. Ganz im Stile von „Walk this Way“♫ finden die Metal Heroes mit „Thrill to Kill“ Zugang zu einer neuen Zielgruppe. Ein Hoch auf Rapper-Ur-Gestein K'Dogg und sein Produzenten-Gespür!

__Genre__: Rap/X-over | __Leader__: Gregori
Kann entdeckt werden in __Track 10__
__Sonderregel__: keine

God of Rock (#40)

Ehre, wem Ehre gebührt: Die Metal Heroes haben diesen göttlichen Song einzig dir, ihrem Beschützer und Gönner, gewidmet!
Nach all der gemeinsam verbrachten Zeit und erlebten Abenteuern steckt in „God of Rock“ nicht nur wahre Hingabe und Schöpfungskraft, sondern tatsächlich auch ein Teil deiner göttlichen Macht! Sein spezieller Sound kann keinem bekannten Musik-Genre zugeordnet werden. Leider entfaltet er seine Wirkung nur als Live-Performance. Daher bleibt zu hoffen, dass die Metal Heroes überhaupt noch die Gelegenheit erhalten, diese Huldigung zu spielen ...

__Genre__: ??? | __Leader__: ???
Kann entdeckt werden in __Bonus-Track 2__
__Sonderregel__: „God of Rock“ ist der einzige Song der Metal Heroes, der sage und schreibe __5 Fame-Sterne__ (Relevanz: „göttlich“) erreichen kann! Ist das geschafft und es gelingt der __Performance-Check__ dieses Tracks, gelten nachträglich bis zu 3 misslungene __Performance-Checks__ zuvor gespielter Songs als gelungen!
Achtung! Da dieser Song von der kompletten Band mit absoluter Inbrunst gespielt werden muss, wird automatisch der Metal Hero mit der __schwächsten__ Eigenschaft zum __Leader__!

Bonus-Track! Höre dir nun den __Metal-Heroes-Soundtrack__ an und gib dir __Track 15__ als ultimative Huldigung.

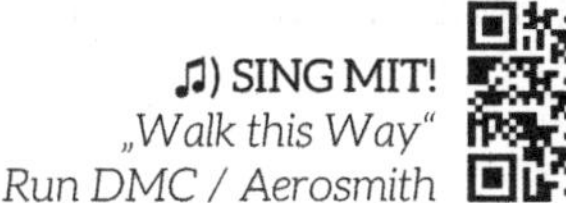

REGELN

METAL HEROES SPIELREGELN

R

Auf den folgenden Seiten findest du sämtliche Regeln und gutgemeinte Spieltipps, die du brauchst, um Metal Hereos – and the Fate of Rock in all seiner Pracht auskosten zu können.

ACHTUNG! Es steht dir natürlich frei, alle nachfolgenden Regeln in einem Rutsch zu lesen. Das muss aber nicht sein! Sie werden dir nämlich als Tutorial während der Story nähergebracht. Deine Entscheidung!

R1 Schwierigkeitsgrad

Bevor es ans Eingemachte mit den Regeln geht, müssen wir zunächst etwas klären ... Aus Erfahrung weiß ich nämlich, dass es da draußen vollkommen unterschiedliche Spaß-Typen gibt. Die einen wollen einfach nur Rocken, die anderen eher Zocken.
Um dem annähernd gerecht zu werden, bieten diese Regeln für jeden angehenden Rock-Gott den passenden Schwierigkeitsgrad.
Es gibt drei Grade der Komplexität. Also, was trifft eher auf dich zu:

1 Regel-Gitarre *| „Eigentlich stehe ich auf Geschichten ... dabei sind ein paar Regeln okay, aber Rechnen ist doof!"*
*Spielbuch-Basics, vereinfachte Werte und Charakter-Eigenschaften, Auftritte auf Zufallsbasis > Du bist eine Regel-**PUSSY**!*

2 Regel-Gitarren *| „Ich will mehr Kontrolle über das Schicksal der Band, da nehme ich etwas Regel-Stress gerne in Kauf!"*
*Verfeinerte Eigenschaften, Songauswahl, Repertoire und Musikstil-Entwicklung, Gig-Planung > Du bist ein Regel-**ROCKER**!*

3 Regel-Gitarren *| „Wenn schon ein Spielbuch, dann sämtliche Regeln! Ich will die volle Dröhnung, klar?!"*
*Verschärfte Eigenschaften, anspruchsvollere Gigs, erschwerte Checks, Song-Sonderregeln und sonstige Faxen > Du bist ein Regel-**FREAK**!* ▸

Wähle nun eine Variante und trage deine Entscheidung auf der ersten Seite des Metal-Logbuchs vorne im Buch ein, indem du dort die entsprechende Anzahl Gitarren-Symbole unter ***Level*** ankreuzt.

Spieltipp: Solltest du noch unsicher sein, wähle die schwierigere Alternative! Denn du kannst später ohne Probleme einen Gang runterschalten, sprich den Schwierigkeitsgrad reduzieren, umgekehrt geht es eben nicht mehr ohne Weiteres.

R

Für Regel-Verweigerer (Regel-POSER)
Sollten dir Regeln vollkommen egal sein, dann kannst du natürlich auch nach dem Prinzip „ich spiel, wie es mir gefällt" vorgehen. Heißt: Immer dann, wenn Regeln und Abfragen auftauchen, entscheidest du nach Lust und Laune, wie es weitergeht. Aber sei gewarnt: Dies mag in einem unlogischen Chaos enden, wenn du beispielsweise behauptest, Gegenstände zu besitzen, die du niemals erhalten hast ... Insofern solltest du zumindest die Inventarlisten führen. Okay?

Interpretation der Regelgitarren-Symbole
Abhängig davon, zu welcher Gruppe du dich zählst, lies dir nur die Regeltexte durch, die entsprechend markiert sind:
Bist du eine Regel-Pussy, dann sind einzig alle unmarkierten Abschnitte für dich relevant (Bereiche mit und also überspringen). Während für Rocker diese als auch die 2-Gitarren-Regeln gelten, müssen Freaks sämtliche Regeln beherzigen!

Bestimmte Regeln gelten allerdings nur für einen konkreten Schwierigkeitsgrad. In solchen Fällen ist das Symbol zusätzlich mit „ONLY" markiert, z.B. „*ONLY*". Das bedeutet, dass diese Regel ausschließlich für Pussys gilt.

Spieltipp: Die Darstellung des Regelwerks in diesem Buch deckt freilich alle drei Varianten gleichermaßen ab. Dies kann etwas verwirrend sein. Möchtest du einen vereinfachten Regel-Text, der sich einzig auf deinen gewählten Schwierigkeitsgrad bezieht, dann gehe auf die Internetseite ***www.metal-heroes.de/download****, um dir ein bereinigtes Regelwerk-PDF und andere Spielhilfen auszudrucken. Insbesondere für Regel-Pussys eine echte Hilfe!*

R2 Power off!

Manchmal endet die Story abrupt, ganz plötzlich, aus heiterem Himmel. Entweder weil du dich zu blöd angestellt hast oder etwas Unvorhergesehenes eingetreten ist. Dann heißt es: „Power off!".
Wenn dir so etwas passiert - was soll's?! Das ist die normale Härte bei einem Spielbuch!
Dein Vorteil als Rock-Gott-Anwärter: Du kannst ohne Probleme wieder einsteigen, an einer Stelle, bevor du es verbockt hast. Am Ende der Power off!-Sektion ist in Klammern nämlich ein Rücksetzpunkt angegeben (Repeat). In der Regel wirst du einige Sektionen zurückversetzt und kannst deine letzten Entscheidungen korrigieren, die zum kläglichen Ende führten.
Freunde der gepflegten Statistik dürfen übrigens jedes ihrer Ableben dokumentieren, indem sie auf der ersten Seite des Metal-Logbuchs einen Kreis unter ***Power offs*** abstreichen.

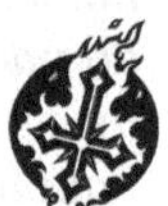

R3 Schicksal per Pokerkarten

Oft entscheidet das Schicksal, sprich der Zufall, wie sich offene Situationen oder auch Konzerte entwickeln. Um festzulegen, ob es eher gut oder mies läuft, wirst du dann aufgefordert, eine Karte aus einem Poker-Spiel zu ziehen.
Hast du kein Poker-Deck zur Hand, kannst du auch eine beliebige Seite aus dem vorderen Bereich dieses Buches aufschlagen und die Karte akzeptieren, die dort abgebildet ist. Ziehst du einen Joker (hier Reaper), darfst du dir aussuchen, welche Karte bzw. Farbe (also Kreuz ♣, Karo ♦, Herz ♥ oder Pik ♠) es sein soll!

R4 Einfluss

Damit du, Taylor, das Schicksal und das Umfeld der Band manipulieren kannst, besitzt du Einfluss-Punkte. Sie sind im Metal-Logbuch auf der ersten Seite zu finden. Ein Punkt Einfluss entspricht einem ausgefüllten Kreis. Verlierst du einen, radierst du ihn einfach aus. Natürlich kannst du nur solange Einfluss ausüben, solange dir Punkte zur Verfügung stehen.

Der Startwert ist abhängig vom Schwierigkeitsgrad: Pussys beginnen mit 6, Rocker mit 5 und Freaks mit nur 4 Einfluss-Punkten!

R5 Einfluss ausüben

Sollte eine Sektionsentscheidung den Einsatz von Einfluss erfordern, ist vor der Sektionsnummer ein kleiner schwarzer Kreis • abgebildet. *Beispiel:*

Möchtest du den Weihnachtsmann kontrollieren?

Ja, Geschenke für alle! > **•612**

Nein, ihr ward nicht brav! > **101**

Entsprechend darfst du die erste Option nur dann wählen, wenn du noch mindestens einen Einfluss-Punkt abstreichen kannst.

Karten per Einfluss manipulieren

Immer wenn du eine Poker-Karte ziehen musst, darfst du Einfluss einsetzen, um selbst zu bestimmen, welche Karte bzw. Farbe zur Anwendung kommt. Das darfst du sogar nachträglich machen! Sprich, passt dir die gezogene Karte nicht in den Kram, setzt du Einfluss ein und legst einfach deine Wunschkarte bzw. -farbe fest.

R6 Metal Moment

Gelegentlich erleben die Metal Heroes besondere Momente der Gemeinschaft, machen erhebende Fanerfahrungen oder legen eine außergewöhnliche Performance hin – einen sogenannten Metal Moment! Dann kannst du deinen göttlichen Einfluss einsetzen, um diese Erlebnisse zu verstärken, sie also noch gigantischer machen! Doch Vorsicht! Vielleicht bewirkt eine solche Übertreibung eher das Gegenteil ...

R7 Eigenschaften der Metal Heroes

Jedes Bandmitglied besitzt drei positive Eigenschaften, die seinen Charakter darstellen:

Skill* | *Power* | *Presence

Sie können einen Wert von 2 (ganz okay) bis maximal 5 (saugut) annehmen. Sie stehen für:

- *Skill (Talent, Kreativität, Cleverness)*
- *Power (Willen, Ausdauer, Mut, Kraft)*
- *Presence (Ausstrahlung, Erfahrung, Überzeugungskraft)*

Verbesserung einer Eigenschaft
Es gibt Momente, da wachsen die Metal Heroes über sich hinaus und die Werte ihrer Eigenschaften erhöhen sich. Sollte dies der Fall sein, wirst du im Text aufgefordert, den nächsten Balken der entsprechenden Eigenschaft auszumalen.

R

Ego – die Schattenseite eines Rockers
Neben den drei positiven Eigenschaften der Charaktere musst du dich noch mit der dunklen Seite der Macht, ihrem Ego (Eigennutz, Eitelkeit), herumschlagen.
Diese negative Eigenschaft errechnet sich aus den drei positiven: Für jeden Punkt ab einem Wert von 4 bei Skill, Power und Presence (grau hinterlegter Bereich im Metal-Logbuch) erhöht sich das Ego nämlich ebenfalls um einen Punkt. Klar, je besser man ist, je mehr einen die Leute anhimmeln, desto eher hebt man ab ...

R8 Checks

Ein Check ist die Überprüfung einer Eigenschaft einer der Metal Heroes per Würfelwurf.
Abhängig vom gewählten Schwierigkeitsgrad rollst du entweder einen weißen oder zusätzlich einen zweiten, schwarzen 6-seitigen-Würfel (oder sonst irgendwie unterschiedliche*).
Der weiße steht für die zu testende Eigenschaft (Skill, Power oder Presence), der schwarze für das Ego.

Spieltipp: Am unteren Seitenrand der meisten Buchdoppelseiten sind zwei Würfel abgebildet. Das zufällige Aufschlagen einer Seite erspart dir das Werfen echter Würfel, solltest du keine zur Hand/keinen Platz haben oder dir das Klappern auf den Zeiger gehen.
Faustregel für dieses Spielbuch: Es ist gut, niedrige Zahlen zu würfeln!

Nur den weißen Eigenschafts-Würfel auswerten *ONLY*
Zeigt der weiße Würfel eine Zahl höher als der zu prüfende Eigenschaftswert, dann ist der Check misslungen.
Ist die Zahl kleiner oder gleich, ist der Check gelungen.
Hinweis: In der Pussy-Variante der Regeln wird der schwarze Ego-Würfel bei Checks komplett ignoriert!

**) Der Special Edition von Metal Heroes liegen genialerweise beide benötigten Würfel, inklusive dem schwarzen Fuck off!-Würfel, bei.*

Beide Eigenschafts-Würfel auswerten

Regel-Rocker und -Freaks müssen bei allen Checks stets beide Würfel werfen!
Zeigt der weiße Würfel eine Zahl höher als der zu prüfende Eigenschaftswert, dann ist der Check misslungen.
Ist die Zahl kleiner, ist der Check gelungen.
Ist die Zahl gleich, gilt der Check zunächst einmal als gelungen. Jedoch kann es sein, dass ein „Ego-Trip" dir einen Strich durch die Rechnung macht ...

R

Ego-Würfel auswerten

Entspricht der weiße Würfel nämlich exakt der Höhe der Eigenschaft, wird überprüft, ob dem Charakter sein Ego im Weg steht. Dazu wird der schwarze Würfel herangezogen:
Ist die Augenzahl des Ego-Würfels kleiner oder gleich dem Ego-Wert, dann gilt der eigentliche Check auf Skill, Power oder Presence doch noch als misslungen.

Fuck off!

Zeigt der Ego-Würfel sogar das Fuck off!-Symbol, dann ist der Check definitiv misslungen, egal was der weiße Würfel zeigt!

Spieltipp: Natürlich kannst du auch einen handelsüblichen Würfel zum Ego-Check nutzen, also einen mit einer 6-Seite. Diese Seite gilt dann eben als „Fuck off!" (6 entspricht Fuck off!).

Beispiele: Joey muss einen Presence-Check ablegen. Er hat zum Zeitpunkt des Checks die Werte ***Presence 4*** *und* ***Ego 2****.*
Beispielwurf A: 2 1
Der Check ist gelungen, da der weiße Würfel weniger anzeigt als die Höhe der Eigenschaft (hier spielt der Ego-Würfel also keine Rolle).
Beispielwurf B: 4 2
Der Check ist misslungen. Bei Gleichheit des weißen Würfels mit dem Eigenschaftswert wird noch der Ego-Wurf ausgewertet. In diesem Fall springt das Ego an und der Check gilt als misslungen.
Beispielwurf C: 1 (Fuck off!)
Der Check ist definitiv misslungen. Das Fuck off! des Ego-Würfels macht selbst die „perfekte 1" des weißen Eigenschaftswürfels zunichte.

R9 Bandchemie

Der Zusammenhalt der Band. Oberwichtig, bei der ganzen intriganten Scheiße, die jeden Tag im Musikgeschäft abgeht! Je besser die Bandchemie, desto weniger anfällig sind die Jungs für negative Einflüsse von außen oder interner Querelen. Du trägst den Wert auf Seite 4 des Metal-Logbuchs ein.

R

Bandchemie einsetzen bei misslungenen Checks

Achtung, jetzt wird's interessant! Du darfst jederzeit Bandchemie einsetzen, um einen misslungenen Check (oder gar ein *Fuck off!*) zu korrigieren! Das Kumpel-Kollektiv verhindert dann quasi das Schlimmste.

Willst du also - selbst im Nachhinein - einen Check gelingen lassen, dann streiche einen Punkt der Bandchemie ab und tue so, als sei der Check regulär gelungen.

Sinkt der Wert auf null, kannst du natürlich keine Checks mehr korrigieren - die Toleranz der Bandmitglieder ist erschöpft.

Spieltipp: Da sich die Bandchemie nur selten (eventuell durch coole PR-Aktionen, erfolgreiche Gigs oder einfach nur Augenblicke der Freundschaft) wieder aufbaut, solltest du sie nicht sinnlos raushauen!

Aufgebrauchte Bandchemie
Ist die Bandchemie aufgebraucht und du wirst aufgefordert, einen weiteren Punkt abzustreichen, lies sofort bei der Sektion weiter, die im Metal-Logbuch beim Bandchemie-Icon angegeben ist!

R10 Specials - Verborgene Talente der Metal Heroes

Jetzt wird's individuell! Jedes der vier Bandmitglieder hat nämlich ein besonderes, noch verborgenes Talent. Dieses gilt es aber erst einmal zu finden!

 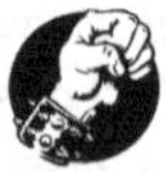 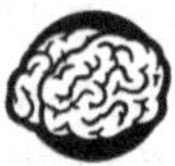 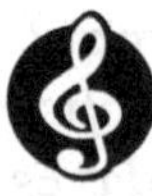

Hast du diese geheime Seite entdeckt, dann darfst du den Kreis beim Special-Symbol des entsprechenden Charakters im Metal-Logbuch ankreuzen.

Welche Spezialfähigkeiten die vier Jungs haben und was sie bringen? Nicht so schnell, Freundchen! Wenn du sie findest, erfährst du alles Nötige.

Hinweis: Direkt an den Special-Symbolen im Metal-Logbuch sind die Sektionsnummern angegeben, wo die Specials samt Regelerläuterung zu finden sind, solltest du sie vergessen haben.

R

R11 Sicherungen

Zuweilen rastet einer der Metal Heroes aus. Dann brennt ihm eine Sicherung durch und du musst eines seiner Sicherungssymbole im Metal-Logbuch markieren (immer von links nach rechts), indem du den hellgrauen Blitz ausmalst.
Jeder deiner Helden hat drei Sicherungen. Ist auch die letzte durchgeknallt, lies sofort bei der Sektion weiter, die auf dem Icon der 3. Sicherung angegeben ist.

Kostenloser Insider-Tipp: Versuche das zu vermeiden!

BAND-GEFÜGE

Eine Band – insbesondere eine primitive Rock-Band – ist ein anfälliges Konstrukt aus kreativen Individualisten und egomanischen Spinnern. Solch eine hochexplosive Mischung unter Kontrolle zu behalten ist also eine echte Herausforderung, selbst für einen mit-allen-Bieren-gewaschenen Rock-Gott!
Folgende Regeln geben die dynamischen Zusammenhänge innerhalb unserer speziellen Gruppe Wahnsinniger wieder:

R12 Fanbase

Der Bekanntheitsgrad der Band und somit der Wert schlechthin! Je höher die Fanbase, desto mehr Leute kennen und lieben die Metal Heroes und desto mehr aufregende Gigs und Trips werden sich für sie ergeben. Für jeden erhaltenen Punkt füllst du wie gewohnt einen Kreis von links nach rechts aus.

R13 Supporter – Die Band-Helfer

Im Dunstkreis der Metal Heroes bewegen sich mitunter wichtige Leute, wie Manager oder Roadies, die die Jungs auf ihrem Weg zum ultimativen Weltruhm versuchen zu unterstützen.
Lernen deine Schützlinge einen solchen besonderen Menschen kennen, wirst du aufgefordert, diesen im Metal-Logbuch unter ***Supporter*** zu markieren.

R14 Repertoire

Essenziell für die Metal Heroes ist ihr musikalisches Repertoire, also all ihre Songs, die sie im Laufe ihrer Karriere schreiben und komponieren.
Das Repertoire ist die Grundlage für ihre Auftritte und Alben. Es umfasst eine Auswahl von 40 Tracks, wobei die Band erst nach und nach Songs und Genres daraus meistern werden. Sprich, diese Liste stellt nur ihr theoretisches Potenzial dar, nicht das, was sie tatsächlich beherrschen!
Welche Songs aktiviert werden, welche Gewichtung die Genres im Einzelnen erfahren, hängt nämlich maßgeblich von dir ab!

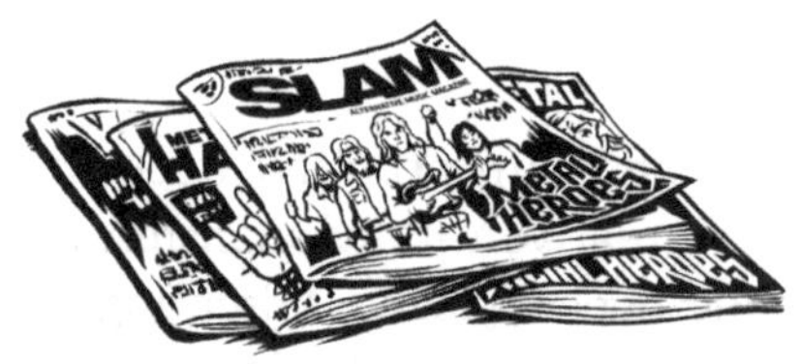

R15 Metal-Genres

Jeder Song im Repertoire (siehe ***R14***) der Metal Heroes ist einem dieser sechs Sub-Genres des Metal zugeteilt:

Classic | ***Death*** | ***Thrash*** | ***Nu*** | ***Power*** | ***Symphonic***

Je unterschiedlicher das Liedgut der Metal Heroes, desto größer sind die Erfolgsaussichten beim Publikum. Oft gilt es nämlich den passenden Stil oder Song für eine bestimmte Zielgruppe in petto zu haben.

Spieltipp: Einen kleinen Metal-Genre-Crash-Kurs gibt es übrigens unter X-tras: „Die Genres des Heavy Metal“.

Metal-Genres meistern

Damit Songs eines Genres für die Metal Heroes zugänglich werden, müssen sie sich zunächst für diesen Stil begeistern, nötige Techniken erlernen oder einfach die richtigen Leute kennenlernen. Wann es so weit ist, erfährst du im Text. Dann malst du die Überschrift im Repertoire aus POWER → **POWER** und das Genre gilt als gemeistert.

Die Eigenschaften der Metal-Genres

Jedem Metal-Genre sind stilistische Eigenschaften zugeordnet, die festlegen, welcher Performance-Check (siehe ***R18***) vom Leader eines Songs abgelegt werden muss.

Wichtig: Ist mehr als eine Eigenschaft zugeordnet, wird der Performance-Check stets gegen die ***schwächste*** *ausgeführt!*

Genre	*Skill*	*Power*	*Presence*
Classic			●
Death		●	
Thrash	●		
Nu	●	●	
Power		●	●
Symphonic	●		●
Glorious Tracks	●	●	●

Spieltipp: Beim Repertoire im Metal-Logbuch sind die stilistischen Eigenschaften neben den Überschriften der einzelnen Metal-Genres ebenfalls als Icon dargestellt.

R16 SONGS

Das Herzstück einer Band sind ihre Songs. Sie unterscheiden sich nicht nur in Sachen Genre, sondern auch in ihrer Beliebtheit und dem künstlerischen Anspruch. In den folgenden Abschnitten erfährst du, wie man Songs aktiviert und sie berühmt macht!

Songs aktivieren

Wirst du im Text aufgefordert, einen Song zu aktivieren, dann mache einen Kreis um dessen Track-Nummer #7 → (#7) (die Zahl mit dem #-Symbol) im Repertoire des Metal-Logbuchs.

Song-Punkte

Immer dann, wenn die Band frischen musikalischen Input erfährt oder Zeit für Kreativität bleibt, gibt es Song-Punkte. Mit ihnen aktiviert man Songs! Du trägst die Song-Punkte in der gleichnamigen Leiste im Metal-Logbuch ein.

Wichtig: Song-Punkte, die über das Maximum von 10 hinausgehen, verfallen! Spare also nicht zu lange, sonst verschenkst du welche!

Song-Punkte investieren

Gelegentlich wirst du aufgefordert, das angesammelte kreative Potenzial der Metal Heroes zu investieren. Dann müssen die Song-Punkte - zumindest teilweise - in die Aktivierung neuer Songs umgewandelt werden. Dabei ist zu beachten, dass nur Songs aus bereits gemeisterten Genres aktiviert werden dürfen! Songs sind unterschiedlich schwierig zu aktivieren, erkennbar an der weißen Zahl im schwarzen Kreis. Dieser Wert gibt an, wie viele Punkte investiert werden müssen, um diesen Song zu aktivieren.

#10 **Into the Ruins** 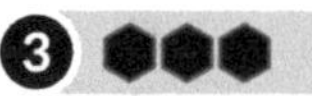 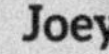  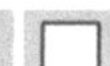

Beispiel: Soll die Band den Death-Song „Into the Ruins" beherrschen können, musst du zunächst 3 Song-Punkte abstreichen und anschließend einen Kreis um dessen Track-Nummer #10 zeichnen. Der Song gilt somit im Repertoire der Metal Heroes als aktiviert und kann ab sofort sowohl performed als auch veröffentlicht werden.

Fame

Jeder Song hat einen bestimmten Bekanntheitsgrad, genannt Fame. Je mehr Leute einen Song kennen und lieben, desto mehr Fame-Sterne ★ hat er.

Fame	*Relevanz*
☆☆☆☆	*unbedeutend*
★☆☆☆	*bekannt*
★★☆☆	*beliebt*
★★★☆	*berühmt*
★★★★	*legendär*

Durch Spielen auf Gigs, nutzen von PR-Aktionen, Verbreitung über die Medien usw. kann die Fame eines Songs steigen.
Wenn du einen Blick auf das Repertoire im Metal-Logbuch wirfst, wirst du feststellen, dass sie sich allerdings sehr in ihrem Fame-Potenzial (Anzahl der leeren Sterne ☆) unterscheiden. Nur wenige Songs bieten überhaupt die Möglichkeit, vier Fame-Sterne zu erreichen und somit „legendär“ zu werden. Andere wiederum kommen so gut bei den Fans an, dass sie bereits zu Beginn ausgefüllte Fame-Sterne mitbringen.

Leader

Bei jedem Song übernimmt einer der Metal Heroes die Führungsrolle. Der Leader ist der Kerl, der das fette Solo spielt oder schlicht das Herz der Performance darstellt.
Bei Auftritten wird per Check auf eine für das Genre des Songs maßgebliche Eigenschaft das Können des Leaders überprüft, wie gut die Performance war (siehe ***R18*** *„Performance-Check“*).

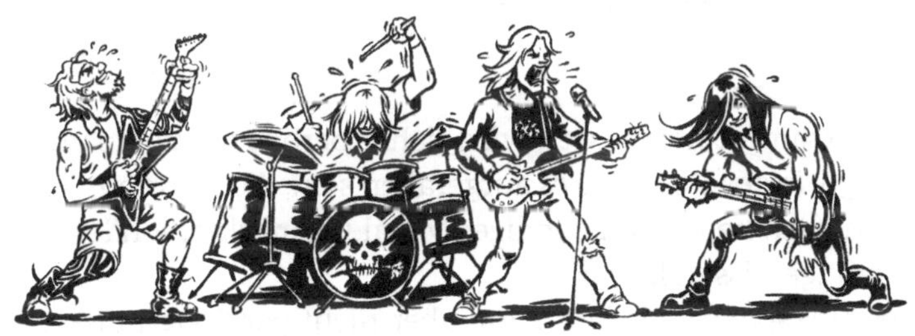

Anspruch

Nicht jeder Song ist künstlerisch gleich anspruchsvoll. Manche sind einfach aufgebaut, andere komplex arrangiert. Je mehr Anspruch-Punkte ⬢ ausgefüllt sind, desto anspruchsvoller ist er.

Anspruch	*Bezeichnung*	*(Performance-Modifikation)*
⬢⬡⬡	*schlicht*	*(Check erleichtert um 1)*
⬢⬢⬡	*ambitioniert*	*keine*
⬢⬢⬢	*komplex*	*(Check erschwert um 1)*

▸

Steigern des Anspruchs

Eigentlich steht der Anspruch für jeden Song fest. Nur in seltenen Ausnahmefällen kann dieser Wert noch steigen. (Dies wird im Sektionstext ausdrücklich erwähnt.)

Spieltipp: Der Anspruch eines Songs steht nicht zwangsläufig in Verbindung mit dessen Fame-Potenzial. Schließlich kann auch ein simpler Track richtig abräumen!

> ***Modifikation des Performance-Checks***
> *Abhängig von der Höhe des Anspruchs kann der Performance-Check eines Songs bei einem Gig modifiziert werden (siehe Tabelle zuvor).*
> *Während bei Songs mit Anspruch 1 der Check um 1 erleichtert wird, ist er bei komplexen Songs (Anspruch 3) um 1 schwieriger.*

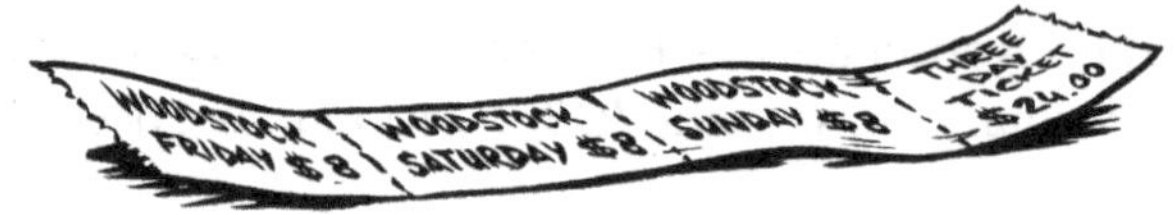

R17 Glorious Tracks

Aufmerksame Zeitgenossen wird sicher bereits die siebte und letzte Kategorie des Repertoires aufgefallen sein, die „Glorious Tracks". Die natürlich kein eigenständiges Metal-Genre sind, sondern Songs mit dem „gewissen Etwas".
Dieses einzigartige Liedgut kann aber nicht per Song-Punkte aktiviert werden, sondern versteckt sich irgendwo in der Geschichte! Du darfst also nur dann einen Kreis um die Track-Nummer eines Glorious Tracks machen, wenn du dazu aufgefordert wirst!

Spieltipp: Mehr Details zu jedem dieser besonderen Songs findest du im Kapitel X-tras unter „Glorious Tracks Inside".

Extra-Regeln bestimmter Songs

Manche Songs (insbesondere die Glorious Tracks) besitzen einen Bonus-Fame-Stern ✯. Wird dieser Stern ausgefüllt, schaltet sich für den Song ein Bonus frei. Mehr dazu gibt es unter *„Glorious Tracks Inside"* der *X-tras*.

R18 GIGS

Ein Gig ist ein Auftritt vor Publikum. Das kann ein Konzert in einem Club, in einer gut besuchten Halle oder auch ein fettes Open-Air vor Tausenden begeisterter Fans sein.
Gigs sind das Kerngeschäft der Metal Heroes. Insofern sollte es nicht verwundern, dass es dazu auch ausgeklügelte Regeln gibt.

R

Gigs ohne Berechnungen auswerten *ONLY*

Achtung, nur für Regel-Pussys: Da im einfachsten Schwierigkeitsgrad keine Gigs verwaltet werden, musst du also weder etwas notieren noch berechnen, sondern rollst immer dann, wenn im Buch von Gig-Score die Rede ist, einen Würfel (nutzt du das Buch, gilt stets der weiße) und spielst über den entsprechend markierten Sektionsverweis weiter.
Dazu gibt es spezielle Würfel-Symbole, die angeben, welche Würfelergebnisse zu einem Verweis gehören. So bedeutet dieses Würfel-Symbol „4 oder niedriger, lies weiter bei …" und dieser „5 oder höher, lies weiter bei …".

Gig-Score

Um die Begeisterung der Fans bei einem Konzert auszudrücken, gibt es den Gig-Score. Dieser Wert wird am Ende des Auftritts ermittelt und ist die Summe aller zur Stimmung beitragenden Elemente, wie relevante Songs, Show-Einlagen oder anderen, unvorhersehbaren Einflüssen.

Tour-Book

Im Metal-Logbuch gibt es unter Tour-Book eine Liste aller Spielorte. Dort finden sich hinter den Namen der Gigs zumeist die Felder A, B und C (zum Eintragen möglicher Modifikatoren wie Gig-Challenges) sowie das Feld P (für die Performance-Bewertung).

Rock the Boat	USA	782	A	B	C	P	S

Im Feld S wird am Schluss die Summe aller Werte, der Gig-Score, eingetragen.

Spieltipp: Die Zahl im kleinen schwarzen Feld ist die Sektionsnummer, wo das Gig-Muster zu finden ist (hier 782 für „Rock the Boat").

Setlist

Die Setlist ist eine Auswahl aktivierter Songs aus dem Repertoire der Metal Heroes, die während eines Gigs gespielt werden. Die benötigte Songanzahl für eine Setlist variiert (sie reicht von nur einem bis hin zu 18 Songs).

R

Wichtig: Natürlich darf ein Song nicht mehrmals bei einem Gig gespielt werden, sprich er darf nur einmal auf der gesamten Setlist (inklusive möglicher Zugaben) auftauchen! Auch wenn dies bedeutet, dass Song-Felder freibleiben müssen, da das Repertoire nicht mehr hergibt.

Gig-Muster – festlegen der Setlist

Jeder Gig wird in Form eines mehr oder weniger komplexen Musters dargestellt. Die größeren Gig-Muster mit ihren quadratischen Song-Feldern erinnern dich vielleicht an ein Kreuzworträtsel. Sie tauchen immer dann in den Kapiteln auf, wenn die Metal Heroes einen Gig spielen müssen. Hier ein Beispiel für ein mittelgroßes Gig-Muster:

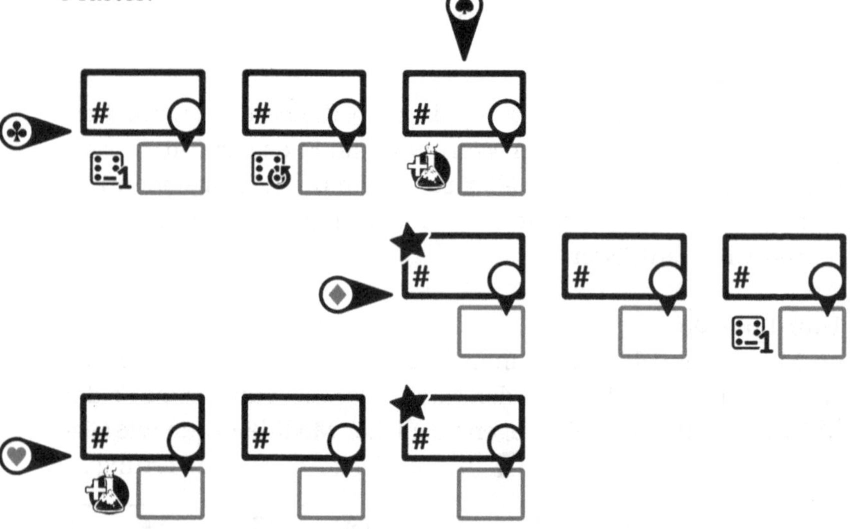

Du legst die Setlist fest, indem du die Track-Nummern der zu spielenden Songs in die vorgegebenen Kästchen (Felder mit dem #-Symbol) der Song-Felder einträgst.

Spieltipp: Nicht immer ist es ratsam, nur die „besten" Songs in die Setlist zu übernehmen. Das Publikum steht vielleicht auf ein anderes Genre oder ein bisher eher unbekannter Song könnte gepusht werden.

Song-Felder

Jedes Song-Feld besteht aus drei Grundelementen: Zunächst dem #-Feld, in das die Track-Nummer des Songs eingetragen wird, einem Kreis zur Markierung, ob der Performance-Check (Erläuterung nächste Seite) gelungen ist oder nicht, sowie einem Punkte-Feld, wo letztendlich die erzielten Performance-Punkte eingetragen werden.

Beispiel: In diesem Song-Feld wurde Song #12 „Altars of Sacrifice" gespielt. Der Performance-Check ist offensichtlich gelungen (Kreis abgehakt) und es gab 4 Performance-Punkte.

Manche Song-Felder haben zusätzliche Symbole (siehe die erste Reihe im Gig-Muster-Beispiel links). Diese Bonus-Symbole werden unter *„Besondere Song-Felder"* ***(R19)*** erläutert.

Relevante Songs

Jede Location, jeder Auftritt ist anders und schon Kleinigkeiten können die Atmosphäre beeinflussen. Der Zufall spielt also eine entscheidende Rolle, wenn es darum geht, welche Songs für die Stimmung relevant sein werden.

Sind alle Song-Felder ausgefüllt, wird bei manchen Gig-Mustern eine Karte gezogen, die die relevanten Songs festlegt. Insbesondere große Gig-Muster haben am Rand Pfeile mit den vier Karten-Symbolen. Die Pfeile mit den Symbolen zeigen an, welche Reihe oder Spalte von Song-Feldern relevant wird.

Hast du beispielsweise eine ♥8 gezogen, sind nur die Felder relevant, die durch den ♥-Pfeil angedeutet sind (im Beispiel links entspräche das den drei Feldern der untersten Reihe). Markiere diesen Pfeil.

Manchmal gibt es sogar zwei nummerierte Pfeile mit dem gleichen Symbol: In diesem Fall kreuze beide an (solltest du eine ♠-Karte gezogen haben), denn beide Reihen bzw. Spalten gehören zu den relevanten Songs!

Wichtig: Es werden immer nur relevante Songs zur Berechnung der Gig-Score herangezogen! Oder anders formuliert: Auf alle anderen Songs wird kein Performance-Check abgelegt. Sie werden komplett ignoriert.

Spieltipps: Nutze deinen Einfluss! Sollte dir die gezogene Karte nicht in den Kram passen, kannst du durch Einsatz eines Einfluss-Punktes das Schicksal abwenden und selbst bestimmen, welche Songs für diesen Gig relevant werden! (Siehe ***R5*** *„Karten per Einfluss manipulieren".)*
Die meisten Reihen und Spalten der Gig-Muster überschneiden sich an einigen Punkten. Entsprechend sind solche kreuzende Song-Felder besonders interessant, da dort die Wahrscheinlichkeit deutlich höher ist, dass ein eingetragener Song tatsächlich relevant wird.

R

Performance-Check

Ein Performance-Check gilt als normaler Eigenschafts-Check (siehe ***R8*** *„Checks"* sowie ***R9*** *„Bandchemie"*), der jedoch stets im Rahmen eines Gigs abgelegt wird.
Solltest du im Sektionstext aufgefordert werden, den Gig-Score zu ermitteln, gehe nun alle relevanten Songs der Setlist durch und checke die Performance der jeweiligen Leader!
Dazu würfelst du gegen die Eigenschaft, die das Genre des Songs erfordert (siehe ***R15*** *„Die Eigenschaften der Metal-Genres"*).
Thrash erfordert beispielsweise Skill. Hat das Genre mehrere Eigenschaften (Power-Metal beispielsweise Power und Presence), musst du stets die schwächste Eigenschaft des Leaders checken.

Beispiel: Joey ist Leader des Songs ***„Raw Nature" (#22)*** *im Genre Nu (Genre-Eigenschaften sind* ***Skill*** *und* ***Power****). Seine Werte sind* ***Skill*** *4 und* ***Power*** *3. Somit muss er seinen* ***Performance-Check*** *auf* ***Power****, den schlechteren Wert, also 3, ablegen.*

Ist der Performance-Check gelungen, hake den Kreis im Song-Feld ab. Ist er misslungen, mache ein Kreuz hinein.

Freak-Beispiel: Modifizierter Performance-Check durch Anspruch
Da „Raw Nature" jedoch Anspruch 3 hat (sehr schwierig zu performen), gibt es einen weiteren Abzug von 1! Joey muss also einen Power-Check gegen 2 schaffen, sprich eine 1 oder 2 würfeln (siehe ***R16*** *„Anspruch").*

Performance-Punkte

Hast du den Performance-Check für einen relevanten Song abgelegt, kannst du errechnen, wie viele Performance-Punkte es für ihn gibt.

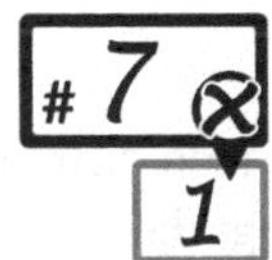

Check gelungen (✔): Fame + Anspruch des Songs
Check misslungen (✖): nur die Fame des Songs
Song-Feld leer: keine Punkte

Beispiel: Die Band spielt unter anderem „Crawling Crusader“ (#18). Der Song hat Fame 2 und Anspruch 3. Gelingt der Performance-Check von Leader Joey, gäbe es 5 Performance-Punkte (Fame 2 + Anspruch 3). Wäre der Check misslungen, sind es hingegen nur 2 Punkte (einzig die Fame würde zählen).
Vereinfacht gesagt: Die Fame bringt sichere Punkte, während der Anspruch mit Gelingen des Performance-Checks als Bonus hinzukommt.

Gig-Score berechnen

Sind für alle relevanten Songs die Performance-Checks abgelegt worden, addiere alle Performance-Punkte und trage diesen Wert ins Feld P hinter der Gig-Bezeichnung im Tour-Book ein.
Zum Abschluss verrechnest du noch mögliche Modifikatoren der Felder A, B und C (sofern vorhanden) und erhältst den Gig-Score. Diesen Wert trägst du ins Feld S ein. Fertig.

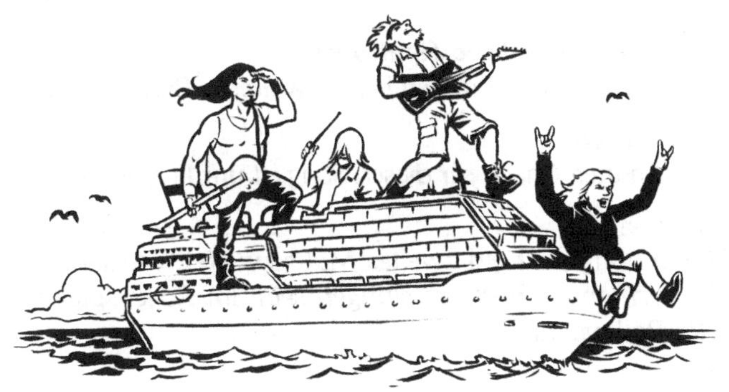

R19 Besondere Song-Felder

Insgesamt gibt es 3 Bonus-Symbole, die Song-Feldern zugeordnet sein können:

Bandchemie plus

Gelingt der Performance-Check, darfst du noch einmal das Ego des Leaders checken. Misslingt dieser Check steigt die Bandchemie um 1!

R

Gig-Highlights

Manche Song-Felder haben einen Stern. Diese Songs sind sogenannte Gig-Highlights. Gelingt hier der Performance-Check, erhält dieser Song augenblicklich einen weiteren Fame-Stern!
Wichtig: Dieser Fame-Stern zählt zur Berechnung der Gig-Score hinzu! Songs, die bereits ihr Maximum an Fame erreicht hatten, bekommen natürlich keinen weiteren Stern.

Spieltipp: Es mag also clever sein, nicht ständig Songs mit maximaler Fame als Gig-Highlight zu spielen …

Super-Highlights

Die Super-Highlights sind quasi gepimpte Gig-Highlights. Sie tragen eine Sternschnuppe und haben den Bonus, dass der durch einen gelungenen Performance-Check gewonnene Fame-Stern entweder dem gerade performten Song selbst (siehe *„Gig-Highlights“*) oder einem anderen Song auf der Setlist (dies kann auch ein nicht relevanter Song sein) hinzugefügt werden darf. Jedoch, ein solcher Song darf selbst weder ein Gig-Highlight noch Super-Highlight sein!

Performance-Check-Modifikationen

Regel-Freaks spielen mit diesen beiden weiteren Bonus-Symbolen:

Check-Bonus

Der Performance-Check für diesen Song ist um 1 erleichtert.

2. Chance

Bei diesem Song darf ein zweites Mal gewürfelt werden, sollte der erste Performance-Check misslungen sein! Im Rollenspieler-Jargon auch „Re-Roll“ genannt.

R20 Zugabe! Zugabe!

Teilweise dürfen die Metal Heroes bei einem Gig auch Zugaben einplanen. Die Track-Nummern dieser Songs müssen in die eigens dafür vorgesehenen Zugabe-Song-Felder eingetragen werden und dürfen wie alle anderen nicht doppelt vorkommen. Gibt es keine solchen Felder, kann auch keine Zugabe gespielt werden.

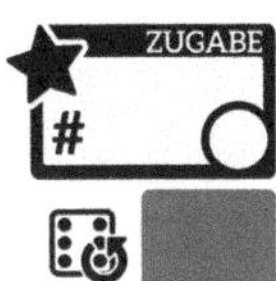

Damit eine Zugabe überhaupt performt werden darf, müssen die Fans am Ende des Gigs natürlich so begeistert sein (ein gewisser Gig-Score erreicht), dass sie eine fordern. Tun sie das nicht, verfällt das Potenzial der Zugabe.

Wichtig: Zugaben zählen ***nicht*** *zur Gig-Score (deshalb ist das Punkte-Feld ausgegraut), können aber – falls ihr Performance-Check gelingt – fette Boni, wie Super-Highlights, bringen!*

Einschränkungen der Setlist

Es gibt Fangruppen bzw. Veranstalter, die einen besonderen Geschmack oder klare Erwartungen haben. Insofern kann es bei der Erstellung der Setlist zu Beginn eines Gigs zu Einschränkungen kommen, indem beispielsweise nur Songs mit bestimmtem Anspruch oder Genre zugelassen werden.

BAND 1
FLUCHT AUS DEM DUNKEL

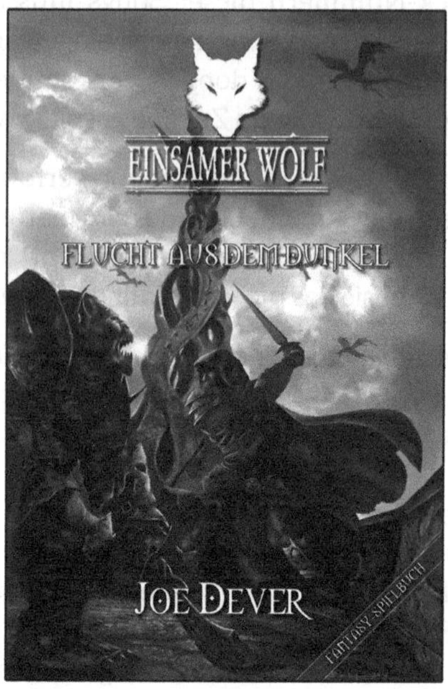

Dein Name ist Einsamer Wolf.

Bei einem hinterhältigen Angriff der Schwarzen Lords wird das Kloster, in dem du zum Kai ausgebildet wirst, vom Feind zerstört. Du bist der einzige Überlebende!

FLUCHT AUS DEM DUNKEL

Du schwörst Rache. Doch zunächst musst du Holmgard erreichen und König Ulnar vor den Horden des Bösen warnen. Der Weg, der nun vor dir liegt, birgt tödliche Gefahren, und der Feind ist dir dicht auf den Fersen.

Auf jeder Seite dieses Buches musst du dich neuen Herausforderungen stellen, darum wähle deine Waffen und Fähigkeiten mit Bedacht. Nur mit ihrer Hilfe wirst du das fantastischste und spannendste Abenteuer deines Lebens bestehen können.

Die Abenteuer von Einsamer Wolf sind eine einzigartige interaktive Fantasy-Serie. Wenn du dieses Abenteuer überstanden hast, kannst du deinen Kampf gegen das Böse in weiteren Bänden der Reihe Einsamer Wolf fortsetzen.

Werde Teil dieser einzigartigen Rollenspiel-Saga!

REITER DER SCHWARZEN SONNE

Du bist ein Ugarith, ein Meister der Nacht, der ohne Erinnerung an Herkunft und Vergangenheit nach der Ausübung einer verhängnisvollen Bluttat erwacht. Geächtet und verfolgt musst du dir fortan den Weg in die Freiheit erkämpfen, deine übermenschlichen Kräfte ergründen, um schließlich deine heilige Pflicht – die Begradigung des Weltenflusses – zu erfüllen …

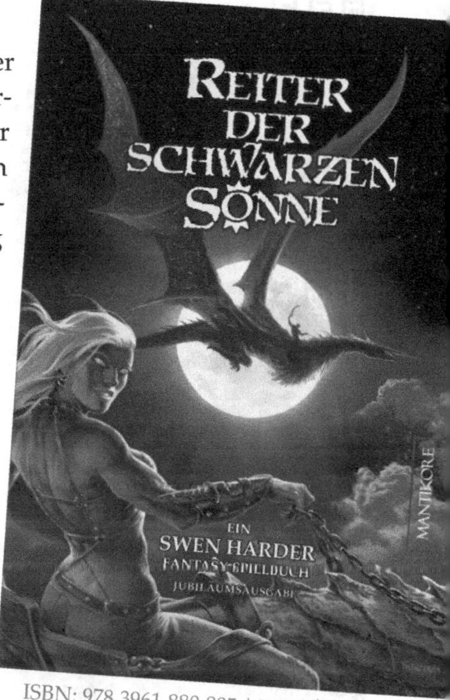

ISBN: 978 3961 880 805 | Preis: 19,95€

Ob dein Schicksal zu einem glücklichen, neutralen oder düsteren Ende gelangt, hängt jedoch einzig von deinen Entscheidungen ab – denn dies ist kein gewöhnlicher Roman, sondern ein Fantasy-Spielbuch!

REITER DER SCHWARZEN SONNE ist mit über 1.400 Sektionen auf 760 Seiten das größte jemals veröffentlichte Spielbuch und setzt durch seinen innovativen Umgang mit Sektionsverweisen und hohen Wiederspielwert neue Maßstäbe für das Genre. Besonders charakteristisch sind das Finden versteckter Bonussektionen, Endgegnerkämpfe im eigenen, ausführlichen Kampfkapitel und das Lösen komplexer Rätsel.

Ausgezeichnet mit dem Jurypreis der RPC FANTASY AWARDS und dem DEUTSCHEN ROLLENSPIELPREIS.

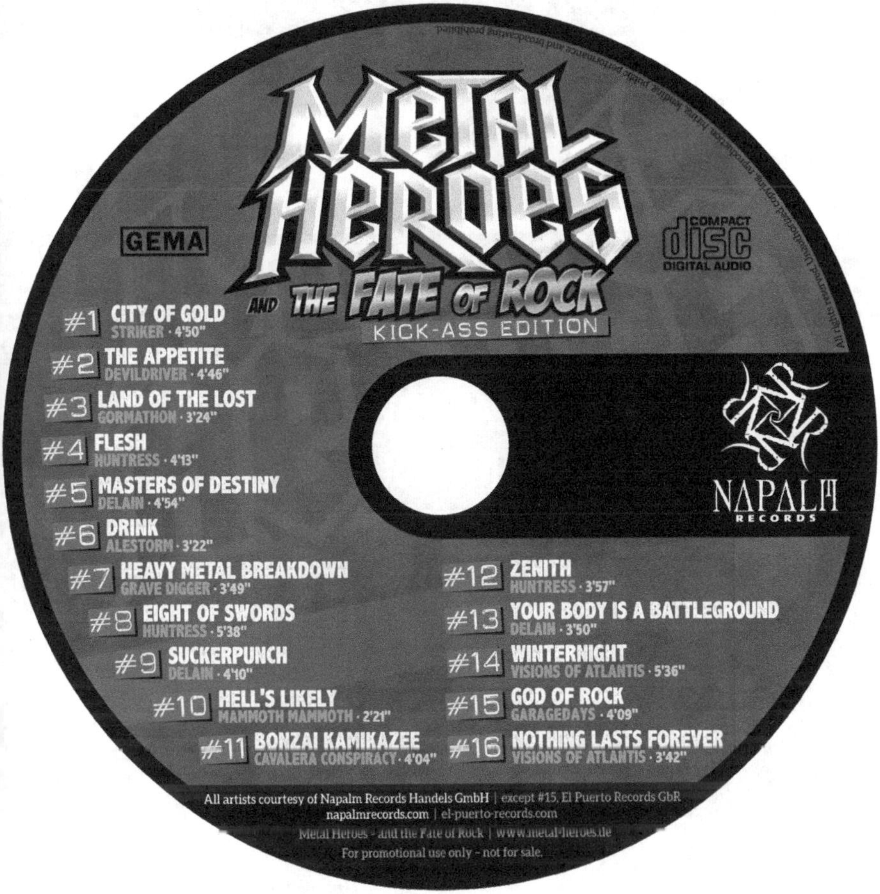

METAL HEROES AND THE FATE OF ROCK

KICK-ASS EDITION

GEMA

COMPACT disc DIGITAL AUDIO

NAPALM RECORDS

#1 CITY OF GOLD
STRIKER · 4'50"

#2 THE APPETITE
DEVILDRIVER · 4'46"

#3 LAND OF THE LOST
GORMATHON · 3'24"

#4 FLESH
HUNTRESS · 4'13"

#5 MASTERS OF DESTINY
DELAIN · 4'54"

#6 DRINK
ALESTORM · 3'22"

#7 HEAVY METAL BREAKDOWN
GRAVE DIGGER · 3'49"

#8 EIGHT OF SWORDS
HUNTRESS · 5'38"

#9 SUCKERPUNCH
DELAIN · 4'10"

#10 HELL'S LIKELY
MAMMOTH MAMMOTH · 2'21"

#11 BONZAI KAMIKAZEE
CAVALERA CONSPIRACY · 4'04"

#12 ZENITH
HUNTRESS · 3'57"

#13 YOUR BODY IS A BATTLEGROUND
DELAIN · 3'50"

#14 WINTERNIGHT
VISIONS OF ATLANTIS · 5'36"

#15 GOD OF ROCK
GARAGEDAYS · 4'09"

#16 NOTHING LASTS FOREVER
VISIONS OF ATLANTIS · 3'42"

All artists courtesy of Napalm Records Handels GmbH | except #15, El Puerto Records GbR
napalmrecords.com | el-puerto-records.com
Metal Heroes - and the Fate of Rock | www.metal-heroes.de
For promotional use only - not for sale.

Nutze einen dieser QR Codes um alle 16 Tracks von
METAL HEROES and the Fate of Rock
auf vielen Streaming-Diensten zu hören!

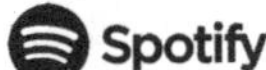

deezer

YouTube

amazon music

Oder besuche die METAL HEROES Website und bitte den Rock-Gott um den Soundtrack als mp3-Download.
https://metal-heroes.de/kontakt/